Arbeiten zur Kirchengeschichte

Begründet von
Karl Holl† und Hans Lietzmann†

Herausgegeben von
Christoph Markschies, Joachim Mehlhausen
und Gerhard Müller

Band 67

Walter de Gruyter · Berlin · New York
1998

Heinz Ohme

Kanon ekklesiastikos

Heinz Ohme

Kanon ekklesiastikos

Die Bedeutung
des altkirchlichen Kanonbegriffs

Walter de Gruyter · Berlin · New York
1998

♾ Gedruckt auf säurefreiem Papier, das die
US-ANSI-Norm über Haltbarkeit erfüllt.

Die Deutsche Bibliothek – CIP-Einheitsaufnahme

Ohme, Heinz:
Kanon ekklesiastikos : die Bedeutung des altkirchlichen Kanonbe-
griffs / Heinz Ohme. – Berlin ; New York : de Gruyter, 1998
   (Arbeiten zur Kirchengeschichte ; Bd. 67)
   Zugl.: Erlangen, Nürnberg, Univ., Habil.-Schr., 1995
   ISBN 3-11-015189-8

Printed in Germany
Textkonvertierung: Ready Made, Berlin
Druck: Werner Hildebrand, Berlin
Buchbinderische Verarbeitung: Lüderitz & Bauer GmbH, Berlin

Für Ruth, Nikolai und Katharina

VORWORT

Die vorliegende Untersuchung bietet den weitgehend unveränderten Wortlaut meiner Habilitationsschrift, mit der ich im Sommersemester 1995 an der
Theologischen Fakultät der Friedrich-Alexander-Universität Erlangen/Nürn-
berg die Lehrbefähigung für das Fach Kirchengeschichte erwarb. Das Manuskript wurde im Oktober 1994 abgeschlossen, danach erschienene Literatur
konnte nur noch gelegentlich berücksichtigt werden.

Daß sich das Erscheinen der Arbeit bis jetzt hinzog, hängt mit dem Umstand zusammen, daß mich bald nach meiner Habilitation der Ruf auf die
kirchengeschichtliche Professur für Kirchen- und Konfessionskunde (Schwer-
punkt: Ostkirchenkunde) der Humboldt-Universität zu Berlin erreichte. Die
nötigen Verhandlungen, der Umzug nach Berlin und der Antritt der Professur zum Wintersemester 1996/97 haben ein schnelleres Erscheinen verhindert.

Überdies sollte die Arbeit mit angemessenen Registern ausgestattet werden,
damit die Analysen der patristischen Belegstellen dieser Begriffsuntersuchung
leicht zugänglich sind und das Buch auch als Nachschlagewerk dienen kann.
Solche Stellenregister sind allerdings immer noch nur von Hand anzufertigen.
Aber auch deren drucktechnische Realisierung war mit unerwarteten Problemen verbunden und zog sich wesentlich länger hin als erwartet. Dazu die
nötigen Arbeiten durchgeführt zu haben ist das Verdienst meines Assistenten,
Herrn Dr. Reinhard Flogaus, dem hierfür aufrichtiger Dank gebührt. Herr
Dr. Flogaus hat auch das gesamte Manuskript nochmals auf Schreibfehler
überprüft. Sollte dennoch das eine oder andere Versehen stehengeblieben sein,
so geht dies selbstverständlich auf mein Konto.

Zu danken ist an dieser Stelle aber vor allem meinen Erlanger »Mentoren«
und Gesprächspartnern über viele Jahre hinweg: Frau Prof. em. Dr. D. Fairy
von Lilienfeld und Herrn Prof. Dr. Karl Christian Felmy. Aus jener nunmehr
entbehrten Gemeinschaft des Gespräches und des Lernens entsprang der
beschrittene Weg und die Motivation, sich der hier behandelten Thematik
wissenschaftlich zu stellen.

Für manche Hinweise habe ich weiterhin aufrichtigen Dank abzustatten:
Herrn Prof. Dr. P. E. Pieler/Universität Wien für den Bereich Antike Rechts-
geschichte; Herrn Honorarprofessor Dr. Dr. H. Kaufhold/Universität Mün-
chen für die Klärung einer paläographischen Problematik im Bereich syrischer
Handschriften (vgl. Kap. XIX); Herrn Prof. Dr. C. P. Mayer/Universität
Gießen für das Zur-Verfügung-Stellen von Auszügen aus der EDV-Wort-

formenkonkordanz zum Gesamtwerk Augustins für die hier untersuchten Begriffe.

Dem Verlag Walter de Gruyter und den Herausgebern der Reihe »Arbeiten zur Kirchengeschichte« sei schließlich gedankt, daß sie eine Untersuchung aus meiner Feder nun schon zum zweiten Male dieser Reihe würdig erachten.

H. Ohme   Berlin, Ostern 1998

INHALT

Hauptteil A

Zur Verwendung der Begriffe »Kanon« und »regula« in zentralen theologischen Entwürfen des 2. und 3. Jahrhunderts

Hauptteil B

Zur Verwendung der Begriffe »Kanon« und »regula« in kirchlichen Konflikten und Entscheidungen der ersten drei Jahrhunderte

Hauptteil C

Zum kirchlichen Kanon-Begriff nach der »Konstantinischen Wende«

EINLEITUNG

Wenige Begriffe haben in der Geschichte der Alten Kirche als Bezeichnung zentraler Lebensäußerungen ihres Glaubens und Denkens eine ähnlich große Bedeutung erlangt, wie der griechische Terminus κανών. Vergegenwärtigt man sich seine bekannten *Bedeutungsfelder*, so sind drei Bereiche zu nennen, in denen er hauptsächlich zur Anwendung kommt.

Zuerst könnte man auf den Prozeß der Sammlung kirchenrechtlich relevanten Materials verweisen, der im griechischen Osten am Ende des 4. Jahrhunderts zum ersten Mal greifbar wird.[1] Es sind die Einzelbestimmungen dieser Sammlung, für die der Begriff κανών zur vorherrschenden Bezeichnung wird. So nimmt erstmals bereits das Konzil von Chalcedon (451) in seinem can.1 rückblickend eine Bestätigung »der von den heiligen Vätern bis jetzt auf jeder Synode aufgestellten Kanones« vor.[2] Im Verlauf des Chalcedonense kam weiterhin mehrfach[3] eine Sammlung zur Verwendung, in der synodale Bestimmungen kirchenrechtlicher Natur als »Kanones« bezeichnet und durchgezählt zusammengestellt waren. Man hat daraus zu schließen, daß es in der griechischen Reichskirche bereits vor 451 eine »allgemein anerkannte und gebrauchte Sammlung« von *Synodalkanones* gegeben hat.[4] Die Bischöfe in den Hauptstädten der einzelnen Kirchenprovinzen des Ostens haben aber offensichtlich schon früher mit solchen Sammlungen begonnen, wie die Bezeugung des »Kanonikons« von Palladios von Amaseia, dem Metropoliten des Hellenopontos und Teilnehmer am Ephesenum (431) nahelegt.[5] Die älteste Sammlung eines solchen *Corpus canonum* vor der Synode von Chalcedon wird man in der antiochenischen Kirche in der 2. Hälfte des 4. Jahrhunderts zu lokalisieren haben.[6] Ursprünglich wohl in homöischem Umfeld entstanden, habe diese Sammlung nach *E.Schwartz* zuerst die Bestimmungen der Synoden von Ankyra

---

[1] Vgl.: H.Lietzmann, Kirchenrechtliche Sammlungen; E.Schwartz, Kanonessammlungen; s. auch: G.May, TRE 19, 3-7; H.Mordek, LMA 5, 900-903.

[2] ACO II 1,2 p.354; P.-P.Joannou, CCO 69.

[3] ACO II 1 p.407; p.459f.; II 1,3, 48.60.95f., 100f., 107; II 5 p.51,20.

[4] So: Schwartz, Kanonessammlungen 159.

[5] In den Codices Patm. 172 u. 173 wird dieses »Kanonikon« erwähnt. Vgl.: F. van de Paverd, Quellen 27-45; Schwartz, Bußstufen 319ff; ders., Kanonessammlungen 161ff.

[6] Dies hat E.Schwartz wahrscheinlich gemacht hat; vgl.: ders., Kanonessammlungen 186-203.

(314), Neocaesarea (315/319), Gangra (340/342), Antiochien (ca.330) und Laodicea (vor 380) enthalten, während Kanones und Symbol von Nizäa erst nach dem politischen Umschwung unter Theodosius I. im Jahre 379 hinzugekommen seien, und die Kanones von 381 erst einige Zeit nach dem Constantinopolitanum I. ergänzt wurden.

Im selben Zeitraum und in demselben geographischen Bereich ist auch die Entstehung der sog. »Apostolischen Konstitutionen« anzusetzen.[7] Diese stellen in ihrem Kern eine Sammlung der ältesten Kirchenordnungen Didache, Didaskalia und Traditio Apostolica dar[8] und enthalten als Abschluß (VIII 47) eine Sammlung von *85 Kanones der Apostel*. Ein kurzer Epilog (VIII 48) bezeichnet diese in direkter Rede als »Kanones« der Apostel für die Bischöfe, und zusammen mit den Konstitutionen (VI 14,1) erhalten sie den Anschein von Synodalbestimmungen des Apostelkonzils von Jerusalem. Im christlichen Osten sind diese Kanones schnell weit verbreitet gewesen. Hinzu traten schließlich auch Sammlungen von Briefen maßgeblicher Bischöfe. Einzelne Bestimmungen von ihnen wurden dann im Osten unter der Bezeichnung *Kanones der Väter* zusammengestellt.[9]

Eine *zweite* andauernde Verwendung neben der kirchenrechtlichen fand der Begriff κανών, als man seit der Mitte des 4. Jahrhunderts die kirchlichen *Sammlungen* der Schriften des *Alten und Neuen Testamentes* als *Kanon* bezeichnete.[10] Neben anderen Zeugnissen ist hier bekanntlich der 39. Festbrief Athanasius d. Gr. vom Jahre 367 von besonderer Bedeutung, in dem in Abgrenzung gegen »apokryphe« Schriften die »kanonischen Bücher« Alten und Neuen Testamentes (τὰ κανονιζόμενα βιβλία) aufgezählt werden als abgeschlossene und unantastbare »Quellen des Heils«.[11] Ihnen zur Seite gestellt werden solche, die zwar nicht »kanonisch« (οὐ κανονιζόμενα), aber für katechetische Zwecke geeignet seien. Darunter befindet sich z.B. der Hirte des Hermas, von dem Athanasius schon an anderer Stelle bemerkt hatte, daß er nicht »ἐκ τοῦ κανόνος« sei.[12] So kommt der Prozeß der Entstehung der christlichen *Bibel* auch durch die – früher noch nicht nachweisbare – Anwendung des Kanon-Begriffes auf diese Materie zu einem gewissen Abschluß.

Lange bevor die Hl. Schrift mit diesem Terminus bezeichnet wurde, findet sich freilich bei allen namhaften Theologen der Kirche seit der 2. Hälfte des 2. Jahrhunderts von Irenäus bis Origenes schon die Wortverbindung κανὼν τῆς ἀληθείας oder κανὼν τῆς πίστεως. Unter beiden Begriffen und ihren

---

[7]   Vgl.: M.Metzger, TRE 19, 540-544.
[8]   Vgl.: P.F.Bradshaw, TRE 18, 662-670.
[9]   Vgl.: G.Bardy, DDC 5, 380-384; Joannou, CPG XIV-XXV (Introduction générale à l'édition t.II).
[10] Vgl.: W.Schneemelcher, TRE 6, 22-48.
[11] CPG 2102(2); PG 26, 1436-1440.1176-1180.
[12] De decretis Nic.syn.18,3 (Opitz II 1,15).

lateinischen Entsprechungen *regula veritatis* und *regula fidei* hat man gegenüber der älteren »Symbolforschung« nach heutigem Konsens nicht formelhafte Formulierungen eines Taufbekenntnisses zu erblicken, sondern freie Zusammenfassungen der »Hauptaspekte und -konsequenzen des christlichen Glaubens« »in einer dem jeweiligen Herausgefordertsein ... entsprechenden Akzentuierung«.[13] Man wird *Th.Zahn* darin zustimmen können, daß »ohne eine sichere Bestimmung« dieser Begriffe »eine richtige Auffassung des kirchlichen Bewußtseins jener Zeit unmöglich ist«.[14]

Der griechische Begriff κανών gewinnt also für die Kirche der ersten Jahrhunderte eine spezifische Bedeutung im Vorgang der Bekenntnisbildung, bei der Entstehung der christlichen Bibel und bei der Sammlung und Festlegung kirchlicher Rechtsbestimmungen.

Nun hat der Begriff bekanntlich bereits in der antiken *Profangräzität* eine breite und umfassende Geschichte. Diese und die darin erkennbare Vieldeutigkeit des Wortes hat 1937 eine erstmalige eingehende und bis heute grundlegende Darstellung gefunden in der Studie von *Herbert Oppel: Κανών. Zur Bedeutungsgeschichte des Wortes und seiner lateinischen Entsprechungen (Regula-Norma)*[15].

Oppel hatte sich in dieser philologischen Untersuchung zur Aufgabe gesetzt, »die Bedeutungsgeschichte des Wortes κανών als Spiegel der Kulturgeschichte« darzustellen.[16] Er arbeitet dabei drei »Bedeutungskreise« heraus: ἀκρίβεια, μίμησις und ὅρος, die nach ihm jeweils eine Entwicklungsstufe der griechischen Kultur repräsentieren. Dabei gilt für κανών »als Schlagwort für das Exaktheitsstreben (ἀκρίβεια) des 5. und 4. Jahrhunderts und als Ausdruck für den hellenistischen μίμησις-Gedanken«, daß »das Wort in diesem Bedeutungszusammenhang auf eine ganz bestimmte Zeit beschränkt« ist. Dagegen lasse sich »die ὅρος-Vorstellung ... nicht auf eine bestimmte Zeit festlegen, sondern ... bietet einen Querschnitt durch die kulturelle Entwicklung bis zur Sprache der Kirche hin«.[17] In einem zweiten Teil seiner Untersuchung hat *Oppel* fernerhin auch die lateinischen Entsprechungen von κανών, *regula* und *norma*, miteinbezogen, »soweit sie als Übersetzungswörter κανών in den Gedankenkreisen wiedergeben, die aus

---

[13] Vgl.: A.M.Ritter, TRE 13, 402-405.403 [v.Campenhausen].

[14] Th.Zahn, RE 6, 683.

[15] In: Philologus, Suppl. XXX/4, Leipzig 1937. Nicht ergänzend, sondern nur der Vollständigkeit halber sind weiter zu nennen: H.W.Beyer, ThWNT 3, 600ff.; L.Radermacher, PRE 10, 1873-1878; M.Lalmant, DDC 2, 1283-1288; H.Gaertner/J.Wirsching, Kl.Pauly 3, 108-110; E.Schott, RGG³ 3, 1116-1118; A.Szabó/ Redaktion, HWP 4, 688-692. Allein die Studie von G.Striker, Κριτήριον, stellt eine Weiterführung hinsichtlich des verwandten Kriterion-Begriffes dar.

[16] Oppel, Κανών V.

[17] A.a.O., VI.

der griechischen Kultur in die römische übergegangen sind.«[18] Dies erfolgt
in einem eigenen Teil der Untersuchung, »weil regula und norma nicht nur
schematisch als Korrelate des griechischen Terminus übernommen wurden, sondern bisweilen wieder zu neuer Bildhaftigkeit gelangten und somit
eine besondere Entwicklung durchmachten«.[19]

Oppel dehnt seine Studie durchaus bis in die Zeit der Spätantike aus, hat
aber »die Sprache der Kirche bewußt von der Behandlung ausgeschlossen. Das
Wort ist in ihr zu einer solchen Bedeutungsverzweigung gelangt, daß es einer
besonderen Behandlung bedarf, um hierin Vollständigkeit zu erreichen.«[20]
In direkter Anknüpfung und in Ergänzung zu der Untersuchung von Oppel
hat Leopold Wenger sodann 1942 die Verwendung der Begriffe canon und regula
einer rechtsgeschichtlichen detaillierten Analyse unterzogen.[21]

> Er hatte sich dabei das Ziel gesteckt, die Zeugnisse für den Begriff »in den
> juristischen Quellen des römischen Rechtes ... in möglichst vollständiger
> Sammlung und Sichtung aneinanderzureihen und die verbindenden Fäden
> bloßzulegen, die zwischen den scheinbar so ferne liegenden Bedeutungen
> bestehen«, nämlich denen der »wirtschaftlichen Abgabe«, der »Grund-
> steuer« und der »gesetzlichen Regel«.[22] Die von ihm herangezogenen Quel-
> len sind der Codex Theodosianus, der Codex Iustinianus, die Novellen und
> sonstige Zeugnisse in der juristischen Literatur und in den Papyrus-
> urkunden.[23] Die Studie ist also gekennzeichnet durch eine »Beschränkung
> auf das Juristische« und eine bewußte Ausgrenzung der »theologischen und
> kirchengeschichtlichen Bedeutungen«.[24]

Wenger stellte deshalb als »weitere Forschungsaufgaben« das Desiderat auf
nach einer Untersuchung des Begriffes »auch in den kirchlichen Quellen aller
Art«. »Und das gilt nicht bloß für Synodalbeschlüsse, für die Canones, ...
sondern auch für sonstige Quellen kirchlicher Ordnung, vor allem für die
Väterschriften«.[25] Er betrachtete es als ausstehende Aufgabe, die »innerkirchliche
Entwicklung« der Rechtssprache zu erforschen. »Es wird sich für den Juristen
darum handeln, zu sehen, seit wann κανών nebst anderen auch die typische
Bedeutung einer kirchlichen Rechtsvorschrift angenommen hat, wie sie ...

---

[18] Ebd.
[19] A.a.O., VIf.
[20] A.a.O., VII.
[21] L.Wenger, Canon; vgl. dazu das Selbstreferat: ders., Über canon.
[22] Wenger, Über canon 495.
[23] Vgl.: ders., Canon 24.
[24] A.a.O., 162. Zur Verwendung der Termini κανών und κανονίζειν in koptischen
      Texten vgl. die an Wenger anschließende Studie von A.A.Schiller, ΚΑΝΩΝ.
[25] A.a.O., 163. Ähnlich auch: ders., Über canon 505f.

dieselbe etwa gleich schon in den Canones von Nicaea (J.325) aufweist.«[26] Angesichts des von ihm selbst erhobenen Befundes, daß der griechische Begriff κανών[27] in der vorkonstantinischen Zeit durch die Fachsprache des römischen Rechtes nicht in Anspruch genommen wurde, stellte sich für *Wenger* die Frage, ob der Begriff nicht »im christlichen Sprachgebrauch ganz selbständige Wege gegangen« sei, und das Wort »sich im Sonderbereich der christlichen Rechtssprache eine Sonderstellung erworben« habe.[28]

Es ist also festzuhalten, daß es für den Kanon-Begriff und seine Verwendung von der außerchristlichen Antike bis zur Spätantike einschlägige philologische und rechtsgeschichtliche Untersuchungen gibt, die den kirchlichen Sprachgebrauch jedoch bewußt ausklammern und hierin eine eigenständige noch ausstehende Forschungsaufgabe erblicken. Wenn ich richtig sehe, besteht dieses Desiderat einer theologischen Untersuchung zur Verwendung des Kanon-Begriffes in der Alten Kirche weiterhin.

Nun ist dem Begriff in theologischen Untersuchungen freilich immer wieder einiges Interesse entgegengebracht worden. Dabei haben aber stets zwei Aspekte im Vordergrund gestanden und die Blickrichtung und so auch die inhaltliche Darstellung bestimmt. Zum einen war es die Erforschung der Entstehung der christlichen Bibel, mit der sich der Begriff *Kanon* unter dem Terminus *Kanongeschichte* für Theologen meist auch zuerst verbindet. Es ist dieser Zusammenhang, in dem es unter theologischen Gesichtspunkten erstmals zu einer Frage nach Bedeutung und Verwendung des Wortes kam. Und so finden sich in den einschlägigen Abhandlungen – meist in der Einleitung oder als Exkurs – Auslassungen zu diesem Thema.[29] Bekanntlich hat es hier dann eine gewisse Debatte darüber gegeben, ob der Begriff auf die Schriften lediglich im formalen Sinne von κατάλογος als Liste zur Anwendung kam[30],

---

[26] Wenger, Canon 124.

[27] Über den lateinischen Begriff *regula* ist anderes zu sagen, vgl. dazu unten: Kap. IV 4.

[28] Wenger, Canon 9.171.

[29] Zur Fülle der Lit. vgl. nur: Schneemelcher, Bibel (Lit.) und jetzt auch: Frank, Kanongeschichte; Koschorke, Kanonbildung. Im einzelnen sei hier nur soviel angemerkt: Die älteste Untersuchung von Bedeutung zur »Kanongeschichte« von K.A.Credner (Zur Geschichte des Kanons, Halle 1847) hat diese Tradition gewissermaßen begründet und bis heute unübertroffene Maßstäbe gesetzt. Credner handelt auf nicht weniger als 68 Seiten in seinem Teil »I. Ueber den Sprachgebrauch des Wortes KANωN, in der ältesten christlichen Zeit, bis zur Anwendung des Wortes auf die Sammlungen der heiligen Schriften in der katholischen Kirche«, bevor er sich seinem eigentlichen Thema zuwendet. Vgl. weiterhin: F.Chr.Baur, Bemerkungen. Th. Zahn hat neben seinen umfangreichen Arbeiten zur »Geschichte des neutestamentlichen Kanons« seinem »Grundriß« eine »kurze lexikalische Erörterung« an den Anfang gestellt (1-14). Für den englischsprachigen Raum wäre zu nennen: B.F.Westcott, Survey 504-11 (App.A.). Neuere Darstellungen knüpfen bei diesen älteren Studien meist an. Vgl. z.B.: Beyer, κανών; A.Sand, Kanon; B.M.Metzger, Canon 289-293 (Appendix I: History of the word κανών).

[30] So: Baur, Bemerkungen 149; Zahn, Grundriß 9.

oder ob der in dem Wort liegende Normbegriff im Sinne des κανών τῆς ἀληθείας maßgeblich ist.[31] Einigkeit herrscht jedenfalls darüber, daß in der Alten Kirche vor der Mitte des 4. Jahrhunderts von der Schrift noch nicht als *Kanon* geredet wird. Die exkurshafte Behandlung des Themas im Kontext der »Kanongeschichte« hat es schließlich mit sich gebracht, daß man hier auf rein lexikalische Zusammenstellungen trifft, für die eine angemessene Würdigung der umfassenden Bedeutung des Begriffes in der Alten Kirche kein vorrangiges Anliegen ist.[32]

Der zweite theologische Forschungsbereich, dessen Vertreter dem Begriff in der Alten Kirche nun auch ein detaillierteres Interesse entgegenbrachten, ist die *ältere Symbolforschung* und die sich daran anschließenden Forschungen zur *regula fidei* und zum altkirchlichen Traditionsbegriff.

Für die Symbolforschung am Ende des 19. und zu Beginn dieses Jahrhunderts ist hier besonders auf die Untersuchungen von *F.Kattenbusch* [33], *C.P. Caspari* [34] und *J.Kunze* [35] hinzuweisen.[36] Hinzu kamen die einzelnen Vätern gewidmeten Studien von *G.Bardy* [37] und *S.A.Becker* [38].

Die Forschungen zur *Glaubensregel*, als deren Ergebnis die Theorien der klassischen Symbolforschung unhaltbar wurden, erhielten entscheidende Impulse durch die Untersuchungen zum kirchlichen Lehr- und Traditionsbegriff bei *D.van den Eynde* [39], *E.Flesseman-van Leer* [40], *R.P.C.Hanson* [41]

---

[31] So: Westcott, Survey 509ff.; Beyer, κανών 605. Hier wäre auch F.Kattenbusch, Das apostolische Symbol II (s.u.) zu nennen, wo dieser durchgängig dazu neigt, die kirchliche Kanonbegrifflichkeit der ersten drei Jahrhunderte mit der Hl.Schrift zu identifizieren.

[32] Dies kann dann für darauf beruhende nichttheologische oder allgemeinverständliche Darstellungen beträchtliche Folgen haben. So rekurriert das renommierte »Historische Wörterbuch der Philosophie« in seinem Artikel »Kanon« (s.o.) nach einer knappen Behandlung des Begriffes in der Antike im Abschnitt »5. In der Patristik« sofort auf das Thema des Schriftkanons und behandelt vorrangig diesen.

[33] Symbol. In Bd.II finden sich voluminöse Untersuchungen zu: Irenäus (25-53), Tertullian (53-101), Klemens von Alexandria (102-134) und Origenes (134-179).

[34] Quellen; ders., Clemens.

[35] Glaubensregel.

[36] Natürlich ist auch an die einschlägigen Ausführungen A.v.Harnacks in seinem Lehrbuch der Dogmengeschichte und den schon erwähnten Art. Glaubensregel von Th.Zahn in RE 6 zu erinnern.

[37] Règle.

[38] S.A.Becker, Ὁ κανών τῆς ἀληθείας; eine Zusammenfassung davon bietet: V. Ammundsen, Rule of Truth.

[39] Les normes. Die Untersuchung reicht bis zu Origenes.

[40] Tradition. Die Untersuchung umfaßt insbesondere Irenäus und Tertullian.

[41] Origen's Doctrine. Er behandelt eingehend auch Klemens v. Alexandrien.

und *B.Hägglund*[42] und zu den altchristlichen Glaubensbekenntnissen durch
J.N.D.Kelly[43]. *R.P.C.Hanson* hat die Ergebnisse dann 1962 in seinem Buch
über den Traditionbegriff nochmals zusammengefaßt.[44] Es ist schließlich
H.von Campenhausen gewesen, der »innerhalb einer offensichtlich geplanten Normen-Trilogie«[45] nach seinen Arbeiten zum kirchlichen Amt[46] und
zur »Kanongeschichte«[47] sich den Fragen der Bekenntnisentwicklung zugewandt hatte.[48] Er hielt hierzu trotz der »neueren Forschungen zur ›Richtschnur‹« »eine vollständige Aufarbeitung des Materials ... immer noch (für)
lohnend. Dabei wären alle zerstreuten Hinweise auf die Richtschnur zu
sammeln und auch solche Texte in den Blick zu nehmen, die das Stichwort
selbst nicht bieten, sich aber inhaltlich mit einer Richtschnur berühren.«[49]

Für diesen gesamten Forschungsbereich, in dem das theologische Interesse
auf die Entstehung und Entwicklung des christlichen Bekenntnisses ausgerichtet ist, läßt sich nun feststellen, daß auch die hierbei vorgenommenen Untersuchungen zur Verwendung des Kanon-Begriffes naturgemäß ganz von dieser
Fragestellung bestimmt sind. Dies schlägt sich darin nieder, daß man allgemein *methodisch* so vorgeht, daß »der kirchenrechtliche Gebrauch von κανών
..., wie er seit etwa 300 aufkommt, ... für uns hier ausser Betracht (bleibt)«.[50]
So wird die Jahrhundertwende vom dritten zum vierten Jahrhundert allgemein
zu einer »Schallmauer«, vor der die Untersuchungen entweder zum Abschluß
kommen, oder nach der dann angeblich anderes, Neues und zuvor Unerhörtes
in der Verwendung des Kanon-Begriffes festzustellen sei. Entsprechendes gilt
auch für *H. von Campenhausen*, der von der *regula fidei* gern als »der Richtschnur« spricht und so den absoluten Wortgebrauch von »ὁ κανών« aufnimmt. Danach halte »die Vorstellung der Richtschnur ... sich besonders im
Osten bis tief in das 4. Jahrhundert«, aber »dann ändert der Begriff κανών
bzw. regula allmählich seinen Sinn und feste Bekenntnisse treten an seine
Stelle.«[51]

---

[42] Regula fidei (Irenäus, Tertullian und Klemens).
[43] Early christian Creeds, (London 1950, ³1972), dt. Fassung: Glaubensbekenntnisse.
[44] Tradition.
[45] Ritter, Recht 2-7.
[46] H.v.Campenhausen, Amt.
[47] H.v.Campenhausen, Bibel.
[48] Diese zu Ende zu führen, war ihm nicht mehr vergönnt. Vgl. aber insbesondere H.v.Campenhausen, Bekenntnis; ders., Bekenntnis Eusebs.
[49] Bekenntnis Eusebs, 288 Anm.16. Er dachte hierbei besonders an die Bezeichnungen τὸ τῆς ἀληθείας κήρυγμα, ὅρος τῆς ἀληθείας und ἐκκλησιαστικὸς ὅρος.
[50] So bereits Kunze, Glaubensregel 14.
[51] Campenhausen, Bekenntnis Eusebs 291.

Diese allgemein postulierte *Sinnverschiebung* in der kirchlichen Verwendung des Begriffes κανών im 4. Jahrhundert muß wohl vornehmlich in der kirchenrechtlichen Anwendung des Begriffes erblickt werden. Dieser Vorstellung korrespondiert es dann, daß unter »der Richtschnur« vor 300 exklusiv »eine dogmatische Norm zu Sicherung der christlichen Wahrheit gegen die Irrlehre« erblickt wird, in der von »sittlichen Verpflichtungen« »gerade nicht die Rede ist«.[52] Hinzu kommt eine häufiger zu beobachtende Bereitschaft, neben den einschlägigen Begriffen κανών τῆς πίστεως und κανών τῆς ἀληθείας auch andere wie κανών τῆς ἐκκλησίας, κανών ἐκκλησιαστικός usw. als Synonyma in diesem Sinne zu verstehen.[53] Dies hat dann zur Folge, daß der mit dem Kanon-Begriff seit frühester Zeit engstens verbundene Bereich der Normen christlichen Wandels und kirchlicher Ordnung, das ganze Feld kirchlicher Praxis, des Ritus und des Ethos nicht mehr gleichzeitig in den Blick genommen wird.

Man kann somit festhalten, daß die theologische Erforschung der Verwendung des Kanon-Begriffes in der Alten Kirche sich bislang vornehmlich und methodisch bewußt auf die Bereiche der »Kanongeschichte« und der Bekenntnisentwicklung beschränkt hat. Mancher wird vielleicht fragen, ob sich in solcher Beschränkung auf »Schrift und Bekenntnis« nicht auch ein bestimmtes »Vorverständnis« in der Sicht des kirchlich Normativen und der Normenproblematik in der Alten Kirche manifestiert. Es ist jedenfalls festzustellen, daß das kirchengeschichtliche Thema der Entstehung und Bedeutung der ältesten Kanonessammlungen und der kirchenrechtlichen Sammlungen überhaupt theologisch nicht selten als marginal betrachtet wird – zumindest was den evangelischen Bereich anlangt –, und eine eingehende historische Erforschung dieses Feldes eher bei Profanhistorikern und Rechtshistorikern anzutreffen ist als bei Theologen. Ein besonders herausragendes und in vielerlei Hinsicht unübertroffenes Beispiel sind hier die umfangreichen Studien, die *E.Schwartz* dieser Materie gewidmet hat.[54] Vielleicht hat auch seine ehrfurchtgebietende philologische Kompetenz zu einer theologischen Zurückhaltung diesen Themen gegenüber das Ihre beigetragen, obgleich gerade *Schwartz* seinerseits mit theologischen Urteilen bekanntlich keineswegs gespart hat.

So hat er in seinen Studien eine Theorie über die Entstehung, den Ursprung und die Bedeutung von *Kanones in der Alten Kirche* entwickelt, die ihren Standort und Blickwinkel von den späteren »Kanonessammlungen« zur Zeit der Reichskirche gewinnt und so gewissermaßen in die Anfänge zurückblickt. Dabei wird deutlich, daß er – unausgesprochenermaßen – mit der

---

[52] A.a.O., 290. Bestätigend und die eigene Position zusammenfassend zitiert von: Ritter, TRE 13, 405.

[53] So bereits: Kunze, Glaubensregel 9. Er erwähnt auch noch die dazugehörenden »sinnverwandten« Begriffe: θεσμός, γνώμων und ὅρος.

[54] Genannt seien hier nur: Schwartz, Kanonessammlungen; ders., Bußstufen; ders., Streit; ders., Kirchenordnungen.

»klassischen Symbolforschung« – und insofern diese Grundposition auch von den Forschungen zur »Glaubensregel« nicht in Frage gestellt wurde, auch mit dieser – in einer grundsätzlichen Entscheidung übereinstimmt. Die grundsätzliche Übereinstimmung besteht darin, daß der Bereich des dogmatisch Normativen von dem der Normen des Lebens und Handelns der Kirche strikt getrennt wird. Andererseits vertritt er aber hinsichtlich der entsprechenden Zuordnung des Begriffes κανών geradezu das Gegenteil, insofern es nun eben der *Kanon-Begriff* ist, der *ausschließlich* für den Bereich des *Disziplinären* gelte und von dem jeder Lehrinhalt prinzipiell zu trennen sei.

> Mit den Worten von *E. Schwartz:* »Kanones und Symbole heißen zwar beide ὅροι, sind aber ihrem Wesen nach verschieden .... Es ist kein Zufall, daß die Glaubensdefinitionen von den Regeln über Disziplin und hierarchische Ordnung gesondert gehalten werden; man braucht sich nur an Serdika, Konstantinopel, Chalkedon zu erinnern.«[55] Statt κανών werde zwar auch oft der Begriff ὅρος gebraucht. Dieser sei aber »der allgemeinere Begriff, der später die obligatorische ἔκθεσις πίστεως der Reichskirche mit umfaßt. Daher kann die Gleichung κανών = ὅρος nicht umgedreht werden; der dogmatische ὅρος ist der Theorie nach unwandelbar, der disziplinäre κανών elastisch.«[56]

Es scheint mir nahezuliegen, daß *Schwartz* sein Verständnis von *Kanon* bei der jahrzehntelangen Arbeit an der Edition der Akten der Reichssynoden von 431 und 451 gewonnen hat, und das eingangs zu Chalcedon Gesagte als Endpunkt einer Entwicklung in der Bezeichnung und Sammlung disziplinärer Synodalbeschlüsse als *Kanones* scheint diese Position in gewisser Hinsicht zu bestätigen. So beruft sich *Schwartz* auch ausdrücklich auf eine Episode auf dem *Chalcedonense*, in der es um die Fragen von ὅρος und κανών geht.[57] Schon ein erster Blick in die Akten dieser Synode läßt indes die Frage aufkommen, ob selbst dort in diesem trennenden Sinne von dogmatischem *Horos* und disziplinärem *Kanon* geredet werden kann.

> Denn für das Chalcedonense[58] wird keineswegs jeder disziplinäre Horos der Synode zu einem »Kanon«. Die Fülle der kirchenrechtlichen Entscheidungen in den actiones VIII–XV wird nicht »Kanones« genannt[59], die 27 »Kanones« der Synode stehen unter der Überschrift »ὅροι ἐκκλησια-

---

55 Schwartz, Kanonessammlungen 193. Ähnlich ebd. 203: »Beide Arten von ὅροι gehören nun einmal, wie ... immer wiederholt werden muß, nicht zusammen«.

56 A.a.O., 177 Anm.3.

57 »Vgl. die Debatte zwischen Dioskoros und seinem Ankläger Eusebius von Dorylaeum auf der chalkedonischen Synode« (ebd.). Vgl.: ACO II 1,158f. (p.91,15ff.).

58 Ich verweise hier nur auf: L.R.Wickham, TRE 7, 668-675.

59 Vgl.: CPG 9006. 9009. 9010. 9011. 9013. 9014. 9016. 9017. 9019.

στικοί«[60], und der so umstrittene, auf actio XVII verhandelte »can.28«[61] wird von der Synode allein ψῆφος genannt[62] und rangiert auch in den orthodoxen Kanonessammlungen des 6. Jahrhunderts noch nicht als »Kanon«.[63] Der dogmatische Horos von 451[64] wird unter Berufung auf »den Kanon« formuliert, der keine neue ἔκθεσις πίστεως zulasse[65], womit entgegen der verbreiteten Meinung[66] m.E. nicht der Horos der 6. Sitzung des Ephesenums von 431[67] gemeint sein kann, weil dieser weder auf dem Ephesenum selbst als »Kanon« firmiert noch die Synode von 431 überhaupt im expliziten Sinne »Kanones« erlassen hat, die deshalb in der 451 benutzten Sammlung auch nicht enthalten waren. Solche »Kanones von Ephesus« sind nicht vor der Synagoge des Johannes Scholastikos in der Mitte des 6. Jahrhunderts greifbar.[68] In den dogmatischen Horos von 451 geht nun aber jener Horos der actio VI von 431 als wörtliches Zitat ein[69], der dann ab der Mitte des 6. Jahrhundert als »can.7« von Ephesus bezeichnet wird.[70]

Es ist m.E. deutlich, wie eng auch auf dem Chalcedonense *Horos* und *Kanon* verbunden sind und wie auch noch der dortige Sprachgebrauch einer detaillierten Analyse bedürfte.[71]

Auch wenn man mit *Schwartz* zurückblickt, kommen Fragen auf. Denn die Behauptung, daß *Horos* und *Kanon* auf des Synode von *Konstantinopel (381)* »gesondert gehalten werden«, wird man angesichts der neueren Forschungen zum Constantinopolitanum I kaum noch vertreten können. Denn danach kann weder im sog. Nicaenoconstantinopolitanum noch im verlorengegangenen Lehrtomos ein Synodalbeschluß im engeren Sinne erblickt werden, sondern es ist vielmehr gerade der sog. »can.1«, dem in dogmatischer Hinsicht für die Bewahrung und Bestätigung des nizänischen Glaubens entscheidende Bedeutung zukommt.[72]

---

[60] ACO II 1,2, p.354.

[61] CPG 9018.

[62] ACO II 1,3, p.458,10ff.; 89,2.

[63] Vgl.: V.N.Beneševič, Synagoge 7.259; ders., Syntagma 124f.

[64] Actio V 30-34: ACO II 1,2, p.126-130.

[65] ACO II 1,2, p.78,9ff.16ff.23ff.32ff.

[66] Vgl. z.B.: Wickham, TRE 7, 670.

[67] CPG 8721.

[68] Beneševič, Synagoge 6.

[69] ACO II 1,2, p.130,5-11.

[70] Joannou, CCO 57-65.

[71] Diese ist von mir durchgeführt worden, soll aber, um den Rahmen dieser Untersuchung nicht über Gebühr auszudehnen, gesondert vorgelegt werden.

[72] Ritter, Konzil 132-209.239-253; ders., Stand der Forschung 43-62.48-52; vgl. auch ders., TRE 19, 520f.

Man kann weiterhin unter den Synodalkanones der Alten Kirche und auch noch denen der byzantinischen Zeit eine beträchtliche Zahl von solchen festmachen, die »dogmatisch-symbolischen Charakter« haben.[73] Und schließlich ist es nun gerade die Forschung zur »Richtschnur« gewesen, deren Vertreter lehren, daß der kirchliche Kanon-Begriff der vorchalcedonischen Zeit schwergewichtig – wenn nicht ausschließlich – eine »dogmatische Norm« sei.

Man muß sich klarmachen, daß *E. Schwartz* aus der beschriebenen prinzipiellen Differenzierung beträchtliche historische *Konsequenzen* auch für den Bestand der alten Kanonessammlungen zog. Diese gehen dahin, daß überall dort, wo in den erhaltenen Sammlungen am Anfang oder an anderer Stelle ein Glaubensbekenntnis steht, dieses nicht ursprünglich sein könne, sondern andere Ursachen für sein Auftauchen gegeben sein müßten, denn »beide Arten von ὅροι gehören nun einmal ... nicht zusammen«.[74] So stehe auch das Symbolum Nicaenum nur am Anfang des vorchalcedonischen *Corpus canonum*, damit dieses trotz seiner homöischen Herkunft »als ein Werkzeug der nicaenischen Orthodoxie erscheinen« könne.[75]

Um das Problem noch einmal zuzuspitzen: Wir begegnen bei den namhaftesten Exponenten der Erforschung der Bekenntnisentwicklung und der Geschichte der Kanonessammlungen der Alten Kirche einer grundsätzlichen sachlichen Trennung von dogmatischer Norm und Normen kirchlichen Lebens, von »Dogma« und »Disziplin«, von Lehre und Leben unter Beanspruchung desselben zentralen Terminus κανών für die jeweils entgegengesetzte Größe! Eine eingehende Untersuchung dessen, was denn nun κανών in der Alten Kirche ist, scheint also dringend geboten zu sein.

Schließlich ist auch noch die *Schwartz'sche Hypothese* über *Ursprung und Entwicklung der Kanones* zu skizzieren, weil ihr eine beträchtliche Wirkungsgeschichte zukommt.

---

[73] Dies hat der griechische Theologe J. Karmiris in seiner Sammlung orthodoxer Bekenntnisschriften im Detail vorgeführt. Vgl.: Karmiris, Μνημεία 19.29. Um deutlich zu machen, daß diese Qualifizierung nicht peripher ist, setze ich diejenigen Kanones (nur bis 451!) her, die Karmiris so beurteilt: Nizäa: can. 8, 19, 6, 7, 13, 20 (S.123); Konstantinopel 381: can. 1, 2, 3, 5, 6, 7 (S.132); Ephesus 431: can. 1, 4, 7, 8 (S.155); Chalcedon 451: can. 1, 28, 9, 17, 14, 19 (S.176ff.); Kanones der Apostel: 1, 2, 3, 6, 7, 28, 34, 35, 37, 45, 46, 47, 49, 50, 52, 60, 62, 64, 68, 81, 85 (S.251); Gangra: can. 1, 4 (S.256); Laodicea: can. 6, 7, 8, 9, 31, 32, 33, 35, 48, 59, 60 (S.256). Karmiris hat freilich gleichzeitig eine prinzipielle Unterscheidung von dogmatischen, stets von »ökumenischen Synoden« verfaßten Horoi und »Kanones« vertreten (ders., Distinction). Seine von der orthodoxen Dogmatik bestimmte historische Sicht altkirchlicher Synodalentscheidungen ist allerdings selbst in der orthodoxen Theologie umstritten. Vgl. dazu: Ohme, Diskussion.

[74] Schwartz, Kanonessammlungen 203.

[75] A.a.O., 194. s.a.194.203.

E. Schwartz gehörte bekanntlich in der Auseinandersetzung um die Frage
der *paenitentia secunda* in den frühen Christenheit zusammen mit *H. Windisch, H. Koch, M. Dibelius* u.a. zu den Vertretern der sog. *Tauftheorie*[76],
wonach die Möglichkeit einer zweiten Buße vor dem Hirten des Hermas
undenkbar gewesen sei und erst danach sich ein System – schließlich
abgestufter – Buße entwickelt habe.[77] Hier habe man nach der Meinung
von *Schwartz* nun auch den *Ursprung der Kanones* zu suchen: »Die Bestimmungen, die diese Praxis regeln, heißen κανόνες, lateinisch regulae.«[78]
Schwartz gewinnt sein Argument dabei weitgehend aus der detaillierten
Analyse[79] der sog. »kanonischen« Briefe Basilius d. Großen (†379), die
wesentlich ältere Bußbestimmungen – teilweise bereits gesammelt – enthalten und eine der wichtigsten Quellen für die Frage der Bußstufen
darstellen.

Der Begriff hat ohne Zweifel eine spezifische und alte Bedeutung in der
Bußterminologie. Er gewinnt anscheinend seine Anwendung aus der festen,
gleichbleibenden Zeitspanne der verschiedenen Bußzeiträume und wird in
diesem Sinne auch schon im can. 24 von Ankyra benutzt, in dem als Epitimie
verordnet wird: »τὸν κανόνα τῆς πενταετίας«. Ob man aus diesem Sprachgebrauch allerdings auf den »Ursprung der Kanones« schließen kann, bleibt zu
fragen. Studiert man jedenfalls daraufhin die einschlägigen Quellen zur
Bußfrage in der Alten Kirche, wie sie *H. Karpp* bis zu Origenes und Cyprian
zusammengestellt hat[80], so kommt man zu dem Ergebnis, daß der Begriff
κανών wie die lateinische Entsprechung *regula* in diesem Kontext keine
dominante Rolle spielt, wie man dies wohl ansonsten erwarten dürfte.

Auf die Frage, wer denn nun die Kompetenz hatte, solche *Kanones* zu
erlassen, verweist *Schwartz* auf die *Bischöfe*, von denen im Prinzip jeder aufgrund seiner in geistlicher Vollmacht gegründeten Autonomie dazu befugt
gewesen sei.[81] Er nennt dazu allerdings allein die Bußbestimmungen des Petrus
von Alexandrien (†311) in dessen sog. »kanonischen« Brief. Dieser habe »kraft
seines Amtes von sich aus Kanones« erlassen.[82]

---

[76] Vgl. hierzu jetzt: I. Goldhahn-Müller, Grenze 3-26.

[77] Vgl. Schwartz, Bußstufen.

[78] Ders., Kanonessammlungen 177. Diese These ging – oft ohne Angabe ihrer Herkunft – in die Lit. ein. Vgl. z.B.: Schott, RGG³ 3, 1118; W.-D. Hauschild, Briefe II,
173 Anm. 209: »Kanones sind ursprünglich Regeln der Bußpraxis«.

[79] Vgl.: Bußstufen 316-333; Kanonessammlungen 182-186.

[80] Buße.

[81] Vgl.: Kanonessammlungen 178.

[82] Ebd.

Nach *Schwartz* sind es nun die *Synoden* »in der alten freien Form« der
vordiokletianischen Zeit, »die jeder Bischof berufen konnte, und die an
keine Provinzgrenze gebunden waren«, deren Beschlüsse als »Manifestationen des h.Geistes« zu den Bußkanones hinzutraten. Denn »es sind wesentlich zwei Formen, in denen die Bischöfe ein gemeinsames Disziplinarrecht
zu schaffen versuchen, die des Reskripts und die des Synodalbeschlusses«.[83]
Schwartz verweist hierfür auf die ältesten erhaltenen Synodalbeschlüsse der
Synoden von Ankyra (314) und Neocaesarea (315/9), aber auch auf die
Beschlüsse von Nizäa und Antiochien, in denen »ältere Kanones angeführt«
werden, »die nur auf freien, vor der Verfolgung abgehaltenen Synoden
beschlossen sein können«.[84]

Schon bei den von ihm selbst dazu gebotenen Belegen[85] fällt auf, daß hier
meist von *Horoi* und nicht von *Kanones* die Rede ist. So wird man in der Tat
den Wortlaut dieser *Kanones* der ältesten Synoden einmal genau daraufhin
befragen müssen, wovon sie eigentlich reden, wenn sie von einem κανών
sprechen.

Schließlich stellt sich die weitere Entwicklung für *Schwartz* so dar, daß nun
zu dem *»ausgebildete(n) Disziplinarrecht«* in den »ältere(n) Kanones« ab
Neocaesarea *»Bestimmungen über Klerikerdisziplin«* hinzutreten.[86] Mit den
Synoden der Reichskirche jedoch, ab Nizäa und Antiochien, »wird hier die
Regel«, »was bis dahin kaum vorkommt«: »nicht nur der Klerus vom
Presbyter abwärts, sondern auch der Bischof wird den Kanones unterstellt,
die für die kaiserliche Reichskirche erlassen sind.«[87] Es seien nun die
kaiserlichen Absichten der Kirche gegenüber, die dazu führten, daß »die für
die Neuordnung wichtigsten Bestimmungen ... in die herkömmliche Form
der Kanones gepreßt und unter die übrigen Kanones der nicaenischen
Synode gestreut (wurden): es sollte so aussehen, als habe die Kirche von
sich aus Ordnungen erlassen, nicht anders als sie längst gewohnt war,
Richtlinien für die Wiederaufnahme von lapsi und die Disziplin des Klerus
aufzustellen.«[88]

In der *Schwartz'schen* Hypothese über den Ursprung und die Entwicklung
der *Kanones* findet also eine bestimmte Sicht der Entwicklung und Geschichte
der Alten Kirche ihren Niederschlag, die man folgendermaßen umschreiben
könnte: In den Anfangszeiten des dem Ideal der Gemeinde der Heiligen

---

[83] Kanonessammlungen 179.178.
[84] A.a.O., 180.
[85] Vgl. ebd. Anm.1.
[86] A.a.O., 186.
[87] A.a.O., 187f.
[88] A.a.O., 189.

verpflichteten Rigorismus gab es keine Kanones. Erst mit dem Aufkommen der zweiten Buße werden auch Kanones als Bußbestimmungen aufgestellt. Diese *Kanones* sind unmittelbare Folge der Entstehung des monarchischen Episkopats und ihre Festlegung Ausdruck bischöflicher Amtsgewalt und geistlicher Vollmacht. In der Reichskirche kommt es sodann neben einer Reglementierung des Klerus zu einer Instrumentalisierung der Kanones für staatliche Zwecke, um den Ausbau der bischöflichen Hierarchie voranzutreiben. So werden die *Kanones* der Reichskirche Ausdruck ihrer Klerikalisierung und Hierarchisierung. Es ist wohl deutlich, wie sehr hier ein bestimmtes »Vorverständnis« der kirchlichen Entwicklung für die Frage nach dem *Kanon* in der Alten Kirche erkenntnisleitend war.

Die von dem Rechtshistoriker *L.Wenger* 1942 an die Theologie gerichtete Forderung nach einer Untersuchung des Kanon-Begriffes »auch in den kirchlichen Quellen aller Art« schien mir deshalb angesichts dieser Forschungslage weiterhin ihrer Erfüllung zu harren. Denn die exkursartigen Ausführungen im Bereich der »Kanongeschichte« haben eher den Charakter von Begriffsstatistiken, und die Fragestellung in den Forschungen zur Bekenntnisentwicklung klammern die Dimensionen von Lebensnorm, kirchlicher Ordnung und Recht weitgehend aus, die primär philologisch vorgehende Erforschung der altkirchlichen Kanonessammlungen schließlich operiert mit einem in späterer Zeit gewonnenen, fragwürdigen Kanonbegriff.

Es wird bei einer *theologischen* Untersuchung zur Bedeutung des Kanon-Begriffes in der Alten Kirche deshalb darauf ankommen, diese verschiedenen Dimensionen des Kanonischen *gemeinsam* in den Blick zu nehmen. Grundlegende Voraussetzung dafür ist es m.E., daß die »Schallmauer« des Jahres 300 durchbrochen werden muß[89] und das 4. Jahrhundert miteinzubeziehen ist. Es wäre dabei zu prüfen, ob der in den Bestimmungen von Nizäa auftauchende Begriff κανὼν ἐκκλησιαστικός tatsächlich »wie aus der Pistole geschossen« kommt.[90] Die sog. »Synodalkanones« als eigenständige späte Entwicklung und Ausdruck der »Verrechtlichung« der Kirche nach der »Konstantinischen Wende« abzutun, führt m.E. nicht weiter. Diese Bestimmungen sind vielmehr gerade auf ihre Sicht des Kanonischen hin mit in den Blick zu nehmen. Wenn Sokrates († nach 439) in seiner Kirchengeschichte zum Concilium Nicaenum anmerkt, daß die Bischöfe dort auch noch anderes festschrieben, »was ›Kanones‹

---

[89] Dieser Jahreszahl als entwicklungsgeschichtlicher Wasserscheide begegnet man überall. So trete angeblich erst »from about A.D. 300 onwards« der Begriff im Plural auf (so: B.M.Metzger, Canon 291). Eine bezeichnende Vorstellung der geschichtlichen Entwicklungen in dieser Linie bietet P.Neuenzeit, Kanon 419. Der Vf. stellt nämlich allein die »biblische Relevanz« des Kanon-Begriffes dar, um dann hinzuzufügen: dieser wurde »nicht auf die Bibel eingeschränkt, sondern vielmehr auch auf das ius canonicum ausgedehnt, seitdem das Nicaenum im Jahre 325 seine Beschlüsse canones genannt hatte« (wörtlich übernommen von: Sand, Kanon 9f.).

[90] Dies meinte A.v.Harnack, Jus ecclesiasticum 495.

genannt zu werden pflegt«[91], so wird man gut daran tun, eine gewisse terminologische Distanziertheit in dieser Formulierung nicht einfach zu überhören.
Jedenfalls scheint mir deutlich zu sein, daß es *methodisch* darauf ankäme, die
Verwendung des Kanon-Begriffes hinsichtlich der sog. Glaubensregel *und* der
Normen christlichen Lebens und kirchlicher Ordnung zu überprüfen. Es wäre
dabei m.E. nicht angemessen, eine »Bedeutungsgeschichte« des Wortes nach
dem Vorbild *Oppels* nun schon zum Gliederungsprinzip der Darstellung zu
erheben. Die Aufgabe einer neuen Untersuchung besteht meiner Meinung
nach gerade darin, in der Darstellung des Materials erst einmal auf eine
»Bedeutungsgeschichte« zu verzichten, um bestenfalls als Ertrag der Untersuchung die Frage zu erheben, inwiefern man auch von einer Geschichte der
Bedeutung(en) des Wortes κανών in der Alten Kirche reden kann. Es muß
also ganz bescheiden zuerst einmal darum gehen, in den einschlägigen kirchlichen und theologischen Quellen die Bedeutung des verwendeten Begriffes zu
erheben, bevor man nach einer Geschichte desselben fragen könnte. Das
Interesse der Untersuchung muß dabei die philologischen Fragen mit einer
sachgeschichtlichen Untersuchung theologischer Natur verbinden. Es geht um
die theologische Verwendung dieses Begriffes in der Alten Kirche und die
daraus sich ergebenden theologischen und historischen Fragen und Konsequenzen.

Für die *Gliederung* der Untersuchung ergibt sich, daß die methodischen
Vorüberlegungen die Berücksichtigung eines breiten Zeitraumes erforderlich
gemacht haben. Das 4. Jahrhundert ist zwingend miteinzubeziehen. Eine
zeitliche Begrenzung auf das Ende dieses Jahrhunderts ist insofern berechtigt,
als hier die Sammlungen von »Synodalkanones« und »Kirchenordnungen« im
Osten zum ersten Mal greifbar werden. So blickt auch die Konstantinopeler
Synode des Jahre 381 in ihrem can.2 auf die Beschlüsse von Nizäa als »Kanones«
zurück. Bei diesem breiten Zeitrahmen ist allerdings darauf zu achten, daß die
Fülle des Materials überhaupt *bearbeitbar* bleibt. So kann die Untersuchung
nicht den Anspruch erheben, im Sinne statistischer Vollständigkeit jeden
literarischen Beleg für die Verwendung des Kanon-Begriffes im kirchlichen
Kontext der ersten vier Jahrhunderte zu belegen und zu analysieren. Allerdings
mußte es darauf ankommen, die *maßgeblichen* theologischen Zeugen und
Entwürfe, Stellungnahmen, Verlautbarungen und Ereignisse in den Blick zu
nehmen, die in exemplarischer und repräsentativer Weise Aussagen erlauben,
um die wesentlichen Entwicklungen auf den Punkt zu bringen. So kann die
Studie grundsätzlich nur *exemplarisch* vorgehen, obwohl für die jeweils behandelten Autoren, Synoden und Konflikte *Vollständigkeit* angestrebt wurde.[92]
Ein exemplarisches Vorgehen in diesem Sinne wurde vollends zwingend, als

---

[91] Τότε δὲ οἱ ἐν τῇ συνόδῳ ἐπίσκοποι καὶ ἄλλα τινὰ ἐγγράψαντες, ἃ κανόνας
ὀνομάζειν εἰώθασιν: H.e. I 13,11 (Hansen 46,5f.).

[92] Eine Ausnahme bildet hier das Kap. über Basilius d. Gr., s.u.

mir klar wurde, daß die detaillierten Forschungsergebnisse zur *regula fidei*
nicht einfach nur referierend dargestellt werden konnten, sondern daß die
umfassendere Fragestellung auch dazu eine eigenständige Quellenanalyse erforderlich macht.

Bei den *Voraussetzungen* erübrigte es sich, neben Philo von Alexandrien auch
weitere jüdische hellenistische Literatur in den Blick zu nehmen. Denn in der
gesamten griechischsprachigen Pseudepigraphik des Alten Testamentes kommt
der Kanonbegriff nur an zwei Stellen im umgangssprachlichen Sinn von »Maß«
und »Regel« vor.[93] Nachdem die immense Wirkungsgeschichte Philos fast ausschließlich auf den kirchlichen Raum begrenzt ist, war eine Analyse seiner Verwendung des Kanon-Begriffes allerdings geboten. Im Hauptteil A wurden die
Apologeten nicht in die Untersuchung einbezogen, nachdem schon ein Blick in
die einschlägigen Indices[94] deutlich macht, daß der Kanon-Begriff in dieser Literatur keine besondere Rolle spielt.[95] Im 4. Jahrhundert habe ich darauf verzichtet, das Werk Athanasius' d. Gr. einer Analyse zu unterziehen. Ebenso habe ich
am Ende meiner Studien das geplante Kapitel über den Kanon-Begriff in den
älteren Papstbriefen und Dekretalen nicht zu Ende geführt, als klar wurde, daß
damit keine wesentliche Veränderung des Ergebnisses mehr einhergehen würde.[96] Es ging in der letzten Phase der Arbeit um die Entscheidung, auf welche
bereits durchgeführten oder geplanten Analysen verzichtet werden kann und für
welche eine Beschränkung zu verantworten wäre, um die Möglichkeit einer inhaltlich repräsentativen Aussage mit der Notwendigkeit einer umfangmäßig
noch verantwortbaren Darstellung zu verbinden. Das erste betrifft Chalcedon
und die Dekretalen, das zweite Athanasius, das letzte Basilius. Aus diesem Grund
kommt das Kapitel über Basilius auch entgegen einer streng chronologischen
Anordnung erst nach der Synode von Konstantinopel (381) zu stehen. Andererseits hat es sich im Laufe der Arbeit gezeigt, daß es nicht hilfreich wäre, der Studie
zwanghaft einen zeitlichen Rahmen aufzuerlegen und nach dem Jahre 381 die
Augen zu schließen. So reicht das Kapitel über die africanischen Synoden bis ins
6. Jahrhundert und berücksichtigt auch den Sprachgebrauch Augustins.

Insgesamt ergibt sich von diesen Vorüberlegungen her nun folgende *Anlage*
der Untersuchung. In einem *Hauptteil A* werde ich die Verwendung der
Begriffe κανών und *regula* in zentralen theologischen Entwürfen des 2. und 3.
Jahrhunderts prüfen. Dazu wird das theologische Werk von Irenäus von Lyon,
Tertullian, Klemens von Alexandrien, Hippolyt von Rom, Origenes und
Novatian einer Überprüfung unterzogen.

---

[93]   Vgl.: Denis, Concordance 255: Arist.2,6; Test.Naph.2,3. Die genannte ps.epigraphische
       Lit. findet sich aufgelistet bei: J.Maier, Zwischen den Testamenten 65-89.

[94]   E.J.Goodspeed, Index.

[95]   Man kann zwar über »Taufbekenntnis« und »Glaubensregel« bei Justin handeln (vgl.
       z.B.: Kunze, Glaubensregel 415-436; Kelly, Glaubensbekenntnisse 74-80), der Begriff
       »Kanon« freilich taucht bei ihm nicht auf.

[96]   Dieses Kapitel wird gesondert vorgelegt.

Hauptteil B fragt nach der Verwendung der Begriffe κανών und *regula* in kirchlichen Konflikten und Entscheidungen der ersten drei Jahrhunderte. Nachdem die meisten der in A behandelten Theologen auch persönlich in kirchlichen Konflikten gestanden haben, spielt diese Fragestellung bereits in Hauptteil A hinein, wird aber hier nun nochmals eigens thematisiert. So wird zuerst nach dem Kanon-Begriff des 1. Klemensbriefes gefragt, der einzigen Schrift der »Apostolischen Väter«, in der der Terminus überhaupt vorkommt. Sodann überprüfe ich die ältesten Belege für κανών τῆς πίστεως und κανών τῆς ἀληθείας auf ihre Bedeutung. Das theologische Werk Cyprians behandle ich ganz unter der Fragestellung von Hauptteil B, und zwar hinsichtlich der beiden sein Leben und theologisches Denken bestimmenden Konflikte um die kirchliche Buße und den sog. Ketzertaufstreit. Ich frage weiter nach dem Verhältnis von kirchlichem Kanon-Begriff und den Weisungen des Orts-bischofs, wie sie uns in den ältesten erhaltenen einschlägigen Zeugnissen bei Dionysius von Alexandrien, Gregor Thaumaturgos und Petrus von Alexandri-en überliefert sind. Das letzte Kapitel dieses Teils fragt nach der Verwendung des Begriffes auf allen bekannten vorkonstantinischen Synoden.

Hauptteil C ist dem kirchlichen Kanon-Begriff nach der »konstantinischen Wende« gewidmet. Nach einem Blick auf die Anfänge des Donatistenstreites ist es dann die Synode von Nizäa, die besonderes Interesse beansprucht. Weiterhin werden die Synoden von Antiochien 324/5 und ca.330, Gangra, Laodicea, Serdika und auch die gesamten africanischen Synoden eingehend überprüft. Mit einer Analyse der sog. »Kanones der Apostel« und der Literatur der Kirchen-ordnungen, der Konstantinopeler Synode von 381 und schließlich des Kanon-Begriffes bei Basilius d.Gr. kommt die Untersuchung zu ihrem Abschluß.

Am Anfang kommen die wichtigsten *Voraussetzungen* zur Darstellung. Dazu wird eingangs die einschlägige Untersuchung von *H. Oppel* zum Kanon-Begriff in der außerchristlichen Antike referiert. Darauf frage ich nach einer möglichen Prägewirkung durch die Sprache der Septuaginta und Philo von Alexandrien. Es folgt die Analyse der ersten Aufnahme des Kanon-Begriffes in der christlichen Literatur beim Apostel Paulus. Dieser Teil wird abgeschlossen durch die Darstellung der Untersuchung von *L. Wenger* über κανών und *regula* in den römischen Rechtsquellen, die freilich hinsichtlich der Ergebnisse der rechtsgeschichtlichen Forschungen der letzten 50 Jahre zu den *regulae iuris* ergänzt werden mußte. Nachdem die Kapitel der drei Hauptteile fast durch-gängig mit Zusammenfassungen schließen, beschränkt sich das abschließende Resümee auf die Darstellung der zentralen Ergebnisse.[97]

---

[97] Was die Schreibweise griechischer Eigennamen anlangt, so habe ich die in der deut-schen Sprache eingebürgerte Namensform benutzt, also: »Basilius von Caesarea« und nicht »Basileios von Kaisareia«. Ungebräuchliche Eigennamen werden aber auch in der Originalform zitiert, so daß konsequente Einheitlichkeit nicht angestrebt ist. Denn »Konsequenzmacherei« führt hier einerseits »lediglich zur Ausbürgerung der Antike aus dem deutschen Sprachschatz« (So richtig: R.Lorenz, Nachsynode 22), andererseits aber auch zu zwanghafter Latinisierung oder Verdeutschung.

Voraussetzungen

I. »KANON« IM ALLGEMEINEN SPRACHGEBRAUCH DER AUSSERCHRISTLICHEN ANTIKE

1. SEMITISCHE HERKUNFT UND ALLGEMEINE BEDEUTUNG

Der in der antiken Kultur zu so umfassender Bedeutungsfülle gelangte Begriff κανών ist in der griechischen Sprache Derivat eines Fremdwortes. Er ist gebildet aus κάνη, κάννα (Rohr, Schilfrohr, aus Rohr geflochtene Decke oder Korb), einem *Lehnwort* aus dem Semitischen.[1] Im Hebräischen war der botanische Begriff קָנֶה (Schilfrohr) – wie im Assyrischen – bereits zu einer technischen Bezeichnung geworden für das Meßrohr, die Meßrute, die Maßeinheit (Ez 40,3.5; 42,16-19; 40,6-8); aber auch für die Waagebalken (Jes 46,6).

Im griechischen Kontext[2] trat die semitische Grundbedeutung zurück, und die »Gleichsetzung der Begriffe von Rohr und Geradheit«[3] wurde zur dominierenden Vorstellung. Zur allgemeinsten Bedeutung von *Kanon* seit homerischen Zeiten wurde somit »gerade Stange« oder »Stab«. Dabei war nicht das Material das Bestimmende, sondern die äußere Form, so daß der Begriff in unterschiedlichsten Zusammenhängen Verwendung finden konnte (Waagebalken, Webestab, Lanzenschaft u.a.m.).[4] Spezifische Bedeutung – und in dieser dann auch besonders häufige Verwendung – erlangte das Wort erst in der Baukunst. *Kanon* bezeichnet dort das *Richtscheit*, ein mit *Maßstab* versehenes, völlig gerades Holz. Es ist »ein Werkzeug des Zimmermanns und überhaupt Bauhandwerkers zur Bestimmung und Herstellung der geraden Richtung des zu bearbeitenden Holzes oder Steines«[5]; es soll der Genauigkeit der Arbeit dienen, der ἀκρίβεια.

> »Für die gesamte Entwicklungsgeschichte des Wortes ist diese Einzelbedeutung von besonderer Wichtigkeit: sie bildet den Ausgangspunkt für

---

[1] Vgl. hierzu und zum Folgenden: Zahn, Grundriß 1-4; Oppel, Κανών; Beyer, κανών; Gaertner/Wirsching, Kanon; Szabó/Redaktion, Kanon.

[2] Unsicher bleibt, »ob κανών eine erst auf griechischem Boden entstandene Weiterbildung ist, oder ein in sehr früher Zeit direkt aus einer semitischen Sprache entlehnter Ausdruck« (Zahn, Grundriß); Oppel (1) hält es für eine griechische Bildung.

[3] Oppel, Κανών 2.

[4] Belege: a.a.O., 3-9.

[5] Zahn, Grundriß 2; Belege ebd.u. bei Oppel, Κανών 10ff.; s.a. Beyer, κανών 601.

die Übertragungen auf das Gebiet des Geistigen: mit dem κανών der Maurer und Zimmerleute kommt der Begriff des Maßes zu dem der Geradheit hinzu.«[6]

2. »KANON« ALS AUSDRUCK DES EXAKTHEITSSTREBENS

Bei dieser Übertragung lassen sich nach *H.Oppel* verschiedene Stufen feststellen, deren Gemeinsamkeit darin besteht, daß »κανών als Schlagwort für das Exaktheitsstreben (ἀκρίβεια) des 5. und 4. Jahrhunderts« gebraucht wird.[7]

So behandelt die nur fragmentarisch erhaltene Schrift des *Polykleitos* mit dem Titel »Κανών« die Lehre von den Proportionen als Grundlage für das Gelingen eines Kunstwerkes. Der Begriff wird hier im Sinne von »Verhältnismaßstab« benutzt und findet Eingang in den Bereich der *Kunst*.[8] In der Musiklehre ist die Bezeichnung übergegangen »auf das Instrument der Musiktheoretiker ..., mit dem sie die mathematischen Verhältnisse messen, auf denen die Intervalle der Töne beruhen«[9] (κανών ἁρμονικός). Von daher erhielt die mathematische Behandlung der *Musiktheorie* durch die Pythagoräer ihren Namen κανονική; deren Vertreter wurden κανονικοί genannt.

a) Im Bereich der Ethik

Im Bereich der *Ethik* und der Erkenntnistheorie wird der Begriff sodann als »geistiges Werkzeug« verstanden. In der Ethik des *Euripides* findet er sich »zuerst in der uns erhaltenen Literatur ... eindeutig auf etwas Geistiges oder Seelisches übertragen.«[10] *Kanon* ist hier ein »geistiges Richtscheit«, das man anwenden müsse, »um das Sittlichgute vom Schlechten trennen zu können«.[11] In der späten platonischen und frühen aristotelischen Ethik sind die Termini κανών und ὅρος Ausdruck einer Einwirkung der exakten Wissenschaften auf die Ethik.

---

[6] Oppel, Κανών 10.

[7] Oppel, Κανών 14-39. Vgl auch: D.Kurz, Ideal.

[8] Vgl.: Oppel, Κανών 14-17.

[9] Ders, 17-20.17.

[10] Oppel, Κανών 24.

[11] Ders., 23.

Der Einfluß insbesondere der Mathematik wird bei *Platon* in seinem Alters-dialog Philebos deutlich. »Die Idee des Guten als das Höchste wird ... dem ›Begrenzten‹, aufs genaueste Bestimmten, gleichgesetzt.« Diese mathema-tisch gefaßte Idee des Guten kann »nur durch exakte Verstandestätigkeit ... erfaßt werden«.[12] Allein die Vernunft (φρόνησις) ist hierzu befähigt. Die auf ihr beruhenden Künste sind der herrschenden Exaktheit entsprechend hierarchisch geordnet.[13] An der Spitze steht die Arithmetik, gleich darunter jedoch die Maß- und Gewichtskunst. Eine Sonderbehandlung erfährt die Baukunst wegen ihrer Genauigkeit in der Verwendung von Richtscheit, Zirkel und Lot.

Aristoteles überträgt in seiner Jugendschrift *Protreptikos* die *Exaktheits-forderung* auf das Gebiet der Politik und Sozialethik: »Wie die Handwerker sich des Lotes und Richtscheites bedienen, ... so muß auch der Staatsmann ὅροι besitzen, nach denen er beurteilt, was gerecht, gut und nützlich ist.«[14] Diese Horoi entnimmt er den Ideen. *Kanon* wird hier also nicht eigentlich im übertragenen Sinn gebraucht, sondern »den ὅροι des Staatsmannes gegenübergestellt. Durch diesen Vergleich mit den ὅροι, den Grenzen, die unserem Handeln gesetzt sind zur Vermeidung von Ungerechtigkeit, kommt zugleich die praktische Bedeutung der Schau der Ideen zum Ausdruck«.[15]

Vom späten Aristoteles wird die Forderung nach Akribie in der *Niko-machischen Ethik* zusammen mit der Ideenlehre aufgegeben. Terminolo-gisch wirkt sich dies allerdings erst in der »hellenistischen Ethik« aus. »Hier scheint κανών fast völlig gemieden worden zu sein. Die Stoiker ... ge-brauchten ausschließlich die neue Metapher κριτήριον...: wie in der Er-kenntnislehre, so verdrängte sie auch in der Ethik κανών in der Bedeutung eines geistigen Prüfungsinstrumentes fast völlig.«[16] (s.u.).

b) Im Bereich der Erkenntnistheorie (κανών und κριτήριον)

Im Bereich der *Erkenntnistheorie* verfaßte *Demokritos* wie sein Zeitgenosse Polykleitos (s.o.) zwischen 430 und 400 eine Schrift mit dem Titel »Κανών«.[17] In dem Werk, das man noch nicht als ein erkenntnistheoretisches System ansprechen kann, geht es um das Problem von Wirklichkeit und Erscheinung angesichts optischer Täuschungen.

---

[12] Ders., 26.

[13] Phil.55d-56e; vgl.: Oppel, Κανών 26f. (Die Belege dieses Kapitels beruhen auf den Angaben bei Oppel und Striker [s.u.]).

[14] Iambl., Protr. X p.54,10 (Pistelli); vgl.: Oppel, Κανών 28.

[15] Oppel, Κανών 29.

[16] Oppel, Κανών 29-32.31.

[17] Bei Sextus Empiricus (Adv.math. VII 138=B11 ed.Diels) zitiert als »κανόνες«; vgl. Oppel, Κανών 33.

Demokrit besprach wahrscheinlich Einzelfälle und gab dann »einen κανών, eine ›Richtschnur‹ für die Beurteilung jedes einzelnen Falles«.[18] Das Auftauchen des Wortes bei *Epikur* scheint auf dessen Abhängigkeit von Demokrit zu beruhen. Sein (verlorenes) Hauptwerk zur Erkenntnislehre, von seinen Schülern als Grundlage der gesamten späteren Erkenntnistheorie betrachtet, trug den Titel »Περὶ κριτηρίου ἢ κανών« (oder περὶ κανόνος).[19] Entsprechend nannten die Epikuräer den ansonsten Logik genannten Teil der Philosophie »Kanonik«.[20]

Weil es *Epikur* grundsätzlich darum ging, der sinnlichen Wahrnehmung den höchsten Grad der Erkenntnisklarheit gegenüber jeder Vernunfterkenntnis zuzuweisen, fragte er nach einem *Kanon* zur Überprüfung der Vernunfterkenntnis. Freilich findet dieser Terminus bei ihm eher selten Verwendung und wird eigentlich durch den Begriff κριτήριον abgelöst. Weil dies jedoch in enger Verbindung und Analogie zum Kanon-Begriff geschieht, wie bereits der Titel von Epikurs Werk zeigt, soll auch jenem Begriff an dieser Stelle einige Aufmerksamkeit entgegengebracht werden.[21]

Beide Begriffe (κριτήριον und κανών) spielen eine zentrale Rolle in der erkenntnistheoretischen Diskussion der griechischen Philosophenschulen des 3. und 2. Jahrhunderts. Dabei ging es im wesentlichen um die Frage nach dem *Kriterium der Wahrheit*, also ob und wie man mit Sicherheit zwischen falschen und wahren Meinungen unterscheiden könne. Was den eigentlichen Wortsinn anlangt, so ist »unter einem κριτήριον ... ein Mittel oder Werkzeug zum Beurteilen – und unter einem κριτήριον τῆς ἀληθείας insbesondere ein Mittel zum Beurteilen alles dessen, was als wahr oder falsch bezeichnet werden kann, zu verstehen.« Nachdem mit der Bezeichnung κριτήριον allerdings nicht ein spezifisches Mittel oder Werkzeug gemeint ist, können durchaus verschiedene Dinge als solche angesprochen werden. Κριτήριον bedeutet also eigentlich »Urteilsmittel«.[22]

Neben der schon älteren und bis in die Spätantike üblichen Verwendung des Begriffes als Bezeichnung des Urteils- und Erkenntnis*vermögens*[23] findet sich bei Epikur, genauso aber auch bei den Stoikern und in der späteren Zeit, jene zweite Verwendung, die auf der Analogie der Urteilsmittel mit einem κανών beruht.[24] Daraus sei zu schließen, »daß ein Kriterium als ein Instru-

---

[18]   Oppel, Κανών 35.
[19]   Diog. Laert. X 27; Testimonia bei: H.Usener, Epicurea, 1887, 104f.; vgl.: Oppel, Κανών 37.
[20]   Vgl.: Th.Rentsch, HWP 4, 692.
[21]   Ich bediene mich hierzu der Studie von Striker, Κριτήριον.
[22]   Vgl.: Striker, Κριτήριον 53f.,53.
[23]   Vgl.: a.a.O., 55-59.
[24]   Vgl.: a.a.O., 61-63.

ment nach der Analogie eines Richtscheites aufgefaßt wurde«. Allerdings sei
damit nicht[25] eine neue Metapher eingeführt worden – der Begriff läßt ja die
Art des Werkzeuges offen –, »wahrscheinlicher ist es, daß κριτήριον von
Anfang an ein Ausdruck der philosophischen Fachsprache war, der in der
hellenistischen Zeit die als metaphorisch empfundenen Ausdrücke κανών und
μέτρον weitgehend ersetzt hat.«[26] Dennoch ist der »Vergleich mit einem
κανών das Modell, das der epikureischen Kanonik zugrundeliegt.«[27] Ausgehend vom Gedanken der Geradheit und der Analogie von Geradheit und
Wahrheit sind dann für Epikur »Kriterien (der Wahrheit)« »Wahrheiten, die
zur Beurteilung der Wahrheit oder Falschheit von Meinungen benutzt werden«.[28]

Die Unüberprüfbarkeit der Wahrheit dieser Kriterien in Ermangelung
eines übergeordneten Kriteriums stellt freilich ein grundlegendes Problem dar.
Man müsse deshalb »davon ausgehen, daß die Wahrheit eines Kriteriums
evident ist und keiner Prüfung bedarf.« »Diese Überlegung scheint hinter
Epikurs berühmter These zu stehen, daß alle Wahrnehmungen wahr seien«.[29]
Hinsichtlich der Überprüfungsverfahren mittels der Kriterien läßt sich zusammenfassend sagen: »Damit man über die Wahrheit oder Falschheit von Meinungen oder Theorien über nicht wahrnehmbare oder nicht unmittelbar
gegebene Sachverhalte entscheiden kann, muß man von ... evidenten Wahrheiten ausgehen, mit deren Hilfe man Meinungen usw. überprüfen kann.
Wenn es diese Wahrheiten nicht gibt, ist eine Entscheidung ... nicht möglich«.[30] Solche κριτήρια sind für Epikur die αἴσθησις und die προλήψεις.

Was die Kriterienlehre der *Stoiker und Skeptiker* anlangt[31], so ist im vorliegenden Zusammenhang nur festzuhalten, daß »von dem Modell, das der
epikureischen Kanonik zugrundeliegt, in der stoischen Lehre vom Kriterium
nichts mehr zu bemerken« ist, trotz des gelegentlich auftauchenden Vergleichs
mit einem κανών.[32]

> Sprachen sie von κανόνες oder κριτήρια, »so folgten sie ... vermutlich nur
> ohne viel Überlegung einem überkommenen Sprachgebrauch«. Denn ei-
> gentlich sei die Metapher, der Vergleich mit dem κανών jetzt »unpassend«
> geworden. Denn »das Kriterium der Stoiker ist ... nicht ... ein Werkzeug

---

[25] Gegen Oppel, Κανών 31 (Zitat s.o. Anm.16).
[26] Striker, Κριτήριον 62.
[27] Dies., 83.
[28] Dies., 63.
[29] Dies., 63.64.
[30] Dies., 82.
[31] Vgl. hierzu: Striker, Κριτήριον 82-102.
[32] A.a.O., 83.

zur Beurteilung der Wahrheit oder Falschheit von Meinungen, sondern ein Mittel zur Feststellung dessen, was im Bereich der Wahrnehmung der Fall ist oder nicht.«[33] Für Epiktet allerdings steht am Anfang des Philosophierens das »Gewahrwerden des Streites der Menschen untereinander … und das Auffinden einer Richtschnur (εὕρεσις κανόνος τινός), wie wir bei den Gewichten die Waage erfanden, wie bei dem Geraden und Gekrümmten das Richtscheit«. Philosophieren bedeutet so: »die Richtmaße untersuchen und festsetzen«.[34]

3. »KANON« ALS VORBILD

Im dem zweiten von *H.Oppel* herausgearbeiteten Bedeutungskreis wird »κανών als Ausdruck für den hellenistischen μίμησις-Gedanken« verwendet.[35]

> »Aristoteles bietet … hier das Wort in einem neuen Sinn, der … von nun ab während der Zeit des Hellenismus der herrschende ist… Das Neue im Sprachgebrauch (kommt) darin zum Ausdruck, daß die Bezeichnung κανών nun auf einen Menschen übertragen wird.«[36]

Es ist der φρόνιμος als Träger der φρόνησις, der bei *Aristoteles* zum ethischen Vorbild und Maßstab alles Handelns wird. Er soll für uns Richtschnur des ethischen Handelns sein.[37] Bemerkenswert ist, daß *Kanon* in diesem Zusammenhang »sehr häufig« mit den Begriffen ὅρος, παράδειγμα, σκοπός verbunden wird. Man darf daraus aber nicht den Schluß völliger Bedeutungsgleichheit ziehen.[38] Die Bedeutung des Vorbildhaften und der Nachahmung wird dann allgemein in der hellenistischen und frühkaiserzeitlichen Popularethik gebraucht, genauso aber auch »in der Stillehre der Attizisten« und im Bereich der Kunst, wo es insbesondere der *Doryphoros* des *Polykleitos* ist, der zum Kanon erklärt wird.[39]

---

[33] A.a.O., 83.84.

[34] Diss. II 11,13.24: ἐπισκέπτεσθαι καὶ βεβαιοῦν τοὺς κανόνας.

[35] Vgl.: Oppel, Κανών 40-50.

[36] Oppel, Κανών 40.

[37] ἡμῖν κανών und ὅρος ἀκριβέστερος τῶν ἀγαθῶν: Iambl., Protr. p.39,17 Pist.; vgl. Oppel, Κανών 40ff.; ebd. weitere Belege für diese Wortverwendung, z.B. bei Plutarch gegen die Verwendung für die Dichter (Quom.adul.poet.aud.deb.24E).

[38] Vgl.: Oppel, Κανών 41 Anm.1.

[39] Vgl.: Oppel, Κανών 43-50.

4. »KANON« IM ZUSAMMENHANG DER »HOROS-VORSTELLUNG«

Den dritten Bedeutungskreis nannte *Oppel*»κανών im Zusammenhang der ὄρος-Vorstellung«.[40] Beachtenswert ist hier die diesem Bedeutungskreis zugrundeliegende Vorstellung, daß »das Sittlichgute .... etwas genau Bestimmtes, gleichsam durch eine Grenzlinie Festgelegtes (sei). Wenn sich ... der κανών dieser Grenzlinie anpassen läßt..., so muß er selbst zur ›Richtschnur‹ für unser Handeln werden. Wer an ihm entlanggeht und nicht ... abweicht, der geht in die Richtung des Guten und Gerechten. Wer aber diese Grenze (ὄρος) überschreitet, der handelt nicht sittlich gut«.[41] In diesem Sinne als »Richtschnur der Gerechtigkeit« hat κανών Eingang in die Staatslehre und die Sozialethik gefunden.

> Schon *Aristoteles* hatte so den κανών mit den ὄροι verglichen (s.o.). »Eine solche Richtschnur für die Handlungsweise der Bürger waren aber vor allem die Gesetze. Der Grieche stellte sie sich als eine Grenze vor, die nicht überschritten werden dürfe«.[42]

Der Begriff der Abgrenzung ist es, der sich mit beiden Wörtern κανών und νόμος verbindet und der zu einem Gebrauch von Kanon statt Nomos führt. So erhält das Wort »am Ausgang des Hellenismus« »in diesem Zusammenhang die rein begriffliche Bedeutung des Abgegrenzten, Festgelegten« und Feststehenden[43] und setzt sich als »Bezeichnung für Regel und Norm eines klugen und tugendhaften Handelns ... weithin durch«.[44]

Hierher gehören schließlich auch noch zwei weitere Bedeutungen des Wortes. Zum einem ist es die der *(grammatischen) Regel*, die sich »bei den Grammatikern und in den anderen τέχναι während der Kaiserzeit außerordentlich häufig findet«.[45] Dazu tritt »etwa seit der Kaiserzeit die Bedeutung *Tabelle*. Das ist die sichtbar gemachte Regel«. Sie findet Anwendung für astronomische Tabellen, Geschichtstabellen, Epochenverzeichnisse, Handtafeln zur Zeitrechnung, Listen von Königsnamen und Königreichen u.a.m.[46]

---

[40] Oppel, Κανών 51-72. Die von ihm hier eingeordnete rechtliche Verwendung des Begriffes wird unten gesondert dargestellt werden.

[41] Ders., 51.

[42] Aeschines III 34; I 158; Lycurg, Leocrat.9; vgl.: Oppel 52f.

[43] Vgl.: Oppel, Κανών 68f.69.

[44] So: HWP 4, 689. An dieser Stelle kommt Oppel auf der Grundlage einer recht beliebigen Auswahl von Testimonia nun auch zu der These, daß alle dann im kirchlichen Sprachgebrauch auftauchenden Bedeutungen sich »aus dem Zusammenhang der ὄρος-Vorstellung erklären« (60-63.70f.).

[45] Vgl.: Oppel, Κανών 64ff.

[46] A.a.O., 66ff.66.

5. DIE LATEINISCHEN ENTSPRECHUNGEN:
»REGULA« UND »NORMA«

In einem eigenen II. Teil seiner Untersuchung behandelt *Oppel* »die lateinischen Entsprechungen für κανών: *regula und norma*«.[47] Er bezeichnet beide
Begriffe als »Übersetzungswörter« des griechischen κανών, und zwar in dem
Sinne, daß trotz einer bereits vorhergehenden eigenständigen Bedeutungsentwicklung »die wirklich große Bedeutungsverzweigung dieser Wörter ... erst
beim Eindringen der griechischen Gedankenwelt in die römische ein(setzte).
Damals ist aber die Bedeutungsentwicklung des griechischen Wortes schon
fast abgeschlossen, und die Römer übernehmen nur das fertige Ergebnis dieser
Entwicklung.«[48]

So bezeichnet auch *regula* »ursprünglich ganz allgemein etwas Gerades,
Richtunggebendes« und kann für ganz verschiedene Dinge verwendet werden.
Zusammen mit *norma* gehören beide Begriffe dann auch zu den Instrumenten
des Bauhandwerkes.[49] In übertragener Bedeutung tauchen sie aber erst bei
Varro und Cicero auf, »die die Ergebnisse der griechischen Wissenschaft als
erste in lateinischer Sprache wiedergaben«. Hier wird nun in der Erkenntnistheorie bei Cicero und Lukrez der Kanon-Begriff Epikurs stets mit *regula*
wiedergegeben. Ähnliches gilt auch für den Bereich der Ethik bei Cicero und
Seneca und das ganze Feld der Rhetorik.[50]

---

[47] A.a.O., 73-106.
[48] A.a.O., 74.
[49] A.a.O., 76-79.
[50] Vgl. a.a.O., 80-94.101-106.

II. »KANON« IN DER SEPTUAGINTA UND BEI PHILO VON ALEXANDRIEN

1. »KANON« IN DER LXX

Bei der Übersetzung der hebräischen Bibel durch die LXX handelt es sich bekanntlich um »das umfänglichste Dokument hellenistischen Schrifttums«.[1] Die Sprache dieser Übersetzung ist von solcher Charakteristik (»Septuaginta-Sprache«), daß sie nicht allein die prägende Grundlage einer sog. »Septuaginta-Frömmigkeit«[2] bildete und bestimmend für die griechische Synagoge, ihre Liturgie, ihre Predigt und Missionsliteratur wurde, sondern auch »das gegebene Werkzeug für Missionspredigt und Schrifttum der jungen Kirche« war.[3] Angesichts dieser Tatsachen ist es bemerkenswert, daß Belege für den Kanon-Begriff trotz seiner semitischen Herkunft in der LXX äußerst dürftig sind.

So ist festzuhalten, daß an keiner einzigen Stelle das im hebräischen Text enthaltene קָנֶה mit κανών übersetzt wurde. Man wird darin ein Indiz dafür erblicken, daß die ursprüngliche Wortbedeutung des Lehnwortes im griechischen Bedeutungsspektrum verloren gegangen war. Lediglich an 3 Stellen taucht der Begriff κανών in der LXX überhaupt auf.[4]

In Jdt 13,6 wird damit der Bettpfosten bezeichnet. In Mi 7,4 bleibt die Bedeutung dunkel.[5] Sollte mit κανών hier das alttestamentliche Gesetz gemeint sein, wäre dies der einzige Beleg dafür in der LXX.

Von einiger Bedeutung ist allein 4 Makk 7,21. Dort heißt es: »Denn ist es wirklich möglich, daß jemand, der nach dem unverkürzten Maße der Philosophie fromm philosophiert (πρὸς ὅλον τὸν τῆς φιλοσοφίας κανόνα

---

[1] P.Katz, RGG³ 5, 1704-1707.1704. Vgl.: S.P.Brock, TRE 6, 160-216 (Lit.). Zur LXX zuletzt: M.Hengel/A.M.Schwemer, Septuaginta.

[2] Vgl. den gleichnamigen Artikel v. G.Bertram, in: RGG³ 5, 1707-1709.

[3] Katz, a.a.O., 1705.

[4] Vgl.: Hatch-Redpath, Concordance 718.

[5] Der Vers beginnt: Καὶ ἐξελοῦμαι τὰ ἀγαθὰ αὐτῶν ὡς σὴς ἐκτρώγων καὶ βαδίζων ἐπὶ κανόνος ἐν ἡμέρᾳ σκοπιᾶς σου. Oppel (Κανών 59 Anm.2) will hier κανών als Gesetz deuten; für Beyer (κανών 600) »liegt eine nicht deutbare Fehlübersetzung vor«.

φιλοσοφεῖ), der gottesgläubig ist und weiß, daß es Glückseligkeit ist, um
der Tugend willen jedes Ungemach zu erdulden, um der Frömmigkeit
willen über die Triebe keine Gewalt bekommt?«[6] Die Stelle spiegelt den
Charakter von 4 Makk als einer stoisch beeinflußten Diatribe, die die
Herrschaft der frommen Vernunft (ὁ εὐσεβὴς λογισμός) über die Triebe
(τὰ πάθη) am Beispiel von Märtyrern aus der Makkabäerzeit belegen will,
hier Eleasar. Diese bewähren in Gehorsam gegenüber Gottes Gesetz (διὰ
τὸν νόμον: 6,27.30) die stoischen Tugenden und erweisen sich so als
»Philosophen eines göttlichen Lebens« (7,6). Das bereits griechisch abge-
faßte Werk, eine »in Stil und Begrifflichkeit hellenistische Schrift«, ist
»nicht vor der Mitte des 1. Jh.s v. Chr.«[7] anzusetzen. Wir haben hier
anscheinend den unspezifischen Sprachgebrauch der gehobenen jüdisch-
hellenistischen Umgangssprache vorliegen.

Wenn allgemein gilt, daß die »LXX ... viele theol. Ausdrücke erstmals in
griech. Form geprägt (hat), die dann das NT u. die christl. Theologie übernahmen«[8], so kann dies nach dem vorliegenden Befund für den christlichen
Gebrauch des Kanon-Begriffes ausgeschlossen werden.

2. »KANON« BEI PHILO VON ALEXANDRIEN

Eine Berücksichtigung des jüdischen Predigers, Lehrers und Religionsphilosophen Philo von Alexandrien (ca.15/10 v.Chr.-50 n.Chr.) an dieser Stelle legt
sich nahe, weil eine nachhaltige Wirkungsgeschichte seines umfangreichen
Werkes[9] fast ausschließlich in der Kirche festzustellen ist. Dies gilt bekanntlich
für den Barnabasbrief und Justin Mart., besonders aber für die beiden Alexandriner Klemens und Origenes. Beide knüpfen in ihrer Exegese unmittelbar
bei Philo an.[10]

Auch wenn »ein allg. Konsens über P.(hilos) geistige Welt und Leistung ...
sich bisher nicht ab(zeichnet)«, läßt sich doch soviel sagen, daß sein Werk
»weithin auf überkommenem Gedankengut ... vornehml. aus dem Bereich
der Theologie und Schriftauslegung des hellenist. ... Judentums sowie der
eklekt. Philos. und synkretist. Frömmigkeit seiner heidn. Umwelt« be-

---

6   Übersetzung: A.Deißmann, in: Kautzsch, Apokryphen II 162.
7   U.Luck, RGG³ 4, 623.; genauso: K.-D.Schunk, TRE 21, 736-745.
8   So: J.Ziegler, LThK² 2, 376.
9   Vgl. z.B.: B.Schaller, Kl.Pauly 4, 772-776.
10   Vgl.: P.Heinisch, Einfluß; J.Cazeaux, Philon; F.Trisoglio, Filone; A.van den Hoek,
     Clement.

ruht.[11] Bei allem Eklektizismus[12] hat Philon jedoch »die Eigenart des hellenistischen Judentums in weitem Umfange überliefert und an der Ausbildung und Differenzierung seiner Begriffswelt maßgebend mitgearbeitet«.[13] Er tat dies vor allem als Ausleger der Tora, als der er Juden und Heiden den Weg zu wahrer Gotteserkenntnis und tugendhaftem Leben weisen wollte. Grundlage war ihm dabei die als inspiriert geltende Übersetzung der LXX.[14]

a) »Kanon« als allegorische Auslegungsregel und Vorbild

Auf dem Hintergrund des Gesagten entspricht Philo durchaus den Erwartungen bei seiner Verwendung des Kanon-Begriffes. So benutzt er ihn zunächst ganz allgemein im Sinne von Maß(einheit) und Richtscheit[15] und für die *Regeln* seiner allegorischen Auslegungsmethode[16]. Die Verwendung im Sinne des Normativ-Vorbildhaften wird deutlich, wenn Moses als Richtschnur, Gesetz und Muster für alle kommenden Führer erscheint[17] und Abraham als Vorbild an Adel[18] sowie schließlich die drei Patriarchen als Muster an Weisheit bezeichnet werden.[19] Grundsätzlich läßt sich dabei sagen, daß der Kanon-Begriff in der Diktion Philos keine hervorgehobene Rolle spielt.[20] Vergleicht man damit etwa die wesentlich umfangreichere Verwendung der Termini νόμος, νομοθετεῖν, νομοθέτης u.ä.[21], so macht allein schon diese Beobachtung skeptisch gegenüber der Behauptung, Philo gebrauche den Begriff κανών »kaum unterschieden von νόμος«.[22]

---

[11] B.Schaller, a.a.O., 773. Zur Sicht Philos in der Forschung bis 1955 vgl.: H.Thyen, Philo-Forschung; weiterhin: V.Nikiprowetzky/A.Solignac, DSp 12, 1352-1374; P.Borgen, Philo; R.Radice u. D.T.Runia, Bibliography.

[12] Der Rückgriff auf Platon, die Stoa (bes. Poseidoneios), Cicero, Seneca, und Plutarch läßt sich nachweisen, vgl.: C.Colpe, RGG³ 5, 341-346.345.

[13] Ebd.

[14] Vgl.: H.A.Wolfson, Philo II 54; P.Katz, Philo's Bible.

[15] Sacr.A.C. 59/60; Poster.C. 28; Gig.50; ähnlich auch: Ebr.185.

[16] Som. I 73 (ed.Cohn/Wendland III 220,21): κατὰ τοὺς τῆς ἀλληγορίας κανόνας; Spec.Leg. I 287 (V 69,11). Zu diesen Regeln vgl.: Heinisch, Einfluß 69-125. Philo spricht genauso von Regeln der Analogie: Rer.Div.Her.155.160 (III 36,4;37,4) u.ö.; und von Regeln der Gleichheit: Aet.Mund.108/9 (VI 106,3).

[17] Virt.70 (V 285,12): κανὼν καὶ νόμος ... πρὸς ἀρχέτυπον.

[18] Virt.219 (V 333,15): κανὼν εὐγενείας.

[19] Vit.Mos. I 76 (IV 137,16): κανόνες ... σοφίας.

[20] Vgl. die geringe Anzahl an Belegen bei: Leisegang, Indices, bzw.: Mayer, Index.

[21] Vgl.: Leisegang, Indices 550-554; Mayer, Index 197.

[22] So: Beyer, κανών 600, ohne Belege mit alleinigem Verweis auf den Index v. Leisegang.

b) »Kanon« in rechtsrelevantem Kontext

Untersucht man die wenigen Stellen, an denen κανών in rechtsrelevantem Kontext Verwendung findet, so läßt sich folgendes feststellen.

Bei seinen Ausführungen über die gewaltsame Tötung von Sklaven in *De Specialibus Legibus III* betont Philo, daß diese der Natur nach ihren Herren gleichgestellt seien und deshalb den gleichen Schutz genössen. Denn »für das göttliche Gesetz gilt als Rechtsnorm nicht der Zufall, sondern der von der Natur geschaffene harmonische Zustand«.[23]

Der Gedanke der »Übereinstimmung mit der Natur« hatte bereits eine reiche Wirkungsgeschichte in verschiedenen griechischen philosophischen Schulen.[24] Diese Übereinstimmung wird nun von Philo sozusagen als innerer Rechtsmaßstab (κανών τῶν δικαίων) des konkreten alttestamentlichen Gesetzes (νόμος) verstanden. Dabei ist die Formel »κανών τῶν δικαίων« auf dem Hintergrund von Chrysipps Definition des Gesetzes bereits geprägtes Sprachgut.[25]

Wenig später bezeichnet er die *Gesetzgeber* »als Grenzbestimmungen und Maßstäbe des Rechts«.[26] Hier scheint die Vorstellung vom Gesetzgeber als νόμος ἔμψυχος zugrundezuliegen.[27] Zu beachten ist, daß Philon an dieser Stelle nicht speziell vom Gesetzgeber der Tora redet, sondern von der Bestimmung aller Gesetzgeber im allgemeinen, der sie eigentlich gerecht werden sollten. Man kann die Stelle deshalb m.E. nicht so interpretieren, daß »alle (sc. alttestamentlichen) Einzelgesetze ... dort κανόνες« seien.[28]

Bei seinen Ausführungen über die Essener schließlich berichtet Philo, daß diese sich von einer dreifachen »Bestimmung und Norm«[29] leiten ließen: der Liebe zu Gott, zur Tüchtigkeit und zu den Menschen.

Eine spezifische Rolle spielt der Kanon-Begriff für Philo bei seiner Bestimmung des Verhältnisses von *Dekalog* und Einzelgesetzen der Tora. Dem Dekalog kommt diesen gegenüber eine Sonderstellung zu: »Philo hat diese Einzelgesetze auf die des Dekalogs bezogen, ... (und) den zehn übergeordneten eingegliedert ... Auf sie lassen sich die vielen übrigen Gesetze zurückführen, sie lassen sich ihnen untergliedern«.[30]

---

[23] Spec.Leg. III 137 (V 189,3): τῷ δὲ θείῳ νόμῳ κανών τῶν δικαίων ἐστὶν οὐ τὸ τῆς τύχης ἀλλὰ τὸ τῆς φύσεως ἐναρμόνιον.

[24] Vgl.: Wolfson, Philo II 170-182.

[25] S.u.: Kap. IV 1.

[26] Spec.Leg. III 164 (V 195,23): οἱ τῶν δικαίων ὅροι καὶ κανόνες αὐτοὶ οἱ νομοθέται.

[27] Vgl.: W.Richardson, Patriarchs.

[28] So: Oppel, Κανών 59.

[29] Omn.Prob.Lib.83: ὅροις καὶ κανόσι τριττοῖς χρώμενοι.

[30] Oppel, Κανών 58. Vgl. dazu: Y.Amir, Zehn Gebote 131-163.

Entsprechend hat er dies in *De Specialibus Legibus* methodisch durchgeführt. Die Zehn Gebote haben für ihn den Charakter von »allgemeinen,
grundlegenden Normen«, auf die sich jeder Einzelfall beziehen läßt.[31] In
diesem Sinne kommt hier der Kanon-Begriff zur Verwendung.

Diese Bewertung des Dekaloges liegt auch seiner dritten Antwort auf
die Frage zugrunde, wieso Moses diesen dem Volk bereits vor der Staaten-
gründung noch in der Wüste gegeben habe. Die Frage stellte sich für ihn,
weil nach antikem – und seinem – Verständnis, jede Gesetzgebung ihren
Ort erst in der zur Polis gewordenen Gesellschaft hat.[32] Philo führt nun aus,
daß den Israeliten bereits zuvor »Maßstäbe für ihr Leben und Handeln«
gegeben wurden, damit sie sich darin üben konnten, bevor sie dann in
Städten nach Gesetzen verlangen würden.[33]

Es dürfte deutlich geworden sein, daß an beiden Stellen, an denen der
Begriff κανών in Bezug auf den Dekalog Verwendung findet, dies unter dem
besonderen Aspekt erfolgt, daß für Philo »alle Gebote, die in der Tora überhaupt vorkommen, ... nichts als eine Entfaltung dessen (sind), was in den
Zehn Geboten bereits implizit enthalten ist«.[34] Insofern ist der *Dekalog* für
Philo *Kanon,* und seine Gebote können *Kanones* genannt werden. Dies bedeutet allerdings nicht, daß damit der Kanon-Begriff zum austauschbaren Synonym für Nomos wird oder gar von Philo als Eigenbezeichnung für die
Rechtssätze der Tora benutzt wird.[35] Terminus technicus für das Gesetz Gottes, den Dekalog, alle Einzelgesetze und die gesamte Tora bleibt wie in der
LXX der Begriff *Nomos.*

c) Κανὼν τῆς ἀληθείας bei Philo

Besondere Beachtung verdient nun die bei Philo viermal auftauchende
Wortverbindung κανὼν τῆς ἀληθείας, gewinnt sie doch bei Irenäus von Lyon
hervorgehobene Bedeutung.[36] Philo verwendet den Terminus dreimal im Plural und einmal im Singular.

---

[31] Rer.Div.Her.173 (III 40,6): οὗτοι γενικοὶ σχεδὸν πάντων ἁμαρτημάτων εἰσὶ
κανόνες, ἐφ' οὓς ἕκαστον ἀναφέρεσθαι τῶν ἐν εἴδει συμβέβηκεν.

[32] Vgl.: a.a.O., 139-143.

[33] Decal.14 (IV 271,19): ἠξίωσεν οὐ λαβόντας κληρουχίας καὶ τὰς πόλεις οἰκήσαντες
τότε ζητεῖν νόμους, οἷς πολιτεύσονται, ἀλλ' ἑτοιμασμένους τοὺς τῆς πολιτείας
κανόνας καὶ ἐνασκηθέντας ...

[34] Amir, Zehn Gebote 135.

[35] So: Oppel, Κανών 59. Seine Behauptung wird übernommen von: R.Braun, Deus
Christianorum 447.

[36] Vgl. hierzu: E. Lanne, La Règle. Oppel hatte diesem Term. techn. bei Philo noch
keinerlei Beachtung geschenkt, merkwürdigerweise auch nicht R.P.C.Hanson bei
seinen Ausführungen über Philo in: Origen's Doctrine 59.

Bei seinem Kommentar zu Kain und Abel in *Quod Deterius Potiori insidiari soleat* interpretiert er Kains Schicksal (Gen 4,12) allegorisch: Während dieser in den Affekten Furcht und Trauer gefangen sei, gewähre die Tugend demgegenüber Ruhe, Glück und Freude. Nachdem er dann die Freude am Beispiel Sarahs (Gen 21,6) erläutert hat, kommt er zu dem Schluß, daß Gottes Werk Freude schafft. Er fährt fort: »In Gottes Werk aber (ἐν δὲ τῇ τοῦ θεοῦ ποιητικῇ) wirst du keine mythischen Erfindungen finden, sondern alle die unverletzten sicher gegründeten Normen der Wahrheit (τοὺς δὲ ἀληθείας ἀσινεῖς... κανόνας ἅπαντας), auch keine Klangmasse und Rhythmen und Melodien, die durch ihre Musik die Ohren verlocken, sondern die vollkommensten Werke der Natur selbst, die ihre eigene Harmonie erhalten haben«.[37] *I. Heinemann*[38] verweist zu dieser Stelle darauf, daß es im Kontext um das Hören des göttlichen Kunstwerkes gehe und daß es sich in der im Zitat beschriebenen Position um die von Poseidoneios vertretene Ansicht handele, jede Dichtung müsse Mythen und Metron enthalten.

Die κανόνες τῆς ἀληθείας stehen für Philo demnnach im *Gegensatz zum Mythos*. In Gottes Werk, unter dem dann wohl die Tora zu verstehen ist, ist für diesen kein Platz, denn dort sind allein die Normen der Wahrheit zu finden, die der Mythos vergeblich zu beschreiben sucht.

Auch in seinem Kommentar zum Turmbau von Babel verteidigt Philo gleich eingangs die Tora gegen den Vorwurf des Mythos: »Diejenigen, die Unwillen gegen die väterliche Verfassung (πολιτεία) bekunden und unablässig Tadel und Klage gegen die Gesetze (νόμοι) im Munde führen, finden – die Verworfenen – in dieser Stelle, wie in anderen ähnlichen, einen Anlaß zu ihrem gottlosen Treiben, indem sie sagen: ... seht, die von euch als heilig bezeichneten Bücher enthalten Fabeln (μύθους)!« Wegen dieses Vorwurfs werde nämlich die Normativität des Gesetzes grundsätzlich verneint und die Frage aufgeworfen: »Wollt ihr jetzt noch mit Ehrfurcht von den Anordnungen (τῶν διατεταγμένων) sprechen, als enthielten sie die Normen der Wahrheit selbst (ὡς τοὺς ἀληθείας κανόνας αὐτῆς περιεχόντων)?«[39]

Die Infragestellung durch die Skeptiker bringt somit Philons Position zum Ausdruck, daß in der *Tora* und ihren Gesetzen die Wahrheitsnormen selbst enthalten sind. An beiden genannten Stellen liegt demnach eine parallele Begriffsverwendung vor.

In *De Iosepho* benutzt Philon die Traumdeutung des Joseph zu einer längeren philosophischen Abhandlung darüber, daß der Staatsmann über-

---

[37] Det.Pot.Ins.125 (I 286,21).

[38] In Bd. III der hier verwendeten deutsche Übersetzung Philos: Die Werke Philo von Alexandria in deutscher Übersetzung, hg. v. L.Cohn-I.Heinemann-M.Adler-W.Theiler, Bd.1-6, Breslau 1909-1938, Bd.7, Berlin 1964, III 316 Anm.1.

[39] Conf.Ling.2 (II 230,2).

haupt Traumdeuter sein müsse (Ios 125-150). Wahrscheinlich hat er den
ganzen Abschnitt »einer auf heraklitischen Anschauungen fussenden skep-
tischen Quelle (wahrscheinlich Aenesidem) entlehnt wie bereits Plutarch«[40].
Für Philo ist dabei das menschliche Leben insgesamt ein Traum, der der
Deutung bedarf. Wie die Traumerscheinungen nicht der Wirklichkeit
entsprechen, so hätten auch die Vorstellungen des wachen Menschen keinen Bestand. Sie kommen und gehen im ewigen Wechsel und sind unbe-
ständig. Sinneswahrnehmungen und Vorstellungen seien eben wie die äußeren Güter trügerisch, eine sichere Erkenntnis dem menschlichen Geist
unmöglich. Der Staatsmann müsse deshalb deuten und belehren (143-144).
    Während nun die irdischen Dinge tiefes Dunkel umschwebe, sei bei
den himmlischen reines Licht. »Mond und Sonne und der ganze Himmel
haben ihre klaren und deutlich wahrnehmbaren Eigenschaften, da alle
Dinge an ihm immer gleich bleiben und nach den Maßstäben der Wahrheit selbst abgemessen sind (τοῖς τῆς ἀληθείας αὐτῆς μετρουμένων
κανόσιν) in harmonischer Ordnung und in herrlichstem Einklang«.[41]

Nach *E. Lanne* ist diese Passage direkt auf Philos kosmischen Mystizismus
zu beziehen, die κανόνες τῆς ἀληθείας »ne sont autres que le monde divin lui-
même«.[42] Deutlich ist jedenfalls, daß es die *harmonische Ordnung* des geschaffenen *Kosmos* ist, der der Maßstab der Wahrheit innewohnt und – so wird man
interpretieren dürfen – aus der sich dann Wahrheitsnormen gewinnen lassen,
um die irdische Welt recht deuten zu können. Sinneswahrnehmung und
Vorstellungskraft des Menschen bieten für Philo keine ausreichende Erkennt-
nisgrundlage. Die Begriffsverbindung κανὼν τῆς ἀληθείας wird also auch
hier in abgrenzender Funktion benutzt.
    Dies ist in ähnlichem Sinne auch beim letzten Beispiel der Fall, dem
einzigen Beleg im Singular. Es ist eine Stelle am Ende von *Legum Allegoriae III*
im Kontext der Deutung von Gen 3,17.

Der Mann wurde verflucht, weil er auf das Weib hörte, denn der Geist
(νοῦς) soll nicht auf die Sinne (αἰσθήσεις) hören. Die Sinne hätten auch
in Hesbon Brand gestiftet, denn in Num 21,27-30 heiße es: »Feuer ist
ausgegangen von Hesbon«. Moses zeige uns hier einen solchen »Brand des
Geistes«. Der gesamte folgende Abschnitt (225-235) ist nun eine allegorische
Deutung des Sieges über die Amoriter und ihren König Sihon von Hesbon.
Hesbon bedeute Räsonnieren des menschlichen Intellekts (λογισμοί) (226).
»Das Beste aber sei es, auf Gott zu vertrauen (τῷ θεῷ πεπιστευκέναι) und
nicht auf unsichere Berechnungen und haltlose Vermutungen«. So hätten
es Abraham und Moses gehalten. Vertrauen wir aber den *logismoi*, so
errichten wir eine »Stadt des die Wahrheit zerstörenden Geistes« (228).

---

[40] So: L. Cohn in Bd. I der dt. Übersetzung (s.o.), 183 Anm. 1.

[41] Ios. 145 (IV 91,15).

[42] A.a.O., 65.

Sihon bedeute eben »der Zerstörende«. Das Vertrauen in Gott sei deshalb
für die Wahrheit schlechthin grundlegend (ἀληθὲς μὲν ἐστι δόγμα τὸ
πιστεύειν θεῷ), das Vertrauen auf die logismoi aber eine Täuschung. Der
die Wahrheit zerstörende Geist sei selbstgefällig und selbstsüchtig (233),
und der Führer der Amoriter sei ein von solchem Geist erfüllter Sophist.
Von ihm ließen sich die beschwatzen, die »die Grenzlinie der Wahrheit«
(τὸν ὅρον τῆς ἀληθείας) überschreiten. Sihon selbst sei »der Zerstörer des
gesunden Maßstabes der Wahrheit« (ὁ διαφθείρων τὸν ὑγιῆ κανόνα τῆς
ἀληθείας)[43], aber Sihon werde zugrundegehen samt Hesbon, den sophisti-
schen Rätselsprüchen. Fazit sei, daß alle scheinbar einleuchtenden Vermutungen in Bezug auf die Wahrheit kein Wissen bedeuten (οὐκ ἔχει περὶ
ἀληθείας ἐπιστήμην).

Der Text bringt die scharfe *Abgrenzung* Philos zum Ausdruck gegenüber
einer sich auf die Sinne und das logische Schlußfolgern der menschlichen
Vernunft gründenden Philosophie, die er als Sophistik bezeichnet. Ein Nous,
der sich allein an die Sinne bindet, gerät gewissermaßen in Brand; er zerstört
die Wahrheit, gewinnt kein Wissen, weil sich das Vertrauen in die falsche
Richtung wendet und so die Grenzlinie der Wahrheit überschreitet. So wird
letztlich auch der *Maßstab der Wahrheit* zerstört. Dieser *Kanon* aber – ich
interpretiere – ist das Vertrauen in den Gott der Tora und die dort geoffenbarte
Wahrheit. Abraham und Moses haben ihn zugrundegelegt. Nur aus diesem
Vertrauen und der geoffenbarten Wahrheit erwächst unmittelbares Wissen.
     In allen vier Belegen wird der Terminus κανὼν τῆς ἀληθείας also in abgren-
zender Funktion verwendet. Er dient Philo zur Begründung seiner kritischen
Frontstellung gegen die Mythologie und die Sophistik, die zu den Grundvoraus-
setzungen seines Denkens gehört.[44] Es ist m.E. auch offensichtlich, wie grundlegend die κανόνες τῆς ἀληθείας bei ihm von den κριτήρια eines Epikur unterschieden sind. Philo hat zu allen wesentlichen Punkten des epikureischen Systems
eine Gegenposition bezogen.[45] Es wird kein Zufall sein, daß dessen Begriff
κριτήριον τῆς ἀληθείας bei ihm nicht in die Diktion eingegangen ist.[46]
     Die κανόνες τῆς ἀληθείας bei Philo sind demnach die grundlegenden Be-
stimmungen und Normen, an denen sich das Wahrheitsverständis des jüdischen
Lehrers festmacht: 1. die Tora als Offenbarung Gottes und der göttlichen Wahrheit und 2. die harmonische Ordnung des vom Gott der Tora geschaffenen Kosmos. Die grundlegende Haltung, in der der Mensch sich an dieser Wahrheit
ausrichten und sie zum Maß des Lebens werden lassen kann, ist das Vertrauen in
den sich so offenbarenden Gott jenseits aller Mythologie und Sophistik.

---

[43] Leg.All. III 233 (I 165,3).
[44] Vgl.: Wolfson, Philo I 32-36; 151f., 167-171.
[45] Vgl.: A.a.O., I 108f.
[46] Vgl.: Leisegang, Indices 473; Mayer, Index 168. Unfehlbare und untrügliche κριτήρια
     zur Offenbarung von Wahrheit und Recht hat allein Gott: Vit.Mos. II 237 (IV 19ff).

III. »KANON« IM NEUEN TESTAMENT

Der Begriff *Kanon* spielt für die inhaltliche Entfaltung des Evangeliums im Zeugnis der Schriften des Neuen Testamentes keine hervorgehobene Rolle. Er kommt dort insgesamt nur viermal vor; alle Belege gehören zu den paulinischen Briefen und konzentrieren sich auf die beiden Stellen Gal 6,16 und 2 Kor 10, 13-16.

1. ZU GAL 6,16

In Gal 6,16 begegnet der Kanon-Begriff erstmals in der christlichen Literatur. Er gehört dort zur sog. *conclusio* (6,11-18) des von *H.D.Betz*[1] nach den Kriterien der griechisch-römischen Rhetorik und Epistolographie gegliederten und als »apologetischer Brief« bestimmten Galaterbriefes.[2] Die Inhalte des Schreibens, die Paulus in Ermangelung einer persönlichen Begegnung mit den Gemeinden in Galatien als ein Zirkularschreiben dieser literarischen Gattung übermittelt, transzendieren freilich nach *Betz* die damit gegebene Funktion des Briefes als »Verteidigungsrede«. Denn hinzu tritt als weitere Funktion, daß »der Brief als Träger von Fluch und Segen ein ›magischer Brief‹ wird.«[3] Deutlich wird dies daran, daß er mit einem bedingten Fluch beginnt (1,8f.) und mit einem bedingten Segen endet (6,16).

Die *conclusio* als Postscriptum ist von Paulus eigenhändig mit großen Buchstaben geschrieben (6,11), wohl in der Absicht, daß dieser Briefschluß, der die Hauptgedanken nochmals wiederholt, den Lesern als besonders wichtig in die Augen fallen soll.[4] Dabei bildet 6,15f. den eigentlichen Abschluß der theologischen Ausführungen[5]:

---

[1] H.D.Betz, Galaterbrief 54-72.57-68.
[2] Neben den im weiteren genannten Kommentaren verweise ich nur auf: H.Hübner, TRE 12, 5-14.
[3] Betz, Galaterbrief 70.
[4] So: Lietzmann, Galater 43; Betz, Galaterbrief 532; G.Ebeling, Wahrheit 351f.
[5] Die Schlußverse 6,17.18 formulieren nur noch die Bitte, Paulus keine weitere Mühe zu machen, und einen Schlußsegen.

»Denn (in Christus) gilt weder Beschneidung noch Unbeschnittensein etwas, sondern eine neue Kreatur. Und wie viele nach diesem ›Kanon‹ wandeln, – Friede und Barmherzigkeit sei über sie und über das Israel Gottes« (Gal 6,15f.).[6]

Die »Richtschnur« und der »Maßstab« für eine christliche Seinsweise, der Gott seinen Segen schenkt, ist hier in eine knappe *Regel* komprimiert: Weder Beschneidung, noch Unbeschnittensein, sondern Neuschöpfung! (οὔτε ... οὔτε, ἀλλά ...)!

Daß es dabei um mehr geht als um eine *Merkregel* für christliche Lebens-führung, macht die grundlegende Bedeutung des Theologumenons »Neu-schöpfung« deutlich als eine der – so *Betz* – »Definitionen«, aus denen diese »Regel« besteht. Denn in diesem Begriff ist »die paulinische Soteriologie, soweit sie sich auf die christliche Existenz bezieht«, zusammengefaßt, er »in-terpretiert die paulinische Anthropologie« und »bestimmt auch das Verhältnis des Christen zur Religion«.[7] So ist die »Neuschöpfung« zusammenzusehen mit dem »Glauben, der in er Liebe tätig ist«, wie die ähnliche Formulierung der in Gal 5,6 wiederkehrenden *Regel* zeigt (οὔτε... οὔτε, ἀλλά..). Dazwischen gibt Paulus eine Zusammenfassung seiner ganzen Lehre von der Existenz des Christen.[8]

Diese erfolgt in radikaler Abgrenzung gegen jede Befolgung des alttesta-mentlichen Gesetzes, wie sie in der Frage der Beschneidung von seinen Gegnern[9] in Galatien propagiert wurde. Für Paulus ist die christliche Existenz, für die Glaube und Liebe eine untrennbare Einheit bilden (5,6), gekennzeichnet durch Freiheit (5,1.13) gegenüber dem Gesetz, die ihren Grund im Glauben an das Kreuz Christi hat (6,14). In dieser Freiheit »läuft«, »wandelt«, »geht« der Christ (5,7.16; 6,16). Diese Freiheit und dieser Glaube sind die »Wahrheit« (5,7), und solcher Wandel ist Wandel »im Geist« (5,16.25), der die »Früchte des Geistes« zeitigt (5,22) und im Kampf steht gegen die »Werke des Fleisches« (5,19ff.).

Wir begegnen in diesen beiden Schlußkapiteln des Galaterbrief einer kom-primierten Darlegung der Kernaussagen des paulinischen Evangeliums in paränetischer und polemischer Ausrichtung. Dabei ist die letzte die beherr-

---

[6]   οὔτε γὰρ περιτομή τί ἐστιν οὔτε ἀκροβυστία ἀλλὰ καινὴ κτίσις. καὶ ὅσοι τῷ κανόνι τούτῳ στοιχήσουσιν, εἰρήνη ἐπ᾽ αὐτοὺς καὶ ἔλεος καὶ ἐπὶ τὸν ᾽Ισραὴλ τοῦ θεοῦ.

[7]   Betz, Galaterbrief 541ff. Vgl. i.e.: P.Stuhlmacher, Erwägungen.

[8]   Diese Kapitel bilden die »exhortatio« des Briefes (5,1-6,10) nach der Gliederung von Betz, Galaterbrief 66ff.

[9]   Zur Diskussion um deren Identifizierung vgl.: Hübner, TRE 12, 6ff.

schende, denn Paulus geht es bei seiner »Warnung vor judaisierender Gesetzes-
indoktrination«[10] um den Kern »seines Evangeliums«. So ist der Galaterbrief
»das historische Dokument, das die erste Infragestellung des paulinischen
Evangeliums durch Christen selber bezeugt. Daher stellt er auch die erste
systematische *Apologie* des Christentums dar, nicht für Außenstehende, sondern *für Christen* selbst. Im Galaterbrief verteidigt Paulus, was er ›die Wahrheit des Evangeliums‹ nennt«.[11]

In der zentralen Frage der Wahrheit von Gesetz und Evangelium kann es
nach Paulus keine andere, alternative Theologie und Praxis geben, wie sie in
der Forderung der Beschneidung gegeben wäre. Denn wer sich wieder unter
das Gesetz stelle, der habe Christus verloren, der sei aus der Gnade gefallen
(5,4), der predige ein anderes Evangelium (1,6ff.). So ist Gal 6,16 ein bedingter
Segen, der nur für die gilt, »die der in V.15 dargelegten ›Regel‹ (κανών) folgen
oder ihr zustimmen.« »Dieser bedingte Segen impliziert eine Drohung gegenüber denen, die sich, nachdem sie den Brief gelesen haben, nicht entsprechend
der Regel des Paulus verhalten wollen, und folglich unter den Fluch fallen (1,8-
9). Das heißt, daß das Briefkorpus (1,6-6,10) von diesem bedingten Fluch und
diesem bedingten Segen umschlossen ist. Die ganze Beweisführung im Brief
zielt auf diese Regel in V.15b ab«. Sie ist »die Spitze des Briefes«.[12]

Die Einführung des Kanon-Begriffes im *Spitzensatz* des Galaterbriefes ist
somit nicht darin begründet, daß hier nur in einem allgemeinen Sinne eine
Richtschnur, ein Maßstab oder »Erkenntnisgrund« geboten wird für das eigene
Handeln als Christ und für das Handeln eines anderen[13], vielmehr ist damit
eine *grundlegende Norm* benannt, durch die eine *Grenze* gezogen wird gegenüber jeder *Verfälschung* der Wahrheit des Evangeliums (2,5.14) im Kern. »So
läuft der bedingte Segen wie der bedingte Fluch (1,8-9) auf eine potentielle
Exkommunikation aus der Kirche ... hinaus«, und der Versuch der Galater, die
Beschneidung zu übernehmen, »käme dann einer Apostasie ... gleich«.[14] Diese
Bedeutung des Kanon-Begriffes an so prominenter Stelle wird auch nicht
dadurch in Frage gestellt, wenn man in der radikalen Polemik gegen das
alttestamentliche Gesetz an dieser Stelle eher eine »Theologie des Übergangs«
erblickt und Paulus »später im Röm die antinomistische Spitze seiner Theo-

---

[10]   Hübner, TRE 12, 7.
[11]   Betz, Galaterbrief 76 (Sperrung von mir: H.O.). Vgl. auch Ebeling, Wahrheit V:
       »Paulus war der erste, der das Evangelium mit der Schärfe der Wahrheitsfrage erfaßte.«
[12]   Betz, Galaterbrief 544.541; s.a. 71.
[13]   So: Beyer, κανών 602.
[14]   Betz, Galaterbrief 545.543. Vgl. auch: J.Becker, Galaterbrief 84: »In diesem Sinne ...
       bezeichnet Paulus den Satz als einen Kanon, also als anerkannten verbindlichen
       Maßstab bei der Bestimmung des Christlichen. Der Satz nimmt dabei exakt die
       Stellung ein, die in 1,6-9 das Evangelium hat. Wie dieses ... dort ..., so hat V.15 hier
       entsprechend die Funktion, den Kreis derer, die gesegnet sein sollen, abzugrenzen.«

logie (mildert)«.[15] Vielmehr läßt sich sagen, daß der Kanon-Begriff zwar kein
zentraler Terminus der paulinischen Theologie ist, daß sich aber bei seinem
ersten Auftauchen im christlichen Sprachgebrauch mit ihm die Frage nach
dem unaufgebbaren Kern der *Wahrheit des Evangeliums* verbindet, für deren
Bewahrung der *Kanon* die maßgebliche Richtschnur und Norm benennt. Und
bewahrt werden kann diese Wahrheit nach Paulus an dieser Stelle nur, wenn
ein bestimmter praktischer *ritueller Vollzug* in der Kirche Jesu Christi keinen
Platz hat.

> In ähnlichem antinomistischem Kontext und paränetischer Abzweckung
> bieten auch einige Handschriften für Phil 3,16 eine Lesart, in der der
> Kanon-Begriff enthalten ist. Sie fügen zu dem knappen »τῷ αὐτῷ
> στοιχεῖν« »κανόνι« hinzu und »τὸ αὐτὸ φρονεῖν«.[16] »Wenn es sich hier
> um eine spätere Glosse handelt, so entspricht sie doch dem durch Gl 6,16
> bezeugten paulinischen Sprachgebrauch.«[17]

2. ZU 2 KOR 10,13-16

Gegenüber Gal 6,16 stellt die dreimalige Verwendung des Kanon-Begriffes
durch Paulus in 2 Kor 10,13-16 nun allerdings eine *crux interpretum* dar. Über
dessen Bedeutung an dieser Stelle besteht anscheinend kein letzter Konsens.
    Der Kontext ist wiederum apologetisch-polemischer Natur. Paulus vertei-
digt im sog. »Tränenbrief« (2 Kor 10-13)[18] seine ihm von Christus gegebene
apostolische Vollmacht und Autorität (10,8) gegenüber jenen[19], die erst nach
ihm in die von ihm gegründete Gemeinde gekommen waren und nun mit
Empfehlungsschreiben ausgestattet (3,1; 10,18) gegen ihn polemisieren und die
Führung der Gemeinde an sich reißen wollen. Deren Anspruch sei von maß-
losem Selbstlob gekennzeichnet.

> Paulus aber will sich nicht ins Maßlose rühmen, sondern seinen Anspruch
> auf die Führung der Gemeinde allein »nach dem Maß des Kanons bemes-
> sen, das Gott zugemessen hat, nämlich daß wir auch bis zu euch gelangen
> sollten.« (10,13)[20]

---

[15] Hübner, TRE 12, 8.
[16] Vgl. den App. z.St. u.: M.Dibelius, Philipper 71; E.Lohmeyer, Philipper 149 Anm.3
[17] Beyer, κανών 603.
[18] Zum Problem der »Zusammengesetztheit« des 2 Kor vgl.: W.Schenk, TRE 19, 624.631f.
[19] Zu den Gegnern vgl: Schenk, TRE 19, 624ff.
[20] ἡμεῖς δὲ οὐκ εἰς τὰ ἄμετρα καυχησόμεθα ἀλλὰ κατὰ τὸ μέτρον τοῦ κανόνος
      οὗ ἐμέρισεν ἡμῖν ὁ θεὸς μέτρου, ἐφικέσθαι ἄχρι καὶ ὑμῶν.

Im Gegensatz zu Selbstlob oder menschlicher Empfehlung ist es also für Paulus Gott selbst, der ihm ein μέτρον τοῦ κανόνος zugemessen hat, das darin deutlich wird, daß er es war, der als erster bis nach Korinth gekommen ist, um dort das Evangelium zu verkündigen und eine Gemeinde zu gründen (10,14).

Darum rühmt er sich auch nicht mit fremder Arbeit bis ins Maßlose, sondern hat die Hoffnung, daß er »nach seinem eigenen Kanon« (κατὰ τὸν κανόνα ἡμῶν), wenn der Glaube bei den Korinthern wächst und das Evangelium von ihm auch jenseits von Korinth verkündet wird, überschwenglich groß gemacht wird (10,15). Denn er will sich nicht mit einem fremden Kanon rühmen (ἐν ἀλλοτρίῳ κανόνι) – mit dem, was bereits von anderen vollbracht sei (10,16). Vielmehr: »Wer sich rühme, der rühme sich des Herrn!« (V.17)

Der Abschnitt schließt also in V.17 wiederum mit einer spruchartigen *Regel*, die Paulus schon in 1 Kor 1,31 benutzt hat.[21] Daß diese *Regel* hier nun nicht *Kanon* genannt wird, unterstreicht nochmals die exklusiv normative Bedeutung des Begriffes in Gal 6,16. Die Verse 2 Kor 10,14-16 sind im Griechischen ein einziger Satz. Insgesamt kommt es zu einer Häufung der Begriffe »messen«, »Maß« und »Maßstab« (μετρεῖν, μέτρον, κανών). Was ist nun aber hier mit κανών gemeint?

Es sind vor allem zwei Begriffsdeutungen, die miteinander konkurrieren. Bei der *geographischen Begriffsbestimmung* handelt es sich um eine bereits ältere Interpretation, die κανών hier als »einen mit einer Messschnur von Gott eingegrenzten Raum«, als »zugemessenen Bezirk« und »Umgrenzung seines Arbeitsgebietes« gedeutet hatte.[22] In Aufnahme dieser Deutung war κανών in 2 Kor 10 noch im revidierten Luthertext des Neuen Testamentes von 1956 als »Arbeitsfeld« übersetzt worden. In der englischsprachigen Exegese wird diese Deutung neuerdings wieder stark vertreten.

Nachdem *C.K.Barrett* in seinem Kommentar[23] bereits diese Deutung weiter betont hatte, hat sich neuerdings *R.P.Martin* gegen eine Interpretation von κανών an dieser Stelle als »Beurteilungsmaßstab« gewandt und übersetzt den Begriff als »specific sphere«, »sphere of service« (V.13), »sphere we have« (V.15), »other persons sphere« (V.16).[24] Genauso deutet auch *B.M.Metzger*[25] κανών als »province« oder »the circumscribed, geographical area«. Beide

---

[21] Als »Regel« in diesem Sinn bezeichnet von: Betz, Galaterbrief 539.

[22] So etwa: C.F.G.Heinrici, Korinther 304f.; H.Windisch, 2. Korintherbrief 310, u.a.m.; vgl.: Beyer, κανών 603. So auch aufgenommen von Oppel, Κανών 62f.: »abgegrenzter Wirkungsbereich«, »Arbeitsgebiet«. Genauso: W.Bauer, Wörterbuch s.v. 2) »d. abgemessene Gebiet, d. zugemessene Bezirk«; so beibehalten in der 6. Aufl. Bauer deutet in diesem Sinne auch 1 Clem 1,3; 41,1. Vgl. dazu aber u. Kap. XI.

[23] C.K.Barrett, Corinthians 264f.

[24] R.P.Martin, 2 Corinthians 314-321.320.314f.

[25] Ders., Canon 290.

berufen sich dabei auf neueste epigraphische Entdeckungen und deren Interpretation durch *E.A.Judge.*[26]

Judge interpretiert dort eine lateinisch-griechische Inschrift aus Pisidien mit dem Edikt des Praetors Sotidius aus dem Jahre 18/19, in dem der dortigen Stadt Sagalassos ein Transport- und Quartiersystem innerhalb des zur Stadt gehörenden Gebietes verordnet wird. Es handelt sich um den frühesten epigraphischen Beleg für die bekannte Transportpflicht örtlicher Kommunen im Römischen Reich. Das Edikt benennt die Anzahl der Karren, Maultiere und Esel, die die Sagalassener bereitzustellen haben, ebenso die Gebühren, die zu erheben sie berechtigt werden, sowie die jeweilige Anzahl von Transportmitteln, die anspruchsberechtigten Reisenden je nach sozialem Rang zur Verfügung gestellt werden dürfen.

Sotidius nennt in diesem Edikt nun das den einzelnen Städten und Dörfern verordnete Transport- und Gebührensystem *formula* und κανών (Z.5.29). *Judge* deutet den Kanon-Begriff als »comprehensive schedule ... of requirements for a particular region«.[27] Es liegt demgegenüber m.E. auf der Hand, daß wir hier eine Begriffsverwendung als abgabenrechtlicher Terminus technicus im Sinne einer Liste von Transport- und Gebührenpflichten vorliegen haben, wie sie bei *L. Wenger* ausführlich dokumentiert ist.[28] *Judge* will nun freilich in dieser Inschrift »the long-despaired of solution for the meaning of the κανών« in 2 Kor 10 erblicken.[29] Unter Berufung auf 1 Clem 41,1, wo sich κανών auf ein »system of liturgical services« beziehe[30], und die nun hier in der Sache liegende geographische Beschränkung dieses Kanons auf die jeweilige Polis kommt *Judge* zu einer geographischen Deutung des Begriffes. Zwar gelte: »The κανών in itself is not a geographical concept, but the services it formulates are in this case geographically partitioned«. So seien »Paul and his colleagues« bei ihren Reisen auf römischen Straßen mit diesem Terminus vertraut gewesen »and took over from them the term which neatly expressed their understanding of the way God had measured out their respective territorial commitments.«[31]

Man wird m.E. fragen müssen, ob es angeht, den abgaberechtlichen Terminus technicus, mit dem ja in seiner konkreten Anwendung stets eine geographische, institutionelle oder personelle Beschränkung verbunden ist, von seinem hier epigraphisch belegten Anwendungsbereich her zu deuten.

Gegen diese geographische Deutung hat *H. W. Beyer* schon 1938 eingewandt, daß es ganz unmöglich sei, daß Paulus aus seiner Berufung zum Völkerapostel

---

[26] E.A.Judge, The regional kanon I Nr.9, S.36-45; II Nr.55, S.88.
[27] Judge, a.a.O., 39.
[28] Vgl. u. Kap. IV 2.
[29] Judge, a.a.O., 44f.
[30] Tatsächlich steht dahinter ein theologischer Normbegriff, s.u. Kap. XI.
[31] Judge, a.a.O., 45.

»einen Anspruch auf alleinige Geltung in der Heidenwelt abgeleitet habe.«
»Der dem Paulus von Gott gegebene Maßstab ist also nicht ein räumlich
abgesteckter Bezirk, in dem er allein arbeiten dürfte, sondern die ihm auferlegte Bestimmung und zugleich die ihm geschenkte χάρις (Gl 2,9; R 15,15ff),
der Segen, den Gott auf seine missionarische Tätigkeit gelegt hat.«[32]
  Diese an der Grundbedeutung als »Maßstab« orientierte *theologische Interpretation* des Begriffes von der paulinischen Theologie und seinem Apostolat
her hat sich – soweit ich sehe – in der deutschsprachigen Exegese weitgehend
durchgesetzt. Sie ist so auch in den revidierten Luthertext des Neuen Testamentes von 1975/84 aufgenommen worden, in dem der ganze Abschnitt nun
überschrieben ist: »Der Maßstab für die Beurteilung des Apostels«.

  R.Bultmann betonte, daß hier das Thema die »Kompetenz« des Paulus sei
  gegen den Anspruch der Gegner auf »Kompetenz« für Korinth. Paulus
  rühme sich nur »nach dem Maß des Maßstabes, den Gott ihm als Maß
  (zum Abmessen) gegeben hat. Sinn: mein Sich-Rühmen findet seine Grenze zufolge des Maßstabes, den Gott mir zugeteilt hat, um mittels seiner die
  Grenze zu finden.« Damit sei durchaus der »Anspruch auf ein bestimmtes
  Missionsgebiet« verbunden, freilich könne Paulus den κανών »erst an den
  Missionserfolgen erkennen«.[33]
    F.Lang interpretiert »»das Maß des Maßstabes, nach dem Gott dem
  Apostel sein Maß zugemessen hat'«, als den »Auftrag zur Heidenmission,
  den Paulus bei seiner Berufung empfangen hat (Gal 1,15f.). Dieser Auftrag
  schließt die ehemals heidnischen Korinther ein.«[34]
    H.D.Betz hat im Kanon-Begriff in 2 Kor 10 einen Beleg für eine Aufnahme der »Ethik des Maßes« des griechischen Humanismus in der
  paulinischen Theologie erblickt.[35] Denn auch für diesen könne der Mensch
  und sein Werk nicht Maß für ihn selber sein, sondern mit Platon sei Gott
  das Maß aller Dinge. Auch für Paulus sei Gott der, »der dem Menschen das
  ihm zukommende Maß zumißt«.[36] *Betz* betont freilich gegen eine allgemein existentiale Deutung des Begriffes, daß es hier speziell um das »apostolische Maß« gehe. Denn Paulus argumentiere »geschichtlich, geographisch und unterscheide zwischen einem für ihn als Apostel maßgeblichen
  κανών und einem ἀλλότριος κανών«. »Sein ›Maß‹ hat sich offenbar
  daraus ergeben, daß er es gewesen ist, der zuerst mit dem Evangelium nach
  Korinth gekommen ist (10,14) und die dortige Gemeinde gegründet hat.«[37]

---

[32] Beyer, κανών 604.
[33] R.Bultmann, Korinther 196.198.
[34] F.Lang, Korinther 333.
[35] H.D.Betz, Der Apostel Paulus 130f., obwohl auch er mit der Möglichkeit rechnet, daß
     Paulus auf »uns anderweitig nicht bekannte technische Ausdrücke aus der Mission«
     zurückgreift (130).
[36] Ebd.
[37] A.a.O., 130f.

P.Stuhlmacher hat darüber hinaus betont, daß die Verwendung des Kanon-Begriffes für Gal 6,15 ein Indiz für den »erwählungsgeschichtlich-kosmologischen Horizont« sei, in dem die paulinischen Ausführungen auch in 2 Kor 10 zu sehen sind.[38] Die Interpretation von κανών als »Beurteilungsmaßstab« bedürfe einer Vertiefung vom hebräischen קָו her, das »im nachbiblischen Judentum einen etwas anderen Werdegang durchmessen (hat), als es das griechische Wort κανών getan hat ... קָו wird, ohne seinen ursprünglichen Sinn eines rechnerischen Maßes einzubüßen, zum Inbegriff des eschatologischen Gerichtsmaßes (äth. Hen. 61,1ff.; 1 QH 3,27), des Maßes der Zeitenordnung und der Schöpfung (1 QS 10,26; 1QH 1,28; Test.Napht. 2,3) ja in 1 QH 18,11 vielleicht schon vor Paulus zum Maß der prophetischen Verkündigung, die den Erwählten den Gotteswillen offenbart.« So stehe in der jüdischen Apokalyptik der Terminus für »ein endzeitliches gerichtlich einklagbares Maß des Schöpfers ..., welches die Schöpfung bis ins einzelne prägt und strukturiert.« Von daher ergibt sich für beide Belegstellen für κανών im Neuen Testament »eine einheitliche Interpretationsmöglichkeit. κανών bezeichnet dann das Paulus von Gott eröffnete, seinem apostolischen Werk erwählungsgeschichtlich Zeit-Räume eröffnende Maß der Gnade des Schöpfers.«[39]

So läßt sich m.E. sagen, daß auch im 2 Kor eine Verwendung des Kanon-Begriffes von seiner Grundbedeutung her als »Maßstab« naheliegt, freilich wiederum in einer theologischen Verdichtung, die auf den Kern der paulinischen Theologie weist. Bezeichnend ist, daß es auch jetzt ein apologetisch-polemischer Kontext ist, in dem Paulus hier nun zur Verteidigung und Wahrung seines apostolischen Anspruches und der damit untrennbar verbundenen Verkündigung »seines« gesetzesfreien Evangeliums (Gal 1,11) den Kanon-Begriff benutzt, um die theologische Grundlage seines apostolischen Anspruchs normativ festzuschreiben. Denn auch hier geht es ja nicht um ethische Appelle oder um die christliche Rezeption einer humanistischen Vorstellung des *suum cuique*, nach dessen Erkenntnis man sich dann in das zugemessene Maß zu fügen hätte. Es geht auch nicht um frühchristliche Kompetenzrangeleien über die Aufteilung von Missionsgebieten. Vielmehr ist der Paulus von Gott in seiner Berufung zum Apostel zugemessene κανών eine im Erwählungshandeln Gottes begründete richtungsweisende Norm, insofern das mit seinem Apostolat verbundene Evangelium für die Heiden nicht nur zeitlich zuerst in Korinth war, sondern dort auch *Priorität* hat. Der dem Paulus zugemessene *Kanon* fügt sich mit dem »anderen Kanon« nicht ohne weiteres komplementär zu einem harmonischen Ganzen, sind die Gegner in Korinth doch Irrlehrer und »Pseudo-apostel« (11,4.13).

---

[38] Ders., Erwägungen 6f.
[39] Alle Zitate: a.a.O., 7. Vgl. auch: Stuhlmacher, Das paulinische Evangelium I 87.

IV. »KANON« UND »REGULA« IN DEN RÖMISCHEN RECHTSQUELLEN UND IN DER RÖMISCHEN JURISPRUDENZ

1. KANΩN/REGULA ALS RECHTSPHILOSOPHISCHER BEGRIFF

Bei der Verwendung der Begriffe κανών/ *canon* und *regula* in den Quellen des römischen Rechtes sind nach *L. Wenger*[1] »zwei zwar miteinander in Zusammenhang stehende, aber doch voneinander klar scheidbare Begriffe sowohl für κανών als auch für *regula*, ein theoretisch-rechtsphilosophischer abstrakter Begriff, und ein praktisch-rechtsdogmatischer konkreter« zu unterscheiden.[2]

Der rechtsphilosophische Begriff geht auf die Charakterisierung des *Nomos* in der stoischen Rechtsphilosopie zurück, wie sie durch *Chrysippos* (281/77-208/4 v.Chr.) in seiner Schrift »Περὶ νόμου« erfolgte.

> Der römische Jurist Aelius Marcianus[3] zitiert dessen Ausspruch am Beginn des 3. Jh.s im griechischen Original: »*et philosophus summae stoicae sapientiae Chrysippus sic incipit libro, quem fecit* περὶ νόμου: ὁ νόμος πάντων ἐστὶ βασιλεὺς θείων τε καὶ ἀνθρωπίνων πραγμάτων· δεῖ δὲ αὐτὸν προστάτην τε εἶναι τῶν καλῶν καὶ τῶν αἰσχρῶν καὶ ἄρχοντα καὶ ἡγεμόνα, καὶ κατὰ τοῦτο κανόνα τε εἶναι δικαίων καὶ ἀδίκων«.[4]

Cicero hatte diesen stoischen Rechtsbegriff – wenn auch vielleicht nicht unmittelbar aus Chrysipp – bereits bei seiner Darlegung der *principia iuris* in De legibus I 17ff. benutzt[5] und eben dort von der *lex* ausgesagt, daß sie »*iuris atque iniuriae regula*« sei. Deutlich ist die Auffassung, daß der Nomos als die »prinzipielle Unterscheidung von Recht und Unrecht ... der hohe Canon der Juristen, die Richtschnur, die ihnen das Gewissen weist«, (ist).[6] Der Begriff κανών wird hier also im Sinne eines Erkenntniskriteriums benutzt.

---

[1] Zum folgenden: Wenger, Canon; vgl. dazu das Selbstreferat: ders., Über canon; zu Wengers Vorhaben und Anliegen s.o.: Einleitung. Weiterhin: Oppel, Κανών 94-100. Zu den neueren Forschungen über die römischen Rechtsregeln s. u. 4.

[2] Wenger, Über canon 496f.

[3] Vgl.: P.Jörs, PRE I,1, 523ff.; Wenger, Quellen 521.

[4] Dig.1,3,2.

[5] Vgl. Oppel, Κανών 95-97.

[6] Wenger, Über canon 497.

Dieser grundlegenden rechtsphilosophischen Aussage entspricht die Verwendung des Kanon-Begriffs im *Singular*. Bedeutsam ist, daß das Zitat »sprachlich wie sachlich« in den Institutionen und Digesten ein Hapaxlegomenon darstellt. »Nirgends sonst findet sich in den Institutionen oder Digesten Justinians das Wort canon, κανών, nicht im lateinischen Großteil, noch in den Fragmenten griechisch schreibender Juristen, noch in den Zitaten aus griechischen Schriftstellern und Dichtern«.[7] Daraus ist fürs erste zu schließen, daß der griechische Begriff κανών/*canon* im klassischen[8] römischen Juristenrecht in Gesetzesform, dessen Dokumentation die Kompilation der Digesten Justinians bildet[9], anscheinend neben dieser Aussage zum Wesen des Rechtes keine Verwendung fand.

Demgegenüber hat der lateinische Begriff *regula* in der römischen Jurisprudenz eine spezifische Bedeutung erhalten; bezeichnend ist die Verwendung im Plural. Diese römischen *Rechtsregeln* sind in den vergangenen Jahrzehnten Gegenstand umfänglicher rechtshistorischer Forschungen gewesen, deren Ergebnisse allerdings nicht einheitlich rezipiert sind. Den Forschungen zur *regula* soll deshalb ein eigenes Kapitel vorbehalten bleiben (s.u. 4.).

2. KANΩN ALS POSITIVE RECHTSNORM UND WIRTSCHAFTS-RECHTLICHER TERMINUS

Das älteste Zeugnis der Verwendung des griechischen Begriffes κανών für eine positive Rechtsvorschrift ist nach *Wenger* der Papyrus Columb. Inv. Nr. 181 f.[10] Es handelt sich dort um ein Reskript der Kaiser Constantin d.Gr., Constantinus und Constantius zum Thema »Immobiliarersitzung im römischen Provinzialrecht«. Danach soll »nach Ablauf eines vierzigjährigen Besitzes ... nach dem titulus possessiones nicht mehr geforscht werden«. Der in diesem Zusammenhang verwendete Begriff δίκαιος κανών bedeute hier den »iustus titulus possessionis, dessen Richtigkeit nach so langer Zeit nicht mehr in Frage gestellt werden soll.«[11]

Häufiger als in der Bedeutung einer Rechtsvorschrift ist die Verwendung von κανών/*canon* als abgabenrechtlicher Terminus technicus[12], wonach ein

---

[7]   Wenger, Canon 50 Anm 2., genauso: 72.87.

[8]   Zur rechtsgeschichtlichen Epocheneinteilung vgl. z.B. F.Wieacker, Rechtsgeschichte I 19-36.23f. Die »klassische« Epoche ist die des Prinzipats, also von Augustus bis Diokletian. Vgl. auch F.Schulz, Geschichte 117.

[9]   Zu den Digesta vgl. zB.: Th. Mayer-Maly, Kl.Pauly 2, 16-19.

[10] Vgl.: Wenger, Canon 72-74. Zum Papyrus: 73 Anm.1; Wenger, Über canon 499 Anm.11.

[11] Wenger, Canon 73f.

[12] Vgl. hierzu: a.a.O., 24-46. Vgl. oben Kap. III 2.

κανών »die ordentliche, die regelmäßige, die feststehende Abgabe« meint und mit den älteren Begriffen φόρος und *pensio* inhaltlich deckungsgleich ist. Neben einem vereinzelten frühen Vorkommen in hadrianischer Zeit (1.Hälfte 2.Jh.) wird »die regelmäßige Verwendung des Wortes als wirtschaftsrechtlicher Terminus ... erst seit dem 4. Jhd. n. Chr. ... in diesem Sinne ganz geläufig in den Codices Theodosianus und Justinianus, in der Novellensprache sowie in den Papyri.«[13]

3. CANON/KANΩN/REGULA ALS KIRCHLICHE VORSCHRIFT IN DER KAISERLICHEN GESETZGEBUNG

Die Verwendung von κανών/*canon* und *regula* im Sinne einer kirchlichen Vorschrift taucht in den Quellen des römischen Rechtes erst im Laufe des 5. Jh.s auf. »In der kaiserlichen Gesetzgebung schon des 5. und namentlich des 6. Jhs., und hier besonders in der griechischen Rechtssprache der Novellen Justinians« ist dieser Wortgebrauch »von allgemeinster Anwendung«.[14]

Im Codex Theodosianus vom Jahre 438 allerdings spielt er gegenüber dem wirtschaftsrechtlichen Gebrauch noch fast keine Bedeutung. Einziger Beleg dort und *ältestes Zeugnis* für eine Bezugnahme auf kirchliche *Kanones* ist das Mandat der Kaiser Honorius und Theodosius an Philippus, den *praefectus praetorio* des Illyricum vom Jahre 421:

> »...canones pristinos ecclesiasticos, qui nunc usque tenuerunt, per omnes Illyrici provincias servari praecipimus«.[15]

Nächstältestes Zeugnis ist ein Erlaß der Kaiser Valentinianus und Marcianus an den *praefectus praetorio* Palladius vom Jahre 451, durch den alle pragmatischen Sanctionen für nichtig erklärt werden, »*quae contra canones ecclesiasticos ... elicitae sunt*«.[16]

Den ältesten Beleg für den *lateinischen* Sprachgebrauch von *ecclesiasticae regulae* stellt eine Konstitution von Kaiser Marcianus von Jahre *456(?)* dar über eine vom Kleriker abzugebende »nicht eidliche cautio«. Für das nicht eidliche Verfahren wird dabei auf das kirchliche Verbot des Klerikereides verwiesen mit folgendem Wortlaut:

---

[13] A.a.O., 24f.
[14] A.a.O., 87. Der größte Teil der Untersuchung Wengers (S.88-166) ist der Epoche Justinians gewidmet, insbesondere der Frage nach dem sich im Kirchenrecht niederschlagenden sog. »Caesaropapismus«.
[15] Cod.Theod. 16,2,45 = Just.1,2,6.
[16] Cod.Just.1,2,12, vgl.: Wenger, Canon 87f.

*»cui nullum tamen insertum erit iusiurandum, quia ecclesiasticis regulis et
canone a beatissimis episcopis antiquitus instituto clerici iurare prohibentur«.*[17]

Das auffällige Nebeneinanderstehen der *regulae* im Plural und eines von
Bischöfen von altersher »eingesetzten« oder »unterrichteten« *canon* hat
Wenger so interpretiert: »Hier sind also ecclesiasticae regulae und ein von
Bischöfen (in einer Synode?) von alters erlassener canon als Rechtsquellen
des Verbotes des Klerikereides angeführt. Bei der sprachlichen Nebenordnung ... wird man wohl eher an synonymen Pleonasmus denken, möglicherweise könnte man in den ecclesiasticae regulae (Plural!) Ausführungs-
vorschriften des alten canon sehen wollen.«[18]

Diese Deutung ist m.E. nicht haltbar, würde man doch bei einem
»synonymen Pleonasmus« auch den *Kanon* in der Mehrzahl erwarten.
Zudem läßt sich kein entsprechender Synodalkanon nachweisen. *Wenger*
selbst nennt can.61 der 4. Synode von Karthago v. Jahre 398.[19] Dabei
handelt es sich freilich um eine Bestimmung der sog. *Statuta ecclesiae
antiqua*, die nach allgemeinem Konsens nicht nach Africa gehören, sondern
eine gallische Sammlung darstellen, die ca. 475 möglicherweise von
Gennadius von Marseille zusammengestellt wurde.[20] De facto läßt sich
kein kirchlicher Synodalbeschluß innerhalb des im Jahre 456 im Osten in
Geltung stehenden *Corpus canonum*[21] nachweisen, der ein Verbot des
Klerikereides formuliert. Bemerkenswert ist aber, daß Basilius d.Gr. in
can.17 für die Eidesleistung des Priesters Bianor Buße fordert und in can.10
einem Bischof, der einen Presbyter zu Eidesleistung und dann zum Bruch
des Eides gezwungen hatte, vorwirft, von Anfang an »unkanonisch« gehandelt zu haben, weil schon die Eidesleistung »gegen das Evangelium« (Mt
5,34) gewesen sei.[22] Auffällig ist die singularische Verwendung des Kanon-
Begriffes in Gestalt eines Lehnwortes.

Vom Ergebnis der folgenden Untersuchung her ist die Stelle m.E. so zu
deuten. Der singularische griechische Kanon-Begriff, der hier nicht einfach
mit *regula* synonym ist, steht als kirchlicher Normbegriff für das in der
Kirche absolut Maßgebliche. Seine inhaltliche Bestimmung leitet sich nicht
aus Synodalbeschlüssen ab, sondern aus den Normen des Evangeliums und
der apostolischen Weisung, wie sie in der kirchlichen Praxis lebendig sind.
Hinter dem Schwurverbot steht das Gebot Jesu (Mt 5,34). Wie auch das
dortige Scheidungsverbot (Mt 5,32) sich in der Gemeindepraxis für die
Gläubigen nicht durchhalten ließ, für den Klerus aber beibehalten wurde[23],
so ist es offensichtlich auch mit dem Eidverbot der Bergpredigt gewesen.

---

[17] Cod.Just.1,3,25,1b, vgl.: a.a.O., 83f.

[18] A.a.O., 84.

[19] Unter Verweis auf: H.Th.Bruns, Canones Apostolorum et conciliorum veterum selecti,
2 Bde., Berlin 1839.

[20] Vgl.: Ch.Munier, ConcAfr 342-354. J.Gaudemet, Les sources 84ff.

[21] Vgl. dazu: Kap. XXIII 3 c).

[22] Courtonne II 155.129; vgl. i.e. Kap. XXIV 2 d).

[23] Vgl. Kap. XXIV 2 d).

Die *regulae ecclesiastici* sind hier nicht als Synodalbeschlüsse zu verstehen, sondern als die in Geltung stehenden kirchlichen Normen, die nicht auf Synodalkanones zu reduzieren sind. Der zusätzliche Hinweis auf den alten *canon* macht deutlich, daß die Verfasser der Konstitution wissen, daß sich unter den Synodalbeschlüssen eine solche Bestimmung nicht findet. Daß dieser *canon* »a beatissimis episcopis ... instituto« bezeichnet wird, zwingt auch nicht zu der Annahme eines vorausgesetzten Synodalbeschlusses, sondern meint, daß diese Norm von Anfang an von den Bischöfen in der Kirche »unterrichtet« wurde.[24]

In den Novellen Kaiser Justinians (527-565) mit ihrer griechischen Rechtssprache, in denen seine kirchenrechtliche Verwaltungstätigkeit ihren Niederschlag fand, erfahren die kirchlichen *Kanones* dann schließlich häufige Erwähnung.[25] Die dabei hinzugefügten Epitheta ornantia sind θεῖοι, ἱεροί, εὐαγεῖς, ἱερατικοί und ἅγιοι.[26] Allerdings sind auch die Gesetze des Kaisers selbst θεῖοι und ἱεροί! Die Attribute werden dabei willkürlich und abwechselnd verwendet, die Kanones allerdings »als ἐκκλησιαστικοί ... nach ihrer Herkunft besonders hervorgehoben«.[27] Bemerkenswert ist, daß jetzt auch Mönchsregeln als μοναχικοὶ κανόνες bezeichnet werden.[28] Weiterhin läßt sich bei Justinian dann auch eine entsprechende Verwendung von κανονικός und κανονικῶς feststellen.[29] Bei all dem praktiziert er eine relativ strikte terminologische Trennung von *Nomos* und *Kanon*. Die Verwendung des Terminus κανών für weltliches Recht ist zwar nicht völlig unüblich (s.o.2.), er spricht aber »von seinen eigenen Gesetzen kirchenrechtlichen Inhalts niemals als von κανόνες«. Man kann sagen, daß »überall da, wo ein Zusammenhang mit Dingen kirchenrechtlichen Inhalts oder mit Quellen kirchenrechtlicher Herkunft besteht, κανών der kirchenrechtlichen Bedeutung auch in der kaiserlichen Rechtssprache reserviert bleibt.«[30]

Diese Trennung von *Nomos* und *Kanon* ist freilich auf die Rechtsterminologie beschränkt gewesen. Denn es war bekanntlich Justinian, der die *Kanones* den *Nomoi* rechtlich gleichstellte[31] und auch in die gesetzesgleiche Stellung der vier ökumenischen Synoden ausdrücklich deren δόγματα und κανόνες einschloß, die »ὡς νόμους« gehalten werden sollten.[32] Für Justinian

---

[24] Heumann/Seckel, Handlexikon s.v. *instituere* 6), S.274.

[25] Vgl.: Wenger, Canon 93-98.

[26] Für Belege zu allen Epitheta vgl.: Wenger, Canon 98 Anm.3 u. 99 Anm.1-4.

[27] A.a.O., 99. Belege hierfür ebd., Anm.5.

[28] So in Nov.123 (a.546) c.36 [619,15]; im Authenticum 134 (Coll.IX,15) 36 = *monachicos canones*.

[29] Vgl hierzu: Wenger, Canon 119-125.

[30] A.a.O., 123.

[31] Cod.1,3,44,1 (a.530); Nov.6,1,8 (a.535).

[32] Nov.131,1 (a.545). Dazu: Sp.N.Troianos, Θεσπίζομεν τοίνυν.

bestand die Konsequenz einer sogearteten staatlichen Anerkennung der bestehenden kirchlichen Vorschriften hinsichtlich der erkannten Rechtslücken dann in der Schaffung eines umfangreichen kirchlichen Verwaltungsrechtes.[33] Dieses kaiserliche Staatskirchenrecht, das die synodale Beschlußfassung weiterer kirchlicher Kanones für die östliche Christenheit bis zum Concilium Quinisextum (692)[34] gleichsam überflüssig erscheinen ließ, hatte allerdings nicht nur ergänzenden Charakter, sondern führte auch zur Veränderung kanonischer Vorschriften.[35]

4. »REGULA« UND RÖMISCHE RECHTSREGELN

Trotz der intensiven rechtshistorischen Forschungen[36] in jüngerer Zeit zur Bedeutung der römischen Rechtsregeln herrscht über das Wesen dieser *regulae* nicht in allen Fragen Übereinstimmung. Dies mag mit folgender Beobachtung zusammenhängen:

> »Anscheinend benutzten die römischen Juristen den Ausdruck regula sei es
> in einem recht weiten und nach unserer Auffassung verschiedene Phänome
> ne einschließenden Sinn, sei es überhaupt ungenau nur Teilaspekte der
> jeweiligen juristischen Aussage ergreifend.«[37]

Der Versuch, diese unterschiedlichen Phänomene in der Forschung näher zu charakterisieren, wird beispielsweise mit den Begriffspaaren »normativ – deskriptiv«, »normativ – kasuistisch«, »empirisch – wissenschaftlich – dogmatisch« unternommen.[38] *B. Schmidlin* hat unter Anwendung der Distinktion »normativ-kasuistisch« eine grundlegende Unterscheidung zwischen *regulae iuris* der altrömischen Jurisprudenz und *regulae* der *libri regularum* der spätklassischen Zeit vorgenommen. Diese Unterscheidung der römischen Rechts-

---

[33] Cod.1, Tit.2-4; weiterhin insgesamt 27 Novellen. Vgl. die Auflistung bei: G.Pfannmüller, Gesetzgebung 3; s.a.: H.S.Alivisatos, Gesetzgebung.

[34] Zu den Gründen, die dort nach einer »Pause« von ca.240 Jahren wieder zu Abfassung von kirchlichen Kanones führten, vgl.: Ohme, Quinisextum 35-55; und die Vorträge des Symposions Istanbul 1992 in: AHC 24 (1992).

[35] Vgl. hierzu Wenger, Canon 100-162.; ibs. 133-161.

[36] Zur älteren Sicht vgl. z.B.: P.Jörs, Rechtswissenschaft 283ff; ebd. auch die inzwischen überholte Bezeichnung »Regularjurisprudenz«; F.Pringsheim, Beryt und Bologna 419ff.; Oppel, Κανών 98ff.; Wenger, Canon 53-62; Schulz, Geschichte 77-80.209-225.388f. Maßgeblich jetzt: P.Stein, Regulae iuris; B.Schmidlin, Rechtsregeln; ders., Rhetorik (Lit.); kritisch zu Schmidlin: D.Nörr, Spruchregel 18ff. (weitere Lit. zu Einzelfragen); Wieacker, Rechtsgeschichte 572-595, bes. 590-595 (weitere Lit.: 590 Anm.100).

[37] Nörr, Spruchregel 22.

[38] Vgl.: a.a.O., 23.

regeln in normative und kasuistische ist freilich insbesondere hinsichtlich der Frage des verwendeten Normbegriffes und der These einer eigenständigen Werkgattung auf einigen Widerspruch gestoßen.[39] Nachdem in dem Werk *Schmidlins* die materialreichste Untersuchung zur Sache vorliegt und an dieser Stelle nicht in die romanistische Diskussion eingegriffen werden soll und kann, werde ich im folgenden so verfahren, daß ich bei der Darstellung vom Werk *Schmidlins* ausgehe, dieses aus der Literatur ergänze und, wo Widerspruch angemeldet wird, diesen entspechend vermerke.

Regulae gehörten bereits zu den Arbeitsmethoden der sog. *veteres*, also in die Phase des »Ausbau(s) der Jurisprudenz aus bloßem Erfahrungswissen zu einem wissenschaftlichen Erkenntniszusammenhang« in den beiden letzten Jahrhunderten der Republik.[40] Das Kennzeichen der Rechtsfindung dieser Phase der römischen Rechtsgeschichte ist darin zu erblicken, daß jene »nie axiomatisch und nur selten deduktiv« war, »vielmehr werden Entscheidungen ... durch Induktion gewonnen, indem aus bereits vorliegenden Entscheidungen (oder Grundsätzen) auf neue Sachverhalte mit der gleichen ratio decidendi gefolgert wird«. Es wird also »ein vorausgehendes Ähnlichkeitsurteil« vorausgesetzt.[41] Weiterhin treten hinzu die fachjuristische Diskussion des festgestellten Ius und der Tradition als Argumentationshilfe durch Erklären und Auslegen von Gesetzesworten.[42] Das Ergebnis dieser Induktion »kann eine allgemeinere Regel sein«, die als ein »Erfahrungskonzentrat altrömischer Rechtsklugheit«[43] einen »von den Veteres festgestellten Grundsatz des außergesetzlichen Ius« darstellt.[44]

Merkmal dieser *regulae* ist neben ihrer normativen[45] Geltung zum einen ihre Anonymität: »Sie gehören als anonymes Regelgut zum festen Bestand der im objektiven Recht verankerten Rechtsgrundsätze.«[46] Zum anderen ist für sie die »Gedrungenheit knapper Merksprüche« typisch, die ihre Bezeichnung als *Spruchregeln* rechtfertigt.[47] Das letzte Kapitel der Digesten Justinians (Dig.

---

[39] Vgl.: Nörr, Spruchregel passim; O.Behrends, Die causae coniectio 166.

[40] Wieacker, Rechtsgeschichte 572; zu den *veteres*: 572 Anm.1; 591 Anm.107. *Regulae* aus dieser Epoche bei: Schmidlin, Rechtsregeln 23-46.

[41] Wieacker, Rechtsgeschichte 576. Zu seinem Induktionsbegriff vgl.: 576 Anm.20; Beispiele für solche Induktion 578f.

[42] Vgl.: Wieacker, Rechtsgeschichte 580ff.

[43] A.a.O., 592.

[44] A.a.O., 590.

[45] Zum grundsätzlichen Problem, welche Art von Normativität den *regulae* zuzuschreiben ist, vgl.: Nörr, Spruchregel 24f. Er plädiert neben der Bedeutung von *regula* als »Spruchform« für eine Unterscheidung von »Standard« und »Rechtsnorm allgemein«, a.a.O., 39ff.

[46] Schmidlin, Rechtsregeln 46-55.47.

[47] Wieacker, Rechtsgeschichte 591f.; vgl. dazu: Schmidlin, Rechtsregeln 55-60.

50,17,1) bietet unter der Überschrift: »*De diversis regulis iuris antiqui*« eine Sammlung von 211 solcher *regulae (iuris)*.[48]

Der Terminus *regula* für solche Spruchregeln stammt allerdings nicht von den *veteres* selbst, denn kein einziges Fragment dieser Zeit enthält das Wort *regula*. Vielmehr geht »die Entstehung der Rechtsregeln dem Aufkommen ihrer Bezeichnung als regula voraus«. »Die Juristen des ersten Jahrhunderts nach Chr. dürften den Ausdruck regula und regulae aus der Grammatik ... übernommen haben, und zwar in doppelter Verwendung: sie bezeichnen damit einzelne allgemein bekannte Rechtssprüche, und sie benützen ihn als Titel ... der libri regularum.«[49]

Eine Eigenständigkeit der *libri regularum* als spätklassische »Werkgattung« der römischen Jurisprudenz wurde besonders von *Schmidlin* vertreten. Während es sich bei den *regulae iuris*[50] der *veteres* um »normative Regeln« »als vorgebildete applizierbare Normen« handelt, gelten seines Erachtens »die regulae (sc. der libri regularum) als dem kasuistischen Recht nachgebildete Leitsätze«.[51] Ihre Entstehung wird dem Einfluß der hellenistischen Rhetorik und Dialektik auf die römische Rechtskunst zugeschrieben und dem von daher motivierten Bestreben, von den stets fallbezogenen Formulierungen des römischen Rechtes zu allgemeineren, zusammenfassenden Grund- und Leitsätzen zu gelangen.[52]

> Dieses Bestreben läßt sich bereits seit dem 1. vorchristlichen Jahrhundert
> beobachten und zuerst in den *Horoi* des Q.Mucius Scaevola[53] festmachen[54]

---

[48] Vgl. dazu: Stein, Regulae iuris 114-123. Nach Stein sind die *regulae* in Dig. 50,17 nicht auf die der *veteres* zu beschränken, wie sie denn dem gesamten klassischen Juristenrecht entstammen.

[49] Schmidlin, Rechtsregeln 19-22.21f. Erstmals taucht der Begiff wohl bei Labeo (†ca.5/ 22 n.Chr.) auf. »Für die älteren Veteres jedenfalls ist die Beziehung zu κανών fernzuhalten«: Wieacker, Rechtsgeschichte 590 Anm.103. Daß die Regula-Terminologie sowohl für die älteren Spruchregeln als auch für die Bemühungen um Generalisierung in klassischer Zeit gleichzeitig auftaucht, scheint jetzt allgemeiner Konsens zu sein, vgl.: Nörr, Spruchregel 37. Die Ableitung aus der Grammatik auch bei: Stein, Regulae iuris 53-61.61ff.73. Dagegen noch: Wenger (Canon 67): »So ist denn in der römischen Rechtsentwicklung regula von den veteres her über Jahrhunderte bis Justinian in dieser Bedeutung erhalten.« Zur Grammatik vgl.: W.v.Christ, W.Schmid, O.Stählin, Literatur II 255-272.427-440.866-880; H.Hunger, Literatur II 10-18.

[50] Nörr, Spruchregel 38ff.42.87ff., hält eine terminologische Trennung von *regula iuris* und *regula* schlechthin, wie sie Schmidlin vertritt, für nicht beweisbar und betont den bindenden Charakter der *regula* allgemein. Bei Schmidlin ist es auffällig, daß er seiner terminologischen Distinktion entsprechend den Digestentitel 50,17,1 mit »De diversis regulis iuris anti*quis*« wiedergibt (Schmidlin, Rechtsregeln 8).

[51] Schmidlin, Rhetorik 127.

[52] Schmidlin, Rhetorik 101-106. Nach Nörr (s.o.) und Stein, Regulae iuris 26-48, steht diese Absicht allerdings genauso hinter den *regulae* der *veteres*.

[53] †82 v.Chr.; vgl.: H.G.Gundel, Kl.Pauly 3, 1444.

[54] Vgl.: Schmidlin, Rhetorik 106-111; Stein, Regulae iuris 33ff.36ff.

(»*liber* ὅρων«), der sich damit an eine Werkgattung Chrysipps anlehnt. Seine *Horoi* »zielen weder auf ein Begriffssystem noch auf eine in genera und species gegliederte Definition, sondern enthalten allgemeine Aussagen, die implikativ oder disjunktiv Rechtsinstitute abgrenzen und Rechtsfolgen festlegen.«[55] Dies geschehe in Anlehnung an die stoische Logik mit ihrem Schwergewicht auf der Aussagenlogik und den konditionalen und disjunktiven Schlüssen.[56]

Genauso werde diese Tendenz in den Pithana Labeos deutlich.[57] In der »Übernahme des Begriffes pithanon (zeige sich) eine noch entschiedenere Anlehnung an die stoische Wissenschaftsvorstellung«.[58] Typisch sei die »durchgehend in konditionaler Form« vorgenommene Formulierung dieser »dem kasuistisch entfalteten Recht entnommene(n) Verallgemeinerungen (und) Rechtsfolgerungen«.[59]

Gerade diese nicht auf die Werke mit dem Titel *liber regularum* beschränkte Tendenz zur »Generalisierung« in vielen römischen Juristenschriften der Klassik und dann vor allem der Spätklassik spricht allerdings nach *Nörr* – bei sonstiger Zustimmung – dafür, die Grenzen einer Werkgattung *liber regularum* nicht zu eng zu ziehen.[60] Der Terminus *regula* für das Anliegen dieser Werke werde »allenfalls in der Spätklassik ›technisch‹«.[61]

Die wesentlichste theoretische Aussage über die regula – nach *Schmidlin* das früheste Zeugnis einer kasuistisch verstandenen *regula* – ist in dem in Dig. 50,17,1 überlieferten Ausspruch des Juristen Iulius Paulus[62] zu erblicken, der sich auf eine Äußerung des Sabinus[63] stützt:

> »*Regula est quae rem quae est breviter ennarat. Non ex regula ius sumatur, sed ex iure quod est regula fiat, ... et ut ait Sabinus, quasi causae coniectio est, quae simul cum in aliquo vitiata est, perdit officium suum*«.[64]

Während der erste Satz nach dem Vorbild der stoischen Definitionslehre eine Definition der *regula* vornimmt[65], geht es im weiteren um eine Verhältnisbestimmung von *ius* und *regula* mit der Absicht, den normativen Anspruch der

---

[55] Schmidlin, Rhetorik 108.
[56] Vgl. dazu: Pohlenz, Die Stoa I 37.
[57] Schmidlin, Rhetorik 111-117. Zu Labeo (Anfang 1. Jh. n. Chr.) vgl.: P.Krüger, Geschichte 154ff.
[58] A.a.O., 112.
[59] A.a.O., 113.115.
[60] Vgl.: Nörr, Spruchregel 73f., wo er weitere Juristenschriften mit demselben Anliegen benennt, die in ihren Titeln aber für *regula* andere Begriffe benutzen (z.B. *definitiones*, *opiniones*).
[61] Nörr, Spruchregel 43.
[62] Um 200 n.Chr.; vgl.: D.Liebs, Kl.Pauly 2, 1550f.
[63] 1.Hälfte des 1.Jh.s n. Chr.; vgl.: D.Medicus, Kl.Pauly 4, 1485.

regula zurückzudrängen: Die *regula* ist am *ius* zu messen, nicht das *ius* an der *regula*! Überdies macht die Bezeichnung des Sabinus (*quasi causae coniectio*) deutlich, daß es sich bei den *regulae* um ein »Konzentrat kasuistischer Rechtserfahrung« handelt. Diese (»kasuistischen«) Regeln sind nach *Schmidlin* so »Summen und Kurzformen unbestrittener Einzellösungen«, aber »kein Mittel der Rechtssetzung, sondern der Rechtsfindung. Sie sind dem Fallrecht nachgeordnet, das sie vereinfachend nachzeichnen.«[66] Dennoch wohnt ihnen eine Tendenz zur Verselbständigung inne, gegen die sich Paulus im o.g. Zitat[67] wendet.

In den zahlreichen *libri regularum* römischer Juristen[68] seit dem 2. Jahrhundert n. Chr. und dann besonders in der Spätklassik nimmt das methodische Bestreben juristischer Regelbildung nach *Schmidlin* nun auch die Gestalt einer eigenen »Werkgruppe« an. Obwohl diese »offenbar...nicht zum Hauptstrang der wissenschaftlichen Literatur (gehörten)«, haben sie sich »vor allem in spät- und nachklassischer Zeit einer gewissen Beliebtheit erfreut«.[69]

Als Grund für ihre Entstehung hat man zum einen didaktische Notwendigkeiten für die Rechtsschule und den Lehrunterricht vermutet.[70] *P.Stein* hat dagegen eindrücklich darauf hingewiesen, daß die meisten Verfasser solcher *libri regularum* Mitglieder des kaiserlichen *consilium* waren, angefangen mit Neratius unter Hadrian, dessen *regulae* in 15 Büchern die älteste und umfangreichste Zusammenstellung von Rechtsregeln darstellt.[71] Die Abfassung dieser Schriften ist nach *Stein* nur auf dem Hintergrund der Entwicklung der kaiserlichen Konstitutionen zu *leges* zu verstehen.[72] Ihre Adressaten sind in der Unzahl staatlicher Beamter in allen Provinzen des Imperiums zu erblicken, die seit den hadrianischen Reformen stark zugenommen hatten. Diesen Beamten sei nicht zuzumuten gewesen, bei der Entscheidung anhängiger Fälle sich erst in die juristischen Subtilitäten der Literaturmasse der Kommentare zu den Edikten oder in die Sammlungen der Responsa einzulesen. Erforderlich war

---

[64] Dazu: Schmidlin, Rechtsregeln 1-18; ders., Rhetorik 117-120; Stein, Regulae iuris 67ff.; Nörr, Spruchregel 28ff.

[65] Nörr, Spruchregel 29.

[66] Schmidlin, Rechtsregeln 160.162. Nörr (Spruchregel 77 u.passim) möchte gerade deshalb auch den kasuistischen Regeln Normativität nicht absprechen, sondern stellt die Frage nach der Art der Bindungswirkung.

[67] Vgl. dazu auch: Behrends, Die causae coniectio, a.a.O.,165-181, zur evtl. Entstehung dieser »Definition« aus verschiedenen Textglossen und dem Bezug zur Geschichtsrhetorik.

[68] Zu den *libri regularum* vgl.: F.Schulz, Geschichte 209-225; Schmidlin, Rhetorik 120-124: ders., Rechtsregeln 120-127; Stein, Regulae iuris 79-89.

[69] Schmidlin, Rhetorik 121.

[70] So: Schmidlin, Rechtsregeln 122.128.

[71] Stein, Regulae iuris 79.82.

[72] A.a.O., 74-79.

vielmehr: »a guide offering a short-cut of the official view of the law«. Die *libri regularum* vermittelten so »the basic treatment of the main matters handled by the imperial bureaux.«[73] Spätere *libri regularum* hätten das Werk des Neratius ergänzt und up to date gehalten.

Seit der Mitte des 3. Jahrhunderts sei dann zusätzlich eine Entwicklung festzustellen »from juristic rules to legislative rules«.[74] »In the classical period, the term regula connoted a juristic rule, which summed up what had been handed down (tradita) by juristic practice. In the post-classical period it is used of what has been laid down in imperial constitutions.«[75] Solche *regulae* gewinnen ihre Autorität nicht mehr aus dem Ansehen des Autors, sie sind nämlich in sich »legislative rules, deriving their validity from the fact that they emanated from the Emperor.«[76] Schließlich läßt sich seit dem 4./5. Jahrhundert eine Unfähigkeit beobachten, die Feinheiten der juristischen Diskussion in den klassischen Werken überhaupt zu würdigen. Dem entspricht dann das allgemeine Bedürfnis der nachklassischen Zeit nach *regulae*, Generalisierungen, Zusammenfassungen, *epitomai*.[77]

Als Regelarten der *libri regularum* ist nun näherhin vor allem der *kasuistische* Regeltyp und der *definierende* Regeltyp zu unterscheiden.[78] Beide sollen hier näher charakterisiert werden, wird sich doch bei den Synodalkanones des 4. Jahrhunderts die Frage stellen, ob mit einer Beeinflussung hinsichtlich Form und Terminus zu rechnen ist.

Bei den *kasuistischen* Regeln[79] handelt es sich um Bedingungsfolgesätze, in denen ein hypothetischer, stark vereinfachter Tatbestand mit einer Rechtsfolge verknüpft wird. Dabei sind »die einschlägigen Fragmente von sehr unterschiedlicher Länge. Bald bestehen sie aus einem einzigen kurzen Satz, bald ballen sich um die regula ganze Knäuel von Ergänzungen, Erklärungen und Begründungen zusammen.«[80] Es fehlt aber jede Erörterung einzelner Fälle. Häufigste Ausdrucksform ist der mit *si* eingeleitete Bedingungssatz.[81] Dabei kann die Bedingung »auch eingeschränkt oder erweitert werden, oft werden mehrere Bedingungen zusammengekettet. Dann verliert der Regelsatz an All-

---

[73] A.a.O., 81f.

[74] A.a.O., 109-123.

[75] A.a.O., 110.

[76] A.a.O., 111. Zur »Regula in der Kaisergesetzgebung« vgl. auch: Wenger, Canon 62-70.

[77] Vgl.: Stein, Regulae iuris 111ff. insbesondere zu Epitome Gai (2.Hälfte d. 5.Jh.). P.E.Pieler, Rechtsliteratur 377f.381ff.390. Zur weiteren Wirkungsgeschichte und auch Neufassung von *regulae* im Mittelalter vgl. Stein, Regulae iuris 124-153; zur Wirkungsgeschichte bis in die Gegenwart vgl. die Auswahl von: D.Liebs, Rechtsregeln.

[78] Darüber besteht Konsens, vgl.: Nörr, Spruchregel 81f.

[79] Vgl. dazu: Schmidlin, Rechtsregeln 131-138.143-160.

[80] Schmidlin, Rechtsregeln 131.

[81] Vgl.: a.a.O., 133f.146. Aber auch andere Konjunktionen: *cum, dum, ubi, quamvis*, a.a.O., 135f.

gemeinheit und nähert sich stark der Lösung von Einzelfällen.«[82] Die Bedingungen sind dabei stets allgemein formuliert. Die Subjektform ist ein allgemeines *aliquis*, zuweilen auch näher beschrieben als *dominus, servus, creditor* usw.[83] »Bei diesen Regeln tritt der kasuistische Hintergrund zugunsten eines institutionellen Rechtszusammenhanges zurück.«[84]

Hinzu treten als weiterer Regeltyp die *Definitionen*[85], die in den *libri regularum* unverbunden zwischen den kasuistischen Regeln stehen. Hier enthält »die eine Gruppe ... eigentliche Definitionen, welche Rechtseinrichtungen durch ihre spezifischen Wesensmerkmale bestimmen. Die andere umfaßt divisiones und partitiones, mit denen eine Rechtseinrichtung in ihre Unterarten verzweigt oder in ihre integralen Teile zerlegt wird.«[86] Das Nebeneinander von kasuistischen und definierenden Regeln »braucht nicht zu befremden. Beide werden der Bedeutung der regula gerecht, denn beide sind auf ihre Weise Richtmaß und Leitsatz, die kasuistischen Regeln in der dynamischen Perspektive der Rechtsanwendung, die definierende Regel in der statischen Perspektive des Rechtsaufbaus.«[87]

Schließlich ist nun noch die Frage aufzuwerfen, wie die Bezeichnung dieser *regulae* im *griechischsprachigen* Osten des Reiches lautete. Nachdem die *libri regularum* uns als Digestenfragmente überliefert sind, hilft hier zuerst ein Blick auf deren Index weiter. Dieser sog. *Index Florentinus*[88] oder *Index auctorum* oder *librorum*, den Justinian den Kompilatoren der Digesten aufgetragen hatte, um die Bücher zu benennen, aus denen man Auszüge aufgenommen hatte, läßt nun in seiner – allein erhaltenen – griechischen Fassung bei der Wiedergabe der Buchtitel den Regula-Begriff unübersetzt! So heißt es dort z.B.:

Νερατίου *regularion* βιβλία δεκαπέντε[89] (= Neratius Priscus, Regularum libri XV)
Πομπωνίου *regularion* βίβλιον ἕν[90] (= Pomponius, Regularum liber singularis)
Γαίου *regularion* βίβλιον ἕν[91] (= Gaius, Regularum liber singularis).

---

[82] Schmidlin, Rechtsregeln 134.
[83] A.a.O., 136f.
[84] A.a.O., 137. Es handelt sich um »die institutionell qualifizierte Form«, a.a.O., 148ff.
[85] Vgl.: Schmidlin, Rechtsregeln 138-142.163-197.
[86] A.a.O., 138.
[87] A.a.O., 140; vgl. auch 165.
[88] Dazu vgl.: Schulz, Geschichte 170f.
[89] Index Florent. nr. VIII.
[90] Index Florent. nr. XI.
[91] Index Florent. nr. XX. Weitere Beispiele s.: Schulz, Geschichte 210 Anm.6; 211 Anm.3; 213 Anm.3; 220 Anm.3.

Die Beibehaltung des lateinischen Terminus *regula* in der griechischen
Übersetzung der Werktitel ist wohl nicht nur unter die bekannte beherrschende Stellung der Latinität in der Jurisprudenz Ostroms[92] zu verbuchen, vielmehr scheint es sich hier auch um einen jener Latinismen der juristischen
Fachterminologie zu handeln, die als Lehn- und Fremdwörter im griechischen
Osten für Rechtsinstitutionen und Rechtsfälle Verwendung fanden, die einer
genauen sprachlichen Entsprechung entbehrten.[93] Typisch ist hier die Zusam-
mensetzung lateinischer Wortstämme mit griechischen Flexionen, oft auch
noch transkribiert. Dabei sind alle möglichen Kreuzungen und Mischformen
denkbar.[94] Im vorliegenden Fall handelt es sich um eine griechische Flexions-
endung in lateinischer Schrift eines nichttranskribierten lateinischen Wortes.
  Der Begriff *regula*, für ein Rechtsinstitut der römischen Jurisprudenz ursprünglich unter dem Einfluß griechischer Wissenschaftstheorie und u.a. des
dortigen Kanon-Begriffes aufgekommen, wird demnach als juristischer römischer Fachterminus nicht ohne weiteres im griechischen Osten in den griechischen Begriff κανών aufgelöst.
  Man wird freilich bedenken müssen, daß es sich bei der Wortwahl des
Index der Digesten um eine höchstoffizielle Diktion handelt. In der weiteren
juristischen Literatur des 6. Jahrhunderts ist κανών als Übersetzungswort von
regula durchaus nicht unüblich.[95]

> Über die eben genannten Belege[96] hinaus sei hier noch auf den Kodex-
> unterricht des Thalelaios hingewiesen.[97] Auch dort werden die *regulae* der
> *libri regularum* mit dem griechischen Äquivalent κανών oder γενικὸς
> κανών (bezogen auf eine *regula* des Paulus) bezeichnet.[98] Was allerdings
> die eigenständige Kanones-Bildung durch Thalelaios anlangt, so geht es
> ihm nicht mehr darum, aus dem »corpus civile eine Summe allgmeiner
> Aussagen abzuleiten und diese Summe in eine bestimmte Ordnung zu
> bringen.« Es geht vielmehr nur noch um den Schulbetrieb und die »Gewin-
> nung einer Merkregel«. Damit unterscheiden sich seine *Kanones* »grundle-
> gend« von den *regulae* der klassischen Juristen.[99]

---

[92] Vgl. dazu: H.Zilliacus, Weltsprachen 59-86. Jetzt: L.Burgmann, Lateinische Wörter.
[93] Vgl.: Zilliacus, a.a.O., 98-113. Allerdings nimmt Zilliacus den Begriff *regula* nicht in
       sein »Verzeichnis der Latinismen der byzantinischen Rechtsterminologie« (173-215)
       auf.
[94] Vgl.: N. van der Wal, Schreibweise.
[95] Vgl.: Wenger, Canon 75 u. passim; ebd. 74-83 Belege aus Theophilos, den Sinai-
       Scholien und der Epitome Juliani, also Schriften justinianischer oder nachjustinia-
       nischer Zeit. Vgl. z.B. die Institutionenparaphrase des Theophilos 4,11,5; 2,7,4;
       Sinaischolien 3,5; 8,16.17.
[96] Vgl. die vorstehende Anm. u.: Stein, Regulae iuris 115f.
[97] Vgl.: D.Simon, Kodexunterricht. Zu Thalelaios: Schulz, Geschichte 349.
[98] Vgl.: Simon, a.a.O., 347-349.
[99] Simon, a.a.O., 367-370.368.

Die These *Oppels*: »Es gibt keinen griechischen Begriff, der diesen regulae entspricht«, ist demnach jedenfalls für die nachklassische Zeit nicht haltbar.[100]

Zusammenfassend läßt sich sagen, daß die Termini *canon* und *regula* im Sinne einer kirchlichen Vorschrift in den römischen Rechtsquellen erstmals in den Jahren 421, 451, und 456 feststellbar sind. Sehr bald danach ist »κανών« dann allerdings auch im römischen Recht zu einem Reservatbegriff für kirchliche Rechtssätze geworden. Vor dem Beginn des 5. Jh.s spielt der griechische Begriff κανών in den Rechtsquellen jedoch eine eher unbedeutende Rolle. Neben seinem einmaligen Auftauchen in den Digesten bei einer stoisch beeinflußten rechtsphilosophischen Wesensbestimmung des *Nomos* führt er eine Sonderexistenz als wirtschaftsrechtlicher Terminus technicus. Demgegenüber ausgesprochen häufig und seit dem 1. Jahrhundert in Verwendung ist der genuin römische und lateinische Terminus *regula*. Er wird sowohl für die älteren Spruchregeln der *veteres* als auch für die *regula* der *libri regularum* angewendet. Hinter diesen seit hadrianischer Zeit verstärkt aufkommenden und in spätklassischer Zeit anscheinend weit verbreiteten Werken steht das Anliegen, von der stets kasuistischen Formulierung des klassischen römischen Juristenrechtes und den bald unüberschaubaren Fallentscheidungen zu generalisierenden und zusammenfassenden Grund- und Leitsätzen zu kommen. Dabei scheint die Frage nach der Normativität solcher *regulae* in der Antike (Iulius Paulus) wie in der Gegenwart *(B.Schmidlin; D.Nörr)* umstritten zu sein. Ihre Bestimmung als didaktische Merkregeln und Entscheidungsgrundlage im Rechtsvollzug römischer Provinzbeamter zeigt, daß sie weniger der Rechtssetzung als der Rechtsfindung dienen sollten. *Regulae*, die durch neue kasuistische Rechtssetzung oder *leges* außer Kraft gesetzt werden, sind gegenstandslos. Zu unterscheiden sind als Haupttypen kasuistische und definierende Regeln. Wo solche *regulae* seit dem 4. Jh. im griechischen Sprachbereich auch als κανόνες bezeichnet werden, handelt es sich um ein Übersetzungswort.

---

[100] Oppel, Κανών 100.

Hauptteil A

Zur Verwendung der Begriffe »Kanon« und »regula«
in zentralen theologischen Entwürfen
des 2. und 3. Jahrhunderts

V. IRENÄUS VON LYON UND DIE »RICHTSCHNUR DER WAHRHEIT«

1. »REGULA« IN DER LATEINISCHEN IRENÄUS-ÜBERLIEFERUNG

Jede Analyse der Verwendung des Kanon-Begriffes bei dem bedeutendsten Theologen des 2. Jahrhunderts[1] ist mit dem grundsätzlichen Problem belastet, daß seine beiden allein vollständig erhaltenen Werke, *Adversus haereses* und *Epideixis*, ganz überwiegend nur als Übersetzungen zur Verfügung stehen. Während die ausschließlich armenische Überlieferung der *Epideixis* deren Einbeziehung in die Untersuchung besonders schwierig macht, liegen für die meist sehr wörtliche lateinische Tradition[2] von *Adv. Haer.* immerhin beträchtliche Fragmente des griechischen Originals insbesondere des I. Buches vor. Es stellt sich jedenfalls angesichts dieser Ausgangslage sofort die Frage, welcher griechische Begriff hinter dem in der lateinischen Version häufig anzutreffenden Wort *regula* anzunehmen ist.[3]

Was die im Vordergrund des theologischen Interesses stehende Wortverbindung *regula veritatis* anlangt, so läßt sich mit einer Stelle belegen, daß es sich hier um eine wörtliche Übersetzung des griechischen κανὼν τῆς ἀληθείας handelt.[4] Demgegenüber findet sich für den absoluten Gebrauch von *regula*, den die lateinische Fassung meist als Bezeichnung für Lehrsystem und Lehrsumme der Gnostiker verwendet, in Adv. haer. I 20,3 im griechischen Text ὑπόθεσις. Damit aber ist zu fragen, welcher griechische Begriff an den anderen 16 Stellen[5] anzunehmen ist, an denen der lateinische Text von den *regulae* der Gnostiker redet. Diese Frage ist für die jüngere Theologiegeschichte von einiger Bedeutung gewesen, denn es war *A.v.Harnack*, der sich auf diese lateinischen Belege berief für seine These von eigenständigen »Lehrbekennt-

---

[1]   Ich verweise hier nur auf: H.-J.Jaschke, TRE 16, 258-268 (Lit.).

[2]   Vgl. hierzu die Analysen der Hrgg. von Adv.haer. in den SC, A.Rousseau und L.Doutreleau, in: SC 263, 9-60; 210, 12-48; 293, 17-82; 152, 27-63.

[3]   Zum Folgenden vgl.: B.Reynders, Lexique comparé 278.

[4]   Adv.haer. I 9,4 (SC 264, 150,109+1082f.). Adv.haer. wird im folgenden mit der Kapitel- und Abschnitteinteilung Massuets (PG7) zitiert = ed. A.Rousseau (SC 263/4, 293/4, 210/1, 100, 152/3).

[5]   Diese werden aufgelistet und untersucht von: Kunze, Glaubensregel, 322f.

nissen« bei den Gnostikern, die den kirchlichen vorausgegangen seien, und die Irenäus als bloße *regulae* von der *regula veritatis* unterscheide.[6] *J.Kunze* hatte demgegenüber mit seiner inzwischen allgemein anerkannten[7] Analyse wahrscheinlich gemacht, »dass an all jenen Stellen das lateinische regula nicht Übersetzung von κανών, sondern von ὑπόθεσις ist«[8]. Während Irenäus ὑπόθεσις an einer Stelle[9] auch für die kirchliche Lehre verwenden kann, scheint für ihn somit eine Verwendung des Begriffes κανών für die häretische Lehrsubstanz ausgeschlossen werden zu können.

Die weitere lateinisch bezeugte Begriffsverwendung macht deutlich, daß Irenäus keine neuen Wege geht, sondern κανών-*regula* im Sinne von Maßstab, Richtscheit und Vorbild benutzt.

> So werde Christus bei seiner Wiederkunft das gerechte Gericht als »Richtscheit« anwenden.[10]
>
> Im Zusammenhang der Nachfolge scheint der Begriff im Sinne von »Vorbild« eingesetzt zu werden: So wie Christus die Ähnlichkeit *(similitudo)* des sündigen Fleisches annahm, um die Sünde zu besiegen und zu verbannen, so hat er den Menschen aufgerufen, ihm darin ähnlich zu werden; er hat ihn zur Nachahmung Gottes *(imitatorem eum adsignans Deo)* bestimmt, und den Vater als »Muster und Vorbild« hingestellt, damit er ihn schaue.[11] Es mag theologisch als eine kühne Formulierung erscheinen, den sich offenbarenden Gott in seinem Heilshandeln als Maß, Muster und Vorbild – eben Kanon – für den Menschen zu bezeichnen, Irenäus bliebe damit jedoch hinsichtlich der Verwendung des Kanon-Begriffes dem klassischen Sprachgebrauch verpflichtet.[12]

---

[6]   Dogmengeschichte I 279-290.281 Anm.1; 363.792 Anm.2.

[7]   Vgl.: van den Eynde, Les normes 288f.; Flesseman-van Leer, Tradition 125. Hanson, Tradition 75 Anm.4, war dies entgangen.

[8]   Kunze, Glaubensregel 322-335.324.

[9]   Adv.haer. I 10,3: Es geht hier darum, daß Christen, die Fragen mit theologischem Tiefgang stellen und mehr wissen wollen, keineswegs die christliche Lehrsubstanz (ὑπόθεσις) verändern und auch bei dem erkannten Sinn der Parabeln die Übereinstimmung mit τῇ τῆς ἀληθείας ὑποθέσει herausstellen. Vgl.: SC 264, 161,1152. 162,1157. Die lateinische Fassung hat an beiden Stellen *argumentum*!

[10]   *regulam iusti iudicii*: Adv.haer. III 16,6 (SC 211,312,209).

[11]   *et in paternam imponens regulam ad uidendum Deum*: Adv.haer. III 20,2.

[12]   Die Begriffswahl allein wäre also noch kein Grund zur Verwunderung, wie sie N.Brox (Offenbarung 106 Anm.2) äußerte; zum klassischen Sprachgebrauch in diesem Sinne s.o.: Kap.I. Schwerwiegender ist, daß A.Rousseau als Hrg. dem lateinischen Text an dieser Stelle keinen Sinn abgewinnen kann und ihn für korrupt hält. Er schlägt als Konjektur »paternam ... regnum« vor und als Retroversion des griechischen Textes: »καὶ εἰς τὴν πατρῴαν ἀναγαγὼν βασιλείαν«, was ohne Zweifel eine leichtere Lesart wäre (SC 210,351f.). Es bleibt allerdings unklar, ob dem Hrg. die Bedeutung von κανών im Sinne der Mimesis deutlich war. Der Kontext (ὁμοίωμα, μιμητής) würde diese Begriffsverwendung jedenfalls nahelegen.

2. DIE »RICHTSCHNUR DER WAHRHEIT«

Besondere Beachtung hat seit der Symbolforschung des 19. Jahrhunderts die bei Irenäus achtmal auftauchende[13] Formel *regula veritatis*/κανὼν τῆς ἀληθείας gefunden. *Th.Zahn* maß dem Begriff solche Bedeutung zu, »daß ohne eine sichere Bestimmung desselben eine richtige Auffassung des kirchlichen Bewußtseins jener Zeit unmöglich ist«[14]. Die Analyse seiner Verwendung bei Irenäus nimmt deshalb seit seiner Identifizierung mit einem postulierten »Taufsymbol« bis zur heute vorherrschenden Ansicht einer eigenständigen Größe in der Entwicklung des Glaubensbekenntnisses in der Forschung breiten Raum ein.[15] Trotz dieser ausführlichen literarischen Behandlung der einschlägigen Testimonia werden wir uns nicht darauf beschränken können, hier einfach die heute weitgehend rezipierten Ergebnisse zur Geschichte des christlichen Bekenntnisses zu referieren. Die unterschiedliche Fragestellung der vorliegenden Untersuchung macht es erforderlich, sich die entscheidenden Belege hier auch inhaltlich zu vergegenwärtigen.

Zunächst ist festzuhalten, daß Irenäus in *Adv.haer.* durchgängig von dem κανὼν τῆς ἀληθείας (*regula veritatis*) spricht und andere, verwandte Termini (κανὼν τῆς πίστεως/*regula fidei*; κανὼν τῆς ἐκκλησίας; κανὼν ἐκκλησιαστικός) im gesamten Werk nicht auftauchen. *Regula veritatis* scheint eine spezifische Übersetzung eines spezifischen Begriffes zu sein, dessen Profil man nicht vorschnell verwischen sollte.[16] Wenn man der armenischen Übersetzung der Epideixis trauen darf, ist aber auch nicht anzunehmen, daß Irenäus die Wendung κανὼν τῆς πίστεως unbekannt war, taucht sie doch in Epid.3 (evtl. auch 6) auf.[17] Dann aber wäre es als eine deutungsbedürftige Auffälligkeit festzuhalten, daß Irenäus in Adv.haer. beide Wendungen nicht beliebig austauscht, sondern nur vom κανὼν τῆς ἀληθείας spricht.[18]

---

[13] Vgl.: Reynders, Lexique comparé; davor schon: Kattenbusch II 30ff.

[14] Ders., Art. Glaubensregel, in: RE 6, 682-688, 683,1f.

[15] Vgl.: Ritter, TRE 13, 399-412. Die Verwendung der Formulierung bei Irenäus analysieren: S.A.Becker, Ὁ κανὼν τῆς ἀληθείας (die Zusammenfassung davon bietet: Ammundsen, JTS 13, 574-580); Kattenbusch II 25-53; Kunze, Glaubensregel 75-80; Van den Eynde, Les normes 282-289; Flesseman-van Leer, Tradition 125-128; Hägglund, Regula fidei 4-19; Brox, Offenbarung 105-114.

[16] Die Behauptung von Hanson (Tradition 75): »Irenaeus' translator seems regularly to have translated all words used for the rule of faith by the phrase ›rule of truth‹ (regula veritatis)«, bleibt unbelegbar, wenn darin auch die o.g. Ausdrücke mit einbezogen sein sollten. Zuzustimmen ist ihm hinsichtlich der engen Beziehung des Begriffes zu παράδοσις, πίστις und κήρυγμα.

[17] Vgl.: ed. L.M.Froidevaux, in: SC 62, 31 Anm.1., 39 Anm.1; Van den Eynde, Les normes 283 Anm.3.

[18] Nicht besonders herauszustellen ist demgegenüber, wenn er bei beiden Formeln anfügen kann, daß dieser κανὼν unbeugsam und unveränderlich sei (Adv.haer. I 9,4:

a) Empfang der »Richtschnur« in der Taufkatechese

Wenden wir uns nun einer der Hauptbelegstellen der älteren Symbolforschung zu, die auch weiterhin zu den meistzitierten gehört: *Adv.haer. I 9,4-
I 10,1.*

> Kontext ist der Mißbrauch der Hl.Schrift durch die Gnostiker, die den
> inneren Zusammenhang der Schriften und die einzelnen »Glieder der
> Wahrheit« auflösen (I 8,1). Irenäus vergleicht ihr Vorgehen mit jemandem,
> der das Mosaik eines Königsbildes auflöst, einen Fuchs daraus gestaltet und
> behauptet, daß dies dasselbe Bild sei. Ebenso könne man die Gnostiker
> vergleichen mit jemand, der einzelne Verse aus Homer neu zusammenstellt
> zu einem »Cento« und diese als Gedicht Homers darbietet. Dem entspre-
> che die gnostische Schrifterklärung, sie sei eine Fälschung des Inhaltes und
> müsse widerlegt werden.
>
> Ebenso aber wie der, der das Bild des Königs kenne, das des Fuchses
> nicht akzeptieren werde, und wenn er Homer kenne, den Cento als falsch
> entlarven werde, so »wird der, der die Richtschnur der Wahrheit (τὸν
> κανόνα τῆς ἀληθείας) unerschütterlich in sich festhält, die er in der Taufe
> empfangen hat, zwar die Namen und Redewendungen und Parabeln aus
> den Schriften, nicht aber ihre gotteslästerliche Lehre (ὑπόθεσις) aner-
> kennen« (I 9,4).[19]
>
> Gleich danach führt Irenäus aus, daß die Kirche – obschon über die
> ganze Welt verstreut – den Glauben (πίστις) von den Aposteln empfangen
> habe. Dieser Glaube wird sodann in einem dem Symbolum Romanum im
> Aufbau nahestehenden trinitarischen Schema beschrieben (I 10,1). In die-
> sem Schema liegt das Schwergewicht auf der Christologie, und es finden
> sich in ihm unverkennbare irenäische Theologumena, namentlich seine
> Lehre von der *recapitulatio*. »Dieses Kerygma und dieser Glaube« seien von
> der Kirche empfangen, bewahrt und überliefert worden und werde überall
> einstimmig bekannt. Diese Botschaft der Wahrheit dringe überall hin und
> erleuchte alle Menschen, die zur Erkenntnis der Wahrheit kommen wollten
> (I 10,2).

Irenäus will demnach den Gnostikern gegenüber deutlich machen, daß zu
einem sachgemäßen *Verstehen der Schrift*, das zur Erkenntnis der Wahrheit führt,
ein Maßstab zur Anwendung kommen muß. Dieser κανών hat für ihn eine kritische Funktion, er bildet »le critère qui permet de distinguer les fausses inter-

---

ἀκλινής; Epid.3). Dies gehört per definitionem zu jedem Kanon dazu und ist stehende
Redewendung, vgl.: Kap.I u. Oppel, Κανών 12.69 (gegen van den Eynde, Les normes
284).

[19] Οὕτω δὲ καὶ τὸν κανόνα τῆς ἀληθείας ἀκλινῆ ἐν ἑαυτῷ κατέχων ὃν διὰ τοῦ
βαπτίσματος εἴληφεν, τὰ μὲν ἐν τῶν γραφῶν ὀνόματα καὶ τὰς λέξεις καὶ τὰς
παραβολὰς ἐπιγνώσεται, τὴν δὲ βλάσφημον ὑπόθεσιν αὐτῶν οὐκ ἐπιγνώσεται.

prétations des Écritures d'avec les vraies«[20]. Es handelt sich dabei aber nicht primär um ein formales exegetisches Prinzip, sondern um den Inhalt der Schrift selbst, denn dieser »Leitfaden der Wahrheit« ist das »Kerygma« und der »Glaube« als unveränderte Summe dessen, was von den Aposteln gelehrt und in der apostolischen Überlieferung weitergegeben wurde. Ohne diesen »Kanon der Wahrheit« ist für Irenäus wahre Gnosis nicht möglich. Es ist deutlich, wie eng aufeinander bezogen hier der Glaube in der Gestalt des formulierten Kerygmas der Wahrheit, dessen Überlieferung, die Schrift und der »Kanon der Wahrheit« sind.

Gegenüber der Deutung der Stelle durch die ältere Symbolforschung[21] ist nach heutigem Konsens in der bekenntnishaften Formulierung des Kerygmas an dieser Stelle kein vorgeprägtes Symbol im Sinne einer fixen Formel zu erblicken. Auch die hier vorliegende enge Verbindung mit der Taufe kann für das Verständnis des »Kanon der Wahrheit« nicht als konstitutiv angesehen werden. Wenn Irenäus davon redet, daß »einer« die »Richtschnur der Wahrheit« durch die Taufe empfangen habe, so läßt dies nicht den Rückschluß auf ein besonderes formelhaftes Taufbekenntnis zu, sondern ist zu verstehen als Empfang des Kerygmas und Unterweisung darin in der taufvorbereitenden *Katechese*[22] in dem Sinne, wie die Neophyten den Glauben »von der Kirche empfangen« und wie dieser das Christenleben von Anfang an normiert und festgehalten werden muß.[23] Weitere Schlüsse sind aus dieser bei Irenäus einmaligen Verknüpfung von Taufe und Richtschnur der Wahrheit nicht zu ziehen, wie es sich überhaupt nicht empfiehlt, die Bedeutung von κανὼν τῆς ἀληθείας allein aus *Adv.haer. I 9,4f.* abzuleiten. Gleichzeitig ist deutlich, daß auch eine Bestimmung des Verhältnisses von Schrift und Überlieferung bei Irenäus ohne eine Berücksichtigung der *regula veritatis* undenkbar ist.[24]

b) Die »Richtschnur« und der irenäische Wahrheitsbegriff

Stets hat die Frage eine Rolle gespielt, wie der Genitiv in κανὼν τῆς ἀληθείας bzw. πίστεως eigentlich zu verstehen sei.[25] Geht es um einen

---

[20] Van den Eynde, Les normes 286.

[21] Vgl.: Harnack, Dogmengeschichte I 362f.; Kattenbusch II 26f., 46f.; Zahn, Glaubensregel 684f.

[22] Vgl. etwa: Kelly, Glaubensbekenntnisse 55-57; Van den Eynde, Les normes 286; H.E.W.Turner, Pattern 351. Die Ablehnung dieser Zuordnung zur Taufkatechese durch Campenhausen, Bekenntnis Eusebs 132 Anm. 24, beruht auf dessen exklusiver Definition der *regula fidei* als »dogmatische Norm«. Dazu s.u.

[23] Adv.haer. III 24,1; V Praef.

[24] Dies kritisiert Brox (Offenbarung III Anm.22a) zu Recht an den Studien von A.Benoît (Tradition; ders., Saint Irénée), der der *regula veritatis* bei Irenäus fast keine Bedeutung beimißt.

[25] Vgl.: Kattenbusch II 31; Kunze, Glaubensregel 7f.; van den Eynde, Les normes 293f.

Maßstab für die Wahrheit bzw. den Glauben (Gen. obj.), oder ist die Wahrheit selbst als Kanon qualifiziert (Gen. appos.)? Die allgemeine Anschauung, »dass die Wahrheit selbst eine Regel darstellt, weil es ja im Grunde sinnlos wäre, von einer ›Regel für die Wahrheit‹ zu reden«[26] kann sich insbesondere auf *Adv.haer. II 28,1* stützen.

> Irenäus betont (II 27), daß im Gegensatz zu jeder willkürlichen Interpretation der Schrift durch Verknüpfung mit geheimen Offenbarungen der Ausgangspunkt alles Suchens nach Erkenntnis die geoffenbarte Wahrheit selbst sein müsse: »Da wir nun als Richtschnur die Wahrheit selbst und das offen vorliegende Zeugnis Gottes haben, so dürfen wir uns nicht noch auf die Suche begeben und immer neue Erklärungen ausfindig machen, indem wir die zuverlässige und wahre Kenntnis Gottes verwerfen«.[27]

Ohne Zweifel geht es hier[28] um die Wahrheit selbst, die die entscheidende Norm und Richtschnur bei der Schriftauslegung und Gotteserkenntnis sein soll; diese Wahrheit ist allein in der Predigt der Apostel enthalten, die in der Kirche wie in einer Schatzkammer hinterlegt ist (III 4,1), und so in dem offen vorliegenden Zeugnis der Schrift gegeben. Es ist der gefüllte Wahrheitsbegriff als Inbegriff des gesamten christlichen Glaubens und der Heilstatsachen der Offenbarung Gottes, der für Irenäus im Mittelpunkt seiner Theologie steht. Diese Wahrheit zur Darstellung zur bringen (vgl. *Epid.1*) und ihre Verfälscher zu widerlegen, ist die Triebkraft seines Schreibens und Wirkens. Denn die Häretiker zerstören und schänden diese Wahrheit durch ihre eigenen Erfindungen (III 2,1). Demgegenüber ist der Glaube der Kirche diese Wahrheit und ihre Predigt Verkündigung der Wahrheit[29]. Der *Wahrheitsbegriff* des Irenäus ist also primär an der objektiven Tatsächlichkeit der geoffenbarten Heilstatsachen orientiert[30], und diese bilden den entscheidenden Maßstab und die Richtschnur. Dennoch aber geht es Irenäus »nicht nur um wahres Christentum im Gegensatz zum entstellten, falschen ... Ihm geht es in diesem Zusammenhang vielmehr um Wahrheit und Unwahrheit, d.h um Wahrheit im absoluten Sinn«[31]. Man wird für eine inhaltliche Bestimmung des κανὼν τῆς ἀληθείας nicht übersehen dürfen, daß dieser in *Adv. haer.* in Stellung gebracht

---

[26] Hägglund, Regula fidei 5. Ähnlich bereits: Kunze, Glaubensregel, a.a.O.; Van den Eynde, Les normes a.a.O..

[27] *Habentes itaque regulam ipsam ueritatem et in aperto positum de Deo testimonium, non debemus per quaestionum declinantes in alias atque alias absolutiones eicere firmam et ueram de Deo scientiam:* II 28,1.

[28] Zum folgenden vgl.: Hägglund, Regula fidei 5-10.

[29] τὸ τῆς ἀληθείας κήρυγμα: III 3,3.

[30] »Zum Glauben führt die Wahrheit, der Glaube ruht auf wahrhaften Tatsachen«, Epid.3.

[31] Hägglund, Regula fidei 5.

wird für den Kampf gegen den »Angriff auf die Wahrheit«[32] durch die soge-
nannte »Gnosis«. Dieser Angriff wird unternommen als Anspruch auf eine
durch Offenbarung legitimierte umfassendere Wahrheit, wodurch Kerygma
und Glaube der Großkirche zur vorläufigen, unzulänglichen und beschränk-
ten Erkenntnis zurückgestuft werden und die Gnosis zum Lehrsystem höherer
Erkenntnis wird.[33] Für Irenäus »verlagert sich ... die Kontroverse vordringlich
... auf ein Kräftemessen zwischen den Lehrsystemen. Der Glaubensregel kommt
entscheidende apologetisch-polemische Bedeutung zu«.[34]

c) »Richtschnur« – Hl.Schrift – Tradition

Weiterhin ist nun aber zu beachten, daß Irenäus trotz seines gefüllten
Wahrheitsbegriffes im Kampf gegen die Gnostiker den »Maßstab der Wahr-
heit« auch als *Formalbegriff* ins Feld führen kann. Dies ergibt sich m.E. aus
Adv.haer. II 27,1.[35]

Wenn Irenäus dort als Prinzip der Schriftauslegung formuliert, daß man
von den unzweideutigen Passagen der Schrift auszugehen habe und die
Parabeln von diesen klaren Aussagen her verstanden werden müssen, nicht
aber umgekehrt das Geheimnisvolle, Verborgene in Verbindung mit den
Parabeln zum Ausgangspunkt genommen werden darf, so wendet er sich
gegen die mit einem solchen Vorgehen gegebene Willkür, denn »dann gibt
es bei keinem einen *Maßstab für die Wahrheit*, sondern alle Parabelerklärer
haben ihre besonderen Wahrheiten und stellen einander widersprechende,
entgegengesetzte Theorien auf, wie es der Fall ist bei den Fragen, die von
den heidnischen Philosophen debattiert werden«.[36] Es fehle hierbei eben
die rechte »Methode« (*ipsam ... disciplinam*), weshalb dieses Suchen auch
nicht von Erkenntnis des Glaubens gekrönt sein kann (II 27,2).

Der Begriff ist m.E. an dieser Stelle im Sinne einer Wahrheitsnorm als
Gen.obj. zu deuten, denn der κανὼν τῆς ἀληθείας ist hier ein »Kriterium«,
das methodisch erforderlich ist, um zwischen mehreren Wahrheitsansprüchen

---

[32] So die entspr. Kapitelüberschrift bei: Brox, Offenbarung 112.
[33] Vgl. etwa den Anspruch auf Wahrheit in der Petrusapokalypse und im Philippus-
evangelium. Dazu: K.Koschorke, Polemik 37f.48ff.181-184.187f. In der Sicht des Irenäus
behaupten die Gnostiker, »sie hätten allein die Wahrheit gefunden«, Adv. haer. III 2,2.
[34] Brox, Offenbarung 115.
[35] Auch Kattenbusch (II, 34) sah hier bereits einen »rein grammatischen Sprachgebrauch(s)
des I.«.
[36] ...sic enim apud nullum erit regula ueritatis, sed quanti fuerint qui absoluent parabolas,
tantae uidebuntur ueritates pugnantes semet inuicem et contraria sibimet dogmata
statuentes ...

unterscheiden zu können. Es geht um einen Kanon bei der Suche nach Erkenntnis der Wahrheit. Unbenommen bleibt dabei, daß für Irenäus dieser Kanon nur die Wahrheit selbst sein kann, wie sie in der Schrift und der apostolischen Überlieferung enthalten ist.

Die *regula veritatis* hat in der Argumentation des Irenäus zur Entlarvung der Gnosis demnach eine deutliche Schlüsselfunktion. Der Grundkonflikt in dieser Auseinandersetzung ist der »Streit um die Schrift«[37]. Darin geht es um die wahren hermeneutischen Prinzipien zu ihrem Verständnis. Alle bislang herangezogenen Stellen gehören in diesen Kontext. Wie verhält sich nun das *Schriftverständnis* beim Bischof von Lyon zur *regula veritatis?*

Grundsätzlich ist die Hl.Schrift für Irenäus vollkommen, suffizient und aus sich selbst verständlich.[38] So kann er sie auch selbst als κανὼν τῆς ἀληθείας bezeichnen.

> Er ist der Überzeugung, daß alle, die dem Evangelium des Lukas und seinem Zeugnis über die Taten und die Lehre der Apostel trauen, die *regula veritatis inadulterata* vor sich haben.[39] Die Identifizierung ist noch unmittelbarer, wenn Irenäus die »Worte Gottes« als den »Maßstab der Wahrheit« bezeichnet, der zur Verfügung stehe.[40]

Es ist vor allem *J.Kunze* gewesen, der den engen Bezug zwischen κανὼν τῆς ἀληθείας und Hl.Schrift bei Irenäus herausgearbeitet hat.[41] Die Schrift ist das *fundamentum* des Glaubens und die Bürgschaft für die Verkündigung der Wahrheit.[42] Aber – so *B.Hägglund* – »es wäre dennoch nicht ganz richtig, die ›regula veritatis‹ mit der Bibel zu identifizieren. Die heilige Schrift wird nicht im juridischen Sinne als Masstab der richtigen Lehre verstanden. Nicht auf das Buch als solches, sondern auf den Inhalt, die Hauptlehren der Schrift bezieht sich der Ausdruck«.[43] Dies bedeute zwar nicht, daß die Wahrheitsregel »einen anderswoher geholten Deutungsmasstab bildet, auch nicht dass sie mehr als die Schrift umfasst, so dass man sie mit der kirchlichen Lehrüberlieferung, der Tradition im weitesten Sinn gleichstellen« könnte.[44]

An dieser Stelle jedoch, wo es um die Bedeutung und Rolle der *Tradition* in der Verhältnisbestimmung von κανὼν τῆς ἀληθείας – Hl.Schrift – Tradition geht, divergieren die Ansichten in der Irenäus-Interpretation. So betont

---

[37] Vgl. Brox, Offenbarung 39-104.
[38] Vgl. Brox, Offenbarung 70-79.
[39] Adv.haer. III 15,1; ähnlich III 11,1 zum Johannesevangelium.
[40] Adv.haer. IV 35,5: *et regulam ueritatis habentes ejus sermones.*
[41] Kunze, Glaubensregel 92-184.
[42] Adv.haer. III 1,1;24,1.
[43] Hägglund, Regula fidei 14.
[44] Ebd.

Hägglund in Ergänzung des eben Gesagten, »dass der Inhalt der Schrift und die ›regula veritatis‹ wirklich zusammenfallen. Nur ... in ihr (sc. der Schrift)(ist) die Verkündigung der Propheten und Apostel bis auf unsere Zeiten treu bewahrt«[45]. Und er bemerkt zutreffend, daß Irenäus nirgends die Tradition als κανὼν τῆς ἀληθείας bezeichnet, wie er es doch bei der Schrift tun kann.

Man ist nun aber doch geneigt, in dieser völligen Identifizierung von Schrift und Tradition, eher eine konfessionell bestimmte Position jüngeren Alters zu hören. Unüberhörbar vertrat eine solche auch *D. van den Eynde* – freilich aus entgegengesetztem Blickwinkel –, als er ausführlich über »La subordination de l'Écriture à la Tradition« bei Irenäus handelte.[46] Es empfiehlt sich hierzu m.E. jedoch, die Hinweise von *N. Brox* nicht zu überhören, der in grundsätzlicher Zustimmung[47] zu *Hägglund* der Überlieferung bei Irenäus eine spezifische Funktion beimißt. Es ist ja in der Tat »bezeichnend ..., daß man die Schrift in Händen halten und trotzdem der regula veritatis entbehren kann«[48]. Diesem Sachverhalt begegne Irenäus eben bei seinen Gegnern, und er bringe gerade deshalb in der eingangs herangezogenen Stelle (I 9,4) zum Ausdruck, daß erst »die Glaubensregel ... den wahren Sinn der Schrift zu beachten (lehrt), den nur derjenige erkennt, der den κανὼν τῆς ἀληθείας besitzt«.[49] Dieser sei zwar kein formuliertes Symbol im Sinne einer festen Formel, die in der Taufe oder im Katechumenat empfangen wird, aber es sei eben auch nicht die Schrift, die dort empfangen werde. Obwohl *Brox* noch mit einem »Taufsymbol« rechnet[50], identifiziert auch er es nicht mit der *regula veritatis*, weil selbst eine Symbolformel nicht zu leisten vermag, was nach *Adv. haer. I 9,4* deren Aufgabe sei, nämlich »auf sichere Weise das Verständnis der Schrift (zu leiten)«[51]. Wenn Irenäus also sowohl ein Einzeldogma, etwa das Bekenntnis zur Schöpfung durch den einen Gott (I 22,1; III 11,1), als auch die Schrift als *regula veritatis* bezeichnen könne, so seien beide »als Niederschlag, als Konkretion des sie tragenden Kanons« zu verstehen; sie seien dessen »Artikulationen«.[52] Die *regula veritatis* sei so weder mit der Schrift noch mit der apostolischen Überlieferung einfach deckungsgleich, die ja beide nach Irenäus von den Gnostikern mißachtet und verworfen werden (III 1f.). Die *regula* liege sozusagen in ihrer *funktionalen* Bedeutung – nicht in ihrem

---

45 Hägglund, Regula fidei, a.a.O.
46 Van den Eynde, Les normes 261-281.261.
47 Vgl.: Brox, Offenbarung 112 Anm.24.
48 Brox, Offenbarung 107.
49 Ebd.
50 Unter Berufung auf Kattenbusch; vgl.: a.a.O., 107 Anm.9.10 u.ö.
51 A.a.O., 107. Modern gesprochen könnte man von einem »Kanon im Kanon« reden, verstanden allerdings »als ›Leitfaden‹ zum rechten Verständnis und nicht als kritisches Prinzip zur Sichtung der Schrift«: Campenhausen, Bibel 335.
52 Brox, Offenbarung 108.

inhaltlichen Umfang! – beiden voraus. »Sie steht und fällt nämlich schon mit dem Zutrauen zu den Aposteln«.[53] Inhaltlich umfaßt sie »alles, was zur Wahrheit gehört« (*omnia quae sint ueritatis*) und von den Aposteln »auf das Vollständigste in der Kirche zusammengetragen wurde« (*plenissime* III 4,1). Mit *Brox* wird man die *regula* so auch nicht verstehen dürfen als eine »fest formulierte, abgekürzte Summe, sondern (als) die Fülle, die nicht unter ein neues Kriterium gestellt werden kann«[54].

3. METHODISCHE VORAUSSETZUNGEN FÜR EINE INHALTLICHE BESTIMMUNG DER »RICHTSCHNUR DER WAHRHEIT« BEI IRENÄUS

Will man nun eine nähere inhaltliche Bestimmung des κανών τῆς ἀληθείας vornehmen, so darf nicht übersehen werden, daß »Irenäus nirgends den Versuch einer vollständigen oder doch detaillierten Wiedergabe macht, sondern ... nur an den Schwerpunkten, zumal an den eklatant antignostischen Dogmen interessiert ist«.[55] Der Umfang des Kanon bleibt bei ihm letztlich unbestimmt, obwohl er stets auf »das ›Ganze‹ der Regel (verweist), die ... alles zu leisten vermag, ohne doch eigentlich genau aufgewiesen werden zu können«.[56] Die Erkenntnis, daß »das, was als Glaubensregel angeführt wird, nach Inhalt und Umfang nie sich völlig gleich ist«, ist bereits älter.[57]

Von daher ergibt sich nun m.E. allerdings die Frage, ob es ausreichend ist, für eine inhaltliche Füllung der *regula veritatis* bei Irenäus auf die *bekenntnishaften Einzelsätze* und gelegentlich längeren Formulierungen hinzuweisen, die Irenäus an einigen Stellen mitteilt.[58] *R.P.C. Hanson* hat dies für die einschlägigen Väter des 2. und 3. Jahrhunderts, angefangen mit Irenäus, methodisch durchgeführt, indem er diese bekenntnishaften Formulierungen »separate lists« nannte und sie mit der Absicht zusammenstellte, daraus »with some confidence ... the contents of the rule of faith« bestimmen zu können. *A.M.Ritter* ist ihm darin gefolgt.[59] Mir scheint dies allerdings methodisch fragwürdig zu sein. Denn so bleibt nicht mehr im Blick, daß auch diese Formulierungen – um mit *Brox* zu sprechen – Niederschlag, Konkretion und Artikulation des Kanons der Wahrheit sind.

---

[53] Ebd.

[54] A.a.O., 109 Anm.14.

[55] Ebd., ähnlich 106.

[56] A.a.O., 110.

[57] So schon: Kunze, Glaubensregel 74.

[58] Vgl. insbesonder Adv.haer. I 10,1. A.M.Ritter, TRE 13, 404, listet weitere Stellen dieser Art auf: Adv.haer. I 22,1; III 1,2; 4,1f.; 11,1; 16,6; IV 33,7; V 20,1; Epid.3.4-6.47.99f.

[59] Hanson, Tradition 85-94.85; Ritter, TRE 13, 403f.

Wenn Irenäus gelegentlich bekenntnishafte Formulierungen verwendet, bei denen das Bekenntnis zum Hl. Geist und die trinitarische Struktur fehlen (I 22,1; III 4,2), so kann man daraus wohl auch kaum auf ein dahinterstehendes binitarisches Bekenntnisschema oder ein erst nachträgliches Hinzutreten des Glaubens an den Hl. Geist bei ihm schließen.[60] Identifiziert man die bekenntnishaften Formulierungen nun jedoch direkt und exklusiv mit der *regula veritatis*, rückt diese zwangsläufig wieder stark in die Nähe eines »Symbols«. Die Differenz zur Interpretation der älteren Symbolforschung bestünde dann fast nur darin, daß es sich bei der *regula* gegenüber dem Symbol um »eine freie Zusammenfassung der wichtigsten Lehrstücke des christlichen Glaubens« handeln würde, »in den Grundzügen freilich festliegend, aber im einzelnen und besonders in der Formgebung frei beweglich«[61]. Man bliebe damit jedoch weiterhin einer zentralen These der älteren Symbolforschung verpflichtet, die stets in der *regula veritatis* eine »Lehrzusammenfassung« sah, sozusagen eine Reduktion des Glaubens auf das Wesentliche.[62] In letzter Konsequenz wird bei diesem Vorgehen der κανὼν τῆς ἀληθείας dann exklusiv als »eine dogmatische Norm« bestimmt[63], der verwendete Begriff der »Lehre« also allein im Sinne des Dogmas verstanden[64]. Dies bedeutet, daß weiterhin »die sittlichen Verpflichtungen« zwangsläufig davon abgetrennt werden, weil – wie man dann behauptet – von ihnen »in der Richtschnur ... gerade nicht die Rede ist«[65]. Es macht allerdings skeptisch, daß »Clemens Alexandrinus« bereits als Ausnahme angegeben werden muß.[66] Weiter stellt sich m.E. auch die Frage, ob bei dieser Begrenzung der *regula veritatis* auf das Dogmatische nicht noch *A.v.Harnacks* Sicht der Dinge mitschwingt, wonach die »Wahrheitsregel« als »antignostisch interpretiertes Symbol« das kirchliche Bedürfnis nach einem »Lehrbekenntnis« abdeckte.[67] Es ist *B.Hägglund* nur zuzustimmen, wenn er stark unterstrich, daß die *regula veritatis*

> »sich immer auf das Ursprüngliche (bezieht), auf das, was von Anfang an
> feststeht und als eine unveränderliche, unerschütterliche Wahrheit in der

[60] Dies hat H.-J.Jaschke, Der Heilige Geist 36-44, deutlich gemacht.

[61] So 1932 E.v.Dobschütz, Das Apostolicum in biblisch-theologischer Beleuchtung 11, auf den sich Campenhausen (Bekenntnis 211) und mit ihm Ritter (TRE 13, 402.405) berufen.

[62] Vgl. z.B.: Kattenbusch II 27 (»Lehrsumme«).38.48 (»Zusammenfassung«).

[63] So Campenhausen, Bekenntnis Eusebs 132 Anm.24; mit ihm: Ritter, TRE 13, 405.

[64] In diesem Sinne ist wohl auch Kelly, Glaubensbekenntnisse 80, zu verstehen, wenn er den »Kanon der Wahrheit« bei Irenäus bestimmt als den »Lehrgehalt des christlichen Glaubens, wie er in der katholischen Kirche überliefert war«.

[65] So: H.v.Campenhausen, a.a.O., Anm.24 und mit ihm A.M.Ritter, a.a.O.

[66] Ebd.

[67] So stellt auch Harnack ausschließlich den Lehrgehalt der *regula* sowohl in der Gnosis als auch bei Irenäus heraus. Vgl.: Dogmengeschichte I 279-290.357.362f.550ff. Kattenbusch (II 46ff.) ließ ebenfalls bei seiner Auflistung der »Inhaltsangaben über das Symbol« bei Irenäus anhand Adv. haer. I 10,1 den ethischen Passus dort uninterpretiert; s. dazu unten.

Kirche bewahrt wird. Nicht eine im Kampfe gegen die Häresien erfundene oder formulierte Lehrzusammenfassung wird damit gemeint, sondern der Glaube selbst, die Wahrheit selbst, die in der heiligen Schrift, in der Verkündigung des Herrn und der Apostel geoffenbart und bekanntgemacht worden ist«[68].

Kurzum, in gleicher Weise wie aus dem funktionalen Einsatz des κανὼν τῆς ἀληθείας in der Auseinandersetzung mit der pseudonymen Gnosis kein Anhaltspunkt für seine Entstehung zu gewinnen ist, so wird man auch Zweifel anmelden dürfen, ob aus den dortigen lehrhaften Konkretionen abschließende Anhaltspunkte für eine inhaltliche Beschreibung zu gewinnen sind. Es wird sich erweisen müssen, ob eine so an bekenntnishaften, von Irenäus im Kräftemessen mit den Lehrsystemen der Gnostiker formulierten Sätzen gewonnene Bestimmung des *Kanons der Wahrheit* angesichts der Verwendung und Artikulation des Begriffs bei anderen Vätern Bestand hat.

4. DIE »RICHTSCHNUR DER WAHRHEIT« – EINE AUSSCHLIESSLICH DOGMATISCHE NORM?

Aber auch bei Irenäus selbst sind »sittliche Verpflichtung« und »dogmatische Norm« gerade in Hinsicht auf seinen Wahrheitsbegriff eng aufeinander bezogen, und lassen sich m.E. kaum voneinander trennen.

> So führt er in *Epid.3* aus, daß »wir treu an der Regel des Glaubens festhalten und die Gebote Gottes erfüllen (müssen)«, um nicht vom Gift der Irrlehre zu kosten. Man könnte an dieser Stelle noch darüber diskutieren, ob es sich hier nicht um eine additive Zuordnung zweier an sich selbständiger Größen handelt, wie denn auch die »Erfüllung (der Gebote) aus dem Glauben kommt« (ebd.).
> Schon die Konkretion des κανὼν τῆς ἀληθείας in *Adv.haer. I 10,1* deckt aber beide Begriffe ab! Denn dort wird im Kontext der eschatologischen Aussagen zum »gerechten Gericht« formuliert, daß Christus »den Gerechten und Heiligen, nämlich denen, die seine Gebote gehalten haben und in seiner Liebe beständig geblieben sind ... Leben und Unvergänglichkeit schenken und ewige Herrlichkeit gewähren werde«.[69] Diese Ausführungen sind sprachlich nicht von den vorausgehenden christologischen Aussagen im engeren Sinne abgetrennt und bilden den Abschluß der

---

[68] Hägglund, Regula fidei 4.

[69] τοῖς δὲ δικαίοις καὶ ὁσίοις καὶ τὰς ἐντολὰς αὐτοῦ τετηρηκόσι καὶ ἐν τῇ ἀγάπῃ διαμεμενηκόσι ... ζωὴν χαρισάμενος ἀφθαρσίαν δωρήσηται καὶ δόξαν αἰωνίαν περιποιήσῃ ... (SC 264, 157f., 1124-1128).

Konkretion der *regula veritatis* an dieser Stelle. Sie sind Bestandteil des
»Kerygmas« und der »Pistis«, die die Kirche empfangen hat und bewahrt,
wie Adv.haer. I 10,2 sogleich fortfährt und damit das zuvor Gesagte zusammenfaßt.[70]

Bestätigung und Weiterführung erfährt diese Beobachtung sodann aber
besonders durch *Adv.haer. V 20,1*, eine Passage, die ebenfalls unter den Zeugnissen für die Glaubensregel bei Irenäus eingeordnet wird.[71]

Als »Wahrheit«, »feste apostolische Tradition« und »Predigt der Kirche«
beschreibt jener hier »ein und denselben Glauben aller«. Dieser wird konkretisiert als *Glaube* an ein und denselben Gott Vater, an dieselbe »Ökono-
mie« der Menschwerdung des Sohnes und dieselbe Gabe des Geistes;
weiterhin nun aber eben auch dadurch, daß »alle dieselben *Gebote* beachten
und dieselbe Form der *Ordnung in bezug auf die Kirche* bewahren« *(et
eandem meditantibus praecepta, et eandem figuram ejus quae est erga Ecclesiam
ordinationis custodientibus).*[72] Schließlich gehört zu dieser *fides*, daß alle
dieselbe Wiederkunft des Herrn und das Heil des ganzen Menschen für
Leib und Seele erwarten.

Zwischen dem trinitarischen Bekenntnis der Kirche und ihrer eschatologischen Hoffnung steht bei der Artikulation der Richtschnur des Glaubens
hier also die Befolgung der Gebote und die Bewahrung der *kirchlichen Ordnung.*[73] Diese Einordnung der Ethik und der Kirchenordnung in den Kanon
des Glaubens verdient m.E. besondere Hervorhebung und Beachtung.
Schließlich wird man auch auf *Adv.haer. III 4,1f.* verweisen müssen, eine
der Kernstellen für den irenäischen Traditionsbegriff.[74]

Während Irenäus in III 1-3 prinzipiell den Nachweis antreten will für
ordinatio (τάξις) und *successio*, in denen die apostolische Tradition und die
Verkündigung der Wahrheit (τὸ τῆς ἀληθείας κήρυγμα) »auf uns« ge-

---

[70] Es muß daher auffallen, daß Ritter (TRE 13, 403; genauso: ders., Alte Kirche 54)
ausgerechnet diesen Schlußpassus bei seiner sonst vollständigen Wiedergabe der *regula*
von I 10,1 wegläßt.

[71] Vgl.: Ritter, TRE 13, 404.

[72] SC 153,254,14ff. Die griechische Retroversion der Herausgeber scheint mir sehr nah am
Originaltext zu sein: καὶ τὸ αὐτὸ σχῆμα τῆς περὶ τὴν ἐκκλησίαν τάξεως
διατηρούντων, a.a.O., 255,14ff.

[73] Ob es sich bei dieser *ordinatio* tatsächlich um einen Hinweis auf das bischöfliche Amt
handelt, wie G.G.Blum (TRE 3, 451) meint, kann hier auf sich beruhen bleiben,
scheint mir aber wenig wahrscheinlich, wenn man nach dem griechischen Original-
begriff fragt (τάξις?).

[74] Von Ritter ebenfalls als Zeugnis für die Wahrheitsregel gewertet: TRE 13, 404.

kommen sind[75], stellt er in III 4,1 heraus, daß in der Kirche nun »alles, was zur Wahrheit gehört«, vollständig zu finden sei. Deshalb müsse man auch »alles, was zur Kirche gehört, auf das innigste lieben und die Überlieferung der Wahrheit sich aneignen«.[76] Hätten die Apostel keine Schriften hinterlassen, müßte man »der Ordnung der Tradition folgen« *(ordinem sequi traditionis)*, die sie in den von ihnen gegründeten Kirchen hinterlassen haben. Es folgt nun das berühmte Beispiel der »Barbarenvölker«, die den Glauben »ohne Schrift« angenommen haben, indem sie dieser *ordinatio* ihre Zustimmung gaben (III 4,2).

Dieser Glaube wird sodann konkretisiert mit dem Schwergewicht auf der Christologie.[77] Irenäus fährt unmittelbar danach fort: »Die diesen Glauben ohne Schrift angenommen haben, sind unserer Sprache nach Barbaren, was aber ihre Gesinnung, Gebräuche und Lebenswandel anlangt *(quantum autem ad sententiam et consuetudinem et conuersationem)*, sind sie wegen ihres Glaubens äußerst weise und Gott wohlgefällig, weil sie in Gerechtigkeit, Keuschheit und Weisheit wandeln.«

Der gesamte Bereich der Gesinnung, des *Lebenswandels* und der *Gebräuche*[78] ist hier also engstens der zuvor konkretisierten *fides* zugeordnet. Auch wenn sich formal eine Trennung von *fides* und *consuetudo* usw. durch die sprachliche Nachordnung der letzteren hinter die *fides* vertreten ließe, so ist die gelobte Weisheit des Wandels *propter fidem* unmittelbar zu dieser dazugehörig. Gerade im Lichte von V 20,1 wird man hier zu keiner anderen Deutung kommen können.

5. ΚΑΝΩΝ ΤΗΣ ΑΛΗΘΕΙΑΣ –
EIN BEGRIFF PHILONISCHER HERKUNFT?

E.Lanne hat aus der Analyse von vier Testimonia bei Philo von Alexandrien und der Tatsache, daß vor Irenäus der Begriff κανὼν τῆς ἀληθείας in der christlichen Literatur nicht auftaucht, den Schluß gezogen, daß hier eine direkte Abhängigkeit besteht.[79] Diese These ist abschließend zu würdigen.

---

[75] III 3,3: SC 211,38,61ff.

[76] *quae autem sunt Ecclesiae cum summa diligentia diligere et apprehendere ueritatis traditionem.*

[77] Vgl.: SC 211,46,22-47,31.

[78] Die griechische Retroversion (a.a.O.,49,32ff.) spricht von: τὴν γνώμην καὶ τὸ ἔθος καὶ τὴν πολιτείαν.

[79] La Règle. Zu Philo vgl. o. Kap. II 2. Lanne betont dabei bes. die Parallelen in der Sicht der kosmischen Harmonie der Schöpfung und deren »Regeln der Wahrheit«, a.a.O., 61.65. Er verweist dabei auf Adv.haer. I 8,1.9,4.10,1f.; II 25,1f. Die ältere Diskussion über die theologischen Quellen bei Irenäus trägt für unsere Fragestellung nichts aus. Vgl.: F.Loofs, Theophilus von Antiochien; M.Widmann, Irenäus.

Die häufiger anzutreffende Bemerkung, daß Irenäus der erste christliche Autor sei, der überhaupt Gebrauch von dieser Formel mache, läßt sich wohl nur insofern aufrecht erhalten, als wir bei dem Bischof von Lyon die ältesten sicheren Belege hierfür haben.[80] Was die Frage der Abhängigkeit von Philo anlangt, so hatte die Analyse der einschlägigen Belege beim Alexandriner ergeben[81], daß dieser den Kanon-Begriff zum einen für den Dekalog im Sinne einer allgemeinen und grundlegenden Rechtsnorm verwendet, die der Tora zugrundeliegt, und auf die sich deren konkrete Gesetze zurückführen lassen.[82] Zum anderen wird von ihm der dem göttlichen Gesetz der Tora innewohnende Maßstab der Übereinstimmung mit der Harmonie der Schöpfung so bezeichnet.[83] Bei der Verbindung des Kanon-Begriffes mit dem Wahrheitsbegriff durch Philo wurde sodann deutlich, daß die damit normierten Sachverhalte eine kritische Funktion besaßen und zur Abgrenzung gegenüber den Wahrheitsansprüchen des »Mythos« und der »Sophistik« dienten. Stets waren diese Normen der Wahrheit auf das Werk des sich Israel offenbarenden Gottes bezogen. Sie sind deshalb für Philo in der harmonischen Ordnung des von diesem Gott geschaffenen Kosmos (Ios.145) sowie in den das Leben des Gottesvolkes ordnenden Bestimmungen des göttlichen *Gesetzes* enthalten (Det.Pot.Ins.125; Conf.Ling.2). Die allem zugrundeliegende »Wahrheitsnorm« – deshalb auch der Singular – ist allerdings in der Ausrichtung des menschlichen Vertrauens auf den sich in seiner Offenbarung selbst mitteilenden Gott zu erblicken (Leg.All. III 233). Während Philo diesen Maßstab, diese Ausrichtung – und damit natürlich den Wahrheitsanspruch des Gottes Abrahams, Isaaks und Jakobs – gegenüber einer von *Mythos* und *Sophistik* bestimmten, gleichwohl aber Erkenntnis (γνῶσις) und Wissen (ἐπιστήμη) beanspruchenden hellenistischen Welt deutlich machen wollte, ging es für die innerkirchliche Auseinandersetzung[84] des Irenäus mit der fälschlicherweise Erkenntnis beanspruchenden *Gnosis* um die normative Bedeutung der in der apostolischen Überlieferung an die Kirche weitergegebenen, in der Schrift ihr vorliegenden und ihr ganzes Leben bestimmenden Wahrheit der Offenbarung in Jesus Christus.[85] Dies ist nunmehr das Grunddatum des Volkes Gottes aus allen Völkern und die grundlegende Wahrheitsnorm, *der* κανών τῆς ἀληθείας überhaupt, an dem sich alles menschliche Suchen nach Erkenntnis und Wissen

---

[80] Vgl. aber unten das zu Dionysios von Korinth Gesagte: Kap.: XII 2.

[81] Vgl. oben Kap. II 2.

[82] Rer.Div.Her. 173: Dekalog; Omn.Prob.Lib.83: Essener; s.o.

[83] Spec.Leg. III 137; im weiteren wird der Gesetzgeber als normative Instanz damit bewertet, a.a.O., 164.

[84] Daß es sich um eine solche handelt, wird stark betont von: Koschorke, Polemik 175ff.

[85] Man wird in dieser abgrenzenden Funktion auch die Dominanz des Begriffes κανών τῆς ἀληθείας bei Irenäus erblicken müssen. Dazu würde passen, daß in der eher gemeindegemäßen Epideixis die Formel κανών τῆς πίστεως auftaucht.

auszurichten hat und sein Maß findet gegenüber allen Spekulationen religiöser Erfahrung und mythologischen Konstruktionen.[86] An verschiedenen Stellen konkretisiert Irenäus diese das ganze Leben der Kirche bestimmende Wahrheitsnorm. Sie ist einmalig und fundamental und kann daher sprachlich auch nur im Singular Verwendung finden. Die Konkretionen dieses Kanons jedoch, die das trinitarische Bekenntnis, die Heilsökonomie und das zukünftige Handeln dieses Gottes artikulieren, genauso aber auch Leben und Wandel der Kirche und ihre innere Ordnung, sind viele und verschiedene. Geht man fehl in der Annahme, daß Philo hier in Parallele zu den das Leben des Gottesvolkes ordnenden Bestimmungen der Tora von *Kanones* hätte sprechen können?

So sind bei allen deutlichen Unterschieden die Parallelen zwischen dem jüdischen Philosophen und Prediger und dem Bischof von Lyon in ihrer Sicht des Kanons der Wahrheit bemerkenswert. Ob damit eine direkt Abhängigkeit gegeben ist, wird man mit Bestimmtheit kaum sagen können, aber die innere Nähe des damit Gemeinten scheint mir deutlich zu sein. Die auffällige Wortwahl des Irenäus für ein zentrales Anliegen seiner Theologie ließe sich jedenfalls als sprachliches und theologisches Erbe Philos von Alexandrien nachvollziehen, das nun freilich christlich rezipiert wird und im Kampf um die Wahrheit des Evangeliums beim Apostel Paulus in die Schule gegangen ist.

6. ZUSAMMENFASSUNG

Zusammenfassend wird man sagen können, daß eine exklusive Bestimmung des κανὼν τῆς ἀληθείας als »dogmatische Norm« und die Abtrennung der »sittlichen Verpflichtungen« aus der Wahrheitsnorm für Irenäus kaum haltbar sind. Diese Interpretation basiert m.E. auf einer letztlich noch dem Blickwinkel der älteren »Symbolforschung« verhafteten methodischen Vorentscheidung, die die bekenntnishaften Formulierungen bei Irenäus im Sinne von »Listen« zur inhaltlichen Bestimmung des κανὼν τῆς ἀληθείας exklusiv heranzieht. Dies wird aber der Tatsache nicht gerecht, daß es sich auch bei diesen bekenntnishaften Einzelformulierungen um situativ bestimmte Konkretionen des κανὼν τῆς ἀληθείας handelt.

Aber auch inhaltlich macht Irenäus in V 20,1 und III 4,1f. deutlich, daß für ihn zur Richtschnur der Wahrheit auch die rechte Lebensführung, also die Ethik hinzugehört. Man wird aber sogar noch weiter gehen müssen und wegen V,20,1 auch den Bereich der kirchlichen Ordnung zur *regula veritatis* hinzurechnen müssen.

---

[86] So werden die Zahlenspekulationen der Gnostiker (Adv.haer. II 12,8) und die heidnischen Quellen ihrer Spekulationen überhaupt (Adv.haer. II 14,1) von Irenäus als fabula-μῦθος bezeichnet.

Es sollte darüber wohl eigentlich keine Überraschung geben, wenn doch klar ist, daß die *Richtschnur der Wahrheit* die Bedeutung eines Symbols überschreitet und das gesamte in der Taufkatechese empfangene Kerygma umfaßt, das im Vollzug des Glaubens das Christenleben von Anfang an normiert und festgehalten werden soll. Dem entspricht natürlich auch der Wahrheitsbegriff des Bischofs von Lyon, der eben die ganze in Schrift und Überlieferung enthaltene Wahrheit umfaßt. Hinzu kommt, daß auch bei einer denkbaren Abhängigkeit hinsichtlich der theologischen Begriffsbildung κανὼν τῆς ἀληθείας von Philo dort in Abgrenzung gegen Mythos und Sophistik der Bereich der Ethik und in Sonderheit der Dekalog in die Wahrheitsnormen des sich Israel offenbarenden Gottes einbezogen sind.

Als Vorzeichen vor allem bisher Gesagtem muß schließlich stets deutlich sein, daß es ein innerchristlicher apologetisch-polemischer Kontext ist, in dem der Kanon-Begriff in der Wendung κανὼν τῆς ἀληθείας von Irenäus eingeführt wird. In der konkreten Auseinandersetzung mit der pseudonymen Gnosis und im Kampf um die »Wahrheit des Evangeliums« kommt der Terminus κανὼν τῆς ἀληθείας ins Spiel, und von dorther ist auch seine inhaltliche Füllung in Adv. haer. zu verstehen. Denn aus diesem Grunde stehen für Irenäus an dieser Stelle die durch die Wahrheit normierten Bereiche der Lebensführung und der kirchlichen Ordnung nicht im Vordergrund seiner Reflexionen. Sein Interesse ist es, zuerst die Lehrgebäude der pseudonymen Gnosis hinsichtlich der Gotteslehre, der Christologie und der Soteriologie über der Frage nach der rechten Hermeneutik der Schrift zu widerlegen. Dementsprechend sind auch die »Artikulationen« des κανὼν τῆς ἀληθείας bei ihm akzentuiert.

VI. »REGULA« BEI TERTULLIAN

1. DER FORSCHUNGSSTAND

Die Bedeutung der *regula fidei* bei Quintus Septimius Florens Tertullianus († nach 220) ist in den vergangenen 100 Jahren mehrfach Gegenstand intensiver Forschungen gewesen.

An erster Stelle ist hier *E.Flesseman-van Leer* zu nennen, die 1954 eine wegweisende Kategorisierung der diversen Bedeutungsnuancen der Regula-Begrifflichkeit bei Tertullian erarbeitet hat.[1] Kaum weniger gründlich war ihr allerdings 1933 bereits *D.van den Eynde* vorausgegangen.[2] Beide korrigierten die Thesen der älteren Symbolforschung beträchtlich, konnten sich aber bei ihren Untersuchungen schon auf deren einschlägige Analysen[3] stützen. Im Jahre 1960 hat *R.Braun* in seinem monumentalen Werk über das theologische Vokabular des gerade in sprachlicher Hinsicht wirkmächtigen Nordafrikaners der *regula* ebenfalls einige Aufmerksamkeit geschenkt.[4]

Während nun *Flesseman-van Leer* und *van den Eynde* im Zusammenhang der Diskussion über das Verhältnis von *Schrift und Tradition* in der Alten Kirche der Bedeutung der *regula fidei* bei Tertullian nachgegangen waren[5], standen die Quellenanalysen der älteren Symbolforschung ganz unter dem Vorzeichen der Suche nach den Formeln eines *Taufbekenntnisses*. Die Untersuchung von *Braun* schließlich gehört zu den intensiven Bemühungen um die Erforschung der altchristlichen Latinität und der Bedeutung Tertullians für sie; seine Arbeitsziele sind so eher dem Gebiet der Lexikologie und der Semantik des Africaners zuzuordnen.[6]

---

[1] Flesseman-van Leer, Tradition 145-185: Tertullian; 161-170: 4.Regula.

[2] Van den Eynde, Les normes 291-297 unter dem Titel: »La règle de la vérité«.

[3] Vgl. insbesondere: Kattenbusch II 53-101; Kunze, Glaubensregel 12ff.90. 443-464; Zahn, Glaubensbekenntnis.

[4] Braun, Deus Christianorum 446-454.

[5] Beider Ergebnisse wurden dann 1958 in systematisch-theologischer Hinsicht von B.Hägglund verarbeitet in: Regula fidei 1-44.

[6] Mit der inhaltlichen Beschränkung auf: Gotteslehre (I), Trinitätslehre (II), Christologie (III), Schöpfungslehre (IV), Offenbarungslehre (V) und Soteriologie (VI). Das hier interessierende Vokabular wird von Braun dem Kap. »V. La révélation« zugeordnet als »Terminologie concernant la doctrine révélée« (419-454).

In der neueren Forschung hat sich hinsichtlich der *regula fidei* bei Tertullian ein gewisser *Konsens* herausgebildet, den *J.N.D.Kelly* so zusammenfaßt:

> »Unter diesem Ausdruck versteht er durchweg das gleiche wie Irenäus unter seinem ›Kanon der Wahrheit‹, d.h. den Bestand der Lehre, wie sie in der Kirche durch die Schrift und die Tradition weitergegeben wird«.[7]

Die allgemein vertretene[8] grundsätzliche Übereinstimmung Tertullians mit Irenäus hatte *Flesseman-van Leer* dahingehend präzisiert, daß Tertullian »indiscriminately« *regula*, *regula fidei* und *regula veritatis* benutzte, wobei der Vorrang bei den ersten beiden Begriffen liege. Die *regula fidei* spiele bei Tertullian eine größere Rolle, und obwohl sie das Ganze des christlichen Glaubens einschließe[9], gebe es bei ihm »a greater tendency to formulate it in dogmatic terms«. So sei die *regula*

> »a condensation and formulation of the apostolic tradition, or even, it is this traditon, with special emphasis upon its normative function«.[10]

Noch stärkeres Gewicht auf das Dogmatische hatte *van den Eynde* gelegt, als er hinsichtlich der Begriffe »regula fidei ou veritatis«, »regula ou regulae« formulierte: »les expressions désignent la partie dogmatique de la doctrine chrétienne«. Hierbei denke Tertullian »toujours aux grandes vérités chrétiennes«. Davon unterscheiden wollte *van den Eynde* eine »règle de la discipline«. Diese umfasse »les usages et pratiques ecclésiastiques, soumis au changement«.[11]

Als allgemein überwunden[12] darf auch bei Tertullian die Deutung der *regula fidei* in Richtung auf ein formuliertes Taufbekenntnis[13] gelten.

Trotz dieser intensiven Bemühungen um die Bedeutung der *regula* bei Tertullian hat doch die unterschiedliche Fragestellung der vorliegenden Untersuchung es auch hier unmöglich gemacht, deren Ergebnisse einfach referierend vorzuführen. Ohne Zweifel sind dort die Grundlagen gelegt worden, auf

---

[7] Kelly, Glaubensbekenntnisse, 86f.

[8] Vgl. z.B. Ritter, TRE 13, 404 (»ähnliches Bild«); Flesseman-van Leer, Tradition 170: »basically the same as the regula of Irenaeus«. So auch schon Kattenbusch II 53: »Wer von Irenäus herkommt, erfährt bei Tertullian nicht viel völlig Neues.«

[9] Flesseman-van Leer, Tradition 165: »regula is a summary, formulated according to the needs of the moment, of the entire Christian faith«.

[10] A.a.O., 170. Zustimmend hierzu: Braun, Deus Christianorum 452; darauf aufbauend: Hägglund, Regula fidei, 19ff.

[11] Van den Eynde, Les normes 295. Zustimmend: Braun, Deus Christianorum 447.

[12] Vgl. z.B. van den Eynde, Les normes 296; Flesseman-van Leer, Tradition 164; Hägglund, Regula fidei 20; Hanson, Tradition 126; Braun, Deus Christianorum 452ff.

[13] So vertreten von: Zahn, Glaubensregel 685; Kattenbusch II 60-63; Harnack, Dogmengeschichte I 365f.(ohne bes. Bezug auf die Taufe).

denen hier – nun jedoch in anderem Licht – gebaut wird. Sowohl *Flesseman-van Leer* als auch *Van den Eynde* und *Braun* haben auch nicht immer wirkliche Textanalysen im Zusammenhang vorgelegt, sondern sich eher auf das Zitieren der bedeutendsten Testimonia beschränkt. Angesichts unserer spezifischen Fragestellung ist es so unumgänglich, eine Auswahl entscheidender Belege auch im Kontext zu analysieren. Daß dies den Umfang des Vorgehens nicht wenig ausweitet und auch vom Leser einen langen Atem erfordert, liegt auf der Hand, muß aber angesichts der Wirkungsgeschichte Tertullians als geboten erscheinen.

2. METHODISCHE VORÜBERLEGUNGEN FÜR DAS VERSTÄNDNIS DER REGULA-TERMINOLOGIE BEI TERTULLIAN

Wenn nun eigenständig nach der Bedeutung und Verwendung des Regula-Begriffes bei Tertullian gefragt werden soll, ist es zweckmäßig, sich zuvor einige Gegebenheiten und Bedingungen bewußt zu machen, die sich im Verhältnis zu Irenäus verändert haben.

An erster Stelle ist die Tatsache zu nennen, daß wir gegenüber der fast monistischen Verwendung des Terminus κανὼν τῆς ἀληθείας (*regula veritatis*) bei Irenäus in singulärer Art und Weise bei Tertullian auf eine Fülle von Wortverbindungen mit *regula* stoßen, die der Deutung bedürfen.

> Es begegnen nun neben *regula veritatis* und *regula fidei* ein sehr häufiger absoluter Gebrauch von *regula* und weiterhin die Termini: *regula scripturarum, regula dei, regula spei, regula sacramenti, regula disciplinae*. Das Wort *regula* gehört anscheinend zu den Lieblingsbegriffen des Africaners und ist mit den entsprechenden Varianten in seinen erhaltenen Schriften insgesamt 81 mal belegt.[14]

Weiterhin ist eng mit dem Namen Tertullians das Problem der altchristlichen Latinität verbunden. Dabei gehört »die Frage nach der Bedeutung Tertullians für die Entstehung und weitere Entwicklung einer spezifisch christlichen lateinischen Terminologie ... zu den schwierigsten, die die lateinische Sprachwissenschaft zu beantworten hat«.[15] Allgemein anerkannt ist, daß am

---

[14]   So: Braun, Deus Christianorum 448; Flesseman-van Leer, Tradition (161) zählte 78 Testimonia.

[15]   So: J.H.Waszink, Mnemosyne 18, 101. Bekanntlich wurden hierzu in diesen Jahrhundert sehr unterschiedliche Positionen vertreten (zum Diskussionsstand vgl.: Braun, Deus Christianorum 9-17). Während Harnack (Dogmengeschichte III 13-22; I 554ff.) und E.Norden (Kunstprosa 606-615) in Tertullian den Schöpfer eines neuen Vokabu-

Ende des 2. Jahrhunderts die abendländischen Gemeinden sich in einem andauernden Prozeß der Latinität zuwandten. Durch das Bemühen, griechische Texte zu übersetzen, vermittels derer die christliche Lehre in den Westen gelangte, wirkte die griechische Sprache für Begriffe der Lehre und der Institution begriffsbildend. Während dieser Prozeß »neue sprachliche, semantische und syntaktische Formen hervor(brachte), ...(lebte) das Griechisch der ältesten christlichen Gemeinden in zahllosen Lehnwörtern fort«.[16]

Was den Begriff *regula* anlangt, so läßt sich hier gleich eingangs sagen, daß im Sinne eines griechischen Lehnwortes das Wort *canon* bei Tertullian nirgends auftaucht.[17] Vielmehr wird an den Stellen, wo es verifizierbar ist, κανών einfach durch *regula* ersetzt; dies sind die Wortverbindungen *regula fidei/regula veritatis. Chr.Mohrmann* hat *regula fidei* zu den lateinischen Begriffen gerechnet, die bei Tertullian erstmals auftauchen, es aber für unwahrscheinlich gehalten, darin seine Schöpfung zu sehen.[18] Immerhin war er, der nachweislich beide Sprachen beherrschte und selbst Werke auf Griechisch verfaßte[19], mit Irenäus' Adv.haereses bestens vertraut, hatte aber noch keine lateinische Fassung zur Verfügung.[20]

---

lars hinsichtlich Formen und Bedeutung sahen, und Harnack ihn auch deshalb als »Begründer des abendländischen Christenthums« bezeichnen konnte, sah die sog. »Nijmeger Schule« in Gestalt von J.Schrijnen und Chr. Mohrmann in Tertullian vor allem den Repräsentanten einer bereits bestehenden christlichen Latinität, einer »altchristlichen Sonder- oder Gruppensprache« (Chr. Mohrmann, Art. Latein, in: LThK² VI 808ff.809 [Lit.]). Demgegenüber wurde von C.Becker die Bedeutung Tertullians wieder stärker herausgestellt (vgl.: ders., Apologeticum 179-194; 335-345: »Das Problem der altchristlichen Sondersprache«). R.Braun hat dann in lexikologischer und semantischer Hinsicht erneut die Frage gestellt, inwiefern Tertullian als Schöpfer von Begriffen zur Entfaltung der Lehre über den »Deus Christianorum« betrachtet werden kann (a.a.O., 12.). Hinsichtlich der Rolle Tertullians bleibt wohl besonders umstritten, ob er eine bereits existierende lateinische christliche Terminologie im katechetischen Unterricht schon vorgefunden hatte, die er dann in Auseinandersetzung mit den Häretikern weiter ausbildete (so mit der Nijmeger Schule auch Braun, Deus Christianorum 19), oder ob hinsichtlich der Entwicklung einer theologischen Fachsprache der katechetische Unterricht nicht zu stark betont werden darf, sondern eher an Einflüsse des mittleren Platonismus, Justins und der bekämpften Häretiker auf seine Begriffsbildung zu denken ist (so: J.H.Waszink, a.a.O., 103, unter Berufung auch auf: J.Moingt, Le vocabulaire).

[16] Chr.Mohrmann, a.a.O., 809. »L'ombre du grec domine vraiment la première phase de la latinité chrétienne. Derrière chaque mot spécifiquement chrétien des deux premiers siècles se cache, ou se montre, un mot grec qui est remplacé ou non par le latin.« (dies., Latin vulgaire 28).

[17] Vgl.: G.Claesson, Index Tertullianeus.

[18] Dies., Observations 238. In ihrem gesamten oeuvre hat sie ansonsten dem Begriff keine weitere Aufmerksamkeit geschenkt, vgl. dies., Études.

[19] Vgl.: T.D.Barnes, Tertullian 68f.277.

[20] Vgl.: Harnack, Tertullians Bibliothek 303-334.324; ders., Literatur II 2, 315-320.

Wie dem auch sei, es handelt sich an dieser Stelle um die Übersetzung eines griechischen Begriffes mit einem eigenständigen, durch längere Geschichte geprägten lateinischen Begriff. Man wird deshalb auch nicht hinter jeder Verwendung von *regula* ein griechisches κανών versteckt sehen dürfen. Denn gerade wegen der Eigenprägung der Regula-Begrifflichkeit ist es naheliegender, eine Verwendung innerhalb des Bedeutungsspektrums von *regula* anzunehmen, das nicht in jeder Hinsicht mit dem von κανών deckungsgleich ist. Man wird also aufs Ganze gesehen beachten müssen, daß es sich jetzt bei dem lateinischen Begriff *regula* nicht mehr wie in der lateinischen Überlieferung des Irenäus allein um eine Übersetzung handelt, sondern um die Benutzung einer geprägten Vokabel, die ihre eigene Dynamik entwickelte. Schließlich waren Tertullian aus Irenäus nur die Begriffe κανὼν τῆς ἀληθείας/κανὼν τῆς πίστεως und κανών in absoluter Verwendung bekannt! Es ist von daher m.E. eher unwahrscheinlich, in der Verwendung von *regula* bei Tertullian einfach die lateinische Fortsetzung des Irenäus zu erwarten.[21]

Schließlich ist die starke juristische Prägung und Sprache Tertullians in Erinnerung zu rufen. Gerade angesichts der rechtlichen Verankerung des Regula-Begriffes[22] wird man hier nach möglichen Bezügen fragen müssen. Das langerörterte Thema, ob Tertullian mit dem in den Digesten erwähnten Jureconsultus gleichen Namens zu identifizieren sei, kann dabei im Sinn der heute weitgehend rezipierten Ablehnung dieser These auf sich beruhen bleiben.[23] Die Möglichkeit einer juristischen Prägung der Regula-Begrifflichkeit ist allerdings erst einmal in Rechnung zu stellen.

Wie kann nun die Fülle der genannten Wortverbindungen einer sachgemäßen Überprüfung unterzogen werden? Ich möchte methodisch so vorgehen, daß zuerst die Benutzung der prominenten, bereits von Irenäus her bekannten theologischen Prägungen *regula veritatis* und *regula fidei* überprüft wird. Hierzu halte ich es für erforderlich, die 10 Testimonia[24], bei denen Tertullian explizit den Terminus *regula fidei* benutzt, und die 3 Belege[25] für *regula veritatis* im Kontext zu interpretieren. Es scheint mir weiterhin methodisch fruchtbar zu sein, zuerst die montanistischen Schriften Tertullians in den Blick zu nehmen[26],

---

[21] Schon eher wäre die Frage zu stellen, ob die in der Irenäus-Tradition beobachtete (s.o. Kap. V,1) Wiedergabe des griechischen ὑπόθεσις durch *regula* sich nicht letztlich aus der bei Tertullian anzutreffenden Wortverwendung von *regula* speist.

[22] Vgl. o. Kap. IV 4.

[23] Ein bes. nachhaltiger Verfechter der Identifizierung war: A.Beck, Römisches Recht 30.39-43; vgl. jetzt: T.D.Barnes, Tertullian 22-29; die Lit. auch bei: Braun, Deus Christianorum 18 Anm.3., 689f.

[24] De praescr.12,5; 13,1; 26,9; Adv.Marc. IV 2,5; 36,12; De virg.vel.1,3; Adv.Prax.3,1; De monog.2,3; De pud.19,3; De ieun.1,3.

[25] Apol.47,10; Adv.Hermog.1,1; De pud.8,12.

[26] Zur zeitlichen Einordnung der Schriften Tertullians vgl: CChr Ser.Lat.2, 1627f.; T.D.Barnes, Tertullian, 54f.; Braun, Deus Christianorum 721. Zum Montanismus verweise ich nur auf: W.H.C. Frend, TRE 22, 271-279.

um das sich aus ihnen ergebende Bild dann anhand der »katholischen« Zeugnisse zu verifizieren. Dabei ließe sich überprüfen, ob die Sicht der *regula fidei* und *regula veritatis* unter montanistischem Einfluß eine eigene Prägung erhalten hat oder davon unbeeinflußt blieb. Nachdem die Analyse im Kontext der jeweiligen Schriften erfolgen soll, um so den Autor auch selbst zur Sprache kommen zu lassen, werden weitere Derivate des Begriffs *regula*, aber auch andere nahestehende oder in Abgrenzung gebrauchte Begriffe (z.B. *disciplina, lex, consuetudo, usus, conuersatio, ueritas usw.*) ebenfalls mit ins Blickfeld geraten.

Für das Vorgehen ergibt sich demnach der Einsatz bei der Frage nach der Bedeutung der *regula fidei* für den montanistischen Tertullian (3.), die Überprüfung der dabei gewonnenen Sicht von *regula fidei* und des in diesem Sinne absolut gebrauchten Begiffs *regula* in Tertullians »katholischer« Zeit (4.), und die Frage nach der Bedeutung von *regula veritatis* bei ihm (5.). Als nächstes ist dann die bei weitem überwiegende Zahl der Belege zu sichten, in denen ein isolierter Wortgebrauch von *regula* erfolgt (6.). Daraus ergibt sich endlich die Frage nach der Bedeutung von *disciplina* und *consuetudo* bei Tertullian (7.).

3. DIE »REGULA FIDEI« BEIM MONTANISTISCHEN TERTULLIAN

a) *De virginibus velandis 1*

Ich setze ein mit dem vielzitierten[27] Kapitel 1 aus De virginibus velandis, weil sich hier schnell zeigen wird, daß Tertullian die *regula fidei* häufig in Korrelation zur *disciplina* einführt.

> Absicht dieser Schrift ist es, die Verschleierung der Jungfrauen mit dem Eintritt in die Pubertät als allgemein verbindliches *Gesetz* in der Kirche durchzusetzen (*lex uelaminis*: 11,3). Grundlage der hierzu durchgeführten Argumentation ist der Nachweis, daß solches die *Wahrheit* gebiete, gegen die weder die Dauer der Zeit, noch Einfluß von Personen oder regionale Sonderrechte Einspruch erheben können.
>
> Tertullian stellt deshalb gleich eingangs heraus, daß es sich bei der Verschleierung nicht um eine Frage der *Gewohnheit (consuetudo)* handle, die aus eben solchen Gründen meistens zum *usus* werde und gegen die Wahrheit ins Feld geführt wird *(et ita aduersus ueritatem uindicatur)*. Es gehe vielmehr um eine Forderung der Wahrheit *(hoc exigere ueritem: 1,1)*. Denn eine noch so alte *consuetudo* sei doch nichts weiter als eine Häresie, wenn sie gegen die Wahrheit verstoße (1,2).

---

[27] Dazu s. weiter unten.

Es folgt nun jene oft herangezogene[28] Passage zur *regula fidei*. Diese sei überall nur eine; sie allein sei *immobilis et irreformabilis*, und halte an zu glauben ...[29]. Dann folgt eine zweigliedrige Formulierung des Bekenntnisses zu dem einen Schöpfergott und zu Jesus Christus mit dem Schwergewicht auf der Christologie.[30]

Wohl um ihre Unveränderlichkeit zu betonen, wird diese *regula fidei* sogleich auch als *lex fidei* bezeichnet. Während nämlich diese *lex* beständig gleich bliebe, lasse *das Übrige der disciplina und der conuersatio* neue Korrekturen zu, insofern die Gnade Gottes ununterbrochen bis ans Ende wirke und zunehme.[31] Es sei die Tätigkeit des Parakleten, der *disciplina* die Richtung zu geben, sie zu ordnen und zur Vollkommenheit zu führen.[32] Wer den Parakleten angenommen habe, ziehe die Wahrheit der Gewohnheit vor.[33]

Tertullian bietet in diesem Einleitungskapitel die theologische Grundlegung aller im weiteren Verlauf der Schrift vorgenommenen Einzelbegründungen. Dabei wird die *regula fidei* ausgesprochen unvermittelt im Zusammenhang der Frage nach den Normen der »Wahrheit« eingeführt, die sich aus der These, die Verschleierungsforderung als ein Gebot der Wahrheit zu betrachten, ergibt. Die Betonung der Unmöglichkeit jeder Veränderung und Verbesserung der *regula fidei* macht m.E. deutlich, wie stark hier *regula* im Sinne des Normativen präsent ist. Andererseits erfolgt diese Betonung in der Absicht, sozusagen *e contrario* die Möglichkeit und Notwendigkeit einer Veränderung und Verbesserung der *cetera disciplinae et conuersationis* unter der Weisung des Geistes, der in alle Wahrheit führt, zu begründen. Es ist also zu beachten, daß das *Argumentationsziel* an dieser Stelle nicht die *regula fidei* ist, was bei einer isolierten Behandlung derselben schnell vergessen werden kann. Für Tertullian geht es hier vielmehr um eine Verhältnisbestimmung von *disciplina* und *regula fidei!* Dies geschieht mit der Absicht, einen Teilbereich der *disciplina* und

---

[28] Vgl.: Kelly, Glaubensbekenntnisse 86-92.89f.; Hanson, Tradition 87; Kattenbusch II 54.

[29] *Regula quidem fidei una omnino est, sola immobilis et irreformabilis, credendi ...*: 1,3 (1209,17ff.).

[30] J.M. Restrepo-Jaramillo, Tertulliano, hat herausgestellt, daß die drei ausgeführten Beispiele der *regula fidei* bei Tertullian (neben dieser Stelle: De praescr.13 u. Adv. Prax.2) insgesamt eine zweigliedrige Struktur haben. Daß daraus keine grundsätzlichen Schlußfolgerungen über das Fehlen eines trinitarischen Bekenntnisses oder eine eigenständige Tradition binitarischer Bekenntnisse zu ziehen sind, wurde gegen Restrepo betont von: Jaschke, Der Heilige Geist 61ff.

[31] *Hac lege fidei manente cetera iam disciplinae et conuersationis admittunt nouitatem correctionis, operante et proficiente usque in finem gratia Dei:* 1,4 (1209,23ff.).

[32] *ut ... dirigeretur et ordinaretur et ad perfectum perduceretur disciplina:* ebd. unter Berufung auf Joh 16,12.

[33] *Hunc qui receperunt ueritatem consuetudini anteponunt:* 1,6.

conuersatio nicht mehr durch *consuetudo* bestimmt werden zu lassen, sondern durch *veritas*. Die Folge einer solchen Bestimmung ist die Qualifizierung der geforderten Praxis als *lex*.

Wie sich im weiteren bestätigen wird, sind auch hier die *regula fidei* und damit genauso die *fides allein* auf das monotheistische Bekenntnis und das Christusbekenntnis ausgerichtet.[34] Eindeutig werden auch *cetera disciplinae et conuersationis*[35] der *regula fidei* nicht zugeordnet, insofern sie durch die Weisung des Geistes veränderbar sind. Erfolgt aber eine solche Weisung durch den Hl. Geist oder ist sie früher erfolgt, so scheinen die *regula fidei* als *lex fidei* und die ebenfalls in der Wahrheit verankerten Bereiche der *disciplina* (hier die *lex uelaminis*) hinsichtlich ihrer Verbindlichkeit nebeneinanderzustehen. Weiterhin hat der Begriff *regula* hier eine Tendenz in Richtung *lex*, beide scheinen austauschbar zu sein. Die *lex* ist jedenfalls die Größe, wo sich die *fides* und Bereiche der *disciplina* in ihrer von der Wahrheit geforderten Verbindlichkeit treffen.

Jene Bereiche der *disciplina*, die als Wahrheitsforderungen normiert sind, stehen bei Tertullian also in strengem Gegensatz zu einer *consuetudo*, die allein durch die zeitliche Dauer ihrer Praxis oder andere rein innerweltliche Bestimmungen qualifiziert ist. Wir begegnen in diesem Zusammenhang geradezu einer »Abwertung« einer solchen *consuetudo*, auf die Spitze getrieben mit dem »Argument«, daß Christus sich bekanntlich als Wahrheit und nicht als Gewohnheit bezeichnet habe[36].

Die Qualifizierung von Bereichen der *disciplina* als Forderung der Wahrheit scheint jedoch kein »Sondergut« des Montanisten Tertullian zu sein. Es wäre sonst nicht nachvollziehbar, daß er im Verlauf seiner weiteren Argumentation Bezug nimmt auf »*disciplinae ecclesiasticae praescripta*«, um zu beweisen, daß Frauen und Jungfrauen gleich behandelt werden müßten. Diese *praescripta* verbieten der Frau, in der Kirche zu reden, zu lehren, zu taufen, zu opfern und überhaupt irgendetwas vom männlichen Amt auszuüben oder sich gar priesterliche Obliegenheiten anzumaßen.[37] Eingeführt werden sie aber als allgemein anerkannte Vorschriften der *disciplina ecclesiastica*, die von Tertullian nicht extra begründet zu werden brauchen. Die von ihm betriebene Durchsetzung

---

[34] Dies entspricht ganz dem Verständnis von *fides*, das bei Tertullian in die Richtung des objektiv Lehrhaften geht. Diese kann man mit Braun, Deus Christianorum 444, definieren als »la doctrine objectivement considerée«.

[35] Wie dies recht zu verstehen ist, wird noch zu klären sein.

[36] *Sed Dominus noster Christus ueritatem se, non consuetudinem cognominauit*: 1,1. Diese »Begründung« wird in der afrikanischen Kirche noch auf der Synode vom 1.9.256 gegen die Ketzertaufe benutzt werden! Vgl.: Sent. Nr.30. Die Konsequenzen für den Begriff der *consuetudo* bei Tertullian werden weiter unten zu erörtern sein.

[37] *Non permittitur mulieri in ecclesia loqui, sed nec docere, nec tinguere, nec offere, nec ullius uirilis muneris, nedum sacerdotalis officii sortem sibi uindicare*: 9,1.

der Verschleierung ist sozusagen eine Angleichung an bereits bestehende
praescripta. Man wird diese deshalb nicht der eingangs von ihm abgewerteten
consuetudo zuordnen dürfen, sondern wegen ihrer exemplarischen Funktion
eher als Forderungen der Wahrheit anzusehen haben. Der Einsatz der Verbots-
reihe mit Zitaten aus 1 Kor 14,34 und 1 Tim 2,12 bestätigt dies. Es ist demnach
zu vermuten, daß auch *praescripta* der *disciplina ecclesiastica* für Tertullian wie
die *regula fidei* den Charakter der *lex* haben insofern beide Inbegriff und
Forderung der Wahrheit sind.

b) De monogamia 2

Man hat betont[38], daß es sich in De virg. vel.1 um eine zweckbestimmte
Argumentation mit entsprechenden Distinktionen handelt, deren Ziel in der
kirchlichen Proklamation einer montanistischen Forderung besteht. Zusammen mit De monogamia 2 handelt es sich um die Hauptbelege der montanistischen Position einer Entwicklung der *disciplina* unter der Wirksamkeit des
Hl.Geistes bei Tertullian.[39] Nehmen wir deshalb diese Passage aus De
monogamia 2 hinzu. Auch hier geht es um die theologische Grundlegung einer
Forderung kirchenordnenden Charakters an die Gesamtkirche, diesmal das
Verbot der Wiederverheiratung.

> Nachdem Tertullian sich in De monog.1 gegen Häretiker abgegrenzt
> hat, die die Ehe völlig verwerfen, und ebenso gegen die »Psychiker«, die
> fleischlich seien, weil sie die Weisungen des Geistes nicht annehmen,
> begründet er die *noua disciplina* der *monogamia* wiederum mit dem Hin-
> weis auf die verheißene Weisung des Parakleten in Joh 16,12 (2,1.2).
> Damit sei allerdings keineswegs gesagt – wie ihm vorgeworfen wer-
> de –, daß man alles Neue dem Parakleten zuschreiben dürfe, selbst wenn
> es vom Widersacher *(aduersarius spiritus)* stamme (2,3). Denn dieser würde
> sich sofort durch eine Abweichung in der *praedicatio* verraten. Er würde
> nämlich zuerst die *regula fidei* fälschen und danach die *disciplina*, weil das,
> was Vorrang genießt, in der Verderbnis vorangeht und so auch die *fides* der
> *disciplina* vorausgehe *(id est fidei, quae prior est disciplina)*. Zuerst müsse
> man *de Deo* ein Häretiker sein, erst danach hinsichtlich seiner Anordnun-
> gen *(de instituto)*.[40]

---

[38] Vgl. z.B.: Kunze, Glaubensregel 459; Braun, Deus Christianorum 424.

[39] So der Titel des einschlägigen Aufsatzes von V.Morel, Le développement de la
      ›disciplina‹ sous l'action du Saint Esprit chez Tertullian, in: RHE 35 (1939) 243-265.

[40] *Aduersarius enim spiritus ex diuersitate praedicationis appareret, primo regulam adulterans
      fidei, et ita ordinem adulterans disciplinae, quia cuius gradus prior est, eius corruptela
      antecedit, id est fidei, quae prior est disciplina. Ante quis de Deo haereticus sit necesse est,
      et tunc de instituto:* 2,3 (1230,16-21).

Der Paraklet lege aber eben zuerst Zeugnis für Christus und den gesamten *ordo* Gottes des Schöpfers ab, und so werde er – durch diese grundlegende Glaubensnorm anerkannt *(de principali regula agnitus)* – das Viele,
das zur *disciplina* gehöre, noch offenbaren, wobei die Integrität der
Glaubenspredigt dafür bürge.[41]

Tertullian vertritt hier eine deutliche Differenzierung von *fides* und
disciplina. Die *disciplina* ist kein Bestandteil der *regula fidei*, vielmehr befinden
sich beide in einem Verhälnis des Früher und Später, der Vor- und Nachordnung. Dabei ist die *fides* ausgerichtet auf das Christusbekenntnis und den
einen Schöpfergott – in dieser Reihenfolge. Diese objektiven Glaubensinhalte
sind Bestandteil der unverfälschten *praedicatio*[42], von der der Paraklet nicht
abweicht und gerade so die Authentizität seiner Weisungen beglaubigt. Die
Glaubensinhalte »*de Deo*« bilden demnach für Tertullian die grundlegende
Lehrnorm *(regula principalis)*, an deren Verfälschung der Vorwurf der Häresie
allein seine Berechtigung erfährt.

Die Argumentation fügt sich ganz dem in De virg.vel.1 gewonnenen Bild.
Der dortigen Betonung der Unveränderlichkeit und Unverbesserbarkeit der
regula fidei entspricht hier die Beschreibung ihres graduellen prior als *regula
principalis*. Beidemal ist die *disciplina* (»*cetera disciplinae et conuersationis*«) von
der *fides* und der *regula fidei* theologisch so unterschieden, daß der montanistische Offenbarungsanspruch normativer Weisung des Parakleten in Ab-
änderung des bisherigen Brauchs der Kirche theologisch plausibel wird. Gleichzeitig kann außerdem der Vorwurf der Häresie abgewehrt werden.

c) Adv.Praxean 2

Zur Überprüfung der inhaltlichen Füllung der *regula fidei*, wie sie aus den
beiden bisher behandelten Zeugnissen deutlich wurde, empfiehlt es sich,
noch Adv.Praxean 2 hinzuzunehmen. Es handelt sich um einen weiteren
Hauptbeleg für die *regula fidei* bei Tertullian.[43]

Das Einleitungskapitel von Adv.Prax. macht deutlich, worin die Motivation dieser trinitätstheologisch so bedeutsamen Schrift zu suchen ist. Als
Kampfschrift gegen Praxeas, den Vertreter der von den »Psychikern« längst
bekämpften und zurückgewiesenen »patripassianischen« Irrlehre (1,6), deren neuerliches Aufflammen nun von Tertullian behauptet wird, wendet sie
sich gegen jemanden, der sich in Rom nachhaltig als Bekämpfer des Mon-

---

[41] *et sic de principali regula agnitus illa multa quae sunt disciplinarum reuelabit, fidem
dicente pro eis integritate praedicationis, licet nouis, quia nunc reuelantur*: 2,4 (1230,25ff.).

[42] Zum Begriff *praedicatio*, identisch mit *Kerygma* und synonym verwendet mit *doctrina*,
vgl.: Braun, Deus Christianorum 430-434.

[43] Vgl.: Kelly, Glaubensbekenntnisse 86-92.90.; Ritter, TRE 13, 404.

tanismus profiliert und die von Tertullian erhoffte Anerkennung der »Neu-
en Prophetie« durch den römischen Bischof verhindert hatte (1,5).

Tertullian formuliert nun in 2,1 gewissermaßen als Grundlage aller
folgenden trinitätstheologischen Ausführungen *»diese regula«* – wenig später (3,1) als *regula fidei* bezeichnet –, die aus den Anfangszeiten des Evangeliums stamme.[44] Die Betonung ihres Alters und der Tatsache, daß sie
»semper« (2,1) geglaubt wurde, spielt für das Beweisverfahren eine wichtige
Rolle, ist doch für Tertullian der Nachweis des Alters bereits Wahrheitsbeweis, nachdem das Frühere auch das Richtige sei (2,2).

Inhaltlich handelt es sich bei dieser *regula* auf der Grundlage des trinitarischen Bekenntnisses faktisch um eine Entfaltung des 2. Artikels. Während
der 1. Artikel nur angedeutet wird, geht es – dem Anlaß der Schrift entsprechend – hier vor allem um die Entfaltung der *»oikonomia«* (2,2.4;3,1), also der
wesentlichen Bestandteile des Christusbekenntnisses. Es sind auch an dieser
Stelle die normativen Glaubensinhalte des 1. und 2.Artikels, die als *regula fidei*
oder einfach *regula* bezeichnet werden.[45]

d) De pudicitia 19,3; 12,2f.

In gleicher Weise ist dies der Fall in *De pudicitia*, will Tertullian doch in
dieser Schrift in Abgrenzung (1,10) gegen seine eigene frühere Position die
Unmöglichkeit der *paenitentia secunda* für Ehebruch und Unzucht nachweisen
und eine entsprechende Ausrichtung der Kirchenordnung begründen.[46]

Der Nachweis erfolgt dabei über weite Strecken als Auseinandersetzung mit
der »katholischen« Exegese einschlägiger Schriftzeugnisse, die die kirchliche
Praxis der Sündenvergebung in Abgrenzung gegen den Montanismus begründeten. So verhandelt Tertullian die Deutung der Gleichnisse von Lk
15 (7-10), Beispiele aus dem Evangelium (11), aus der Apostelgeschichte (12),
aus den paulinischen Briefen (13-18), im Corpus Iohanneum (19) und im
Hebräerbrief (20).
In Kap. 19,1ff. erfolgt der Übergang zu den johanneischen Schriften.
Tertullian schickt dabei unter Berufung auf 1 Kor 15,11 als Prämisse voraus,
daß es zwischen den Aposteln in der anstehenden Frage keinen Unterschied
geben könne; dies lasse das einheitliche Wirken (*aequalitas*) des Hl.Geistes

---

[44] *Hanc regulam ab initio euangelii decucurisse:* 2,2 (1160,16f.).
[45] Zum Christusbekenntnis der *regula fidei* gehört für Tertullian auch mit Bartimäus das
Bekenntnis zur Davidssohnschaft Jesu, wie Adv. Marc. IV 36,12 gegen Marcion betont
wird *(Dauid filium credat per uirginis censum).* Hanson, Tradition 77 Anm.12, will die
Stelle m.E. irrtümlich als »the exercise of faith in Jesus« deuten.
[46] Vgl. im einzelnen: B.Poschmann, Paenitentia secunda 300-341.

nicht zu. »Es ist aber gut, daß unter den Aposteln Einigkeit besteht über die *Regeln des Glaubens und der disciplina*« (*Bene autem quod apostolis et fidei et disciplinae regulis conuenit:* 19,3 [1320,11f.]).

Wir begegnen hier nun einer auch sprachlich expliziten Nebenordnung von *fides* und *disciplina*, wie sie uns bereits der Sache nach geläufig ist. Der zur Verhandlung stehende Fragenkomplex gehört dabei zur *disciplina*.

Bemerkenswert ist an dieser Stelle zweierlei: 1. Tertullian kann nicht nur von einer *regula fidei* sprechen, sondern auch von *regula(e?) disciplinae*; 2. diese Wortverbindung erfolgt entweder im Plural – es wären dann mehrere *regulae disciplinae* (und *fidei?*), in denen die Apostel übereinstimmen, – oder als das Nebeneinander je einer *regula fidei* und einer *regula disciplinae*. Das erstere vorausgesetzt, wäre auch der Begriff *regula fidei* für Tertullian nicht nur exklusiv singularisch verwendbar, sondern es gäbe dann mehrere *regulae fidei*, die den *regulae disciplinae* korrespondierten. Demgegenüber ist jedoch unter Verweis auf De virg.vel.1 zu betonen, daß die *regula fidei* nur eine sein kann. Ist dann mit einer parallelen Größe *regula disciplinae* zu rechnen? Die hiermit verbundenen Fragen müssen später eingehend erörtert werden.

Bemerkenswert ist weiterhin, daß es neben der *regula fidei* anscheinend die Anweisungen der apostolischen Paränese sind, die als *regulae* bezeichnet werden. Wir hätten dann hier eine Verwendung des Regula-Begriffes für Weisungen der Apostel vorliegen, die Leben und Wandel der Gläubigen betreffen. Daß in der Tat apostolische *regulae disciplinae* für Tertullian die Summe von apostolischen Einzelregulae sind, ergibt sich aus *De pud. 12,2f.*, einer Schlüsselstelle für die Argumentation dieser Schrift. Tertullian polemisiert hier besonders nachhaltig gegen die unterschiedliche Behandlung von Unzuchtsünden, Mord und Götzendienst in der Kirche, will deren biblische Gleichordnung nachweisen und deshalb die nötige Gleichbehandlung postulieren.[47]

Nachdem er die These der Gleichrangigkeit vor allem anhand des Dekaloges durchgeführt hat (5.), versucht er nachzuweisen, daß die Apostel hinsichtlich des Ehebruchs die *forma* des alten Gesetzes nicht außer Kraft gesetzt hätten, denn in der neuen *disciplina* sollte der Ehebruch nicht harmloser gelten als in der alten.[48] So hätten die Apostel in der Vollmacht des Hl. Geistes »erstmals folgende *regula* ausgegeben« (*primum hanc regulam de auctoritate spiritus sancti apostoli emittunt:* 12,3). Es folgt als Zitat der Beschluß des »Apostelkonzils« von Apg 15,28f. mit der Interpretation des

---

[47] Nach Poschmann, a.a.O., 321-327, ist in dieser Gleichordnung bei Tertullian der Ursprung des Theologumenons der Sündentrias zu suchen.

[48] *Non in apostolis quoque ueteris legis forma soluta circa moechiae quanta sit demonstrationem, ne forte lenior existimetur in nouitate disciplinarum quam in uetustate:* 12,2 (1302,5ff.).

dortigen Verbotes von Blutgenuß als Verbot von Mord, so daß die Gleichordnung von Apostasie, Hurerei und Mord durch die Mittelstellung der
Unzucht bewiesen scheint. Diese Fehlinterpretation des »Aposteldekretes«
ist für die weitere Argumentation konstitutiv, braucht uns aber hier nicht
weiter zu beschäftigen.

Für uns von Bedeutung ist zum einen, daß hier der Beschluß des »Apostelkonzils« *(decretum; consilium:* 12,10) in seiner Gesamtheit als *regula* bezeichnet
wird. Zum anderen ist diese normative Weisung in der Autorität des Hl.Geistes
Bestandteil der *nouitas disciplinarum,* wie sie bereits zur *uetustas disciplinarum*
und *prima lex* (5,1) gehörte. Sie ist *finitio* des Hl.Geistes (12,11) und Bestandteil
der *Rechtsordnung* des Neuen Bundes, die für immer *unabänderlich* sei (»*nouissimi testamenti semper indemutabilis status est*«: 12,10). Es fällt auf, daß der
Begriff *regula* an dieser Stelle in eine Fülle von Termini rechtlichen Charakters
eingeordnet ist: *decretum, consilium, finitio, status, lex.* Formal semantisch läßt
sich vielleicht sagen, daß *regula* hier in einem allgemeinen, »not specificly
christian sense« Verwendung finde.[49] Daß damit jedoch der Bedeutung dieser
Begriffsverwendung in theologischer Hinsicht kaum Rechnung getragen sein
dürfte, liegt auf der Hand.

Die apostolische *regula disciplinae* ist für Tertullian demnach eine Weisung
im Bereich des christlichen Wandels und – insofern sie Grundlage des kirchlichen Bußverfahrens ist – auch der Kirchenordnung. Sie wurde in der Autorität des Hl.Geistes verkündet, und ist dadurch in gleicher Weise »unabänderlich« geworden, wie es De virg.vel.1 von der *regula fidei* formulierte. Für beide
Bereiche apostolischer Normierung des Glaubens und Lebens der Kirche kann
demnach derselbe Begriff *regula* verwendet werden. Auch hier tendiert dieser
in Richtung *lex,* wenngleich dies nur für die *prima lex* (5,1) ausdrücklich
formuliert wird.[50]

e) De ieiunio 1,3 u.a.

Die bisherigen Beobachtungen werden schließlich bestätigt durch den
Versuch, in *De ieiunio* eine verschärfte Fastenpraxis als Forderung des
Hl.Geistes an die Gesamtkirche zu begründen.

Dabei wird diese Fastenordnung mit dem Verbot der Wiederverheiratung
theologisch auf eine Ebene gestellt (1,1); beide werden als *disciplina spiritalis*
qualifiziert (1,2). Diese sei Weisung und Heilmittel des Hl.Geistes, um die

---

[49] So: Flesseman-van Leer, Tradition 162; in Anm.1 stellt sie von ihr so qualifizierte
      Stellen zusammen, ohne sie jedoch näher zu diskutieren.
[50] Zum Evangelium als *nova lex* vgl.: Th. Brandt, Tertullians Ethik 82ff.

disciplina der Mäßigung und Enthaltsamkeit zu üben.[51] Der Widerstand der »Psychiker« gegen die »Neue Prophetie« sei letztlich allein in deren Unterjochung durch Wollust und Gaumenlust begründet (1,1.3). Denn ihr Widerspruch erfolge nicht, weil Montanus, Priscilla und Maximilla einen anderen Gott verkündeten, nicht weil sie Christus auflösen, nicht weil sie irgendeine *regula fidei aut spei* umstoßen *(nec quod aliquam fidei aut spei regulam euertant, sed quod ...: 1,3)*, sondern weil sie offen lehren, man müsse öfter fasten als heiraten.

Auch hier trifft man wieder auf eine starke Betonung der Übereinstimmung von »Neuer Prophetie« und den »Psychikern« in der *Gotteslehre* und im *Christusbekenntnis*. Diesen Inhalten wird die *regula fidei aut spei* zugeordnet. Der verhandelte Konflikt gehört in den Bereich der *disciplina spriritalis*. Auffälligerweise ist weiterhin die Rede von »irgendeiner« *(aliqua) regula fidei*, der nun noch »irgendeine« *regula spei* an der Seite steht. Dem Kontext nach geht es wohl um einzelne Bestandteile der normativen Inhalte christlichen Glaubens und Hoffens. Wir begegnen einer nochmaligen Differenzierung der christlichen Wahrheit in *fides, spes und disciplina*. Weiterhin ist es Tertullian anscheinend auch möglich, die einzelnen Bestandteile der *regula fidei* als *regulae* anzusprechen. Diese können dann ihrem Inhalt entsprechend unterschieden werden in *regulae fidei aut spei*.

Dennoch kann Tertullian die Wendung *regula fidei* auch im Sinne des *gesamten Evangeliums* benutzen, wenn er *Adv.Marc. IV 2,5* von Paulus berichtet, dieser sei nach Jerusalem gereist, um die Apostel zu befragen, damit er kein anderes Evangelium verkündige. Dort sei es dann zur Übereinstimmung in der *regula fidei* gekommen (»*conuenit de regula fidei*«). Daß hierin der Gedanke des Normativen und Maßgeblichen enthalten ist, wird deutlich, wenn Tertullian zum selben Sachverhalt Adv.Marc. V 3,1 ausführt, daß Paulus in Jerusalem mit Petrus und den anderen Aposteln über die *regula* seines Evangeliums beraten wollte, um nicht das Evangelium in einer anderen *forma* zu predigen (»*ut conferret cum illis de euangelii sui regula*«).

f) Zusammenfassung

Zusammenfassend läßt sich für Tertullians Sicht in seiner montanistischen Zeit sagen: Die *regula fidei* wird häufig im Kontext einer beabsichtigten Präzisierung oder Begründung der *disciplina* eingeführt (De virg.vel.1; De monog.2; De pud.19,3). Sie wird dabei grundsätzlich von der *disciplina* unterschieden und ist inhaltlich auf die objektiven Glaubensinhalte des 1. und 2.

---

[51] *remedia ... ad exercendam sobrietatis et abstinentiae disciplinam; ... tunc constituit: 13,5* (1272,8ff.).

Artikels beschränkt (De virg.vel.1,3; Adv.Prax.2), die auch Bestandteile der
unverfälschten praedicatio sind (De monog.2,3). Hinsichtlich dieser Inhalte ist
sie *immobilis et irreformabilis,* hinsichtlich ihrer Verbindlichkeit eine *lex fidei*
(De virg.vel.1,3). Die einzelnen Bestandteile dieser *regula* können als *regula
fidei* und *regula spei* weiter differenziert werden. Die *regula fidei* und die
disciplina befinden sich in einem Verhältnis der Vor- und Nachordnung, die
erste ist die *regula principalis* (De monog.2). Das »Übrige der *disciplina* und
der *conversatio*« kann unter der Wirksamkeit des Parakleten korrigiert werden
in dem Sinne, daß es zur Vollkommenheit geführt wird (De virg.vel.1,4).

Dennoch stehen die apostolischen *fidei et disciplinae regulae* eng bei- und
nebeneinander (De pud.19,3). Wegen des einheitlichen Wirkens des Hl.Geistes
herrscht über beide unter den Aposteln Einigkeit. Zu den apostolischen *regulae
disciplinae* gehört der Beschluß des Apostelkonzils als *regula* (De pud.12,2). Die
regulae der *disciplina* als Ausfluß der *auctoritas* des Hl.Geistes gehören zur
Wahrheit der christlichen Offenbarung. Genauso sind auch die richtungsweisenden Korrekturen des Parakleten an der *disciplina* (*noua disciplina*: De
monog.2,1; *disciplina spiritalis*: De ieiun.1,2) Forderungen der Wahrheit und
insofern *lex* (De virg.vel.1,2; 11,3). Hinzu kommen die *disciplinae ecclesiasticae
praescripta* (De virg.vel.9,1). Die Bestandteile der *disciplina* werden streng
unterschieden von jeder nicht durch die Wahrheit, sondern allein durch
innerweltliche Kriterien bestimmten *consuetudo* (De virg.vel.1,2).

Beide Begriffe – *regula fidei* und *regula disciplinae* – haben eine Tendenz
in Richtung *lex*, wo sich die *fides* und die wahrheitsnormierte *disciplina* hinsichtlich ihrer Verbindlichkeit treffen. Wie die *regula fidei* »*immobilis et
irreformabilis*« ist, so gehört auch die apostolische *regula* in Fragen der *disciplina*
zum *indemutabilis status* des neuen Bundes (De pud.12,10).

4. DIE »REGULA FIDEI« BEIM »KATHOLISCHEN« TERTULLIAN
(DE PRAESCRIPTIONE HAERETICORUM)

Wenn wir uns nun der Frage nach der Bedeutung der *regula fidei* in
Tertullians vormontanistischer Zeit zuwenden, so empfiehlt es sich, bei De
praescriptione haereticorum den Ausgang zu nehmen, tauchen doch in dieser
antihäretischen Hauptschrift des Ketzerbekämpfers bei gleichzeitigem Fehlen
der Begrifflichkeit *regula veritatis* die Termini *regula fidei* und *regula* besonders
häufig auf.

> In *De praescr.13* bietet Tertullian neben De virg.vel.1 und Adv.Prax.3 die
> bedeutendste inhaltliche Konkretion dessen, was die Größe *regula fidei* für
> ihn bedeutet.[52] Sie erfolgt, um allem falschen Forschen nach Wahrheit ein

---

[52]   Vgl. hierzu. Kelly, Glaubensbekenntnisse 86-92.88f.; Hanson, Tradition 87.

festes Gegengewicht entgegenzusetzen. Alles echte Forschen und Fragen
dürfe nämlich nur ohne Verletzung der *regula fidei* erfolgen (*salua regula
fidei*: 12,5).

Inhaltlich handelt es sich auch hier um eine Formulierung des Bekenntnisses zu dem einen Gott, dem Schöpfer, und seinem Wort, dem Sohn
Gottes.[53] Dabei liegt das Schwergewicht der Ausführungen wiederum auf
der Christologie. Bemerkenswert ist, daß zu dieser *regula* über die bislang
herangezogenen Beispiele hinaus auch die Erwähnung der Verkündigungs-
tätigkeit und der Wunder des irdischen Jesus gehört. Die erste wird beschrieben als »Predigt des neuen Gesetzes und der neuen Verheißung«
(*praedicasse nouam legem et nouam promissionem*: 13,4). Diese *regula* sei
allem Fragen und Forschen entnommen, weil sie »von Christus selbst
gelehrt und eingesetzt« sei.[54] Obwohl Tertullian hier wie im folgenden
regula im Sinne von *regula fidei* gebraucht, scheint der Begriff eine Wendung im Sinne des Inhalts der in Christus erfolgten Offenbarung zu nehmen.

Gegenüber aller willkürlichen Schriftauslegung der Häretiker verweist
Tertullian nun darauf, daß die *fides*, auf die alles ankomme, allein auf diese
grundlegenden Glaubensinhalte gestellt sei. Ja, der Glaube habe in dieser
regula eine *lex*, und in deren Befolgung bestehe sein Heil![55] Es dürfte klar sein,
daß die *lex* an dieser Stelle nicht in ethischem oder einem anderen Sinne
gemeint ist.[56] Vielmehr bezieht sie sich auf die *regula*, interpretiert diese – hier
um die Heilsnotwendigkeit der rechten *fides* nachhaltig zu unterstreichen –
und bestätigt die oben beobachtete Tendenz von *regula* in Richtung *lex*.

Weiterhin betont Tertullian, daß es eine andere Glaubensregel als die
beschriebene oder gar eine ihr entgegengesetzte nicht geben könne.[57] Es sei
auch völlig unglaubwürdig anzunehmen, daß die Apostel nicht die ganze Fülle
der Verkündigung (»*plenitudinem praedicationis*«) gekannt hätten oder daß sie
nicht den gesamten *ordo* der *regula* allen mitgeteilt hätten[58]; ganz im Gegenteil,
sie hätten »*simpliciter et plene*« verkündigt.

Wir treffen hier auf eine Verwendung des Regula-Begriffs, der auf den
ersten Blick mit der *regula fidei* deckungsgleich ist. Der weitere Argumentations-
gang aber geht in eine andere Richtung. Denn gegenüber den Häretikern, die

---

[53] *Regula est autem fidei ... illa scilicet qua creditur*: 13,1 (197).
[54] *Haec regula a Christo ... instituta nullas habet apud nos quaestiones ...*: 13,6 (198,16ff.).
[55] *Fides in regula posita est, habet legem et salutem de obseruatione legis*: 14,4 [198,9f.].
[56] So mit: Harnack, Dogmengeschichte I 364; van den Eynde, Les normes 294; Hägglund,
      Regula fidei 20; Braun, Deus Christianorum 424 Anm.6. Gegen: V.Morel, Dé-
      veloppement 251f., der *lex* hier mit Kattenbusch II 64, auf die Taufe interpretieren
      will.
[57] *aliam regulam fidei ... diuersam et contrariam*: De praescr.26,9 (208,22f.).
[58] *uel non omnem ordinem regulae omnibus edidisse*: 27,1 (208,2).

mit dem Verweis auf die apostolischen Paränesen[59] die Bedeutung und Wirksamkeit der *regula* bezweifeln, verweist Tertullian zur Unterstreichung von deren Bedeutung nun nicht allein auf die *fides* der vielen Gemeinden, über die der Apostel sich doch freue, sondern darüber hinaus auch auf deren *scientia und conversatio*! Weiterhin seien diese Kirchen trotz alledem zusammen mit den Ermahnten in den Rechten einer einzigen *institutio* verbunden.[60] Der »gesamte ordo« der *regula* scheint also weiter zu sein, als die bislang der *regula fidei* zugeordneten Glaubensinhalte des 1. und 2. Artikels. Es sei an dieser Stelle auch nochmals an die Bezeichnung der Verkündigung Jesu als *nova lex* in 13,4 erinnert. Dieser gesamte *ordo* der *regula* korrespondiert vielmehr der *plenitudo* der apostolischen Verkündigung, und diese schließt auch den Bereich der *conversatio* mit ein.

Diese Vermutung findet ihre Bestätigung in den Schlußkapiteln *De praescr. 41-44*, die einer Schilderung des *Wandels* der Häretiker (*conversatio haeretica*) gewidmet sind, der ihrem Glauben entsprechend »ohne *disciplina*« sei[61]. Tertullian sieht bei ihnen eine »Preisgabe der *disciplina*« (*prostratio disciplinae*: 41,3) gegeben.

> Die Konkretisierung dieses Vorwurfs macht deutlich, was für ihn *disciplina* an dieser Stelle bedeutet. Die Preisgabe bestehe nämlich in der unterschiedslosen Gewährung kirchlicher Gemeinschaft mit jedermann (3), der Auflösung der gemeindlichen Rangfolge von Katechumenen und Gläubigen (4), der Amtsanmaßung der Frauen, die sich unterstehen zu lehren, Streitgespräche zu führen, Exorzismen, Heilungen und Taufen vorzunehmen (5), und in einer letztlich die Unterschiede von Laien und Klerus nivellierenden Ordinationspraxis (6-8). Hinzu komme eine »Wortverwaltung«, die sich nicht missionarisch nach außen richte, sondern in der Verführung bereits Glaubender bestehe (42,1). Es handle sich bei den Häretikern eben um ein »Lager von Rebellen (41,7), deren Werk in der *Zerstörung* der *Wahrheit* bestehe (*opus ... uenit ... de ueritatis destructione*: 42,2 [222,5f.]), und eine Konspiration zur gemeinsamen Bekämpfung der Wahrheit (*ad unius ueritatis expugnationem conspirent*: 41,4).

---

[59] *tenent correptas ab apostolo ecclesias:* De praescr. 27,3.5 (208,6ff.).

[60] *unius institutionis iura miscent:* 27,6 (209,17). Es ist mir sehr die Frage, ob *institutio* an dieser Stelle im Sinne von »Lehre« zu verstehen ist, wie R.Braun, Deus Christianorum 426 Anm.2, meint. Der Begriff bezieht sich eben nicht auf *regula fidei*, sondern auf *omnem ordinem regulae*. Der Tertullian ebenfalls geläufige Wortsinn »Institution« (vgl. a.a.O., Anm. 3) scheint mir hier vom Kontext geboten zu sein. Denn als solche Rechte hatte Tertullian in Kap. 20 benannt: *communicatio pacis et appellatio fraternitatis et contesseratio hospitalitatis.* Den Häretikern kommt demgegenüber kein christliches *ius* zu (De praescr.37). Zum Begriff Jus bei Tertullian vgl. Harnack, Jus ecclesiasticum.

[61] *sine disciplina ut fidei suae congruens:* 41,1 (221, 3f.).

Deshalb könne auch aus der Art ihres Wandels auf den Glauben geschlossen werden, weil die *disciplina* der *Index* der Lehre sei.[62] Wo keine
Wahrheit ist, sei auch die *disciplina* verdientermaßen wie beschrieben[63],
und »deshalb treten die Zeugnisse einer strafferen *disciplina* bei uns zum
Wahrheitsbeweis hinzu«.[64]

Es ist m.E. deutlich, daß die Bestimmung eines evangeliumsgemäßen
Wandels *(conversatio)* hier durch den Begriff *disciplina* erfolgt. Zutreffend ist
die Definition der *conversatio* durch V. Morel: »sans être synonyme de discipline,
il désigne l'observation, la mise en oeuvre de celle-ci«.[65] Die *conversatio* ist
durch die *disciplina* bestimmt. Diese aber betrifft hier in auffälliger Weise
elementare Bestandteile der *Kirchenordnung*. Es handelt sich offensichtlich um
eine Parallele zu De virg.vel.9,1[66] und den dort herausgestellten »*praescripta
disciplinae ecclesiasticae*«. Wie in De virg.vel.1 wird nun auch an dieser Stelle
die *disciplina*, konkretisiert als Bestimmung der Kirchenordnung, im Wahrheitsbegriff verankert. Denn die Zerstörung und Preisgabe elementarer Bestandteile der Kirchenordnung bedeutet für Tertullian einen Angriff auf die
Wahrheit, wie sich auf der anderen Seite die Einhaltung der Kirchenordnung
als Beweis für die Wahrheit in Anspruch nehmen läßt. Zudem ist die *disciplina*
auch das entscheidende Verifikationsmittel *(index)* für die *fides*, was eine nur
logische Konsequenz ist aus der beiderseitigen Verankerung in der Wahrheit.
So ist für den *gesamten* Tertullian die *veritas* ein der *fides und disciplina*
gemeinsam *übergeordneter* Begriff, aus dem beide ihre inhaltliche Füllung und
ihren normativen Charakter gewinnen.[67]

---

[62] *Adeo et de genere conuersationis qualitas fidei aestimari potest: doctrinae index disciplina
est:* 43,2 (223,5f.).

[63] *ubi ueritas nulla est, merito et talis disciplina est:* 43,4 (223,8f.).

[64] *Proinde haec pressioris apud nos testimonia disciplinae ad probationem ueritatis accedunt:*
44,1.

[65] ders., Développement 247.

[66] S.o.: 3 a).

[67] Die gleiche Zuordnung von *fides, conversatio, disciplina* und *veritas* findet sich auch in
Adv.Marc. I 21,3 (462,22.), wo Tertullian gegen Marcion betont, daß die *fides* an den
Schöpfer und seinen Christus zur Zeit des Apostels Paulus unangefochten war. Ein
Schwanken habe es nur hinsichtlich *conversatio* und *disciplina* gegeben *(Stabat igitur
fides semper in creatore et Christo eius, sed conuersatio et disciplina nutabat.)* Als Konkretionen werden genannt: der Streit um den Genuß von Götzenopferfleisch, Verschleierung von Frauen, Eheschließung und die Auferstehungshoffnung. Die Wahrheit habe erst nach den Zeiten der Apostel »hinsichtlich der Gotteslehre« eine
Verfälschung erlitten *(Quodsi post apostolorum tempora adulterium ueritas passa est circa
dei regulam:* 21,4). Es wird hier offensichtlich Bezug genommen auf 1 Kor 10.11.7.15.
Bei der irritierenden Erwähnung der Auferstehungshoffnung an dieser Stelle als Konkretion der *disciplina* darf m.E. nicht übersehen werden, daß auch in 1 Kor 15,29.32
die Leugnung der Auferstehung unmittelbare Konsequenzen für Wandel und Kirchenordnung hat! Dazu weiter unten.

Uns begegnete in diesen Schlußkapiteln nun weder der Begriff *regula fidei* noch *regula veritatis*. Allein in 42,7 spricht Tertullian davon, daß die Häretiker selbst noch untereinander in ihren Lehren abweichen (*a regulis suis uariant*). Es handelt sich dabei allerdings um eine Verwendung von *regula* in einem allgemeinen Sinn von »Lehre«, der wir unten noch gesondert Aufmerksamkeit zuwenden müssen. Auffällig ist aber die schon in 13,6 angeklungene Tendenz, die Herkunft der *regula* in der Quelle der Offenbarung zu suchen und so mit dem Offenbarungsinhalt in seiner Fülle zu identifizieren. Entsprechend heißt es in 37,1: »*in ea regula incedimus quam ecclesiae ab apostolis, apostoli a Christo, Christus a Deo tradidit*«. Man wird hierin einen weiteren, der Sache nach identischen Ausdruck für die Verankerung von *fides* und *disciplina* in der *veritas* erblicken dürfen.[68]

5. »REGULA VERITATIS« – EIN SYNONYM FÜR »REGULA FIDEI«?

Nach den bisherigen Beobachtungen zum gegenseitigen Verhältnis von *regula*, *fides*, *disciplina* und *veritas* soll nunmehr gefragt werden, wie diese Größen sich zur *regula veritatis* in *De pud.8*, *Adv.Herm.1* und *Apol.47,10* verhalten.

In *De pud.8* verhandelt Tertullian die Frage der korrekten Auslegung des Gleichnisses vom Verlorenen Sohn (Lk 15), indem er gegen die gängige kirchliche Deutung des jüngeren Bruders auf die Christen argumentiert. Das dahinterstehende Interesse ist die Bestreitung der kirchlichen Bußpraxis. Dabei wird nun die »katholische« Interpretation der Parabel mit der häretischen exegetischen Praxis auf eine Stufe gestellt. Auch diese interpretierten die Gleichnisse willkürlich und nicht sachgemäß (8,12), indem sie sie frei nach Bedarf ihren Lehren anpaßten. Denn nachdem sie sich von der *regula veritatis* losgesagt hätten, hätten sie freie Bahn, die Dinge so zusammenzustellen wie sie in der Parabel scheinbar vorliegen.[69]

Wir begegnen hier nun jenem Begriff, der für Irenäus so dominant bei seiner Auseinandersetzung mit der »pseudonymen« Gnosis im Vordergrund stand. Im Gegensatz zum Bischof von Lyon tritt bei Tertullian diese Wort-

---

[68]   217,2ff. Diese Verwendung von *regula* im Sinne des Ganzen der christlichen Offenbarung war uns auch beim vormontanistischen Tertullian in Adv.Marc. IV 2,5 und V 3,1 begegnet. Hier wären noch hinzuzunehmen: Adv.Herm.1 und Adv.Valent.4 (*regula authentica*). Flesseman-van Leer, Tradition 166f., sieht in dieser Bedeutung von *regula* (»the real purport of revelation«) »the most basic significance of regula«.

[69]   *Vacuit scilicet illis solutis a regula ueritatis ea conquirere atque componere, quorum parabolae uidentur*: 8,12 (1296,54f.).

verbindung fast völlig zurück[70] hinter *regula fidei* und den absoluten Gebrauch von *regula.* Um so auffälliger ist es, daß der Ort ihrer Verwendung hier in doppelter Hinsicht mit Irenäus übereinstimmt. Zum einen ist es die anti-häretische Polemik, zum anderen deren Praxis der Parabelauslegung, die den Kontext für Tertullians Rede von der *regula veritatis* bilden. Man wird hierin jedoch nicht nur das Indiz einer literarischen Verarbeitung der Schrift des Irenäus erblicken dürfen.[71]

Nach dem bisherigen Befund ist es vielmehr durchaus stimmig, wenn Tertullian an dieser Stelle nicht von der *regula fidei* redet, denn die infrage-stehende kirchliche Praxis der *paenitentia secunda,* um deren exegetische Be-gründung bzw. Ablehnung es hier geht, reicht in seinem Sinne über den Bereich der *fides* hinaus und betrifft die *disciplina* und ihre *regula,* wie sie in der Vollmacht des Hl.Geistes auf dem Apostelkonzil erlassen wurde. Dies würde bedeuten, daß die *regula veritatis* weitere Bereiche abdeckt als die *regula fidei.*

Es ist nun die Frage, ob die beiden anderen Belege aus Apol.47 und Adv. Hermogenem diesen Eindruck bestätigen. Gleich vorweg muß auffallen, daß auch diese ihren Ort in der Auseinandersetzung mit der Häresie haben. Wei-terhin stammen beide im Gegensatz zu De pud.8 aus der »katholischen« Zeit des Africaners.

Bevor Tertullian sich der detaillierten Auseinandersetzung mit der Häresie des Hermogenes und insbesondere seiner Sicht der Materie zuwendet, schickt er in 1,1 einige grundsätzliche Erwägungen einleitend voraus. Diese betreffen zum einen sein in De praescr. bereits programmatisch durchge-führtes Argument, daß das spätere Auftreten der Häresie diese bereits eindeutig ins Unrecht setze und sie so eigentlich bereits durch Praescription abgewiesen sei; zum anderen geht es um die Person des Hermogenes selbst und seinen Lebenswandel.

Es sei das *prior* der *regula veritatis,* das alle späteren *doctrinae* der Häresie schon mit dem Präjudiz der Häresie behafte. Dieses *prior* findet für Tertullian nun seinen unübersehbaren Ausdruck darin, daß die *regula veritatis* selbst das Auftreten der *Häresie* ankündige. Dieser Gedanke hat für ihn solche Bedeutung, daß er ihn gleich zweimal hintereinander ausspre-chen muß.[72]

---

[70] Es gibt nur diese 3 Belege; Zahn, Glaubensregel 683, Z.48, übersah sie und knüpfte an das »Fehlen« der *regula veritatis* bei Tertullian Spekulationen.

[71] Mit einer solchen ist bekanntlich zu rechnen, vgl.: Harnack, Tertullians Bibliothek 324ff. Es ist deshalb auffällig, daß der Terminus technicus des Irenäus bei Tertullian so selten auftaucht.

[72] *In quantum enim ueritatis regula prior, quae etiam haeresis futuras renuntiauit, in tantum posteriores quaeque doctrinae haeresis praeiudicabuntur, [qua est] quae futurae ueritatis antiquiore regula praenuntiabantur:* 1,1 (397,4-7).

Für die Bedeutung der *regula veritatis* hat dies nun m.E. zur Folge, daß sich
eine einfache Identifizierung mit der *regula fidei* kaum nahelegt. Tertullian hat
ja die Vorhersage der Häresien im Evangelium im Blick, und so scheint die
regula veritatis an dieser Stelle die ganze normative Lehre Christi, das *Gesamt*
der offenbarten Wahrheit zu bedeuten.[73]

> Dieser *regula veritatis* wird nun in 1,2 die Person und *Lebensführung* des
> *Hermogenes* und in 1,3 seine Lehre gegenübergestellt. Hermogenes sei näm-
> lich in doppelter Hinsicht ein Betrüger, ein völliger Ehebrecher sowohl was
> die Verkündigung als auch das Fleisch betrifft (*bis falsarius...totus adulter,
> et praedicationis et carnis:* 1,2 [397,13]). Tertullian teilt hierzu entsprechende
> Details mit, um sich in 1,3 unter dem rhetorischen Ausruf: »Was interessiert
> mich die Person, mir geht's um die Lehre!«[74] der *doctrina* zuzuwenden, die
> des näheren als Christologie und Schöpfungslehre verhandelt wird. Es ist
> schließlich bemerkenswert, daß er weiterhin synonym mit *regula veritatis*
> auch einfach von »der *regula*« sprechen kann, wenn er die Namensgleich-
> heit rhetorisch ausschlachtend noch anfügt, daß auch der Hermogenes der
> Apostelzeit nicht »in der *regula*« verharrte.[75]

Auch wenn der Gegenstand von Adv. Hermogenem im weiteren die *doctrina*
des Häretikers ist, wird demnach eingangs die zwiefache und völlige Gegner-
schaft des Hermogenes zur Wahrheit herausgestellt. Diese betrifft seine Lehre
und seine Lebensführung, also neben der *doctrina* die *conuersatio* und *disciplina*.
Die Begriffe fehlen hier zwar, es scheint mir aber auch an dieser Stelle ins Bild
zu passen, daß für die Kontrastierung dieses *bis falsarius* mit der Offenbarungswahrheit nicht der Begriff der *regula fidei* ins Feld geführt wird, sondern der
der *regula veritatis*, der anscheinend beide Bereiche abdeckt.

> Ähnlich liegen die Dinge m.E. schließlich in Apol.47,10.
> Auch wenn es Tertullian in den Kap. 46 und 47 dieser Verteidigung des
> Christentums gegenüber der heidnischen Obrigkeit um die Zurückweisung
> der Identifizierung des Christentums mit einer Philosophie geht, ist der
> eigentliche Zusammenhang für die Einführung der *regula veritatis* wieder-
> um die Häresie! Denn der durch deren Existenz bei den Heiden entstan-
> dene Eindruck einer inneren Meinungsverschiedenheit des Christentums
> dürfe nicht zu einer Parallelisierung mit der Philosophie führen, noch dürfe
> daraus auf einen Mangel an Wahrheit geschlossen werden.[76] Wiederum mit

---

[73] So mit: Flesseman-van Leer, Tradition 167.

[74] *Sed uiderit persona, cum doctrina mihi quaestio est.*

[75] *nec ipse apostolicus Hermogenes in regula perseuerauit:* 1,2; vgl. 2 Tim 1,15.

[76] *Quod ideo suggerimus (suggesserim), ne cui nota uarietas sectae huius in hoc quoque nos
     philosophis (ad)aequare uideatur, et ex uarietate defectionem uindicet ueritatis [defensionem
     iudicet ueritatem]:* 47,9 (CChr 164,38ff.; ed.C.Becker, 210; [= ed.C.Becker, 280: end-
     gültige Fassung]).

dem Praescriptionsargument des höheren Alters weist Tertullian die »Verfälscher« und »späteren Ausleger« *(posteriores commentatores)* in die Schranken. Die *regula veritatis* sei nur jene, die von Christus und seinen Gefährten
überliefert sei.[77] Von den Häretikern sei aber diese *»heilbringende disciplina«*
mit Fälschungen versehen worden und auch gewisse Fabeln eingefügt
worden[78], die durch ihre Ähnlichkeit mit der Wahrheit den Glauben an
diese schwächen.

Wir haben an dieser Stelle eine bemerkenswerte *Annäherung* der Begriffe
regula veritatis und *salutaris disciplina* vorliegen. Die Anbindung der *regula
veritatis* an das unmittelbare Offenbarungsgeschehen legt es nahe, in dieser
auch hier die gesamte Offenbarungswahrheit zu erblicken. Die gleichzeitige
Bezeichnung als *disciplina* wäre ebenfalls einleuchtend, wenn über den Bereich
der *fides* hinaus auch die *conversatio* mit im Blick ist.[79] Eine völlige Kongruenz
von *regula fidei* und *disciplina salutaris* wäre dann eben nicht gegeben.

Um diese Hypothese nun weiter verifizieren zu können, ist es erforderlich,
sich zuerst einmal dem isolierten Wortgebrauch von *regula* bei Tertullian
zuzuwenden, um dann eingehend sein Verständnis von *disciplina* und *consuetudo* zu erörtern.

6. DER ISOLIERTE WORTGEBRAUCH VON »REGULA«

Bei den bislang durchgeführten Textanalysen ist uns gelegentlich im Umfeld einer Erwähnung der *regula fidei* oder *regula veritatis* der isolierte Wortgebrauch von *regula* begegnet, wobei der Kontext es meist nahelegte, diese
regula mit der *regula fidei* bzw. *veritatis* zu identifizieren. Diese Möglichkeit
liegt aber nur bei den interpretierten Stellen auf der Hand, während der
isolierte Gebrauch von *regula* bei Tertullian weit darüber hinausgeht. Die
Fülle der Belege kann nun hier nicht wie zuvor im einzelnen zur Darstellung
kommen. Exemplarisches Vorgehen und Verweise müssen genügen.[80]

---

[77] *illam esse regulam ueritatis, quae ueniat a Christo transmissa per comites ipsius:* 47,10
(164,41f.).

[78] *Ab his adulteria huiusmodi salutaris disciplinae subornata:* 47,11.

[79] Dies entspricht der Deutung von V.Morel (Disciplina 15 Nr.47): »le christianisme
comme tel«; ders., Développement 251: »salutaris disciplina semble même un simple
synonyme de christianisme tout court«. Morel kommt aber dann zu dem Trugschluß:
»On le voit, la distinction entre la règle de la foi et la disciplina n'est pas adéquate...«,
weil er unbesehen *regula fidei* und *regula veritatis* synonym versteht.

[80] Ich stütze mich hier auf die einschlägigen Stellenangaben – sofern nicht Korrekturen
erforderlich sind – bei Flesseman-van Leer, Tradition 162ff., van den Eynde, Les
normes 291 ff., und Braun, Deus Christianorum 448ff.

Zunächst ist jener Gebrauch von *regula* zu verdeutlichen, der uns bei der
Überlieferung des irenäischen Werkes als Übersetzung des griechischen
ὑπόθεσις begegnete, und dort vor allem zur Beschreibung der gnostischen
Lehrsysteme diente. Bei Tertullian gewinnt diese Angleichung des Wortes an
doctrina eine vorherrschende Stellung und kommt in vielerlei Variationen zur
Anwendung. So kann er im Sinne der Gesamtheit der Lehre von der *regula*
oder den *regulae* der Häretiker sprechen.[81]

> Es ist *E.Flesseman-van Leer* zuzustimmen, daß hier ein allgemeiner Sinn
> von »Lehre« vorliegen wird und es kaum um einzelne dogmatische Formu-
> lierungen gehen kann, weil der Terminus genauso auch für die Lehre der
> Philosophen verwendet wird.[82] Angesichts der oben festgestellten stets
> gleichzeitigen Betonung der häretischen Verfälschung von *fides* und *disci-
> plina* wird man den Begriff der Lehre aber hier nicht in einem spezifisch
> »dogmatischen« Sinne verstehen dürfen.

Ebenso wird *regula* von Tertullian nun auch eingesetzt für das Gesamt der
christlichen Lehre.

> So kann er die *regulae nostrae* in De anima 2,5 den Lehren der Philosophen
> *(regulae illorum)* gegenüberstellen. Ähnlich verhält es sich auch, wenn er die
> »authentische Lehre« der Kirche zuordnet, von der Valentinus sich losge-
> sagt habe.[83]

Häufig bezeichnet *regula* auch ein einzelnes christliches »Dogma«.

> Genannt sei z.B. die Auferstehung von den Toten[84] oder die Lehre von der
> Untrennbarkeit der drei Personen der Trinität.[85] Bemerkenswert ist die
> Bezeichnung der »Gotteslehre« als *circa dei regula* in Adv. Marc. I 21,4. Als
> Teilbereich der *fides* ist sie dort zusammen mit *fides* und *disciplina* in der
> Wahrheit verankert.

---

[81]   De praescr.42,7 (Plural); Adv.Marc. I 1,7; IV 17; Adv.Valent.4,3.4 (Plural); De carne
       Chr.6.

[82]   Adv.Marc. V 19,7 (Plural); De anima 2 (Plural). Vgl.: Flesseman-van Leer, Tradition
       163; genauso: van den Eynde, Les normes 291 Anm.4, 292.

[83]   *De ecclesia authenticae regulae abrupit:* Adv. Valent. 4,1). In diesem Sinne wird auch
       die Wendung von der *regula sacramenti istius* zu verstehen sein: Adv.Marc. I 21,5; so
       mit Braun, a.a.O., 449 Anm.4 gegen Flesseman-van Leer, Tradition 165, die hierin das
       Einzeldogma der Gotteslehre sehen will.

[84]   *nostrae spei regulam:* De resurr.48,2.

[85]   *Hanc me regulam professum qua inseparatos ab alterutro Patrem et Filium et Spiritum
       testor...:* Adv.Prax.9,1.

Dies führt uns weiterhin zur Rede von *regulae* in der Mehrzahl im Sinne verschiedener christlicher normativer Lehren. Sie war uns oben bereits begegnet (*regulae nostrae*), soll aber noch an einigen Stellen konkretisiert werden.

> So stimmen nach Adv.Marc. IV 2,2 Lukas und Markus mit Johannes und Matthäus überein in den Lehren über den einen Gott den Schöpfer, seinen Christus, der aus der Jungfrau geboren sei, und die Erfüllung des Gesetzes und der Propheten *(isdem regulis exorsi quantum ad ... attinet).* Hierher gehören auch die *regulae sacramentorum* als normative Lehren des Mysteriums, wonach die Einheit von Gott und Christus festzuhalten sei.[86] Schließlich scheint Tertullian auch von mehren *regulae fidei* als Bestandteilen der einen[87] *regula* sprechen zu können (De pud.19,3).

Man wird *E.Flesseman-van Leer* zustimmen müssen, wenn nach diesem Sprachgebrauch das Nebeneinander eines einzelnen »Dogmas« (*regula*) mit anderen (*regulae*) dann »die *regula*« als Gesamtheit christlicher Lehre bildet.[88] Tertullian macht also keinen begrifflichen Unterschied zwischen den *regulae* der Häretiker und Philosophen und der christlichen *regula*, sondern benutzt sowohl im Singular als auch im Plural denselben Begriff für christliche, häretische und philosophische »Lehren« und die jeweilige »Lehre« in ihrer Gesamtheit. In diesem unterschiedslosen Einsatz des Begriffes scheint das dem Kanon-Begriff inhärente Moment des Normativen nicht im Vordergrund zu stehen. Irenäus hat jedenfalls nicht und hätte wohl auch nicht von einem κανών oder κανόνες der Häretiker reden können. Man muß hier anscheinend mit einer *Ausweitung* des lateinischen Begriffes *regula* in seiner christlichen Verwendung rechnen, die sich so in der außerchristlichen Literatur nicht belegen läßt.[89] Dazu würde auch die konsequente Eingrenzung der *regula fidei* auf die dogmatischen Aussagen des 1. und 2. Artikels passen. Man wird diese Bedeutungs-

---

[86]   Adv.Marc. V 20,1. Vgl.: Braun, Deus Christianorum 448 Anm.3; zur Verwendung des Begriffes *sacramentum* vgl: Braun, Deus Christianorum 435-442.

[87]   Die grundlegende Einheit und inhaltliche Normativität der einen Wahrheitsnorm ist damit natürlich nicht aufgegeben: *quia una quidem erat regula* (Adv.Marc. V 20,2).

[88]   »In this sense, regula can of course also be used in plural and the result is then that these regulae together form the regula«, 165. Ähnlich bereits: Kunze, Glaubensregel 14: »Da nämlich die regula einen reichen Inhalt hat, so wendet er auch für einzelne Stücke und Bestandteile derselben den Begriff regula an, so dass also die eine grosse regula in viele kleine Teil-regulae sich zerlegen lässt.«

[89]   So mit Braun, Deus Christianorum 449 Anm.1: »les exemples susdits paraissent provenir d'une extension de l'usage chrétien de κανών – regula. A notre connaissance, on ne trouve rien de semblable dans la langue païenne«. Gegen Braun wird man diese Ausweitung allerdings nur vom lateinischen Begriff aussagen könne. Für eine Einbeziehung des griechischen κανών bietet Tertullian keinen Anhaltspunkt!

verschiebung also auch für die zentralen Wortverbindungen *regula fidei* und *regula veritatis* im Blick haben müssen.[90]

Der Vollständigkeit halber soll schließlich auch die allgemeine, nicht spezifische Verwendung von *regula* bei Tertullian belegt werden. Sie ist ausgesprochen häufig anzutreffen und entspricht im wesentlichen den Bedeutungsinhalten des griechischen κανών.[91]

Tertullian benutzt den Terminus in verschiedenen Zusammenhängen – meist im Rahmen einer Beweisführung –, um logische Prinzipien und ihre Ableitungen oder Kriterien zur Bestimmung eines Begriffes zu benennen. So operiert er z.B. mit der Definition Gottes *(summum magnum)* als *regula summi magni* gegen Marcions Annahme zweier Götter.[92] Ebenso stellt er feste Kriterien *(certae regulae)* für ein Bestimmung der Güte Gottes auf.[93]

Weiterhin wird mit dem Begriff der Gedanke des Bestimmten und Normativen zum Ausdruck gebracht und eine gegebene Norm gekennzeichnet. Hierzu einige Beispiele: Die Identifizierung Jesu mit dem verheißenen Messias bestimme sich durch die Übereinstimmung seines Auftretens und seiner Erscheinung mit der Norm der Schriften, wie sie in den prophetischen Weissagungen gegeben ist.[94] Jede Lehre des Herrn habe ihre eigenen Ursachen, Normen und Grenzen.[95] Allein die christliche Weisheit könne im Gegensatz zu allen philosophischen Versuchen zutreffende Aussagen über die Seele machen, weil sie sich an den geoffenbarten Normen Gottes ausrichtet.[96] Hierher gehört schließlich auch die Bezeichnung der Unsichtbarkeit Gottes als grundlegende Bestimmung der Lehre, aus der entsprechende Schlußfolgerungen gezogen werden.[97]

---

[90] Braun, Deus Christianorum 449, rechnet zum selben »ensemble terminologique« auch: *regula doctrinae, regula doctrinarum* (De praescr.21,6; De pud.15,11).

[91] Flesseman-van Leer, Tradition 162, bezeichnet diese als: »criterion, norm, law«. Van den Eynde, Les normes 291, spricht m.E. angemessener von: »norme, principe, préscription«.

[92] Adv.Marc. I 5.6.7.

[93] Adv.Marc. I 22.23; vgl. weiterhin: I 9,7; II 1; III 2,2; Adv.Hermog.17; De resurr.52,3; Ad nat. II 5,13.

[94] *oportet <et> actum eius ad scripturarum regulam recognosci:* Adv. Marc. III 17,5.

[95] *causae, regulae, termini:* De fuga 13.

[96] *ad dei regulas diriget:* De anima 1,6. Mit Flesseman-van Leer, Tradition 162, geht es hier stärker um das Normative der Offenbarung als Grundlage christlicher Weisheit. Braun, Deus Christianorum 448 Anm.3, will die Stelle nur im allg. Sinn von »Lehre« verstehen.

[97] *regula ..., quae inuisibilem Deum determinauit:* Adv.Prax.14,1.

7. ZUR BEDEUTUNG VON »DISCIPLINA« UND »CONSUETUDO« BEI TERTULLIAN

Vergegenwärtigen wir uns zuerst, daß mit *regula* im Sinne des Bestimmten und Normativen auch konkrete Vorschriften aus dem Bereich der christlichen *disciplina* bezeichnet werden können.

> Dazu gehört z.b. das Verbot, dem opfernden Heiden auch nur den Wein zu reichen oder eine Opferformel mitzusprechen.[98] Eine *regula* ist auch das Verbot der Wiederverheiratung. Selbst wenn der Apostel es gestattet hätte, wäre dies *aduersus formam regulae* allein *pro conditione temporum* erfolgt (De monog.14,1). Ebenso ist die Bereitschaft zum Martyrium eine solche grundsätzliche Norm und Vorschrift. Für die Valentinianer, die sich überhaupt nicht an die *disciplina* hielten, sei dies allerdings eine *regula*, die nur dem »tierischen Samen« vorgeschrieben sei.[99] In diesen Zusammenhang gehört auch die Bezeichnung des Beschlusses des »Apostelkonzils« (Apg 15,28f.) als *regula* in De pud.12,3 (s.o.). Bemerkenswert ist weiterhin, daß Tertullian den Begriff in gleicher Weise für die Gebote des alttestamentlichen Gesetzes verwenden kann. Die meines Wissens einzige Stelle dafür ist Adv.Marc. IV 25,15, wo das vom Schriftgelehrten in Lk 10,25 genannte Doppelgebot der Liebe als *regulae legis* bezeichnet wird.

Es kann eigentlich nur als konsequent betrachtet werden, wenn Tertullian nun auch von *regulae disciplinae* redet[100] und das Gesamt der Lehren und Vorschriften der *disciplina* singularisch als *regula disciplinae* bezeichnen kann.[101] Die Redeweise von der *regula disciplinae* taucht zwar selten auf, ist jedoch sowohl in einer der ersten wie der letzten Schriften Tertullians belegt.

Es ist klar, daß diese Nomenklatur einer eingehenden Würdigung im Zusammenhang einer Präzisierung des tertullianischen Begriffs der *disciplina* bedarf, der uns in Teil 1. und 2. so häufig im Kontext der *regula fidei* begegnete und dessen Klärung offensichtlich eine Voraussetzung für das Verständnis der *regula fidei* und der *regula veritatis* bei Tertullian darstellt.

---

[98] *Huius regulae memores* ...: De idol.17,1.

[99] *nec ulla disciplinae munera obseruant* .... *Hanc enim regulam animali semini praestitutam* ...: Adv.Valent.30,1.

[100] De pud.19,3; in De monog.2,3 spricht er von einem *ordo disciplinae*.

[101] Im Gegensatz zu den Philosophen, die ihren Namen stets behalten, gelten Christen, wenn sie von der *regula disciplinae* abweichen, nicht mehr als solche (*excidere quosdam a regula disciplinae:* Apol.46,17 [162,76f.]). Das gesamte Kap. 46 ist dem Nachweis der Überlegenheit des christlichen Lebenswandels über den der Philosophen gewidmet! V.Morel, Disciplina 33, Nr.185, interpretiert *disciplina* hier als »L'ensemble des lois morales«. Zu Apol.46,17 vgl.: C.Becker, Apologeticum 272f.

a) »Disciplina« auch als »Lehre« stets praxisorientiert – eine Anfrage an V.Morel und R.Braun

Das Wort *disciplina* gehört zu den besonders extensiv verwendeten Lieblingsbegriffen Tertullians. So sind es nicht weniger als 319 Belege, die *V.Morel* gesammelt und auf ihr Bedeutungsspektrum hin untersucht hat.[102] Ausgangspunkt seiner Analysen war die Entdeckung, daß entgegen der herkömmlichen Interpretation als »usages et pratiques ecclésiastiques«[103] die *disciplina* bei Tertullian auch in den Bereich der Lehre hineinreicht und die Grundbedeutungen *Lehre* und *Zucht* untrennbar umfaßt.[104]

Nach *Morel* gehören zur *disciplina* bei Tertullian einerseits »les lois morales, les rites, les questions disciplinaires«, andererseits aber gilt: »les questions doctrinales aussi qui ne sont pas comprises dans la règle de la foi, ressortissent donc à la disciplina«.[105] Zu diesen Lehrfragen, die über die *regula fidei* hinausreichen, rechnet *Morel* die Sakramentenlehre (insbesondere zur Taufe und *paenitentia secunda*), die *Ekklesiologie*, »ou plus concrètement la doctrine de la constitution hiérarchique de l'église«[106], die Lehre vom Gebet und von der Natur der Seele.

So bestimmt er als die beiden grundlegenden Bedeutungen von *disciplina* zum einen »Lehre«, zum anderen »Zucht«[107], denen er alle Testimonia nach weiteren Unterbedeutungen eingeteilt zuweist. Für den hier zur Anwendung kommenden Lehrbegriff muß man sich sogleich klarmachen, daß »im unfassendsten Sinne ... D.(isciplina) christiana ... alles (bezeichnet), was Christus gelehrt hat, das Christentum als solches.« »Zu dieser D.(isciplina) gehört sowohl die Glaubens- wie auch die Sittenlehre«.[108]

Die Aufteilung und Gruppierung der Belege ist deshalb vor allem methodisch bedingt. So betont *Morel* selbst, daß die einen Texte eher »l'aspect d'enseignement« unterstreichen, die anderen wieder eher den »caractère normatif pour la vie«. Grundsätzlich gelte dabei: »Cette distinction, cependant, n'équivaut jamais à une séparation adéquate«.[109]

---

[102] In: Disciplina. Für den gesamten klassischen und patristischen Sprachgebrauch vgl.: ders., RAC 3, 1213-1229. Vgl. auch: Braun, Deus Christianorum 423 ff.

[103] So z.B. van den Eynde, Les normes 295, gegen den sich V.Morel, Développement 247, namentlich wandte.

[104] Damit war die Ableitung des Begriffes aus dem Militärwesen ebenfalls hinfällig geworden. Vgl.: Disciplina 13; gegen Harnack, Militia Christi 41.

[105] V.Morel, Développement 261.

[106] A.a.O. 259 Anm.4. Genauso: Disciplina 20.

[107] So in: RAC 3, 1224.1226. In: ders., Disciplina: »Enseignement« (14-26); »Éducation. Règles imposées. Observation de ces règles« (27-42).

[108] Ders., RAC 3, 1224.

[109] Ders., Disciplina 14. Auch wenn die Lehrbedeutung im Vordergrund stehe, gelte doch: »le terme disciplina ... n'exclut pas du tout à fait les règles pratiques de cette religion«, a.a.O., 27.

Mir scheint allerdings, daß diese grundsätzliche Erkenntnis von *Morel* selbst nicht immer hinreichend berücksichtigt wurde. Dies betrifft vor allem die von ihm genannten Lehrtopoi der *disciplina*. Er erhebt sie vorrangig aus Stellen, an denen sich *fides* bzw. *regula fidei* und *disciplina* gegenüberstehen. Dort bezeichne *disciplina* dann das gesamte Christentum außer der Glaubensregel.[110] Nachdem manche dieser Stellen aus anderem Blickwinkel auch im Mittelpunkt unseres Interesses gestanden haben, seien hier einige Anmerkungen gemacht.

Besonderes Gewicht hat *Morel* auf die grammatikalische Analyse[111] eines Passus aus De virg.vel.1,4 gelegt: »*Hac lege fidei manente cetera iam disciplinae et conuersationis admittunt nouitatem correctionis*«. Dieser Text hatte unser Interesse gleich eingangs auf sich gezogen.[112]

> Die Einzelheiten jener Analyse[113] sollen hier nicht in Frage gestellt werden. Es sei jedoch darauf hingewiesen, daß als deren logische Folge *disciplina* auch zum Oberbegriff der *regula fidei* wird.[114] Bei der weiterhin dann angebotenen Übersetzung[115] fällt auf, daß die Zusammenbindung von *disciplina* und *conversatio* im Text verloren geht. Könnte dies geschehen sein, weil mit derselben grammatikalischen Logik auch *cetera conuersationis* zum Oberbegriff für die *lex* bzw. *regula fidei* erklärt werden könnte, was die Argumentation freilich ad absurdum führen würde?

Die Zuordnung von *disciplina* und *conversatio* in der Gegenüberstellung zur *fides* darf m.E. an dieser Stelle nicht in den Hintergrund gerückt werden[116], denn sie macht deutlich, daß »tout le reste de la disciplina« solche Bereiche der christlichen *Lehre* im Blick hat, die *handlungsorientiert* sind, die die Praxis der Kirche und ihren Wandel betreffen und kirchenordnende Konsequenzen ha-

---

[110] »Le christianisme, moins la règle de la foi«; so die Überschrift der Belege in: Disciplina 17-21. Grundlegend ist hier: V.Morel, Développement.

[111] Vgl.: V.Morel, Développement 245-249; ders., Disciplina 19 Anm.1.

[112] Vgl. o.: 3 a).

[113] Die Genitive seien explikativ zu verstehen, der Ablativ abs. konditionell, *cetera* zwinge zur Annahme einer einzigen logischen Kategorie mit dem Vorhergehenden. Zum letzten vgl.: Développement 249 Anm.8. E.Schulz-Flügel, De virginibus velandis 201, äußert sich hierzu leider nicht und übersetzt einfach: »Sofern jedoch dies Gesetz des Glaubens unangetastet bleibt, lassen Kirchenlehre und Lebensform im übrigen gewiß Neuerungen in der Form von Berichtigungen zu« (96).

[114] »La règle de la foi constituerait ainsi une partie, la partie immuable, de la disciplina«: Disciplina 19 Anm 1.

[115] »A condition que la règle de la foi demeure intacte, tout le reste de la disciplina (=du christianisme) admet bel et bien de nouvelles corrections«, a.a.O.

[116] Völlig eindeutig ist da die Parallele Adv.Marc. I 21,3: *stabat igitur fides semper in creatore et Christo eius, sed conuersatio et disciplina nutabat.*

ben. Die Argumentation in De virg.vel.1 dient eben – und sei sie noch so sehr
aufs Grundsätzliche aus – genauso wie in De monog.2 der Durchsetzung einer
eminent praktischen Frage (*lex uelaminis; disciplina monogamiae*)!

Ähnliches wird man auch zu *De ieiun. 1,2f.* sagen müssen. Auch hier geht
es Tertullian, selbst wenn er mit *disciplina spiritalis* »le christianisme comme
tel« meinen sollte[117], um ein in seinen praktischen Konkretionen eindeutig
gemachtes Christentum, nämlich um eine eindeutig fixierte und allgemein
verbindlich erklärte Fastenpraxis.

Weiterhin wird man auch die Tatsache, daß Tertullian in *Adv.Marc. I 21,3*
die Auferstehungshoffnung unter dem Stichwort *disciplina* nennt, nicht zu
sehr im Sinne des Lehrhaften betonen dürfen.[118] Denn auch an dieser Stelle
sind *conversatio* und *disciplina* wiederum zusammengebunden und der *fides*
gegenübergestellt. Von einer Wiederholung oder Doppelung der Auferstehungshoffnung im Sinne der *regula fidei* – nunmehr als Bestandteil der
disciplina – kann m.E. keine Rede sein. Der Kontext macht vielmehr deutlich,
daß hier die Konsequenzen einer mangelnden Auferstehungshoffnung für
Ethos und kirchliches Handeln im Blick sind, wie sie eben 1 Kor 15, 29.32
angesprochen werden. *Deshalb* kann Tertullian von einem Schwanken in der
disciplina bei der Erwähnung der Auferstehung reden!

Die enge Beziehung der von ihm der *disciplina* zugerechneten Lehrtopoi
zum Wandel der Gläubigen und zur Praxis der Kirche ist schließlich bei den
Fragen der Taufe, der Bußlehre und der Ekklesiologie offensichtlich. Wird
diese Beziehung über der Entdeckung des Lehrhaften in der *disciplina* nicht
ausreichend beachtet, so kommt es m.E. zu Verzeichnungen wie bei *R.Braun*,
der behauptet: »La Vérité chrétienne se dédouble maintenant à ses yeux: d'une
part, une Règle de foi ... et, d'autre part, une ›discipline‹«.[119] Von einer
Verdoppelung der Wahrheit kann freilich keine Rede sein. Tertullian hat auch
nicht erst als Montanist die *fides* bzw. die *regula fidei* von der *disciplina*
unterschieden[120], und schon gar nicht kann man sagen: »Il exclut de la regula
fidei et incorpore à la disciplina christiana d'importants points de doctrine«[121],
so als wären diese Lehrtopoi beim »katholischen« Tertullian Bestandteil der

---

[117] So: Morel, Disciplina 17 Nr.62. Zur Stelle s.o.: 3 e).

[118] Dies tut Morel. Vgl.: Disciplina 21; Développement 254.

[119] Braun, Deus Christianorum 425.

[120] Auch dies behauptet Braun, a.a.O., 424: »devenue montaniste ...(il) distingue la fides
ou la regula fidei ... et la disciplina«. Vgl. demgegenüber z.B. oben: De praescr. 41-44
und: V.Morel, Développement 255.

[121] So: Braun, Deus Christianorum 26. Hiergegen hatte bereits J.H.Waszink bei seiner
Rezension Brauns Bedenken angemeldet. Vgl.: Mnemosyne 18, 104: »Wenn wir die
Behauptung des Verf., dass Tertullian verschiedene ganz wichtige Gegenstände, wie
die sakramentale Theologie, die Lehre von der Kirche und vom Martyrium von der
regula fidei ausschloß und zur Disciplina christiana rechnete, einstweilen gelten lassen
wollen«.

regula fidei gewesen. *Morel,* auf den *Braun* sich zwar beruft, hatte jedenfalls bereits nachgewiesen, daß auch der »katholische« Tertullian die Ekklesiologie und die Bußtheologie zur *disciplina* gerechnet hatte und von willkürlichen Auslassungen bei der *regula fidei* keine Rede sein kann. Die *regula fidei* enthält bei Tertullian eben *durchgängig* keine Erwähnung der Kirche und der Sakramente![122]

b) »Disciplina« und »veritas«

Mir scheint nun vielmehr die Beziehung von *fides* und *disciplina* zur *veritas,* die für den Africaner nur eine ist, besonderer Beachtung wert zu sein. Denn wie bei keinem anderen Apologeten wird die *veritas* bei Tertullian zu einem Zentralbegriff.[123] Während *fides* eher das objektive Glaubensgut bezeichnet, umfaßt *veritas* bei ihm das Gesamte der geoffenbarten Wahrheit.

In diese *veritas* aber eingeschlossen sind – auch für den »katholischen« Tertullian – grundlegende *Ordnungen* des kirchlichen Lebens, wie die Analyse von De praescr.41-44 ergeben hatte.[124] Dort gehörten dazu: die Ordnungen der Gewährung kirchlicher Gemeinschaft, der innergemeindlichen Rangfolge, der Amtsvollmacht und der Ordination. Ebenso aber muß man den Bereich der persönlichen Lebensführung dazurechnen, wie die Gegenüberstellung der Lebenspraxis des Hermogenes mit der *regula veritatis* verdeutlichte. Die Preisgabe dieser *disciplina* durch die Häretiker (De praescr.41,3-8) bedeutet deshalb für Tertullian eine Zerstörung und Bekämpfung der Wahrheit (42,2; 41,4). *Wahrheit und disciplina* stehen so für ihn in *Korrelation* (43,4), und die *disciplina* bildet deswegen einen zusätzlichen Wahrheitsbeweis (44,1).

An eine beliebige Veränderung oder Variation dieser wahrheitsgebundenen Bestandteile der *disciplina* ist offensichtlich nicht zu denken. Veränderung bedeutet hier Zerstörung der Wahrheit. Vielmehr ist jene *disciplina* anscheinend wie der Beschluß des Apostelkonzils Teil des »*nouissimi testamenti semper indemutabilis status*« (De pud.12,10).[125] Wenn die *regula fidei* nach De virg. vel. 1,3 als »*immobilis et irreformabilis*« zu gelten hat, »das Übrige der *disciplina* und *conversatio*« aber neue Korrekturen zulasse, so bedeutet dies anscheinend keinesfalls – auch nicht für den »katholischen« Tertullian – eine Bestimmung der *disciplina* durch Beliebigkeit. Die der *veritas* zugehörende *disciplina* – so

---

[122] Vgl.: V.Morel, Développement 257ff.

[123] Vgl.: Braun, Deus Christianorum 445f; zum philosophischen Hintergrund seines Wahrheitsbegriffes vgl.: Brandt, Tertullians Ethik 29-33.

[124] Vgl. o.: 4.

[125] Weiterhin macht für ihn auch erst eine Loslösung von der *veritas* in Gestalt der *regula veritatis* eine Exegese möglich, die zu einer seines Erachtens wahrheitswidrigen Bußpraxis führt (De pud.8).

muß man m.E. für den gesamten Tertullian formulieren – ist in gleicher
Weise *indemutabilis,* es sei denn, es ergehe hierzu eine neue Weisung des Hl.
Geistes. Noch nicht einmal das letzte wird man erst dem Montanisten zu-
schreiben können. Erst die Überzeugung, daß eine solche Weisung nun tatsächlich in bestimmten Fragen der *disciplina* erfolgt sei und Befolgung er-
heische, macht m.E. die montanistische Wendung aus. Erst so wird dann auch
verständlich, daß Tertullian diese montanistischen Forderungen, z.B. die
Schleierfrage, als Forderungen der Wahrheit argumentativ zur Darstellung
bringt.

c) »Disciplina christiana« – »disciplina ecclesiastica«: Zur Frage nach dem Rang der »consuetudo« bei Tertullian

Jene Korrelation von *disciplina* und *veritas* muß nun auch im Blick bleiben,
wenn es um eine präzise Bestimmung von »Zucht« als der zweiten Grundbedeutung von *disciplina* geht.

> *Morel* bezeichnet sie als »Éducation. Règles imposées. Observation de ces
> règles«.[126] Er unterscheidet dabei *disciplina* im Sinne von »lois divines«,
> »lois morales« und »lois ou prescriptions ecclésiastiques«.[127]
>   Zu den ersteren rechnet er den Dekalog, Christi Gebot der Nächsten-
> liebe, aber auch das Verbot der Wiederverheiratung als Anordnung des
> Hl.Geistes. Jene Testimonia, bei denen »lois morales« eine *disciplina* ge-
> nannt werden, trennt *Morel* von der ersten Gruppe lediglich aus methodi-
> schen Gründen ab, weil trotz ihrer Koinzidenz mit den »lois divines«
> Tertullian den Bezug auf Gott als Urheber nicht eigens herausgestellt
> habe.[128]
>   Bei den »lois ou prescriptions ecclésiastiques« führt *Morel* nun eine
> grundsätzlich andersartige Gewichtung ein. Im Gegensatz zur »disciplina
> (=ensemble de lois) chrétienne, c'est-à-dire celle qui est propre à la
> communauté des chrétiens«, umfasse »la discipline ecclésiastique ... les
> préscriptions émanant des autorités humaines de cette communauté«.[129]
>   Hier muß man nun m.E. fragen, ob die *disciplina ecclesiastica* sich so
> sachgemäß von der *disciplina christiana* unterscheiden läßt. Denn es muß
> irritieren, wenn *Morel* zu dieser so bewerteten kirchlichen Disziplin die
> Ordnungen des kirchlichen Lebens aus De praescr.41,3-8 rechnet, die

---

[126] Disciplina 27.

[127] A.a.O., 29ff.; 33ff.; 35ff.

[128] A.a.O., 33.

[129] A.a.O., 29. Bei diesen handle es sich nämlich um »les directives données par l'église
... aux fidèles. Ce ne sont pas des lois morales, mais des préceptes et prescriptions
concrètes pour la conduite en vue de favoriser l'observation des lois divines et morales
chez les fidèles« (35).

Tertullian in Korrelation zur *veritas* gesetzt hatte. Daß es sich hier um *disciplinae ecclesiasticae praescripta* handelt, ergibt sich aus der Parallele De virg.vel.9, wo diese Nomenklatur auftaucht, und die *Morel* ebenfalls an dieser Stelle einordnet.

Es ist m.E. sehr fraglich, ob sich die *disciplina ecclesiastica* und ihre Ordnungen bei Tertullian zutreffend und ausreichend als allein menschlicher Autorität entsprungen definieren lassen und sich so *disciplina christiana* und *disciplina ecclesiastica* unterscheiden lassen. Dies ist nun zu prüfen.

Ich gehe dazu von *De corona 3-4* aus, denn *Morel* ordnet die Stelle am gleichen Ort[130] ein und damit auch die in De cor.3 aufgeführten *exempla* und *obseruationes*, anhand derer der Africaner als Präzedenzfälle die Unerlaubtheit des Kranztragens beweisen will.

> Als solche *Bräuche* nennt Tertullian aus der Ordnung der Taufe die Abrenuntiation, die dreimalige Untertauchung, das Taufgelöbnis, das Trinken von Milch und Honig und die Enthaltung von weiteren Waschungen. Aus der eucharistischen Liturgie erwähnt er die Tageszeit der Feier und die Austeilung allein durch die Vorsteher. Weiterhin: das Gedächtnis der Verstorbenen, das Verbot des Fastens und des Gebetes auf den Knien am Sonntag und in der Pentekoste; schließlich: Sorgfalt im Umgang mit den eucharistischen Gaben und die Praxis der Bekreuzigung (3,1). Diese *obseruationes* (3,2) werden nun auch als *disciplinae* bezeichnet, für die es allerdings keine *lex* in der Schrift gebe.[131] Das bedeute jedoch nicht, daß ihnen keine *auctoritas* zukomme und kein Gehorsam zu schulden sei (4,7). An die Stelle des Gebotes der Schriften trete vielmehr die *traditio* als Urheberin, die *Gewohnheit* als Bestätigung und der *Glaube* als Befolger der geforderten Praxis.[132] Hinzu kommt die zu erkennende *ratio traditionis*.

Im Zentrum der Argumentation Tertullians steht in De cor.3-4 also die *consuetudo*.[133] Auch wenn ein Brauch *(observatio)* wie die zuvor genannten nicht durch die Schrift vorgeschrieben sei, sei er dennoch durch die *consuetudo* »gefestigt« und diese ohne Zweifel aus der *traditio* geflossen.[134] So bestätige die *consuetudo* die ungeschriebene Tradition und sei deren hinlänglicher Zeuge.[135] Für Tertullian ist demnach die *Tradition* die eigentliche Quelle für die Rechts-

---

[130] Disciplina 36 Nr.216.

[131] *Harum et aliarum eiusmodi disciplinarum si legem expostules, scripturam nullam leges:* 4,1 (1043,32f.).

[132] *Traditio tibi praetendetur auctrix et consuetudo confirmatrix et fides obseruatrix:* 4,1.

[133] Zur Frage der *consuetudo* bei Tertullian vgl. insbesondere: F. de Pauw, La justification; J.Speigl, Herkommen; J.Ranft, RAC 3, 379-390; weiterhin: Campenhausen, Tertullian.

[134] *certe consuetudo corroborauit, quae sine dubio de traditione manauit:* 3,1 (1042,4f.).

[135] *posse etiam non scriptam traditionem in obseruatione defendi, confirmatam consuetudine, idonea teste probatae tunc traditionis ex perseuerantia obseruationis:* 4,4 (1044,24ff.).

kraft der *consuetudo*.[136] Es war besonders *A.Beck*[137], der die enge Übereinstimmung der Konzeption der kirchlichen *consuetudo* bei Tertullian mit den Vorstellungen und Begriffen des antiken Gewohnheitsrechtes betont hat. Er hat aber durchaus auch die Unterschiede gesehen, insofern die *consuetudo* beim Africaner eben nicht auf den *tacitus consensus omnium*, die *probatio*, zurückgeführt wird, sondern auf die von Christus begründete apostolische Tradition. Die kirchliche *consuetudo* in De cor. hat jedenfalls rechtlichen Charakter und genießt Rechtskraft. Ihre anhaltende *observatio* zeigt, daß es sich um einen bestehenden *status* handelt, dem mit Glaubensgehorsam zu begegnen sei.[138] Mit Apol.46 (»*ostendimus totum statum nostrum*«) wird man *status* hier als feststehende Ordnung oder Verfassung zu verstehen haben; insofern bringt auch dieser Begriff die Rechtskraft der *consuetudo* zum Ausdruck. Es handelt sich wohl um denselben »*nouissimi testamenti semper indemutabilis status*«, zu dem das Aposteldekret das Seine beigetragen hat (De pud.12,10).

d) De cor.3-4 und De virg.vel.1: ein Gegensatz?

Auf den ersten Blick scheint diese Bewertung der *consuetudo* im Vergleich zu jener, die uns in *De virg.vel.1* begegnet war[139], anders geartet zu sein. Man

---

[136] »Im Unterschied zum Gewohnheitsrecht im zivilen Bereich hat die kirchliche consuetudo einen sie begründenden Ursprungsakt in der Übergabe einer Lehre oder Lebensnorm, die von Christus über die Apostel und ihre Nachfolger in der Kirche überliefert ist.«: Speigl, Herkommen 167. Speigl (a.a.O., 174) betont weiterhin, daß mit diesem Schwergewicht auf »dem überlieferungsstiftenden Akt der Übergabe« der Traditionsbegriff für Tertullian erst leistet, was er leisten soll: »Nicht durch das unterscheidende Element der geschriebenen Tradition sondern durch das gemeinsame Element der Herkunft von Gott wurde die traditio für eine Begründung der consuetudo geeignet.« Dies ist m.E. auch gegen die Behauptung von G.G.Blum herauszustellen, in De coron. 4 würden kirchliche Sitten und Gebräuche »unter Absehung der Frage nach ihrem apostolischen Ursprung rein rational und erst nachträglich durch die Entscheidung des Geistes begründet« (TRE 3, 453; vgl. auch ders., Begriff des Apostolischen 111f.) Tertullian geht es bei aller Ausweitung des Traditionsbegriffes in Richtung Sitte und Brauch um eine Begründung der Apostolizität der *consuetudo*. Auch Hanson, Tradition 133, kommt bei seiner Analyse von De cor. zu dem Ergebnis: »By traditio in this case Tertullian clearly means something originally imparted by one of the apostles and preserved continuously in the Church ever since.«. Auch die Einführung des Begriffes der ungeschriebenen Tradition dient also letztlich dem Zweck, diese als Ausfluß der einen Tradition einzuordnen. Zum doppelten Traditionsbegriff bei Tertullian vgl.: Flesseman-van Leer, Tradition 146-150; Braun, Deus Christianorum 426-429. Vgl. weiterhin: J.N. Bakhuizen van den Brink, Tradition 72-75; A.P.Maestre, Traditio; C.Munier, Tradition apostolique.

[137] Ders., Römisches Recht, 62f.

[138] *habentes obseruationem inueteratam, quae praeueniendo statum fecit:* 3,1.

[139] S.o.: 3 a).

hat zwischen beiden Auslassungen deshalb einen unüberbrückbaren *Gegensatz* gesehen.[140] Es sollte allerdings skeptisch machen, eine prinzipiell inkompatible Sicht der *consuetudo* bei Tertullian in zwei Schriften zu postulieren, die nicht nur in enger zeitlicher Nachbarschaft stehen, sondern mindestens stark unter montanistischen Einfluß stehen (De cor.) bzw. seiner montanistischen Zeit zuzurechnen sind (De virg.vel.). Man mache sich jedoch klar, daß die in De cor.3 genannten *exempla* aus dem Bereich der *disciplina ecclesiastica* jenen verwandt sind, die uns in De virg.vel.9 und in De praescr.41,3-8 begegneten[141] und deren Korrelation zur *veritas* festzustellen war. Weiterhin sind jene *obseruationes* als katholische Praxis zu betrachten und unterliegen keinem montanistischen Einfluß, auch wenn ihre Erwähnung dem Bemühen dient, einer montanistischen Forderung katholische Anerkennung zu verschaffen. Es ist deshalb m.E. kein Zufall, daß diese Beispiele als *disciplinae* angesprochen werden!

Typisch montanistisches Gedankengut liegt wohl in De cor.4 insbesondere dort vor, wo der einzelne Gläubige ermächtigt wird (*licere*), *concipere et constituere*. Es ist die Frage, ob hier *consuetudo* zu ergänzen ist[142], oder sogar *traditio*. Das letztere würde bedeuten, daß im *concipere* der Empfang der Offenbarung des Parakleten zu sehen wäre, die als Folge die rechtswirksame Festsetzung hätte *(constituere)*.[143] Daß in solcher Ermächtigung des geist-tragenden Gläubigen die theologische Rechtfertigung montanistischer Forderungen der *disciplina* vorliegt, der etwa in De virg.vel.17 die nächtlichen Visionen einer Frau zum Thema Schleier als Offenbarung des Parakleten entsprechen, liegt auf der Hand. Deutlich wird diese Absicht, wenn für Tertullian zwischen einer so bestimmten *consuetudo* und den Anordnungen der Apostel kein prinzipieller Unterschied mehr besteht. Vom Apostel Paulus wird hier nämlich gesagt, daß er in Ermangelung einer Vorschrift Christi einen Rat (*consilium*) zu geben pflegte und aus sich selbst eine Vorschrift aufstellte

---

[140] Hanson (Tradition 131-137) kommt bei seiner ausführlichen Gegenüberstellung beider Schriften zu diesem Urteil: »an almost complete contradiction« (135). Als Erklärung bietet er allein den montanistischen Einfluß in der späteren Schleierschrift an (133). Hier begegne uns »Tertullian at his worst«, De cor. dagegen »is much more likely to represent the conventional contemporary view on custom« (136); vgl. auch Schulz-Flügel, De virginibus velandis 196f.199 (»im krassen Gegensatz«), u. Rordorfs darauf basierende Anmerkung, daß Tertullian seine frühere Position von De cor.3f. in De virg.vel.1 »über den Haufen wirft«, in: ders.,/A.Schneider, Traditionsbegriff 69.

[141] S.o.: 3 a); 4.; auch wenn Tertullian für diese wahrscheinlich die Schrift und aposto-lische Vorschriften in Anspruch genommen hätte, was sie nochmals von den genann-ten *exempla* unterscheidet.

[142] So: Rordorf, a.a.O., 67, der dann *concipere* mit »konzipieren« übersetzt.

[143] So: Speigl, Herkommen 176 Anm.68. Angesichts von solchen montanistischen Spitzen-sätzen in De cor. scheint es mir gänzlich unbefriedigend, einen stark herausgestellten Gegensatz zur Schleierschrift mit deren montanistischem Geist zu erklären, wie Hanson (Tradition 135) es tut. S.o.

(*edicere a semetipso*). Denn er sei im Besitz des Geistes gewesen, der in alle Wahrheit führt. Sein Rat habe so die Bedeutung einer göttlichen Vorschrift (*diuini iam praecepti instar*) erlangt, weil er unter dem Beistand der *ratio diuina* erfolgt sei.[144] Nach dieser selben *ratio diuina* sei aber auch in der kirchlichen *consuetudo* zu fragen! Sie sei vorhanden, auch wenn ihre Erkenntnis oft erst von Gott verliehen werden müsse (4,7). Tertullian zielt zwar hier auf die *ratio diuina* des von ihm geforderten Verbots des Kranztragens ab, postuliert damit aber gleichzeitig eine s.E. aller kirchlich anerkannten *consuetudo* inhärente *ratio diuina*.[145]

Beachtlich scheint mir jedoch zu sein, daß bei aller pneumatischen Ermächtigung des einzelnen Gläubigen solche Freiheit doch ihr Maß hat, insofern nämlich auch die durch diesen »konstituierte« *consuetudo* »Gott angemessen, der *disciplina* förderlich und dem Heil dienlich« sein muß.[146] Hier treffen wir auf eine Benennung innerer Kriterien, die an die Stelle der nicht ausgesprochenen Korrelation zur *veritas* treten und subjektiver Willkür Schranken setzen. Die kirchliche *consuetudo* – auch die für sie reklamierten Forderungen der »Neuen Prophetie« –, für die es keinen Schriftbeleg gibt und die doch aus der *traditio* geflossen ist, muß demnach als Bestandteil der *disciplina ecclesiastica* nach Tertullian durch Wahrheit bestimmt sein, oder mit De cor.4,5 ausgedrückt: Sie muß Gott angemessen sein, ihm entsprechen und mit ihm übereinstimmen (*quod deo congruat*); sie darf der *disciplina* nicht im Wege stehen, sondern muß sie fördern, und sie muß dem Heil dienen.

Demgegenüber aber entspricht die *consuetudo*, gegen die sich Tertullian in De virg.vel.1 wendet[147], allein den innerweltlichen Kriterien der Gewohnheit. Als solche benennt Tertullian dort: die zeitliche Dauer ihrer Befolgung, Einfluß von Personen oder regionale Vorrechte. Daß es sich bei dieser *consuetudo* – *materialiter* also der Brauch, verheiratete Frauen zwar, unverheiratete aber nicht zu verschleiern,– um eine in der Kirche von Karthago und anderen Kirchen des Westens verbreitete römische Sitte[148] handelt, die für sich hohes

---

[144] *spiritum dei habens deductorem omnis ueritatis. Itaque consilium et edictum eius diuini iam praecepti instar obtinuit de rationis diuinae patrocinio:* 4,6 (1045,40ff.). Zur Bedeutung der *ratio* als Begründung für *consuetudo* bei Tertullian vgl.: F.de Pauw, La justification 11.30-44. Zur apostolischen *auctoritas* vgl. ansonsten: Adv.Marc. V 2,7; De pud.12,3 und: Th.G.Ring, Auctoritas 64ff.

[145] Diese bezeichnet den göttlichen Charakter der theologischen Begründung (*ratio*) der *consuetudo*. Vgl. hierzu: F.de Pauw, La justification 30-44; Speigl, Herkommen 175ff.

[146] *dumtaxat quod deo congruat, quod disciplinae conducat, quod saluti proficiat:* 4,5 (1044,31ff.).

[147] Vgl. o.: 3 a).

[148] Vgl.: E.Schulz-Flügel, De virginibus velandis 25-28. Aus historischer Sicht ließe sich das Urteil Tertullians sogar rechtfertigen, denn »die ›consuetudo‹, auf die sich Tertullians Gegner berufen, ist weit mehr ›mos maiorum‹ als christliches Brauchtum« (a.a.O., 28).

Alter und Unterstützung namhafter Personen beanspruchen kann, ist für
Tertullian unter montanistischem Einfluß ja allein deshalb Anlaß zu beißen-
der Polemik, weil es für ihn nun im letzten um das rechte Verständnis der
Hl.Schrift und der apostolischen Anordnungen geht wie sie der Hl. Geist jetzt
offenbart hat. Es ist ja die Frage der Interpretation der apostolischen Weisung
von 1 Kor 11, 5-7 über die Verschleierung der Frau im Gottesdienst, über die
bis dato kein Einvernehmen in den Gemeinden erzielt werden konnte und in
der nunmehr durch Weisung des Hl.Geistes eine verbindliche Auslegung
erfolgt sei. Der Paraklet erfüllt darin eben seine Aufgabe, »der *disciplina* eine
Ausrichtung zu geben, die Schrift aufzuschließen, den Sinn zu erneuern und
dem Fortschritt zum Besseren zu dienen«.¹⁴⁹ Er schließt die Schrift für
Tertullian nun auf, indem er offenbart, daß in den biblischen Begriff *mulier*
von 1 Kor 11 auch Mädchen miteingeschlossen seien. Dies ist die Grundlage
für Tertullians Exegese in den Kap. IV-VI.¹⁵⁰ So macht der Paraklet eine
eigentlich bereits in der Schrift enthaltene Forderung eindeutig und bringt sie
zur Durchsetzung (3,1). Die von Tertullian beanspruchte Wahrheit ist also die
Wahrheit der Schrift, der dort enthaltenen apostolischen Forderung und ihrer
Erneuerung durch den Parakleten. Als jetzt *eindeutig* gewordene kann diese
Wahrheit nun natürlich keine andersartige Gewohnheit mehr in derselben
Sache als Alternative zulassen.¹⁵¹

Dennoch bedeutet dies nun keineswegs, daß damit jede kirchliche *consue-*
tudo eo ipso als obsolet und in Widerspruch zur Wahrheit stehend zu betrachten sei. Denn vor der Erneuerung des Schriftsinnes durch den Parakleten
bestand die Wahrheit ja bereits und wurde praktiziert – eben unter dem
Namen der *consuetudo*. Dies betont Tertullian durchaus in De virg.vel.2-3 mit
dem Verweis auf die Praxis der apostolischen Gemeinden in Griechenland und
angrenzenden Ländern. Bis zum Zeitpunkt der Weisung des Parakleten »gab
sich die Wahrheit damit zufrieden, mit der Gewohnheit darin einig zu werden,
daß sie stillschweigend unter dem Namen der Gewohnheit es sich wohl sein
lassen könne, mindestens teilweise«.¹⁵² Auch in De virg.vel. gibt es demnach
für Tertullian durchaus eine *consuetudo*, die in Korrelation zur Wahrheit steht.
Dies betrifft die Gewohnheit gewiß nicht insgesamt, sondern *ex parte*. Dieser

---

¹⁴⁹ *quod disciplina dirigitur, quod scripturae revelantur, quod intellectus reformatur, quod ad*
meliora proficitur: De virg.vel.1,4 (1210,35ff.).

¹⁵⁰ Zum Verhältnis von Schriftwort und Paraklet und zur Frage, wie die Offenbarungs-
vermittlung durch den Geist vorzustellen sei, vgl.: H.Karpp, Schrift und Geist 47-
58.58ff; Chr. Stücklin, De virginibus velandis 159-181; R.E.Heine, Montanist Oracles.

¹⁵¹ »So erhebe dich, Wahrheit ...! ... Beweise, daß du es bist, die die Mädchen sich
verhüllen läßt. Lege aber selber dein Wort aus, das die Gewohnheit nicht kennt;
würde sie es nämlich kennen, würde sie niemals existieren«: 3,5 (1212,36ff.).

¹⁵² *contenta erat ueritas pacisci cum consuetudine, ut tacite sub consuetudinis nomine frueretur*
se uel ex parte: 3,1 (1211,6f.).

wahrheitsbestimmte Teil der *consuetudo* aber ist jener, der der *disciplina Dei* entspricht und – ich füge hinzu – deshalb ihr zugehört.[153] Nur von einer rein innerweltlichen oder einer vom Hl. Geist gewissermaßen »überholten« *consuetudo* redet Tertullian m.E. in De virg.vel.1! Nur einer solchen *consuetudo* gegenüber gilt, daß Christus die Wahrheit ist und nicht die Gewohnheit! Ein unvereinbarer Gegensatz zu De cor.3f. scheint mir somit nicht vorzuliegen.[154]

Gewiß läßt sich die intensive Durchdringung der *consuetudo* als *traditio non scripta* erst in der montanistisch beeinflußten Zeit Tertullians feststellen. Sie wird aus der Absicht verständlich, montanistische Forderungen der *disciplina* in Parallele zur anerkannten kirchlichen *consuetudo* argumentativ durchzusetzen. Es ist aber deshalb keineswegs zwingend, dem Ansatz *J.Speigls* zu folgen, der die Auslassungen Tertullians zum »Herkommen« generell in montanistisches Fahrwasser drängen will und darin gar nicht die katholische Position der Zeit zur *consuetudo* wiedererkennen möchte.[155]

Auch die Behauptung von *Th.G.Ring*, daß Tertullian »in seiner katholischen Zeit ... eine kirchliche Gewohnheit nur dann als obligatorisch anerkennen (will), wenn sie durch eine Vorschrift Christi oder der Apostel beglaubigt werde«[156], trifft m.E. nicht einmal in Hinsicht auf den in Anspruch genommenen Beleg *De orat.15,1* zu.

> Es ist dagegen zu beachten, daß in De orat.13ff. von der kirchlichen *consuetudo* im genannten Sinne gar nicht die Rede ist. Vielmehr geht es hier um das Problem »sinnloser Gepflogenheiten« (*uacuae obseruationes*). Als solche werden genannt: Händewaschen vor dem Gebet, Ablegen des Mantels beim Gebet, Sitzen nach dem Gebet (De orat.13.15.16). Von diesen wird gesagt, daß es sich um Torheiten handele (*uanitas*), wenn anders sie auch ohne die *auctoritas* eines Gebotes des Herrn oder der Apostel sind (15,1

---

[153] *adhibenda fuit examinatio, quae magis ex duabus tam diuersis consuetudinibus disciplinae Dei conueniret:* 2,3 (1211,18f.).

[154] Es läßt sich m.E. nicht sagen, daß in De virg.vel. die *consuetudo* »dann prinzipiell abgelehnt werde« (so: Schulz-Flügel, De virginibus velandis 196). Angesichts des oben Dargelegten reicht es nicht aus, sich dafür auf den rhetorischen Spitzensatz aus 3,5 zu berufen: *Nullam volo consuetudinem defendas ...* Wenn dieser postulierte Gegensatz zu De cor. so aber nicht haltbar ist, ist auch die Frage der Datierung von De virg.vel. wieder neu offen. Vgl. hierzu: Barnes, Tertullian 47.55; Schulz-Flügel, a.a.O., 15-22; Stücklin, De virginibus 92-99.109; vgl. auch: Speigl, Herkommen Anm.55.

[155] Vgl. Speigl, Herkommen 166.173. Es darf demgegenüber m.E. einfach nicht übersehen werden, daß »von den meisten kirchlichen Schriftstellern ... in der Folge der Gewohnheit dieselbe Anerkennung zuteil und dieselbe rechtsbildende Kraft zugeschrieben (wird)«. So: Ranft, RAC 3, 389, mit Nennung der entsprechenden Väter.

[156] So: Ring, Auctoritas 70; ähnlich: F.de Pauw, La justification 13. Speigl, Herkommen 166 Anm.5, beruft sich auf beide.

[265,1ff.]). Es handle sich um Aberglauben, der zu unterdrücken sei, weil er die Gläubigen den Heiden gleich mache.[157]

Es hat seinen guten Grund, daß der Begriff *consuetudo* hier gar nicht auftaucht.[158] Denn es geht um Praktiken, die zwar auch von einzelnen eingeführt werden, die aber nicht Gott entsprechen, die *disciplina* fördern oder dem Heil dienen, um mit De cor.4,5 zu sprechen. Es handelt sich gewissermaßen um *observationes außerhalb* der *disciplina ecclesiastica*, eben um »Abweichungen« (*dissensio*: 23,1), die bestenfalls als religiöse Praxis einzelner zu dulden sind, aber auch dies nur, solange sie anderen kein Ärgernis sind (*sine aliorum scandalo*: 23,3). Eigentlich aber stellt sich hier die Frage nach dem Gebot des Herrn oder der Apostel!

Klar davon getrennt sind auch in De orat. Bräuche, die der Tradition entstammen und deshalb auch eingehalten werden müssen, wie z.B. das Gebet auf Knien nicht am Sonntag und in der Pentekoste (De orat.23), das deshalb eben auch bei den Exempla in De cor.3,1 auftauchte.[159]

Zur *disciplina* im Sinne der *Kirchenzucht* gehören also bei Tertullian die Gebote Gottes, die Anordnungen Christi und des Hl.Geistes, die Vorschriften der Apostel und die verschiedenen Bräuche einer der Tradition entstammenden Gewohnheit, die in Korrelation zur Wahrheit steht. Es ist m.E. deutlich, daß eine Bestimmung der *disciplina ecclesiastica* im Sinne der *consuetudo* allein als Ausfluß menschlicher Autorität für Tertullian nicht haltbar ist.

Schließlich scheint mir bei der Definition der *disciplina ecclesiastica* durch *Morel* (»des préceptes et des prescriptions concrètes pour la conduite«) das Gewicht zu einseitig auf den Bereich des christlichen Wandels gelegt zu sein.[160] Nach dem bislang gewonnenen Eindruck wird dabei m.E. aber dem für Tertullian grundlegenden Aspekt der Kirchenordnung nicht Genüge getan!

Fragen wir angesichts dieser Klärungen hinsichtlich der *disciplina* nun nochmals nach der Bedeutung der *regula(e) disciplinae*, so wird man zuerst

---

[157] Dies entspricht der Sicht der *consuetudo* als religiöse Überlieferung der Heiden, die für Tertullian als Apologet eine durch und durch negative Größe war. Vgl. dazu Speigl, Herkommen 168f.

[158] Es ist nämlich zwischen *observatio* und *consuetudo* insofern zu unterscheiden, als das erste nur eine einfache Praktizierung eines Brauches meint, während das zweite eine lange Zeit befolgte, eingebürgerte und anerkannte Praxis meint. Vgl.: F.de Pauw, La justification 8f.; Speigl, Herkommen 166.

[159] Weiterhin gehören hierher in De orat. das Erheben der Hände, der Friedenskuß, das Stationsfasten und der Schleier.

[160] Andere folgen ihm hier. So redet Hanson, Tradition 77, von »disciplina meaning traditional christian ethics as well as traditional christian doctrine«. Braun, Deus Christianorum 449 Anm.4, bezieht die *regulae disciplinae* allein »au domaine de la conduite du chrétien«. Hägglund, Regula fidei 20, deutet »ordo disciplinae« als »Norm der Lebensführung«.

herausstellen müssen, daß die o.g. Belege[161] aus allen Bereichen der *disciplina*
als Kirchenzucht stammen. Göttliche Gebote, Anordnungen der Apostel und
Vorschriften aus der *consuetudo* können als *regula* bezeichnet werden. Der
Begriff bringt also das Bestimmte und Normative der einzelnen Ordnung der
disciplina zum Ausdruck und kann mit *praescriptum, lex* u.ä. Begriffen synonym verwendet werden. Dennoch muß auffallen, daß der Gebrauch in
diesem Sinne nicht besonders häufig ist, und insbesondere der Singular *regula
disciplinae* im Sinne des Ganzen der christlichen *disciplina* nur ein einziges Mal
belegt ist (Apol.46,17). Man wird also in der Tat gegenüber *van den Eyndes*
Vorschlag skeptisch sein müssen, der für Tertullian neben der *regula fidei* als
parallele Größe eine *regula disciplinae* postuliert hat.[162] Auf das Problem der
regula disciplinae hingewiesen hatte bereits *A.v.Harnack*, es aber nicht weiter
verfolgt.[163] Auch der ausgiebige Deutungsversuch *J.Kunzes*, der der *regula
disciplinae* ein ganzes Kapitel gewidmet hat, um zu beweisen, daß es sich dabei
um die Abrenuntiation handele, muß als verfehlt betrachtet werden.[164]

Ohne Zweifel ist das Gesamt der *disciplina* für Tertullian eine umschreibbare Größe, die zusammen mit *fides* und *spes* (De ieiun.1,3) das Ganze der
geoffenbarten christlichen Wahrheit ausmacht. Insofern ist die Rede von der
regula disciplinae für ihn wohl möglich, aber sie scheint sich ihm nicht besonders nahezulegen. Will er eine einzelne Bestimmung benennen, so scheint es
zuzureichen, von einer *disciplina* zu reden, oder er verwendet gleich andere
Begriffe wie *lex* oder *praescriptum* usw. Es hat den Anschein, daß dies mit der
beschriebenen Bedeutungsverschiebung von *regula* zu tun haben könnte, obwohl bemerkenswerterweise die von *Morel* so betonte Lehrdimension der
disciplina nicht als *regula* auftaucht.

---

[161] S.o.: 7. Einleitung.

[162] Vgl.: van den Eynde, Les normes 295.210. Der ablehnenden Haltung von Flesseman-
van Leer, Tradition 162, ist hier nur zuzustimmen: »Therefore, it is in my opinion that
the data are too scare to enable us really to speak of a rule of discipline, comparable
to the rule of faith.«.

[163] Vgl.: Dogmengeschichte I 365 Anm.8. Vgl. auch: Kattenbusch II 209 Anm.36.

[164] Kunze, Glaubensregel 443-464. Kunze bietet als Definition: »regula disciplinae ist das
antihäretisch gewendete, aus der Schrift erläuterte und vervollständigte Taufgelübde,
diese, die Schrift selbst, mit eingeschlossen«, a.a.O., 454. Es muß erstaunen, wie die
Fixierung auf den Gedanken des Formelhaften, für dessen Überwindung Kunze bei
der *regula fidei* wesentliche Impulse gegeben hat, ihn hier doch noch völlig beherrscht.
So sei Tertullian s.E. »darauf bedacht gewesen, eine kurze Formel zu gewinnen, aus der
die ... sittlichen Forderungen sich ableiten liesse(n)«. »Und dazu dient ihm ... die
Abrenuntiation« (456; ähnlich 453). Damit verbunden ist bei Kunze noch eine ausschließliche Subsumierung der *disciplina* unter den Oberbegriff »Ethik«, so daß nicht
nur deren Lehrdimension, sondern auch die Elemente der Kirchenordnung ungenannt
bleiben und das Thema zu einer Abhandlung über die Einheit von Ethik und Dogmatik gerät. Vgl.: 446.449.453 u.ö.

8. DER ERTRAG

Fragen wir nun nach dem Ertrag des weiten Weges, der hinter uns liegt, so läßt sich folgendes sagen: Hinsichtlich der *regula fidei* hat sich auch für den katholischen Tertullian herausgestellt[165], daß diese wie in seiner montanistischen Zeit[166] inhaltlich ganz auf die objektiven Glaubensinhalte des 1. und 2. Artikels beschränkt ist (De praescr.13). Die *regula fidei* ist von Christus selbst eingesetzt (13,6) und wurde diesem von Gott übergeben. Christus hat sie den Aposteln und diese haben sie der Kirche überliefert (37,1). Der Glaube ist allein auf diese *regula* gegründet, die deshalb wie in De virg.vel.1,3 als *lex* bezeichnet werden kann. Die Befolgung diese »Glaubensgesetzes« ist heilsnotwendig (14,4).

Während der montanistisch beeinflußte Tertullian die *regula fidei* häufig im Zusammenhang einer beabsichtigten Veränderung der *disciplina* einführt und in der Folge davon Verhältnisbestimmungen von *regula fidei* und *disciplina* durchführt (*immobilis et irreformabilis*; Vor- und Nachordnung), begegnet die *regula fidei* beim katholischen Tertullian im Kontext der antihäretischen Polemik, also in dem uns von Irenäus her vertrauten Zusammenhang. Vergleichbare Verhältnisbestimmungen zur *disciplina* werden hier nicht vorgenommen. Es fällt aber auf, daß unter den Stichworten »*omnis ordo regulae*« und »*plenitudo*« der apostolischen Verkündigung der inhaltliche Rahmen der *regula fidei* überschritten wird und die apostolischen Paränesen, die *conversatio* der Gemeinden sowie die *unius institutionis iura* in den Blick geraten (De praescr.27,1ff.). Ganz entsprechend wird nun auch die *disciplina* als der *fides* »*congruens*« ausführlich gewürdigt (De praescr.41-44), denn in der *disciplina* hat die *conversatio* der Kirche ihre wahrheitsbestimmte Norm. Gleichzeitig werden die grundlegenden Ordnungen des kirchlichen Lebens wie in De virg.vel.9 von der *disciplina* bestimmt (41,3-8). Ein willkürlicher Umgang mit der *disciplina* wird deshalb als Angriff auf die Wahrheit qualifiziert (41,4;43,4).

Bei der Analyse der drei einzigen Stellen, an denen Tertullian von der *regula veritatis* spricht[167], ergab sich hierzu ergänzend, daß diese Größe unabhängig vom kirchlichen Standort des Africaners stets im Zusammenhang der Auseinandersetzung mit den Häretikern ins Spiel gebracht wird. Wie die *regula fidei* von Christus eingesetzt (Apol.47,10), bildet die *regula veritatis* doch des näheren die Gegengröße zu einer als wahrheitswidrig verstandenen *Praxis und Lehre* (*paenitentia secunda*; De pud.8) sowie zu einer doppelten Fälschung von Wandel und Lehre durch den *bis falsarius* Hermogenes (Adv.Herm.1) und kann schließlich als *salutaris disciplina* bezeichnet werden (Apol.47,10).

---

[165] S.o.: 4.
[166] S.o.: 3 f).
[167] S.o.: 5.

Es legt sich deshalb m.E. der Schluß nahe, daß die *regula fidei* und die *regula veritatis* für Tertullian nicht völlig deckungsgleich sind. Während die *regula fidei* die normativen Glaubensinhalte des 1. und 2. Artikels umfaßt, scheint die *regula veritatis* das Gesamt des Normativen für Glaube und Leben der Christen und die Ordnung der Kirche zu umfassen. Tertullian scheint auch in diesem Sinne von dem *omnis ordo regulae* als dem Gesamt des Maßgeblichen in der Kirche reden zu können.

Der Schlüssel für diese Differenzierung liegt m.E. im Wahrheitsbegriff Tertullians und in der Beschränkung der *fides* im genannten Sinne. Die die Kirche bestimmende Wahrheit umfaßt bei ihm eben *fides* und *disciplina* und kann beides einschließend anscheinend als *regula veritatis* auf den Begriff gebracht werden. Gerade diese Differenzierung von *regula fidei* und *regula veritatis* macht es dann auch verständlich, wieso der Begriff *regula veritatis* gegenüber Irenäus' κανὼν τῆς ἀληθείας stark in den Hintergrund tritt. Denn das *Interesse* Tertullians, besonders dann in seiner montanistischen Zeit, geht gerade dahin, *fides* und *disciplina* theologisch stark gegeneinander abzugrenzen, so daß die erstrebte Modifizierung der *disciplina* argumentativ offensiv vertreten werden kann. Dem Zurücktreten des Terminus *regula veritatis* entspricht so ganz das In-den-Vordergrund-Treten der *disciplina* und ihre theologische Durchdringung. Der Begriff *disciplina* – bei Irenäus ohne eigentliches Äquivalent – bekommt deshalb besondere Bedeutung für die Frage nach der *regula* bei Tertullian! Diese Unterschiede sind gegenüber der üblichen Betonung der Übereinstimmung mit Irenäus stärker herauszustellen.

Zu dieser theologischen Differenzierung von *fides* und *disciplina* tritt nun eine Verwendung des Begriffes *regula* im Sinne des *Lehrhaften* hinzu, die sich in außerchristlichen Texten in vergleichbarer Weise nicht findet[168]. So kann Tertullian den Begriff unterschiedslos für die Gesamtheit der christlichen Lehre, einzelne christliche Dogmen, wohl sogar auch für die einzelnen Bestandteile der *regula fidei* anwenden, aber eben auch für die Lehre der Philosophen und Häretiker einsetzen. Irenäus hatte demgegenüber den Begriff κανὼν auf das kirchlich Maßgebliche beschränkt. Dies hebt den Charakter des Normativen der *regula fidei* für Tertullian gewiß nicht auf, betont aber nochmals die lehrhafte Bedeutung dieser Größe bei ihm. Der Begrenzung der *regula fidei* auf das objektive Glaubensgut des 1. und 2. Artikels korrespondiert so eine Ausweitung der Regula-Begrifflichkeit auf das Lehrhafte. Die Folge davon ist eine starke Eigengewichtigkeit der Disciplina-Thematik und die zusätzliche Einführung des Begriffes *lex* zur Formulierung des Normativen, einer echten Neuerung gegenüber Irenäus. So redet Tertullian nun synonym mit *regula fidei* von der *lex fidei* (De virg.vel.1,3; De praescr.14,4), genauso aber auch von *lex* im Bereich der *disciplina* (*lex uelaminis*: De virg.vel.11,3; De cor.4,1 u.ö.). Man hat den Eindruck, daß der Begriff *regula* ihm nicht immer ausrei-

---

[168] S.o.: 6.

chend erschien, um das Normative und Verbindliche zum Ausdruck zu bringen. Es ist jedenfalls auch dort, wo *regula* im Sinne des Maßgeblichen verwendet wird, bei Tertullian mit einer Tendenz in Richtung *lex* zu rechnen. Dies sollte allerdings nicht dazu führen, die *lex* zum beherrschenden Interpretament zu machen, führt dies doch zu beträchtlichen Verzeichnungen.

> Dies läßt sich bei *A.Beck* beobachten, der von der *regula fidei* als dem »Grundgesetz der Kirche« redet, sodann den Begriff *regula* ganz in dem der *lex* aufgehen läßt und bei Tertullian »die verpflichtende Strenge einer römisch gedachten, objektiven lex fidei ... ausschließlich und unverrückbar die gesamten Beziehungen zu Gott und Welt« bestimmen läßt.[169] Entsprechend redet er weiterhin erst gar nicht mehr von der *regula disciplinae*, sondern nur noch von der »lex disciplinae«, die als »das echte Ordnungsgesetz Christi« neben dem Glaubensgesetz stehe. Als Ergebnis solcher konstruierten Verrechtlichung erscheint dann die *regula fidei* als »Rechtsgrundlage für die Disziplin, welche letztere so gewissermaßen eine Ausführungsverordnung zur lex fidei bildet«.[170]

Es ist nun aber der Begriff *regula*, der für die Konkretionen der christlichen *disciplina* als Ausdruck des Maßgeblichen und Normativen für Tertullian vorrangig bestimmend ist. Seine Verwendung verdeutlicht, daß die beiden Grundbedeutungen von *disciplina*, *Lehre* und *Zucht*, nicht voneinander isoliert werden dürfen, sondern *stets* zusammenzusehen sind. Auch wo der Lehraspekt der *disciplina* im Vordergrund steht, geht es doch um solche Bereiche der christlichen *Lehre*, die *handlungsorientiert* sind, die die Praxis der Kirche und den Wandel der Gläubigen (*conversatio*) betreffen und kirchenordnende Konsequenzen haben (De virg.vel.1,4; Adv.Marc. I 21,3). Dies ist kein Proprium des montanistisch beeinflußten Tertullian, und es kommt dabei auch nicht zu einer »Verdoppelung« der Wahrheit oder gar »Auslassungen« bei der *regula fidei* zugunsten einer inhaltlichen Füllung der *disciplina*.

Die *disciplina* ist vielmehr wie die *fides* durchgängig bei Tertullian auf die *veritas* als das Gesamt der offenbarten Wahrheit ausgerichtet und ihr verbunden. So wie grundlegende Ordnungen des kirchlichen Lebens in der Wahrheit verankert sind (De praescr.41,3-8), und Lehre und Lebensführung mit dem »Richtscheit der Wahrheit« zu messen sind (Adv.Hermog.1), so ist auch die unter montanistischem Einfluß herausgestellte Möglichkeit der Veränderung der *disciplina* (De virg.vel.1) nicht Ausdruck ihrer Beliebigkeit. Zu dieser *disciplina* im Sinne von »Zucht« gehören bei Tertullian die schriftgewordenen Gebote Gottes, Anordnungen Christi und Vorschriften der Apostel, aber auch die verschiedenen Bräuche einer der Tradition entstammenden *consuetudo*, die

---

[169] Ders., Römisches Recht 51-54.46/7.
[170] A.a.O., 54ff.55.

in Korrelation zur Wahrheit steht. Dies gilt für den gesamten Tertullian, für
den auch Bestimmungen der *disciplina ecclesiastica* nicht allein menschlicher
Autorität entsprungen sind, insofern sie durch die Wahrheit bestimmt und als
Ausfluß der einen *traditio* Gott angemessen, der *disciplina* förderlich und dem
Heil dienlich sind. Zwischen De cor.3-4 und De virg.vel.1 besteht hinsichtlich
der Bewertung der kirchlichen *consuetudo* m.E kein prinzipieller Gegensatz.
Auch Tertullian als Montanist vertritt keine grundsätzliche Ablehnung jeder
kirchlichen *consuetudo*, sondern fordert allein die Korrektur solcher *observationes*
ein, die seines Erachtens durch Weisungen des Parakleten eine eindeutige
Bestimmung erfahren haben, zumal wenn für deren Einhaltung eine nach rein
innerweltlichen Kriterien definierte *consuetudo* geltend gemacht wird (De
virg.vel.1). In dieser Wahrheitsbestimmtheit der *disciplina* ist ihre Zugehörigkeit zum »indemutabilis status« des Neuen Bundes begründet (De pud.12,10).

Wir begegnen hier anscheinend einer aufbrechenden Suche nach theologischen Kriterien für die Normierung von unterschiedlichen Bräuchen in der
Kirche mit der Tendenz zu ihrer Vereinheitlichung. Neben der Berufung auf
die Weisungen des Parakleten ist dabei auch die Vereinheitlichung der Exegese
nicht eindeutiger Schriftstellen als Folge solcher Weisung intendiert. Kirchliche Instanzen kommen bei Tertullian als »Regulativ« allerdings nicht in den
Blick, was angesichts seiner Ekklesiologie nicht überraschen kann.[171] So ist es
ihm zwar möglich, von der *disciplina ecclesiastica* zu reden, es fehlen aber die
Wendungen *regula ecclesiastica* oder gar *regula ecclesiae*. Solche Formulierungen scheinen wohl nicht seiner durchgängigen Intention zu genügen, die
Bestimmungen der *disciplina* möglichst direkt in der Wahrheit, in Gott,
Christus, dem Hl.Geist zu verankern. Es ist bezeichnend, daß er andererseits
die Wendung *regula Dei* sehr wohl prägen kann (De anim.1,6).

Der Begriff *regula* dient Tertullian zur Bezeichnung von Vorschriften aus
allen Bereichen der *disciplina* im Sinne des Normativen und Maßgeblichen. Er
kann aber auch gleich von einer *disciplina* reden oder andere Begriffe verwenden. Von einer *regula disciplinae* im Sinne einer parallelen Größe zur *regula fidei*
kann man kaum sprechen. Es scheint mir allerdings bedeutsam zu sein, daß wir
bei Tertullian auf einen unbefangenen Gebrauch des Terminus im Plural treffen, wenn er als *regulae* sowohl die einzelnen Teile der *regula fidei* als auch der
disciplina bezeichnen kann. Ohne Zweifel kann es auch für ihn, »so gewiss
Glaube und Wahrheit nur eines sind, ... auch nur e i n e Glaubens- und
Wahrheitsnorm geben«.[172] Dies hat ihn aber nicht daran gehindert, auch die
einzelnen Normen dieser einen Glaubens- und Wahrheitsnorm als *regulae* bezeichnen zu können. Gegenüber dem, was uns von Irenäus bekannt ist, handelt
es sich dabei um eine Neuerung. Ob »dieser Sprachgebrauch ... eine Besonder-

---

[171] Vgl.: Blum, Begriff des Apostolischen 115-121; K.Adam, Kirchenbegriff 151-165; Karpp,
Schrift und Geist 17ff.
[172] Kunze, Glaubensregel 12.

heit Tertullians« ist[173] und bleibt, wird man sehen. Die Rede von den *regulae* der *disciplina christiana* und *ecclesiastica* als eigenständige Größe, die uns so bei Tertullian erstmals begegnet, ist als verbale Prägung in ihrer Bedeutung freilich kaum zu unterschätzen. Stellt man sich die Frage, wie der graecophone Africaner in seinen griechischen Schriften und in der Begegnung mit griechisch-sprechenden Gemeinden formuliert haben wird, so läßt sich der Schluß kaum umgehen, daß er dann auch von »κανόνες« im Plural geredet haben wird!

Gleichzeitig hat er den Terminus nun auch strikt singularisch verwendet, wenn im gefüllten theologischen Sinne und in absolutem Gebrauch von »*der regula*« die Rede ist. In ihr »wandelt« die Kirche, in ihr ist der Kirche die Wahrheit verbürgt (De praescr.37,1). Mir scheint es deutlich zu sein, daß in diesem absoluten theologischen Gebrauch des Begriffes die Fülle der geoffen-barten Wahrheit und das Gesamt des Konstitutiv-Normativen und Maßgebli-chen hinsichtlich Glaube, Lehre, Wandel und Ordnung der Kirche eingeschlos-sen ist. Man wird deshalb gut daran tun, an diesen Stellen *regula* nicht generell mit der *regula fidei* in ihrer tertullianischen Beschränkung zu identifizieren.

Es ist in diesem Zusammenhang interessant, daß Tertullian diesen absoluten Sprachgebrauch anscheinend aus der biblischen Wendung von *Gal 6,16* ge-winnt.[174] Denn in der eben herangezogenen Stelle (De praescr.37,1: *quicumque in ea regula incedimus ...*«) scheint ein direkter Anklang an Gal 6,16 vorzuliegen (ὅσοι τῷ κανόνι τούτῳ στοιχήσουσιν), zumal sich Tertullian auch an ande-rer Stelle im Sinne der apostolischen Lehre auf diese Stelle bezieht: »*ad quam regulam Galatae sint recorrecti*« (Adv.Marc. IV 5,1). Tertullian scheint sich dieses Bezugspunktes in der Schrift bewußt gewesen zu sein.

Dem Gedanken einer speziellen Prägung der Regula-Begrifflichkeit im Sinne der römischen Rechtsregeln braucht man schließlich auf dem Hinter-grund des Gesagten m.E. nicht näher zu treten. Es ist nur wahrscheinlich, daß Tertullian angesichts seiner allgemeinen juristischen Kenntnisse auch die *regulae iuris* nicht unbekannt waren. Aber es mutet eher befremdlich an, wenn *A. Beck* nun ausgerechnet die *regula fidei* mit diesen in Verbindung bringen wollte.[175] Hier stellt sich wohl zuerst die Frage, ob jene *regulae iuris* dabei überhaupt zutreffend gesehen sind.[176] Wenn es sich dabei aber um generalisierende und zusammenfassende Grund- und Leitsätze und didaktische Merkregeln eines viele Einzelfälle abdeckenden Rechtsgrundsatzes handelt, so scheint sich eine engere Beziehung nicht nahezulegen. Schon die unterschiedlichen, im Wort-laut nicht fixierten Formulierungen der *regula fidei* passen hier nicht ins Bild. Aber auch eine nähere Beziehung zu den *regulae disciplinae* ist m.E. nicht gegeben.

---

[173] Ebd.
[174] Braun, Deus Christianorum 448, hat darauf hingewiesen. Vgl.o.: Kap. III 1.
[175] »Als ... Quintessenz des ius divinum nähert sich die regula fidei ihrem Wesen nach der regula iuris«, ders., Römisches Recht 52.
[176] Vgl. dazu o.: Kap. IV 4.

VII. DER »KANON DES WAHREN GNOSTIKERS« BEI KLEMENS VON ALEXANDRIEN

1. DER FORSCHUNGSSTAND

»There is no doubt that Clement of Alexandria is one of the most difficult authors in the whole christian literature. Many passages in his books are enigmatic«. Dieses Urteil von *E.Molland* [1] aus dem Jahre 1938 scheint auch heute noch seine Berechtigung zu haben, obwohl es noch vor dem Werk von *W.Völker* [2] gefällt wurde. Jedoch sind weitere Bemühungen um ein sachgerechtes Verstehen des alexandrinischen Theologen und Lehrers († vor 221) bekanntlich dadurch nicht überflüssig geworden. [3] Hatte doch *Völker* mit seinem Anliegen, »einen Beitrag zur Geschichte der altchristlichen Mystik vorzulegen«, und der gleichzeitigen Sicht des Alexandriners als »Eklektiker«, der sich bei der griechischen Philosophie gewissermaßen nur das begriffliche Werkzeug entlehnt habe, um mit ihr das gesuchte Gespräch führen zu können, dabei sich aber substantiell von ihr nicht habe beeinflussen lassen [4], den Widerspruch jener Interpretationstradition provoziert, die die philosophische Abhängigkeit des Klemens in den Vordergrund ihres Verstehens gestellt hat. Dabei wurden und werden Einflüsse fast aller zeitgenössischen philosophischen Richtungen und Systeme verzeichnet.

So hat man im Bereich der Ethik eine starke Abhängigkeit von der *Stoa* bei Klemens vertreten [5], und in der Tat scheint Chrysippos eine bedeutende Quelle für ihn gewesen zu sein. Das Register in der Edition von *O.Stählin* [6] weist immerhin 6 Spalten an Zitatbelegen für das Schulhaupt der Stoa aus.

Gegenüber dem bis dahin üblichen Verfahren, Elemente stoischer, platonischer oder auch aristotelischer Philosophie bei Klemens sogleich auf die Originalquellen zurückzuführen, hat es *S.R.C.Lilla* 1971 unternommen, zentrale theologische Konzeptionen des Alexandriners (Verhältnis zur Philosophie, Ethik, Pistis und Gnosis, Kosmologie und Theologie) auf ihre Bezüge zu den dominanten philosophischen Richtungen des 2. Jahrhun-

---

[1] Ders., Conception 5.

[2] Ders., Gnostiker. Vgl. dort S.1-74 den Forschungsbericht zur älteren Diskussion.

[3] Zum Forschungsstand vgl. jetzt: Ritter, Clement; A.Méhat, TRE 8, 101-113. Vgl. auch: L.Früchtel, RAC 3, 182-188.

[4] Völker, Gnostiker 73.8f.14.

[5] Vgl. vor allem: M.Pohlenz, Klemens 103-180.128-140; ders., Die Stoa 414-424; im weiteren vgl.: Völker, Gnostiker 50 Anm.2; S. Lilla, Clement (s.u.), 1 Anm.2; 60 Anm.1; W.Richardson, Chrysippus and Clement; D.J.M.Bradley, Stoic ethics.

[6] Bd. IV 34ff.

derts hin zu untersuchen.[7] Er kommt dabei zu dem Ergebnis, daß in Klemens *drei verschiedene Ströme* zusammenfließen: die jüdisch-alexandrinische Philosophie, die platonische Tradition und der Gnostizismus: »No part of Clement's thought can actually be adequately understood without taking these three factors duly into account«.[8] Dabei gehe die Benutzung der griechischen Philosophie weit über eine nur instrumentale Anwendung ihrer Begrifflichkeit hinaus. Hinsichtlich der von *Lilla* behandelten Grundsatzfragen gelte vielmehr: »Clement has produced a process of Hellenization of Christianity which is closely parallel to the process of Hellenization of Judaism which is characteristic of Philo's work.«[9] Zu der von *Lilla* angewandten Methode, einzelne Sätze und Satzteile aus dem Werk des Klemens kontextlos neben vergleichbare philosophische Testimonia zu stellen, hat man wohl zu Recht die Frage aufgeworfen, ob so der theologischen Identität des Alexandriners Gerechtigkeit widerfahren könne.[10]

Es ist jedenfalls festzustellen, daß *Lilla* die Verwendung des Kanon-Begriffes durch Klemens nicht in seine Untersuchung mit einbezieht und alle einschlägigen Belege unberücksichtigt läßt.[11] Wie sich zeigen wird, diente dieser Begriff Klemens auch dazu, in allem Bemühen um Akkomodation an Kultur und Wissenschaft seiner Zeit das unterscheidend Christliche normativ auf den Nenner zu bringen. So scheint mit der Außerachtlassung jenes Begriffes eine Weichenstellung erfolgt zu sein, die auch zu dem Ergebnis *Lillas* geführt hat.

D. Wyrwa hat 1983 die *Platonrezeption* in den Stromateis einer eingehenden Analyse unterzogen und untersucht, »was Clemens von Platon wann, wie, woher, in welchem Sinne, wozu bietet und wie er sich dabei zum zeitgenössischen Platonismus verhält«.[12] Alle einschlägigen Stellen zur Kanon-Begrifflichkeit kann *Wyrwa* dabei außer acht lassen.

Die schon früh beobachtete Prägung des klementinischen Denkens durch die jüdisch-alexandrinische Theologie, namentlich *Philo*, wurde unübersehbar, als *O. Stählin* in seiner Edition und dann noch zusätzlich in seiner deutschen Übersetzung an mehr als 300 Stellen eine Benutzung von Werken Philos feststellte, obwohl dieser im Gesamtwerk des Alexandriners nur wenige Male namentlich genannt wird.[13]

---

[7] S.R.C.Lilla, Clement.

[8] A.a.O., 227.

[9] A.a.O., 232.

[10] Vgl.: A.v.d.Hoek, Clement 16-19; A.Méhat, Rez. von: Lilla, Clement; zur weiteren Kritik vgl.: Ritter, Clement 426f.

[11] In den von ihm herangezogenen Stellen: Strom. VI 18,165,1; V 1,4; VI 15,124,5ff.; IV 1,3,2f.) (Lilla, Clement 141. 158. 145. 189f.) bleibt der Kanon-Begriff ohne Beachtung.

[12] D.Wyrwa, Platonaneignung 1.

[13] Der Index zu Philo umfaßt mehr als 8 Spalten, allein Platon wird öfter zitiert. Vgl. Ed. Stählin Bd. IV 47ff.; ders., Einleitung zur dt. Übersetzung, in: ²BKV II, Bd.7, 17.

Bereits vor *Lilla* war das Verhältnis Klemens' zu Philo deshalb Gegenstand von Untersuchungen bei *P.Heinisch, C.Mondésert, H.A.Wolfson und A. Méhat*.[14] Die Urteile schwanken zwischen der These einer völligen Bestimmtheit durch Philo in der Exegese *(Heinisch)* und der Annahme einer gängigen Auslegungstradition in Alexandrien, die unbesehen nicht einmal dann die Annahme direkter Abhängigkeit erlaube, wenn Philo als ursprüngliche Quelle gesichert ist *(Mondésert)*. Zuletzt hat nun *A. van den Hoek*[15] anhand des Index bei Stählin eine Analyse der Verarbeitung von Zitaten, Paraphrasen und Anklängen an Philo, also aller Formen von literarischen Anleihen beim jüdischen Religionsphilosophen unternommen.

Für unsere Fragestellung ist festzuhalten, daß hierzu keine einzige jener Stellen gehört, an denen Klemens den Terminus κανών benutzt! Dies erlaubt den Schluß, daß in der Verwendung der Kanon-Terminologie durch Klemens keine direkte literarische Abhängigkeit von Philo besteht – mehr allerdings auch nicht! Nachdem es an diesen Stellen fast durchweg um die Bestimmung des Normativ-Maßgeblichen im kirchlichen Kontext geht, sind direkte literarische Anleihen eigentlich auch nicht zu erwarten. Über eine mögliche Prägung durch Philo jenseits direkter Zitate und Paraphrasen ist damit natürlich noch nichts gesagt.

Ein direktes Interesse an der Verwendung des Kanon-Begriffes bei Klemens ist erstmals bei der älteren *Symbolforschung* festzustellen. Die Fragestellung war dabei allerdings stets von der Suche nach einem »Taufbekenntnis« bestimmt.

> *A.Harnack* kam 1886 in der 1. Auflage des »Lehrbuch der Dogmengeschichte« zu dem Schluß, daß man in Alexandrien zu Zeit des Klemens »weder ein dem römischen ähnliches Taufbekenntniss besessen, noch unter regula fidei und den synonymen Ausdrücken einen irgendwie fixirten, von den Aposteln stammenden Complex von Glaubenssätzen verstanden hat«[16]. Er überprüfte in einer längeren Anmerkung einen Großteil der einschlägigen Belege und kam auch bei der für die Frage einer Bekenntnisformel zentralen Stelle Strom. VII 15,90 zu dem negativen Ergebnis, daß damit nicht bewiesen sei, »daß Clemens den kirchlichen Kanon mit einem formulirten Bekenntniss identificirt hat«.[17]
>
> Damit stieß er auf vehementen Widerspruch bei *C.P.Caspari,* der in Bejahung der selbstgestellten Frage[18] den kirchlichen Kanon als »das bei der

---

[14] Heinisch, Einfluß; C. Mondésert, Clément; H.A.Wolfson, Philosophy; A.Méhat, Étude. Zu Charakter und Methode dieser Studien vgl. jetzt: A. van den Hoek, Clement 5-19.

[15] A. van den Hoek, Clement.

[16] Lehrbuch der Dogmengeschichte, ¹1886, Bd.I 267f.

[17] A.a.O., 269ff.

[18] C.P.Caspari, Hat die alexandrinische Kirche zur Zeit des Clemens ein Taufbekenntnis besessen, oder nicht?

Katechese Empfangene« verstand und das Bekenntnis als »die kurze Zusammenfassung« und »kurze Summe« davon. Und weiter: »In und mit der
ὁμολογία (und der Abrenuntiation) bekannte sich daher der Baptizand
zum ἐκκλησιαστικὸς κανών, in dessen Sinne dieselbe aufzufassen war, und
dessen Hauptbestandteile sie enthielt«.[19] Harnack zeigte sich von den Ausführungen Casparis wenig beeindruckt und ließ in den weiteren Auflagen
seiner Dogmengeschichte den Text weitgehend unverändert.[20]

Zustimmung erfuhr Caspari dagegen bei J.Kunze[21], der aber ansonsten
der Bedeutung des »Kanon« bei Klemens eine andere Gewichtung gab, die
schon dadurch deutlich wird, daß er seine Interpretation des Alexandriners
in dem Abschnitt »Glaubensregel und heilige Schrift« vornahm.[22] Er kam
dabei zu dem Schluß, »dass in dieselbe (sc. »die Wahrheitsregel«) faktisch
die alttestamentlich-prophetische und neutestamentlich-apostolische Schrift
mit hineingehört«. »Ist nun aber die Schrift in dem kirchlichen Kanon
mitenthalten, so muss dieser auch von daher genau so Ethisches und
Dogmatisches umfassen«.[23]

Zu demselben Ergebnis war gleichzeitig F.Kattenbusch – trotz seiner
Ablehnung Casparis[24] – gekommen bei der Untersuchung von »Symbol
und Glaubensregel bei Clemens von Alexandria«: »Der κανὼν ἐκκλη-
σιαστικός ... sind αἱ γραφαί«; und: »vielmehr bleibt es dabei, dass die
Schriften an sich den κανών repräsentieren«.[25] Er hatte allerdings den
Eindruck gewonnen, »als ob Cl.(emens) nicht gerade auf einem ständigen
Sprachgebrauch fusse, wo er von einem κανών spricht«.[26]

Die gegenteilige These legte D. van den Eynde 1933 seinen Ausführungen über Klemens zugrunde, als er von der Identität der verwendeten
Formulierungen κανὼν τῆς πίστεως, κανὼν ἐκκλησιαστικός, κανὼν
τῆς ἐκκλησίας, κανὼν τῆς ἀληθείας, κανὼν τῆς παραδόσεως ausging.[27]

---

[19] A.a.O., 372. 371.

[20] Er fügte nur eine Anm. ein mit dem Kommentar: »seine Ausführungen ... haben mich
nicht überzeugt«, vgl. 4.Aufl., 367 Anm. 3. Der eigentliche Dissens bestand darin, ob
man aus Strom. VII 15,90 auf ein Taufbekenntnis schließen dürfe, das »fest formuliert«
war. Ein Taufbekenntnis sah auch Harnack an dieser Stelle (a.a.O.).

[21] Ders., Glaubensregel 62ff.

[22] A.a.O., 92-184.132-156.

[23] A.a.O., 152.

[24] Kattenbusch II 118 Anm.24: »keineswegs stringent«.

[25] A.a.O., 102-134.122.124; ähnlich: 129.

[26] A.a.O., 121. Seine voluminösen Untersuchungen sind keineswegs vollständig (dasselbe
gilt auch für Casparis!), denn: »die noch übrigen Stellen ... bedürfen keiner Erläuterung. Sie ... sind sachlich für den, der die Symbolgeschichte schreibt, gleichgiltig«
(a.a.O., 126).

[27] Van den Eynde, Les normes 299-304. »L'identité de sens de ces formules ne fait aucune
doute, puisqu'elles se substituent l'une à l'autre dans un même contexte«: a.a.O., 300.
Als einzigen Beleg hierfür gibt van den Eynde Strom. VI 15,124 an. Hierzu s. unten.

In der sich an *Van den Eynde* anschließenden Debatte um den altkirchlichen Traditionsbegriff kam *R.P.C.Hanson* in seinem Buch über das Traditionsverständnis bei Origenes auch ausführlich auf Klemens zu sprechen.[28] Die Zielrichtung seiner Fragestellung war dabei allerdings die Bedeutung der »Geheimtradition« bei Klemens. Unter diesem Vorzeichen verhandelte er auch die Kanon-Begrifflichkeit, fällte dabei allerdings im voraus zwei *Grundentscheidungen*, denen er bei seiner Untersuchung verhaftet blieb.

Zum einen erhob er die Formel »Rule of faith« zum Zentralbegriff der o.g. diversen Begriffskombinationen und ging dabei so weit, auch andere Formulierungen als »rule of faith« zu übersetzen.[29] Es entsteht so der Eindruck, als rede Klemens – wenn er vom Kanon spricht – stets von der »Glaubensregel« – ein für *Hanson* anscheinend von vornherein eindeutiger Begriff! Demgegenüber ist aber festzustellen, daß die Formel κανὼν τῆς πίστεως unter den 22 Belegen bei Klemens nur ein einziges Mal auftaucht!

Die zweite Entscheidung *Hansons* bestand darin, daß er diesen Kanonbegriff weiterhin mit einer von ihm als theologisch abwegig qualifizierten Geheimtradition bei Klemens identifizierte.

> Es ist für *Hanson* ausgeschlossen, »that Clement preserved any clear distinction between the secret tradition and the Church's rule of faith. Once it is granted that the Gnostic's κανὼν and the Church's κανὼν are the same κανὼν ..., then it becomes positively demonstrable that the Church's κανὼν is the secret tradition, and not simply a rule or guide for it.« »We are driven to the conclusion that in Clement's theological system the ›gnosis‹ is the ›canon‹, the ›canon‹ is the ›gnosis‹.«[30] An der Überzeugung, »that he (sc. Klemens) identified, or confused, this rule of faith with his secret, and spurious, tradition«[31], hielt er auch fest, als er seine inhaltliche Bestimmung der Geheimtradition bei Klemens aufgrund der Studien von *J.Daniélou* korrigieren mußte.[32]

J.Daniélou hat 1972 schließlich eine Analyse der Traditionsbegriffes bei Klemens vorgelegt[33], in deren Licht die Thesen *Hansons* bereits kaum haltbar

---

[28]   Hanson, Origen's Doctrine 53-72: »IV. Clement's Doctrine of the Rule of faith and the Secret Tradition«.

[29]   Vgl. a.a.O., z.B. die Überschrift und S.57 zu Strom. VI 18 (165,1); S.58 zu: Strom. VII 16; S.59. Auch später blieb er dieser Identifizierung treu. Vgl.: ders., Tradition 77: Klemens »uses the word canon for the rule of faith on several occasions. He employs it in several different expressions«. Es folgen die genannten Formulierungen mit Belegen aus PG.

[30]   Hanson, Origens's Doctrine 61; ähnlich passim.

[31]   Hanson, Tradition 77.

[32]   Vgl.: a.a.O., 26 unter Verweis auf: J.Daniélou, Judéo-Christianisme. Vgl. auch: E.L.Fortin, Esoteric Tradition 42f.48.

[33]   Ders., Tradition.

sind. Schließlich hat auch *B.Hägglund* in seinem Aufsatz über die »regula fidei« der »regula ecclesiastica« bei Clemens eine knappe systematisch-theologische Darstellung gewidmet.[34]

2. DAS FEHLEN DES KANON-BEGRIFFES IM PAIDAGOGOS

Vor einer Überprüfung der einschlägigen Belege im Detail soll nun zuerst dem bislang nicht beachteten, gleichwohl aber auffälligen Tatbestand einige Aufmerksamkeit geschenkt werden, daß sämtliche Belege ausschließlich in den Stromateis zu finden sind. Vor allem das Fehlen des Terminus κανών im Paidagogos wirft Fragen auf. Denn wenn der »Erzieher« sich an die wendet, »die der Ermahnungsrede« – im Protreptikos – »gefolgt sind und das Christentum angenommen haben«, und wenn er sie »unterweisen (will), wie sie ihr Leben zu führen haben«[35], dazu aber des Kanon-Begriffes nicht bedarf, dann stellt sich die Frage, wie sich dazu die These verhält:

> »Clement himself – in most cases, at least – understands by κανών especially a guideline for the Christian way of life«.[36]

Die Weisungen des Paidagogos erstrecken sich bekanntlich auf alle Einzelheiten des menschlichen Lebens, angefangen bei Essen, Trinken, Hausrat, Schlafen, Kleidung und Geschlechtsleben. Man hat von »Anstandsregeln« des praktischen Lebens gesprochen.[37] Dabei ist es der Logos als Paidagogos, der in den Grundlagen der christlichen Lebensführung unterweist, die Seele bessern und zu einem sittsamen Leben führen will. Seine Aufgabe wird von der des ermahnenden und belehrenden Logos unterschieden (Paid. I 1,4). Nur der διδασκαλικὸς λόγος hat die Aufgabe, ἐν τοῖς δογματικοῖς erklärend zu wirken, während der Logos als Pädagoge πρακτικός ist (I 2,1). Der Pädagoge mahnt zur Erfüllung der Pflichten, indem er sittliche Weisungen gibt

---

[34] Hägglund, Regula fidei 30-34.

[35] So: O.Stählin, Einleitung zur dt. Übersetzung, a.a.O., 22; C.Heussi, Stromateis 504.510, hatte in den Anweisungen des Paid. fortgeschrittene Christen als Adressaten sehen wollen. Vgl. hierzu: Völker, Gnostiker 3 Anm.4.

[36] So: Ritter, Clement 424, mit Verweis auf Hägglund, Regula fidei 30, und dessen dort in Anm. 97 angegebene Belege. Vgl. auch: Ritter, TRE 13, 405,39f. Hägglund (1958), a.a.O., hatte ohne Berücksichtigung von Hanson (1954) ähnlich formuliert: »An vielen Stellen, wo Clemens von einem κανών oder κανὼν ἐκκλησιαστικός redet, meint er in erster Linie eine Regel für die Lebensführung des Christen oder eine Vorschrift im äusseren Sinn. Hier haben wir es also nicht mit einer ›regula fidei‹ im eigentlichen Sinn zu tun«.

[37] Pohlenz, Die Stoa I 421.

(ὑποθήκας) und das Beispiel der in die Irre Gegangenen vor Augen führt (I 2,2). Ziel ist die Heilung der Leidenschaften (I 3,1).

Die diesen Weisungen zugrundeliegenden *Quellen* sind die Gebote des Alten Testamentes, die Paränesen der paulinischen Briefe und anderer Teile des Neuen Testamentes. Viele Forderungen werden aber auch mit Platon und Plutarch begründet, und hinter den Grundauffassungen steht häufig die Ethik der Stoa.[38] Das 12. Kapitel des Paidagogos bietet abschließend eine zusammenfassende Darstellung des »besten« Lebens anhand von Texten der heiligen Schriften, »die das christliche Leben charakterisieren«[39], und es wird kaum ein Zufall sein, daß der Paid. mit einer Sammlung von Schriftstellen schließt.

> Diese Weisungen werden nun bezeichnet als ὑποθήκη und βιωτικὴ παραίνεσις (III 88,1), ἐντολαί und διάταξις τῶν γαρφῶν (III 88,3). Darunter zu verstehen ist zuerst ἡ δεκάλογος (III 89,1). Diese Gebote seien zu halten und genauso all das, was sonst an Geboten in den Leseabschnitten der Bibel enthalten sei.[40] »Derartig sind die λογικοὶ νόμοι, οἱ παρακλητικοὶ λόγοι« die nun in die Herzen der Menschen geschrieben sind (94,1). Dazu kommen weiterhin die Lehren (ὑποθῆκαι) der Apostel; beide seien Gesetze (νόμοι), und »beide Gesetze dienten dem Logos zur Erziehung der Menschheit, das eine durch Mose, das andere durch die Apostel«.[41] Die sodann dargestellten Weisungen der Apostel, und zwar solche, die die Allgemeinheit der Christen als Kinder Gottes betreffen, sind »aus den heiligen Schriften entnommen«.[42] In den heiligen Schriften seien ebenso »unzählige« solcher Lehren enthalten, die sich auf »bestimmte Personen« beziehen wie z.B. Presbyter, Bischöfe und Diakone, aber auch Witwen, über die zu anderer Zeit zu reden sein werde.[43]

---

[38] Vgl.: Stählin, Einleitung 24f.; H.-J.Marrou, Introduction générale, in: SC 70 (1960) 7-97.43-61. F.Quatember, Lebenshaltung 64-85, wendet sich gegen die Betonung philosophischer Abhängigkeiten und unterstreicht den genuin christlichen Geist der dortigen Lebenshaltung.

[39] Vgl. die Überschrift zu Buch III Kap.12. Möglicherweise wurde dieses Kapitel von Klemens im Rahmen einer Überarbeitung nachträglich hinzugefügt. Vgl. Marrou z.St. in: SC 158, S.162.

[40] Paid. III 89,1: ταῦτα ἡμῖν παραφυλακτέον καὶ ὅσα ἄλλα κατὰ τὰς ἀναγνώσεις τῶν βιβλίων παραγγέλλεται.

[41] Paid. III 94,1: ἄμφω δὲ τὼ νόμω διηκόνουν τῷ λόγῳ εἰς παιδαγωγίαν τῆς ἀνθρωπότητος, ὃ μὲν διὰ Μωυσέως, ὃ δὲ δι' ἀποστόλων.

[42] Paid. III 97,1: διεξελθὼν τῶν θείων γραφῶν ὁ παιδαγωγός.

[43] Paid. III 97,2: μυρίαι δὲ ὅσαι ὑποθῆκαι εἰς πρόσωπα ἐκλεκτὰ διατείνουσαι ἐγγεγράφαται ταῖς βίβλοις ταῖς ἁγίαις, αἳ μὲν πρεσβυτέροις, αἳ δὲ ἐπισκόποις καὶ διακόνοις, ἄλλαι χήραις, περὶ ὧν ἄλλος ἂν εἴη λέγειν καιρός.

Als Fazit kann man also festhalten, daß für Klemens zur Darstellung der allgemeinen Grundlagen christlicher Sittlichkeit und christlichen Lebens im Paidagogos, aber auch der Lehren, die sich auf bestimmte Ämter und Ordnungen in der Kirche beziehen – sieht man einmal von den philosophischen Adaptionen ab –, die Lehren, Weisungen und Gebote der Hl.Schrift, die »Gesetze« Moses und der Apostel ausreichen. Hier hat der Kanon-Begriff bei ihm keinen Ort. Wozu aber und an welcher Stelle dann?

Wir sind zur Beantwortung dieser Frage demnach an das Hauptwerk des Klemens, die *Stromateis*, gewiesen. Zu deren Charakter ist hier nur soviel zu sagen[44], daß in ihnen gleichsam eine vierfache Tendenz ihren Niederschlag findet.

Gegenüber der Gemeinde sollen »Nutzen und Notwendigkeit schriftlicher Werke« überhaupt nachgewiesen werden, gegenüber Angriffen durch die Philosophie kommt eine apologetisches Interesse zum Tragen, das allerdings gleichzeitig darauf bedacht ist, diesen Gegner für die eigene Überzeugung zu gewinnen. Gegenüber den Häretikern, insbesondere Gnostikern der valentinianischen und basilidianischen Richtung, soll die Substanz christlichen Glaubens verteidigt werden.[45] Bemerkenswert scheint mir schließlich die Beobachtung *W. Völkers* zu sein, daß zu der »Eigenart der clementinischen Gedankenführung« anscheinend »das Fehlen ... einer festen Terminologie« gehört.[46]

3. ΚΑΝΩΝ UND ΚΑΝΩΝ ΤΗΣ ΑΛΗΘΕΙΑΣ ALS PHILOSOPHISCHER BEGRIFF UND »ERKENNTNISKRITERIUM« CHRISTLICHER WAHRHEIT <1.-3.>

Von den Texten, in denen Klemens den Kanon-Begriff benutzt, sind zuerst[47] jene Beispiele zu nennen, bei denen der Begriff κανών als Bestandteil allgemein philosophischer Terminologie gebraucht wird.

---

[44] Im weiteren vgl.: Stählin, Einleitung 26-35; Völker, Gnostiker 3-10.26-34; grundlegend: Méhat, Étude.

[45] Vgl. Völker, Gnostiker 4-10.

[46] Völker erklärt dies damit, »daß Clemens als bewußter Eklektiker aus allen philosophischen Systemen eine Auswahl trifft und daher die gleichen Termini in verschiedenen Bedeutungen verwendet« (a.a.O., 13.14).

[47] Nachdem die inhaltliche Füllung der einzelnen Begriffsverbindungen nicht gleichbleibt, empfiehlt es sich methodisch nicht, gleichlautende Begriffe zur Interpretation zusammenzuordnen, sondern verwandte Bedeutungen und Zusammenhänge als Ordnungsprinzip zu benutzen.

So kann Klemens die allgemein in Gebrauch stehende stoische Definition des Gesetzes als Maßstab für Recht und Unrecht auf das alttestamentliche Gesetz anwenden.[48] <1.>[49]

> Den Kontext bildet der Versuch, die Abhängigkeit Platons von Moses nachzuweisen (Buch I Kap.26ff.), zusammen mit der Verteidigung des mosaischen Gesetzes gegen Vorwürfe und der Erweis seiner Bedeutung auch für das christliche Leben.[50] Dabei wird der Nomos Platons mit dem durch Moses gegebenen Gesetz identifiziert und dieses im genannten Sinne definiert.
>
> Ebenso dient der Begriff κανών zur Bestimmung der drei Tugenden Sanftmut, Güte und Frömmigkeit (ἡμερότης, φιλανθρωπία, θεοσέβεια) als Maßstäbe und Normen der Verähnlichung des wahren Gnostikers mit Gott[51] <2.>.
>
> Es ist auffällig, daß für dieses Thema von Buch VII Kap.3 die Vierergruppe der platonischen Kardinaltugenden[52] keine hervorgehobene Rolle spielt. »Von einer Integration der Tugendgruppe in das Bild, das Clemens vom Gnostiker entwirft, kann man gewiß nicht sprechen.«[53]

Ein gegenüber der bislang bekannten Benutzung des Begriffes unspezifischer Sprachgebrauch scheint Klemens auch für die Verwendung der Formulierung κανὼν τῆς ἀληθείας möglich zu sein, die er in *VII 16,94,5* im Sinne der philosophischen *Erkenntnistheorie*[54] zur Bestimmung der Wahrheit verwendet. <3.>

> Er führt nämlich zuvor aus, daß es bei der Suche nach Wahrheit Erkenntnismittel (κριτήρια) allgemeiner Art (Sinneswerkzeuge: αἰσθητήρια) und spezifischer Art gebe. Als letzteres benennt er die auf Denken und Überlegen beruhende Fähigkeit der Unterscheidung zwischen wahr und falsch (93,1f.). Durch die »Schriften des Herrn« (αἱ κυριακαὶ γραφαί: 94,1)

---

[48] κανὼν τυγχάνων δικαίων τε καὶ ἀδίκων: I 26,167,1. Vgl.: Chrysipp, Fr.mor.314; Cic., De leg. I 19; s.o.: Kap.: IV 1. Zur partiellen Verwendung dieser Definition durch Philo s.o. Kap.II 2.

[49] Ich gebe in eckigen Klammern (< >) den Platz an, an dem die jeweilige(n) Stelle(n) besprochen werden, um so später deren Auffindung zu erleichtern.

[50] Vgl. hierzu im einzelnen: Wyrwa, Platonaneignung 101-121.

[51] γνωστικῆς ἐξομοιώσεως κανόνες: VII 3,13,4.

[52] Weisheit, Tapferkeit, Besonnenheit, Gerechtigkeit: Politeia 427e.

[53] C.J.Classen, Kardinaltugenden 80. Zum Zusammenhang von Homoiosis und Tugendlehre bei Klemens vgl.: Méhat, Étude 373-379; zur Tugendlehre, a.a.O., 361-366. Dort (362.365f.) hatte Méhat bereits betont, daß sich Klemens nicht auf die vier Tugenden beschränkt, sondern einzelne Tugenden der Heiden den christlichen annähert oder mit ihnen verknüpft.

[54] S.o.: Kap. I 2b).

werde die Wahrheit wie bei der jungfräulichen Geburt auf die Welt gebracht, gleichzeitig aber sei sie in ihnen verborgen. Die Häretiker vergewaltigten jedoch die Deutung der Schrift (94,4) und irrten, weil sie kein
Kriterium hätten, zwischen Wahrem und Falschem zu unterscheiden.[55]
Wer die Wahrheit finden will, müsse aber die Richtschnur der Wahrheit
von der Wahrheit selbst erhalten haben und besitzen.[56]

Es geht bei diesem Kanon also um eine *Norm für die Wahrheit*[57] und
erkenntnistheoretisch um das Postulat eines übergeordneten *Kriteriums*, das
der Wahrheit selbst entstammt. Daß man diesen »Wahrheitskanon« nicht
einfach mit der Schrift identifizieren kann, liegt auf der Hand angesichts ihres
Mißbrauches durch die Häretiker. Allerdings kann Klemens die Schrift auch
selbst als κριτήριον bezeichnen, so daß der Wahrheitskanon wohl »in engster
Beziehung zur Schrift (steht), aber doch von ihr unterschieden werden zu
müssen (scheint)«, wie *Kunze* richtig gesehen hat.[58] Im Gegensatz zu *Kunze* ist
zum näheren Verständnis des κανὼν τῆς ἀληθείας nun aber m.E. nicht auf
VI 15,124,5ff. zu verweisen (dazu s.u.), sondern einfach der Gedankengang
weiter zu verfolgen.

Zu dieser Wahrheitsnorm gehört es nämlich, bei der »kirchlichen Überlieferung« (ἐκκλησιαστικὴν παράδοσιν) zu verharren und »dem Herrn treu
zu bleiben«.[59] Denn dieser Herr ist der Urgrund, das Prinzip, die ἀρχή
aller Lehre. Er ist durch die Propheten, das Evangelium und die seligen
Apostel von Anfang bis Ende der Führer in der Erkenntnis (ἡγούμενον τῆς
γνώσεως: 95,3). In ihm ist also das Alte und das Neue Testament, ihre
Bedeutung und ihr Verständnis zusammengebunden. Erfassen könne man
diese ἀρχή aber nur »durch den Glauben« und »ohne Beweise«. Diesen
Glauben vorausgesetzt, erhalte man sodann zum Überfluß von jenem
Urgrund auch noch Beweise und werde so durch das Wort des Herrn zur
Erkenntnis der Wahrheit geleitet.[60]

Man wird also sagen können, daß der »Wahrheitskanon« als Kriterium zur
Erkenntnis der Wahrheit der in Übereinstimmung mit der kirchlichen Überlieferung stehende, aller rationalen Beweisführung vorausliegende (ἀναπό-
δεικτος) *Glaube* an den Kyrios ist, der als personales Prinzip hinter Propheten,

---

[55] τὸ μὴ ἔχειν ἀληθῶν καὶ ψευδῶν κριτήριον: 94,6.
[56] τὸν κανόνα τῆς ἀληθείας παρ' αὐτῆς λαβόντες ἔχωσι τῆς ἀληθείας: 94,5.
[57] So auch: Kattenbusch II 121.
[58] Kunze, Glaubensregel 148.
[59] πιστὸς τῷ κυρίῳ διαμένειν: 95,1.
[60] εἰκότως τοίνυν πίστει περιλαβόντες ἀναπόδεικτον τὴν ἀρχήν... φωνῇ κυρίου
      παιδευόμεθα πρὸς τὴν ἐπίγνωσιν τῆς ἀληθείας: 95,6.

Evangelium und Aposteln als seine Schrift und sein Wort steht.[61] Eine von diesem Prinzip (ἀρχή) isolierte Schriftbenutzung kann nicht zu deren rechtem Verständnis führen, weil ihr eben dieses Erkenntniskriterium, diese Norm für die Wahrheit fehlt. Sie ist freilich auch nirgendwo anders zu gewinnen als an der Wahrheit, eben an der Schrift und dem Wort des Herrn selbst. Die Benutzung der allgemeinen, erkenntnistheoretisch geprägten philosophischen Terminologie durch Klemens führt also ins Zentrum der Frage nach dem Schlüssel zum rechten Verständnis der wahrheitstragenden Schrift. Der Kontext dieser Frage ist antihäretisch.[62] Die Verwendung des Begriffes κανὼν τῆς ἀληθείας entspricht hier ganz jener bei Irenäus, Adv.haer. II 27,1 und bei Philo, Leg.All. III 233 festgestellten.

So macht dieses Beispiel bereits deutlich, daß auch für Klemens die Frage nach dem Kanonischen diejenige nach dem in der Kirche Verbindlichen im Gegenüber zur Häresie ist. Bei der Auseinandersetzung um das rechte Schriftverständnis wird sie als Frage nach dem »Kanon der Wahrheit« im Sinne eines *hermeneutischen Prinzips* formuliert. Genauso stellt sie sich aber auch in der Auseinandersetzung um die maßgebliche gottesdienstliche Praxis als Frage nach dem »Kanon der Kirche«. Weiterhin begegnet sie in der Auseinandersetzung um die Grundlagen christlicher Lebensführung und die normativen Inhalte christlichen Strebens nach Vollkommenheit und Erkenntnis. Es sind diese Zusammenhänge, in denen Klemens mit verschiedenen Begriffsverbindungen auf das kirchlich maßgebliche Verständnis des Evangeliums, der Schrift(en) und der apostolischen Lehre und Weisung als Kanon verweist. Sie sind nun darzustellen.

4. KANΩN ALS SCHRIFTNORM IN AUTHENTISCHER AUSLEGUNG

a) in Fragen kirchlicher Ordnung (κανών; κανὼν τῆς ἐκκλησίας) ‹4.›

So wendet sich Klemens mit Berufung auf den κανὼν τῆς ἐκκλησίας gegen die häretische Praxis, beim Hl.Abendmahl *Wasser* anstatt Wein zu benutzen (I 19,96,1)[63] ‹4.›. Es ist unwahrscheinlich, hinter dieser Formulierung einen einzelnen, von der Kirche formulierten »Kanon« sehen zu wollen.[64] Vielmehr geht es um eine in der Kirche und für die Kirche gültige Norm, die

---

[61] πιστὸς τῇ κυριακῇ γραφῇ τε καὶ φωνῇ: 95,4.

[62] Zu evtl. Parallelen zur philosophischen Logik in diesem Zusammenhang vgl.: A.Le Boulluec, Hérésie 398f., der ansonsten das Wahrheitskriterium hier im Schriftwort erblickt. Vgl. auch: Pohlenz, Klemens 114.

[63] μὴ κατὰ τὸν κανόνα τῆς ἐκκλησίας χρωμένων αἱρέσεων.

[64] Dies tat: Caspari 370 Anm.1.

für die Feier der Eucharistie maßgeblich ist und so die kirchliche Praxis
bestimmt. Danach ist beim Hl.Abendmahl Wein zu benutzen. Bemerkenswert
ist, daß die Bedeutung des Maßgeblich-Kanonischen sich hier auf die *liturgische Ordnung* des kirchlichen Lebens erstreckt.

Für ein zutreffendes Verständnis des »Kanons« an dieser Stelle ist es m.E.
nicht ausreichend, nur auf »die Schriften, die Brot und Wein verlangen«,
hinzuweisen.[65] Denn die unter den Namen »Aquarier« oder »Hydropara-
staten« zusammengefaßten unterschiedlichen Gruppen[66] haben für ihre
alte Praxis der Abendmahlsfeier mit Wasser anscheinend selbst den *Schriftbeweis* geführt.[67] Außerdem sprechen weder Paulus noch die synoptischen
Evangelien in ihren Einsetzungsberichten unzweideutig von Wein – abgesehen vom Deutewort Christi Mk 14,25 Par.

Es scheint mir deshalb bei dem *Kanon der Kirche* an dieser Stelle eher
um die *normative Auslegung* der Schrift und die darauf beruhende maßgebliche Praxis der Kirche zu gehen. Ein möglicherweise in früher Zeit denk-
barer Pluralismus in der Frage der Abendmahlselemente[68] wäre dann ab
dem Punkt untragbar geworden, als von einigen der Weingenuß als solcher
dämonisiert und zur christlichen Unmöglichkeit erklärt wurde. Es bedurfte
nun einer Maßgabe, die eine maßgebliche Schriftinterpretation zu sein
hatte. Hierauf weist der Kontext bei Klemens selbst hin.

Denn Ausgangspunkt seiner Einlassungen ist das Zitat von Spr 9,16f. als
Aufforderung der Weisheit: »Nehmet gern von den heimlichen Broten und
dem süßen Wasser des Diebstahls« (96,1), das anscheinend als einschlägiger
Schriftbeweis in Anspruch genommen wurde.[69] Klemens ist deshalb nachdrücklich darum bemüht, daß die Ausdrücke *Brot* und *Wasser* hier »nicht
von irgendetwas anderem« (also nicht von der Eucharistie!) von der Schrift
gesagt würden, sondern sich als Aufforderung »an die Toren« (vgl. Spr 9,16)
nur auf die Praxis der Irrlehrer beziehen könne.

Der »Kanon der Kirche« scheint demnach hier die für die Kirche *maßgebliche Auslegung* der Schrift zu sein in einer die liturgische Praxis der Kirche an
zentraler Stelle betreffenden Frage gegenüber dem Mißbrauch der Schrift zur
Begründung einer die Einheit der Kirche gefährdenden Praxis.

---

[65] So: Kattenbusch II 124.
[66] Zu der von Klemens bekämpften enkratitischen Sekte vgl.: Méhat, Étude 403f.;
      ansonsten: F.Lackner, LThK³ 1, 896; Harnack, Brod und Wasser 115-144.
[67] Vgl.: Harnack, a.a.O., 119.121f. zu den dabei herangezogenen Schriftstellen.
[68] So jedenfalls Harnack, a.a.O., 136ff. Zu seinen allgemeinen Schlußfolgerungen s. aber:
      Zahn, Brot und Wein.
[69] Vgl.: Harnack, a.a.O., 119.

b) in Fragen der christlichen Lebensführung (κανών; κανών εὐαγγελίου; κανών τῆς πίστεως; κανών τῆς ἐκκλησίας) <5.-8.>

In diesem Zusammenhang begegnet der Kanon-Begriff im Kampf des Alexandriners gegen die gnostisch-enkratitische Verwerfung der *Ehe*. Es geht dabei um eine Bestimmung der Norm wahrhaft christlicher *Enthaltsamkeit* (κανών τῆς ἐγκρατείας: *III 11,71,1)* <5.>.

> Diese Thematik bestimmt weitgehend das gesamte dritte Buch der Strom. In Kap.9 wird den Verfechtern radikaler Enkrateia, die sich auf ein Jesuswort an Salome aus dem Ägypterevangelium berufen (»Ich bin gekommen, den Werken des Weibes ein Ende zu machen)«[70], vorgeworfen, daß sie sich der Schöpfungsordnung widersetzen (63,1) und daß sie nicht »nach der wahrhaft evangelischen Richtschnur wandeln« (τῷ κατὰ τὴν ἀλήθειαν εὐαγγελικῷ στοιχήσαντες κανόνι: 66,1).
>
> Mir scheint hier ein Anklang an Gal 6,16[71] vorzuliegen, indem der Verweis auf die »evangelische Norm« das Evangelium selbst als Norm christlichen Wandels ins Spiel bringt. Die Inanspruchnahme eines (apokryphen[72]) Herrenwortes ist demnach als Begründung für eine rigoristische Praxis nicht ausreichend, sondern angesichts der häretischen Berufung auf den Herrn stellt sich gerade erst die Frage nach der wahrhaft »evangelischen Norm«. Diese aber ist identisch mit der Frage nach der Norm für eine vernünftige Enkrateia (τὸν κανόνα τῆς κατὰ λόγον τηρουμένης ἐγκρατείας: 71,1).
>
> Diesen *Kanon* beschreibt Klemens in Kap.9 und 12. Es handelt sich dabei materialiter um eine Zusammenstellung einschlägiger Schriftstellen (γραφαί), die des näheren bezeichnet werden als Gebote (τὰς ἐντολάς:71,2) des Gesetzes (νόμος:71,3), Wort des Herrn im Neuen Testament (τῆς τοῦ Κυρίου ... κατὰ τὴν νέαν διαθήκην φωνῆς: ebd.) und ἐντολαί in den apostolischen Briefen (86,1). Es ist also die Schrift Alten und Neuen Testamentes, die in ihren Geboten und Weisungen Maßstab und Richtschnur ist und gegen deren durchgängiges und einheitliches Zeugnis ein einzelnes Jesuswort nicht isoliert interpretiert werden darf. Der *Kanon* ist demnach auch hier die Norm maßgeblicher Schriftauslegung.
>
> Hinzu kommt, daß die Unfähigkeit zur Ehe (εὐνουχία: 105,1) als Bestandteil der Schöpfungsordnung eine alternative christliche Lebenspraxis darstelle. Anstatt die Ehe überhaupt zu verwerfen, wäre dies eine Wahl »nach dem gesunden Maßstab mit Frömmigkeit« (κατὰ τὸν ὑγιῆ κανόνα μετ' εὐσεβείας: 105,1). Sie würde eben der sich in der Schrift

---

[70]   Vgl.: Klostermann, Apocrypha II 16.

[71]   Vgl.: Kap.: III 1.

[72]   Der apokryphe Status jenes Logions ist angesichts des Entwicklungsstandes des neutestamentlichen Kanons bei Klemens für die Argumentation ohne Belang. Vgl.: Campenhausen, Bibel 337-352.

manifestierenden Schöpfungsordnung entsprechen und deshalb auch der
Frömmigkeit. Die Hedone als solche sei allerdings ebenfalls für eine christliche Lebensführung keine maßgebliche Größe (παρὰ τὸν κανόνα: 109,2).
Auch hierfür erfolgt die Maßgabe durch die Zitation apostolischer Paränese,
die das III. Buch insgesamt zum Abschluß bringt.

Es scheint mir deutlich zu sein, daß man die zentrale Formulierung »τὸν
κανόνα τῆς κατὰ λόγον τηρουμένης ἐγκρατείας« (III 11,71,1) im Sinne
einer Norm zu verstehen hat, die für eine christliche Praxis der Ehe und der
Enthaltsamkeit maßgeblich ist. Es geht Klemens hier nicht um die Propagierung
einer normativ verstandenen Enkrateia, wie sie vom Gnostiker zu praktizieren
sei[73], sondern um die normative Geltung des *einheitlichen* Zeugnisses der
Hl.Schrift als κανών in dieser Frage.

Dies findet seine Bestätigung, wenn Klemens an anderer Stelle das *Evan-*
gelium selbst als *Kanon* bezeichnet und den Wandel in der Liebe zum Herrn
nach der Richtschnur des Evangeliums (κανὼν εὐαγγελίου) als Inbegriff
christlicher Gnosis charakterisiert[74] *(IV 4,15,4)* **<6.>.**

Das wahre Wesen des christlichen Märtyrers und Gnostikers in Abgrenzung gegen die falsche Gnosis, um die es hier im Kontext geht, bestehe
nämlich darin, nicht aus Furcht das Gebot zu befolgen (14,1), sondern aus
Liebe zu Christus. Allein »um des Evangeliums und um meines Namens
willen« zu handeln (hier: Vater, Mutter, Brüder usw. zu verlassen: Mk
10,29f.; Mt 19,29), bedeute, das gnostische Zeugnis abzulegen. Das Evangelium bildet also wie in III 66,1 den grundlegenden Maßstab christlicher
und wahrhaft gnostischer Lebensführung. Es ist dies jedoch nicht als
furchteinflößendes Gebot, sondern als *Kanon*, zu dessen Befolgung untrennbar die »Liebe zum Herrn« und die »Darbringung des Glaubens«
(15,3) gehören.

Der Glaube steht aber selbst in einer unauflöslichen Wechselbeziehung
zum Evangelium als Richtschnur für die *Praxis* des Glaubens. Deshalb bestimmt die »Glaubensnorm« (κανὼν τῆς πίστεως) auch, was dem Christen
zu tun erlaubt ist und was nicht[75] *(IV 15,98,3)* **<7.>.**

In Kap.15 von Buch IV verhandelt Klemens unter häufiger Zitierung von
1 Kor 8-10 die Frage, wie man dem Nächsten nicht Ärgernis gibt. Er
schließt das Kap. mit dem Zitat von 1 Kor 10,29ff. ab, hält es aber für nötig,
das πάντα von V.31 (»Alles was ihr tut, das tut zur Ehre Gottes!«) dahin-

---

[73] Gegen: Hanson, Origen's Doctrine 59: »a κανών of chastity kept by the Gnostic«.
[74] ὡς κατὰ τὸν κανόνα τοῦ εὐαγγελίου πολιτευσάμενος διὰ τῆς πρὸς τὸν κύριον
ἀγάπης.
[75] ὅσα ὑπὸ τὸν κανόνα τῆς πίστεως ποιεῖν ἐπιτέτραπται.

gehend zu präzisieren, daß damit gemeint ist: »das alles nämlich, was nach
der Glaubensnorm zu tun erlaubt ist« (98,3 s.o.). Er nimmt also eine
Präzisierung einer zentralen paulinischen Weisung vor, die anscheinend
dem libertinistischen Mißverständnis ausgesetzt war, daß alles, was der
Gnostiker tut, eo ipso Gott zur Ehre gereiche. Daß es hier um diese
antignostische Abgrenzung geht, dokumentieren die vorangehenden Kap.
13 gegen Valentinos und Kap.12 gegen Basileides.

Es handelt sich bei dieser Präzisierung m.E weniger um eine eigenmächtige
»Modifizierung« von 1 Kor 10,31[76], als vielmehr um eine *Normierung der
Auslegung*, die den ursprünglichen Sinn wahrt. Denn natürlich hatte Paulus
mit dieser Formel keinen Freibrief für einen ethischen Indifferentismus ausgestellt. Wir haben hier im übrigen den einzigen Beleg für die Verwendung der
Formel κανὼν τῆς πίστεως bei Klemens, und es ist bemerkenswert, daß sich
der Begriff der sog. Glaubensregel an dieser Stelle ausdrücklich auf die christliche Lebenspraxis bezieht. Im Kern geht es aber auch hier um die Normierung
der Schriftauslegung.

Auch der wahre Gnostiker empfängt demnach den Maßstab seines Strebens
nach *Vollkommenheit* und *Erkenntnis* (κανὼν γνωστικοῦ) aus der Schrift, wie
ihn der göttliche Apostel Paulus an so vielen Stellen gebe, die Klemens dann
ausführlich in Kap.16 des IV.Buches zitiert[77] *(IV 16,101,1)* **<8.>.**

Auch wenn dies in Steigerung gegenüber dem »gewöhnlichen Glauben«
(κοινὴν πίστιν: 100,6) zur Sprache kommt[78], wird doch inhaltlich der
apostolischen Verkündigung und Weisung als Richtschnur christlicher
Existenz nichts hinzugefügt, sondern allein deren Fülle zitierend zur Darstellung gebracht.

So hält der *wahre Gnostiker* in der Beschäftigung mit den Schriften an den
rechtgläubigen apostolischen Lehren fest (ὀρθοτομία τῶν δογμάτων) und
lebt rechtschaffen nach dem Evangelium (VII 104,1). Er tut dies im Vertrauen
auf die Wahrheit und im Bewußtsein des Besitzes der durch die Schriften
überlieferten Erkenntnis (105,1). Die häretische Gnosis verhält sich dagegen
wie ein Ehebrecher gegenüber der Wahrheit und begeht Diebstahl an der
Richtschnur der Kirche[79]. Dieser Kanon sind hier die *Schriften*[80] in ihrem
authentischen Verständnis in der Gemeinschaft der Kirche. Es ist eben be-

---

[76] So: Hanson, Origen's Doctrine 60f.
[77] καὶ δὴ γνωστικοῦ κανόνα ὁ θεῖος ἀπόστολος διὰ τοσῶνδε παρίστησι, τοῦτο
      μὲν γράφων... .
[78] Hanson, Origen's Doctrine 60, betont dies m.E. zu stark.
[79] κλέπτειν τὸν κανόνα τῆς ἐκκλησίας: VII 16,105,5.
[80] So auch: Kunze, Glaubensregel 150. Zur Bedeutung der »Schriften« bei Klemens
      überhaupt vgl.: ders., a.a.O., 132-147.

zeichnend, daß man diesen Kanon stehlen kann, ihn mißbrauchen und mißdeuten kann. Mit der Benutzung der Schrift stellt sich aber sofort auch die Frage nach dem ihr wahrhaft entsprechenden Verstehen. Das Streben des wahren Gnostikers nach Erkenntnis findet also Maß und Richtschnur in den Schriften.

5. DER KANΩN ΕΚΚΛΗΣΙΑΣΤΙΚΟΣ ALS MASSSTAB WAHRER GNOSIS

a) Κανὼν ἐκκλησιαστικός und κανὼν γνωστικός <9.-11.>

In mehreren anderen Zusammenhängen macht Klemens nun durch die Einführung der Kanon-Begrifflichkeit deutlich, daß gegenüber aller falschen Gnosis die wahre Gnosis als *kirchliche Gnosis* in Übereinstimmung mit dem kirchlichen Kanon steht. Wahre Gnosis richtet sich an derselben Richtschnur aus, die in der Kirche gilt. Wahre Gnosis ist kirchlich normierte Gnosis.

So lehre auch Paulus die Erkenntnis, die die Vollendung des Glaubens ist, als weit über den erteilten Unterricht hinausgehend entsprechend der gewaltigen Lehre des Herrn und dem kirchlichen Kanon (κανὼν ἐκκλησιαστικός)[81]: *(VI 18,165,1)* <9.>.

Den Kontext bildet hier die Darstellung der Überlegenheit der ἐπιστήμη des christlichen Gnostikers über alles Wissen der griechischen Philosophie (162,1f). Wenn die Griechen von ihren Götzenbildern abgelassen haben und die wahre Gerechtigkeit leben, werden sie auch zur höchsten Stufe des Glaubens, der Erkenntnis, gelangen (163.164).

Diese »beherrschende Stellung der Erkenntnis« (164,4) wird nun mit Berufung auf Paulus belegt, der sich in diesem Sinne an die Griechen gewandt habe. Klemens tut dies mit dem Zitat von 2 Kor 10,15f.[82], also einer der wenigen Schriftstellen, in denen der Terminus κανών auftaucht. Es ist bedeutsam, daß Paulus von Klemens hier so interpretiert wird, »daß wir, wenn euer Glaube wächst, unter euch im Einklang mit unserer Glaubensregel bis zu einer außerordentlichen Höhe erhoben werden, so daß wir noch über euch hinaus das Evangelium verkündigen können!«.[83] Das κατὰ τὸν κανόνα ἡμῶν wird als Bestimmung des besonderen

---

[81] ἀλλὰ τὴν γνῶσιν διδάσκει, τελείωσιν οὖσαν τῆς πίστεως, ἐπέκεινα περισσεύειν τῆς κατηχήσεως κατὰ τὸ μεγαλεῖον τῆς τοῦ Κυρίου διδασκαλίας καὶ τὸν ἐκκλησιαστικὸν κανόνα.

[82] ἐλπίδα δὲ ἔχοντες αὐξανομένης τῆς πίστεως ὑμῶν ἐν ὑμῖν μεγαλυνθῆναι κατὰ τὸν κανόνα ἡμῶν εἰς περισσείαν, εἰς τὰ ὑπερέκεινα ὑμῶν εὐαγγελίσασθαι. Vgl. hierzu oben Kap.: III 2.

[83] So die Übersetzung des Paulus-Zitats durch O.Stählin, vgl.: Dt.Übersetzung Bd.IV 352.

Erkenntnishöhen gewürdigten Glaubens verstanden, und die weitere Deutung auf die räumliche Ausbreitung der Verkündigung ausdrücklich abgelehnt (164,4). Vielmehr sei damit die Erkenntnis als Vollendung des Glaubens gemeint, die weit über die Inhalte der Katechese hinausgehe, aber in Übereinstimmung mit der Lehre des Herrn und der kirchlichen Norm stehe (165,1 s.o.).

Es ist die Frage, wie diese Wendung nun zu verstehen ist. *Hanson* hat aus seiner Sicht der Geheimtradition bei Klemens die Stelle so interpretieren wollen, als sei die Gnosis, die jene in der Katechese vermittelten Glaubensinhalte übersteige, mit diesem κανών ἐκκλησιαστικός identisch, den er als »rule of faith« übersetzt.[84] Er wendet sich dabei gegen *Caspari*, dessen Interpretation hier tatsächlich in einer Hinsicht nicht überzeugt. Anscheinend von dem Stichwort »Katechese« gebannt, wollte er nämlich in seiner Absicht, für Alexandrien ein Taufbekenntnis nachzuweisen, darauf hinaus, »daß der kirchliche Kanon eben das bei der Katechese Empfangene sei«.[85] Dies gibt der Text freilich nicht her. Richtig aber hatte bereits auch *Caspari* gesehen, daß der »kirchliche Kanon« hier eine »Regel ... für die wahre Gnosis und den wahren Gnostiker« ist. Es geht vom Kontext her bei dieser Norm eben darum, in Abgrenzung gegen die Ansprüche der Philosophie die Kriterien für die wahre Gnosis zu bestimmen. Man kann deshalb sogar so weit gehen zu sagen, daß der κανών ἐκκλησιαστικός gerade die Gnosis normiert und nicht die Katechese[86], obwohl mir auch dies eine Überinterpretation zu sein scheint. Der kirchliche Kanon ist wohl eher als Terminus technicus für eine Norm zu betrachten, die Katechese und Gnosis betrifft.[87]

Der »kirchliche Kanon« ist also kein Taufbekenntnis und keine Bekenntnisformel, die in der Katechese empfangen wird, aber auch keine gnostische Geheimlehre oder Spekulation, sondern die der »gewaltigen Lehre des Herrn« *nachgeordnete* Norm, die mit ihr zusammen die Grundkoordinaten christlicher Gnosis ausmacht. Die aller Philosophie überlegene christliche Erkenntnis ist für Klemens normierte Gnosis. Sie gewinnt ihre Inhalte von nirgendwo anders her als aus der Lehre des Herrn; dies allerdings nach Maßgabe des in der Kirche gültigen glaubenden Verstehens. Wenn sie die Inhalte, die in der Katechese zur Sprache kommen, auch übersteigt, verläßt sie dabei doch nicht die kirchliche Norm. Der Zusatz zum Begriff der »Lehre des Herrn« hat also ähnlich wie in IV 98,3 eine präzisierende, falsche Auslegung abwehrende Funktion. Eine einfache Identifizierung der »Lehre des Herrn« mit dem κανών ἐκκλησιαστικός geht auch deshalb an dieser Stelle nicht an.[88]

---

[84] Hanson, Origen's Doctrine 57: »The γνῶσις is the κανών ἐκκλησιαστικός!«

[85] Caspari, Clemens 371.

[86] So: Méhat, Étude 303: »Le ›canon ecclésiastique‹ règle donc la gnose, non la catéchèse. Il a son domaine au-delà de l'enseignement élémentaire.«

[87] Dies hält auch: Méhat, a.a.O., Anm.45 für möglich.

[88] Gegen Kattenbusch II 124.

Daß diese Deutung Bestand hat, erweist sich, wenn Klemens an anderer Stelle zeigen will, »daß allein derjenige wahrhaft heilig und fromm ist, der wirklich der kirchlichen Richtschnur (κανὼν ἐκκλησιαστικός) entsprechend Gnostiker ist«[89] *(VII 7,41,3)* <10.>.

> Der Satz fällt im Zusammenhang der Ausführungen über das Gebet in Buch VII Kap.6f. Dort wendet sich Klemens gegen die Häresie des Prodikos, in der die Überzeugung gelebt wird, daß man gar nicht mehr beten solle. Jene aber würden zu Unrecht als Gnostiker bezeichnet werden.

Wahre Gnosis kann es demnach für Klemens nicht im Gegensatz zur maßgeblichen kirchlichen Lehre und Praxis geben. Eine Überhebung über das *Gebet* als zentrale christliche Glaubensäußerung, Weisung des Herrn und seiner Apostel sprengt den Rahmen der Vielfalt christlicher Existenz und stellt die Frage nach dem kirchlich Normativen. Der kirchliche Kanon betrifft also auch die Lebensführung des Christen und des Gnostikers, und obwohl die Weisungen der Schriften in dieser Sache eine eindeutige Sprache sprechen, muß angesichts einer dennoch völligen Fehldeutung der Schrift der kirchliche Normgedanke ins Spiel gebracht werden.[90]

So ist auch »der wahrhaft gnostische Kanon« (ὁ κανὼν ὁ γνωστικὸς ὁ τῷ ὄντι γνωστικός: *V 1,4* <11.>) – eine singulär bei Klemens auftauchende Wendung – keine im Gegenüber zur maßgeblichen Lehre und Glaubenspraxis der Kirche stehende Größe, sondern Ausdruck des *kirchlich* Normativen für das Streben nach Erkenntnis in Abgrenzung gegenüber falschen Axiomen bei der Wahrheitssuche.

> Dies wird eindrücklich deutlich am Anfang des V. Buches, wo sich Klemens gegen die These wendet, daß sich der Glaube auf den Sohn, die Erkenntnis jedoch auf den Vater beziehe. Demgegenüber bindet er Glaube und Erkenntnis sowie Vater und Sohn engstens zusammen. »So gibt es weder die Erkenntnis ohne Glauben noch den Glauben ohne Erkenntnis, und ebensowenig gibt es den Vater ohne den Sohn!« (V 1,3) Deshalb »ist die Erkenntnis des Sohnes und des Vaters, die der gnostischen, der wahrhaft gnostischen Richtschnur entspricht, unmittelbares Erfassen und Ergreifen der Wahrheit durch die Wahrheit«.[91]

---

[89] δεικνύντων ἡμῶν μόνον ὄντως ὅσιον καὶ θεοσεβῆ τὸν τῷ ὄντι κατὰ τὸν ἐκκλησιαστικὸν κανόνα γνωστικόν.

[90] Es ist mir nicht nachvollziehbar, wie Hanson, Origen's Doctrine 60, den kirchlichen Kanon hier deuten kann als: »an intermediate stage between the κανών of the Gnostic and the κανών of the church«.

[91] γνῶσις δὲ υἱοῦ καὶ πατρὸς ἡ κατὰ τὸν κανόνα τὸν γνωστικὸν τὸν τῷ ὄντι γνωστικὸν ἐπιβολὴ καὶ διάληψίς ἐστιν ἀληθείας διὰ τῆς ἀληθείας: V 1,4.

Klemens formuliert hier das zentrale kirchliche Erkenntnisprinzip, den *Kanon* aller christlichen Gotteserkenntnis, wonach Christusglaube und Gotteserkenntnis eine untrennbare Einheit bilden.[92] Gerade dieser »gnostische Kanon« ist ein allgemein kirchlich verbindlicher![93] Er ist die Richtschnur, die zur Erkenntnis der Wahrheit führt, die nur »Erkenntnis der Wahrheit durch die Wahrheit« sein kann.

Der »Kanon der Wahrheit«, das gleich eingangs dargestellte Kriterium christlicher Wahrheitserkenntnis (VII 16,94,5 s.o. <4.>), ist somit wesentlich identisch mit dieser »wahrhaft gnostischen Norm« christlicher Gotteserkenntnis. Diese Norm ist weiterhin bestimmt durch ihre kirchliche Verbindlichkeit (κανὼν ἐκκλησιαστικός). Zu diesem Kanon gehört schließlich auch das Bekenntnis der Kirche und das grundlegende hermeneutische Prinzip für die Auslegung der Schriften. Er bildet auch den Maßstab zur theologischen Durchdringung des christlichen Glaubens und so auch für das methodische Vorgehen des Theologen Klemens. Aber er ist gerade als »Kanon der Wahrheit« nicht auf eine dieser Konkretionen zu beschränken, also weder auf das »Dogmatische« noch auf das »Theologische«, sondern bleibt – darin ganz Ausdruck christlichen Wahrheitsverständnisses – stets bestimmend für die ganze Lebensführung. Diese Aspekte sind nun noch abschließend zu würdigen.

b) Der κανὼν ἐκκλησιαστικός und das Bekenntnis <12.>

Der Wahrheit wird man untreu, wenn der κανὼν ἐκκλησιαστικός übertreten und so das »Bekenntnis zu den wichtigsten Fragen« (τὴν περὶ τῶν μεγίστων ὁμολογίαν) nicht gewahrt wird (*VII 15,90,1f.*) <12.>.

> Ab Kap.15 von Buch VII wendet sich Klemens in einem »häresiologischen Exposé« der Auseinandersetzung mit den Häretikern zu.[94] Er setzt dabei ein mit der apologetischen Abwehr des Argumentes der »Griechen und Juden«, daß man schon wegen der innerchristlichen Spaltungen nicht glauben könne. Denn bei wem solle man die Wahrheit suchen (89,2). Dagegen verweist der Alexandriner nach dem Hinweis auf Spaltungen auch unter den Juden und in der Philosophie und auf die Weissagungen von Irrlehrern durch den Herrn auch auf die in jedem Fall doch bestehen bleibende grundlegende Verpflichtung der Wahrheit gegenüber.

---

[92] Für Kattenbusch II 126, war es nur »irgendwie ein didaktischer Grundsatz«.

[93] Es geht hier also nicht um einen (besonderen?) gnostischen Glaubensartikel oder gar eine solche Praxis, wie Hanson, Origen's Doctrine 60, meinte: »the Gnostic's article of faith or practice«.

[94] Vgl. bes.: Le Boulluec, Hérésie 361-438.

Man dürfe eben auch dann nicht der Wahrheit untreu werden, wenn jemand Vereinbarungen (συνθήκας) übertrete, »und das uns gegebene Versprechen nicht hält« (τὴν ὁμολογίαν παρέλθοι τὴν πρὸς ἡμᾶς), oder das gegebene Wort breche (90,1). Ebenso wie solches der Rechtschaffene nicht tue, selbst wenn andere Vereinbarungen (συνθήκας) übertreten, »so dürfen auch wir in keiner Weise die kirchliche Richtschnur übertreten; und zwar wahren wir vor allem das Bekenntnis hinsichtlich der wichtigsten Fragen, jene aber übertreten es«.[95]

Wir haben hier den Text vorliegen, der im Mittelpunkt des Interesses bei der Suche nach einem Taufbekenntnis in der alexandrinischen Kirche stand.[96] Die *Homologia* περὶ τῶν μεγίστων[97], also das Bekenntnis zu dem einen Schöpfergott und Vater Jesu Christi, zu Christus und zum Hl.Geist, ist die zentrale Manifestation dessen, was in der Kirche maßgeblich ist. Es ist bemerkenswert, daß diese Homologia hier weder als »Glaubensregel« noch als »Wahrheitsregel« bezeichnet wird, sondern in engster Beziehung zum κανὼν ἐκκλησιαστικός steht.

Die Homologia zu überschreiten, bedeutet die kirchliche Richtschnur zu überschreiten. Das Verhältnis zwischen beiden Größen ist so eng, daß das eigentlich nicht stimmige Bild (τὴν ὁμολογίαν παραβαίνειν), das der mit dem Kanon-Begriff verbundenen Horos-Vorstellung entstammt[98], hier auf die Homologia angewendet wird. Dennoch kann man beide Größen nicht einfach identifizieren, wie selbst *Caspari* bereits richtig sah, sondern der κανὼν ἐκκλησιαστικός ist »weiteren Umfangs als sie (sc.die Homologia), (enthält) nicht nur μέγιστα..., sondern auch Dinge, die im Verhältniß zu den μέγιστα ἐλάσσονα sind«.[99]

Es ist *Caspari* zuzustimmen, daß gegenüber den zentralen Bekenntnisinhalten alle anderen Fragen von minderer Bedeutung sind. Dies gilt freilich nur als Verhältnisbestimmung im Blick auf die μέγιστα. Eine absolute Minderbedeutung der »ἐλάσσονα« des κανὼν ἐκκλησιαστικός ist daraus natürlich nicht zu folgern. Die Homologia περὶ τῶν μεγίστων ist demnach eine wesentliche *Konkretion* des kirchlichen Kanons, die hier »vor allem und ganz

---

[95] οὕτως καὶ ἡμᾶς κατὰ μηδένα τρόπον τὸν ἐκκλησιατικὸν παραβαίνειν προσήκει κανόνα· καὶ μάλιστα τὴν περὶ τῶν μεγίστων ὁμολογίαν ἡμεῖς μὲν φυλάττομεν. οἳ δὲ παραβαίνουσι: 90,2.

[96] Die Diskussion darüber ist hier nicht im einzelnen darzustellen. Vgl.: Caspari, Clemens 354ff.; Harnack, Dogmengeschichte I 367 Anm.3 u. 369 Anm.1; Kattenbusch II 118ff.125.128.; Kunze, Glaubensregel 60ff.88f.151.

[97] Vgl. hierzu: Caspari, Clemens 356-361.

[98] Vgl. o. Kap. I.

[99] Caspari, Clemens 357. Vgl. auch Kunze, Glaubensregel 61: »man muss wohl ... folgern«, »dass Clemens κανὼν ἐκκλησιαστικός und Taufbekenntnis eben nicht identifiziert hat«; ähnlich: Kattenbusch II 119.

besonders« (καὶ μάλιστα) zur Sprache kommt, weil die Häretiker – damit das
christliche Wahrheitszeugnis gegenüber Juden und Heiden demontierend –
sich nicht daran halten.[100]

> Bemerkenswert ist hier auch die von Klemens möglicherweise rhetorisch
> ins Feld geführte Parallelität zwischen dem Festhalten am κανὼν ἐκκλη-
> σιαστικός und der seinen Adressaten vertrauten gesellschaftlichen Bedeu-
> tung der Einhaltung von Verträgen und dabei gegebenen Versprechen.
>   Diese Sicht hat *A.LeBoulluec* vertreten.[101] Aus der Tatsache, daß der
> κανὼν ἐκκλησιαστικός hier ein »Äquivalent« zu den συνθῆκαι sei, zieht
> *LeBoulluec* Schlußfolgerungen für die s.E. dadurch deutlich werdende
> Ekklesiologie. Danach werde die Kirche nach dem »modèle de la société
> civile« konzipiert, deren Zusammenhalt durch Verträge und Vertragsein-
> haltung gesichert sei. Der κανὼν ἐκκλησιαστικός trete an die Stelle der
> weltlichen Vertragsbedingungen und werde so »le principe fondateur de la
> société chrétienne en tant que corps politique; elle est aussi la source du
> droit«.[102] Darüber hinaus führe die Verwendung des Terminus »κανών« zu
> einer Veränderung des profanen Modells. Das Gewicht wandere jetzt näm-
> lich von der Zustimmung der Mitglieder »à la rectitude et à l'autorité des
> lois que reçoivent ceux qui constituent la société nouvelle«. Die durch
> Vertragszugehörigkeit garantierten Mitgliedschaftsrechte hätten nun zur
> Voraussetzung »le devoir de respecter ›la règle‹ et les institutions ›ecclé-
> siastiques‹«.[103]
>   Es ist m.E. deutlich, daß der diesen Schlußfolgerungen zugrundeliegen-
> de Kanon-Begriff nicht aus Klemens gewonnen wurde, sondern einer spä-
> teren Zeit entstammt. Von der Autorität von Gesetzen ist bei Klemens
> unter dem Stichwort κανών nicht die Rede. Sollte der Begriff συνθήκη

---

[100] Vor allem über die – wahrscheinliche – Deutung von συνθήκη und Versprechen
(ὁμολογία) in 90,1 auf die Abrenuntiation, dann aber eben über die nicht akzeptable
Interpretation von VI 18,165 zur Katechese (s.o) kam Caspari zu seiner These: »Die
ὁμολογία (und die ... Abrenuntiation) war die kurze Zusammenfassung des beim
katechetischen Unterricht mitgetheilten und empfangenen ἐκκλησιαστικὸς κανὼν«
(a.a.O.,372). Den Gedanken der »Zusammenfassung« oder der »Summe« gibt der Text
freilich nicht her! Es ist deutlich, daß hier axiomatisch von der Vorstellung der
»summarischen Formel« her gedacht wird und es so letzlich doch zu einer inhaltlichen
Identifizierung von Homologia und κανὼν ἐκκλ. kommt. Auch für Kattenbusch (II
128) wurde der κανὼν ἐκκλ. schließlich zum Gegenstand der Verpflichtung bei der
Abrenuntiation, von ihm dann aber verstanden als »die Schriften«. Hanson, Origen's
Doctrine 65f., wandte sich deshalb gegen die These Casparis, daß das Taufversprechen
dem kirchl. Kanon gelten könne, weil er den »Kanon« bei Klemens mit einer in seinem
Sinne verstandenen Geheimtradition und Gnosis vermischt sah.

[101] LeBoulluec, Hérésie 367-370. Vgl. dort 368 Anm.23 zur profanen Bedeutung von
συνθῆκαι und ὁμολογίαι.

[102] A.a.O., 369.

[103] A.a.O., 370.

hier in diesem profanen Sinn gemeint sein, so wäre m.E. zu beachten, daß es sich dann zuerst um einen rhetorischen Vergleich handelt. Der Vergleichspunkt wäre die Vertragstreue im weltlichen Bereich und die Beachtung des in der Kirche Normativen und Maßgeblichen, hier besonders in Hinsicht darauf, was das Bekenntnis περὶ τῶν μεγίστων betrifft. Man könnte daraus durchaus folgern, daß wie das eine für die Vertragsgültigkeit im zivilen Bereich, so das andere für die Zugehörigkeit zur Kirche konstitutiv ist. Der Vergleichspunkt wäre allerdings nicht: Zivilrecht – »Kanonisches« Recht; Gesetz – Kanon.

Dennoch könnte der Begriff συνθήκη hier bereits kirchlicher Fachterminus für die Respektierung der in der Kirche geltenden Vereinbarungen sein, zu der man sich beim Eintritt in die Kirche verpflichtet. Dies scheint die Verwendung des Begriffes bei Origenes wohl eher nahezulegen.[104]

6. DER ΚΑΝΩΝ ΤΗΣ ΑΛΗΘΕΙΑΣ: HERMENEUTIK UND THEOLOGIE

a) Κανὼν τῆς ἀληθείας als hermeneutischer Schlüssel zum Alten Testament
‹13.-14.›

Die »Richtschnur der Wahrheit« wird nun auch explizit angesprochen als das entscheidende *Auslegungsprinzip* und der *hermeneutische Schlüssel* zur Erkenntnis der einen Wahrheit in den Schriften des Alten und Neuen Testamentes. Diese Regel der Schriftauslegung stamme von Christus selbst, werde in der Kirche bewahrt und ist deshalb auch »kirchlicher Kanon«:
»Die kirchliche Richtschnur besteht aber im Zusammenklang und in der Übereinstimmung des Gesetzes und der Propheten mit dem bei der Anwesenheit des Herrn geschlossenen Neuen Bund«[105] (*VI 15,125,3*) ‹13.›.

Klemens entfaltet diese Zusammenhänge mit gehäufter Verwendung der Kanon-Begrifflichkeit in Buch VI Kap.15. Es ist der Sohn Gottes, der in der Wahrheit unterweist (123,1). Durch ihn sind die prophetischen Weissagungen erläutert worden, und er selbst wird in ihnen überliefert (123,3). Gegenüber allen, die nicht so, wie es Gottes und des Herrn würdig ist, von der Hl.Schrift reden und sie überliefern, ist das Verständnis (σύνεσις) und die sorgfältige Pflege (συνάσκησις) der frommen Überlieferung entsprechend der durch die Apostel vermittelten Lehre des Herrn zu predigen (124,4). Dazu muß die Hl.Schrift aber mit hochsinnigem Verständnis aufgefaßt

---

[104] S.u. Kap. IX 3d).
[105] κανὼν δὲ ἐκκλησιαστικὸς ἡ συνῳδία καὶ συμφωνία νόμου τε καὶ προφητῶν τῇ κατὰ τὴν τοῦ κυρίου παρουσίαν παραδιδομένῃ διαθήκῃ.

und mit erhabenen Worten weiter überliefert und entsprechend dem Kanon der Wahrheit ausgedeutet werden.[106] Nur so seien die Gleichnisse der Propheten und Christi richtig zu verstehen. Es ist die von Christus klar vorgetragene Auslegung der Hl. Schrift, die entsprechend der kirchlichen Richtschnur aufgenommen und bewahrt werden muß.[107]

Auch hier gehört der Kanonbegriff also in die antihäretische Auseinandersetzung[108], konkret in den Kampf um das rechte Verständnis des Gesetzes[109] und der Propheten, insbesondere aber der Weissagungen und Gleichnisse der Propheten und Christi, durch die der stets in Gleichnissen redende Heiland die Geheimnisse Gottes verkündige. Die Bestimmung des kirchlichen Kanons in diesem Zusammenhang ist die einer »Regel für die Schriftauslegung«[110] oder eines »harmonistischen und antignostischen Auslegungsprincip(s)«[111].

Es empfiehlt sich m.E. allerdings, die vielzitierte Formel von VI 15,125,3 nicht als isolierte Definition zu sehen, sondern mit dem *Kontext* in den Blick zu nehmen. Bestimmungen des κανὼν ἐκκλησιαστικός wie: »der Inbegriff der übereinstimmenden Lehre der Schriften des alten und neuen Bundes«[112] oder: »die Uebereinstimmung des A.T.'s mit dem Testamente Christi«[113] können dann weiter präzisiert werden. Denn es geht Klemens ja um die vom Herrn selbst vorgetragene Auslegung der Hl.Schrift, also des Alten Testamentes, die als Lehre des Herrn Richtschnur der Wahrheit ist, von der Kirche überliefert und bewahrt wird (124,4), und so als kirchliche Norm den Maßstab für die Auslegung des Alten Testamentes bildet. Man wird also nicht von einem »formalen hermeneutischen Grundsatz über die Schrift« reden dürfen und auch nicht sagen können, »dass hier die Wahrheitsregel ausserhalb der Schrift stehe«[114], sondern muß diese Regel in der *christozentrischen* Deutung

---

[106] καὶ κατὰ τὸν τῆς ἀληθείας κανόνα διασαφοῦντες τὰς γραφάς: 124,5.

[107] ὑπ' αὐτοῦ σαφηνισθεῖσαν <τὴν> τῶν γραφῶν ἐξήγησιν κατὰ τὸν ἐκκλησιαστικὸν κανόνα: ebd.

[108] Mondésert, Clément 119f., sah in der »Definition« von 125,3 eine antimarcionitische Formel.

[109] Zu der bei Klemens vorherrschenden Sicht der Harmonie zwischen Gesetz und Evangelium, vgl. Molland, Conception 16-30.

[110] So richtig: Caspari, Clemens 370.

[111] Harnack Dogmengeschichte I 368; genauso: Völker, Gnostiker 356. Kattenbusch (II 124) wendet sich gegen diese Deutung und will auch hier darauf hinaus, »dass die Schriften an sich den κανών repräsentieren«. Dies aber wird der spezifischen Aussage dieser Stelle nicht gerecht! Vgl. auch Hägglund, Regula fidei 34: »ein Masstab der Auslegung«, der »den Hauptinhalt der Schrift, von welchem her alles andere beurteilt und gedeutet werden muss«, bezeichnet.

[112] Caspari, Clemens 368.

[113] Harnack, Dogmengeschichte I 369.

[114] Dagegen hatte sich zu recht Kunze, Glaubensregel 149, gewandt.

des Alten Testamentes erblicken, wie sie von Jesus selbst gelehrt wurde und in der die Einheit von Altem und Neuem Testament verbürgt ist.

Hanson hatte ein solches Verständnis der Stelle rundweg abgelehnt[115], weil seine Deutung der Geheimtradition bei Klemens[116] bei der richtig gesehenen großen Nähe von »Geheimtradition«, »gnostischer Tradition«, »gnostischem Kanon« und »Kanon der Kirche« dies unmöglich machte. Er kam so zu seiner These einer Vermischung von *regula fidei* und einer gnostischen Geheimtradition anderer Provenienz bei Klemens.[117]

J.Daniélou hat demgegenüber in seiner Untersuchung des klementinischen Traditionsbegriffes[118] deutlich machen können, daß die »gnostische Tradition« bzw. »Geheimtradition« beim Alexandriner allein das Christusgeheimnis zum Gegenstand hat und keine anderen Inhalte als die des Glaubens überliefert. Worum es in der gnostischen Tradition gehe, sei allein »la pleine intelligence de la foi«[119]. Ein wesentlicher Aspekt dieses Verstehens in seiner Fülle sei für Klemens »une interprétation plénière de l'Ancien Testament par le Nouveau. Clément ici est l'héritier de la tradition typologique qui s'enracine dans le Nouveau Testament«. Die Geheimtradition sei »l'interprétation des Ecritures donnée par le Christ aux Apôtres«. Als »l'explication autorisée de la lettre de l'Ecriture par l'Eglise« sei sie identisch mit der Wahrheitsregel und in diesem Sinne auch »kirchlicher Kanon«. Es handele sich um die authentische Interpretation des Alten und Neuen Testamentes als integraler Bestandteil der Tradition.[120] *Daniélous* Sicht korrespondiert so ausgesprochenermaßen mit der dargelegten Interpretation des gnostischen Kanons.[121]

Die Richtschnur der Wahrheit ist nun aber nicht nur eine Auslegungsnorm, sondern auch eine Norm für die gesamte Lebensführung des Gnostikers und deren literarische Darstellung, wie Klemens wenig später betont. Schon von daher empfiehlt es sich nicht, in VI 15,125,3 eine Definition im exklusiven Sinne zu sehen. Denn gleich danach behandelt Klemens im einzelnen die Schwierigkeiten einer sachgerechten Schriftauslegung. Diese bestehen vor allem in dem gleichnishaften Charakter des Schriftwortes im allgemeinen (126), besonders aber in dem der prophetischen Verkündigung und Weissagung

---

[115] Hanson, Origen's Doctrine 61; »But this is altogether too vague and confused an interpretation of the meaning of κανὼν ἐκκλησιαστικός in Clement.«

[116] A.a.O., 63: »It seems to consist ... of suspiciously Alexandrine speculations«; ähnlich: 68ff.

[117] S.o.: 1.

[118] ders., Tradition.

[119] A.a.O., 8-10.10; »la foi pleinement consciente de ses justifications« (9); »Elle n'ajoute rien à la révélation, mais elle est la révélation vécue« (15).

[120] A.a.O., 7.9.

[121] V 1,4 und als κανὼν τῆς ἀληθείας in VII 16,94,5; als Kanon der Kirche in: I 19,96,1.

(127). Besonders sei auch auf die verschiedenen prophetischen Redeformen zu achten, wenn im weiteren die Lebensführung (ἀγωγή) des Gnostikers entprechend dem Kanon der Wahrheit kunstgerecht dargestellt werden soll[122] (VI 15,131,1) <14.>.

b) Zu Klemens' verlorener Schrift »Κανὼν ἐκκλησιαστικός«

Hier ist auch der Ort, auf eine der verlorengegangenen Schriften des Klemens hinzuweisen, die Euseb in seiner Übersicht über dessen Werke aufführt: ὁ ἐπιγεγραμμένος Κανὼν ᾿Εκκλησιαστικὸς ἢ πρὸς τοὺς ᾿Ιουδαΐζοντας, ὃν ᾿Αλεξάνδρῳ τῷ δεδηλωμένῳ ἐπισκόπῳ ἀνατέθεικεν.[123]

Sie war an Bischof Alexandros von Jerusalem gerichtet, dessen Vertrauter Klemens wohl in späteren Jahren war (Euseb, H.e. VI 11). *W.C.van Unnik* hat einen überzeugenden Versuch unternommen, dem Charakter dieses Werkes auf die Spur zu kommen.[124] Davon verdient folgendes hier festgehalten zu werden.

Während alle späteren Erwähnungen des Werkes bei Rufin (H.e. VI 13,3 ed. Mommsen II 547), Hieronymus (De vir.ill.38) und Photios (Bibliotheca, cod.111, ed.Bekker 89f.) nur bezeugen, daß diese keine selbständige Kenntnis der Schrift hatten, ist bei Nikephoros Patr. ein Fragment erhalten (ed. Stählin III 218f.), in dem es um eine typologische Deutung des Tempel Salomons als Typos des Leibes Christi und der Kirche des neuen Bundes geht. *Van Unnik* versucht nun, indem er die Bestimmung des κανὼν ἐκκλησιαστικός in Strom. VI 15,125,3, verstanden als *typologische Auslegung* des Alten Testamentes, mit diesem Fragment verbindet, den Charakter des Werkes zu bestimmen.[125]

Danach müßte die Schrift diese typologische Auslegung des Alten Testamentes als kirchliche Auslegungsnorm gegenüber einer »judaisierenden« davon unabhängigen Interpretation vertreten haben. Sie wäre dem Jerusalemer Bischof als Hilfestellung der Alexandrinischen Theologie zugesandt worden. Es sei wahrscheinlich, daß Euseb das Buch noch in Jerusalem in der dort von Alexander angelegten Bibliothek (H.e. VI 20,1) gesehen haben wird.

Van Unnik kann schließlich auf eine bemerkenswerte Paralle in Didascalia 4 hinweisen (ed.R.H.Connolly 34 = Const.Apost. II 5,4 ed. Funk 37). Dort wird dem Bischof nämlich vorgeschrieben, die Schriften zu

---

[122] τὴν γνωστικὴν ἀγωγὴν κατὰ τὸν τῆς ἀληθείας κανόνα φιλοτέχνως ἐνδεικνύμενοι.

[123] Euseb, H.e. VI 13,3 (ed.Schwartz II 546).

[124] Ders., Opmerkingen.

[125] A.a.O., 58.

studieren und sie zu interpretieren im Vergleich von Propheten, Gesetz und Evangelium, so daß die Auslegung von Gesetz und Propheten in Übereinstimmung mit dem Evangelium steht.[126]

c) Der κανὼν τῆς ἀληθείας als Maßstab theologischer Lehre <15.>

Als Maßstab für alle Suche nach Wahrheit liegt der »Kanon der Wahrheit« endlich auch aller wahrhaft gnostischen Überlieferung zugrunde und bildet deshalb eine Norm für das *theologische Programm* des Klemens und dessen literarische Entfaltung. Es sind die vielverhandelten[127] Präambeln zu Strom. I und IV, in denen Klemens deutlich macht, daß sein Vorgehen »dem Wahrheitsmaßstab der gnostischen Überlieferung entspricht«[128], der mit der »berühmten und erhabenen Richtschnur der Überlieferung« identisch ist[129]. <15.>

In der Präambel zum Strom. IV legt Klemens die Reihenfolge seines geplanten Vorgehens dar: philosophische Prinzipienlehre, Auseinandersetzung mit der Philosophie, Gotteslehre, Prophetie, Schriftlehre, Monotheismus, Häresie (2,1-3); erst danach: die wahrhaft gnostische Wesenslehre (φυσιολογία: 3,1). Diese Reihenfolge, »die dem Wahrheitsmaßstab der gnostischen Überlieferung entspricht« (s.o.), hänge ab von der Lehre über die Weltentstehung (κοσμογονία) und wende sich dann erst der Gotteslehre (Θεολογία) zu (3,2). »Daher werden wir mit Recht den Anfang der Darstellung (τὴν ἀρχὴν τῆς παραδόσεως) mit der von der Prophetie berichteten Schöpfung machen.«

Die Präambel zu Strom.I ist hier gleich dazuzunehmen, nachdem der Parallelismus zwischen beiden Ausführungen offensichtlich ist und bis in das Vokabular hineinreicht.[130] Hiernach besteht das literarische Vorhaben des Klemens in der Aufzeichnung der von hervorragenden Lehrern empfangenen Überlieferung der Apostel (11,1-12,1). Die Schrift werde sich auch mit den Häresien auseinandersetzen und ihnen das entgegenhalten, was vor jeder Gnosis zu klären sei (15,2). »Deshalb wird sie ›entsprechend der berühmten und erhabenen Richtschnur der Überlieferung‹ fortschreiten, wobei wir von der Entstehung der Welt ausgehen wollen« (ἀπὸ τῆς τοῦ κόσμου γενέσεως προϊοῦσιν: I 1,15,2 s.o.). Es müsse aber vorausgeschickt werden, was vor der Naturlehre (φυσικὴ θεωρία) zuerst durchgenommen werden muß, um die nötigen Klärungen für die Aufnahme der gnostischen Überlieferung zu schaffen.

---

[126] Vgl. van Unnik 59.
[127] Vgl. z.B. A.Méhat, Étude 148-175; Lilla, Clement 189ff.
[128] κατὰ τὸν τῆς ἀληθείας κανόνα γνωστικῆς παραδόσεως: IV 1,3,2.
[129] κατὰ τὸν εὐκλεῆ καὶ σεμνὸν τῆς παραδόσεως κανόνα: I 1,15,2.
[130] Dies hat insbesondere Méhat, Étude 154ff., herausgearbeitet.

Danach bestimmt diese Wahrheitsnorm der kirchlichen Überlieferung im allgemeinen und genauso der gnostischen Überlieferung, daß die Darstellung der (gnostischen) Wesens- oder Naturlehre (φυσιολογία; φυσικὴ θεωρία) bei der Schöpfungslehre ihren Ausgang nehmen müsse und man sich erst danach dem Gebiet der Theologie zuwenden könne. Es ist auffällig, daß sich Klemens in I 15,2 eines direkten Zitates aus 1 Clem 7,2 bedient[131].

Hier geht es bei der Wendung »Richtschnur der Tradition« also darum, »de faire progresser la gnose en commençant par la genèse du monde«[132].

> *Méhat* hat zu Recht darauf hingewiesen[133], daß nicht nur die Epideixis des Irenäus mit der Schöpfungslehre einsetzt[134], sondern die Auslegung des Schöpfungsberichtes in der Tradition Philos eine der Grundlagen juden-christlicher Theologie darstellte, die ihr Echo noch in den großen patri-stischen Kommentaren des 4. Jahrhunderts fand. »Il y a tout lieu de croire que la tradition secrète comportait d'abord un commentaire de l'Hexa-hémeron«, und deshalb bestehe auch kein Zweifel, »que ce soit une pièce essentielle de la ›gnose‹ de Clément, le point de départ, sinon le point d'arrivée de son exposition«.[135] Wegen der Parallelität von beiden Präambeln ist *Méhat* sogar geneigt, darin »la réminiscence consciente d'un texte et d'un programme d'enseignement« zu erblicken, das möglicherweise auf Pantainos zurückgehe.[136] Man wird also bei der »gnostischen Überlieferung« an den konkreten Vorgang der Weitergabe in der Lehre zu denken haben.[137]

Der »Wahrheitsmaßstab gnostischer Überlieferung« wäre danach »ein *di-daktisches* Prinzip«[138], das in Übereinstimmung mit der Tradition der Kirche den Ausgangspunkt christlicher Lehre bei der Auslegung des biblischen Schöp-fungsberichtes nimmt.[139] Fragt man weiter, wieso dieses didaktische Prinzip für den christlichen Lehrunterricht, das theologische Programm des Alexan-driners und den Lehrplan christlicher Gnosis gilt, so wird man als normative Größen neben der Tradition natürlich auch auf die Anordnung der »Schrif-ten« als grundlegende Richtschnur hinweisen müsen, nicht zuletzt aber auch auf die innere Anordnung der Homologia.

---

[131] Vgl. u. Kap. XI.

[132] Méhat, Étude 150.

[133] A.a.O., 150f.

[134] Die Schriften des Irenäus waren Klemens bekannt, vgl. das Register bei Stählin Bd.IV 28.

[135] Méhat, Étude 150.151.

[136] A.a.O., 155.157.

[137] So bereits Kattenbusch: II 125 Anm.27; vgl. den sprachlichen Befund: ἀρχὴ τῆς παραδόσεως: IV 1,3,3.

[138] Kattenbusch II 126.

[139] Zur Schöpfungslehre bei Klemens und deren Schriftauslegung vgl.: Méhat, Étude 442ff.; Lilla, Clement 190ff.

Bedeutsam zu sein scheint mir, daß dieser Wahrheitskanon gnostischer
Überlieferung keine exklusive Spezialnorm gegenüber dem allgemeinen Maßstab der Tradition bedeutet. So wird man auch hier *Hanson* nicht zustimmen
können, der gerade von diesen beiden Stellen her bei seiner Deutung der
gnostischen Tradition als »suspiciously Alexandrine speculations« ausging und
entsprechend den κανὼν τῆς ἀληθείας bei Klemens bestimmte.[140] Es ist bei
diesem »Kanon der Wahrheit« trotz aller kontextuellen Nähe zur »Physiologie«
und »Kosmogonie« auch nicht an die bei Philo begegnende[141] innere Harmonie des Universums zu denken, der sich Wahrheitsnormen entnehmen lassen.[142]

7. DER ERTRAG

Wenn nun versucht werden soll, eine zusammenfassende Sicht des »Kanonischen« bei Klemens zu gewinnen, so hat die eingehende Textanalyse der
insgesamt 22 Belege gezeigt, daß dort eine Vielfalt von Aspekten zur Sprache
kommt, die nun auch nicht wieder vorschnell vereinheitlicht werden dürfen.
Es scheint mir deshalb für ein sachgemäßes Verständnis des »Kanonischen« bei
Klemens wenig sinnvoll zu sein, die *regula fidei* – obwohl der Begriff κανὼν
τῆς πίστεως nur einmal vorkommt – zum Zentralbegriff zu erheben und
darüber hinaus noch in einer Bedeutung zu verwenden, die der bei Klemens
anzutreffenden nicht entspricht, sondern bei Irenäus und Tertullian erhoben
wurde.

Dieses Vorgehen begegnet bei *Hanson* und auch bei *Hägglund.* Vor allem
bei letzterem wird deutlich, daß mit diesem *methodischen Schritt* auch eine
inhaltliche Vorgabe erfolgt ist.[143] Denn offensichtlich ist, daß es die bei Irenäus
und Tertullian gewonnene und m.E. für diese beiden Väter bereits fragwür-
dige Einengung des κανὼν τῆς πίστεως oder κανὼν τῆς ἀληθείας auf den
Bereich des Dogmatischen und in diesem Sinne Lehrhaften ist, die als Schlüs-

---

[140] Hanson, Origen's Doctrine 63ff.63. S. o. 1.

[141] S.o.Kap.II 2.

[142] Die vielverhandelte Frage, ob Klemens sein Programm in der Strom. oder überhaupt
verwirklicht hat, kann hier auf sich beruhen. Vgl. aber: Méhat, Étude 159-175; ders.,
TRE 8, 102,34ff.; Lilla, Clement 189 Anm.4. Die Realisierung der Schöpfungslehre
wird allgemein in den als Genesiskommentar vorzustellenden, verlorengegangenen
›Hypotyposeis‹ vermutet, vgl.: Méhat, Étude 521.442 Anm.114; Lilla, Clement 190
Anm.2.

[143] Ganz abgesehen von objektiv nicht haltbaren Formulierungen, die sich daraus ergeben. So z.B. die Aussage, daß bei Klemens der Ausdruck »nicht so häufig« vorkomme
wie bei Irenäus und Tertullian, und daß »alle Belege« für die regula fidei sich in den
Stromateis fänden. Vgl. Hägglund, Regula fidei 30.

sel zur Deutung des kirchlichen Kanons bei Klemens nun dazu führt, daß die diesem Verständnis nicht entsprechenden Texte von vornherein ausgeklammert werden. Die dort anzutreffende Bestimmung des Kanonischen wird einfach zur »Vorschrift im äusseren Sinn« gemacht – was immer das sein mag![144] Dabei spielt es dann auch keine Rolle mehr, daß sich unter jenen ausgeklammerten Stellen eben der einzige Beleg für »regula fidei« bei Klemens befindet (IV 15,98,3) und einer für »regula veritatis« (VI 15,131,1).[145] So findet man, was man als Bestimmung des Kanonischen sucht: »das Lehrfundament der Kirche« und bezeichnet es als eine »ihrem Inhalt nach völlig klare(n) und fest umgrenzt(e) Glaubensregel«[146].

Man wird aber damit nicht der auffälligen Beobachtung gerecht, daß die von Irenäus und Tertullian her scheinbar eindeutigen Begriffsverbindungen *regula fidei* und *regula veritatis* jetzt in neuen und manchmal überraschenden Zusammenhängen auftauchen. Der Begriff κανὼν τῆς πίστεως steht jedenfalls bei Klemens für eine Norm, an der die christliche Lebenspraxis hinsichtlich des dem Christen Erlaubten und Verbotenen ihr Maß findet (s.o.:<7.>)[147]. Gleichzeitig normiert die so verstandene Richtschnur des Glaubens aber auch die Auslegung einer konkreten Stelle der apostolischen Schriften (1 Kor 10,31) in Abwehr ihrer Mißdeutung.

Der Begriff κανὼν τῆς ἀληθείας bezeichnet die Kriterien oder Prinzipien christlicher Wahrheitserkenntnis. Zu ihnen gehört als grundlegend vor aller rationalen Beweisführung die persönliche Glaubensbeziehung zu Christus dem Kyrios, der als ἀρχή in aller Erkenntnis leitet (VII 16,94,5; s.o.:<3.>). Als wahrhafte Erkenntnisnorm bzw. wahrhaft gnostischer Kanon (ὁ κανὼν ὁ γνωστικός) ist er Ausdruck für die konstitutive Verbindung von Glauben und Erkennen, von Christuserkenntnis und Gotteserkenntnis (V 1,4; s.o.:<11.>). Die Richtschnur der Wahrheit ist deshalb als christozentrische Hermeneutik auch das entscheidende Wahrheitskriterium für die Wahrheitserkenntnis bei der Auslegung der Schriften. Diese Hermeneutik ist gesamtkirchlich verbindlich (κανὼν ἐκκλησιαστικός: VI 15,125,3.124,4; s.o.:<13.>). Für die Weitergabe der Erkenntnis der Wahrheit (κανὼν τῆς ἀληθείας γνωστικῆς παραδόσεως) hat der Wahrheitskanon die Bedeutung eines didaktischen Prinzips, das in Übereinstimmung mit der Tradition (κανὼν τῆς παραδόσεως) den Ausgangspunkt der Lehre bei der Auslegung der Schöpfungsgeschichte nimmt (IV

---

[144] »Hier haben wir es also nicht mit einer ›regula fidei‹ im eigentlichen Sinn zu tun«, Hägglund, a.a.O..

[145] Vgl. a.a.O., 30 Anm.97.

[146] A.a.O., 31.

[147] Ich gebe hier nochmals in eckigen Klammern die Plätze an, an denen die ff. Belege analysiert wurden: <1> = I 26,167,1; <2> = VII 3,13,4; <3> = VII 16,94,5; <4> = I 19,96,1; <5> = III 11,71,1; <6> = IV 4,15,4; <7> = IV 15,98,3; <8> = IV 16,101,1; <9> = VI 18,165,1; <10> = VII 7,41,3; <11> = V 1,4; <12> = VII 15,90,1f.; <13> = VI 15,125,3; <14> = VI 15,131,1; <15> = I 1,15,2.

1,3,2; I 1,15,2; s.o.:<15.>). Der κανὼν τῆς ἀληθείας ist aber nicht nur ein
Kriterium und eine Norm für wahrhafte Gnosis, das wahre Verständnis der
Schrift und die wahrhafte Darlegung der Erkenntnislehre, sondern auch maß-
geblich für die gesamte Lebensführung des wahren Gnostikers (VI 15,131,1; s.o.:
<14.>).

Nicht ein einziges Mal begegnet uns unter den Bezeichnungen κανὼν τῆς
ἀληθείας / κανὼν τῆς πίστεως – und auch sonst nicht – eine der *bekenntnishaften* Formulierungen, wie sie von Irenäus oder Tertullian her vertraut sind.
Man sollte daraus nicht den Schluß ziehen, daß solche Formulierungen für
Klemens keine Rolle gespielt haben. Er setzt sie als elementare Bestandteile des
Glaubens wohl einfach voraus.[148] Trotz aller interpretatorischen Überstrapa-
zierung von VII 15,90,1f. (s.o.:<12.>) bei der Suche nach einem Taufbekenntnis
ist die Erwähnung der Homologia dort auch für die Frage nach dem κανὼν
τῆς ἀληθείας bei Klemens nun durchaus bedeutsam. Denn wer die Homologia
übertritt, der übertritt den κανὼν ἐκκλησιαστικός und wird der Wahrheit
untreu. Davor soll die Homologia als kirchliche Norm bewahren. Diese
Homologia ist aber nicht κανὼν τῆς ἀληθείας in einem exklusiven Sinn, wie
auch der κανὼν ἐκκλησιαστικός mit ihr nicht einfach identisch ist, sondern
einen weiteren Bereich des kirchlich Normativen umfaßt.

Es bedarf m.E. besonderer Hervorhebung, daß die Ausrichtung auf das
kirchlich Verbindliche, auf das in der Kirche und für die Kirche Maßgebliche
und Normative, für Klemens eine primäre Bestimmung des Kanonischen
darstellt. Es sind die Begriffsverbindungen κανὼν ἐκκλησιαστικός und κανὼν
τῆς ἐκκλησίας, die bei ihm erstmals und am häufigsten unter allen Wortverbindungen mit *Kanon* auftauchen.[149] Diese Beobachtung steht in Kontrast
zu einem häufig gezeichneten Bild des Alexandriners, bei dem man gegenüber
der klaren *kirchlichen Orientierung* etwa des Bischofs von Lyon gern betont,
daß Klemens ein »unabhängiger alexandrinischer Lehrer« und an den »objektiven Normen und Ordnungen der Kirche kaum interessiert« gewesen sei.[150]
Es ist die historisch nicht weiter zu erhellende Unklarheit[151] der kirchlichen
Einbindung der Lehre und Stellung des Klemens, die zu diesem Bild ihren
Beitrag geleistet hat.[152] Ein Blick auf die Bedeutung des Kanonischen in seiner
kirchlichen Ausrichtung bei Klemens könnte hier vor Überzeichnungen bewahren.

Denn es ist der *kirchliche Kanon*, der in Zuordnung und Nachordnung zur
»Lehre des Herrn« die wahre Gnosis als Vollendung des Glaubens wie auch die

---

[148] So: Daniélou, Tradition 14.
[149] Vgl.: VI 18,165,1; VII 7,41,3; VII 15,90,1f.; VI 15,125,3. 124,5; I 19,96,1; VII 16,105,5.
[150] So z.B.: Campenhausen, Bibel 338.
[151] Vgl. dazu: Méhat, TRE 8, 102,5ff.
[152] In älterer Zeit wurde dieses Bild aus protestantischer Sicht oft in grellen Farben
      gemalt: Klemens als Rationalist, Vertreter des Liberalismus und als Denker, der sich
      im Gegensatz zur Kirche befindet. Vgl. dazu: Völker, Gnostiker 68f.

Katechese normiert (VI 18,165,1; s.o.:<9.>). Man kann wahrer Gnostiker nur in Übereinstimmung mit dem in der Kirche Normativen sein (κανὼν ἐκκλησιαστικός), auch wenn es um die Frage des Betens geht (VII 7,41,3; s.o.:<10.>). Es ist die *Praxis der Kirche*, die maßgeblich ist (κανὼν τῆς ἐκκλησίας), wenn es um die liturgische Ordnung des Hl. Abendmahles geht (I 19,96,1; s.o.: <4.>), und es ist eine kirchliche Norm (κανὼν ἐκκλησιαστικός), die den hermeneutischen Schlüssel zur Erkenntnis der Wahrheit in der Schrift überliefert und bewahrt (VI 15,125,3. 124,5; s.o.:<13.>).

Ohne Zweifel sind es nun aber die *Schriften*, das Gesetz und die Propheten, das Evangelium, die Lehre des Herrn und die Lehre der Apostel, die für Klemens zur Bestimmung des kirchlich, christlich und gnostisch Kanonischen grundlegende Bedeutung haben. Es ist das einheitliche und durchgängige Zeugnis der Schriften, das als wahrhaft evangelische Norm (ὁ κατὰ τὴν ἀλήθειαν εὐαγγελικὸς κανών: III 9,66,1; s.o.: <5.>) für das Verständnis von Ehe und Enthaltsamkeit maßgeblich ist (κανὼν ἐγκρατείας: III 11,71,1; s.o.:<5.>). Nur dies ist eine »gesunde« Norm. Es ist das Evangelium, das unter dem Vorzeichen des Glaubens und der Liebe zu Christus – und nicht dem der Furcht – die Richtschnur christlichen Wandels auch für den Gnostiker ist (κανὼν τοῦ εὐαγγελίου: IV 4,15,4; s.o.: <6.>). Dieser empfängt so den Maßstab seines Strebens nach Vollkommenheit und Erkenntnis aus den Schriften (κανὼν γνωστικοῦ: IV 16,101,1; s.o.:<8.>), die man freilich stehlen und mißbrauchen kann.

Diese Möglichkeit der *Fehldeutung* der Schriften und des damit verbundenen *Mißbrauchs* zur Rechtfertigung falscher Lehren und Praktiken lassen Klemens immer wieder betonen, daß die normative Bedeutung dieser grundlegenden Richtschnur das *authentische Verständnis* und die authentische Auslegung der Schriften mit einschließen. Ja, es sind gewissermaßen die Schriften, an deren Auslegung sich die Frage nach dem Kanonischen gerade erst entzündet. Die authentische und darin maßgebliche Deutung der Schriften ist für Klemens eine »kirchliche Norm« (κανὼν τῆς ἐκκλησίας: I 19,96,1; s.o.:<3.>) gegenüber der Berufung auf ein isoliertes und fehlinterpretiertes Schriftwort (Spr 9,16) durch die »Aquarier«, und eine »evangelische Norm« gegenüber den Enkratiten (III 9,66,1). Als κανὼν τῆς πίστεως bewahrt sie eine apostolische Weisung (1 Kor 10,31: »Alles, was ihr tut...«) vor dem Mißbrauch (IV 15,98,3; s.o.:<7.>) und als »kirchliche Norm« die »Lehre des Herrn« vor der Fehldeutung (VI 18,165,1; s.o.:<9.>). In ihrem Kern ist sie das *christozentrische Auslegungsprinzip* als hermeneutischer Schlüssel für das Alte Testament auf der Grundlage der kirchlich normativen inneren Übereinstimmung von Altem und Neuem Testament (VI 15,125,3. 124,5).

Neben der konstitutiven Bedeutung der Schriften thematisiert Klemens also eigens deren maßgebliche Auslegung als kirchliche Norm. So entsteht schnell die Frage, ob hier nicht »die Tradition zu einer grundsätzlich übergeordneten, unumgänglichen Norm für die schriftlich vorliegende Norm der Bibel selbst« wird und *claritas* und *sufficientia* der Schrift nicht mehr vertreten werden.[153] Für ein Verständnis der klementinischen Argumentation wird man allerdings folgende Aspekte zusammensehen müssen. Zum einen ist der Schriftkanon bei Klemens bis zu einem gewissen Grad immer noch offen und nicht abgeschlossen.[154] Weiterhin ist es für das Verständnis seines Traditionsbegriffes wichtig, in der »Geheimtradition« oder »gnostischen Tradition« nicht eine der Schrift fremde, ungeschriebene Tradition mit anderen Inhalten esoterischer oder spekulativer Natur zu erblicken (gegen *Hanson*), sondern mit *Daniélou* »la intelligence de la révélation« und »la foi pleinement consciente de ses justifications«.[155] Die Schriftauslegung nach der kirchlichen Norm ist ein Ausdruck der Treue der Kirche zu ihrem Herrn, der die *kanonische Auslegung* selbst gelehrt habe, die von der Kirche nur überliefert wird (VI 15,124,5 s.o.:<13.>). So bilden die Überlieferung der Schrift und ihr Verständnis eine untrennbare Einheit. Als Wahrheitskriterium rechter Schriftauslegung steht der κανὼν τῆς ἀληθείας nicht außerhalb der Schrift. Er ist allerdings auch nicht einfach mit den Schriften zu identifizieren.[156]

Die Quelle alles Kanonischen bei Klemens ist in der übereinstimmenden Lehre des Gesetzes und der Propheten, des Evangeliums und der Apostel zu suchen, wie sie in der Kirche gelehrt, gelebt und ausgelegt wird und das kirchliche Leben in seiner gesamten Wirklichkeit normiert. Man wird nicht fehlgehen, bei der Frage nach dem kirchlichen Kanon jede Vorstellung von einer feststehenden, formulierten, geprägten oder gar schriftlichen Größe aufzugeben.

Schließlich darf nicht übersehen werden, daß die klementinische Betonung einer kirchlichen Auslegungsnorm für die Schriften, die allein bei der Suche nach der Wahrheit zum Ziel führe, in *antihäretischem* Kontext steht und eine *konkrete Stoßrichtung* hat. Denn die Auseinandersetzung mit der pseudonymen Gnosis wird auch von Klemens als Nachweis von Inkompetenz und fehlerhafter Auslegung auf dem Feld der Exegese geführt.[157] Der antihäretische Kontext ist darüber hinaus überhaupt von grundlegender Bedeutung für ein korrektes Verständnis des Kanonbegriffes bei Klemens. Denn das Kanonische als kirchlicher Normbegriff wird *ausschließlich*[158] in der Auseinandersetzung mit der Häresie zum Einsatz gebracht. Man geht deshalb von falschen Voraussetzungen aus, wenn man von einer allgemeinen Charakterisierung der Stromateis her meint, »der Zusammenhang (sei) ein anderer als in den antihäretischen Schriften des Irenäus und Tertullian« und Klemens wende »sich nicht in erster

---

[153] Campenhausen, Bibel 353; Genauso: Ritter, Clement 432.
[154] Vgl. Campenhausen, a.a.O., 342.
[155] Daniélou, Tradition 15.9f.
[156] Gegen Kattenbusch (passim, s.o.).
[157] Vgl. hierzu bes.: Le Boulluec, Hérésie 282ff.401-416.
[158] Auch in VI 18,165,1 noch in Abgrenzung gegen den philosophischen Anspruch auf Erkenntnis. Allein I 26,167,1 = <1.> und VII 3,13,4 = <2> bilden eine Ausnahme. An diesen Stellen liegt allerdings unspezifischer Sprachgebrauch vor.

Linie gegen die Ketzer«.[159] Dagegen ist festzuhalten, daß auch die Stromateis in weiten Partien ein »ouvrage de controverse« mit antihäretischer Stoßrichtung sind.[160] Und es sind eben ausschließlich jene kontroverstheologisch antihäretischen Passagen, in denen die Kanon-Begrifflichkeit auftaucht. Hier ist an die eingangs gemachte Beobachtung zu erinnern, wonach Klemens im Paidagogos die Grundlagen christlichen Lebens und christlicher Sittlichkeit ohne Rekurs auf den Kanon-Begriff unter Verweis auf Lehre, Weisungen und Gebote der Schrift darstellen kann. Für Fragen kirchlicher Ordnung gilt anscheinend das gleiche.

Das für Glaube und Leben der Kirche grundlegend Normative kommt also nicht erst im Kanonischen zur Sprache. Oder anders gewendet: der Kanonbegriff bringt in all seinen Anwendungsfeldern nicht das *Normativ-Grundlegende* zum Ausdruck, sondern das *Normativ-Unterscheidende* und Abgrenzende gegenüber Irrlehre, Irrglaube, falscher Auslegung der Schrift und falscher Praxis. »Kanon« ist bei Klemens ein antihäretischer Normbegriff. Als Formulierung des Normativ-Unterscheidenden ist der »kirchliche Kanon«, »Kanon der Wahrheit«, »Kanon des Glaubens« usw. deshalb auch nicht beschränkt auf den Bereich von Lehre, Dogma und Bekenntnis, sondern betrifft die Prinzipien der Gotteserkenntnis, der Hermeneutik und theologischen Didaktik, aber auch die christliche Lebensgestaltung und die kirchliche Ordnung.[161] Er gilt genauso für den wahren Gnostiker, für den es keine Sondernormen gibt. Das Kanonische beleuchtet also gleichsam ausschnitthaft nur die Bereiche kirchlicher Wirklichkeit, in denen das Maßgebliche gegenüber der Verfehlung bewahrt werden muß.

Dies müßte m.E. auch bei der allgemeinen Frage nach den christlichen Normen bei Klemens beachtet werden, weil das Kanonische als Normativ-Unterscheidendes seine spezifische Ausrichtung verliert, wenn es nach der Schrift und der Unterscheidung von Pistis und Gnosis als »andere Norm« aufgeführt und zu allgemein als »substance of faith ... and ... substance of scripture« definiert wird.[162]

---

[159] So: Hägglund, Regula fidei 30.

[160] So: Méhat, Étude 412-417.398-420. Vgl. jetzt bes. Le Boulluec, Hérésie 262-438; Kap.IV unter dem bezeichnenden Titel: »Le ›libéralisme‹ de Clément d'Alexandrie et ses limites«.

[161] III 71,1; 66,1; 105,1; 109,2; IV 15,4; 98,3; I 96,1; VII 47,3. Was die normierten Inhalte angeht, so hatte diese Caspari durchaus richtig gesehen. Vgl. Caspari, Clemens 369f.: »Seinem Inhalt nach ... ist der κανὼν ἐκκλησιαστικός... der Inbegriff des katholischen Glaubens und der katholischen Lebensordnung, indem er nebem dem den kirchlichen Glauben betreffenden Element ... auch ein die Lebensführung ... und die kirchliche Ordnung betreffendes enthält. Er ist Regel für die Schriftauslegung und für die wahre Gnosis und den wahren Gnostiker«. Vgl. auch: Zahn, Glaubensregel 682-688.687.

[162] So: Ritter, Clement 433. Ähnlich bei Campenhausen, Bibel 352: »die geistliche Substanz des christlichen Glaubens, der in der christlichen Gemeinschaft lebt«.

Der kirchliche Kanon als antihäretischer Normbegriff und diejenige Größe im theologischen Denken des Klemens, an der das Normativ-Unterscheidende und darin Grundlegende für den christlichen Glauben, das Erkennen und Leben in der Kirche zur Sprache kommt, ist schließlich nicht der Ort, an dem philosophische Abhängigkeiten oder Adaptionen eine bemerkenswerte Rolle spielen. Jedenfalls begegnet uns der alexandrinische Lehrer hier als ein kirchlicher Theologe, der keinen Zweifel läßt an seiner Christusbeziehung als Zentrum seines Glaubens und Erkennens in Treue zum apostolischen Zeugnis und der Überlieferung der Schriften des Alten und Neuen Testamentes. Am Kanonischen erweist sich gewissermaßen die Kirchlichkeit des Klemens, und es empfiehlt sich deshalb nicht, für das Gesamtbild der Theologie des alexandrinischen Lehrers sein Beharren auf dem κανὼν ἐκκλησιαστικός unberücksichtigt zu lassen.

VIII. DER »HOROS DER WAHRHEIT« BEI HIPPOLYT

1. »RICHTSCHNUR DER WAHRHEIT«, »HOROS DER WAHR-HEIT« UND »WAHRHEITSERWEIS«

Nur an einer einzigen Stelle in den erhaltenen Schriften von Hippolyts († ca.235) umfangreichem Werk[1] begegnet uns der Terminus κανὼν τῆς ἀληθείας. Dies erfolgt im Zusammenhang der Ankündigung von Ziel und Absicht des X. und letzten Buches der Refutatio omnium haeresium in *Refut. X 5.*

Schon kurz davor, am Ende von Buch IX, hatte Hippolyt eine »Darstellung der Wahrheit« (ὁ τῆς ἀληθείας λόγος) als »Höhepunkt« des ganzen Werkes in Aussicht gestellt.[2] Während nach seinen Worten die Bücher I-IX der Widerlegung (Elenchos) der Häresien gedient hätten, solle es nun um den »Wahrheitserweis« gehen (τὴν τῆς ἀληθείας ἀπόδειξιν)[3]. Dann würden nämlich all jene irrigen Sophismen offenbar werden, wenn der »Horos der Wahrheit« (ὁ τῆς ἀληθείας ὅρος)[4] aufgewiesen wird. Dieser entstamme weder der Weisheit der Griechen, noch den Lehren der Ägypter, Chaldäer oder Babylonier, sondern der »ὅρος ἀληθής«[5] widerlege den Irrtum durch sich selbst. »Ihn betreffend haben wir bereits vielfach

---

[1] Es ist hier nicht der Ort, in die äußerst kontroverse Diskussion um Person und Werk von Hippolyt einzugreifen. Nachdem diese sich allerdings vor allem in der Zuordnung einzelner Schriften manifestiert, muß sie für unsere Fragestellung im Blick bleiben. Den Versuch einer unparteiischen Bestandsaufnahme bieten jetzt: M.Marcovich in: TRE 15, 381-387; C.Scholten in: RAC 15, 492-551. Zu den Positionen der Hauptkontrahenten vgl. deren einschlägige Überblicksartikel: M.Richard in: DSp 7, 531-571; P.Nautin in: EEC 1, 383-385. Der Versuch einer Bestätigung der traditionellen Position der Einheit von Person und Werk Hippolyts insbesondere hinsichtlich der zentralen Schriften *Refutatio omnium haeresium* und *Contra Noetum* wurde von J.Frickel vorgelegt (Dunkel). Vgl. dort (1-122) auch die ausführliche Darstellung der Kontroversen und ihrer historischen Voraussetzungen. Die Verfasserschaft Hippolyts für die Refutatio setze ich nach heutigem allgemeinen Konsens voraus, vgl. Marcovich TRE 15, 383f.

[2] Refut. IX 31,2 (378,11); vgl. auch X 6,1 (380,3). Unter derselben Bezeichnung auch im Inhaltsverzeichnis am Anfang des Buches X; vgl.: X 4 (379,5). Zitate und Seitenangaben zur Refutatio beziehen sich auf die Edition von M.Marcovich.

[3] Refut. X 5,1 (380,3).

[4] A.a.O., (380,4).

[5] Refut. X 5,2 (380,9).

›ἀποδείξεις‹ verfaßt und gründlich die *Richtschnur der Wahrheit* den Interessierten reichlich aufgezeigt«[6]. Nun solle durch das X. Buch die »ἀπόδειξις« gegeben werden.

Der Terminus κανὼν τῆς ἀληθείας taucht hier also in enger Nachbarschaft zu den Wendungen λόγος τῆς ἀ., ἀπόδειξις τῆς ἀ. und ὅρος τῆς ἀ. auf. Während »Logos« wohl eher im weiteren Sinn einer »Darstellung« der Wahrheit zu verstehen ist, bringt Hippolyt das Spezifische seines Vorhabens, nämlich in abgrenzender Art und Weise und mit Beweiskraft die Wahrheit näher zu bestimmen, mit den Begriffen ἀπόδειξις[7] und ὅρος zum Ausdruck. Aus seiner Formulierung, daß er bereits viele »Apodeixeis« über den ὅρος ἀληθής verfaßt habe, in denen der κανὼν τῆς ἀληθείας aufgewiesen worden sei, läßt sich vorerst soviel entnehmen, daß Hippolyt Darstellung, Nachweis, Bestimmung und Definition der Wahrheit, wie sie von ihm dargeboten werden, als in Übereinstimmung mit der Richtschnur der Wahrheit stehend betrachtet. Hippolyt verwendet jedenfalls in der Durchführung[8] des Wahrheitserweises in X 32-34 nicht mehr den Terminus κανὼν τῆς ἀληθείας, sondern redet nochmals von »τοιοῦτος ὁ περὶ τὸ θεῖον ἀληθὴς λόγος«[9]. Als Bezeichnung des von ihm Refut. X 32-34 Dargebotenen stehen also die Begriffe λόγος, ἀπόδειξις und ὅρος ganz im Vordergrund.

Werfen wir trotz der unentschiedenen Verfasserfrage[10] einen Blick auf das Fragment *Contra Noetum*, das in den Paragraphen *9-17* einen verwandten

---

[6] A.a.O., (380,10ff.): περὶ οὗ εἰ καὶ πλειστάκις ἀποδείξεις ἐποιήσαμεν καὶ ἱκανῶς τὸν τῆς ἀληθείας κανόνα <καὶ> ἀφθόνως τοῖς βουλομένοις <ἐπιγνῶναι> ἐπεδείξαμεν.

[7] »Ἀπόδειξις« scheint freilich auch einfach im allgemeinen Sinn einer literarischen Publikation mitzuschwingen. Bei Lampe, Lexicon, fehlt das Stichwort, vgl. aber: Liddell-Scott, Lexicon 195f. s.v.2. Entsprechend habe ich übersetzt: »haben wir bereits vielfach ἀποδείξεις verfaßt ...«. Hippolyt verfaßte selbst ein Werk unter dem Titel: Ἀπόδειξις χρόνων τοῦ Πάσχα; vgl. unten: Anhang II.

[8] Diese müßte eigentlich in Refut. X 6 folgen. Es kommt aber erst die »Epitome der Philosophen« (X 6-8), die »Epitome der Häresien« (X 9-29) und der Altersbeweis für die Gottesverehrer (X 30-31). Zu dieser »unorganische(n) Komposition« des X.Buches und den diversen Erklärungsversuchen vgl.: Frickel, Dunkel 125-146.

[9] Refut. X 34,1 (415,1).

[10] Nach M.Richard stammt »Contra Noetum« nicht von Hippolyt, sondern wegen trinitätstheologischer Interpolationen von einem mittelmäßigen Verfasser des 4. Jahrhunderts; vgl: ders., DSp 7, 533 und Marcovich, TRE 15, 382,20ff; Scholten, RAC 15, 497. Für P.Nautin, Hippolyte. Contre les hérésies, Paris 1949, ist gerade C.Noet. genuin hippolytisch. Frickel, Dunkel 175ff., versuchte die Verfasserschaft Hippolyts für Refut. und C.Noet. zu erweisen, hat aber mittlerweile seine Position im Sinne Richards korrigiert und dessen zeitliche Einordnung untermauert, vgl. ders.: Contra Noetum. Vgl. zur Debatte auch: G.Feige, Lehre Markells 203-212, der es weiterhin für möglich hält, »daß diese Schrift ebenso im 3. Jh. verfaßt worden sein kann« (212). Die Position Richards untermauert: Hübner, Noet von Smyrna 219-223.

Wahrheitserweis (ἀπόδειξις τῆς ἀληθείας) bietet[11], die nicht zuletzt deshalb für die Frage der Verfasserschaft im Zentrum des Interesses stehen. Es läßt sich feststellen, daß hier weder die Wendung κανών τῆς ἀληθείας auftaucht noch der Begriff ὅρος zur Anwendung gelangt. Allein von einer ἀπόδειξις ist die Rede.

Nun mag man sich wundern, daß die Kanon-Begrifflichkeit bei einem Theologen, der als Schüler des Irenäus gilt[12], anscheinend keine größere Rolle spielt[13]. Und so liegt es wohl nahe, einfach die Wendungen κανών τῆς ἀληθείας und ὅρος τῆς ἀληθείας zu identifizieren. Die verwandte Bedeutungsgeschichte von Horos und Kanon[14] spräche dafür, und das Auftauchen der Begriffe in unmittelbarer Nachbarschaft in Refut. X 5 verleitet dazu. Nachdem Hippolyt in *Refut. X 32f.* einen ausführlichen »Horos der Wahrheit« bietet, hätte man dann in diesen Ausführungen – verstanden als *Richtschnur der Wahrheit* – eine detaillierte inhaltliche Darstellung der »Wahrheitsregel« bei Hippolyt vorliegen. In der Tat wird in der einschlägigen Literatur bislang so verfahren.

> Entsprechend meinte *H. von Campenhausen:* »Hippolyt ... kennt natürlich den Begriff der Richtschnur (elench. X 5,2; Euseb, H.e. V 28,13), bevorzugt aber andere Bezeichnungen (τὸ τῆς ἀληθείας κήρυγμα, ὅρος τῆς ἀληθείας, ἐκκλησιαστικοὶ ὅροι) und hat ihn, ohne den κανών als solchen zu erwähnen, ... am Schluß des 10.Buches im Elenchos auch ausführlich wiedergegeben.«[15] *Campenhausen* nimmt also auch noch die Begriffe τὸ τῆς ἀληθείας κήρυγμα und ἐκκλησιαστικοὶ ὅροι als Synonyma hinzu.
>
> *R.P.C. Hanson* geht noch einen Schritt weiter, indem er als materialen Beleg für »The contents of the rule of faith« bei Hippolyt eine Auswahl zentraler Passagen aus C.Noet. 17 und 18 bietet, obwohl dort weder von κανών τῆς ἀληθείας noch ὅρος τῆς ἀ. die Rede ist.[16]
>
> *L. Abramowski* [17] bezeichnet Refut. X 32.33 »als eine lange binitarische regula fidei«. Und auch *M.Marcovich* [18] geht von einer Identität von ὅρος, κανών und ἀπόδειξις an dieser Stelle aus.

---

[11]   C.Noet. VIII 4 (Ed. P.Nautin 1949, 249,27.251; Butterworth 1977, 67,2).

[12]   Photios, Bibl., cod.121; vgl.: Richard, DSp 7, 534.

[13]   Nachdem das Werk Hippolyts nur fragmentarisch erhalten ist, verbieten sich weitergehende Aussagen. Auch im umgangsprachlichen Sinne taucht der Begriff in der Refut. freilich nur einmal auf. In IV 14,9 (107,43) bezeichnet Hippolyt mit der Wendung ἐννεαδικὸς κανών das »Neunermaß« oder »Neunersystem« der Zahlenspekulation der »Arithmetiker«. Zum Zitat aus dem »kleinen Labyrinth« über die Anhänger Artemons (Euseb, H.e. V 28,13ff.) s.: Anhang I.

[14]   Vgl.: Oppel, Κανών 73ff.

[15]   Ders., Bekenntnis Eusebs 288 Anm.16.

[16]   Hanson, Tradition 88.

[17]   Untersuchungen 20.

[18]   PTS 25, 41.

Die Identifizierung dieser und weiterer Begriffe ist freilich schon älter.
Sie findet sich bereits in der unübertroffenen Studie von *A.Hamel* über
Hippolyts Ekklesiologie in einem ausführlichen Abschnitt über »Die
Wahrheitsregel«, in dem *Hamel* alle bislang vorgestellten Begriffe einheitlich und identisch als »Zusammenfassung der wahren Lehre« deutet.[19] Für
die Bedeutung von ὅρος in diesem Zusammenhang schlägt er die Übersetzung »Lehrbestimmung« vor: »Die ›Wahrheit‹ ist also der Inhalt eines
›Lehrbegriffes‹ (λόγος), einer ›Lehrbestimmung‹ (ὅρος) oder ›Regel‹.... Sie
ist also formell eine ›Lehre‹ neben und im Gegensatz zu den vielen Lehren
der Häretiker«.[20] Entsprechend bilden die Darlegungen Hippolyts in Refut.
X 32f. und C.Noet.17.18 für *Hamel* eine inhaltliche Darstellung der
»Wahrheitsregel«; sie seien der »κανὼν τῆς ἀληθείας dort, wo Hippolyt
ihn inhaltlich ausführt«[21]. *Hamel* beruft sich bei seiner Definition dieser
»Wahrheitregel« als »*Lehrsumme*« auf *Kattenbusch*[22] und *R.Seeberg*, den er
zitiert[23]: »So hat Hippolyt« seine Refutatio »mit einer Wahrheitsregel beschlossen, die ein ganzes theologisches System mit Einschluß der Heilsgeschichte in sich faßt.« Diese »Wahrheitsregel« wird dann von *Hamel*
zwar klar gegen sich andernorts bei Hippolyt findende Zeugnisse für »eine
ältere Form des altrömischen Symbols« abgegrenzt, ihr Inhalt aber schließlich von den genannten Wahrheitserweisen her bestimmt: »Hippolyts
Wahrheitsregel ist die Zusammenfassung der antihäretisch bestimmten
ἀλήθεια als der gesamten, an Gott und Christus orientierten Heilslehre,
aber keine feststehende Formel.«[24]

Die inhaltliche Bestimmung des κανὼν τῆς ἀληθείας von den »Wahrheitserweisen« in Refut. X 32.33 [und C.Noet.17.18] her reicht also bis in die ältere
Symbolforschung zurück. Es erhebt sich m.E. allerdings die Frage, ob diese
Identifizierung ohne weiteres gerechtfertigt ist. Zur Klärung dieser Frage und
der spezifischen Bedeutung der Wendung »ὅρος τῆς ἀληθείας« bei Hippolyt
im Verhältnis zur Richtschnur der Wahrheit soll im folgenden nach Inhalt
und Charakter des Wahrheitserweises in Refut. X 32.33 gefragt werden, weiterhin die Verwendung der Horos-Begrifflichkeit bei Hippolyt überprüft und
sein Wahrheitsbegriff näher in den Blick genommen werden.

---

[19] A.Hamel, Kirche 93-98.93f.; im Ergebnis auch übernommen von G.G.Blum, Hippolyt
96 Anm.6.
[20] Hamel, Kirche 94; vgl. auch a.a.O., Anm. 3.
[21] A.a.O., 95.
[22] Ebd. Anm.1: Kattenbusch II 358; vgl. auch: Kunze, Glaubensregel 129ff.
[23] Seeberg, Dogmengeschichte I 380 Anm.3.
[24] Hamel, Kirche 95-98.98.

2. INHALT UND CHARAKTER DER »WAHRHEITSERWEISE« IN REFUT. X 32.33 (UND C.NOET.9-17)

Fragt man nun nach Inhalt und Charakter dieser *»Wahrheitserweise«*, so läßt sich folgendes sagen.[25] Die Grundstruktur des ὅρος τῆς ἀληθείας in *Refut. X 32.33* bilden die »Kernsätze eines relativ einfachen Glaubensbekenntnisses als Rahmen«[26].

> Dieses ist zweigliedrig und thematisiert einerseits den Glauben an den einen Gott und Schöpfer aller Dinge (X 32), andererseits an den göttlichen Logos (X 33), seine Zeugung (33,1), sein Schöpfungswerk (33,2-10), die Gabe des Gesetzes (33,10), seine Verkündigung durch die Propheten (33,11-13), seine Menschwerdung und sein Heilsangebot (33,14-17). Die gleiche Grundstruktur hat *Frickel* auch für *C.Noet.9-17* darstellen können.[27]
>
> Innerhalb dieses Rahmens werden von Hippolyt eine Fülle von Themen vor allem kosmologischer und anthropologischer Natur behandelt. Diese betreffen die absolute Einheit Gottes (32,1-5), die Erschaffung der Himmelskörper und der Tiere (33,5-6) sowie des Menschen (33,7). Dabei werden sogleich dessen Vorrangstellung und Berufung, die Frage von Gut und Böse, das Problem der Willensfreiheit und Selbstbestimmung und das dem Menschen gegebene Gesetz abgehandelt (33,7-10). Für beide »Wahrheitserweise« hat *Frickel* als Ergebnis seiner eingehenden inhaltlichen Analysen herausgearbeitet, daß sie »über das kirchliche Credo hinausgehende theologische Aussagen (enthalten) ..., die als charakteristische Merkmale der Theologie Hippolyts anzusehen sind, da sie sich erstmals bei ihm und nur bei ihm finden«.[28]

Was die spezifischen Unterschiede zwischen beiden »Apodeixeis« anlangt, so ist die »philosophische Orientierung« in Refut. X 32.33 besonders auffällig.[29] Dieser »Horos der Wahrheit« richtet sich »von Anfang an an die ganze Menschheit, in erster Linie also an die heidnische Welt«.[30] Diesem heidnischen Leserkreis wird die christliche Lehre »nur in Form einer ersten Präsentation« vorgetragen. Dabei lag es für Hippolyt »zweifellos nahe, bei der Darbietung der christlichen Lehre an den popularphilosophischen Vorstellungen der gebildeten Leser ... irgendwie anzuknüpfen«.[31] Dies geschieht in ständiger Bezugnahme auf philosophische Fragen und in Orientierung an der hellenistisch-

---

[25] Zum folgenden vgl. im einzelnen: Frickel, Dunkel 211-250.

[26] A.a.O., 212.

[27] A.a.O., 212f.

[28] A.a.O., 247; zu den inhaltlichen Vergleichen vgl.: 216-246.

[29] Vgl. hierzu im einzelnen: Frickel, Dunkel 146-175.152-169.

[30] A.a.O., 148.

[31] A.a.O., 153.

jüdischen Theologie und deren Auseinandersetzung mit den philosophischen Spekulationen der hellenistischen Welt.[32] So hat »die Bestimmung des Wahrheitserweises für ein universales heidnisches Publikum die konkrete Darstellung des Themas in hohem Maße beeinflußt. Die Ausführungen über die christliche Wahrheit sind von Anfang an bis zum Ende durchsetzt mit philosophischen und ethischen Fragestellungen, die deutlich zeigen, daß wir eine erste Präsentation der christlichen Wahrheit vor einem heidnischen Publikum vor uns haben«.[33] Der »Horos der Wahrheit« in Refut. X ist demnach »keine kircheninterne, also für Christen bestimmte dogmatische Darlegung, sondern eine an alle Menschen, also vor allem Heiden sich richtende erste Präsentation der christlichen Lehre«[34].

Eigenart und Zweck des »Wahrheitserweises« in *C.Noet.* besteht demgegenüber darin[35], die Logoslehre in dem Sinne, daß nicht der Vater, sondern der Logos Mensch geworden ist, als apostolischen Glauben darzulegen (17,1-2), sich gegen den Vorwurf des Ditheismus zu wehren (11,1-3; 14,2-3), deshalb auch stark die Einheit Gottes zu betonen (7,3; 10,1-11,3) und sich gegen eine innerkirchliche modalistische Theologie abzugrenzen, die Vater und Sohn unter Berufung auf Joh 10,30 nicht als zwei Personen unterscheidet. Dies erfolgt methodisch durch die Interpretation von Schriftstellen. So handelt es sich hier im Gegensatz zur Refut. um »eine *innerkirchliche Lehrschrift*, die bei ihren Lesern eine beträchtliche Vertrautheit mit den Schriften des Alten und Neuen Testaments voraussetzt«.[36] Diese Charakterisierung ist unabhängig davon, ob man in dem gesamten Fragment nun »die Frucht einer innerkirchlichen Auseinandersetzung mit dem Modalismus noetischer Prägung« sieht oder eine antimarkellische »Neukomposition«.[37]

Wenn diese Charakterisierungen der beiden »Apodeixeis« zutreffen, die ja im Kern jenseits der Frage der Zuordnung beider Schriften nicht umstritten sind, ist m.E. zu fragen, ob es angemessen ist, in Refut. X 32.33 und C.Noet. 17.18 inhaltliche Ausführungen der Richtschnur der Wahrheit zu erblicken. Es stellt sich aufgrund dieses Befundes eher die Frage: Wieso redet Hippolyt in Refut. X bei seiner Darbietung einer *Apodeixis* der Wahrheit von einem *Horos*

---

[32] A.a.O., 154-169.

[33] A.a.O., 169.

[34] A.a.O., 148. Schon Hamel, Kirche III Anm.2, sprach davon, daß die Refut. hier zu einer »Missionspredigt« werde. Frickel schließt aus all dem, daß es sich bei dieser »Apodeixis« um eine abgekürzte Fassung des »Wahrheitserweises« der nur fragmentarisch erhaltenen Schrift »De universo« handeln müsse; vgl. 169ff.

[35] Ich beschränke mich hier auf das für unsere Fragestellung Entscheidende. Zu den für die Hippolyt-Diskussion grundlegenden Fragen (Verhältnis zu Epiphanios Panar. 57,1-10; Schluß von Hippolyts Syntagma?, usw.) vgl. im einzelnen: Frickel, Dunkel 175-210.

[36] Frickel, Dunkel 171 (Kursiv: H.O.).

[37] So: Frickel, Dunkel 172; ders., Contra Noetum 122.

und nicht von einem *Kanon* der Wahrheit, und was bedeutet dann die Wendung »Horos der Wahrheit« an dieser Stelle? Für die »Apodeixis« in C.Noet. 17.18 – die Verfasserschaft Hippolyts für einen Grundbestand einmal hypothetisch vorausgesetzt – könnte man außerdem fragen, wieso dort dann auch nicht von einem »Horos« der Wahrheit die Rede ist. Zur Beantwortung dieser Fragen wird es sich empfehlen, der Begriffsverwendung von ὅρος und ὁρίζειν bei Hippolyt einmal näher nachzugehen und auch nach der Bedeutung seines Wahrheitsbegriffes zu fragen.

3. ZUR HOROS-BEGRIFFLICHKEIT BEI HIPPOLYT

Die Begriffe ὅρος/ὁρίζειν werden von Hippolyt in der Refut. relativ häufig benutzt. Von der Grundbedeutung von ὅρος als »Grenze«[38] einmal abgesehen, ist hier zuerst auf die Verwendung im Sinne von »Bestimmung«, »Definition« und entsprechend »bestimmen, definieren« im *philosophischen Sinne* hinzuweisen.

> In diesem Sinne spricht Hippolyt in Refut. I 21,1 (83,1) von den Syllogismen und Definitionen der Stoiker; ὁρίζειν wird analog in Refut. VII 18,4 (283,22) von Aristoteles ausgesagt. In VII 18,4 (2x) (283,21.23) wird ὅρος für die Definition von ζῷον und in VII 19,5-7 (3x)(285,24.25.30) für die aristotelische Definition von »Seele« und »Gott« verwendet. Entsprechend benutzt Hippolyt ὁρίζειν auch für häretische Definitionen und Bestimmungen der Prinzipien des Alls, so etwa für Markion und Kerdon: X 19,1 (398,2); VII 29,3 (304,7). Schließlich kommt der Begriff auch für die Bestimmung des Horoskops in der chaldäischen Astrologie zur Verwendung: IV 3,4 (94,14.21); 4,2 (95,6) u.ö.

Daneben steht weiterhin eine häufige Verwendung von ὅρος/ὁρίζειν für die Bestimmungen und Festsetzungen, die das praktische Leben und die *Ordnung der Kirche* betreffen. Ganz entsprechend wird ὁρίζειν auch für die praktischen Regelungen der häretischen Gemeinschaften verwendet.

Als erstes sei hier auf die *Bußbestimmung Kallists* hingewiesen, die wegen ihrer Bedeutung für die Geschichte der *paenitentia secunda* und für das römische Schisma zwischen Hippolyt und Kallist stets besondere Aufmerksamkeit gefunden hat. Hippolyt kommt auf diesen ὅρος des Kallist im Zusammenhang seiner haßerfüllten Darstellung der Vita des römischen Bischofs (218-222) zu sprechen, die diesen als Häretiker und zu Unrecht als Märtyrer in den

---

[38]   Refut. V 7,28 (150,146).

Klerus Aufgenommenen diffamiert (Refut. IX 11-12).[39] Inhaltlich bestand dieser *Horos Kallists* nach Hippolyt in folgendem:

>»Er wagte es als erster, den Leuten Dinge, die zur Befriedigung der Lüste
>dienen, zu erlauben, und erklärte, allen würden von ihm die Sünden
>nachgelassen. Wenn einer, der einer anderen Gemeinschaft angehört und
>dort den christlichen Namen erhalten hat, eine Sünde begangen hat, so
>wird ihm die Sünde nicht angerechnet, wenn er nur der Schule des Kallist
>zuläuft«.[40]

Die Diskussion über die präzise Bedeutung dieser Bußbestimmung ist
bekanntlich umfangreich. Besonders die Frage nach der eventuellen Identität
mit dem von Tertullian in *De pud.*1, 6 behandelten »peremptorischen Edikt«
eines »*pontifex maximus, quod <est> episcopus episcoporum*« hat hier im Vordergrund
des Interesses gestanden. Man darf es heute wohl als unwahrscheinlich
betrachten, daß Tertullian in Kallist seinen Gegner und in obigem ὅρος dessen
edictum erblickte.[41] Umstritten ist aber auch, ob dieser Horos – wie der
Wortlaut bei Hippolyt jedenfalls nahelegt – nur Rückkehrwillige aus der
Häresie[42] im Blick hatte oder auch die eigene Gemeinde Kallists betraf[43];
weiterhin aber auch, ob es sich überhaupt um die Frage der Zulassung zur
Buße handelt oder ob es nicht um eine Wiederaufnahmebestimmung für
Häretiker geht, die keine besondere Buße voraussetzt.[44] Es spricht vieles dafür,
daß es sich bei der Bestimmung Kallists um eine Maßnahme zur Schwächung
rigoristischer Gemeinschaften handelte, in denen Christen mit einem schlechten
Gewissen über Vergehen im Bereich der »Fleischessünden« ausgeschlossen
waren oder keinen Zugang zur Buße erhielten und denen nun bei Rückkehr
zur Kirche die Rekonziliation angeboten wurde. So begründet jedenfalls auch
Hippolyt den Zulauf, den Kallist wegen dieses *Horos* erhielt.[45]

K. Preysing hat bereits 1919 wahrscheinlich gemacht, daß der Begriff ὅρος
hier »eine Amtstätigkeit, ja einen eigentlichen amtlichen Erlaß bezeichnet«.

[39] Zu Kallist vgl: St.G.Hall, TRE 7, 559-563. Eine Analyse der Vita Kallists bei Hippolyt
       bieten: K.Beyschlag, Kallist und Hippolyt; H.Gülzow, Kallist.

[40] Refut. IX 12,20 (354,100-104).

[41] Zu dieser Frage vgl. bes. Poschmann, Paenitentia secunda 348-367 (»Kallist und
       Hippolyt. Das sog. ›Edikt des Kallist‹«), der die Diskussion bis 1940 darstellt. Weiterhin:
       C.B.Daly, Edict of Callistus; Beyschlag, Kallist und Hippolyt 103ff.; Hamel,
       Kirche 59-77; Hall, TRE 7, 561f.

[42] So vor allem: Poschmann, a.a.O., 353 Anm.2; 358; P.Galtier, Remission des péchés, 177-
       182.

[43] So bes.: Hamel, Kirche 59ff.

[44] So bes.: Poschmann, a.a.O., 353-356; Daly, a.a.O., 178f.; von einer Zulassung zur Buße
       gehen aus: Hamel, Kirche 62; Beyschlag, Kallist und Hippolyt, 122.124.

[45] οὖ τῷ ὅρῳ ἀρεσκόμενοι πολλοὶ <τὴν> συνείδησιν πεπηγότες...; Refut. IX 12,21
       (354,104ff.). Vgl. auch: Harnack, Literatur II 1, 266 Anm.2.

»Unter ὅρος kann nur ein förmlicher Erlaß verstanden werden.« Während Hippolyt für das Vorgehen Kallists ansonsten »amtstechnische Ausdrücke« vermeide, um diesen »seinen Lesern nicht mehr als Bischof, sondern als Sektenhaupt erscheinen zu lassen«, habe er hier wegen der allgemeinen Bekanntheit der Bestimmung auch nicht die Bezeichnung umgehen können.[46]

Daß wir hier in dem Begriff *Horos* einen *Terminus technicus* vorliegen haben, mit dem allgemein verbindliche Regelungen der kirchlichen Ordnung und des praktischen Lebens der Gläubigen bezeichnet wurden, ergibt sich m.E. aber vor allem aus der weiteren entsprechenden Begriffsverwendung bei Hippolyt, der in diesem Sinne auch einzelne Bestimmungen häretischer Gruppen kennzeichnet.

> So formuliert er z.B. in seinem der Kallist-Darstellung nachgebildeten Bericht über den Häretiker Alkibiades und dessen Buch des Elchesai, daß dieser – durch das Buch – eine zweite Taufe zur Vergebung der Sünden »erließ«.[47] Mit derselben Terminologie werden die Fasten – »Bestimmungen« der Montanisten bezeichnet.[48] Aber auch in der Vita des Kallist wird die Festsetzung von dessen monatlichen Bezügen durch Bischof Victor nach der Rückkehr aus den sardinischen Bergwerken und der Entsendung nach Antium analog formuliert.[49]

Besonders wichtig ist allerdings ein Passus am Anfang der Vita Kallists, in dem sich Hippolyt herablassend über die mangelnde Bildung von Papst Zephyrin äußert, auf den Kallist großen Einfluß gehabt habe. Dieser Zephyrin sei überdies unerfahren und unkundig in den »kirchlichen Horoi« gewesen (ἄπειρον τῶν ἐκκλησιαστικῶν ὅρων).[50] Man darf m.E. auch aus der Pluralform schließen, daß wir es hier mit einem Fachbegriff für die Bestimmungen kirchlicher Ordnung und kirchlichen Lebens zu tun haben.[51]

> Es scheint mir schließlich in diesem Zusammenhang nicht unbedeutend zu sein, daß ὁρίζειν bei Hippolyt auch die Bezeichnung für die Festsetzung

---

[46] Alle Zitate: K. Preysing, Existenz 359. Preysing schließen sich an: Hamel, Kirche 65f.; Beyschlag, Kallist und Hippolyt 115 Anm.37. Poschmanns Einwand (Paenitentia secunda 358 Anm.2), Hippolyt berufe sich wegen des »φησίν« in IX 12,20 (354,103) »aufs Hörensagen«, »hat also einen formellen Text nicht gekannt«, ist wenig überzeugend. Tatsächlich muß gerade im φησίν ein typisches Stilmittel der »Diatribe« erblickt werden, »by introducing supposedly ipsissima verba of a representative of the opposing view« (so: Butterworth, Contra Noetum, 118-121.120). Preysing (a.a.O., 360) hatte allerdings mit dem fragwürdigen Argument operiert, von der Begriffsverwendung der Synoden von Ankyra und Nizäa auf den Passus bei Hippolyt zurückzuschließen.

[47] καὶ <δεύτερον> βάπτισμα <δὲ> ὁρίζει: Refut. IX 13,4 (358,17.21).

[48] νηστείας καινὰς... ὁρίζοντες: Refut. X 25,1 (402,7).

[49] ὁρίσας αὐτῷ μηνιαῖόν τι εἰς τροφάς: Refut. IX 12,13 (352,63).

[50] Refut. IX 11,1 (349,4).

[51] So auch schon: Hamel, Kirche 118 Anm.2.

und Bestimmung des νόμος durch Gott bildet: ὁ νόμος ὑπὸ θεοῦ
ὡρίζετο.[52] So hat auch Christus die Fastenordnung nicht bestimmt (οὐχ
ὥρισεν), die von einigen festgesetzt worden sei (ὁρίζοντες).[53] Auffällig ist
schließlich, daß ὅρος und ὁρίζειν in C.Noet. in diesem Sinne keine
Verwendung finden.

Man wird an dieser Stelle auch darauf verweisen müssen, daß der Begriff
edictum, den Tertullian in De pud.1, 6 (s.o.) verwendet, bei Hippolyt nirgends
auftaucht. Angesichts der spezifischen Prägung dieses Fachterminus in der
weltlichen römischen Rechtssprechung kann es sich bei Tertullian allein um
eine ironisierende Begriffswahl handeln.[54]

Edikte gehörten zur magistratischen Jurisdiktion und waren »Verheißun-
gen des amtierenden Magistrats. Sie erloschen nach Ablauf seines Amts-
jahres ganz selbstverständlich.«[55] Für die Epoche der Kaisergesetzgebung
hatten die u.a. auch als *edicta* bezeichneten kaiserlichen *constitutiones* »mindestens seit Mitte des 2. Jahrhunderts n. Chr. Gesetzeswirkung«.[56] In
Kultangelegenheiten erließen Priester und insbesondere der Pontifex
maximus Edikte.[57]

Bedeutsam scheint mir weiterhin zu sein, daß Hippolyt den Begriff ὅρος
nur für die Bußbestimmung Kallists anwendet, nicht aber für die vier anderen
Maßnahmen, mit deren perhorreszierender Darstellung er Kallists Ketzerei
vollends offenbar machen will. Diese bestanden nach Hippolyt in folgendem:[58]

1. »Er war der Ansicht, daß ein Bischof nicht abgesetzt werden müsse, wenn
er sündige und sei es auch zum Tode«.[59] 2. »Von dieser Zeit an begann man

---

[52] Refut. X 33,9-11: 5x (412,44.45.46.48.50).

[53] Com.in Dan. IV 20,3 (GCS I 234,20ff.).

[54] So mit: Daly, StPatr 3, 178.

[55] H.Honsell, Th.Mayer-Maly, W.Selb, Römisches Recht 12. Zur Bedeutung der Edikte
in der römischen Frühzeit und Republik vgl. auch: Wieacker, Rechtsgeschichte I
406f.462-470. Die Vorstellung A.Ehrhardts (Metaphysik Bd. 2, 122), die *Traditio
Apostolica* als ein *edictum* Hippolyts bei »Antritt seines schismatischen Bischofsamts«
mit »Abänderungsrecht zukünftiger Bischöfe« zu verstehen, muß als abwegig betrachtet werden.

[56] H.Honsell, Th.Mayer-Maly, W.Selb, a.a.O., 17. Vgl. auch: Wenger, Quellen 411ff.
414.425.455-462.

[57] Vgl.: Wieacker, a.a.O., 407; Wenger, Quellen 414.

[58] Vgl. hierzu: Hall, TRE 7, 561; Poschmann, paenitentia secunda 354-356.

[59] Refut. IX 12,21 (355,109f.): οὗτος ἐδογμάτισεν ὅπως... K.Adam, Bußedikt 31.35f.,
wollte gerade und nur in dieser Wendung einen ausdrücklichen Erlaß Kallists erblik-
ken. Mir scheint dies jedoch eine Vorwegnahme eines erst späteren, christlich gefüllten Dogma-Begriffes zu sein. Die Formulierung spielt ansonsten bei Hippolyt in
vergleichbarem Kontext keine Rolle.

zwei- oder dreimal verheiratete Bischöfe, Priester und Diakone in den Klerus aufzunehmen«. 3. »Wenn einer, der bereits Kleriker ist, heiratet, so bleibe er im Klerus, als ob er nicht gesündigt hätte«.[60] 4. Er gestattete christlichen Frauen (ἐπέτρεψεν) von gesellschaftlich höherem Rang, als Konkubinen von Sklaven und Freigelassenen zu leben, und erkannte diese Verhältnisse, die nach römischem Recht außerehelichen Charakter hatten, anscheinend als christliche Ehe an.[61]

Bei der ersten Maßnahme scheint es sich »um konkrete Fälle, vielleicht in Verbindung mit der Wiedereingliederung schismatischer Gemeinden« gehandelt zu haben.[62] Bei dem zweiten und dritten Fall geht es um die Beschreibung »einer zu jener Zeit eingerissenen Praxis« (ἐπὶ τούτου ἤρξαντο ...), auch mehrfach Verheiratete in den Klerus aufzunehmen und die Heirat bereits Ordinierter zuzulassen. Bei ersterem würde es sich um einen Verstoß gegen 1 Tim 3,2.12 und Tit 1,6 handeln[63], bei letzterem um eine Praxis, die das spätere kanonische Recht auch im Osten tatsächlich untersagen sollte.[64] Hinter dem vierten Fall steht die Erlaubnis, mindestens aber Duldung einer Ehepraxis, die nach Hippolyt zu verwerfen sei. Bei allen vier über den Bußerlaß hinaus von Hippolyt monierten Maßnahmen Kallists geht es demnach anscheinend um Vollzüge bischöflicher Praxis, die *nicht* auf der Grundlage eigens *formulierter Bestimmungen* erfolgten, sondern sich gewissermaßen als Normativität des Faktischen manifestierten. Es wäre somit stimmig, daß Hippolyt bei deren Beschreibung die Horos-Begrifflichkeit nicht einsetzt.

Schließlich empfiehlt es sich, auch einen Blick auf die *dogmatischen* Lehrentscheidungen *Kallists* und seines Vorgängers *Zephyrin* zu werfen, die zum römischen Schisma führten und nun Hippolyt aus der Perspektive Kallists zum Häretiker machten.[65]

Es handelt sich hier um die Erklärung Zephyrins: »'Εγὼ οἶδα ἕνα θεὸν Χριστὸν 'Ιησοῦν καὶ πλὴν αὐτοῦ ἕτερον οὐδένα γεν<ν>ητὸν καὶ παθητόν«. Nach Hippolyt war es Kallist, der Zephyrin veranlaßt hatte, dies »öffentlich und offiziell« zu erklären: »ἔπειθε δημοσίᾳ <ποτὲ μὲν> λέγειν«.[66]

---

[60] Refut. IX 12,22 (355,110-113).

[61] Vgl. hierzu: Gaudemet, La décision de Calliste; Gülzow, Kallist von Rom 118ff.

[62] Hall, TRE 7, 561,12ff.

[63] Diese Verbote wurden in späteren »Kanones« erneuert, vgl. can.17 der Apostel und can.12 Basilius d.Gr., vgl.: Kap. XXIV 2 d).

[64] Vgl. can.26 der Apostel, can.3 und 6 des Quinisextum.

[65] Vgl. zum folgenden: Hamel, Kirche 113-118.

[66] Beide Zitate: Refut. IX 11,3 (350,17ff.).

Wir hätten hier also die offizielle Erklärung eines römischen »Bischofs« in einer dogmatischen Angelegenheit vorliegen. In ähnlicher Weise – ein wörtliches Zitat bringt Hippolyt dort nicht – bezeichnete Kallist Hippolyt als »Ditheisten« und schloß ihn wie zuvor Sabellius durch eine öffentliche Erklärung (δημοσίᾳ λέγειν) aus der Kirche aus.[67]

K. *Preysing* hat in der betonten Wendung δημοσίᾳ und der οἶδα-Formulierung mit Nachdruck[68] die Terminologie für öffentliche und offizielle Entscheidungen und Erklärungen erblickt, die bereits einen eigenen »Kurialstil« und eine dahinterstehende Kanzlei wahrscheinlich machten. *A.v.Harnack* war unabhängig von *Preysing* zu einem ähnlichen Urteil gelangt.[69] Es ist für unsere Fragestellung jedenfalls festzuhalten, daß bei den ältesten überlieferten dogmatischen Lehrentscheidungen römischer Bischöfe gegen Sabellius und die Logoslehre Hippolyts, die zu deren Exkommunikation führten, von Hippolyt die Horos-Begrifflichkeit nicht angewendet wird.

Wir haben also neben der philosophischen Verwendung von ὅρος/ὁρίζειν durch Hippolyt im Sinne von »Bestimmung« und »Definition« einen breiten Anwendungsbereich der Begriffe für verbindliche Bestimmungen des praktischen Lebens und der Ordnung der Gemeinde vorliegen. Der Begriff scheint hier geradezu Terminus technicus zu sein. Für von ihm abgelehnte bischöfliche Lehrentscheidungen in dogmatischen Fragen wendet Hippolyt die Horos-Begrifflichkeit nicht an.

4. ZU HIPPOLYTS WAHRHEITSBEGRIFF

a) »Wahrheit« und Hippolyts Ekklesiologie

Für das Verständnis von Hippolyts Wahrheitsbegriff ist es grundlegend, sich dessen enge Verbindung mit seiner *Ekklesiologie* deutlich zu machen. Neben dem Anspruch, das wahre Israel zu sein, ist es vor allem die Sicht der Kirche als »Versammlung der Heiligen« und als »Trägerin der Wahrheit«, in der die Grundmerkmale seiner Ekklesiologie deutlich werden.[70] Im Wahrheitsbegriff sind nun beide Hauptmerkmale verschränkt.

---

[67] Refut. IX 11,3 (350,23); 12,15 (353,72.77f.). Zu einer evtl. Herleitung des Homousios aus dieser Kontroverse vgl.: W.A.Bienert, Das vornizänische ὁμοούσιος. Dazu jetzt: Ulrich, Rezeption 12-18.

[68] K. Preysing, Zwei offizielle Entscheidungen 595; ders., Römischer Ursprung (gegen H.Koch, Kallist 55.56 Anm.1, der δημοσίᾳ als »öffentlich«, nicht aber als »offiziell« verstehen wollte); ders., Echtheit. Vgl. auch: H.Dieckmann, Lehrentscheidungen.

[69] A.v.Harnack, Dogmatische Erklärung. Aus »δημοσίᾳ« folgerte er, daß die Erklärung »höchstwahrscheinlich auch schriftlich« erfolgt sein müsse (a.a.O., 52).

[70] Dies hat Hamel, Kirche 40ff.88ff., herausgearbeitet.

Denn wenn Hippolyt bei seiner typologischen Deutung des Paradieses (Com. in Dan. I 17) als Urbild der Kirche[71] den Garten Eden als »Gesamtheit der Gerechten und Ort der Heiligen, in den die Kirche gepflanzt wurde«, beschreibt[72], nimmt er auch eine bezeichnende Definition der Kirche vor. Sie ist »die Gesamtheit der Heiligen, die in der Wahrheit wandeln«.[73] Die Termini οἱ ἅγιοι, οἱ δίκαιοι, οἱ πιστοί bilden für Hippolyt die Hauptbezeichnungen der Christen als jene, die in der Taufe den Hl.Geist empfangen haben und diesen bewahren, indem sie in unverfälschtem Glauben und im Gehorsam gegenüber den Geboten Christi leben.

So gehören die »Pistis« und der christliche Wandel für ihn untrennbar zusammen.[74] Entsprechend kann auch die christliche »Wahrheit«, gegen deren Verfälschung er kämpft und für die er nicht nur von anderen Christen erwartet, bis ins Martyrium Zeugnis abzulegen[75], sondern selbst diesen Weg geht, ganz im Sinne des Evangeliums keine »philosophische« oder »dogmatische« Größe sein. Sie umfaßt vielmehr die Gesamtheit des Evangeliums und so auch Glauben und Leben der Kirche; in der Wahrheit »wandelt« die Kirche! So wird auch der Begriff »Dogma« von Hippolyt »nur auf häretische Lehren, nie aber auf die kirchliche Lehre angewandt«.[76] Diese steht vielmehr eben als »ἀλήθεια« im Gegensatz zum »Dogma« der Häresie.

b) »Wahrheit« und Hippolyts Sicht des Häretischen

In seiner Sicht des Häretischen als dem Gegenbegriff zur Wahrheit findet dieses »ganzheitliche« Wahrheitsverständnis weiterhin seinen konkreten Niederschlag. So soll nach dem Prooemium der Refut. der Beweis der Gottlosigkeit der Häretiker auch nicht allein aus der Kritik ihrer Lehre (κατὰ γνώμην) erbracht werden, sondern genauso aus ihrer Lebensführung (κατὰ τρόπον καὶ κατὰ ἔργον).[77] Dies schlägt sich gerade auch in der Darstellung der »Häresie« Kallists nieder, auf die Hippolyt als Abschluß und gewissermaßen

---

[71] Vgl. hierzu: Hamel, Kirche 40-46; Richard, DSp 7, 553ff.

[72] Com. in Dan. I 18,5 (GCS I 28): τὸ σύστημα τῶν δικαίων, τόπον δὲ τῶν ἁγίων ἐν ᾧ ἡ ἐκκλησία ἐφυτεύετο ... Zum griechischen Text vgl.: Richard, DSp 7, 554; CPG 1873 »Traditio textus«.

[73] A.a.O., I 18,7 (GCS I 28): Σύστημα ἁγίων ἐν ἀληθείᾳ πολιτευομένων. Zum griechischen Text vgl.: Richard, DSp 7, 554; CPG 1873 »Traditio textus«.

[74] Vgl. hierzu: Richard, DSp 7, 555ff.

[75] Dies deutlich zu machen ist die Grundintention des gesamten Danielkommentars.

[76] Hamel, Kirche 90; ebd. auch die Belege. Vgl. bes. Refut. I Prooem. passim.

[77] Refut. I Prooem. 1,8 (56,48).

Höhepunkt bei seiner Behandlung der noetianischen Häresie zu sprechen kommt.[78] Denn der ausführlichen Darstellung von Kallists Verfehlungen im Bereich der Lehre[79], die seinen Monarchianismus als Geistesverwandtschaft mit dem anerkannten und kirchlich verurteilten[80] Häretiker Noet zu diffamieren sucht, sind dessen »Verirrungen« im Bereich kirchlicher Ordnung und christlicher Lebenspraxis unmittelbar zugeordnet (s.o.). Sie sind nicht von minderer Bedeutung für Hippolyt, wie die ausführliche Darstellung verdeutlicht, sondern beides zusammen macht »die Häresie des Kallist«[81] aus!

Daß Verfehlungen im Bereich der gemeindlichen Ordnung für Hippolyt tatsächlich nicht von zweitrangiger Bedeutung gegenüber einer Häresie im Bereich der Lehre sind, wird besonders eindrücklich deutlich, wenn er am Ende des VIII. Buches der Refut. auch *Quartodezimaner, Montanisten* und *Enkratiten* unter die Häresien einreiht.[82] Von diesen betont er nämlich ausdrücklich, daß sie außer den häretischen Differenzen »mit dem von den Aposteln Überlieferten«, namentlich dem Gottes- und Christusbekenntnis der Kirche übereinstimmten.[83] Was diese Gemeinschaften trotz ihres kirchlichen »Bekenntnisses« zu Häretikern macht, sind Abweichungen in der *kirchlichen Ordnung* und der *christlichen Lebenspraxis*.

> Konkret handelt es sich um: die abweichende Terminierung des Osterfestes und die damit verbundene Fastenpraxis bei den Quartodezimanern (18,1), die Allgemeinverbindlichkeit beanspruchende Einführung neuer Feste, eine rigorosere Fastenpraxis und Askese bei den Montanisten (19,2; X 25,1) und die Askese der Enkratiten im geschlechtlichen Bereich und bei der Ernährung (20,1). Grundlegender Vorwurf an alle ist, daß sie »Neuerungen« eingeführt hätten.[84]

So läßt sich sagen, »daß Hippolyt nicht nur aus Fragen der Lehre, sondern auch des christlichen Lebens und der Sitte eine Häresie ableitet«.[85] So wie sich die Häresie möglicherweise sogar allein in Verirrungen im Bereich kirchlicher Ordnung und christlicher Lebensführung manifestiert, in der Regel aber Lehre und Lebensführung umfaßt, so ist auch in der christlichen Wahrheit beides umschlossen.

---

[78] Refut. IX 7-12. Vgl. K.Koschorke, Ketzerbekämpfung 56-64. Daß die Darstellung der gnostischen Systeme in der Refut. insgesamt nur ein »Vehikel« der Polemik gegen Kallist sei – wie Koschorke meint –, wird man freilich mit L.Abramowski, Untersuchungen 19f. Anm.9, in Frage stellen können.

[79] Refut. IX 11,3; 12,16-19. Vgl.: Feige, Markell 79-85.

[80] Vgl.: J.A.Fischer, Noet.

[81] Refut. IX 7,2 (342,10f.).

[82] VIII 18.19.20.

[83] VIII 18,2 (338,10ff.); 19,2 (338,11ff.); 20,1 (339,1ff.).

[84] Vgl. Refut. VIII 19,2 (338,13): καινίζουσι δὲ; 20,1 (339,8): μάτην καινίζεσθαι.

[85] Hamel, Kirche 90.

c) Der Streit um die Wahrheit als hermeneutischer Konflikt

Schließlich ist es hilfreich, sich auch noch zu vergegenwärtigen, auf welcher theologischen Argumentationsebene Hippolyt in den uns bislang begegneten »Fällen« zum Verdikt der Häresie kommt. Was die Auseinandersetzung um die Lehrfrage der Logoschristologie anlangt, so berichtet er von seinem Verhalten gegen Kleomenes, den er als Nachfolger Noets und Vorgänger von Zephyrin und Kallist im Sinne einer »Diadoche« darstellen möchte[86], daß er ihm Widerstand entgegengesetzt und widersprochen habe, so daß dessen Anhänger gezwungen gewesen seien, »die Wahrheit zu bekennen«.[87] Mit ähnlichen Worten schildert er auch sein Verhalten gegenüber Kallist und Zephyrin. Er habe nicht nachgegeben, sondern eine vollständige Widerlegung geboten und Widerstand geleistet »um der Wahrheit willen«.[88] Von Kallist sagt er, dieser wolle »scheinbar« der Wahrheit gemäß lehren.[89]

Der Streit geht also um »die Wahrheit«, deren rechtes Bekenntnis und Verständnis von beiden Seiten beansprucht wird, und über die keine Einigung erzielt werden kann. Es scheint mir nicht ohne Bedeutung zu sein, daß Hippolyt an diesen Stellen nirgends auf den κανὼν τῆς ἀληθείας verweist, um seinen Gegnern gegenüber ein Argument zu gewinnen. Beide Seiten beanspruchen vielmehr die christliche Wahrheit als solche, ohne sich dabei anscheinend auf die Richtschnur der Wahrheit zu berufen. Man wird sich fragen müssen, warum dies nicht erfolgte.

Nun ist deutlich, daß der Streit um die *Logoschristologie* auf der Ebene des richtigen Verständnisses des Schriftzeugnisses über den Logos und Sohn Gottes geführt wird.

So berichtet Hippolyt, daß Kallist sich ausdrücklich auf Joh 14,10 berufen habe.[90] Selbst noch der für ein heidnisches Publikum als Primärinformation konzipierte Wahrheitserweis in Refut. X 32.33, in dem dieser Streit ja nicht eigens argumentativ durchexerziert wird, macht hinsichtlich der dortigen Logoslehre deutlich, daß Hippolyts Darstellung des Logos als Stimme (φωνή) und dienender Sohn (παῖς) Gottes auf seiner Interpretation des ersten Schöpfungswortes in Gen 1,3 und der Übertragung des messianischen Titels aus Mt 12,18; Apg. 3,13.26; 4,27.30 u.ö. auf den präexistenten Logos beruht.[91] Berücksichtigt man auch noch C.Noet., so ist deutlich, daß es sich bei dieser ja ganz der Logoslehre gewidmeten Schrift um die Abfolge

---

[86] Dieser sei in seiner Lebensführung und ganzen Art »unkirchlich« gewesen: καὶ βίῳ καὶ τρόπῳ <ὢν> ἀλλότριος τῆς ἐκκλησίας: IX 7,1 (342,4f.).

[87] τὴν ἀλήθειαν ὁμολογεῖν: IX 7,3 (342,15f.).

[88] ὑπὲρ τῆς ἀληθείας: IX 11,3 (350,20f.).

[89] ἵνα μόνον κατὰ τὴν ἀλήθειαν λέγειν δοκῇ: IX 12,19 (354,96).

[90] IX 12,17 (354,86f.); »Glaubst du nicht, daß ich im Vater und der Vater in mir ist?«

[91] Vgl. hierzu. Frickel, Dunkel 219f.221-249.

der Auslegung einzelner Schriftstellen handelt. Auch der dortige Wahrheitserweis (s.o.) ist »gespickt« mit in Anspruch genommenen Schriftzitaten.
Ein Verweis auf den κανὼν τῆς ἀληθείας für die vertretene Logostheologie
erfolgt auch in C.Noet. nicht.

In gleicher Weise geht es auch bei dem Streit um den Horos Kallists zur
Buße und seine anderen vier Maßnahmen um die wahre Auslegung und
Anwendung der Schrift.

So bemerkt Hippolyt im Anschluß an die monierte Praxis Kallists, auch
mehrfach Verheiratete in den Klerus aufzunehmen und die Heirat bereits
Ordinierter zuzulassen, daß dieser »behauptete« (φάσκων), hierauf beziehe
sich eben »das Wort des Apostels« Röm 14,14 und das Gleichnis vom
Unkraut Mt 13,24-30.[92] Schließlich habe Kallist – nun wohl auf alle Maßnahmen bezogen – auch die Arche Noah, und namentlich Gen 6,19ff.;
7,2f. hinsichtlich der Ununterschiedenheit von reinen und unreinen Tieren
als Ebenbild (ὁμοίωμα) der Kirche interpretiert. »Und alles, was er in
diesem Sinne (sc.aus der Schrift) zusammentragen konnte, legte er so
aus«.[93]

Es geht also auch hier um einen *hermeneutischen Konflikt,* diesmal über die
Frage, was denn die Kirche ist und sein soll. Hippolyt hält dabei die von Kallist
beigebrachten Schriftstellen offensichtlich für unzulässige und unsachgemäße
Auslegungen.[94] Er beruft sich seinerseits nun direkt auf Christus, ohne ein
bestimmtes Wort zu zitieren. Alles, was Kallist rechtfertige, seien nichts weiter
als »Lüste, die Christus nicht erlaubt habe«. Und wenn das Sündigen nicht
verhindert werde, werde Christus selbst verachtet.[95]

d) Wahrheit-Tradition-Brauch

Es wäre nun nicht besonders schwierig, gegenüber den Maßnahmen Kallists
auch einzelne Schriftstellen ins Feld zu führen, man denke nur etwa an 1 Kor
5,1-5; 1 Joh 3,4-10; 5,16; Heb 6,4-8; 10,26-31 zum Problem der Buße oder 1 Tim
3,2.12 und Tit 1,6 zur Frage der zweiten Ehe bei Klerikern. Für Hippolyt
scheint allerdings der Verstoß gegen die Ordnung der Kirche so offensichtlich

---

[92] Beides wird wörtlich zitiert.
[93] Refut. IX 12,23 (355,120f.): καὶ ὅσα πρὸς τοῦτο δυνατὸς ἦν συνάγειν οὕτως
      ἡρμήνευσεν.
[94] Tatsächlich ist Gen 7,2f. vor Kallist anscheinend nicht so interpretiert worden. Zu den
      patristischen Parallelen in der Verwendung der genannten Schriftstellen vgl.: Beyschlag,
      Kallist und Hippolyt 118-121.
[95] Refut. IX 12,24 (355,124f.): διὰ τὰς ἡδονάς, ἃς οὐ συνεχώρησεν ὁ Χριστός.

zu sein und die Maßnahmen und ihre Begründung in sich so abwegig, daß er einzelne Schriftstellen wohl gar nicht erst meint bemühen zu müssen, sondern gewissermaßen als Fazit und Zusammenfassung über das »διδασκαλεῖον« Kallists feststellt: dieser habe »weder die *Bräuche* noch die *Tradition* gewahrt, nicht unterschieden, mit wem Gemeinschaft gehalten werden könne, und allen ununterschieden Gemeinschaft angeboten.«[96]

Man wird in diese Aussage keinen Gegensatz zu einer expliziten Berufung auf einzelne Schriftstellen hineindeuten dürfen. Denn gerade für Hippolyt ist »la Bible ... l'unique source de toute vérité et ne nous trompe jamais (In Dan. I 30,1; III 8,2; IV 6,1; In Cant. I 12)«.[97] So ist die beanspruchte Wahrheit der Schrift für ihn wohl in der Berufung auf die »Tradition« eingeschlossen, zu der auch die von dieser geprägten und geformten »ἔθη« gehören (s.u.). Es ist aber doch auffällig, daß Hippolyt für seine umfassende Verwerfung der Bestimmungen und Maßnahmen Kallists allein mit dem Argument »Verstoß gegen die Bräuche und die Tradition« aufwartet und eine nähere Auseinandersetzung oder gar theologische Widerlegung im engeren Sinne nicht bietet. Obwohl die Frage für seine Verurteilung Kallists als Häretiker und damit für das römische Schisma von zentraler Bedeutung ist und obwohl die Refutatio doch nun gerade auch dem »Elenchos« dieser Häresie gewidmet ist, hat er an keiner Stelle in seinem gesamten erhaltenen Werk es für nötig gehalten, eine theologisch begründete Bußlehre abzufassen. Gerade auch dieses Manko macht das Verständnis von Refut. IX 12,20-21 so schwierig[98]. Dies sticht um so mehr ins Auge, als er bei der »Widerlegung« der drei Häresien am Ende des VIII. Buches durchaus theologische Argumente im engeren Sinne aufzubieten weiß.

---

[96]   Refut. IX 12,26 (356,140ff.): <μὴ> φυλάσσον τὰ ἔθη καὶ τὴν παράδοσιν, μὴ διακρῖνον τίσιν δεῖ κοινωνεῖν, πᾶσιν <δὲ> ἀκρίτως προσφέρον τὴν κοινωνίαν. Die Konjektur »μὴ« in der Edition von Marcovich gegenüber dem von P.Wendland gebotenen Text (GCS 26, 1916, 251,4) ist stimmig und konsequent als grundlegender Vorwurf Hippolyts (s.u.). Ansonsten müßte man die Wendung auf die »eigene« Tradition Kallists deuten. Da Hippolyt ansonsten keine Schriftstellen für seine Position beibringt, hätte er bei der Lesart von Wendland quasi gar kein Gegenargument geboten!

[97]   Hippolyts Werk besteht nicht zuletzt aus exegetischen Schriften, und er scheint überhaupt der erste christliche Autor gewesen zu sein, der in zusammenhängender Weise über einzelne Bücher des Alten Testamentes Kommentare verfaßte, und darin Origenes zum Vorbild geworden zu sein. Vgl.: Richard, DSp 7, 546 (ebd. das Zitat); Scholten, RAC 15, 532f.

[98]   Und deshalb die Literatur dazu so zahlreich! Ganz in diesem Sinne klagt Richard, a.a.O., 563. Auch gegenüber der ausführlich geschilderten Häresie des Alkibiades und dessen Einführung einer »zweiten Taufe«, für die Hippolyt Kallist verantwortlich machen möchte, berichtet Hippolyt zwar, daß er »widerstanden« habe <IX 13,5 (358,26f.)>, eine echte Widerlegung oder Entwicklung der eigenen Bußlehre erfolgt aber auch hier nicht.

So führt er gegenüber den Quartodezimanern unter wörtlicher Berufung auf Gal 5,3 das rechte Verständnis des alttestamentlichen Gesetzes ins Feld, das jetzt nicht mehr nach dem Buchstaben zu deuten sei (VIII 18,1f.). In Richtung Montanismus betont er, daß dort eine Überordnung der eigenen Propheten »über die Apostel und jedes Charisma« praktiziert werde[99], was eine Überbietung kirchlicher Autorität bedeutet und eine Veränderung der kirchlichen Ordnung zur Folge hat. Gegenüber den Enkratiten wird schließlich einfach der gesamte Wortlaut von 1 Tim 4,1-5 zitiert!

Während Hippolyt gegenüber diesen kirchlich sozusagen »anerkannten« Häresien spezifische theologische Argumente oder Schriftstellen ins Feld führt, begegnet er der Häresie Kallists mit dem allgemeinen Vorwurf, diese verstoße gegen »τὰ ἔθη καὶ τὴν παράδοσιν«.

Man wird freilich nicht dem Fehler verfallen dürfen, hier *ethos* und *paradosis* zu trennen, um gewissermaßen die kirchenordnenden Maßnahmen Kallists unter *ethos* zu buchen und seine angeblichen Verirrungen im Bereich der Lehre auf die Tradition zu deuten. Vielmehr dürfte gerade für Hippolyt klar sein, daß Sitte und Tradition im Bereich kirchlicher Ordnung für ihn fester Bestandteil der »apostolischen Tradition« ist. Schon die Äußerung gegen die Quartodezimaner, daß sie »in allem anderen« durchaus mit dem der Kirche von den Aposteln Überlieferten übereinstimmten, machte dies deutlich (s.o.). Ebenso aber wird man – die Verfasserschaft Hippolyts vorausgesetzt – auf Prolog und Epilog der »Traditio apostolica« verweisen können, in denen klar wird, daß für deren Autor auch »verfassungsrechtlich-disziplinäre Bestimmungen als apostolische Tradition« gelten.[100] Bringt doch der Prolog zum Ausdruck, daß die in dieser Schrift enthaltenen kirchenordnenden Bestimmungen für dessen Verfasser den »Gipfelpunkt der Tradition« *(vertex)* darstellen und darin »die bis jetzt andauernde Tradition« dargelegt wird.[101] Diese Ordnungen sind so für ihn »apostolische Tradition(en)«, und wer sie befolgt und ihnen dient, den werde kein Häretiker verführen können.[102] Gleichzeitig bringt der Prolog zum Ausdruck, daß die Präsentation dieser »apostolischen Tra-

---

[99] Refut. VIII 19,2 (338,9f.): ὑπὲρ δὲ ἀποστόλους καὶ πᾶν χάρισμα ταῦτα τὰ γύναια δοξάζουσιν.

[100] So die Überschrift bei Hamel, Kirche 118-120. Vgl. weiterhin: Blum, Hippolyt 98ff. Zum Problem der Verfasserschaft Hippolyts vgl.: Marcovich, TRE 15, 385; Bradshaw, TRE 18, 667; Geerlings, Fontes Christiani 1, 146ff.

[101] Trad.apost.1 (ed.Botte 2,8-15): *Nunc ... ad uerticem traditionis quae catecizat ad ecclesias perreximus, ut hii qui bene ducti sunt eam quae permansit usq(ue) nunc traditionem exponentibus nobis custodiant.*

[102] Trad.apost.43 (ed. Botte 102,12-15): *Si omnes enim sequuntur traditiones apostolorum quas audierunt et servant eas, nullus haereticorum poterit seducere vos neque ullus hominum omnino.* Es handelt sich hier um die Rekonstruktion eines lateinischen Textes aus der sahidischen Übersetzung. Die lateinische Fassung L² hat *apostolicam tra<ditionem>* und bricht dann ab.

dition(en)« erfolgt »wegen des Falls oder Irrtums, der sich neulich aus Unkenntnis und wegen der Unwissenheit zugetragen hat«, seien doch zahlreiche
Häresien gerade deshalb entstanden, »weil die Vorsteher die Lehren der Apostel nicht kennenlernen wollten«.[103] Bei Hippolyt als Verfasser darf man m.E.
vermuten, daß hier auf den Konflikt mit Kallist angespielt wird[104] und daß so
der Verweis auf Brauch und Tradition, gegen die Kallist verstoße, in der
Darlegung der »Traditio apostolica« materialiter eingelöst wird. Gleichzeitig
würde an dieser Stelle auch das oben zum Verhältnis von Häresie und Wahrheit Gesagte bestätigt, ist doch hiernach »die Mißachtung der auf die Apostel
zurückgehenden Tradition, die in der Kirchenordnung ihren Niederschlag
gefunden hat, ... für Hippolyt ein Kennzeichen der Häresie«.[105]

»Der normative Begriff des Apostolischen« wird bei Hippolyt somit »auch
auf das kirchliche Leben mit seinen liturgischen, verfassungsrechtlichen und
disziplinären Bereichen in Anwendung gebracht«.[106] Ja, man wird für unsere
Fragestellung besonders darauf hinweisen müssen, daß es sich bei den *apostolischen Traditionen*, die diese Bereiche des kirchlichen Lebens normieren, um
Horoi handelt, die Gott seiner Kirche »vorherbestimmt« habe (προορίσας).
Mit dieser Terminologie wird nämlich das Bischofsamt im Bischofsweihgebet
der »Traditio apostolica« von seinen typologischen Vorläufern im Alten Testament her heilsgeschichtlich in Gottes Vorherbestimmung verankert. Danach
habe Gott von Anfang an seiner Kirche ὅρους gegeben, wozu die Erwählung
des Geschlechtes der Gerechten, das von Abraham ausgeht, und die Einsetzung von Führern und Priestern gehörte.[107] Der Ursprung dieser »apostoli-

---

[103] Trad.apost.1 (ed.Botte 4,1ff.): *propter eum qui nuper inuentus est per ignorantiam lapsus
      uel error;* 43 (ed.Botte 102,15ff.): *Hoc modo enim creuerunt haereses multae, quia
      praesidentes noluerunt discere sententiam apostolorum* (= rekonstruierter Text aus der
      sahidischen Übersetzung).

[104] So auch: W.Rordorf z.St. in: Ders./ A.Schneider, Traditionsbegriff 95 Anm.2; 97
      Anm.5. Zurückhaltender, aber ganz ohne Berücksichtigung der hier aufgezeigten
      Zusammenhänge: W.Geerlings, Fontes Christiani 1, 158.

[105] Blum, Hippolyt 98.

[106] A.a.O., 101. Blum möchte hierin gegenüber Irenäus eine »bedeutsame(n) Akzentver-
      schiebung« in der Konzeption der »apostolischen Tradition« erblicken und eine Ver-
      lagerung »des innere(n) Schwergewicht(s) des Begriffes des Apostolischen«. Die Ursa-
      che sei »in der neuen kirchlichen Situation zu suchen«. Stand bei Irenäus die
      Auseinandersetzung mit der Gnosis im Vordergrund, so »ist jetzt das innerkirchliche
      Problem der Einheit in Gottesdienst und Verfassung in den Vordergrund getreten.«
      (alle Zitate ebd.).

[107] Dies ergibt sich aus der lateinischen Übersetzung des Palimpsests von Verona, die
      formuliert: *Deus ... tu qui dedisti terminos in ecclesia pe uerbum gratiae tuae ...* Die
      Epitome des 8.Buches der Const.Apost. bietet den weitgehend unveränderten griechi-
      schen Text des Gebetes, der von Botte deshalb in die Edition aufgenommen wurde: ὁ
      θεὸς ... σὺ ὁ δοὺς ὅρους ἐκκλησίας διὰ λόγου χάριτός σου, ὁ προορίσας τε ἀπ'
      ἀρχῆς γένος δίκαιον ἐξ ᾿Αβραάμ, ἄρχοντάς τε καὶ ἱερεῖς καταστήσας, τό τε
      ἁγίασμά σου μὴ καταλιπὼν ἀλειτούργητον ... (Trad.apost.3, ed.Botte 6,9-7,2).

schen Tradition« als einer der vielen *Horoi* Gottes für seine Kirche liegt
demnach sprachlich und sachlich auf derselben Ebene wie etwa die »Anordnung« des alttestamentlichen Nomos und die Bestimmungen, die Christus
»erließ«.

Für Hippolyt handelt es sich also bei der Auseinandersetzung um die
kirchenordnenden und die christliche Lebensführung betreffenden Maßnahmen Kallists um die Frage der Treue zur »apostolischen Tradition« und den
in ihr überlieferten *Horoi* Gottes für seine Kirche. Diese ist von der Frage nach
der Wahrheit des Evangeliums nicht ablösbar, und sofern die Kirche »in der
Wahrheit wandelt«, manifestiert sich die Beantwortung dieser Frage ekkle-
siologisch in der Entscheidung, mit wem die Kirche Gemeinschaft halten kann
und mit wem nicht.

5. SCHLUSSFOLGERUNGEN

Aus dem Dargelegten ergibt sich m.E., daß die Vorstellung einer für die
Kirche maßgeblichen und normativen »Richtschnur der Wahrheit«, die auf
den Bereich der Lehre im Sinne des »Dogmatischen« beschränkt ist und nun
gerade jene »apostolischen Traditionen«, in denen Leben und Ordnung der
Kirche sich vollzieht, nicht berücksichtigen soll, für Hippolyt unvorstellbar
erscheinen muß. Dagegen sprechen sein Verständnis der Wahrheit, seine Sicht
der apostolischen Tradition und seine Bestimmung des Häretischen.

Nachdem nun aber der »*Wahrheitserweis*« in *Refut.* X 32.33 sich allein auf
lehrmäßige Ausführungen zum Gottesbekenntnis und zur Logostheologie
beschränkt, ist es m.E. schon von daher nicht einleuchtend, diese Apodeixis
und diesen Horos der Wahrheit einfach mit dem κανὼν τῆς ἀληθείας zu
identifizieren, um dann vielleicht noch zu folgern, auch für Hippolyt habe die
Richtschnur der Wahrheit allein einen lehrmäßig-dogmatischen Inhalt. Man
sollte deshalb nicht übersehen, daß Hippolyt seine *Apodeixis* auch nicht κανὼν
τῆς ἀληθείας nennt! Er tut dies anscheinend auch nicht ohne Grund. Denn
dieser Aufweis, diese Darlegung der Wahrheit (λόγος), will ja auch gar nicht
eine Entfaltung maßgeblicher Normen bieten, an denen sich christlicher Glaube und christliches Leben in der Gemeinschaft der Heiligen gegenüber der
Verirrung bestimmt. Sie ist weder »binnenkirchlich« noch antihäretisch ausgerichtet, sondern hier handelt es sich um eine erste Präsentation der christlichen
Gottes- und Logoslehre für *heidnische Adressaten*. Diese Präsentation hat deshalb Missionscharakter, sie geht bewußt nach der Methode der »Anknüpfung«
vor und kleidet das christliche Bekenntnis in die popularphilosophischen
Vorstellungen der Leser, die man in den höheren Bildungsschichten der römischen Gesellschaft zu suchen hat.[108] Diesem Adressatenkreis wird die christli-

---

[108] Vgl.: K. Preysing, Leserkreis.

che Gottes- und Logoslehre in philosophischer Orientierung und systematischer Zusammenfassung gewissermaßen als »Einführung in den christlichen
Glauben« dargestellt. Deshalb kommt der Begriff κανὼν τῆς ἀληθείας hier
auch nicht in Frage. Vielmehr scheint mir hinter der Verwendung der Wendung ὅρος τῆς ἀληθείας für diese Darlegung die philosophische Bedeutung
des Horos-Begriffes zu stehen, insofern Hippolyt dort gerade eine philosophische Bestimmung und Definition des christlichen Wahrheitsbegriffes vornimmt. Es wird auch kein Zufall sein, daß wir in diesem »Horos der Wahrheit« von Refut. X 32.33 die einzige erhaltene systematisch-theologische
Darlegung seiner Theologie vorliegen haben.[109]

So plädiere ich für einen Abschied von der Identifizierung des Wahrheitserweises in Refut. X 32.33 mit dem κανὼν τῆς ἀληθείας bei Hippolyt und den
daraus gezogenen Schlußfolgerungen für die inhaltliche Bestimmung der »Richtschnur«. Daß Hippolyt bei seiner systematisch-theologischen Präsentation von
Gotteslehre und Christologie natürlich der Überzeugung ist, nicht gegen die
»Richtschnur der Wahrheit« zu verstoßen, sondern bei der Darstellung durchaus
in Übereinstimmung mit ihr zu stehen, wie das bei all seinen Apodeixeis der Fall
sei[110], darf man schließlich fast als selbstverständlich annehmen.

Weiterhin ist zu bedenken, daß Hippolyt seine Refut. wahrscheinlich als
schismatischer Bischof[111] verfaßt hat, der im Bewußtsein der Teilhabe am
Hl.Geist Irrtümer aufdecken und die wahre Lehre (λόγον ὀρθόν) nicht
verschweigen will, vielmehr »auch all das, was die Wahrheit durch die Gnade
des Vaters empfangen und den Menschen dargeboten hat, ...verkünden will«[112].
Es wäre m.E. ein Argument für eine in Anspruch genommene Bischofswürde
durch Hippolyt, daß dieser uns hier anscheinend im Bewußtsein seiner geistlichen Vollmacht begegnet und nun auch im »amtlichen« Sinne eine »Bestimmung« und »Festsetzung« der Wahrheit hinsichtlich der umstrittenen Logoslehre vornimmt. Bischof Hippolyt »präsentiert« hier gewissermaßen einen
»Horos« in einer umstrittenen Lehrfrage und verwendet damit einen Begriff
für seine eigene Darlegung, den er seinen Gegnern Zephyrin und Kallist für
deren Lehrbestimmungen durchweg verweigert.[113] Eine Formulierung von

---

[109] Vgl. Richard, DSp 7, 549: »le seul exposé systématique de sa théologie qui ait survécu«.
Sollte C.Noet. auf Hippolyt zurückgehen, ließe sich hiermit auch erklären, wieso dort
nicht von einem *Horos* der Wahrheit die Rede ist. Denn dort handelt es sich eben
nicht um eine philosophisch-systematische Darlegung, sondern um eine innerkirchliche
Lehrschrift auf exegetischer Basis.

[110] Refut. X 5,1 (380,10ff.).

[111] So mit Marcovich, PTS 25, 10f.; anders: D.L.Powell, Schism.

[112] Refut. I Prooem. 6f. (55,44): καὶ ὅσα ἡ ἀλήθεια ὑπὸ τῆς τοῦ πατρὸς χάριτος
παραλαβοῦσα ἀνθρώποις διηκόνησε ... κηρύσσομεν.

[113] Sollte dieser Aspekt der entscheidende für die Wahl der Begrifflichkeit in X 32.33 sein,
wäre – bei Verfasserschaft Hippolyts – das Fehlen des Horos-Begriffes in C.Noet. ebenfalls erklärbar, insofern die Schrift noch vor dem Schisma geschrieben sein müßte (vgl.
Frickel, Dunkel 203f.) und ein »Horos« des Presbyters Hippolyt nicht zu erwarten ist.

Horoi hinsichtlich der kirchenordnenden Maßnahmen Kallists hält er dagegen anscheinend für überflüssig, nachdem diese s.E. eindeutig gegen die »apostolische(n) Tradition(en)« verstoßen. Seine Antwort hierzu könnte deshalb in der Präsentation der »Traditio apostolica« erblickt werden, versehen mit einem Vor- und Nachwort.

Schließlich ist noch die Frage zu beantworten, warum in all diesen Kontroversen von beiden Seiten anscheinend nicht der κανὼν τῆς ἀληθείας argumentativ ins Spiel gebracht wird. Mir scheint eine Erklärungsmöglichkeit darin zu bestehen, daß hinsichtlich der Logostheologie noch keine endgültige und allgemein anerkannte kirchliche Festlegung erfolgt war. Die Lehrentscheidungen durch Zephyrin und Kallist wurden eben von anderen als nicht maßgeblich und richtungsweisend und insofern nicht »kanonisch« betrachtet. Eine Berufung auf »die Richtschnur« gab deshalb wohl argumentativ für diese Frage nichts her. Deshalb beanspruchen beide Seiten die Wahrheit »an sich« und argumentieren mit der Schrift und der Tradition.

ANHANG I:

KANΩN THΣ ΠIΣTEΩΣ IM »KLEINEN LABYRINTH«

Nachdem die Verfasserschaft Hippolyts für das sog. »Kleine Labyrinth« heute allgemein abgelehnt wird[114], sei hier nur im Anhang darauf hingewiesen, daß die von Euseb, H.e. V 28,3-19, daraus überlieferten Zitate auch einen Beleg für die Wendung κανὼν τῆς πίστεως enthalten.

In diesen der Auseinandersetzung mit dem dynamistischen Monarchianismus der Schule der Theodotianer[115] gewidmeten Passagen wendet sich der Verfasser der Schrift gegen die Behauptung der Vertreter der »Häresie des Artemon«, daß deren Lehre bis zur Zeit Bischof Victors von Rom die allgemeinkirchliche gewesen sei. Dagegen wird unter Berufung auf Schriften der Apologeten und Klemens' von Rom die These gesetzt, daß die kirchliche Gesinnung (φρόνημα), wonach Christus Gott und Mensch sei, stets verkündet worden sei (28,6). Weiterhin bemerkt der Verfasser zu den Theodotianern: »Sie haben die göttlichen Schriften ohne Scheu verfälscht, die Richtschnur des alten Glaubens aufgehoben und Christus verleugnet.«[116]

---

[114] Vgl. Altaner-Stuiber 168.

[115] Vgl.: Ritter, HDThG I 130; Beyschlag, Dogmengeschichte I 241f.; Harnack, Dogmengeschichte I 708-717.

[116] πίστεώς τε ἀρχαίας κανόνα ἠθετήκασιν: H.e. V 28,13 (ed.Schwartz 504,11f.).

Es ist also das Bekenntnis der Kirche zu Christi Gottheit und Menschheit, das eine grundlegende Norm des »alten« christlichen Glaubens ausmache. Die Theodotianer würden ihrerseits versuchen, durch eine willkürliche Exegese der Schrift (28,13.14) die Bestreitung der Gottheit Christi zu rechtfertigen. So »verfälschen« sie die Schriften, heben damit einen Maßstab des christlichen Glaubens auf und verleugnen schließlich Christus selbst.

Auch hier ist der κανών τῆς πίστεως demnach ein antihäretischer Normbegriff, der das christliche Bekenntnis zur Gottheit und Menschheit Christi gegenüber seiner Bestreitung bekräftigt, und jede Rede über Christus daran mißt. In der Tat verrät die Stelle »einen Sprachgebrauch«, »wonach der κανών τῆς πίστεως etwas anderes ist, als die Schriften«.[117] Eine einfache Identifizierung mit der Hl.Schrift kommt deshalb nicht in Frage[118], aber es geht auch nicht um ein dahinterstehendes Symbol.[119] Die Richtschnur des Glaubens und der Maßstab, den die Kirche an alles Reden von Christus anlegt, ist hier ihr von Anfang an lebendiges Bekenntnis zu ihm als wahrer Mensch und wahrer Gott.

ANHANG II:

»KANON« ALS TABELLE: »CANON PASCHALIS« UND STELLENVERZEICHNIS ZUR HL. SCHRIFT

Es legt sich nahe, an dieser Stelle auf die kirchliche Verwendung des Kanon-Begriffes im Sinne von *Tabelle, Liste* und *Verzeichnis* hinzuweisen, kommt doch Hippolyt hierfür besondere Bedeutung zu. Denn an den beiden Seitenwänden der 1551 aufgefundenen sog. Hippolyt-Statue[120] sind Berechnungen des Osterfesttermins in Tabellenform eingemeißelt, die auf einem 16-jährigen Zyklus basieren und einen 112-jährigen Zeitraum umfassen. Gleichzeitig ist im dortigen Schriftenverzeichnis Hippolyts eine Abhandlung mit dem Titel verzeichnet: »᾿Απόδειξις χρόνων τοῦ πάσχα καὶ τὰ ἐν τῷ πίνακι« (CPG 1895). Euseb spricht von einem Werk »Περὶ τοῦ πάσχα«, das eine Chronologie biete und dem ein 16-jähriger »Osterzyklus« (κανών) vorangestellt war.[121] Die Diskussion um scheinbare Widersprüche zwischen Euseb und der Inschrift kann seit *M.Richards*[122] Analyse

---

[117] So richtig: Kattenbusch II 355.

[118] Gegen: Kunze, Glaubensregel 128f.

[119] Gegen: Kattenbusch, a.a.O..

[120] Vgl.: Marcovich, TRE 15, 381; Scholten, RAC 15, 494. Die Inschriften finden sich: PG 10, 875ff.; M.Guarducci, Epigrafia greca IV 542.

[121] καί τινα κανόνα ἐκκαιδεκαετηρίδος περὶ τοῦ πάσχα προθείς: H.e. VI 22,1 (ed.Schwartz 568,15).

[122] M.Richard, Note.

als beendet betrachtet werden. Danach stand am Anfang der verlorengegangenen Schrift Hippolyts die Erklärung eines 16-jährigen Osterzyklus.
Den Hauptteil bildete die chronologische Darstellung der wichtigsten
Osterfeste vom Exodus bis zum ersten Regierungsjahr von Alexander Severus
(=222). Ein Anhang enthielt jene Ostertafeln für 112 Jahre (= 7 Zyklen à
16 Jahre ab dem Jahr 222). Diese Schrift mit ihren Berechnungen muß bei
den Anhängern Hippolyts angesichts ihrer beherrschenden Plazierung auf
der Statue als besonders bedeutsame Leistung gegolten haben.[123]

Wir begegnen hier also der spezifischen Bedeutung des Kanon-Begriffes
als »Zyklus« oder »Tabelle«, die in diesem Sinne auf das Osterfest und seine
Berechnung angewendet wird. Die Bedeutung des Wortes gehört der profangriechischen Umgangssprache an und läßt sich seit der Kaiserzeit nachweisen für astronomische Tabellen, Geschichtstabellen und Listen. Dabei ist
nach *Oppel*[124] nicht die äußere Form der Tabellen für die Bezeichnung
ausschlaggebend gewesen, sondern die in diesen sich manifestierende Zuverlässigkeit und Sicherheit. In dieser Bedeutung geht der Begriff in die
kirchliche Literatur ein und findet sich so auch bei Euseb, der ihn als Titel
(χρονικοὶ κανόνες) für den 2. Teil seiner Chronik[125] selbst verwendet.
Dieser ist in reiner Tabellenform gehalten.

In seiner Kirchengeschichte berichtet Euseb von einer dem Ostertermin
gewidmeten Schrift des aus Alexandrien stammenden Anatolios von
Laodicea, aus der er eine längere Passage gegen die Quartodezimaner zitiert.[126] Weiterhin erwähnt er bei den Osterfestbriefen des Dionysios von
Alexandrien, daß der an Dometios und Didymos gerichtete auch eine
achtjährige Ostertabelle enthielt und anordnete, das Fest nur nach der
Frühlings-Tagundnachtgleiche zu begehen.[127]

In ähnlicher Bedeutung geht der Begriff dann auch für Überblicks-
tabellen von Parallelstellen zu einzelnen Büchern der Hl. Schrift in die
kirchliche Sprache ein. So hat Euseb seiner Ausgabe der Evangelien 10
solcher »Kanones« vorangestellt, die er in einem einleitenden Brief an
Carpianus erläutert.[128] In diesem Sinne wird der Begriff schließlich auch
ins Lateinische übernommen. Unter den Priscillian zugeschriebenen
Traktaten finden sich 90 *canones* zu den Paulusbriefen. Es handelt sich um

---

[123] Vgl. auch: Strobel, Ursprung 122-133; Scholten, RAC 15, 509ff.; Richard, DSp 7, 540.
[124] Oppel, Κανών 66ff.
[125] Ed. J.Karst (GCS 20, Euseb V) Leipzig 1911, XXXIII u. 156ff. Zu deren ursprünglicher
Gestalt, der hieronymianischen Fortschreibung des »Kanons« (ed. R.Helm) und dem
damit verbundenen »Formproblem des eusebianischen Kanons«, vgl.: E.Caspar,
Bischofsliste 13-84; A.A.Mosshammer, Chronicle.
[126] ᾿Εκ τῶν περὶ τοῦ Πάσχα ᾿Ανατολίου κανόνων: H.e. VII 32,14-19.
[127] ἐν ᾗ καὶ κανόνα ἐκτίθεται ὀκταετηρίδος: H.e. VII 20 (ed. Schwartz 674,12).
[128] PG 22, 1275-92; Vgl.: C.Nordenfalk, Kanontafeln; ders., Canon-Tables; K.Wessel,
Kanontafeln; H.H.Oliver, Carpianus.

Auflistung von Parallelstellen, die jeweils mit einem die entsprechende Lehraussage zusammenfassenden Satz überschrieben sind.[129]

Zur Verwendung des Begriffes im Sinne von Klerus und Klerikerverzeichnis s.u. die Kapitel über die Synoden von Nizäa und Antiochien ca.330.

---

[129] ed. Schepss (CSEL 18) 107-147.

IX. ORIGENES UND DER »KIRCHLICHE KANON«

1. DER FORSCHUNGSSTAND

»Seit seiner Kindheit beobachtete er den Kanon der Kirche«, kommentiert Euseb die von ihm berichtete[1] Weigerung des jugendlichen Origenes, mit dem Häretiker Paulos gemeinsam zu beten. Unabhängig davon, wie man die historische Zuverlässigkeit der parteiischen Darstellung und Verteidigung des Lebens und Werkes des großen Alexandriners, dem Euseb weite Teile des VI.Buches seiner Kirchengeschichte widmet, beurteilt[2], wird man doch sagen können, daß die von Euseb betonte Kirchlichkeit dem Selbstverständnis des Origenes (†253/4) durchaus entsprach. Dieser hat sich bekanntlich selbst gern als »Mann der Kirche« bezeichnet.[3] Und »er beruft sich nicht nur auf die ›Regel der Schrift‹ oder ›die evangelische und apostolische Regel‹, sondern bezieht sich ständig auch noch auf ›die Regel der Kirche‹, ›den Glauben der Kirche‹, ›die Überlieferung der Kirche‹, ›die Lehrauffassung der Kirche‹, ›die Ansicht und Lehre der Kirche‹.«[4]

Es ist die *Interpretation* der »nicht-systematischen« oder »mystischen« Origenes-Deutung (verbunden insbesondere mit den Namen *G.Bardy, W. Völker, H.de Lubac und H.Crouzel*), die dies in der Auseinandersetzung mit den Vertretern einer »systematischen« Origenes-Deutung (nur die Namen *A.v. Harnack, E. de Faye, H.Koch und F.H.Kettler* seien hier genannt) immer wieder neu betont hat.[5]

---

[1] H.e. VI 2,14: φυλάττων ἐξ ἔτι παιδὸς κανόνα ἐκκλησίας.

[2] Vgl. hierzu bes.: P.Nautin, Origène 19-98. Zur Origenes-Biographie weiterhin: M.Hornschuh, Leben des Origenes; W.A.Bienert, Dionysius, 1-27. 87-106; U.Berner, Origenes, Exkurs I., 3ff.

[3] In Lib.Jes.Nav.Hom. IX 8 (VII 353); In Ep.ad Rom.Com.III 1,212; Sel.in Job 20,6 (PG 12, 1033C); In Luc.Hom.16,6 (IX 109,15-20). Quellenangaben ohne nähere Hinweise beziehen sich auf Band, Seite und Zeile der Origenes-Edition in den GCS.

[4] H. de Lubac, Geist 80, in dem so überschriebenen Abschnitt: »Origenes als Mann der Kirche« (63-114). Vgl. auch: H.Crouzel, Ecclesiasticus.

[5] Zur Klassifizierung dieser beiden grundlegend divergierenden Schulen und ihren Positionen vgl. den Forschungsbericht von U.Berner, Origenes, dem die Terminologie entstammt. Die Literatur der umfangreichen Origenes-Forschung verzeichnet: H.Crouzel, Bibliographie. Zur Bedeutung der Kirche für Origenes im einzelnen vgl.: H.J.Vogt, Kirchenverständnis. Aus der Sicht der »systematischen« Interpretationsschule: F.H. Kettler, Der ursprüngliche Sinn 47-54.

Die Frage nach der Bedeutung eines *Kanons* für die Theologie des Origenes hat in den vergangenen 100 Jahren in verschiedener Hinsicht eine Rolle gespielt.

Eingehende Aufmerksamkeit wurde ihr wiederum zuerst von der älteren *Symbolforschung* geschenkt, und zwar bei deren Suche nach einem »Tauf-symbol« in der alexandrinischen Kirche.

Während *A.v.Harnack* dabei – was Origenes betrifft – eine auffällige Zurückhaltung an den Tag legte[6], nahm die Frage nach »Symbol und Glaubensregel bei Origenes« bei *F.Kattenbusch* breiten Raum ein. Von seinen umfangreichen Ausführungen sind allerdings nur wenige Seiten[7] einer Untersuchung der Kanon-Begrifflichkeit im engeren Sinne vorbehal-ten. *Kattenbusch* entwickelte insgesamt die These, »dass der κανών des O. nichts anderes als die ›Schriften‹ sei«. Er wollte dabei sogar darauf hinaus, daß der Alexandriner bereits von einem Schriftkanon rede.[8]

J.Kunze ging ohne Berücksichtigung des Kanon-Begriffes der Frage eines »Taufsymbols« in Alexandrien nach und meinte bejahen zu können, daß Origenes ein mit der Abrenuntiation verbundenes trinitarische Tauf-bekenntnis kannte.[9] Bei seinen kurzen Ausführungen über den Terminus κανών bei Origenes kam er in weitgehender Übereinstimmung mit Katten-busch zu dem Ergebnis, »dass da auch für Origenes die Schrift mit in die Glaubensregel irgendwie hineingehört«.[10]

Der Aufsatz von *G.Bardy* vom Jahre 1919 über »La règle de foi d'Origène«[11] ist hier ebenfalls einzuordnen. Denn auch diese Studie ist erklärtermaßen von der Suche nach einer »règle de foi définie« bestimmt. Als Resultat formuliert *Bardy* denn auch: »Origène connaît et emploie une règle de foi, en donnant à cette expression son sens le plus strict, un symbole«.[12] Die wenigen Seiten[13], auf denen *Bardy* die Kanon-Terminolo-gie behandelt, sind dieser Suche methodisch eingeordnet. Das Ergebnis ist dem *Kattenbuschs* verwandt. Sowohl was die angeblich synonymen Begriffe *regula veritatis* und *regula scripturarum*[14] als auch die Termini *regula ecclesiae* und *regula ecclesiastica*[15] anlangt, meinte *Bardy*, Origenes »a habituellement

---

[6] Vgl.: Dogmengeschichte I 371f.

[7] Vgl.: Kattenbusch II 134-179; davon nur 142-147 zum Kanon-Begriff.

[8] A.a.O., 143.142: »Aber er nennt sie (sc. die Schriften) auch so.«

[9] Kunze, Glaubensregel 41-60.60.

[10] A.a.O., 167.

[11] RSR 9 (1919) 162-196.

[12] A.a.O., 171.196.

[13] S.172-181.

[14] »Origène signifie par là les Écritures inspirées, en tant qu'elles constituent un corps, qu'elles font partie d'une liste officielle«, a.a.O., 174.

[15] »les Écritures elles-mêmes constituent la règle inviolable qui dirige le croyant«, a.a.O., 177.

entendu par ce terme (sc. κανών) le canon des écritures inspirées«.[16] Damit war aber für *Bardy* immerhin schon klar, daß Origenes den Terminus κανών nicht benutzt habe »pour désigner une règle de foi, un symbole imposé aux fidèles«.[17]

D. *van den Eynde* hat dann 1933 mit seiner Studie über den kirchlichen Lehrbegriff unter der Überschrift »La règle de vérité« auch die Kanon-Terminologie bei Origenes behandelt, um vor allem die Resultate *Kunzes* und *Bardys* hinsichtlich des »Symbols« bestätigt zu finden.[18]

In der sich daran anschließenden Debatte über das altkirchliche Traditions-verständnis war es *R.P.C.Hanson*, der 1954 in seiner Studie über den ori-geneischen Traditionsbegriff »Origen's Doctrine of the Rule of faith« einen ausführlichen Abschnitt widmete.[19] Wie schon bei seiner dortigen Analyse der klementinischen Begriffsverwendung[20] fällt auf, daß *Hanson* in allen unter-suchten Testimonia den jeweils auftauchenden Terminus als »rule of faith« identifiziert. *Regula fidei* und »general belief« der Christen seien bei Origenes identisch. So könne dieser auch andere Begriffe verwenden, »to express virtually the same idea as κανών«.[21]

> »All these expressions seem to mean much the same thing as κανών does, that is, in its broadest sense, the Church's interpretation of the Bible. This includes the allegorization of Scripture; it includes the Church's teaching upon important or disputed points, in contrast to that of the heretics; and it includes specific doctrines of the Church, which presumably might be in the process of being included in official creeds in Origen's day.«[22]
>
> Κανών sei so letztlich identisch mit dem Kerygma der Kirche. Origenes »meant by this (sc. the rule of faith) the doctrine, which the Church of his day was preaching, and he linked it very closely with the Bible«.[23]

So ist deutlich, daß für *Hanson* der *Kanon* bei Origenes weitgehend iden-tifiziert wird mit dem Kerygma der Kirche, ihrer Predigt und Lehre in der Auslegung der Hl.Schrift. Eine spezifische Bedeutung des Kanonischen wird

---

[16] A.a.O., 181. Noch 1950 hat H. de Lubac, Geist 80 Anm.105, diese These Bardys unbesehen übernommen.

[17] Bardy, a.a.O., 180.

[18] Vgl.: van den Eynde, Les normes 304-311.

[19] R.P.C.Hanson, Origen's Doctrine 91-126.

[20] S.o.: Kap. VII 1.

[21] A.a.O., 91. 95. Als solche nennt Hanson ebd.: κήρυγμα, ὁ ἐκκλ. λόγος, γνώμη ἐκκλ., κατήχησις ἐκκλ., διδασκαλία, δόγματα τῆς ἐκκλησίας, βούλημα τῆς ἐκκλησίας. Genauso: ders., Tradition 79, dort bezeichnet als »other words for the rule of faith«.

[22] A.a.O., 97.

[23] A.a.O., 111f.; ähnlich auch: 101.113.

nicht näher in den Blick genommen.[24] Einen besonderen Akzent bekommt die Deutung *Hansons* schließlich dadurch, daß er die These vertritt, Origenes setze sich gelegentlich auch über die *regula fidei* hinweg »and prefers instead of it his own esoteric teaching«.[25]

Im Jahre 1967 hat *R.-C.Baud* unter dem Titel »Les ›Règles‹ de la Théologie d'Origène«[26] eine umfangreiche und detaillierte Studie vorgelegt, die den bisherigen Abschluß[27] der Bemühungen um diese Frage markiert.

> *Baud* hält die Existenz eines »Symbole de foi« für Origenes mit *Bardy* und *van den Eynde* für bewiesen, läßt diese Frage deshalb beiseite und will »la signification et la connexion des différentes ›règles‹ sur lesquelles se fonde et autour desquelles s'organise la théologie d'Origène« untersuchen. Es sei zu zeigen, daß die verschiedenen Regeln, auf die sich Origenes ständig beziehe, »sont effectivement et d'une manière précise, normatives de sa construction théologique«.[28] Zu diesem Zweck bietet der Verfasser eine Einordnung (fast) aller Passagen des origeneischen Werkes, die die Termini κανών oder *regula* enthalten.

Jenseits einer quellenkritischen Analyse ist diese Studie also stark durch eine systematisch-theologische Fragestellung bestimmt, indem der Regula-Begriff gewissermaßen instrumentalisiert wird, um über ihn entscheidende Grundstrukturen der Theologie des Alexandriners festzumachen.[29] Für die quellenmäßige Absicherung seiner Ausführungen bedient sich *Baud* durchgängig aller lateinischen Übersetzungen origeneischer Texte, in denen der Begriff *regula* enthalten ist, als »équivalent habituel«.[30] Der lateinische Begriff *regula*, von *Baud* stets einfach als »règle« übersetzt, wird so zu einem Schlüssel für das

---

[24] Allein S.97 wäre hier zu nennen, vgl. u. 5.

[25] Hanson, Origen's Doctrine 105. »The conclusion, that by ›the rule of faith‹ ... he meant simply the Church's interpretation of Scripture, as appeared in the teaching and preaching of the Church ..., is confirmed by this willingness of his occasionally to set aside this rule of faith«(107). Nochmals herausgestellt als Ergebnis: 184f.

[26] RSR 55 (1967) 161-208.

[27] Der Aufsatz von R.T.Etcheverría, Orígenes y la »regula fidei«, bietet eine zusammenfassende Darstellung auf der Basis von Baud, ohne dessen Methode u. Ergebnisse in Frage zu stellen. J.P.C.Waldram, Glaubensregel, ordnet vier bekenntnishafte Formulierungen bei Origenes zwei verschiedenen Katechumenatsstufen zu. Der Begriff κανών τῆς πίστεως/ *regula fidei* kommt dort nicht vor.

[28] Baud, Les règles 161.163.

[29] Dies wird in der Gliederung des Aufsatzes deutlich. Unter der Überschrift »La source de la vérité« werden die Themen »La canonicité«, »Les vérités à croire«, »Les préceptes« und »L'interprétation des Écritures« verhandelt. Ein eigener Abschnitt ist schließlich der »regula pietatis« als »dritter Regel« unter dem Titel »Le sens de la vérité« vorbehalten (187-200. 187. 190. 200-208).

[30] A.a.O., 164.

Verständnis des Kanonischen bei Origenes. Zur Rechtfertigung für dieses Vorgehen stellte *Baud* an den Anfang seiner Studie einen ausführlichen Abschnitt, in dem er den Nachweis der »Correspondance de regula et de κανών« antreten will.[31] Es ist nun unumgänglich, den methodischen Grundlagen für das Vorgehen *Bauds* hier nähere Aufmerksamkeit zu widmen. Wegen seiner umfangreichen Textanalysen wird dieser Aufsatz nämlich in der einschlägigen Literatur als Standardwerk zitiert.[32] Andererseits hat er gleich nach seinem Erscheinen durch *H. v. Campenhausen* scharfe Kritik erfahren[33], wobei die These einer durchgängigen Korrespondenz der lateinischen Regula-Übersetzung mit dem griechischen Kanon-Begriff akzeptiert zu sein scheint.

2. METHODISCHE VORKLÄRUNGEN: »REGULA« UND »REGULA PIETATIS« BEI RUFIN

Baud geht von der Prämisse aus, daß *regula* und κανών »du moins« in bestimmten Formulierungen wie *regula fidei* und κανών τῆς ἐκκλησίας »un sens technique dans la langage écclésiastique« hatten. Es solle bewiesen werden, daß *Rufin* diesen *technischen Gebrauch* respektiert habe und seine Motive aufgewiesen werden, wenn er *regula* benutzt bei der Übersetzung von Passagen, die nicht κανών enthalten.[34] Der Verfasser unterläßt es nun allerdings, eine nähere Bestimmung dieses technischen Sinnes vorzunehmen. Es bleibt offen, was er darunter versteht. Man hat jedoch im Verlauf der Untersuchung den Eindruck, daß er die *regula fidei* mit dem eingangs postulierten »Symbole de foi« identifiziert. Was der technische Sinn von κανών τῆς ἐκκλησίας sein soll, bleibt nicht nur offen, sondern es ist die Frage zu stellen, ob diese Annahme überhaupt berechtigt ist. Immerhin war festzustellen, daß uns dieser Begriff erstmals bei Klemens von Alexandrien begegnet[35]. Ob der »technische Sinn« dieser Wendung bei Origenes mit dem Verständis Rufins 150 Jahre später einfach kongruent ist, könnte man ja zumindest fragen. Schließlich läßt sich im gesamten Aufsatz beobachten, daß *Baud* diese These eines »technischen Gebrauchs« auf fast die gesamte Kanon- und Regula-Terminologie

---

[31] A.a.O., 164-175.
[32] Vgl. z.B.: Görgemanns-Karpp, Prinzipien 85/87 Anm.4.
[33] »Ausgehend von der – richtigen – Feststellung, daß Rufin den origenistischen κανών korrekt mit ›regula‹ zu übersetzen pflegt, erlaubt er (sc.Baud) sich – zu Unrecht –, Origenes überhaupt nach den rufinischen Übersetzungen zu interpretieren, die seine Position vereinfachen.« »Baud hat die Bedeutung des kirchlichen Regulativs einseitig hervorgehoben und ist der Gefahr einer anachronistischen Fragestellung ... selbst erlegen«. Vgl.: Campenhausen, Bibel 357 Anm.237; 358 Anm.241.
[34] Baud, Les règles 164.
[35] S.o. Kap. VII 4 b) <8.>.

ausdehnt und so gut wie nie die Frage aufwirft, ob man nicht auch an manchen Stellen mit ganz untechnischen Verwendungen rechnen müßte.

Den Nachweis der Zuverlässigkeit Rufins will *Baud* nun antreten anhand von dessen Übersetzung der *Kirchengeschichte Eusebs*, nachdem hier ein Vergleich mit dem griechischen Original möglich ist.[36]

> Die Tatsache, daß Rufin von den dortigen 15 Belegen für κανών nur 6 mit regula übersetzt, wird man ihm in der Tat mit *Baud* nicht von vornherein negativ auslegen müssen. Denn an 5 Stellen redet Euseb so vom Osterkalender (Rufin umschreibt den Terminus) und an 2 Stellen vom Schriftkanon; Rufin transliteriert hier durch *canon*.[37]
>
> Bedeutsamer ist aber, daß Rufin einmal (H.e. II 17,1) κανόνας τῆς ἐκκλησίας mit *ecclesiae instituta* übersetzt, und H.e. III 32,7 Eusebs Ausführungen über die, die τὸν ὑγιῆ κανόνα τοῦ σωτηρίου κηρύγματος zerstören, auflöst in *corruptoribus veritatis et divini verbi*. H.e. V 28,13 übersetzt er korrekt κανών τῆς πίστεως durch *regula fidei*; V 24,6 beim Brief des Polykrates von Ephesus zur Frage des Ostertermins präzisiert er das dortige κανών τῆς πίστεως durch *sed fidei regulam per omnia conservantes* und macht so deutlich, daß die Verbindung der Frage des Ostertermins mit der *regula fidei* für seine Leser einer Präzision bedurfte. In antihäretischem Kontext steht H.e. VI 2,14 *regula ecclesiastica* korrekt für κανών ἐκκλησίας. In H.e. VI 33,1 wird allerdings Eusebs Aussage der Deformierung des κανών ἐκκλησιαστικός durch Beryllos von Bostra von Rufin ergänzt zu *ecclesiasticam docendi regulam*. Anscheinend bedurfte die Tatsache eines Lehrinhaltes der *regula ecclesiastica* für Rufin einer besonderen Erwähnung. In H.e. IV 23,4 gibt er κανών τῆς ἀληθείας durch *ecclesiasticae fidei regulam* wieder.
>
> Für Rufin sind anscheinend beide Ausdrücke κανών τῆς ἀληθείας und *regula fidei* austauschbar gewesen.

Bedeutsamer sind nun aber die nicht wenigen Fälle, in denen Rufin von einer *regula* spricht, ohne daß diesem Begriff im griechischen Original die Kanon-Terminologie entsprechen würde.[38]

> H.e. VI 8,4 gibt es für *recti iudicii regulam* bei Euseb keine Entsprechung; VIII 12,3 wird θεσμός aufgelöst in einen Satz mit *regulam*; VI 46,1 wird Eusebs Angabe zum Brief des Dionysios von Alexandrien über die Lapsi, daß er τὰ δόξαντα αὐτῷ – also seine Bestimmungen – enthalten habe, wiedergegeben mit *regulas eis statuit paenitendi*. In der Darstellung des Ketzertaufstreites verstärkt Rufin die Position Cyprians, indem er VII 3

---

[36] Baud, Les règles 165-171.
[37] Zu den Stellen in Eusebs H.e. vgl. a.a.O., 165.
[38] Vgl. hierzu: Baud, Les règles 167-170.

κρατήσασαν παράδοσιν wiedergibt durch *traditam regulam* gegenüber dem bloßen ἔθος bei Stephan von Rom.

Wir haben hier also insgesamt rechtsrelevante Zusammenhänge vorliegen, in denen Rufin die Regula-Terminologie einführt, ohne daß dahinter der griechische Kanon-Begriff stehen würde. Ähnliches läßt sich in antihäretischem Kontext beobachten.

> So steht H.e. III 25,7 *a pietatis regula discrepantia* für die Aussage, daß die Häretiker δυσσεβής seien; III 38,5 wird ὀρθοδοξία mit *apostolicae fidei regula* übersetzt; V 20,1 wiederum τὸν ὑγιῆ τῆς ἐκκλησίας θεσμόν mit *regula traditionis ecclesiasticae*.

Baud betrachtet nun diese Übersetzungspraxis insgesamt als durch den griechischen Text legitimiert. Rufin »n'invoque la règle de l'Église ... que là où cette même règle est invoquée par l'auteur qu'il traduit«. Die von Rufin verwendeten Ausdrücke – jetzt schon auf Origenes bezogen – «correspondent bien à une expression équivalente d'Origène ou tout au moins aux intentions manifestées par sa pensée«.[39]
Solche Schlußfolgerungen müssen aber als zu undifferenziert beurteilt werden und sind offensichtlich aus dem Interesse gespeist, zu systematischen Aussagen bei Origenes kommen zu wollen. Denn was man anhand dieser wenigen Beispiele m.E. allein sagen kann, ist dies, daß Rufin sinngemäß korrekt und keineswegs falsch übersetzt. Aber es ist doch nicht zu übersehen, daß von einer wörtlichen Übersetzung allzuoft keine Rede sein kann. Rufin führt andere Begriffe ein, wo κανών steht, ergänzt die Kanon-Begrifflichkeit, tauscht κανών τῆς ἀληθείας durch *regula fidei* aus und spricht sehr häufig von einer *regula* ohne korrespondierende Kanon-Terminologie. In seiner Übersetzungspraxis schlägt sich eine stärkere rechtliche Betonung des Regula-Begriffs nieder, genauso aber eine wesentlich breitere Benutzung von *regula* als der von ihm vorgefundene Terminus κανών. Eine solche breite Verwendung des Regula-Begriffs wird allerdings den nicht überraschen, der seinen Blick am Sprachgebrauch Tertullians geschult hat und sich zudem noch der dortigen Ausweitung des Bedeutungsspektrums von *regula* in Richtung *doctrina* erinnert.[40]
Baud will sodann auch für Origenes anhand von 4 Fällen aus *De principiis*, bei denen der erhaltene griechische Text eine Vergleichsmöglichkeit bietet, den Nachweis der Zuverlässigkeit Rufins liefern[41], um danach bei seiner systematischen Darstellung solche Fragen ganz hinter sich zu lassen. Wir werden ihm noch ein Stück des Weges folgen müssen, weil hier die grundlegenden

---

[39] Baud, Les règles 170.171.
[40] S.o.: Kap. VI.
[41] Baud, Les règles 171-174.

Entscheidungen für die gesamte Bewertung seiner Darstellung fallen und auch eine Einordnung des bei Rufin so häufig auftauchenden Terminus *regula pietatis* vorgenommen werden muß.

In *De princ. IV 2,2* führt Origenes aus, daß die Schrift geistlich verstanden werden müsse und nicht nach dem bloßen Buchstaben.

> Deshalb müßten für die durch Eingebung des Hl.Geistes geschriebenen Schriften »die uns richtig erscheinenden Wege (der Auslegung) gezeigt werden. Dabei wird man sich an den *Kanon der himmlischen Kirche Jesu Christi* halten, die auf die Nachfolge der Apostel gegründet ist«.[42] Es geht ihm also an dieser Stelle um die spezielle kirchliche Norm (κανὼν τῆς ἐκκλησίας) der geistlichen Auslegung der Schriften, die über die Nachfolge der Apostel selbst apostolisch verankert ist und als »geistliche« Auslegung Indiz des »himmlischen« Charakters der Kirche Jesu Christi ist.[43]
>
> Es liegt also eine kirchliche Normbestimmung vor, wie sie uns mit derselben Terminologie bereits bei Klemens von Alexandrien begegnete.[44] Schon *Kunze* sah, daß hier »nicht die Lehrsumme des κήρυγμα« gemeint ist, sondern »die richtige Schriftauslegung«, und diese Erkenntnis hat sich durchgesetzt.[45]
>
> *Baud* aber läßt sich von der Übersetzung Rufins bestimmen und deutet den κανὼν τῆς ἐκκλησίας als *regula fidei*: es gehe hier um »la règle de foi conservée et enseignée par la Tradition de l'Église«. Rufins Hinzufügung von »disciplina« sei nur eine Explikation, denn die Lehre Christi enthalte auch Gebote. Regula habe so für Rufin den »sens strict« der *regula fidei*.[46]

Es ist demgegenüber aber bereits Rufin, der den Begriff des κανὼν τῆς ἐκκλησίας von Origenes nicht übernimmt, sondern diesen durch einen allgemeinen Lehr- und Überlieferungsbegriff ersetzt. Verleitet wird er dadurch offensichtlich durch den Sukzessionsgedanken. Weil aber zur kirchlichen Überlieferung nicht nur die *doctrina* im engeren Sinne gehört, meint er wohl – wegen jener Tendenz im Regula-Begriff in die Richtung des Lehrhaften –, auch noch *disciplina* hinzusetzen zu müssen. Dabei ist Rufin im Gefolge

---

[42] τὰς φαινομένας ὁδοὺς ὑποδεικτέον, ἐχομένοις τοῦ κανόνος τῆς ᾿Ιησοῦ Χριστοῦ κατὰ διαδοχὴν τῶν ἀποστόλων οὐρανίου ἐκκλησίας: De princ. IV 2,2 (V 308,15); Rufin bietet: *nobis uidetur recta esse uia intellegentiae demonstrare obseruantibus illam regulam disciplinamque, quam ab Iesu Christo traditam sibi apostoli per succesionem posteris quoque suis caelestem ecclesiam docentibus tradiderunt*: V 308,33-309,17.

[43] Zur Berufung auf den Apostel Paulus als den Hauptzeugen der origeneischen Hermeneutik vgl. de Lubac, Geist 87-97; zum Begriff der »himmlischen« Kirche: Vogt, Kirchenverständnis 24.261.

[44] Strom. VI 15,125,3; s.o. Kap. VII 6 a) <13.>.

[45] Kunze, Glaubensregel 166; vgl.: Hanson, Origen's Doctrine 92.101-105; Karpp in: Görgemanns/Karpp, Prinzipien 701 Anm.6; van den Eynde, Les normes 307f.

[46] Baud, Les règles 171.

Tertullians durchaus konsequent, wenn er die *regula fidei* der antignostischen Väter als »illam regulam disciplinamque« interpretiert; allein, Origenes redet hier von etwas anderem! So wird man also nicht sagen können, Rufin übersetze falsch, aber es geht bei ihm sozusagen die Pointe verloren, wenn er anstelle einer *hermeneutischen Norm* allgemein von der normativen Lehre und Praxis der Kirche redet, wie sie von Jesus her überliefert sei.

Was nun den Begriff *regula pietatis* anlangt, so analysiert *Baud* drei Stellen aus De princ., an denen der griechische Text nicht von einem κανών redet, und bemüht das Vorwort Rufins. In der Tat gibt es keinen einzigen griechischen Beleg, in dem die Formel *regula pietatis* durch eine entsprechende Formel der Kanon-Terminologie gedeckt wäre.

> In *De princ. III 1,17* spricht Origenes im Kontext der Frage nach Gottes Vorsehung und Prädestination, seiner Gerechtigkeit und der menschlichen Willensfreiheit von der Notwendigkeit, hierbei die fromme Ehrfurcht gegenüber Gott und seinem Gesalbten zu bewahren (τὸ εὐσεβὲς... τηρεῖν)[47]. Rufin übersetzt: *ut pietatis regulam ... teneamus.*
>
> Auch in *De princ. III 1,7* geht es um das Problem der Willensfreiheit. Origenes will diejenigen Stellen im Alten und Neuen Testament, die der Fülle jener Schriftstellen scheinbar widersprechen, die die Willensfreiheit beweisen, zusammenstellen und Überlegungen zu ihrem Verständnis anstellen. Rufin ergänzt hier ohne direkte Textgrundlage: dies erfolge *secundum pietatis regulam.*[48]
>
> *De princ. III 1,23* schließlich führt Origenes aus, daß manche Heiden aufgrund des freien Willensentschlusses (προαίρεσις) Fortschritte vom Schlechteren zum Besseren machten, während andere in der Kirche sogar vom Besseren zum Schlechteren absinken könnten. Rufin ergänzt hierzu, daß dies zu glauben *magis conuenit regulae pietatis.*[49]

Baud schließt hieraus, daß Rufin den Begriff der *regula pietatis* keineswegs leichtfertig eingebracht habe, sondern daß seine Verwendung begründet sei und man dies insgesamt von den 12 Belegen für *regula* in De princ. annehmen dürfe, von denen – wie er selbst sagt – nur in einem Fall κανών als Äquivalent belegbar ist.[50]

Man wird *Baud* zustimmen müssen, daß die Betonung der Willensfreiheit für die theologische Erkenntnis des Origenes mit der zentralen Stellung von »Pronoia und Paideusis«[51] in der Soteriologie normative Bedeutung hat und

---

[47] V 227,13.

[48] V 204,27.

[49] V 241,28.

[50] Baud, Les règles 173 Anm.33.

[51] Um den Titel von H.Koch aufzunehmen. Vgl. ders., Pronoia und Paideusis. Zur Willensfreiheit bei Origenes vgl. bes.: P.Kübel, Schuld und Schicksal.

jede Leugnung der Willensfreiheit als Gefährdung der εὐσέβεια verstanden wird. Rufin »übersetzt« also durchaus sinngemäß, aber – daran geht kein Weg vorbei – ohne direkte Textgrundlage. Dieser Tatbestand kann auch nicht durch den Verweis auf die *Praefatio Rufins* in Frage gestellt werden. *Baud* hebt nämlich besonders[52] auf dessen dortige Erklärung ab, in der Rufin ausführt, wenn er etwas in des Origenes Büchern gefunden habe, was verfälscht oder unzugehörig sei, so habe er es entweder ausgelassen oder nach der *regula* formuliert, die er bei ihm vielfach selbst ausgesprochen fand.[53] *Baud* schließt daraus nicht nur, daß Rufin über den häufigen Gebrauch des Terminus κανών in De princ. frappiert war, sondern daß sich diese Überraschung sogar auf den Begriff *regula pietatis* beziehe, denn er werde in De princ. ja am häufigsten erwähnt.[54]

Von all dem kann aber m.E. keine Rede sein! Es ist sicher nicht zu bezweifeln, daß Origenes den Terminus κανών öfter gebraucht haben wird, als dieser in den erhaltenen griechischen Fragmenten belegt ist. Die Frage ist und bleibt aber, ob er überall da, wo Rufin den Begriff *regula* benutzt, von einem κανών sprach. Dies beweist auch die Praefatio Rufins nicht. Denn dieser will m.E. dort nicht auf die Häufigkeit des Terminus κανών hinweisen, den er so oft bei dem verehrten Lehrer angetroffen habe, sondern auf die orthodoxe Trinitätslehre, die sich überall bei ihm finde[55], und nach der er, Rufin, die anderen dunklen Stellen formuliert habe. Es ist die Frage der richtigen Trinitätslehre, die den Kontext bildet, und nicht die Frage nach der Häufigkeit eines Begriffes! Rufin spricht eben weder von einer *regula pietatis*, noch von *regula fidei* oder dergleichen, sondern benutzt den Begriff *regula* anscheinend ganz untechnisch im Sinne von *doctrina*, wie er seit Tertullian Verwendung findet. Man sollte in diese Stelle also nicht eine »Regel« hineininterpretieren und auch nicht mit »règle« übersetzen, sondern einfach mit: »entsprechend der Lehre« oder »nach der Norm«[56]. Weitere Vermutungen erübrigen sich dann!

Man kann aus all dem wohl nur den Schluß ziehen, daß es dabei bleibt, daß der Terminus *regula pietatis* allein der Übersetzung Rufins zu verdanken ist[57], und dahinter nicht »une troisième règle« steht, die im Sinne des Kanonischen eigens zu thematisieren wäre.[58] Mit einer Größe »κανών τῆς εὐσεβείας« bei

---

[52]   Baud, Les règles 173f.

[53]   *aut secundum eam regulam protulimus, quae ab ipso frequenter inuenimus adfirmatam:* De princ. I praef.Ruf.3 (V 5,14).

[54]   Baud, Les règles 173.201.

[55]   *quod ab ipso in ceteris locis pie de trinitate fuerat definitum:* V 5,12f.

[56]   So Görgemanns, in: ders.,/Karpp, Prinzipien z.St. S.79.

[57]   Die diesbezügliche Vermutung Hansons, Origen's Doctrine 94, ist also zu bestätigen. Davor bereits genauso: van den Eynde, Les normes 309, der darauf hinweist, daß der Ausdruck auch ohne Parallele in den Übersetzungen des Hieronymus sei.

[58]   Wie es Baud, Les règles 201-208, dann auf verschlungenen Pfaden tut, dabei aber nur

Origenes ist nicht zu rechnen.[59] Man wird es deshalb wohl auch besser vermeiden, den Begriff der *regula pietatis* gewissermaßen als origeneisches Synonym für die *regula fidei* zu betrachten.[60] Wollte man dennoch bei einer Identifizierung von *regula fidei* und *regula pietatis* bleiben, müßte man sich allerdings damit auseinandersetzen, daß dieser Kanon dann auch unmittelbar die christliche Lebensführung normiert, insofern εὐσέβεια für Origenes »die wahre Gottesverehrung« bedeutet, die sich »in der Tat realisieren« muß und auf der Grundlage von μετοχή und μίμησις Χριστοῦ die »Nachahmung des Lebens und der Lehre Christi« bedeutet.[61]

Abschließend läßt sich sagen, daß das herausgearbeitete Ergebnis auch ganz dem allgemeinen Urteil über die *Übersetzungspraxis Rufins* entspricht. Denn dieser übersetzt zwar richtig im Sinne von »sinngemäß«; jenseits der »Frage nach dem Ziel, dem Können und der subjektiven Ehrlichkeit Rufins« wird man aber hinsichtlich der »Möglichkeit, von ihm auf Origenes zurückzuschließen«, eher vorsichtig sein müssen.

> Denn »Vergleiche mit griechischen Originalen ... zeigen eine sehr freie Übersetzungstechnik, die manchmal eher als Paraphrase zu beschreiben ist. Man findet Auslassungen, Zusätze (sogar von Bibelstellen), Änderungen, an schwierigen Stellen Beifügungen von Erläuterungen. Die Tendenz zur

---

im Bereich von Vermutungen bleibt. Als Belege für den Gebrauch der Formel *regula pietatis* durch Rufin sind neben den drei genannten Stellen zu nennen: 1. In Ep.ad Tit.Com. (PG XIV,1304 B3): Wer über Gott den Vater anders denke, als es die *regula pietatis* erlaube, müsse als Häretiker betrachtet werden. Vom Kontext her geht es wahrscheinlich um eine Anspielung auf die Lehre des Beryllos von Bostra. Vgl. P.Nautin, Lettres et écrivains 212f.; Scherer, in: Entretien 67, 28 Anm.4. 2. In Gen.Hom. VI 2 (VI 68, 1-4): Abimelech repräsentiere die moralische Vollkommenheit im Sinne der Philosophie. Er sei das Modell derer, die sich der Philosophie hingegeben haben, aber *»licet non integram et perfectam regulam pietatis attigerint«*. 3. In Jes.Nav. Hom. VI 1 (PG 12, 852D-853A=GCS VII 322,3. 4. De princ. I 5,4 (V 73, 7-15) zur Frage der Natur von Engeln und Dämonen; De princ. IV 3,14 (V 345,5f.) zum Thema der gefallenen Engel und ihrer endlichen »Wiederherstellung«; De princ. III 5,3 (V 273,1) zur Frage, ob es eine andere Welt vor dieser gab. Baud (203.206) hat hieraus geschlossen, daß Origenes sich bei schwierigen und theologisch nicht eindeutig lösbaren Fragen auf die *regula pietatis* berufe und sie als Mittel zur Interpretation schwieriger Schriftstellen einsetze.

[59] Es handelt sich dabei um einen Terminus, den wohl Caspari (Clemens 371 Anm.7) einfach durch »Rückübersetzung« kreierte.

[60] Dies tut Ritter, HDThG I 122: »Auch er (sc. Origenes) bezieht sich auf die ›kirchliche Verkündigung‹, die ›Glaubensregel‹ (regula pietatis)«. Der Verweis (ebd.) auf Görgemanns/Karpp, Prinzipien 85/87 Anm.4, ist nicht zwingend, weil es dort nur allgemein um den Regula-Begriff geht, nicht aber um die *regula pietatis*.

[61] Vgl.: M.B. v.Stritzky, Eusebeia 164.160f. Merkwürdigerweise widmet die Verfasserin der Frage der *regula pietatis* keine Zeile.

Erweiterung ist stärker als die zur Kürzung ... Besonders auffallend ist seine
Neigung, synonyme Doppelausdrücke für einzelne griechische Wörter ein-
zusetzen.« »Wir können im allgemeinen ... damit rechnen, den Gedankengang des Origenes vor uns zu haben, aber nicht seine Satzstrukturen und
seine Formulierungen«.[62]

Die Schlußfolgerung von *Baud*, man könne sicher sein, daß die Verwendungen von *regula* bei Rufin »traduisent dans la plupart des cas une expression
technique d'Origène«[63], ist somit abzulehnen, damit aber auch sein gesamtes
weiteres Vorgehen. Es ist vielmehr mit einer gewissen »Inflation« der Regula-
Begrifflichkeit im Latein der Christen seit Tertullian zu rechnen, die sich auch
bei Rufin manifestiert. Dies bedeutet aber methodisch, daß den griechischen
Belegen bei der Analyse Vorrang einzuräumen ist und ansonsten *Kattenbuschs*
Empfehlung weiterhin Gültigkeit hat:

> »Man muss eben in jedem Falle, wo auf das Detail etwas ankommt, sich
> die Frage vorlegen, ob man dem Ausdruck zutrauen dürfe, dass er
> origenistisch sei oder nicht.«[64]

Nach der Analyse der griechischen Testimonia wird dann die lateinische
Regula-Terminologie in folgender Reihenfolge zu prüfen sein: 1. Belege für
regula ecclesiastica und einen verwandten absoluten Gebrauch von *regula*; 2.
Belege für *regula veritatis*; 3. der Terminus *regula scripturarum*; 4. *regula* als
geistliches Auslegungsprinzip; 5. *regula Euangelii, euangelica/ apostolica regula*.[65]

---

[62] Alle Zitate: Görgemanns, in: ders.,/ Karpp, Prinzipien 36-43 (»Die Übersetzung Ruf-
ins«), 43. Zu identischen Ergebnissen kommt C.P.Hammond-Bammel, Römerbrief-
text 43-58 (»Die Übersetzungsmethoden Rufins«), 44: »Er hat die Gedanken des
Origenes nachgedacht und in seinen eigenen Worten für seine Leser ausgedrückt.«
Dies gelte allgemein und nicht nur für den Römerbrief. Damit werden die entspr.
Ergebnisse von M.M.Wagner, Rufinus as Translator, ausdrücklich bestätigt. Anson-
sten vgl. zu dieser vieldiskutierten Frage: H.Görgemanns, a.a.O., 43 Anm.14; Fr.
Winkelmann, Übersetzungstheorie; H.Crouzel, Connaissance 546f.(Lit.).

[63] Baud, Les règles 175.

[64] Kattenbusch II 137 Anm.4. Dieser Mühe unterzieht sich Hanson, Origen's Doctrine,
nicht, sondern beschränkt sich fast ausschließlich auf die griechischen Belege. Dies
wird der Überlieferungslage des origeneischen Werkes freilich auch nicht gerecht.
Bereits Van den Eynde, Les normes 308f., hatte manche Übersetzung Rufins zu
pauschal ausgeklammert und keiner Detailüberprüfung unterzogen.

[65] Eine methodische Berücksichtigung der Abfassungszeit der einzelnen Schriften erwies
sich als nicht zwingend. Zum einen bildet die oft unsichere Datierung ein kaum
überwindbares Hindernis, zum anderen waren unterschiedliche Akzente zeitbedingter
Art bei den wenigen, zur Verfügung stehenden Belegen nicht festzustellen.

3. DIE ERHALTENEN GRIECHISCHEN ZEUGNISSE FÜR DEN KANON-BEGRIFF DES ORIGENES

Nimmt man nun die erhaltenen griechischen Zeugnisse in den Blick, so läßt sich vorweg sagen, daß uns hier nur die Wendungen κανὼν ἐκκλησιαστικός, κανὼν τῆς ἐκκλησίας und ein absoluter Gebrauch von ὁ κανών begegnen.

a) Κανὼν ἐκκλησιαστικός: In I Cor.Hom.Fg.74; In Jer.Hom. V 14

In *Fragment 74 der Homilie zum 1.Korintherbrief* paraphrasiert Origenes 1 Kor 14,36 (»Ist das Wort Gottes allein von euch ausgegangen...«) mit den Worten: »ἆρ᾽ οὖν ἡ ἀλήθεια καὶ ὁ κανὼν ὁ ἐκκλησιαστικὸς εἰς ὑμᾶς μόνους τοὺς Κορινθίους κατήντησεν;«[66]

> Er nimmt dabei also die paulinische Wendung κατήντησεν auf, interpretiert aber ὁ λόγος τοῦ θεοῦ durch ἀλήθεια und ὁ κανὼν ὁ ἐκκλησιαστικός. Wie ist diese additive Zuordnung von »Wahrheit« und »Kanon« zu verstehen? *Hanson* behauptet einfach, »the word (sc. κανών) stands for the whole gospel or content of the christian faith«.[67] *Baud* zog die Stelle heran, um bei der Bestimmung der »Nature« der »règle de l'Église« zu klären, daß diese keine Formel sei, sondern gepredigte Lehre, »qui dit ce qu'il faut croire, et qui explique comment il faut le comprendre«.[68]
> Untersucht man den Kontext, so geht es um die Stellung der Frau in der Gemeinde[69] und das paulinische Schweigegebot. Origenes schildert die Situation in der korinthischen Gemeinde und führt dann aus, daß der Apostel mit Bezug auf die ἀταξία in Korinth und all die anderen dortigen Verfehlungen (μετὰ καὶ τῶν ἄλλων ἁμαρτημάτων) seine Aussage treffe, daß Gott sein Wort in die Welt gesandt habe. Daran schließt sich der zitierte Passus an.

Es geht für Origenes also um das Wort Gottes in seiner das Leben der Gemeinde ordnenden Bedeutung. Man wird deshalb sagen können, daß eine Paraphrasierung von »Wort Gottes« durch »Wahrheit« für ihn an dieser Stelle wohl nicht ausreichend erschien, weil die Wahrheit hinsichtlich ihrer das kirchliche Leben ordnenden und normierenden Seite ausgesagt werden mußte. Dies geschieht anscheinend durch den Begriff κανὼν ἐκκλησιαστικός.

---

[66] In I Cor.Hom.Fg.74 (JThS 10 [1909] 42).
[67] Hanson, Origen's Doctrine 91.
[68] Baud, Les règles 194.
[69] Zur Meinung des Origenes hierzu überhaupt vgl.: Vogt, Kirchenverständnis 56f.

In der *5. Jeremiahomilie* legt Origenes Jer 4,4 (»Beschneidet eure Herzen für Gott den Herrn!«) aus.

> Es gebe zwar im übertragenen Sinne eine Beschneidung bei Philosophen und Häretikern, aber dies sei keine Beschneidung τῷ θεῷ, sondern λόγῳ ψευδεῖ. Deren Lehren (λόγοι) seien nämlich παρὰ τὸν λόγον τῆς ἀληθείας, παρὰ τὸν λόγον τῆς ἐκκλησίας. Eine wahre Beschneidung τῷ θεῷ sei nur dann gegeben, wenn sie in Gemeinschaft mit und nach dem kirchlichen *Kanon* und der Intention der gesunden Lehre geschehe: ὅταν δὲ κατὰ τὸν ἐκκλησιαστικὸν κανόνα, κατὰ τὴν πρόθεσιν τῆς ὑγιοῦς διδασκαλίας κοινωνικὸς ᾖς.[70]

Der Kontext ist antihäretisch; der κανὼν ἐκκλησιαστικός eine Norm, durch die häretische »Beschneidung« zur »wahren« wird. Auffällig ist die Parallelisierung von »Wort der Wahrheit«, »Wort der Kirche«, »gesunde Lehre« und »kirchlicher Kanon«. Der Begriff scheint hier den normativen Charakter kirchlicher *Verkündigung und Lehre* zum Ausdruck zu bringen.[71]

b) »Kirchliches Dogma« und »kirchliche Kanones«: In I Cor.Hom.Fg.4

Die Mahnung des Apostels Paulus in 1 Kor 1,10 (Laßt keine Spaltungen unter euch sein!) gibt Origenes in seiner *Homilie zum 1. Korintherbrief* Gelegenheit zu einer Bestimmung dessen, wodurch man vor *Spaltungen* bewahrt werde.

> Nicht im Schisma sei nämlich derjenige, der in Übereinstimmung sei (συμφωνῶν) mit der rechten Lehre (τῷ ὀρθῷ λόγῳ) und dem »kirchlichen Dogma« (ἐκκλησιαστικῷ δόγματι) über den Vater, den Sohn und den Heiligen Geist, über die uns betreffende »Oikonomia« sowie über die Auferstehung und das Gericht, und wer den *kirchlichen Kanones* folge (καὶ τοῖς κανόσι τοῖς ἐκκλησιαστικοῖς ἑπόμενος).[72]

Die Stelle ist in mehrfacher Hinsicht bedeutsam. Zu einen begegnen wir hier einer Differenzierung von kirchlichem »Dogma« und kirchlichem Kanon. Das *kirchliche Dogma*[73] bezieht sich auf die Trinitätslehre, Christologie,

---

[70] In Jer.Hom. V 14 (III 43,32-44,2).

[71] Vgl.: Hanson, Origen's Doctrine 91; Kattenbusch II 147 Anm.19. Baud sieht hier den »offiziellen und sozialen Charakter« des kirchlichen Kanons belegt (195) und kommt darüber zu Aussagen über die Rolle des »Lehramtes« (199f.). Bardy, La règle 176 Anm.2, wollte in der Formel »les Écritures inspirées« erblicken.

[72] In I Cor.Hom.Fg.4 (JThS 9 [1908] 234).

[73] Nach F.H.Kettler, Der ursprüngliche Sinn 17 Anm.78, bedeutet »Dogma« bei Origenes einfach »Lehre«. Allerdings widerspricht der hier vorliegende Sprachgebrauch der

Pneumatologie, die Soteriologie und Eschatologie, die *kirchlichen Kanones* sind sprachlich abgesetzt und treten hinzu. Mit dem Dogma stimmt man überein oder nicht, den Kanones folgt man oder nicht. Wer in beiden Bereichen abweicht, ist von der Kirche getrennt. Es geht deshalb m.E. nicht an, beide Begriffe einfach zu identifizieren.[74] *Hanson* hat richtig gesehen, daß hier zum kirchlichen Dogma eine weitere Größe hinzutritt. Er identifiziert allerdings wenig überzeugend einfach Dogma mit dem Glaubensbekenntnis und interpretiert den κανὼν ἐκκλησιαστικός als »rule of faith«.[75] Die Stelle scheint mir ein wichtiger Hinweis dafür zu sein, daß das kirchliche Kerygma und der kirchliche Kanon nicht einfach deckungsgleich sind.

Dies wird dadurch unterstrichen, daß Origenes hier im Plural von den kirchlichen Normen redet. Wir haben damit den ersten griechischen Beleg in der kirchlichen Kanon-Terminologie für die Rede von »kirchlichen Kanones« im Plural vorliegen.[76] Man fühlt sich an die Terminologie Tertullians erinnert mit seiner Zuordnung von *fides* und *disciplina* und der dazugehörigen Redeweise von *disciplinae*. Es legt sich m.E. nahe, in solchen »Kanones« für die kirchliche Einheit grundlegende Bestimmungen des Lebens der Gläubigen und der Ordnung der Kirche zu erblicken, die der einen Wahrheit entstammend dennoch nicht Bestandteil des kirchlichen Dogmas sind, deren Mißachtung jedoch das Schisma zur Folge hat.

c) Κανὼν τῆς ἐκκλησίας: In Mat.Com.ser.46

In Mat.Com.ser.46 behandelt Origenes die Warnung Jesu vor falschen Propheten und Christussen (Mt 24 23-28). Ein solcher falscher Prophet, dem trotz aller Zeichen und Wunder nicht zu glauben sei, wenn er verkündet: »Siehe, er ist in der Wüste!«, sei derjenige, »ὁ μὲν ἔξω τῆς πίστεως καὶ τοῦ τῆς ἐκκλησίας κανόνος καὶ τῆς γραφῆς λέγει· ἰδοὺ ἐν τῇ ἐρήμῳ«.[77]

Es handelt sich hier um ein griechisches Fragment, das in der anonymen und nicht datierbaren lateinischen Übersetzung keine direkte Entspre-

---

spätere Behauptung Kettlers (a.a.O., 40), daß »mit δόγμα und δόγματα stets und eindeutig esoterisches, auf allegorischer Schriftauslegung basierendes Lehrgut gemeint (ist), nirgends das Kerygma.«

[74] Dies tut Baud, Les règles 194, der die Stelle dazu heranzieht, um von der *regula eccl.* aussagen zu können, sie sei das »ensemble des vérités qu'elle enseigne au nom de la Révélation et qui constituent la foi«.

[75] Hanson, Origen's Doctrine 120, in dem Kapitel »VII. The Relation of Rule of faith to Creed in Origen« (114-126).

[76] Ob man allerdings sogleich von einer Begriffsverwendung »dans un sens juridique« reden kann, wie es van den Eynde, Les normes 305, tut, möchte ich eher dahingestellt sein lassen.

[77] In Mat.Com.ser.46 (XI 94,27).

chung hat. Diese macht als Kontext aber deutlich, daß sich Origenes gegen
Häretiker wendet (namentlich genannt werden Markion, Valentinos,
Basileides, Apelles), die sich auf *secretae scripturae* berufen, und so die
Warnung Christi bestätigen, wenn sie damit gleichsam behaupten: »Siehe,
in der Wüste ist das Wort der Wahrheit!«. Sooft sie jedoch *canonicas ...
scripturas*[78] anführen, entsprechen sie der falschen Prophetie: »Siehe, er ist
in der Kammer!«. Man dürfe ihnen nicht glauben, nicht die *traditio
ecclesiastica* verlassen, und nur das durch die *successio ecclesiae* Überlieferte
glauben. So wolle Jesus zeigen, daß ihre Verkündigung völlig außerhalb der
Schrift stehe, wenn er sage: »Wenn sie sagen: ›Siehe, er ist in der Wüste,
geht nicht hinaus ›de regula fidei‹!«.

Die lateinische Übersetzung scheint also die Begriffe *scripturae canonicae*
und *regula fidei* einzuführen, wo Origenes von πίστις, κανὼν τῆς ἐκκλησίας
und γραφή spricht. Die origeneische Intention aber scheint durchaus getroffen. Zur Gemeinschaft in der Kirche gehört die Anerkennung des Maßstabs,
der in der Kirche für die Geltung von »Schriften« als Bestandteil der γραφή
gilt. Aber selbst die Berufung auf diese anerkannten Schriften schützt nicht
davor, ein falscher Prophet zu sein, wenn jene nicht in der maßgeblichen
Gemeinschaft des Glaubens der Kirche empfangen und verstanden werden.
Dies enthält der Verweis auf den κανὼν τῆς ἐκκλησίας, der auch hier wieder
in antihäretischem Kontext angesprochen wird.

d) *Κανὼν im Dialog mit Herakleides*

In dem »Gespräch[79] mit Herakleides und dessen Bischofskollegen über
Vater, Sohn und Seele« ermuntert Origenes nach dem Abschluß des die
Lehren des Herakleides betreffenden Gesprächsganges die Zuhörer:

---

[78] Diese Redeweise geht auf die lateinische Übersetzung zurück. Die Hinzufügung: *»in
quibus omnis christianus consentit et credit«* ist dagegen eine typisch origeneische Wendung. Vgl. dazu u. 4 c).

[79] Zur Frage, ob es sich bei dieser (zusammen mit anderen) im Tura-Papyrus als διάλεκτος
bezeichneten Veranstaltung um eine Synode gehandelt hat oder ob diese »Konferenz«,
(»Diskussion«, »Gespräch«) noch nicht so bezeichnet werden kann, vgl.: J.Scherer,
Entretien, Introduction 13-25; J.A.Fischer, Origenes 105-109. Sieben, Konzilsidee 466-
76. Origenes benutzt eingangs den Terminus ἀνάκρισις (1,16): Befragung. Der Begriff
hat durchaus eine gerichtliche Dimension in Richtung »Verhör«, »Untersuchung«. Es
handelt sich jedenfalls um eine von mehreren (vgl. Scherer, a.a.O., 13f.) ähnlichen
kirchlichen Veranstaltungen, zu denen Origenes als theologischer Fachgutachter ein-
geladen wurde und an denen er teilnahm. Sie fand in Gegenwart mehrerer Bischöfe,
des angeklagten Herkleides, anderer namentlich erwähnter Fragesteller und vor allem
der Gläubigen (4,23;1,17) wahrscheinlich in der Bischofsstadt des Herakleides in der
Provinz Arabia zwischen 244-249 (Scherer, a.a.O., 21) oder 238-244 (Fischer, a.a.O.,
109) statt.

»Wenn noch irgendeine Frage betreffs des *Kanons* ansteht, erinnert mich daran. Wir werden noch weiter die Schrift kommentieren«[80].

Der nicht näher zu identifizierende[81] Gesprächsteilnehmer Dionysios stellt darauf die Frage, ob das Blut die Seele sei, und leitet so den zweiten Teil des »Dialogus« ein. Was ist hier unter κανών zu verstehen?

Scherer hat den Begriff als »règle de foi« übersetzt, und *Hanson* zog – sich darauf berufend – aus der Erwähnung der Schrift und dem angeschlagenen Thema »Blut-Seele« für »the rule of faith« die Folgerung: »This seems to make it clear both that the κανών was considered provable by Scripture and had independent authority, and that it was not a stereotyped formula or embryonic creed, because the question of the soul's relation to the blood could not possibly be included in such a formula«.[82]

Baud kam gerade wegen der angeblichen Zugehörigkeit der Frage nach der Natur der Seele zum letzten Artikel des »Symbols« zu dem Schluß: »Le contenue du κανών est donc délimité par l'ὁμολογία τῆς πίστεως.« Und unter Zitierung einer Passage aus dem Eingangspassus der Eröffnung des Dialoges durch Origenes, in der dieser ausführt, daß es zwischen den Gemeinden keinen Unterschied in der Erkenntnis geben dürfe (οὐκ ὀφείλει ἐκκλησία ἐκκλησίας διαφορὰν ἔχειν ἐν γνώσει: 1,18), folgert er, daß dies die Punkte seien, die den Inhalt des *Kanons* ausmachten. Von daher: »on peut conclure que la regula fidei signifie l'enseignement doctrinal (ἐν γνώσει) et officiel par l'Église des vérités fondamentales de foi nécessaires au salut«.[83]

Gegen eine solche Schlußfolgerung ist freilich mit *Hanson* festzuhalten, daß eine Deutung der *regula fidei* als »Symbol« nicht in Frage kommt, und darüber hinaus grundsätzlich die Frage zu stellen, ob eine schnelle Identifizierung mit einer herkömmlich verstandenen *regula fidei* hilfreich ist und eine Bestimmung der inhaltlichen Füllung von der nachfolgenden Frage des Dionysios her ausreicht. Eine detaillierte Analyse legt sich deshalb an dieser Stelle nahe.

Der von *Baud* herangezogene Satz des Origenes, daß es zwischen den Gemeinden keinen Unterschied ἐν γνώσει geben dürfe, steht am Anfang des ersten Teils des Dialogus (1,6-10,13), der den Hauptteil und eigentlichen Gesprächsteil der Verhandlungen mit Herakleides bildet.[84] Gegenstand dieser Verhandlungen sind Fragen des Glaubens und der Lehre im engeren Sinne. Es geht um die Gottheit des Sohnes, die Frage, an wen das

---

[80] Εἴ τι περὶ κανόνος λείπει ὑπομνήσατε· ἔτι λοιπὸν εἰς τὴν γραφὴν ἐροῦμεν: 10,14.

[81] Vgl. Scherer, Entretien 17f.

[82] Hanson, Origen's Doctrine 100.

[83] Baud, Les règles 191f.

[84] Zur Gliederung des Dialogus in drei thematische Einheiten, vgl.: Scherer, Entretien 24f.

Gebet zu richten sei, die Natur des Leibes Christi und das Auferstehungs-
geschehen. Diese Fragen betreffen »Pistis« und »Gnosis«, und so stellt
Origenes denn auch neben jener Eingangsbemerkung – kurz vor der Intervention eines gewissen Maximos in diesem 1. Teil – die Frage, ob es noch
anderes über den Glauben zu besprechen gebe (τι ἄλλο περὶ τῆς πίστεως:
6,7). Genauso schließt die Behandlung der Lehrfragen des 1. Teils in 8,18f.
ab mit der Bemerkung: die Glaubensfragen seien nun gemeinsam geprüft
(τὰ μὲν περὶ πίστεως...συνεξετάσθη).

Es geht bei den Verhandlungen mit und über Herakleides also um Fragen
der *Pistis*. Im Verlauf des Gespräches wird aber deutlich, daß sich die theologische Problematik nicht unmittelbar gestellt hatte, sondern auf dem Wege
eines besonderen Problems, nämlich der Frage des richtigen *Betens*. Hinter
einer großen Unruhe in den dortigen Gemeinden mit Unterschriftslisten Pro
und Contra (4,17ff.) steht die Frage, an wen die προσφορά zu richten sei, an
den Vater oder den Sohn, oder an beide. Mit *B.Capelle*[85] wird man darin das
eucharistische Gebet zu erblicken haben. Origenes verweist darauf (4,24ff.),
daß die Einheit des Gebetes zu wahren sei und nicht zwei Gebete an zwei
verschiedene Adressaten entstehen dürften, sondern daß sich die Prosphora an
Gott »διὰ ᾽Ιησοῦ Χριστοῦ« zu richten habe. Hinter einer theologischen
Debatte von Glaubensfragen im engeren Sinne steht also ein Konflikt um die
maßgebliche Praxis der liturgischen Ordnung der Kirche an zentraler Stelle
mit Konsequenzen für die Einheit der Kirche.

Origenes reagiert an dieser Stelle ausgesprochen scharf und mahnt alle
Anwesenden, die »συνθῆκαι« einzuhalten[86]. Der Text ist an dieser Stelle
bedauerlicherweise korrupt, aber soviel wird aus des Origenes Worten klar:
Diese συνθῆκαι hätten Vorrang vor jeder persönlichen Meinung, sei es die
eines Bischofs, Presbyters, Diakons oder auch jedes Laien. Wer sich an die
συνθῆκαι nicht mehr halte, könne auch nicht mehr Bischof, Presbyter, Diakon und auch nicht Laie (!) sein. Als Laie dürfe er dann nämlich nicht mehr
an der Synaxis teilnehmen (5,6f.).

Es ist natürlich sehr die Frage, was unter diesen συνθῆκαι – »Vereinbarungen« – zu verstehen ist. Eine antiklerikale Intention dieser Stelle, die sich
vor allem wegen des dortigen wörtlichen Zitats aus Lev 19,15 (gegen die bes.
Geltung des Ansehens der »Großen«) gegen die willkürliche Praxis des
Herakleides richten würde, ist mit *B.Capelle*[87] doch für wahrscheinlich zu
halten. Mit *Scherer*[88] ist aber auch nicht zu übersehen, daß es um »Verein-

---

[85] Ders., L'oblation; vgl. Scherer, Entretien 24.31f.

[86] ἐμμένειν ταῖς συνθήκαις; 4,27-5,7; 4,28; 5,7.

[87] A.a.O., 165-170; nachdrücklich unterstrichen gegen Scherer (Entretien 64f.) von
Campenhausen, Bibel 373 Anm.320.

[88] Entretien 64 Anm.2.

barungen« geht, die von der gesamten Gemeinde in gleicher Weise einzuhalten sind, die Mahnungen des Origenes sich also nicht nur auf die
bischöfliche Amtsführung beziehen.

Der Begriff συνθῆκαι muß den Zuhörern jedenfalls unmittelbar vertraut gewesen sein, denn er wird einfach vorausgesetzt. Begegnet war er uns
bei Klemens von Alexandrien im Kontext der Taufe und der Homologie[89],
und auch bei Origenes taucht er in Exh.mart.17 im selben Zusammenhang
auf bei der Frage nach der Bedeutung des Abfalls vom Glauben durch die
lapsi.[90]

Mit *H.Chadwick*[91] ließen sich die συνθῆκαι also deuten als Gelöbnis
und Glaubensbekenntnis bei der Taufe. *Scherer* hat dagegen den Begriff
weiter gefaßt und gedeutet als »les conventions déjà établies, les formules
communes d'accord qui règlent dans toutes les chrétientés la prière
liturgique«.[92] Bei der häufigen Verwendung des Begriffes im Taufzusammenhang und der nachdrücklichen Betonung durch Origenes, daß auch
Laien diese συνθῆκαι einzuhalten hätten, tut man sich bei seiner Verwendung im Kontext der eucharistischen Prosphora mit dieser Deutung allerdings schwer. Eine ausschließliche Interpretation auf das Taufgelöbnis
scheint aber dem Zusammenhang auch nicht gerecht zu werden.

So stellt sich m.E. die Frage, ob man im Begriff συνθῆκαι nicht einen
Fachterminus für *»Versprechen und Gelöbnis«* im weiteren Sinne zu erblicken
hat. Dieses könnte seinen Ort nicht nur in der Taufordnung, sondern auch bei
der Ordination kirchlicher Amtsträger gehabt haben und sich dort u.a. auf die
Wahrung der liturgischen Ordnung der Kirche gerichtet haben. So wäre
jedenfalls die Schärfe in Origenes' Ausführungen nachvollziehbar, wenn er den
Bischof nun auf sein *Ordinationsgelübde* anspräche, das dieser genauso zu
halten habe wie jeder Getaufte sein Taufversprechen. Hätte sich Herakleides
daran gehalten und die Ordnung der Prosphora nicht verändert, wäre ja die

---

[89] S.o.: Kap. VII 5 b) <12>.

[90] Man wird hier συνθῆκαι mit E.Früchtel als »Gelöbnis« zu übersetzen haben: »Aber
auch bei den Gelöbnissen zur Gottesfurcht (ἐν ταῖς περὶ θεοσέβειας συνθήκαις) gabt
ihr einst euren Lehrern die Antwort«: Jos 24,18. »Wenn nun derjenige, der die mit
Menschen getroffenen Vereinbarungen (τὰς πρὸς ἀνθρώπους συνθήκας) übertritt,
vertragsbrüchig und dem Heil entfremdet ist, was muß man dann von denjenigen
sagen, die ihre mit Gott getroffenen Vereinbarungen (πρὸς θεὸν συνθήκας) dadurch
zunichte machen, daß sie sie verleugnen, und die dadurch wieder zum Satan zurück-
eilen, dem sie bei der Taufe entsagt haben« (I 16,15.17.19); Übersetzung: E.Früchtel,
Origenes. Gespräch 93.

[91] In: J.E.L.Oulton u. H.Chadwick, Alexandrian Christianity, Bd. II 440 Anm.12.

[92] Scherer, Entretien 64 Anm.1. Ihm schließt sich E.Früchtel, a.a.O., 56 Anm.31, an und
deutet diese »Vereinbarungen« als »Formeln der in der Liturgie festgelegten Gebete«.
J.Daniélou ging so weit, hier von einem »canon liturgique« zu sprechen; vgl. ders., in:
RSR 43, 586.

ganze Zerrüttung der Gemeinde nicht erfolgt. Mir scheint dieser Deutungs-
vorschlag mehr für sich zu haben, als der Gedanke, Origenes würde hier den
Bischof – und eben auch die Laien – direkt auf die Einhaltung eines »Canon
Missae« ansprechen.[93] Auch wenn hier letzte Klarheit nicht zu gewinnen sein
dürfte, ist doch soviel deutlich, daß die Stichworte γνῶσις, πίστις und
κανών nicht zu dem Schluß berechtigen, es ginge hier nicht um mit Fragen
des Glaubens unmittelbar verbundene Probleme der Normativität kirchlicher
Ordnung.

Hinzu kommt nun aber, daß den Abschluß des 1. Teils, mit dem das
Gespräch eigentlich schließen könnte, eine ausführliche Ermahnung des
Origenes an die Zuhörer bildet (8,18-10,13). Darin werden diese eindrücklich
darauf hingewiesen, daß *Glaube und Lebensführung* (βίος) untrennbar zusam-
mengehören. Denn die Lebensführung werde im Gericht genauso der Prüfung
unterworfen. Gerechtfertigt werde man nur dann, wenn beides, Glaube und
Lebensführung, ihre Richtigkeit hätten (8,22f.).[94] Damit endet die eigentliche
Verhandlung über Herakleides, und jetzt erst lädt Origenes die Zuhörer ein,
weitere Fragen zu stellen. Nachdem also ausdrücklich Pistis und Bios als
untrennbare Einheit herausgestellt wurden, bietet Origenes an, weitere Fragen
»zum Kanon« zu stellen. Es wird wohl kein Zufall sein, daß hier nicht κανών
τῆς πίστεως steht, sondern allgemein vom κανών die Rede ist. Gemeint ist
m.E. das Gesamt des für Glaube und Leben in der Kirche Maßgeblichen und
Normativen, sofern es das Kerygma, den Wandel der Christen und die Ordnung der Kirche betrifft. Daß Origenes – natürlich – jede aufkommende

---

[93] P.Nautin (Lettres et écrivains 221-232: »Origène et l'Anaphore eucharistique) versucht,
die korrupte Textstelle zu heilen. S. 226 Anm.2 deutet er συνθῆκαι auf »les
engagements pris dans un concile«. Der einzige von ihm beigebrachte Beleg für diese
Wortverwendung stammt allerdings erst von Theodoret, Haer.fab.comp. II 8 (PG
83,396B). Eine dergestalte Interpretation hängt davon ab, inwieweit man bei diesem
»Dialektos« von einem Konzil reden kann und ob mit entsprechenden Beschlüssen
überhaupt zu rechnen ist. Der verbale Anklang an Beschlüsse in einem Votum des
Origenes an anderer Stelle (6,6) ließe sich jedenfalls auch periphrastisch verstehen (vgl.
hierzu: Scherer, Entretien 69 Anm.1; J.A. Fischer, OstkSt 29 [1980] 107). Die zeitgenössische und origeneische Verwendung des Begriffes im Taufzusammenhang bleibt
bei dieser Deutung unbeachtet. Die von Origenes vorgeschlagenen »Konzilsbeschlüsse«
hätten nach Nautin darin bestanden, in die Anaphora nach der Anrede Gottes zu der
Wendung »διὰ Ἰησοῦ Χριστοῦ« ein »θεοῦ« hinzuzufügen, um hier in anti-
adoptianischem und antimodalistischem Sinne Klarheit zu schaffen und Bischöfe,
Kleriker und Laien unter Androhung von Absetzung und Exkommunikation per
Unterschrift darauf zu verpflichten. Der erhaltene Text bietet allerdings keinen Anhaltspunkt, ob es zu solchen oder anderen Beschlüssen der Versammlung gekommen
ist.

[94] Scherer, Entretien 36, weist darauf hin, daß hier der »synthetische Geist« des Alexandriners deutlich werde, für den es nicht möglich sei, nur einseitig über Glaubensfragen
im engeren Sinne zu reden.

Frage auf der Grundlage der Schrift beantworten wird, sollte nicht überraschen, macht aber auch deutlich, daß die Schrift selbst die Basis für alles »Kanonische« darstellt. Aus der sich anschließenden Frage nach dem Verhältnis von Blut und Seele darf man m.E. keine weiteren Schlußfolgerungen ziehen. Es hätten schließlich auch ganz andere Fragen formuliert werden können über das, was in der Kirche *Kanon* ist.

e) Κανών in unspezifischem Gebrauch: zur Auseinandersetzung mit F.H.Kettler (In Joan.Com. XIII 16)

Im Gegensatz zu dieser theologisch gefüllten Verwendung des Kanonbegriffes gewissermaßen als Kurzform für κανών ἐκκλησιαστικός liegt meiner Meinung nach im *Johanneskommentar XIII 16* ein unspezifischer allgemeiner Sprachgebrauch vor.

Dort deutet Origenes Joh 4,21 (»Es kommt die Zeit, daß ihr weder auf diesem Berge noch zu Jerusalem werdet den Vater anbeten«). Er wendet sich gegen die geistliche Deutung des Berges Garizim und Jerusalems durch den Gnostiker Herakleon auf Kosmos und Materie bzw. Schöpfung und Schöpfer. Nach Herakleon würden die »Pneumatiker« weder die Schöpfung noch den »Demiurgen« anbeten, sondern den »Vater der Wahrheit«.[95] Gerade diese von den »Heterodoxen« so genannte »θεοσέβεια« sei nun aber nach Origenes auf das »Nicht auf diesem Berge!« zu deuten. »Den *Maßstab* aber, der der großen Menge in der Kirche angemessen ist, wird der Vollkommene und Heilige *überschreiten*, um kontemplativer, klarer und göttlicher anzubeten, wie es durch das ›Auch in Jerusalem sollt ihr den Vater nicht anbeten!‹ erklärt werde« (τὸν δὲ κανόνα <τὸν> κατὰ τοὺς πολλοὺς τῆς ἐκκλησίας, ὃν καὶ αὐτὸν ὁ τέλειος καὶ ἅγιος ὑπεραναβήσεται θεωρητικώτερον καὶ σαφέστερον καὶ θειότερον προσκυνῶν τῷ πατρί...)[96].
Der weitere Gedankengang macht klar, daß es Origenes hier nicht primär um eine Abgrenzung gegen Häresie und Judentum geht. Daß die wahre Proskynesis nichts mit der gnostischen θεοσέβεια gemein hat, wird nicht weiter thematisiert. Origenes hatte vielmehr vorher (XIII 16,84) die Kirche als das eigentliche Jerusalem gedeutet, in der man jetzt noch anbeten solle, während man auf dem Garizim schon jetzt nicht mehr anbeten darf. An diese Deutung schließt er sich nun ausdrücklich wieder an (16,99).
Es geht an dieser Stelle somit um eine Thematisierung der Unterschiede in der Vollkommenheit bei den Gläubigen[97], insbesondere hinsichtlich

---

[95]   In Joan. Com. XIII 16,95-97.
[96]   A.a.O., XIII 16,98 (IV 240,12).
[97]   Vgl. hierzu: Vogt, Kirchenverständnis 81-111.

ihrer Proskynesis. Einige, die in ihrer Gesinnung bereits die Engelgleichheit besitzen, werden nicht in Jerusalem, sondern besser als die Allgemeinheit den Vater anbeten. Dies sei der Fall, wenn die Stunde gekommen ist, und man zum Sohn geworden, den Vater mit Parrhesia anbetet (16,100). Daß dies keine eschatologische Aussage ist, sondern sich auf die gegenwärtige kirchliche Wirklichkeit bezieht, wird deutlich, wenn gesagt wird, daß die Vollkommenen sich unter die anderen mischen sollen, um sie zu gewinnen (16,99). *H.J.Vogt* hat nachdrücklich darauf hingewiesen, daß bei dieser für die origeneische Ekklesiologie typischen differenzierten Unterscheidung der Kirchenglieder mit der höchsten Stufe der Vollkommenheit und geist-lichen Einsicht nicht an eine »Abwertung des Allgemeinkirchlichen« ge-dacht werden darf.[98]

Der Kontext mußte hier so ausführlich zur Sprache kommen, weil diese Stelle den Hauptbeleg für *F.H.Kettlers* zentrale *These* bildet, daß sich für Origenes »die ›Wahrheit‹ des höheren, pneumatischen Standpunkts ... nicht sklavisch an das Kerygma binden lassen« könne.[99] Die Interpretation dieser Stelle bietet den Schlußpunkt von *Kettlers* gesamten Ausführungen über den »ursprünglichen Sinn der Dogmatik des Origenes«, denn aus ihr könne man »vielleicht am deutlichsten« erfahren, wie Origenes »sein Verhältnis zur früh-katholischen Kirche und deren Kerygma letztlich auffaßte«. Schlüssel seiner Interpretation ist – unter Berufung auf *Hanson*[100] – die Deutung von »ὁ κανών« als »Kerygma«.

Dahinter steht die Identifizierung des Kanon-Begriffes mit »regula fidei« und »Kerygma« durch *Hanson*. Auf diese Stelle angewendet bedeutet dies dann, daß »ὁ κανὼν ὁ κατὰ τοὺς πολλοὺς τῆς ἐκκλησίας« übersetzt wird mit »das auf die Menge der Kirchenchristen abgestimmte Kerygma«. Als Aussage der Stelle wird dann erhoben:

---

[98] »Da aber der Vollkommene ... um so vollkommener ist, je mehr er sich für seine Brüder verantwortlich fühlt, tritt das Pardox ein, daß der Vollkommenste wieder am stärksten auf die äußere Gestalt der Kirche verpflichtet ist«. »Insofern ist die auch schon auf Erden mögliche Vollendung des Pneumatikers nicht als Gegensatz zur Kirche zu verstehen«. So: H.J.Vogt, a.a.O., 92.90; zur ganzen Stelle vgl. ebd. 88ff.

[99] F.H.Kettler, Der ursprüngliche Sinn 4.

[100] Vgl.:Hanson, Origen's Doctrine 105ff., s.o. 1. Die Stelle ist bereits für ihn zentraler Beleg für die These, daß die *regula fidei* für Origenes keine absolute Geltung besitze. Er identifiziert hier κανών mit *regula fidei* (107). Mit Berufung auf denselben Text genauso: Tradition 114 (Origenes »occasionally encourages his pupils to ignore or transcend the rule of faith«). H.Crouzel hatte sich bereits bei seiner Besprechung von Hansons beiden Origenes-Büchern nachdrücklich gegen diese These gewandt. Die vorliegende Stelle will Crouzel dabei so verstehen, daß es Origenes hier um eine Transzendierung in Sinne einer mystisch bedingten »conception plus haute de la règle de foi« gehe. Auch er deutet κανών hier also als *regula fidei*! Vgl.: ders.: L'Incarnation.

»Wie aber der Vollkommene in seiner Geisteshaltung schon den Engeln gleicht, so wird seine Gottesanbetung auch das Kerygma hinter sich lassen und nicht nur ›besser‹..., ›geistiger‹... und ›göttlicher‹..., sondern auch ›deutlicher‹... als das Kerygma und die ihm entsprechende Anbetung sein.«[101]

Die komparativischen Bestimmungen müssen bei dieser Interpretation natürlich auf das »Kerygma« bezogen werden. Der Text macht aber m.E. deutlich, daß es um die wahre Proskynesis geht, und nicht um die Inhalte des Kerygmas. Schon von daher ist die Deutung fragwürdig. Entscheidend ist aber die nicht hinterfragte Annahme, daß der Begriff κανών hier im technischen Sinne von *regula fidei* Verwendung findet. Dies ist zu bestreiten. Denn es geht Origenes hier nicht darum, sich über Predigt und Lehre der Kirche hinwegsetzen zu können, in dem Sinne, daß die Glaubensinhalte der *regula fidei* nur für die Masse der Gläubigen seien und der Vollkommene sich darüber erheben könne. Es ist nicht vom κανών τῆς πίστεως die Rede, man sollte dies nicht übersehen. Aber auch von einem κανών τῆς ἐκκλησίας wird hier nicht gesprochen.[102] Denn es deutet auch nichts darauf hin, daß Origenes sagen wollte, daß für die Heiligen und Vollkommenen die in der Kirche geltenden Normen, wie sie im Gegensatz zur Häresie feststehen, gewissermaßen obsolet werden. Auch für den Vollkommenen ist die θεοσέβεια auf dem Garizim keine erneut denkbare Möglichkeit und schon gar nicht ein »Überschreiten« der Schrift![103] Origenes scheint mir vielmehr mit seiner Deutung von Joh 4,21 zum Ausdruck bringen zu wollen, daß »der Maßstab der in der Kirche versammelten ›Normalchristen‹« nicht in dem Sinne Norm und maßgebliche Größe werden dürfe, daß die Möglichkeit des geistlichen Fortschritts mit dem – erreichbaren – Ziel der Vollendung nicht mehr denk- und lebbar würde. Es liegt m.E. ein unspezifischer Sprachgebrauch vor.[104]

---

[101] Kettler, a.a.O., 53f. Ähnlich bereits (ohne Beleg) in RGG³ 4, 1700.

[102] Das wäre auch gegen Vogt zu betonen, der mehrfach (91) von einem Übersteigen des »kirchlichen Kanons« redet, aber »τῆς ἐκκλησίας« gehört zu »κατὰ τοὺς πολλούς« und nicht zu »κανόνα«! Es fällt auf, daß Vogt der *regula ecclesiastica* ansonsten keine Aufmerksamkeit schenkt. Baud, Les règles 194f., der mit der Stelle den offiziellen und sozialen Charakter der »règle d'Église« belegen will, verdreht den Sinn, wenn er κανών hier als den Berg deutet, auf dem man Gott anbeten soll.

[103] Diesen Gedanken bot Kattenbusch (II 146) an mit seiner Deutung auch dieser Stelle auf den Schriftkanon!

[104] Die Mahnung Kunzes (Glaubensregel 165) hat hier weiterhin Gültigkeit, daß der Begriff κανών »an jener Stelle nicht über seinen konkreten Sinn herausgehoben werden darf«. Es scheint mir meinerseits erwägenswert zu sein, ob hinter seiner Einführung nicht einfach eine Wortassoziation ὅρος – ὄρος – κανών steht.

4. DIE LATEINISCHEN ZEUGNISSE FÜR DEN KANON-BEGRIFF DES ORIGENES

a) »Regula ecclesiastica« und der entsprechende absolute Gebrauch von »regula«

In einem nächsten Schritt sind nun die lateinischen Belege für *regula ecclesiastica* und einen verwandten absoluten Gebrauch von *regula* hinzuzunehmen, wobei jeweils zu prüfen ist, ob hinter diesen Wendungen mit der Kanon-Terminologie zu rechnen ist.

> Bei seine *Auslegung von Röm 2,7ff.* wirft Origenes zu V.10 die Frage auf, wie es denn möglich sein könne, daß auch den Griechen als Heiden mit »Herrlichkeit« und »Ehre« eine solche Hoffnung in Aussicht gestellt werde, wo sie sich doch noch nicht dem Glauben genähert hätten, und dies im Gegensatz zur *regula ecclesiastica* zu sein scheint, die bestimme, daß niemand, der nicht aus Wasser und Geist wiedergeboren sei, in das Reich der Himmel eingehen kann.[105]

Durch die kirchliche Richtschnur ist demnach festgelegt, daß es ohne Taufe keinen Zugang zum Heil geben kann. Der Kontext macht klar, daß hier nicht einem isolierten Sakramentalismus das Wort geredet wird, insofern der zur Taufe gehörende trinitarische Glaube eigens angesprochen wird.[106] Weiterhin macht das wörtliche Zitat aus Joh 3,5 deutlich, daß die kirchliche Richtschnur auf die Schrift gegründet ist. Sie ist inhaltlich mit der Schrift identisch, und dennoch wird man sie nicht einfach mit ihr identifizieren[107], insofern es hier um eine Aussage der Schrift geht, die die Kirche im Hören auf die Schrift zu ihrer Lebensnorm und zu einer Verhaltensnorm im Verhältnis zum Heidentum erhoben hat. Diese *regula ecclesiastica* ist weiterhin auch Bestandteil des kirchlichen Kerygmas und insbesondere hinsichtlich des Bekenntnisses zum Dreieinigen Gott Elementargut kirchlicher Verkündigung, und dennoch wird man sie auch nicht einfach mit dem Kerygma identifizieren.[108] Man müßte wohl eher formulieren, daß das Kerygma der Kirche in der Gestalt der Mahnung und der allgemein verbindlichen Bestimmung Bestandteil der kirchlichen Richtschnur ist. Es ist m.E. deutlich, daß hier die Rede vom κανὼν ἐκκλησιαστικός zugrunde liegt.

---

[105] *cum eclesiastica* (sic!) *regula uideatur obsistere quae statuit:* »*ut nisi quis renatus fuerit ex aqua et Spiritu non possit introire in regnum caelorum:* In Ep.ad Rom.Com. II 5,257 (ed.Hammond-Bammel S.125) = II 7 (PG 14, 887A).

[106] ed.Hammond-Bammel II 5,28off. (=PG 14, 887C, 5ff.).

[107] Dies tut Bardy, La règle 177.

[108] Baud, dem in seiner Analyse dieser Stelle weitgehend zuzustimmen ist, möchte das Proprium der *regula ecclesiastica* auf den Nenner bringen, indem er formuliert: »regula ecclesiastica signifie ici la prédication historique de l'Église ... sous la forme d'un appel et d'une loi« (Les règles 191). Allein der Begriff »Gesetz« scheint mir nicht angemessen zu sein.

Ähnlich liegen die Dinge bei einer Stelle des *4. Fragments* aus dem *Kommentar zum Titusbrief.*

Origenes betont hier, daß es andere *dogmata* gebe, die nicht in *apostolicis traditionibus* enthalten seien. Man könne sich fragen, ob die als Häretiker zu betrachten seien, die meinen, hierüber könne man beliebig lehren. Hierzu gehöre auch die Frage nach der Art *(rationem)* der menschlichen Seele. Die *regula ecclesiastica* gebe darüber keine nähere Auskunft.[109]

Es geht hier deutlich um die Lehrdimension der *regula ecclesiastica* im Sinne der in der Kirche maßgeblichen und grundlegenden Glaubenslehre. Es ist m.E. wahrscheinlich, daß Origenes hier vom κανών ἐκκλησιαστικός gesprochen hat.

Dies scheint mir auch für eine Stelle aus *In Mat.Com.ser.28* zu gelten.

Im Gegensatz zu den beiden eben dargestellten Zeugnissen, entstammt diese Übersetzung nicht der Feder Rufins, sondern ist unbestimmter Herkunft. Dies wird auch daran deutlich, daß κανών hier zu *canon* transliteriert wird, eine Sprachform, mit der Rufin den Schriftkanon zu bezeichnen pflegt (s.o.). Um den geht es hier aber nicht.[110] Origenes verweist vielmehr in Auslegung von Mt 23,37ff. (»Jerusalem, Jerusalem, die du tötest die Propheten...«) darauf, daß Männer, die in Lehre und Leben weit fortgeschritten seien und dabei die Richtschnur der Kirche keineswegs verlassen hätten, wegen der *profunditas* ihrer Lehre Verdächtigungen ausgesetzt seien von solchen, die es eigentlich nur gewohnt seien, ständig Neues zu lehren, ohne auf die Worte Christi zu hören.[111]

H.J.Vogt hat die Stelle überzeugend der origeneischen Sicht des »wahren Lehrers« zugeordnet[112], der den geistlichen Schriftsinn erfaßt haben müsse. Angesprochen sind die Auseinandersetzungen und Anfeindungen, denen sich die Vertreter der allegorischen Methode, nicht zuletzt Origenes selbst, ausgesetzt sahen. Die Stelle ist ein Beleg für die auch sonst deutliche Überzeugung des Alexandriners, daß die allegorische Schriftdeutung Bestandteil des kirchlichen Kanons ist und ihre Praktizierung keinen Verstoß dagegen bedeutet.[113] Ein absoluter Sprachgebrauch von κανών im Sinne von κανών ἐκκλησιαστικός scheint mir hinter der Rufinischen Übersetzung *regula christiana* im *Römerbriefkommentar X 6* zu stehen.

---

[109] *neque ... neque tradiderit ecclesiastica regula*: In Ep.ad Tit.Fg.4 (PG 14, 1306B).

[110] Gegen Bardy, La règle 175.

[111] *viros verbo et vita prouectos et ecclesiarum canonem non relinquentes, propter profunditatem autem dogmatum suspectos ab his qui consueti sunt nova quaedam dicere et non adtendentes ›verbum sanum‹ Domini nostri Iesu Christi*: In Mat.Com.ser. 28 (XI 53,2).

[112] Vgl. ders., Kirchenverständnis 58-70.67.

[113] Zur origeneischen Exegese der Stelle ansonsten vgl.: M. Marin, Gerusalemme.

Dort heißt es, man solle sich an Gal 1,10 erinnern, wenn jemand von uns unter Drohung und Haß eine Handlung fordere, die gegen die Gerechtigkeit, die Heiligkeit und die *regula christiana* sei.[114]

Der in der Kirche geltende Kanon gibt die Richtung an für das, was ein Christ nicht tun soll. Der Kanon ist hier eine Handlungsnorm, das Attribut »christiana« scheint mir ein Zusatz Rufins zu sein.

Einen absoluten Gebrauch des Terminus κανών im gefüllten theologischen Sinne muß man auch hinter der vielbeachteten Entfaltung des theologischen Vorhabens durch Origenes in *De princ. I praef.2* annehmen. Wegen der Uneinigkeit in »*magnis et maximis*« bei denen, die sich zum Glauben an Christus bekennen, sei es nötig, zuerst »*certam lineam manifestamque regulam ponere*«, um dann erst nach den übrigen Dingen zu fragen.[115]

> Diese Richtschnur ist den weiteren Ausführungen nach identisch mit der *ecclesiastica praedicatio*, die in der Ordnung der Nachfolge von den Aposteln her überliefert sei und bis heute in den Kirchen andauere. Nur dies sei als Wahrheit zu glauben *(illa sola credenda est ueritas)*, was in nichts von der *ecclesiastica et apostolica traditio* abweicht (8,26ff.), und zwar als das, was in der apostolischen bzw. kirchlichen Verkündigung »festgelegt« ist (*definitum*: 12,8).
>
> Davon unterschieden sind jene Lehrfragen, in denen keine eindeutige Festlegung besteht (*non satis manifesta praedicatione distinguitur*: 13,10f.). Inhaltlich gehören zu dieser *regula* die Glaubensinhalte der 3 Artikel des Glaubensbekenntnisses mit ihren speziell origeneischen Ausweitungen: Seelenlehre, Willensfreiheit, Engellehre, Inspiration der Schrift, jedoch ohne Erwähnung der Kirche und der Sündenvergebung.[116]

In der doppelten Formulierung »*certam lineam manifestamque regulam*« wird man Rufins Vorliebe für die doppelte Wiedergabe desselben griechischen Ausdrucks erblicken[117], so daß im Original einfach κανών gestanden haben wird. Es ist auffällig, daß Origenes hier nicht vom κανών τῆς πίστεως oder κανών τῆς ἀληθείας redet, was Rufin wohl übersetzt hätte. Die Begriffe wären von der Sache her durchaus angemessen[118] und legen sich eigentlich

---

[114] *Sed et si quis nos aliquid agere exigit contra iustitiam, contra sanctitatem, contra regulam christianam, et nisi hoc agemus, odia et inimicitias minitatur:* In Ep. ad Rom. X 6 (PG 14, 1259B).

[115] De princ. I praef.2 (V 8,19f.).

[116] Vgl. zu den inhaltlichen Bestimmungen: Kattenbusch II 134-142; zum Kontext: Kettler, Der ursprüngliche Sinn 1-12; Ritter, HDThG I 122ff.

[117] So bereits: Bardy, La règle 179 Anm.1; vgl. dazu o. 2. am Ende.

[118] Ritter, a.a.O., 122, redet deshalb berechtigterweise von der »Glaubensregel«. Zahn, Glaubensregel 686,22, hatte sich gegen diesen Begriff gewandt, weil er ihn für das postulierte »Taufsymbol« reserviert hatte. Vgl. auch Baud, Les règles 196ff.

auch verbal nahe, nachdem Origenes ausdrücklich die Uneinigkeit in Glaubensfragen zum Ausgangspunkt nimmt (8,14.22) und gegenüber dem philosophischen Wahrheitsanspruch (8,20ff.) die kirchliche und apostolische Überlieferung als »*sola credenda est ueritas*« herausstellt (8,27). Auch die Rede vom κανὼν ἐκκλησιαστικός wäre an dieser Stelle denkbar, wenn man an den oben dargestellten Sprachgebrauch in Fragment 4 des Tituskommentars denkt.

So scheint mir einfach die Stringenz der sprachlichen Formulierung der Grund zu sein, daß Origenes gegenüber einer gewissen Uneinigkeit unter den Gläubigen selbst in »*magnis et maximis*« auf die Notwendigkeit einer Richtschnur und eines Maßstabes ohne weitere attributive Bestimmungen hinweist. Was er meint, ist allerdings der κανὼν τῆς πίστεως oder κανὼν τῆς ἀληθείας. Die Glaubensregel ist hier ohne Zweifel identisch mit dem apostolischen und kirchlichen Kerygma. Die kirchliche Verkündigung wird dargestellt als die Richtschnur für alles weitere theologische Forschen im dogmatischen und exegetischen Bereich.[119] Diese ausschließlich lehrhafte Konkretion des Kanons der Kirche im Sinne der Glaubensinhalte ist begründet in der Thematik und Absicht der Schrift, an deren Anfang sie steht. Weitergehende Folgerungen grundsätzlicher Art für den Inhalt der *regula* sind daraus m.E. nicht zu ziehen![120]

b) »Regula veritatis«

Es ist auffällig, daß sich in den erhaltenen griechischen Texten nirgends die Termini κανὼν τῆς πίστεως oder κανὼν τῆς ἀληθείας finden. Man wird daraus aber nicht schließen dürfen, daß sich ihrer Origenes nicht bedient hätte.[121] Zumindest der Begriff *regula veritatis* findet sich in Übersetzungen von Rufin und auch Hieronymus. Trotz der oben beobachteten Beliebigkeit Rufins in der Wiedergabe von κανὼν τῆς ἀληθείας bei Euseb (H.e. IV 23,4) wird man bei Origenes mit der Rede vom κανὼν τῆς ἀληθείας rechnen können. Dies wird durch den jeweiligen Kontext bestätigt, in dem es um die Auseinandersetzung mit Häresie und Philosophie geht.[122] Der κανὼν τῆς ἀληθείας wird also als antihäretischer Normbegriff in den Zusammenhängen eingeführt, in denen er uns bereits auch früher begegnete.

---

[119] Sie bleibt als Fundament theologischen »Forschens« ein unüberschreitbarer Kanon auch für den in der Erkenntnis Fortgeschrittenen und ist nicht »doppeldeutig« im Sinne »von bloßen ›Anfangsgründen‹ und ›Elementarlehren‹ zu verstehen«. Gegen Kettler, a.a.O., 4f. Vgl. hierzu insbesondere o. 3 e).

[120] Gegen Hanson, Tradition 79.80, der in diesen inhaltlichen Angaben eine »list« sieht, die »the contents of this rule of faith« anscheinend erschöpfend umfaßt.

[121] Hierin ist Baud, Les règles 187-190, zuzustimmen.

[122] Zur Auseinandersetzung mit der Häresie überhaupt bei Origenes vgl.: Le Boulluec, Hérésie 439-545.

So bemerkt Origenes in *De princ. III 3,4*, daß diejenigen, die über Christus anders lehren, als es die *regula scripturarum* erlaube, durch ihre Propheten verschiedene Irrtümer gegen die Richtschnur der christlichen Wahrheit aufbrächten.[123] Die »Richtschnur der Wahrheit« kommt hier als eine die Lehre betreffende Größe im Hinblick auf das Christusbekenntnis der Kirche in den Blick. Dieses wird durch die Häresie verfälscht. Auffällig ist die enge Korrespondenz zu »*regula scripturarum*«[124]. Die Verfälschung der *regula veritatis* erfolgt dadurch, daß anders gelehrt wird, als die Schriften es erlauben. Die Wahrheitsnorm des Christusbekenntnisses der Kirche ist also nichts anderes, als was die Schriften über ihn lehren. Die Stelle ist somit ein wichtiger Beleg für die inhaltliche Übereinstimmung der Lehre der Hl.Schrift mit dem Wahrheitskanon der Kirche. Allein die nähere Bestimmung dieser »*veritas*« als »*christiana*« scheint mir eine jener bekannten Explikationen Rufins zu sein. Im Griechischen wäre eine entsprechende Wendung ungewöhnlich; Origenes wird allein vom κανὼν τῆς ἀληθείας gesprochen haben.

Gegen eine schnelle Identifizierung von Wahrheitskanon und Hl.Schrift, die sich aus voriger Stelle nahelegen könnte, spricht allerdings ein Passus aus der *4. Homilie zu Ps. 36 (37)*. Origenes unterscheidet dort in Auslegung zu V.23 in antihäretischer Intention drei Gruppen von Menschen. Neben Philosophen und Häretikern erwähnt er als potentielle Häretiker solche, die zwar das »geistliche Verständnis« hätten, aber ohne die »*regula* der apostolischen Wahrheit« zu bewahren.[125]

Es ist bemerkenswert, daß es auch ein »geistliches Schriftverständnis« gibt, das an der christlichen Wahrheit vorbeigeht. Um in der Wahrheit zu bleiben, muß demnach das geistliche Verstehen der Schrift sich leiten lassen von der Richtschnur der Wahrheit als einer Norm, deren Mißachtung auch den Zugang zur Schrift versperrt. Die Stelle scheint mir ein wichtiger Hinweis dafür zu sein, daß man der allegorischen Interpretation nicht zu breiten Raum in der Sicht des Kanonischen bei Origenes beimessen darf. Auch hier wird das Attribut des Apostolischen als Zusatz zu *ueritas* wohl aus der Feder Rufins stammen.

In der *Numeri-Homilie XX 3* geht es um das Bekenntnis zu dem einen Gott, das jeden Götzendienst und Polytheismus ausschließt, als Bestandteil der *regula veritatis*.

> Origenes interpretiert dort die Polygamie Salomons auf die Philosophien und Lehren der anderen Völker, die Salomon kennenlernen wollte. Er habe

---

[123] *qui de Christo aliter docent quam scripturarum regula patitur ... per prophetas suos diuersos errores contra regulam christianae ueritatis induxerint:* De princ. III 3,4 (V 260,3-10).

[124] Zu diesem Begriff im einzelnen s. weiter unten.

[125] *Si uero spiritualiter intelligant, in ipso autem spirituali intellectu apostolicae non teneant regulam ueritatis:* In Ps.36 Hom. IV (PG 12, 1351,B5).

sich dabei aber abgewandt von der *legis diuinae regula* und die *ueritatis regula* verletzt.[126]

Zum Wahrheitskanon gehört demnach der Absolutheitsanspruch des biblischen Gottes. Unter der *regula* des göttlichen Gesetzes ist das 1.Gebot zu verstehen. In der Tradition Philos[127] wäre eine Bezeichnung der Gebote des Dekaloges als Kanones des Nomos m.E. denkbar.

Auch die lateinische Überlieferung bietet allein diese drei Belege[128] für einen spezifischen Gebrauch des Terminus *regula veritatis*. Dies ist bemerkenswert wenig, wenn man bedenkt, daß für die Wendung κανὼν τῆς πίστεως/ *regula fidei* gar kein Beleg existiert. Nachdem der Terminus *regula pietatis* Rufin zuzurechnen ist, ist es anscheinend die Wendung κανὼν τῆς ἐκκλησίας/ κανὼν ἐκκλησιαστικός, der sich Origenes am häufigsten bedient.

c) »Regula scripturarum«

Der in Korrespondenz zur *regula veritatis* in *De princ. III 3,4* auftauchende Begriff *regula scripturarum* begegnet nochmals in der anonymen lateinischen Übersetzung von In Mat.Com. ser. 33. Schlimmer als im sittlichen Leben in Irrtum zu fallen, heißt es dort, sei es, im Bereich der *dogmata* in die Irre zu gehen »*et non secundum uerissimam regulam scripturarum sentire*«.[129] Die *dogmata* bestimmen sich demnach an der Norm der Schriften. Der Gedanke ist origeneisch, aber es scheint mir doch unwahrscheinlich zu sein, bei Origenes eine Rede vom »κανὼν τῶν γραφῶν« zu vermuten. Der Begriff *regula scripturarum* begegnete uns erstmals bei Tertullian.[130] *Regula* war dort wohl einfach im Sinne von *doctrina* gemeint und ist auch hier so zu verstehen. Es geht um die Normativität der Lehre der Schrift insgesamt, aber es empfiehlt sich m.E. kaum, eine *regula scripturarum* im technischen Sinne mit einem »contenu doctrinal très précis« als eigenständige *regula* neben der *regula veritatis* anzunehmen.[131] Dazu gehört, daß diese Wendung auch nicht im Sinne eines Schriftkanons als »offizielle« Liste kanonischer Schriften zu verstehen ist.[132] Für

---

[126] In Num.Hom. XX 3 (VII 192,17-30).

[127] vgl.: Kap. II 2.

[128] In dem aus der Feder des Hieronymus stammenden Beleg In Luc.Hom. 25,6 wird man keinen spezifischen Sprachgebrauch erkennen können. Zu Lk 3,15 bemerkt dort Origenes zur Haltung der Menschen ihm gegenüber, daß »weder die, die über das Maß lieben, noch die, die hassen, sich an den Maßstab der Wahrheit halten (*ueritatis regulam*). Die einen sagen die Unwahrheit aus Liebe, die anderen aus Haß« (IX 162,19). Es liegt ein allg. Sprachgebrauch von ›Wahrheitsnorm‹ vor. Zur Qualität der Übersetzung des Hieronymus, die »wort- und sinngetreu« sei, vgl.: H.J.Sieben, Origenes, Homilien 37-43.40.

[129] In Mat.Com.ser.33 (XI 61,14ff.).

[130] S.o. Kap. VI 6: Adv.Marc. III 17,5.

[131] Dies tut Baud, Les règles 177ff.

[132] So: Bardy, La règle 174f.

Origenes ist die Zeit der Konsolidierung eines »Kanons« von Schriften zwar weitgehend Vergangenheit, und die Hl. Schrift Alten und Neuen Testamentes ist ein Faktum, das die Grundlage und Norm seiner gesamten Theologie bildet, so daß man von einem »unbedingten Biblicismus« des Alexandriners gesprochen hat.[133] Dennoch kannte auch er noch keinen Schriftkanon im Sinne einer endgültig abgeschlossenen, festen Liste von Büchern.[134] Sein bevorzugter Ausdruck ist »αἱ θεῖαι γραφαί«, und wichtigstes Prinzip für die Anerkennung normativer Schriften ist deren allgemeine kirchliche Rezeption.[135]

So spricht alles dafür, daß die in der lateinischen Übersetzung enthaltene Rede von *scripturae canonizatae* und *scripturae canonicae* erst auf diese lateinische Tradition einer späteren Zeit zurückgeht und Origenes das Wort κανών noch nicht für den Schriftkanon benutzt hat.[136] Eine entsprechende Terminologie wird man deshalb auch nicht hinter der lateinischen Formel *regula scripturarum* vermuten dürfen.

d) »Regula« als geistliches Auslegungsprinzip

Weiterhin sind nun solche Belege aus der lateinischen Origenes-Überlieferung in den Blick zu nehmen, in denen von einer *regula* im Sinne einer hermeneutischen Regel der *typologischen* oder *allegorischen* Schriftinterpretation die Rede ist.[137]

> In *De princ.* IV 3,15 betont Origenes gegenüber der Gefahr eines mißverständlichen Anthropomorphismus in der biblischen Rede von Gott die Notwendigkeit, den eigentlichen, geistlichen Sinn zu erkennen. An diese »Regel« müsse man sich beim Verständnis der göttlichen Schriften halten.[138]
> Eine besonders häufige Wortverwendung in diesem Sinne begegnet am Anfang der 5. *Exodushomilie*. Hier wird unter Berufung auf den Apostel Paulus davor gewarnt, aus dem »Gesetz« nicht fremde Lehren zu übernehmen, ohne deren *regula* zu kennen.[139] Durch die apostolische Tradition

---

[133] A.v.Harnack, Dogmengeschichte I 781 Anm.4.

[134] Vgl.: Hanson, Origen's Doctrine 133-157; Campenhausen, Bibel 354-377.

[135] Entsprechend heißen sie: αἱ φερόμεναι ἐν ταῖς ἐκκλησίαις τοῦ θεοῦ γραφαί (C.Cels. VI 20); vgl. Campenhausen, Bibel 355.370.

[136] So mit Hanson, Origen's Doctrine 133.144 (gegen Bardy, La règle 173f.); Campenhausen, Bibel 370; Vgl. auch schon früher: Kunze, Glaubensregel 162; Zahn, Geschichte 126f.

[137] Hierzu vgl.: Baud, Les règles 182ff.

[138] *ad quam regulam etiam diuinarum litterarum intellegentia retinenda est:* De princ. IV 3,15 (V 347,24-27).

[139] *ne aliena instituta suscipiens et institutorum regulam nesciens:* In Ex.Hom. V 1 (VI 183, 13ff.).

hätten die Christen nämlich das Prinzip eines völlig neuen Lesens und Verstehens der Schriften im Lichte Christi empfangen. So verweist Origenes auf 1 Kor 10,1-4 als die *regula intellegentiae*, die Paulus für das Verständnis des Auszuges aus Ägypten biete (184,2ff.). Diese *spiritualis intellegentia* (183,19ff.) sei als überlieferte *regula* (*regula tradita*: 184,22f.) auch auf andere Texte anzuwenden. Neben Paulus wird auch auf Johannes verwiesen. So biete dieser in Apk 2,14 eine *regula expositionis* für die »Lehre Bileams«, der man zu folgen habe.[140]

Origenes benutzt den Begriff κανών, den man hier sicher voraussetzen kann, also auch im Sinn einer hermeneutischen Auslegungsregel der Schrift, wie er seit Philo Verwendung fand.[141] Diese *regula intellegentiae* oder *regula expositionis*, über dem buchstäblichen stets nach dem geistlichen Sinn zu fragen, ist für Origenes nicht in das freie Belieben des christlichen Lehrers gestellt, sondern ein Bestandteil des »kirchlichen Kanons«, wie sich aus De princ. IV 2,2 ergab.

e) »Regula evangelica« – »regula apostolica«

In der lateinischen Überlieferung begegnen schließlich auch die Wendungen *regula Euangelii*, *regula euangelica* oder *apostolica*.

So gibt Origenes in der *7. Josuahomilie* den geistlichen Sinn von Mt 5,30 (»Wenn dir deine rechte Hand Ärgenis schafft...«) wieder, indem er die Stelle als letzte medizinisch-chirurgische Notwendigkeit der Kirche im Kampf gegen die Sünde deutet, sich vom Sünder zu trennen. Die rechte Hand des Leibes Christi aber sei der Presbyter; diesem gelte die Stelle, wenn er das Wort Gottes zu predigen scheine, aber gegen die kirchliche *disciplina* und die *Richtschnur des Evangeliums* handele.[142] Vom Kontext her handelt es sich hier um eine Demutsbezeugung des Origenes selbst.[143]

Der Begriff der Richtschnur des Evangeliums (κανών εὐαγγελίου) begegnete uns bereits bei Klemens von Alexandrien[144], und so wird man nicht fehlgehen, ihn auch bei Origenes vorauszusetzen. Ob aber die Wendung

---

[140] In Num.Hom. XX 1 (VII 187,9-13).

[141] Vgl. o. Kap. II 2. Zu den hermeneutischen Regeln des Origenes vgl.: de Lubac, Geist 115-232; Hanson, Allegory and Event 133ff.

[142] *et uerbum Dei uideor praedicare, si aliquid contra ecclesiasticam disciplinam et Euangelii regulam gessero*: In Lib.Jes.Nav.Hom VII 6 (VII 334, 9-15).

[143] Zum Ausschluß aus der Gemeinde bei Origenes vgl.: Vogt, Kirchenverständnis 129-136.

[144] S.o. Kap. VII 4b) <6>.

ecclesiasticam disciplinam an dieser Stelle durch eine entsprechende griechische Formulierung gedeckt ist, scheint mir eher zweifelhaft zu sein.[145] Es spricht m.E. mehr dafür, daß es sich hier um eine Ergänzung Rufins handelt, dessen Vorliebe für zwei lateinische Begriffe anstelle eines griechischen bekannt ist (s.o.). Nachdem *regula* seit Tertullian eine starke Tendenz in Richtung *doctrina* aufweist, ließe sich aber auch plausibel machen, daß Rufin eine Übersetzung allein durch *regula Euangelii* nicht eindeutig erscheinen mochte, nachdem es im Text um den Wandel betreffende Tatsünden geht. Während das griechische κανὼν εὐαγγελίου dies abdeckte, mußte im Lateinischen diese Dimension anscheinend erst durch die Hinzufügung von *ecclesiasticam disciplinam* gewonnen werden.[146]

> In der *1. Homilie zum Richterbuch* findet sich die Rede von den *regulae apostolicae*. »Dem Herren dienen«(Ri 2,7) bedeute, den *regulae apostolicae* zu folgen als den *praecepta* der Apostel.[147] Ein pluraler Gebrauch des Begriffes κανὼν ἐκκλησιαστικός ist uns In I Cor.Hom.Fg.4 bereits begegnet[148], und so scheint auch eine plurale Wendung für Weisungen und Normen der Apostel denkbar zu sein (κανόνες τῶν ἀποστόλων).
>
> Ein ähnlicher Sprachgebrauch scheint auch in der *3. Genesishomilie* vorzuliegen, wenn Origenes ausführt, daß derjenige wahrhaft beschnitten und rein sei, *qui uerbum Dei loquitur et sanam doctrinam euangelicis et apostolicis munitam regulis profert.*[149]

Es spricht demnach einiges dafür, daß Origenes den Kanon-Begriff auch eingesetzt hat, um die richtungsweisenden Normen, wie sie im Evangelium und in der apostolischen Paränese enthalten sind, auf den Begriff zu bringen.[150] Es handelt sich dabei zwar nicht um einen spezifischen Wortgebrauch im technischen Sinne, deutlich wird aber damit, daß »der Kanon« in der Kirche aus unterschiedlichen einzelnen »Kanones« besteht und sich nicht auf Lehrfragen im engeren Sinn reduzieren läßt.

Diese Handlungsorientiertheit des Kanonischen kommt schließlich auch in der Wendung vom κανὼν τοῦ βίου zum Ausdruck.

---

[145] Baud, Les règles 181, problematisiert dies erst gar nicht, sondern spricht einfach von zwei parallelen Begriffen.

[146] Auch für die Josua-Homilien gilt das oben zur Übersetzung Rufins Gesagte. Vgl.: A.Jaubert, in: SC 71, Appendice II (68-82.82).

[147] In Lib.Jud.Hom I 2 (VII 468,7-15).

[148] S.o.: 3 b).

[149] In Gen.Hom. III 5 (VI 46,21ff.). Auch an dieser Stelle ist Bardys Deutung (a.a.O.,175) auf den Schriftkanon abzulehnen.

[150] So verstanden ist Baud zuzustimmen, wenn er formuliert, daß diese regulae »sont donc d'abord des préceptes moraux« (a.a.O.,182).

In einem griechisch erhaltenen Fragment aus dem Epheserkommentar
führt Origenes zu Eph 6,21 aus, daß Paulus den Tychikos schicke »τὸν
κανόνα τοῦ βίου καὶ τὴν τάξιν τῶν πράξεων αὐτοῦ ἀπαγγελοῦντα
τοῖς Ἐφεσίοις«. Dies erfolge, weil das ganze Leben des Apostels und sein
ganzes Handeln und Wirken durch den Logos Gottes geschehe, nachdem
Christus in ihm lebe. Der Apostel sei »παράδειγμα πολιτείας ἀγαθῆς«.[151]
Es ist hier der Apostel selbst, der mit seinem Leben und Handeln zum
Kanon im Sinne des Vorbildhaften wird.

Ohne die Dimension des Vorbildhaften taucht der Begriff *regula uitae*
auch in Rufins Übersetzung der 7. Leviticushomilie auf. In Hinsicht auf
Tit 1,7 interpretiert Origenes, daß Paulus dort »*uitae regulas*« aus Lev 10,8-
11 über das Verbot von Weingenuß für Aaron und seine Söhne wiederho-
le.[152]

5. DER ERTRAG

Wenn wir nun die Ergebnisse unserer Textanalysen zusammenfassen wollen, so wird es gut sein, nach dem konzentrierten Blick auf einige Zeugnisse
des origeneischen Denkens sich als erstes klar zu machen, daß auch unter
Einbeziehung der zuverlässigen Belege aus der lateinischen Überlieferung die
Verwendung der Kanon-Terminologie angesichts des riesigen Umfangs des
origeneischen Werkes erstaunlich selten ist. Man wird schon deshalb die
Bedeutung dieses Begriffes für die theologische Konzeption des Alexandriners
nicht überschätzen dürfen, und es muß als verfehlt betrachtet werden, anhand
dieses Begriffes das innere Gefüge seines Denkens festmachen und darstellen

---

[151] Com.in Eph.36 (JTHS 3 [1902] 575).

[152] In Lev.Hom. VII 1 (VI 371,20). Ein ganz allg. Sprachgebrauch liegt in dem griechisch
erhaltenen Fragment 33 der Homilien zum 1. Korintherbrief vor. Zu 1 Kor 7,1-4 setzt
Origenes mit der allg. Betrachtung ein, daß die Menschen auf zweifache Weise
sündigen, indem sie nämlich die Gebote übertreten oder dahinter zurückbleiben.
Wenn man »τὰ μέτρα« der Gerechtigkeit nicht kenne, würde man zu Fall kommen
»καὶ ἔσθ᾽ ὅτε ὑπερβαίνοντες τὸν κανόνα φαντασίᾳ τοῦ ποιεῖν τι κρεῖττον
ἐκπίπτομεν τοῦ προκειμένου«: In I Cor.Hom.Fg.33 (JTHS 9 [1908] 500). Allgemeiner Sprachgebrauch im Sinne einer Redewendung steht auch hinter der Verbindung
von *regula* und dem Rechtsprinzip der Aequitas, so wenn De princ. II 9,4 (V 167,26ff.)
die Rede von der »*aequitatis ac iustitiae regula*« ist. Zur gedanklichen Verbindung von
»Aequitas« und »Canon« vgl.: Wenger, Canon 18-23. Besonders häufig begegnet diese
Wortverbindung in der Rufinischen Übersetzung des Kommentars zum Hohenlied,
vgl.: In Cant.Cant.Lib. I (VIII 112,21.24; 127,19f.). Hinter der lateinischen Übersetzung »Aequitas« steht allerdings wahrscheinlich der LXX-Terminus »εὐθύτης«
und nicht das griechische Äquivalent zu Aequitas »ἐπιείκεια«; vgl.: SC 376, Notes Com-
plementaires: 13. Rectitude, 766f. Diese ist eine Norm, insofern sie »*mandata custodit
et diligit Christum*« (I 6,9).

zu wollen (gegen *Baud*). Man kann offenbar aus intimster Kenntnis von
Origenes' Werk ein die lebenslange Beschäftigung damit zusammenfassendes
Buch schreiben, ohne dabei dem Gegenstand unserer Untersuchung besondere
Aufmerksamkeit zu widmen.[153] Trotzdem wird man nicht sagen können, daß
die Frage nach dem Kanonischen für Origenes von marginaler Bedeutung ist.
Wenige, aber bedeutsame Zeugnisse machen deutlich, daß er seine theologi-
sche Erkenntnis und sein geistliches Leben im Bewußtsein des in der Kirche
Maßgeblichen praktizieren und leben wollte.

Um zu einer begründeten Sicht von Origenes' Verständnis des Kanonischen zu gelangen, war es nötig, zuvor die methodischen Voraussetzungen zu
klären. Es hat sich dabei herausgestellt, daß es unzulässig ist, von einer Verwendung des Terminus *regula* bei Rufin oder in anderen lateinischen Übersetz-
zungen durchgängig und im Einzelfall ungeprüft auf eine dahinterstehende
Kanonbegrifflichkeit zu schließen. Die Übersetzungspraxis Rufins an den
verifizierbaren Stellen mahnt hier zur Vorsicht. Origenes hat offensichtlich viel
seltener von einem κανών geredet, als Rufin von einer *regula* spricht![154] Hinzu
kommt, daß die eigene Entwicklung des Bedeutungsspektrums des Regula-
Begriffes in seiner kirchlichen Verwendung seit Tertullian eine vordergründige
Kongruenz von *regula* und κανών fragwürdig werden läßt. Gerade die Übersetzungspraxis Rufins an den überprüfbaren Stellen macht deutlich, daß von
einer völligen Kongruenz keine Rede sein kann. Vielmehr ist mit einer gewissen »Inflation« der kirchlichen lateinischen Regula-Terminologie im Gefolge
Tertullians zu rechnen. Gänzlich abzulehnen ist die These *Bauds*, daß die
Rufinische Regula-Begrifflichkeit an den meisten Stellen darüberhinaus noch
einen »technischen Sinn« des dahinter postulierten Kanon-Begriffes zum Ausdruck bringe.

Vielmehr ist es methodisch geboten, einen solchen technischen Gebrauch
an den griechischen Zeugnissen erst einmal zu erheben, um von daher die
lateinische Überlieferung in den Blick zu nehmen. Schon die Frage nach
technischem oder untechnischem Gebrauch bei den griechischen Belegen hat
so durch die Wahrscheinlichkeit eines untechnischen Sprachgebrauchs an
einer Schlüsselstelle der Origenes-Interpretation (In Joan.Com. XIII 16,98) die
These von *R.P.C.Hanson* und *F.H.Kettler* m.E. unhaltbar werden lassen, daß
für Origenes die *regula fidei* nur relative Bedeutung habe und der »Vollkommene« das Kerygma der Kirche »hinter sich lassen« könne.

In den griechischen Texten begegnen daneben allein die Termini κανών
τῆς ἐκκλησίας, κανών ἐκκλησιαστικός und ein absoluter, theologisch gefüll-
ter Gebrauch von ὁ κανών. Der Begriff *regula fidei* kommt nicht vor, was
nicht bedeutet, daß die damit in der Tradition bezeichnete Sache bei Origenes
keinen Ort hätte. Er scheint diesen Begriff aber nicht benutzt zu haben und

---

[153] Vgl.: H.Crouzel, Origène.
[154] So schon 1919: G.Bardy, La règle 181!

die bezeichnete Sache lieber mit den genannten griechischen Wortverbindungen abgedeckt zu haben.[155] Es legt sich von daher m.E. nicht nahe,
ausgerechnet den Begriff der *regula fidei* zur Kernformulierung des Kanonischen bei Origenes zu erheben (gegen *Hanson*). Der nur in der lateinischen
Überlieferung bezeugte Begriff *regula veritatis* scheint demgegenüber direkten
Anhalt in der origeneischen Terminologie zu haben.

Anders verhält es sich allerdings mit der bei Rufin so häufig begegnenden
Wendung *regula pietatis*. Es gibt dafür keinen einzigen griechischen Beleg, und
angeblich einschlägige Äußerungen Rufins (De princ. I praef.Ruf. 3) beziehen
sich kaum auf diese Wendung. Der Terminus ist wohl allein Rufin zu verdanken, und man sollte ihn nicht bei Origenes als Äquivalent zur traditionellen
regula fidei betrachten. Auch die Wendung *regula scripturarum* verdankt sich
meiner Meinung nach allein der lateinischen Überlieferung, und es ist dahinter keine *regula* im technischen Sinn zu vermuten (gegen *Baud*). Schließlich
bleibt es dabei, daß Origenes den Kanon-Begriff nicht für die in der Kirche
anerkannten Schriften verwendet hat.

Ganz im Vordergrund steht also die Rede vom *kirchlichen Kanon*, abgekürzt bezeichnet als »der Kanon«; eine gelegentliche Rede vom *Kanon der
Wahrheit* tritt hinzu. Diese Begriffe finden fast durchgängig im Kontext der
Auseinandersetzung mit Häresie und Philosophie Verwendung, es handelt sich
um antihäretische Normbegriffe.

Besonders deutlich werden die verschiedenen Dimensionen des Kanonischen bei Origenes m.E. in seiner absoluten Verwendung des theologisch
gefüllten Kanon-Begriffs. Dieser *Kanon* ist inhaltlich identisch mit dem apostolischen und kirchlichen *Kerygma*. Er bildet die Richtschnur und das Fundament für weiteres theologisches »Forschen« (De princ. I praef.2). Man wird
jedoch nicht übersehen dürfen, daß die ausschließlich lehrhafte Entfaltung
»des Kanons« am Anfang von De princ. in der Absicht und Thematik dieser
Schrift begründet ist. Die absolute Begriffsverwendung im Dial.c.Heracl. 10,14
ist deshalb von grundsätzlicher komplementärer Bedeutung. Denn dort wird
deutlich, daß die Frage nach dem Kanonischen aufkommt, insofern es um mit
dem Glauben unmittelbar verbundene Probleme der *kirchlichen Ordnung*
geht. Die Befragung des Bischofs Herakleides über Pistis und Gnosis wird
ausgelöst durch die Veränderung der liturgischen Ordnung durch diesen. »Der
Kanon« normiert beides, und in gleicher Weise tritt die *persönliche Lebensführung* des einzelnen (Bios) als mit der Pistis untrennbar verbunden hinzu. So ist
in »den Kanon« als Richtschnur die normative Bestimmung all dessen eingeschlossen, was Glaube und Leben der Kirche hinsichtlich ihres Kerygmas, ihres
Wandels und ihrer Ordnung betrifft.

---

[155] Ob dies mit seinem Glaubensbegriff zusammenhängt und mit einer Beschränkung
von ›Pistis‹ auf den »schlichten« Glauben gegenüber einer höheren »Erkenntnis« und
»Weisheit« zu tun hat, könnte man fragen. Vgl. hierzu: Kettler, Der ursprüngliche
Sinn 2ff.

Diese verschiedenen Konkretionen des Kanonischen kommen nun auch jeweils gesondert zur Sprache unter der Bezeichnung κανὼν τῆς ἐκκλησίας und κανὼν ἐκκλησιαστικός. So bringt der Begriff κανὼν ἐκκλησιαστικός den normativen Charakter des kirchlichen Kerygmas und der kirchlichen Lehre zum Ausdruck (In Jer.Hom. V 14) und steht parallel zu den Begriffen λόγος τῆς ἀληθείας, λόγος τῆς ἐκκλησίας und διδασκαλία. Mit ihm ist keine inhaltliche Ergänzung dieser Termini gegeben, er formuliert vielmehr deren maßgeblichen und richtungsweisenden Charakter. Der kirchliche Kanon enthält das »kirchliche Dogma« über Vater, Sohn und Heiligen Geist, die göttliche »Oikonomia«, Auferstehung und Gericht (In I Cor.Hom.Fg.4). Zu anderen »dogmata«, denen das Interesse des theologischen »Forschens« des Origenes gilt, gibt die apostolische Tradition und der kirchliche Kanon keinerlei Auskunft (In Ep.ad Tit.Fg.4). Auch in der kirchlichen Lehre des Schriftzeugnisses, z.B. daß niemand in das Reich Gottes eingehen kann, der nicht aus Wasser und Geist wiedergeboren ist (Joh 3,5), bildet das Kerygma den Inhalt des kirchlichen Kanons (In Ep.ad Rom.Com. II 5,257). Die Richtschnur nimmt also keine inhaltlichen Ergänzungen zum Kerygma vor, sondern formuliert es hinsichtlich seiner Normativität und allgemein verbindlichen Bestimmung.

So ist die *Hl.Schrift* als Grundlage des Kerygmas auch die Basis alles Kanonischen für Origenes (In Ep. ad Rom. I 5,257; Dial.c.Heracl.10,14). Der kirchliche Kanon enthält keinerlei Bestimmungen, die inhaltlich über die Schriften hinausgehen würden, und doch ist seine Bestimmung nicht damit geklärt, daß man beide Größen einfach identifiziert (gegen *Kattenbusch* und *Bardy*). So gewiß zur Gemeinschaft in der Kirche die Anerkennung des Maßstabes der in der Kirche anerkannten Schriften gehört, so kann man sich dennoch auf diese Schriften berufen, sie zitieren und in Anspruch nehmen und in der Häresie sein (In Mat.Com.ser.46). Zur begründeten Berufung auf die Schrift gehört deshalb deren *Verstehen* im Zusammenhang des Kerygmas in der Gemeinschaft der Kirche (In I Cor.Hom.Fg.4). Diese kirchliche Auslegung der Schrift ist normativ und Bestandteil des κανὼν τῆς ἐκκλησίας. Sie kommt für Origenes vorrangig als Norm geistlicher Auslegung im typologischen oder allegorischen Sinne zur Sprache (De princ. IV 2,2). Die »Regeln« *(regula intelligentiae; regula expositionis)* dieser Hermeneutik bilden den Verständnismaßstab wahrer Erkenntnis und Lehre (De princ. IV 3,15; In Ex. Hom. V 1; In Num.Hom. XX 1); sie sind für Origenes apostolischer Herkunft und bedeuten keineswegs ein Überschreiten der kirchlichen Richtschnur (In Mat.Com.ser.28). Das *geistliche Verstehen* der Schrift ist allerdings auch kein isolierter Vorgang, sondern bleibt eingebettet in das Gesamt des kirchlich Normativen. So gibt es ein »geistliches Verständnis«, das den Wahrheitskanon der apostolischen Wahrheit verlassen hat (In Ps.36 Hom. IV). Das geistliche Verstehen der Schrift ist also an die Richtschnur der Wahrheit gebunden und läßt sich von ihr leiten. Die *regula veritatis* begegnet bei Origenes als antihäretischer Normbegriff das Christusbekenntnis der Kirche (De princ. III 3,4) und den Absolutheitsanspruch des biblischen Gottes betreffend (In Num. Hom. XX 3).

Der kirchliche Kanon formuliert schließlich auch Wort Gottes und apostolisches Kerygma hinsichtlich ihrer das kirchliche Leben ordnenden und normierenden Seite (In I Cor.Hom.Fg.74). Die einzelnen Bestimmungen (κανόνες ἐκκλησιαστικοί) als *Handlungsnormen*[156] und grundlegende Maßgaben *kirchlicher Ordnung* treten neben das kirchliche Dogma und sind zusammen mit ihm grundlegend für die kirchliche Einheit. Uns begegnet an dieser Stelle der erste griechische Beleg in der kirchlichen Kanon-Terminologie für die Rede von kirchlichen Kanones im Plural (In I Cor.Hom.Fg.4)

Es ist mir angesichts dieses Befundes sehr die Frage, ob das spezifisch Kanonische bei Origenes präzise genug in dem Blick gerät, wenn man die »Glaubensregel« bei ihm einfach mit den »Kerygma« identifiziert, wie es in der Rezeption der Positionen *R.P.C. Hansons* geschieht.[157] *Hanson* hatte die Lehrdimension der »rule of faith« stark in den Vordergrund gerückt, indem er κανών als Kerygma in dem Sinne verstand, daß damit bezeichnet sei: »the church's interpretation of the Bible«, »allegorization«, »teaching« und »doctrine«.[158] Seine durchgängige Rede von einer »rule of faith« unterstreicht dies. In seiner Deutung von De princ. I Praef. 4-10 als »Liste« mit dem Inhalt der *regula fidei* wird dieses Verständnis manifest. Bei *H.v.Campenhausen* fließt diese Betonung des Lehrhaften im Vergleich zur Bedeutung des »Wahrheitskanons« bei Irenäus schließlich sogar in eine insgesamt kritische Sicht ein:

»Dieser ›Kanon‹ bezeichnet nicht mehr die lebendige Wahrheit selbst, aus der die Kirche in Vollmacht des Geistes lebt, sondern ist zu einem Inbegriff dogmatischer Sätze und Überzeugungen geworden, die sie in ihrer öffentlichen Unterweisung allgemein vertritt«. »Der irenäische Begriff des Wahrheitskanons« ist »bei Origenes ... stark ins Dogmatisch-Lehrhafte verkümmert«.[159]

Es scheint mir indes kaum möglich zu sein, nach der oben herausgearbeiteten Bedeutung des »kirchlichen Kanons« diesen weiterhin als »Inbegriff dogmatischer Sätze und Überzeugungen« verstehen zu können. Von prinzipieller Bedeutung ist m. E. hierfür die Frage, ob man *Hanson* folgt mit seiner These, daß κήρυγμα, ἐκκλησιαστὸς λόγος und die vielen anderen von

---

[156] Vgl. auch: In Lib.Jes.Nav.Hom. VII 6 (*regula Euangelii*); In Lib.Jud.Hom. I 2 (*regula apostolica*).

[157] Vgl. z.B.: Ritter (HDThG I 122): mit der »Glaubensregel« sei bei Origenes »der wesentliche Inhalt des christlichen Kerygmas« gemeint.

[158] Hanson, Origen's Doctrine 97f.

[159] Campenhausen, Bibel 358.375.

ihm genannten Begriffe eigentlich alle dasselbe sagen wie κανών.[160] Die Terminologie würde so nämlich beliebig austauschbar und im Einzelfall auch verzichtbar (z.B. bei κανών?).

Es ist m.E. demgegenüber bedeutsam, daß Origenes bei seiner Auslegung von 1 Kor 14,36 (In I Cor.Hom.Fg.74) den paulinischen Begriff »ὁ λόγος τοῦ θεοῦ« nicht allein mit »ἀλήθεια« paraphrasiert, sondern »καὶ ὁ κανὼν ὁ ἐκκλησιαστικός« hinzusetzt, um so deutlich zu machen, daß es – ganz der Intention des Apostels entsprechend – hier um die Wahrheit hinsichtlich ihrer das kirchliche Leben ordnenden und normierenden Seite geht.

Der Begriff κανὼν ἐκκλησιαστικός bringt also das Normativ-Maßgebliche gegenüber der Infragestellung, dem Mißbrauch und der Verfälschung zum Ausdruck und ist insofern nicht einfach austauschbar. Er normiert als κανὼν τῆς ἀληθείας auch die von *Hanson* so stark in den Vordergrund gestellte allegorische Methode als kirchlich maßgebliche Auslegung der Schrift. Jede geistliche Auslegung findet an der *regula veritatis* ihre Richtschnur (In Ps.36 Hom. IV). Der Kanon der Kirche bietet keinerlei inhaltliche Ergänzung zum Kerygma – dies ist das innere Recht einer Identifizierung von Kerygma und Kanon. Aber er formuliert und bestimmt die eine Wahrheit in Abgrenzung gegen Häresie und Philosophie. Und er bildet insofern einen Maßstab und eine Richtschnur nicht nur im Bereich des »Dogmatisch-Lehrhaften«, sondern betrifft in gleicher Weise den Wandel der Kirche und ihre Ordnung.

---

[160] »express virtually the same«; »another description of what all the words and phrases ... imply«: Hanson, Origen's Doctrine 95.98; s.o.: 1.

X. DIE »REGULA VERITATIS« BEI NOVATIAN

1. DE TRINITATE – EIN KOMMENTAR ZUR »REGULA VERITATIS«? ZUM FORSCHUNGSSTAND

Die Schrift De Trinitate des römischen Presbyters Novatian[1] nimmt unter den altkirchlichen Zeugnissen für die *regula veritatis* insofern eine besondere Stellung ein, als dieses Werk, dessen »geschichtliche Bedeutung ... nicht leicht überschätzt werden (kann)«[2], mit einem direkten Verweis auf die »Richtschnur der Wahrheit« eröffnet wird. »Die *regula veritatis* verlangt von uns zuallererst den Glauben an Gott, den Vater und allmächtigen Herrn, und damit an den vollkommenen Schöpfer allen Seins« (Trin. I 1)[3], lauten die ersten Worte von De Trinitate. Und auch im weiteren Verlauf der Schrift spielt die Regula-Begrifflichkeit eine bedeutende Rolle und findet insgesamt neunmal Verwendung.[4]

Der Titel *De Trinitate*, den die Schrift mindestens seit Hieronymus[5] trägt und unter dem sie – wenngleich bei den Werken Tertullians – auch in den Handschriften tradiert wurde, ist nun wahrscheinlich nicht ursprünglich[6], weil der Begriff *trinitas* im Text selbst nirgends auftaucht. So hat man, nachdem *Jacques de Pamèle* (Iacobus Pamelius) in seiner Edition von 1579[7], in der die

---

[1] Daß De Trinitate in die Zeit vor dem Schisma von 251 gehört, ist allgemeiner Konsens. Vgl. z.B.: H.Weyer, De Trinitate 14f.; R.J.DeSimone, Treatise 43f. Hierzu sowie zu Person und Werk Novatians überhaupt vgl. auch die einschlägigen Überblicksartikel: J.S.Alexander, in: TRE 24, 678-682; R.J.DeSimone, in: DSp 11, 480-483.481f., H.J.Vogt, in: EEC 2, 603f.; E.Amann, in: DThC 11, 816-849; H.Koch, in: PRE 17, 1138-1156.1145f.; A.Harnack, in: RE 14, 223-242.226. Grundlegend ist: H.J.Vogt, Coetus.

[2] A.Harnack, RE 14, 226,39f.

[3] Zur Stelle im einzelnen s.u.

[4] Sechs mal spricht Novatian von der *regula veritatis*: I 1 (11,2ff.); IX 1 (25,1ff.); XI 10 (30,75ff.); XVII 1 (42,1f.); XXI 1 (52,5f.); XXIX 19 (71,89); ein siebenter Beleg im Werk Novatians findet sich in De cib.iud.VII 3. Dreimal benutzt er den Begriff *regula*: XVI 4.5 (40,32.41); XXVI 17 (63,42ff.). Der Terminus *regula fidei* fehlt in den erhaltenen Werken Novatians.

[5] De vir.ill.70 (Richardson 39).

[6] So wird jedenfalls häufig vermutet. Vgl. z.B. Harnack, RE 14, 226; Kattenbusch II 361; Weyer, De Trinitate 11ff.20; Campenhausen, Bekenntnis Eusebs 289 Anm.22; DeSimone, Treatise 49.

[7] Vgl.: Diercks, CCh.SL 4, 4f.

Schrift erstmals wieder unter dem Namen Novatians geführt wurde, diesen Vorschlag bereits gemacht hatte, dann insbesondere seit der älteren Symbol- forschung öfter dafür plädiert, als den eigentlichen Titel des Werkes »De regula veritatis« zu betrachten. Nachdrücklich wurde diese Meinung z.B. auch von *H.v. Campenhausen* vertreten:

> »Novatians fälschlich so gen. Werk ›De Trinitate‹ ... ist nichts als eine
> fortlaufende Erörterung der Richtschnur. Der ursprüngliche Titel dürfte
> ›de regula veritatis‹ o.ä. gelautet haben.«[8]

Mit diesem Vorschlag ist freilich von vornherein jenes Verständnis der *regula veritatis* als »dogmatischer Norm« verbunden, das durch die in De Trinitate verhandelten theologischen Sachverhalte des christlichen Bekennt- nisses zum dreieinigen Gott, dem Schöpfer und Vater Jesu Christi, zu Jesus Christus als wahrem Gott und Menschen und zum Hl.Geist seine scheinbare Bestätigung erfährt. In der Charakterisierung von De Trinitate als »fortlaufen- de Erörterung der Richtschnur« findet es beredten Ausdruck, insofern im Gedanken der »fortlaufenden« Darstellung die Annahme einer umfassenden inhaltlichen Bestimmung der *regula veritatis* eingeschlossen ist.[9] Nun ist ein Titel »De regula veritatis« tatsächlich nirgends überliefert, sondern ein auf bestimmten Voraussetzungen beruhendes Postulat. Daß dieses Postulat in einem allerdings zu präzisierenden Sinne durchaus seine Berechtigung haben könnte, wird später festzustellen sein.

Ohne Zweifel aber bedarf die Verwendung der Regula-Terminologie an Schlüsselstellen dieser Abhandlung einer eingehenden Interpretation, zumal die Diskussion über die Bedeutung des Begriffes bei Novatian ihre Geschichte hat.

> *F.Kattenbusch* hatte der Verwendung des Begriffes auch bei Novatian einige
> Aufmerksamkeit geschenkt. Er wandte sich vehement gegen eine Deutung
> auf die Hl.Schrift und verstand unter *regula veritatis* das »Symbol«: »Es ist

---

[8]   A.a.O.; vgl. aber bereits: Kattenbusch II 361 (»›De regula veritatis‹ würde der sachentsprechendste Titel sein.«); Kunze, Glaubensregel 6 Anm.1 (»De trinitate sive de regula fidei«); Weyer, De Trinitate 34 Anm.1; DeSimone, Treatise 49.

[9]   Dieselbe Vorstellung steht hinter der Bezeichnung von De Trinitate als »un commen- taire de la règle de foi«; so: DeSimone, DSp 11, 481. Daß Novatian nicht von einer *regula fidei*, sondern von der *regula veritatis* redet, spielt für diese Charakterisierung anscheinend keine Rolle. In welchem Sinne DeSimone dabei die *regula fidei* versteht, hatte er früher deutlich gemacht: »We have seen that Novatian's purpose in writing his treatise De trinitate was to expound the Rule of Truth; that is, the faith of the Roman Church as formulated in the baptismal Symbol.« (Treatise 53). Vgl. auch Hanson, Tradition 115 (ähnlich auch 72f.): »The whole work might be regarded as a commentary on the three main articles of the rule of faith.«

mir doch sicher, dass Nov., wo er den Ausdruck regula ver. braucht, an das Symbol denkt.«[10]

A. *Harnack* folgte ihm unausgesprochen, als er in seinem umfassenden Novatian-Artikel in der *Realenzyklopädie für protestantische Theologie und Kirche* formulierte, daß die große geschichtliche Bedeutung von De Trinitate in der »Sicherheit seiner runden Formeln« für den lateinischen Christen zu suchen sei. Diese Sicherheit gebe sich »als einfach aus dem Symbol durch Deduktion gewonnen«.[11]

Gegen die Identifizierung der *regula veritatis* mit dem Symbol wandte sich *J. Kunze* auch bei Novatian mit der These, daß diesem »nur die trinitarische Formel als Formel etwas (gelte), ja man darf sagen, dass ihm der Begriff regula veritatis nicht eigentlich an dem Symbole, sondern bloss an ihr haftet.« Novatian verstehe vielmehr unter der *regula veritatis* »einen kurzen Auszug des Schriftzeugnisses«. »Was kann da letztere anderes sein als die Lehrsumma der Schrift?«.[12]

Besondere Aufmerksamkeit fand die Frage bei *H. Jordan*, der in seiner Dissertation über »Die Theologie der neuentdeckten Predigten Novatians« die Thematik in einem »Exkurs über die Stellung zum römischen Symbol« behandelte.[13] Dabei wandte er sich allerdings gegen *Kattenbuschs* Deutung aufs Symbol und sah ganz richtig, daß »der Ausdruck regula veritatis ... entschieden ... viel mehr in sich (begreift)«. Die *regula veritatis*, »das ist nicht das Symbol, aber es fasst es in sich; es ist nicht die ganze Theologie, sondern es sind die wichtigsten Aussagen über die drei Personen der Trinität ... Es ist nicht eine vielleicht schriftlich aufgezeichnete Glaubensregel, sondern der Inbegriff aller Lehrsätze, die auf Grund der Schrift und ... der Überlieferung als der wahre Glaube angesehen werden müssen.« Trotz seiner bemerkenswert frühen Erkenntnis der Unhaltbarkeit einer Identifizierung der *regula* mit dem Symbol nimmt Jordan also eine Begriffsfüllung ausschließlich im dogmatischen Sinne vor. Entsprechend spricht er dann im folgenden von der *regula veritatis* stets als von »(wahren) Glaubenssätzen« und legt damit eine Bedeutung nahe, die eher in die Richtung eines späteren Verständnisses von »Dogma« weist und von ihm ausdrücklich bestätigt wird, wenn er zusammenfassend von der *regula veritatis* als dem »Inbegriff der wichtigsten dogmatischen Lehrsätze« spricht.[14]

R. *Seeberg* kam für Novatian zu folgendem Ergebnis: »die Regel ist formell das Taufbekenntnis, aber sie enthält materiell mehr, nämlich die

---

[10] Kattenbusch II 361-365.363. Vor Kattenbusch bereits ähnlich: Caspari, Ungedruckte III, 463ff.

[11] Harnack, RE 14, 226,39ff.

[12] Kunze, Glaubensregel 178-181, 178f.180.180 Anm.2.

[13] H. Jordan, Predigten 181-187. Die von Jordan dort untersuchten ps.origenistischen Tractatus de libris ss.Scripturarum werden heute allgemein Gregor von Elvira zugeschrieben. Vgl. Altaner-Stuiber 370.

[14] Jordan, Predigten 182.184.185.

ganze alte Überlieferung, die ja gleichsam eingeschlossen ist in die knappen Formeln des Bekenntnisses.«[15]

Für *R.P.C. Hanson* ergab sich aus der Einschätzung von De Trinitate als Kommentar zu den drei Hauptartikeln der *regula fidei* (s.o.) und der unzutreffenden (s.u.) Interpretation der Regula-Terminologie in Trin. XVI 4.5 der Schluß, daß Novatian in De Trinitate Bezug nehme auf »the rule of faith« als »some fixed, traditional formula regarded as giving a summary of the teaching of the Lord recorded in Scripture«. »It is therefore quite possible that Novatian knew of a fixed form of the rule of faith«. Er fügt deshalb auch Novatian in seine Aufstellung von »Listen« mit dem Inhalt der »rule of faith« ein und erhebt aus Trin. IX bekenntnisartige Ausagen zum 2. Artikel: »it looks like the christological part of the rule of faith«.[16]

Schließlich sei auch auf *H. Weyers* Sicht der Dinge hingewiesen, der in seiner Edition von De Trinitate dem Problem eine ausführliche Anmerkung widmete.[17] Er wandte sich dort dagegen, De Trinitate »als ein(en) Kommentar zu einem mehr oder weniger formelhaften Taufbekenntnis« zu betrachten. Deshalb seien »auch alle Versuche unergiebig«, aus der Schrift »die einzelnen Glieder eines Symbolums in etwaigen formelhaften Prägungen zu eruieren.« »Ebenfalls trifft man den Sinn der ›regula‹ nur sehr ungefähr, wenn man sie als die kirchliche Tauflehre und das Depositum fidei allgemein auffaßt.« Für *Weyer* handelt es sich dabei um »die Grundelemente des Christentums«, und zwar in dem Sinne, daß als »Inhalt der ›regula‹ Joh 17,3 angegeben« sei, also »die wahre Lehre vom Schöpfergott und seinem Sohne... In diesem Sinne könnte man das ganze Werk mit ›De regula veritatis‹ überschreiben«.[18] Entsprechend übersetzt *Weyer* den Terminus dann mit »die wahre Lehre« oder »Grundlehre der Wahrheit«.

2. DER BEGRIFF »REGULA VERITATIS« AN DEN SCHLÜSSEL-STELLEN VON DE TRINITATE

a) Zum Aufbau und Charakter der Schrift

Zuerst ist festzuhalten, daß Inhalt und Aufbau der Schrift von einer klaren *apologetischen* Intention bestimmt sind.

»Gegen die Gnosis der verschiedensten Art zeigt Novatian, daß es nur einen höchsten Gott gibt, der zugleich auch Schöpfer dieser Welt ist, gegen

---

[15] Seeberg, Dogmengeschichte I 380.
[16] Hanson, Tradition 73f.90.
[17] Weyer, De Trinitate 34 Anm.1.
[18] Alle Zitate a.a.O.

Markion, daß Christus der Sohn dieses einen Schöpfergottes ist, gegen die Doketen, daß er wahrer Mensch ist, gegen die Adoptianer, daß er wahrer Gott ist, gegen die Sabellianer, daß er eine zweite Person neben dem Vater ist, und schließlich gegenüber den Vorwürfen, die gegen Hippolyt erhoben wurden, daß damit kein ›Ditheismus‹ gelehrt wird, sondern daß es trotz der Gottheit Christi nur einen Gott gibt«.[19]

Es handelt sich bei De Trinitate also um eine antihäretische, polemische Lehrschrift, »in der das Wort haereticus fast so häufig ist wie etwa dominus«[20], auch wenn Sabellius der einzige namentlich genannte (XII 9) Irrlehrer ist. Dem apologetischen Charakter der Schrift entspricht ganz ihre Einteilung. Sie handelt

»1. über Gott den Vater, den Schöpfer der Welt, den einzigen Gott (Kap. I-VIII);
2. über den Sohn Gottes (Kap. IX-XXVIII), der
   a) der Sohn des Schöpfergottes ist (gegen Markion: IX),
   b) wahrer Mensch (gegen die Doketen: X),
   c) wahrer Gott (gegen die Adoptianer: XI-XXV) und
   d) vom Vater verschieden (gegen die Modalisten: XXVI-XXVIII);
3. über den Heiligen Geist (Kap. XXIX);
4. über die Einheit Gottes (Kap. XXX-XXXI).«[21]

Es sind nun *Schlüsselstellen* im Aufbau und in der Gedankenführung des Werkes, an denen eine Bezugnahme auf die *regula veritatis* erfolgt. Auf die Eröffnung der Abhandlung über das Bekenntnis zu Gott dem Schöpfer mit dem Verweis auf die Richtschnur (I 1) wurde bereits hingewiesen. Entsprechend wird nun von Novatian auch der zweite Teil über das Bekenntnis zum Sohne Gottes mit einer Bezugnahme auf die *regula veritatis* begonnen (IX 1). Auf diesem zweiten Teil liegt umfangmäßig das Schwergewicht der Schrift, und hier wiederum ist es die Auseinandersetzung mit dem Adoptianismus und die Verteidigung der wahren Gottheit Christi, die den breitesten Raum einnimmt. Es sind die in dieser Frontstellung stehenden Kapitel, in denen der Begriff weitere drei Male auftaucht (XI 10; XVII 1; XXI 1). So muß es denn auffallen, daß am Anfang von Kap. XXIX mit seinen Ausführungen über den Hl.Geist eine solche Erwähnung unterbleibt. Man wird sich fragen müssen, worin hierfür die Ursachen zu suchen sind.

---

[19] Weyer, De Trinitate 25.
[20] Vogt, Coetus sanctorum 93.
[21] Weyer, De Trinitate 24.

b) Die »regula veritatis« des Glaubens an Gott den Schöpfer (Trin. I 1)

Wenn wir uns nun im Detail den Zusammenhängen zuwenden, in denen die Regula-Terminologie zur Sprache kommt, so ist nochmals und zuerst auf *Trin I 1* hinzuweisen.

> Novatian formuliert dort, die *regula veritatis »verlange« (exigit)* von uns »zuallererst den Glauben an Gott, den Vater und allmächtigen Herrn, und damit an den vollkommenen Schöpfer allen Seins...«.[22]

Entscheidend an dieser Formulierung ist die durch das *»id est«* erfolgte Gleichsetzung des allmächtigen Gottes mit Gott dem Schöpfer, mit der die gnostische Trennung des höchsten Gottes und des Demiurgen als mit dem christlichen Glauben grundsätzlich unvereinbar zurückgewiesen wird. Die *regula veritatis* als erstes Wort der gesamten Schrift steht hier auch am Anfang der dieser Auseinandersetzung gewidmeten ersten acht Kapitel.

Auch wenn Novatian in diesen Kapiteln zur Schöpfungslehre tatsächlich »nicht etwa (versucht), zunächst einmal einen mit Heiden und Häretikern gemeinsamen Boden zu finden«, und »nur innerhalb der Kirche« denkt und schreibt[23], so ist doch nicht zu übersehen, daß diese Kapitel »die populär-philosophische Gotteslehre« entfalten[24] und eine »stoisch angehauchte(n) Einleitung«[25] der ganzen Schrift bilden. Dies spricht jedenfalls dagegen, in der gewissermaßen axiomatischen Wahl der *regula veritatis* als Ausgangspunkt der Darstellung eine mangelnde Bereitschaft zur Suche nach Gemeinsamkeiten mit den Heiden impliziert zu sehen. Es wird wohl entscheidend sein, das *exigit* angemessen zu verstehen.

H.J. Vogt meint, daß hier in dem Sinne »Glaube verlangt« werde, daß »der Glaube ... die eigentliche Leistung derer (ist), die zur Kirche gehören, eine Leistung, die mit allen Kräften der Seele vollbracht wird.«[26] Mir scheint freilich der Gedanke, daß der Glaube eine »Leistung« des Menschen sein könne, der kontroverstheologischen Auseinandersetzung späterer Zeiten anzugehören, und das *exigit* so nicht in seiner Bedeutung getroffen zu werden. Denn Novatian geht es an dieser Stelle nicht um die Frage, ob die *fides* eine »Leistung« aller Seelenkräfte ist, sondern darum, daß ein bestimmter Glaubensinhalt, nämlich daß der allmächtige Gott auch der Schöpfer ist, vom Wahrheitsmaßstab des christlichen Glaubens her ein undiskutierbares und unaufgebbares

---

[22] Trin I 1 (11,2ff.): *Regula exigit ueritatis, ut primo omnium credamus in Deum Patrem et Dominum omnipotentem, id est rerum omnium perfectissimum conditorem...*

[23] So: Vogt, Coetus sanctorum 84.

[24] Harnack, RE 14, 226.

[25] Koch, PRE 17, 1146.

[26] Vogt, Coetus sanctorum 84.

Erfordernis ist. Insofern »verlangt« die Wahrheit, dies zu glauben als eine Grenze, die bei aller Dialogbereitschaft nicht überschritten werden kann, und einen Maßstab und eine Norm, die nicht zu verändern oder außer Kraft zu setzen sind. Die Interpretation *Vogts* scheint mir zu stark von der Vorstellung einer Forderung der inneren Aneignung dogmatischer Inhalte geprägt zu sein und in Abgrenzung dazu zu stehen. In diese Richtung zu denken wird man freilich geführt, wenn man mit *Weyer* übersetzt: »Die wahre Lehre verlangt von uns...«. Von Novatian aber wird eigentlich nur gesagt, daß es für den christlichen Gottesglauben ein nicht veränderbares Maß und eine feste Norm im genannten Sinne gebe. Insofern die *regula* ganz im ursprünglichen Wortsinn eben als nicht modifizierbar und feststehend zu denken ist, ist mit ihrer Anwendung auch eine Festsetzung, ein Erfordernis gegeben, das Anerkennung verlangt. Deshalb entspricht das *exigit* auch ganz der im Regula-Begriff enthaltenen Bedeutungsrichtung. Man sollte m.E. übersetzen: »Der Maßstab christlichen Wahrheitsverständnisses verlangt von uns ...«.

c) Die »regula veritatis« des Glaubens an Christus (Trin. IX 1; XI 9f.; XVII 1; XXI 1)

Mit ähnlicher Wortwahl wird nun auch der zweite und ausführlichste, das Christusbekenntnis betreffende Teil der Schrift eröffnet. Es sei »dieselbe *regula veritatis*, die uns lehrt, nach dem Vater an den Sohn Gottes zu glauben, unseren Herrn und Gott Jesus Christus« *(IX 1).*[27] Demnach ist es in derselben Weise, wie der allmächtige Gott und der Schöpfer nicht auseinanderdividiert werden dürfen, eine Maßgabe christlichen Wahrheitsverständnisses, daß Jesus Christus als Sohn des einen Schöpfergottes bekannt wird. Damit ist Kap. IX gegen die Irrlehre *Marcions* gerichtet.[28]

Besonderes Gewicht legt Novatian nun auf die Verteidigung der wahren Gottheit Christi gegenüber ihrer Bestreitung durch den *adoptianischen Monarchianismus* und dessen Lehre vom »bloßen Menschsein« Christi.[29]

Wie schon gegen die Bestreitung des wahren Menschseins Christi durch den Doketismus in Kap. X wird nun das Zeugnis der Schrift beansprucht. Denn diese verkündige und in ihr sei zu lesen, daß Christus Mensch und Gott ist (XI 6-8). Beides aber dort zu lesen, jedoch nur eines zu glauben, sei gefährlich (*periculum*). »Denn der Glaube ist erst dann wahr, wenn er vollkommen ist. Wenn man nämlich bei zwei (Glaubenswahrheiten) der

---

[27] *Eadem regula ueritatis docet nos credere post Patrem etiam in Filium Dei Christum Iesum Dominum Deum nostrum:* IX 1 (25,1ff.).
[28] Zu Marcion vgl.: B.Aland, in: TRE 22, 89-101.
[29] *homo nudus:* XI 1 (28,4f.); *hominem tantummodo:* XI 2 (28,15f.).

einen den Glauben versagt und nur eine einzige, und dann noch die unbedeutendere, zum Glauben annimmt, dann verwirrt man die *regula veritatis*. Und eine derartige Vermessenheit dient nicht zum Heil, es führt im Gegenteil eine solche willkürliche Verwerfung des Glaubens die große Gefahr des Todes herauf.« *(XI 9f.)* [30]

Der von der Hl.Schrift bezeugte Glaube an die Menschheit und Gottheit Christi ist also für Novatian ein ebenso unverrückbarer Maßstab der Wahrheit der christlichen Offenbarung. Wird hier das eine oder andere in Frage gestellt, dann wird dieser Maßstab verworren, die *regula* gewissermaßen krumm. Ja es kommt dann im letzten eigentlich zu einer willkürlichen Verwerfung des christlichen Glaubens (*iactura fidei*). Eine solche Veränderung der Wahrheitsnorm ist für Novatian unmittelbar heilsgefährdend (*periculum*)[31], sie beschwört die Gefahr des geistlichen Todes herauf. Dies ist nachvollziehbar, wenn man sich bewußt macht, daß Christologie und Soteriologie bei ihm letztlich identisch sind. Das Heilswerk Christi besteht geradezu darin, »daß er (sc.Christus) in sich Gottheit und Menschheit verbindet, und so in sich selbst den unsichtbaren Vater schon vorweg anschaubar macht und so die Garantie für ewiges Leben in der Schau des Vaters gibt.«[32]

Nachdem Novatian die Gottheit Christi mit dessen Worten vor allem aus dem Johannesevangelium ausführlich belegt hat (XIV 4 – XVI 6), geht er nun in Kap. XVII-XX dazu über, diese auch durch Schriftstellen aus dem Alten Testament zu erweisen, denn *Moses* lehre das Gleiche wie Johannes und die übrigen.[33]

> »Hat doch Moses bereits *dieselbe regula veritatis* geltend gemacht und sie uns am Anfang seiner Schriften überliefert, wo wir hören, daß alles geschaffen und ins Dasein gerufen wurde durch Gottes Sohn, nämlich durch Gottes Wort.« *(XVII 1)* [34]

Es ist also wiederum dieselbe Norm des wahren Glaubens an Jesus Christus, das Bekenntnis seiner Gottheit, die hier als bereits durch das Alte Testament bezeugt dargestellt wird. Wir haben denselben Sprachgebrauch wie an den

---

[30] XI 9f. (30,72-77): *ut fides ita demum uera sit, si et perfecta fuerit. Nam si ex duobus, altero in fide cessante, unum et quidem id quod est minus ad credendum fuerit assumptum, perturbata regula veritatis, temeritas ista non salutem contulerit, sed in uicem salutis de iactura fidei periculum mortis grande conflauerit.*

[31] XI 2.9 (28,10; 30,70).

[32] Vogt, Coetus sanctorum 78. Zur Soteriologie Novatians vgl.: ebd.63-74.74-78.

[33] *Id enim dicit quod Ioannes, quod ceteri ... dicant:* XVII 1 (42,4ff.).

[34] *Quid si Moyses hanc eandem regulam ueritatis exsequitur et hoc in principio suarum nobis tradidit literarum, quo discamus omnia creata et condita esse per Dei Filium, hoc est per Dei uerbum?*: XVII 1 (42,1f.)

bereits herangezogenen Stellen vorliegen, der im gleichen Zusammenhang
schließlich nochmals zur Anwendung gelangt.

Nach dem antiadoptianischen Erweis der Gottheit Christi aus »Moses« geht
Novatian nämlich ab Kap. XX-XXII wieder auf einige Schriftstellen vorrangig
des Neuen Testamentes ein. Diesem nochmaligen Einsatz bei Schriftstellen
läßt er eine Erklärung vorangehen, die den Leser für dieses Vorgehen gewinnen soll.

> Er könne gewiß die gesamte Schrift durchgehen, erklärt er, um für die
> Gottheit Christi einen Berg von Beweisen zusammenzutragen. Doch liege
> ihm jetzt weniger daran, diese Häresie zu bekämpfen, »als vielmehr die
> *regula veritatis* betreffs der Person Christi zu erschließen und klarzuma-
> chen« *(XXI 1).*[35]

Diese Formulierung verdient m.E. besondere Aufmerksamkeit, weil sie
verdeutlicht, daß es eigentlich nicht darum geht, »die wahre Lehre über die
Person Christi in knappen Zügen dar(zu)stellen«[36], oder gar »nur kurz die von
Christi Person handelnden Glaubenssätze zu eröffnen«[37]. Es geht vielmehr
allein um die eine Wahrheitsnorm hinsichtlich aller Rede von Christus, den
Maßstab und die Richtschnur für die dem christlichen Glauben gemäße Sicht
der Person Christi *(circa personam Christi).* Novatian will hier also m.E. nicht
in einem eher allgemeinen Sinne die »wahre Lehre« über die Person Christi
»darstellen« und in allen Bezügen entfalten. Diese müßte ja in der Tat mehr
enthalten als die Verteidigung seiner Gottheit, wie denn das Zeugnis der
Evangelien und der Apostel sich auch nicht im Bekenntnis zur Gottheit
Christi erschöpft. Freilich geht es an dieser Stelle auch gar nicht um die
Entfaltung einer »Christologie« oder eines »Leben Jesu«. Es geht auch nicht
um die Eröffnung von verschiedenen »Glaubenssätzen« (Plural!) über Christus
gar im Sinne eines späteren Verständnisses von »Dogma« oder eine »Zusammenfassung« derselben, sondern es geht um die eine (Singular!) unterscheidend maßgebliche Norm aller dem Geheimnis der Person Christi angemessenen Rede, das Bekenntnis zu seiner Gottheit. Sie will Novatian hier durch
weitere Schriftstellen erschließen und verdeutlichen *(aperire).*

d) Die »regula veritatis« und der Glaube an den Hl. Geist (Trin. XXIX 19)

Weiterhin ist nun auf die Erwähnung der *regula veritatis* in Kap. XXIX über
den *Hl. Geist* hinzuweisen. Es ist tatsächlich auffällig und auch stets bemerkt

---

[35] *quam breuiter circa personam Christi regulam ueritatis aperire:* XXI 1 (52,5f.).
[36] So übersetzt Weyer, De Trinitate 143.
[37] So: Jordan, Predigten 185.

worden, daß im Gegensatz zur Eröffnung der Abschnitte über Gott Vater (I 1) und den Sohn Gottes (IX 1) am Anfang von Kap. XXIX die *regula veritatis* nicht bemüht wird. Als Begründung für eine Darstellung des Bekenntnisses zum Hl.Geist werden vielmehr der *ordo rationis* und die *fidei auctoritas* genannt:

> »Aber die ordnungsgemäße Intention der Darstellung und die Autorität des Glaubens mahnen uns nun, nachdem die Aussprüche und Schriftzeugnisse über den Herrn erläutert sind, auch zum Glauben an den Hl.Geist zu kommen«.[38]

Weiterhin ist nicht zu übersehen, daß der Fülle von Kapiteln, die etwa der Christologie gewidmet waren, hier nur ein Kapitel mit wenigen Passagen gegenübersteht.

> Novatian erwähnt: die Verheißung des Hl.Geistes und ihre Erfüllung durch Christus (1-2); sein Wirken bei Propheten und Aposteln (4-6); die Gabe des Auferstandenen (7-8); daß der Geist Geist Christi ist und in seiner Fülle in ihm wohnt seit seiner Taufe (11-15); daß er *consecrator* unserer himmlischen Geburt ist und zu unserem Heil in uns wohnt (16-17). Es sei der Hl. Geist, der in uns wider das Fleisch streitet, die Begierden zügelt, Lüste eindämmt, Sündenglut erstickt, Leidenschaft bricht, Trunkenheit von sich weist, der Habsucht Schranken setzt, Gelage verabscheut, das Band der Liebe knüpft, die Herzen bindet, »der Spaltungen verhindert, *die regula veritatis kampfbereit* macht und sie zur Durchsetzung führt, die Häretiker überwindet, die Schamlosen von sich ausspeit und das Evangelium in seinen Schutz nimmt.« *(XXIX 19)* [39]

Ich habe das Kap. XXIX hier ausführlicher charakterisiert, um deutlich zu machen, in welchem Zusammenhang an dessen Ende ein Hinweis auf die *regula veritatis* erfolgt. Der unmittelbare Kontext, in dem sie zur Sprache kommt, ist nämlich die Abwehr von *Spaltungen* und *Häresie*. In diesem Zusammenhang ist die Richtschnur der Wahrheit als Objekt der Wirkungen des Hl.Geistes zusammengeordnet mit seinen Wirkungen bei der Heiligung der Gläubigen und der Verwirklichung ihrer »himmlischen Geburt«. Man könnte formulieren, daß es bei dieser Sequenz der Beschreibung der Wirkmächtigkeit

---

[38] *Sed enim ordo rationis et fidei auctoritas digestis uocibus et literis Domini nos post haec credere etiam in Spriritum Sanctum....*(XXIX 1 (69,1). Sowohl die Übersetzung Hansons (Tradition 73) von *digestis uocibus et literis* mit »based on the sayings and Scriptures of the Lord properly ordered«, als auch der daraus gezogene Schluß (»This certainly refers to some fixed, traditional formula.«) sind abzulehnen.

[39] *sectas repellit, regulam ueritatis expedit, haereticos reuincit, improbos foras expuit, euangelia custodit:* XXIX 19 (71,89).

des Hl.Geistes um dessen Schutz und Durchsetzung des Evangeliums hinsichtlich der Heiligung des einzelnen und der Heiligung der Kirche als Gemeinschaft der Heiligen geht. Der Kontext ist also »undogmatisch«, und man muß
auch deshalb mit *H.J.Vogt*[40] die Übersetzung *Weyers* an dieser Stelle ablehnen,
der *regulam ueritatis expedit* wiedergibt mit: »der die wahre Lehre zur Entfaltung bringt«.[41] *Expedire* ist aber nicht als »Entfaltung« von Lehre zu übersetzen, wie auch »wahre Lehre« nicht die Bedeutung von *regula veritatis* trifft.
Denn es geht hier nicht um eine Lehrentfaltung im Sinne der späteren
Dogmenentwicklung, die ansonsten »bei Novatian nirgends angedeutet« ist.[42]
Es geht vielmehr um die *Durchsetzung* der Richtschnur der Wahrheit im
Kampf um die Wahrheit mit Schismatikern und Häretikern.[43] Novatian will
also sagen, daß der unveränderbare und unverrückbare Maßstab der Wahrheit,
mit dem die Häretiker in je eigener Weise gerade im Konflikt liegen, vom Hl.
Geist ausgerüstet und für die Auseinandersetzung kampfbereit gemacht wird,
so daß die Wahrheit zur Durchsetzung gelangt.

Nun ist es allerdings gerade das Kennzeichen des gesamten Kap. XXIX, daß
gegenüber allen bisherigen und den noch folgenden Kapiteln XXX und XXXI
hier keine Polemik gegen die Häresie Platz greift. Dies ist ganz offensichtlich
deshalb der Fall, weil die Auseinandersetzung über die Person des Hl. Geistes
einfach nicht auf der theologischen Tagesordnung stand und einer späteren
Zeit vorbehalten war. So wäre vom Anliegen der Schrift her, nämlich die
regula veritatis gegenüber der Häresie in der Gotteslehre und in der Christologie zu bekämpfen, eigentlich das Kap. XXIX nicht erforderlich. Um die
Formulierung Novatians von Trin. I 1 aufzunehmen: die *regula veritatis* »verlangt« eigentlich nicht, daß jetzt breit über den Hl.Geist gehandelt wird. Und
so faßt sich Novatian hier auch ganz kurz. Aber der *ordo rationis* und insbesondere die *fidei auctoritas* gebieten eben doch, daß der Hl.Geist an dieser
Stelle nicht einfach übergangen werden kann. So ist gerade dies entgegen dem
eigentlichen Zweck der Schrift dennoch vorhandene Kap. XXIX m.E. ein
schönes Zeugnis der Treue Novatians zum trinitarischen Glauben der Kirche.
Es muß deshalb geradezu als abwegig erscheinen und ist das Indiz für ein
unsachgemäßes Verständnis der *regula veritatis*, wenn aus dem Fehlen des
Ausdrucks *regula veritatis* am Anfang des Kapitels gefolgert wird, daß »der
Geist als 3. Glaubensobjekt neben Vater und Sohn ... in dieser Stellung etwas
von vornherein noch nicht ganz dem Glauben Selbstverständliches« war.[44]

---

40 Vogt, Coetus sanctorum 93 Anm.52.
41 Weyer, De Trinitate 189. Ähnlich hatte bereits auch schon Jordan (Predigten 184)
gedeutet: »der heilige Geist stellt ... den wahren Glauben dar«. Vgl. auch Kattenbusch
(II 365), der *expedire* als *exponere* im Sinne von »auslegen« verstehen wollte.
42 Vogt, Coetus sanctorum, a.a.O.
43 Vogt, a.a.O., übersetzt zutreffend: »räumt alles aus, was der Wahrheit zuwiderläuft«.
44 So: Jordan, Predigten 184.

3. GEGEN EINE IDENTIFIZIERUNG VON »REGULA« UND »REGULA VERITATIS« IN TRIN. XVI 4.5; XXVI 17

In den Kap. XVI und XXVI verwendet Novatian dreimal einen isolierten Regula-Begriff. Dessen richtiges Verständnis ist für die Bedeutung der *regula veritatis* durchaus von einiger Bedeutung. Zunächst sind die Zusammenhänge erst einmal darzustellen.

> In *Trin XVI 4* sagt Novatian: »Wenn Christus nur Mensch ist, weshalb gibt er uns dann eine solche *regula* zu glauben, indem er selbst sagt: ›Das aber ist das ewige Leben, daß sie dich, den einzigen und wahren Gott, kennen und den du gesandt hast, Jesus Christus.«[45] *Joh 17,3* wird hier also argumentativ – exegetisch sicher fragwürdig – als Beweis für die Gottheit Christi eingesetzt. Der Zusatz: »und den du gesandt hast«, beweise diese. Denn hätte Christus nicht als Gott betrachtet werden wollen, hätte er gesagt: »und den du gesandt hast, den Menschen Christus«. Aber dadurch, daß Christus sich mit Gott »zusammenstelle«, durch diese »Zusammenstellung«[46] mache er klar, daß er als Gott verstanden werden wolle. »Deshalb muß man nach der eben zuvor dargestellten *regula* an den einen Herrn, den einen wahren Gott, glauben und an den, den er gesandt hat, Jesus Christus« *(XVI 5)*.[47] Es folgt eine nochmalige Betonung der *coniunctio* von Joh 17,3. Christus habe dies getan, um denen, die an ihn glauben wollen, eine *formula* seiner Gottheit zu geben.[48]
>
> Mit Kap. XXVI beginnt der bis Kap. XXVIII gegen den modalistischen Patripassianismus gerichtete Abschnitt, in dem nochmals auf die *regula* von Joh 17,3 Bezug genommen wird. Gegen den Modalismus wird zuerst herausgestellt, »daß der Sohn die zweite Person nach dem Vater ist« (XXVI 3). Dazu wird auf die einschlägigen Schriftzeugnisse verwiesen, die zitiert werden *(XXVI 3-21)*. Darunter befindet sich nun auch Joh 17,3, das folgendermaßen eingeführt wird: »Wenn ferner Christus selbst die ›Lehrbestimmung‹ *(definitio regulae)* vornimmt und sagt...«.[49]

---

[45] *Si homo tantummodo Christus, quare credendi nobis talem regulam posuit, quo diceret.....:* XVI 4 (40,31f.).

[46] *sed deo iunxit; per hanc coniunctionem:* 40,36-40.

[47] *Est ergo credendum secundum praescriptam regulam ...:* XVI 5 (40,40f.) Mit Weyer (De Trinitate 115) ist *praescriptam* im Sinne von »vorgezeichnet«, »vorher erwähnt« zu übersetzen, insofern Novatian sich ja hier auf die zuvor erwähnte Stelle Joh 17,3 bezieht. Es geht nicht um eine »Vorschrift für den Glauben aller Christen«, wie Jordan, Predigten 184, übersetzen wollte. Schon gar nichts spricht für die aus dieser Sinngebung abgeleitete Vermutung Seebergs (Dogmengeschichte I 379): »Bei diesem Ausdruck (sc. regula veritatis) denkt er (sc. Novatian) zunächst wohl sicher an das Taufbekenntnis als praescripta regula (de trin.16).«

[48] *Deo se iungit merito, ut credituris diuinitatis suae formulam poneret:* 41,48f.

[49] *Aut cum definitio regulae ab ipso Christo collocatur et dicitur: Haec est autem uita aeterna...:* XXVI 17 (63,42ff.)

Dieselbe Schriftstelle also, die Novatian in XVI 5 *formula* für den Beweis der Gottheit Christi ist, wird hier herangezogen als *definitio* dafür, daß Christus vom Vater zu unterscheiden sei. Es ist m.E. offensichtlich die nach Art einer Definition formulierte Aussage Christi *(Haec est autem vita aeterna, ut...)*, die zu deren Bezeichnung als *definitio* und auch als *formula* führt. Es ist kein Zufall, daß hier beidemal nicht von der *regula veritatis* die Rede ist. Vielmehr ist geradezu auffällig, daß Novatian nur in Bezug auf Joh 17,3 von einer *regula* im Sinne von *definitio* und *formula* spricht, während er davor und gleich danach (XVII 1) wieder den Terminus *regula veritatis* verwendet.

Der Begriff *regula* wird hier anscheinend in dem seit Tertullian nachweisbaren (s.o.) und uns auch bei Rufin dann später begegneten Sprachgebrauch von *doctrina* benutzt mit einer Tendenz in Richtung *formula* und *definitio*. Gemeint ist anscheinend, daß Christus selbst hier eine *Lehrbestimmung* vornimmt *(definitio regulae collocare)* hinsichtlich seiner Unterschiedenheit vom Vater, wie dies auch eine »Lehrformel« hinsichtlich seiner Gottheit ist *(regulam ponere = formulam ponere)*. Man wird in diesen Bezeichnungen einen Niederschlag von Novatians »Vorliebe für den Syllogismus und die straffe Deduktion«[50] erblicken können. Genauso wird man aber auch annehmen dürfen, daß Novatian neben anderen, oft herausgestellten[51] theologischen Termini der Trinitätslehre und Christologie auch in der Verwendung dieser sprachlichen Wendung der Regula-Terminologie von Tertullian abhängig ist.[52]

Der von Novatian an diesen drei Stellen ins Spiel gebrachte Regula-Begriff ist also *nicht* einfach mit der *regula veritatis* gleichzusetzen. Dies ist genau zu beachten, da man bei der Annahme der Identität nämlich zu m.E. abwegigen Schlußfolgerungen kommt, wie man bei *R.P.C.Hanson* und *H.Weyer* feststellen kann.[53]

Hanson will nämlich darüber hinaus *secundum praescriptam regulam* (XVI 5) noch mit »according to the fixed rule« übersetzen im Sinne von »a fixed form of words defining belief«[54]. *Weyer* behauptet als Folge seiner Gleichsetzung, an den drei Stellen werde »als Inhalt der ›regula‹ Joh 17,3 angegeben«; und schließlich sogar: »In Übereinstimmung mit dieser Gleichset-

---

[50] A.Harnack, RE 14, 227; vgl. auch: Weyer, De Trinitate 6.

[51] Vgl. z.B.: Harnack, Dogmengeschichte I 633.

[52] Die Einwirkung Tertullians betrifft nicht nur bestimmte sprachliche Wendungen, sondern schlägt sich auch in den behandelten Stoffen und den Büchertiteln nieder. Vgl.: H.Koch, PRE 17, 1153f. Zu einer möglichen Abhängigkeit hinsichtlich seines Rigorismus vgl.: C.B.Daly, Novatian; Die Kritiker einer Abhängigkeit von Tertullian nennt: Weyer, De Trinitate 28 Anm.80.

[53] Dieselbe Tendenz findet sich bereits bei Jordan, Predigten 185, der beide Begriffe identisch mit »Glaubenssatz« übersetzt und so die Unterschiede verschwimmen läßt.

[54] Hanson, Tradition 73.

zung wird sie (sc. die regula <veritatis>) für das Kapitel über den Heiligen
Geist nicht mehr herangezogen.«[55]

Damit wird aber aus der Identifizierung von *regula* und *regula veritatis* an
diesen Stellen eine mehrfache Konsequenz gezogen. Zum einen wird nun der
»Inhalt« der *regula veritatis* von Joh 17,3 her bestimmt und daraus auf das dann
festzustellende angebliche »Fehlen« des Hl.Geistes in der *regula veritatis* geschlossen sowie schließlich auch das Fehlen der Bezugnahme auf diese zu
Beginn von Kap. XXIX hieraus erklärt. Die Logik dieser Argumentation bricht
freilich zusammen, wenn es bei der *regula* von Joh 17,3 nicht um die *regula
veritatis* im spezifischen Sinne geht. Daß dem in der Tat so ist, wird durch das
Folgende nochmals unterstrichen.

Denn bei aller hervorgehobenen Bedeutung, die Joh 17,3 an den genannten
Stellen erfährt, darf nicht übersehen werden, daß der oben dargestellte Abschnitt XVI 4-5 eingereiht ist in eine umfängliche, rhetorisch geschickte Auf-
reihung von antiadoptianischen Argumenten, die in Frageform gefaßt meist
direkt auf Worte Christi aus dem Johannesevangelium Bezug nehmen (XIV 4-
XVI 6). Mit ihnen soll der trotz aller bereits zuvor beigebrachten »Tatsachen«
(XI-XIII) und »Schriftworte« immer noch zweifelnde Häretiker überzeugt
werden (XIV 1). Diese rhetorischen Fragen haben durchweg – mit geringen
Varianten – den gleichen Wortlaut: »*Si homo tantummodo Christus, quo-
modo ...*«.[56] In diese Reihe ist die dargestellte Frage von XVI 4f. eingeordnet,
in der der Regula-Begriff auftaucht. Joh 17,3 ist also *eine* von sehr vielen
Schriftstellen, die Novatian heranzieht, um die Gottheit Christi zu belegen.
Ihre besondere Bedeutung hat sie insofern, als sie durch die syntaktische
coniunctio von Vater und Sohn für ihn eine *formula* und eine *definitio regulae*
darstellt.

Die Formulierung *definitio regulae* macht m.E überdies bereits in sich
deutlich, daß es hier nicht um die *regula veritatis* geht. Denn diese ist ja per
se bereits *definitio* der Wahrheit, die nicht nochmals definiert werden kann.
Der Ausdruck wäre auch kaum ins Griechische zu übersetzen, denn ein »ὅρος
κανόνος« ist eine kaum denkbare Formulierung. *Joh 17,3* ist deshalb *keine
definitio und Inhaltsangabe der regula veritatis*. Die Stelle ist für Novatian
vielmehr als eine der biblischen Grundlagen eine *definitio* der Lehre, daß
Christus vom Vater verschieden ist, und eine *formula* für seine Gottheit. In ihr
bringt Christus diese Lehre *(talem regulam)* als Gegenstand des Glaubens
gewissermaßen auf den Begriff. Dies bedeutet schließlich, daß das Fehlen der
regula veritatis zu Beginn von Kap. XXIX anders erklärt werden muß und auch
jede Schlußfolgerung auf eine »binitarische« Struktur der Richtschnur der
Wahrheit unzulässig ist.[57]

---

[55]   Alle Zitate: Weyer, De Trinitate 34 Anm.1.

[56]   Vgl. z.B.: XIV 4.7.11.12.14.16; XV 1.3.6.7.8.9.10; XVI 1.2.4.6.

[57]   Gegen H.J.Vogt, der sich hier ganz H.Weyer anvertraut hat: »das wichtigste der

Wenn es nicht angeht, ein von Novatian besonders hervorgehobenes Schriftwort trotz seiner Bezeichnung als *regula* einfach als Inhaltsangabe der *regula
veritatis* zu betrachten, stellt sich natürlich auch die Frage nach dem Verhältnis
dieser zur *Hl.Schrift* bei Novatian. Ohne Zweifel hatte *J.Kunze* damit recht,
daß für den Römer die *regula veritatis* »nicht ohne Beziehung auf die Schrift«
zu denken ist.[58] Gerade De Trinitate übertrifft als apologetische Lehrschrift
alle vergleichbaren Werke »durch die Fülle der in ihr verarbeiteten Schriftstellen«.[59] *H.J.Vogt* hat Novatian geradezu einen Vorwurf daraus gemacht, daß
dieser als Kehrseite davon dem Traditionsbegriff im Sinne der kirchlichen
Lehrtradition so geringe Bedeutung beimesse.[60] Dennoch ist es nicht zulässig
– und darin liegt das Recht von *Kattenbusch, Harnack* u.a.m. –, die Hl.Schrift
und die *regula veritatis* einfach gleichzusetzen oder mit *Kunze* in ihr eine
»Lehrsumma der Schrift« zu erblicken. Novatian unterscheidet jedenfalls beide
Größen deutlich.[61]

Man faßt den Begriff der »Richtschnur der Wahrheit« m.E. nicht präzise,
wenn man in ihr eine »Lehrsumme«, »Zusammenfassung« oder den »Auszug«
eines größeren Ganzen erblicken will. Die *regula veritatis* hat nicht die Funktion »zusammenzufassen«, sondern in einer umstrittenen Frage des Verständnisses der christlichen Wahrheit von grundlegender Bedeutung die Antwort
mit kirchlicher Verbindlichkeit so auf den Begriff zu bringen, daß alle weitere
kirchliche Rede zu dieser Frage von dort Maß und Richtung erfährt. Insofern
geht es bei ihr nicht zuletzt auch um die Normierung umstrittener Auslegungen der Schrift.

4. »REGULA VERITATIS« IN DE CIBIS IUDAICIS VII 3

Schließlich ist nun noch der letzte Beleg für die Rede von der *regula veritatis*
im Werk Novatians in den Blick zu nehmen. Er findet sich im Schlußsatz
seiner Schrift über die jüdischen Speisegesetze, in *De cibis iudaicis VII 3.* Die
zeitliche Einordnung dieser Abhandlung ist wohl nicht endgültig klärbar.

Geheimnisse, die Gott eröffnet hat, ist das, was Novatian als die ›regula veritatis‹
bezeichnet, ist das in Joh 17,3 Ausgedrückte, der Glaube an den einen wahren Gott
und an den von ihm gesandten Jesus Christus. Diese regula ist also gewissermaßen als
binitarisch zu qualifizieren.« (Vogt, Coetus sanctorum 84).

[58] Kunze, Glaubensregel 180.

[59] Weyer, De Trinitate 31. Die Schriftzitate Novatians, die praktisch jedes Buch der Bibel
      betreffen, sind deshalb bekanntlich für die Frage nach der *Vetus Latina* von besonderer
      Bedeutung. Vgl.: DeSimone, Treatise 44ff.

[60] »Novatian macht gar keinen Versuch, gegen die Häretiker die Tradition zu sichern ...,
      vielmehr beruft er sich nur auf Argumente aus der Schrift und auf deren rationale
      Erklärungen.« (Vogt, Coetus sanctorum 96f.97).

[61] Vgl. z.B.: XI 10 und XII 1. Hierin ist van den Eynde, Les normes 297f., zuzustimmen.

Denn während man früher darin einen »Hirtenbrief« des schismatischen Bischofs Novatian erblickte[62], hat sich *H.J.Vogt* mit guten Gründen dafür ausgesprochen, sich den »in seiner Zelle aszetisch lebende(n) und biblisch-theo-
logischen Studien obliegende(n) Novatian als Verfasser ... vorzustellen.«[63] Für
das Verständnis der dortigen Erwähnung der *regula veritatis* ist ein kurzer Blick
auf die Argumentationsstruktur der Schrift gegen die jüdische Scheidung von
reinen und unreinen Speisen erforderlich.

> Novatian lehnt diese Trennung als bereits für das alte Gottesvolk nicht
> sachgemäßes Verständnis des Gesetzes ab und will im Sinne einer »geistli-
> chen Auslegung« eine angemessene und geistliche Anwendung des göttli-
> chen Gesetzes wiederherstellen.[64] Danach sind die dortigen Unterschei-
> dungen von Reinem und Unreinem nur »Schatten und *figurae*«[65]. Denn in
> jenen unreinen Tieren sehe das Gesetz ein Spiegelbild des menschlichen
> Lebens hinsichtlich verurteilungswürdiger Handlungen und Laster (III 12).[66]
> Aber mit dem Kommen Christi, dem »Ende des Gesetzes« und »Institutor
> der vollkommenen Wahrheit«[67], seien alle Dunkelheiten des Gesetzes ent-
> hüllt worden. Alle Dinge seien nun als rein zu betrachten. Das Gesetz sei
> an sein Ende gekommen, eine Beachtung verbotener Speisen überholt und
> von der *libertas euangelica* hinweggenommen (V 6). Die »wahre, heilige
> und reine Speise« sei nun »der rechte Glaube, ein unbeflecktes Gewissen
> und eine schuldlose Seele«.[68] Denn Gott freue sich »allein über unseren
> Glauben, unsere Unschuld, unsere Wahrheit und unsere Tugenden«.[69] Aus
> dieser *libertas ciborum* folge nun allerdings keineswegs, daß *luxoria* für
> Christen erlaubt seien oder die *continentia* abgeschafft sei (VI 1). Niemand
> habe solch feste Gesetze für die Gaumenlust gegeben wie Christus.[70] Für
> Christen gelte das Fasten deshalb weiterhin, und diese sind aufgerufen, sich
> zu erweisen als *exempla ... et magisteria* gegen die *intemperantia*.[71] Die
> christliche Freiheit beziehe sich auch nicht auf das den Götzen Geopferte.

---

[62] Vgl.: z.B. H.Koch, PRE 17, 1147f.; Harnack, RE 14, 226,20ff.; 227,4f.

[63] Vogt, Coetus sanctorum 27-33.30.

[64] II 5 (91,22f.): *spiritalis ratio remittatur*.

[65] V 1 (97,1f.): *umbrae et figurae*.

[66] Zur allegorischen Deutung einzelner Tiere und dieser bereits auf Philon zurückgehenden Auslegungstradition vgl.: DeSimone, DSp 11, 483; Koch, PRE 17, 1148.

[67] V 2 (98,7): *institutor consummatae ueritatis*.

[68] V 10 (98,30f.): *cibus ... uerus et sanctus et mundus est fides recta, immaculata conscientia
et innocens anima*.

[69] V 17 (99,48ff.): *Deus sola gaudet fide nostra, sola innocentia, sola ueritate, solis uirtutibus
nostris ...*

[70] VI 3 (99,7f.): *constrictas ... leges*.

[71] VI 6 (100,25f.).

Und so schließt der Traktat: »Nachdem wir nun die Bedeutung jener
Speisen begriffen haben, den Rat des Gesetzes bedacht, die Wohltat der
evangelischen Gnade erkannt, die Unbeugsamkeit der Mäßigung beachtet
sowie die Verunreinigungen des den Götzen Dargebrachten zurückgewiesen haben, müssen wir, um die *regula veritatis in allem zu bewahren*, Gott
Dank sagen durch Jesus Christus seinen Sohn, unseren Herren, dem sei
Lob, Ehre und Ruhm in alle Ewigkeit«.[72]

Wenn Novatian also De cib.iud. mit einer doxologischen Danksagung
beschließt, »um die *regula veritatis* in allem zu bewahren«, dann wird damit
nun deutlich, daß die verhandelte Frage nach der Gültigkeit und Berechtigung
der alttestamentlichen Speisegebote für ihn durchaus die »Richtschnur der
Wahrheit« betrifft. Hierin impliziert ist aber die Frage nach dem genuinen,
geistlichen Verständnis des Gesetzes überhaupt, nach der Freiheit des Evangeliums und nach dem christlichen Lebenswandel. Nachdem auch noch der
doxologische Schluß als durch die *regula veritatis* geboten herausgestellt wird,
kann man sagen, daß für Novatian die *regula veritatis* auch für die Auslegung
des Gesetzes, dessen Gültigkeit in der Kirche, den christlichen Lebenswandel
und das Gotteslob der Kirche maßgebliche Bedeutung hat.

De cib.iud. VII 3 ist demnach ein wichtiges Zeugnis, das gegen ein rein
»dogmatisches« Verständnis der regula veritatis, wie es sich von De Trinitate
her nahelegen könnte, spricht. Auch dort mußte freilich bereits die ethische
Einordnung der Richtschnur der Wahrheit in XXIX 19 gegen diese Sicht der
Dinge skeptisch machen. Diese Skepsis findet nun hier ihre Bestätigung. Man
wird die Zuordnung dieser Dimensionen zur *regula veritatis* auch nicht gleich
unter das Verdikt von »Legalismus und Moralismus« stellen müssen, wie es
H. J. Vogt tut, wenn er formuliert:

> »Nach lauter moralischen Ermahnungen wird aufgefordert, so die regula
> veritatis zu halten. Da scheint doch die Wahrheit nichts anderes mehr zu
> sein als Strenge der Lebensführung, Glaube scheint da mit Gesetzeser-
> füllung identisch zu sein.«[73]

Die Einordnung von De cib.iud. VII 3 in diesen Vorwurf, der ja bei
Novatian an sich durchaus angemessen ist, scheint mir allerdings eher von dem

---

[72] VII 3 (101, 10-15): *quorum ciborum ratione perspecta et consilio legis considerato et
euangelicae gratiae benificio cognito et temperantiae rigore seruato et simulacris immola-
torum inquinamento repulso regulam ueritatis per omnia custodiens Deo gratias agere
debemus per Iesum Christum Filium eius Dominum nostrum, cui laus et honor et claritas
in secula seculorum.*

[73] Vogt, Coetus sanctorum 79, bezeichnenderweise in einem »Erlösung durch Sittlichkeit« überschriebenen Kapitel (78-83), in dem Vogt seinen Vorwurf des Legalismus
und Moralismus (78) thematisiert.

Anliegen *Vogts* her bestimmt zu sein, gegenüber der älteren Sicht, das Schisma von 251 als »lediglich aus der Kontroverse über die Berechtigung, den Umfang und den Erfolg der kirchlichen Schlüsselgewalt entstanden« zu erklären[74], eine durchgängige häretische Tendenz in der Theologie Novatians, namentlich in seiner Soteriologie und Ekklesiologie nachzuweisen. Gerade aber die Beobachtung, daß für Novatian auch die christliche Lebensführung durch die Richtschnur der Wahrheit normiert wird, kann man m.E. nicht als Merkmal des Häretischen in seinem theologischen Denken verbuchen. Dagegen spricht einfach der theologische Konsens mit allen bisher hierzu befragten Vätern und sein in diesem Zusammenhang auch deutlich werdender unphilosophischer Wahrheitsbegriff, der biblischem Denken durchaus gemäß ist. Es scheint mir auch nicht den Kern der Sache zu treffen, wenn *Vogt* von hierher die *regula veritatis* den Geboten Gottes zuordnen will[75] in dem Sinne,

> daß »die göttliche Werkforderung und die göttliche Glaubensforderung nur zwei verschiedene Aspekte ein und derselben göttlichen Offenbarung sind. Denn die regula veritatis fordert ja auch, wie oben gezeigt wurde. Dann wäre zu schließen, daß die Gläubigen die Wahrheitsregel empfangen haben und ihr entsprechen.«[76]

Aber wie es bei der »Glaubensforderung«, dem *exigit* der *regula veritatis* von Trin I 1 nicht um die Einforderung von gläubiger Annahme einer Summe dogmatischer Inhalte geht, sondern um einen antihäretischen Normbegriff hinsichtlich unaufgebbarer »Erfordernisse« in der christlichen Gotteslehre, so steht auch in De cib.iud VII 3 m.E. keine allgemeine »göttliche Werkforderung« zur Debatte. Denn es geht Novatian an dieser Stelle nicht um den Hinweis auf eine Summe oder Zusammenfassung von Grundsätzen christlicher Lebensführung, die gewissermaßen neben dem Zuspruch und Anspruch der Wahrheit des Evangeliums zu stehen käme. Es geht vielmehr um die begriffliche Einordnung der für den christlichen Wandel maßgeblichen Antwort auf die sich konkret stellende Frage nach der Verbindlichkeit der alttestamentlichen Speisegebote, des christlichen Fastengebots und nach der Haltung zum Götzenopferfleisch. Die *regula veritatis* ist auch in dieser Hinsicht ein antihäretischer Normbegriff.

---

[74]	So: Harnack, RE 14, 225.

[75]	»Da die Schrift trotz ihres rein moralischen Inhalts mit einem Hinweis auf die regula veritatis schließt, darf man annehmen, daß Novatian diese als mit zu den praecepta divina gehörig betrachtet«: Vogt, Coetus sanctorum 92. Eher müßte man m.E. sagen, daß die *praecepta* mit zur *regula veritatis* gehören!

[76]	A.a.O., 92f.

5. DER ERTRAG

So läßt sich nun zusammenfassend sagen, daß in Novatians *De Trinitate* als antihäretischer Lehrschrift die *regula veritatis* in zwiefacher Hinsicht den *axiomatischen Ausgangspunkt* der Darstellung bildet. Durch die Bezugnahme auf sie wird in polemischer Absicht einerseits zum Ausdruck gebracht, daß es eine unveränderbare Maßgabe für den christlichen Gottesglauben ist, daß Gott der Allmächtige auch der Schöpfer ist (I 1), und daß andererseits der Offenbarung dieses Gottes in Jesus Christus nur dann in Wahrheit entsprochen wird, wenn als Richtschnur für alle Rede über den Glauben an Christus dieser als wahrer Gott und Mensch bekannt wird (IX 1; XI 9f.; XVII 1; XXI 1). Steht die *regula veritatis* im ersten Falle in Frontstellung gegen alle Spielarten der Gnosis einschließlich Marcions, so im zweiten Fall in Abgrenzung gegen Doketismus, Adoptianismus, sabellianischen Modalismus und jede Lehre, die zum Verlust der Einheit Gottes führt. Den Wahrheitsmaßstab des christlichen Glaubens an Gott und seinen Sohn Jesus Christus klar herauszustellen und als in Übereinstimmung stehend mit dem Zeugnis der Schrift zu erweisen, ist ein Erfordernis (I 1), das aus dem Kampf um die Wahrheit der Offenbarung geboren ist. Der Hl. Geist wird hierfür die Richtschnur kampfbereit machen und ihr zur Durchsetzung verhelfen (XXIX 19).

Weiterhin ist deutlich geworden, daß es bei der Wahrheitsnorm hinsichtlich der Person Christi *(regula veritatis circa personam Christi:* XXI 1) nicht um eine Fülle von »Glaubenssätzen« oder »die wahre Lehre« über Christus im umfassenden Sinne einer Darstellung der Christologie oder einer Entfaltung des Lebens Jesu geht, sondern um das eine, singuläre Bekenntnis zu seiner Gottheit und Menschheit, an dem alles andere, was über Christus zu glauben und zu lehren ist, Maß und Ausrichtung gewinnen muß. Ebenso ist die *regula veritatis* hinsichtlich der Kap. I-VIII nicht einfach mit der Gottes- und Schöpfungslehre zu verwechseln, sondern im genannten Sinne als die eine Norm für den christlichen Glauben an Gott, den Schöpfer zu verstehen. Es geht deshalb bei der *regula veritatis* m.E. eigentlich nicht um die *Zusammenfassung* von Vielem, oder die *Summe* eines Ganzen, sondern um den richtungs- und *maßgebenden Ausgangspunkt* für alles, was an christlicher »Lehre« zu entfalten und darzustellen ist. Ganz entsprechend nimmt Novatian bei seiner Darstellung von Gotteslehre und Christologie bei der *regula veritatis* seinen Ausgangspunkt.

Dieser spezifische Sinn der *regula veritatis* darf nicht dadurch verwischt werden, daß diese mit der Bezeichnung von Joh 17,3 als einer *regula* (XVI 4.5; XXVI 17) einfach gleichgesetzt wird. Jene von Novatian wegen der sprachlichen Gestalt einer Definition und der *coniunctio* von Vater und Sohn so herausgestellte Schriftstelle ist eine der biblischen Grundlagen für seine Verteidigung der *regula veritatis*. Sie stellt für ihn eine *definitio* der Unterschiedenheit von Vater und Sohn und eine *formula* für die Gottheit Christi dar. In ihr bringt Christus diese Lehre *(talem regulam)* gewissermaßen auf den Begriff.

Novatian gebraucht den Regula-Begriff hier unspezifisch im Sinne von *doctrina* und übernimmt auch an dieser Stelle einen Sprachgebrauch der frühchristlichen Latinität, wie er bei Tertullian seine Prägung erfuhr.

Dies bedeutet nun allerdings, daß man dann auch in Joh 17,3 keine Inhaltsangabe der *regula veritatis* erblicken darf, und daß so auch jeder »Rückschluß« auf ein »Fehlen« des Hl. Geistes in der *regula veritatis* und eine »binitarische Struktur« derselben unzulässig sind. Die fehlende Bezugnahme auf die *regula veritatis* am Anfang des kurzen Kapitels XXIX über den Hl. Geist findet hier ebenso keine Erklärung. Vielmehr wird dort eine Pneumatologie in knappen Zügen entfaltet ohne Bezugnahme auf die *regula veritatis,* weil das Bekenntnis zum Hl.Geist für Novatian nicht Gegenstand der Auseinandersetzung und antihäretischer Polemik ist. Die *regula veritatis circa Spritum Sanctum* steht hier eigentlich nicht zur Debatte und muß deshalb von ihm auch nicht apologetisch formuliert und entfaltet werden. Dies sollte erst gegen Ende des nächsten Jahrhunderts erforderlich werden. Daß Novatian aber dennoch entgegen der eigentlichen Intention der Schrift auf das Bekenntnis zum Hl.Geist aus Gründen des *ordo rationis* und der *fidei auctoritas* zu sprechen kommt, macht deutlich, daß der christliche Glaube als Glaube an den Hl.Geist für ihn notwendig zum Glauben an Gott Vater und den Sohn dazugehört. So darf man weder aus Joh 17,3 noch aus dem Fehlen einer Erwähnung der *regula veritatis* in XXIX 1 auf den »Inhalt« der *regula veritatis* schließen, wie man dies schließlich auch nicht aus den in De Trinitate verhandelten theologischen Sachverhalten tun darf.

Davor bewahrt wird man durch den Blick auf *De cib.iud. VII 3.* Daraus geht nämlich hervor, daß Novatian von der Frage der Gültigkeit und Berechtigung der alttestamentlichen Speisegebote durchaus die *regula veritatis* berührt sieht, und daß diese auch für die Auslegung des Gesetzes, für die Frage von dessen Gültigkeit in der Kirche, für den christlichen Lebenswandel und das Gotteslob der Kirche ein maßgeblicher Normbegriff ist. Auch für Novatian stellt die *regula veritatis* demnach keine exklusiv »dogmatische Norm« dar.

So darf man sich durch die Debatte um den ursprünglichen Titel von De Trinitate nicht den Blick verstellen lassen für den antihäretisch-apologetischen Charakter der Schrift, die in ihrem Inhalt von der Auseinandersetzung mit konkreten Irrlehren bestimmt ist und nur in Hinsicht auf diese umkämpften Wahrheiten des christlichen Glaubens die »Richtschnur der Wahrheit« entfaltet. Es ist deshalb m.E. nicht sachgemäß, in De Trinitate »un commentaire de la règle de foi« zu erblicken im Sinne einer »fortlaufenden Erörterung der Richtschnur«. Mir scheint hier eine noch zu stark an den Größen »Symbol«, »Taufbekenntnis« oder »Bekenntnis« orientierte Vorstellung dahinterzustehen. Novatian will aber keine Auslegung oder Erläuterung eines in seinen Grenzen von den Inhalten von De Trinitate her Bestimmten und als (literarisches?) Ganzes bereits Bestehenden verfassen, sondern in konkreter Auseinandersetzung verdeutlichen, wo in zwei grundlegenden Fragen des christlichen Gottes- und Christusglaubens der unaufgebbare Maßstab zu suchen ist, wie er der

Offenbarung und dem Zeugnis der Hl.Schrift entspricht. Damit ist für ihn
keinerlei Aussage darüber getroffen, worin die *regula veritatis* in anderen, hier
nicht zur Debatte stehenden Fragen zu suchen ist. Dies betrifft auch die *regula
veritatis* hinsichtlich des Hl. Geistes. So wird strenggenommen in Kap. XXIX
zwar eine »Lehre« über den Hl.Geist in Ansätzen entfaltet und der Glaube an
ihn bekannt, aber die *regula veritatis* nicht eigens auf den Begriff gebracht, weil
dafür kein »Erfordernis« besteht.

So scheint mir – ohne mich an Spekulationen beteiligen zu wollen – ein
möglicher ursprünglicher Titel *De regula veritatis* anstelle von *De Trinitate* nur
angemessen zu sein, wenn damit gemeint ist: *De regula veritatis circa Deum
Patrem et personam Christi.* Die *regula veritatis circa Spiritum Sanctum, circa
vitam christianam,* und *circa ecclesiae sanctae ordinem* steht für Novatian an
dieser Stelle nicht zur Debatte.

Hauptteil B

Zur Verwendung der Begriffe »Kanon« und »regula«
in kirchlichen Konflikten und Entscheidungen
der ersten drei Jahrhunderte

XI. »KANON« IM 1. KLEMENSBRIEF

Die einzige Schrift der »Apostolischen Väter«, in der der Kanon-Begriff zur Verwendung kommt, ist der 1. Klemensbrief. Aber auch dort taucht er nur an drei Stellen auf[1] und steht damit auf den ersten Blick eher am Rande im Vergleich zu anderen zentralen Begriffen[2], die das gesamte Schreiben dominieren. Eine Analyse dieser drei Stellen macht freilich deutlich, daß die Benutzung des Kanon-Begriffes in den Wendungen κανὼν τῆς ὑποταγῆς, κανὼν τῆς παραδόσεως und κανὼν τῆς λειτουργίας dem Anliegen und der Absicht dieses Schreibens[3] der römischen Gemeinde an die korinthische vom Ende des 1. Jahrhunderts in wesentlicher Hinsicht Ausdruck verleiht. Dabei handelt es sich bekanntlich um eine römische Intervention, deren Anlaß die Auflehnung der korinthischen Gemeinde gegen die dortigen Presbyter und deren Absetzung darstellt.[4]

1. Κανὼν τῆς λειτουργίας

In seinen zentralen Kap.40-44 über »die dem Willen Gottes entsprechende Ordnung der Kirche«[5], die der Absender der in Korinth diagnostizierten στάσις und deren Ursachen ζῆλος und ἔρις gegenüberstellt und mit denen die »Sünde« (44,3ff.) der Absetzung der Presbyter begründet wird und die Anführer des Aufruhrs (47,6) zur Buße (7,5ff.;51-59), Unterordnung (57,1f.) und zum Exil (54,2) aufgefordert werden, formuliert 1 Clem in 41,1 als Grundsatz der kirchlichen Ordnung:

---

[1] 1,3; 7,2; 41,1; vgl.: H.Kraft, Clavis 233 s.v.; ich zitiere 1 Clem nach der Ausgabe von J.A.Fischer.

[2] Z.B.: ζῆλος, στάσις oder τάξις mit allen Derivaten der Wurzel ταγ -; vgl: Kraft, a.a.O., s.v.; O.B.Knoch, Eigenart 14f. (»Schlüsselwörter«).

[3] Aus der Fülle der Lit. verweise ich hier nur auf: D.Powell, TRE 8, 113- 120 (Lit.); A.Lindemann, Clemensbriefe; Knoch, Eigenart; A.W.Ziegler/ G.Brunner, Absicht.

[4] Vgl. dazu: Lindemann, Clemensbriefe 16f.

[5] Lindemann, Clemensbriefe 119; Knoch, Eigenart 17ff.: »Die Mitte des Schreibens«.

»Jeder von uns, Brüder, soll in seiner Ordnung (ἐν τῷ ἰδίῳ τάγματι) Gott gefallen, in der er ein gutes Gewissen bewahrt, und die für sein Amt festgelegte Norm und das Maß nicht überschreitet (μὴ παρεκβαίνων τὸν ὡρισμένον τῆς λειτουργίας αὐτοῦ κανόνα)«.

In diesem Kapitel wird erstmals in der altchristlichen Literatur das Verständnis des kirchlichen Amtes mit dem Begriff λειτουργία[6] entfaltet. Die im 1 Clem genauso erstmals begrifflich unterschiedenen »Laien« (40,5) üben allerdings ebenfalls eine spezifische »Leiturgia« in der Kirche aus.[7] Die Unterscheidung zwischen den verschiedenen Ämtern einschließlich der »Laien« erfolgt im 1 Clem nicht eigentlich durch den Gegensatz »Amt« – »Laien«, sondern wird mit dem Tagma-Begriff vorgenommen. Danach hat jeder in der Gemeinde sein eigenes Tagma, steht also in seiner eigenen Ordnung an dem ihm zukommenden Platz. Mit dem Begriff κανών (τῆς λειτουργίας) wird nun das Maß bezeichnet, das die jedem Amt zukommenden *Befugnisse* und *Grenzen* bemißt. Dieser »Kanon« ist bereits festgelegt (ὡρισμένος), unterliegt also nicht einer durch die Amtsträger oder die Gemeinde als ganze jeweils erst vorzunehmenden Neubestimmung oder Veränderung, vielmehr muß er eingehalten werden und darf nicht überschritten werden.

In diesem Vers kommt somit die für das gesamte Schreiben bestimmende theologische Konzeption der göttlichen Ordnung, die der Schöpfung und der Heilsgeschichte zugrundeliegt, zum Ausdruck. Dieses Prinzip göttlicher Ordnung und Harmonie manifestiert sich für 1 Clem in der Ordnung des Kosmos (Kap.15-22), in der Ordnung des alttestamentlichen Kultus (Kap.40) und in der kirchlichen Ordnung (41-44). »Im Kosmos, im Alten Testament und in der Kirche handelt es sich also um Analogien der Ordnung, die alle auf den einen göttlichen Willen zurückgehen.«[8] Für das Verständnis der Absender ist »entscheidend ... die Anerkennung der göttlichen τάξις (40,1; 42,2); an dieser Stelle verbindet sich das theologische Zentrum des Briefes mit seinem unmittelbaren Abfassungszweck (Kap.40-45).«[9]

---

[6]   Vgl.: 40,2.5; 41,1; 44,2.3.6. Zum Amtsverständnis des 1 Clem vgl.: J.Roloff, in: TRE 2, 527-529; Powell, TRE 8, 116f.

[7]   Man kann deshalb m.E. nicht eigentlich »Amtsträger« und »Laien« im 1 Clem gegenüberstellen, wie es Roloff, TRE 2, 527,11, tut.

[8]   Blum, Tradition und Sukzession 44-51.47. Zum Ordnungsbegriff des 1 Clem weiterhin: Campenhausen, Amt 95-103; F.Gerke, Stellung 20ff.73ff. Die zentrale Begrifflichkeit bilden hierfür alle Derivate der Wurzel ταγ–, vgl. z.B. Kap.20; 36,6; 37f.; 40f.. Im allgemeinen werden stoisch-popularphilosophische Einflüsse geltend gemacht, vgl.: Powell, TRE 8, 116; Blum, Tradition und Sukzession 46f.; 50 Anm.23; 51.

[9]   Lindemann, Clemensbriefe 21.

2. Κανὼν τῆς ὑποταγῆς

Zu diesem Verständnis der göttlichen τάξις gehört es nun, daß die einzelnen »tagmatischen Abstufungen«[10] durch Unter- und Überordnung charakterisiert sind.[11] Entsprechend gipfelt auch die Mahnung an die Aufrührer in Korinth in der Aufforderung zur Unterordnung.[12] Deshalb kann das Schreiben nun auch von einem κανὼν τῆς ὑποταγῆς, von der diese Ordnung zum Richtmaß nehmenden *Norm der Unterordnung*, reden (1,3).

Der Vers gehört zum Einleitungskapitel des Briefes, das die Korinther lobt für das frühere vorbildlich Gemeindeleben (1,2-2,8). Dazu habe gehört, daß die Gemeinde in den »Satzungen Gottes« wandelte (ἐν τοῖς νομίμοις τοῦ θεοῦ).[13] Die dafür beigebrachten Konkretionen benennen allesamt Unterordnungsverhältnisse: gegenüber den Vorgesetzten, den Ältesten, der Jungen gegenüber den Alten und der Frauen gegenüber den Männern. Als eine dieser Konkretionen formuliert 1,3 sodann:

> »Den Frauen gabt ihr Weisung, alles zu verrichten mit untadeligem, ehrbarem und reinem Gewissen und dabei ihre Männer zu lieben, wie es sich gebührt. Auch lehrtet ihr sie, nach der Norm der Unterordnung (ἔν τε τῷ κανόνι τῆς ὑποταγῆς) das Hauswesen ehrbar zu versehen und in jeder Hinsicht besonnen zu sein.«

Man wird zu beachten haben, daß der hier in der Konkretion des Verhältnisses der Frauen zu den Männern begegnende κανὼν τῆς ὑποταγῆς ein *Beispiel* der Anerkenntnis der göttlichen Satzungen darstellt, in denen das allumfassende Ordnungsprinzip Gottes zum Ausdruck kommt. Ebenso ist darauf hinzuweisen, daß die Wendung κανὼν τῆς ὑποταγῆς »sich eng mit 1 Tim 2,11 berührt und mehrere Stichworte aus 1 Clem 1,3 auch in Tit 2,5 begegnen«; weiterhin besteht eine Nähe zu 1 Kor 14,34.[14] Dort hatte Paulus die Unterordnung der Frauen ebenfalls mit dem Verweis auf das Gesetz begründet.[15]

Es ist mir deshalb nicht verständlich, wie *Lindemann* zu der Aussage gelangt, daß in 1,3 den männlichen Christen in Korinth bescheinigt werde,

---

[10] So: Gerke, Stellung 73ff.

[11] Vgl. z.B.: 1,3; 2,1; Kap.37f.

[12] 57,1f.: ὑποτάγητε; μάθετε ὑποτάσσεσθαι.

[13] Der Codex Alexandrinus und der Codex Hierosolymitanus 54 lesen hier: ἐν τοῖς νόμοις. Die Editionen folgen Klem. v. Al., Strom IV 17,105 und der altlateinischen Übersetzung.

[14] So: Lindemann, Clemensbriefe 29, der die Stelle zum Anlaß nimmt für einen Exkurs über »Frauen im 1 Clem«.

[15] ὑποτασσέσθωσαν, καθὼς καὶ ὁ νόμος λέγει; gemeint ist Gen 3,16.

»sie hätten die Frauen eine der Sitte gemäße Verhaltensweise gelehrt«.[16]
Denn von ἔθος und συνήθεια ist im Text keine Rede, sondern vom Gesetz
Gottes. Es scheint, daß *Lindemann* hier bereits seine entwicklungsgeschicht-
liche Herleitung[17] der Textaussage in die Interpretation einfließen läßt.
Ohne daß sich solche Einflüsse von Verhaltensweisen der römischen Gesellschaft natürlich auszuschließen lassen, ist doch festzuhalten, daß es für
1 Clem – wie für Paulus in 1 Kor 14 und die Pastoralbriefe – um die
Einhaltung einer im Gesetz Gottes verankerten Norm geht. Für diese
Norm wird nun der Kanon-Begriff benutzt. Ich sehe deshalb auch nicht,
wie man sagen kann, »daß die Unterordnung der Frauen durchweg nicht
begründet wird«[18], denn die Begründung liegt eben im Kanon-Begriff und
dessen Verankerung im Gesetz Gottes.

Wie also Maß und Norm eines jeden Amtes (κανὼν τῆς λειτουργίας) im
Willen Gottes gründen und hinsichtlich Presbyter-, Episkopen- und Diakonenamt auf dem in der Einsetzung von Amtsträgern durch die Apostel sich
manifestierenden Willen Gottes beruhen (42,2.4), so ist auch die zum Ordnungsprinzip Gottes dazugehörende »Norm der Unterordnung« (κανὼν τῆς
ὑποταγῆς) hinsichtlich der Konkretion des Verhältnisses von Frauen und
Männern im Gesetz Gottes begründet.

3. Κανὼν τῆς παραδόσεως

Der göttliche Ordnungswille und die ihm innewohnende Norm der Unterordnung sind nach 40,1 offenbar, und es ist dieses Offenbar-Sein, das den
Absendern des Schreibens das Bewußtsein verleiht, gegenüber der korinthischen Gemeinde auf die Einhaltung dieser Ordnung pochen zu müssen und
in diesem Sinne zu mahnen und zurechtzuweisen (7,2). Diese Mahnung wird
in den Anfangskapiteln noch vor der Entfaltung der göttlichen Ordnung in
der Schöpfung erstmals in Kap.7 formuliert als Aufforderung zur Buße. Dabei
wird nun auf den κανὼν τῆς παραδόσεως verwiesen.

> »Verlassen wir deshalb die leeren und nichtigen Gedanken und wenden wir
> uns dem ruhmvollen und ehrwürdigen »Kanon« unserer Überlieferung zu
> (ἔλθωμεν ἐπὶ τὸν ... τῆς παραδόσεως ἡμῶν κανόνα), und sehen wir zu,

---

[16] Ders., a.a.O.
[17] Danach handelt es sich hier um ein »neues Stadium in der Entwicklung der Rolle der
      Frau in der Kirche«; »möglicherweise übernimmt die Kirche hier in der kaiser-
      zeitlichen römischen Gesellschaft üblicherweise geltende Normen« (a.a.O.).
[18] Lindemann, Clemensbriefe 29.

was gut und was wohlgefällig und was angenehm ist vor dem, der uns gemacht hat. Blicken wir hin auf das Blut Christi und erkennen wir, wie kostbar es seinem Vater ist, denn um unseres Heils willen vergossen, hat es der ganzen Welt die Gnade der Buße geschenkt« (7,2-4).

Lindemann ist hier zuzustimmen: »Es geht im folgenden um die von der Tradition ... vorgegebene Norm.« »Der Begriff κανών gehört nicht mehr zum Bild vom Kampf ...«, (das die vorausgehenden Kapitel bestimmt), »sondern verweist voraus auf den Inhalt der theologischen Überlieferung, wie er von 7,4 an entfaltet wird.«[19] Von dieser Überlieferung wird nun das benannt, was in den Augen des Schöpfers »καλόν« ist, und die Heilsbedeutung des Blutes Christi, sofern es die »Gnade der Buße« der Welt brachte, herausgestellt. Es geht also bei der Paradosis an dieser Stelle tatsächlich nicht um »das aposto-lische Glaubensgut« als solches im Sinne etwa der »Paratheke« der Pastoral-briefe. Dies bemängelt *G.G.Blum*[20]. Daß deshalb aber auf »das gänzliche Fehlen einer apostolischen Lehrüberlieferung« zu schließen ist, erscheint mir nicht zwingend.[21] Es geht 1 Clem doch nicht darum, die apostolische Überlie-ferung in umfassender Weise darzustellen, sondern rein situativ bestimmt jene Bestandteile der Paradosis als κανών, also als Norm und Maßstab[22], zu benennen, die im vorliegenden Konflikt nach Meinung des Absenders in Frage gestellt sind. Dies aber sind die in der Schöpfung grundgelegte allumfassende Ordnung, die dann in den folgenden Kapitel entfaltet wird, und die im Heilshandeln Gottes in Christus begründete Möglichkeit der Buße, durch die gegenüber dem göttlichen Ordnungswillen in Sünde Gefallene die Möglich-keit der Umkehr und Vergebung erhalten haben.

So meint die Wendung κανὼν τῆς παραδόσεως an dieser Stelle weder die »Glaubensregel«[23], noch im allgemeinen Sinn die Tradition als »Inbegriff und Richtschnur des ganzen christlichen Seins und Lebens«[24] oder »das einstimmi-ge Kerygma der 12 Apostel«[25]. Der Begriff ist aber auch nicht »rein ethisch gefaßt«[26] und meint nicht »das sittliche Vorbild edlen Duldens aus dem Alten

---

[19] A.a.O., 44.
[20] Blum, Tradition und Sukzession 45.
[21] So: Blum, a.a.O.; genauso urteilte Flesseman-van Leer, Tradition 24. Man darf aber m.E. nicht, wie sie es tut, V.4 unterschlagen und die Tradition allein auf den Schöpfer-willen beziehen.
[22] Dies wird bei der gängigen Übersetzung von κανὼν τῆς παραδόσεως mit »Regel der Überlieferung« (vgl. z.B.: Fischer, Die Apostolischen Väter 35; Lindemann, Clemens-briefe 43; früher bereits: R.Knopf, Die Apostolischen Väter 55) nicht deutlich.
[23] So: Seeberg, Dogmengeschichte I 197 Anm.3.
[24] So: Lindemann, Clemensbriefe 44, mit: A.v.Harnack, Einführung 108.
[25] Harnack, Dogmengeschichte I 183.
[26] So: Beyer, κανών 604,37.

Testament und der jüngsten Vergangenheit«[27]. Vielmehr werden mit dem
Kanon-Begriff diejenigen Bestandteile der Paradosis angesprochen, die nach
Überzeugung des Verfassers für die Auseinandersetzung mit den Aufrührern in
der Gemeinde von Korinth von grundlegender Bedeutung sind: die im Willen
des Schöpfers und seinem Gesetz begründete Ordnung und die im Heilshandeln Gottes begründete Möglichkeit der Buße.

Obwohl es sich bei allen drei Verwendungen des Kanon-Begriffes im
1. Klemensbrief nicht eigentlich um einen Terminus technicus handelt, ist
m.E. deutlich, daß das erste Auftauchen des Begriffes außerhalb[28] des Neuen
Testamentes im Zusammenhang eines kirchlichen Konfliktes festzustellen ist,
bei dem es nach dem Verständnis der zurechtweisenden und mahnenden
Gemeinde um die Einhaltung der geoffenbarten und überlieferten (40,1; 7,2ff.)
Ordnung Gottes für seine Kirche geht. Aus dieser Überzeugung gewinnt die
eingreifende römische Gemeinde ihre Autorität und setzt sich damit offensichtlich in Korinth auch durch.[29] Der Kanon-Begriff kommt im 1 Clem dort
zur Anwendung, wo eine als für das kirchliche Leben grundlegend betrachtete
Ordnung in Frage gestellt oder außer Kraft gesetzt wird und diese deshalb als
Maßstab und Norm benannt werden muß, als Norm der »tagmatisch« gestuf-
ten Ämter in der Gemeinde (κανὼν τῆς λειτουργίας) und als Norm der
Unterordnung (κανὼν τῆς ὑποταγῆς). Diese Normen und der Umgang mit
solchen, die sich dagegen auflehnen, sind in der Überlieferung enthalten, die
deshalb ebenfalls als verbindlicher Maßstab benannt wird (κανὼν τῆς
παραδόσεως).

---

[27] So: Blum, Tradition und Sukzession 45, weil er die Wendung irrtümlich auf die
vorhergehenden Kapitel bezieht.

[28] Wenn man diese »anachronistische« Aussage wagen darf, nachdem 1 Clem in einigen
Kirchen bis zum Ende des 4.Jahrhunderts zu den »kanonischen« Schriften gerechnet
wurde, wie die älteste Überlieferung im »Codex Alexandrinus« und in den syrischen
Übersetzungen sowie can.85 der Apostolischen Konstitutionen belegen. Vgl.: Lindemann, Clemensbriefe 11ff.; Fischer, Die Apostolischen Väter 20ff.

[29] Dies ist aus der späteren Äußerung des Dionysios von Korinth (Euseb, H.e. IV 23,11)
zu schließen. So auch: Campenhausen, Amt 98.

XII. DIE ÄLTESTEN BELEGE FÜR »GLAUBENSREGEL« UND »RICHTSCHNUR DER WAHRHEIT«

1. DIE BERUFUNG AUF DEN ΚΑΝΩΝ ΤΗΣ ΠΙΣΤΕΩΣ IM OSTERFESTSTREIT

Der älteste Beleg für die Berufung auf eine *regula fidei* stammt aus dem sog. »Osterfeststreit« und gehört nach Kleinasien. Es ist Bischof *Polykrates von Ephesus*[1], der für die Befolgung der quartodezimanischen Praxis, das Passa unabhängig vom Wochentag am 14. Nisan zu feiern, auch den κανὼν τῆς πίστεως in Anspruch nimmt.

Die einzigen Quellen für die Kontroverse um die Feier des Osterfestes am Ende des 2. Jahrhunderts bietet bekanntlich Euseb (H.e. V 23-25). In seinen Bericht hat er Fragmente vom Brief des Polykrates an *Viktor von Rom* (ca.189-198)[2], des sog. »Friedensbriefes« von Irenäus von Lyon an Viktor und des Schreibens der palästinischen Bischöfe hierzu eingefügt.[3] Diese Berichte und zitierten Quellen sind nun in etlichen Punkten nicht eindeutig und schon gar nicht vollständig, so daß auch die zahlreichen Interpretationen, die sie gefunden haben, in vielerlei Hinsicht nicht zu einheitlichen Ergebnissen kommen. Die meisten Kontroversen brauchen uns freilich hier auch nicht zu interessieren.[4] Man tut aber gut daran, sich klarzumachen, daß nicht nur die gesamte Darstellung Eusebs tendenziös und parteilich ist[5], sondern daß alle am Streit

---

[1] Vgl.: J.Quasten, in: LThK² 8, 598; H.Chadwick, in: RGG³ 5, 449.

[2] Vgl.: G.Schwaiger, in: LThK² 10, 768f.

[3] H.e. V 24, 2-8. 12-17; 25.

[4] Die wichtigste Lit. verzeichnen: H. von Campenhausen, Ostertermin 301 Anm.3; J.A.Fischer, Osterfeststreit. Vgl. auch das Lit.verzeichnis bei: Cantalamessa, Ostern XXXV-XLIV. Besondere Aufmerksamkeit hat dabei stets die Interpretation des Irenäusbriefes gefunden und die damit verbundene Frage nach dem Gegenstand des »1.Osterfeststreites« zwischen Polykarp und Aniket von Rom. Offen ist, ob es dabei um das Datum des 14. Nisan, das Osterfest überhaupt oder das vorösterliche Fasten ging. Vgl. zuletzt: H.v.Campenhausen, a.a.O.. Eine Zusammenfassung der Positionen findet sich bei Cantalamessa, a.a.O., XXI. Eine Gesamtinterpretation der eusebianischen Dokumentation bietet: Nautin, Lettres et écrivains 65-91.

[5] So handelt es sich für ihn bei der asianischen Praxis allein um einen sehr alten Brauch und alte Tradition (23,1; 24,1; 24,11). Nur die sonntägliche Osterfeier kann für ihn »apostolische Überlieferung« beanspruchen (23,1).

Beteiligten parteilich waren, nicht zuletzt auch Irenäus trotz seines Bemühens um die Einheit der Kirche.[6]

Irenäus wandte sich jedenfalls – anscheinend erfolgreich – in seinen Briefen (24,17) gegen die von Viktor angedrohte Exkommunikation und den damit verbundenen Heterodoxievorwurf (24,9) wegen dieser Divergenz in der Praxis der Osterfeier. Es ist dabei nicht eindeutig festzustellen[7], ob Viktor seine Exkommunikationsandrohung erst nach der Antwort des Polykrates aussprach – dieser Eindruck entsteht durch den Bericht Eusebs –, oder ob das Schreiben des ephesinischen Bischofs bereits auf diese Androhung reagiert.[8] Der Brief des Polykrates ist jedenfalls das Dokument eines persönlich Angegriffenen und sich Verteidigenden. Viktors Brief ist nicht erhalten, sein Inhalt kann nur aus den Worten des Polykrates erschlossen werden. Im Hinblick auf unsere Fragestellung verdienen folgende Aspekte des *Polykrates-Briefes* Beachtung.

Das gesamte *1. Fragment (24,2-8)* ist dem Nachweis der apostolischen Herkunft des asianischen Brauches gewidmet und bildet wohl die Replik auf den auch von Viktor mit ähnlichen Argumenten geäußerten Anspruch apostolischer Überlieferung. So ist es ein grundlegendes Merkmal des Streites, daß beide Seiten sich durchzusetzen versuchen »durch Rekurs auf apostolische Herkunft je ihres Brauches«. Es geht um »rivalisierende Apostolizitätsansprüche«, und in dieser beanspruchten Autorität ist auch der Grund für die Unbeugsamkeit zu suchen, die hier deutlich wird.[9] Polykrates stellt so auch gleich eingangs heraus, daß die asianische Praxis »unverfälscht« sei.[10] Drei Argumente werden dafür näherhin ins Feld geführt.

> Zunächst wird auf die »Apostel« Philippus und Johannes verwiesen (24,3), die in der (römischen Provinz) Asia[11] ihre Ruhestätte gefunden hätten und auf die Märtyrer (24,4-5) Polykarp von Smyrna, Thraseas von Eumeneia,

---

[6] Dies hat N.Brox, Tendenzen, nachdrücklich herausgestellt. Für Irenäus ist der römische Brauch nur eine »Gewohnheit der (Aniket) vorangegangenen Presbyter« (24,11), die asianische Praxis dagegen apostolisch, vgl. Brox, a.a.O., 298-300.

[7] Vgl. bereits: Caspar, Geschichte I 20 Anm.2: Es sei »nicht einmal mit Sicherheit festzustellen, wieviel römische Schreiben in der Sache zu unterscheiden sind«.

[8] Dies hat Nautin, Lettres et écrivains 65.76f., mit m.E. guten Gründen vertreten.

[9] Brox, Tendenzen 293.295.

[10] Ἡμεῖς οὖν ἀραδιούργητον ἄγομεν τὴν ἡμέραν: 24,2. Dies wird verstärkt durch die sprichwörtliche Wendung: μήτε προστιθέντες μήτε ἀφαιρούμενοι. Zu dieser Wendung vgl.: W.C.van Unnik, De la règle; Chr.Schäublin, in: Mus.Helv.31 (1974) 144-149.

[11] Diese umfaßte seit 49 v.Chr. für ca. 300 Jahre auch die beiden späteren Provinzen Phrygia Salutaris und Phrygia Pacatiana. Deshalb die im Brief folgende Erwähnung auch phrygischer Städte. Vgl.: K.Belke u. N.Mersich, Phrygien und Pisidien 75f.

Sagaris von Laodicea, den seligen Papirios und den Eunuchen Melito, für die dasselbe gelte.[12] Polykrates fährt fort: »Diese alle haben gemäß dem Evangelium das Passa am 14. Tag gefeiert, indem sie dabei in nichts abgewichen sind, sondern der *Richtschnur des Glaubens* gefolgt sind.«[13] Als zweites Argument tritt also hinzu, daß diese Praxis der Apostel und Märtyrer »dem Evangelium« und dem »Kanon des Glaubens« gemäß ist. Schließlich beruft sich Polykrates auf die Praxis seiner Vorgänger im Amt.

In dem *zweiten Brieffragment*, das Euseb überliefert (24,8), kommt Polykrates weiterhin auf die Bischofssynode zu sprechen, die er dem Wunsche Viktors entsprechend in dieser Angelegenheit einberufen hatte.[14]

Aus den Worten des Polykrates hat *Nautin* m.E. zu Recht gefolgert, daß die ephesinische Synode nicht geschlossen hinter Polykrates stand und kein einstimmiges Votum zustandebrachte.[15] In der Tat hätte sich Polykrates eine Dokumentation der Einmütigkeit seiner Kirche kaum entgehen lassen und Viktor diese wohl auch nicht ohne weiteres ignorieren können.[16] Diese Dokumentation wäre dem Brauch der Zeit entsprechend durch Namensnennung und Subskription der Polykrates unterstützenden Bischöfe am Ende des Briefes zu erwarten gewesen.[17] Anstatt dessen flüchtet sich dieser aber in merkwürdige Ausreden: »Wenn ich ihre Namen niederschreiben

---

[12] Vgl. im einzelnen: Nautin, Lettres et écrivains, a.a.O., 67-71.

[13] 24,6: Οὗτοι πάντες ἐτήρησαν τὴν ἡμέραν τῆς τεσσαρεσκαιδεκάτης τοῦ πάσχα κατὰ τὸ εὐαγγέλιον, μηδὲν παρεκβαίνοντες, ἀλλὰ κατὰ τὸν κανόνα τῆς πίστεως ἀκολουθοῦντες.

[14] Nautin (Lettres et écrivains 73) hat wohl richtig darauf hingewiesen, daß man aus diesen Worten nicht schließen dürfe, daß Viktor in allen Kirchen solche Synoden veranlaßt habe, auch nicht die 23,3 erwähnten. Dies wird üblicherweise so dargestellt. Vgl. z.B.: Campenhausen, Ostertermin 303; Schwaiger, LThK 10. Die ebendort erwähnten Synoden gehen nach Nautin vielmehr auf die Hilfegesuche der ephesinischen Parteien (s.u.) zurück, die sich mit Bitte um Unterstützung an Kirchen des Ostens gewandt hätten und ihren Schreiben entsprechende Dokumente in Kopien beigefügt hätten. So erkläre sich auch der Ursprung des bei Euseb überlieferten Dossiers (Nautin, Lettres et écrivains 87ff.91).

[15] Vgl.: Nautin, Lettres et écrivains 73ff.

[16] Die Angabe Eusebs (24,9), daß Viktor die Gemeinden der Asia insgesamt exkommunizieren wollte, ist dabei mit Nautin 75f., in Zweifel zu ziehen.

[17] Vgl.: Nautin, Lettres et écrivains 73 Anm.1, und W.Huber, Ostern 35f.36 Anm.22, der Nautin folgt und seine Belege ergänzt. Diese sind: Der Brief des Cornelius v. Rom an Fabius von Antiochien (Euseb H.e. VI 43,2.21); die Briefe der karthagischen Synoden von 252, 254 und 255 bei Cyprian, Ep.57,67,70; der antimontanistische Synodalbrief des Serapion von Antiochien (Euseb H.e. V 19,1-4). Vgl. auch: C.Andresen, Formular 252-55, der die Argumente Nautins – ohne sie zu diskutieren – als »historische(n) Substruktionen« (254) bezeichnet und einfach übergeht.

würde, wären es sehr viele«. Die Bischöfe hätten aber seinem Brief zugestimmt, obwohl sie wüßten, daß er bescheiden sei; schließlich beruft er sich
auf sein Lebensalter und seinen Wandel in Christus (24,8).

Eine geschwächte Stellung des Polykrates innerhalb seines eigenen Bischofs-
kollegiums würde schließlich auch die Forderung nach einer Synode durch
Viktor verständlich machen.

Polykrates kann also mit dem – dann vierten – Argument einer uneinge-
schränkten Unterstützung durch die Gemeinden und Bischofskollegen in der
Provinz Asia anscheinend nicht aufwarten. Es ist wohl auch darin begründet,
daß er über die in Anspruch genommene apostolische Herkunft hinaus noch
eigens die Übereinstimmung mit »dem Evangelium« und der »Richtschnur des
Glaubens« herausstellt. Man wird vermuten dürfen, daß diese Bezugnahme in
Viktors Schreiben fehlte, da man ansonsten hier detailliertere Entgegnungen
erwarten müßte. Für Viktor wird es völlig ausreichend gewesen sein, sich auf
die apostolische Überlieferung und die Praxis seiner Vorgänger zu berufen. Für
die Argumentation des Polykrates scheint jedoch mit der Berufung auf das
Evangelium und die Richtschnur der theologische Spitzensatz formuliert zu
sein. Der Anspruch apostolischer Tradition erfährt dadurch zusätzlich Dek-
kung und Legitimation.

Man ist vielleicht geneigt, bei der Berufung auf »das Evangelium« an das
Johannesevangelium zu denken, wenn denn die johanneische Passionschronologie für die Quartodezimaner normativ war.[18] Dennoch ist es m.E.
bezeichnend, daß Polykrates kein bestimmtes Evangelium nennt, sondern »das
Evangelium« insgesamt in Anspruch nimmt. Dem entspricht es, daß man
nicht davon ausgehen darf, als hätten die Quartodezimaner »diese Passionschronologie exegetisch aus dem Johannesevangelium erhoben und nach dem
exegetischen Tatbestand den Festinhalt ihrer Passafeier bestimmt«. Für ihr
Beharren bestimmend »war nicht eine exegetische Feststellung, sondern die
liturgische und typologische Tradition«.[19] Wohl erst in späterer Zeit gerät die
Auseinandersetzung um den Ostertermin zu einem Streit um Bibelstellen. Es
ist dabei bezeichnend, daß es auch dann nicht vorrangig um die Frage der
Chronologie in den Evangelien geht, sondern um die *Einhaltung des Gesetzes*
und dabei besonders um Ex 12,18, Dt 27,26 und Num 9,3.13.[20] Insofern ist es
ganz einleuchtend und nachvollziehbar, wenn Polykrates zusammen mit »dem

---

[18]   So: Huber, Ostern 21-25; gegen: B.Lohse, Passafest 136f. A.Strobel, Ursprung 21ff.,
geht ebenfalls von einer ursprünglich johanneischen Passionschronologie der Quartodezimaner aus, meint aber, daß man sich am Ende des 2. Jh.s als »biblizistische
Verlegenheitslösung« mit der synoptischen Chronologie absichern wollte. Hinter den
Worten des Polykrates sieht er eine Berufung auf dieselbe. Polykrates nennt freilich
kein bestimmtes Evangelium!

[19]   So m.E. ganz richtig: Huber, Ostern 22.

Evangelium« nun eben auch den κανών τῆς πίστεως zur Sprache bringt. Dieser wird also bemerkenswerterweise bereits bei seinem ersten Auftauchen in der kirchlichen Literatur in engste Beziehung zum Evangelium gesetzt, und dennoch wird es nicht ausreichen, beide Größen einfach zu identifizieren. Der Verweis auf die Richtschnur bedeutet für Polykrates gewiß nicht, daß damit eine inhaltliche Ergänzung zum Evangelium vorgenommen würde, und doch wird die Autorisierung der infragestehenden Praxis nicht exegetisch vorgenommen unter Berufung auf eine »historische« Urkunde, sondern durch den Verweis auf die Normativität und Maßgeblichkeit des Glaubens an dieses Evangelium, eines Glaubens, der in der liturgischen Praxis und den damit verbundenen Konsequenzen für Leben und Ordnung der Gemeinden Gestalt gewinnt.

Somit ist festzuhalten, daß man bei dieser ältesten uns überlieferten Berufung auf die »Richtschnur des Glaubens« an eine Identifizierung dieser Größe mit einem »Symbol« eigentlich gar nicht denkt. Aber es ist genauso klar, daß hier auch keine Beschränkung der *regula fidei* auf dogmatische Inhalte vorliegt. Der Begriff ist vielmehr bereits hier ein kirchlicher Normbegriff, mit dem angesichts des Vorwurfes der Heterodoxie die normative evangeliumsgemäße Gestalt des Lebens der Kirche hinsichtlich ihrer liturgischen Ordnung, ihrer Fastenpraxis und eventuell auch ihrer typologischen Tradition zum Ausdruck gebracht wird. Eine dem ganz entsprechende Sicht findet sich auch bei Viktor, wenn er die Divergenz der asianischen Passapraxis als »Heterodoxie« wertet.

Der mögliche Einwand, hier sei der Begriff vielleicht nicht im technischen Sinne gebraucht, wäre kaum überzeugend, weil damit eben bereits eine bestimmte technische Bedeutung als in Geltung stehend reklamiert werden müßte. Für Polykrates und seine Anhänger ist jedenfalls die Auseinandersetzung um den Ostertermin eine Frage, die den »Kanon des Glaubens« berührt.[21]

Die Synoden, die nach Eusebs Angabe (23,3) zu dieser Frage zusammentraten und sich einstimmig für die sonntägliche Feier aussprachen, haben ihre Beschlüsse durch Rundschreiben mitgeteilt. Euseb nennt diese Beschlüsse ἐκκλησιαστικὸν δόγμα, ψῆφος oder ὅρος.[22] Der Kanon-Begriff hat hier jedenfalls keinen Ort.

---

[20] Vgl.: Hippol., Refut. VIII 18,1ff.; Brox, Tendenzen 313f.

[21] Man hat die »Vermutung« geäußert, daß »die Richtschnur ... in der zweiten Hälfte des 2. Jahrhunderts vielleicht in Kleinasien entstanden« sei. So: Campenhausen, Bekenntnis Eusebs 288f. Anm.18.

[22] 23,2.4.: σύνοδοι δὴ καὶ συγκροτήσεις ἐπισκόπων ἐπὶ ταὐτὸν ἐγίνοντο, πάντες τε μιᾷ γνώμῃ δι᾽ ἐπιστολῶν ἐκκλησιαστικὸν δόγμα τοῖς πανταχόσε διετυποῦντο ... Zu diesen Synoden vgl.: Fischer, AHC 8; Junod, Oikonomia 25, 30-34.

2. ΚΑΝΩΝ ΤΗΣ ΑΛΗΘΕΙΑΣ BEI DIONYSIOS VON KORINTH

Das älteste Zeugnis für eine Verwendung des Begriffes κανὼν τῆς ἀληθείας ist wahrscheinlich den um 170 anzusetzenden sog. »katholischen« Briefen des Dionysios von Korinth[23] zuzuordnen. In seinem Bericht über diese Briefe erwähnt Euseb auch ein Schreiben an die Nikomedier, »in welchem Dionysios die Häresie des Marcion bekämpfte und sie der Richtschnur der Wahrheit gegenüberstellte«.[24] Es ist klar, daß sich mit Sicherheit nicht mehr sagen läßt, ob der infragestehende Begriff zu Dionysios gehört, oder Euseb aus der Feder geflossen ist.[25] Allerdings macht die Tatsache, daß Euseb bei seiner Rede von einem *Kanon*[26] nirgends mehr die Verbindung κανὼν τῆς ἀληθείας verwendet, es m.E. wahrscheinlicher das erstere anzunehmen.[27]

Gehört der Begriff so mit einiger Wahrscheinlichkeit zu Dionysios, so ist bemerkenswert, in welchem Zusammenhang er von diesem ins Spiel gebracht wird. Das Schreiben an die Nikomedier bildet bekanntlich zusammen mit 6 weiteren »katholischen« Briefen und zwei anderen Stücken eine Sammlung, die der korinthische Bischof selbst zusammengestellt hatte.[28] Den theologischen und kirchengeschichtlichen Hintergrund dieses »Dossiers«, der die Zusammenstellung der einzelnen Schreiben als unter einer einheitlichen Gesamtthematik stehend verständlich werden läßt, hat *P.Nautin*[29] mit beachtlicher Wahrscheinlichkeit deutlich gemacht.

> Danach scheint hinter den Briefen eine schwerwiegende *Kontroverse* in Kirchen Griechenlands, Kretas und im Pontos über die Frage nach der möglichen *Rekonziliation von Sündern* und *Häretikern* und nach dem verpflichtenden Charakter der *Enkrateia* für die Gesamtheit der Gemeinden zu stehen.[30] Auslösender Faktor war eine kürzlich durchgeführte Verfolgung (23,2), die Martyrien mit sich gebracht hatte und das Problem nach sich zog, wie mit den Abgefallenen umzugehen sei. Die Kontroverse hatte in einigen Kirchen Griechenlands (23,2-3)[31] und auf Kreta (23,5.7-8.)[32] zum Schisma und dem Vorwurf der Häresie geführt. Dionysios wurde um

---

[23] Zu Dionysios vgl.: J.A.Fischer, in: LThK² 3, 404; P.Nautin, in: DHGE 14, 261f.

[24] ἐν ᾗ τὴν Μαρκίωνος αἵρεσιν πολεμῶν τῷ τῆς ἀληθείας παρίσταται κανόνι: H.e. IV 23,4.

[25] So auch: van den Eynde, Les normes 238 Anm.1; Ritter, TRE 13, 402.

[26] Vgl. dazu Kap. IX 2.

[27] Für Dionysios als Urheber auch: Kunze, Glaubensregel 5.

[28] So schon: Harnack, Briefsammlung 37.

[29] Lettres et écrivains, 13-32. Vgl. demgegenüber auch: W.Bauer, Rechtgläubigkeit 79f. 128ff., der bei seiner Deutung ganz auf die Rolle Roms fixiert ist.

[30] Vgl.: Nautin, a.a.O., 16ff.

[31] Vgl.: A.a.O., 18ff.

Stellungnahme gebeten und vertrat die Position, daß bußfertige Sünder –
auch Häretiker – wieder aufgenommen werden sollen (23,6) und die
»schwere Last« der Enthaltsamkeit nicht allgemein verbindlich aufzuerlegen sei (23,7).

Dabei sind beide Fragen engstens verbunden, wie das Schreiben in den
Pontos deutlich macht (23,4.6).[33] Denn es sind die Anhänger des Rigorismus und der Enkrateia, die in der Frage der Rekonziliation unnachgiebig
sind, während deren Gegner ihnen Enkratismus und Verleugnung der Ehe
vorwerfen. Dionysios richtet deshalb an die Gemeinden des Pontos »zahlreiche Mahnungen über Ehe und Jungfräulichkeit« (23,6). Bischof Palmas
von Amastris/Pontos hatte sich über das Eingreifen des Dionysios anscheinend bei Soter von Rom (166/7-174/5) beschwert, der sich wiederum an
Dionysios wandte. Um der s.E. entstellten Wiedergabe seiner Position
durch Palmas zu entgehen, sandte Dionysios dann anscheinend eine Sammlung seiner Briefe an Soter.[34]

Für Dionysios ist demnach ein rigoristisches, auf Allgemeinverbindlichkeit
der Enthaltsamkeit drängendes Enkratitentum eine Häresie (23,5), die er näherhin als solche des Marcion identifiziert (23,4). Philippos von Gortyna, den
Dionysios ausdrücklich lobt, hatte selbst eine Schrift gegen Marcion verfaßt
(IV 25). Ob es sich bei dieser Identifizierung nun allein um eine den allgemeinen Gesetzen der Häresiologie folgende Kenntlichmachung des Gegners mit
einer bereits bekannten Ketzerei handelt[35] oder um eine tatsächliche Einflußnahme und Ausbreitung der Sonderkirche Marcions[36], kann hier dahingestellt
bleiben. Wichtig für unsere Fragestellung ist, daß es anscheinend das Thema
der »marcionitischen« Ethik mit ihrer Forderung radikaler Askese ist, die hier
zur Debatte steht, die als häretisch abgelehnt wird und der die »Richtschnur
der Wahrheit« von Dionysios gegenübergestellt wird.

Euseb berichtet, daß der Korinther in seinem Schreiben an die Gemeinden
im Pontos eine »Auslegung von Bibelstellen« vorgenommen habe.[37] So wird
deutlich, daß auch für Dionysios das Schriftzeugnis die Grundlage für den
Maßstab der Wahrheit in dieser Frage bildet. Gleichzeitig ist dem aber zu

---

[32] Vgl.: A.a.O., 20-24.
[33] Vgl.: A.a.O., 24ff.
[34] Vgl.: A.a.O., 26-31.
[35] Dies meint Nautin, a.a.O., 17.
[36] So die traditionelle Meinung; vgl. Harnack, a.a.O., 38, der auch montanistische
Einflüsse für möglich hält. Poschmann, Paenitentia secunda 266 ff., isoliert die Briefe
in den Pontos und nach Knossos und denkt nur an den Montanismus als Hintergrund. Zu Marcion u. dessen enkratitischer Ethik vgl.: B.Aland, in: TRE 22, 89-101.
97f.
[37] 23,6: γραφῶν τε θείων ἐξηγήσεις παρατέθειται.

entnehmen, daß es eben das Zeugnis der Schrift selbst und ihr Verständnis sind, die umstritten waren.

Festzuhalten ist jedenfalls, daß der κανὼν τῆς ἀληθείας anscheinend von Dionysios in Abgrenzung gegen häretische Verfälschungen als kirchlicher Normbegriff in einem Konflikt zur Geltung gebracht wird, in dem es primär um Fragen der christlichen Lebensführung und der kirchlichen Bußordnung ging.

XIII. »KANON« UND »REGULA« IM STREIT UM DIE BUSSE WÄHREND DER DECISCHEN VERFOLGUNG

1. WARUM FEHLT DIE BERUFUNG AUF DIE »REGULA VERITATIS« IM STREIT UM DIE BUSSE UND BEI CYPRIAN?

DIE ALTEN ANTWORTEN

Im folgenden soll der Frage nachgegangen werden, ob in den Auseinandersetzungen um die Buß- und Rekonziliationsmöglichkeit für die in der Verfolgung des Decius[1] in den Jahren 250/1 vom christlichen Glauben Abgefallenen die kirchliche Regula-Terminologie eine Rolle spielt, und falls dies nicht der Fall sein sollte, wie dies dann zu erklären wäre.

Der Streit hat bekanntlich in der römischen Kirche im Jahre 251 zum Schisma Novatians geführt; er hat aber nicht nur die Gemeinde in Rom gespalten, sondern der Einheit der Kirche in der gesamten »Ökumene« für mehrere Jahrhunderte einen tiefen Riß versetzt.[2] Nachdem Novatian und seine Anhänger mit ihrem bußtheologischen Rigorismus nach dem Schisma – also in der *zweiten Phase* der Auseinandersetzungen – als Schismatiker und Häretiker galten, und die *regula veritatis* uns bislang stets als antihäretischer Normbegriff begegnet ist, wäre wohl vorderhand in der antinovatianischen Argumentation und Polemik dieser zweiten Phase mit einem Rekurs auf die *regula veritatis* zu rechnen.

Man wird aber auch in der *ersten Phase* der Bußstreitigkeiten während der Sedisvakanz in Rom nach dem Märtyrertod Bischof Fabians (20.1.250), der Flucht Cyprians und der kritischen Stellungnahme des römischen Klerus zur Situation der Gemeinde in Karthago (Cypr.ep.8) bis zur Selbstdurchsetzung Cyprians auf der Frühjahrssynode von 251[3] die Frage aufwerfen müssen, ob in der Debatte dieser Monate über die Buße die Regula-Begrifflichkeit eine Rolle spielt.

---

[1]   Vgl.: H.Gross (E.Liesering), in: RAC 3, 611-629; C.Saumagne, Persécution.

[2]   Zu den Bußstreitigkeiten vgl. besonders: H.Gülzow, Cyprian; Poschmann, Paenitentia secunda 368-424; Koch, in: PRE 17, 1139ff.; Harnack, in: RE 14, 231-236; E.Amann, in: DThC 11, 816-849; Vogt, Coetus sanctorum 37-56. Zur weiteren Geschichte des Novatianismus bis ins 6.Jh. vgl.: Vogt, Coetus sanctorum 183-291.

[3]   Vgl.: J.A.Fischer, Karthago und Rom im Jahre 251.

Von *römischer Seite* sind es für die *erste Phase* die unter den Briefen Cyprians rangierenden ep.8, 30, 31 und 36, die in den Blick zu nehmen sind. Mindestens ep.30 und 36 der cyprianischen Sammlung sind dabei bekanntlich dem römischen Presbyter Novatian aus der Feder geflossen[4].

Für die Position Cyprians in dieser ersten Phase sind dessen Briefe 20, 27 und 28 von besonderer Bedeutung.[5] Auf die Zusammenfassung seiner Position in *De lapsis* wird man ebenfalls einen Blick werfen müssen.

Für die *zweite Phase* sind alle mittelbaren und unmittelbaren Reaktionen auf das römische Schisma in den Blick zu nehmen. Was Cyprian anlangt, so habe ich neben seinen ep.44, 45, 48, 51 und 59 an den römischen Bischof Cornelius und seinen ep.46, 54 an die römischen Bekenner sowie seinen an africanische Bischöfe gerichteten Schreiben ep.55, 56 einschließlich der Synodalbriefe ep.57 und ep.64 auch seine Hauptschrift *De unitate ecclesiae* überprüft, für deren endgültige Abfassung wohl doch die Bischofserhebung Novatians vorauszusetzen ist.[6] Neben den im cyprianischen Briefcorpus enthaltenen Schreiben des Cornelius (ep.49) und der römischen Bekenner (ep.53) an Cyprian wird man auch den bei Euseb auszugsweise überlieferten Brief des römischen Bischofs an Fabius von Antiochien mit einbeziehen müssen. Schließlich gehört hierher auch der von Euseb im selben Zusammenhang tradierte Brief des Dionysios von Alexandrien an Novatian sowie weitere von ihm gebotene Informationen.[7]

Damit gerät nun auch die Theologie des großen Africaners *Caecilius Cyprianus* (†14.9.258) in unseren Blick, dessen Werk[8] im Hauptteil A keinen Platz finden konnte, weil – und dies läßt sich gleich vorwegnehmen – in seinem gesamten Opus die Begriffe *regula fidei* und *regula veritatis* keinen Platz haben. Die o.g. Auswahl seiner Briefe und Schriften beabsichtigt also nicht, diesen bereits länger bekannten Sachverhalt[9] nochmals vorzuführen, sondern soll allein dem Zweck dienen, für diese Merkwürdigkeit einer plausiblen Erklärung auf die Spur zu kommen. Denn von einer solchen kann bislang m.E. keine Rede sein.

---

4   Vgl.: Koch, PRE 17, 1146f.; DeSimone, in: DSp 11, 480; zur evtl. Verfasserschaft Novatians auch für ep.31 vgl.: Vogt, Coetus sanctorum 38ff. Ep.30 und 36 werden im folgenden zitiert nach der Novatian-Edition von G.F.Diercks. Zu Novatians Sicht der *regula veritatis* s.o. Kap. X.

5   Grundlegend für die Einordnung und Deutung der ep.8-37 dieser Phase ist: Gülzow, Cyprian.

6   Vgl.: U.Wickert, Sacramentum unitatis 14-32.24ff. Zuvor: H.Koch, Cyprianische Untersuchungen (AKG 4), Bonn 1926, 79-131.

7   Euseb, H.e. VI 43-44.

8   Zu Person und Werk vgl. z.B.: M.Bévenot, in: TRE 8, 246-254; G.Bardy, in: DHGE 13, 1149-1160.

9   Vgl. z.B.: Kattenbusch II 372f.; van den Eynde, Les normes 298; Campenhausen, Bekenntnis Eusebs 290 Anm.23. S. jetzt auch: P.Bouet u.a. (Hrg.), Concordance II 877.

F.Kattenbusch[10] war auf die Begriffe *symbolum* und – in diesem Sinne verstanden – *sacramentum* ausgewichen, um seinem Anliegen gerecht zu werden und auch bei Cyprian »Symbolforschung« betreiben zu können.
R.P.C.Hanson[11] wollte ersatzweise den cyprianischen Begriff *tenor fidei* in Bezug zur *regula fidei* setzen. Cyprian redet genauso vom *tenor disciplinae*[12]. Bei seinen »Inhaltsangaben« der *regula fidei* für Cyprian bietet *Hanson* »a formula which looks like part of the rule of faith« aus ep.73,5, in der nur Bekenntnisformulierungen des 1. und 2. Artikels anklingen.[13]
H.v.Campenhausen meinte, Cyprian falle »bezeichnenderweise« als Zeuge ganz aus, weil er »Praktiker« gewesen sei.[14] Er nahm damit einen Gedanken *Kattenbuschs* auf, der als Erklärung schon darauf verwies, daß Cyprian für »die apologetischen und spekulativ-theologischen Probleme« »nur geringes Interesse« übrig hatte: »Er ist nun einmal ein Mann, dem die Fragen der disciplina wichtiger sind, als die der doctrina«.[15]

So sehr die Charakterisierung des Africaners als »Praktiker« ihre Berechtigung hat, wird man doch fragen müssen, ob damit eine ausreichende Erklärung für das völlige Fehlen der infragestehenden Begriffe gegeben ist. Denn hinter dieser Erklärung steht natürlich ein Verständnis von *regula veritatis* und *regula fidei* als »spekulative« oder »dogmatische« Größen. Nachdem nun aber der bisherige Befund dieser Untersuchung nicht bestätigt hat, daß die *regula veritatis* eine exklusiv dogmatische Norm ist, sondern unter dieser Begrifflichkeit durchaus auch Maßgaben für die »Praxis« der Kirche, ihre Ordnung und die christlich Lebensführung miteingeschlossen sind – und dies stets in antihäretischer Ausrichtung –, und weiterhin die großen Konflikte, in denen Cyprian stand – Bußstreitigkeiten und Ketzertaufstreit – für ihn unmittelbar mit der Frage nach Wahrheit und Häresie verbunden sind, wird man doch wohl etwas tiefer bohren müssen, um zu verstehen, wieso er in dieser Auseinandersetzung um die Wahrheit die Argumentation mit der *regula veritatis* nicht ins Spiel bringt und – fast hat man den Eindruck – dem Begriff aus dem Wege geht.[16] Wir werden also die theologische Argumentation der beteiligten Seiten im Streit um die Buße in seinen zwei Phasen vor und nach dem Schisma Novatians näher in den Blick nehmen müssen, um hier zu einer Antwort kommen zu können.

---

[10]   II 372-377.
[11]   Tradition 79.
[12]   Vgl. den Index bei Hartel III/3, 456.
[13]   A.a.O., 79.90.
[14]   Ders., a.a.O.
[15]   Kattenbusch II 372.
[16]   Dasselbe gilt natürlich für Cyprians Argumentation im Ketzertaufstreit, die als nächstes einer eigenen Darstellung bedarf.

Es ist dabei m.E. ausgeschlossen, zu der Annahme eines Zufalls, mangelnder theologischer Präzision[17] oder Kenntnis Zuflucht zu nehmen. Zu viel spricht nämlich dafür, daß die Terminologie Cyprian vertraut gewesen sein muß. Da ist nur an seine intime Kenntnis der Schriften Tertullians zu erinnern, den Hieronymus bekanntlich als »*magister*« Cyprians bezeichnete[18] und den der karthagische Bischof »kopiert und ausgeschrieben und stillschweigend geglättet und korrigiert« hat.[19] Weiterhin spricht auch manches für die Möglichkeit, daß Cyprian bereits den lateinischen Irenäus kannte.[20] Novatians *De Trinitate* wird ihm nicht unbekannt gewesen sein[21], und Firmilian von Caesarea/Kappadozien legt ihm später im Ketzertaufstreit mehrfach den Rekurs auf diese Größe in den Mund.[22] Es sind also theologische Lehrer Cyprians und zeitgenössische Gesprächspartner, von denen er die Argumentation mit der *regula veritatis* kennt, aber nicht übernimmt!

2. ZUR DISKUSSION ZWISCHEN CYPRIAN UND DER RÖMISCHEN GEMEINDE VOR DEM SCHISMA NOVATIANS

Nimmt man nun die o.g. Zeugnisse aus der *1. Phase* der Auseinandersetzung um die Buße in den Blick, so ist festzustellen, daß für alle beteiligten Seiten eine Inanspruchnahme der *regula veritatis* und der Regula-Terminologie keine Rolle spielt.

Der erste Brief des römischen Klerus an Cyprian (ep.30), der dessen Anerkennung durch die Römer und die grundsätzliche römische Haltung zur Gefallenenfrage zum Ausdruck bringt[23], macht deutlich, daß es für die römische Kirche um eine grundsätzliche Frage der *disciplina* geht, die näherhin charakterisiert ist als *euangelica disciplina*.[24] Ähnlich setzt der 2.

---

[17]   Wie sie etwa von U.Wickert, Sacramentum unitatis 39, beklagt wird: »Cyprians Begrifflichkeit eignet ein stumpfer Glanz – man mag daran herumpolieren, oft kommt kein wirklich klarer Reflex zustande.«

[18]   Vir.ill.53.

[19]   Campenhausen, Amt 293.

[20]   So: E.Caspar, Primatus Petri, ZSRG 47 (1927) 276 Anm.4 u.5. Vgl.: Wickert, Sacramentum unitatis 113 Anm.15. Siehe auch: Koch, Cyprianische Untersuchungen 475.

[21]   Koch, a.a.O., 93-97, hat sogar eine literarische Abhängigkeit für De unitate von Novatians De Trinitate für möglich gehalten. Vgl. aber: Wickert, Sacramentum unitatis 16.

[22]   Dazu s. u. Kap. XIV 4.

[23]   Zu ep.30 vgl.: Gülzow, Cyprian 88-99.133-139.

[24]   Ep.30, 1,2 (200,17); 2,1 (200,9.14); 1,1 (199,4f.); 4 (202,5.7).

Brief des römischen Klerus an Cyprian (ep.36) ein mit einem Lob für
dessen Beharren auf der Strenge der *euangelica disciplina*.[25] Das kirchliche
Handeln dürfe nicht im Widerspruch zur *lex euangelica* stehen[26], deren
Bestimmungen als *praecepta Dei* und *decreta caelestia* bezeichnet werden.[27]
Auch im Brief der römischen Bekenner an Cyprian (ep.31), der »eine sicher
vollständige Sammlung aller Argumente, die die Vertreter der unerbittlich
harten Haltung gegenüber den Gefallenen ... vorgebracht haben«, darstellt[28], ist die Norm, die für den Umgang mit den lapsi geltend gemacht
wird, das Evangelium und die Hl.Schriften.[29] Wie ep.30,5 berichtet, hatte
die römische Synode[30] in dieser Sache sich nicht zu einem endgültigen
Beschluß vor der ausstehenden Bischofswahl durchringen können, sondern
ein gemeinsames Urteil *(sententia)* und einen festen Beschluß *(firmum
decretum)* einem zukünftigen Konzil vorbehalten.[31] Grundlegend dafür war,
daß eine solche Entscheidung *(decretum)* nicht gegen die »evangelische
Wahrheit« verstoßen dürfe.[32]

Diese »evangelische Wahrheit« wurde allerdings von allen Seiten in
Anspruch genommen, und zwar nicht nur von den Verfechtern »evangelischer Strenge« um Novatian und den zu größerem Entgegenkommen bereiten römischen Presbytern, sondern auch von den um ihre Wiederaufnahme kämpfenden *lapsi*, die davon überzeugt waren, sich auf das Evangelium
berufen zu können, wohingegen die Märtyrer ihrer Meinung nach ein
»anderes *decretum*« aufgestellt hätten.[33]

Ganz dementsprechend geht es auch für *Cyprian* um eine grundlegende
Frage der *disciplina*. So legt er in seinem Rechtfertigungsschreiben an den
römischen Klerus (ep.20)[34] Rechenschaft über seine *disciplina* ab[35], fordert
in seinem Brief nach Rom über das Treiben des Bekenners Lucianus
(ep.27)[36] die Einhaltung von *lex und disciplina* ein[37] und rühmt in seinem
Lobbrief an die römischen Konfessoren (ep.28)[38] deren Festhalten an der

---

[25] 1,2 (247,12). Zu ep.36 vgl: Gülzow, a.a.O., 106-109.145ff.
[26] *si ab euangelica lege non dissonat*: ep.36,1,3 (248,25); 2,3 (249,28).
[27] Ep.30,1,1 (199,4f.); 7,2 (205,13).
[28] So: Gülzow, a.a.O., 102; zur ep.30: a.a.O., 99-104.139f.
[29] Ep.31,6,6 (232,13); 6,3 (232,22).
[30] Zu dieser vgl.: Gülzow, a.a.O., 134ff.
[31] Ep.30,5 (203,25.27).
[32] *quid contra euangelicam decretum uidebitur ueritatem*: ep.36,1,3 (248,27).
[33] Ep.36,2,1 (248,3). Ep.36,2 muß sich mit diesem Argument auseinandersetzen.
[34] Zu ep.20 vgl.: Gülzow, a.a.O., 48-68.124-127.
[35] Ep.20,1 (527,7).
[36] Vgl.: Gülzow, a.a.O., 75-79.
[37] Ep.27,1 (541,5).
[38] Vgl.: Gülzow, a.a.O., 79-82.

disciplina, die näherhin als *disciplina dominica* bezeichnet wird.[39] *Lex* und *disciplina* sind so für ihn Korrelatbegriffe des Evangeliums[40], wie denn das Verhalten der die Pax ohne längere Buße erteilenden Bekenner in Karthago *contra euangelii legem* sei[41] und keine Einhaltung *dominicae legis et euangelii ratio* darstelle[42]. Die »volle Kraft des Evangeliums und starke Zucht des Gesetzes des Herrn« müsse in Geltung bleiben (*plenum uigor et disciplina robusta legis dominicae*[43]), was die Befolgung der *praecepta* und *mandata Domini* bedeute.[44] Es ist also die Norm der Forderungen des Evangeliums, die in der Frage der Buße und Wiedererteilung der Pax maßgeblich ist für Cyprians bischöfliches Handeln *secundum legem fidei* und die er mit der *ecclesiastica disciplina* in eins setzt.[45]

Neben der gemeinsamen Haltung der römischen Gemeinde und Cyprians in dieser Phase – Ablehnung einer schnellen Rekonziliation ohne längere Buße; Aufschub einer endgültigen Entscheidung bis zu einer Synode nach Beendigung der Verfolgung; Ausnahmen nur in *articulo mortis* – ist also auch das theologische Argumentationsmaterial auf beiden Seiten das gleiche und das Einvernehmen auch hier nicht getrübt. Für beide Seiten geht es um die Verteidigung und Durchsetzung der *disciplina ecclesiastica*, die mit der *disciplina evangelica* identisch ist. Es ist das Evangelium selbst als *lex*, dessen *praecepta* und *mandata* Maßstab und Norm für eine gesamtkirchliche Regelung bilden, und sofern es um das Evangelium selbst geht, steht damit für beide Seiten die »evangelische Wahrheit« auf dem Spiel.

Es ist festzuhalten, daß vor dem Schisma von 251 zwischen Cyprian und der römischen Kirche in der Bußfrage weitgehend Einigkeit herrscht und dabei die Begriffe *disciplina* und *lex evangelii* im Vordergrund der theologischen Argumentation stehen. Gegenüber der mangelnden Bußbereitschaft der Verleugner Christi ist es für beide Seiten ausreichend und einzig angemessen, direkt auf Christi *paecepta* und *mandata* zu verweisen, die römische Seite z.B. auf Mt 10,33 – der späteren »Kernstelle« Novatians –, Cyprian z.B. auf 1 Joh 2,3f.[46]

Schließlich ist auch darauf aufmerksam zu machen, daß die Zuordnung der Bußproblematik hinsichtlich ihrer Handlungs- und Lehrdimensionen zur

---

[39] Ep.28,2 (545,18; 547,1f.).

[40] Ep.27,1 (541,5).

[41] Ep.20,2 (528,5f.); ep.27,4 (544,17); De laps.15 (Bévenot 229,291f.).

[42] Ep.27,2 (541,18).

[43] Ep.27,4 (544,12f.).

[44] Als deren Befolgung wird das eigene Verhalten gerechtfertigt: ep.20,1 (527,14); vgl. ansonsten: ep.20,2 (528,7); ep.28,2 (545,21; 546,2); De laps.18 (Bévenot 231,353).

[45] Ep.20,2 (527,21; 528,12).

[46] Vgl. z.B.: ep.30,7,1 (205,11f.); ep.31,2 (229,10f.); ep.28,2 (546,10ff.).

disciplina ganz dem Verständnis der *disciplina* entspricht, wie es uns von Tertullian her bekannt ist. Damit legt sich aber auch ein Weiterwirken der tertullianischen Begrenzung[47] der *fides* auf die Glaubensinhalte des 1. und 2. Artikels nahe, so daß im Zusammenhang der Bußfrage mit einem Auftauchen des Begriffes *regula fidei* von vornherein eigentlich nicht zu rechnen ist.

3. ZUR KONTROVERSE NACH DEM SCHISMA NOVATIANS

In der Phase nach Novatians Bischofserhebung[48] ist die Situation nun insofern grundlegend verändert, als jetzt die Diskussion um eine wahrheitsgemäße Praktizierung der *disciplina evangelica* von der Frage nach dem Stellenwert der kirchlichen Einheit gleichsam überholt wird. Dabei wird deutlich, daß die Bußfrage für Cyprian nicht das vorrangige Thema bei seiner Auseinandersetzung mit Novatian darstellt, sondern das Schisma selbst und dessen Bewertung primäre Bedeutung genießen.

Novatian und seine Anhänger sind für Cyprian nun die *noui haeretici*, und sie sind dies als »Schismatiker und Häretiker«.[49] Schon der Sprachgebrauch verrät, daß für Cyprian die »neue Häresie« vorrangig in dem willentlich herbeigeführten *Schisma* besteht.[50] Ganz entsprechend kann Novatian auch nur als *schismaticus* bezeichnet werden.[51] Auch wenn dem Karthager ein Unterschied zwischen Häresie und Schisma bekannt gewesen sein mag[52], wird gerade im Gegenüber zu Novatian deutlich, daß für diesen beide Ausdrücke fast synonym gebraucht werden mit der Tendenz, daß ein *schismaticus* für Cyprian immer auch ein *haereticus* ist. Besonders deutlich wird dies in seinem großem Rechtfertigungsschreiben an den africanischen Kollegen *Antonianus* (ep.55), bei dem Novatian auf Verständnis gestoßen war, und der nun von Cyprian Auskunft darüber verlangte, »welche Häresie Novatian denn eigent-

---

[47] Vgl.: Kap. VI.

[48] Zu den damit verbundenen Ereignissen vgl: Vogt, Coetus sanctorum 45-56; M.Bévenot, Recognition of Cornelius.

[49] Ep.55,27 (644,21); ep.45,3 (602,21); ep.51,1 (614.10.14); ep.54,2 (622,10). Für die römische Seite vgl.: ep.49,2 (611,13; 612,14); ep.50 (614,2).

[50] So besteht die *haeretica temptatio* gerade darin, die Spaltung zu wollen (ep.45,3: 602,21). Die Rückkehr der römischen Bekenner zu Cornelius bedeutet, den schismatischen »oder vielmehr« häretischen Wahn zu verlassen: *schismatico immo haeretico furore deserto* (ep.51,1: 614,14).

[51] Ep.51,2 (616,1).

[52] Vgl.: H.Janssen, Kultur und Sprache 110-136.130-136. E.Altendorf, Einheit und Heiligkeit 92ff., geht zu allgemein von einer Synonymität beider Begriffe bei Cyprian aus.

lich eingeführt habe«.[53] Cyprians Antwort hierzu ist im Kern die, daß der römische Bischofsstuhl rechtmäßig besetzt war. Wer dennoch dort Bischof werden wolle, könne das nur außerhalb der Kirche. Wer dies tue, von dem gelte: *profanus est, alienus est, foris est.*[54]

Während die Novatianer und ihre Sympathisanten weiter auf der buß-theologischen Ebene diskutieren wollten und Cyprian vorwarfen, von der vormaligen evangelischen Strenge durch die Synodalentscheidung von 251 abgewichen zu sein[55], ist für den Bischof von Karthago die Bußfrage nunmehr eindeutig nachgeordnet. Was Novatian lehre, sei letztlich zweitrangig, weil er es nun außerhalb der Kirche lehre.[56] Denn ins Schisma zu gehen sei ein Verbrechen *(crimen)*, das schlimmer sei als das der Gefallenen.[57]

So ist für Cyprian ein einheitliches Handeln aller Bischöfe in der Bußpraxis auch nicht in dem Sinne ein absolutes Erfordernis, daß deswegen die Einheit der Kirche Schaden nehmen dürfte. Er verweist dazu auf den Präzedenzfall, daß es unter seinen Vorgängern einige gegeben habe, die den Ehebrechern die Pax verweigert hätten. Aber sie hätten sich dennoch nicht von der Gemein-schaft ihrer Mitbischöfe gelöst und nicht die Einheit der katholischen Kirche zerbrochen.

> Denn »während das Band der Eintracht erhalten bleibt und das unteilbare Mysterium der katholischen Kirche fortbesteht, ordnet und regelt jeder Bischof sein Vorgehen selbständig in dem Bewußtsein, vor dem Herrn seine Grundsätze verantworten zu müssen«.[58]

Entsprechend findet sich in den langen 30 Kapiteln des Briefes an Antonianus nur eine einzige Stelle ganz am Schluß, in der der Häresievorwurf nun auch auf die Bußlehre Novatians bezogen wird.[59] Der durchgängige *Hauptvorwurf* aber ist, daß die Einheit der Kirche nicht zerrissen werden dürfe und daß dies *nullo modo* erlaubt sei.[60]

---

[53] Ep.55,2 (624,18f.).

[54] Ep.55,8 (630,2ff.7f.).

[55] Ep.55,3 (625,14f.): *a disciplina et censura priore flexisse.*

[56] Ep.55,24 (642,5): *quid ille doceat, cum foris doceat.*

[57] De unit.19 (Bévenot 263,463): *peius hoc crimen est.*

[58] Ep.55,21 (638,25f.;639,4ff.): *manente concordiae uinculo et perseuerante catholicae ecclesiae indiuiduo sacramento, actum suum disponit et dirigit unusquisque episcopus...*

[59] Es sei häretisch, zur genugtuenden Buße aufzufordern, aber die Möglichkeit der Genugtuung zu entziehen: ep.55,28 (646,9f.).

[60] Wenn ein gewählter und durch das Zeugnis der Amtsgenossen und des Volkes anerkannter Bischof vorhanden sei: ep.44,3 (599,6).

Die Einmütigkeit und Eintracht dürfe auf keinen Fall *(omnino)* zerrissen werden, und die Novatian zuerst gefolgten römischen Bekenner sollten sich nicht einbilden, am Evangelium Christi festzuhalten, wenn dies mit der Trennung von der Kirche verbunden sei.[61] Die Wahl Novatians ist deshalb »gegen das einmal überlieferte Mysterium der göttlichen Anordnung und der katholischen Einheit« gerichtet[62], und seine Ordination *inlicita*.[63] So handelt Cyprian bei seiner Ablehnung Novatians in dem Bewußtsein, »in Übereinstimmung mit der Heiligkeit und Wahrheit der göttlichen Überlieferung und der kirchlichen Ordnung« zu stehen.[64]

Daß sich für ihn gerade angesichts des Schismas die *Wahrheitsfrage* stellt, wird auch deutlich in seinem Dankschreiben an die von Novatian zurückgekehrten römischen Bekenner, durch deren Rückkehr »die Wahrheit der Kirche und die Einheit des Evangeliums und des Mysteriums« noch enger geknüpft werde.[65]

Dem entspricht schließlich auch ganz die theologische Gewichtung, die Cyprian hinsichtlich der africanischen *Synodalbeschlüsse von 251 und 252* zur Gefallenenfrage vornimmt. Denn obwohl der Beschluß der Zulassung der *libellatici* zur Buße von 251 als Weg der *moderatio* zwischen der extremen *censura euangelica* und einem unzulässigen Verzicht auf die Buße während der Synode durch das gemeinsame Studium und Verlesen von Schriftstellen gewonnen wurde[66] und auch sonst von Cyprian durch ausführliche Berufung auf die Schrift begründet wird[67], und obwohl die *firma sententia* der Maisynode von 252[68], wegen der kommenden abermaligen Verfolgung den bußfertigen *lapsi* die *Pax* zu erteilen, mit direkter Eingebung des Hl. Geistes und Visionen begründet wird[69], werden diese Beschlüsse dennoch nicht in Gefährdung der kirchlichen Einheit gegenüber strenger urteilenden Amtskollegen auf dem Wege von *Sanktionen* durchgesetzt. Vielmehr werden diejenigen »Kollegen«, die sich nicht imstande sähen, die *Pax* zu erteilen, im Synodalschreiben ausschließlich ermahnt, daß sie sich vor Gottes Gericht für ihre Strenge zu

---

[61] Ep.46,2 (605,1f.5f.)

[62] Ep.45,1 (600,4f.): *contra sacramentum semel traditum diuinae dispositionis et catholicae unitatis*. Vgl. auch: ep.46,1 (604,10f.).

[63] Ep.44,1 (597,13).

[64] Ep.45,1 (600,10f.): *secundum quod diuinae traditionis et ecclesiasticae institionis sanctitas pariter ac ueritas exigebat*.

[65] Ep.54,1 (621f.): *ut ecclesiae ueritas et euangelii ac sacramenti unitas...*

[66] Vgl.: ep.55,6 (627,16ff.).

[67] Ep.55,15.18.19.

[68] Ep.56,3 (650,2). Zur Synode vgl.: J.A.Fischer, Karthago im Mai 252.

[69] Ep.57,5 (655,7ff.).

verantworten hätten.[70] Dieselbe Gewichtung der Bußfrage findet sich bei den zu Cornelius zurückgekehrten Bekennern. Es ist geradezu diese Argumentation Cyprians, die sie zur Rückkehr bewogen hat, wenn sie nun schreiben, daß sie »aus Rücksicht auf die Interessen der Kirche und auf den Frieden alles andere außer Acht gelassen und dem Urteil Gottes anheimgestellt« hätten.[71]

Ganz genauso teilen auch *Cornelius von Rom* und *Dionysius von Alexandrien* diese Einordnung des Themas Buße. Der erste kommt in seinem Brief an Fabius von Antiochien inmitten aller dort gegen Novatian vorgebrachten Invektiven – soviel uns jedenfalls Euseb von diesem Schreiben überliefert[72] – auf die Bußtheologie eigentlich gar nicht zu sprechen. Zentraler Anklagepunkt ist wie bei Cyprian das Schisma.[73] In ähnlicher Weise wandte sich Dionysios von Alexandrien direkt an Novatian und forderte ihn zur Rückkehr auf mit der Begründung, daß die Bußfrage keine Rechtfertigung für ein Schisma sei. Lieber hätte Novatian alles mögliche erdulden müssen (ἔδει) »anstatt die Kirche Gottes zu zerreißen«.[74]

Wir haben also festzuhalten, daß auch in dieser *zweiten Phase* der Bußstreitigkeiten, in der es nun um die Auseinandersetzung mit der »Häresie« geht, die Regula-Terminologie keine Rolle spielt und auch nicht mit der Größe *regula veritatis* argumentiert wird. Dies ist um so auffälliger, als für Cyprian durch das Vorgehen der Novatianer die christliche Wahrheit grundsätzlich in Gefahr geraten ist und sich die Frage nach der maßgeblichen Norm für die beanspruchte Wahrheit geradezu brennend stellt. Erinnert man sich daran, daß für Tertullian die *veritas* gewissermaßen den Oberbegriff für *fides*

---

[70]   Ep.57,5 (655,13ff.). Es steht zu dieser Haltung nicht im Widerspruch, wenn Cyprian in ep.68 sich bei Stephan von Rom für die Exkommunikation des Bischofs Marcianus von Arelate verwendet, denn dieser hatte sich »mit Novatian verbunden *(coniunxerit)* und sich von der Wahrheit ... und unserer einmütigen priesterlichen Körperschaft getrennt *(discesserit)* (ep.68,1: 744,7ff; vgl. auch 68,4). Es geht also nicht nur um eine härtere Haltung in der Rekonziliationspraxis, wie sie Cyprian auch den rigoroser Denkenden seines eigenen Episkopates zugesteht, sondern um eine Trennung Marcianus' von der Wahrheit, weil er mit Novatian Gemeinschaft hält. Dadurch aber wird Marcianus selbst zum Schismatiker und schließt sich so aus. Cyprian fordert Stephan also eigentlich nur auf, daraus die Konsequenzen zu ziehen. H.v.Soden, Streit 8, erweckt den Eindruck, als ob Marcianus nur die novatianische Praxis befolgt habe, »ohne die katholische Kirche zu verlassen«.

[71]   Ep.53 (620,9ff.): *utilitatibus ecclesiae et paci magis consulentes, omnibus rebus praetermissis et iudicio Dei seruatis....*

[72]   H.e. VI 43,5-22. Weiteres zu diesem Brief s.u. am Ende des Kapitels.

[73]   H.e. VI 43,7-12.

[74]   H.e. VI 45 (626,15). Daß in späterer Zeit dann die Bußtheologie Novatians für Dionysios ihr eigenes Gewicht bekommt, zeigt der Abschnitt aus seinem Brief an Dionysius von Rom hierzu (H.e. VII,8). Dazu vgl.: Vogt, Coetus sanctorum 153ff.

und *disciplina* darstellte, so wäre es eigentlich wohl naheliegend, hier einen
Verweis auf die Richtschnur der Wahrheit oder ein Äquivalent zu erwarten.

4. DIE »ORIGO VERITATIS« BEI CYPRIAN UND
DAS FEHLEN DER »REGULA VERITATIS«

Angesichts der grundlegenden Bedeutung, die die *Hl.Schrift* in all ihren
Teilen für das Denken und die Argumentation Cyprians besitzt[75], legt es
sich nun vielleicht nahe, einfach auf »die Schrift als oberste Instanz« für den
Bischof von Karthago hinzuweisen.[76] Ohne Zweifel ist Cyprian »Schrifttheologe und fühlt sich ... in erster Linie an die Bibel gebunden. Sie hat ...
unbedingte Autorität«.[77] Dennoch liegen die Dinge im vorliegenden Fall
komplizierter, als daß der Verweis auf die Schrift hier zureichen könnte.[78]

Denn es war bereits festzustellen, daß natürlich auch für Novatian gilt, daß
er Schrifttheologe ist und die Hl.Schrift für ihn unbedingte Autorität genießt.[79] Ja, es sind gerade Novatian und seine Anhänger gewesen, die ihren
Schritt ins Schisma mit der Treue zur *censura evangelica* und dem Gehorsam
gegenüber den *praecepta Domini* rechtfertigten und dann Mt 10,33 als Dauer-
losung auf den Lippen führten. Darüber hinaus macht Cyprian deutlich, daß
auch in synodaler Übereinkunft aus der Schrift gewonnene Normen für das
Handeln der Kirche gegenüber kirchlichen Verantwortungsträgern mit anderer Einsicht in die *lex evangelii* nicht um den Preis der Einheit der Kirche
durchzusetzen sind.

---

75 Vgl. den Nachweis und die Analyse dieses Sachverhaltes bei: M.A.Fahey, Cyprian and
the Bible.

76 So: Altendorf, Einheit und Heiligkeit 74-80.76.

77 Campenhausen, Amt 308.

78 Altendorf, a.a.O., ist bei seiner Darstellung des Verhältnisses von »Kirche und Schrift«
(74-80) ganz durch die Auseinandersetzung mit der röm.-kath. Sicht B.Poschmanns
(Sichtbarkeit 79ff.) bestimmt, die ihn für seine Darstellung der Position Cyprians in
eine »antikatholisch« ausgerichtete Formulierung eines von der Ekklesiologie isolierten
sola scriptura führte: »Maßgebend für die kirchliche Lehre und Disziplin ... ist die
Schrift ..., nicht das Lehramt« (76). Er geht bei seiner Darstellung außerdem allein aus
von ep.63, einem weitgehenden Schriftbeweis für die Feier des Hl.Abendmahls mit
Wein und nicht mit Wasser, und ep.75 mit der berühmten Gegenüberstellung von
traditio/consuetudo und *veritas*. Er übersieht schließlich, daß gerade die Schriftdeutung
und das Schriftverständnis bei Cyprian, deren allgemeine Verbindlichlichkeit dieser
mit Selbstverständlichkeit reklamiert, mit im Blick bleiben müssen. Die Frage wird
uns im Zusammenhang des Ketzertaufstreites näher beschäftigen müssen, s.u. Kap.
XIV 2 b).

79 Vgl. o. Kap. X 3.

So tritt ganz von selbst Cyprians Argument der »Einheit der Kirche« in den Vordergrund. Diese bildet bekanntlich für ihn den »Leitgedanken seines gesamten kirchlichen Denkens«. Sie wird als von Gott gewollt und von Christus, dem Stifter der Kirche, angeordnet betrachtet, und deshalb ist ihm auch, »die Einheit zu wahren, ... unverbrüchliches, oberstes Gesetz«.[80] Nur in der Verbundenheit mit der Kirche, der Braut Christi und Mutter der Gläubigen, kann es für Cyprian Wahrheit, Heil und Leben geben. Aber »außerhalb ihrer heiligen Gemeinschaft gibt es nichts als Lüge, Verirrung und Nacht. Auch die Sakramente und die bischöfliche Ordination, auch das christliche Bekenntnis und die Bibel selbst bedeuten gar nichts mehr, sobald sie außerhalb der wahren Kirche gefunden und vertreten werden.«[81]

So ist es das *sacramentum unitatis*, das als Kernbegriff[82] cyprianischer Ekklesiologie nun hier zur Sprache kommen muß. *U.Wickert* hat in seiner eingehenden Analyse von De unit.3 und 4 in Auseinandersetzung mit *H.Koch* deutlich gemacht, daß die Einheit der Kirche für Cyprian nicht primär die Folge eines von den *praecepta Christi* geforderten Sollens ist, sondern daß es ihm um einen »Indikativ« geht, nämlich das *sacramentum unitatis*, »die im Geheimnis, als schöpferische Potenz und als Heiltum präsente himmlische Kirche«.[83]

Von zentraler Bedeutung ist hier das richtige Verständnis von Cyprians Gedanken zu Häresie und Schisma in *De unit.3*.

> Der Teufel habe nämlich *haereses* und *schismata* erfunden, um den Glauben zu untergraben, die Wahrheit zu fälschen und die Einheit zu zerreißen. Die Häretiker hielten sich nicht an das Evangelium, dessen *observatio*, und nicht an dessen Gesetz. Als Grund gibt Cyprian nun an, daß sie nicht zum *Ursprung der Wahrheit* zurückgingen, nicht das *Haupt* suchten und nicht die *Unterweisung der himmlischen Lehre* beachteten: *dum ad ueritatis originem non reditur, nec caput quaeritur, nec magistri caelestis doctrina seruatur*.[84]

H.Koch hatte in den Größen *veritatis origo – caput – magisterii*[85] *caelestis doctrina* eine Gleichung von Synonyma gesehen und den Satz gedeutet: »man

---

[80] Altendorf, Einheit und Heiligkeit 57-60.75.58. *Hanc unitatem qui non tenet, non tenet Dei legem, non tenet Patris et Filii fidem, uitam non tenet et salutem*: De unit.6 (Bévenot 254,160ff.). Zu Cyprians Verständnis der Einheit vgl. jetzt auch: A.Adolph, Einheit. Es handelt sich freilich um eine Systematisierung der Theologie Cyprians, die historische Fragestellungen außer acht läßt und deshalb hier wenig austrägt.

[81] Campenhausen, Amt 296.

[82] Belege bei: Wickert, Sacramentum unitatis 8f. Anm.22.

[83] Ebd. Zum Folgenden vgl.: Wickert, a.a.O., 32-48.

[84] De unit.3 (Bévenot 251,68ff.).

[85] So die ältere Lesart der Ed. v. G.Hartel.

muß auf die Heilige Schrift zurückgehen und sich dort Orientierung und Belehrung holen«[86]. *U. Wickert* hat nun demgegenüber deutlich machen können, daß *origo* und *caput* in spezifischem Sinne zu verstehen sind und vom Kontext her auf das *sacramentum unitatis* zu beziehen sind, so daß sich als Schlußfolgerung ergibt: »dies alles läßt gar keinen anderen Schluß zu als den, daß wir es hier nicht mit der isolierten Schrift oder Lehrtradition, sondern mit beidem sub specie der ›ursprünglich‹ vom Herrn gegründeten Kirche zu tun haben.«[87] Unsere oben angestellten Beobachtungen finden hier also Bestätigung. Dabei ist zu beachten, daß *origo veritatis* kein Kausalverhältnis zum Ausdruck bringt, sondern es sich um einen Genitivus definitivus im Sinne von »Wahrheitsursprung« oder »ursprüngliche Wahrheit« handelt.[88]

Es sind also die Begriffe *origo veritatis, caput et origo divinae traditionis*, die für Cyprian zusammen mit dem *sacramentum unitatis* ins Zentrum der Argumentation treten, wo es um die Bekämpfung einer Häresie geht, die nicht durch eine Irrlehre solcher Größenordnung charakterisiert ist, daß mit ihr die Eintracht zu wahren ausgeschlossen wäre, sondern die durch den Bruch des Bandes der Liebe und den selbstherrlichen Weg ins Schisma in die Irre geht. Mir scheint, daß hier der tiefere Grund dafür zu suchen ist, daß eine Argumentation mit der *regula veritatis* für Cyprian in dieser Auseinandersetzung nicht erfolgt. Es geht ja nicht um eine einzelne Irrlehre als Ausdruck eines defizitären Glaubens oder um eine fehlerhafte kirchliche Praxis oder Verfehlung in der Lebensführung mit schwerwiegenden Folgen für das Gesamt des christlichen Glaubens, für die die Norm und Richtschnur der Wahrheit zu bemessen wären, sondern es geht für Cyprian hier um die Trennung vom Wahrheitsursprung. So scheint mir die *regula veritatis* für den Bischof von Karthago als entscheidende Wahrheitsnorm in dieser Frontstellung gewissermaßen in die *origo veritatis* transformiert und aufgehoben zu sein.

Anders liegen die Dinge bei der Argumentation gegenüber den sog. »Laxisten« um Fortunatus und Felicissimus, die sich durch die Erhebung des ersteren zum karthagischen Gegenbischof zwar ebenfalls als Schismatiker of-

---

[86] H.Koch, Primat 20. E.Altendorf (Einigkeit und Heiligkeit 75f.) war ihm – auch hier in der Darstellung die Positionen Kochs wiedergebend – gefolgt, indem er mit Bezug auf diese Stelle formulierte: »Die Schrift, deren Inhalt in der Glaubensregel zusammengefaßt ist, ist origo, caput veritatis, doctrina magisterii caelestis«. Die dazu gebrachten Anm.2 und 3 machen deutlich, daß Altendorf noch ganz selbstverständlich die »Glaubensregel« einfach mit dem »Symbol« identifizierte, verstanden als »Inbegriff der wichtigsten Schriftaussagen« und »Zusammenfassung des Schriftinhaltes«.

[87] Wickert, Sacramentum unitatis 34ff.35f. Weitere Parallelstellen: a.a.O., 38ff. Vgl. insbesondere ep.74,10 (808,1f.).

[88] Wickert, a.a.O., 42ff.: »Die ›Lehre im Ursprung‹ und die ›Kirche im Ursprung‹ ... sind auf paradoxe Weise identisch. Es handelt sich um die Eine, von Cyprian gleichsam substantiell empfundene, im Ursprung ein für allemal gestiftete Wahrheit, die alles, was zum Heile dient, im vorhinein schon eingefaltet in sich birgt« (44).

fenbart hatten, deren vorrangige Verfehlung für Cyprian aber offensichtlich bereits in der Bußpraxis und der entsprechenden Lehre über die Buße zu suchen ist. Jene seien nämlich zusammen mit weiteren Presbytern von Anfang der Verfolgung an *sacrificati* gewesen, hätten stets Gemeinschaft mit den *lapsi* gehalten, und – das sei das Schlimmste – hätte diese von der Buße abgehalten.[89] Es ist ihre Argumentation gegen die Buße, ja deren Aufhebung durch die Erteilung der *Pax* unter Mißachtung der bischöflichen Entscheidung der Synode von 251, durch die sie »vom Evangelium abgefallen seien«.[90] Die schismatische Erhebung eines Gegenbischofs kommt in diesem Fall nun erst zu einer bereits bestehenden Häresie hinzu: »Nach alledem *(post ista adhuc insuper)* wagen sie es auch noch, sich aus der Reihe der Häretiker einen Pseudobischof aufzustellen«.[91]

5. ZUR WEITEREN VERWENDUNG VON »REGULA« UND »KANON« IM BUSSSTREIT

Zu diesen Ergebnissen wird man nun auch noch hinzufügen müssen, daß gegenüber dem Sprachgebrauch Tertullians die Regula-Begrifflichkeit generell bei Cyprian in den Hintergrund getreten ist. Denn es muß auffallen, daß diese auch im allgemeinen Sinne fast nicht vorkommt. Denkt man an Tertullians Gebrauch dieses Begriffes zurück, so scheint hier eine Veränderung eingetreten zu sein. Die dort gerade auch für den Bereich der *disciplina* verwendete Begrifflichkeit ist nun einer breiten Durchsetzung der Begriffe *praeceptum, mandatum* und auch *lex* gewichen. Die bereits bei Tertullian zu beobachtende Tendenz, den Begriff *regula* durch *lex* zu ersetzen, ist bei Cyprian konsequent weitergeführt. Ich wage die Vermutung, daß dieser Wandel auch mit der mittlerweile völligen Durchsetzung der lateinischen Sprache zusammenhängen könnte.

Die einzige Stelle, an der nach meiner Kenntnis sich überhaupt in einem allein von Cyprian verantworteten Text der Terminus *regula* findet[92], ist in *ep.59,8* zu erblicken, dem *Brief an Cornelius* über das Schisma des *Fortunatus*.

> Cyprian erinnert den Römer an die gemeinsame Verantwortung für das Heil der ihnen anvertrauten Gläubigen, die sich gerade im Beharren auf

---

[89] Ep.59,11 (678,13): *sacrificati uel haeretici*. Ep.59,12 (679,21ff.): *communicare cum lapsis et paenitentiae agendae intercedere*. Vgl. auch 680,6ff.

[90] Ep.59,13 (680,17; 682,18ff.); 59,14 (683,1): *ab euangelio recessisse*.

[91] Ep.59,14 (683,8f.).

[92] Hartel hat den Begriff überhaupt keiner Aufnahme in seinem Index gewürdigt. Zur Verwendung in den Synodalbriefen von 255 (ep.70) und vom 1.9.256 (Sent.) s.u. den Abschnitt über den Ketzertaufstreit.

ausreichender Buße manifestiere. Dabei dürfe man sich nicht durch die Schmähungen anderer verleiten lassen, »vom rechten Weg und der *bestimmten regula* abzuweichen, da auch der Apostel lehrt und sagt: ›Wenn ich den Menschen noch gefällig wäre, wäre ich Christi Knecht nicht‹«.[93]

Es spricht m.E. nichts dafür, hinter dieser *certa regula* einen spezifischen Sprachgebrauch im Sinne von *regula fidei* anzunehmen.[94] Aber auch die Ungewißheit *Hansons* über die Bedeutung von *certa regula* an dieser Stelle vermag ich nicht zu teilen.[95] Die bestimmte, feststehende Lehre, ja man könnte hier fast einmal sagen »Regel«, die angesichts der Verunglimpfung durch Andersdenkende allem Handeln kirchlicher Verantwortungsträger zugrundeliegen muß, ist Gal 1,10. Der Begriff *regula* wird hier also m.E. im Sinne von »grundlegender Lehre«, »Regel« und »Norm« für ein zentrales Wort der Schrift gebraucht.

Eine Verwendung des Kanon-Begriffes begegnet uns schließlich noch in dem Schreiben von *Cornelius an Fabius von Antiochien*, in dem der Römer in gehässiger Weise seine Vorwürfe gegen Novatian zusammenstellt, wohl um den mit diesem sympathisierenden Fabius angesichts einer deswegen nach Antiochien einberufenen Synode der Kirchen Syriens, Kilikiens, Kappadoziens und Palästinas auf den Boden der Tatsachen zu holen.[96] Dort berichtet Cornelius bekanntlich auch, daß Novatian als Energumene auf dem Krankenbett die sog. klinische Taufe allein durch Übergießen[97] empfangen habe. Er stellt die Vollgültigkeit einer solchen Taufe in Frage[98] und betont sodann, daß Novatian nach seiner Genesung »nichts vom Übrigen« empfangen hätte, »das man nach dem *kirchlichen Kanon* empfangen müsse, nämlich die Versiegelung durch den Bischof«.[99] Damit ist für ihn in Zweifel gezogen, ob Novatian

---

[93] *quo minus a uia recta et a certa regula non recedamus, quando et apostolus instruat dicens...* (675,16ff.)

[94] Dies tat mit Selbstverständlichkeit: A.Beck, Römisches Recht 142f. Anm.1.

[95] Vgl: ders., Tradition 79 Anm.10. Hanson übergeht dort den Kontext und kommt deshalb zu keiner Klärung.

[96] Der Brief bei: Euseb, H.e. VI 45,5-22; zum Anlaß: Nautin, Lettres et écrivains 143-156. Zu den Einzelheiten: H.Koch, Pauly RE 17, 1140ff.; Vogt, Coetus sanctorum 17ff.37-56 (passim).

[97] VI 43,14 (620,7): περιχυθείς.

[98] Hierzu vgl. bes.: F.J.Dölger, Taufe des Novatian. Die verbreiteten Bedenken gegen die Klinikertaufe waren danach »erstens einmal die vorausgesetzte Unzurechnungsfähigkeit des Täuflings, bei der keine Garantie des Bekehrungsernstes vorhanden war, und zweitens der Umstand, daß die Taufe unter dem Zwang des bevorstehenden Todes, also nicht freiwillig erfolgte« (a.a.O., 265). Cyprian (ep.69,12: 760f.) wandte sich zwar gegen die Abwertung der klinischen Taufe, hielt aber die entgegengesetzte Meinung für ebenso vertretbar!

[99] οὐ μὴν οὐδὲ τῶν λοιπῶν ἔτυχεν ... ὧν χρὴ μεταλαμβάνειν κατὰ τὸν τῆς ἐκκλησίας κανόνα, τοῦ τὲ σφραγισθῆναι ὑπὸ τοῦ ἐπισκόπου: H.e. VI 43,15 (620,8ff.).

überhaupt den Hl. Geist in der Taufe empfangen habe. Der weitere Verlauf des
Briefes macht deutlich, daß Cornelius auf die Infragestellung der Rechtmäßigkeit der Presbyterweihe Novatians abzielt, die »κατὰ χάριν τοῦ ἐπισκόπου«
gegen den Widerstand des gesamten Presbyteriums und vieler Laien erfolgt sei,
denn es sei nicht erlaubt (μὴ ἐξὸν), einen »Kliniker« in den Klerus zu berufen.[100] Der von Cornelius nicht namentlich genannte Fabian, dessen Erwähnung wegen seiner mittlerweile erfolgten Verehrung als Märtyrer wohl als der
Argumentation abträglich empfunden wurde, hat sich hier anscheinend über
einen Grundsatz der kirchlichen Ordinationspraxis hinweggesetzt, der dann
später von der Synode von Neocaesarea (315/19) in can. 12 schriftlich fixiert
wurde.[101] Den Widerspruch zum »Kanon der Kirche« sieht Cornelius wohl
aber zuerst in der nach erfolgter Genesung unterbliebenen Salbung Novatians.
Der »Kanon der Kirche« ist also an dieser Stelle eine Norm für das liturgische
Handeln der Kirche hinsichtlich seiner Einzelbestandteile – hier in Bezug auf
die Taufe. Das Unterlassen der Myronsalbung wäre in der Tat so ungewöhnlich, daß man eine von Cornelius im Brief absichtlich verschwiegene, erst bei
der Presbyterweihe Novatian nachträglich vollzogene Versiegelung in Erwägung ziehen könnte.[102]

6. ZUSAMMENFASSUNG

Wenn man die verschiedenen Argumentationsrichtungen zur Frage der
Wahrheitsnorm in der Auseinandersetzung um die Buße nun nochmals zusammenfassend in den Blick nimmt, so läßt sich folgendes sagen.

1. In der ersten Phase des Gespräches zwischen der römischen Gemeinde
und dem karthagischen Bischof, in der weitgehendes Einvernehmen über die
Forderungen des Evangeliums gegenüber den *lapsi* herrschte, stellte sich wegen
dieser gemeinsamen Haltung jenseits von Evangelium und Hl. Schrift die
Frage nach der Bestimmung eines Maßstabes oder einer Norm für deren
Behandlung nicht. Nachdem der Konflikt dem Bereich der *disciplina* zugeordnet wird, wäre in der Tradition Tertullians mit der Bestimmung einer solchen
Norm als *regula fidei* in keinem Fall zu rechnen. Das Einverständnis zwischen
Rom und Cyprian richtete sich von Anfang an gegen jene Gruppe, die durch
schnelle Rekonziliation die Verleugnung Christi vor den Menschen bagatelli-
sierte, die Sünde verharmloste, »billige Gnade« verteilte und so mit der

---

[100] H.e. VI 43,17.
[101] Vgl.: Joannou, CSP 80f.
[102] So: Vogt, Coetus sanctorum 20.

Bußforderung des Evangeliums in direkten Konflikt geriet. Ihr gegenüber waren allein die klaren Aussagen des Evangeliums in Erinnerung zu rufen.

2. Solange die *censura evangelica* gewahrt blieb und nicht durch Außerkraftsetzung der Buße das Evangelium direkt aus den Angeln gehoben wurde, ist für Cyprian durchaus auch eine gewisse Unterschiedlichkeit des kirchlichen Handelns denkbar. Selbst gesamtkirchliche Synodalentscheidungen auf Schriftgrundlage werden so – wenn jene Basis gegeben ist – gegenüber rigoroser denkenden Amtskollegen nicht mit letzter Konsequenz durchgesetzt. Ein Rekurs auf die Größe *regula veritatis*, wie sie uns bislang begegnet war, schloß aber stets jede Pluralität aus und bedeutete in ihrer antihäretischen Ausrichtung stets ein Entweder-oder.

3. In der Polemik gegen den Schismatiker Novatian schließlich ist für Cyprian das Gespräch über die Buße in den Hintergrund getreten, weil sich nun für ihn die Frage nach der *veritas* in ganz grundsätzlicher Weise stellt. Die Bestimmung einer Richtschnur der Wahrheit wird jetzt von der Feststellung überholt, daß der Weg ins Schisma die Trennung von der *origo veritatis* mit allen Konsequenzen zur Folge hat. Die Bestimmung der *regula veritatis* erübrigt sich gewissermaßen, wenn die Verbindung zur *origo veritatis* nicht mehr gegeben ist.

Mir scheint in diesen drei Gesichtspunkten die Erklärung dafür zu suchen sein, daß Cyprian im Zusammenhang der Bußstreitigkeiten weder auf *regula fidei* noch *regula veritatis* Bezug nimmt.

XIV. DIE BEDEUTUNG DER »REGULA VERITATIS« IM KETZERTAUFSTREIT

1. DIE FRAGESTELLUNG

Fragt man nun nach der Inanspruchnahme der Begriffe *regula*/κανών und *regula veritatis*/ κανών τῆς ἀληθείας im sog. Ketzertaufstreit, so legt es sich nahe, den eben hinsichtlich der Bußstreitigkeiten erhobenen Befund im Auge zu behalten, denn die die Jahre 255/6 beherrschenden Auseinandersetzungen um die Taufe knüpfen in gewisser Weise an die Bußfrage an. Bestand doch der Streitpunkt darin, »ob solche Christen, die in ketzerischen oder schismatischen Gemeinschaften die Taufe erhalten hatten, bei ihrem Übertritt zur katholischen Kirche als Pänitenten oder als Ungetaufte ... zu behandeln seien«.[1] Sieht man einmal von *Stephan von Rom* (254-257) ab, so sind es auch dieselben theologischen Wortführer, die die Diskussion bestimmen, allen voran *Cyprian* von Karthago, sodann Dionysios von Alexandrien und auch *Firmilian* von Caesarea/Kappadozien. Es ist weiterhin auch das novatianische Schisma und die fortschreitende Verbreitung der Sonderkirche Novatians, die der Frage jetzt eine besondere Aktualität verliehen. Schon Cyprians ep.69, die die Diskussion von seiner Seite literarisch eröffnete[2], beantwortet die Anfrage eines gewissen Magnus, ob denn die Novatianer bei Rückkehr zur Kirche wie die übrigen Häretiker zu taufen seien.[3] Es ist wohl nicht zu bezweifeln, »daß damals keine häretische Gruppe soviel von sich reden machte wie die Novatianer und daß auch Cyprian im ganzen Ketzertaufstreit immer an die Novatianer denkt«.[4]

In Africa war seit dem Konzil von Karthago unter Cyprians Vorgänger *Agrippinus* um das Jahr 220 die Wiedertaufe von Häretikern synodal beschlossen worden.[5] Allerdings darf man daraus nicht schließen, daß diese Praxis dort

---

[1] H.v.Soden, Streit 2.
[2] Zur Diskussion um die historische Einordnung von ep.69 s.u.
[3] Ep.69,1 (749,7).
[4] Vogt, Coetus 172.
[5] Cyprian beruft sich mehrfach auf diesen Synodalentscheid. Vgl. z.B.: ep.71,4 (774,15f.). Zur Synode vgl.: J.A.Fischer, Nordwest-Afrika 218-221.

auch überall befolgt wurde. Vielmehr geht aus dem späteren Streit »unwidersprüchlich hervor, dass damals die Wiedertaufe in Africa nicht allgemeine und alte Praxis war«.[6] Im Osten kamen die Kirchen Kleinasiens auf Synoden in Synnada und Ikonion um 230/5 in antimontanistischer Ausrichtung zum selben Ergebnis.[7] Anders entschied nun mit Nachdruck Stephan von Rom, der zurückkehrende Häretiker nicht wiedertaufte, sondern ihnen allein die Hände »*in paenitentiam*« auflegte (ep.74,1) und sich dabei auf die römische Tradition berief.

Nun ist der Ketzertaufstreit hier nicht in seinem Verlauf darzustellen[8], es sind vielmehr die literarischen Zeugnisse dieser Kontroverse auf unsere Fragestellung hin in den Blick zu nehmen.[9]

> Die literarische Grundlage hierfür findet sich bekanntlich im Briefcorpus Cyprians in den ep. 67-75, die alle in die Zeit Stephans von Rom gehören. Ep.67, das Synodalschreiben der Herbstsynode von 254 kann für uns hier außer Acht bleiben, weil es vor dem Ketzertaufstreit liegt.[10] Dasselbe gilt für ep.68 an Stephan in Sachen Marcianus von Arelate.[11] Die Meinung *H.v.Sodens*, der in ep.68 die »Ouvertüre zum Streit« erblickte[12], hat sich nicht durchgesetzt. Dieser wird vielmehr in der cyprianischen Briefsammlung nach traditioneller und neuerer Einsicht mit ep.69 an Magnus eröffnet.[13]
>
> Besonderes Gewicht haben zwei *Synodalbriefe*: 1. Das Schreiben des Konzils in Karthago von 255 (ep.70).[14] Dazu gehört ep.71 als Bericht Cyprians über die Synode an Bischof Quintus[15]; 2. Das an Stephan gerich-

---

[6]   v.Soden, Streit 4.

[7]   Zu diesen Synoden: J.A.Fischer, Antimontanistische Synoden.

[8]   Vgl. dazu: H. Kirchner, Ketzertaufstreit; H.v.Soden, Streit; M.Bévenot, Platform; A. Schindler, TRE 1, 648ff.

[9]   Grundlegend für die zeitliche Einordnung der Quellen ist hier: H.v.Soden, Streit; L.Duquenne, Chronologie. Zu den drei Synoden von 255, Frühjahr 256 und v. 1.9.256, mit denen Cyprian bei stets steigender Teilnehmerzahl – neben ihm waren es 31, 71 und schließlich 87 Bischöfe – seiner Position synodale Autorität verleihen ließ, vgl.: J.A.Fischer, Karthago im Jahr 255; ders., Karthago im Frühjahr 256; ders., Karthago im Spätsommer 256.

[10] Zur Synode vgl.: Fischer, Karthago im Herbst 254.

[11] Vgl. Kap. XIII 3.

[12] v.Soden, Streit 8f.

[13] v.Soden, Streit 25-29, u. H.Koch, Stellung der Ep.69, wollten ep.69 ans Ende des Streites setzen. Zur Begründung v.Sodens s.u.; dagegen jetzt wieder: Fischer, AHC 14, 227f.

[14] Vgl. dazu: v.Soden, Streit 9ff.; Fischer, AHC 14, 232-238.

[15] Vgl.: Fischer, AHC 14, 238f.

tete Synodalschreiben des Frühjahrskonzils von 256 in Karthago (ep.72)[16].
Ep.73 an den mauretanischen Bischof Iubaianus dient der Verteidigung
beider Synodalbeschlüsse und bietet die ausführlichste Begründung der
Position Cyprians.[17]

Ep.74 an Pompeius setzt eine mittlerweile erfolgte schriftliche Stellungnahme Stephans voraus, und bietet ein Zitat aus diesem Schreiben, das
nicht erhalten ist. Es ist bekanntlich eine grundlegende Schwierigkeit für
das Verständnis der Kontroverse mit dem römischen Bischof, daß dessen
Briefe selbst nicht überliefert, sondern allein aus Zitaten oder polemischer
Bezugnahme (ep.75) zu erschließen sind.

Große Bedeutung haben weiterhin die sog. *Sententiae LXXXVII episcoporum*, das Protokoll der karthagischen Synode vom 1.9.256 und ältestes
erhaltenes Synodalprotokoll überhaupt.[18] Es bietet mit 87 Voten die Stellungnahmen einer großen – nicht der ganzen[19] – Anzahl des versammelten africanischen Episkopates zur Ketzertauffrage. *H.v.Soden* meinte, daß
die Sententiae den Darlegungen Cyprians in den Briefen keinerlei »Argumente von Bedeutung« hinzufügen: »Von 87 Bischöfen hat keiner einen
eigenen Gedanken, alle reproduzieren Cyprian.« »Auch ihre Exegese der
heiligen Schrift und ihre ganze Argumentation und Sprache hat neben
derjenigen Cyprians keinen originellen Zug.«[20] Man wird sehen, ob sich
dies hinsichtlich unserer Fragestellung bestätigen läßt.

Schließlich ist die als *ep.75* im cyprianischen Briefcorpus erhaltene Stellungnahme *Firmilians* von Caesarea/Kappadozien gesondert zu würdigen. Dionysius von Alexandrien, der sich auch in dieser Angelegenheit in der Absicht zu
vermitteln mit mehreren Briefen eingeschaltet hatte[21], bringt für unsere Fragestellung in diesem Zusammenhang nicht soviel Situatiosspezifisches, daß es
nicht angemessener erscheinen muß, seine Stellungnahme in dem nächsten,
ausschließlich ihm vorbehaltenen Kapitel mitzubehandeln.

---

[16] V.Soden, Streit 11.20.23ff., u. Koch, Primat 55, wollten ep.72 der Septembersynode
desselben Jahres zuweisen. Dies scheint sich gegenüber der traditionellen Zuordnung
zur Frühjahrssynode nicht durchgesetzt zu haben. Vgl.: Fischer, AHC 15, 1 Anm.5.

[17] Vgl.: v.Soden, Streit 11-15; Fischer, AHC 15, 12.

[18] Wenn man einmal von Origenes' »Dialektos« mit Herakleides absieht. Zitiert wird
nach: H.v.Soden, Sententiae. Zur Synode vgl. auch: Fischer, AHC 16.

[19] Zu den Teilnehmern und zur Gesamtzahl africanischer Bischöfe vgl.: H.v.Soden,
Prosopographie; Fischer, AHC 16, 2-11.

[20] Ders., Streit 39f.

[21] Vgl.: Euseb, H.e. VII 5-9.

2. ZUR ARGUMENTATION CYPRIANS UND SEINER ANHÄNGER

a) »Evangelica veritas« und »catholica regula«

Nimmt man die Argumentation *Cyprians*, mit der er sich breit und ausführlich gegen die Widersacher im africanischen Episkopat, die eine Taufe
zurückkehrender Häretiker ablehnten, und dann auch gegen Stephan wandte[22], hinsichtlich ihrer Struktur näher in den Blick, so wird schnell deutlich,
daß es sich für ihn wiederum um eine Frage von grundsätzlicher Bedeutung
handelte, in der die *evangelica veritas* auf dem Spiel stand und bei der es nur
um *Wahrheit oder Irrtum* gehen konnte.

So betont er immer wieder, daß den Widersachern gegenüber der Anspruch
auf die *veritas* erhoben werden muß.[23] Die *firmitas veritatis* ist zu wahren
und der Wahrheitsanspruch auf die Vertretung der »kirchlichen Wahrheit«
nicht preiszugeben.[24] Die gegenteilige Auffassung kann deshalb nur als
error qualifiziert werden.[25] Insofern »Glaube und Wahrheit der katholischen Kirche« festgehalten werden müssen, muß aber auch »durch alle
evangelischen und apostolischen *praecepta*« gelehrt werden, was das Wesen
der göttlichen Anordnung und der Einheit sei.[26] Denn die Wiedertaufe der
Zurückkehrenden geschehe eben *secundum diuinam dispositionem adque
euangelicam ueritatem*.[27] Entsprechend geht es in der literarischen Darstellung des *legitimus baptismus* um die Darstellung der »Heiligkeit und Wahrheit der göttlichen Schriften«.[28] So nimmt es nicht wunder, daß die Begründung für den reklamierten Wahrheitsanspruch über ganze Kapitel
hinweg in aller Breite und ausschließlich als *Schriftbeweis* vorgetragen wird.[29]
Auch die Synodalschreiben von 255 (ep.70,1.3) und vom Frühjahr 256
(ep.72,1) argumentieren stets mit dem Schriftbeweis. Die beanspruchten

---

[22] Zu den Gegnern vgl. z.B.: ep.69,7 (756); 70,2 (768,11); 71,1.2.3 (771,8f.10f.); 72,3
(778,2ff.). Zu dem Problem, ab wann Stephan als der eigentliche Gegner hinter diesen
Äußerungen anzunehmen ist, vgl.: Fischer, AHC 15, 1 Anm.4. Für stärkere inner-
africanische Widerstände zumindest am Anfang des Streites insbesondere: Bévenot,
TRE 8, 249f. Wichtigstes Indiz hierfür ist die anonyme Abhandlung *De rebaptismate*
(CSEL III,3, 69-92). Die ältere Forschung (z.B. v.Soden, Streit passim) neigte dazu,
von Anfang an Stephan am Werke zu sehen.

[23] Ep.70,2 (768,6f.12.24).

[24] Ep.73,2f. (779,13; 780,10f.21.25); vgl. auch 789,21.

[25] Ep.74,1 (799,11): *eius errorem* (zu Stephan).

[26] Ep.73,20 (794,13ff.).

[27] Ep.69,11 (760,9f.).

[28] Ep.69,1 (749,8.10).

[29] Vgl. z.B.: ep.73,5-12; 69,2-6.

Autoritäten sind die *diuini praecepti et euangelii lex* und die *apostolica magisteria.*[30]

Aus dieser so erhobenen »göttlichen Anordnung« und »evangelischen Wahrheit« der vertretenen Position ergibt sich für Cyprian die Normativität der Wiedertaufe von Häretikern für Lehre und Praxis der gesamten Kirche. Er bringt dies mit der Wendung *catholica regula* zum Ausdruck.

> Gleich zu Beginn des *Synodalschreibens von 255* werden die 18 numidischen Bischöfe, auf deren Anfrage zur Notwendigkeit der Wiedertaufe hin die Synode zusammengetreten war, darauf angesprochen, daß sie die Taufe zurückkehrender Häretiker doch selbst stets als *catholica regula* praktiziert hätten: »Obwohl ihr in diesem Betreff auch einerseits euch an die Wahrheit und Festigkeit der *catholica regula* haltet, legen wir dennoch, weil ihr entspechend der uns verbindenden Liebe unseren Rat einzuholen müssen glaubtet, unseren Entscheid vor«.[31]

Man wird m.E. nicht übersehen dürfen, daß hier die Begriffe *regula veritatis* und *regula fidei* nicht verwendet werden. Die Rede von der *regula fidei* legt sich anscheinend schon deshalb nicht nahe, weil im Gefolge Tertullians wohl auch die Taufe hinsichtlich ihrer Praxis und Lehre – wie schon die Buße – nicht zur *fides*, sondern zur *disciplina* der evangelischen Wahrheit gerechnet wird. Insofern sollte man m.E. hier die Wendung *catholica regula* nicht mit »Glaubenswahrheit« übersetzen.[32] Wir haben vielmehr die seit Tertullian beobachtete allgemeinere Bedeutung des Regula-Begriffes vorliegen im Sinne von *doctrina* mit der Tendenz ins Normative. Die Ungültigkeit der Ketzertaufe ist für die Synodalen von 255 und damit auch für Cyprian eine *regula*, deren Allgemeinverbindlichkeit als Bestandteil der *evangelica veritas* durch die Formulierung *catholica regula* auf den Punkt gebracht wird. Es paßt zu dieser Formulierung, daß gerade dieser erste der drei africanischen Synodalbeschlüsse zur Ketzertaufe sich durch eine besonders bedingungslose Kompromißlosigkeit auszeichnet und der in anderen Briefen formulierte Verzicht auf Sanktionen gegenüber Andersdenkenden (s.u.) hier nicht ausgesprochen wird.

---

[30] Ep.72,1 (776,6f.). Zu den im gesamten Streit immer wieder herangezogenen Schriftstellen vgl.: Fischer, AHC 16, 16-20.

[31] Ep.70,1 (767,2f.): *de qua re quamquam et ipsi ueritatem et firmitatem catholicae regulae teneatis...*

[32] Gegen Fischer (AHC 14, 232 Anm.63; AHC 15, 9 Anm.70), der sich auf Hanson (Tradition 79f.) beruft, der ebenfalls an dieser Stelle mit der *regula fidei* zu rechnen scheint.

Die Zuordnung dieser *catholica regula* zur *disciplina* wird m.E. besonders deutlich in dem Votum des *Eucratius von Thenae* auf dem *Septemberkonzil von 256*.

> Dieser führt nämlich aus, daß »unser Herr Jesus Christus unseren Glauben und die Taufgnade und die *regula der lex ecclesiastica* vollendet habe, als er zu seinen Aposteln sagte: Geht, lehrt die Völker und tauft sie im Namen des Vaters und des Sohnes und des Hl. Geistes.«[33]

In diesem Votum wird deutlich unterschieden zwischen *fides, gratia* und *lex ecclesiastica* als drei Größen, die durch das Herrenwort Mt 28,19 ihre vollendete Grundlage erhalten hätten. Was damit gemeint ist, geht aus dem weiteren hervor. Hinsichtlich der *fides* ist es der Glaube an den dreieinigen Gott, denn bei den Häretikern finde sich nur die *blasphemia trinitatis*. Bei der *gratia* ist an die Taufe gedacht, denn bei den Häretikern finde sich nur ein *falsum baptisma* und deshalb auch nicht *vita et gratia caelestis*. Hinsichtlich der *lex ecclesiastica* ist es schließlich die Forderung der Wiedertaufe, die aus dem Taufbefehl gefolgert wird und als *regula* der *lex ecclesiastica* bezeichnet wird.[34]

Es ist deutlich, daß der *Taufbefehl* von Mt 28,19 hinsichtlich seiner umfassenden Bedeutung für Glaube, Leben, Sakramentenlehre und Taufpraxis der Kirche richtig gewürdigt wird.[35] Die letztere wird hier unter dem Stichwort *lex ecclesiastica* angesprochen; Mt 28,19 bildet dafür die *Handlungsnorm (regula)*. Damit wird – vielleicht sogar in erster Linie – auch die Notwendigkeit der trinitarischen Taufformel gemeint sein, wenn man bedenkt, mit welcher Vehemenz sich Cyprian, seine Parteigänger und dann auch Firmilian gegen die Gültigkeit einer Taufe *in nomine Christi* wandten.[36] Gleichzeitig aber ist es die Praxis, alle außerhalb der Catholica Getauften grundsätzlich nochmals zu taufen, die hier als *regula* der *lex ecclesiastica* bezeichnet und als Forderung Christi selbst aus Mt 28,19 abgeleitet wird. Damit sind wir freilich bei dem Problem der hier praktizierten Schriftauslegung angelangt, auf das weiter unten einzugehen sein wird.

---

[33] Sent.29 (v.Soden 262,3ff.): *Fidem nostram et baptismatis gratiam et legis ecclesiasticae regulam Deus et Dominus noster Iesus Christus suo ore apostolos docens perinpleuit dicens ...*

[34] Vgl. a.a.O., 262,7-11: *et ideo venientes ad ecclesiam haereticos integro et catholico baptismate baptizari debere manifestum est.*

[35] Vgl. dazu z.B.: G.Kretschmar, Taufgottesdienst 32ff; Kelly, Glaubensbekenntnisse 29.36-55.134.268.

[36] Cyprian: ep.73,4 (781,7); 73,14 (788,19ff.); 73,16 (789,21ff.). Vgl. auch Sent.1 (v.Soden 249,16): *In nomine Christi tingit antichristus*. Firmilian: ep.75,9.18. Zum ganzen: A.Stenzel, Taufe im Namen Jesu; H.v.Campenhausen, Taufen auf den Namen Jesu?.

b) »Evangelica veritas« und »consuetudo«:
Schriftbeweis und exegetische Methode

Die aus der Schrift erhobene *evangelica veritas* bezeichnet Cyprian nun
auch als die *ratio* in der Ketzertauffrage. Diese *ratio* steht für ihn in absolutem
Gegensatz zu der von seinen Gegnern ins Spiel gebrachten *consuetudo*[37]:

> »Bei Vorschriften aber darf man sich nicht auf das Herkommen berufen,
> sondern die Vernunft muß siegen«.[38] Die *consuetudo* wird von ihm in
> strikten Gegensatz zur *veritas* gesetzt.[39] Besonders deutlich wird dies bei
> Cyprians harscher Kritik an der Antwort *Stephans*, der sich bekanntlich für
> seine Position auf die römische Praxis und Überlieferung berufen hatte.[40]
> Für Cyprian stammt diese *traditio* freilich nicht aus der *dominica et
> evangelica auctoritas* oder von den *mandata atque epistulae apostolorum*.
> Denn nur das, was im Evangelium, in den Briefen der Apostel und in der
> Apostelgeschichte zu finden sei, sei »göttliche und heilige Tradition«.[41] Die
> von Stephan beanspruchte *traditio* sei nichts weiter als eine »eingeschliche-
> ne« *consuetudo*, dergegenüber der Wahrheit der Vorzug zu geben sei, »denn
> eine Gewohnheit ohne Wahrheit ist nur ein alter Irrtum«.[42]

Diese vielzitierten Worte des Bischofs von Karthago sind bekanntlich aus
Tertullian geschöpft.[43] Im Gegensatz zu dessen oben geschilderter differenzier-
ter Sicht von *disciplina* und *consuetudo* fällt hier freilich auf, daß Cyprian
anscheinend keine der evangelischen Wahrheit verpflichtete und ihr entstammende *consuetudo* kennt, und auch nicht bereit ist, eine solche überhaupt als
Möglichkeit für die römische Praxis in Rechnung zu stellen, sondern in
direkter Ableitung aus der Schrift für seine eigene Position die *evangelica
veritas* beansprucht. In derselben Art und Weise polemisieren auch mehrere

---

[37] Vgl. z.B. ep.71,2f.; 73,13.

[38] Ep.71,3 (773,10f.): *Non est autem de consuetudine praescribendum, sed ratione uincendum.*

[39] Vgl. ep.73,13 (787,9ff.).

[40] Cyprian zitiert die Forderung des Römers in ep.74,1 (799,15ff.), in der es heißt: *nihil
innovetur nisi quod traditum est.* Vgl. hierzu: Fischer, AHC 15, 13 Anm.101.

[41] Ep.74,2 (800,8f.10ff.). Deshalb müsse man zu dem vom Herrn gesetzten Ursprung
und zur evangelischen und apostolischen Tradition zurückkehren, damit von dort das
Handeln bestimmt werde, von wo auch *ordo* und *origo* hervorgegangen sind: *et ad
originem dominicam et ad euangelicam adque apostolicam traditionem reuertamur et inde
surgat actus nostri ratio unde et ordo et origo surrexit* (ep.74,1: 800, 15ff.). Man wird mit
Wickert (Sacramentum unitatis 38ff.) auch an dieser Stelle die Bindung der evangelischen und apostolischen Tradition an die »Kirche im Ursprung« *(origo)* nicht übersehen dürfen. Vgl. o. Kap. XIII 4.

[42] Ep.74,9 (806,22ff.): *Nam consuetudo sine ueritate uetustas erroris est.*

[43] Vgl.: De virg.vel.1,1f. Vgl. dazu oben: Kap. VI 7.

africanische Bischöfe auf der Septembersynode von 256 mit dem Gegensatz *consuetudo-veritas*.[44]

Die mittels des Schriftbeweises durchgeführte Zurückführung der Wiedertaufe auf Christus und die Apostel, die von daher beanspruchte Wahrheit des Evangeliums und die grundsätzliche Ablehnung der *consuetudo* beruhen nun freilich durchweg auf einer nicht haltbaren – man muß wohl sagen willkürlichen – Exegese. In der Tat haben die stets beanspruchten Schriftbelege »zwar wenigstens teilweise ... die Notwendigkeit des christlichen Taufempfanges im Blick, sind aber eben durchweg nicht eigentlich beweisend für die Wiedertaufe schon getaufter Christen.«[45] Schon *H.v.Campenhausen* hatte herausgestellt, daß für Cyprian als »Schrifttheologe« die Bibel einerseits unbedingte Autorität genießt. Gleichzeitig aber ist festzustellen:

> »Er (sc. Cyprian) versteht und verbiegt alles nach den jeweiligen praktisch-pädagogischen Bedürfnissen des Gemeindelebens«.[46]

Man wird also nicht übersehen dürfen, daß hier bei aller subjektiven Gewißheit Cyprians, die *evangelica veritas* zu verteidigen, es durchgängig eine bestimmte *Auslegung* und Anwendung der Schrift ist, die er und seine Parteigänger ganz selbstverständlich und unreflektiert als *veritas* ausgeben. Die grundsätzliche Gegenüberstellung von »Kirche und Schrift«, wie sie etwa *E.Altendorf* für Cyprian gerade unter Berufung auf das Gegensatzpaar *consuetudo-veritas* durchführte[47], ist so eben nicht haltbar, weil die damit verbundene Behauptung: »Auf die exegetische Methode Cyprians ... kommt hier gar nichts an«[48], nicht zutrifft. Auf Cyprians Schriftbenutzung und Auslegung kommt sehr viel an, weil darin deutlich wird, daß für ihn die Schrift nicht unabhängig und isoliert von der Kirche, ihrem Glauben und ihrer *disciplina* angewendet und in Anspruch genommen wird.[49]

Im vorliegenden Fall bedeutet dies die Deutung der Schrift von einer kirchlichen Praxis her, die auch in Africa erst seit dem Konzil unter Agrippinus (um 220) und Tertullian (De bapt. 15) belegbar ist, und sich nicht einmal dort allenthalben durchgesetzt hatte. Die Emphase, mit der Cyprian seine Schriftdeutung als *veritas* gegenüber der *consuetudo* Roms ins Feld führt, ist nur vordergründig berechtigt. Denn gerade in diesem Konflikt wird deutlich, daß hier zwei regional unterschiedliche Handlungsweisen der kirchlichen *disciplina*

---

[44] Vgl.: Sent.30 (v.Soden 262,14-263,1); s.a. Sent.23.77. Zu Firmilian s.u.

[45] Fischer, AHC 16, 31.

[46] v.Campenhausen, Amt 308.

[47] Ders., Einheit und Heiligkeit 74-80.

[48] A.a.O., 76.

[49] Vgl. dazu auch o. Kap. XII 4. Für diese Frage gibt die Untersuchung von M.A.Fahey, Cyprian and the Bible, leider wenig her.

aufeinanderstoßen, die sich in der Konfrontation auf ihre Lehrsubstanz befragen lassen müssen, und für die sich so die Frage nach einem Maßstab und einer Norm der Wahrheit erst stellt.

Wie diese Inanspruchnahme der *praecepta* und *mandata Christi* sich exegetisch konkret darstellt, läßt sich exemplarisch an der Sententia des Bischofs Vincentius von Thibaris auf dem Konzil vom *1.9.256* veranschaulichen.

> Dieser eröffnet sein Votum mit der Feststellung, daß die Häretiker schlimmer als die Heiden seien. Wenn sie sich aber bekehrten und zum Herrn kommen wollten, gäbe es durchaus eine *regula veritatis*, die der Herr als göttliches Gebot seinen Aposteln befiehlt, wenn er sagt: »Geht, legt in meinem Namen die Hände auf und treibt Dämonen aus«. Und an anderem Ort: »Geht und lehrt die Völker und tauft sie auf den Namen des Vaters, des Sohnes und des Hl.Geistes«. So könnten sie »erstens« durch Auflegung der Hände zum Exorzismus und »zweitens« durch die Wiedergeburt der Taufe zur Verheißung Christi gelangen. Mehr zu tun sei nicht nötig.[50]

Es sind hier also zwei Bestandteile der *Taufliturgie*, der Exorzismus und die Taufhandlung im engeren Sinne, die als *mandata Christi* und göttliche Gebote durch wörtliches Zitat von Mt 10,8; 28,19 direkt aus der Schrift abgeleitet werden. Diese beiden *mandata* bilden nach Vincentius nun die *regula veritatis* für die Aufnahme von Häretikern in die Kirche.

> Man trifft m.E. nicht den springenden Punkt dieser Sentenz, wenn man hier von Vincentius Handauflegung und Exorzismus als vorbereitende Handlung für die Häretikertaufe im Rahmen von deren »pastoral-sakramentalem Verfahren« durch den Begriff *regula veritatis* herausgestellt sieht.[51] Denn die *regula veritatis* wird keineswegs allein auf Mt 10,8 und den Exorzismus bezogen[52], sondern beide Schriftstellen gemeinsam werden hier als *regula veritatis* für das kirchliche Handeln bezeichnet *(et alio loco; primo ... secundo)*. Dies wird auch durch die Voten von Crescens von Cirta und Leucius von Theveste bestätigt, die beide Exorzismus und Taufe als liturgisches Procedere für die Aufnahme von Häretikern benennen.[53] Eine gesonderte Herausstreichung des Exorzismus – ausgerechnet mit dem Begriff *regula veritatis*! – wäre auch in sich bereits unverständlich, wenn

---

[50]   Sent.37 (v.Soden 265, 5-13): *Haereticos scimus illos esse peiores quam ethnicos. si conversi ad dominum venire voluerint, habent utique regulam veritatis, quam dominus praecepto divino mandavit apostolis dicens: ite... et alio loco: ite... ergo primo per manus inpositionem in exorcismo, secundo per baptismi regenerationem, tunc possunt ad Christi pollicitationem pervenire. alias autem fieri non debere.*

[51]   Dies tut Fischer, AHC 16, 26.

[52]   Dies muß auch gegen Hanson, Tradition 80, betont werden, auf den sich Fischer beruft.

man bedenkt, daß Handauflegung und Exorzismus als solche ja bereits zur Taufliturgie gehörten.[54]

Das eigentlich Bemerkenswerte an dieser Sentenz – und damit sind wir bei unserer Frage nach der *exegetischen Methode* – liegt m.E. darin, daß die beiden *mandata Christi*, die das Taufhandeln der Kirche normieren, hier nun auf den Aufnahmeritus für Häretiker appliziert werden. Der entscheidende exegetische »Beweis« hierzu liegt nun freilich in dem scheinbar harmlosen Anfangssatz: »*Haereticos scimus illos esse peiores quam ethnicos*« begründet. Denn dadurch wird mittels eines als Prämisse gesetzten theologischen Urteils auf dem Wege eines logischen Schlusses – und nicht durch ein mandatum Christi, das es ja für diesen Fall nicht gibt! – die bei Nichtchristen geübte Taufpraxis nun auch für die Aufnahme von Häretikern als normativ erklärt. Vincentius macht damit deutlich – und bestätigt so unsere bisherige Einsicht –: 1. daß der Terminus *regula veritatis* ein antihäretischer Normbegriff ist; 2. daß diese Norm unmittelbar auch die kirchliche Praxis *(disciplina)* betrifft, und zwar hier die liturgische Ordnung der Aufnahme von Häretikern hinsichtlich ihrer elementaren Bestandteile; 3. daß damit als einer Wahrheitsnorm allein und ausschließlich diese Praxis in der Kirche Gültigkeit haben darf und soll.

Trotz der an dieser Stelle anzutreffenden direkten Bezugnahme auf zwei Schriftzitate, trifft man m.E. auch hier nicht den Kern der Sache, wenn man die *regula veritatis* wieder einfach mit dem Schriftwort identifiziert, oder sogar zu allgemeinen Schlußfolgerungen über »the more narrowly biblical meaning (sc. der *regula fidei*) in vogue in North Africa at the time« kommt.[55] Denn es geht hier ja nicht darum, daß die Gebote Christi und biblischen Weisungen auch als *regula veritatis* bezeichnet werden könnten, und so als Folge davon *regula veritatis* und Schrift kongruente Größen sind, sondern darum, daß eine bestimmte *Auslegung und Anwendung* von in der Schrift enthaltenen *mandata* und *praecepta* zur allein wahren Lehre und Praxis der Kirche in antihäretischer Ausrichtung erklärt werden.

Die Richtschnur der Wahrheit und Wahrheitsnorm, von der Vincentius spricht, ist weder der Exorzismus an sich noch das *mandatum Christi* an sich, sondern es ist die gesamtkirchlich verbindlich erklärte anabaptistische *Interpretation* von Mt 10,8; 28,19, die hier als *regula veritatis* bezeichnet wird. Damit verbirgt sich hinter dem Terminus *regula veritatis* auch an dieser Stelle über die o.g. drei Charakteristika hinaus die Bedeutung der kirchlich normierten Schriftauslegung.

---

53 Sent.8 (v.Soden 255,7ff.); Sent.31 (263,5).

54 Vgl. z.B.: Kretschmar, Taufgottesdienst 89ff.96-100; A. Rodewyk, in: LThK² 3, 1314f.

55 Dies tut Hanson, Tradition 80, der auch hier wieder von der »*regula fidei*« spricht: »It is interesting to find ... Vincentius seeing the rule of faith actually laid down in the words of the Scripture.«

3. CYPRIANS »INKONSEQUENZ« UND DAS FEHLEN DER »REGULA VERITATIS«

Man wird in diesem Lichte nun weiter bedenken müssen, daß auf africa-nischer Seite[56] Vincentius der einzige ist, der für die von *Cyprian* verfochtene Praxis diese Terminologie ins Spiel bringt. Denn es wird wohl kaum ein Zufall sein, daß gerade Cyprian nirgends – selbst nicht in der aus äußerster Verbit-terung über Stephan und mit schneidender Schärfe verfaßten ep.74 – zu dieser Formulierung Zuflucht nimmt. Es mußte ja immer wieder[57] auffallen, daß der Bischof von Karthago in persönlichen Schreiben und vor allem auch bei den Synodalentscheidungen vom Frühjahr und Herbst 256 auf eine kon-sequente Durchsetzung der als alleinige Wahrheit vertretenen Praxis gegen-über seinen Gegnern verzichtete.

> So sagt Cyprian schon am Ende von ep.69, daß er niemandem Vorschriften machen wolle. Vielmehr solle jeder Vorsteher beschließen, was er für richtig hält, in dem Bewußtsein, dem Herrn Rechenschaft geben zu müs-sen.[58] Ähnlich schließt auch ep.73.[59]
>
> Auf dem Septemberkonzil von 256 fordert Cyprian bei der Eröffnung die Bischöfe mit folgender Feststellung auf, ihre Voten abzugeben: »Es bleibt übrig, daß wir über diese selbe Sache einzeln vorbringen, was wir meinen *(sentiamus)*. Dabei halten wir über niemanden Gericht oder schlie-ßen jemanden, wenn er anders denkt, vom Recht auf Gemeinschaft aus.«[60]
>
> Besonders markant im selben Sinne schloß auch der Synodalbrief der Frühjahrssynode von 256 (ep.72) nach der Bemerkung, daß manche Leute, was sie sich vorgenommen hätten, nicht aufgäben, ihre Vorsätze nicht änderten und an ihren *propria* festhielten: »In der vorliegenden Sache tun

---

[56] Zu Firmilian s.u.

[57] Vgl. z.B.: H.v.Soden, Streit 26-29; Campenhausen, Amt 306f.; Kirchner, Ketzertauf-streit 297f.; Fischer, AHC 15, 11.

[58] Ep.69,17 (765,23): *nemini praescribentes quo minus statuat quod putat unusquisque praepositus actus sui rationem Domino redditurus.* H.v.Soden (Streit 26-29) hat gerade wegen dieser Schlußformulierung ep.69 nicht als am Anfang des Ketzertaufstreites stehend für denkbar gehalten. Vielmehr könne das Scheiben s.E. erst nach ep.74 formuliert worden sein, denn es zeige an, »dass Cyprian seinen Kirchenbegriff darauf einrichte, auch ohne die ihn genuin konstituierende Einheit des Episkopates bestehen zu können.« Dagegen ist freilich festzustellen, daß es sich bei diesem Verzicht auf Sanktionen nicht erst um eine am Ende des Ketzertaufstreites zu beobachtende Hal-tung handelt, sondern daß Cyprian bereits – wie oben dargestellt – im Bußstreit genauso argumentieren konnte (vgl. z.B. ep.57,5: 655,13ff.).

[59] Ep.73,26 (798,10): *nemini praescribentes aut praeiudicantes.*

[60] Sent.praef. (v.Soden 248,14f.): *...neminem iudicantes aut a iure communicationis aliquem, si diuersum senserit, amouentes.*

wir niemanden Gewalt an oder stellen ein Gesetz auf, da in der Verwaltung
der Kirche jeder Vorgesetzte die freie Entscheidung nach seinem Willen
besitzt und über sein Tun dem Herrn Rechenschaft ablegen wird«.[61]

Die umstrittene Frage, ob hier – so die ältere Meinung – im Blick auf
Stephan und sein anmaßendes Auftreten geredet wird, oder ob dies im Blick
auf die africanischen Antianabaptisten gesagt ist, kann hier auf sich beruhen.[62] Denn in jedem Fall bedarf die Haltung Cyprians als solche einer
einleuchtenden Erklärung, ist sie doch immer wieder als »merkwürdig inkon-
sequent«[63] und »wenig verständlich«[64] empfunden worden. Man hat den
karthagischen Bischof nun m.E. nicht völlig verstanden, wenn man ihn hier
so interpretiert, als wolle er seine Gegner nicht eigentlich von ihren Positionen »abbringen«.[65] Das will er wohl! Wie wäre sonst seine umfängliche Korrespondenz, die Suche nach Bundesgenossen im Osten und die Einberufung
von drei Synoden zu diesem Thema zu verstehen? Er will sie wohl von ihrer
Position abbringen in der subjektiven Gewißheit, daß nur in seiner Position
die evangelische Wahrheit gewahrt ist. Was er nicht will, ist, daß die
africanischen Synoden in dieser Frage zu synodalen Gerichtsverfahren *(nemi-
nem iudicantes)* gegen seine Gegner werden mit der möglichen Konsequenz
von deren Absetzung und Ausschluß aus der Gemeinschaft. Cyprian will »in
dieser Sache« *(qua in re)* – wie schon gegenüber den schärfer Urteilenden in
der Bußfrage – niemandem Sanktionen synodal verordnen lassen und er will
kein »Gesetz« aufstellen.

Bedenkt man die dargestellte Argumentation, die er zur Begründung seiner
Position bietet, und die theologischen »schweren Geschütze«, die dazu aufgefahren werden, so ist diese Haltung tatsächlich überraschend. Eigentlich »konsequent« wäre es wohl in der Tat, wenn Cyprian nach den Schriftbeweisen aus
Altem und Neuem Testament und der »eindeutigen« Feststellung der *veritas*
sowie deren synodaler Absicherung und der Zustimmung aus der »Ökumene«
synodal beschließen ließe, daß die Taufe aller nur mit Wasser »übergossener«
Häretiker bei Eintritt in die Kirche eine Norm und ein Erfordernis der
Wahrheit sei, eben eine *regula veritatis*. Vincentius hatte eine mögliche Qualifizierung der Entscheidung des Septemberkonzils in diesem Sinne zur Spra-

---

[61] Ep.72,3 (778,1-7): *qua in re nec nos uim cuiquam facimus aut legem damus, quando
habeat in ecclesiae administratione uoluntatis suae arbitrium liberum unusquisque
praepositus, rationem actus sui Domino redditurus.*

[62] Vgl. hierzu: Bévenot, Platform 129, der letzteres vertritt. Zu Stephans Haltung s. auch
unten: 4.

[63] So für viele: Fischer, AHC 15, 11.

[64] Kirchner, Ketzertaufstreit 302.

[65] So: Kirchner, ebd.

che gebracht; diese wird aber nicht aufgenommen! Der karthagische Bischof
will eben ausdrücklich keine *lex* aufstellen. Angesichts seiner im Zusammenhang der Bußfrage beobachteten Neigung, die Regula-Begrifflichkeit in Richtung *lex* aufzulösen, wird man Cyprian hier wohl so verstehen dürfen, daß mit
dieser Ablehnung, die eigene Position zur *lex* zu erheben, auch gemeint ist, sie
nicht zur *regula veritatis* zu machen. Die Gründe dafür können m.E. nur in
den einer solchen Qualifizierung innewohnenden Konsequenzen für die Einheit der Kirche zu suchen sein.

Bevor wir darauf zurückkommen, ist allerdings erst festzuhalten, daß
Cyprian damit die Ketzertauffrage keineswegs zu den »peripheren« Dingen
zählen muß.[66] Ich sehe auch nicht, daß man hier von einem Wandel in der
Haltung des Africaners auszugehen hat, wie mehrfach behauptet wurde. So hat
J.A.Fischer in diesem Verzicht auf konsequente Durchsetzung einen Gegensatz
zu der »bedingungslos negativen Einstellung zur Ketzertaufe« auf der Synode
von 255 gesehen:

> »Während aber Cyprian und das Konzil (sc. von 255) prinzipiell die Auf-
> fassung von der Gültigkeit der Ketzertaufe als einen schweren dogmati-
> schen Irrtum werteten, äußern sie sich hier merkwürdig inkonsequent. Sie
> behandeln hier um des Friedens willen die Ketzertauffrage praktisch nur
> noch als disziplinäre Angelegenheit.«[67]
>
>   Fischer beruft sich[68] für diese Sicht auf die im Synodalbrief von 255
> auftauchende Wendung der *catholica regula*, die er als »Glaubenswahrheit«
> im Sinne der *regula fidei* versteht. Aber in ep.70 geht es nicht um die *regula
> fidei*, wie oben festzustellen war. Es ist m.E. grundsätzlich nicht angemes-
> sen, mit einer späteren theologischen Kategorisierung – und der damit
> verbundenen Rangordnung – von Dogma (»Glaubenswahrheit«) und Dis-
> ziplin dem Verhalten Cyprians gerecht werden zu wollen. Denn die *Taufe*
> gehört wie die Buße, die Sakramente und die Ekklesiologie insgesamt in der
> africanischen theologischen Terminologie seit Tertullian in den Bereich der
> *disciplina*, die in Normen kirchlichen Handelns und die damit verbundene
> Lehre zu unterscheiden ist, und um deren Lehrdimensionen der Streit nun
> hier geht.[69]

Gegen *Fischer* ist also zu sagen, daß die *Taufe* hinsichtlich ihrer Praxis und
Lehre durchweg eine »Angelegenheit der Disziplin« ist, und dies in der Mitte
des 3. Jahrhunderts keineswegs eine Minderung ihres Stellenwertes bedeutet.

---

[66]   Dieser Meinung war v. Campenhausen, Amt 306.

[67]   Fischer, AHC 14, 237; ders., AHC 15, 11.

[68]   Vgl.: AHC 15, 11 Anm.81.

[69]   Insofern ist auch v.Soden, Streit 35, nicht zuzustimmen, wenn er sagt, daß der
       Ketzertaufstreit »eine Frage der Disziplin und nicht der Lehre« sei.

Th.G.Ring hat überdies mit der hier infragestehenden Haltung Cyprians einen Wandel in dessen Ansicht über die *auctoritas der Synode* zu begründen versucht.[70]

> Der Verzicht auf Sanktionen bedeute für Cyprian »eine Revision seiner bisherigen Ansicht über die Geltung von Synodalbeschlüssen«: »War für Cyprian vor dem Ketzertaufstreit die auctoritas des Konzils bindend, so daß sie sich in ihrer Geltung schon einer den Bischöfen übergeordneten potestas näherte, so erscheint sie jetzt wieder als eine unverbindliche Größe, die den Charakter eines Ratschlages, eines Gutachtens, einer Empfehlung nicht überschreitet.«[71]

Schon *J.A.Fischer* war dieser These mit Skepsis begegnet[72], und von einer »Revision« in der Sicht der synodalen *auctoritas* durch den Ketzertaufstreit kann man m.E. in der Tat kaum sprechen. Denn es ist nochmals daran zu erinnern, daß sich dieselbe Haltung hinsichtlich der Durchsetzung eines Synodalbeschlusses bei Cyprian bereits im Zusammenhang der Bußfrage im Synodalschreiben der Maisynode von 252 findet[73], ein Text, den *Ring* leider nicht herangezogen hat. Für die von *Ring* in Anspruch genommenen Belege wird man wohl nicht zuerst von prinzipiellen Erwägungen über die *auctoritas* der Synode auszugehen haben, sondern die konkreten Fälle und ihr »Gewicht« in Rechnung stellen müssen. Denn die von ihm aufgeführten Beispiele für »Cyprians Auffassung von der Synode vor dem Ketzertaufstreit« sind m.E. durchweg von anderer Natur und Bedeutung.[74]

> Im ersten Fall (ep.59,14) geht es gegenüber der Appellation nach Rom durch die Gruppe um Felicissimus und Fortunatus um die alleinige Bindung jedes kirchlichen Rechtsfalles in Africa an den dortigen Ortsbischof. Das zweite Beispiel (ep.64,1) betrifft die synodale Rüge eines africanischen Bischofs wegen Nichteinhaltung der synodal beschlossenen Bußdauer als Vorbedingung der Rekonziliation. Bei weiteren Belegen (ep.67.68) handelt es sich um die Absetzung unwürdiger oder häretischer Bischöfe durch eine Synode.

Es ist aber wohl etwas anderes, synodale *auctoritas* zu praktizieren oder zu fordern in der Frage der Appellationsinstanzen, bei der Maßregelung eines Bischofs der eigenen Kirche oder der Absetzung von Bischöfen anderer Kir-

---

[70] Vgl. zum folgenden: Th.G.Ring, Auctoritas 101-107.

[71] A.a.O., 106.107.

[72] AHC 15, 11 Anm.84: »Doch sollte man das Verhalten Cyprians und seines Konzils in unserem Fall wohl nicht so prinzipiell, sondern situationsbedingt sehen.«

[73] Ep.57,5 (655,13ff.).

[74] Vgl. zum folgenden: Ring, a.a.O., 102ff.

chen, als in Grundsatzfragen von gesamtkirchlicher Relevanz die der eigenen Wahrheitseinsicht entsprungene Haltung in dem Sinne zur allein wahren Lehre zu bestimmen, daß damit ganze Kirchen – zumal die römische – zu häretischen erklärt würden oder eine größere Gruppe von africanischen Ortskirchen, die in der Bußfrage rigoroser dachte, ausgeschlossen würde, und so durch das eigene synodale Handeln die Einheit der Kirche zerrissen wäre. Die mindere gesamtkirchliche Gewichtigkeit der herangezogenen Fälle und die implizierten Konsequenzen für die Einheit müssen m.E. zuerst im Blick sein, wenn man Cyprian verstehen will. Er ist sich offensichtlich dieser Relationen bewußt und handelt in diesem Sinne »verhältnismäßig« und verantwortungsbewußt in Abwägung der Folgen einer »konsequenten« Synodalentscheidung für das Gesamt der Kirche und die den Bischöfen aufgetragene Wahrung ihrer Einheit.

Neben Cyprians Überzeugung von der Gleichheit der Bischöfe, nach der jeder Bischof »gleichberechtigt und ... frei (ist), ungehindert seine Meinung auszusprechen und für seine Person nach ihr auch zu handeln«[75], ist es also wieder seine im Zusammenhang der Bußstreitigkeiten oben erläuterte[76] spezifische Sicht der inneren Verschränkung von Wahrheit und Einheit, das *sacramentum unitatis*, um dessen willen es für ihn nun hier nicht in Frage kommen kann, durch eine Konsequenz, die ja nur logischen Maßstäben Genüge tun würde, die Einheit und damit eben auch die Wahrheit der Kirche zu zerreißen.

> Deshalb wohl war er »selbst hier noch ... bereit, die entgegengesetzte Meinung und Praxis zu dulden, wenn nur in der wechselseitigen Hingabe an das vinculum caritatis ... ein Standpunkt gesichert war, der die wesenhaft gegebene Wahrheit des Ursprungs – das sacramentum der Kirche – selbst dort noch festhielt, wo der lehrmäßige Dissensus zwischen den Teilen das Ganze selbst in Frage zu stellen schien.«[77]

Bedenkt man schließlich, daß hinter der Entscheidung Stephans gegen eine erneute Taufe mit einiger Wahrscheinlichkeit das seelsorgerliche Bemühen um Wiedergewinnung der Novatianer stand[78], und es ja auch für Cyprian als letzten Beweggrund um die Wiedergewinnung der Häretiker ging[79], dann wäre der Streit um die Taufe als eine ins Prinzipielle gezogene Kontroverse um

---

[75] Campenhausen, Amt 305.

[76] Vgl. Kap. XIII 4.

[77] Wickert, Sacramentum 136f.

[78] Eindeutig läßt sich dies nicht feststellen. Cyprians wiederholte Polemik gegen »Zugeständnisse an die Häretiker« (z.B. ep.73,12.14.20.25f.) läßt aber einiges dafür sprechen (so mit Vogt, Coetus 172).

[79] Vgl. z.B.: ep.73,24.

die besseren Maßnahmen der Ketzergewinnung in der Tat nicht zu rechtfertigen – schon gar nicht vor dem Herrn der Kirche –, wenn so *propter haereticos*
die *Einheit der Kirche* darüber *zerbräche*.[80] In all dem scheint mir nun auch
begründet zu sein, daß Cyprian die Begrifflichkeit *regula veritatis* für die
eigene Position im Gegensatz etwa zu Vincentius von Thibaris nicht ins Spiel
bringt. Man wird so in dieser Hinsicht jedenfalls nicht sagen können, daß uns
in den Sententiae nur »Lesefrüchte aus Cyprian« entgegentreten.[81] Daß mit
Vincentius von Thibaris andere eher bereit waren »mit aller Konsequenz« auch
den von Cyprian vermiedenen letzten Schritt zu vollziehen, und daß sich dies
auch in der dortigen Verwendung des Begriffes *regula veritatis* niederschlägt,
zeigt sich schließlich an der Stellungnahme Firmilians von Caesarea im Ketzertaufstreit.

4. MIT ALLER »KONSEQUENZ«: FIRMILIAN VON CAESAREA UND DER KANΩN THΣ AΛHΘEIAΣ

Das als ep.75 im Briefcorpus Cyprians erhaltene Antwortschreiben des
kappadozischen Bischofs Firmilian von Caesarea, bei dem Cyprian um Unterstützung seiner Position geworben hatte, setzt neben dieser Anfrage auch die
schon vor ep.74 erfolgte schriftliche Stellungnahme Stephans von Rom voraus.
Während diese beiden Briefe nicht erhalten sind, ist das ausführliche Schreiben Firmilians nur lateinisch überliefert.[82]
Ep.75 bildet so auch die wichtigste Quelle für die Maßnahmen, die *Stephan*
in der Tauffrage ergriffen hatte. Die Bewertung der Äußerungen Firmilians
hierzu in dem Sinn, ob Stephan nun den Befürwortern der Wiedertaufe die
Exkommunikation nur angedroht, oder ob er sie ausgesprochen und auch
vollzogen hat, war in der Vergangenheit nicht unumstritten.[83] Daß Stephan
hier wohl tatsächlich bis zum Abbruch der Gemeinschaft nicht nur mit
Cyprian, sondern auch mit verschiedenen Kirchen des Ostens gegangen ist, ist
eine kaum zu umgehende Einsicht.[84]

---

[80] Ganz in diesem Sinne äußert sich Cyprian (ep.73,26: 798,12-18): *nos, quantum in nobis est, propter haereticos cum collegis et coepiscopis nostris non contendimus, cum quibus diuinam concordiam et dominicam pacem tenemus ... seruatur a nobis patienter et leniter caritas animi, collegii honor, uinculum fidei, concordia sacerdotii.*

[81] So: v.Soden, Streit 40 Anm.1.

[82] Zur Frage, welche Briefe Firmilian bekannt waren, u. zur Übersetzungsfrage vgl.: Fischer, AHC 16, 34f.

[83] Vgl. hierzu die Auflistung der Positionen bei: Kirchner, Ketzertaufstreit 296f.

[84] Schon früher so: v.Soden, Streit 33; Koch, Primat 67-74. Jetzt vgl. z.B.: Kirchner, Ketzertaufstreit 296f.; Fischer, AHC 15, 13; ders., AHC 16, 35. Anders: Schindler, TRE 1, 650.

Dies wird von Euseb (H.e. VII 5,4) bestätigt, der Dionysios von Alexandrien mit seinem Schreiben an Stephans Nachfolger Xystus zitiert. Der Alexandriner berichtet dort, Stephan habe sich an Helenos von Tarsos, Firmilian und alle Bischöfe Kilikiens, Kappadoziens, Galatiens und sämtlicher angrenzenden Provinzen gewandt und ihnen die Gemeinschaft aufgekündigt. Das wäre fast der gesamte Osten mit Ausnahme vor allem Ägyptens! Firmilian beklagt genau dies, wenn er sagt, daß Stephan den Frieden gebrochen hätte, »bald mit uns Christen im Osten«, »bald mit euch, die ihr im Süden wohnt«. Weiter habe der Römer Cyprian als »Pseudochristus«, »Pseudoapostel« und »trügerischen Arbeiter« bezeichnet.[85] Und schlußendlich habe er einer von Cyprian nach Rom entsandten Legation von Bischöfen »Frieden, Gemeinschaft, Obdach und Gastfreundschaft« verweigert.[86]

Stephan hat also allem Anschein nach in diesem ins Grundsätzliche gezogenen Streit konsequent den letzten Schritt vollzogen und dem Wahrheitsanspruch der eigenen Position – sowie dem Anspruch auf Vorrang des römischen Bischofs[87] – die Einheit der Kirche geopfert und so jene Konsequenz an den Tag gelegt, die für Cyprian nicht in Frage kam, weil für diesen so auch die Wahrheit unter die Räder kam.

Man wird hier allerdings nicht allein Stephan an den Pranger stellen dürfen, denn bei aller Aufregung über die Haltung des Römers wird m.E. gerade auch in der theologischen *Argumentation Firmilians* und nicht zuletzt in dessen dezidiertem Einsatz der Größe κανὼν τῆς ἀληθείας[88] deutlich, daß auch für ihn in der Frage der Ketzertaufe die evangelische Wahrheit grundsätzlich auf dem Spiel stand, und eine andere als die in seiner Kirche geübte Praxis für ihn theologisch und kirchlich nicht gemeinschaftsfähig war.

Es fällt nämlich sofort auf, daß er in seinem Schreiben nach den üblichen Präliminarien gleich bei der erstmaligen Thematisierung des Streitpunktes seine Zustimmung zur Haltung Cyprians mit dem Terminus *regula veritatis* zum Ausdruck bringt: Die ihm von Cyprian vorgetragene Position sei die richtige »*secundum regulam veritatis et sapientiam Christi*«.[89] Firmilian nimmt also sofort für die beanspruchte Wahrheit jenen Begriff zu Hilfe, den wir bei Cyprian vergeblich gesucht hatten. Für Firmilian ist es der »Wahrheitskanon«, der die Wiedertaufe zwingend macht und bei Preisgabe der Wahrheit jede

---

[85] Ep.75,25 (826,5f.; 827,5f.).

[86] Ebd. (826,7ff.): *non solum pax et communio sed et tectum et hospitium.*

[87] Zur Haltung Stephans insgesamt vgl. die schöne Zusammenfassung bei Wickert, Sacramentum unitatis 140 Anm.21.

[88] Ich setze voraus, daß dieser Begriff hinter der *regula veritatis* der lateinischen Übersetzung steht.

[89] Ep.75,3 (811,14f.).

andere Wahrheitserkenntnis ausschließt. Wenn der Kappadozier dann Gott auch gleich noch dankt für die mit Cyprian gefundene »*unanimitas fidei et ueritatis*«, in der das »*uinculum unitatis*«, durch das Gott die Seinen verbinde, sichtbar werde[90], so ist deutlich, daß die *veritas* hier in der mit Cyprian gemeinsam vertretenen Position zur Ketzertaufe liegt, und so die *gemeinsame theologische Einsicht* zum Band der Einheit wird.[91] Für Cyprian muß man demgegenüber eben sagen, daß daß *vinculum unitatis* als *sacramentum unitatis* der theologischen Einsicht gewissermaßen vorgeordnet ist, so daß die theologische Auseinandersetzung ihn auch nicht dazu bringen konnte, dies in Frage zu stellen.

Für Firmilian aber geht es in dieser Kontroverse ähnlich wie für Stephan um die Wahrheit »mit aller Konsequenz«, denn wer die Notwendigkeit der Wiedertaufe bestreite, der verdunkele das Licht der Wahrheit der Kirche.[92] Daß hier nicht nur eine Dämpfung des Lichtes, sondern tatsächliche Finsternis gemeint ist, wird deutlich, wenn er jedem, der die Ketzertaufe bestätigt *(confirmat)*, bescheinigt, daß er sich mit den Häretikern schuldig mache und sich selbst verdamme *(se ipse condemnat)*, indem er sich ihnen zum Teilhaber mache.[93] Ein solcher sei schlimmer als alle Häretiker.[94]

Es ist diese grundsätzliche Haltung Firmilians, die jenseits aller berechtigten Entrüstung bei ihm über die Verhaltensweise Stephans m.E. zuerst in den Blick genommen werden muß, wenn man seine Invektiven gegen den römischen Bischof, seine Bekämpfung von dessen theologischen Argumenten und seine Schlußfolgerungen verstehen will. Zugute halten muß man ihm, daß die Wiedertaufe von Häretikern in Kleinasien in antimontanistischer Ausrichtung mehrfach synodal beschlossen worden war. Dies bildet den Hintergrund für seine Haltung, und auf diese Beschlüsse beruft er sich.[95]

Ob ihm die »missionarische« Motivation Stephans gegenüber den Novatianern überhaupt deutlich war, kann man bezweifeln, denn kaum hätte er sonst als Gegenbeispiel gegen die These von der Gültigkeit der Ketzertaufe die Geschichte jener sich als »Prophetin« ausgebenden geistesgestörten Frau[96] bemüht, die die Gemeinden seiner Kirche verwirrte, indem sie Wunder vollbrachte, und sich erdreistete, sogar die Eucharistie zu feiern und zu taufen:

---

[90] A.a.O. (811,18f.).
[91] Genauso: Ep.75,16 (820,26).
[92] Ep.75,4 (812,14); 75,23 (824,28; 825,9).
[93] Ep.75,5 (813,17ff.).
[94] Ep.75,23 (824,25f.): *quin immo tu haereticis omnibus peior es.*
[95] Vgl.: ep.75,7 (815,4ff: 823,3ff.). Zu diesen Synoden vgl. Fischer, AHC 14, 228; AHC 6, 267-273.
[96] Vgl.: Kelly, Glaubensbekenntnisse 52f.61.

> »Diese taufte auch viele unter Benützung der gewöhnlichen und rechtmä-
> ßigen Worte bei der Befragung, so daß nichts von der *regula ecclesiastica*
> abzuweichen schien.«[97]

Der κανὼν ἐκκλησιαστικός begegnet uns auch an dieser Stelle wieder als
die kirchliche Norm und festgelegte Ordnung der gottesdienstlichen Handlungen hinsichtlich ihrer Bestandteile – hier sogar hinsichtlich des festgelegten
Wortlautes![98]

Die von Stephan beanspruchte *traditio* ist auch für Firmilian nur eine
traditio humana[99] und eine »römische Gewohnheit«, der die *consuetudo ueritatis*
gegenüberzustellen sei. Diese könnten Cyprian und er in Anspruch nehmen,
und dies bedeute, daß sie »*ab initio hoc tenentes quod a Christo et ab apostolis
traditum est*«.[100] Ganz in diesem Sinne setzt Firmilian sogar noch eins drauf
mit der These, daß in Rom auch in anderen Punkten nicht die ursprüngliche
Überlieferung bewahrt werde, und meint damit die dortige abweichende
Terminierung der Osterfeier »*et circa multa alia diuinae rei sacramenta*«.[101] Das
Verhalten Stephans ist deshalb für ihn nicht nur gekennzeichnet durch Drei-
stigkeit, Anmaßung und Torheit, sondern durch Irrtum und Verblendung.[102]
Ja mehr noch: Stephan halte durch seine Anerkennung der Ketzertaufe Gemeinschaft mit den Häretikern[103] und habe sich so selbst von der Kirche
losgerissen, so wahr derjenige ein Schismatiker ist, der von der Gemeinschaft
der kirchlichen Einheit abfällt.

> »Während du dir einbildest, alle anderen ausschließen zu können, hast du
> dich selbst von allen anderen ausgeschlossen.« »Selbst die Gebote des
> Apostels konnten dich nicht unterrichten über die *regula veritatis et pacis*,
> der doch mahnt und spricht:...« Es folgt das Zitat von Eph 4, 1-6.[104]

Wir begegnen also gerade an diesem Gipfelpunkt des Schreibens, an dem
die ganze Argumentation des Kappadoziers nun zu der Feststellung gelangt,

---

[97] Ep.75,10 (818,5ff.): *baptizaret quoque multos usitata et legitima uerba interrogationis
usurpans, ut nihil discrepare ab ecclesiastica regula uideretur.*

[98] Nach ep.75,11 (818,10f.) gehören dazu das *symbolum trinitatis* und die *interrogatio
legitima.* Vgl. hierzu z.B. Kelly, Glaubensbekenntnisse 52f.61.97.193.

[99] Ep.75,6 (814,2f.).

[100] Ep.75,19 (822,25ff.).

[101] Ep.75,6 (813,20ff.). Vgl. dazu: Brox, Tendenzen 314f.

[102] Ep.75,3 (811,11): *audacia et insolentia*; 17 (821,15): *stultitia*; 16 (820,24): *error et caecitas*;
vgl. auch 19 (822,24).

[103] Ep.75,17 (822,2): *communicat eis.*

[104] Ep.75,24 (825,14ff.): *... excidisti enim te ipsum ... si quidem ille est uere schismaticus, qui
se a communione ecclesiasticae unitatis apostatam fecerit ... nec te informare ad regulam
ueritatis et pacis uel apostoli praecepta potuerunt monentis et dicentis ...*

daß Stephan *Schismatiker und Apostat* sei und sich selbst exkommuniziert habe, wieder dem Verweis auf den κανὼν τῆς ἀληθείας. Die langen 22 Kapitel der Verwerfung der Maßnahmen und Argumente Stephans sind so quasi gerahmt von der am Anfang und am Schluß hingesetzten Aussage, daß dessen gesamte Position gegen die *regula veritatis* verstoße.

Es fällt natürlich auf, daß es die wörtlich zitierten Verse *Eph 4,1-6* sind, die hier von Firmilian als κανὼν τῆς ἀληθείας bezeichnet werden. Dennoch wäre man m.E. auch hier falsch beraten, daraus den Schluß zu ziehen, daß die apostolische Weisung oder die Schrift einfach mit der Richtschnur der Wahrheit in eins zu setzen sind. Ist es Zufall, wenn Firmilian formuliert, daß die *praecepta apostoli* über die *regula veritatis* »unterrichten« zur (Erkenntnis) des in der Streitfrage anzulegenden Maßstabes der Wahrheit? Man wird sich klar machen müssen, daß jene Verse aus dem Epheserbrief mit ihrer Betonung des einen Leibes, des einen Geistes, des einen Herrn, des einen Glaubens, der einen Taufe und des einen Gottes zwar zu den am häufigsten von anabaptistischer Seite in Anspruch genommenen Schriftworten gehörten[105], daß aber eben derselbe Text mit dem Argument der einen Taufe im Sinne ihrer Nicht-Wiederholbarkeit genauso von der anderen Seite für sich reklamiert wurde.[106]

Im Kern geht es also bei der Inanspruchnahme der *regula veritatis* an dieser Stelle nicht um die für beide Seiten vorauszusetzende Selbstverständlichkeit, daß die *evangelica veritas*, die *lex Christi* und die *praecepta apostolorum* – eben die Schrift – absolute Autorität genießen, sondern um die mit letzter Konsequenz verfochtene Überzeugung, daß eine bestimmte Auslegung dieses Schriftwortes gesamtkirchlich verbindlich und konstitutiv für die kirchliche Gemeinschaft sei. Damit aber geht Firmilian eben einen entschiedenen Schritt weiter als Cyprian je zu gehen bereit war. Man wird deshalb seine mahnende Attitüde, daß die *praecepta apostoli* in Eph 4 auch eine *regula pacis* bedeuten, nur mit schalem Beigeschmack zur Kenntnis nehmen können.

5. ZUSAMMENFASSUNG

Auch im Ketzertaufstreit steht für Cyprian und seine Anhänger die *evangelica veritas* grundsätzlich auf dem Spiel. Die von ihnen dabei für die eigene Position in Anspruch genommene Wahrheit wird auf dem Wege des Schriftbeweises erhoben. Als *diuini praecepti et euangelii lex* in der Ketzertauffrage

---

[105] Vgl. z.B. die Belege bei Fahey, Cyprian and the Bible 483-487. Zur Argumentation damit auf dem Septemberkonzil v. 256 vgl: Fischer, AHC 16, 17f.

[106] Cyprian klagt darüber in ep.71,1 (771,10ff.)

wird so die Forderung der (Wieder-) Taufe aller in der Häresie »Getauften« bestimmt.

Die gesamtkirchliche Normativität dieser *lex evangelii* bringt Cyprian mit der Formulierung *catholica regula* zum Ausdruck (ep.70,1), die nicht mit den Begriffen *regula veritatis* und *regula fidei* zu verwechseln ist. Diese *catholica regula* gehört in den Bereich der *disciplina* und stellt die in der Sicht Cyprians für alle Kirchen verpflichtende *Lehr- und Handlungsnorm* in der Frage der Ketzertaufe dar. Abgeleitet wird diese *regula* z.B. aus dem Taufbefehl Mt 28,19, der als Herrenwort nicht nur maßgebliche Bedeutung für den trinitarischen Glauben und die Erkenntnis der Taufgnade habe, sondern auch die *Handlungsnorm (regula)* für die *lex ecclesiastica* darstelle, insofern sich daraus die Notwendigkeit der trinitarischen Taufformel und die Wiedertaufe von Häretikern ergebe (Sent.29). So wird für die eigene Wahrheitserkenntnis direkt die »*dominica et euangelica auctoritas*« beansprucht und einer Berufung auf *traditio* und *consuetudo*, wie sie Stephan von Rom vornahm, jede Berechtigung abgesprochen.

Diese direkte Berufung auf die *veritas* ist freilich nur vordergründig berechtigt, weil die Schriftbelege durchweg in dem beanspruchten Sinn nicht eigentlich beweiskräftig sind. Vielmehr wird deutlich, daß es für Cyprian und seine Anhänger eine bestimmte Auslegung und Anwendung der Schrift ist, die zur *evangelica veritas* erklärt wird. Es handelt sich eben auch bei Cyprian um die Deutung der Schrift von einer kirchlichen Praxis und *traditio* her, die in Africa sogar erst seit dem Konzil unter Agrippinus (um 220) und Tertullian belegbar ist. So stoßen im Ketzertaufstreit eigentlich zwei regional unterschiedliche Handlungsweisen der *disciplina ecclesiastica* aufeinander, die sich in der Konfrontation auf ihre Lehrsubstanz befragen lassen müssen. In dieser Kontroverse gewinnt nun auch der Rekurs auf die *regula veritatis* einige Bedeutung.

Unter Cyprians Anhängern war die Bereitschaft vorhanden, die anabaptistische Interpretation von Mt 10,8 und 28,19 – also Handauflegung/ Exorzismus und Taufe als Aufnahmeritus für Häretiker – zur *regula veritatis* zu erklären (Sent.37). Dabei wird deutlich, daß diese auch hier ein antihäretischer Normbegriff ist, der unmittelbar die kirchliche Praxis betrifft *(disciplina)* und als Richtschnur der Wahrheit gesamtkirchlichen Ausschließlichkeitsanspruch erhebt. Darüberhinaus ergab sich, daß es bei der Qualifizierung der anabaptistischen Position als *regula veritatis* um die gesamtkirchliche Verbindlichmachung einer bestimmten Schriftauslegung geht.

Angesichts diese Implikationen der *regula veritatis* wird nun nachvollziehbar, wieso Cyprian trotz aller Gewißheit, die evangelische Wahrheit zu vertreten, und trotz der Bestätigung seiner Position durch drei Synoden im gesamten Konflikt nie bereit war, deren Beschlüsse gegenüber seinen Widersachern auf dem Wege von Sanktionen und synodalen Gerichtsverfahren durchzusetzen. Neben seiner Überzeugung von der Gleichheit der Bischöfe ist es wiederum seine Sicht der inneren Verschränkung von Wahrheit und Einheit, die ihn davon abhielt, durch eine *Konsequenz*, die nur logischen Maßstäben Genüge tun würde, die *Einheit* und damit auch die *Wahrheit* der Kirche zu zerreißen. Der Ausgangspunkt seines kirchlichen Denkens und Handelns beim *sacramentum unitatis* scheint ihn auch in diesem Fall davon abgehalten zu haben, für die eigene Position die *regula veritatis* zu reklamieren. In dieser Haltung war er konsequent und keinem Wandel unterlegen (gegen *J.A. Fischer*), wie er auch seine Sicht über die *auctoritas* von Synodalbeschlüssen deswegen keiner Revision unterziehen mußte (gegen *Th.G. Ring*).

Damit unterscheidet sich Cyprian in seiner Haltung nicht nur grundlegend von seinem römischen Opponenten, der den letzten Schritt zur Exkommunikation gegangen zu sein scheint, sondern bemerkenswerterweise auch von seinem ihn besonders massiv unterstützenden Kollegen aus dem Osten, Firmilian von Caesarea. Denn dieser rahmt seine gesamten Ausführungen gegen die Argumente und Maßnahmen Stephans mit der am Anfang und am Schluß hingesetzten Aussage, daß die antianabaptistische Position insgesamt gegen den κανών τῆς ἀληθείας verstoße (ep.75,3.24). Daß damit Stephan explizit zum Schismatiker und Apostaten erklärt wird, der sich selbst exkommuniziert habe, nimmt der Kappadozier billigend in Kauf.

Auch bei Firmilian wird die *regula veritatis* direkt aus der Schrift abgeleitet (Eph 4,1-6). Es ist aber deutlich, daß es auch in diesem Fall eine bestimmte Auslegung der apostolischen Weisung ist, der nun durch den Terminus *regula veritatis* gesamtkirchliche Verbindlichkeit verliehen werden soll. Damit wird für Firmilian die gemeinsame *theologische Einsicht* zum Band der Einheit. Für Cyprian aber war das *vinculum unitatis* als *sacramentum unitatis* der theologischen Einsicht stets vorgeordnet, so daß auch die theologische Kontroverse über die Ketzertaufe ihn nicht dazu bringen konnte, durch eine Wertung der eigenen Wahrheitseinsicht als *regula veritatis* die Einheit der Kirche zu gefährden.

XV. »KANON« UND DIE VERBINDLICHE WEISUNG DES ORTSBISCHOFS

In diesem Kapitel sollen drei Väter der vorkonstantinischen Epoche in den Blick genommen werden, deren briefliche Anweisungen uns allein durch die Tatsache überliefert sind, daß diese in späterer Zeit als maßgeblich betrachtet wurden und bei den »Kanones der Väter« in die griechischen Kanonessammlungen eingingen.[1] Es handelt sich um *Dionysius von Alexandrien, Gregor Thaumaturgos und Petrus von Alexandrien,* von denen uns durch die kanonistische Überlieferung Zeugnisse erhalten sind, die sie in Ausübung ihres bischöflichen Amtes auf der Suche nach verbindlichen Entscheidungen angesichts konfliktträchtiger Probleme zeigen. Unsere Fragestellung geht dahin, wie sich die spätere Einordnung dieser Entscheidungen als »Kanones« zu deren Qualifizierung durch diese Väter selbst verhält und welche Verwendung des Kanon-Begriffes sich bei ihnen festmachen läßt.

1. »KANON«, »HOROS« UND »TYPOS« BEI DIONYSIUS VON ALEXANDRIEN

Das erhaltene Werk des bedeutendsten Bischofs der alexandrinischen Kirche im 3. Jahrhundert (†264/5)[2] und ersten, der von Euseb[3] den Beinamen »ὁ μέγας« erhielt, bietet nur wenige Anhaltspunkte, um dessen Verwendung der Kanon-Terminologie zu überprüfen. Man wird dies nicht nur mit der fragmentarischen Überlieferung von Dionysius' umfangreichem Schrifttum[4] erklären können, denn auch andere Begriffe, die in der späteren kirchenrechtlichen Literatur einige Bedeutung erlangen, sucht man bei ihm vergebens.[5]

---

[1]   Zu deren Aufkommen und Bestand vgl: Joannou, CPG; G.Bardy, Épitres.
[2]   Zu Dionysius vgl.: W.A.Bienert, Dionysius; ders., TRE 8, 767-771.
[3]   H.e. VII praef.
[4]   Ch.L.Feltoe, ΔΙΟΝΥΣΙΟΥ ΛΕΙΨΑΝΑ; Dazu vgl.: Bienert, Dionysius 51-70.
[5]   Der Index bei Feltoe (a.a.O., 271-283) bietet z.B. keinerlei Belege für die Begriffe: διαταγή, ἐντολή, θεσμός, νόμος, συνήθεια.

Immerhin aber sind uns einige Beispiele der Entscheidungsfindung aus der bischöflichen Praxis des Dionysius sowie briefliche Stellungnahmen zur Frage der Buße und dann auch zur Ketzertaufe überliefert, die eine Behandlung des Alexandriners an dieser Stelle sinnvoll erscheinen lassen. Es fällt auf, daß neben κανών auch die Begriffe ὅρος und τύπος in den Vordergrund treten.

a) Zum Brief an Basileides

Hier ist an erster Stelle der Brief an *Basileides* zu nennen.[6]

Dank seiner festen Verankerung in den griechischen Kanonessammlungen[7] gehört er zu den ganz wenigen vollständig erhaltenen Briefen des Dionysius. Euseb berichtet[8], daß der Adressat »Bischof der Gemeinden in der Pentapolis« war, also in der Reichsprovinz Libya secunda, die erst unter Diokletian selbständiger Teil der Diözese Oriens wurde.[9] Eine Oberhoheit des alexandrinischen Stuhls über die Pentapolis bestätigt zwar can.6 von Nizäa bereits als »altes Gewohnheitsrecht«, kann aber dennoch für diesen Zeitraum noch nicht als selbstverständlich vorausgesetzt werden. Einen gewissen Einfluß des alexandrinischen Bischofs in der Pentapolis bezeugt aber gerade dieser Brief. Euseb weiß an derselben Stelle zu berichten, daß Dionysius »verschiedene Briefe« an Basileides hinterlassen habe; erhalten sind sie nicht.

Der Brief ist ein Antwortschreiben auf eine schriftliche Anfrage des Basileides über den rechten *Zeitpunkt*, das *vorösterliche Fasten* zu beenden, sowie über drei Fragen der Sexualethik; zwei Drittel der Antwort behandeln das erste Thema. In der Pentapolis bestanden danach Meinungsunterschiede, ob das Fasten – unter Berufung auf die römische Praxis – bis zum ersten Hahnen-schrei am Ostermorgen dauern sollte oder nur bis zum Karsamstagabend oder in der Nacht dazwischen beendet werden sollte. Basileides bittet Dionysius nun, zu diesem Punkt einen *Horos* aufzustellen: ἀκριβῆ δὲ ὅρον ἐπιτιθέναι ζητεῖς.[10]
Nachdem uns dieser Begriff bereits bei Hippolyt als spezifischer Terminus für bischöfliche Entscheidungen begegnete[11], legt sich hier derselbe Wort-gebrauch nahe. Basileides bittet also nicht um einen *Kanon*, sondern um einen

---

[6]   Text: Feltoe 94-105; Joannou, CPG 4-14; dazu: Bienert, Dionysius 53ff.121-124.
[7]   Dort als can.1-4 des Dionysius. Vgl. z.B.: Rhalles-Potles IV 1-13.
[8]   H.e. VII 26,3 (Schwartz 700, 22-25).
[9]   Vgl. K.Lübeck, Reichseinteilung 121ff.
[10]   Joannou, CPG 5,8.
[11]   Vgl. o. Kap.: VIII 3.

Horos, den er für die Klärung der Situation in der Pentapolis anscheinend benötigt.[12] Es scheint mir so auch nahezuliegen, daß Dionysius hier bereits sein Bischofsamt angetreten hatte, sich also in einer Position befand, in der ἀκριβῆ δὲ ὅρον ἐπιτιθέναι zu seinen Aufgaben gehörte. Hierfür spricht auch seine Anrede des Basileides als συλλειτουργός. Wir hätten es dann bei diesem Brief nicht nur mit einem »theologischen Gutachten zu einer umstrittenen kirchlichen Frage« des Leiters der alexandrinischen Katechetenschule zu tun[13], sondern mit der Antwort des Bischofs von Alexandrien auf die Bitte, für die bislang uneinheitlich geregelte Fastenpraxis in einem Gebiet seines Einflußbereiches einen *Horos* aufzustellen.

Dennoch ist die große Zurückhaltung des Dionysius in seiner Stellungnahme deutlich, aus der der Theologe spricht, der auch nach dem Antritt des Bischofsamtes die Katechetenschule weiterleitet[14], aber auch die Ratlosigkeit des Exegeten, der anhand des in aller Breite dargestellten exegetischen Befundes[15] nur zu dem Ergebnis kommen kann, daß die Evangelien keine eindeutigen Aussagen über den Zeitpunkt der Auferstehung Jesu erlauben. Eine exakte Feststellung der Stunde sei schwer und riskant, und das Ergebnis ist deshalb eine persönliche Erklärung (ἀποφαινόμεθα)[16] und ein Rat (συμβουλεύω), der nicht Anspruch auf allgemeine Geltung erhebt, sondern seinerseits um eine Meinungsäußerung des Basileides bittet.[17] Der Rat, den Dionysius gibt, ist bezeichnend: Eine Beendigung des Fastens vor Mitternacht sei

---

[12] Man wird daraus allerdings nicht gleich auf eine metropolitanähnliche Stellung des Basileides schließen müssen. Dies tat E. Schwartz, Streit 108 Anm.2. Ihm widersprach: K.Müller, Beiträge Nr.3, 9. Müller übersieht die rechtliche Begrifflichkeit: »Von Anordnung ist überhaupt keine Rede«.

[13] So: Bienert, Dionysius 121. Für diese zeitliche Einordnung des Briefes verweist Bienert auf die »betonte Zurückhaltung« des Schreibens, schränkt aber sofort selbst ein, daß »jene zurückhaltende, auf Vermittlung bedachte und Streitigkeiten möglichst vermeidende Art ein besonderer Wesenszug auch des Bischofs Dionysius gewesen ist«. Aus der Anrede »συλλειτουργός« will Bienert nur schließen, »daß dieser (sc.Basileides) – ebenso wie Dionysius – ein priesterliches Amt in der Kirche verwaltete«. Die Verwendung dieses Terminus auch für Presbyter läßt sich zwar belegen (vgl. Lampe, Lexicon s.v. 1279), paßt aber nicht zu den Angaben Eusebs, vor allem aber nicht zu der Bitte um einen *Horos*, eine Wendung, auf die Bienert gar nicht eingeht. In seiner Übersetzung hatte Bienert (BGrL, 55) formuliert: »Du bittest mich nun, eine genaue Abgrenzung vorzunehmen ...« .

[14] Vgl.: Bienert, BGrL, 5.

[15] Die von Dionysius verwendete Methode »entspricht jener vor allem im 4. Jahrhundert geübten Harmonistik« (Bienert, Dionysius 122), obwohl er gerade nicht »zur Bestimmung eines für die kirchliche Praxis wichtigen Datums« kommt. (Bienert, a.a.O.).

[16] Man sollte nicht übersetzen: »bestimmen wir«, wie es Bienert tut (BGrL, 56), weil Dionysius der Bitte um eine eindeutige »Bestimmung« in dieser Hinsicht gerade nicht entspricht.

tadelnswert; wer lange wartet, wird gelobt. Aber die Beendigung des Fastens könne sich individuell nach der Dauer des Fastens richten, das 2, 3 oder 4 Tage, bei manchen aber nur 1 Tag dauere.

Es ist bemerkenswert, daß hier in der Frage der Terminierung des großen Osterfastens, die immerhin einige Jahrzehnte zuvor im Zusammenhang des Osterfeststreites zu ernsthaften Spannungen zwischen den Kirchen Roms und der Asia geführt hatte[18], von Seiten des alexandrinischen Bischofs keine eindeutige Festlegung vorgenommen wird. Basileides scheint wegen der divergierenden Bräuche in seinen Gemeinden eine solche Festlegung und Vereinheitlichung auf dem Wege eines *Horos* aus Alexandrien im Sinne gehabt zu haben. Dionysius aber sieht sich angesichts des Schriftzeugnisses zu einem solchen *Horos* nicht in der Lage. Es ist beachtlich, daß dieses Beispiel für Vielfalt in einer bedeutenden Frage der Frömmigkeitspraxis in der griechischen Kirche als can.1 des Dionysius ins Kirchenrecht aufgenommen wurde.

b) Zum Brief an Konon

Das nächste Zeugnis führt uns zu einem besonderen Problem der *Bußpraxis*. Es handelt sich um das Fragment des Briefes an Konon (oder Kolon)[19], das in einigen griechischen kanonistischen Sammelhandschriften überliefert ist.[20] Euseb berichtet[21], daß Konon Bischof von Hermupolis war, also dem Bischof von Alexandria unterstand. Das Fragment behandelt die Frage, wie mit Exkommunizierten umzugehen sei, die *in articulo mortis* die Rekonziliation empfangen haben, dann aber wieder genesen seien. Dionysius wendet sich nachdrücklich dagegen, sie dann wieder »zu binden und mit ihren (früheren) Sünden zu belasten«.

»Sollen wir dann etwa Gott die Bestimmungen (ὅρους) unseres Urteils als etwas von ihm zu Beachtendes auferlegen, während wir sie selbst nicht einzuhalten brauchen, indem wir die Güte des Herrn laut verkünden, die unsere aber versagen«.[22] Dies wäre ἀλογώτατον.

---

[17] Joannou, CPG 9,22;11,18;14,8ff.

[18] S.o. Kap.XII 1.

[19] Euseb, H.e. VI 46,1-2 (Schwartz 626,24-628,8); Text: Feltoe 60-62; Joannou, CPG 15f. »Konon« schon bei Hieron., vir.ill.69.

[20] Codd. Paris. gr. 1324, 1334; Cod. Bodl. Bar. 196. Vgl. dazu: Bienert, Dionysius 54f.; 180ff.; zur Stellung des Dionysius zur Bußfrage überhaupt vgl. Bienert, Dionysius, 180-185.

[21] A.a.O.

[22] Joannou, CPG 16,15-21: εἶτα τῷ μὲν θεῷ τῆς ἡμετέρας κρίσεως ὅρους δώσομεν φυλαχθησομένους ὑπ' αὐτοῦ, ἑαυτοῖς δὲ τούτους οὐ τηρήσομεν ...

Es geht also um die Frage der Gültigkeit kirchlicher Bußbestimmungen als *bischöfliche Horoi* und deren Verhältnis zu Gottes Gnadenhandeln. Es bestätigt unsere Deutung der Horos-Terminologie im Schreiben an Basileides, daß auch hier in eindeutigem Zusammenhang der Terminus ὅρος Verwendung findet.[23] Besonders hinsichtlich einer eventuellen Ableitung der Kanon-Terminologie aus der frühen Bußpraxis und deren Begrifflichkeit ist festzuhalten, daß von einem *Kanon* in diesem Sinne hier nicht die Rede ist. Die Entscheidung des Dionysius läßt schließlich eine deutliche Nachordnung der kirchlichen Bußbestimmungen gegenüber Gottes Wirken im Sakrament deutlich werden. Die Horoi der Kirche können nicht auch als von Gott zu beachtende eingeklagt werden.

c) »Kanon« und »Typos«

Die Verwendung des Kanon-Begriffes begegnet uns in einer Stellungnahme des Alexandriners im *Ketzertaufstreit*. Dionysius hatte sich bekanntlich mehrfach vermittelnd in dieser Sache nach Rom gewandt[24]. Dabei haben »die Sorge um die Einheit der Kirche, die durch den Primatsanspruch Roms ebenso gefährdet war wie durch die Forderung nach erneuter Taufe aller Häretiker, und die Sorge, daß eine gesetzliche Regelung der Tauffrage den seelsorgerlichen Notwendigkeiten nicht gerecht werden würde, ... sein Vorgehen bestimmt.«[25] In Richtung Rom will er dabei dem Eindruck entgegenwirken, als sei er ein prinzipieller Anhänger der Wiedertaufe. So erklärt er in seinem Schreiben an den römischen Presbyter Philemon[26], daß er in der Kirche Getaufte, die mit Häretikern Gemeinschaft hielten, als außerhalb der Kirche stehend betrachte, bei Rückkehrwilligkeit jedoch nicht wiedertaufe, sondern allein ein öffentliches Schuldbekenntnis verlange. Von dieser Praxis nun sagt Dionysius, daß es sich um einen κανών und τύπος handele, den er »von unserem seligen Vater Heraklas« übernommen habe.[27]

---

[23] Die Übersetzung von Bienert (BGrL, 46; Dionysius 181: »sollen wir Gott ... die Grenzen unseres Urteils auferlegen) bringt auch hier diesen Aspekt nicht zum Tragen.

[24] Bei Euseb (H.e. VII 2-9) sind 8 Schreiben erwähnt, die alle nach Rom gingen. Aus 5 Briefen bietet Euseb Zitate. Vgl.: Harnack, Literatur II,2, 62f. Zur Vermittlungstätigkeit und Position des Dionysius im Ketzertaufstreit vgl.: Bienert Dionysius 187-193.

[25] Bienert, Dionysius 193.

[26] Euseb, H.e. VII 7,1-5.

[27] Euseb, H.e. VII 7,4 (644,6f.): τοῦτον ἐγὼ τὸν κανόνα καὶ τὸν τύπον παρὰ τοῦ μακαρίου πάπα ἡμῶν Ἡρακλᾶ παρέλαβον.

Der Hinweis auf seinen verehrten Vorgänger in der Leitung der Katechetenschule und im Bischofsamt, Heraklas[28], einschließlich der spezifischen Terminologie (παρέλαβον) macht deutlich, daß der Kanon-Begriff uns hier im
unmittelbaren Kontext eines altkirchlichen Traditionsvorganges begegnet.
Auffällig ist die Zusammenordnung der Begriffe κανών und τύπος.

Zum Verständnis beider empfiehlt es sich, gleich noch ein weiteres Zeugnis
hinzuzunehmen, das uns *Basilius d. Gr.* in *De Spir.S.29* überliefert hat und in
dem ebenfalls diese Begrifflichkeit auftaucht. Basilius benennt dort Traditions-
zeugen für die von ihm verfochtene Benutzung der Präposition σύν in der
trinitarischen Doxologie bei der Erwähnung des Hl.Geistes und zitiert unter
anderen auch Dionysius mit dem Schluß seines zweiten Schreibens an Dionysius von Rom:

> »Indem wir diesen allen nachfolgen und indem wir von den Presbytern vor
> uns *Typos und Kanon übernommen* haben, formulieren wir die Danksagung
> in wörtlicher Übereinstimmung mit diesen, ganz besonders jetzt auch am
> Ende unseres Briefes an Euch: Gott, dem Vater und dem Sohn, unserem
> Herrn Jesus Christus, mit dem Hl.Geist ist die Herrlichkeit und die Macht
> in Ewigkeit. Amen.«[29]

Wiederum bei dem Verweis auf Vorgänger und mit einschlägiger Terminologie (παρειληφότες) tauchen beide Begriffe im Zusammenhang der Beschreibung eines Überlieferungsvorganges auf. Die Reihenfolge ist diesmal vertauscht,
aber beide Begriffe scheinen eng zusammenzuhören. *Kanon* und *Typos* begegnen
uns also als Bezeichnung einer aus der Überlieferung der Vorgänger übernomme-
nen und von daher normativen Praxis hinsichtlich der Formulierung der trinitarischen Doxologie im Gottesdienst und der Behandlung rückkehrwilliger
Häretiker. Man wird deshalb den Begriff *Typos* nicht einfach nur in Hinsicht auf
die doxologische Formel mit *formula* übersetzen dürfen[30], sondern die Zuordnung von Kanon und Typos im Auge behalten müssen.

Nun könnte man versucht sein, in beiden Begriffen das frühe Auftauchen
einer spezifischen Rechtsterminologie zu erblicken. Denn auch der *Typos-
Begriff* gewinnt eine spezifische Bedeutung als Bezeichnung kaiserlicher Erlasse
und Rechtssetzungen. Man denke etwa an den berühmten *Typos* Konstans' II.
von Jahre 648 zur Beendigung aller christologischen Auseinandersetzungen. Es
scheint aber so zu sein, daß eine solche Wortverwendung erst in justinianischer
Zeit aufkommt[31] und in den vorjustinianischen Quellen des römischen Rechts

---

[28] Zu diesem vgl.: Bienert, Dionysius 75ff.100-108.

[29] De Spir.S. 29, 72 (ed. B.Puche 504): ... καὶ δὴ παρὰ τῶν πρὸ ἡμῶν πρεσβυτέρων
τύπον καὶ κανόνα παρειληφότες ...

[30] Dies tut Hanson, Tradition 81.

[31] Vgl. z.B.: P.E.Pieler, Rechtsliteratur 407, dort als Alternativbegriff für *sanctio
pragmatica.*

nirgends belegt ist.[32] So empfiehlt es sich wohl, *Typos* hier in einer seiner Grundbedeutungen als prägendes und bestimmendes Vorbild zu verstehen, wie der Begriff schon in klassischer Zeit anstelle von παράδειγμα stehen kann und auch im Neuen Testament mehrfach Verwendung findet.[33] Es wäre dann das prägende und vorbildliche Handlungsmuster, das Dionysius durch Überlieferung von den Vorgängern zuteil wurde und auf das er sich für die Praxis der Buße und des Gottesdienstes beruft. Zu diesem *Typos* tritt nun der Begriff κανών hinzu, der uns in klassischer Zeit ebenfalls als Äquivalent für παράδειγμα begegnet war.[34] Dadurch wird nun der maßgebliche Charakter dieser Überlieferung betont und das prägende Vorbild und Handlungsmuster zur *geprägten und bestimmenden Norm*. Beide Begriffe scheinen mir in dieser Kombination einen spezifischen Sprachgebrauch zu markieren, um durch Überlieferung empfangene vorbildliche und als maßgeblich betrachtete Normen kirchlichen Handelns zu bezeichnen. Ohne aus den wenigen Zeugnissen, die uns Dionysius für unsere Fragestellung bietet, Aussagen allgemeiner Natur ableiten zu wollen, wird man vielleicht sagen können, daß der Begriff *Horos* bei Dionysius eher die bischöfliche Entscheidung in einem neu zu regelnden Sachverhalt bezeichnet, während κανών und τύπος eher die durch die Tradition empfangene und gültige Norm bezeichnen.

Schließlich ist nun noch der Frage nachzugehen, in welchem Sinne man Dionysius das Prädikat eines κανονικός zugelegt hat. Als solchen bezeichnet ihn nämlich Basilius d.Gr. ca. 100 Jahre später in seiner ep.188,1 (can.1).

Feltoe wollte den Begriff so verstehen[35], daß damit Dionysius als eine »person of canonical authority« bezeichnet werde. Dagegen wandte sich *Bardenhewer*[36] und sah in dieser Wendung Dionysius als einen »in den kirchlichen Kanones bewanderten Mann« bezeichnet. Denn »κανονικός ist so viel als ›Kanonist‹«. Dionysius habe sich groß gezeigt auf dem Gebiet »der Kirchenleitung und Seelsorge«. *Joannou*[37] deutete die Bezeichnung ähnlich; Dionysius sei der »gardien de la règle ecclésiastique«. *Lampe*[38] schlägt eine in späterer Zeit häufig auftauchende Begriffsanwendung für

---

[32] Er wird im einschlägigen »Handlexikon zu den Quellen des römischen Rechts« von H.Heumann u. E.Seckel, Graz [10]1958, das die in Justinians Corpus iuris civilis und in den vorjustinianischen Rechtsquellen vorkommenden Worte umfaßt (vgl. Vorwort zur 3. Aufl. v. 1856) jedenfalls nicht erwähnt.

[33] Vgl. z.B.: Phil 3,17; 2 Thess 3,9; Röm 6,17. Zum Begriff in diesem Sinne: L.Goppelt in: ThWNT 8, 246-260.247.249. Vgl. auch: Lampe, Lexicon s.v. I,1 S.1419.

[34] Vgl. o. Kap. I.

[35] A.a.O.

[36] II 206 Anm.1 mit Berufung auf Sophocles, Greek Lexicon s.v. κανονικός.

[37] CPG 2.

[38] S.v. Nr.3, S.701.

diesen Fall vor: »regularly or properly appointed«. *Bienert* schloß sich *Bardenhewer* an. Basilius bezeichne Dionysius als einen »in Rechtsfragen kundigen Mann«. Gerade der Brief an Basileides mache leicht verständlich, »wie Dionysius auf Grund solcher und ähnlicher Briefe in den Ruf eines κανονικός kommen konnte«.[39] Es war allerdings festzustellen, daß in diesem und anderen Briefen die Kanon-Terminologie keine Rolle spielt.

Für ein zutreffendes Verständnis dieser Bezeichnung wird man sich den Zusammenhang deutlich machen müssen, in dem sie bei Basilius auftaucht. Gleich am Anfang seines ersten »kanonischen« Briefes an Amphilochios von Ikonion führt Basilius aus[40], daß er sich zur Beantwortung der an ihn von diesem herangetragenen Fragen vor allem davon leiten lassen will, »was wir von den Alten gehört haben«. Entsprechend ist dann der »can.1« des Briefes zur Frage der Wiedertaufe von Häretikern und Schismatikern durchzogen von einem häufigen Verweis auf Entscheidungen der »Älteren«, der »Vorgänger« und »Väter«.[41] Hinsichtlich der »Pepuzener« (Montanisten) wundert sich Basilius, wieso der als κανονικός geltende »große Dionysius« die Unterscheidung von Schismatikern und Häretikern nicht berücksichtigt habe und so einen Fehler begangen habe, der nicht nachzuahmen sei.[42]

Bienert hat richtig gesehen[43], daß die Dionysius beigelegten Titel ὁ μέγας und κανονικός an dieser Stelle »ein wenig ironisch« klingen. In der Tat wird man in diesem Zusammenhang auf die andernorts von Basilius geübte harte Kritik an Dionysius hinweisen müssen[44], die er gegenüber dessen in Abwehr des Sabellianismus zu weit ins andere Extrem gegangenen trinitätstheologischen Formulierungen anbringt. Für das Verständnis unserer Stelle aber scheint mir wichtig zu sein, daß das Prädikat κανονικός hier im Zusammenhang der Frage nach vorbildlichen Entscheidungen der »Väter« auftaucht, und daß es Basilius als Bezeichnung für die maßgebliche theologische Autorität des Alexandriners bereits vorgefunden hatte. Als solche galt Dionysius ja bereits zu seiner Zeit[45] und wurde dann eben auch von arianischer Seite in Anspruch genommen[46], woraus sich die Reserve des Basilius ihm gegenüber erklärt.

---

[39] Bienert, Dionysius 30.54.125.

[40] Vgl. i.e. Kap. XXIV.

[41] τι ἠκούσαμεν παρὰ τῶν πρεσβυτέρων....; οἱ πάλαιοι; οἱ ἐξ ἀρχῆς; οἱ καθ' ἡμᾶς πατέρες: ep.188 Prooem; can.1 (ed. Courtonne II 121,10; can.1 Z.7.25.47.74).

[42] can.1 (ed.Courtonne II 121, 5-7): καὶ ἐθαύμασα πῶς κανονικὸν ὄντα τὸν Διονύσιον παρῆλθεν; a.a.O., 122,43f.

[43] Dionysius 30.

[44] Ep.9,2 (ed.Courtonne I, 38,3ff.); so mit Bienert, Dionysius 31.

[45] Euseb, H.e. VII 30,3. Vgl.: Bienert, Dionysius 28f.31.

[46] L.Abramowski, Dionys 255-263.

Mir scheint also das κανονικός hier nicht den in den Kanones bewanderten Mann zu bezeichnen – eine Wortbedeutung, die sich m.W. nirgends findet –, sondern im Sinne des Maßgeblich-Vorbildhaften die theologische Autorität des Dionysius insgesamt auf den Begriff zu bringen. Die Bezeichnung scheint also in die gerade im 4. Jahrhundert einsetzende Berufung auf »Väter« des Glaubens[47] als maßgebliche Autoritäten in umstrittenen Fragen hineinzugehören. Er kommt dabei in einem Sinn zur Anwendung, der schon in klassischer Zeit belegt ist.[48] Es ist schließlich Basilius selbst, der Dionysius – wie oben dargestellt – in De Spir.S.29 als Väterautorität ins Spiel bringen kann. *Feltoe* wäre also bei seiner Interpretation Recht zu geben.

2. DIE BUSSBESTIMMUNGEN DES GREGOR THAUMATURGOS

Dank ihrer späteren Tradition unter den sog. »Väterkanones« in den griechischen Kanonessammlungen ist die sog. *Epistula canonica*[49] des Gregor Thaumaturgos (ca.210-270) als einziger Brief unter den wenigen erhaltenen Schriften des Bischofs von Neocaesarea/Pontos überliefert.

Der von Späteren[50] als Apostel Kappadoziens und des Pontos Verehrte hatte seit ca.240 seine Heimat missioniert[51] und war während der decischen Verfolgung mit einem Teil seiner Gemeinde geflohen.[52] Um das Jahr 254 waren »Goten und Boraden« eingefallen, der Pontos wurde verwüstet und geplündert.[53] Dabei hatten sich viele Christen schwerer Vergehen und Verbrechen schuldig gemacht.

Ein ungenannt bleibender pontischer Bischof[54] hatte sich möglicherweise an Gregor gewandt, um Hilfestellung für den Umgang mit diesen Sündern in der Kirche zu erhalten. Der Brief – wahrscheinlich noch im Jahr 254 geschrieben – wäre dann das Reskript auf die Anfrage. Wahrscheinlicher ist aber die Vermutung, daß es sich um ein Rundschreiben des Gregor an ihm unterstehende Bischöfe handelt. Es könnte dem im Brief

---

[47] Vgl. N.Brox, Väter.

[48] S.o. Kap. I.

[49] Joannou, CPG 19-30; vgl.auch: K.Phouskas, κανονική ἐπιστολή.

[50] Vgl.: Basilius, De Spir.S.29; Gregor v. Nyssa, Vita Greg.Thaum. (CPG 3184).

[51] Vgl.: Harnack, Mission 757ff.

[52] Zu Vita und Werk vgl.: H.Crouzel in: RAC 12, 779-793.780ff.; ders., Remerciement 14-34 (Introduction); s.a.: M.Slusser in: TRE 14, 188-191.

[53] Zum geschichtlichen Hintergrund der Gotenzüge vgl.: J.Dräseke, Der kanonische Brief des Gregorios von Neocäsarea; P.Heather/ J.Matthews, The Goths in the Fourth Century 1-11; H.Wolfram, Geschichte der Goten 49ff.

[54] Wenn die Anrede: »ἱερέ πάπα« (Joannou, CPG 19,19) so zu verstehen ist.

erwähnten »Bruder« und »Mitpresbyter«[55] Euphrosynos mitgegeben worden sein, den Gregor »zu euch« geschickt und mit besonderen Handlungsvollmachten versehen hatte, damit er »nach dem hiesigen Vorbild (τύπος) ähnlich entscheide«, von wem man die Anklage zulassen solle und wer vom öffentlichen Gebet auszuschließen sei.[56] So wäre jedenfalls nachvollziehbar, wieso der Brief ohne Adresse und förmlichen Anfang und Schluß überliefert ist.

Später wurde das Schreiben in meist[57] 11 Abschnitte eingeteilt, die dann die sog. »Kanones« bildeten. Der Brief ist ein wichtiges Zeugnis für die Entwicklung des altkirchlichen Bußwesens. Umstritten ist, ob hinter den Bestimmungen in can.7-9 bereits mehr Bußstufen stehen als die der Ausgeschlossenen und Wiederzulassung Begehrenden und die eigentlichen Büßer.[58]

Inhaltlich werden folgende Bestimmungen getroffen: Daß Christen in Gefangenschaft evtl. Götzenopferfleisch essen mußten, erklärt Gregor mit Hinweis auf 1 Kor 6,13 und Mt 15,11 für ethisch bedeutungslos. Ebenso soll die Stellung einer vergewaltigten unbescholtenen Frau unter Verweis auf Dt 22,26 in der Gemeinde unangetastet sein. War eine solche Frau aber bereits früher als unzüchtig bekannt, soll man mit ihr keine Gebetsgemeinschaft halten (can.1). Wer während der Plünderungen aus Habsucht ebenfalls zum Räuber geworden sei, soll öffentlich aus der Kirche gewiesen werden (can.2.3). Wer Besitz anderer gefunden hat, dürfe sich keinen Gewinn aneignen (can.4), auch nicht als Ersatz für eigene Verluste (can.5). Kollaborateure sind vom »Hören« auszuschließen (can.7), ebenso überführte Einbrecher. Sind diese geständig und zur Wiedergutmachung bereit, sollen sie »knien« (can.8). Ebenso solche, die fremden Besitz gefunden haben (und nicht zurückgeben); melden sie sich selbst, sollen sie am Gebet teilnehmen (can.9). Das Gebot (Gottes) (ἐντολή) soll ohne Gedanken an Gewinnsucht erfüllt werden (can.10).[59]

Es handelt sich also um ein Rund- oder Begleitschreiben mit *Anweisungen* für die Behandlung von schweren Sünden in der Kirche aus konkretem Anlaß,

---

[55] Wenn »συγγέρων« im Sinne des Presbyterkollegiums (vgl. 1 Petr.5,1) zu verstehen ist.

[56] ᾿Απεστείλαμεν οὖν τὸν ἀδελφὸν καὶ συγγέροντα Εὐφρόσυνον διὰ ταῦτα πρὸς ὑμᾶς ἵνα κατὰ τὸν ἐνθάδε τύπον καὶ αὐτοῦ δῴη ὁμοίως... (Joannou, CPG 26,5-8).

[57] Der von Rhalles-Potles zugrundegelegte Codex von Trapezunt hat durch Aufteilung von can.1 in 3 Teile 13 Kanones (vgl. Rhalles-Potles IV 45 Anm.); das Pedalion (553-561) teilt denselben can. in 2 Teile und kommt so auf 12 Kanones.

[58] Schwartz, Bußstufen 310ff., bezweifelte dies; Grotz, Bußstufenwesen 400-408, sieht ein vierstufiges Bußsystem als gegeben an u. hält auch can.11 für authentisch.

[59] Der sog. can.11 beschreibt das vierstufige Bußsystem. Er ist in vielen Handschriften nicht enthalten (Vgl.: Joannou, CPG 18) und wird allgemein als späterer Zusatz betrachtet.

das Gregor seinem persönlichen Gesandten mitgegeben oder ihm vorausgeschickt hatte, und den er autorisiert hatte, nach dem Muster der Praxis von
Neocaesarea auch in den Landgemeinden[60] des Pontos vorzugehen. Bei den
konkret angesprochenen Fällen scheinen die mitgeteilten Handlungsanweisungen auf Entscheidungen des Gregor zurückzugehen[61]. Die Anordnungen sind keine unverbindlichen Empfehlungen, sondern werden in autoritati-
vem Stil vorgetragen, der ihre Befolgung offensichtlich erwartet.[62] Auffällig ist
die durchgängige biblische Argumentation mit einer Fülle von Schriftzitaten
als zugrundeliegenden Normen und jedes Fehlen eines Verweises auf den
Brauch oder die kirchliche Überlieferung.

Im gesamten Schreiben taucht schließlich auch der Kanon-Begriff nicht
auf. Gregor redet also bei seinen Entscheidungen und Weisungen in diesen
schweren Bußfällen nicht von *Kanones*! Gleichzeitig ist aber festzustellen, daß
im gesamten Schreiben auch keine Angaben über die Bußfristen, also die
Zeitdauer der verschiedenen Formen des Ausschlusses gemacht werden. Vielleicht wird man die Bestimmung von can.7, wonach Kollaborateure vom
»Hören« auszuschließen sind, »bis die Heiligen zusammentreten und gemeinsam über sie Beschluß fassen, nachdem vor ihnen schon der Hl.Geist beschlossen hat«[63], so zu verstehen haben, daß es erst der Überprüfung des konkreten
Vergehens und in diesem Fall dann auch im Vollzug durch die ganze Gemeinde überlassen bleibt, die Bußdauer im einzelnen festzulegen. Gregor teilt also
allein die *Grundsatzentscheidung* mit, während die konkrete seelsorgerliche
Behandlung jedes Falles der Ortsgemeinde überlassen ist und Euphrosynos
hierzu die τύποι von Neocaesarea mitteilt. Nach dem Befund – und das sei
hier vorweggenommen – bei Petros von Alexandrien, der im Unterschied zu
Gregor gerade auch die Bußfristen festlegt, und dann bei den Synoden von
Ankyra und Antiochien 324/5, ist es nun gerade die Bußfrist in ihrer zeitlich
festliegenden Begrenzung, für die in der Praxis der öffentlichen Buße der
Kanon-Begriff Verwendung findet. Es paßt also ganz ins Bild, daß dem Fehlen
der Bußfristen im »kanonischen Brief« des Gregor auch das Fehlen des Kanon-
Begriffes korrespondiert.

---

[60] Vgl.: Joannou, CPG 26,15; 27,2.

[61] Vgl. z.B. can.2: ὅθεν ἔδοξε τοὺς τοιούτους πάντας ἐκκηρύξαι: Joannou, CPG
22,12f.

[62] Vgl.: can.1: δεῖ; can.2: ἔδοξε ... ἐκκηρύξαι; can.7: δεῖ; can.8: μηδὲ τῆς ἀκροάσεως
ἀξιώσαι; can.10: δεῖ (Joannou, CPG 20,24; 22,12f.; 27,17; 28,7; 29,5).

[63] Joannou, CPG 27,17-20: μέχρις ἄν κοινῇ περὶ αὐτῶν τι δόξῃ συνελθοῦσι τοῖς
ἁγίοις καὶ πρὸ αὐτῶν τῷ ἁγίῳ Πνεύματι.

3. DIE FESTLEGUNG VON »BUSSKANONES« DURCH PETRUS VON ALEXANDRIEN

a) Anlaß und Charakter der »Bußkanones«

Die sog. *Epistula canonica* des Petrus von Alexandrien (†311) gehört zusammen mit dem Protestbrief der 4 Bischöfe Hesychios, Pachomios, Theodoros und Phileas an Melitios gegen dessen Eingreifen in ihren Diözesen, dem Schreiben des Petrus an die Gemeinden über die vorläufige Exkommunikation des Melitios und dem Bericht bei Epiphanios (Haer.68, 1-3) zu den grundlegenden Dokumenten über den Ausbruch des *melitianischen Schismas* am Anfang des 4. Jahrhunderts in der ägyptischen Kirche.[64]

> Bald nach Ausbruch der diokletianischen Verfolgungen in Ägypten zum Osterfest des Jahres 303 hatte Petrus die Flucht ergriffen und die Kirche aus dem Untergrund geleitet. Bischof Melitios von Lykopolis in Oberägypten, für den er damit anscheinend sein Amt verwirkt hatte, betrachtet sich daraufhin als Leiter der Kirche und setzte Kleriker in fremden Diözesen und auch in Alexandrien ein. Als Petrus nach seiner Rückkehr für die ägyptische Kirche eine milde Behandlung der *lapsi* anordnete, führten die Auseinandersetzungen darüber im Jahre 306 zum Schisma.
>
> Seine Anordnungen über die Modalitäten für die Rekonziliation der *lapsi* gingen später – in 14 Abschnitte eingeteilt – bei den sog. »Väterkanones« in die griechischen Kanonessammlungen ein und bilden die »Kanones« des Petrus.[65]

Obwohl die griechischen Handschriften in ihren Lemmata von einem »Logos« sprechen[66], handelt es sich um einen Brief, wie die syrische Überlieferung im Cod.Paris.syr.62 im dort am Ende des Briefes überlieferten Titel belegt.[67] Allein in dieser syrischen Überlieferung ist auch das Prooemium sowie ein längerer Schlußpassus erhalten.[68] Die Adresse fehlt zwar, doch zeigt das Prooemium, daß der Brief »nicht an einen Einzelnen gerichtet, sondern ein Erlaß an alle oder eine größere Anzahl ägyptischer Bischöfe ist. Die Sprache

---

[64] Die 2. und 3. Quelle ist nur lateinisch im Cod.Veron. LX erhalten. Maßgeblich für deren Edition u. die historische Interpretation des Konfliktes sind: F.H.Kettler, Der melitianische Streit; ders. in: PRE 19,2, 1281-88; E.Schwartz, Streit. Vgl. weiterhin: Bardenhewer II 239-247; G.Fritz in: DThC 12, 1802ff.; Grotz, Bußstufenwesen, 409-413.

[65] Joannou, CPG 33-57 (= Beneševič, Syntagma 578-596).

[66] Vgl.: Joannou, CPG 33.

[67] Vgl.: Schwartz, GS III 93f.

[68] Von Schwartz, GS III 90-93, ins Griechische zurückübersetzt.

ist autoritativ«.[69] Nachdem auch die *lapsi* im Text direkt angeredet werden, handelt es sich wohl um eine *Enzyklika* »zur Verlesung in allen ägyptischen Kirchen«[70].

Das Schreiben erwähnt, daß mittlerweile die Verfolgung nachgelassen hatte und zahlreiche *lapsi* als Büßer die Wiederaufnahme in die Kirche begehrten, darunter insbesondere die große Masse derer, die ohne Zwang geopfert hatten und auch keine besonderen Zeichen der Reue an den Tag gelegt hatten (can.3)[71]. Andere aber, die bereits zu Beginn der Verfolgung der Folter erlegen waren, standen schon seit 3 Jahren als »Weinende« vor den Kirchentüren.[72] Die vielen Fragen, die Petrus aus ganz Ägypten hierzu erreicht hatten[73], machten eine grundsätzliche Stellungnahme zur Bußfrage erforderlich. Es handelt sich dabei nun nicht um eine synodale Entscheidung, sondern um die *Weisung des Leiters einer Kirche*, der für seine Kirche Richtlinien für die Behandlung der in der Verfolgung vom Glauben Abgefallenen erläßt.

Die Entscheidungen des Petrus können als »Gnadenerlaß« bezeichnet werden[74], denn die detaillierten Bestimmungen mit ihren je nach Schwere der Fälle insgesamt aber relativ kurz bemessenen Bußfristen, laufen auf die prinzipielle Zulassung aller bußwilligen *lapsi* zum Bußverfahren hinaus.

Selbst die, die auf die Edikte hin ohne Skrupel und ohne irgendein Risiko einzugehen einfach geopfert hatten, sollen nach einer einjährigen Bewährungsfrist Möglichkeit zur Buße erhalten (can.3). Damit sollten die bislang gänzlich Unbußfertigen zur Buße motiviert werden (can.4). Eigentliche Bußfristen werden für folgende Fälle festgelegt: 40 Tage für solche, die erst unter der Folter geleugnet hatten (can.1); 1 Jahr für die, die gleich im Gefängnis schwach geworden sind (can.2); nur 6 Monate für solche, die durch Tricks ohne zu opfern Teilnahme am Opfer offiziell vorgaben (can.5); 3 Jahre für Herren, die ihre christlichen Sklaven (1 Jahr) an ihrer Stelle zum Opfer geschickt hatten (can.6.7). Wer anfänglich abgefallen sei, dann aber widerrufen habe und sogar unter Foltern seinen Glauben bekannt habe, sei ohne Buße wieder voll aufzunehmen (can.8). Es schließt sich eine ausführliche Abhandlung über jene an, die sich nach dem Martyrium gedrängt und selbst angezeigt hatten. Auch bei Bekenntnis des Glaubens sollen sie der Buße unterliegen (can.9.11). Kleriker aus dieser Gruppe seien abzusetzen (can.10). Die Umgehung des Opfers durch Bestechung wird als vorbildlich hingestellt (can.12), die Flucht ausdrücklich gebilligt (can.13). Wer mit

---

[69] Schwartz, GS III 95.
[70] Kettler, ZNW 35, 179.
[71] Joannou, CPG 36,6-14.
[72] Joannou, CPG 34,9f.(can.1).
[73] Vgl.: Joannou, CPG 56,9ff.(can.14); 49,27-50,9 (can.11).
[74] So: Kettler, ebd.

Gewalt unter Folter gegen seinen Widerstand mit dem Opfer in Berührung gebracht wurde, sei den Konfessoren zuzuzählen (can.14).

b) »Kanon« in den »Kanones« des Petrus und das melitianische Schisma

Fragen wir nun nach dem Kanon-Begriff in diesem Rundschreiben des alexandrinischen Bischofs, so ist als erstes festzustellen, daß die später *Kanones* genannten 14 Abschnitte, in die der Brief eingeteilt wurde, im Schreiben selbst nirgends so bezeichnet werden. In diesem »kanonischen« Teil des Briefes, und zwar allein in der syrischen Überlieferung, kommt das Wort nur an einer einzigen Stelle im Sinne von »Bußfrist« vor. Bevor wir uns deren Interpretation zuwenden, sind einige Beobachtungen zu dem nur syrisch erhaltenen Prooemium und dem Schlußpassus mitzuteilen.[75]

> Das Prooemium des insgesamt durch eine Fülle biblischer Begründungen geprägten Schreibens gibt nach dem Zitat von Lk 6,36-38 als dessen Zweck an: εὔλογον ἤδη ἐστὶν τοὺς τρόπους ὁρισθῆναι τῆς θεραπείας τῆς διὰ μετανοίας, damit sich die Gefallenen nicht weiter in den Stricken des Teufels verfingen. Es folgt das wörtliche Zitat von Lk 21,34-36.[76]

Für die bischöfliche Weisung und Entscheidungsfindung wird also auch hier der Begriff ὁρίζειν benutzt und die eigenen Regelungen dann im Schlußteil ebenfalls ohne Benutzung des Kanon-Begriffes als ὅροι bezeichnet.[77]

Ber Begriff κανών taucht hier interessanterweise nur im biblischen Zusammenhang auf. Denn wenn Petrus in jenem zwischen can.13 und 14 gehörenden Schlußpassus nochmals gegenüber den Adressaten sein auf Mäßigung und Gnade abhebendes Vorgehen begründet, verweist er nach dem Zitat von Baruch 4,27f. und Jes 55,6f. als maßgebliches Muster für die Behandlung der *lapsi* auf Jesu Umgang mit der Großen Sünderin und zitiert wörtlich das Herrenwort an den Pharisäer Simon (Lk 7,38ff.47). Das Handeln Jesu und sein Wort sei der »Kanon«, der nun wieder aufgerichtet werden soll.[78] Die Norm der Weisung Jesu wird also terminologisch deutlich von der darauf folgenden Bezeichnung der eigenen Entscheidung als »Horoi« (s.o.) unterschieden.

---

[75] Ich zitiere hier die griechische Übersetzung des Textes durch E.Schwartz, GS III 90-93.

[76] A.a.O., 90.

[77] A.a.O., 92: ὅροι τινὲς καὶ σχήματα καὶ πολιτεῖαι μετανοίας.

[78] A.a.O., 91: οὕτως γὰρ προσιόντων ὑμῶν, ἀνορθούντων τὸν κανόνα κατὰ τὴν ἁμαρτωλὸν γυναῖκα τὴν μαρτυρουμένην ἐν τῷ τοῦ Λουκᾶ εὐαγγελίῳ...

In den *Bußbestimmungen (Horoi)* selbst wird nun an einer Stelle, die so nur in der syrischen Überlieferung erhalten ist, der Kanon-Begriff benutzt.[79]

> Im Zusammenhang der Ausführungen über Kleriker, die sich selbst zum Martyrium gedrängt hatten, damit aber ihre Herden verlassen hatten und deshalb abzusetzen seien, führt Petrus aus, daß diese darüber hinaus nicht zu exkommunizieren seien, damit sie nicht etwa noch sagen könnten, sie seien wegen der Bußstrafe so niedergeschlagen. Der in die griechischen Kanonessammlungen eingegangene Text bietet hier: καὶ ἵνα μή τινες ἐκπεσόντες προφασίσωνται ὡσὰν διὰ τὴν ἀφορμὴν τῆς ἐπιτιμίας ὑπεκλελυμένοι.[80] Die syrische Überlieferung im Cod.Paris.syr.62 liest für »τῆς ἐπιτιμίας«: τοῦ κανόνος ἤγουν τῆς ἐπιτιμίας[81], und *Schwartz* sagt zutreffend: »es ist also τοῦ κανόνος für das Glossem τοῦ κανόνος ἤγουν τῆς ἐπιτιμίας einzusetzen«.[82]

Es muß sich bei τῆς ἐπιτιμίας in der Tat um eine spätere erläuternde Glosse handeln, die die inzwischen durch den Begriff *Epitimia* überholte Bedeutung des Kanon-Begriffes als »Bußfrist« eindeutig machen will. Uns wird diese alte Verwendung des Terminus κανών noch öfter begegnen, so daß es in der Tat wahrscheinlich ist, daß die syrische Überlieferung an dieser Stelle den ursprünglichen Wortlaut bewahrt hat.

Der Kanon-Begriff wird also von Petrus im Sinne der Bußfrist und der verbindlichen Norm, wie sie sich aus der Weisung Jesu und dem Evangelium ergibt, verwendet. Für seine eigene bischöfliche Entscheidung benutzt er den Begriff *Horos*. Indem er sich allerdings für diese auf den »Kanon« Jesu beruft, beansprucht er damit auch dessen Autorität. Hier aber ist nun wohl der Streitpunkt mit Melitios und seinen Anhängern anzusetzen. Denn die Enzyklika steht am Anfang der ganzen Auseinandersetzung mit ihm, und man hat davon auszugehen, daß es eben die milde und nachsichtige Haltung des Petrus mit der dahinterstehenden Schriftinterpretation war und die Praxis, die *lapsi* schon während der noch andauernden Verfolgung unter die Büßer aufzunehmen, die zum Schisma führten.[83]

Das Vorgehen des Melitios, in den durch Flucht oder Gefangenschaft vakanten Sprengeln Ordinationen vorzunehmen, hatte nun darüber hinaus bereits zu einer äußerst gespannten Lage geführt, wie sich aus dem eingangs genannten *Beschwerdebrief der 4 Bischöfe* an ihn ergibt. Diese werfen Melitios

---

[79]   Darauf hat E.Schwartz aufmerksam gemacht, vgl.: GS III 100 Anm.1.

[80]   Joannou, CPG 48,12ff.(can.1).

[81]   Im Apparat von Joannou sucht man die Variante z.St. vergeblich.

[82]   A.a.O.

[83]   Vgl.: E.Schwartz, GS III 98ff.; Kettler, ZNW 35, 185ff.

vor, daß er mit seinen Handlungen gegen den κανὼν ἐκκλησιαστικός verstoßen habe.[84]

So gleich im ersten Satz des Briefes: *nuntiatur aliena more diuino et regula
ecclesiastica que a te conantur immo magis fiunt* (=τὰ ὑπὸ σοῦ ... πεπραγμένα ἀλλότρια τοῦ θείου ἔθους καὶ κανόνος ἐκκλησιαστικοῦ
ὄντα).[85] Die Verfasser bezeichnen sodann das Verbot, *in alienis paroeciis
non licere alicui episcoporum ordinationes celebrare*, als eine *lex patrum et
propatrum*[86], die von diesen *constituta* sei *secundum diuinum et ecclesiasticum
ordinem*. Auch hier schlägt *Kettler* die Übersetzung vor: κατὰ τὸν θεῖον
καὶ ἐκκλησιαστικὸν κανόνα.[87]

Wir haben hier also mit dem Verbot, in fremden Eparchien Ordinationen
vorzunehmen, eine alte Norm des κανὼν ἐκκλησιαστικός vorliegen, die als
Gewohnheitsrecht (θεῖον ἔθος) bezeichnet wird und deren hohes Alter durch
den Hinweis auf die Praxis der »Väter« unterstrichen wird. Es wäre deshalb
verfehlt, hier nach bestimmten Synodalentscheidungen zu suchen. Apostolische Herkunft wird nicht in Anspruch genommen.

Melitios hatte sich jedenfalls befugt gesehen, in der Ausnahmesituation der
Verfolgung den κανὼν ἐκκλησιαστικός an diesem Punkte außer Kraft zu
setzen, und auch den *Horos* des alexandrinischen Bischofs, in Jesu Verhalten
gegenüber der Großen Sünderin den ausschlaggebenden *Kanon* für die Behandlung der lapsi noch während der Verfolgung zu erblicken, nicht anerkannt. Wir haben also in den Anfängen des melitianischen Schismas einen
mehrfachen Normenkonflikt über das, was in der Kirche *Kanon* sein soll,
vorliegen, auch wenn Petrus seine eigenen »Bußkanones« gar nicht so nannte.

4. ERGEBNIS

Für alle drei in diesem Kapitel behandelten Väter läßt sich somit sagen, daß
sie für ihre eigenen Ratschläge, Weisungen und Bestimmungen nicht den
Kanon-Begriff verwenden, sondern – explizit bei Dionysius und Petrus – von
ὁρίζειν und *Horos* reden. Im Sprachgebrauch des Dionysius begegnet uns

---

[84] Grundlage der folgenden Zitate sind die griechischen Retroversionen des im Cod.
Veronensis LX nur lateinisch erhaltenenen Schreibens durch Kettler und Schwartz, vgl.:
Kettler, ZNW 35, 159-163.

[85] A.a.O., 159,5.

[86] A.a.O., 159,15.18f.

[87] A.a.O., 159,16.

κανών allein in enger Verbindung mit τύπος als Bezeichnung für durch Überlieferung als prägendes Vorbild empfangene und als maßgeblich betrachtete Normen kirchlichen Handelns. Im selben Sinn wurde seine Person später als κανονικός bezeichnet. Bei Petrus wird die für den eigenen *Horos* als maßgeblich zugrundegelegte Weisung Jesu und der Hl.Schrift als κανών bezeichnet. Weiterhin heißen die von ihm in ihrer konkreten zeitlichen Begrenzung in seinen Horoi festgelegten Bußfristen *Kanones* als Synonym für *epitimia*. Bei Gregor, der in seinen Bußbestimmungen jede zeitliche Festsetzung von Bußfristen unterläßt, fehlt auch der Kanon-Begriff.

XVI. »REGULA« UND »KANON« AUF VORKONSTANTINISCHEN SYNODEN

In diesem Kapitel soll der Frage nachgegangen werden, ob und ab wann auf den Synoden der vorkonstantinischen Zeit die Termini *regula* und κανών als Bestandteil der Synodalterminologie Verwendung finden. Die Synoden des von uns bereits behandelten[1] Osterfeststreites ließen eine solche Verwendung noch nicht erkennen. Fragen wir nun nach den übrigen uns bekannten Synoden dieser Epoche.

1. ZU DEN ANTIMONTANISTISCHEN SYNODEN DES 2./3. JAHRHUNDERTS

Die ältesten Synoden, von denen wir Kenntnis haben, führen uns bekanntlich nach Kleinasien und gehören in die Auseinandersetzung der Kirche mit dem Montanismus.[2] Als Quellen stehen uns freilich nur Berichte Dritter zur Verfügung; Konzilsakten sind nicht erhalten.

Neben einer kurzen Erwähnung bei Euseb[3] ist als ältestes Zeugnis auf Tertullian zu verweisen[4], der von *concilia ex uniuersis ecclesiis* spricht.[5] Firmilian von Caesarea kommt 256 auf eine Synode von Ikonion vom Jahre 230/5 zu sprechen, an der er selbst teilgenommen hatte und auf der die geltende kleinasiatische Praxis der Wiedertaufe von Häretikern bestätigt worden sei *(confirmauimus)*.[6] Eine weitere Synode in Synnada erwähnt Dionysios von Alexandrien[7].

---

[1] S.o.: Kap. XII 1.
[2] Vgl.: Fischer, AHC 6 (1974) 241-273. Zur Frage, ob man im strengen Sinne von dieser Versammlung als »Synode« reden kann vgl. kritisch: E.Junod, Pratique synodale 20-27; Frend, TRE 22, 271-279.
[3] H.e. V 16,10; vgl.: Fischer, AHC 6, 249ff.256ff.
[4] De ieiunio 13,6 (CChr.SL 2,1272); dazu: Fischer, AHC 6, 258ff.
[5] Zu den Termini *concilium* und *conventus* vgl.: Fischer, a.a.O., 258 Anm.130 (Lit.).
[6] Cypr., ep.75,7 (815,7). Vgl.: Fischer, AHC 6, 267-271.
[7] Bei Euseb, H.e. VII 7,5.

In all diesen sehr knappen Berichten über Synoden in Kleinasien spielt die
Kanon/regula-Begrifflichkeit keine Rolle.

2. ZUR SYNODE WEGEN BERYLL VON BOSTRA

Die von Euseb erwähnten[8] Akten der unter maßgeblicher Beteiligung des
Origenes durchgeführten Synode wegen Beryll von Bostra sind bekanntlich
nicht erhalten.[9] Den Monarchianismus Berylls nennt Euseb kurz davor eine
»Verdrehung« des κανὼν ἐκκλησιαστικός.[10] *P.Nautin*[11] hat in der sich an
diese Wendung anschließenden Darstellung der Lehre Berylls bei Euseb typisch origenistisches Vokabular erblickt. Auch die Verwendung des Terminus
κανὼν ἐκκλησιαστικός würde m.E. nach dem oben herausgearbeiteten Befund[12] hierfür sprechen. Eine Aussage zum Kanon-Begriff im Zusammenhang
der Synodalterminologie läßt sich jedenfalls auch von hierher nicht machen.

3. ZUM STREIT UM ORIGENES UND SEINER VERTREIBUNG
AUS ALEXANDRIEN

Die erste alexandrinische Synode, von der wir wissen, entzog um das Jahr
231 dem Leiter des dortigen Katechumenenunterrichtes, Origenes, die Lehr-
befugnis und führte zu seiner Vertreibung aus Alexandrien. Ebenso wie von
der bald danach durchgeführten zweiten alexandrinischen Synode gegen
Origenes[13], die ihn des Presbyteramtes enthob, zu dem er in Caesarea vom
dortigen Bischof Theoktist und Alexander von Jerusalem ordiniert worden
war, wissen wir von beiden allein aus der bei Photios auszugsweise überlieferten Apologie des Pamphilos.[14] Dies ist freilich durchgängig das Kennzeichen
der Quellenlage für die Frage nach den Hintergründen des Konfliktes zwischen der alexandrinischen Kirche, namentlich ihren Bischöfen Demetrios
(†231/2) und Heraklas (†247/8), und Origenes:

---

[8]   H.e. VI 33,3; vgl. auch Sokrates, H.e. III 7.
[9]   Zur Synode vgl. zuletzt: J.A.Fischer, Origenes.
[10] H.e. VI 33,1: τὸν ἐκκλησιαστικὸν παρεκτρέπων κανόνα.
[11] Lettres et écrivains 213f.
[12] Vgl. oben Kap. IX.
[13] Zu beiden vgl.: Fischer, Synoden gegen Origenes. Nach Nautin, Origène 104f.,
      handelt es sich bei der zweiten um eine unhistorische Anekdote.
[14] Photios, Bibl.cod.118 (Henry II 91f.).

»Wir besitzen weder eine genauere Schilderung der Ereignisse in Alexandri-
en bzw. in Caesarea, noch anderes Quellenmaterial, das uns eine einigermaßen zuverlässige Rekonstruktion ermöglichte. Überliefert sind lediglich
kurze Notizen und teilweise sich widersprechende Hinweise, die zumeist
aus den späteren origenistischen Streitigkeiten stammen und durch sie
beeinflußt sind.«[15]

Für diese Quellen[16] läßt sich feststellen, daß in ihnen der Kanon-Begriff
keine Rolle spielt.

Dies scheint mir auf den ersten Blick überraschend zu sein, wenn man
bedenkt, daß für die Frage nach eventuellen dogmatischen oder theologischen
Ursachen des Streites die Quellen stumm bleiben[17] und festzustellen ist, »daß
bei den Entscheidungen über Origenes Fragen der kirchlichen Praxis ... und
der Kirchenordnung ... im Vordergrund stehen«.[18] Namentlich die Presbyterweihe in Caesarea[19] bildet hier den zentralen Punkt in allen Quellen, und die
dagegen von Demetrios ins Feld geführten Gründe[20] – soweit sie deutlich
werden – gehen schließlich sehr präzise in spätere »kanonische« Rechtssetzungen ein. So untersagt can.16 von Nizäa[21] jede Ordination ohne Zustimmung des Heimatbischofs des Ordinanden und can.1 von Nizäa[22] und can.22
der Apostel[23] die Ordination eines Kandidaten, der sich freiwillig selbst ver-
stümmelt hat.

Aber auch die Synode von Nizäa bezeichnet ihre eigenen diesbezüglichen
Entscheidungen noch nicht als Kanones, wie später festzustellen sein wird.
Schließlich ist es ein Kennzeichen des Streites, daß diese »Weihehindernisse«
in anderen Kirchen nicht als zwingend empfunden wurden und eine gesamtkirchliche einheitliche Geltung als kirchliche Norm offensichtlich nicht gegeben war. So hat die Verstümmelung des Alexandriners Theoktist und Alex-

---

[15] Bienert, Streit um Origenes 94.

[16] Euseb, H.e. VI 8,4-6; 19,11-14.16-19; 23,3-4; Gennadius, vir.ill.33 (Bernoulli, 73);
      Justinian, Ep. ad Menam (ACO III 197, 24-32. 202, 18-26); Photios, Bibl.cod.117.118
      (Henry II 88ff.91f.); Hieronymus, vir.ill.54 (Bernoulli 32f.); ep.33,5 (CSEL 54, 259, 3-
      12).

[17] Besonders N.Brox (Spiritualität 145f.) hat betont, »daß es um Origenes ... zu seinen
      Lebzeiten nicht zu einer wirklich gravierenden Kontroverse ... aus doktrinären Diffe-
      renzen ... gekommen ist, obwohl das oft anders dargestellt wird. Es fehlt jedes sichere
      Indiz dafür«. P.Nautin, Origène, hatte der theologischen Kontroverse auch in diesem
      Zusammenhang wesentliche Bedeutung beigemessen.

[18] Bienert, a.a.O., 99.

[19] Euseb, H.e. VI 8,4.

[20] Vgl. dazu: Nautin, Origène 99-108.428-431; Fischer, OstkSt 28, 5ff.

[21] Joannou, CCO 37f.

[22] Joannou, CCO 23f.

[23] Joannou, CSP 18.

ander nicht von dessen Ordination abgehalten, und die denkbare[24] Versicherung des Origenes, nicht nach Alexandrien zurückkehren zu wollen, mag ihnen Rechtfertigung genug gewesen sein, eine Zuständigkeit des dortigen Bischofs für nicht mehr gegeben anzusehen. Auch war der Versuch des Demetrios, mit einem Rundschreiben die gesamte Kirche[25] zu einer einheitlichen Übernahme der ägyptischen Entscheidungen zu bewegen, nicht von Erfolg gekrönt, denn die Kirchen von Palästina, Arabia, Phönizien und Achaia haben der Verurteilung des Origenes nicht zugestimmt.[26] Genausowenig war der frühere Protest des Demetrios gegen die Predigt des Laien Origenes vor Bischöfen auf Verständnis gestoßen. Alexander und Theoktist konnten in ihrem Rechtfertigungsschreiben[27] auf konkrete Beispiele der Laienpredigt in einigen Kirchen von Lykaonien und Phrygien verweisen.[28]

So liegt es nahe, daß die mangelnde Einheitlichkeit in diesen Fragen der kirchlichen Ordnung und die fehlende Bereitschaft, deswegen die Einheit der Kirche zu gefährden, einer Argumentation mit der Größe κανὼν ἐκκλησιαστικός nicht förderlich waren und für das Fehlen des Kanon-Begriffes in den Quellen mit verantwortlich sein könnten. Angesichts der Quellenlage muß dies allerdings eine Vermutung bleiben. Wo wir etwas über die Synodalentscheidungen gegen Origenes erfahren, werden diese als ψῆφος bezeichnet[29]; Euseb nennt die Beschlüsse im Streit um Origenes τὰ δεδογμένα.[30]

4. ZUR SYNODALTERMINOLOGIE AFRICANISCHER SYNODEN IN DER ERSTEN HÄLFTE DES 3. JAHRHUNDERTS

Im Zusammenhang der Bußstreitigkeiten und der Ketzertauffrage ist uns bereits eine größere Anzahl von Konzilien der africanischen Kirche begegnet, von deren Durchführung in der ersten Hälfte des 3. Jahrhunderts wir Kenntnis haben. Mit Ausnahme der karthagischen Synode von 220 unter Agrippinus und Cyprians Frühjahrssynode von 251 zur Frage der *lapsi* sind uns von den meisten anderen im Briefcorpus Cyprians die Synodalbriefe und für das Septemberkonzil von 256 sogar die Sitzungsprotokolle erhalten.[31] Diese Quellenlage erlaubt uns, nähere Angaben über die in der africanischen Kirche dieser Zeit herrschende Synodalterminologie zu machen.

---

[24] Vgl.: Nautin, Origène 428.
[25] Euseb, H.e. VI 8,4.
[26] Hieronymus, ep.33,5.
[27] Vgl. hierzu und zur gesamten Korrespondenz Alexanders v. Jerusalem in dieser Sache: Nautin, Lettres et écrivains 105-143.124ff.
[28] Euseb, H.e. VI 19,16-18.
[29] Photios, Bibl.cod.118 (Henry II 92,4.9f.)
[30] VI 23,4 (570,13f.)

Als zentrale Begriffe lassen sich folgende *Termini* benennen[32], die allesamt dazu dienen, die Beschlüsse, Festlegungen oder Entscheidungen eines Konzils auf den Begriff zu bringen:

sentire – sententia[33]; *censere*[34]; *placere*[35] – *placita*[36]; *decernere*[37] – *decretum*[38]; *statuere*[39].

Von allen läßt sich sagen, daß sie der *römischen Rechtssprache* entstammen, näherhin aus römischen Senatsprotokollen bekannt sind *(sententia; placuit)*, oder Terminus technicus für die Abstimmung im römischen Senat oder städtischen Magistrat waren *(censere).*[40]

Die Sententiae LXXXVII episcoporum bestätigen über die Begrifflichkeit hinaus auch für den Ablauf dieser africanischen Konzile Magistrats- und Senatsverhandlungen als formale Parallelen und Vorbilder.[41] So fällt in der Tat

---

[31] Dabei handelt es sich um folgende Briefe: Mai 252 – ep.56.57 (nach Fischer, AHC 13, 2.12 mit Duquenne, Chronologie 33ff.38.160: ep.59.64); 253 – ep.64 (Fischer, AHC 13, 2.12 mit Duquenne, Chronologie 38ff.160: ep.56.57); 254 – ep.67; 255 – ep.70; 256 Frühjahr – ep.72; 256 Sept. – Sent. Zu diesen Synoden im einzelnen vgl. die Aufsätze von J.A.Fischer: FS B.Kötting; AHC 11; AHC 13; ZKG 93; AHC 14; AHC 15; AHC 16; ansonsten: Sieben, Konzilsidee 476-482; Ph.R.Amidon, Procedure.

[32] Die Belege erheben keinen Anspruch auf Vollständigkeit, sondern sollen einen exemplarischen Verwendungsnachweis darstellen.

[33] Zu 251: ep.43,3 (592,25); 59,1 (666,15); 71,4 (774,15). Zum röm. Konzil v. 251: ep.55,6 (628,6). Zu 252: ep.64,6 (721,3f.). Zu 253 (252): ep.56,3 (650,2). Zu 255: ep.70,1 (767,4f.). Zu 256 Frühjahr: ep.73,1 (779,4). Zu 256 Sept.: Sent.praef. (v.Soden 248,14f.); vgl. Sent.9.87.

[34] Zu 251: ep.55,23 (641,22); 44,1 (597,15). Zu 253 (252): ep.57,1 (651,12). Zu 255: ep.70,1 (767,7); 71,1 (771,7). Zu 256 Sept.: Sent.Praef. (v.Soden 248,7); vgl. Sent.2,8,11,16, 22,31,32,33,41,43,72,74,83,86.

[35] Zu 251: ep.43,7 (596,24); 55,7 (628,16f.); 55,13 (632,16); 55,17 (636,6); 56,2 (649,15); 48,3 (607,12). Zu 252: 59,9 (676,24). Zu 253 (252): ep.57,5 (655,7).

[36] Zu 251: ep.55,6 (628,2f.).

[37] Zu 251: ep.59,13 (680,11). Zu 256 Sept.: Sent.6 (v.Soden 254,2); vgl. Sent.38.59.

[38] Zu 251: ep.64,1 (717,13); Sent.4 (v.Soden 251,10).

[39] Zu 220: ep.73,3 (780,15f.). Zu 251: ep.55,4 (626,10); 59,14 (683,17): 57,1 (650,16). Zu 256 Frühjahr: ep.73,1 (779,5). Zu 256 Sept.: Sent.71 (v.Soden 273,4).

[40] Vgl. bes.: Sieben, Konzilsidee 478-82; Zu *sententia*: Heumann-Seckel, Handlexikon 534; Sieben, ebd.; ders., Voces 397. Zu *censere*: Heumann-Seckel 63f.; Sieben, a.a.O., 481. Zu *placere*: Heumann-Seckel 432f.; Sieben, a.a.O., 478f. Zu *decernere-decretum*: Heumann-Seckel 123f.; Beck, Römisches Recht 172; Zu *statuere*: Heumann-Seckel 553f.

[41] Vgl. im einzelnen: Sieben, Konzilsidee 478f. Amidon, Procedure, wendet sich zu Recht gegen die Vorstellung einer direkten Nachahmung weltlicher Gremien. Es handelt sich eher um die allgemein praktizierte Geschäftsordnung »parlamentarischer« Gremien im lateinischen Westen.

»in Anlage und Verlauf des Konzils, sowie in konkreten Formulierungen ... eine formale Verwandtschaft mit der Praxis römischer Senats- und Magistratsversammlungen und Provinzkonzilien auf, ohne daß das christliche Konzil genetisch vom römischen Provinziallandtag abzuleiten wäre.«[42]

Zusammenfassend läßt sich sagen, daß die von Cyprian beeinflußte Konzilssprache eine stark juristische Färbung hat und der Fachterminologie römischer öffentlich-rechtlicher Institutionen angelehnt ist. Die Termini *regula* oder – als Lehnwort – *canon* kommen darin nicht vor.

Ähnliches ist auch für die beiden Schreiben der römischen Gemeinde an Cyprian aus den Anfängen der Bußstreitigkeiten festzustellen, die Novatian zum Verfasser haben (ep.30.36). Die auf ein zukünftiges Konzil nach Ende der Verfolgung aufgeschobene Entscheidung heißt *sententia* und *decretum*.[43] Auch Bischof Cornelius von Rom wendet die Regula-Begrifflichkeit im Zusammenhang von Konzilsbeschlüssen nicht an.[44]

Schließlich sei auch noch der Bericht Eusebs über die römische Synode der 60 Bischöfe und deren Ausschluß Novatians erwähnt. Es handelt sich dabei zwar um die Sprache Eusebs, aber auch hier wird die Kanon-Terminologie nicht verwendet. Die Synodalbeschlüsse heißen δόγμα, τὰ δόξαντα und τὰ ἀρέσαντα.[45]

5. »KANON« IM PROZESS GEGEN PAUL VON SAMOSATA
(264-268/9)

Die Verurteilung und Exkommunikation des antiochenischen Bischofs Paul von Samosata ist wohl der spektakulärste Fall einer Bischofsabsetzung durch eine Synode im 3. Jahrhundert. Nach ein oder möglicherweise auch zwei synodalen Versammlungen um und nach 264 wurde dieses Urteil im Winter 268/9 von einer ebenfalls in Antiochien tagenden Synode gefällt.[46]

Die große Aufmerksamkeit, die Paul von Samosata in der Dogmengeschichtsschreibung bei der Schilderung der Vorgeschichte des arianischen Streites bis heute erfährt, steht bekanntlich in erheblicher Spannung zu den wenigen Quellen, die uns überhaupt überliefert sind. Die älteste und einzig

---

[42] Fischer, AHC 16, 30. Die Diskussion dieser Parallelen ist schon älter. Vgl.: K.v. Schwartz, Die Entstehung der Synoden in der alten Kirche, Diss. Leipzig 1898, 62-75; P.Batiffol, Études 84-153. Vgl. auch u. Kap.: XX 3.

[43] Ep.30,5 (203,25.27); 36,1,3 (248,27). Die Terminologie ist bei Viktor auch in die Bezeichnung der biblischen *praecepta* eingedrungen. Vgl.: 30,1,1 (199,4f.): *decretis caelestibus*; 36,2,1 (248,3).

[44] Hinsichtlich der Entscheidung über die zu Novatian abgefallenen Bekenner schreibt er: *ut firmato consilio ... consensu omnium statueretur* (ep.49,2: 610,9f.).

[45] H.e. VI 43,2 (612,22); 43,3 (614,5.13).

[46] Vgl. jetzt die gesamte ältere Lit. zusammenfassend: Fischer, Paul von Samosata.

unumstrittene ist der ausführliche Bericht Eusebs (H.e. VII 27,1-30,19), der
Fragmente der *epistula synodica* von 268/9 enthält. Über die Authentizität aller
anderen, der Überlieferung späterer Jahrhunderte entstammenden Fragmente
der Synodalakten, wie sie insbesondere von *F.Loofs, G.Bardy* und *H.de Riedmatten* gesammelt und zur Darstellung der Lehre des Samosateners ergänzend
herangezogen wurden[47], herrscht bis heute kein Konsens.[48] Fühlten sich die
Skeptiker besonders seit *M.Richards* Deutung[49] von Euseb, H.e. VII 29,2 zu
der Annahme eines völligen Fehlens von Verhandlungsprotokollen berechtigt[50], so haben die Thesen *Richards* in jüngster Zeit durch *Chr.Stead* nachdrücklich und m.E. berechtigten Widerspruch erfahren.[51] Man wird deshalb
für die Frage nach der Bedeutung des Kanon-Begriffes im Prozeß gegen Paul
von Samosata eine Einbeziehung der umstrittenen Fragmente nicht von
vornherein methodisch ausklammern können.[52]

In diesem Gesamtkomplex von eusebianischem Bericht und Fragmenten
sind es insgesamt 3 Stellen, an denen der Kanon-Begriff eine gewisse Rolle
spielt: 1. im Synodalbrief bei Euseb; 2. im Fragment Nr.16 von *de Riedmatten*,
das der *epistula synodica* zugeordnet wird, und 3. im sog. »Hymenäusbrief«.

a) Zum Synodalbrief bei Euseb (H.e. VII 30,2-17)

Nach dem Bericht Eusebs erfolgte die Verurteilung Pauls wegen einer
Lehrdifferenz in der Frage der wahren und ewigen Gottheit und Gottessohnschaft Christi, die von der Synode als »Heterodoxie« bewertet wurde.

> So seien die Anschauungen des Samosateners über Christus, wonach dieser
> seiner Natur nach ein gewöhnlicher Mensch gewesen sei, παρὰ τὴν
> ἐκκλησιαστικὴν διδασκαλίαν.[53] Die einhellige Verurteilung des »Hauptes
> der antiochenischen Häresie« sei wegen Heterodoxie erfolgt.[54]

Dies stimmt mit den Angaben des Synodalbriefes überein, von dem Euseb
4 Fragmente überliefert (H.e. VII 30,2-17).

---

[47] Vgl.: Loofs, Paulus von Samosata; G.Bardy, Paul de Samosate; H.de Riedmatten, Les
Actes.
[48] Vgl. die entspr. Positionen bei: Chr.Stead, Marcel Richard 141.
[49] M.Richard, Malchion.
[50] Vgl. z.B.: H.C.Brennecke, Zum Prozeß 274 Anm.19.
[51] Vgl.: ders., Marcel Richard.
[52] Wie dies etwa bei der Frage nach der Verurteilung des Homousios im Jahre 268/9, die
nunmehr als erledigt betrachtet werden kann, durchaus möglich ist. Vgl.: Brennecke,
Zum Prozeß 273ff.
[53] H.e. VII 27,2 (702,5f.).
[54] H.e. VII 29,1 (704,8f.); 30,1 (704,23).

Danach hat die Einladung zur Synode die Heilung τῆς θανατηφόρου
διδασκαλίας zum Zweck gehabt.[55] Denn Paul von Samosata habe seinen
Herrn und Gott verleugnet und den Glauben, den er vormals hatte, nicht
bewahrt.[56]

In demselben Rundbrief formulieren die Synodalen nun weiter, daß Paul
»da er vom Kanon abgefallen sei (ἀποστὰς τοῦ κανόνος), sich trügerischen
und unechten Lehren zugewandt habe«.[57] Man hat an dieser Stelle die Apostasie Pauls stets im Sinne der Heterodoxie exklusiv auf die Lehrfragen bezogen und dementsprechend den »Kanon« als »Glaubensregel« interpretiert.

So läßt z.B. *R.P.C.Hanson*[58] den gesamten Kontext der Stelle außer acht
und beschränkt das Zitat in der vorgeführten Art und Weise. Die Übersetzung des κανών an dieser Stelle als »Glaubensregel« ist üblich.[59]

Um so mehr fällt auf, daß in dem Synodalbrief, mit dem die Synode
Dionysius von Rom, Maximos von Alexandrien »und der ganzen katholischen
Kirche« Rechenschaft über ihr Handeln und ihre Entscheidung geben will[60],
die Frage der Lebens- und Amtsführung des antiochenischen Bischofs ausgesprochen breiten Raum einnimmt. *Wie* breit dieser Raum in Verhältnis zur
Darstellung seiner Heterodoxie ist, läßt sich nicht mehr sagen, weil Euseb
ausgerechnet diesen Passus des Synodalbriefes wegließ. Es ist aber deutlich,
daß der Teil des Briefes über die Lehrfragen erst auf die Darstellung der
Lebens- und Amtsführung Pauls folgte, also nach dem 3. Fragment bei Euseb[61],
wo der Teil über die Lehrfragen erst angekündigt wird. Die Synodalen haben
also zur Begründung und Rechtfertigung für ihre Entscheidung eine Darstellung der Lebens- und Amtsführung *und* der Heterodoxie des Samosateners für
erforderlich gehalten und in dieser Reihenfolge abgefaßt.

Die prozessuale Anklage und entsprechende Verurteilung bezog sich allerdings allein auf die Frage der Heterodoxie, da diese Verfehlung offensichtlich
als gewichtiger bewertet wurde und eine Verurteilung in dieser Sache die
Verfolgung der Vorwürfe hinsichtlich der Lebens- und Amtsführung überflüssig machen mußte. Eben dies betonen die Synodalen am Anfang und Ende des

---

[55]   30,3 (706,12).

[56]   30,4 (706,22ff.).

[57]   30,6 (708,6f.): ὅπου δὲ ἀποστὰς τοῦ κανόνος, ἐπὶ κίβδηλα καὶ νόθα διδάγματα
μετελήλυθεν.

[58]   Tradition 82.

[59]   Vgl. z.B. die Übersetzung von Ph.Haeuser/H.A.Gärtner (²BKV 1932), hg.v. H.Kraft,
München ³1989, 348. Genauso: J.A.Fischer, AHC 18, 20.

[60]   Vgl.: H.e. VII 30,1.2 (704,20f.; 706,3).

[61]   Vgl.: 30,11 (710,17).

3. Fragmentes bei Euseb und rahmen damit gewissermaßen ihre Ausführungen zur Lebensführung Pauls.

So schreiben sie am Ende, daß man einen Mann, der wenigstens ein φρόνημα καθολικόν hätte, deswegen (sc. wegen seiner Taten) hätte anklagen müssen (εὔθυνεν ἂν τις ἄνδρα); jemand aber, der das Mysterion preisgegeben habe, deswegen zur Rechenschaft zu ziehen, habe man nicht als seine Aufgabe betrachtet.[62]
Und genauso nun eben an jener Stelle am Anfang, die ich jetzt vollständig zitiere: »Da er (sc.Paul) vom Kanon abgefallen ist, zu trügerischen und unechten Lehren übergegangen ist und so (schon) außerhalb der Kirche steht, ist es nicht zwingend, (auch noch) über seine Taten zu Gericht zu sitzen«.[63]

Es ist m.E. die Frage, ob man die Apostasie Pauls »vom Kanon«, von der die Synodalen sprechen, allein auf seine Heterodoxie beziehen darf, oder ob sein Abfall nicht gerade als vollkommener, nämlich auch seine Taten betreffend, gesehen wird, und diese Praxeis hier hinsichtlich der Apostasie von Kanon allein deswegen in die zweite Reihe rücken, weil sie nicht Gegenstand des Prozesses waren. Mir scheint dieses letztere wahrscheinlicher zu sein. Jedenfalls wird die Wendung κανὼν τῆς πίστεως hier nicht verwendet, sondern es liegt ein absoluter Gebrauch von ὁ κανών vor. Dies wohl eben deshalb, weil Paul von Samosata in der Sicht der Synode nicht nur hinsichtlich der Lehre, sondern überhaupt von der kirchlichen Norm und dem, was insgesamt in der Kirche maßgeblich ist, abgefallen ist. Dies zu belegen, dienen eben die sich sogleich im Satzgefüge anschließenden detaillierten Ausführungen über Lebens- und Amtsführung des Samosateners.
Die Fülle der als verwerflich bewerteten Verhaltensweisen Pauls, die hier nicht näher darzustellen sind[64], und die früher zu der nicht mehr haltbaren[65] These eines Widerstreites zwischen syrisch-orientalischem und griechisch-römischem Bewußtsein als kultur-politischem Hintergrund und eigentlichem Gegensatz des Konfliktes geführt hatten, lassen sich – wenn ich richtig sehe – auf drei Grundvorwürfe reduzieren:

1. materielle Raffgier in der Ausnutzung anwaltlicher Begleitung hilfesuchender Gemeindeglieder (30,7); 2. Vermengung von Bischofsamt und weltlichen Ämtern insbesondere durch Übernahme von deren Attributen

---

[62]   30,16 (712,11ff.).
[63]   ὅπου δὲ ἀποστὰς τοῦ κανόνος, ἐπὶ κίβδηλα καὶ νόθα διδάγματα μετελήλυθεν, οὐδὲν δεῖ τοῦ ἔξω ὄντος τὰς πράξεις κρίνειν...: 30,6 (708,6f.).
[64]   Vgl. aber z.B. Fischer, AHC 18, 20-24.
[65]   Vgl.: F.Millar, Paul of Samosata.

und Statussymbolen (30,9)[66]; 3. Verunglimpfung des Bischofsamtes, indem es zweideutigen Verdächtigungen ausgesetzt wird durch Förderung des Syneisaktentums (30,12f.).

Beim ersten Vorwurf verweisen die Synodalen direkt auf das apostolische Verbot, aus der εὐσέβεια einen πορισμός zu machen (1 Tim 6,5). Im Zusammenhang des dritten Vorwurfs kommen sie auf die ihres Erachtens hinter allem stehende grundlegende Verfehlung Pauls zu sprechen, daß er der Pflicht des Bischofs und der gesamten »Priesterschaft« nicht nachkomme, der Menge ein Vorbild (παράδειγμα) zu sein in allen guten Werken.[67] Alle drei Vorwürfe kritisieren Verhaltensweisen, die später wiederholt durch Synodalbeschlüsse Gegenstand von Verboten werden sollten.[68]

So wird man m.E. die Ernsthaftigkeit der Sorge der Synodalen um das öffentliche Ansehen des Bischofsamtes – noch dazu an seiner neben Alexandrien exponiertesten Stelle im Osten – nicht vorschnell in Zweifel ziehen und als böswillige Unterstellungen oder unsinnigen Klatsch diffamieren dürfen.[69] Es ist m.E. ein berechtigter Einwand gegen diese Sicht der Dinge, daß es sich bei der die Monita ausbreitenden *epistula synodica* um ein offizielles Synodalschreiben und Konzilsdokument handelt, das – an alle Eparchien versandt (30,1) – auf für jedermann überprüfbaren und öffentlich bekannten Tatsachen basieren mußte, wenn es allgemein rezipiert werden wollte, was ja der Fall war.[70] Es waren anscheinend eben auch diese Aspekte der Lebens- und Amtsführung des antiochenischen Bischofs, die für die Synodalen als »Abfall vom Kanon« das Maß der Häresie voll machten.

b) Zum Fragment Nr.16 bei H. de Riedmatten

Ein weiteres Mal begegnet der Kanon-Begriff in einem Fragment, das Leontios von Byzanz in einem Schreiben an Fulgentius von Ruspe bezeugt[71],

---

[66] Vieldiskutiert gehören hierzu der Titel »Ducenarius«, die Statussymbole βῆμα und θρόνος und die Einrichtung eines *secretarium* im Bischofshaus. Zur Diskussion darüber vgl.: Millar, a.a.O., 11ff.; Fischer, a.a.O., 20f.

[67] H.e. VII 30,13 (710,30ff.).

[68] Zu 1. vgl.: can.44 der Apostel; can.25 v.Antiochien; can.4 v. Laodicea. Zu 2. vgl.: can.6 u. 81 der Apostel. Gerade der letztere nimmt in auffälliger Weise das gegen Paul vorgebrachte Monitum auf. Vgl. auch can.18 v. Carthago (a.419). Zu 3. vgl.: die Belegsammlung bei D.Misonne in: LThK[2] 9, 1230f.

[69] So insbesondere: Loofs, Paulus von Samosata 53: »dieser Brief mit seinen gehässigen Anklagen ist ein trauriges ... Beispiel gewissenloser ›frommer‹ Verleumdungskunst aus der Frühzeit der Kirche«. Ähnlich aber auch noch: Brennecke, Zum Prozeß 272: »aller Wahrscheinlichkeit nach zum größten Teil unsinniger und bei den Gegnern des Bischofs in Antiochien selbst mündlich umlaufender Klatsch«.

[70] So richtig: J.A.Fischer, AHC 18, 19.

und das in der syrischen Tradition bei Severus von Antiochien ebenfalls überliefert ist.[72]

> Das *Lemma* der syrischen Überlieferung ordnet den Text zu und gibt den Kontext an: »Von der Hl. Synode, die Paul von Samosata absetzte; aus dem Synodalbrief; daß das Wort und die Weisheit Gottes nicht wie in den Propheten wirksam ist, sondern sich dem Wesen nach mit dem menschlichen Fleisch vereinigt hat, das mit einer vernünftigen Seele versehen ist.«[73]
>
> Das *Fragment* hat folgenden Wortlaut: »Dies halten die *katholischen und kirchlichen Kanones* nicht für richtig. Denn jene haben wohl Anteil an der Weisheit gehabt, die sie von außen anhauchte und von ihnen unterschieden blieb, während es die Weisheit selbst durch sich selbst war, die ihrem Wesen nach im Leib Mariens Wohnung nahm.«[74]

Es ist nun die Frage, wie diese Aussage zu verstehen ist und worauf sich das Nicht-Billigen der »katholischen und kirchlichen Kanones« bezieht. Die ungewöhnliche Formulierung im Plural hat hier einiges Kopfzerbrechen bereitet.

> *G.Bardy* wollte den Plural so verstehen: »Il exprime l'ensemble des règles suivies par l'Église et admis dans toute la catholicité du IIIe siècle.«[75]
> *R.P.C.Hanson*, der durch das Fragment »one notion of Paul's« verurteilt sieht – ohne zu sagen, welchen! –, deutet den Plural folgendermaßen: »perhaps this is a sign that by this time the conception of a single, generally agreed rule of faith is beginning to be stereotyped into a number of formal definitions, or even creeds, made by councils; or perhaps the wording has suffered from alteration to fit the conditions of a later day.«[76]

Mir scheint demgegenüber, daß weder der Verweis auf die Entwicklung der *regula fidei* zu deklaratorischen Glaubensbekenntnissen synodaler Herkunft zum Verständnis des Textes weiterhilft noch die Annahme der Textverderbtheit nötig ist. Nimmt man das syrische Lemma ernst, läßt sich das Fragment m.E. vielmehr »immanent« interpretieren. Man wird sich dazu freilich auch hier wieder von einem letztlich am »Symbol« orientierten Verständnis der *regula fidei* freimachen müssen.

Wenn das syrische Lemma darauf hinweist, daß der Logos bzw. die Sophia Gottes bei der Menschwerdung nicht wie in den Propheten gewirkt hat, dann

---

[71] Contra Nestorian. et Eutychian. III (PG 86,1393B) =Loofs, Paulus von Samosata 78ff.: »Fragment 18«.

[72] Contra Grammaticum III 41 = de Riedmatten 140ff.: »Fragment 16«.

[73] Vgl.: de Riedmatten 144.

[74] Τοῦτο δὲ οὐκ ἀξιοῦσιν οἱ καθολικοὶ καὶ ἐκκλησιαστικοὶ κανόνες.... .

[75] Paul de Samosate, 322 Anm.2.

[76] Tradition 82.

wird damit deutlich, daß es um die Frage geht, ob die Menschwerdung des Logos nach dem Muster der prophetischen Inspiriertheit zu verstehen ist. Dies ist es, was die katholischen und kirchlichen Kanones nicht für würdig und richtig halten. Entsprechend führt das Fragment dann aus, daß jene – nämlich die Propheten – wohl Anteil an der Sophia hatten, während es nun aber um die Menschwerdung der Sophia selbst gehe.

Zur Debatte steht an dieser Stelle also die Frage der richtigen Deutung der Schrift, näherhin der Zulässigkeit einer – so darf man wohl sagen – typologischen Interpretation des alttestamentlichen Propheten auf Christus hin in dem Sinne, daß das Verständnis der Gottessohnschaft und ewigen Gottheit Christi am Vorbild des geisttragenden Propheten seine Ausrichtung und Grenze erfährt. Dies aber – so sagt das Fragment – widerspricht den kirchlichen Kanones. Daß damit die Verhältnisse späterer Zeit angesprochen und Synodalkanones gemeint sein könnten, kann man ausschließen, nachdem Kanones, die solches bestimmen, nicht überliefert sind. Vielmehr sind unter diesen *Kanones* hier m.E. die kirchlichen Richtlinien der *christozentrischen Auslegung* des Alten Testamentes zu verstehen. Die kirchliche typologische Auslegung des Alten Testamentes in Hinsicht auf das Geheimnis der Gottheit Christi, wie sie allgemein maßgeblich ist (οἱ καθολικοὶ κανόνες), erlaubt demnach nicht, dieses nach dem Typos der prophetischen Inspiration zu verstehen. Ebendies wird Paul von Samosata dann wohl vertreten haben.[77]

Diese Deutung des Kanon-Begriffes an dieser Stelle als *kirchliche Auslegungsnormen* für die christozentrische typologische Deutung des Alten Testamentes wäre schließlich auch als ein Indiz für die Authentizität des Fragmentes zu betrachten. Denn der Pluralgebrauch von κανών als solcher ist uns bereits bei Origenes begegnet[78] und zwingt nicht dazu, die Formulierung einer späteren Zeit zuzuweisen. Das Verständnis des κανών ἐκκλησιαστικός als Auslegungsnorm für die christozentrische Deutung des Alten Testament war weiterhin bereits bei Klemens von Alexandrien festzustellen.[79] Es ginge also an dieser Stelle weder um Vorformen von Glaubensbekenntnissen oder bestimmte fest geprägte Glaubensaussagen, auch nicht um Synodalbeschlüsse, sondern um im Gegensatz zu Pauls Exegese stehende, allgemein verbindliche Maßgaben der typologischen Auslegung der Schrift. Das Fragment wäre dann ein bedeutendes Zeugnis für einen vornizänischen pluralen Gebrauch des Kanon-Begriffes.

---

[77] Vgl.: R.L.Sample, The Messiah as Prophet; ders., Christology 20-24.
[78] S.o.: Kap. IX 3 b) (In I Cor.Hom.Fg.4).
[79] Vgl. o. Kap. VII 6 a).

c) Zum sog. »Hymenäusbrief«

Noch vor der Synode von 268/9 hatten 6 Bischöfe den Versuch unternommen, Paul von Samosata durch Zustimmung zu einer schriftlichen Darlegung des Christusbekenntnisses vor einer Verurteilung zu bewahren. Dies ergibt sich aus dem sog. »Brief der 6 Bischöfe«, nach dem erstunterzeichneten Bischof von Jerusalem auch »Hymenäusbrief« genannt, der heute von den meisten für authentisch gehalten wird.[80]

> Die Bischöfe führen eingangs aus, daß es ihnen nach den bereits durchgeführten Verhandlungen richtig erschien, den Glauben (πίστις) schriftlich darzulegen, wie er von Anfang an empfangen, von der heiligen, katholischen Kirche bis heute durch apostolische Nachfolge bewahrt und durch das Gesetz und die Propheten und das Neue Testament verkündigt worden sei (1.).[81]
> Nach grundlegenden Aussagen über den einen ἀγέννητος θεός und seinen Sohn (2.) werden dann in polemischer Ausrichtung mehrere *Thesen* samt ausführlicher Schriftbegründung vorgetragen. Dies sind: der Sohn ist Gott (3.); der Sohn war bei Gott (4.); er ist es, der als ἄγγελος, κύριος oder θεός bezeichnet, den Patriarchen erschien (5.); bei der Gesetzgebung war er Mittler (6.); allein der präexistente Sohn hat den unsichtbaren Gott gesehen (7.). Sodann wird der geschichtliche Christus behandelt (8.), um zu der These zu kommen: der präexistente Christus und der irdische sind ein und derselbe (9.). Der Schlußabschnitt (10.) bittet Paul um eine Erklärung, ob er genauso denke und ob es ihm genehm sei, den vorstehenden Ausführungen durch Unterschrift zuzustimmen.

Der *dritte Abschnitt*, der die polemischen *Thesen* eröffnet, wird nun mit einer »feierlichen Erklärung«[82], oder präziser »Eventual-Anathem«[83] eröffnet.

> »Wer aber dem Glauben und dem Bekenntnis, daß der Sohn Gottes Gott ist vor der Schöpfung, widerstreitet, indem man behauptet, es würden 2 Götter verkündet, wenn der Sohn als Gott gepredigt werde, den betrachten

---

[80] Über Loofs (265-285), Bardy (9-34), und de Riedmatten (121-134) hinaus vgl. die Lit. bei Fischer, AHC 18, 14 Anm.42. Gegen die Echtheit war vor allem: E.Schwartz, Korrespondenz.

[81] ἔδοξεν ἡμῖν ἔγγραφον τὴν πίστιν ... ἐκθέσθαι (Bardy 14).

[82] Bardy, Paul de Samosate 23.

[83] Loofs, Paulus von Samosata 271.

wir *als Fremden gegenüber dem kirchlichen Kanon,* und alle katholischen Kirchen stimmen uns zu.«[84]

Es ist die Frage, ob es zutreffend ist, die Wendung κανὼν ἐκκλησιαστικός einfach mit der Größe *regula fidei* zu identifizieren[85], oder ob nicht zumindest weiter zu fragen ist, wie dies dann zu verstehen ist. Klar ist, daß der »Kanon« hier eine *dogmatische Norm* ist; es geht um die *Pistis,* wie sie von den 6 Bischöfen dargelegt wird. Klar ist aber auch, daß jede Assoziation zur Vorstellung eines symbolähnlichen Ganzen besser zu vermeiden ist.[86] Die hier vorgenommene Darlegung der *Pistis* betrifft ja vorrangig die *Präexistenz Christi,* das ewige Wirken und Sein des Sohnes beim Vater und seine Manifestationen im Alten Testament. Grundlegende Glaubensinhalte wie Passion und Auferstehung Jesu und das Bekenntnis zum Hl.Geist fehlen völlig. Der Brief bietet also keine Darlegung der *regula fidei* im geläufigen Sinne, sondern behandelt *einen* konkreten und *aktuellen* theologischen *Kontroverspunkt,* nämlich das Bekenntnis zur Gottheit Christi von Ewigkeit her. Dieses wird als Richtschnur und Maßstab des in allen Kirchen bekannten Glaubens bezeichnet. Eine solche Qualifizierung impliziert auch hier, daß ein Dissens an dieser Stelle gemeinschaftsauflösende Bedeutung hat, weil im Kern des Glaubens nicht Übereinstimmung sondern Fremdheit herrscht. Die antihäretische Ausrichtung des κανὼν ἐκκλησιαστικός ist auch an dieser Stelle wieder deutlich.

Daß die Bischöfe sich in ihrem Schreiben ganz der späteren Anklageführung entsprechend auf die Frage der Pistis beschränken, läßt freilich keine Rückschlüsse auf den Inhalt des κανὼν ἐκκλησιαστικός allein in diesem Sinne zu. Ebensowenig ist es m.E. berechtigt, daraus zu folgern, daß »erst nach der Absetzung des Ketzers ... das sittliche Verurteilen und Verleumden des Verurteilten eingesetzt (hat), weil in der Kirche Stimmung gemacht werden mußte für den Urteilsspruch der Synode«.[87]

Auch in den erhaltenen Quellen und Fragmenten zum Prozeß gegen Paul von Samosata taucht demnach der Begriff κανών nicht als Bestandteil der Synodalterminologie auf. Er begegnet uns vielmehr in bereits bekanntem Sprachgebrauch: 1. als in absolutem Sinn den Glauben sowie die Lebens- und Amtsführung umfassender kirchlicher Normbegriff; 2. in pluralem Gebrauch die christologischen typologischen Auslegungsnormen für das Alte Testament bezeichnend; 3. eine zentrale Aussage des kirchlichen Christusbekenntnisses als Maß jeder kirchlichen Gemeinschaft auf den Begriff bringend.

---

[84] ... τοῦτον ἀλλότριον τοῦ ἐκκλησιαστικοῦ κανόνος ἡγούμεθα, καὶ πᾶσαι αἱ καθολικαὶ ἐκκλησίαι συμφωνοῦσιν ἡμῖν: Bardy 14.

[85] Wie es z.B. Hanson, Tradition 83, tut.

[86] Also ganz im Gegensatz zu der älteren Einordnung des Hymenäusbriefes bei sog. »Symbolen von Partikular-Synoden«. So z.B.: Hahn, Bibliothek 178.

[87] So: Loofs, Paulus von Samosata 283.

6. ZUR SYNODE VON ELVIRA

In den 81 überlieferten »Canones« der Synode von Elvira sind uns erstmals Synodalbeschlüsse erhalten, die die kirchliche Ordnung und die Lebensführung der Gläubigen betreffen. Die Authentizität und innere Geschlossenheit des dieser Synode zugeordneten Synodalcorpus wird allerdings seit dem 18. Jahrhundert diskutiert und bis heute kontrovers beurteilt.[88]

> Von der meist auf das Jahr 306 datierten[89] Synode ist neben den 81 Beschlüssen eine Praesenzliste überliefert, die 19 Bischöfe und 24 Presbyter und Diakone als Teilnehmer ausweist.[90] Die handschriftliche Überlieferung[91] dieser Synodalakten setzt freilich erst mit der sog. *Collectio Hispana* (1. Hälfte 7.Jh.) ein, die den Höhepunkt kanonistischer kompilatorischer Tätigkeit auf der spanischen Halbinsel vor der islamischen Invasion von 711 darstellt.[92] Die erhaltenen Handschriften reichen nicht vor das 9. Jahrhundert zurück, und der Versuch, aus der sog. *Spanischen Epitome*[93] eine ältere Sammlung zu rekonstruieren, bringt für die Textgestalt der Canones von Elvira nichts.[94] Vielmehr ist es geradezu auffällig, daß alle älteren okzidentalen Sammlungen[95] die Synode von Elvira ignorieren.[96] Keine Synode des 4. Jahrhunderts hat schließlich eine vergleichbare Anzahl von »Canones« hervorgebracht.[97]

Aber ganz gleich, ob man nun mit *M.Meigne*[98] in dem gesamten Corpus von 81 Beschlüssen eine lokale Sammlung der Kirchen in der römischen

---

[88] Vgl.: D.Ramos-Lissón, in: J.Orlandis/ D.Ramos-Lissón, Synoden 3-30; M.Meigne, Concile ou Collection; J.Gaudemet in: DHGE 5, 317-348; V.C.de Clercq, Ossius; E.Reichert, Canones.

[89] Vgl.: Ramos-Lissón, Synoden 4ff.

[90] Vgl.: Ramos-Lissón, Synoden 6f.; Reichert, Canones 24.

[91] Vgl.: Meigne, Concile ou collection 361-364; Reichert, Canones 26ff.

[92] Zur Hispana: Gaudemet, Les sources 155-161; Maassen, Geschichte der Quellen 667-716; A.García y García, LMA 5, 38.

[93] Vgl.: Gaudemet, Les sources 150-155; Maassen, Geschichte der Quellen 646-666.

[94] Vgl.: Reichert, Canones 27.

[95] Also insbesondere: Dionysiana (vgl.: Maassen, Geschichte der Quellen 422-440), Sammlung von Freising (a.a.O., 476-486), Quesnelliana (a.a.O., 486-500), und sogar die »Capitula Martini« des Martin von Braga aus der 2.Hälfte des 6.Jh. (a.a.O., 802-806).

[96] Vgl.: Meigne, Concile ou collection 362.

[97] Vgl.: Meigne, a.a.O., 365-369, der weiter darauf hinweist, daß alle Synoden aus zeitlicher Nachbarschaft ihre Beschlüsse sachlich geordnet haben, was sich für Elvira nur für die Kanones 1-21. 63-75 feststellen läßt. Die anderen sind s.E. erst im Laufe des 4. Jahrhunderts sukzessive hinzugewachsen.

[98] A.a.O., 373f.385f.

Provinz Baetica[99] erblickt – es wäre dann die älteste erhaltene kanonische Sammlung im Westen –, oder mit *D.Ramos-Lissón* die Authentizität und Einheit der »Canones« von Elvira verteidigt[100], für unsere Fragestellung ist festzustellen, daß in deren Wortlaut weder die Begriffe *canon* noch *regula* auftauchen. Selbst die den Beschlüssen in der kanonistischen Überlieferung zugewachsenen[101] Ordnungszahlen und *Tituli* mit ihren kurzen Inhaltsangaben bieten – in den gängigen Editionen jedenfalls[102] – keine Verwendung der Termini *canon* und *regula*.[103]

Hinsichtlich der *Synodalterminologie* zeigen die Beschlüsse eine ähnliche Diktion wie bei den africanischen Synoden in der Mitte des 3. Jahrhunderts. Die überwiegende Mehrzahl formuliert die Entscheidungen mit der Wendung *placuit* oder seltener *placet*.[104] Von daher ist der bei den africanischen Synoden des 4. Jahrhunderts[105] stets verwendete Terminus *placita* angemessen.[106] Auffällig ist allerdings, daß die für die africanischen Synoden noch bis zum Ende des 4. Jahrhunderts praktizierte Publikationsform, die sich 342 auch noch bei den Kanones von Serdika feststellen läßt[107], nicht vorliegt. Während nämlich die africanischen Beschlüsse und dann auch Serdika ihre *placita* als Verhandlungsresultate durch Dokumentation des Verhandlungsprotokolls publizieren, sind die der Synode von Elvira zugeordneten Entscheidungen im Beschlußstil von Verordnungen formuliert.[108] Der überlieferte Text dieses Corpus, dessen Beschlüsse in großer Anzahl Bußbestimmungen enthalten, bietet somit keinerlei Anhaltspunkte dafür, daß diese Synodalbeschlüsse zum Zeitpunkt ihrer Entstehung unter der Bezeichnung *canones* oder *regulae* verbreitet wurden.

---

[99] Vgl.: J.Gruber, Art. Baetica, in: LMA 1 (1980) 1344.

[100] A.a.O., 3ff. Vgl. auch Reichert, Canones 48. Beide treten freilich nicht in eine Auseinandersetzung mit den Argumenten Meignes ein.

[101] Genauso: Meigne, a.a.O., 362.

[102] Nachdem eine kritische Edition bislang nicht vorliegt, ist weiterhin maßgeblich: Gonzales 281-294, nachgedruckt von: Bruns, II 1-12, und: Lauchert 13-26.

[103] Der bei Mansi (II 5-19) abgedruckte Text mit seiner für kanonistische Sammelhandschriften typischen Tabelle der Tituli vor den Bestimmungen im einzelnen redet von *Tituli capitulorum* und druckt die »canones« dann danach unter der Überschrift *Capitula* allein mit einer Ordnungszahl versehen durchgezählt ab.

[104] So die can. 1-5. 7. 10-14. 16-18. 20. 22-24. 26-28. 31-37. 40-50. 53. 55-56. 58. 60-64. 66. 70. 72-74. 79.

[105] Vgl.: Kap. XXI.

[106] So auch Ramos-Lissón, Synoden 9: »Diese Entscheidungen oder Voten hießen placita, weil jeder seine Stimme mit der Formel placet oder non placet abgab, weshalb auch in der endgültigen Redaktion der Kanones ... das Wort placuit in der bejahenden oder verneinenden Form gebraucht wurde.«

[107] Vgl.: Kap. XX.

[108] Häufig als Bedingungsfolgesatz: »*Si quis ...*«; oder: »*Omnis (omnes) qui ...*«.

Dies wird bestätigt durch den Sprachgebrauch des Ossius von Cordoba, der zu den Synodalen von Elvira gehörte, und sich einige Jahrzehnte später als Vorsitzender der Synode von Serdika (342) in einem Votum wahrscheinlich auf einen der Beschlüsse von Elvira bezieht.

Er erinnere sich – so führt er aus –, daß »unsere Brüder« in früherer Zeit festgelegt hätten *(constituisse)*, daß ein Laie, der an seinem Wohnort an 3 Sonntagen hintereinander nicht am Gottesdienst teilnimmt, von der Kommunion ausgeschlossen werde.[109]

Gemeint ist hier wahrscheinlich can.21 von Elvira.[110] Es fällt i.. dieser Reminiszenz nicht nur auf, daß Ossius den Kanon-Begriff nicht verwendet, sondern daß er überdies auch die »Synode von Elvira« als solche nicht erwähnt und auch keine Ordnungszahl für seine Bezugnahme benutzt. Er sagt also nicht: »can.21 von Elvira bestimmt, daß ...«. Weiterhin erfolgt das Zitat nicht wörtlich, sondern sinngemäß, und es ist nur der spanische Bischof, der sich erinnert und der auch nicht die Synodalen von Serdika an etwas erinnert, was sie bereits wüßten. Offensichtlich kann er sie nicht daran erinnern, weil ihnen die Beschlüsse von Elvira nicht geläufig sind und über den Bereich der spanischen Kirche hinaus nicht in Geltung stehen. Sie scheinen auch nicht ohne weiteres aus bestehenden kanonistischen Sammlungen wörtlich abrufbar zu sein und werden insgesamt im Jahre 342 noch nicht »kanonistisch« gehandhabt.

7. ZUR SYNODE VON ANKYRA (314)

a) *Überlieferung, Inhalt und Publikationsform*

Als Kaiser Maximinus Daia nach seiner Niederlage gegen Licinius sich im Juli 313 in Tarsos das Leben nahm, fiel auch in den östlichen Reichsgebieten der Tetrarchie die letzte Bastion der Verfolgung der Kirche seit Diokletian. Euseb berichtet[111], daß in dieser Zeit nach dem nikomedischen Toleranzedikt des Licinius vom 13.6.313 im Osten sofort wieder zahlreiche Synoden abgehalten wurden. Zu diesen ist auch die Synode von Ankyra, der Metropolis Galatiens, zu rechnen, die im allgemeinen[112] auf den frühestmöglichen Termin der Pentekoste des Jahres 314 datiert wird.

---

[109] Turner, EOMIA I 518,24-29.
[110] Vgl.: Turner, a.a.O., z.St.; de Clercq, Ossius 85.
[111] H.e. X 3.
[112] Vgl. Hefele-Leclercq I 1, 298-326; X.LeBachelet in: DThC I, 1173-1177.

Neben den 25 Kanones[113] werden ihr in der lateinischen Überlieferung drei Bischofslisten zugeordnet.[114] Diese schwanken zwischen 12 und 18 Teilnehmern. Schon die *Ballerini* haben gezeigt[115], daß die Liste mit Provinzangaben anachronistische Provinzeinteilungen enthält und zumindest später ergänzt sein muß.[116] Dennoch sind die Listen nicht von vornherein unglaubwürdig, weil sich die meisten genannten Synodalen zeitlich zuordnen lassen und auch am Nicaenum von 325 teilgenommen haben. An erster Stelle steht wie bei der Synode von Neocaesarea Vitalis von Antiochien, in dem man demnach wohl den Vorsitzenden zu erblicken hat. Auffällig ist, daß die Teilnehmer aus den Einflußgebieten der antiochenischen Kirche in Kleinasien, Syrien und Palästina stammen. Es handelt sich demnach nicht um eine Lokalsynode im strengen Sinne, sondern eher um eine allgemeine Synode der Kirchen im Bereich der Reichsdiözese Oriens.

Die älteste Überlieferung des griechischen Textes mit seinen 25 Kanones stammt aus dem 9. und 10. Jahrhundert.[117] Deshalb kommt den Versiones[118], allen voran der lateinischen Überlieferung besondere Bedeutung zu.[119]

Es ist die Frage des Umgangs mit den *lapsi* der eben beendeten Verfolgung und die Regelung ihrer möglichen Wiederaufnahme in die Kirche, die das Konzil vorrangig beschäftigt hat (can.1-9). Den Klerus betreffende Fragen regeln die can.10.12-15.18.19. Die übrigen Bestimmungen behandeln Fragen der Sexualmoral (can.11.16.17.20.21.25), Tötungsdelikte und Zauberei (can.22-24). Die Kanones haben weitgehend den Charakter von Bußbestimmungen und sind insgesamt einer der ältesten eindeutigen Belege für ein drei- (evtl. sogar vier-) stufiges System von Bußstufen (can.4-9.16-17.20-25).[120]

Die Publikationsform, in der uns die Synodalbeschlüsse von Ankyra überliefert sind, ist der Verordnungsstil. Eine textliche Verbindung zu einem Verhandlungsprotokoll ist nicht gegeben. Daß die Beschlüsse allerdings das

---

[113] Bei Dionysius exiguus sind es 24; er vereint can.4 u.5. J.Lebon, Concile, hat die These aufgestellt, daß die Kanones 20-25 ursprünglich von einer Synode in Caesarea/Kapp. desselben Jahres erlassen wurden, deren Teilnehmerliste später durch Verwechselung der Synode von Neocaesarea zugewachsen sei (s.u.). Nach E.Honigmann, Two Alleged Bishops 4, fand diese Synode erst im Jahre 315 statt.

[114] Vgl.: Turner, EOMIA II 32.50.51.

[115] P.u.J. Ballerini, De Antiquis Collectionibus, PL 56, 31.

[116] Die Listen in der Prisca und der Isidoriana haben keine Provinzangaben; der Sammlung des Dionysius wurden sie erst später angehängt.

[117] Vgl.: R.B.Rackham, Canons of Ancyra; maßgeblich jetzt: V.N. Beneševič, Syntagma = Joannou, CSP 56-73.

[118] Vgl.: CPG 8501.

[119] Vgl.: Turner, EOMIA II 3-11, 18-27, 36-43, 48-51, 54-115.

[120] Vgl.: Grotz, Bußstufenwesen 428f.

Ergebnis von synodalen Verhandlungen darstellen, wird aus der mehrfach[121] auftauchenden Beschlußformulierung ἔδοξε(ν) deutlich, dem Äquivalent des für westliche Synoden typischen *placuit*.

b) »Horos« und »Kanon« in den Bestimmungen von Ankyra

Eine Verwendung des Kanon-Begriffes für die beschlossenen Bestimmungen läßt sich nicht feststellen. Vielmehr ist es der Begriff *Horos*, den die Synode für ältere in Geltung stehende kirchliche Bestimmungen dieser Art verwendet. Dies ergibt sich aus den Formulierungen der *can.6.19.21 und 23*.

Can.6 verordnet eine in Stufen unterteilte sechsjährige Bußfrist für die *lapsi*, die schon bei Androhung der Strafe geopfert hatten, bislang keine Buße begehrten, jetzt aber der Synode ihren Willen zur Rückkehr kundgetan hatten. Als Sonderregelung wird nun beschlossen, daß diese Büßer in *articulo mortis* »gemäß *dem Horos* aufgenommen werden sollen«.[122]

Darunter ist zu verstehen, daß es für den Fall einer Erkrankung zum Tode eine bereits in Geltung stehende Bestimmung gab, die anscheinend die Frage regelte, wie im Fall der Genesung mit den ausstehenden Bußfristen umzugehen sei. Das Problem ist in den östlichen Bußbestimmungen vor und nach Ankyra behandelt worden. Bei Dionysius von Alexandrien war es uns – unter demselben Begriff *Horos* – im Fragment seine Briefes an Konon begegnet.[123] Die Synode von Nizäa regelt es in can.13, Gregor v. Nyssa in dem in die griechischen Kanonessammlungen eingegangenen Brief an Letoios (can.5)[124]. Während Dionysius nun aber ein erneutes Greifen der kirchlichen Bußfristen für ausgeschlossen erklärte, schließt Nizäa die Genesenden erneut von der Kommunion aus, und Gregor verordnet ein erneutes In-Geltung-Treten der Bußstrafen. Die byzantinischen Kanonisten des 12. Jahrhunderts, Joannes Zonaras und Theodoros Balsamon, haben die Stelle ohne Angaben von Belegen mit Selbstverständlichkeit von der in Nizäa angelegten Lösung her kommentiert.[125] Dies genießt einige Wahrscheinlichkeit, wenn auch der nicht in die griechischen Kanonessammlungen eingegangene Brief des Dionysius für eine Pluralität der Positionen in dieser Frage im 3. Jahrhundert spricht.

---

[121] Vgl.: Joannou, CSP 57,2; 59,6.20; 61,13; 62,13; 65,8; 66,6. Es begegnen weiterhin auch die Wendungen ὡρίσαμεν und προσέταξεν ἡ ἁγία σύνοδος: a.a.O., 71,9; 69,1.

[122] A.a.O., 62,6f.: τούτους ἐπὶ ὅρῳ δεχθῆναι.

[123] S.o. Kap. XV 1 b).

[124] Vgl.: Joannou, CCO 35; CPG 220.

[125] Vgl. Rhalles-Potles III 34f.

Can.19 bestimmt, daß jeder, der das Keuschheitsgelübde bricht, wie ein in zweiter Ehe Lebender betrachtet werden soll, und den *Horos* »*die Digami*« betreffend erfüllen soll.[126]

Es ist also ein bereits *bestehender Horos* als Bußbestimmung für in zweiter Ehe Lebende[127], den die Synode auf den Bruch des Gelübdes der Parthenia parallel anwendet und damit die Parallelisierung der geistlichen Vermählung mit Christus in die Bußbestimmungen auszieht.[128]

In *can.21* bestimmen die Synodalen (ὡρίσαμεν) für Abtreibung eine zehnjährige gestufe Bußfrist. Diese wird als »menschenfreundlicher« bezeichnet gegenüber dem *früheren Horos*, der solche Frauen bis zum Tode ausgeschlossen habe (ὁ μὲν πρότερος ὅρος).[129]

Auch für diesen Fall existiert also ein *älterer Horos*, der jetzt durch die Synode korrigiert wird. Can.63 der Synode von Elvira hatte jene radikale Linie vertreten. Daß die Synodalen von Ankyra ihn im Sinn haben könnten, muß als unwahrscheinlich gelten.[130]

Schließlich ist *can.23* zu nennen, der für nicht-vorsätzlichen Totschlag einen »*früheren*« und einen »*zweiten Horos*« nennt, der erste eine siebenjährige Buße verordnend, der zweite eine fünfjährige. Beide Horoi sind nicht bekannt, werden aber wie zuvor als bereits bestehende Bußbestimmungen vorausgesetzt.

In zwei Fällen *(can.14.24)* taucht in den Horoi der Synode von Ankyra nun auch der Terminus κανών auf.

Can.24 unterwirft Wahrsagerei, Zauberei »*dem Kanon der 5 Jahre*«.[131]

Uns begegnet hier erstmals in Synodalbeschlüssen[132] κανών als Terminus technicus für die zeitlich festgelegte und gleichbleibende *Bußfrist*.

---

[126] Joannou, CSP 70,5f.: τὸν τῶν διγάμων ὅρον ἐκπληρούτωσαν.

[127] Zur Beurteilung der 2. Ehe in der Alten Kirche vgl.: H.Crouzel, TRE 9, 325-330.

[128] Zonaras und Balsamon (Rhalles-Potles III 60f.) verweisen hierzu auf Basilius d.Gr., der in seinem can.18 diese Parallelisierung als »Gesetzgebung« der Väter bezeichnet, dabei als Bußfrist 1 Jahr nennt, und diese, weil zu gering, verschärft. Vgl. Joannou, CPG 119,2ff.

[129] Joannou, CSP 71,7.9.

[130] Gegen: Hefele I 240.

[131] Joannou, CSP 72,14f.: ὑπὸ τὸν κανόνα πεπτέτωσαν τῆς πενταετίας.

[132] Zur entsprechenden Verwendung des Begriffes bei Petrus von Alexandrien vgl.: Kap.: XV 3 b).

Can.14 wendet sich gegen die enkratitisch-asketische Praxis der Ablehnung jeden Genusses von Fleisch durch Presbyter und Diakone. Die Synodalen erinnern an deren öffentliche Vorbildfunktion. Wenn jene dies privat täten, sollten sie jedoch öffentlich davon genießen. Wenn sie sogar mit Fleisch zusammen gekochtes Gemüse nicht essen »*und dem Kanon nicht gehorchen,* so sollen sie ihrer Rangordnung verlustig gehen«, also aus dem Klerus ausgeschlossen werden.[133]

Die Frage ist, was hier unter »ὁ κανών« zu verstehen ist. *Hefele* – dem allgemeinen Sprachgebrauch von *canon* folgend – wollte die Wendung auf can.14 selbst beziehen und übersetzte: »wenn sie dieser Vorschrift nicht gehorchen«.[134] Gegen diese – nicht prinzipiell ausgeschlossene Deutung – spricht m.E., daß sie der geschilderten Diktion des Synode für Synodalbeschlüsse widerspricht, die sich in diesem Sinne auch nicht in der zeitgleichen Synode von Neocaesarea findet. Wir hätten dann hier die älteste Bezeichnung einer Synodalentscheidung als *Kanon* vorliegen. Schließlich wird der hier infragestehende *Kanon* auch nicht demonstrativ als »dieser« bezeichnet, so daß man die in späterer Zeit vielleicht naheliegende Deutung m.E. ablehnen muß.[135] Ein direkter Bezug auf die »Kanones der Apostel« 51.53 im Sinne eines Nachweises ihrer Historizität ist angesichts des Zeitpunktes ihrer Abfassung[136] auszuschließen.[137]
Daß aber die im Schöpfungsglauben begründete und bereits seit längerem praktizierte selbe Norm für christliche Amtsträger dahintersteht, liegt nahe. Es bleibt nur, den Begriff mit dem uns auch sonst bereits begegneten Sprachgebrauch als Ausdruck des in der Kirche überhaupt Normativen und Maßgeblichen zu verstehen. Wenn sich also die enkratitisch orientierten Presbyter und Diakone bei öffentlichen Gastmählern nicht dazu verstehen können, der diesbezüglichen Richtschnur und Norm zu folgen, sind sie wegen ihrer Vorbildfunktion abzusetzen. Dieser κανών beinhaltet dann, daß für Christen Fleisch als Gabe des Schöpfers unbesehen gegessen werden kann.
Somit ist deutlich, daß in den ältesten uns erhaltenen Synodalbeschlüssen griechischer Provenienz zu Fragen der Bußdisziplin, der christlichen Lebensführung und der kirchlichen Ordnung und Amtsführung, die aus dem Einflußgebiet der Kirche Antiochiens stammen, der Begriff κανών für eben diese Beschlüsse nicht verwendet wird. Entscheidungen dieser Art, die der Synode

---

[133] Joannou, CSP 66,10: καὶ μὴ ὑπείκοιεν τῷ κανόνι, πεπαῦσθαι αὐτοὺς τῆς τάξεως.

[134] I 233; Er folgte dabei freilich der älteren lateinischen Überlieferung. Denn bereits bei Dionysius ex. wird der Text so gedeutet, wenn es heißt: *tamquam non consentientes huic regulae* (Joannou, CSP 66,10= ed. Strewe, Berlin 1931).

[135] Genauso bereits: Credner, Zur Geschichte 53 Anm.2

[136] Vgl. Kap. XXIII.

[137] Gegen: Menebisoglu 110.120, der diese Stelle unter »Historische Zeugnisse für die Apostolischen Kanones« abbucht.

auch als Vorgaben aus älterer Zeit bekannt sind, und auf die Bezug genommen wird, heißen vielmehr einfach *Horoi*. Den Begriff κανών verwendet die Synode als Terminus technicus für die Bußfrist, damit die gleichbleibende Bußdauer auf den Begriff bringend, und im absoluten Sinne als Begriff für das in der Kirche Maßgebliche, hier hinsichtlich der Frage erlaubter und unerlaubter Speisen.

8. ZUR SYNODE VON NEOCAESAREA (315/319)

In den späteren griechischen Kanones-Sammlungen folgen die Bestimmungen der Synode von Neocaesarea, der Metropolis des Pontos Polemoniakos, stets auf die Synode von Ankyra. Daß hierin auch eine zeitliche Reihenfolge zu erblicken ist, bezeugt das Lemma der griechischen Handschriften der Kanones, das die Synode zwischen die von Ankyra und Nizäa datiert.[138] Dazu paßt, daß auf der Synode von Neocaesarea das Problem der *lapsi* im Gegensatz zu Ankyra keine Rolle mehr spielte. Ein größerer zeitlicher Abstand zum Jahre 313 ist somit wahrscheinlich.[139]

> Außer den 15 Kanones ist von diesem Konzil eine Bischofsliste in der lateinischen Überlieferung mit 17-20 Namen erhalten[140], von denen 6 sich in den Listen von Ankyra finden, mehrere auch in den nizänischen Listen. Eine zeitliche Nähe der drei Synoden ist somit anzunehmen. An erster Stelle steht wie in Ankyra Vitalis von Antiochien, der um 319 starb. Auch hier stammen die Teilnehmer aus Kirchen der antiochenischen Einflußgebiete in Kleinasien, Syrien und Palästina.[141]
> Die Kanones sind knapp formuliert und behandeln Fälle des Eherechts (can.1-3), Fragen im Zusammenhang von Katechumenat und Taufe (can.4-6) und verschiedene Probleme des Klerikerrechtes (can.7-15). Sie haben weitgehend den Charakter von Bußbestimmungen und sind von besonderer Bedeutung für die Entwicklung des Systems der Bußstrafen.[142] Nähere Einzelheiten zu dieser Synode sind uns nicht überliefert.

Festzuhalten ist, daß im Wortlaut der Synodalentscheidungen von Neocaesarea Anklänge an die uns bislang begegnete Synodalterminologie fehlen.

---

[138] Vgl. Joannou, CSP 75.

[139] Zum zeitlichen Kontext s.o.: 7.; zur Datierung: G.Bardy, Art. Néocésarée, in: DDC 6 (1957) 995-997; Hefele-Leclercq I 326-334.

[140] Vgl.: Turner, EOMIA II 32.52.53.

[141] J.Lebon, Concile, weist diese Bischofsliste einem Konzil in Caesarea/Kapp. des Jahre 314 zu (s.o.)

[142] Vgl. Grotz, Bußstufenwesen 429-435.

Er bietet auch keinerlei Anhaltspunkte, die die Annahme, daß diese Bestimmungen zum Zeitpunkt ihrer Entstehung als »Kanones« bezeichnet wurden, berechtigt erscheinen läßt.

Die einzige Stelle, an der der Begriff κανών in den Beschlüssen auftaucht, weist vielmehr in eine andere Richtung.

> Es ist der *can.15*, der bestimmt, daß in einer Stadt – auch wenn sie groß sei – »κατὰ τὸν κανόνα« nur sieben Diakone sein sollen, und der hinzufügt: »Überzeugt wirst du davon durch das Buch der Acta«.[143]

Man wird hier freilich keinen älteren *Kanon* im Sinne eines Synodalbeschlusses annehmen dürfen, auf den diese Bestimmung etwa Bezug nähme.[144] Aber auch ein allgemeiner Sprachgebrauch in dem Sinn, daß es nur *7 Diakone* »in der Regel« sein sollen, der so gleichsam die Ausnahme von der Regel legitimieren würde, ist m.E. auszuschließen. Dagegen spricht das »ὀφείλουσιν«, der Hinweis auf die Apostelgeschichte und die bekannte ältere Praxis, die Siebenzahl von Apg 6,3ff. für das örtliche Diakonenamt[145] tatsächlich als verbindlich zu betrachten.

> So bezeugt Cornelius von Rom in seinem Schreiben an Fabius von Antiochien im Jahre 251 für die römische Gemeinde 7 Diakone.[146] Dies ist umso beachtlicher, als man aus den von Cornelius weiter gemachten Angaben über einen Klerus von insgesamt 155 Personen und 1500 Witwen und Versorgungsempfänger auf eine Gesamtzahl der römischen Gemeinde von ca. 30.000 Gläubigen schließen kann.[147] Kurz zuvor hatte Bischof Fabian nach Maßgabe dieser Siebenzahl die römische Gesamtgemeinde in 7 Bezirke eingeteilt und damit die Anfänge für die Ausbildung von Einzelgemeinden gelegt.[148] Eine Beschränkung auf 7 Diakone findet sich auch in späteren Zeugnissen.[149]

---

[143] Διάκονοι ἑπτὰ ὀφείλουσιν εἶναι κατὰ τὸν κανόνα, κἂν πάνυ μεγάλη εἴη ἡ πόλις· πεισθήσῃ δὲ ἀπὸ τῆς βίβλου τῶν πράξεων. Joannou (CSP 82,6ff.) schreibt »διὰ τὸν κανόνα«, ohne die in allen gängigen Editionen (Lauchert 36,27; Mansi II 543; Rhalles-Potles III 94; Beneševič, Syntagma 241) gängige Lesart κατὰ τὸν κανόνα als Variante im Apparat festzuhalten. »Κατὰ« muß ursprünglich sein, denn auch auch das Concilium Quinisextum (692) schreibt in seinem can.16, der den can.15 von Neocaesarea wörtlich zitiert, »κατὰ«, auch bei Joannou (CCO 145,6)!

[144] Menebisoglu 120, will in der Stelle ein Zeugnis für das hohe Alter der »Apostolischen Kanones« erblicken.

[145] Vgl. zum altkirchlichen Diakonat: Th.Klauser: RAC 3, 888-909; J.A.Jungmann: LThK² 2, 319ff.; P.Philippi, TRE 8, 622-629.

[146] Euseb, H.e. VI 43,11.

[147] Vgl.: Harnack, Mission 806.

[148] Liber Pontificalis, ed. L.Duchesne I 148; vgl. auch Harnack, Mission 843ff.

[149] So z.B. im Test.Domini I 34 und bei Prudentius (Perist. II 18; V 157).

Die durch den Bericht des Lukas inspirierte[150], erstmals aber bei Irenäus explizit vollzogene[151] Verbindung der »Sieben« als Leiter der hellenistischen Gemeinde mit der Gründung des Diakonenamtes hat sich demnach als apostolische Maßgabe und Weisung für diesen Dienst in der frühen Kirche an etlichen Orten[152] anscheinend auch hinsichtlich der Siebenzahl durchgesetzt. Es geht also bei der »Richtschnur« an dieser Stelle für die Synode von Neocaesarea um ein in apostolischer Weisung begründetes Datum der Kirchenordnung. Dieses wird nun in seiner Maßgeblichkeit und Verbindlichkeit auch gegen die anscheinend eine größere Anzahl von Diakonen fordernden praktischen Notwendigkeiten in wachsenden Gemeinden als bleibende Norm herausgestellt. Der Synodalbeschluß von Neocaesarea dient damit dem Zweck, die so verstandene apostolische Weisung vor der Veränderung durch praktische Erfordernisse zu bewahren. Wir haben hier m.E. einen absoluten Sprachgebrauch von »ὁ κανών« vorliegen im Sinne von ὁ κανὼν ἐκκλησιαστικός.

Praktische Erfordernisse, insbesondere die der hauptstädtischen Repräsentation, haben sich freilich gerade auch im Osten bald gegen »kanonische« Bedenken durchgesetzt. So legte Kaiser Justinian I. für die »Große Kirche« der Hauptstadt eine Zahl von 100 Diakonen gesetzlich fest[153], die von Herakleios (610-641) nochmals auf 250 erhöht wurde[154]. Für die anderen Kirchen ordnete Justinian allerdings an, daß der ursprüngliche Zustand – was immer das heißen mag – im Bestand des Klerus bewahrt werden sollte (Nov.16). Eine theologische Rechtfertigung für die dann wohl allgemeine Nichtbeachtung des can.15 von Neocaesarea bot schließlich can.16 des Concilium Quinisextum (692). Dieser bestimmt unter Berufung auf die Väterexegese von Apg 6,3ff., namentlich Johannes Chrysostomos[155], daß die Sieben »nicht mit den bei den Mysterien Dienenden« zu identifizieren seien. Sie seien nicht als Vorläufer des Diakonenamtes, wie es sich liturgisch manifestiert, zu betrachten, weshalb die Siebenzahl auch nicht verbindlich sei.[156] Damit wird freilich nicht nur – scheinbar modern – die Kontinuität von Apg 6 zum kirchlichen Amtsdiakonat aufgegeben, sondern nun auch »kanonisch« die Einheit von »Diakonie« und Altardienst gesprengt.

---

[150] Vgl: Th.Klauser, RAC 3, 890ff. Zur eigentlichen Intention von Apg 6,1-7, wie sie durch die kritische Exegese herausgearbeitet wurde, vgl.: E.Haenchen, Apostelgeschichte 213-222; R.Pesch, Apostelgeschichte 224-233.

[151] Adv.haer. I 26,3; III 12,10; IV 15,1.

[152] Von einer allgemein geübten Praxis kann man allerdings nicht reden. Was wir etwa vom Anfang des 4. Jahrhunderts aus der ägyptischen Kirche wissen, spricht dagegen. Vgl.: Harnack, Misson 724.849 Anm.3.

[153] Nov.3,1 v. 16.März 535.

[154] Photios, Nomokanon Tit. A, Keph. Λ: Rhalles-Potles I 69.

[155] =In Act.Ap.Hom.14,3: PG 60, 116.

[156] Vgl. Joannou, CCO 144-148.

9. DAS ERGEBNIS

Blicken wir nun nochmals auf die 8 Stationen dieses Kapitel zurück, so ist festzuhalten, daß die überlieferten Zeugnisse vorkonstantinischer Synoden von den antimontanistischen Synoden des 2./3. Jahrhunderts bis zur Synode von Neocaesarea uns keinen Anhaltspunkt bieten, daß diese ihre Beschlüsse mit dem Terminus *regula* oder κανών bezeichnet hätten. Für den lateinischen Sprachraum ist es vielmehr eine der römischen Rechtssprache entstammende spezifische Synodalterminologie, die sich dort erheben läßt (4.6.), im Osten ist es der Begriff *Horos*, der für ältere in Geltung stehende kirchliche Entscheidungen zur Bußpraxis Verwendung findet (7 b).

Der Kanon-Begriff begegnet uns: 1. als in absolutem Sinn den Glauben sowie die Lebens- und Amtsführung umfassender kirchlicher Normbegriff (5 a); 2. in pluralem Gebrauch die christologischen typologischen Auslegungs-normen für das Alte Testament bezeichnend (5 b); 3. eine zentrale Aussage des kirchlichen Christusbekenntnisses als Maß jeder kirchlichen Gemeinschaft auf den Begriff bringend (κανών ἐκκλησιαστικός: 5 c); 4. als Terminus technicus für die zeitlich festgelegte und gleichbleibende Bußfrist (7 b); 5. als eine in apostolischer Weisung begründete Norm der kirchlichen Ordnung (8).

Hauptteil C

Zum kirchlichen Kanon-Begriff nach der
»Konstantinischen Wende«

Mit dem sog. »Toleranzedikt« des Galerius vom Jahre 311[1] ging eine bald dreihundertjährige Epoche zuende, in der die Christen im römischen Staat als Anhänger einer *religio illicita* wie zuletzt unter Diokletian (284-305) der Verfolgung ausgesetzt waren. Der Gott der Christen sollte nun zu den Garanten der *salus imperii* gehören. Als Konstantin nach seinem Sieg über Maxentius (28.10.312) Herr über Africa geworden war, ließ er auch in dessen ehemaligen Ländern das Toleranzedikt des Galerius verkünden. Zusammen mit Licinius wurde sodann in der Mailänder Abmachung vom Februar 313 den Christen und allen anderen die freie Wahl der Religionsausübung gewährt. Die Kirche sollte ihre Versammlungsstätten und alles Eigentum zurückerhalten, damit »die göttliche Huld, die wir in so großen Dingen erfahren haben, für alle Zeiten bei allen unseren Unternehmungen und bei der öffentlichen Wohlfahrt in beglückender Weise erhalten bleibt«.[2] Als Pontifex maximus dazu verpflichtet, zur Gewährleistung der *salus imperii* die höchste Aufsicht über die angemessene kultische Verehrung der Staatsgottheit auszuüben, war Konstantin weiterhin gewillt, diese Aufgabe auch gegenüber der Kirche wahrzunehmen. Damit sind die grundlegenden Veränderungen angedeutet, die die sog. »Konstantinische Wende«[3] ausmachen, und die zu einer Neubestimmung der Stellung der Kirche im römischen Reich und auch der Gestalt christlichen Glaubens und Lebens führen sollten.

Im folgenden soll nun die kirchliche Verwendung des Kanon-Begriffes nach dieser Epochenwende in den Blick genommen werden. Dazu sollen die großen kirchlichen Konflikte des 4. Jahrhunderts und die als »Kanones« in die Geschichte eingegangenen Synodalbeschlüsse dieser Zeit auf den in ihnen zur Anwendung kommenden Terminus κανών hin befragt werden.

---

[1] Lact., De mort.persec.34; Euseb, H.e. VIII 17,3ff. = Keil Nr.2.

[2] So Licinius in der Veröffentlichung der Verabredung unter dem Titel *De restituenda ecclesia* am 13.6.313 in Nikomedien, vgl.: Lact., De mort.persec.48,11; Euseb, H.e. X 10,5,2ff. = Keil Nr.6.

[3] Aus der Fülle der Titel seien neben dem Literaturüberblick von G.Kretschmar, Reichskirche, nur genannt: H.Kraft, Konstantin der Große (Lit.); G.Ruhbach, Wende (Lit.).

XVII. »REGULA« IN DEN ANFÄNGEN DES DONA-
TISTENSTREITES BIS ZUR REICHSSYNODE
VON ARLES (314)

1. ZUR KARTHAGISCHEN SYNODE DER SIEBZIG
VOM JAHRE 308/9

Schon zu Beginn des Jahres 313 hatte Konstantin in seinem Schreiben[4] an den
Prokonsul Africas Anullinus die Rückgabe kirchlichen Eigentums angeordnet.
Zwei weitere Briefe vom selben Jahr an Anullinus[5] über die Immunität christlicher Kleriker gegenüber staatlichen Lasten und Dienstleistungen und an den
Bischof von Karthago, Caecilianus[6], über die Zuweisung beträchtlicher Geldge-
schenke machen deutlich, daß Konstantin in dem mittlerweile ausgebrochenen
africanischen Schisma von Anfang an die Seite Caecilians unterstützte. Die Spaltung der africanischen Kirche war am Ende der Diokletianischen Verfolgung
über der Frage nach dem Umgang mit den in der Verfolgung »gefallenen«
traditores und *turificati* erfolgt und hatte sich in der Wahl Caecilians und der
Aufstellung des Maiorinus als Gegenbischof manifestiert.[7]
Etwa 70 numidische Bischöfe unter Führung des Senex Numidiae Secundus
von Tigisis hatten auf einer wohl bereits *308/9*[8] *in Karthago* durchgeführten
Synode Caecilian seines Amtes enthoben und aus der *communio* ausgeschlossen. Dieser war nur von drei Bischöfen aus der Nachbarschaft Karthagos
ordiniert worden, und die Donatisten gaben später an[9], daß damit der Brauch
gebochen worden sei, daß der Bischof von Karthago als Primas Africas durch
den Senex Numidiae zu weihen sei. Als entscheidenden Grund neben anderen[10], die das bei Augustin überlieferte[11] Urteil der Synode der Siebzig gegen

---

[4]   Euseb, H.e. X 5,15ff.= v.Soden Nr.7; Keil Nr.4a; Maier Nr.11.
[5]   Euseb, H.e. X 7,1ff. = v.Soden Nr.9; Keil Nr.4c; Maier Nr.13.
[6]   Euseb, H.e. X 6,1-5 = v.Soden Nr.8; Keil Nr.4b; Maier Nr.12.
[7]   Zum Ausbruch des Schismas vgl.: B.Kriegbaum, Kirche der Traditoren; E.L.Gras-
      mück, Coercitio 17-26; A.Schindler in: TRE 1, 655f.
[8]   Vgl. jetzt: S.Lancel, Actes de la Conférence de Carthage en 411, Bd.IV (SC 373), Paris
      1991, 1553-57.
[9]   Aug., Brev. III 16,29; vgl.: Grasmück, Coercitio 23f.
[10] Vgl.: Grasmück, Coercitio 22; Schindler, TRE 1, 655.
[11] Aug., Brev. III 14,26 = v.Soden Nr.6A,3-9.

Caecilian geltend macht, ist allerdings die Tatsache zu bewerten, daß die Ordinanden Traditoren waren. Die Urteilssprüche, die von jedem der 70 Bischöfe abgegeben wurden[12], heißen *sententiae* wie schon auf der africanischen Synode von 256 (s.o.).

> Erhalten ist die *sententia* des Bischofs *Marcianus*.[13] Als Begründung für die dort ausgesprochene Unmöglichkeit der Anerkennung der Ordination Caecilians durch Traditoren wird mit direktem Zitat auf das Gleichnis vom rechten Weinstock (Joh 15,1f.) verwiesen. So wie die unfruchtbare Rebe entfernt werde, so könnten auch *turificati* und *traditores* nicht in der Kirche bleiben und auch nicht auf dem Wege der Buße rekonziliiert werden. Um wieviel weniger könnten sie dann eine Bischofsweihe vornehmen.

In dieser *Sententia* und den anderen wenigen Zeilen, die von den Akten dieser Synode erhalten sind[14], spielt die Regula-Terminologie keine Rolle.

2. ZUM IUDICIUM MILTIADIS VOM 2.-4.10.313

Die Gegner Caecilians haben es nun bei dieser kirchlichen Verurteilung nicht bewenden lassen, sondern durch die Einleitung eines förmlichen *Zivilprozesses* gegen diesen unter Einschaltung des Kaisers versucht, bei der Rückgabe der in der Verfolgung beschlagnahmten Güter und den weiteren staatlichen Vergünstigungen entgegen der bisherigen kaiserlichen Praxis als die allein berechtigten Vertreter der *ecclesia catholica* in Africa anerkannt zu werden. Durch diese gerichtliche Einschaltung des Kaisers mittels Petition wurde eine Entwicklung in die Wege geleitet, die als Entstehung der kaiserlichen Synodalgewalt und der dadurch definierten Institution der Reichssynode am Anfang des Donatistenstreites zu charakterisieren ist.[15]

Im Gegensatz zu den donatistischen *preces*, die Konstantin gebeten haben werden[16], eine zivil- oder kriminalrechtliche Untersuchung entweder selbst vorzunehmen oder einem staatlichen Gericht zu übertragen, machte der Kaiser aber die für die Donatisten durch die Synode der Siebzig eigentlich erledigte

---

12 A.a.O., 10ff.: *deinde sententiae a singulis dictae sunt...* .
13 Aug., C.Fulg.26 = v.Soden Nr.6C; Maier Nr.10.
14 Zum ursprünglichen Aktenbestand vgl.: P.Monceaux, Histoire littéraire IV 326-332; Maier I 128-134.
15 Vgl. hierzu: K.M.Girardet, Kaisergericht 6-51; ders., Petition.
16 Zur umstrittenen Frage nach dem Inhalt der *preces* vgl.: Girardet, Kaisergericht 17-26, gegenüber der bei Grasmück, Coercitio 33ff.36ff., im Anschluß an Augustin vorgenommenen Deutung als Bitte um ein kirchliches Gericht nichtafricanischer Bischöfe.

Frage nach dem rechtmäßigen Inhaber der Kathedra Karthagos zum Prozeßgegenstand und beauftragte[17] dazu Bischof Miltiades von Rom mit der Durchführung eines *iudicium episcopale*, das gleichzeitig ein kaiserliches *consilium* sein sollte.[18]

> Die *römische Synode vom 2.-4. Okt. 313* hat so »Elemente der traditionellen kirchlichen als auch der weltlichen Gerichtsbarkeit in sich vereinigt. Das Gericht über die Klagen der Donatisten ist ... sowohl eine Synode als auch – im streng juristischen Sinne – ein consilium des iudex Konstantin.« »Der Bischof von Rom judiziert in diesem synodalen Prozeß formal wie ein magistratischer Einzelrichter im Kognitionsverfahren. Die Gesamtheit seiner 18 Kollegen bildet das in der staatlichen Gerichtspraxis selbstverständliche consilium ... Die Quellen bezeichnen das Bischofsgericht von Rom aus diesem Grunde auch als iudicium Miltiadis.«[19]

Über das Verfahren der römischen Synode liegt allein bei Optatus ein Bericht vor[20]; Protokolle sind nicht erhalten.[21] Aus Optatus geht hervor, daß jeder der anwesenden 19 Bischöfe seine *sententia* vorbrachte und Donatus wegen zugegebener Wiedertaufe und Reordination von Bischöfen exkommuniziert wurde.[22] Als letzter gab Miltiades seine *sententia*, durch die Caecilian als rechtmäßiger Bischof von Karthago bestätigt und restituiert wird. Sie endet mit der typischen Formulierung »*censeo*«.[23]

3. ZUR SYNODE VON ARLES (1.8.314)

a) Die »canones« und die Akten der Synode

Noch vor der Jahreswende 313/4 fochten nun die Donatisten die Rechtmäßigkeit des prozessualen Verfahrens durch Appellation beim Kaiser an, der die Appellation annahm und auf den 1.8.314 ein bischöfliches *Appellationsgerichtsverfahren* nach Arles einberief.[24] Der Kaiser hatte also wiederum ein *iudicium*

---

[17]   Euseb, H.e. X 5, 18-20 = v.Soden Nr.12; Keil Nr.9; Maier Nr.16.

[18]   So mit Girardet, Kaisergericht 26-43, gegen Grasmück, Coercitio 37f.45ff., der in der römischen Synode von 313 ein *iudicium collegiale* erblickt.

[19]   Girardet, Kaisergericht 28.31.

[20]   I 24 = v.Soden Nr.13 A; Maier Nr.17.

[21]   Von der Protokollierung einer mündlichen Abstimmung im *consilium* ist auszugehen, wenn die *sententiae* nicht gleich schriftlich erfolgten, vgl.: Mommsen, Staatsrecht II 991f.

[22]   v.Soden Nr.13 A,12; Maier I 152,11.

[23]   Aug., Ep.43,5,16 = v.Soden Nr.13D; v.Soden Nr.13A,22.

[24]   Hierzu sind 2 Schreiben erhalten: 1. an den Vicarius Africae Aelafius im App.Opt.Nr.3

episcopale als kaiserliches *consilium* und damit strenggenommen »keine Synode, kein Konzil zum 1. Aug. 314 in die gallische Stadt berufen.«[25] Daß die dort versammelten Bischöfe aber die Gelegenheit nutzten, auch jenseits des kaiserlichen Auftrages zur Regelung kirchlicher Angelegenheiten im traditionellen Sinne synodale Beschlüsse zu fassen, ergibt sich aus den erhaltenen Akten der Synode von Arles.

Grundlage für die Analyse dieser Konzilsakten ist die kritische Edition von *Ch.Munier*.[26] Danach sind in der handschriftlichen Überlieferung enthalten:
1. die sog. *Epistula ad Silvestrum*[27];

> Diese enthält nach einer der Adresse folgenden Auflistung der Absender[28] einen knappen Bericht über das Ergebnis des in der donatistischen Angelegenheit durchgeführten *iudicium*[29]; weiterhin eine Erklärung, daß man bei dieser Gelegenheit auch noch andere Beschlüsse gefaßt habe. Es werden sodann die *Kanones* 1-9[30] wiedergegeben.[31] Den Text der restlichen Kanones hat sich ein Schreiber offensichtlich mit der Wendung »et cetera« erspart. Ein ebenfalls nicht zum Originalschreiben gehörender Schlußpassus, der nach Schreibermanier mit »Amen« endet, berichtet von der befohlenen Rückkehr der Synodalen.

2. die *Canones ad Silvestrum*[32];

> Die in der kanonistischen Tradition gut überlieferten[33] 22 Kanones werden stets eingeleitet mit einem kurzen an den römischen Bischof gerichteten Praescriptum. Einige Handschriften fügen zwischen Präskript und den Wortlaut der Kanones einen von *Munier* »Comma« genannten Passus der *Epistula ad Silvestrum* ein, der die Autorität der Synode zum Ausdruck

---

= v.Soden Nr.14; Maier Nr.18; 2. an den Bischof von Syrakus, Chrestus, bei Euseb, H.e. X 5,21f. = v.Soden Nr.15; Keil Nr.10; Maier Nr.19. Zu beiden vgl.: Kraft, Religiöse Entwicklung 169-183; Grasmück, Coercitio 51-57. Zu Arles insgesamt: a.a.O., 48-65; Hefele-Leclercq I 275-298; Girardet, Reichskonzil von Arles.

[25] Grasmück, Coercitio 57.

[26] C.Munier, Concilia Galliae A.314. – A.506 (CChr.SL 148), 1963, 4-24. Vgl. dazu die Kommentierung und Übersetzung auf der Grundlage des Munierschen Textes von J.Gaudemet, Conciles Gaulois du IVe siècle (SC 241), 1977, 35-63; Maier Nr.20.

[27] Munier, Concilia Galliae 4-6; Gaudemet, Conciles Gaulois 40-45; v.Soden Nr.16; Maier Nr.20 (=App.Opt.Nr.4).

[28] Munier, Concilia Galliae 4,1-7; Maier I 161,1-13.

[29] Munier, Concilia Galliae 4, 8-24; Maier I 162,14-42.

[30] Andere Zählung (s.u.): 1-8.

[31] Munier, Concilia Galliae 5,35 – 6,63; Maier I 164,59ff.

[32] Munier, Concilia Galliae 9-13; Gaudemet, Conciles Gaulois 46-56. Vgl. auch: Lauchert 6-29.

[33] Vgl.: Maassen, Geschichte der Quellen 188ff.; Munier, Concilia Galliae 7.

bringt[34] und mit einer vieldiskutieren Formulierung die Zuständigkeit des römischen Bischofs als »Publikationsinstanz synodaler Beschlüsse für alle abendländischen Kirchen« betont.[35]

3. die stets mit 2. in der Überlieferung verbundene *Unterschriftsliste* von Bischöfen, Presbytern und Diakonen.[36]

Die von *Munier* dokumentierten 6 Überlieferungen der Subskriptionsliste divergieren äußerst stark hinsichtlich der Schreibweise der Namen, der Reihenfolge und Vollständigkeit, was für die Überlieferung solcher Listen als üblich anzusehen ist.[37]

Die Edition von *Munier* macht weiterhin deutlich, daß die *Tituli*, mit denen die Kanones in der handschriftlichen Tradition überschrieben sind, allein den Inhaltsverzeichnissen der Handschriften zu verdanken sind und entsprechend unterschiedlich ausfallen.[38] Ähnliches läßt sich für die Zählung der Kanones sagen, die in der Überlieferung stark variiert[39] und nur den Schluß zuläßt, daß diese ebenfalls erst der Tradition zu verdanken ist.[40] Vorab ist somit festzustellen, daß diese in der Überlieferung enthaltenen Dokumente, nämlich Synodalbrief, Beschlußtext und Unterschriftsliste, genau dem Bestand von Synodalakten entprechen, wie er nach den neuesten Forschungen zur Frage von Synodalakten und Synodalprotokollen altkirchlicher Synoden nicht anders erwartet werden darf.[41]

b) Zur Frage der Authentizität der »Epistula ad Silvestrum«

Nun ist allerdings die *Epistula ad Silvestrum* in der Vergangenheit des öfteren für nicht authentisch erklärt worden.[42] Obwohl hier nicht der Ort ist, diese Diskussion im einzelnen vorzuführen, ist allerdings dennoch zu begrün-

---

[34]   *praesente Spiritu sancto et angelis eiusdem.*

[35]   So wohl richtig: Caspar, Geschichte I 116. Vgl.: Munier, Concilia Galliae 4,20-5,40 App.; 9 App. zu Zeile 4f. *(placuit etiam, annuente qui maiores dioeceses tenet, per te potissimum omnibus insinuari).*

[36]   Munier, Concilia Galliae 14-22.

[37]   Vgl. dasselbe Phänomen auch noch bei der Überlieferung des bald 400 Jahre späteren Concilium Quinisextum: Ohme, Quinisextum 82-171.

[38]   Munier, Concilia Galliae 23f. Die etwa bei Lauchert, a.a.O., mit abgedruckten Tituli sind allein die in der spanischen Überlieferung der Hispana üblichen.

[39]   Vgl.: Munier, Concilia Galliae 8.

[40]   Bei der Edition schließt sich Munier einer Gruppe von Handschriften an und kommt deshalb zu einer anderen Zählung als sie in der meist von v.Soden (Nr.16.17) und Lauchert herkommenden deutschsprachigen Literatur anzutreffen ist.

[41]   Vgl. hierzu: E.Chrysos, Konstantinopel; ders., Konzilsprotokolle.

[42]   Für die Echtheit: O.Seeck, Donatismus 542ff.; Grasmück, Coercitio, Exkurs I, 251ff.;

den, wieso der Text des Synodalbriefes in die vorliegende Untersuchung mit einbezogen wird.

Grundsätzlich ist zu sagen, daß zwei wichtige Voraussetzungen für die von *H.Kraft* vertretene Skepsis obsolet sind. Dazu gehört vor allem die Irritation[43], daß der Text der Kanones in zweifacher Weise an Silvester gesandt wurde:

> »Wir müssen also folgern, die Synode habe zwei verschiedene Schreiben desselben Inhalts an dieselbe Adresse gerichtet. Das ist unwahrscheinlich, solange wir es nicht erklären können.«[44]

Es läßt sich freilich m.E. erklären. Denn es ist nicht unbedingt ungewöhnlich, in die Epistula synodica die Beschlüsse der Synodalverhandlungen einzufügen.[45] Man wird weiterhin die *Canones ad Silvestrum* mit der Unterschriftsliste nicht als gesondertes »Schreiben« – gar als zweite Epistula synodica – ansprechen dürfen, das getrennt nochmals an den Römer geschickt wurde. Vielmehr handelt es sich dabei um den Beschlußtext einer eigenständigen Synodalverhandlung (s.u.), der zusammen mit der Subskriptionsliste und dem Synodalbrief an Silvester geschickt worden sein muß. Daß den »Kanones« eine an Silvester gerichtete kurze Vorrede vorausgeht, trägt m.E. nur einem zweifachen Sachverhalt Rechnung.

Zum einen mußte ausgerechnet diese Synode und dieses *iudicium episcopale* als »Wiederholung« der unter dem Vorsitz des römischen Bischofs im Vorjahr durchgeführten Synode ohne dessen Anwesenheit auskommen.[46] Zum anderen überschritten die gefaßten Beschlüsse die donatistische Problematik beträchtlich.[47] Darüber hinaus betrafen sie nicht nur die kirchliche Ordnung einer Ortskirche. Die Bischöfe wollten eben nicht nur das behandeln, wozu sie nach Arles geladen worden waren[48], sondern auch über andere, die eigenen

---

Gaudemet, Conciles Gaulois 38f. Gegen die Echtheit: H.Kraft, Religiöse Entwicklung 38-41 (Anm.2): »Fälschung im weiteren Sinn«, »nachträgliche Komposition einer ursprünglich vorhandenen, aber nicht mehr erreichbaren Urkunde« (41). I.Mazzini, Lettera (späteres Produkt der päpstlichen Kanzlei).

[43] Diese ist älter und geht wohl auf die Darstellung bei Hefele (-Leclercq I 279f.) zurück, findet sich aber schon bei den Ballerini (s.d). Bereits Hefele formulierte die These: »Sur le concile d'Arles de 314, il existe deux lettres synodales«. Dies trifft freilich so nicht zu (s.u.).

[44] Kraft, Religiöse Entwicklung 39.

[45] Vgl. z.B. die Überlieferung der »Kanones« von Gangra, s. Kap. XIX 3.

[46] Zu den eventuellen Beweggründen Silvesters vgl.: Grasmück, Coercitio 60f.

[47] Hierauf lassen sich bekanntlich nur die can.8(9) (gegen die Wiedertaufe), can.13.14 (gegen Reordination und falsche Anklagen) und evtl. noch can.20 (mindestens drei Bischöfe bei einer Bischofsweihe) beziehen, vgl.: Grasmück, Coercitio 63f. Zu den weiteren Kanones vgl.: J.M.O'Donnell, Arles, der zu unserer Fragestellung nichts beiträgt.

[48] Die kaiserlichen Einladungsschreiben waren allein der africanischen Angelegenheit gewidmet, vgl. v.Soden Nr.15, s.o. Anm.24.

Angelegenheiten betreffende Maßnahmen entscheiden. Und dies vor allem
angesichts der Unterschiedlichkeit kirchlicher Vorschriften, die man festgestellt hatte und die so mannigfaltig seien wie die Provinzen, aus denen sie
kamen. Eben dies formuliert der Synodalbrief.[49]

Die Bischöfe, die tatsächlich aus dem gesamten römischen Westreich Konstantins zusammengekommen waren[50], wollten also bei dieser Gelegenheit
auch eine Vereinheitlichung in einigen unterschiedlich praktizierten Fragen
christlicher Lebensführung und kirchlicher Ordnung vornehmen. Daß sie bei
der abschließenden schriftlichen Formulierung dieser Beschlüsse, denen sie
mit ihrer Unterschrift Zustimmung erteilten und die natürlich nicht auf
derselben Sitzung wie die *causa Caeciliani* beraten worden waren, gerade auch
wegen des »ökumenischen« Charakters der Entscheidungen den Bischof von
Rom – wenn er schon nicht als Teilnehmer dabei war – in einem Präskript
zum Adressaten des Beschlußtextes machten, sollte deshalb m.E. nicht zu sehr
überraschen.

Wie nun also der Beschlußtext der Synode im engeren Sinne[51] samt der
dazugehörenden Subskriptionsliste m.E. nicht einfach als »Schreiben« bezeichnet werden darf, so kann auch weiterhin keine Rede davon sein, daß es sich
bei der Epistula synodica und den »Canones ad Silvestrum« um »zwei verschiedene Schreiben desselben Inhalts« handelt.[52] Denn der Synodalbrief bietet
sowohl einen Rechenschaftsbericht über die Ergebnisse des kaiserlichen
iudicium als auch über die Bischofssynode zu Fragen kirchlicher Ordnung.
Ohne die Synodica hätte Silvester über die Erledigung der *causa Caeciliani*
nichts erfahren!

Die von *Kraft* weiterhin ins Feld geführten Unterschiede bei den Namen der
Bischöfe in der Briefüberschrift und in der Unterschriftsliste relativieren sich
angesichts der Uneinheitlichkeit der handschriftlichen Überlieferung. Außer-

[49] Munier, Concilia Galliae 4,24-28; Maier I 163,42-49: *Non tamen haec sola nobis uisa
      sunt tractanda, frater carissime, ad quae fueramus inuitati, sed et consulendum dum
      nobismet ipsis consuluimus; et quam diuersae sunt prouinciae ex quibus aduenimus, ita et
      uaria contingunt quae nos censemus obseruare debere.*

[50] Angesichts der handschriftlichen Überlieferung läßt sich die Teilnehmerzahl nicht
      definitiv festlegen. Ca. 44 Kathedren waren repräsentiert, wohl 33 durch ihren Bischof.
      Die Mehrheit waren Gallier, dann aber auch Vertreter aus Africa, Italien, Spanien,
      Britannien und dem Illyricum.

[51] Im Unterschied zum Beschlußtext des *iudicium*, der uns als gesonderter Text nicht
      überliefert ist. Man wird dies damit erklären können, daß er als Ergebnis eines
      »Kaisergerichtes« an Konstantin gesandt wurde und in die kaiserlichen Archive ein-
      ging. Das in Abwesenheit des Kaisers als Gericht tagende *consilium* sandte sein Urteil
      als Bericht *(relatio* oder *consultatio)* an den Kaiser, wo es samt dem Protokoll in die
      kaiserlichen Archive aufgenommen wurde. Vgl.: W.Kunkel in: JAC 11/12, 246; F.Schulz,
      Geschichte 181.

[52] Kraft 39 (s.o.).

dem[53] ist nicht mit Selbstverständlichkeit davon auszugehen, daß bei Abfassung der Synodica noch alle der unterzeichneten Bischöfe anwesend waren. Die weiteren Einwände *Krafts*, insbesondere zum Briefschluß, sind von *Grasmück* widerlegt worden.[54] In der Tat ist davon auszugehen, daß der Synodalbrief ursprünglich den gesamten Text der Kanones und eine Schlußformel enthielt und der jetzige Zustand allein aus dem Willen eines Schreibers zu erklären ist, der wußte, daß die Kanones in kirchlichen Rechtssammlungen leicht zugänglich waren.

In jüngerer Zeit hat *I.Mazzini*[55] die Authentizität des Synodalbriefs hauptsächlich dadurch in Frage zu stellen gesucht, daß er durch einen Vergleich der *Metrik* dessen stilistische Unterschiedlichkeit zu den *Canones ad Silvestrum* nachweisen konnte. Er geht dabei allerdings ebenfalls von der Voraussetzung aus, daß es sich bei den Canones um eine eigenständigen Brief (»Lettera C«) handelt. *Gaudemet*[56] hat überdies zurecht darauf hingewiesen, daß es kaum angeht, den Text der Canones ebenfalls in den metrischen Vergleich miteinzubeziehen.

Es ist nach alledem meiner Meinung nach nicht zwingend, die *Epistula ad Silvestrum* nicht als das in der Überlieferung bewahrte Teilstück des Synodalbriefes von 314 zu betrachten. Daß der Text in jedem Fall sehr gelitten hat und sein Wortbestand zu mancherlei Konjekturen, Korrekturen und Fragen Anlaß gibt, steht auf einem anderen Blatt.[57]

c) »Regula veritatis« in der »Epistula ad Silvestrum«

Nun ist es aber auch eine bemerkenswerte Verwendung des Begriffes *regula veritatis*, die die Waagschale mit den Argumenten für die Authentizität des Textes m.E. noch tiefer sinken läßt.

Nach der Auflistung der Absender grüßen die Synodalen den römischen Bischof aus Arles, wohin sie der kaiserliche Wille geführt habe, nicht ohne als erstes zu betonen, daß sie durch das Band gemeinsamer Liebe und der Einheit der *ecclesia catholica* vereint seien. In Arles hätten sie eine schwere und gefährliche Verletzung[58] »*legis nostrae atque traditionis*«[59] durch die

---

53 Darauf hat bereits Grasmück, Coercitio 253, hingewiesen.
54 Grasmück, Coercitio 251f.
55 Lettera del Concilio di Arles (s.o.).
56 Gaudemet, Conciles Gaulois 39.
57 Vgl. den App. bei Munier, Concilia Galliae 4f., und die Übersetzung von Gaudemet, Conciles Gaulois 41ff. Insbesondere die den römischen Bischof betreffenden Titel und Wendungen (*papa*; *gloriosissimus*; *qui maiores dioeceses tenes*) werfen die Frage nach evtl. späteren Interpolationen auf (vgl. Mazzini 294-299), auch wenn Gaudemet (a.a.O.) meint, daß sie sich zufriedenstellend erklären ließen.
58 Konjektur *iniuriam*, vgl. App. Munier, Concilia Galliae 4 z.St.
59 Zur Bezeichnung des christlichen Glaubens, des Christentums überhaupt, aber auch der Hl.Schrift als *lex*, wie sie sich auch in der religiösen Terminologie Konstantins findet, vgl. z.B. Dörries, Selbstzeugnis 296ff.

»widersetzlichen Leute« – also die Donatisten – erleiden müssen. Aber die gegenwärtige »*auctoritas* unseres Gottes« und die *traditio* und die *regula veritatis* hätten jene in die Schranken gewiesen, daß ihnen weder ein Argument *(dicendi ratio)* blieb noch irgendeine Art der Anklage oder ein Beweis zustande kam. Deshalb seien sie durch das Urteil Gottes und der Mutter Kirche, die die Ihren kennt und anerkennt, schuldig gesprochen und zurückgewiesen worden.[60]

Es ist schon von einiger Bedeutung für das rechte Verständnis des Terminus *regula veritatis*, daß hier neben der als gegenwärtig bezeugten *auctoritas Dei* auf die *traditio* und die *regula veritatis* als die entscheidenden Größen hingewiesen wird, die den Donatisten jede Möglichkeit der Argumentation, Anklage und Beweisführung genommen hätten. Daß man in der theologischen Streitfrage über die Gültigkeit von durch erwiesene öffentliche schwere Sünder *(lapsi, turificati, tradentes)* vollzogenen Taufen und Ordinationen auf die *traditio* – also die als apostolisch verstandene römische und abendländische Praxis – rekurrierte, ist uns aus den 60 Jahre zurückliegenden Auseinandersetzungen um die »Ketzertaufe« geläufig (s.o.). Daß aber nun für diese Praxis auch explizit die *regula veritatis* in Anspruch genommen wird, bestätigt unsere Interpretation der Haltung Stephans von Rom im Ketzertaufstreit, für den diese theologische Inanspruchnahme nur zu erschließen war.

Die *regula veritatis* wird hier also als eine die liturgische Praxis von *Taufe und Ordination* betreffende Norm ins Spiel gebracht, die die Wahrheit der christlichen Offenbarung *(lex nostra)* grundsätzlich berührt und deren Nichtbefolgung kirchliche Gemeinschaft unmöglich macht. Es ist also dieselbe theologische Qualifizierung der eigenen Positionen, wie sie sich uns bei Stephan bereits nahelegte, von Firmilian von Caesarea für die Gegenseite vertreten wurde und von Cyprian vermieden zu werden schien.

Für die Donatisten wird man freilich dieselbe Haltung und Argumentation voraussetzen müssen. Denn was 60 Jahre zuvor in der africanischen Kirche bereits latent vorhanden war, von Firmilian argumentativ unterstützt wurde und allein durch die überragende Autorität Cyprians noch in Grenzen gehalten werden konnte, war durch die Entscheidung der Synode der 70 gegenüber Caecilian anscheinend konsequent zum Zuge gekommen[61]: eine Zuordnung und Qualifizierung der eigenen Tauf- und Ordinationspraxis zur *regula veritatis* mit der Folge von Wiedertaufe, Reordination und Exkommunikation. Die theologische Zuordnung der je eigenen kirchlichen Praxis zur *regula veritatis*

---

[60] *ubi grauem ac pernitiosam legis nostrae atque traditionis <iniuriam> effrenatae mentis homines pertulimus; quos et Dei nostri praesens et auctoritas et traditio ac regula ueritatis ita respuit, ut nulla in illis aut dicendi ratio subsisteret aut accusandi modus ullus aut probatio conueniret. Ideo iudice Deo et matre ecclesiae, quae suos nouit et comprobat, aut damnati sunt aut repulsi.*: Munier, Concilia Galliae 4,11-17; v.Soden Nr.16, 11-17; Maier I 162,20-31.

[61] Angesichts der desolaten Quellenlage läßt es sich allerdings nicht definitiv belegen.

durch beide Seiten in den Anfängen des donatistischen Streites hatte demnach
das Ende der kirchlichen Einheit in Africa zur Folge.

d) Die »canones« ohne die Termini regula/canon

Eine Verwendung der Begriffe *regula* oder *canon* in den Kanones selbst ist
nicht anzutreffen.[62] Interessant ist, daß auch in Zusammenhängen, wo man
mit dem Terminus *regula* rechnen könnte, dieser nicht Verwendung findet. So
wird die africanische Praxis der Wiedertaufe als *propria lex* bezeichnet[63] und
das von can.13(12) ausgesprochene Verbot der Zinsnahme für Kleriker, das mit
Exkommunikation bedroht wird, als in Übereinstimmung mit dem göttlichen
Gebot stehend mit dem Terminus *forma diuinitus data* bezeichnet.[64] Man
wird nicht fehlgehen, im Begriff *forma* römische Rechtsterminologie zu erblik-
ken.[65] Diese Wendung bezieht sich allerdings auf in der Hl.Schrift – insbesondere im Alten Testament – enthaltene Verbote.[66]
Ansonsten bewegt sich die Synodalterminologie mit der beherrschenden
Beschlußformulierung *placuit*[67] in den üblichen Bahnen westlicher Synodal-
traditon. Der Bezug zum Synodalprotokoll scheint noch durch im Praescript
(quia decreuimus communi consilio); weiterhin in der in can.1 enthaltenen Aufforderung an den römischen Bischof, wegen der einheitlichen Feier des Osterfestes gemäß dem Brauch Briefe »an alle« zu senden[68]; schließlich auch in
can.13(14) über die Traditoren, wenn es im Unterschied zu der etwa in den
Beschlüssen von Elvira stets neutral bleibenden *placuit*-Formulierung hier heißt:
placuit nobis.[69] Dennoch sind die Entscheidungen im Stil von Verordnungen
formuliert, deutlich auch in dem fast durchgängigen Satzanfang mit »De«.

---

62 Die in den älteren Quellensammlungen (vgl. z.B.: Lauchert 28,12; v.Soden Nr.17,12)
    anzutreffende Lesart in can.14(13): *et quoniam multi sunt qui contra ecclesiasticam
    regulam pugnare uidentur* ist von Munier als Konjektur der Editionen von Surius
    (Coloniae 1567) und Sirmond (Lutetiae Parisiorum 1629) in den App. verbannt und
    ersetzt worden durch: *... qui contra ecclesiam repugnare uidentur ...* Vgl.: Munier,
    Concilia Galliae 12,47f.App.z.St.
63 can.9(8): *De Afris quod propria lege sua utuntur ut rebaptizent, placuit ...*
64 *De ministris qui fenerant, placuit eos iuxta formam diuinitus datam a communione
    abstineri.*
65 Vgl.: Heumann-Seckel, Handlexikon 218 s.v.: »Norm, Regel, Bestimmung, Vorschrift.«
66 Vgl.: Dt 23,19f.; Ps 14,1.5 (LXX); Ez 18,7ff.; s.auch Lk 6,34. Das Verbot der Zinsnahme
    ist ein Dauerthema altkirchlicher Ethik. Vgl. Elvira can.12; Nizäa can.17 (s.u.); Laodicea
    can.4; can.Apost. 44; Quinisextum can.10. Dazu: V.Maloney, Usury.
67 Vgl.: can.3. 4. 5. 6. 7. 9(8). 10(9). 11(10). 12(11). 13(12). 14(13). 15(14). 16(15). 17(16). 19.
    20. 21. 22; dazu die Ep. synodica: Munier, Concilia Galliae 4,29; 5,31. Ebd. (4,27f.):
    censere; im Praesript der Kanones auch: *decernere* (a.a.O., 9,3).
68 *ut iuxta consuetudinem litteras ad omnes tu dirigas:* a.a.O., 9,8.
69 A.a.O., 12,43.

XVIII. DIE SYNODE VON NIZÄA (325) UND IHR KANON-BEGRIFF

1. DIE KANONES VON NIZÄA IM ZUSAMMENHANG DER SYNODE

Nachdem Kaiser Konstantin im Jahre 324 die Alleinherrschaft errungen hatte, war diese »die wiedergewonnene Einheit des Reiches nun auch kirchlich besiegelnde Einheitssynode«[1] von ihm nach dem Vorbild der Synode von Arles (314)[2] einberufen und Anfang Juni 325[3] in der Palastaula von Nizäa eröffnet worden[4]. Die *Aufgabenstellung* bestand nicht allein in der Überwindung des arianischen Streites[5], sondern darüber hinaus in der Beilegung schismatischer Entwicklungen in den Gemeinden der ägyptischen Kirche, dem sog. melitianischen Schisma[6], und der gesamtkirchlichen Regelung von Fragen der kirchlichen Ordnung sowie der Realisierung eines gemeinsamen Osterfestes[7] für die gesamte Christenheit. Als Grundlage der weiteren kirchlichen Lehrentwicklung und als exemplarische Ausprägung der kaiserlichen Synodalgewalt ist dieser Synode seit dem Ende des 4. Jahrhunderts bekanntlich überragende Bedeutung beigemessen worden.

Die 20 Kanones[8] des I. Ökumenischen Konzils sind zusammen mit dessen Symbol, einem Synodalschreiben an die Kirche von Alexandrien sowie der

---

[1]   H.Chr. Brennecke, Art. Nicäa I, in: TRE 24 (1994) 429-441.430 (Lit.) Darüber hinaus verweise ich nur auf: H.Chadwick, Faith and Order; I.Ortiz de Urbina, Nizäa und Konstantinopel; E.Schwartz, Kanonessammlungen 203-220; T.D.Barnes, Constantine, 208-224; ders., New Empire.

[2]   S.o. Kap. XVII 3.

[3]   So: Barnes, Constantine, 215 (mit E.Schwartz, GS III 79ff.); ders., New Empire 76; nach Sokr. (H.e. I 13) am 20.5.325

[4]   Die Angaben über die teilnehmenden Bischöfe schwanken zwischen 250 und über 300; vgl. Brennecke, TRE 24, 431,39ff. Neben den hauptsächlich betroffenen Bischöfen des Ostens waren Ossius von Cordoba, 2 römische Legaten und 4 weitere Bischöfe aus dem Westen anwesend.

[5]   Vgl. hierzu: A.M.Ritter, Arianismus (Lit.); Chr.Stead in: RAC 16, 407-411.

[6]   Vgl. hierzu: Kap. XV 3 b); s.a.: A.Martin, Mélitiens.

[7]   Vgl. insbesondere: W.Huber, Ostern 61-75; A.Strobel, Ursprung 389-92; Ortiz de Urbina 106ff.

[8]   Vgl.: Joannou, CCO 23-41; Lauchert 37-43.

bischöflichen Subskriptionsliste die einzigen uns überlieferten direkten *Quellen* seiner Beschlüsse und Verhandlungen[9].

Die Frage, ob es je Protokolle der Verhandlungen von Nizäa gegeben hat, oder ob diese früh verlorengingen, läßt sich nicht eindeutig beantworten.[10] Geht man davon aus, daß die Synode in der Frage des Arius als kirchliches Gericht tagte – was sich freilich auch nicht mit Bestimmtheit sagen läßt[11] –, wäre zumindest für diese Sitzung(en) mit einer Protokollierung zu rechnen.[12] Allerdings ist nicht zu übersehen, daß es – auch nicht in den ältesten Berichten über das Konzil[13] – keinen einzigen literarischen Hinweis auf die Existenz solcher Protokolle gibt. So redet auch Athanasius in De Synod.6,2 bei seinen Ausführungen darüber, daß man, um den wahren Glauben lernen zu können, keinen neuen Synoden brauche, nur von den γράμματα der nizänischen Väter, die man lesen müsse[14], erwähnt also auch keine Protokolle[15].

Theodoret (†ca.466) berichtet, daß die Bischöfe nach der Anathematisierung der Arianer abermals zuammengetreten seien und 20 »Gesetze über die Ordnung des kirchlichen Lebens« verfaßt hätten.[16] *Gelasios von Kyzikos* teilt nach 475 darüberhinaus auch den Text aller 20 Beschlüsse mit, redet von ἐκκλησιατικοὶ κανόνες εἴκοσιν und νόμοι, ohne dabei im Inhalt oder in der Reihenfolge von der in den griechischen Kanonessammlungen enthaltenen Überlieferung abzuweichen. Seine Zusammenstellung der Kanones überschreibt er allerdings: »Ὅροι ἐκκλησιαστικοί …«.[17]

Rufin nahm in seiner Kirchengeschichte die 20 Kanones nicht in ihrem ganzen Wortlaut, sondern in lateinischer epitomierender Übersetzung auf und

---

9   Vgl.: CPG 8512-8516.

10 In der älteren Lit. vgl. z.B. Hefele, I 283f. (dagegen); dafür sind: A. Wikenhauser, Existenz; G. Loeschcke, Gelasius; Ortiz de Urbina 61.

11 Vgl.: Girardet, Kaisergericht 43-51.

12 Vgl. Chrysos, Konzilsakten 150f.

13 Vgl. etwa: Euseb, Vita Const. III; Athan., De decr.Nic.Syn.; und die Historiker: Sokrates, Sozomemos, Theodoret, Rufin, Gelasius (s.u.).

14 Opitz II 234.

15 Die dann πράξεις, πραττόμενα, πραχθέντα, πεπραγμένα, oder am eindeutigsten ὑπομνήματα heißen müßten, vgl.: Chrysos, a.a.O., 151.

16 περὶ τῆς ἐκκλησιαστικῆς πολιτείας νόμους ἔγραψαν εἴκοσι: H.e. I 8 (Parmentier-Scheidweiler 19,38), geschrieben um 449/50.

17 H.e. II 32 (GCS 28, 112-118 G.Loeschcke-M.Heinemann). Bei Gelasius haben die Kanones inzwischen Überschriften, die das behandelte Thema angeben, stets eingeleitet mit: Περί. Genauso sind die auf der Synode von Chalcedon verlesenen Kanones bereits mit Titeln versehen. Vgl. z.B. can.5 von Antiochien (dort = Nr.84): ACO II 1,3,101,6ff.

teilte dabei die Kanones 6 und 8 in zwei Teile, so daß er auf insgesamt 22 kam. Er bezeichnet sie als *statuta* und beginnt seine Zusammenfassung von can.1 mit den Worten: »Statuunt praeterea observandum esse in ecclesiis, ne quis ...«. Nach dem letzten *statutum* fügt er hinzu:

> *Igitur cum de his, prout divinarum legum reverentia poposcerat, decrevissent, sed et de observatione paschae antiquum* canonem, *per quem nulla de reliquo varietas oreretur, ecclesiis tradidissent, omnibus rite dispositis ecclesiarum pax et fides in orientis atque occidentis partibus una atque eadem servabatur.*[18]

Es ist beachtenswert, daß Rufin im unmittelbaren Kontext seines Berichtes über die nizänischen Kanones, der keine Übersetzung Eusebs mehr darstellt, von diesen als *statuta* spricht, die Tätigkeit der Synode als *statuere* und *decernere* beschreibt, und diese Beschlüsse als Ausdruck der *divinarum legum reverentia* bezeichnet. Den Kanon-Begriff setzt er als Lehnwort allein zur Bezeichnung der Ostertabelle ein, die den Kirchen angeblich zugestellt worden sei. Dies stimmt mit seiner Übersetzungspraxis des Euseb-Textes überein, wo er nicht ein einziges Mal Eusebs κανών mit *canon* übersetzt hatte[19], allerdings auch stets die Benutzung des Begriffes für den Osterkalender vermieden hatte.

Die ältesten Historiker[20] bestätigen also nicht nur die große Bedeutung für die gesamte Kirche, die den nizänischen Kanones von Anfang an beigemessen wurde, sondern auch deren Anzahl.[21] In der syrischen, arabischen und äthiopischen Überlieferung sind diesen 20 Kanones später eine Großzahl weiterer kanonischer Bestimmungen zugewachsen.[22] Man wird darin wohl zuerst ein Anzeichen für die große Autorität des nizänischen Konzils und aller seiner Beschlüsse sehen müssen, die dieses seit dem Ende des 4. Jahrhunderts in der gesamten Christenheit genoß. Auch in der römischen Tradition sind die Kanones von Serdika unter dem Namen des Nicaenums tradiert worden.[23]

Bevor wir der Frage nach dem in den nizänischen Beschlüssen anzutreffenden Kanon-Begriff nachgehen, sei deren *Inhalt* hier in systematischer Zusammenfassung kurz hingesetzt:

> Von größter geschichtlicher Bedeutung sind jene Kanones, die eine Neugliederung der kirchlichen Leitungs- und Verwaltungsstrukturen in enger Anlehnung an die staatliche Gliederung des Reiches vornahmen, wie sie

---

[18]   H.e. X 6 (Th.Mommsen, 966-969, 965,12ff.969,6ff.).
[19]   S.o. Kap. IX 2.; vgl. insbesondere: H.e. II 17,1; VI 2,14; VI 33,1.
[20]   Zu Sokrates s.o.: Einleitung u. unten Anm. 33.
[21]   Vgl. hierzu Hefele I 356-375; Hefele-Leclercq I 1, 503-527; Ortiz de Urbina 109f.
[22]   Vgl.: CPG 8521.8523.8524; Hefele-Leclercq I 2, 1139-1176.
[23]   Dazu i.e. Kap. XX.

unter Diokletian (284-305) entstanden war.[24] Die *can.15.16* wollen unter
Androhung der Exkommunikation den gesamten Klerus an die »Paroikia«
genannte *(can.16)* Pfarrgemeinde binden, »für die sie ordiniert wurden« und
jeden eigenmächtigen Wechsel von einer bischöflichen Parochie in eine
andere sowie jede Abwerbung ausschließen, eine Praxis, die allerdings als
überall gängiger Brauch konstatiert wird.[25] Beide Kanones bezeugen so die
altchristliche Bindung der Ordination an die konkrete Ortskirche, die als
bischöfliche Paroikia besteht. Die neuen kirchlichen Strukturen werden in
den *Kanones 4-7* formuliert. Über den bischöflichen Paroikien wird nunmehr der mit den weltlichen Reichsprovinzen geographisch deckungsglei-
che kirchliche Provinzialverband gebildet (für beide gilt die gleiche Terminologie: ἐπαρχία!), dem der Bischof der Provinzialhauptstadt, der
Metropolis, als »Metropolit« vorsteht. So bestimmt can.4, daß die Bischofswahl von allen Bischöfen einer Provinz vorgenommen werden muß; für die
Weihe reichen drei Bischöfe, die aber die schriftliche Zustimmung der
anderen haben müssen. Der Metropolit muß die Entscheidung und Weihe
bestätigen *(can.4.6)*. *Can.5* installiert die Provinzialsynode als oberste kirchliche Berufungsinstanz, die zweimal jährlich abzuhalten ist.[26] *Can.6* legt die
Grundlage für die dann in Konstantinopel 381 weiter vorbereitete und im
6. Jahrhundert sich endgültig etablierende Patriarchatsverfassung, indem
für die Kirche von Alexandrien unter Hinweis auf die gegebenen Verhältnisse in Rom, sowie für Antiochien Sonderregelungen aufgestellt werden.
Danach werden »die alten Bräuche« und Vorrechte (πρεσβεῖα) bestätigt,
wonach diesen Kirchen provinzübergreifende Jurisdiktionsvollmachten und
Einflußbereiche zukommen. *Can.7* bestätigt dem Bischof von Aelia (Jerusalem) einen Ehrenvorrang (ἀκολουθία τῆς τιμῆς) ungeachtet der Rechte
des Metropolitansitzes Caesarea.
   Es darf nicht übersehen werden, daß diese Kanones zur Neugliederung
der kirchlichen Strukturen von Verhältnissen ausgingen, wie sie im Ost-
reich herrschten, im Westen aber nicht unbedingt gegeben waren, »wo z.B.
die Synoden der afrikanischen Provinzen erheblich größere Einheiten um-
faßten«. In diesem Lichte sind auch die uneinheitliche Rezeption der
nizänischen Kanones und die Variationen ihrer lateinischen Übersetzungen
zu sehen.[27]
   Bestimmungen über die Würde, den Lebenswandel und die hierarchische Taxis treffen folgende Kanones: *can.1* schließt sich selbst willentlich
verschneidende Eunuchen vom Klerus aus, nicht aber solche, denen dies

[24] Vgl. A.Demandt, Spätantike 53ff.; und zum folgenden: Lübeck, Reichseinteilung 52-
      98.99-172.
[25] Zur Frage der Translation in der Alten Kirche vgl.: Kap. XX 2.
[26] Vgl. dazu: Kap. XX 4 bb).
[27] Schwartz, Kanonessammlungen 203-220.203.

zwangsweise oder krankheitshalber zugefügt wurde. *Can.2* wendet sich gegen jede Weihe von Neophyten, und *can.3* verbietet jedes Syneisaktentum. *Can.9* schreibt die vorherige Prüfung des Kandidaten vor jeder Presbyterweihe vor; ist sie unterblieben und stellen sich nach der Weihe eigentliche »Weihehindernisse« heraus, so werden solche Kandidaten trotz der Weihe nicht zugelassen. Das Verbot der Weihe von *lapsi* bestätigt *can.10*; auch eine dennoch erfolgte Weihe bilde kein Präjudiz. Kleriker, die mit Zinsen wuchern, werden abgesetzt *(can.17)*. *Can.18* regelt die hierarchische Rang- und Reihenfolge des höheren Klerus: Bischof, Presbyter, Diakone, die sich insbesondere gegen Vorrangansprüche der Diakone richtet.

Regelungen zur öffentlichen Buße treffen die Kanones *11-14*: für die *lapsi* unter Licinius *(can.11.12)*; für die Gewährung der Kommunion für Büßer *in articulo mortis (can.13)*; für sündigende Katechumenen *(can.14)*. Wohl um die Trennung zur Bußstufe der »Knieenden« nicht zu verwischen, beschloß die Synode in *can.20* schließlich, daß die Gläubigen den Gottesdienst stehend feiern sollen.

2. »KANON« IN DEN NIZÄNISCHEN KANONES

Analysiert man den Wortlaut der nizänischen Kanones, so fällt als erstes eine gewisse *Häufigkeit* in der Verwendung des Kanon-Begriffes auf. Diese erfolgt sowohl im absoluten Sprachgebrauch von »ὁ κανών«[28] als auch mit dem Kompositum »κανὼν ἐκκλησιαστικός«[29] und den entprechenden Wendungen »κατὰ τὸν κανόνα (τὸν ἐκκλησιαστικόν)«[30] und »παρὰ τὸν κανόνα (τὸν ἐκκλησιαστικόν)«[31]. Durchweg wird der Begriff nur im Singular verwendet. Ohne Zweifel bringt das Verständnis dieser Wendungen nicht geringe Schwierigkeiten mit sich und fällt je nach Interpret[32] auch recht unterschiedlich aus.

Ist damit gemeint, daß die Synode von Nizäa sich mit dieser Diktion auf ihre eigenen Beschlüsse bezieht? Ist die Bemerkung[33] des Historikers *Sokrates* († nach 439) so zu verstehen, daß Konzilsbeschlüsse seit Nizäa Kanones ge-

---

[28] can.1.9.18: Joannou, CCO 24,8;32,4;39,9.

[29] can.10; Joannou, CCO 32,13f.

[30] can.5.6; Joannou, CCO 27,9;29,10.

[31] can.9.15.2; Joannou, CCO 32,1f.; 36,13f.; 24,14f.

[32] Zu den Interpretationen im einzelnen vgl. die Textanalysen. Zur Interpretation der ältesten lateinischen Übersetzungen vgl.u. Kap. XXI 5 b).

[33] Τότε δὲ οἱ ἐν τῇ συνόδῳ ἐπίσκοποι καὶ ἄλλα τινὰ ἐγγράψαντες, ἃ κανόνας ὀνομάζειν εἰώθασιν: Sokrates, H.e. I 13,11 (ed.Hussey I 95; ed. Hansen 46,6); vgl.: Sozomenos, H.e. I 23,1; Ἡ δὲ σύνοδος ... ἔθετο νόμους οὓς κανόνας ὀνομάζουσιν (Bidez-Hansen 44,10f.).

nannt wurden[34], oder beschreibt er nur, was zu seiner Zeit sich als Sprachge-brauch durchgesetzt hat? Werden mit der nizänischen Kanon-Terminologie *ältere »Kanones«* angesprochen? Handelt es sich also z.B. um Hinweise auf und damit um Beweise für die »Kanones der Apostel«, oder nimmt man Bezug auf die »Kanones« von Elvira, Ankyra und Neocaesarea? Verbirgt sich hinter dieser Begrifflichkeit gar eine ganze »positive und formulierte kirchliche Rechtsord-nung«, eine erste teilweise Zusammenfassung des »Ius ecclesiasticum«, das auf Synodalentscheidungen beruht, die von provinzübergreifenden Synoden seit der Decischen Verfolgung gefällt wurden und deren Kern in der Entwicklung eines prozessualen Bußverfahrens besteht, wodurch erst die Vollmacht der Sündenvergebung und damit der Klerus manifest werden?[35] Wir befinden uns hier anscheinend an einer Schlüsselstelle für das Verständnis des Kanonischen in der Kirche am Anfang des 4. Jahrhunderts, die eine eingehende Analyse der Begriffsverwendungen erforderlich macht.

a) Zur Verwendung des Horos-Begriffes

Zunächst einmal ist zu sagen, daß überall da, wo es sich eindeutig feststellen läßt, die Synode von ihren *eigenen Beschlüssen* als *Horoi* redet.

So formuliert *can.15* gegen die Translation von Klerikern, daß diejenigen, die dies auch noch »nach dem Horos dieser heiligen und großen Synode« zu tun wagen[36], in ihre Heimatkirchen zurückkehren müssen.

Can.17 bedroht die fortgesetzte Zinsnahme durch Kleriker »nach die-sem Horos«[37] mit Absetzung.

Can.18 über die rangmäßige Nachordnung der Diakone nach den Pres-bytern kündigt für mangelnden Gehorsam auch noch »nach diesen Horoi«[38] den Verlust des Diakonates an.

Auch *can.19* schließlich über die Aufnahmemodalitäten für konvertie-rende Anhänger Pauls von Samosata bestimmt, daß »der dazu aufgestellte Horos in Geltung steht«[39], wonach diese wiederzutaufen sind. Auch wenn es um eine ältere Bestimmung geht, die weiterhin gilt (Perf.Pass.), ist doch deutlich, daß dafür der Begriff »Horos« benutzt wird. Eine Bezugnahme

---

[34] So: Beyer, κανών 605,42f.; Neuenzeit, Kanon 10 Anm.12.

[35] So: A.v.Harnack, Ius ecclesiasticum. Unten wird darauf näher einzugehen sein.

[36] εἰ δέ τις μετὰ τὸν τῆς ἁγίας καὶ μεγάλης συνόδου ὅρον τοιούτῳ τινὶ ἐπιχειρήσειεν...; Joannou, CCO 36,17ff.

[37] μετὰ τὸν ὅρον τοῦτον: Joannou, CCO 38,13.

[38] μετὰ τούτους τοὺς ὅρους: Joannou, CCO 40,4f.

[39] ὅρος ἐκτέθειται: Joannou, CCO 40,12.

auf den can.9(8) von Arles[40], der allerdings die africanische Problematik im Blick hat, ist nicht auszuschließen. Für den gesamten Klerus des Samosateners soll nun nach demselben Handlungsmuster (τύπος) verfahren werden[41], wie can.19 weiter ausführt. Es wird sich empfehlen, τύπος auch an dieser Stelle nicht im Sinne einer spezifischen Rechtsterminologie zu deuten.[42]

So bezeichnet denn auch das Konzil seine eigene Tätigkeit einmal als ὁρίζειν[43] und formuliert seine Beschlüsse mit der typischen Wendung ἔδο-ξε(ν)[44], die dem lateinischen *placuit* entspricht. Damit wird deutlich, daß die im Beschlußstil publizierten Entscheidungen das Ergebnis von Verhandlungen sind.

Gegen diesen Befund wird man nicht die Benutzung des Verbs κανονίζειν ins Feld führen können, das die Synode in ihrem Schreiben an die Kirche in Ägypten[45] benutzt.

> Dieser Synodalbrief, der die Adressaten über die Beschlüsse informieren will[46], behandelt die Entscheidungen zu Arius (3-5), zu den Melitianern (6-10) und zum Ostertermin (12). Die Kanones werden nicht eigens herausgestellt. Sie verbergen sich wohl hinter der Aufforderung an die Ägypter, sich über das, »was man noch geregelt und gelehrt habe«, im einzelnen von Bischof Alexander informieren zu lassen, der ja dabeigewesen sei.[47]

Κανονίζειν wird hier unspezifisch im Sinn von »regeln« benutzt, wie denn auch δογματίζειν unspezifisch verwendet wird. Eine Aufteilung dieser Formulierungen auf »kanonische« und »dogmatische« Entscheidungen der Synode ist ausgeschlossen, weil auch der Begriff »Dogma« in Nizäa noch nicht im spezifischen Sinne festgelegt ist. Dies beweist can.8 über die Novatianer, deren Klerikern die Wiederaufnahme in Aussicht gestellt wird, wenn sie »τοῖς δόγμασι der katholischen und apostolischen Kirche« zustimmen. Gemeint ist damit die Gemeinschaft mit bußfertigen lapsi und in zweiter Ehe Lebenden![48]

---

[40] So: Hefele I 427.

[41] ὁ αὐτὸς τύπος παραφυλαχθήσεται: Joannou CCO 41,2.

[42] Vgl. hierzu o. Kap. XV 1 c).

[43] can.6: Joannou, CCO 29,7.

[44] can.2.5.8.11.14.15.20: Joannou, CCO 24,21; 27,16f.; 30,6; 33,4; 36,4.12; 41,15.

[45] Opitz III, Urk.23.

[46] A.a.O., 23,2 (S.47,7f.): τίνα μὲν ἐκινήθη καὶ ἐξητάσθη, τίνα δὲ ἔδοξε καὶ ἐκρατύνθη.

[47] A.a.O., 23,11 (S.50,10ff): εἰ δέ τι ἄλλο ἐκανονίσθη ἢ ἐδογματίσθη συμπαρόντος τοῦ κυρίου ... ᾿Αλεξάνδρου ...

[48] Vgl.: Joannou, CCO 30,1ff. 17ff.

b) Der absolute Sprachgebrauch: ὁ κανών

Hier sind zuerst zwei Bestimmungen *(can.1.9)* zu analysieren, die Voraussetzungen der Zulassung zum Klerus festlegen und die synodale Entscheidung jeweils mit der abschließenden Wendung zum Ausdruck bringen, daß »solche der Kanon zum Klerus zuläßt« bzw. »nicht zuläßt«.[49] Die Frage ist, ob es sich hier um eine Selbstbezeichnung der nizänischen Bestimmungen handelt oder ob dieser Begriff anders zu deuten ist.

Can.1 schließt alle, die sich willentlich selbst verschnitten haben, vom Klerus aus, wogegen »der Kanon« solche, die wegen Krankheit von Ärzten oder gewaltsam entmannt wurden, zum Klerus zulasse. Wir haben hier einen singularischen *absoluten Sprachgebrauch von* »ὁ κανών« vorliegen, der uns als Ausdruck für das Gesamt des in der Kirche Maßgeblichen und Normativen bereits häufig[50] begegnet ist. Dieser »Kanon« als normative Instanz wird nun sprachlich gewissermaßen zum handelnden und entscheidenden Subjekt, insofern er es ist, der erlaubt, wer zum Klerus zugelassen wird. Eine Übersetzung »gemäß dem Kanon«[51] schwächt dieses Moment bereits ab. Es ist auch nicht die Rede von »den Kanones«, die dies gestatten, und es fällt auf, daß im Gegensatz zu dem sich jeweils eindeutig auf die vorliegende Synodalentscheidung beziehenden Begriff *Horos* die dort übliche sprachliche Zuordnung zu dieser Synode durch das Demonstrativpronomen oder eine Umschreibung hier unterbleibt. Es legt sich von daher m.E. schon sprachlich nicht nahe, diese Formulierung auf den ersten Beschluß von Nizäa selbst zu beziehen.[52]

Ein Blick auf die zu erschließenden inhaltlichen Implikationen dieser Entscheidung muß hier weiterhelfen.

> Dabei ist wohl weniger anzunehmen, wie *Ortiz de Urbina* meint[53], daß die Synode den Einfluß der seit Diokletian am Hof eingeführten[54] Eunuchen beschneiden wollte, die im »Arianischen Streit« nachmals tatsächlich in die kirchlichen Auseinandersetzungen parteilich eingriffen. Denn es geht bei der nizänischen Entscheidung allein um Zulassungsbedingungen zum Klerus und die Frage, ob die *willentlich beigebrachte Selbstverschneidung* ein »Weihehindernis« darstellt. Die Konfliktlage war bekanntlich nicht ab-

---

[49] τοὺς τοιούτους εἰς κλῆρον προσίεται ὁ κανών; τούτους ὁ κανὼν οὐ προσίεται: Joannou, CCO 24,7f.; 32,4f.

[50] Vgl. Kap. IX 3 d); XVI 5 a); 7 b).

[51] So: Ortiz de Urbina, 289.

[52] Dafür plädierten: H.Leclercq, Castration 2371; ihm folgte: P.Browe, Entmannung 27 Anm.94. Schon gar nicht handelt es sich um einen Hinweis auf can.Apost.21(gegen: Menebisoglu 110).

[53] A.a.O., 121.

[54] Vgl. dazu: Art. Eunuchen, in: PRE Suppl. 3, 449-455 (Hug.), 452f.

strakt, sondern in konkreten Fällen mit einiger kirchenpolitischer Brisanz bis ins Vorfeld der Synode gegenwärtig. Auf den Fall des Origenes, in dem sich eine völlig gegensätzliche Bewertung seiner Handlungsweise in den Kirchen Ägyptens und Palästinas manifestierte, ist hier nur hinzuweisen[55]. Vor der Synode ereignete sich in Antiochien – jedenfalls nach der Auskunft des Athanasius – noch die Geschichte des Presbyters Leontios aus Phrygien, der, um sich von seiner Syneisakte nicht trennen zu müssen, sich selbst entmannte und von Bischof Eustathius deshalb abgesetzt worden war. Kaiser Konstantius sollte ihn später trotz der nizänischen Entscheidung zum Bischof von Antiochien machen, wo er zu den erklärten Gegnern des Athanasius gehörte.[56]

Hinter diesen Konflikten steht nun allerdings die Frage nach der Geltung und Bedeutung konkreter Normen der Hl.Schrift und damit ein *hermeneutisches Problem*, obwohl diese Dimension in der Textgestalt der nizänischen Beschlüsse nicht eigens angesprochen wird.

Zuerst ist da an das rechte Verständnis des Wortes von *Mt 19,12* zu denken, das Origenes in jungen Jahren buchstäblich genommen und entsprechend gehandelt hatte, eine Exegese, von der er sich später distanzierte.[57] Er war darin aber kein Einzelfall, sondern immer wieder einmal ist es auch in christlichen asketischen Kreisen seit den Tagen Justins zu solcher Handlungsweise gekommen[58]. Erst am Ende des 4. Jahrhunderts unterwirft der can.24 der Apostel auch Laien, die sich selbst entmannen, der Buße.

»Ein allgemeines kirchliches Gesetz, das die asketisch-religiöse Selbstentmannung verbot ..., gab es in den ersten drei Jahrhunderten nicht«, darin wird man *P.Browe*[59] recht geben müssen. Hätte ein solches bestanden, wäre die Handlung des Origenes und der ihn weihenden Bischöfe nicht nachvollziehbar. Was es aber gegeben haben wird, war ein *Normenkonflikt* zwischen einer wörtlichen Interpretation von *Mt 19,12* und der völligen Ablehnung der Aufnahme von Verschnittenen in den Klerus, wie sie sich aus der Übernahme des Priestergesetzes von *Lev 21,18-21* ergibt. Dieses fordert als kultische Norm des Priestertums die körperliche Unversehrtheit, zu der *expressis verbis* unbeschädigte Hoden gehören (V.20).[60] Die alexandrinischen Synoden gegen

---

[55] S. dazu o. Kap. XVI 3.

[56] Vgl.: Athan., de fuga 26; Hist. Arian.28; Theod., H.e. II 24; Sokr., H.e. II 26.

[57] Die übertragene Deutung im bildlichen Sinne ist freilich älter und stellt die eigentlich beherrschende Auslegungstradition dar. Vgl.: W.Bauer, Matth.19,12, 238 zu Origenes.

[58] Justin, Apol. I 29; Vgl.: Browe, Entmannung 18-29; W.Bauer, Matth.19,12, 238f.

[59] Entmannung 27.

[60] Die Ablehnung der Aufnahme von Verschnittenen in die Gemeinde Jahwes in Dt 23,2 kam vielleicht noch hinzu. Sie wird allerdings gemildert durch Jes 56,3-5. Vgl. dazu: J.Schneider in: ThWNT 2, 763-767.

Origenes wie auch Eustathius von Antiochien werden sich auf diese Schriftgrundlage berufen haben.

Die Synode von Nizäa wendet sich mit ihrer Entscheidung nun unaus-
gesprochenerweise aber *de facto* gegen eine ungebrochene Weitergeltung von
Lev 21 in der Kirche. Denn die körperliche Unversehrtheit des Bewerbers, also
das Verschnittensein als solches, ist für sie kein Kriterium gegen die Aufnahme
in den Klerus. Ausschlaggebend ist allein die Frage, ob die Verschneidung
freiwillig war oder nicht. Damit wird nun aber indirekt auch eine wörtliche
Deutung von Mt 19,12 abgelehnt, indem die sich darauf berufende Praxis zum
Weihehindernis erklärt wird.

Die Synode will also m.E. in ihrer ersten Entscheidung in einer Frage von
einiger Bedeutung für die Geltung des alttestamentlichen Gesetzes in der
Kirche gegenüber einer ungebrochenen Berufung darauf den Maßstab, mit
dem in der Kirche Jesu Christi gemessen wird, deutlich machen, und dabei
auch gleich in der Frage der wörtlichen Auslegung von Mt 19,12 die Richtung
weisen. Damit werden die bischöflichen Urteile gegen Origenes und Leontios
einerseits bestätigt, ihre wahrscheinliche Begründung aber wesentlich modifi-
ziert. Es erfolgt deshalb m.E. auch keine direkte Berufung auf die entsprechenden Schriftstellen im Wortlaut der Bestimmung, sondern diese rekurriert auf
den *Kanon* als normative kirchliche Auslegung von Lev 21, der eben Verschnit-
tene zum Klerus zuläßt. Und dies nun nicht erst seit jetzt als Folge dieses
Synodalbeschlusses, sondern als die aus der evanglischen Überlieferung[61] entsprungene Lehre und Praxis, daß keine körperliche Beschaffenheit einen
Menschen für den Dienst Gottes würdig oder unwürdig machen kann, sondern allein das, was aus seinem Herzen kommt und sein Handeln und Denken
bestimmt. »Der Kanon« scheint mir also auch hier wie im Sprachgebrauch der
Väter des 3. Jahrhunderts Inbegriff für das in der Kirche Maßgebliche und
Normative zu sein, die Richtschnur, die das Evangelium, die Gebote Gottes
und die Lehre der Apostel ausmacht in der lebendigen Überlieferung der
Kirche, die das Leben der Kirche normiert und prägt und die der synodalen
Entscheidung stets voraus liegt und von ihr nun in Anspruch genommen wird.

Diese Interpretation findet ihre Bestätigung in *can.9*, der sich gegen die
Praxis wendet, Kandidaten für das *Presbyteramt* ohne vorherige *Prüfung*
(ἀνεξετάστως) oder trotz dabei festgestellter Verfehlungen (ἡμαρτημένα) zu
ordinieren. Dies sei παρὰ κανόνα, denn »der Kanon läßt solche nicht zu«.[62]
Auch hier ist »der Kanon« eine der Synodalentscheidung *vorgeordnete Instanz*,
die als Autorität Befolgung erheischt und deren Geltung durch die Bestimmung von Nizäa eigentlich nur bestätigt und bekräftigt wird. Positiv besagt
diese Richtschnur, daß Kandidaten für das Presbyteramt einer Prüfung auf

---

[61] Mk 7,1-23; Mt 15,1-20.
[62] τούτους ὁ κανὼν οὐ προσίεται: Joannou, CCO 32,3f.

ihren Lebenswandel hin zu unterziehen sind und Unwürdige ferngehalten
werden müssen.

> Soll man sich nun mit der Auskunft *Hefeles* begnügen, daß die Synode hier
> auf can.9 von Neocaesarea Bezug nehme?[63] Erscheint es allein schon schwer
> vorstellbar, daß die nizänische Reichssynode im gesamten Reich die Befol-
> gung eines Beschlusses ausgerechnet der pontischen Synode eingeklagt und
> diesen damit als reichsweit bekannt voraussetzt[64], so ist auch inhaltlich
> zwischen beiden Bestimmungen keine Übereinstimmung gegeben[65], außer
> daß es beidemal um unwürdige Presbyter geht. Wäre tatsächlich ein be-
> stimmter Beschluß einer identifizierbaren Synode angesprochen, so dürfte
> man wohl auch im Wortlaut eine entsprechende sprachliche Konkretion
> erwarten.

M.E. ist es dagegen das Nächstliegende, einfach an die Bischofs-, Diakons-
und Presbyterspiegel des Pastoralbriefe[66] mit ihrer Aufzählung von Quali-
fikationsmerkmalen für das jeweilige Amt zu denken, die eben der Prüfung der
Kandidaten dienen, und mit der apostolischen Weisung verbunden sind: »Die
Hände lege niemandem zu bald auf; mache dich auch nicht teilhaftig fremder
Sünden« (1 Tim 5,22). Es handelt sich hier – jenseits der Frage nach einer
dahinterstehenden antiken Berufspflichtenlehre – um eine in der apostolischen Tradition begründete und in der Überlieferung vor und nach den
Pastoralbriefen lebendige[67] Aufstellung von Auswahlkriterien für geeignete
Amtsträger. Es ist diese in der kirchlichen Praxis angewendete apostolische
Weisung hinsichtlich der Notwendigkeit der Prüfung überhaupt, der Angabe
von Richtlinien und der Zurückweisung ungeeigneter Bewerber, die die Richtschnur und Norm ist, um die es hier geht.

Daß die Väter von Nizäa die Pflichtenkataloge der Pastoralbriefe durchaus
selbst im Blick gehabt haben könnten, gewinnt einige Wahrscheinlichkeit
durch die Wortwahl, mit der sie ihre Bestimmung abschließen: »Denn die

---

[63] Hefele I 413.

[64] Die africanische Kirche z.B. hat die Beschlüsse der Synoden von Ankyra, Neocaesarea,
      Gangra, Antiochien, Laodicea und Konstantinopel 381 erst im Laufe des 5. Jahrhun-
      derts in ihre kirchenrechtlichen Sammlungen aufgenommen! Vgl. Kap. XXI.« Die
      älteste lateinische Übersetzung des griechischen Corpus canonum – ganz gleich ob in
      Africa oder Rom entstanden –, ist nicht vor 419 anzusetzen, und auch dann noch eine
      »Privatarbeit«. Vgl.: Schwartz, Kanonessammlungen 236-243.238. Jetzt: H.Mordek,
      Karthago oder Rom?

[65] Vgl. Joannou, CSP 79.

[66] 1 Tim 3,1-13; Tit 1,5ff.

[67] Zur Überlieferung vor den Pastoralbriefen vgl. z.B.: J.Roloff, Timotheus 150f.; zu der
      danach: Syr.Didask. IV 13,3ff. (ed. A.Achelis/J.Flemming, TU N.F.X,2, 1904).

katholische Kirche verlangt Tadelloses«.[68] Der hier die geforderten Qualitäten zusammenfassende Begriff ἀνεπίλη(μ)πτον ist genau der, mit dem auch 1 Tim 3,2 als zentrale und alles weitere zusammenfassende Forderung den Bischofskatalog eröffnet. Wenn man zudem bedenkt, daß dieser Begriff im Neuen Testament nur in den Pastoralbriefen[69] erscheint, dabei äußerliche gute Lebensführung und tadellose Gesinnung vereint[70], und wie bei den Pflichtenkatalogen so auch in can.9 von Nizäa geistliche Kriterien im engeren Sinn keine Rolle spielen, scheint mir hier ein Zufall ausgeschlossen zu sein. »Der Kanon« ist hier die in der Kirche lebendige Richtschnur und Norm hinsichtlich der Auswahl ihrer Amtsträger, wie sie sich in den Pflichtenkatalogen der Pastoralbriefe manifestiert und in die Kirchenordnungen eingegangen ist (Syr.Didask. IV 13,3ff.).

c) Der κανὼν ἐκκλησιαστικός in den nizänischen Kanones

῾Ο κανών« ist als in der Kirche lebendige Norm, an der sich das Handeln der Kirche auszurichten hat, κανὼν ἐκκλησιαστικός. Seine Vorordnung vor das kirchliche Handeln hat zur Folge, daß eine offensichtlich entgegen dem κανών vorgenommene *Ordination* als *ungültig* zu betrachten ist, »weil sie für den kirchlichen Kanon kein Präjudiz darstellt«[71]. Dies bringt *can.10* zum Ausdruck, der mit dieser Begründung die Ordination von *lapsi* zu welchem Amt auch immer und ganz gleich, ob in Unkenntnis oder Kenntnis ihrer Verfehlung, für ungültig erklärt mit der Konsequenz, daß solche bei Bekanntwerden ihrer Verleugnung abgesetzt werden müssen. Daß öffentliche Verleugner Christi seiner Kirche vorstehen, widerspricht allem, was die apostolische Weisung an den eben genannten Stellen als Maßstab für die Auswahl von Amtsträgern festgelegt hat. Eine kirchliche Praxis im Widerspruch zu dieser Richtschnur muß deshalb zurückgenommen werden.

Genauso argumentiert *can.2*, der ein häufiges kirchliche Handeln – »sei es nun aus dem Zwang der Verhältnisse oder auf Drängen der Leute« – »im Gegensatz zum kirchlichen Kanon« beklagt.[72] Konkret wendet sich die Synode hier gegen die *Weihe von Neophyten* zum Presbyter- oder Bischofsamt und besteht auf Einhaltung des Katechumenats und einer Zeit der Bewährung nach

---

[68] τὸ γὰρ ἀνεπίληπτον ἐκδικεῖ ἡ καθολικὴ ἐκκλησία: Joannou, CCO 32,4ff.

[69] 1 Tim 5,7 von den Witwen; 6,14 von der Amtsführung des Timotheus.

[70] Vgl. J.Roloff, Timotheus 154 Anm.224.

[71] τοῦτο οὐ προκρίνει τῷ κανόνι τῷ ἐκκλησιαστικῷ: Joannou, CCO 32,13ff.

[72] Ἐπειδὴ πολλὰ ἤτοι ὑπὸ ἀνάγκης ἢ ἄλλως ἐπειγομένων τῶν ἀνθρώπων ἐγένετο παρὰ τὸν κανόνα τὸν ἐκκλησιαστικόν; Joannou, CCO 24,13ff.

der Taufe. Dazu wird nun sogar direkt »τὸ ἀποστολικὸν γράμμα« zitiert, wonach kein Neugetaufter Bischof sein soll (1 Tim 3,6). Auch hier ist der kirchliche Kanon demnach die in der apostolischen Weisung begründete Norm kirchlichen Handelns, die der Entscheidung der Synode vorgeordnet ist. Der dieses Anliegen ebenfalls vertretende can.80 der Apostel bringt denselben Grundsatz des kirchlichen Kanons zum Ausdruck und zeigt damit nur, daß die Normativität der apostolischen Weisung an dieser Stelle gegenüber der kirchlichen Praxis anscheinend besonders häufig eingeklagt werden mußte, ohne daß sich die Frage einer Abhängigkeit der nizänischen Bestimmung von jener stellt.[73]

Can.6 behandelt im Zusammenhang der Bestimmung der Rechte der Metropoliten nochmals das in can.4 bereits geregelte Procedere bei der *Bischofswahl und -weihe.*

> War dort schon gesagt, daß sie im Prinzip von allen Bischöfen der Provinz vorgenommen werden muß und ihre Gültigkeit (κῦρος) erst durch die Zustimmung des Metropoliten erhält, so wird hier nun weiter präzisiert, daß dieser in jedem Fall zustimmen muß, die Wahl durch die Provinzbischöfe aber auch nach dem Mehrheitsprinzip bei 2-3 Gegenstimmen möglich sei, wenn sie von allen gemeinsam vorgenommen, also »vernünftig« (εὔλογος) vollzogen wurde »und gemäß dem kirchlichen Kanon«.[74]

Wie ist die Wendung hier zu deuten? Handelt es sich um eine explikative Hinzufügung, um den synodal festgelegten Wahlmodus als κανὼν ἐκκλησιαστικός zu bezeichnen?[75] Mir scheint dagegen die Synode hier sprachlich zu differenzieren, indem sie gleichsam als konstitutive Elemente der Bischofswahl die von ihr selbst festgesetzten Modalitäten, nämlich die gemeinsame Wahl aller mit Zustimmung des Metropoliten, als vernünftiges Procedere verbindlich macht und zusätzlich aussagt (καί), daß damit auch Wahl und Weihe κατὰ κανόνα ἐκκλησιαστικόν Hand in Hand gehen muß. Die von der Synode festgelegten Wahlmodalitäten, die in ihrer Anpassung an die in der östlichen Reichshälfte bestehenden politischen Gegebenheiten in der Tat vernünftig und umsichtig waren, werden hier m.E. unterschieden von den kirchlichen Auswahlkriterien und liturgischen Weihemodalitäten, wie sie sich auf der Grundlage der Vorgaben im κανὼν ἐκκλησιαστικός manifestieren. Daß in späterer Zeit beides in eins fallen mochte, steht auf einem anderen Blatt.

---

[73] Gegen: Hefele I 378; Menebisoglu III.

[74] ἐὰν μέντοι τῇ κοινῇ πάντων ψήφῳ, εὐλόγῳ οὔσῃ καὶ κατὰ κανόνα ἐκκλησιαστικόν: Joannou, CCO 29,8ff.

[75] So ist Harnack, Ius ecclesiasticum 496, zu verstehen, wenn er »die Regeln über die Bischofswahl« als bereits älteren Bestandteil des κανὼν ἐκκλησιαστικός (=Ius ecclesiasticum) versteht.

Eine Einzelbestimmung dieses κανὼν ἐκκλησιαστικός kann nun auch κανονικὸς νόμος genannt werden. So wird nämlich bei der Entscheidung von *can.13*, daß im Angesicht des Todes rekonziliierte Büßer bei Genesung wieder unter die Büßer einzuordnen sind, die dieser Bestimmung zugrundeliegende, nicht in Frage zu stellende und als alt gekennzeichnete Praxis bezeichnet, keinem Sterbenden die *»letzte Wegzehrung«* zu *verweigern*.[76] Es geht also bei diesem maßgeblichen »Gesetz« m.E. noch nicht eigentlich um die Frage der Büßer, sondern um die allgemeine kirchliche Norm für die Darreichung der Kommunion an Sterbende, die auch die Büßer einschließt. Dies legt die allgemeine Eröffnung[77] der Bestimmung nahe und wird durch ihre wiederum allgemein gehaltenen Schlußformulierung bestätigt.[78] Die Synode kommt also zu ihrer Entscheidung für den Fall genesender Büßer, indem sie von der im κανὼν ἐκκλησιαστικός gegebenen Grundlage ausgeht. Es ist deshalb m.E. nicht angemessen, mit *Harnack* hier die römisch/karthagische Entscheidung des Jahres 251[79] in der Frage der Rekonziliation bußfertiger *lapsi* als fixierbaren Zeitpunkt anzusetzen, von dem sich das Alter des κανὼν ἐκκλησιαστικός her bestimmen lasse.[80] Die Wendung »ὁ παλαιὸς καὶ κανονικὸς νόμος« bezieht sich auch keinesfalls auf can.6 von Ankyra[81], obwohl dieser den Synodalen bekannt gewesen sein mag. Es ist allein dieselbe »kanonische« Vorgabe, von der her die Synode von Ankyra zu ihrer Entscheidung gelangt war.

Zu den Grundlagen kirchlichen Handelns, wie sie durch den κανὼν ἐκκλησιαστικός vorgegeben sind, gehört schließlich auch der »Kanon«, daß der von einem Bischof *Ausgeschlossene* nicht von einem anderen wieder zuge-lassen wird (can.5).[82] Es ist diese grundlegende Regel, hier fast in Gestalt einer

---

[76] ὁ παλαιὸς καὶ κανονικὸς νόμος φυλαχθήσεται καὶ νῦν, ὥστε εἴ τις ἐξοδεύοι, τοῦ τελευταίου καὶ ἀναγκαιοτάτου ἐφοδίου μὴ ἀποστερεῖσθω: Joannou, CCO 35,4ff.

[77] Περὶ δὲ τῶν ἐξοδευόντων, a.a.O.

[78] Vgl. Joannou, CCO 35,15ff.

[79] Vgl. dazu o. Kap. XIII 2.

[80] Zumal mit dieser zeitlichen Ansetzung die Hypothese der Vertreter der »Tauftheorie« verbunden ist, daß mit jener Entscheidung grundstürzend Neues in die kirchliche Bußpraxis eingekehrt sei. Außerdem handelt es sich bei der Rekonziliationsmöglichkeit für bußfertige *lapsi in articulo mortis* gerade nicht um eine Synodalentscheidung, sondern um den einer solchen vorausgehenden römisch/karthagischen Konsens unter Einschluß Novatians! (vgl. Cypr., ep.30,5.8). Harnack meint (Ius ecclesiasticum 496 Anm.3): »Diese Bestimmung (sc. »daß in casu mortis den Büßenden die letzte Weg-zehrung nicht zu verweigern sei«) wird als ὁ παλαιὸς καὶ κανονικὸς νόμος bezeich-net; wir kennen aber ihr Alter: sie ist im Jahre 251 aufgestellt worden. Hiernach scheint es, daß die anderen Bestimmungen sämtlich später sind, denn sie werden nicht als ›alt‹ bezeichnet«.

[81] S. dazu Kap. XVI 7 b).

[82] κατὰ τὸν κανόνα τὸν διαγορεύοντα, τοὺς ὑφ' ἑτέρων ἀποβληθέντας ὑφ' ἑτέρων μὴ προσίεσθαι: Joannou, CCO 27,9ff.

»Spruchregel«, die auch hinter can.53 von Elvira, can.17(16) von Arles und can.32 der Apostel steht und von ihnen neu bestätigt und in Erinnerung gerufen wird.[83] Daß aber die nizänische Synode eine jener Bestimmungen – schon gar nicht can.32 der Apostel[84] – hier unter der Bezeichnung »κανών« direkt im Blick habe, ist m.E. auszuschließen. Eine solche Annahme verbietet der unterschiedliche Wortlaut jener Bestimmungen, sowie – für die ersten beiden – ihre für diese Zeit nicht nachweisbare Bezeichnung als »Kanones«. Vielmehr wird die allgemein in Geltung stehende und jeder Synodalentscheidung vorausliegende kirchliche Regel in der Frage der gesamtkirchlichen Geltung von Exkommunikationen in Erinnerung gerufen. Daß für diese apostolische Herkunft in Anspruch genommen wird, bezeugt Alexander von Alexandrien in seinem an Alexander von Thessalonike gerichten Tomos vom Jahre 324, in dem er die Praxis anderer Bischöfe beklagt, dem von ihm exkommunizierten Arius wieder kirchliche Gemeinschaft zu gewähren. Dies aber sei gegen »τὸν ἀποστολικὸν κανόνα«.[85] Auf der Basis dieses »Kanons« jedenfalls fällt die Synode von Nizäa dann ihre Entscheidung (ἔδοξεν), indem sie zum Schutz vor Fehlurteilen die zweimal jährlich tagende Provinzsynode als Appellationsinstanz installiert. Auch hier ist die Synodalentscheidung also wieder deutlich von dem ihr vorausliegenden κανών ἐκκλησιαστικός unterschieden.

d) Κανών und συνήθεια in den nizänischen Kanones

Hatten wir bislang die sich in der Terminologie der nizänischen Beschlüsse manifestierende Differenzierung zwischen dem der Synode als Norm vorgegebenen κανών ἐκκλησιαστικός und ihren eigenen Bestimmungen im Blick, so soll nun noch die in einigen Entscheidungen sich niederschlagende Bewertung von συνήθεια und ἔθος hinzugenommen werden. Diese ist nämlich durchaus nicht einheitlich.

So wendet sich can.15 gegen die Translation von Klerikern mit der ausgesprochenen Absicht, diese συνήθεια überall, wo sie sich findet, abzuschaffen, weil sie παρὰ τὸν κανόνα sei.[86] Die nizänische Entscheidung in dieser Sache, die Horos genannt wird (s.o.) will also »dem Kanon« wieder kirchliche Geltung verschaffen, der im Gegensatz zu der vielerorts eingerissenen Gewohnheit steht! Man wird also zurückhaltend sein müssen, im κανών ἐκκλησιαστικός einfach nur das kirchliche Gewohnheitsrecht im Sinne des Vorfindlichen oder

---

[83] Vgl.: Lauchert 21f.; Concilia Galliae 12; Joannou, CSP 22f.

[84] Gegen: Hefele I 387; Menebisoglu 111.

[85] Theod., H.e. I 4,1 (=Opitz III Urk.14, S.21,5f.).

[86] ἔδοξε παντάπασι περιαιρεθῆναι τὴν συνήθειαν τὴν παρὰ τὸν κανόνα εὑρεθείη ἔν τισι μέρεσιν: Joannou, CCO 26,12ff.

der Normativität des Faktischen zu erblicken. Denn die συνήθεια hat hier ihre Norm, insofern sie danach beurteilt wird, ob sie mit dem »kirchlichen Kanon« in Übereinstimmung steht oder nicht.

Daß der absolute Gebrauch von »ὁ κανών« auch an dieser Stelle mit ὁ κανὼν ἐκκλησιαστικός identisch ist, ergibt sich aus *can.16*, der dasselbe Thema, das eben in Richtung der die Ortskirche wechselnden Kleriker formuliert wurde, nun nochmals für die aufnehmenden Bischöfe auf den Punkt bringt und dabei von Klerikern spricht, »die den kirchlichen Kanon nicht beachten«.[87] Es ist deshalb also in *can.15* nicht der Bezug auf eine andere Synodalentscheidung anzunehmen, auch wenn die Synode von Arles (can.2.21) in dieser Sache durchaus schon Ähnliches beschlossen hatte.[88] Es geht vielmehr um die den Synodalentscheidungen vorausliegende Maßgabe, nach der die Bindung des kirchlichen Amtsträgers an die ihm anvertraute Gemeinde als dauernde verstanden wird.

Die Synode unterscheidet also deutlich zwischen κανών und συνήθεια, wie auch *can.18* beweist. Dieser bestimmt nämlich die Nachordnung der Diakone hinter Presbyter und Bischöfe mit der Begründung, daß die mancherorts praktizierte Austeilung der Kommunion durch Diakone an Presbyter »weder der Kanon noch die Gewohnheit gestattet«.[89] Ebenso sei das Sitzen der Diakone bei den Presbytern παρὰ κανόνα γὰρ καὶ παρὰ τάξιν.[90] Tatsächlich kommt hier nun neben einer in Übereinstimmung mit dem κανὼν ἐκκλησιαστικός stehenden συνήθεια auch eine gleicherweise verstandene τάξις ins Spiel, womit die hierarchisch gegliederte Rangfolge des Klerus gemeint ist. Dieses Verständnis von Taxis verschmilzt hier gewissermaßen mit »dem Kanon« und findet seine endgültige Ausformulierung schließlich in Const.Apost. VIII 13.28.

Die συνήθεια aber wird hier nun anscheinend als durch den κανών bestimmte betrachtet. Nichts spricht m.E. dafür, mit *Harnack* aus dieser Nebenordnung von κανών und συνήθεια zu folgern, daß »der κανών«, von ihm verstanden als »Ius ecclesiasticum«, hier als »positiv und formuliert« zu betrachten ist.[91] Es wird dadurch m.E. allein deutlich, daß der unbestrittene kirchliche Brauch als normative Instanz neben die in eindeutigen apostolischen Weisungen gegründete kirchliche Richtschnur zu stehen kommt, obwohl – um es nochmals zu sagen – beachtenswert ist, daß beides unterschieden wird. So nimmt es nicht wunder, wenn die Synode in can.6 und 7 hinsichtlich der provinzübergreifenden Vorrechte von Alexandrien, Rom und

---

[87] μήτε τὸν ἐκκλησιαστικὸν κανόνα εἰδότες: Joannou, CCO 37,8ff.

[88] Es liegt auch kein Zitat von can.Apost.14.15 vor. Gegen: Menebisoglu 111.

[89] ὅπερ οὔτε ὁ κανὼν οὔτε ἡ συνήθεια παρέδωκε: Joannou, CCO 39,8f. Eine Übersetzung: »obwohl es den Kanones und dem Brauch widerspricht« (So: Ortiz de Urbina 292) ist m.E. unzulässig.

[90] Joannou, CCO 40,2f.

[91] Ius ecclesiasticum, 495.

Antiochien und der ἀκολουθία τῆς τιμῆς von Jerusalem sich auf τὰ ἀρχαῖα ἔθη und die συνήθεια und παράδοσις ἀρχαία beruft.[92] Grundsätzlich aber gilt, daß die συνήθεια am κανὼν ἐκκλησιαστικός ihr Maß und ihre Richtschnur hat.

e) »Kanon« als Klerikerverzeichnis

Schließlich ist noch auf eine Verwendung des Kanon-Begriffes hinzuweisen, die die Aufnahme profangriechischen Sprachgebrauches von »Liste« und »Tabelle« in einem spezifischen Sinn[93] in die kirchliche Terminologie nahelegt. Dreimal wird nämlich als Synonym für κλῆρος die Wendung οἱ ἐν τῷ κανόνι ἐξεταζόμενοι benutzt.[94] Damit sind diejenigen angesprochen, die sich als zur Liste der kirchlichen Amtsträger gehörig herausstellen. Der *Kanon* ist hier das *Klerikerverzeichnis*. In diesem Sinne bestimmt *can.17*, daß die, die sich nicht an den *Horos* gegen Zinsnahme durch Kleriker halten, abgesetzt werden sollen und aus der Liste der Kleriker gestrichen werden sollen: »καὶ ἀλλότριος τοῦ κανόνος ἔσται«.[95] Der synonyme Sprachgebrauch von *Kleros* und *Kanon* setzt sich dann vor allem in den Bestimmungen der Synode von Antiochien ca.330 fort.[96] *E.Schwartz* wandte sich gegen eine Differenzierung des Kanon-Begriffes an dieser Stelle in Richtung Tabelle/Liste. Allein von den nizänischen Bestimmungen ausgehend, meinte er, daß »in der frühen Zeit ... κανών im Singular von der Ordnung gebraucht (wird), welche die Pflichten und Rechte des Klerus sowie die Aufnahme in ihn bestimmt... Darauf beruht der Gebrauch, κανών für κλῆρος zu setzen«.[97] Dieser Versuch, den κανὼν ἐκκλησιαστικός auf die Klerikerordnung einzugrenzen, paßt zwar zu der These von der Klerikalisierung der Kirche in jener Epoche, läßt sich aber angesichts der tatsächlich »frühen« Begriffsverwendung im 3. Jahrhundert (s.o.) nicht halten. Außerdem war der Begriff bereits seit Hippolyt im Sinne von Liste/Tabelle in den kirchlichen Sprachgebrauch eingegangen.[98]

---

[92] Vgl.: Joannou, CCO 28,15.20; 29,16f.
[93] Zu der Anwendung der Terminologie auf die Berechnung der Osterzyklen in Tabellenform s.o. Kap. VIII Anhang II.
[94] can.16 (zweimal).19: Joannou, CCO 37,11f.; 38,1; 40,22f.
[95] Joannou, CCO 38,18.
[96] can.1.2.6.11; s.dazu u. Kap. XIX 2.
[97] Ders., Kirchenordnungen 19 Anm.1.
[98] Vgl. Kap. VIII Anhang II.

3. ZUR NIZÄNISCHEN ENTSCHEIDUNG ÜBER DEN OSTERTERMIN AUSSERHALB DER KANONES

Bereits die Synode von Arles hatte in ihrem can.1 ein einheitliches Datum für das Osterfest gefordert. Die nizänische Entscheidung, fortan Ostern am ersten Sonntag nach dem ersten Frühlingsvollmond zu feiern, die Berechnung des Festes also von der gegenüber früher veränderten jüdischen Berechnung des Passafestes, die neuerdings das Frühjahrsäquinoktium mißachtete, abzukoppeln, gilt grundsätzlich bis heute. Die Bestimmungen hierüber sind uns nur aus einem allein diesem Thema gewidmeten *Schreiben Konstantins »An die Kirchen«*[99] sowie aus der o.g. *epistula synodica* an die Kirche von Alexandrien[100] bekannt. Auffällig ist, daß darüber hinaus ein formaler Beschluß der Synode nicht erhalten ist.

Die »Entdeckung« eines solchen »Dekretes« durch *J.-B.Pitra* und seine Edition desselben[101] ist kritisch zu sehen.[102] Es handelt sich dabei nur um eine weitere Zusammenfassung des in Nizäa Beschlossenen. Dieser Text ist zwar bereits in der Synagoge in 50 Titeln des Johannes Scholastikos enthalten[103], dennoch kann der Text wegen Form und Stil nicht als formelles »Konzilsdekret« angesprochen werden.

Daß es allerdings einen formellen Konzilsbeschluß in dieser Frage gegeben haben muß, sollte angesichts der Bezeugungen[104] dieses Faktums nicht angezweifelt werden.[105] Gleichzeitig ist aber deutlich, daß der Osterbeschluß der

---

[99] Euseb, Vita Const. III 18 (= Opitz III, Urk.26).

[100] Opitz III, Urk.23, 12.

[101] Spicilegium Solesmense IV, 540-555.541, u. ders., Monumenta I 435f., hier auch als »Can. de Pascha« bezeichnet!

[102] Mit Hefele I 332; J.Schmid, Osterfestfrage 66; Huber, Ostern 65 Anm.27. Ortiz de Urbina, 106.288, hielt das »Dekret« von Pitra – ohne die Frage allerdings überhaupt zu diskutieren – einfach für authentisch, und G.Larentzakis, Osterfestdatum 68, folgt ihm darin bedenkenlos.

[103] Beneševič, Synogoge 156. Die Lemmata der von Beneševič herangezogenen Hss schwanken zwischen; »Τῆς ἁγίας συνόδου τῆς ἐν Νικαία περὶ τοῦ ἁγίου πάσχα« und »᾿Εκ τῶν πρακτικῶν τῆς (ἐν Νικαία) πρώτης οἰκουμενικῆς συνόδου« . Auch in der Synagoge ist der Text keinem ihrer Titloi zugeordnet, sondern bildet einen Anhang. Es ist deshalb m. E. nicht angemessen, wenn der Text in CPG 8514 als »Decretum de Paschate« bei den Synodalakten rangiert.

[104] Euseb, Vita Const. III 18,1 ff. (ἔδοξε: Opitz III, S.55,10; ἤρεσε: 57,6; τὰ προγεγραμμένα: 57,13); Sokr., H.e. I 9,32ff.; Theod., H.e. I 10,3; Soz., H.e. I 21,6; Athan., De syn.5,3 (Opitz II 234,8ff.); can.1 von Antiochien; Epiph.,Pan.haer.69,11,2; Chrysost., Hom.ad.Iud. III (PG 46,865).

[105] Hierin ist Strobel, Ursprung 389 Anm.2, gegen Huber recht zu geben. Strobel ist allerdings an dem Problem nicht eigentlich interessiert und redet deshalb von einer »Stellungnahme« als »Ergebnis der Konzilsverhandlungen« (ebd.).

Synode nicht unter deren 20 Kanones rangiert, wo man ihn prima vista vermuten könnte.

> W.Huber hat nun nachhaltig die Position zu vertreten versucht, daß »es in Nicaea zu keinem formellen Konzilsbeschluß in der Osterfrage«, bzw. »nicht zu einem formellen Konzilsdekret kam«.[106] Diese These ist von der unausgesprochenen Voraussetzung belastet, daß sich *Huber* einen solchen Beschluß fast nur »in der Form eines Kanons«[107] vorstellen kann, und das Fehlen eines solchen »Kanons« dann auch als Argument verwendet wird. Die ebenfalls als Beleg angeführte Unterscheidung von Epiphanius zwischen den Kanones und der Osterentscheidung[108] beweist nun gerade im Gegenteil, daß die Väter von Nizäa eine Entscheidung getroffen haben, die dann can.1 von Antiochien auch völlig sinngemäß als ὅρος bezeichnet hat. Das Hauptargument von *Huber*, der Verweis auf den Sprachgebrauch des Athanasius, kann ebenfalls nicht überzeugen. Dieser redet nämlich davon[109], daß das Konzil keinen genauen Ostertermin vorgeschrieben habe, »ἀλλὰ περὶ τοῦ πάσχα ἔδοξε τὰ ὑποτεταγμένα. τότε γὰρ ἔδοξε πάντας πείθεσθαι.« *Huber* will um seiner These willen die Formulierung »ἔδοξε« nicht als »beschloß« übersetzen, sondern als »den Anschein haben«.[110] Dies aber widerspricht dem allgemeinen synodalen Sprachgebrauch[111]. »Ἔδοξε« findet sich bei Athanasius überdies als Formulierung für den Beschluß des Symbols von Nizäa[112], wie *Huber* auch selbst weiß.

Es kann demnach schlecht bezweifelt werden, daß die Synode zu dieser Frage eine *Entscheidung* getroffen hat und dieser Beschluß dann auch formellen Charakter hatte. Mir scheint, daß das Anliegen von *Huber* gewissermaßen erst »auf die Beine gestellt« wird, wenn man seine Anfrage dahingehend präzisiert, wieso die Synode von Nizäa ihre Entscheidung zum Osterfest nicht unter den 20 Synodalhoroi formuliert hat. Dies hängt nun aber wohl mit dem Charakter der Osterentscheidung zusammen, über den ja eigentlich Einigkeit herrscht. Danach war »das Ziel der Konzilsverhandlungen ein sehr hochgestecktes..., nämlich ›eine‹ Feier der ökumenischen Kirche. Indem die Forde-

---

[106] Huber, Ostern 65.

[107] 65 Anm. 21.

[108] καὶ περὶ τοῦ πάσχα ὥρισαν: ed. Holl 160,31ff; vgl. Huber, Ostern Anm 18.

[109] De syn.5,3 (Opitz II 234,8ff.).

[110] Huber, Ostern 76.

[111] Vgl. z.B. für den klassischen Sprachgebrauch (Beschlüsse u. Abstimmungen des Volkes u. im Senat): Pape, Handwörterbuch I 653; auch die von Huber angeführte Übersetzung »seem good« zur Stelle bei Lampe (Lexicon 378f.) ist immer in Richtung auf einen Beschluß zu interpretieren.

[112] De decr.37,1 (Opitz II 36,32).

rung aber *expressis verbis* nicht die Vereinheitlichung der mannigfachen Kalendertypen besagte, sondern das ›eine‹ Fest, wurde allen Kirchen ein eventuelles Nachgeben zugemutet«[113]. Auf dem Konzil standen sich nämlich in dieser Frage drei Gruppen gegenüber: die römische, die alexandrinische und die antiochenische. Denn obwohl Rom und Alexandrien in einer selbständigen Osterberechnung gegenüber der jüdischen übereinstimmten, divergierten sie dennoch in deren kalendermäßiger Berechnung. So war zwar in Nizäa der eigentliche Verhandlungsgegenstand die antiochenische Praxis mit ihrer Abhängigkeit von der jüdischen Passaberechnung, aber auch nach dem Konzil einigte man sich längere Zeit über gemeinsame Ostertermine nur auf dem Wege allseitiger Konzessionsbereitschaft.[114] Hierzu paßt nun, daß das Konzil denjenigen, die weiter an ihrem Ostertermin festhielten, nicht die Exkommunikation androhte. Dies wird zwar seit dem *Chronicon paschale*[115] (s. VII) bis heute behauptet[116], hat aber keinen Anhalt in den Quellen. Solches tat erst die Synode von Antiochien nach einem Zeitraum der Nichtbefolgung der nizänischen Bestimmung in can. 1[117], während auch die Synode von Serdika die weiterhin regelungsbedürftige Frage nicht unter ihre »Kanones« aufnahm (s. u.). Die Auseinandersetzung um den Ostertermin war eben mit dem Konzil keinesfalls beendet[118], und man wird nicht vorschnell annehmen dürfen, daß die Exkommunikationsandrohung von can. 1 von Antiochien auch gleich praktiziert wurde. Sie entsprach jedenfalls nicht dem nizänischen Anliegen, hier einvernehmlich und im Geiste der Eintracht vorzugehen.

Deutlich wird dies noch im Jahre 387, als Johannes Chrysostomos in Antiochien in einer Predigt[119] gegen diejenigen Stellung bezog, die das Osterfasten und damit den Ostertermin nach dem jüdischen Passa berechnen. Johannes bezeugt also 60 Jahre nach Nizäa einen nachdrücklichen Widerstand gegen die nizänische Osterbestimmung in Antiochien und die

---

[113] Strobel, Ursprung 390.

[114] Vgl. hierzu: Schwartz, Ostertafeln 44ff. Von der Behauptung Papst Leos' d. Gr. aus dem Jahre 453 (ep. 121 = ACO II 4,75f.), das Konzil habe Alexandrien mit der Berechnung des Termins für die Zukunft beauftragt, Rom aber mit dessen Publikation in seinem Jurisdiktionsbereich, läßt sich keineswegs sagen, ob sie den tatsächlichen Beschluß wiedergibt oder nur die spätere Praxis belegt. Vgl. hierzu im einzelnen: Huber, Ostern 66ff. und Larentzakis, Osterfestdatum.

[115] Ed. Dindorf I 17,20ff.

[116] So schreibt etwa J. Quasten (LThK² 7, 1274), daß Nizäa »die römische Praxis in allg. Anerkennung brachte u. die Quartodezimaner exkommunizierte«.

[117] Der von diesem abhängige can. Apost. 8 droht schließlich mit der Absetzung von Klerikern. Vgl. auch Const. Apost. V 17 (ed. Funk 287ff.).

[118] Vgl. Huber, Ostern 75-88.

[119] Hom. adv. Iud. III: PG 48, 861-872. Vg. dazu Huber, Ostern 77ff.

Tatsache, daß deren Gegner auch jetzt noch nicht aus der Kirche ausgeschlossen wurden. Er muß sich dabei mit dem Vorwurf auseinandersetzen, daß die Kirche früher doch ebenso den Termin berechnet habe wie jene, die sie jetzt bekämpft.[120] An mangelnder Gemeinsamkeit seien deshalb nicht jene schuld, sondern die Kirche. Johannes gibt dies zu, doch habe man die Übereinstimmung der Terminierung (συμφωνίαν τῆς τῶν χρόνων παρατηρήσεως) in der gesamten Ökumene dem alten Brauch vorgezogen. Die Eintracht habe als das wichtigste Gut zu gelten.[121] Wegen der Eintracht hätten die Antiochener sich der »Gesetzgebung« von Nizäa (ἐνομοθέτησαν passim) gefügt.

Mir scheinen so die wichtigsten *Gründe* deutlich zu werden, wieso man den Beschluß zur Osterfrage nicht unter die 20 Synodalhoroi aufnahm. Zum einen wird dies damit zusammenhängen, daß es sich eher um eine »Grundsatzentscheidung« oder »Absichtserklärung« handelte als um eine detaillierte Festlegung über Modus und Procedere, die nun gelten sollten. Zu einer solchen detaillierten Regelung sah man sich anscheinend gar nicht in der Lage angesichts der beträchtlichen Umstellungen, die eine Anpassung der divergierenden Kalendersysteme mit sich bringen mußte. Man war sich wohl im klaren darüber, daß eine Realisierung dieses Grundsatzbeschlusses, in Zukunft Ostern in allen Kirchen an einem Termin feiern zu wollen, einen langen Atem erforderlich machte und nicht von heute auf morgen in der konkreten Durchführung festzulegen war.

Hinzu kam, daß jenseits der kalendermäßigen Vereinheitlichung die Aufgabe der Bindung des Osterfestes an die jüdische Passaberechnung für eine nicht geringe Zahl von Kirchen einen Bruch mit der biblischen und apostolischen Überlieferung bedeuten mußte und mit nachhaltigem Widerstand und der Gefahr von Spaltungen zu rechnen war. Wie erinnerlich[122] war schon im Streit um den Ostertermin am Ende des 2. Jahrhunderts für die quartodezimanische Position nicht nur die liturgische Praxis, sondern das Evangelium selbst in Frage gestellt worden sowie das Problem der Geltung des Gesetzes (Ex 12,18; Dt 27,26; Num 9,3.13) damit verbunden, so daß man dort für die eigene Praxis den κανὼν τῆς πίστεως in Anschlag brachte. So ist deutlich, daß sich angesichts des zu erwartenden Widerstandes die Entscheidung über den Ostertermin schlecht inmitten jener 20 Horoi plazieren ließ, die sich ständig auf den κανών beriefen, und deren ganzes Anliegen gegen die Einführung von Neuerungen gerichtet war. Es war eben kaum möglich, in diesem Kontext gegen eine Praxis zu argumentieren, die gerade altes Herkommen und Tradition für sich verbuchen konnte.

---

[120] A.a.O., 864.

[121] 864.871f. Der erste Teil der Predigt (a.a.O., 861ff.) handelt deshalb auch vom Nutzen der Eintracht.

In diese Lücke trat nun der Kaiser, der sich in einem eigens der Osterfrage vorbehaltenen Schreiben wohl insbesondere an jene Kirchen wandte[123], bei denen mit Widerstand gegen die Abkoppelung vom Passafest zu rechnen war. Sein Brief macht indes klar, daß theologische Argumente im engeren Sinne für die Osterentscheidung kaum zur Verfügung standen, wie denn auch ein Hinweis auf die Überlieferung, das Evangelium oder gar den κανὼν ἐκκλησιαστικός fehlt. Seine Argumente sind allein die antijüdische Polemik, die jede Gemeinsamkeit ausschließt, und die Notwendigkeit einer einheitlichen Ordnung der Kirche.[124]

4. ZUR ENTSCHEIDUNG ÜBER DIE MELITIANER AUSSERHALB DER KANONES

Die milde Entscheidung des Konzils über die ägyptischen Melitianer hat ebenfalls keine Aufnahme unter die Kanones gefunden. Sie ist uns allein im Synodalschreiben an die Kirche von Alexandrien überliefert.[125]

> Den 33 von Melitios von Lykopolis bis dahin[126] geweihten Bischöfen sowie den 5 Presbytern und 3 Diakonen wurde seitens der Synode angeboten, nach einer Handauflegung in ihrer Stellung und an ihrem Ort verbleiben zu können, dies allerdings in Nachordnung gegenüber den jeweiligen »katholischen« Klerikern und bei den Bischöfen ohne Wahl- und Vorschlagsrecht, jedoch mit der Möglichkeit, beim Ableben des »katholischen« Bischofs an dessen Stelle treten zu können. Allein Melitios wurde auch das Weiherecht entzogen. Denjenigen aus dem melitianischen Klerus, die sich nicht im Schisma befunden hatten, wird sodann ausdrücklich bestätigt, überhaupt alles tun zu dürfen, »was dem kirchlichen Gesetz und kirchlicher Satzung gemäß ist«.[127] Es ist interessant, daß die Synode an dieser Stelle, wo es eindeutig um die Klerikerrechte geht, nicht den Kanon-Begriff benutzt.

Ähnliche Bestimmungen waren über die »Katharer« in *can.8* beschlossen worden, von denen mehrere Bischöfe auch zu den Synodalen gehörten.[128]

---

[122] Vgl. o. Kap. XII 1.

[123] Vgl.: Opitz III Urk.26,10: S.56,22-57,3. Danach sind diese in der Diözese Oriens zu suchen.

[124] A.a.O. 26,3-6; 3.7-9.11: »μία τάξις«.

[125] Opitz III Urk.23,6-11: ἃ ἔδοξε τῇ συνόδῳ ... ἔδοξε οὖν...; S.48,14f.

[126] Vgl.: Athan., Apol.c.Arian.71.

[127] Opitz III Urk.23,8 (S.50,2): κατὰ νόμον καὶ θεσμὸν τὸν ἐκκλησιαστικόν.

[128] Namentlich Akesios von Konstantinopel; vgl.: Sozom., H.e. II 32; Sokr., H.e. I 10.

Danach sollten auch die Novatianer nach einer Handauflegung[129] und einer schriftlichen Erklärung über die Zulassung der *lapsi* und der in zweiter Ehe Lebenden in ihren Positionen und Gemeinden bleiben dürfen. Allerdings sei der novatianische Bischof nur noch als Priester anzusehen, wenn sich am selben Ort auch ein »katholischer« Bischof befinde. Dieser könne dem Katharer aber den Titel belassen oder ihn als Chorepiskopos oder Presbyter einsetzen.

Die relative Milde dieser Regelung wird deutlich, wenn man can.*19* über die Wiederaufnahme der »Paulianisten« dagegenhält, der für den gesamten Klerus der Anhänger Pauls von Samosata vom Bischof bis zur Diakonisse die Wiedertaufe und erneute Ordination verordnet. Das Angebot an die Melitianer ist demgegenüber noch milder ausgefallen als can.8, ist doch für die Katharerbischöfe dort keine Möglichkeit vorgesehen, die ursprüngliche Kathedra bei deren Freiwerden auch wieder einzunehmen.

In diesem jede Schärfe und jede Androhung der Absetzung bzw. Exkommunikation vermeidenden Angebot an die Melitianer wird man wohl den Grund dafür sehen müssen, daß dieser Beschluß der Synode ebenfalls nicht unter die 20 Bestimmungen aufgenommen wurde. Es handelt sich eben auch hier eher um eine »Absichtserklärung« an eine lokal begrenzte, weitgehend noch zur Kirche gehörig betrachtete Gruppe, über die wohl nicht in einer Reihe entschieden werden sollte mit den als Häretikern betrachteten Novatianern und »Paulianisten«. Wie der Kaiser in der Osterfrage, so wendet sich deshalb nun die Synode in einem eigenen Schreiben an die direkt Betroffenen. Daß der »lange Atem« und die Weitherzigkeit, mit der die Synode auch diese Frage angehen wollte, letztlich nicht zum gewünschten Ergebnis führte, steht auf einem anderen Blatt.

5. DER ERTRAG UND DIE DEUTUNG A.V.HARNACKS

Trotz der auffällig häufigen Verwendung des Kanon-Begriffes in den nizänischen Bestimmungen, die stets nur im Singular erfolgt, ist nach der Analyse der Texte festzuhalten, daß auch die Synode von Nizäa von ihren eigenen Bestimmungen stets als *Horoi* redet und den Kanon-Begriff dafür nicht verwendet. Die nizänische Kanon-Terminologie bezieht sich auch nicht auf »Kanones« älterer Synoden, da diese ebenfalls *Horoi* genannt werden, und auch nicht auf die sog. »Canones Apostolorum«. Man wird also nicht sagen

---

[129] Diese ist nicht als erneute Weihe, sondern als *benedictio* zu verstehen. So bereits Tarasios auf dem VII. Ökumenischen Konzil (Mansi 12, 1022) und dann in ihrer Erklärung des Kanons auch Balsamon und Zonaras: Rhalles-Potles II 124f.; s.a. Hefele I 410f.; Vogt, Coetus sanctorum 188-194.

können – auch nicht unter Berufung auf Sokrates (H.e. I 13,11) –, daß man ab Nizäa die Synodalbestimmungen Kanones nannte. Vielmehr wird der im absoluten Sinne gebrauchte Begriff ὁ κανών, der mit ὁ κανὼν ἐκκλησιαστικός identisch ist, als Inbegriff des in der Kirche Maßgeblichen und Normativen benutzt. Er ist die Richtschnur, die das Evangelium als Lebensordnung der Kirche, die Gebote Gottes und die Weisungen der Apostel in der lebendigen Überlieferung der Kirche ausmacht (can.2.9). Diese Richtschnur normiert und prägt das kirchliche Leben und liegt den synodalen Entscheidungen voraus (can.1.6.13). Sie ist die vorgeordnete Instanz, auf die sich die Synode beruft und deren Geltung sie verteidigt, bekräftigt und bestätigt.

Auch anderen kirchlichen Handlungen ist der κανὼν ἐκκλησιαστικός als Maßstab vorgeordnet. Deren Vollzug – z.B. Ordinationen – bildet kein Präjudiz, sondern stellt sich als ungültig heraus, wenn sie im Gegensatz zum κανὼν ἐκκλησιαστικός erfolgten (can.10). Der κανών ist schließlich nicht einfach mit der kirchlichen συνήθεια identisch (can.15.16.18). Vielmehr wird die vom κανὼν ἐκκλησιαστικός abweichende kirchliche συνήθεια durch den Synodalhoros bekämpft, um dem κανών erneut Geltung zu verschaffen (can.15). Auch die συνήθεια der Kirche findet also im κανὼν ἐκκλησιαστικός ihre Norm. Freilich wird die als in Übereinstimmung mit dem κανὼν ἐκκλησιαστικός stehend gedachte συνήθεια schon als zu ihm gehörig verstanden.

Auf dem Hintergrund dieses Befundes ist nun *A.v.Harnacks Interpretation*[130] des Begriffes κανὼν ἐκκλησιαστικός in den nizänischen Bestimmungen noch einmal zusammenfassend zu würdigen.

Zu deren Verständnis muß man sich klarmachen, daß dieser von ihm als geschichtliche *Entwicklungstufe* eingeordnet wird in die Entstehung des »Gesamtbegriffes« *ius ecclesiasticum*, dessen erstmaligem Auftauchen *Harnack* nachgeht. Zuvor hatte er dazu bei Tertullian das »ius ecclesiae« als »die Gewalt, Sünden zu vergeben«, gedeutet und dann abschließend in den ps.augustinischen »Quaestiones Veteris et Novi Testamenti« den Begriff *ius ecclesiasticum* erstmals belegt gefunden und ihn dort als »die Vollmacht der Sündenvergebung, durch die der Klerus geschaffen ist«, definiert.[131]

Dazwischen behandelt er die Kanones des Nicaenums, in denen sich »die erste Zusammenfassung der Sache oder doch eines Teiles derselben« finde.[132] Obwohl im Griechischen bekanntlich eine genaue Entsprechung für *ius* fehlt, sieht *Harnack* neben ἐξουσία, τὸ δίκαιον und τὰ δικαιώματα auch in ὁ κανών ein *Synonym*.[133] Dieser Begriff zusammen mit κανὼν

---

[130] Ius ecclesiasticum 495ff.

[131] A.a.O., 494.498.

[132] A.a.O., 495.

[133] A.a.O., 495.490 Anm.1.

ἐκκλησιαστικός bezeichne in den Bestimmungen von Nizäa »ganz bestimmte positive und formulierte kirchliche Rechtsordnungen«. »Daß sie positiv und formuliert waren, geht daraus hervor, daß in can.18 der Kanon und die kirchliche ›Gewohnheit‹ nebeneinander gestellt sind. In nicht weniger als 10 von 20 Nicänischen Gesetzen wird dieser ›kirchliche Kanon‹ zitiert. Es wird dabei vorausgesetzt, daß er allgemein bekannt und überall in den Kirchen in Ost und West rechtsgültig sei«. *Harnack* weiß, daß »diese Voraussetzungen ... heute aus den uns erhaltenen Quellen nicht mehr zu belegen« sind. Deshalb käme »für uns dieser ›κανὼν ἐκκλησιαστικός‹ wie aus der Pistole geschossen«.[134]

Harnack formuliert deshalb die Hypothese (»wohlbegründete Vermutung«), »daß die großen, sich über mehrere Provinzen erstreckenden Synoden (in der Frage der Gefallenen, in Sachen des Novatianismus, der Ketzertaufe und des Paul von Samosata), die zwischen den Jahren 251 und 268 gehalten worden sind und deren jede ihre Beschlüsse der Gesamtkirche mitgeteilt hat, sich auch mit manchen kirchendisziplinären Angelegenheiten über ihren nächsten Zweck hinaus befaßt und den Anstoß zur Bildung jenes ›kirchlichen Kanons‹ gegeben haben (und damit zur Bildung eines positiven Kirchenrechtes überhaupt).«[135] Indem er ferner auf die Synoden unter Cyprian, die Briefe des Dionysius von Alexandrien, Gregor Thaumaturgos, Petrus v. Alexandrien und die Synoden von Ankyra und Neocaesarea verweist, ist für *Harnack* gegeben, »daß seit den großen Verfolgungen unter Decius und Diokletian sich ein prozessuales Bußverfahren aus dem ›ius ecclesiae delicta donandi‹ entwickelt hat und daß die Grundsätze dieses Verfahrens Gegenstand des Austausches zwischen den Kirchen geworden sind.« Obwohl die einzelnen Bestimmungen dieses als *ius ecclesiasticum* verstandenen κανὼν ἐκκλησιαστικός noch nicht »zusammengestellt« und »einheitlich kodifiziert« gewesen seien, sei doch anzunehmen, daß sie »als einzelne den Kirchen bekannt gewesen sind«.[136] Nachdem es in all diesen Bestimmungen primär um Kleriker gehe, sei »das ›Kirchenrecht‹, wie es hier unter dem Titel des κανὼν ἐκκλησιαστικός auftaucht, als ein rein klerikales zu bezeichnen«.[137]

Als erstes fällt an dieser Interpretation auf, daß sie in entscheidenden Momenten quellenmäßig nicht belegbar ist. Daß die von *Harnack* genannten Synoden nach 251 über ihre uns bekannten Beschlüsse hinaus »Kanones« erlassen hätten, die dann den κανὼν ἐκκλησιαστικός ausmachten, ist ein reines Postulat. *Harnack* sieht richtig, daß seine Interpretation deshalb zu der

---

[134] Alle Zitate a.a.O., 495.
[135] A.a.O., 496.
[136] Ebd.
[137] A.a.O., 495f.

Annahme zwingt, daß dieser κανὼν ἐκκλησιαστικός dann in Nizäa »wie aus
der Pistole geschossen« kommt. Gleichzeitig soll man aber annehmen, daß
dieser κανών in Ost und West überall bekannt und in Geltung gewesen sei!
Nun ist nicht zu bestreiten, daß für die Epoche nach den großen Verfolgungen mit einer Fülle örtlicher Entscheidungen zur Bußpraxis – als Synodalbeschlüsse, aber auch als bischöfliche Bestimmungen – zu rechnen ist, die uns
weitgehend nicht bekannt sind. Der Verweis auf solche älteren *Horoi* in Nizäa
(can.19) und insbesondere Ankyra (can.6.19.21.23)[138] spricht hier eine eindeutige Sprache. Es ist jedoch m.E. nicht zulässig, die Summe dieser Entscheidungen zur Bußpraxis einfach mit der Größe κανὼν ἐκκλησιαστικός zu identifizieren, um dann, weil dieser ja mehr als Bußbestimmungen umfaßt, weitere
Synodalbeschlüsse einfach zu postulieren. Das Grundproblem der *Harnackschen*
Hypothese besteht darin, daß die Größe κανὼν ἐκκλησιαστικός ihrer Substanz nach als *Produkt von Synodalbeschlüssen* verstanden wird, die dann in
Nizäa »zitiert« werden. Demgegenüber hat die Analyse der Texte aber ergeben,
daß man bei deren Verweis auf den κανὼν ἐκκλησιαστικός nicht von
zitierbaren, formulierten, positiven Bestimmungen im Sinne kirchlicher Beschlüsse und Rechtssätze sprechen kann. Als solche sind allein die kirchlichen
Horoi anzusprechen, die aber vom κανὼν ἐκκλησιαστικός zu unterscheiden
sind. Es ist eben festzuhalten, daß noch die nizänische Synode wie auch die
älteren uns bekannten Synoden[139] ihre eigenen Beschlüsse ebenso wie die
Bischöfe ihre Bestimmungen[140] nicht als *Kanones* oder *Kanon* bezeichnen,
sondern als *Horoi*, die dem allem kirchlichen Handeln vorausliegenden κανὼν
ἐκκλησιαστικός Geltung verschaffen wollen. Die Synoden formulieren somit
nicht durch ihre *Horoi* den κανὼν ἐκκλησιαστικός, sondern sie berufen sich
auf ihn, um die kirchliche Praxis zu normieren. So muß man geradezu sagen,
daß die Synodalbeschlüsse und bischöflichen Festsetzungen zur Buße erst zum
kirchlichen Kanon hinzutreten.
    Die Ableitung des »Ius ecclesiasticum«, verstanden als κανὼν ἐκκλη-
σιαστικός, aus der Bußpraxis führt nun auch dazu, das Jahr 251 gewissermaßen
zum Entstehungsdatum des κανὼν ἐκκλησιαστικός zu machen. Dies ist aber
nicht haltbar. Zum einen ist der κανὼν ἐκκλησιαστικός als theologischer
Normbegriff älter, wie die Analysen vor allem zu Klemens von Alexandrien
und Origenes belegen[141], und weist inhaltlich weit über die Bußthematik
hinaus. Er kommt deshalb in Nizäa auch nicht »wie aus der Pistole geschossen«, sondern begegnet uns wieder als alter Bekannter. Seine Richtlinien sind
weiterhin auch nicht auf Fragen des Klerikerrechtes einzugrenzen, wie man
denken könnte, wenn man sich seiner inhaltlichen Bestimmung allein von den

---

[138] Vgl. o. Kap. XVI 7 b).
[139] Vgl. o. Kap. XVI.
[140] Vgl. o. Kap. XV.
[141] Vgl. o. Kap. VII. IX.

nizänischen Kanones her nähert. Das *Harnacksche* historische Postulat ist m.E. letztlich nur die Kehrseite der Identifizierung des κανὼν τῆς ἀληθείας der früheren Zeit mit dem »Symbol« und der damit zusammenhängenden Beschränkung aufs »Dogmatische«.

Die ohne Zweifel ins Auge fallende Häufigkeit, mit der sich die nizänischen Väter in ihren Bestimmungen auf den κανὼν ἐκκλησιαστικός berufen, läßt sich jedoch m.E. eher von daher plausibel machen, daß hier erstmals durch eine Reichssynode der Anspruch vertreten wird, gesamtkirchlich verbindliche Ordnungen zu beschließen. Indem aber durch diese bisweilen örtliche Regelungen und Bestimmungen außer Kraft gesetzt wurden, ergab sich zwingend die Notwendigkeit, eine übergeordnete Richtschnur und Norm zu benennen, die ein solches Handeln legitimierte.

XIX. »KANON« IN DEN KANONES DER SYNODEN VON ANTIOCHIEN, GANGRA UND LAODICEA

1. ZUR SYNODE VON ANTIOCHIEN (324/5)

Seit *E. Schwartz* 1905 im Cod.Paris.syr.62 fol.144ʳ-146ᵛ (s.IX) das Synodalschreiben einer bis dahin unbekannten antiochenischen Synode entdeckte, diesem 16 an anderer Stelle des Codex befindliche (fol.171ʳ-173ᵛ) Kanones zuordnete und beides einer antiochenischen Synode des Jahre 324/5 zuschrieb, hat diese *Hypothese*[1] und ihre eingehende Bestätigung durch *E. Seeberg*[2] trotz des nachdrücklichen Widerspruchs *A. v. Harnacks*[3] weitgehende Rezeption gefunden. Dennoch ist ein letzter wissenschaftlicher Konsens über die Authentizität der Synode bis heute nicht ereicht.[4] Zweifel wurden 1970 nochmals eindringlich von *D. L. Holland* angemeldet[5], denen *L. Abramowski*[6] ihre Überzeugung von der sachgemäßen dogmengeschichtlichen Einordnung der im Synodalschreiben enthaltenen ἔκθεσις πίστεως durch *Schwartz* sowie die Bestätigung seiner griechischen Übersetzung des syrischen Textes derselben gegenüberstellte.

In der Tat konzentrierte sich die Diskussion weitgehend auf die Frage der Authentizität der Ekthesis und deren zeitliche Einordnung im arianischen Streit, weiterhin auf die von der Synode ausgesprochene Exkommunikation Eusebs von Caesarea und die Konsequenzen, die sich aus all dem für das Bild der Synode von Nizäa ergeben. Die von *Schwartz* und *Seeberg* der Synode zugeschriebenen 16 Kanones waren demgegenüber in den Hintergrund getreten, bis *F. van de Paverd* 1972 ihnen eine eigene Untersuchung widmete und ihre Zugehörigkeit zur antiochenischen Synode bestritt.[7]

---

[1]   Vgl.: Schwartz, Athanasius VI 134-155; ders., Athanasius VII; ders., Bußstufen 331ff.; ders., Kanonessammlungen 180 Anm.2.

[2]   E. Seeberg, Synode.

[3]   Harnack, Synode von Antiochien.

[4]   Zustimmende und ablehnende Positionen verzeichnet: F. van de Paverd, Quellen 8ff.

[5]   D. L. Holland, Synode von Antiochien.

[6]   L. Abramowski, Synode von Antiochien.

[7]   F. van de Paverd, Quellen 7-27.

Nun ist hier nicht der Ort, die scheinbar endlose Diskussion um diese Synode in grundsätzlicher Weise aufzunehmen. Andererseits haben wir die Tatsache zu bewerten, daß es ausgerechnet dieses hypothetisch erschlossene Konzil ist, in dessen von *F. Schulthess* dann auf der Basis des Cod. Paris. syr. 62 edierten[8] *epistula synodica* uns erstmals mit einer gewissen Selbstverständlichkeit eine Rede im Plural von *Kanones* anscheinend im Sinne von Synodalbeschlüssen begegnen, während dies bei der wenig späteren Synode von Nizäa noch nicht festzustellen war. Wir werden also im folgenden auf der Grundlage der *Schwartzschen* Hypothese die Rede von *Kanones* im Synodalbrief und in den 16 Kanones zu überprüfen haben und dabei die der Hypothese gegenüber positive wie kritische Literatur im Blick haben müssen, ohne doch hier die dortige umfängliche Argumentation über das unbedingt Erforderliche hinaus ausbreiten zu wollen.

a) Zum Synodalschreiben

Das Synodalschreiben enthält nach der Auflistung der 56 zustimmenden Bischöfe, an deren erster Stelle mit der Konjektur von *Brillantov*[9] Ossius von Cordoba steht, zwei im Ich-Stil gehaltenen Paragraphen (2-3), bevor die Synode als Ganzes spricht (4-15).

> In den ersteren wendet sich Ossius an den Adressaten[10] mit der Mitteilung, daß er im folgenden über das unterrichtet werden solle, was von der Synode κατὰ τὸν ἐκκλησιαστικὸν νόμον beschlossen und verhandelt worden sei.[11] Sodann wird begründet, wieso die Einberufung der Synode erforderlich war. Denn als Ossius nach Antiochien kam, fand er die dortige Kirche »verunkrautet in äußerster Unordnung vor infolge der Lehre einiger und des Streites darüber.«[12]

In diesem Eingangspassus wird als Anlaß der Synode also der Streit über eine Lehrfrage genannt und die synodale Behandlung dieser Lehrfrage als in Übereinstimmung mit dem ἐκκλησιαστικὸς νόμος bezeichnet.

---

[8] F. Schulthess, Die syrischen Kanones 160ff.; ich zitiere nach: Opitz III, Urk. 18, p. 36-41.

[9] Vgl.: Schwartz, GS III 136 Anm. 1; die Handschrift hat »Eusebios«. Vgl. auch: V. C. de Clercq, Ossius 206-217. Bestätigung der Konjektur jetzt auch bei: H. Kaufhold, Griechisch-syrische Väterlisten 38f.

[10] Die Handschrift gibt Alexander von Thessalonike an.

[11] Opitz III 36,15f.: περὶ τὰ ὑφ᾽ ἡμῶν ὑγιῶς καὶ κατὰ τὸν ἐκκλησιαστικὸν νόμον ὁρισθέντα τε καὶ πραχθέντα.

[12] A. a. O., 37,2f.: ἐλθὼν γὰρ εἰς τὴν τῶν Ἀντιοχέων καὶ ἰδὼν τὴν ἐκκλησίαν λίαν ταραχθεῖσαν ζιζανίοις διὰ τῆς ἐνίων διδασκαλίας καὶ στάσεως...

Diese Situationsbeschreibung der antiochenischen Kirche wird sodann von der gesamten Synode aufgenommen (4), wenn die Synodalen nun formulieren, daß sie eine große Unordnung vorgefunden hätten (πολλὴν ἀταξίαν), die sich ganz besonders darin ausgedrückt hätte, daß in der Zwischenzeit von weltlich gesinnten Menschen »ὁ ἐκκλησιαστικὸς νόμος καὶ οἱ κανόνες in vielem geringgeschätzt, verachtet und völlig zur Wirkungslosigkeit gebracht worden sei.«[13]

Der nochmaligen Erwähnung des ἐκκλησιαστικὸς νόμος werden hier nun »die Kanones« hinzugefügt als eine anscheinend selbstverständliche und bekannte Größe, die dem Adressaten nicht näher zu erläutern ist.

Weil in jenen Gegenden keine Bischofssynoden abgehalten werden konnten[14](5), sei beschlossen worden, »als erstes« die Glaubensfrage einer Prüfung zu unterziehen.[15] Die damit angedeutete Reihenfolge der Tractanda wird wenig später nochmals bestätigt und der »als erstes« zu behandelnden Glaubensfrage auch die Überprüfung von »allem übrigen« (τὰ λοιπὰ πάντα) nachgestellt.[16] Das Synodalschreiben selbst behandelt sodann (8ff.) mit seiner Ekthesis allein die Glaubensfrage. Es ist aber deutlich, daß nach dem Wortlaut des Briefes die Synode in zweifacher Hinsicht Beschlüsse gefaßt hat, zuerst in der Glaubensfrage, sodann »in allem übrigen«.

Nachdem Ossius in seinem Ausführungen am Eingang nun alle Beschlüsse der Synode als in Übereinstimmung mit dem ἐκκλησιαστικὸς νόμος bezeichnet hatte und dies explizit auf die Lehrfrage bezog, wird man auch die Wendung »ὁ ἐκκλησιαστικὸς νόμος καὶ οἱ κανόνες« nicht in einer Engführung allein im Sinne von »Kirchenrecht« oder »Kanonischem Recht« interpretieren dürfen, vielmehr könnte man darin eben jene beiden Bereiche angesprochen sehen, zu denen die Synode entschied. Eine solche Engführung brächte auch nicht geringe Interpretationsschwierigkeiten mit sich, wie man bei *E. Seeberg* sehen kann. Dieser redet nämlich von der Verachtung »kirchlicher Gesetze«, die er auch noch den »Arianern« anhängen will:

---

[13] A.a.O., 37,12ff.: εὕρομεν πολλὴν ἀταξίαν μάλισθ' ὅτι ἐν πολλοῖς ὠλιγωρήθη καὶ κατεφρονήθη ὁ ἐκκλησιαστικὸς νόμος καὶ οἱ κανόνες ἐν τῷ μεταξὺ χρόνῳ ὑπὸ ἀνθρώπων κοσμικῶν καὶ πάντως καταπεπαύεται.

[14] Aus diesem Passus ergibt sich die zeitliche Einordnung nach dem Sturz des Licinius, vgl. Schwartz, NGWG.PH 1908, 307.

[15] Opitz III 37,15: ἔδοξεν πρῶτον ἐξετασθῆναι...τὸ ὅλον ἐστὶ μυστήριον τῆς ἐν ἡμῖν πίστεως.

[16] A.a.O., 38,3ff.: διὰ τοῦτο ἔδοξεν τῇ ἁγίᾳ συνόδῳ τόδε πρῶτον ἐξετασθῆναι, ἵν' ὅταν τὸ τῶν μυστηρίων κεφάλαιον λυθῇ τὸ ἐφ' ἡμῖν, οὕτως καὶ τὰ λοιπὰ πάντα ἑξῆς ἰδίᾳ ἐξετασθῆναι δύναιτο.

> »Die Sache liegt also so: die Arianer haben die canones übertreten, und die
> daraus erwachsenen Schäden konnten durch die Synoden nicht geheilt
> werden, so daß das canonische Recht keine Geltung mehr hatte.«[17]

Zum einen ist aber von kirchlichen »Gesetzen« im Text gar keine Rede,
sondern vom ἐκκλησιαστικὸς νόμος, sodann werden durch *Seeberg* bestimmte
Kanones vorausgesetzt, die die Arianer übertreten hätten, ohne daß er freilich sagt, welche. Denkt man hier an die den in Alexandrien Exkommunizierten andernorts gewährte kirchliche Gemeinschaft, so müßte diese Über-
schreitung des kirchlichen Kanons, die Nizäa bekämpft (can.5), ja irgendwo
zur Sprache kommen, was nicht der Fall ist. Die der Synode zugeordneten
16 Kanones schließlich behandeln überhaupt kein Thema, das mit der arianischen Frage in irgendeinem Zusammenhang steht (s.u.). Man wird also
gut daran tun, den Begriff «ἐκκλησιαστικὸς νόμος nicht einfach mit den
»Kanones« im Sinne von »Kirchenrecht« zu identifizieren, sondern in einem
umfassenderen Sinn – muß man nicht die von Ossius benutzte Wendung
»lex ecclesiastica« dahinter vermuten? – darunter das ganze Evangelium und
alles, was in der Kirche absolute Gültigkeit besitzt, verstehen. Nach unseren
bisherigen Beobachtungen dürfte man hier eigentlich den Terminus κανὼν
ἐκκλησιαστικός oder κανών erwarten. Daß hier nun νόμος steht – diese
Vermutung sei gestattet –, ließe sich aus der Verfasserschaft des Ossius verstehen.

Ein solches Verständnis des ἐκκλησιαστικὸς νόμος würde weiterhin den
bei seiner engen Deutung von *Seeberg* zurecht empfundenen »Bruch« als nicht
existent erweisen, den dieser dann nämlich in Paragraph 5 bei dem mit ἔδοξεν
eingeleiteten Nachsatz[18] feststellen muß. Dieser zeige »besonders inhaltlich das
Ruckartige seiner Verbindung. Der Schluß ist doch sonderbar: weil das Kirchenrecht in Verfall geraten ist, glaubten wir, die Glaubensfrage besprechen zu
müssen.«[19] Es empfiehlt sich also, den ἐκκλησιαστικὸς νόμος nicht einfach
mit den »Kanones« zu identifizieren.

Was aber ist mit jenen »Kanones« gemeint? Zu der Unklarheit, welche
»Kanones« damit angesprochen sein könnten, kommt noch hinzu, daß dem
regierenden Subjekt (ὁ ἐκκλησιαστικὸς νόμος καὶ οἱ κανόνες) trotz seiner
Mehrzahl alle drei Verbformen nur singularisch korrespondieren. Diese inhaltliche und grammatikalische Merkwürdigkeit hat in mir die Vermutung
aufkommen lassen, daß wir an dieser Stelle in der Überlieferung des Cod.
Paris.syr.62 nicht die ursprüngliche Textgestalt vorliegen haben. Ich habe
deshalb *H.Kaufhold* um Überprüfung der handschriftlichen Grundlagen der

---

[17] Seeberg, Synode 109f.110.

[18] Vgl. o. Anm. 15.

[19] Seeberg, Synode 111.

Stelle gebeten. Im Ergebnis bestätigt der handschriftliche Befund die nach inhaltlichen Gesichtspunkten vorgelegte Interpretation auf das Beste.

»Die Übersetzung von *Schwartz* ... trifft zu, allerdings nur, was die Hs. Paris. Syr. 62 anbelangt... Ich habe aber die Stelle in den sehr viel älteren Hss. Mardin Orth. 309 und Mardin Orth. 310 nachgesehen. Und dort heißt es übereinstimmend (ins Griechische zurückübersetzt): ὁ ἐκκλη-σιαστικὸς νόμος καὶ ὁ κανών! Im Syrischen unterscheidet sich das Schriftbild nur geringfügig, weil der Plural allein durch zwei über dem Wort stehende Punkte ausgedrückt wird. Die Lesung in den beiden Mardiner Handschriften ist eindeutig und paßt auch gut zu den im Singular stehenden Verben... Die Lesung in der Pariser Handschrift wird daher rühren, daß der Schreiber meinte, den an sich ja – zumindest später – üblicheren Plural verwenden zu sollen. Ich habe jedenfalls keinen Zweifel, daß die lectio difficilior (wenn man die Lesart der Mardiner Handschriften überhaupt so bezeichnen kann), nämlich der Singular κανών zu lesen ist. Die Hs. Mingana Syr.8, eine Abschrift von Mard. Orth. 310, hat natürlich ebenfalls den Singular.«[20]

Dies bedeutet, daß auch die antiochenische Synode von 324/5 in ihrem Synodalschreiben noch nicht von »Kanones« redet und kein Widerspruch zu unserer Interpretation der nizänischen Kanones gegeben ist. Vielmehr wird die Notwendigkeit der Synode mit der Verachtung des »kirchlichen Nomos und des Kanons« begründet, worauf die Synode »als erstes« mit einem Beschluß zur *Pistis* und »in allem übrigen« mit den sog. »Kanones« antwortet. Die absolute Verwendung des Kanon-Begriffes – eben im Sinne von κανὼν ἐκκλη-σιαστικός –, die hier der wohl auf lateinischem Hintergrund zu verstehenden Rede vom ἐκκλησιαστικὸς νόμος hinzugefügt wird, deckt sowohl die *Pistis* als auch die Fragen christlicher Lebensführung in den sog. »Kanones« ab, die nun in den Blick zu nehmen sind.

b) Zu den Kanones der Synode

Im Cod.Paris.syr.62 folgt dem Synodalbrief unmittelbar ein *Scholion* – *Schwartz* spricht von einem »historischen Bericht«[21] –, dem zu entnehmen ist, daß der griechische Kompilator noch vor der syrischen Übersetzung ein zweites Exemplar des Synodalschreibens vorliegen hatte, das nach Rom adres-

---

[20] Schriftliche Mitteilung von Prof. Dr.Dr.H.Kaufhold/ München, dem ich zu besonderem Dank verpflichtet bin. Zu den Hss. vgl.: ders., Griechisch-syrische Väterlisten, passim.

[21] Schwartz, GS III 143.

siert war und dem auch Kanones beigefügt waren.[22] Was allerdings die weiteren Auskünfte des Kompilators anlangt, den *Seeberg* noch im 4. Jahrhundert
ansiedeln möchte[23], so ist aus ihm keine Klarheit zu gewinnen. Denn er
berichtet weiter von 25 Kanones, die aus Rom geschickt worden seien und die
er später mitteilen wolle[24]. Auf fol.171ʳ und 173ᵛ werden dann in Überschrift
und Kolophon die 16 dazwischen befindlichen Kanones, die *Schwartz* der
Synode zuordnet, tätsächlich als aus Italien stammend bezeichnet. Ohne
Zweifel aber hat *Schwartz* recht, daß diese Bestimmungen wegen der darin
durchweg enthaltenen Bußstufen allein östlicher Provenienz sein können.[25]

Es bleiben hier viele Fragen unbeantwortet, denn die Notizen des Kompilators sind konfus. Weder die Herkunftsangabe noch die Anzahl der Kanones
stimmen. Nicht wegzudiskutieren ist auch der merkwürdige Umstand, daß
Synodalbrief und Kanones nicht beieinander stehen. Während der erste bei
den 25 der Kirchweihsynode von Antiochien zugeordneten Kanones steht,
finden sich die letzteren im Parisinus zusammen mit anderen Bestimmungen
zwischen den Kanones von Konstantinopel und Chalcedon, was mit *Schwartz*[26]
in der Tat für ein hohes Alter der griechischen Vorlage spricht, weil den
ältesten Kanonessammlungen entsprechend Chalcedon erst nachträglich zugeordnet wurde.

Die 16 Kanones befinden sich nun allerdings in einer Sammlung von
»Väterkanones«. Auf Konstantinopel 381 und die can.7.8 von Ephesus 431[27]
folgen nämlich[28]:

> 1. die karthagischen Sententiae LXXXVII episc. samt Cyprians epp.70.
> 71.64; 2. die 16 Kanones; 3. ein Auszug aus den Briefen des Ignatius v.
> Antiochien; 4. ein Auszug aus dem »kanonischen Brief« Petrus' v. Alexan-
> drien; 5. Die 15 Erotapokriseis des Timotheus v. Alexandrien; 6. Aktenstük-
> ke zum östlichen und westlichen Serdicense; 7. der Brief des Athanasius an
> Ammun; 8. von Basilius d.Gr.: ep.55. ep.53. ep.160; epp.188.199.217 in
> eigener Anordnung.

Es handelt sich also – unterbrochen von den Aktenstücken zum Serdicense – um eine frühe Sammlung von bischöflichen Briefen, die man als

---

[22] Ebd. 4f.: ἀπόκρισιν συντιθεμένην πᾶσιν τοῖς ὑπ' αὐτῆς ὡρισμένοις εἴτε περὶ
      πίστεως εἴτε περὶ ἐκκλησιαστικῶν κανόνων. Vgl. dazu: Schwartz, Athanasius VII
      318 u. passim; Seeberg, Synode 6.

[23] Seeberg, Synode 8; vgl. unten Anm. 28.

[24] Schwartz, GS III 143,6ff.

[25] A.a.O. 144; Seeberg, Synode 14.

[26] Schwartz, Athanasius VII 314ff.

[27] Wenn die ephesinischen Bestimmungen bereits vom Kompilator der griechischen
      Vorlage hinzugefügt wurden, ist m.E. deren Entstehung vor dem 6. Jh. nicht denkbar.
      Vgl. dazu die Einleitung bei Anm. 68.

»Väterkanones«[29] bezeichnet. Und in der Tat ist es gerade der Cod.Paris.syr. 62, dessen griechische Vorlage *Schwartz* für vor dem 6. Jahrhundert liegend hält, in dem er an anderer Stelle[30] später selbst erstmals eine Kanonessammlung festmachte, die den Konzilskanones auch »Väterkanones« hinzufügte. Allerdings läßt *Schwartz* wegen seiner Zuordnung der 16 Kanones zur antiochenischen Synode die Väterkanones dort[31] erst mit den Auszügen aus Ignatius beginnen, obwohl die Cyprianica doch wohl dazuzunehmen sind. Nachdem jene 16 Kanones nun weitgehend identisch sind[32] mit den in Basilius' d.Gr. sog. dritten kanonischen Brief (ep.217) enthaltenen can.65-80.82-84, sollte man vorderhand vermuten, daß sie unter irrtümlicher Zuweisung nach Italien einen Auszug aus ep.217 bilden. Dagegen spricht freilich, daß die drei kanonischen Briefe des Basilius ebenfalls im Parisinus enthalten sind. Auffällig bleibt aber, daß die 16 infragestehenden Bestimmungen im Zusammenhang von »Väterkanones« und nicht von »Synodalkanones« tradiert sind.

Fragt man, welche positiven *Argumente Schwartz* für seine Zuordnung der Kanones zur Synode ins Feld führt, so bleibt eigentlich nur:

1. der Verweis auf das Scholion, wonach Kanones beschlossen wurden, und die Erwähnung von »Kanones« im Synodalschreiben[33];

2. Eine Anspielung auf Abrahams Fürbitte (Gen 18,23ff.) durch den Hinweis auf »die vielen Gerechten« in Antiochien im Synodalbrief[34] und im Nachwort zu can.16 = can.84 bei Basilius. Damit ist für *Schwartz* »bewiesen«, daß die 16 Kanones zur Synode gehören.[35]

3. Der ohne Zweifel wichtige Hinweis, daß der Pariser Kodex ein Rechtsbuch ist und das Synodalschreiben dort nur deshalb überliefert ist, weil damit auch Kanones verbunden waren.

4. Die Beweisführung[36], daß die 16 Kanones den can.65-84 bei Basilius nicht entlehnt sind, sondern ihnen vorausgehen und von Basilius benutzt wurden.

---

[28] Vgl.: Schwartz, Athanasius VII 315f.
[29] Vgl. dazu z.B.: G.Bardy, Épitres; Joannou, CPG XIV-XXV.
[30] Schwartz, Bußstufen 322ff.
[31] Ebd.
[32] Vgl.: Schwartz, GS III 144; ders., Bußstufen 328-334; Seeberg, Synode 18-32.
[33] GS III 145
[34] Opitz III, p.37,9.
[35] Schwartz, Athanasius VII 326.
[36] Schwartz, Bußstufen 331ff.; Seeberg, Synode 24-32.

Mit all dem ist freilich m.E. bestenfalls »bewiesen«, daß die Synode »Kanones« beschlossen haben wird, und jene 16 Bestimmungen älter sind als ihre Wiedergabe durch Basilius. Das erste Argument reduziert sich nach dem oben dargelegten handschriftlichen Befund auf die Ausführungen des Scholions, das dritte Argument wird durch die Tatsache entkräftet, daß das Synodalschreiben eben bei den 25 der Kirchweihsynode zugeordneten Kanones überliefert ist und für den Kompilator damit die erforderlichen Kanones eigentlich gegeben waren. Die von ihm noch weiterhin in Aussicht gestellten Kanones sollten ja auch deshalb 25 aus Italien stammende sein! (s.o.).

Das einzige Argument für eine direkte Zuordnung von Kanones und Synode, die Bezugnahme auf Gen 18,23, ist schließlich von *van de Paverd*[37] wohl zu Recht als Gemeinplatz in bußtheologischem Zusammenhang nachgewiesen worden, so daß es auch nicht das ganze Gewicht der Beweisführung zu tragen vermag. Außerdem hat *van de Paverd* mit beachtenswerten Beobachtungen es möglich erscheinen lassen, daß »das syrische Korpus sich auf die Kanones des Basilius stützt«.[38] Ihm ging es dabei vor allem um den s.E. unmöglichen Tatbestand, am Anfang des 4. Jahrhunderts in Antiochien ein vierstufiges Bußsystem mit der *Schwartzschen* Hypothese voraussetzen zu müssen, wobei doch die Verschiedenheit der Bußpraxis in Caesarea und Antiochien es unmöglich mache, »daß Basilius Epitimien von irgendeiner antiochenischen Synode abgeschrieben hat«[39]. Nun macht aber auch die Beweisführung *van de Paverds* es lediglich denkbar, daß die Textgestalt der 16 Bestimmungen in einigen Passagen die »Priorität des Basileiostextes« voraussetzt[40], womit wiederum nicht ausgeschlossen ist, daß das meiste Material als solches viel älter ist und als bestehende Sammlung von Basilius bereits benutzt wurde, wofür alles spricht (s.u.). Aber auch die von *Schwartz* und *Seeberg* so nachdrücklich vertretenen Positio einer von Basilius benutzten älteren Sammlung als Vorlage seiner can.65-84 beweist ja noch nicht, daß diese von der antiochenischen Synode beschlossen wurden! Eine antiochenische Herkunft ist somit m.E. tatsächlich nicht zwingend nachzuweisen.

So läßt die Argumentationsweise für und gegen die Zuordnung der 16 Kanones zur antiochenischen Synode von 324/5 noch bevor wir uns diesen Bestimmungen überhaupt inhaltlich genähert hätten eher Ratlosigkeit zurück, als daß man sich überzeugt der einen oder anderen Seite zugesellen möchte. Dennoch sind jene 16 Kanones wegen ihres hohen Alters – ganz gleich ob sie nun zu dieser Synode gehören oder nicht – auf den ihnen innewohnenden Kanon-Begriff hin zu befragen.

---

[37] F. van de Paverd, Quellen 12.
[38] A.a.O., 7-27.24.
[39] A.a.O., 27.
[40] A.a.O., 13. Dies bezieht sich auf dessen can.77.78.80.81.

c) Zum Kanon-Begriff der sog. 16 antiochenischen Kanones von 324/5

Die mit den 16 Kanones weitgehend identischen can.65-80.82-84 in Basilius'
ep.217[41] nehmen unter den später in 85 »Kanones« eingeteilten drei sog.
kanonischen Briefen epp.188.199.217 des Metropoliten von Caesarea/Kappa-
dokien (330-379) ohne Zweifel eine Sonderstellung ein und sind älterer Herkunft. Die an Amphilochios von Ikonion, den Metropoliten der Provinz
Lykaonia, gesandten Schreiben zeichnen sich zwar insgesamt dadurch aus, daß
es sich dabei um die Sammlung und Mitteilung von kirchlichen Bußbestimmungen handelt, die Basilius aus älterer Zeit bereits vorlagen und durch
persönliche Ergänzungen und Anwendungen auf einzelne Spezialfälle von ihm
angereichert wurden.[42] Ab can.56 tritt allerdings in ep.217 und auch im Gegensatz zu epp.188.199 eine deutliche Veränderung im Stil des Schreibens ein.
Es werden keine Spezialfragen und Fälle mehr abgehandelt, sondern die *großen
Kapitalvergehen* aufgezählt, für die öffentliche Buße geleistet werden mußte.
Während Basilius in den früheren Kanones selten (nur in can.4.22) von den
Bußstufen sprach und sie nie erläuterte, weil er sie offensichtlich als bekannt
voraussetzte, werden sie jetzt ausführlich genannt und kommen häufig vor.[43]
Zur Verdeutlichung dieser Methode sei hier der can.56 wörtlich wiedergege-
ben:

> »Wer vorsätzlich gemordet, nachher aber es bereut hat, soll 20 Jahre am
> Heiligen nicht teilnehmen. Die 20 Jahre sollen bei ihm so eingeteilt wer-
> den: 4 Jahre muß er weinen, außerhalb der Tür des Gebetshauses stehend
> und die eintretenden Gläubigen um ihre Fürsprache bittend, wobei er seine
> Missetat bekennt. Nach den 4 Jahren wird er unter die Hörenden aufge-
> nommen und muß 5 Jahre mit diesen hinausgehen. Sieben Jahre soll er mit
> den Knieenden beten und mit ihnen hinausgehen. 4 Jahre soll er nur mit
> den Gläubigen zusammenstehen, ohne am Opfer teilzunehmen. Nach
> Verlauf dieser Jahre soll er wieder an den heiligen Dingen teilhaben.«

In ähnlicher Weise werden sodann behandelt: Totschlag (can.57); Ehebruch (can.58); Hurerei (can.59); Bruch des Keuschheitsgelübdes (can.60);
Diebstahl (can.61); Homosexualität (can.62); Sodomie (can.63); Meineid
(can.64); Zauberei (can.65); Leichenschändung (can.66); Inzest (can.67);
Ehen mit verbotenen Verwandschaftsgraden (can.68); Unzucht von Lektoren, Diakonen, Presbytern (can.69.70); Verborgenheit der Verfehlungen
und deren Überführung (can.71); Wahrsagerei (can.72); Verleugnung Christi (can.73). Ausführungen über Möglichkeiten der Verkürzung der Buß-

---

[41] Joannou, CPG 140-159; Courtonne II 208-217.
[42] Vgl. z.B. ep.188 prooem. (Courtonne II 121, 8ff.). Vgl. u. Kap. XXIV.
[43] Es handelt sich um die vier Bußstufen der 1. προσκλαίοντες = Weinenden,
2.ἀκροώμενοι = Hörer, 3. ὑποπίπτοντες = Knieenden, 4. συνεστῶτες = Stehenden.

fristen bei ernsthafter Buße (can.74) erwecken den Eindruck einer Zäsur.
Weiterhin – wiederum unter ausführlicher Darstellung der Bußstufen –:
Inzest mit der Schwester bzw. Schwiegertochter (can.75.76); Wiederverheiratung eines geschiedenen Mannes (can.77); Heirat mit der Schwägerin
(can.78); Inzest mit der Stiefmutter (can.79); Polygamie (can.80); Apostasie
beim Einfall von Barbaren (can.81); Meineid (can.82); Wahrsagerei und
heidnische Praktiken (can.83). Den Schluß bilden nochmalige längere
Ausführungen über den Vorrang der Ernsthaftigkeit und Echtheit der Buße
vor jeder zwingend einzuhaltenden Dauer der Bußfristen (can.84.85).

Die stilistischen Auffälligkeiten in den Kanones 56-85 hatten *E.Schwartz* zu
dem Schluß geführt, daß »Basilius im dritten Brief vom 56. Kanon ab ältere
Kanones mit geringen, meist nur stilistischen Modifikationen abgeschrieben
hat«.[44] Nach ihm sind die Corpora can.56-74 und 75-85 selbständige Sammlungen älterer Kanones. Dies wird nochmals dadurch bestätigt, daß wiederum
im Cod.Paris.syr.62 sich die Merkwürdigkeit findet, daß unmittelbar hinter
dem 1. Brief des Basilius (can.1-16) die can.56-85 sich mit eigener Zählung
(marginal 1-26) finden. Vor can.56 steht eine Überschrift[45], aus der hervorgeht,
daß die Kanones in einem Schreiben »an die Bischöfe« gestanden haben.[46]
Schwartz hielt die von ihm der Synode zugeordneten Kanones bereits im Jahre
324 für eine Zusammenstellung älterer Bestimmungen. So müsse überhaupt
»der größte Teil der Bußkanones bis ins 3. Jahrhundert hinaufreichen«.[47] Aber
auch *van de Paverd* ging schließlich von älteren Vorlagen aus, meinte aber,
Basilius habe »vor allem aus den Bestimmungen der kappadozischen Provinzialsynoden geschöpft«[48], die seit der zweiten Hälfte des 3. Jahrhunderts nachweisbar sind. Deren Bestimmungen seien die entscheidende Quelle für die can.56-
74. Allein die can.60.77-78.80-81 seien von Basilius selbst formuliert.

Wir haben es in diesem alten Traditionsgut also mit kirchlichen Bußbestimmungen zu tun, die den großen Kapitalvergehen bestimmte *Bußfristen*
in einem meist *vierstufigen Bußsystem* zuordnen. Hinsichtlich der Kanon-
Terminologie läßt sich nun feststellen[49], daß der Begriff in den can.65-84 recht

---

[44] Bußstufen 329.

[45] Von Schwartz ins Griechische rückübersetzt: Bußstufen 325.

[46] Dieses Schreiben müsse nach Schwartz sachlich mit dem sog. »Kanonikon des
Palladios« übereinstimmen, vgl. dazu im einzelnen: ders., Bußstufen 318-333.

[47] E. Schwartz, Bußstufen 333.

[48] A.a.O., 48.

[49] Ich zitiere auf der Basis des griechischen Textes bei Basilius. Zum syrischen Text vgl.
die französische Übersetzung von F.Nau, Littérature Canonique Syriaque inédite, in:
Revue de l'Orient chrétien 14 (1909), bei: Seeberg, Synode 15ff. Die Kanones des
Basilius gebe ich in arabischen Zahlen, die syrischen in römischen.

selten vorkommt; die can.56-74 bieten überhaupt keinen Anhaltspunkt für eine Analyse. Wo er allerdings auftaucht, handelt es sich um eine Wortverwendung, mit der die verbindliche Bußfrist der öffentlichen Buße bezeichnet wird.

> So bestimmt *can.83 (=XVI)*, daß jene, die zu Wahrsagern und Zauberern gehen »unter den Kanon der 6 Jahre« fallen sollen.[50] Dies bedeutet: 1 Jahr bei den Weinenden, 1 Jahr Hörer, 3 Jahre knien, 1 Jahr mitstehen.
>
> *Can.79 (=XIII)* setzt fest, daß jene, die mit ihren Stiefmüttern Unzucht treiben »demselben Kanon unterliegen« wie jene, die dies mit ihren Schwestern tun.[51] Dazu hatte can.75 eine elfjährige Buße in 4 Stufen verordnet.
>
> Nach *can.80 (=XIV)* sollen jene, die Vielweiberei betreiben »den Kanones unterworfen werden«[52], nämlich 1 Jahr bei den Weinenden und 3 Jahre bei den Knieenden sein, und dann erst aufgenommen werden. Auch wenn diese Bestimmung mit *van de Paverd* [53] auf Basilius zurückgehen sollte, entspricht die Verwendung des Kanon-Begriffes den beiden vorstehenden Belegen.
>
> Die Formulierung von *can.81*, wonach Vergehen beim Einfall von Barbaren entsprechend den von den Vätern aufgestellten Kanones zu behandeln seien[54], geht nach einhelligem Urteil aller auf Basilius zurück[55]. Man wird an den kanonischen Brief des Gregorius Thaumaturgos denken müssen[56], oder auch an can.6 von Ankyra. Der Kanon-Begriff selbst bezieht sich aber auch hier auf die gleich danach angegebenen Bußstufen.

Wir haben hier also eine Begriffsverwendung vorliegen, wie sie uns bereits im can.24 der antiochenischem Einflußgebiet entstammenden Bestimmungen der Synode von Ankyra begegnet war[57], die ihre Entscheidungen dabei als Horoi bezeichnete. Der *Kanon* im Zusammenhang der öffentlichen Buße ist somit die zeitlich begrenzte und genau bestimmte Bußdauer, sachlich identisch mit dem Begriff ἐπιτιμία. Christen, die dem Evangelium widerstreitende Handlungs- und Verhaltensweisen an den Tag legen, sind im Fall der

---

[50] ὑπὸ τὸν κανόνα πιπτέτωσαν τῆς ἑξαετίας: Joannou, CPG 156f.; Courtonne II 216,4.

[51] τῷ αὐτῷ ὑπόκεινται κανόνι: Joannou, CPG 154,5f.; Courtonne II 214.

[52] τοὺς τοιούτους ὑποβάλλεσθαι τοῖς κανόσιν, δηλονότι...; Joannou, CPG 154,15f; Courtonne II 215,4f.

[53] F. van de Paverd, Quellen 16-22.

[54] παρὰ τῶν πατέρων ἡμῶν ἐξενεχθέντας κανόνας: Joannou, CPG 155,5f.; Courtonne II 215,5.

[55] Vgl.: F. van de Paverd, Quellen 22.

[56] Vgl. Kap. XV 2.

[57] Vgl.: Joannou, CSP 72,14f; s.o. Kap. XVI 7.

Bußwilligkeit einer zeitlich begrenzten Bußdauer zu unterwerfen. Sie unterliegen dem ihrem Vergehen entsprechenen *Kanon*. Damit ist nicht der mit einer bestimmten Ordnungszahl bezeichnete Horos einer bestimmten Synode gemeint, sondern die zeitlich begrenzte Epitimie. »Kanon« ist also hier ein *terminus technicus* der *Bußpraxis*, der in der Praktizierung der öffentlichen Buße bereits ins 3.Jahrhundert zurückreichen wird und nach meiner persönlichen Kenntnis in der griechischen Orthodoxie bis heute in diesem Sinne Verwendung findet. Der Begriff bezieht sich dabei auf die gesamte Bußdauer (z.B.: »κανὼν τῆς ἑξαετίας«), kann aber auch auf die Bußfristen der einzelnen Bußstufen angewendet werden (ὑποβάλλεσθαι τοῖς κανόσιν), woraus sich automatisch die Pluralform ergibt. Die Rede von »Kanones« im Zuammenhang der Bußpraxis meint also die den Bußstufen entprechenden Bußfristen nach Maßgabe des jeweiligen Vergehens.

Schließlich ist noch auf die Verwendung des Begriffes τύπος in diesen Bestimmungen hinzuweisen. *Can.76 (XIb)* benutzt ihn, um für den Fall von Unzucht mit der Schwiegertochter »denselben Typos« wie im Fall der Unzucht mit der eigenen Schwester festzulegen.[58] Ähnlich verordnet can.78 (XIIb) »denselben Typos« für solche, die zwei Schwestern heiraten, wie für Ehemänner, die ihre Frau verlassen. Es wird also der »Kanon« von can.75 auf den Fall von can.76, sowie der »Kanon« von can.77 auf das Vergehen von can.78 angewendet. Der *Typos* ist demnach dasselbe normative Muster an Bußfristen, das in Parallelfällen zur Anwendung gelangt.

d) Zusammenfassung

Der Kanon-Begriff in den 16 sog. antiochenischen Kanones von 324/5, deren Zugehörigkeit zu dieser Synode sich nicht zwingend nachweisen läßt, die aber den inhaltlich identischen can.65-80. 82-84 von Basilius d. Gr. zeitlich vorausliegen, wird ausschließlich in der spezifischen zur Bußpraxis gehörenden Bedeutung der zeitlich begrenzten und Bußstufen zugeordneten Bußfrist verwendet. In diesem Sinne reicht dieser kirchliche Gebrauch des Begriffes anscheinend bis ins 3. Jahrhundert zurück und ist von der Hypothese der Synode von 324/5 unabhängig. Er macht einen frühen kirchlichen Sprachgebrauch von *Kanones* verständlich, ohne in einem späteren Sinne darunter synodale Bestimmungen kirchenrechtlicher Natur verstehen zu müssen. Vielmehr sind die *Kanones* hier die in der jeweiligen Ortskirche geltenden Bußfristen, wie sie in bischöflicher Vollmacht von einzelnen oder synodal festgelegt wurden. Auch diese Synode redet also noch nicht in einem allgemeinen Sinne von kirchenrechtlichen Bestimmungen als *Kanones*.

---

[58] Joannou, CPG 153,2.23; Courtonne II 214.

Die im Synodalschreiben nach der Edition von *Schulthess* getroffene Aussage, daß in Antiochien »ὁ ἐκκλησιαστικὸς νόμος καὶ οἱ κανόνες« zur Wirkungslosigkeit gebracht worden seien, ist gegen *E.Seeberg* nicht im Sinne von »kanonischem Recht« zu interpretieren. Denn die Überprüfung inzwischen vorliegender weiterer Handschriften ergibt, daß die Lesart »οἱ κανόνες« des Cod.Paris.syr.62 sekundär ist, und ursprünglich im Singular von »ὁ κανών« die Rede war. Ein auf den ersten Blick sich abzeichnender Widerspruch zur Diktion der Synode von Nizäa ist nicht gegeben. Dieser absolute Gebrauch des Kanon-Begriffes korrespondiert der Wendung »ὁ ἐκκλησιαστικὸς νόμος«, die wohl auf die von Ossius von Cordoba benutzte Formulierung »*lex ecclesiastica*« zurückgeht. Beides zusammen meint dabei das Gesamt dessen, was in der Kirche normativ ist.

2. ZUR SYNODE VON ANTIOCHIEN (CA.330)

a) Die Datierung der 25 Kanones

Die 25 Kanones[59] der Synode von Antiochien gehören zum ältesten Bestand der griechischen Kanonessammlungen, wo sie in der Regel in der Reihenfolge Ankyra, Neocaesarea, Gangra, Antiochien, Laodicea einen festen Traditionsblock bilden. Schon die ältesten syrischen und lateinischen Übersetzungen weisen diese Kanones der antiochenischen Kirchweihsynode *(in encaeniis)* vom Jahre 341 zu.[60]

Diese Datierung scheint bereits im Jahre 403/4 in der Affäre um die Absetzung des Johannes Chrysostomos feste Tradition gewesen zu sein. Denn der von seinen Widersachern um Theophilos von Alexandrien in Anschlag gebrachte antiochenische can.4 wurde von seinen Parteigängern als ungültig bezeichnet, weil er von einer »arianischen Synode« gegen Athanasius beschlossen worden sei, was von der anderen Seite anscheinend nicht bestritten wurde.[61] Papst Innozenz I. (402-417) übernahm dieses Argument in seiner Verteidigung des Johannes Chrysostomos[62], und

---

[59] Joannou, CSP 104-126; vgl. dazu: Schwartz, Athanasius VIII; G.Bardy, Antioche; Hefele-Leclercq I 702-733. H.Hess, Sardica, App. II, 145-150.

[60] Vgl.: Schwartz, GS III 216; zur Enkaeniensynode: CPG 8556-8559.

[61] Vgl.: Palladios, Vita Ioan.Chrysost.9 (Coleman-Norton 53f.; Malingrey-Leclercq [SC 341, 182,19ff.186,60ff.]; Soz., H.e. 8,20 (Bidez-Hansen 376f.).; vgl.: Schwartz, GS III 217f.

[62] Ep.7 ad clerum et popul. Cpl. (PL 20, 501; Bidez-Hansen [GCS 50] 386); Sokr., H.e. VI 18 (Hansen 341f.); Soz., H.e. VIII 26 (Bidez-Hansen 376,25).

Palladios ist in seiner um 408 entstandenen Vita des Johannes bei der
Schilderung der Affäre der Meinung, daß dieser Kanon von der Synode von
Serdika wieder aufgehoben worden sei, weil er gegen Athanasius und
Markell gerichtet gewesen sei.[63] Diese Sachlage wird nur verständlich,
wenn man davon ausgeht, daß die 25 Kanones bereits am Ende des 4.
Jahrhunderts fester Bestandteil der griechischen Kanonessammlung waren,
in der sie bereits der Enkaeniensynode zugewiesen wurden, und aus einer
solchen Sammlung seitens der Gegner des Chrysostomos zitiert wurde. Die
Zuordnung der Kanones zur Synode des Jahres 341 wird bis heute vertreten.[64]

Schon die *Ballerini*[65] haben die entscheidenden Einwände gegen diese
Datierung benannt, die insbesondere von *E.Schwartz* nachhaltig untermauert
wurden.[66]

> Gegen eine Verbindung mit der Enkaeniensynode spricht: 1. Die erhalte-
> nen Präsenz- und Subskriptionslisten der kanonischen Synode belegen, daß
> deren ca. 30 Teilnehmer auch zu den Synodalen von Nizäa 325 gehörten,
> so daß eine engere zeitlichen Nachbarschaft beider Synoden anzunehmen
> ist; 2. an der Enkaeniensynode haben 97 Bischöfe teilgenommen; 3. wurde
> die Synode nicht vom antiochenischen Bischof, sondern von Euseb von
> Caesarea präsidiert.

Dies aber ist allein von der antiochenischen Synode um das Jahr 330
bekannt, die nach dem Sturz des Eustathius zur Neuwahl eines Bischofs von
Antiochien zusammentrat.[67] Die Verbindung dieser Kanones mit der Enkaeniensynode weist in die Zeit vor 380, als dieses Konzil in der homöischen
Reichskirche in größerem Ansehen als das von Nizäa stand.

Weist man nun jene 25 Bestimmungen der Synode von 328/330 zu, so ist
daran zu erinnern, daß dort bekanntlich *Euseb von Caesarea* zum Bischof von
Antiochien gewählt wurde, die Wahl aber nicht annahm. Er tat dies mit dem
Hinweis, daß solches der κανὼν τῆς ἐκκλησιαστικῆς ἐπιστήμης nicht
zulasse, der ihn vielmehr an die ihm einmal anvertraute Kirche der palästinischen Metropolis binde. Dies geht jedenfalls aus der Antwort Kaiser Konstantins auf Eusebs diesbezügliche Mitteilung hervor. Der Kaiser hätte Euseb wohl
gern auf der kirchenpolitisch bedeutsameren antiochenischen Kathedra gese-

---

[63] Coleman-Norton 53.

[64] Vgl.: Hefele-Leclercq I 706-714.722-724; Joannou, CSP 100f.; ders., Ostkirche 71f;
      Menebisoglu 351-366.

[65] P.u.G.Ballerini, De antiquis collectionibus, PL 56,35ff.

[66] A.a.O., 216-226; vgl. auch: Turner, EOMIA II 2,VII; G.Bardy, DDC I, 591-594.

[67] Vgl. E.Schwartz, GS III 224-226; Bardy, a.a.O. 594, datiert die Synode auf 332.

hen, denn seine Zustimmung zu Eusebs Entschluß ist mit einigen Reserven formuliert:

> »Ich habe den Brief, den deine Weisheit geschrieben hat, mit Freuden
> gelesen und wahrgenommen, daß du den κανών *der kirchlichen Episteme*
> genau eingehalten hast. Bleibe also bei dem, was Gott angenehm und mit
> der apostolischen Überlieferung in Übereinstimmung zu sein scheint«.[68]

Auch in seinem gleichzeitigen Schreiben an die Synode, in dem er auf die nun wieder ausstehende Bischofswahl mit Namensvorschlägen Einfluß zu nehmen versucht, geht der Kaiser auf Eusebs Entscheidung ein, sagt, daß jener in seinem Schreiben die Satzung (τὸν θεσμόν) der Kirche bestens zu beachten scheine[69], und wendet die ihm wohl aus der Argumentation Eusebs vertraute Terminologie an:

> die Synode werde nun sicher ihre Wahl »κατὰ τὸν τῆς ἐκκλησίας κανόνα
> καὶ τὴν ἀποστολικὴν παράδοσιν« durchführen, »ὡς ἂν ὁ τῆς ἐκκλη-
> σιαστικῆς ἐπιστήμης ὑφηγῆται ὁ λόγος«.[70] *Dörries* übersetzt dies: »wie
> es die Ordnung des kirchlichen Rechtsverstandes an die Hand gibt«.[71]

Wir begegnen hier jedenfalls neben der uns bereits vertrauten Berufung auf den »Kanon der Kirche« dem Verweis auf die *kirchliche Episteme* und ihren Kanon sowie auf den θεσμός der Kirche. Es legt sich deshalb nahe, an einen Hinweis auf can. 15 von Nizäa zu denken.[72] Wir hätten dann hier neben der von Euseb mit dem Kanon-Begriff ins Feld geführten grundlegenden Ordnung der Kirche und der als apostolisch verstandenen Tradition den Verweis auf einen nizänischen Synodalbeschluß vorliegen, der nun als κανὼν τῆς ἐκκλησιαστικῆς ἐπιστήμης bezeichnet wird und damit terminologisch unterschieden wird.[73] Es ist interessant, daß dies im Zusammenhang einer kaiserlichen Einflußnahme auf das Geschehen dieser Synode festzustellen ist.

Bemerkenswert ist weiter, daß weder der von Euseb beanspruchte κανὼν τῆς ἐκκλησίας, noch dessen Bestätigung unter Androhung von Absetzung durch den nizänischen can. 15 die Synode von ihrer Wahl Eusebs abgehalten

---

[68] Euseb, Vita Const. III 61,1 (Winkelmann 115,9ff): καὶ τὸν κανόνα τῆς ἐκκλησιαστικῆς ἐπιστήμης εἰς ἀκρίβειαν φυλαχθέντα κατενόησα. Vgl.: Dörries, Selbstzeugnis 93f.

[69] A.a.O., III 62,2 (116,18f.): ἃ τὸν θεσμὸν τῆς ἐκκλησίας μάλιστα φυλάττοντα
ἐφαίνετο.

[70] A.a.O., III 62,3 (117,3ff.).

[71] Dörries, Selbstzeugnis 93.

[72] So ganz richtig der Hinweis von Winkelmann, a.a.O., z.St.

[73] ἐπιστήμη ist hier im Sinne von *disciplina* zu verstehen, vgl.: Lampe, Lexicon 534 II
(535) s.v.

hatte. In ihren eigenen Beschlüssen (can.21) erneuert sie can.15 von Nizäa dann aber ausdrücklich. Wenn die 25 Kanones also dieser Synode angehören, wird man ihre Beratung erst nach der Ablehnung der Bischofswahl durch Euseb und die dadurch entstandene neue Situation ansetzen können und gewissermaßen eine »Bekehrung« der Synodalen gegen die zuvor selbst postulierte Metathesis annehmen müssen.

b) Zum Charakter der 25 Kanones

Nähert man sich nun dem Inhalt der 25 Beschlüsse, so fällt auf, daß etwa gegenüber den 16 eben behandelten[74] Bußkanones der antiochenischen Synode von 324/5 die Thematik und der Regelungsbedarf auf einer völlig anderen Ebene liegen. Im Mittelpunkt des Interesses der Synode steht und in den meisten Kanones behandelt wird die detaillierte Durchformung der *Metropolitanordnung* als Verfassung und Organisationsform, die die orientalische Reichskirche nunmehr vollständig prägen sollte.[75] Die Durchsetzung der reichskirchlichen Metropolitanordnung im Osten muß anscheinend jenseits der mit dem »arianischen Streit« gegebenen kirchenpolitischen Parteiungen angesiedelt werden, was auch daran deutlich wird, daß die Tradition dieser 25 Kanones unter dem Namen der Enkaeniensynode von 341 ihrer Autorität auch nach dem Umschwung von 380 keinen Abbruch tat. Während die Einrichtung der grundlegenden Institutionen dieser kirchlichen Verfassung in den nizänischen can.4-7 noch ein Thema unter anderen darstellt, steht ihre Bestätigung, Durchsetzung und weitere Präzisierung hier nun ganz im Vordergrund und stellt sich als konsequente hierarchische Konstruktion dar.

So trifft die Mehrzahl der Kanones Bestimmungen für das Verhältnis der Presbyter zu ihren Bischöfen und der Bischöfe zu den Metropoliten. Presbyter sollen bei Androhung der Absetzung ihre Gemeinden nicht verlassen (can.3). Abgesetzte Kleriker, die ihren Dienst weiterhin verrichten, verbauen sich damit jede Möglichkeit der Restitution (can.4), und wer schismatische Nebengemeinden gründet, soll abgesetzt werden; fährt er damit fort, soll jetzt auch die weltliche Gewalt gegen ihn vorgehen (can.5). Kein Fremder soll ohne Friedensbriefe angenommen werden (can.7), solche Briefe aber dürfen von Landpresbytern nicht mehr ausgestellt werden (can.8).

Bischöfe, die ohne Zustimmung in fremden Sprengeln Weihen vornehmen, werden abgesetzt (can.13.22). Treten Bischöfe nach ihrer Weihe in der

---

[74] S.o. 1 b).

[75] Hierauf hat besonders Schwartz hingewiesen, vgl. GS III 226-230.

für sie bestimmten Gemeinde den Dienst nicht an, sind sie exkommuniziert (can.17). Can.21 erneuert das nizänische Verbot der Metathesis von Bischöfen, und can.23 verbietet diesen die Designation von Nachfolgern. Exkommunizierte können nach can.6 nur vom eigenen Bischof oder von einer Synode wiederaufgenommen werden.

Mehrere Kanones regeln das Verfahren der Absetzung von Bischöfen. Kommt die Provinzialsynode in einem solchen Fall nicht zu einem einhelligen Beschluß, so soll der Metropolit aus der benachbarten Eparchie weitere Bischöfe dazubitten (can.14). Ist der Beschluß allerdings einstimmig, entfällt jede weitere Appellationsmöglichkeit (can.15). Wenn jemand nach erfolgter Deposition anstatt an eine größere Synode an den Kaiser appelliert, entfällt jede Möglichkeit der Wiederherstellung (can.12). Überhaupt ist jede Appellation beim Kaiser ohne Zustimmung der Bischöfe oder des Metropoliten untersagt (can.11).

Besonders nachdrücklich wird die Autorität des Metropoliten gestärkt. Can.9 schärft allen Bischöfen ein, sich auf ihre Sprengel zu beschränken, während der Metropolit für die gesamte Provinz verantwortlich sei und einen Ehrenvorrang genieße. Vakante Bistümer können nur von einer Synode in Anwesenheit des Metropoliten neu besetzt werden (can.16), Bischofsweihen ebenfalls nur in dessen Anwesenheit erfolgen (can.19). Er allein hat die zweimal jährlich stattfindende Provinzsynode zu berufen (can.20). Can.10 schließlich beschränkt die Rechte der Chorbischöfe, die can.24.25 regeln die Verwaltung der Kirchengüter.

Auffällig ist schließlich, daß can.1 die nizänische Bestimmung über den Ostertermin erneuert und alle, die das Osterfest nach jüdischem Brauch berechnen, mit Exkommunikation bedroht. Damit wird die einheitliche Regelung der Osterfrage, die in Nizäa noch außerhalb der 20 *Horoi* beschlossen wurde und derer sich der Kaiser in einem gesonderten Schreiben angenommen hatte, hier nun an erster Stelle verhandelt und unter Exkommunikantionsandrohung gestellt. Die 25 antiochenischen Beschlüsse sind also stark von der reichskirchlichen Verfassungsfrage und dem Gedanken der Vereinheitlichung geprägt.

c) »Kanon« in den 25 antiochenischen Kanones

In diesen Synodalbeschlüssen begegnet uns eine vielfältige Verwendung des Kanon-Begriffes. Grundsätzlich gilt aber auch hier, daß die Entscheidungen früherer Synoden wie auch die eigenen Beschlüsse als *Horoi* bezeichnet werden.

---

[76] Joannou, CSP 104,5f.17.

So nennt *can.1* den nizänischen Beschluß zur Osterfrage τὸν ὅρον τῆς μεγάλης καὶ ἁγίας συνόδου τῆς ἐν Νικαίᾳ und droht die Exkommunikation für jene an, die μετὰ τὸν ὅρον τοῦτον, also eben diesem can.1, noch der jüdischen Passaberechnung folgen.[76]

Can.21 wendet sich gegen die Metathesis von Bischöfen κατά τὸν ἤδη πρότερον περὶ τούτου ἐξενεχθέντα ὅρον[77] und bezieht sich damit auf can.15 von Nizäa.

Can.6 über die Wiederaufnahmemodalitäten Exkommunizierter formuliert, daß οὗτος δὲ ὁ ὅρος sich auf alle Kleriker beziehe.[78]

Der Kanon-Begriff selbst begegnet zum einen im umfassenden Sinn von kirchlicher Ordnung und Norm, ohne daß dabei auf eine bestimmte Synodalentscheidung abgehoben würde.

> So soll nach *can.2* exkommuniziert werden, wer mit Exkommunizierten Gemeinschaft hält, »weil er den Kanon der Kirche verwirrt«.[79]

Man wird hier auch die Formulierung von *can.9* einordnen müssen, der sich bei der Bekräftigung der Vorrechte der Metropoliten vor den Suffraganen darauf beruft, daß dies »κατά τὸν ἀρχαῖον κρατήσαντα ἐκ τῶν πατέρων ἡμῶν κανόνα« so sei.[80]

> Man hat hier viel herumgerätselt, worauf sich dies beziehe und entweder Ratlosigkeit zum Ausdruck gebracht[81] oder auf can.34.35 der Apostel verwiesen[82] oder auch auf can.4 von Nizäa.[83] Bei den Kanones der Apostel liegen die Abhängigkeitsverhältnisse freilich andersherum, und eine Bezugnahme auf den »alten, von unseren Vätern gehaltenen Kanon« kann sich kaum auf einen Synodalbeschluß beziehen, der maximal 5 Jahre zurücklag und an dessen Formulierung die meisten Synodalen selbst beteiligt waren.

Wir haben hier m.E. vielmehr einen Beleg für die seit dem 4. Jahrhundert stark zunehmende Berufung auf »Väter« vorliegen, durch die aus der Erfah-

---

[77] Joannou, CSP 121,13ff.

[78] Joannou, CSP 109,21.

[79] Joannou, CSP 106,16f.: ὡς ἂν συγχέοντα τὸν κανόνα τῆς ἐκκλησίας.

[80] Joannou, CSP 111,8ff.

[81] Vgl: Girardet, Kaisergericht 130 Anm.102.

[82] Hefele I 516; Menebisoglu 112.368.

[83] Lübeck, Reichseinteilung 61 Anm.1.

[84] Vgl.: Brox, Väter. Es handelt sich hier keineswegs um den ältesten Beleg für eine Rede von und den Beweis für noch ältere »Väterkanones« im Sinne der späteren Sammlungen von »kanonischen« Briefen von Kirchenvätern. Gegen: K.Bonis, κανονικαὶ Ἐπιστολαὶ.

rung der Distanz zur Frühzeit der Kirche die beanspruchte Kontinuität mit dem Ursprung zum Ausdruck gebracht wird.[84] Mit diesem schwergewichtigen Traditionsargument wird nun ausgerechnet die Metropolitanverfassung autorisiert und zusätzlich noch der traditionelle kirchliche Normbegriff κανών auf sie appliziert. So wird hier ein schweres theologisches Geschütz aufgefahren, um die Suffragane in die Schranken zu weisen, woraus nur zu schließen ist, daß sich die Prärogativen der Metropoliten nicht ohne weiteres durchsetzen ließen. Wenn man für das Aufkommen der Metropolitanverfassung in vordiokletianischer Zeit noch von einem Verzicht sprechen kann, »den Vorrang der Metropoliten durch Tradition oder aus kirchlichen Gedanken heraus zu motivieren«[85], so gilt dies nun nicht mehr. Für die Durchsetzung der Metropolitanverfassung wird nunmehr der κανών ἐκκλησιαστικός in Anspruch genommen und durch die Einführung des Väterbegriffs dessen Alter und Autorität zusätzlich verstärkt.

Daneben tritt der Begriff κανών noch öfter als in den nizänischen Kanones (s.o.) im Sinne von *Klerikerverzeichnis* und -liste auf und ist hier fast zu einem Synonym für »Klerus« geworden.

Can.6 sagt, daß »dieser Horos« für Laien, Presbyter und Diakone καὶ πάντων τῶν ἐν τῷ κανόνι gelte.[86]

Can.11 verbietet Bischöfen, Presbytern »und überhaupt jedem aus dem Kanon« (ἢ ὅλως τοῦ κανόνος), sich unter Umgehung der Bischöfe und des Metropoliten an den Kaiser zu wenden.

Can.2 droht die Exkommunikation an für Bischöfe, Presbyter, Diakone »oder sonst jemanden aus dem Kanon« (ἤ τις τοῦ κανόνος), der Gemeinschaft mit Exkommunizierten hält.[87]

In *can.1* ist die Synonymität mit »Klerus« besonders deutlich, wenn bestimmt wird, daß jeder, der sich nicht an die Osterbestimmung von Nizäa hält, als abgesetzt zu betrachten ist und aller äußeren Ehren verlustig gehen soll, »deren der hl. Kanon und die Priesterschaft Gottes teilhaftig ist«.[88]

Bemerkenswert ist weiterhin auch die Begriffsprägung »kanonische Briefe« (κανονικαὶ ἐπιστολαί) in can.8, die hier mit den in can.7 erwähnten »Friedens-

---

[85] Schwartz, GS III 228.

[86] Joannou (CSP 109,23) bietet »καὶ πάντων τῶν ἐν τῷ κλήρῳ« und verzeichnete im App. nicht die o.g. Lesart, wie sie den Editionen von Lauchert (45,6), Rhalles-Potles (III 138); Alivisatos (174), insbesondere aber auch Beneševič, Syntagma 255,25f., zugrundeliegt. Diese aber ist eindeutig die ältere, die wegen der späteren Einengung des Kanon-Begriffes bald nicht mehr verstanden wurde und durch κλῆρος ersetzt wurde (lectio difficilior).

[87] Joannou, CSP 106,13f.

[88] Joannou, CSP 105,10f.: ἧς ὁ ἅγιος κανὼν καὶ τὸ τοῦ θεοῦ ἱερατεῖον μετείληφεν.

briefen« (εἰρηνικαὶ ἐπιστολαί = τὰ εἰρηνικά) identisch sind. Sie werden auch
»Gemeinschaftbriefe« (ἐπιστολαί κοινωνικαί = *litterae communicatoriae*) genannt, und hießen nach *Bardenhewer* so, weil sie »in ihrer Form gewissen
kirchlichen Bestimmungen entsprechen mußten«[89] (κανονικαὶ ἐπιστολαί =
litterae formatae).

Über diese Verwendung des Kanon-Begriffes hinaus tritt uns nun schließlich auf dieser antiochenischen Synode ein Sprachgebrauch entgegen, der
erstmals mit *Bezug auf Synodalbeschlüsse* von Kanones redet.

> So regelt *can.19* die Modalitäten der Bischofsweihe (Zustimmung des Me-
> tropoliten; Anwesenheit der Mehrheit der Bischöfe) unter Aufnahme der
> nizänischen can.4 und 6. Direkt auf can.6 bezieht sich der Schlußsatz:
> »Wenn aber die Aufstellung (des Bischofs) dem festgesetzten Kanon ent-
> sprechend erfolgt (εἰ δὲ κατὰ τὸν ὡρισμένον κανόνα γίνοιτο ἡ
> κατάστασις), und es widersprechen einige aus Streitsucht, so soll das
> Votum der Mehrzahl entscheiden.[90]

Es ist auffällig, daß für diese Bezugnahme auf einen als *Kanon* bezeichneten
nizänischen Synodalbeschluß die uns erstmals begegnende Wendung ὡρισμένος κανών benutzt wird. Während der nizänische Beschluß für die Wahl
noch auf die Maßgabe des »kirchlichen Kanons« verwiesen hatte[91], bezieht sich
die antiochenische Synode nun nur noch auf den nizänischen Kanon als
ὡρισμένος κανών.

Daß hier keine zufällige Formulierung vorliegt, sondern tatsächlich ein
neuer kirchlicher Sprachgebrauch sich durchsetzt, macht die den 25 Kanones
vorausgehende *epistula synodica* deutlich, die mit der Bemerkung schließt:
»Εἰσὶ δὲ οἱ ὁρισθέντες ἐκκλησιαστικοὶ κανόνες οἱ ὑποτεταγμένοι«[92] Die
eigenen Synodalhoroi werden nunmehr also als ἐκκλησιαστικοὶ κανόνες
bezeichnet, dabei aber mit dem Zusatz, daß es sich um solche als ὁρισθέντες
handele. Wir sind hier an einer neuen Stufe der kirchlichen Verwendung des
Kanon-Begriffes angelangt. Neben dem absoluten Sprachgebrauch von ὁ
κανών, der mit ὁ κανὼν ἐκκλησιαστικός identisch ist und zu dem nun die
Berufung auf die Väter als Alterserweis hinzutritt, kommt jetzt der kirchliche
Verfassungsfragen regelnde *Synodalbeschluß* zu stehen, auf den derselbe kirchliche Normbegriff angewendet wird. Es wird allerdings noch terminologisch
festgehalten, daß diese Kanones kirchliche Entscheidungen sind, indem sie
ὁρισθέντες κανόνες heißen. Bei den so qualifizierten Synodalhoroi handelt es
sich um nizänische.

---

[89]   II 33f.; zum entsprechenden Sprachgebrauch z.B. bei Basilius d.Gr. vgl.: Bonis, a.a.O.,
       70.72.
[90]   Joannou, CSP 119,21ff.
[91]   S.o. Kap. XVIII 2 c).
[92]   Joannou, CSP 103,21f.

Der Erwähnung wert ist schließlich noch, daß in den antiochenischen Kanones mit dieser Verwendung des Kanon-Begriffes auch eine synonyme Benutzung des Begriffes Θεσμός einhergeht, womit das durch den Brauch geprägte institutionelle Moment kirchlicher Verfassungsbestandteile zum Ausdruck gebracht wird.

So soll ein Bischof, der abgesetzte Kleriker aufnimmt, bestraft werden, »weil er die kirchlichen Satzungen auflöst« (ὡς παραλύοντα τοὺς θεσμοὺς τοὺς ἐκκλησιαστικούς).[93]

Die Appellation von Klerikern an den Kaiser sei »gegen die Verfassung der Kirche« (παρὰ τὸν θεσμὸν τῆς ἐκκλησίας).[94]

Can.23 wendet sich gegen die Designation von Nachfolgern durch Bischöfe. Die kirchliche Verfassung solle gewahrt werden, wonach dies nur durch die Synode erfolgen dürfe (φυλάττεσθαι δὲ τὸν θεσμὸν τὸν ἐκκλησιαστικόν).[95]

3. ZUR SYNODE VON GANGRA

Von der Synode in Gangra[96], der Metropolis der Provinz Paphlagonia, überliefern die griechischen Kanonessammlungen die gesamte *epistula synodica*[97]. Nach der Nennung von Adressat und Absender sowie der Beschreibung des Anlasses für das Zusammentreten der Synode folgen die 20 sog. »Kanones«; der Epilog – oft als can.21 bezeichnet – beschließt das Synodalschreiben. Dieses ist an die Bischöfe »ἐν Ἀρμενίᾳ« gerichtet. Als Absender werden 13 Bischöfe namentlich genannt. Da jedoch die Angaben von deren Kathedren fehlen, ist eine sichere Identifizierung nur schwer möglich.[98] Als *Anlaß* der Synode wird ein gegen die Grundlagen der Kirche gerichtetes Verhalten angeführt (πολλὰ ἀθέσμως γινόμενα), das »von denen um Eustathius« und »von ihm selbst« an den Tag gelegt worden sei.[99] Die sodann aufgezählten Vergehen decken sich

---

[93] can.3, Joannou, CSP 107,16ff.

[94] can.11, Joannou, CSP 113,14f.

[95] Joannou CSP 122,19f.

[96] Vgl. dazu bes.: Hefele-Leclercq I,2, 1029-1045; G.Bardy, Gangres; J.Gribomont, Eustathe; ders., Le monachisme; W.D.Hauschild, Eustathius.

[97] Joannou, CSP 85-99.

[98] In der lateinischen handschriftlichen Überlieferung finden sich teilweise andere Namen (Mansi II 1095; VI 1152; Turner, EOMIA II 145-214.146;), die in der älteren Konziliengeschichtsschreibung zu mancherlei Vermutungen Anlaß gegeben haben, vgl. Hefele I 778.

[99] Joannou, CSP 86,4.7.

inhaltlich mit den Angaben der weiterhin folgenden 20 Bestimmungen. Diese
sind nach Form und Inhalt *Anathematismen* und durchweg nach dem Schema
formuliert: »Εἴ τις .... ἀνάθεμα ἔστω«. Verurteilt werden Verirrungen und
Mißbräuche der anachoretisch-asketischen Bewegung. Daraus ergibt sich, daß
die Identifizierung des Eustathius mit Eustathius von Sebasteia schon durch Sokrates[100] und Sozomenos[101] nicht in Zweifel zu ziehen ist und im Hintergrund die
asketische Bewegung der »Eustathianer« insbesondere in der Reichsdiözese
Pontos steht.[102] Der Epilog beteuert, daß es der Synode nicht um eine Verurteilung von Askese, Enkrateia und Parthenia gehe, die vielmehr bewundert und
gebilligt werden, sondern um den damit verbundenen Hochmut.

Die Datierung der Synode ist schon bei Sokrates und Sozomenos divergie-
rend. Der erste stellt sie hinter die konstantinopolitanische Synode von 360,
der zweite vor »die Synode von Antiochien«. Die Zuordnung dieser Angaben
zu denen von Basilius d.Gr. über die Vita des Eustathius (epp.244.263) und
deren innere Stimmigkeit sowie eine weitgehende Identifizierungsmöglichkeit
der 13 Bischöfe im zeitlichen Umfeld der Synode von Serdika führen zu einer
Datierung »ca.340-342«. Die einschlägigen Schlußfolgerungen von *F.Loofs*
hierzu sind weiterhin überzeugend.[103]

> Die Anathematismen wenden sich gegen folgende Praktiken: 1. Verurtei-
> lung der ehelichen Gemeinschaft als Heilshindernis; 2. Verurteilung von
> Fleischgenuß als Heilshindernis; 3. Förderung von Sklavenflucht zum Zweck
> der Anachorese; 4. Meidung von Gottesdiensten verheirateter Priester; 5.
> Verachtung des Gotteshauses und der Gemeindegottesdienste; 6. Abhal-
> tung eigener Privatgottesdienste; 7. Annahme der kirchlichen Einkünfte; 8.
> Abgabe und Annahme solcher Gaben ohne Zustimmung des Bischofs; 9.
> Askese aus Verachtung der Ehe; 10. Erhebung über die Verheirateten; 11.
> Verurteilung der Agapen; 12. Höherbewertung der asketischen Standes-
> kleidung; 13. Tragen von Männerkleidung durch Frauen aus Gründen der
> Askese; 14. Verlassen des Ehemannes wegen Anachorese und Verachtung
> der Ehe; 15.16. Verlassen der Kinder und Eltern unter dem Vorwand der
> Askese; 17. Tonsur von Frauen; 18. Fasten am Sonntag; 19. Erhebung über
> das allgemeine kirchliche Fasten; 20. Verachtung der Märtyrergottesdienste.

---

[100] H.e. II 43.

[101] H.e. III 14,31; IV 24,9.

[102] Bei der Datierung der Synode »um 340« (s.u.) ließen sich alle 13 Absender als pontische
Bischöfe identifizieren. Die Synode hätte dann unter dem Vorsitz von Euseb von
Nikomedien gestanden, unter den Teilnehmern wären Gregor von Nazianz und
Basilius von Ankyra gewesen.

[103] F.Loofs, Eustathius 79-90. Ältere Datierungsversuche bei Hefele I 791f. Dionysius
exiguus plaziert Gangra vor Antiochien. T.D. Barnes, Gangra, hat neuerdings dafür
votiert, in der Synode von Gangra ein paphlagonisches Provinzialkonzil um das Jahr
355 zu erblicken.

Nirgends im Synodalschreiben werden die als Anathematismen formulierten Beschlüsse nun Kanones genannt. Vielmehr benutzt die Synode für ihre eigene Beschlußfassung den Terminus ὁρίζειν[104], entsprechend heißen die Beschlüsse *Horoi*[105].

Der Kanon-Begriff wird von den Synodalen vielmehr verwendet, um die in der Kirche geltende Norm deutlich zu machen, von der sich die übersteigerte Enkrateia in Überheblichkeit entfernt habe und eigene »Gesetze« aufgerichtet habe.

> So heißt es nach der Auflistung der asketischen Mißbräuche im 1. Teil des Briefes, »daß diese jeder von ihnen (sc. den Eustathianern) wie eigene Gesetze halte, weil man sich *vom kirchlichen Kanon entfernt habe*.«[106] Ebenso beteuert der Epilog, daß »κατὰ τὰς γραφὰς ἀσκεῖσθαι« durchaus gebilligt werde, verworfen werde aber die Askese »παρὰ τὰς γραφὰς καὶ τοὺς ἐκκλησιαστικοὺς κανόνας«.[107]

Es ist also wieder die Wendung κανὼν ἐκκλησιαστικός, die uns als Normbegriff hinsichtlich elementarer Bestandteile der christlichen Lebensführung gegenüber ihrer Infragestellung begegnet, hier nun erstmals auch mit dem Adjektiv »ἐκκλησιαστικός« in der Pluralform. Man sollte darunter m.E. auch an dieser Stelle nicht Bestimmungen irgendwelcher Synoden verstehen, wie denn die von den Eustathianern in Frage gestellten Grundwerte christlicher Ethik in Bezug auf Ernährung, Sexualität, Ehe, Familie und kirchliche Gemeinschaft nicht das Ergebnis synodaler Beschlußfassung sind. Die in der Kirche geltenden Maßstäbe in diesen Fragen sind vielmehr für die Synodalen vorgegeben durch die Hl.Schrift und die apostolische Überlieferung. Entsprechend fassen sie ihre Ausführungen abschließend zusammen, indem sie ihrem Verlangen Ausdruck gegben, »daß alles von den heiligen Schriften und den apostolischen Traditionen Überlieferte in der Kirche geschehe«.[108] Das Verhalten der Enkratiten wird nicht deshalb verurteilt, weil es bestimmten Synodalbeschlüssen widerspricht, sondern weil seine Auswüchse »παρὰ τὰς γραφὰς« sind und deshalb auch gegen die in der Kirche maßgeblichen »Kanones«. Eben in diesem grundsätzlichen Verstoß findet auch die Konfrontation des in Hochmut irregeleiteten Verhaltens mit dem Anathema seine Berechtigung, mit dem die Horoi der Synode die Kanones der Kirche vor ihrer Außerkraftsetzung bewahren.

---

[104] ὥρισε: Joannou, CSP 86,5.

[105] διὰ οὖν ταῦτα ἠναγκάσθη ἡ ... ἐν Γάγγραις ἁγία σύνοδος καταψηφίσασθαι αὐτῶν καὶ ὅρους ἐκθέσθαι; Joannou, CSP 88,22ff.

[106] Joannou, CSP 88,14ff.: ἕκαστος γὰρ αὐτῶν, ἐπειδὴ τοῦ κανόνος τοῦ ἐκκλησιαστικοῦ ἐξῆλθεν, ὥσπερ νόμους ἰδιάζοντας ἔσχεν.

[107] Joannou, CSP 98,3f.8ff.

[108] Joannou, CSP 99,18ff.

4. ZUR SYNODE VON LAODICEA

Die Synode von Laodicea in Phrygien mit ihren 59[109] bzw. 60 Kanones[110], die in allen alten griechischen Kanonessammlungen[111] enthalten sind, gibt hinsichtlich ihrer Datierung und historischen Einordnung kaum lösbare Rätsel auf.[112] Die Datierung läßt sich nur auf den Zeitraum zwischen 351 und 380 eingrenzen.

Dem Text der Kanones geht eine Notiz[113] voraus, der zu entnehmen ist, daß die »heilige Synode«, die sich in Laodicea in der Phrygia Pakatiane versammelt hat, und deren Teilnehmer aus verschiedenen Provinzen der asianischen (Diözese) (ἐκ...τῆς ᾿Ασιανῆς) zusammengekommen seien, die folgenden Bestimmungen aufgestellt hat. Es fehlt jedes Datum; weder ein Synodalbrief noch eine Subskriptionsliste sind enthalten, die erklären würden, warum diese Kanones den ältesten Sammlungen so bedeutsam erschienen. Das Lemma des Cod. Vindobonensis hist. gr. 7 (s.XI-XII): »Κανόνες νθ΄ τῆς ἐν Λαοδικείᾳ τῆς Φρυγίας συνελθόντων μακαρίων πατέρων συνόδου ἐπὶ τοῦ μεγάλου Θεοδοσίου«, das *Joannou* in seiner Ausgabe übernommen hat[114], und die darauf wohl zurückgehende Angabe im Decretum Gratiani (dist. XVI. c.11), daß die Kanones von 32 Bischöfen »unter dem Vorsitz eines Theodosius« verabschiedet worden seien, bleiben vage, die Regierungsdauer Theodosius d. Gr. ist jedenfalls 379-395. Theodoret ist der erste, der sich auf die Synode in seinem um 430 geschriebenen Kommentar zu Kol 2,18 bezieht, indem er das Verbot des Gebetes zu den Engeln erwähnt[115] (can.35). So korrespondiert der Angabe bei Theodoret als Terminus ad quem die – allerdings auch nicht präzise zu bestimmende – Teilung der Phrygia in Phrygia Salutaria und Phrygia Pakatiane um 325 als Terminus non ante.[116]

Die Bestimmung von can.7 über die Wiederaufnahme von Häretikern, nämlich von Novatianern, Photinianern und Quartodecimanern ohne erneute Taufe ist wegen ihrer milden Behandlung der Anhänger des Photinos von Sirmium auffällig. Dieser war bekanntlich wegen seiner häretischen

---

[109] Bei Johannes Scholastikos bilden die can.59 und 60 zusammen den can.59.

[110] Joannou, CSP 130-155.

[111] Vgl.: E.Schwartz, Kanonessammlungen 190f.

[112] Vgl. bes.: E.Amann, Laodicée; G.Bardy, Laodicée; Hefele-Leclercq I 2, 989-1028; C.Nardi, Laodicea.

[113] Bei Joannou (s.o.) nur lateinisch (= Dionysius exig. [ed. Strewe 52]); zum griechischen Text vgl. Lauchert, 72, und Beneševič, Syntagma 267. Die Notiz wird von allen griechischen Handschriften tradiert.

[114] CSP 130.

[115] Ad Coloss. 2,18 (PG 82, 614B.620).

[116] Vgl.: K.Belke u. N.Mersich, Phrygien und Pisidien 78.

Trinitätslehre mehrfach verurteilt und seit 351 abgesetzt und verbannt
worden.[117] Seine Erwähnung bietet so jedoch einen weiteren Anhaltspunkt
zur Datierung, obwohl gerade die Photinianer in den alten lateinischen
Übersetzungen fehlen.[118] Eine weitere zeitliche Eingrenzung ergibt sich
daraus, daß die Kanones von Laodicea in dem vor 379 in homöischem
Kontext in Antiochien entstandenen Corpus canonum bereits enthalten
sind.[119] Diese Datierung wird durch innere Gründe gestützt. Dazu gehören:
das Fehlen von Bestimmungen über die *lapsi*; die umfänglichen Angaben
über kirchliche Organisationsformen, die eher auf eine Friedenssituation
hinweisen; die Milde gegenüber den Sündern in can.2, die im Gegensatz
zur Strenge der nizänischen Kanones steht; schließlich auch die liturgischen
Anweisungen in den can.14-23.25-30.

Auffällig ist die literarische Form der 60 Bestimmungen, die fast alle nur
aus einem kurzen Satz bestehen, der eher den Eindruck einer *Zusammenfassung*
oder *Überschrift* macht. Dies findet auch stilistisch seinen Niederschlag, wenn
die Nr.1-19 mit Περὶ τοῦ... beginnen und die Nr.20-59 mit Ὅτι (οὐ) δεῖ....
Weiterhin werden einige Themen in diesen beiden stilistischen Reihen wiederholt.[120] Schließlich sind die Kanones 3,4,7,8,20 ein Resümee der nizänischen
Kanones 2,17,8,19,18. So liegt die Vermutung nahe, daß es sich hier um eine
zusammenfassende *Sammlung* von Synodalbeschlüssen handelt, die möglicherweise von zwei aufeinanderfolgenden Synoden in Laodicea für die Kirchen in
der Asia abgefaßt wurden.[121] *E.Schwartz* wollte die Aufnahme der Sammlung
in das vor 379 entstandene griechische Corpus Canonum u.a. mit ihrer starken
Betonung der Rangordnung des Klerus und ihrer Herkunft aus der ebenfalls
antinizänischen Dioecesis Asia erklären. »Die epitomierte Form mag sich
daraus erklären, daß man sie sich hatte kommen lassen«.[122]

Zur inhaltlichen Orientierung gebe ich folgenden Überblick: Neben den
o.g. Häretikerkanones (7.9.10.31) schreibt can.8 die Wiedertaufe für Montanisten vor. Can.6 verbietet Häretikern, orthodoxe Kirchen zu betreten,
can.32.33, von Häretikern Eulogien anzunehmen und mit ihnen zu beten.
Can.1 gestattet mit geringen Bußstrafen die zweite Ehe. Can.11 verbietet die
Einsetzung von »Presbytides«[123] und can.44 Frauen den Zutritt zum Altar.

---

[117] Vgl.: G.Bardy, Photin; B.Kotter, LThK² 8, 483.

[118] Zu den Versiones vgl.: CPG 8607; s.a. Hefele I 753f.; dies spricht aber – gegen Hefele
– m.E. eher für die Historizität der Angabe.

[119] Vgl.: E.Schwartz (s.o.).

[120] So z.B. das Heiratsverbot mit Häretikern in can.10 und 31 und das Verbot, häretische
Friedhöfe und Märtyrerstätten zu besuchen, in can.9 und 34.

[121] So mit Joannou, CSP 128.

[122] Kanonessammlungen 31-35.35.

[123] Vgl. G.Bardy, DDC 6, 340f; N.Afanasiev, Presbytides 61-74.

In den Klerus sollen keine Neophyten aufgenommen werden (can.3) und Kleriker keine Zinsen nehmen (can.4). Weihen sind nicht in Gegenwart von Ungetauften vorzunehmen (can.5), die Bischofswahl obliegt dem Metropoliten und den Bischöfen der Provinz (can.12) und nicht dem Volk (can.13)[124]. Bei Synoden herrscht Anwesenheitspflicht für Bischöfe (can.40). Weitere Rechte und Pflichten von Bischöfen regeln can. 56-58. Die can.20-22.43 geben Bestimmungen für Diakone und Subdiakone, can.15.23 für Lektoren und Kantoren. Can.24 verbietet den Kneipenbesuch für den gesamten Klerus, can.41.42 das Reisen von Klerikern ohne Erlaubnis und Brief des Bischofs. Liturgische Rechte und Verbote für Kleriker regeln die can.25-28. Das Verbot, heidnische und jüdische Sitten zu befolgen, sprechen die can.29.30.36.39.53-55 aus. Anordnungen zum Umgang mit den konsekrierten Elementen (can.14) und zur Ordnung des Gottesdienstes werden ebenfalls getroffen (can.16-19). Fragen der Taufpraxis regeln die can.45-48, Ordnungen der Fastenzeit die can.49-52. Schließlich verbietet can.59 den liturgischen Gebrauch von »Privatpsalmen« und unkanonischen Büchern; can.60 benennt die kanonischen Bücher den Alten und Neuen Testamentes.[125]

Trotz der Fülle der Bestimmungen läßt ihr epitomierter Charakter nur wenige Aussagen über die Verwendung des Kanon-Begriffes zu. Von einer Selbstbezeichnung der Beschlüsse als Kanones findet sich keine Spur, vielmehr spricht (sprechen) auch diese Synode(n) von ihrer eigenen Tätigkeit als ὁρίζειν[126], und die allen griechischen Handschriften vorausgehende Notiz (s.o.) redet von ὅροι ἐκκλησιαστικοί.[127]

An einer Stelle taucht die Wendung κανὼν ἐκκλησιαστικός auch bei dieser Synode im Sinne der in der Kirche normativen Ordnung, die den Synodalhoroi vorausliegt – hier hinsichtlich der Frage der zweiten Ehe – auf.

> Gleich can.1 bestimmt nämlich, daß man *»gemäß dem kirchlichen Kanon«* denen, die ungebunden und gesetzmäßig eine zweite Ehe eingehen und nicht im Verborgenen bereits die Ehe vollzogen haben, nachdem einige Zeit vergangen sei und sie sich dem Gebet und dem Fasten hingegeben hätten, Verzeihung gewähren und ihnen die kirchliche Gemeinschaft wieder erteilen soll.[128]

---

[124] Vgl.: J.Gaudemet, Concile de Laodicée.

[125] Vgl.: Schneemelcher, TRE 6, 22-48; Zahn, Geschichte 193-202.

[126] can.1: ὡρίσαμεν: Joannou, CSP 130,19.

[127] Theodoret schließlich spricht von νόμοι: Ad Coloss. 2,18;3,17 (PG 82,614B.620D).

[128] Joannou, CSP 130: Περὶ τοῦ δεῖν κατὰ τὸν ἐκκλησιαστικὸν κανόνα τοὺς ἐλευθερίως καὶ νομίμως συναφθέντας δευτέροις γάμοις, μὴ λαθρογαμίαν ποιήσαντες, ὀλίγου χρόνου παρελθόντος καὶ σχολασάντας ταῖς προσευχαῖς καὶ νηστείαις, κατὰ συγγνώμην ἀποδίδοσθαι αὐτοῖς τὴν κοινωνίαν ὡρίσαμεν.

Der Horos legt also fest, daß eine zweite Ehe[129] nach Maßgabe der kirchlichen Ordnung erlaubt ist und nicht auf Dauer aus der kirchlichen Gemeinschaft ausschließt. Dazu gehört, daß die Ehepartner frei sind. Man wird darunter zu verstehen haben, daß sie entweder verwitwet oder wegen Ehebruchs des vormaligen Ehepartners oder Religionsverschiedenheit geschieden sind und die Scheidung nicht zum Zweck der Wiederverheiratung erfolgte. Die neue Ehe darf deshalb nicht bereits im Verborgenen vollzogen worden sein. All diese Normen sind nun bereits im alttestamentlichen Gesetz, im *Evangelium* und in der *apostolischen Weisung* gegeben[130]. Die Größe κανὼν ἐκκλησιαστικός meint deshalb hier m.E. die von daher normierte kirchliche Behandlung der zweiten Ehe.

> Gen 2,23f. ist die Grundlage und das »Gesetz« der auf Dauer angelegten Einehe, der das Verbot der Ehescheidung zum Zweck der Neuverheiratung durch Jesus entspricht (Mt 5,32 par.; 1 Kor 7,10f.). Mt 19,9 par und 1 Kor 7,12-16 legen die Ausnahmen fest, und 1 Kor 7,9.39 und 1 Tim 5,14 gestatten die Wiederverheiratung Verwitweter. Dabei ist die Wiederverheiratung in der Alten Kirche allgemein eher negativ beurteilt worden[131] als Verstoß gegen Gen 2,23f und Mt 5,32, gestattet sie doch auch Paulus nur als nachgeordnete Möglichkeit und wegen der Unfähigkeit zur Enthaltsamkeit (1 Kor 7,9.40).

In diesem Sinne ist die zweite Ehe wohl vor allem in den kleinasiatischen Kirchen der öffentlichen Buße unterzogen worden, was can.1 eben voraussetzt und festlegt, daß nach der nicht näher bestimmten Bußfrist[132] die Wiederaufnahme möglich ist.

Entsprechend hatte bereits can.19 von Ankyra einen *Horos* für Digami vorausgesetzt, can.3 von Neocaesarea Bußfristen für die »mehrfache Ehe« angesprochen und can.7 derselben Synode Presbytern verboten, bei den Festivitäten einer zweiten Eheschließung mitzufeiern, weil zu erwarten sei, daß der Digamus kurz danach wegen der Buße zu ihm komme.[133] Positiv hatte can.8 von Nizäa von zurückkehrenden Novatianern gefordert, auch mit Digami kirchliche Gemeinschaft zu halten.[134] Dennoch ist die Wendung »κατὰ τὸν ἐκκλησιαστικὸν κανόνα« in can.1 von Laodicea m.E. nicht als Bezugnahme auf diese Synodalhoroi zu interpretieren. Dies verbietet schon die Formulie-

---

[129] Im Sinne »sukzessiver Bigamie«.

[130] Vgl. dazu: B.Reicke, TRE 9, 318-325.

[131] Vgl. z.B.: H.Crouzel, TRE 9, 325-330; B.Kötting, RAC 3, 1016-1024.

[132] ὀλίγου χρόνου παρελθόντος; Basilius d.Gr. teilt in seinem can.4 mit, daß die dort als »κανών« bezeichnete Frist ein Jahr betrage (Joannou, CPG 101,21ff.).

[133] Joannou, CSP 70,6; 76; 78.

[134] Joannou, CCO 30,13.

rung im Singular, sodann die Selbstbezeichnung der Synodalbeschlüsse als *Horoi*, die eben den vorgegebenen κανὼν ἐκκλησιαστικός allein bestätigen und gegen seine Bestreitung – hier etwa durch zügellose Polygamie genauso wie durch Hyperaskese – schützen wollen.

Ansonsten begegnet uns in den laodizenischen Bestimmungen der Kanon-Begriff in can.15 im Sinne des *Klerikerverzeichnisses*, hier adjektivisch angewendet auf die dort eingetragenen Kantoren.[135] Weiterhin werden in can.41 die *»kanonischen Briefe«* erwähnt[136] und in can.59 die κανονικὰ βιβλία des *Alten und Neuen Testaments* aufgelistet und von den ἀκανόνιστα unterschieden.[137] Zusammen mit dem eingangs erwähnten[138] 39. Festbrief Athanasius d.Gr. sind dies die frühesten Zeugnisse für eine Anwendung des Kanon-Begriffes auf diese Materie.

5. ZUSAMMENFASSUNG ZU 2.-4.

Die stark von der reichskirchlichen Verfassungsfrage und dem Interesse der Vereinheitlichung geprägten 25 *antiochenischen Kanones von ca.330* lassen hinsichtlich der vielfältig benutzten Kanon-Terminologie eine neue Stufe der kirchlichen Verwendung des Kanon-Begriffes erkennen. Während Synodalbeschlüsse grundsätzlich weiterhin als Horoi bezeichnet werden, und der mit dem κανὼν ἐκκλησιαστικός identische absolute Sprachgebrauch von ὁ κανὼν weiterhin in Gebrauch ist, werden hier nun erstmals auch die Synodalbeschlüsse von Nizäa und die eigenen *Horoi* als *Kanones* bezeichnet. Terminologisch wird diese Applizierung des kirchlichen Normbegriffs auf Synodalhoroi noch deutlich gemacht, indem von ὡρισμέναι oder ὁρισθέντες κανόνες gesprochen wird. Ähnlich hatten die kaiserlichen Briefe an Euseb von Caesarea und die Synode zur Wahl des antiochenischen Bischofs eine terminologische Differenzierung von κανὼν τῆς ἐκκλησίας und κανὼν τῆς ἐκκλησιαστικῆς ἐπιστήμης erkennen lassen, wobei der letztere sich wiederum auf einen nizänischen *Horos* bezog. Es ist auffällig, daß diese terminologische Ausweitung in der Anwendung des Kanon-Begriffes im Kontext einer Synode festzustellen ist, deren Interesse ganz der detaillierten Durchformung und Durchsetzung der Metropolitanordnung sowie einer dementsprechenden konsequenten hierarchischen Konstruktion gilt.

---

[135] Danach sollen nur »kanonische Kantoren« vom Ambon singen (μὴ πλὴν τῶν κανονικῶν ψαλτῶν): Joannou, CSP 136,15. Vgl. dazu o. Kap. XVIII 2 e); XIX 2.

[136] Kein Kleriker soll ohne solche reisen (ἄνευ κανονικῶν γραμμάτων): Joannou, CSP 147,16; Vgl. dazu o. 2.

[137] Joannou, CSP 154,5.7.

[138] S.o. Einleitung.

Die Synode von *Gangra* (ca.340-342) nennt ihre 20 Anathematismen nirgends selbst *Kanones*, sondern *Horoi*. Der Kanon-Begriff wird vielmehr verwendet, um mit der Wendung κανὼν ἐκκλησιαστικός elementare Bestandteile christlicher Lebensführung hinsichtlich Ernährung, Sexualität, Ehe, Familie und kirchlicher Gemeinschaft gegenüber ihrer Infragestellung durch eine in Hochmut irregeleitete Enkrateia als kirchliche Normen zu bewahren. Sachlich sind diese in der Hl. Schrift gegeben.

Auch die nur auf den Zeitraum von 351-380 einzugrenzende »*Synode*« *von Laodicea* nennt ihre 60 Beschlüsse nicht selbst *Kanones*, sondern *Horoi*. In ihnen begegnet uns erstmals für Synodalhoroi einer östlichen Synode die Praxis der epitomierenden Überlieferung einer Sammlung von Beschlüssen wohl mehrerer Synoden in einer bestimmten literarischen Form (Περὶ τοῦ ...; ὅτι (οὐ) δεῖ ...). Der Kanon-Begriff selbst in der Wendung κανὼν ἐκκλησιαστικός wird benutzt, um die verbindliche kirchliche Behandlung der zweiten Ehe zu bezeichnen, wie sie sich aus dem Alten Testament, dem Evangelium und der apostolischen Weisung ergibt. Hinzu tritt – wie auch auf der antiochenischen Synode von ca.330 – eine Begriffsverwendung von κανών als Klerikerverzeichnis und »Kanonischem Brief«, schließlich nun auch als Bezeichnung für die κανονικὰ βιβλία des Alten und Neuen Testamentes. Zusammen mit dem 39. Festbrief Athanasius d. Gr. handelt es sich um die ältesten Belege für die Anwendung des Kanon-Begriffes auf diese Materie.

XX. »KANON« IM KAMPF UM DIE SYNODE VON NIZÄA: ZUR SYNODE VON SERDIKA (342)

1. DIE STELLUNG DER SYNODE IN DEN KÄMPFEN NACH NIZÄA

Die Reichssynode in Serdika vom Herbst des Jahres 342[1] bildet das Ende des ersten Abschnitts in dem durch den Arianismus ausgelösten Streit. Ihr Scheitern von Anfang an manifestierte sich in der gegenseitigen Anathematisierung der kirchlichen Führer im Ost- und Westreich des Imperium Romanum und führte zum ersten Schisma zwischen »Ost«- und »Westkirche«.[2]

Athanasius von Alexandrien (295-373) war auf der Reichssynode von Tyrus[3] (335) von der Partei um Euseb von Nikomedien abgesetzt und exkommuniziert worden. Nach dem vergeblichen Versuch, die Rückgängigmachung dieses Urteils durch Konstantin II. in Alexandrien durchzusetzen, mußte er 339 aus Ägypten fliehen und wandte sich nach Rom an *Papst Julius I.* (337-352), wo sich seit Ende 339/Anfang 340 auch der 336/7[4] in Konstantinopel abgesetzte und exkommunizierte *Markell von Ankyra* aufhielt. Julius forderte die orientalischen Bischöfe im Frühjahr 340 zur Überprüfung des tyrischen Urteils auf einer römischen Synode zu festgesetztem Termin auf. Diese lehnten eine

---

[1] Die Diskussion um das Datum der Synode ist bis heute nicht abgeschlossen. Für 342 insbesondere: E.Schwartz, Athanasius IX 324-334; vgl. auch: H.Chr.Brennecke, Hilarius 25-29; J.Ulrich, Rezeption 39-44. Für 343: H.Hess, Sardica 140-144 (Appendix I); L.W. Barnard, Serdica: some problems 1-8.

[2] Zum historischen Kontext vgl.: E.Schwartz, a.a.O.; Hess, Sardica 1-21; Caspar, Geschichte I 142-165; de Clercq, Ossius 290-405; Girardet, Kaisergericht 106-120; Brennecke, Hilarius 17-64; Bardy, Sardique; L.W.Barnard, Serdica; ders., Pope Julius; M.Wojtowytsch, Papsttum und Konzile 89-105. Ch.Piétri, La question d'Athanase. Die Bezeichnung »Ost-« und »Westkirche« ist nur mit Vorbehalt zu benutzen: »Man weiß, daß sich nicht einfach Osten und Westen, nicht Morgen- und Abendländer oder Griechen und Lateiner, auch nicht Origenisten und Antiorigenisten schieden« (M.Tetz, Ante omnia 243). Zu Athanasius vgl.: ders., TRE 4, 333-349.

[3] Zur Synode vgl.: Schwartz, Athanasius VIII 246-258; Girardet, Kaisergericht 66-80; D.W.-H.Arnold, career 103-175.

[4] Vgl.: K.Seibt, Markell von Ankyra II.241-244.

solche Überprüfung ab, bestätigten auf der sog. Enkaeniensynode in Antiochien (341) ihre Entscheidungen gegen Athanasius und Markell und formulierten dort ihr origenistisch geprägtes Bekenntnis.[5] Nach einer für den Westen günstigen Einigung der beiden Kaiser Konstantius II. und Konstans konnte die von der athanasianischen Partei geforderte Synode für den Herbst 342 einberufen werden. Tagungsort war das an der Grenze zwischen Ost- und Westreich gelegene Serdika[6], wo sich ca. 76 Bischöfe aus dem Osten und mehr als 90 aus dem Westen versammelten.[7] Die westliche Partei stand unter den Führung des greisen *Ossius von Cordoba*.

In mancherlei Hinsicht bestand mittlerweile dringender Klärungsbedarf: So im Bereich der Lehre, nachdem die in Nizäa verabschiedete Formulierung des trinitarischen Glaubens nicht einheitlich interpretiert wurde und Markell als einer der antiarianischen Wortführer des Nicaenums inzwischen im Osten exkommuniziert worden war. Im persönlichen Schicksal führender Vertreter des Kampfes gegen den Arianismus (Athanasius, Markell, Eustathius von Antiochien u.a.), verband sich die dogmatische Frage der Interpretation des nizänischen Bekenntnisses mit der Frage nach der Endgültigkeit von synodalen Gerichtsurteilen und der Möglichkeit einer evtl. erneuten Verhandlung einschließlich des Problems der Berechtigung einer staatlichen Beteiligung an den Verfahren und der Durchsetzung der Urteile mittels der Verbannung. Schließlich machte sich auch der Bereich regional bestimmter Loyalitäten geltend, setzte sich doch die orientalische Partei, die dem Oberhaupt der ägyptischen Kirche den Prozeß gemacht hatte, hauptsächlich aus Vertretern der syrischen und kleinasiatischen Kirchen zusammen, während die ägyptische Kirche mit Ausnahme der Melitianer fast geschlossen hinter Athanasius stand.

Dementsprechend benennt der *Synodalbrief* von Serdika an Papst Julius folgende drei Punkte der Tagesordnung:

Tria fuerunt, quae tractanda erant ... ante omnia de sancta fide et de integritate ueritatis ... secunda de personis ... tertia uero quaestio, quae uere quaestio appellanda est ...[8].

H.Chr.Brennecke hat plausibel gemacht[9], daß die sich an die Interpretation des Athanasius üblicherweise anlehnende Deutung des ersten Tagesordnungs-

---

5   Vgl. z.B.: Kelly, Glaubensbekenntnisse 260-272.
6   Heute: Sofia; zur Schreibweise vgl.: Turner, EOMIA I,2, 533.
7   Zur Frage der Anzahl der Synodalen und ihrer Herkunft vgl: Hess, Sardica 8f.; jetzt bes.: Ulrich, Rezeption 91-96.
8   (CPG 8564): Hilar., Coll.antiar.Paris. B II 2,3 (ed. Feder) = CSEL 65, 128, 4-11.
9   Ders., Hilarius 30 ff.

punktes auf die Verteidigung des nizänischen Glaubens eher unwahrscheinlich ist, vielmehr dahinter die beabsichtigte Verhandlung der Lehraussagen des Markell gestanden haben muß, die für die Orientalen Voraussetzung ihres Einlenkens in der Frage nach einer Synode und ihres schließlichen Erscheinens gewesen sein wird. Die Behandlung der Tagesordnung wurde jedoch durch die als erste eingetroffenen westlichen Bischöfe durchbrochen, indem sie den zweiten Tagesordnungspunkt *de personis* vorzogen, und durch die bereits auf der römischen Synode des Vorjahres vollzogene und nun praktizierte Wiederaufnahme der *communio* mit den Verurteilten präjudizierten. Nachdem auch die Forderung der dazugekommenen Orientalen nach dem Ausschluß der Verurteilten – mindestens von den Verhandlungen – abgelehnt wurde, verließen diese die Versammlung und konstituierten sich als eigenständige Synode im kaiserlichen Palatium der Stadt.[10] Das Präjudiz der Okzidentalen hatte diesen Schritt provoziert. Dahinter stand aber die fundamentale innerkirchliche Rechtsfrage, ob *synodale Gerichtsurteile* als *unauflöslich* anzusehen seien, oder die allgemeine Gültigkeit von der *Rezeption* abhängig sein sollte, und ob somit der Westen östliche Entscheidungen aufheben dürfe, ohne daß die damaligen Richter dabei mitwirken konnten.[11]

So brach das Konzil noch vor dem Beginn der eigentlichen Verhandlungen auseinander. Beide Rumpfsynoden tagten nunmehr getrennt, anathematisierten die Anführer der Gegenseite und formulierten ihre Synodalbriefe. Die westlichen Bischöfe versammelten sich auch nach der Abreise der Orientalen weiter und beschlossen die Kanones[12] sowie möglicherweise auch eine schließlich nicht haltbare theologische Deklaration.[13]

2. ZUM INHALT DER BESTIMMUNGEN VON SERDIKA

Die serdizensischen Bestimmungen in ihrer Gesamtheit spiegeln einen der Hauptgründe des Zusammentretens der Synode. Es geht hier um »the correction of episcopal abuses and the prevention of partisan action against individual bishops and other clergy«.[14] So handeln die Kanones auch fast ausschließlich von Problemen des *Bischofsamtes*. *H. Hess* hat 9 unterschiedliche

---

[10] Nicht in Philippopolis: vgl. Girardet, Kaisergericht 113 Anm.45.

[11] So mit Girardet, a.a.O., 116.

[12] Turner, EOMIA I,2, 442-560; Joannou, CSP 159-189.

[13] Zum sog. »Symbolum Serdicense« vgl. zuletzt: Ulrich, Rezeption 47-91. 96-111. Zu den von beiden Synoden publizierten zahlreichen Dokumenten vgl.: CPG 8560-8574.

[14] Hess, Sardica 68.

[15] Ebd.

Themenbereiche benannt[15], nach denen man die einzelnen Bestimmungen gruppieren könnte.

1. Translation von Bischöfen und anderen Klerikern: can.[16] 1, 2, 3a, 14, 15, 20.

2. Wiederaufnahme exkommunizierter Kleriker: can.16, 17.

3. Abwerbung von Klerikern aus anderen Diözesen: can.18, 19.

4. Flucht von Bischöfen und Klerus aus Glaubensgründen: can.21.

5. Besetzung vakanter Stühle: can.5, 6.

6. Kandidatenauswahl für den Episkopat: can.13.

7. Recht der sog. Appellation: can.3 b + c, 4, 7, 17.

8. Bischöfliche Petitionsreisen an den Hof: can.8, 9, 10, 11, 12.

9. Angelegenheiten der Kirche von Thessalonike: can.20, XVIII, XIX.

So steht hinter den Bestimmungen das Anliegen, die Integrität des Episkopates gegenüber einer kirchenpolitisch motivierten Unterwanderung zu bewahren (Gruppe 1,2,3,5,6), die Bischöfe vor Verfolgung und ungerechtfertigter Absetzung zu schützen (Gruppe 4,7) und eine direkte Einflußnahme des Hofes auszuschalten (8). Insgesamt wird dabei deutlich, daß die Konzilsväter des westlichen Serdicense letztlich eine Fortschreibung des in Nizäa Beschlossenen beabsichtigten: »It is in a real sense a continuation of that which was begun at Nicaea, for the most universal of the Nicene problems find further treatment at Sardica.«[17]

Zu den folgenden drei Bereichen wurde näherhin festgelegt:

a. *Translatio (Metathesis)*. Von einem absoluten Verbot jeder bischöflichen Translatio in der Alten Kirche kann wohl kaum die Rede sein, denn kirchlich geordnete Versetzungen scheinen gang und gäbe gewesen zu sein. Das Verbot der Translatio, wie es namentlich in Nizäa *(can.15)* formuliert wurde, bezieht sich eher auf die eigenmächtige, aus Eigeninteresse betriebene Versetzung[18], war allerdings absolut formuliert. Hier schließen die Bestimmungen von Serdika an, und can.1 droht dafür sogar den Ausschluß von der Laienkommunion an. Den Hintergrund scheinen die Bemühungen des Valens von Mursa um die Kathedra von Aquileia zu bilden sowie der Wechsel des Euseb von Nikomedien auf den Konstantinopeler Stuhl. Entsprechend bestraft *can.2* jede Einflußnahme auf die Bischofswahl mit Exkommunikation. Weiterhin gehört *can.3a* hierher, der jeden bischöfli-

---

[16] Zur Zählung der Bestimmungen vgl. unten: 3.

[17] Hess, Sardica 69.

[18] So bereits: E.Heckrodt, Die Kanones von Sardika 4-42; ihr folgt: Hess, Sardica 71-89. Vgl. dazu u. Kap. XXIII 5.

chen Besuch einer anderen Provinz ohne Einladung verbietet. Ein Bischof soll auch nicht länger als drei Wochen in einer fremden Stadt weilen *(can.14)*, und wenn er seine in fremden Provinzen gelegenen Güter besucht, soll er nach drei Wochen wieder zurückkehren *(can.15)*. Bischöfe, die exkommunizierte Kleriker aufnehmen, sollen sich vor einer Synode verantworten *(can.16)*. *Can.18.19* wenden sich gegen die Abwerbung von Kandidaten für den Klerus in fremden Bischofssprengeln. *Can.21* schließlich trifft eine Sonderregelung für die Aufenthaltsdauer von aus Glaubensgründen vertriebenen Bischöfen. Die Translationsbestimmungen von Serdika schließen sich so an die *can.15.16 von Nizäa* an und führen sie fort.

b. *Bischofswahl.*[19] *Can.5* verhandelt den Fall, daß ein Bischof unwillig ist, sich an einer Ordination zu beteiligen. Der Kontext und die angesprochenen Verhältnisse in der griechischen und lateinischen Fassung sind völlig verschieden. Die griechische Version scheint späteren Verhältnissen angepaßt worden zu sein.[20] *Can.13* wendet sich gegen die Praxis der Bischofswahl von Reichen und Rechtsgelehrten, bei der die vorangehenden Weihestufen nur pro forma eingehalten werden. Beide Kanones führen die *can.2 und 9 von Nizäa* weiter.

c. *Appellatio.*[21] Ohne Zweifel haben die sog. »Appellationskanones« von Serdika zu allen Zeiten das größte Interesse gefunden, spielen sie doch eine zentrale Rolle bei der Frage nach der historischen Verankerung der Primatsansprüche des römischen Papstes. Das Interesse gilt dabei vorrangig den *can.3b+c, 4, 7* und weniger *can.17*, der für Presbyter und Diakone die Appellationsmöglichkeit bei Bischöfen der Nachbarprovinz vorsieht und damit *can.5 von Nizäa* erneuert. Bei der Interpretation der zuerst genannten Kanones ist das unten zur Publikationsform Gesagte zu berücksichtigen. Man darf in den drei Kanones keine voneinander unabhängigen Beschlüsse erblicken, um dann auf evtl. Widersprüche zu stoßen, sondern muß sie als Bestandteile eines einzigen Beschlusses verstehen.[22] Entsprechend hat *Turner* diese Bestimmungen in seiner Edition zu einem einzigen »can. III« zusammengefaßt.

In Serdika wird nun folgender *Rechtsgang* beschlossen[23]: 1. Bei einem Streit zwischen zwei Bischöfen dürfen keine Kollegen aus einer Nachbarprovinz herbeigerufen werden. 2. Ein Bischof, der von den Kollegen innerhalb seiner Provinz verurteilt worden ist, kann gegen das Urteil Einspruch

---

[19]   Vgl.: Heckrodt, a.a.O., 114-122; Hess, Sardica 90-108.

[20]   Hess, Sardica 90-100.

[21]   Vgl. hierzu bes.: Girardet, Kaisergericht 120-132; ders., Appellatio; Heckrodt, a.a.O., 42-104; Hess, Sardica 109-128; Sp.N.Troianos, Der Apostolische Stuhl.

[22]   Vgl.: Hess, Sardica 109.

[23]   Das folgende in wörtlicher Anlehnung an: Girardet, Appellatio 117.

erheben. 3. Diejenigen, die den Prozeß durchgeführt haben, also seine Konprovinzialen oder die Bischöfe der Nachbarprovinz, senden einen Bericht über den Einspruch an den Bischof von Rom. 4. Die Kathedra des Verurteilten darf inzwischen nicht neu besetzt werden. 5. Der Bischof von Rom hat nach der Überprüfung des Falles zwei Möglichkeiten: a) hält er das Urteil für rechtens, ist es endgültig; b) rezipiert er das Urteil nicht, kann er eine *renovatio iudicii* anordnen und dazu die bischöflichen Richter bestellen. Die Neuverhandlung findet vor den Bischöfen aus einer Nachbarprovinz statt. Auf Wunsch des Verurteilten kann der römische Bischof zusätzlich Presbyter seiner Gemeinde entsenden.

Die Synode wandte sich damit *gegen* die von den Orientalen eingeklagte[24] Rechtsanschauung, wonach Synodalurteile prinzipiell *inappellabel* seien. Der Beschluß von Serdika aber schafft nun »eine gesamtkirchliche Instanz, die eine renovatio iudicii dort ermöglicht, wo sie bisher synodalrechtlich nicht möglich gewesen ist, eine Instanz mithin, die über der Provinzeinheit steht«[25]. Das Urteil einer Synode über einen Bischof bedarf demnach in Zukunft der Zustimmung des römischen Bischofs. Wenn die Parallele zu diesem Verfahren nicht in der reichsrechtlichen Appellation zu suchen ist, sondern in den Bestimmungen über die *retractatio* von Prozessen, die durch inappellable Urteile abgeschlossen waren und allein durch *supplicatio* an den Kaiser bestätigt oder neu verhandelt werden konnten, wäre der Bischof von Rom jedoch nicht als Appellationsinstanz sondern als Supplikationsinstanz zu bezeichnen.[26]

Daß in solchen Regelungen nicht die Erfahrungen des Streites um Athanasius ihren Niederschlag fanden, wie *E. Schwartz* nachdrücklich vertreten hat[27], und die Intention der Bestimmungen nur auf das Westreich gerichtet gewesen sei[28], wird heute allgemein zurückgewiesen.[29]

---

[24] Vgl. z.B.: Ath., Apol.sec.22,6 (Opitz II 104,18f.); vgl. dazu im einzelnen unten: 4 b).
[25] Girardet, Kaisergericht 126.
[26] So zuerst: E.Stein, Bespr. v. E.Caspar, Geschichte des Papsttums I, in: ByZ 32 (1932) 120. Ihm folgen: Steinwenter, Rechtsgang 85; L.Wenger, RAC I 569; zuletzt: Girardet, Kaisergericht 126ff. Sp.N.Troianos, Der apostolische Stuhl, hat sich neuerdings gegen eine Deutung nach dem Modell der *retractatio* gewandt.
[27] E.Schwartz, Serdika 4.
[28] So: Lietzmann, Geschichte III 200.
[29] Vgl.: Girardet, Kaisergericht 125.129; H.Chr.Brennecke, Serdika 20; früher bereits: E.Caspar, Kleine Beiträge IV 165 u. passim.

3. ZUM CHARAKTER DER SERDIZENSISCHEN BESCHLÜSSE: ZÄHLUNG, TEXTGESTALT UND PUBLIKATIONSFORM

Die von den Okzidentalen formulierten kirchenrechtlichen Bestimmungen werfen hinsichtlich Zählung, Originalsprache und Form Fragen auf.

Die *Zählung* der Kanones divergiert nicht nur zwischen der lateinischen und griechischen Fassung, sondern auch für den lateinischen Text finden sich in der Überlieferung unterschiedliche Numerierungssysteme.[30]

> Am weitesten verbreitet ist die Zählung nach Dionysius exiguus und der Prisca[31], wonach der Text in 21 Abschnitte mit beträchtlichen Variationen aufgeteilt wird. Der griechische Text bietet 20 Abschnitte bei großen Differenzen gegenüber der lateinischen Version in der Einteilung des Materials. So fehlen dort die lateinischen Kanones 10b, 12, 18, während in der lateinischen Fassung die griechischen Kanones XVIII und XIX fehlen.

Aus diesem Befund und der Publikationsform (s.u.) kann man schließen, »that the canons were not originally numbered at all, but formed a continuous record of synodical acts«.[32] *C.H.Turner* hat in der kritischen Edition[33] des seiner Meinung nach ursprünglichen lateinischen Textes ein weiteres Einteilungssystem eingeführt, das den Vorteil hat, alle inhaltlich zusammengehörenden Bestimmungen unter jeweils einer Nummer zusammenzufassen; er kommt so auf 13 Kanones. Es handelt sich dabei freilich um eine Konstruktion des Editors, die sich in der Literatur nicht durchgesetzt hat.[34]

Für die in der älteren Literatur ausgiebig diskutierte Frage nach der Priorität des *lateinischen oder griechischen Textes* existiert keine direkte historische Evidenz.[35] Beide Textformen sind gut belegt, bieten jedoch große Unterschiede nicht nur in der Anordnung. Jede Fassung hat Material, das in der anderen fehlt und enthält bedeutende inhaltliche Unterschiede. Alle lateinischen Textüberlieferungen haben einen gemeinsamen Prototyp, aber auch die griechi-

---

[30] Vgl.: Turner, EOMIA I 442.

[31] Zur Prisca vgl. z.B. Gaudemet, Sources 78f.

[32] Hess, Sardica 24; früher bereits genauso: C.H.Turner, Genuineness 374 Anm.1.

[33] EOMIA I 452-486. Der bei Turner, a.a.O., 490-531, mit abgedruckte griechische Text hat keine ausreichende handschriftliche Basis; vgl.: E.Schwartz, ZNW 30, 9.12-19. Maßgeblich ist die Ausgabe von Beneševič, Syntagma = Joannou.

[34] Eine tabellarische Übersicht der gängigen Zählungssysteme bietet Hess, Sardica 137 (Table A). So wird mit Hess u.a. hier die Zählung nach Dionysius und der Prisca beibehalten. Ebenfalls mit Hess werden aus Gründen der Vereinfachung die Kanones der lateinischen Version mit arabischen Zahlen bezeichnet, die der griechischen Version mit römischen Zahlen.

[35] Zu dieser Frage vgl.: Hess, Sardica 41-48.

schen handschriftlichen Fassungen stimmen in ihren Abweichungen vom lateinischen Text überein.

Mit *C.H.Turner*[36] und *E.Schwartz*[37] wird heute meist[38] die Priorität des lateinischen Textes vertreten. *Schwartz*[39] hat in der griechischen Fassung eine nachträgliche Übersetzung gesehen, die wegen der nur in dieser vorhandenen, speziell die Kirche von Thessalonike betreffenden Kanones XVIII und XIX ebendort um das Jahr 360 oder später angefertigt worden sei. Versuche[40], die Priorität des griechischen Textes nachzuweisen, dürfen als überholt betrachtet werden.

Beachtung verdient aber weiterhin die von *H.Hess* in detaillierter Untersuchung[41] wiederaufgenommene These der *Ballerini*[42] einer bereits ursprünglichen *doppelten Redaktion*. Auffällig ist in der Tat, daß der griechische Text oft eine treuere Wiedergabe der Debatten bietet.[43] Hinzu kommt, daß sich unter den ihrer Herkunft nach bestimmbaren Synodalen der westlichen Synode trotz einer Majorität von ca.60 Teilnehmern aus dem griechischen Sprachraum[44] immerhin doch 33 Lateiner befanden, also eine Verteilung der Sprachen vorliegt, die in der Tat einzigartig ist bei Synoden des 4. Jahrhunderts. Während die Verhandlungssprache unter dem Vorsitz von Ossius gewiß Latein war (alle weiteren Synodaldokumente sind lateinisch verfaßt!), muß doch während der Synode vom Lateinischen ins Griechische übersetzt worden sein, worin die unbestreitbare Abhängigkeit des griechischen vom lateinischen Text ihre Ursache haben könnte. So handelt es sich bei der griechischen Fassung mit *Hess* wohl um ein »set of minutes taken from the Latin debate by a bilingual scribe or, as is more likely, a verbatim record of the proposals as they were repeated by an interpreter«.[45]

---

[36] Ders., Genuineness, a.a.O.

[37] Ders., Serdika.

[38] Vgl. etwa: Girardet, Kaisergericht III Anm.32; Brennecke, Serdika 19 Anm.17.

[39] A.a.O., 18ff.31.

[40] Vgl.: G.R.v.Hankiewicz, Sardika; ihm folgen: Caspar, Kleine Beiträge IV; I.Gelzer, Serdika.

[41] ders., Sardica 43-48.57-61; genauso: Barnard, Council 19.98-101; zustimmend auch: K.Schäferdiek, Rez. von H.Hess, The Canons of the Council of Sardica, in: ZKG 70 (1959) 152-155.152.

[42] P.u.G.Ballerini, De Antiquis Collectionibus I 5 = PL 56,41-44.

[43] Vgl.: Hess, Sardica 43f.

[44] Vgl.: Ulrich, Rezeption 91-96, der auch deshalb für eine urspünglich griechische Abfassung des »Serdicense« plädiert.

[45] A.a.O., 47.

In der *Publikationsform*[46] der kirchenrechtlichen Bestimmungen spiegelt sich nun freilich die Herkunft aus abendländischem Kontext und africanischer Einfluß. Denn während die Kanones orientalischer Synoden des 4. Jahrhunderts in der Regel die »Form der Verordnung« haben, »ohne eine Spur der Verhandlung zu bewahren, deren schließliches Resultat sie sind«, erscheinen die serdizensischen Beschlüsse »als Anträge, die die Synode annimmt, wodurch ausführliche Motivierungen, Resumés, Zusatzanträge ... gegeben sind«.[47] Solche Form der Publikation von Beschlüssen als Verhandlungsresultat, in der die Verbindung mit dem Verhandlungsprotokoll festgehalten wird, ist aber ein Merkmal africanischer Synoden.[48]

Die stilistischen Charakteristika dieses Protokollstils sind[49] der in Frageform gefaßte Antrag eines namentlich genannten Teilnehmers der Synode (*N.N. episcopus dixit: ... si omnibus [hoc] placet*) in diskursiver informeller Wortwahl (*relatio*), dem dann mit einer Zustimmungsformel (*placet; placere sibi; omnes episcopi dixerunt*) die Akklamation der Gesamtheit hinzugefügt wird. So bilden die Kanones von Serdika zum einen in Gruppen (can.1-2; 3,4+7; 8-12; 14.15; 16+17) Protokolle einer jeweils ununterbrochenen Diskussion. Can.12, XVIII, XIX kann man zum anderen nicht als eigenständige Sachentscheidungen ansprechen. Es handelt sich vielmehr um zustimmende Diskussionsbeiträge (*sententiae*). Und nimmt man die 23 lateinischen und griechischen Bestimmungen zusammen, »only thirteen may properly be classed as legislative acts; the other ten are dependent comments or resumés«.[50] In Aufnahme der Thesen von *P.Batiffol*[51], *A.Steinwenter*[52] und *H.Gelzer*[53] über die Parallelität zwischen den Verhandlungsmethoden des römischen Senates und der Synoden (*relatio-sententia-acclamatio-senatus consultum*), die inzwischen allgemein auf die Verfahrensweise römischer öffentlich-rechtlicher Institutionen auszudehnen wäre[54], bilden die Bestimmungen von Serdika nach der Analyse von *Hess*[55] ein Spiegelbild dieser »parlamentarischen Methode«. Angesichts dieses Befundes muß man schließen, daß es nie vollständigere Protokolle dieses Konzils gegeben hat als die in den Kanones enthaltenen.[56]

---

[46]   Vgl. hierzu insbesondere Hess, Sardica 24-41.

[47]   E.Schwartz, Kanonessammlungen 209; ähnlich: ders., ZNW 30, 5.

[48]   Vgl. dazu u. Kap. XXI.

[49]   Vgl. hierzu: Hess, Serdica 26ff.; u. unten Kap. XXI.

[50]   Hess, Serdica 29.

[51]   Ders., Le règlement.

[52]   Ders., Rechtsgang 48f.

[53]   Ders., Reichsparlamente.

[54]   Vgl. oben Kap.: XVI 4.

[55]   Sardica 31-35.

[56]   A.a.O., 40.

So sind die serdizensischen Bestimmungen in einer Publikationsform überliefert *(Protokollstil)*, die uns ansonsten nur noch bei den africanischen Synoden »*sub Grato*« (345/8) und »*sub Genetlio*« (390) begegnet und die in Africa
mit dem sog. Breviarium Hipponense von 397 ihr Ende findet.[57] Es handelt
sich hierbei in der Tat um »a rudimentary stage of canonical preservation«[58],
und man mag sich fragen, wieso ausgerechnet die Beschlüsse dieser Reichssynode nicht in jene Form gebracht wurden, die man mit *Hess* »Placuit-Form«
nennen könnte[59] und die für die meisten anderen Synodalbestimmungen
dieses Jahrhunderts typisch ist.[60]

E.Schwartz hat »afrikanischen Einfluß« geltend gemacht[61]. Tatsächlich
publiziert Bischof Gratus von Karthago, der sich auf der dortigen Synode von
345/8 an ein serdizensisches *statutum* erinnert[62], die Beschlüsse seiner Synode
in derselben Gestalt. Der Hinweis auf die von den anderen Synoden des
Jahrhunderts praktizierte Publikationsform verliert freilich an Gewicht, wenn
man sich klar macht, daß im Jahre 342 im Westen von den östlichen Synoden
allein die nizänischen Beschlüsse vorlagen und es m.E. eher eine offene Frage
ist, ob die Beschlüsse von Elvira bereits in der uns überlieferten Gestalt
existierten. Dann blieben allein die Beschlüsse von Arles in »Placuit-Form«
übrig. So muß man wohl schließen, daß der in Serdika praktizierte Protokollstil nicht auf ein Versehen oder Versäumnis des Ossius zurückgeht, der die
Endredaktion versäumt hat[63], sondern daß es sich hier um eine gleichberech-
tigte, im Jahre 342 im Westen noch gängige, und anscheinend auch die älteste
Publikationsform von Synodalbeschlüssen handelt. Jedenfalls hat die africanische Kirche auch nach dem Jahre 397 ihre älteren Bestimmungen nie in
die »Placuit-Form« gebracht, sondern immer im Protokollstil zitiert.[64]

---

[57] Vgl. unten Kap. XXI 3.

[58] Hess, Sardica 35.

[59] A.a.O, 36; also die von Schwartz »Form der Verordnung« genannte Gestalt.

[60] Hess, a.a.O., verweist auf die Synoden von Elvira, Arles, Valence, Nimes, Toledo
(400), Turin (401), Carthago (401), Ankyra, Nizäa, Antiochien und Konstantinopel
(381).

[61] Ders., Kanonessammlungen 240f.

[62] Also ohne den Kanon-Begriff zu verwenden oder mit einer bestimmten Ordnungszahl
als »can. sowieso« zu zitieren, vgl: ConcAfr 6,103ff. Es handelt sich dabei wohl um
can.18.19. Gratus gehört zwar zu den africanischen Bischöfen, die den Anathematismus
des Serdicense später beigetreten sind, und findet sich so inmitten der Subskriptionen
unter dem Synodalschreiben der Occidentalen bei Athanasius (Apol.sec.49,2 = Opitz
II 127 Nr.114), gehörte aber nicht zu den Teilnehmern, wie anscheinend überhaupt
keine Africaner teilgenommen haben (Turner, EOMIA I 545-560.560).

[63] So: Hess, Sardica 41.

[64] S.u. Kap. XXI.

4. ZUM KANON-BEGRIFF DER IN SERDIKA AUFEINANDERTREF-
FENDEN PARTEIEN

a) »Kanones«, Synodalbriefe und weitere Synodaldokumente

Fragt man nun nach dem Verständnis des »Kanonischen« der in Serdika sich gegenseitig Anathematisierenden, so sind zuerst die *Kanones* selbst in den Blick zu nehmen. Eine Analyse des Wortlautes ergibt, daß weder der lateinische noch der griechische Text an irgendeiner Stelle den Kanon-Begriff verwenden und auch die Beschlüsse von den Wortführern der Verhandlungen nirgends *Kanones* genannt werden.

> Vielmehr begegnet uns wiederum die bekannte *Synodalterminologie*. So werden im lateinischen Text die Beschlüsse der Synode *sententia* [65], *constitutio* [66] und *statutum* [67] genannt und die entsprechende Tätigkeit der Synodalen mit den Verben *placere (placet)* [68], *decernere (decretum)* [69], *constituere* [70], *statuere* [71] und *definire* [72] bezeichnet. Entsprechend redet der griechische Text von ἀπόφασις[73], ὅρος[74], τὰ ὁρισθέντα[75] und δια-τύπωσις[76]. Für *placet/placuit* steht ἀρέσκει/ἤρεσεν[77]; das beherrschende Verb ist ὁρίζειν[78].

aa) Zum Synodalbrief und den anderen Synodaldokumenten der Okzidentalen

Auch im *Synodalbrief der Okzidentalen*[79] wird man für unsere Fragestellung nicht eigentlich fündig. Dies könnte einmal damit zusammenhängen, daß dieses Schreiben »*ad uniuersas ecclesias*« die kirchenrechtlichen Entscheidun-

---

[65] Turner, EOMIA I 457,32; 464,36; 471,34; 481,33; 483,9.

[66] A.a.O., 471,37.

[67] A.a.O., 474,2; 479,14.

[68] A.a.O., 453,13.18; 455,15.17; 456,17; 457,28.30. u.ö.

[69] A.a.O., 457,27; 464,27; 465,3; 471,41.

[70] A.a.O., 476,30; 483,11; 485,10.

[71] A.a.O., 482,2.

[72] A.a.O., 475,19.

[73] Joannou, CSP 163,23.

[74] A.a.O., 182,16f.; 183,19.

[75] A.a.O., 186,19f.

[76] A.a.O., 178,10.

[77] A.a.O., 160,19; 161,21; 167,22f. u.ö.

[78] A.a.O., 170,5.21; 188,23; 175,7; 176,3.21; 177,8; 182,5.

[79] CPG 8560; bei Hilarius, Coll.antiar.Paris. B II 1 (ed. Feder, CSEL 65, 103-126). Die griechische Fassung bei Ath., Apol.sec.42-49 (Opitz II 119-132); eine weitere griechische Fassung bei Theodoret, H.e. II 8,1-52. Schwartz, Serdika 1ff., und Opitz (II 119,

gen der Synode überhaupt mit keinem Wort erwähnt, sondern allein an der
Mitteilung der Absetzung, Exkommunikation und Anathematisierung der
Häupter der Orientalen und der Rechtfertigung dieses Schrittes interessiert ist.
Man wird vermuten dürfen, daß die Verhandlungen über die »Kanones« bei
Abfassung des Schreibens noch gar nicht aufgenommen waren, sondern der
Brief nach dem Scheitern des gemeinsamen Zusammentretens zu Tagesord-
nungspunkt 1 und 2 sofort aufgesetzt und versandt wurde.

Aber auch in seiner Gedankenführung bietet der Brief im Gegensatz zu der
epistula synodalis der Orientalen (s.u.) keinerlei theologische Argumentationen oder Begründungen, in denen die einschlägigen Begriffe κανών/ *regula,*
ius, lex, traditio oder *consuetudo* eine Rolle spielen würden. Die gesamte
Argumentation zur Rechtfertigung der Anathematisierung läßt sich eigentlich auf die wiederholten Aussagen reduzieren: sie sind Arianer[80]; alle
Anschuldigungen gegen Athanasius, Markell und Asklepas von Gaza sind
erlogen und Verleumdungen[81]; ihre Verweigerung der Teilnahme ist ein
offenes Geständnis ihrer Schuld und nur als Flucht zu verstehen.[82] So hat
das westliche Serdicense sich in dieser Phase als *iudicium* verstanden und
seine Entscheidung auch entsprechend sprachlich eingeführt: *iudicauimus.*[83]
Gerade einem solchen *iudicium* (κρίσις) unter Beteiligung der von ihnen
zuvor Verurteilten wollten sich die Orientalen nicht beugen.[84]

Auch in den restlichen *Synodaldokumenten* des westlichen Serdicense spielen die »Kanones« und auch der Kanon-Begriff keine Rolle.[85] Dies schließt

---

Anm.) nehmen auch hier Latein als Originalsprache an. I.Gelzer, Das Rundschreiben,
a.a.O., u. schon früher A.L.Feder, Studien I 83-88, plädierten für Griechisch als
Originalsprache.

[80] *Arriani heretici; heresis Ariomanitarum* (CSEL 65,103,5; III,11; Ἀρειομανῖται (Opitz
II 119,7).

[81] CSEL 65, 113-118.

[82] A.a.O., 107-109 (Kap.2f.).

[83] A.a.O., 124,4; Apol.sec.47,4 (Opitz II 123,12): ἐκρίναμεν. Vgl. auch CSEL 65, 107,7.9:
timuerunt uenire ad iudicium.

[84] Vgl.: Girardet, Kaisergericht 113ff.

[85] Vgl. die Schreiben an Kaiser Konstantin (CPG 8569), an die Bischöfe von Ägypten
und Libyen (CPG 8563), an die Kirchen in der Mareotis (CPG 8565) sowie den Brief
von Ossius und Protogenes an Julius (CPG 8566). Allein der Synodalbrief an Papst
Julius (CPG 8564), der den Legaten bei ihrer Rückkehr mitgegeben worden war, und
dem alle Synodalbeschlüsse und Akten beigefügt waren, erwähnt implizit auch die
»Kanones«, benutzt aber nirgends den Kanon-Begriff: »*quoniam ergo uniuersa, quae
gesta sunt, quae constituta, et chartae continent...*«; »*quae acta sunt et quae
definita*« (CSEL 65, 126-139. 127,6ff.; 130,6). Vgl. dazu: Feder, Studien zu Hilarius von
Poitiers I 88f.

auch die von beiden Teilsynoden für die folgenden 50 bzw. 30 Jahre beschlossenen und divergierenden Berechnungen des Ostertermins ein.[86]

ab) Zum Synodalbrief der Orientalen

Das nur lateinisch erhaltene *Synodalschreiben der Orientalen*[87] beruft sich demgegenüber für die östlichen Gerichtsurteile und auch das eigene Verhalten in Serdika mehrfach auf den κανὼν ἐκκλησιαστικός.

H.Chr.Brennecke hat darauf hingewiesen, daß besonders der Aufbau dieses Briefes die Interpretation des 1. Tagesordnungspunktes *de sancta fide* auf die Verhandlung der Lehre Markells bestätigt:

> »Zunächst geht es um den wahren Glauben der orientalischen Bischöfe (Kap.1)«[88] »und um die Ketzerei des Markell ... (Kap.2-5)«[89]. »Anschließend werden die anhängigen Personalfälle ... verhandelt (Kap.6-10)«[90] »und erst danach die Frage der Rezeption von Synodalurteilen bzw. das Problem der Appellation« (Kap.11-13), »bevor die Bischöfe zum Bericht über die Vorkommnisse auf der Synode selbst kommen (Kap.14ff.).[91]

Dies soll hier nun nicht in Frage gestellt werden. Zu präzisieren wäre aber m.E., daß es in Kap.1 nicht »um den Glauben der orientalischen Bischöfe« allein im Sinne von Tagesordnungspunkt 1 geht, so daß man Kap.1 mit Kap.2-5 nicht zu exklusiv aufeinander beziehen sollte. Denn die Orientalen machen als Grundlage ihrer gesamten Ausführungen zu allen Tagesordnungspunkten in Kap.1 deutlich, daß für sie die Auseinandersetzung um die »fides« nicht isoliert im Vordergrund steht, sondern die Frage der bischöflichen Lebens- und Amtsführung davon nicht zu trennen ist. So steht für sie als bischöfliche Aufgabe die Wahrung der Einheit des Geistes und des Bandes der Liebe *per fidem rectam* unmittelbar neben der Wahrung einer *uita immaculata*.[92] Und so formulieren sie als zweites fundamentales Anliegen die feste Einhaltung der *ecclesiae regula*, der *sanctaque parentum traditio atque iudicia* und schließlich der von den Aposteln befohlenen *sancta praecepta*. Inhaltlich beziehen sich

---

[86]   Vgl.: CPG 8574; dazu: Hefele-Leclercq I,2, 804ff.; Schwartz, Ostertafeln 121-125; M.Richard, Comput 324; Joannou, Ostkirche 92.

[87]   CPG 8572; bei: Hilarius, Coll.antiar.Paris. A IV 1 (ed. Feder: CSEL 65, 48-73). Vgl. dazu: Feder, Studien I 67-74. Feder (73f.) rechnet mit der Möglichkeit, daß die orientalische Synode die lateinische Übersetzung selbst anfertigte und an die abendländischen Kirchen sandte. Weiter: Girardet, Kaisergericht 112ff.; Brennecke, Hilarius 32-38.

[88]   CSEL 65, 49,8-21.

[89]   A.a.O., 49,22-53.

[90]   A.a.O., 53,12-56,15.

[91]   Brennecke, Hilarius 32f.

[92]   CSEL 65, 49,8-14.

diese Äußerungen darauf, daß »nicht durch neu aufkommende Häresien und verkehrte Traditionen, vor allem *(maxime)* bei der Einsetzung und Absetzung von Bischöfen, Verwirrung gestiftet werden soll«, also auf die Lehre Markells und den »Fall« des Athanasius.[93]

Hinter der Wendung *ecclesiae regula* hat man im griechischen Original κανὼν τῆς ἐκκλησίας anzunehmen. Der Kontext macht deutlich, daß es sich bei diesem *Kanon* um die für den Glauben und für das kirchliche Leben und seine Ordnung gesamtkirchlich normativen Bestandteile der Überlieferung der Väter handelt. »*Maxime*« – denn darum geht es in diesem Konflikt – gehört dazu hinsichtlich der kirchlichen Ordnung nach dem Verständnis der Orientalen auch das Procedere, wie Bischofseinsetzungen und -absetzungen vorzunehmen sind.

Der Begriff *ecclesiae regula* ist hier also nicht im gängigen Sinn der *regula fidei* zu interpretieren, sondern im Sinne des κανὼν ἐκκλησιαστικός, so daß in *Kap.1* das gesamte Anliegen der Orientalen hinsichtlich Glaube, Lebensführung und grundlegenden Verfassungsfragen in der Verantwortung vor der Tradition der Väter und dem Gebot der Apostel thematisiert wird.

Im Zusammenhang der Schilderung der *causa Athanasii* wird der griechische Begriff κανὼν τῆς ἐκκλησίας in der lateinischen Übersetzung nun auch als *canon ecclesiae* wiedergegeben. Gemeint sind hiermit die kirchlichen Normen der bischöflichen Amts- und Lebensführung, die von denen geschützt werden, die den Übeltäter Athanasius als »*sacrilegus in deum, in mysteria sacra profanus, in basilicae demolitione uiolentus, in episcoporum exitiis innocentiumque fratrum persecutione horrendus*« zurecht verurteilt und exiliert hätten.[94] Der Begriff bildet hier eine Einheit mit *auctoritas legis* und *apostolorum sancta traditio*.[95]

Schließlich berufen sich die Orientalen mehrfach auf den κανὼν ἐκκλησιαστικός in ihrem Protest gegen die Ablehnung der Forderung, die von ihnen Verurteilten vorerst von der Verhandlung in Serdika auszuschließen (Kap.15)

> *Uerum nos tenentes* ecclesiasticae regulae disciplinam *et uolentes miseros in aliquantulum iuuare mandauimus illis, qui cum Protogene et Ossio fuerunt, ut de suo coetu damnatos excluderent neque peccatoribus communicarent; ...at illi contra haec resistebant – qua ratione, nescimus.*

---

[93] A.a.O., 49,14-21: *secundum, ut ecclesiae regula sanctaque parentum traditio atque iudicia in perpetuum firma solidaque permaneant nec nouis emergentibus sectis traditionibusque peruersis, maxime in constituendis episcopis uel in exponendis, aliquando turbetur, quominus teneat euangelica atque sancta praecepta et quae sanctis et beatissimis apostolis iussa sunt et maioribus nostris atque a nobis ipsis in hodiernum usque seruata sunt et seruantur.*

[94] CSEL 65, 54,17-23.

[95] A.a.O., 21ff.: *ab omnibus episcopis in reiciendis malis seruatur auctoritas legis, canon ecclesiae et apostolorum sancta traditio.*

His itaque communicare nefas duximus neque cum profanis uoluimus sancta domini sacramenta miscere seruantes et tenentes ecclesiasticae <regulae> disciplinam.[96]

An der zweiten Stelle hat *Feder* in Parallele zur ersten »*regulae*« m.E. korrekt konjiziert. Beidemal fällt nämlich auf, daß die dahinterstehende Wendung κανών ἐκκλησιαστικός nicht allein mit *regula ecclesiastica* übersetzt wird, sondern unter Hinzufügung von *disciplina* als *disciplina regulae ecclesiasticae*. Die Analyse der ältesten lateinischen Übersetzung der nizänischen Kanones wird deutlich machen[97], daß hinter *disciplina* kein weiterer griechischer Begriff zu suchen ist. Vielmehr scheint die lateinische Wendung *regula ecclesiastica* nicht präzise dem griechischen κανών ἐκκλησιαστικός zu entsprechen, so daß *disciplina* hinzugefügt wird, um die Aussage des Originals genau zu treffen. Der Grund ist m.E. darin zu suchen, daß dem lateinischen Begriff *regula* eine Tendenz ins Spekulativ-Lehrhafte innewohnt[98], die hier durch *disciplina* korrigiert werden soll. Der κανών ἐκκλησιαστικός, die in der Kirche geltende Norm, auf die sich die Orientalen berufen, ist im apostolischen Verbot der kirchlichen Gemeinschaft mit schweren Sündern zu erblicken (1 Kor 5,9-13; Tit 3,10; 2 Joh 10f.). An Synodalbeschlüsse, die hier eigens eingeschärft würden, braucht man m.E. nicht zu denken.

Die Okzidentalen betrachten nun aber seit der römischen Synode von 341 die im Osten Exkommunizierten nicht mehr als solche. Dies führt zu der grundlegenden Kontroverse über die Möglichkeit oder Unmöglichkeit der *Annullierung eines Synodalurteils* durch eine andere Synode. Für die Orientalen ist diese Praxis unannehmbar, und sie protestieren dagegen nachdrücklich in den Kap.12.17.26f. Sie sehen darin einen Verstoß gegen die *lex* und die *iura diuina*.[99] Es sei eine Verletzung *caelestium legum* und die Einführung einer *noua lex*, wenn sich eine Synode zum Richter über Richter erhebe und die östlichen Bischöfe nun von den westlichen gerichtet würden.[100] Demgegenüber sei es eine *uetus consuetudo*, daß Synodalurteile in Ost und West wechselseitig rezipiert würden.[101] Die Orientalen berufen sich dafür auf die im

---

[96] A.a.O., 58,14-17.22f; 59, 1ff.

[97] S.u. Kap. XXI 5 b).

[98] Vgl. dazu oben Kap. VI 6.8.; unten Kap. XXI 8 b).

[99] A.a.O., 59,10ff.: *Uerum nos iterum illos atque iterum rogabamus, ne firma solidaque concuterent, ne subuerterent legem nec iura diuina turbarent, ne cuncta confunderent atque traditionem ecclesiae...*; vgl. auch: 65,8f.

[100] A.a.O., 57,12f: *nouam legem introducere putauerunt, ut Orientales episcopi ab Occidentalibus iudicarentur;* vgl.: 59,21f.

[101] A.a.O., 65,9-13: *propterea hanc nouitatem moliebantur inducere, quam horret uetus consuetudo ecclesiae, ut, in concilio Orientales episcopi quidquid forte statuissent, ab episcopis Occidentalibus refricaretur, similiter et, quidquid Occidentalium partium episcopi, ab Orientalibus solueretur.*

Osten rezipierten römischen Urteile über Novatian, Sabellius und Valentinus
sowie auf das im Westen rezipierte Urteil über Paul von Samosata.[102]

Bevor sie schließlich zur nochmaligen Anathematisierung der von ihnen
Verurteilten und zusätzlich auch von Julius, Ossius, Protogenes von Serdika,
Gaudentius und Maximinus von Trier schreiten, werden diese alle zusammengefaßt als solche, »*qui uolebant ecclesiae catholicae regulam sua prauitate
turbare*«.[103] Die letzteren werden anthematisiert »*secundum antiquissimam legem
ut auctores communionis Marcelli et Athanasi ceterorumque sceleratorum*«.[104]
Julius als »*princeps et dux malorum*« darüber hinaus noch, weil er »*ceterisque
aditum fecit ad soluenda iura diuina*«[105].

Der Kanon-Begriff in der lateinischen Übersetzung *ecclesiae regula, canon
ecclesiae* und *regulae ecclesiasticae disciplina* begegnet uns also im Synodalschreiben der Orientalen als zentraler kirchlicher Normbegriff, der das Gesamte des kirchlich Maßgeblichen und für die kirchliche Gemeinschaft Verbindlichen umfaßt. Dazu gehören und werden wegen des vorliegenden Konfliktes
besonders angesprochen die Verfahrensfragen der Ein- und Absetzung von
Bischöfen, die Maßgaben für die bischöfliche Lebens- und Amtsführung, die
Verweigerung kirchlicher Gemeinschaft mit Exkommunizierten und die verbindliche gegenseitige Rezeption synodaler Gerichtsurteile in der gesamten
Kirche. Bei letzterem fällt auf, daß nach dem lateinischen Wortlaut in den
theologischen Begründungen hierfür der Kanon-Begriff anscheinend nicht
gebraucht wird, sondern von *lex, iura divina* und *vetus consuetudo* die Rede ist.
Dies ist m.E. bemerkenswert, nachdem gerade hierin die entscheidende
Kontroversfrage besteht, auf der der gesamte Konflikt beruht. *K.M.Girardet*
hat diesen Dissens so auf den Punkt gebracht:

> »Der tatsächliche Gegensatz zwischen den beiden Gruppen ist aber, abge-
> sehen von theologischen Problemen, rechtlicher Natur. Es geht um eine
> kirchliche Rechtsfrage von fundamentaler Bedeutung: sollte ein synodales
> Urteil, der Spruch des heiligen Geistes, weiterhin wie seit den Anfängen der
> Kirche unauflöslich sein, es sei denn, der Exkommunizierte tut Buße bzw.
> ... die Richter willigen in eine Neuverhandlung ein, – oder sollte die
> Gültigkeit ... des Urteils von der Rezeption abhängen, sollte also jetzt im
> konkreten Fall der Westen orientalische Entscheidungen aufheben dürfen,
> ohne daß die damaligen Richter dabei mitsprechen, wie es durch das
> Präjudiz in Serdika geschehen war?«[106]

---

[102] A.a.O., 65,16-19.
[103] A.a.O., 65,27f.
[104] A.a.O., 66,2f.
[105] A.a.O., 66,12ff.
[106] Girardet, Kaisergericht 116.

Die hier von *Girardet* vorgenommene Wertung der orientalischen Haltung hat viel Zustimmung erfahren[107]. Die rechtlichen Grundlagen der Haltung der Orientalen und der Okzidentalen sollen deshalb im folgenden noch einmal weiter ausholend in Hinsicht auf die dortige Verwendung des Kanon-Begriffes in den Blick genommen werden. Zum Synodalbrief der »Eusebianer« ist jedenfalls vorerst festzuhalten, daß an dem entscheidenden Kontroverspunkt keine Berufung auf Synodalbeschlüsse erfolgt, die »Kanones« genannt werden, sondern auf das ἔθος παλαιόν, die συνήθεια und die θεῖοι νόμοι rekurriert wird.

b) Der Brief von Papst Julius an die Orientalen vom Jahre 341

Um weiter ausholen zu können, empfiehlt es sich, zeitlich zurückzublicken und auch noch das *Antwortschreiben*[108] von Papst Julius (337-352) an die Orientalen vom Jahre 341 auf deren Absage einer Teilnahme an der römischen Synode und die damit verbundenen Ereignisse zu überprüfen.

> Der Juliusbrief ist »das früheste im Wortlaut erhaltene ausführliche Schreiben eines römischen Bischofs«[109] und hat bekanntlich häufig im Mittelpunkt historischen Interesses gestanden.[110] Die Fragestellung war dabei meist auf das Selbstverständnis des römischen Bischofs und dessen »Primat« bzw. die Autonomie der Kirchen gerichtet. Dies ist hier nicht zu wiederholen. Zu überprüfen ist aber – das leistet auch die ausführliche Analyse von *Girardet* nicht –, inwiefern das sich in dem Schreiben dokumentierende kirchliche Rechtsverständnis beider Seiten einem bestimmten Kanon-Begriff korrespondiert.

ba) Julius' erstes Argument: Berufung auf die »apostolischen Kanones«
Nach dem Eintreffen von Athanasius und Markell in Rom (s.o.) hatte Julius Legaten mit einem Einladungsschreiben zu einer Synode in Rom nach

---

[107] Vgl. z.B.: Brennecke, Hilarius 34.42.: »Für diese Form der Annullierung eines Synodalurteils durch eine andere Synode gab es bisher keinerlei rechtliche Grundlage, sie war daher für die Orientalen unannehmbar.« »Mit can.III schufen sich die Okzidentalen erst nachträglich die notwendige Rechtsgrundlage für ihre vorherige Außerkraftsetzung der orientalischen Synodalbeschlüsse.«

[108] CPG [8555] 2123.2; Jaffé, Nr. 186. Das Schreiben ist erhalten allein bei Ath., Apol. sec. 21-35 (Opitz II 102-113).

[109] Caspar I 142.

[110] Vgl. z.B.: Caspar I 142-154; Joannou, Ostkirche 66-70; Girardet, Kaisergericht 80-105; Sieben, Konzilsidee 31-34; Wojtowytsch, Papsttum und Konzile 99-105; L.W.Barnard, Apologia secunda 55-75 (ohne Verarbeitung von Girardet). Zu den widersprechenden Beurteilungen, die der Brief schon früher erfahren hatte, vgl. Caspar I 152ff.

Antiochien gesandt und mitgeteilt, daß auf dieser Synode die Synodalurteile von Tyrus und Konstantinopel einer Überprüfung unterzogen werden sollten.[111] Es dauerte bald ein Jahr, daß die Legaten am Orontes hingehalten wurden, bis schließlich die sog. Encaeniensynode zusammentrat und ihnen die abschlägige Antwort an Julius mitgab.

Es war klar, daß für die »Eusebianer« »mit der Vertreibung des Athanasius und der Neubesetzung des alexandrinischen Thronos der Streit entschieden (war); eine neue Verhandlung auf einer Synode konnte die Situation nur verschlechtern«.[112] Beide Briefe – Einladung und Absage – sind nicht erhalten. Lediglich eine Notiz bei Sozomenos[113] und die im Juliusbrief zitierten Argumente[114] der Orientalen lassen Rückschlüsse auf deren Antwort und den Tenor des Einladungsschreibens zu. E.Schwartz urteilte von der Antwort der Orientalen her, daß das römische Einladungsschreiben »nur dem Scheine nach zu einer Synode auf(forderte); es war grob und hochmütig gehalten, daß es die Ablehnung provozieren mußte.«[115] Und die in dem Brief offensichtlich enthaltene Angabe eines Termins[116], zu dem die Synode in Rom abgehalten werden sollte, läßt Girardet stets von »Vorladung« oder »Vorladungsschreiben« sprechen.[117] In dieser Bezeichnung spiegelt sich natürlich die Sicht der Orientalen und die in ihrer Antwort geäußerte Ablehnung der ihres Erachtens in der Einladung liegenden Anmaßung. Julius dagegen hat seine Einladung wohl eher als eine bittende Aufforderung verstanden. Er benutzt jedenfalls, wenn er darauf zu sprechen kommt, durchweg das Verb προτρέπειν. So fragt er seine Adressaten gleich eingangs, ob sie sich etwa gekränkt fühlen, »weil wir (euch) flehentlich gebeten haben, euch zur Synode einzufinden«.[118] Anscheinend hatte Julius mit der »Fürsorglichkeit« (φιλοτιμία) allen anderen Kirchen gegenüber als hergebrachtem Selbstverständnis der römischen Gemeinde argumentiert und auf die Bedeutung der Stadt als »ἀποστόλων φροντιστήριον« und »εὐσεβείας μητρόπολις« verwiesen, während die Orientalen mit Ironie und Empörung darauf reagierten, weil sie sich durch das Vorgehen insgesamt auf einen nachgeordneten Rang, an die zweite Stelle (τὰ δευτερεῖα) versetzt sahen.[119]

---

[111] Vgl. hierzu: E.Schwartz, GS III 296ff.; Girardet, Kaisergericht 80ff.

[112] E.Schwartz, GS III 296.

[113] H.e. III 8,3ff.(Bidez-Hansen 110f.)

[114] Alle so zu erhebenden Angaben wurden von E.Schwartz (GS III 297-300) zusammengestellt.

[115] A.a.O., 296.

[116] Soz., H.e. III 8 (Bidez-Hansen 111).

[117] Girardet, Kaisergericht 86.88.89 u. passim.

[118] Ath., Apol.sec.22,1 (Opitz II 103,20): Ἦ ὅτι προετρεψάμεθα εἰς σύνοδον ἀπαντῆσαι; Vgl. auch 104,37ff.; 111,30ff.

[119] Dies ergibt sich aus Soz., H.e. III 8,5. Vgl. dazu im einzelnen den Exkurs bei Girardet, Kaisergericht 157-162.

Begrifflich scheint die Empörung ihren Höhepunkt in dem mehrfach geäußerten Vorwurf zu finden, daß des römischen Bischofs Weigerung, die östlichen Synodalurteile anzuerkennen, einen Verstoß gegen die *Kanones* und deren Auflösung bedeute.[120] Und so stellen sie in Aussicht: Wenn Julius ihrem Urteil nicht zustimme und Gregorios als Nachfolger des Athanasius in Alexandrien nicht anerkenne, werde er ebenfalls exkommuniziert.[121] Dabei beriefen sie sich – wie dann in ihrem Synodalbrief (s.o.) – auf Novatian und Paul von Samosata als Beispiele der Vergangenheit für die bindende Norm der gegenseitigen Anerkennung von Synodalurteilen in Ost und West.[122]

Man wird sich klarmachen müssen, daß es tatsächlich »zum ersten Mal in der Geschichte der Kirche (war), daß Bischöfe, die auf orientalischen Synoden exkommuniziert worden waren, von einem westlichen Bischofsgericht die Aufhebung der Urteile erwarteten«.[123] Ob man aber das Urteil der Orientalen mit *Girardet* übernehmen soll, und Julius tatsächlich vorzuwerfen ist, daß er »sowohl die kanonische Ordnung als auch die Tradition (durchbricht)«[124], bleibt erst einmal abzuwarten.

Julius bringt gleich eingangs sein Bedauern über die Interpretation seines Vorhabens durch die Adressaten zum Ausdruck, verwahrt sich gegen die Ironie in deren Antwort[125] und verweist darauf, daß es in kirchlichen Angelegenheiten nicht um »Wortklauberein« gehe, sondern um *apostolische Kanones* (κανόνες ἀποστολικοί) und die ernsthafte Sorge, keinem auch nur der geringsten Brüder ein Ärgernis zu geben.[126] Es schließt sich das direkte Zitat von *Mt 18,6* an. Man wird beachten müssen, daß diese Perikope die Antwort Jesu darstellt auf die Frage der Jünger, wer denn der Größte im Himmelreich sei (Mt 18,1). Julius transzendiert also geschickt und theologisch angemessen das Argumentieren der Orientalen mit Erwägungen zur Rangordnung von Kirchen und Synoden mit dem Verweis auf die Lehre des Herrn über Vorrang und Größe im Reich Gottes. Die Antwort Jesu hierzu wird im Sinne der in der Kirche maßgeblichen apostolischen Überlieferung den für alles kirchliche Leben grundlegenden apostolischen Normen, den »apostolischen Kanones«[127] zugeordnet.

---

[120] Apol.sec.29,3 (Opitz II 108,34f.): καὶ ὅμως μετὰ τοσαῦτα ὑμεῖς ὡς »παρὰ κανόνας ποιήσαντας« ἡμᾶς ἐμέμψασθε; 30,4 (109,30f.): τούς »παραλύοντας τοὺς κανόνας«.

[121] Soz., H.e. III 8,7 (Bidez-Hansen 111,18-21).

[122] Ath., Apol.sec.25,1 (Opitz II 105,26f.).

[123] Girardet, Kaisergericht 87.

[124] A.a.O., 86.

[125] Apol.sec.21,3 (Opitz II 103,1ff.).

[126] A.a.O., 21,5 (103,11ff.): 'Εν γὰρ τοῖς ἐκκλησιαστικοῖς οὐ λόγων ἐπίδειξίς ἐστιν, ἀλλὰ κανόνες ἀποστολικοὶ καὶ σπουδὴ τοῦ μὴ σκανδαλίζειν ἕνα τῶν μικρῶν τῶν ἐν τῇ ἐκκλησίᾳ.

[127] Jeder Gedanke an die Kanones der Apostolischen Konstitutionen wäre abwegig.

Die *erste* inhaltliche Einlassung, mit der Julius also auf die Vorwürfe der Orientalen und namentlich den, die Kanones aufzulösen, reagiert, ist der Verweis auf die Maßgaben der Apostel und das Gebot Jesu. In diesem Zusammenhang verwendet er erstmals in seinem Schreiben den Kanon-Begriff. Man wird dies für das Verständnis des gesamten Schreibens nicht einfach übergehen können.[128]

bb) Julius' zweites Argument: can.5 von Nizäa – Bedeutung und Berechtigung

Das *zweite Argument* gleich nach dem Verweis auf Apostel und Evangelium stellt die Berufung auf die »*große Synode von Nizäa*« dar:

> »Aus diesem Grunde auch haben die zu der Großen Synode in Nizäa zusammengetretenen Bischöfe (οἱ ἐν τῇ κατὰ Νίκαιαν μεγάλῃ συνόδῳ συνελθόντες ἐπίσκοποι) nicht ohne den Willen Gottes vereinbart (συνεχώρησαν), daß auf einer zweiten Synode das (Urteil) der ersten überprüft wird (ἐν ἑτέρᾳ συνόδῳ τὰ τῆς προτέρας ἐξετάζεσθαι), damit die Richter, die zweite Verhandlung vor Augen, die Untersuchung sorgfältig führen und die Angeklagten die Gewißheit haben, nicht wegen feindseliger Gesinnung (κατ' ἔχθραν) der ersten (Richter) verurteilt zu werden, sondern gemäß dem Recht. Wenn ihr dieses ἔθος παλαιόν, das von der Großen Synode in Erinnerung gerufen und schriftlich festgehalten wurde (μνημονευθὲν δὲ καὶ γραφὲν ἐν τῇ μεγάλῃ συνόδῳ) bei euch nicht gelten lassen wollt (ἰσχύειν), ist euer Einwand unsachgemäß; denn es ist nicht gerechtfertigt, daß von wenigen wieder aufgehoben wird, was einmal in der Kirche zur συνήθεια geworden und von Synoden bestätigt wurde (βεβαιωθέν)«.[129]

Julius beruft sich hier bekanntlich auf *can.5 von Nizäa*. Eine rechtliche Überprüfung der Berechtigung dieser Inanspruchnahme jener nizänischen Bestimmung sollte m.E. folgendes nicht übersehen.

Die Berufung auf den nizänischen Beschluß erfolgt ohne Verwendung des Kanon-Begriffes und auch ohne Angabe eines bestimmten, mit einer Ordnungszahl versehenen »Kanons«. Julius argumentiert also nicht eigentlich »kanonistisch«, und sagt nicht: »can.5 von Nizäa bestimmt, daß...«. Man wird sich angesichts seiner »Zitierweise«[130] m.E. fragen müssen, ob die nizänischen Beschlüsse für Julius überhaupt schon nach späterer Manier durchgezählt vorlagen oder nicht noch einen einheitlichen Beschlußtext darstellten.

---

[128] Dies tut Girardet; vgl. a.a.O., 89.

[129] Apol.sec.22,2 (103,23-27).

[130] Ähnlich »unkanonistisch« beruft sich Ossius in Serdika auf einen Beschluß der Synode von Elvira, vgl. oben Kap.: XVI 6.

Die Autorität, auf die er sich beruft, ist die gesamte Synode von Nizäa. Diese wird ihrer Selbstbezeichnung gemäß[131] als »die Große Synode« bezeichnet und damit von anderen Synoden terminologisch unterschieden. Was die Synodalen dort über die Möglichkeit der Überprüfbarkeit eines kirchlichen Exkommunikationsurteils durch eine andere Synode vereinbart haben, um eine ungerechte Verurteilung durch voreingenommene Richter auszuschließen, und worin der Ausdruck göttlichen Willens zu sehen sei, wird also sprachlich nicht von der dogmatischen Entscheidung von Nizäa abgesetzt, etwa nach dem Muster: hier ὅρος – dort κανών! Die Autorität der »Großen Synode« ist für Julius offensichtlich eine unteilbare.

Weiterhin hätten die Synodalen mit ihrer Entscheidung keine Neuerung in der Kirche eingeführt. Vielmehr handelt es sich dabei nach Julius um ein ἔθος παλαιόν und um eine seit alters bestehende συνήθεια. Und er macht an dieser Stelle deutlich, worin s.E. das Wesen einer solchen Synodalentscheidung besteht. Die Synode »ruft in Erinnerung«, was bereits als ἔθος παλαιόν in der Kirche Praxis war, aber aus gegebenem Anlaß wieder in Erinnerung gerufen werden muß, und hält es deshalb »schriftlich fest«. Synoden[132] »bestätigen« also lediglich, was in der Kirche bereits als συνήθεια praktiziert wird – wobei unausgesprochenermaßen natürlich als Selbstverständlichkeit gilt, daß solche συνήθεια in Übereinstimmung mit den »apostolischen Kanones« steht. Eine solche Entscheidung hat deshalb Rechtskraft. Sie kann nicht von einigen einfach abgelehnt werden. Wer sie nicht gelten lassen will, dessen Einwände sind deshalb nicht sachgemäß.

Zur allgemeinen Fixierung des ἔθος παλαιόν durch Synoden tritt nun in diesem Fall noch hinzu, daß es sich um eine Bestätigung durch »die Große Synode« handelt, die weiterhin »ἡ καθολικὴ σύνοδος« ist. Es sei völlig ausgeschlossen, daß »die ψῆφος der Dreihundert« von einigen wenigen einfach außer Kraft gesetzt werde.[133]

Es ist m.E. deutlich, daß es für Julius nicht nur in der Frage der *sancta fides* um das Concilium Nicaenum geht, sondern offensichtlich genauso bei den anderen Fragen, die dann in Serdika auf die Tagesordnung kommen. In dem Konflikt, der nach Serdika führt, ist die Bewahrung des Nicaenums aus der Sicht Roms und der römischen Synode in doppelter Weise in Gefahr, in der Glaubensfrage wie in der Frage kirchlicher Ordnung. Es geht in beiderlei Hinsicht um die »katholische« Geltung dieser Synode. Die bisherige Argumentation des Schreibens will also gleich am Anfang den Vorwurf entkräften,

---

[131] Vgl. z.B. die dortigen can.2.3.8.17: Joannou, CCO 25,12f.19f.; 30,6f.; 38,11f.

[132] Wegen des allgemeinen Charakters der Ausführungen über die Normativität von Synodalentscheidungen ist der Plural hier durchaus angemessen; gegen die Verwunderung von Girardet, a.a.O., 91.

[133] Apol.sec.25,1 (105,27f.): ἔδει μᾶλλον μὴ λυθῆναι τῶν τριακοσίων τὴν ψῆφον, ἔδει τὴν καθολικὴν σύνοδον ὑπὸ τῶν ὀλίγων μὴ ἀτιμασθῆναι.

man verletze die kanonische Ordnung. Dieser wird doppelt zurückgewiesen: zum einen mit dem Verweis auf die »apostolischen Kanones« und die Weisung des Herrn. Zum anderen mit der Berufung auf ἔθος παλαιόν und συνήθεια, wie sie von der »Großen Synode« bestätigt worden seien. Nur im ersten Fall wird der Kanon-Begriff verwendet.

Nun ist die Berufung auf den nizänischen Beschluß immer wieder als verfehlt beurteilt worden. Nachdem dies die gesamte Argumentation des Julius-Briefes konterkarieren würde, ist dieser Einwand zu prüfen. Besonders *E.Schwartz* hat dieses Monitum formuliert:

> »Kirchenrechtlichen Argumentationen des Eusebius weiß er (sc. Julius) nur einen nicaenischen Kanon entgegenzustellen, der bei näherem Zusehen auf die Kontoverse nicht angewandt werden konnte«. »Auf den Fall des Athanasius paßt der Kanon in keiner Weise; er handelt nur von Klerikern oder Laien, die von ihrem Bischof, nicht von Bischöfen, die von einer Synode exkommuniziert sind«.[134]

Tatsächlich bestimmt *can.5 von Nizäa*:

> »Bezüglich derer, die von den Bischöfen in einer jeden Provinz exkommuniziert worden sind – seien es Kleriker, seien es Laien –, soll der (Ex-kommunikations-) Beschluß Gültigkeit haben nach der Regel (κανών), daß die von den einen Ausgeschlossenen nicht von den anderen aufgenommen werden dürfen. Es ist aber zu überprüfen ('Εξετάζεσθω δέ), daß sie (sc.Kleriker und Laien) nicht durch Kleinlichkeit (μικροψυχία), Gehässigkeit (φιλονεικία) oder irgendeine derartige Abneigung ihres Bischofs (ἀηδίᾳ τοῦ ἐπισκόπου) aus der Kirche ausgestoßen werden. Damit dies die angemessene Prüfung erfahre (ἐξέτασιν), wurde für richtig befunden zu beschließen, daß in jeder Provinz zweimal jährlich Synoden stattfinden, damit solche Angelegenheiten, wenn alle Bischöfe der Provinz sich dazu versammelt haben, gemeinsam untersucht werden und so die, die aner-kanntermaßen (ὁμολογουμένως) ihrem Bischof ein Anstoß waren, endgültig von allen als exkommuniziert angesehen werden, und zwar so lange, bis es der Versammlung der (Provinz-) Bischöfe richtig erscheint, über sie eine mildere Entscheidung zu fällen«. Im weiteren werden die Termine der beiden Provinzsynoden festgelegt.[135]

Es ist nun der eingehenden Analyse von *Girardet* zu verdanken[136], daß der einfache Hinweis auf die nicht hundertprozentige Deckungsgleichheit des

---

[134] E.Schwartz, GS III 302; ebd. Anm. 2 (S.303). Wiederholt von: Opitz II 103 z.St.; Lietzmann, Geschichte III 187; Caspar I 149; Wojtowytsch, Papsttum und Konzile 100.

[135] Joannou, CCO 27f.

[136] Vgl. zum folgenden: ders., Appellatio 104-107; ders., Kaisergericht 89-91.

Wortlautes von can. 5 und seiner Beanspruchung durch Julius nicht ausreichen kann, deren Berechtigung in Frage zu stellen. Denn zum einen kann die Regelung im ersten Teil des Kanons sich »sowohl auf den Spruch des einzelnen Bischofs als auch auf den Spruch der Provinzsynode beziehen«.[137] Daß dabei im Wortlaut des Kanons Kleriker ohne Bischöfe im Blick sind, ist von geringem Gewicht gegenüber der kaum zu unterschätzenden Tatsache, daß diese Bestimmung wie »kein Kanon vorher oder nachher, von der ἐξέτασις eines kirchlichen Urteils durch ἕτεροι, von der traditionellen Praxis der Rezeption« spricht.[138] Das bedeutet: »Man hat also jetzt in Nicaea den Vorgang der Überprüfung des bischöflichen Urteils durch andere legalisiert und institutionalisiert, und zwar im Rahmen der Provinzeinheit.« Und daraus wiederum folgt: »Man hat in Nicaea die Tatsache legalisiert, daß die Gültigkeit eines bischöflichen Urteils in der Praxis ... von der Rezeption abhängig war.«[139] *Girardet* kommt deshalb zu dem zusammenfassenden Urteil:

> »Julius hat nun ein feines Gespür für die Tendenz in der Entwicklung der synodalen Gerichtsbarkeit bewiesen. Denn zwischen den beiden Erscheinungsformen der ecclesia, nämlich der Gemeindeversammlung und der Bischofsversammlung, besteht ursprünglich ebensowenig ein prinzipieller Unterschied wie zwischen den geistgewirkten Urteilen der beiden Einrichtungen; wenn also die ἐξέτασις in dem einen Bereich legalisiert war, so wird der andere Bereich auf Grund der engen gedanklichen Zuordnung der beiden durch eine solche Regelung in gleicher Weise mitbetroffen... Die Berufung des Julius auf Kanon V von Nicaea war also, entgegen der in der Forschung überwiegenden Auffassung, nichts weniger als illegitim.«[140]

Man wird zudem betonen müssen, daß der im nizänischen Beschluß beherrschende Gedanke die Vermeidung von Willkür und Unrecht im Zusammenhang von kirchlichen Gerichtsurteilen ist und nicht rechtstheoretische Erörterungen über die Stellung von Synoden und Bischöfen als Rechtsprinzipien. Genau dieses nizänische Anliegen steht für Julius im Vordergrund und wird von ihm deshalb auch gleich eingangs durch das Zitat von Mt 18,6 angesprochen. Daß die nizänische Bestimmung nicht eigentlich Bischöfe als Verurteilte im Blick hat und auf die Wiederaufnahme des Verfahrens vor Provinzialsynoden abhebt, hat natürlich auch Julius gewußt. Daß ihn dies an einer Berufung auf diese Entscheidung nicht hinderte, ist m.E. eher von daher zu verstehen, daß seine und der römischen Synode Berufung auf das in Nizäa Beschlossene nicht mit einer formaljuristischen Überprüfung des zutreffenden

---

[137] Girardet, Appellatio 104.
[138] Girardet, Kaisergericht 91.
[139] Beide Zitate: ders., Appellatio 105.106.
[140] A.a.O., 126.

Wortlautes einer *lex* als Rechtsgrundlage eines vorliegenden Falles zu verwechseln ist, weil die Maßgaben des κανών ἐκκλησιαστικός anscheinend nicht einfach nach dem Muster von *leges* anzuwenden sind.

bc) Die Problematik der Interpretation von *K.M.Girardet*

Girardet befrachtet seine Analyse nun allerdings mit folgender *Hypothese:*

> Can.5 ermögliche nicht nur die Appellation des Exkommunizierten an die Provinzsynode, sondern eine derartige Überprüfung jedes bischöflichen Urteils werde *obligatorisch* vorgeschrieben. Dies habe zu Folge, daß von »der altkirchlichen Idee« des Bischofs als *iudex vice Christi*, der für die ganze Kirche urteile und dessen Urteil, da alle Bischöfe den gleichen charismatischen Rang haben, prinzipiell inappellabel sei, in Nizäa eine Abkehr erfolge und eine »strukturelle Veränderung in der kirchlichen Verfassung, der Schritt gleichsam vom individualistischen zum kollegialischen Prinzip« festzustellen sei.[141]

Nun machen aber die *antiochenischen can.6 und 20*[142], die ja gegenüber Nizäa keine Neuerungen einführen wollen, sondern sich gerade an die nizänischen Horoi anschließen und sie fortschreiben wollen[143], schon deutlich, daß eine Überprüfung des Exkommunikationsurteils nur auf Antrag des Verurteilten vorgenommen werden soll. Man wird m.E. also eher urteilen müssen, daß man schon in Antiochien Nizäa so verstanden hat, was wohl auch aus praktischen Gründen naheliegt. Und genauso hat auch Serdika in can.11[144] die nizänische Bestimmung verstanden und für den Westen adaptiert, indem an die Stelle der dort meist nicht vorhandenen Provinzialsynode nun die Nachbarbischöfe treten. Es gibt m.E. keinen Grund zu der Annahme, daß in Serdika die antiochenischen »Regelungen übernommen« wurden im Sinne einer Korrektur des nizänischen Beschlusses.[145] Es ist keineswegs ausgemacht, daß die antiochenischen Kanones dem westlichen Serdicense vorlagen und dort zugrundegelegt wurden. Von einer Kenntnis dieser Kanones im Westen zu diesem Zeitpunkt ist uns nichts bekannt; man beruft sich allein auf die Synode von Nizäa. Jedenfalls ist *Girardet* zuzustimmen, daß hinsichtlich des gemeindegerichtlichen Urteils des einzelnen Bischofs zum Zeitpunkt des Serdicense »die Appellabilität bischöflicher Urteile in Ost und West gleichermaßen anerkannt (ist).«[146]

---

[141] A.a.O., 106.101f; vgl.: ders., Kaisergericht 98f.
[142] Auf die Girardet selbst verweist: Appellatio 108f.
[143] Vgl. oben: Kap. XIX 2.
[144] = Zählung Turner, vgl. EOMIA I 479f.
[145] So: Girardet, Appellatio 109.
[146] A.a.O., 110.

Das Problem der Interpretation *Girardets*, das dann auch zur These von »Übernahmen« und »Abhängigkeiten« führt, scheint mir aber der dort vertretene »Entwicklungsgedanke« zu sein. Grundlage und Ausgangspunkt seines Versuchs »die ideen- und rechtsgeschichtliche Entwicklung der appellatio gegen kirchliche – bischöfliche und synodale – Urteile nachzuzeichnen«[147], ist nämlich die Theorie von »der altkirchlichen Idee« des Bischofsamtes und seiner geistlichen Vollmacht, die sich ausschließlich auf die Sicht der Dinge bei *R.Sohm* beruft[148], der seinerseits dafür fast nur auf Ignatius und Cyprian verweist.[149]

Ist es in sich schon problematisch, von daher eine »altkirchliche Idee« zu postulieren und Entwicklungen nachzuzeichnen, so ist m.E. außerdem zu bedenken, daß für die Feststellung von »Entwicklungsstufen«[150] die dazu herangezogenen Synodalkanones der ersten Hälfte des 4. Jahrhunderts nicht als Bestandteil eines allgemein anerkannten Rechtscorpus zu betrachten sind und auch nicht in Kenntnis der jeweils früheren sukzessive entstanden sind oder allseits in Geltung gestanden hätten. Sie sind überdies nicht in einem legalistischen Sinn als der Kirche gültige »Gesetzestexte« einfach nebeneinanderzulegen, sondern als situativ bestimmte, auf konkrete Herausforderungen antwortende synodale Fixierungen des in der Kirche gültigen »Kanons« ganz in dem von Julius beschriebenen Sinne zu verstehen.

Wenn also hinsichtlich des »gemeindegerichtliche(n) Urteils des einzelnen Bischofs« die von *Girardet* herangezogenen can.53 von Elvira und can.17 von Arles[151] sich dagegen wehren, daß im Rahmen der öffentlichen Buße von Ortsbischöfen vollzogene Exkommunikationen nicht einfach von anderen Bischöfen wieder aufgehoben werden dürfen und nur unter Zustimmung des exkommunizierenden Bischofs wieder die Rekonziliation erfolgen kann, um die Einheitlichkeit kirchlichen Handelns zu wahren, dann ist m.E. daraus hinsichtlich der Appellation allein zu folgern, daß das Problem der willkürlichen und ungerechten Exkommunikation nicht der Anlaß ist, auf den diese Bestimmungen antworten wollen. Daß in einem solchen Fall aber die Appellation für die Synoden von Elvira und Arles eine undenkbare Möglichkeit darstellt[152], ist dagegen m.E. ein unzulässiger Schluß. Denn das Rechtsbewußtsein der Kirchen, die von den Synodalen in Elvira und Arles vertreten werden, speist sich ja nicht etwa aus den in den erhaltenen Synodalkanones

---

[147] A.a.O., 101.
[148] Vgl.: a.a.O., Anm.12-16.
[149] Vgl.: R.Sohm, Kirchenrecht I 196ff.; 216ff.; 223f.; 247ff.; 344-48.
[150] Girardet, Appellatio 107.
[151] Ders., Appellatio 101-111.102f.
[152] So Girardet, Appellatio 103: »Eine Appellation kann es noch nicht geben; denn das Festhalten an der altkirchlichen Idee der Gleichrangigkeit schließt die Einrichtung einer höheren Instanz aus.«

vorliegenden Bestimmungen, sondern findet dort nur gegenüber der konkreten Herausforderung, auf die sie antworten, seinen Niederschlag. Insofern sind auch die von *Girardet* selbst beigebrachten[153] Beispiele aus der kirchlichen Praxis dafür, daß bischöfliche und synodale Urteile nicht ohne weiteres rezipiert wurden, nicht als Bruch mit der »altkirchlichen Idee« zu interpretieren, sondern als wesentliche Ergänzung zum Verständnis des hinter den Synodalkanones stehenden kirchlichen Rechtsbewußtseins. So wird man sich hinsichtlich der gleich darzustellenden Argumentation der Orientalen über die Unaufhebbarkeit von Synodalurteilen schon vorweg zu vergegenwärtigen haben, daß ausgerechnet derselbe Euseb – damals noch Bischof von Nikomedien – beim Ausbruch des Streites um Arius nicht zögerte, dessen in Alexandrien synodal beschlossene Absetzung und Exkommunikation in Nikomedien synodal in Frage zu stellen, und sich dasselbe auch auf einer Synode in Palästina wiederholt hatte.[154]

bd) Zur Argumentation der Orientalen und die Deutung *K.M.Girardets*
Nun haben sich die *Orientalen* in ihrem Ablehnungsschreiben an Julius darauf berufen, daß jede Synode dieselbe Rechtskraft (ἰσχύς) habe, und die Richter entehrt würden, wenn ihr Urteil von anderen überprüft würde. Julius zitiert dieses Argument auch gleich[155] nach seiner Berufung auf Nizäa. In der Tat ist in der von den »Eusebianern« oft wiederholten These der prinzipiellen *Gleichrangigkeit von Synoden*, ihrer gleichen ἰσχύς, τιμή und der ἀτιμία der Richter im Falle der Appellatio und der sich aus allem ergebenen Inappellabilität von Synodalurteilen deren zentrales theologisches Argument zu erblicken. Wie ist diese Position nun angesichts des Selbstverständnisses früherer Synoden und der bis dahin existierenden Synodalkanones zu beurteilen? Mit *Sohm*[156] wird man sagen können, daß jedes bischöfliche Synodalgericht seinem Selbstverständnis nach das Urteil als *iudicium Christi* und Spruch des Hl.Geistes fällte. In diesem Sinne haben die Orientalen gewiß recht, wenn sie sagen, jede Synode hätte dieselbe ἰσχύς. Umstritten aber ist, ob dies auch bedeutet, daß »diese Auffassung ... seine Unaufhebbarkeit (sc. des Urteils) durch andere Synoden (begründet)«.[157] *Girardet* hat dies vertreten und sich darauf berufen, daß jede »Überprüfung und Aufhebung eines Synodalurteils ... durch eine andere Synode ... sowohl der formalen Logik als auch den Intentionen der altkirchlichen Idee (widerspricht)«.[158]

---

[153] Vgl.: a.a.O., 102.112.

[154] Vgl. dazu im einzelnen: Lietzmann, Geschichte III 97ff.

[155] Apol.sec.22,6 (Opitz II 104,18f.): ἀσάλευτον ἔχει τὴν ἰσχὺν ἑκάστη σύνοδος καὶ ἀτιμάζεται ὁ κρίνας ἐὰν παρ᾽ ἑτέρων ἡ κρίσις ἐξετάζεται. Vgl. weiterhin a.a.O., 23,2 (104,30); 23,4 (104,41f.); 25,2 (106,3ff.).

[156] Kirchenrecht 308-314.343f.

[157] So: Girardet, Appellatio 112.

[158] A.a.O., 113.

Was die »*altkirchliche Idee*« anlangt, so stellt er sich damit bewußt[159] in Widerspruch zu den Vertretern dieser Theorie. Namentlich *Sohm*[160], *Schwartz* und andere[161] hatten nämlich gerade aus der Tatsache, daß jede Synode sich als Versammlung des Hl.Geistes verstehe, den Schluß gezogen, daß auch jede die Wiederaufnahme eines synodal Verurteilten vornehmen könne. Die Berechtigung der Rezeptionspraxis läßt sich also auch von der »altkirchlichen Idee« her begründen, wie sie sich überdies auch in der Praxis belegen läßt. *Girardet* verweist selbst[162] auf den Fall der Rehabilitation des Bischofs Caecilian von Karthago auf der römischen Synode unter Miltiades vom Jahre 313[163]. Die Berufung der Orientalen auf die vollzogene widerspruchslose wechselseitige Anerkennung von Synodalurteilen in der Vergangenheit in den Fällen Novatians, Valentinus' und Pauls von Samosata (s.o.) ist hier kein überzeugendes Argument, weil diese Beispiele ja keinen zwingenden Anspruch auf die Verpflichtung zur Rezeption begründen können.

Hinsichtlich der beanspruchten »formalen Logik« beruft sich *Girardet* weiterhin auf die *antiochenischen can.15, 4 und 12* der Synode von ca.330. Namentlich durch can.15 werde »die Idee der geistlichen Verbindlichkeit eines Synodalurteils rechtlich abgesichert gegen die Praxis der Rezeption«.[164] In der Tat konstituiert *can.15* in Fortschreibung von can.5 von Nizäa die Provinzialsynode als das für Bischöfe zuständige Gericht. Deren einstimmiges Urteil dürfe nicht durch andere wieder aufgehoben werden:

> *Can.15:* »Wenn ein wegen irgendwelcher Vergehen angeklagter Bischof von allen Bischöfen in der Provinz gerichtet wird und alle einstimmig dasselbe Votum gegen ihn ausgesprochen haben, dann darf dieser auf keinen Fall mehr von anderen gerichtet werden, vielmehr soll das einmütige Urteil der Provinzbischöfe unumstößlich bestehen bleiben.«[165]

Hinzuzunehmen sind mit *Girardet* die *can.4 und 12* derselben Synode, weil sie – nun aber *gegen Girardet*[166] – die Möglichkeit der Appellation an eine ἑτέρα σύνοδος oder ἐπὶ μείζονα σύνοδον eröffnen. Diese bestimmen:

> *Can.4:* »Wenn ein Bischof, der von einer Synode, oder wenn ein Presbyter oder Diakon, der von seinem eigenen Bischof abgesetzt worden ist

---

[159] Vgl.: a.a.O., 112 Anm.50.

[160] Kirchenrecht 308-326.322-326.

[161] Ders., GS III 251f.; Caspar I 149; Steinwenter, Rechtsgang 83f.

[162] Ders., Appellatio 112.

[163] S.o. Kap. XVII 2.

[164] A.a.O., 113.

[165] Joannou, CSP 116.

[166] Und mit der allgemeinen Meinung. Vgl.: Sohm, Kirchenrecht 325 Anm.52; Hess, Sardica 112f.; J.Gaudemet, L'Eglise dans l'Empire Romain 251.270.

(καθαιρεθείς), es wagen sollte, sein Amt weiter auszuüben entsprechend seiner bisherigen Gewohnheit, sei er nun Bischof, Presbyter oder Diakon, dann soll ihm unter allen Umständen die Möglichkeit genommen sein, Hoffnung auf Restituierung und eine Gelegenheit zur Verteidigung zu haben, auch nicht auf einer anderen Synode (μηδὲ ἐν ἑτέρᾳ συνόδῳ)«.

Can.12:»Wenn ein von seinem eigenen Bischof abgesetzter (καθαιρεθείς) Presbyter oder Diakon, oder wenn ein von einer Synode abgesetzter Bischof es wagen sollte, die Ohren des Kaisers zu belästigen – er soll sich nämlich an eine größere Bischofssynode wenden (ἐπὶ μείζονα σύνοδον ἐπισκόπων τρέπεσθαι) und, was er für sein Recht hält, einer größeren Anzahl von Bischöfen vorlegen und deren Prüfung (ἐξέτασιν) und neues Urteil (ἐπίκρισιν) entgegennehmen –, wenn er sich also nicht daran hält und den Kaiser belästigt, dann hat er keine Verzeihung verdient, und er soll weder eine Möglichkeit zur Verteidigung haben noch sich der Hoffnung auf eine künftige Restituierung hingeben«.[167]

Sollte es so sein, daß die Aussagen von can.4 und 12 in Übereinstimmung mit can.15 so zu interpretieren sind[168], daß es in can.4 um eine zweite Synode in der Provinz des ehemaligen Bischofs geht und die »größere Synode« von can.12 voraussetzt, daß die Einstimmigkeit von can.15 nicht in Anwesenheit aller Eparchialbischöfe erfolgte, wenn dies aber der Fall war, jede Appellation ausgeschlossen ist? Freilich übergeht *Girardet* hier *can.14*, der bei mangelnder Einheitlichkeit der Eparchialsynode dem Metropoliten die Möglichkeit eröffnet, weitere Bischöfe aus der Nachbareparchie hinzuzuziehen.

So kann *Girardet* letztlich nicht zu seiner These zugestimmt werden, daß die in diesen Kanones vorgesehene zweite und größere Synode »keine höhere Instanz« darstellt und »nicht über eine appellatio (verhandelt), sondern über einen Antrag auf Eingliederung in die Kirche nach geleisteter Buße«.[169] Denn die antiochenischen Kanones verhandeln mit keinem Wort das Problem, wie ein abgesetzter und exkommunizierter Bischof nach vollzogener Buße wieder restituiert werden könnte. Für diese Problemlage ist in den Bußkanones dieser Zeit gar keine Regelung vorgesehen. Dies wird damit zusammenhängen, daß für einen solchen Fall einer nicht infragegestellten und gesamtkirchlich rezipierten Absetzung und Exkommunikation eine bischöfliche Restitution nicht in Frage kam, sondern nach vollzogener Buße bestenfalls eine Rekonziliation als einfaches Gemeindeglied denkbar ist.[170]

Gerade deshalb führen die Orientalen in ihrem Synodalschreiben aus, daß es unmöglich sei, Athanasius und Markell, als *sacrilegus* und Verleugner

---

[167] Joannou, CSP 114.
[168] So: Girardet, Appellatio 115.
[169] A.a.O., 114.
[170] Vgl. Kap. XXIV 2 b).

Christi *digne* abgesetzt und exkommuniziert, wieder aufzunehmen. Dazu habe die Kirche gar nicht die *auctoritas* und *potestas* von Gott erhalten. Entsprechend gebe es auch für andere abgesetzte und exkommunizierte (Bischöfe) in Übereinstimmung mit dem »Gesetz Gottes«, den väterlichen Traditionen und der *ecclesiastica disciplina* eine solche Möglichkeit nicht.[171]

Die genannten Kanones betreffen nun auch allein die Absetzung (καθ-αίρεσις) von Klerikern, also die Entkleidung aller geistlichen Ämter und Würden und die Zurückversetzung in den »Laienstand«, die keineswegs gleichzeitig eine Exkommunikation bedeutet.[172] Absetzung und Exkommunikation sind auseinanderzuhalten, und das Rekonziliationsmodell der öffentlichen Buße ist nicht einfach auf die Restitution abgesetzter Bischöfe anwendbar. Es ist bezeichnend, daß *Girardet* in seiner Übersetzung der Kanones[173] das »καθαιρεθείς« stets mit »verurteilt« übersetzt und damit diese Differenz nivelliert. Daraus aber folgt, daß die hier vorgesehene Möglichkeit der Restituierung von Klerikern einschließlich Bischöfen als Möglichkeit der Appellation zu betrachten ist. Dies aber bedeutet, daß nach der geltenden kirchlichen Rechtslage in der Diözese Oriens nach dem Jahr 330[174] synodale Gerichtsurteile über Bischöfe in bestimmten Fällen durchaus appellabel waren.

Dies wird natürlich auch den »Orientalen« und namentlich den Vertretern der antiochenischen Kirche beim *Prozeß von Tyrus (335)* mit ihrem Bischof Phlakillos als Vorsitzendem bekannt gewesen sein. So kann die Berufung der Enkainiensynode auf »die Kanones« und ihr Protest gegen die Entehrung der Richter eigentlich nicht bedeuten, daß der Gedanke der Appellation und der potentiellen Revision von Synodalurteilen als solcher für sie prinzipiell undenkbar gewesen wäre. Insofern ist die Argumentation mit der Gleichheit der geistlichen Vollmacht der Synoden im Kern nicht redlich. Letztlich kann es nur die Tatsache der »anderen« Synode und der »anderen« Richter gewesen sein, die für sie inakzeptabel erscheinen durfte. Aber auch hier läßt sich nun m.E. das Urteil nicht umgehen, daß es gerade angesichts der geschilderten antiochenischen Rechtslage nun die Orientalen selbst waren, die im Widerspruch zu ihren eigenen Synodalbeschlüssen den Prozeß und die Absetzung des alexandrinischen Bischofs mit betrieben hatten. Denn eigentlich hätte ein kirchliches Gerichtsverfahren nur in der Provinz des Beklagten und allein von

---

[171] CSEL 65, 63,5-19: *...quia nec talem auctoritatem sumsit ecclesia nec talem potestatem a deo accepit, supradictos ad honorem dignitatemque ecclesiae nec ipsi suscipimus et suscipientes digne damnamus.*

[172] Vgl.: Sohm, Dekret Gratians 340-359, bes. 356ff.

[173] Vgl.: a.a.O., 113f.

[174] Eine weitergehende geographische Verbindlichkeit der antiochenischen Kanones würde ich zu diesem Zeitpunkt nicht für realistisch halten. Das Problem der Datierung dieser Beschlüsse wird man sich überdies in Erinnerung rufen müssen.

seinen Mitbischöfen durchgeführt werden können. Nach den »Kanones« von Antiochien wäre ein Verfahren gegen Athanasius also eigentlich nur in Ägypten möglich gewesen. Angesichts des Rückhalts des Alexandriners in seiner Kirche war ein solches Vorgehen natürlich unrealistisch, und so blieb für die Möglichkeit, ihm den Prozess zu machen, nur ein Weg außerhalb dieser *Kanones*.

In der Tat wurde im Osten dieser Weg beschritten und der Prozeß als Reichssynode außerhalb des alexandrinischen Jurisdiktionsgebietes durchgeführt.[175] Denn durch die *preces* der Melitianer an den Kaiser war Konstantin als *iudex terrenus* die *causa Athanasii* als *negotium ecclesiasticum* vorgelegt worden. Und es war nun Konstantin, der als *iudex* in diesem Verfahren die Bischöfe als seine *consiliarii* zu einer als *consilium* gehaltenen Synode einberufen hatte.[176] Das Synodalgericht kam zur Verurteilung, enthob Athanasius des Amtes und exkommunizierte ihn, aber es war der Kaiser, der das Urteil sprach.[177] Im Unterschied zum Bischofsgericht am Anfang des Donatistenstreites[178] sprechen die Bischöfe als kaiserliche *consiliarii* Athanasius »außerdem schuldig im Sinne des weltlichen Strafrechtes« und beschließen seine Verbannung aus Alexandrien. Indem die Bischöfe einerseits wie kirchliche Richter handeln, andererseits aber als »consiliarii eines weltlichen iudex über die zivil- bzw. kriminalrechtlich greifbare Schuld ihres (ehemaligen) Kollegen befinden«, überschreiten sie aus der Perspektive der altkirchlichen Synodalvorstellung ihr Kompetenz[179] und bieten Athanasius für seine spätere Polemik gegen das tyrischen Urteil reichhaltig Anhaltspunkte.

Ohne daß hier nun weiter nach der sachlichen Berechtigung des tyrischen Urteils und der Anklagepunkte im einzelnen[180] und der späteren Argumentation des Athanasius dazu gefragt werden soll, ist festzustellen, daß die Berufung auf die *Kanones* durch die Orientalen angesichts dieses Vorgehens schwer nachvollziehbar ist. Die Verhandlung der *causa Athanasii* war von den tyrischen Richtern ihrerseits auf eine den dafür »kanonisch« vorgesehenen Rahmen geographisch[181] sprengende Ebene gehoben worden, so daß ein Beharren dar-

---

[175] Zur Synode von Tyros vgl.: Girardet, Kaisergericht 66-80; Arnold, Career 103-175.
[176] Vgl.: Girardet, Kaisergericht 68.
[177] A.a.O., 71.
[178] Vgl. dazu oben: Kap. XVII.
[179] So: Girardet, Kaisergericht 71.72.
[180] Vgl. dazu z.B.: Arnold, Career, a.a.O.
[181] und natürlich auch verfassungsmäßig durch das Institut der Reichssynode. Aber darüber konnte man sich in Rom nach dem *iudicium* des Miltiades von 313 eigentlich nicht mehr beklagen.

auf, daß es nur dieselben Richter sein dürften wie in Tyrus, die eine Appellation verhandelten, wenig überzeugen mußte.

So ist es nun an Julius, gerade gegenüber dem Vorgehen in Tyrus auf den κανὼν ἐκκλησιαστικός zu pochen. Wir werden seine Argumente dokumentieren und dabei vor allem die Verwendung des Kanon-Begriffes im Blick haben.

be) Julius' drittes Argument: Berufung auf den κανὼν ἐκκλησιαστικός und sein Kanon-Begriff

Es ist vielleicht der *Höhepunkt* seiner *Argumentation* gegen Ende des Schreibens[182] erreicht, als Julius darauf verweist, daß ein Gerichtsverfahren (κρίσις) gegen Markell und Athanasius, wenn es denn nötig gewesen sei, in Übereinstimmung mit dem κανὼν ἐκκλησιαστικός hätten erfolgen müssen.

> Danach aber hätte »uns allen« geschrieben werden müssen, fährt er fort, damit so von allen das Rechte hätte festgelegt werden können (ὁρισθῇ τὸ δίκαιον). Denn es seien Bischöfe, welche Unrecht erlitten, und nicht irgendwelche Kirchen, sondern solche, welche die Apostel selbst regiert hätten.[183]

Mit *Caspar* und *Girardet* ist hier zwischen der eigentlichen κρίσις und dem ὁρίζειν τὸ δίκαιον zu unterscheiden, und *Girardet* gegen *Caspar* recht zu geben, daß in letzterem nicht die Begutachtung des schon gefällten Urteils gemeint ist.[184] Denn in der Tat läuft die Argumentation von Julius hier ja darauf hinaus, daß *vor* einem förmlichen Prozeß allen hätte geschrieben werden müssen. Es geht ihm also nicht um die traditionelle Rezeption einer Synodalentscheidung, sondern um das »Idealbild der gemeinschaftlichen Verantwortung aller Bischöfe, die Inhaber ... apostolischer Thronoi sind und an der Spitze kirchlicher Jurisdiktionsbereiche stehen, wenn einer aus diesem Kreis eine Verfehlung begangen hat«.[185] Dies gilt nach Julius selbst für den Bischof von Ankyra als Inhaber einer vom Apostel Paulus gegründeten Kathedra. Julius pocht darauf, »daß Vorwürfe gegen Oberbischöfe allen Oberbischöfen der Christenheit zugeleitet werden..., einschließlich des römischen.

---

[182] Apol.sec.35,3-5 (Opitz II 113,1-12). Vgl. dazu bes. Girardet, Kaisergericht 96-105; Caspar I 149ff.

[183] A.a.O., 35,3 (113,1-4): ἔδει κατὰ τὸν ἐκκλησιαστικὸν κανόνα μὴ οὕτως γεγενῆσθαι τὴν κρίσιν, ἔδει γραφῆναι πᾶσιν ἡμῖν, ἵνα οὕτως παρὰ πάντων ὁρισθῇ τὸ δίκαιον. ἐπίσκοποι γὰρ ἦσαν οἱ πάσχοντες καὶ οὐχ αἱ τυχοῦσαι ἐκκλησίαι αἱ πάσχουσαι, ἀλλ' αὐτοὶ οἱ ἀπόστολοι δι' ἑαυτῶν καθηγήσαντο.

[184] Vgl.: Girardet, Kaisergericht 97; Caspar I 150.

[185] A.a.O., 97f.

Von ihnen allen ›wird festgesetzt, was das Rechte ist‹, d.h. ob nach Prüfung der Anschuldigungen eine Synode stattfinden soll oder nicht.«[186]

Julius geht es an dieser Stelle also nicht um einen römischen Jurisdiktionsprimat[187], sondern um die gesamtkirchlich verbindliche *Norm der vorsynodalen Konsultation* und Verständigung unter den führenden Bischöfen der Kirche für den Fall, daß gegen einen von ihnen gerichtlich vorgegangen werden soll. Man muß hier tatsächlich auf die bis dahin übliche Praxis der gesamtkirchlichen Konsultation im Fall des zu Novatian neigenden antiochenischen Bischofs Fabius im Jahre 251 und genauso im Fall des Paul von Samosata verweisen.[188] Stets wurde vor einem synodalen Gerichtsverfahren von solcher Tragweite in gemeinsamer Absprache das Gespräch mit den Betroffenen gesucht und auf dem Wege von Mahnschreiben und Disputationen das letzte Mittel einer echten κρίσις zu vermeiden gesucht. Diese im »kirchlichen Kanon« enthaltene Verpflichtung zur Konsultation klagt Julius also hier gegenüber den Orientalen ein. Der Begriff κανὼν ἐκκλησιαστικός bezieht sich also nicht auf einen Synodalbeschluß, sondern auf eine im bisherigen ἔθος enthaltene Norm.

Und auf dieses ἔθος beruft sich Julius nun auch sogleich hinsichtlich der besonders engen Beziehungen gerade der römischen und der alexandrinischen Kirche, wenn er fortfährt:

»Warum wurde insbesondere über die alexandrinische Kirche nicht an uns geschrieben? Oder wißt ihr nicht, daß es ein ἔθος ist, daß zuvor an uns geschrieben wird, und so von hier aus bestimmt wird, was rechtens ist?«[189]

Man wird hier auf den Briefwechsel zwischen Dionysios von Alexandrien und Dionysius von Rom vom Jahre 261 als Präzedenzfall hinweisen müssen.[190] Gerade hinsichtlich des alexandrinischen Bischofs beansprucht Julius also nicht nur, in die allgemein verbindliche Konsultation bei Klagen gegen führende Bischöfe der Gesamtkirche einbezogen zu werden, sondern sozusagen die Federführung zu haben bei der Kontaktaufnahme und der Abstimmung des Vorgehens mit den anderen Kirchen (ἔνθεν ὁρίζεσθαι τὰ δίκαια), was nicht bedeuten muß, daß Rom auch das Urteil spricht.

Den schwersten Schlag führt Julius nun bei seinem dritten an dieser Stelle geäußerten Gedanken, wenn er ausführt, daß das gesamte Vorgehen der Orientalen überdies nicht den Anordnungen des Apostels Paulus entspreche und

---

[186] A.a.O., 98.

[187] Gegen: P.Batiffol, La Paix Constantinienne 423-429; Joannou, Ostkirche 70.

[188] Vgl.: Girardet, Kaisergericht 98ff; s.a. oben Kap. XVI 5.

[189] Apol.sec.35,4 (113,5-8): Διὰ τί δὲ περὶ τῆς Ἀλεξανδρέων ἐκκλησίας μάλιστα οὐκ ἐγράφετο ἡμῖν; ἢ ἀγνοεῖτε, ὅτι τοῦτο ἔθος ἦν, πρότερον γράφεσθαι ἡμῖν καὶ οὕτως ἔνθεν ὁρίζεσθαι τὰ δίκαια;

[190] So richtig: Girardet, Kaisergericht 101f.

auch nicht dem, was die Väter überliefert hätten. Hier lägen vielmehr ein anderes Modell (τύπος) vor und eine neue Verfahrensweise (ἐπιτήδευμα).[191] Auch bei der sogleich noch folgenden Berufung auf den Apostel Petrus[192] geht es für Julius nicht um römische Primatsansprüche, nicht einmal um die Petrusnachfolge. Die Berufung auf beide Apostel hat ihre theologische Bedeutung an dieser Stelle allein darin, daß Paulus und Petrus für Julius »Schöpfer der traditionellen Ordnung« sind, die s.E. hier verteidigt werden muß.[193] Und diese traditionelle Ordnung für Rechtsangelegenheiten zwischen Christen sieht nach *1 Kor 6* nicht vor, daß diese vor weltlichen Richtern verhandelt werden. Die Beanspruchung der apostolischen Anordnung[194] und des Apostels Paulus gegen die reichskirchliche Gerichtsbarkeit als solche wird wohl auf Athanasius zurückgehen, für den sie im Kampf gegen das tyrische Urteil ein Hauptargument bildet.[195]

Für unsere Fragestellung ist festzuhalten, daß Julius für seine Berufung auf die kanonische Ordnung der Kirche mit dem Spitzenbegriff κανὼν ἐκκλησιαστικός am zweiten Höhepunkt seiner Ausführungen gegen Ende des Schreibens wiederum primär auf das ἔθος der Kirche und die zugrundeliegende apostolische Weisung abhebt.

Diese Verwendung des Kanon-Begriffes läßt sich nun auch in den zwischen dem Anfang und dem Ende des Juliusbriefes liegenden Kapiteln nachweisen. So nimmt Julius das Argument der »Mißachtung der Richter« für den Fall eines ungleich besetzten Synodalgerichts bei der Appellation auf und verweist mehrfach[196] darauf, daß durch die Wiederaufnahme des mit seinen Anhängern Secundus von Ptolemais und Theonas von Marmarike in Nizäa exkommunizierten Arius sowie der dort abgesetzten und dann von Konstantin verbannten[197] Bischöfe Euseb von Nikomedien und Theognios von Nizäa zuallererst eine »Mißachtung der Synode« erfolgt sei. Jene, die so »die ψῆφος der Dreihundert« aufgelöst hatten, hätten dies παρὰ κανόνα getan.[198]

---

[191] Apol.sec.35,5 (113,9ff.): Οὐχ οὕτως αἱ Παύλου διατάξεις, οὐχ οὕτως οἱ πατέρες παρεδεδώκασιν· ἄλλος τύπος ἐστιν οὗτος καὶ καινὸν τὸ ἐπιτήδευμα.

[192] A.a.O., 11f.: ἃ γὰρ παρειλήφαμεν παρὰ τοῦ μακαρίου Πέτρου τοῦ ἀποστόλου, ταῦτα καὶ ὑμῖν δηλῶ.

[193] So mit: Girardet, Kaisergericht 103; Caspar I 150.

[194] Vgl. dazu: E.Dinkler, Ethik bei Paulus.

[195] Vgl. z.B.: Ath., Hist.Ar.11,2 (Opitz II 188,33ff.); dazu: Girardet, Kaisergericht 78f.82ff.105.

[196] Apol.sec.23,4 (104,41-105,4); 25,1 (105,28ff).

[197] Exkommuniziert waren sie nicht worden! Gegen Lietzmann, Geschichte III 111; vgl. aber: E.Schwartz, GS III 200-208.

[198] Apol.sec.25,1f. (105,31-106,3).

Denkt man hier an die von *O.Seeck* und *E.Schwartz* rekonstruierte sog.
»zweite Sitzung« des Nicaenums von 327[199], so kann diese nicht für sich in
Anspruch nehmen, daß dieselben Richter wie 325 hier ihr Urteil fällten,
nachdem nicht nur die römische Kirche dort nicht vertreten war. Sollten
gar 327 nur Euseb und seine Freunde wieder aus der Verbannung zurück-
geholt worden sein und Arius erst 335 in Jerusalem wieder aufgenommen
worden sein[200], wäre der Einwand von Julius noch zwingender. Wenn die
Orientalen und namentlich Euseb als Wortführer also das Argument der
»Mißachtung der Richter« so in den Vordergrund stellen, müssen sie sich
tatsächlich fragen lassen, wie das Vorgehen im Fall des Arius sich dazu
verhält.

Auch hier spricht Julius wieder keinen Synodalbeschluß als *Kanon* an. Ein
eigenes normatives Gewicht scheint für ihn aber die Größe des jeweiligen
Synodalgerichts zu haben. Denn zur Rede von »den Dreihundert« tritt an
anderer Stelle noch hinzu, daß die Verurteilung von 325 eben »ὑπὸ πάσης
τῆς οἰκουμένης« geschehen sei.[201]

Weiterhin ist es dann die Einsetzung des *Kappadoziers Gregorios* als Nachfolger des Athanasius in Alexandrien mit staatlicher Gewalt gegen den Willen
der betroffenen Ortskirche[202], die Julius als »καινοτομία κατὰ τῆς ἐκκλησίας«
und Mißachtung des κανὼν ἐκκλησιαστικός und der apostolischen Tradition
brandmarkt.

> »Was für ein ›*kirchlicher Kanon*‹ und was für eine apostolische Überliefe-
> rung sind das, daß Gregorios geschickt wird, während die (alexandrinische)
> Kirche in Frieden lebt und die (ägyptischen) Bischöfe in bestem Einverneh-
> men mit dem alexandrinischen Bischof Athanasius stehen; daß ein Stadt-
> fremder, weder dort getauft noch allgemein bekannt, nicht von Presbytern,
> nicht von Bischöfen, nicht von der Gemeinde gewünscht, sondern in
> Antiochien zum Bischof gemacht und dann nach Alexandrien geschickt
> wird, nicht in Begleitung von Presbytern oder Diakonen der Stadt (Alex-
> andrien), nicht in Begleitung von ägyptischen Bischöfen, sondern in Be-
> gleitung von Soldaten?«[203]

Die Berufung des römischen Bischofs auf den κανὼν ἐκκλησιαστικός ist
auch an dieser Stelle nicht im Sinne eines bestimmten Synodalbeschlusses zu

---

[199] Vgl. dazu und zum Problem der Bezeichnung als »zweiter Sitzung«: R.Lorenz, Nachsynode.

[200] So: Lorenz, a.a.O., 35ff.39.

[201] Apol.sec.23,2 (104,28f.).

[202] Vgl. dazu: E.Schwartz, GS III 288-291.

[203] Apol.sec.30,1 (109,9ff.): Ποῖος γὰρ κανὼν ἐκκλησιαστικὸς ἢ ποία παράδοσις
ἀποστολικὴ τοιαύτη...;

interpretieren. Vielmehr wird die orientalische Berufung auf »die Kanones« konterkariert durch deren Vorgehen bei der Wahl und Einsetzung des Gregorios, die den gesamten kirchlichen Maßgaben hierfür, die Julius im Detail benennt, Hohn spricht.

> Selbst wenn Athanasius nach der Synode für schuldig erwiesen wäre, hätte deshalb die Einsetzung des Gregorios nicht dermaßen παρανόμως καὶ παρὰ τὸν ἐκκλησιαστικὸν κανόνα erfolgen dürfen, müssen doch die Bischöfe aus dem eigenen Klerus in der Eparchie eingesetzt werden, wenn die *Kanones der Apostel* nicht aufgelöst werden sollen (καὶ μὴ νῦν τοὺς ἀπὸ τῶν ἀποστόλων κανόνας παραλύεσθαι). Und wenn dasselbe einem der Ankläger geschehen wäre, wären sie dann nicht mit dem Anspruch aufgetreten, daß »die Kanones« aufgelöst worden seien?[204]

Auch hier beruft sich Julius zuerst auf den κανὼν ἐκκλησιαστικός im umfassenden Sinn, dann auf die *Kanones der Apostel*. Darunter ist kein frühes Zeugnis für die in den Apostolischen Konstitutionen enthaltenen Kanones zu erblicken, zumal in diesen die hier angesprochene Thematik keine Rolle spielt. Man wird dem Verständnis des Kanonischen, das sich hier manifestiert, auch nicht näherkommen, wenn man die von Julius genannten Details einzeln auf die Goldwaage legt und vielleicht noch fragt, ob sich denn dafür »Kanones« beibringen lassen, um ihn dann vielleicht sogar ins Unrecht zu setzen, weil die Forderung, daß ein Bischof in seiner eigenen Kirche auch getauft sein müsse, wohl in der Tat nie zur Voraussetzung der Wahl gemacht worden ist. Worum es Julius aber geht, ist die strenge Gemeindebezogenheit des kirchlichen Amtes, für die Wahl und Weihe durch die Repräsentanten der eigenen Ortskirche – und zu dieser Zeit wohl auch noch die Herkunft aus ihr – konstitutiv sind. Diese Gemeindeorientiertheit ist in der apostolischen Überlieferung verankert[205] und in der Praxis der Kirche bis dahin lebendig.[206] Es geht also um die Gemeindebezogenheit des apostolischen Amtsverständnisses, die Julius als Richtschnur der Apostel bezeichnet, die nicht einfach über Bord geworfen werden darf, was im Fall des Gregorios offensichtlich geschehen ist.

Auffällig ist m.E. schließlich, daß die Rede von *Kanones* im Plural jenseits der Berufung auf *Kanones der Apostel* bei Julius nur in der Wiedergabe der Anschuldigungen der Gegner auftaucht.[207] So stellt sich die Frage, wie seine Wortwahl erfolgt sein mag, als er fortfuhr:

---

[204] οὐκ ἂν ἠξιώσατε ὡς παραλελυμένων τῶν κανόνων ἐκδικηθῆναι; a.a.O., 30,2 (109,16-21).

[205] Vgl.: Apg 14,23; 1 Kor 16,15f.; Tit 1,5; 1 Tim 4,14.

[206] Vgl.: Traditio apostolica 2 (ed. Botte 4,13ff.).

[207] Vgl. auch a.a.O.: 29,3 (108,34f.).

»Prüft nur, wer gegen ›den Kanon‹ verstoßen hat, wir oder jene, die einen
fremden Bischof nach Alexandrien geschickt haben?«[208]

Der Apparat bei *Opitz* zur Stelle zeigt, daß nur eine Handschrift (B) die
Pluralleart »παρὰ κανόνας« bringt, während 4 Handschriften (KORE), darunter die ältesten Zeugen der Edition[209], demgegenüber die Singularform
»παρὰ κανόνα« lesen. *Opitz* hat sich wohl in Anlehnung an den Satz zuvor
und die später gängige Verwendung des Kanon-Begriffes für den Plural entschieden. Nachdem Julius seinerseits aber durchweg auf den κανὼν ἐκκλησιαστικός abhebt, erscheint es mir wahrscheinlicher, daß er auch in seiner
Erwiderung eine seinem Sprachgebrauch entsprechende singularische Formulierung benutzt hat.

Dieser sprachliche Befund erhält auch in den restlichen Kapiteln des Julius-
briefes Bestätigung. Im Kontext seiner Ausführungen über den Fall des Markell
bringt er zum Ausdruck, daß er durchaus in dem Bewußtsein gehandelt habe
und die Orientalen nun auch davon überzeugen wolle, daß die Aufnahme der
Verurteilten gerechtfertigt und »kanonisch« sei.[210] Dabei besteht der Anspruch
und die Vorgabe darin, daß es in den Kirchen so bleiben solle, wie es von den
Aposteln »festgelegt« worden sei.[211] Die Orientalen sollten dafür sorgen, daß
τὰ παρὰ κανόνα γενόμενα wieder in Ordnung gebracht werden.[212]

c) Zusammenfassung

Auch im Jahre 342 werden kirchenrechtliche Synodalbeschlüsse anscheinend noch nicht mit Selbstverständlichkeit als *Kanones* bezeichnet. In dem
Synodalprotokoll der diesbezüglichen Sitzung des westlichen Serdicense, das
die ursprüngliche und nicht mehr veränderte Publikationsform der dann
später *Kanones* genannten Beschlüsse darstellt, taucht dieser Begriff für das
Beschlossene nicht auf. Ebenso redet keines der anderen erhaltenen Synodaldokumente von *Kanones*.

Dieser Tatbestand ist um so auffälliger, als für beide sich in Serdika gegenüberstehenden Parteien die Auseinandersetzung um das Kanonische ganz im
Vordergrund der Kontroverse steht. So beruft sich die östliche Teilsynode nachdrücklich für ihre Position auf den κανὼν ἐκκλησιαστικός. In ihrem Synodalbrief begegnet uns der Kanon-Begriff in der lateinischen Übersetzung *ecclesiae*

---

[208] Ebd.: Σκοπεῖτε τοίνυν, τίνες εἰσὶν οἱ παρὰ κανόνα(ς) πράξαντες, ἡμεῖς... ἢ...
[209] Cod.Paris.gr.474 (s.XI); Cod.Scorial. ω III 15 (s.XII).
[210] Apol.sec.32,4 (III,3f.): ὅτι δικαίως καὶ κανονικῶς ἐδεξάμεθα; vgl.: 112,23f.
[211] A.a.O., 34,2 (112,12f.): ὥσπερ ὑπὸ τῶν ἀποστόλων ἐκανονίσθη.
[212] A.a.O., 34,3 (112,16).

regula, canon ecclesiae und *regula ecclesiastica* als zentraler kirchlicher Normbegriff, der das Gesamte des kirchlich Maßgeblichen und für die kirchliche Gemeinschaft Verbindlichen umfaßt. Dazu gehören und werden wegen des vorliegenden Konfliktes besonders angesprochen die Verfahrensfragen der Ein- und
Absetzung von Bischöfen, die Maßgaben für die bischöfliche Lebens- und Amtsführung, die Verweigerung kirchlicher Gemeinschaft mit Exkommunizierten
und die verbindliche gegenseitige Rezeption synodaler Gerichtsurteile in der
gesamten Kirche. Bei letzterem fällt auf, daß anstelle des Kanon-Begriffes die
Größen *lex, iura divina* und *vetus consuetudo* treten. Auffällig ist, daß von den
Orientalen keine Synodalkanones als solche konkret benannt werden.

Diese Beobachtung bestätigt sich über die gesamte zum Serdicense führende
Kontroverse hinweg, die eingehend anhand des *Julius-Briefes* von 341 hinsichtlich des sich im Kanon-Begriff manifestierenden Rechtsbewußtseins beider Seiten analysiert wurde. Auch hier erfolgt an keinem der entscheidenden Kontroverspunkte eine Berufung auf einen als *Kanon* bezeichneten Synodalbeschluß.
Dies trifft auch auf die Orientalen zu, obwohl deren Empörung gerade in dem
mehrfach geäußerten Vorwurf ihren Höhepunkt findet, daß des römischen
Bischofs Weigerung, die östlichen Synodalurteile anzuerkennen, einen Verstoß
gegen die *Kanones* und deren Auflösung bedeute. An keiner Stelle wird damit
freilich ein konkreter Synodalbeschluß bezeichnet.

Der einzige, der sich auf einen eindeutig identifizierbaren Synodalbeschluß
bezieht, ist *Julius* mit seiner Berufung auf *can.5 von Nizäa*. Hierbei ist nun
freilich festzustellen, daß solche Berufung ohne Verwendung des Kanon-
Begriffes und auch ohne Angabe eines bestimmten, mit einer Ordnungszahl
versehenen »Kanons« erfolgt. Julius argumentiert also nicht eigentlich »kanonistisch« und sagt nicht: »can.5 von Nizäa bestimmt, daß ...«. Es scheint, daß
die nizänischen Beschlüsse für Julius noch nicht nach späterer Manier durchgezählt vorlagen. Die Autorität, auf die er sich beruft, ist vielmehr die gesamte
Synode von Nizäa.

Julius macht weiterhin deutlich, woraus sich die Autorität dieses Synodalbeschlusses primär speist. Er ist ἔθος παλαιόν, und die Synode »ruft in
Erinnerung«, was bereits als ἔθος παλαιόν in der Kirche Praxis war, aber aus
gegebenem Anlaß wieder in Erinnerung gerufen werden muß, und hält es
deshalb »schriftlich fest«. Synoden »bestätigen« also nach diesem Verständnis
lediglich, was in der Kirche bereits als συνήθεια praktiziert wird. Die Unan-
fechtbarkeit dieser synodalen Bestätigung des ἔθος παλαιόν wird für Julius
darin manifest, daß sie gleichsam von der gesamten Kirche, von »der Großen
Synode«, die als solche »ἡ καθολικὴ σύνοδος« ist, vorgenommen wurde.

Das *Kanonisch-Maßgebliche* in der Kirche konstituiert sich demnach für
Julius nicht im Synodalbeschluß als solchem – dies gilt auch für die »Große
Synode« –, sondern insofern darin das ἔθος παλαιόν bestätigt wird. Dieses
ist aber keine freischwebende συνήθεια, sondern die in den κανόνες ἀποστολικοί gegründete Lebensordnung der Kirche. Es ist diese Rückbindung an
die apostolische Norm als für die Kirche maßgebliche Grundlage ihres Glau-

bens und Lebens, in der der Kanon-Begriff – dann auch im Plural als die »Kanones der Apostel« – für Julius zuerst und grundlegend zur Anwendung kommt und das Gesamte der in der Kirche verbindlichen Ordnung (κανὼν ἐκκλησιαστικός) bestimmt. Der Begriff κανὼν ἐκκλησιαστικός bezieht sich also nie direkt auf einen Synodalbeschluß.

Entsprechend eröffnet Julius sein Schreiben mit dem Verweis auf Mt 18,6 und die *Kanones der Apostel* und benennt als evangelische und apostolische Norm die Bekämpfung von Willkür und Ungerechtigkeit, die gerade als Leitmotiv auch hinter der nizänischen Bestimmung zur Überprüfung bischöflicher Urteile steht. Wie man die Berufung des Römers auf den nizänischen Kanon schon unter rechtsgeschichtlichem Gesichtspunkt nicht als unangemessen bezeichnen kann – was mit *Girardet* nochmals festzustellen war –, so also auch nicht in theologischer Hinsicht.

Dieses Verständnis des κανὼν ἐκκλησιαστικός als das in der apostolischen Maßgabe und der evangelischen Weisung gegründete ἔθος der Kirche läßt sich in der weiteren Argumentation des Julius-Briefes bestätigen. So ist es das Pochen auf die östlicherseits unterlassene gesamtkirchliche Konsultation vor einer Bischofsenthebung von solcher Tragweite wie im Fall des alexandrinischen Bischofs, die er als Verstoß gegen den κανὼν ἐκκλησιαστικός bezeichnet, und für die er als ἔθος direkt auf die Geschichte der römisch-alexandrinischen Beziehungen hinweisen kann. Als »apostolischen Kanon« wird man hier Mt 18,15ff. nennen müssen. Genauso ist es die strenge Gemeindebezogenheit des apostolischen Amtsverständnisses, der die Amtseinsetzung des Gregorios als Nachfolger des Athanasius Hohn spricht und die deshalb als Verstoß gegen den κανὼν ἐκκλησιαστικός und die Kanones der Apostel bezeichnet wird.

Demgegenüber war die These der Orientalen von der prinzipiellen *Inappellabilität* von Synodalurteilen gegen Bischöfe wegen der gleichen ἰσχύς und τιμή aller Synoden nicht einmal angesichts der kirchlichen Rechtslage in der Diözese Oriens nach 330 als rechtsgeschichtlich haltbar festzustellen. Die in diesem Zusammenhang überprüfte Interpretation *Girardets* der antiochenischen can.4, 12 und 15 war zu korrigieren. Letztlich konnte es nur die Tatsache der »anderen« Synode und der »anderen« Richter gewesen sein, die für die Orientalen inakzeptabel erscheinen durfte. Aber auch hier läßt sich das Urteil nicht umgehen, daß es nun die Orientalen selbst waren, die im Widerspruch zu ihren eigenen Synodalbeschlüssen den Prozeß und die Absetzung des alexandrinischen Bischofs mit betrieben hatten. Denn eigentlich hätte ein kirchliches Gerichtsverfahren nur in der Provinz des Beklagten und allein von seinen Mitbischöfen durchgeführt werden können. Nach den »Kanones« von Antiochien wäre ein Verfahren gegen Athanasius also eigentlich nur in Ägypten möglich gewesen.

So nimmt es auch nicht wunder, daß die *Orientalen* sich auch nie auf die antiochenischen Synodalbeschlüsse explizit berufen, was man angesichts von deren dominanter Stellung in der rechtsgeschichtlichen Diskussion fast übersehen könnte. Warum wohl nicht? Sie tun es m.E. einmal nicht, weil sich mit diesen »Kanones« ihre Hauptthese eben nicht stützen läßt (gegen *Girardet*). Sie tun es weiterhin nicht, weil diese Horoi zu dieser Zeit im Westen keine Autorität besitzen, die einklagbar wäre, und schließlich, weil man überhaupt anscheinend Synodalhoroi noch nicht »kanonistisch« zitierte. Vielmehr reden sie allgemein von »den Kanones« und meinen damit die Einzelnormen des κανὼν ἐκκλησιαστικός.

Auch für die Orientalen ist die Berufung auf »die Kanones«, auf den »κανὼν ἐκκλησιαστικός« und den »κανὼν τῆς ἐκκλησίας« in der Mitte des 4. Jahrhunderts genauso wie für Julius und die hinter ihm stehende römische Synode nicht einfach mit der Zitation von Synodalbeschlüssen in eins zu setzen. Denn auch die in den einzelnen Ortskirchen bereits in Geltung stehenden *Synodalkanones* bilden noch kein allgemein anerkanntes Rechtscorpus, das man in einem legalistischen Sinn als die in der Kirche gültigen Gesetzestexte nebeneinanderlegen könnte und bloß zu zitieren bräuchte. All diese Beschlüsse sind vielmehr als situativ bestimmte, auf konkrete Herausforderungen antwortende synodale Fixierungen des in der Kirche gültigen *Kanons* ganz in dem von Julius beschriebenen Sinne zu verstehen. Nur insofern sind sie *Kanones*, als sie die Fixierung und Bestätigung des *Kanons der Kirche* darstellen. Denn das Rechtsbewußtsein der Kirche speist sich ja nicht etwa aus den in den erhaltenen Synodalkanones vorliegenden Bestimmungen, sondern findet dort nur gegenüber der konkreten Herausforderung, auf die sie antworten, seinen Niederschlag. Speisen tut es sich aus den »Kanones der Apostel« und den evangelischen Normen.

Insofern scheint mir das Verdikt von *E.Schwartz* über Julius: »Kirchenrechtlichen Argumentationen des Eusebius weiß er nur einen nicaenischen Kanon entgegenzustellen«[213], letztlich auf einem Verständnis des Kanonischen zu beruhen, das beiden sich in Serdika gegenüberstehenden Seiten nicht gerecht wird und in dem sie auch nicht geschieden sind.

Der grundlegende Gegensatz zwischen beiden scheint mir eher in der *Ekklesiologie* im engeren Sinne zu liegen. Während für die Orientalen anscheinend das in geistlicher Vollmacht verkündete kirchliche Urteil der Exkommunikation und Anathematisierung *ipso facto* bewirkt, was es vollzieht, und so die der Kirche anvertraute Vollmacht »ungebrochen« gesehen wird, scheint sich bei Julius eine Sicht der Kirche anzudeuten, die auch in kirchlichen Entscheidungen von letzter Tragweite mit der menschlichen Möglichkeit von Irrtum und Willkür rechnet und von daher diese nicht »unbesehen« rezipieren kann.

---

[213] E.Schwartz, GS III 302.

5. ZUR FRAGE DER ÜBERLIEFERUNG DER »KANONES« VON SERDIKA

Von diesem in Serdika sich manifestierenden Verständnis des Kanonischen her kann nun schließlich auch die Frage der Überlieferung der serdizensischen Kanones neu in den Blick genommen werden.[214] Bekanntlich sind diese bis auf Dionysius exiguus in der römischen Kiche als nizänische Beschlüsse betrachtet und zitiert worden[215], bis dieser sie in seinen Kanonessammlungen von den nizänischen abtrennte. Ihre Wirksamkeit im Westen scheint auch zuerst die Grenzen der römischen Kirche nicht überschritten zu haben. Es gibt jedenfalls kein Zeugnis, daß der lateinische Text im Westen vor der Verbreitung der ersten Kanonessammlungen bekannt war.

> *H.Chr.Brennecke*[216] hat den Versuch unternommen, eine Inanspruchnahme der »Appellationskanones« durch die römische Kirche bereits unter Papst Liberius (352-366) im Kampf gegen die erneute Absetzung des Athanasius durch die antiochenische Synode von 352 und in Auseinandersetzung mit den Synoden von Arles und Mailand nachzuweisen. Eine offensichtliche »Anwendung« liegt im Fall des Presbyters Apiarius aus dem numidischen Sicca vor, der gegen seine Absetzung im Jahre 417/8 an Papst Zosimus von Rom appellierte und dessen Legaten die infragestehenden Kanones auf der karthagischen Synode von 419 als nizänische zitierten. Diese aber waren in Africa unbekannt und bleiben es auch danach.[217] Augustin kannte anscheinend nur die Epistula synodalis der Orientalen und hielt Serdika für ein »arianisches Konzil«.[218] Der griechische Text ist vor der Mitte des 6. Jahrhunderts in keiner orientalischen Kanonessammlung enthalten. Er findet sich erstmals in der Synagoge L Titulorum des Johannes Scholastikos und dann im Syntagma XIV Titulorum. Von diesen beiden Sammlungen hängen alle späteren griechischen Rezensionen ab.

Es stellt sich natürlich die Frage, wie die römische Verbindung der serdizensischen Bestimmungen mit den nizänischen zu erklären ist. Die römischen Legaten hatten die Beschlüsse zusammen mit den Akten der Synode nach Rom gebracht, wie der Synodalbrief an Julius nahelegt.[219] Und so ist es wohl wahrscheinlich, daß die Verbindung bereits unter Julius erfolgte.[220] Soweit ich sehe, werden zwei Erklärungsmodelle angeboten.

---

[214] Vgl.: Hess, Sardica 49-71.
[215] Vgl. die Beispiele bei: Hess, a.a.O., 49ff.
[216] Ders., Serdika 25-45.
[217] Vgl. dazu unten Kap.: XXI 5.
[218] Vgl.: Contra Cresc. IV 44 (CSEL 52,550); ep.44,6 (CSEL 34/2, 114).
[219] CPG 8564 (s.o.).
[220] So bereits: Schwartz, Kanonessammlungen 211.

Besonders *E.Schwartz* hat die These vertreten, daß es eine zielbewußte *kirchenpolitische* Handlung »zur Erweiterung der päpstlichen Macht« war, die dazu führte, daß den Kanones von Serdika »die nizänische Etikette« »angeklebt« wurde.[221] Auf protestantischer Seite ist man dieser Sicht gerne gefolgt.[222] Eine Variante davon ist der Vorschlag *Brenneckes*, die Verbindung unter Liberius anzusetzen.[223]

Das andere Erklärungsmodell geht von einem *Schreiberversehen* aus, daß zur Zusammenfügung beider Beschlußtexte führte.[224]

Ein solches Versehen müßte jedenfalls recht bald passiert sein, werden doch die Bestimmungen von Serdika schon im 4. Jahrhundert als nizänische zitiert und auch zusammen mit ihnen durchgezählt. Macht man sich indes die völlig unterschiedliche Publikationsform beider Corpora deutlich, so scheint eine versehentliche Anfügung des Protokolltextes an die nizänischen Verordnungen wenig wahrscheinlich und eine bewußte Verbindung beider m.E. viel naheliegender zu sein.[225] Die Frage ist nur, ob dieser Vorgang sachgemäß als primär machtpolitisch motivierte Tat zu verstehen ist. Vom Julius-Brief an die Orientalen her läßt sich eine solche Erklärung m.E. jedenfalls nicht begründen (s.o.). Nachdem *E.Schwartz* dazu neigte, theologische Sachverhalte »zur Geschichte des Athanasius« durchweg aus machtpolitischer Perspektive zu erklären, empfiehlt sich wohl eher Vorsicht.

In Rechnung stellen sollte man m.E. vielmehr zuerst, daß die Synode von Serdika im Bewußtsein der Okzidentalen hinsichtlich aller drei Tagesordnungspunkte dem Kampf um das Concilium Nicaenum und der Bewahrung seiner Beschlüsse diente. Dies schloß die nizänischen Synodalhoroi mit ein, wie die Berufung auf can.5 als einzigem beanspruchten Synodalbeschluß für das eigene Vorgehen durch Julius belegt (s.o.). Die Autorität von Nizäa ist für die römische Synode, Julius und die Okzidentalen eine unteilbare.[226] So versteht sich das westliche Serdicense auch in der Appellationsfrage als rechtmäßige Interpretation und *Fortschreibung des Nicaenums*. Weiterhin treten andere Bestimmungen hinzu, die bewußt an Nizäa anküpfen (s.o.).

Dies manifestiert sich m.E. auch in folgender Beobachtung. Wie oben dargestellt, kommt die besondere Bedeutung der nizänischen Synode für Julius auch darin zum Ausdruck, daß sie als »die Große Synode«, die »katholische« Synode und »die Synode der 300« anderen Synoden überlegen ist. Man

---

[221] Ebd.

[222] Vgl. z.B.: K.Schäferdiek, Rez. Hess, 153f.

[223] Ders., Rom und der dritte Kanon von Serdika, 43ff.

[224] So: C.H.Turner, Chapters 12; Hess, Sardica, 54f.

[225] Für eine bewußte Verschmelzung auch: Schäferdiek, Rez. Hess 153.

[226] Daß man sich hinsichtlich der Theologie des Markell dabei auf einen Irrweg begeben hatte, steht auf einem anderen Blatt.

wird darin nicht nur eine Einflüsterung des Athanasius erblicken können, der Nizäa in seiner Polemik bald zur allein legitimen Synode hochstilisieren sollte.[227] Denn es ist schließlich die Synode von Nizäa selbst, die sich mit der Selbstbezeichnung »Große Synode« von anderen Synoden abhebt.[228] Es wird nun kein Zufall sein, daß in einigen Synodaldokumenten auch die Synodalen des westlichen Serdizense sich an diese Selbstbezeichnung von Nizäa anschließen und ihre Synode als »sancta et magna synodus« bezeichnen[229], während diese Wahl des Epithetons für die Orientalen nicht in Frage kommt.[230]

So scheint es mir dieses *Selbstverständnis* des Serdicense zu sein, daß den nachvollziehbaren Hintergrund für die bewußte Zusammenfügung der Beschlüsse beider Synoden in Rom bildet, die man sich dann am besten auch noch unter Julius vorzustellen hat. Dabei hat man das Protokoll von Serdika wahrscheinlich als Interpretation und Fortschreibung der nizänischen Bestimmungen betrachtet, und es ist wohl davon auszugehen, daß dieses Corpus »nizänischer« Bestimmungen mit der *fides* von 325 eröffnet wurde. Solche Verbindung mochte solange hingehen, wie der sich noch in Serdika manifestierende Kanon-Begriff dominant war und die Verankerung des »Kanonischen« in der apostolischen Norm gemeint und gesucht war. In dem Augenblick freilich, wo man begann, die Synodalentscheidungen von Nizäa und Serdika einzuteilen, durchzuzählen und »kanonistisch« zitierbar und belegbar zu machen und damit auch das theologische Selbstverständnis von Serdika zu »historisieren«, war ein Schritt in eine andere Richtung getan, die dann auch die Frage nach der historischen Berechtigung solchen Vorgehens zwingend machte.

---

[227] Vgl. dazu: Sieben, Konzilsidee 25-67.

[228] S.o. Das ist auch gegen Sieben, a.a.O., 215, zu betonen, obgleich natürlich aus dieser Bezeichnung die Autorität von Nizäa nicht ableitbar ist.

[229] Vgl.: die Ep.synodalis (CPG 8560): CSEL 65,107,6 *(in isto sancto et magno concilio)*; den Synodalbrief an die Kirchen in der Mareotis (CPG 8565): Turner, EOMIA I 657,3f.45. Auch Athanasius qualifiziert Serdika in Apol.sec. 1 so, vgl.: Opitz II 87,13).

[230] Sie reden in ihrer Ep.synodalis (CPG 8572) stets nur von *concilium*, vgl.: CSEL 65, 49,64; 67,8.

XXI. »CANON« UND »REGULA« IN DEN BESCHLÜSSEN AFRICANISCHER SYNODEN (345-525)

Eine Durchmusterung der Beschlüsse africanischer Konzile[1] ab der Mitte des 4. Jahrhunderts, die zusammen mit den päpstlichen Dekretalen und dann auch den Entscheidungen gallischer Provinzkonzile bekanntlich von grundlegender Bedeutung für die Entwicklung des abendländischen Kirchenrechtes sind, ist dank der mustergültigen Edition von *Ch.Munier*[2] überhaupt erst zu einer zuverlässige Aussagen ermöglichenden Unternehmung geworden. In der Tat sind alle älteren Darstellungen der Geschichte der africanischen Kanonessammlungen und ihrer weitverzweigten Überlieferung und Aufsplitterung in den mittelalterlichen abendländischen Kollektionen von *Munier* einer grundlegenden Revision unterzogen und die africanische Synodalgeschichte sowie die Dokumentation ihrer Beschlüsse auf festen Boden gestellt worden.[3]

Im folgenden soll der Frage nachgegangen werden, ob, in welchem Sinne und ab wann auf africanischen Synoden und für ihre Beschlüsse die Bezeichnung *canon* oder *regula* verwendet wird. Hinzu tritt die Frage nach der *Publikationsform* der *materies africana*. Angefangen bei dem ersten dokumentierten africanischen Konzil des 4. Jahrhunderts in Karthago unter Bischof Gratus zwischen 345 und 348 werden wir allerdings unseren Blick weit bis ins 6. Jahrhundert richten müssen. Denn zum einen ist es zu einer eigentlichen Blüte africanischer Synodaltätigkeit erst unter der über zwanzigjährigen Wirksamkeit des karthagischen Primas Africae Aurelius (ca.391-427) gekommen, zum anderen wird uns der Begriff *canon* – soviel sei hier vorweggenommen – erstmals auf der karthagischen Synode von 419 begegnen, und auch dann wird noch zu fragen sein, wann er sich nun endgültig durchgesetzt hat.

---

[1] Zu den Synoden in cyprianischer Zeit s.o. Kap. XVI 4.

[2] Concilia Africae A.345-A.525, ed.Ch.Munier (CChr.SL 149), Turnholt 1974.

[3] Zu den einzelnen Synoden vgl. im folgenden die Literaturhinweise. Eine chronologische Übersicht aller (Conspectus chronologicus) findet sich, a.a.O., XIX-XXXVIII. Die Ergebnisse der Edition zusammenfassend: Ch.Munier, La Tradition littéraire. Weiterhin grundlegend: F.L.Cross, History and Fiction; Schwartz, Kanonessammlungen 203-208. 217-255. Vgl. auch: Gaudemet, Sources 80-83.

Bei den zu untersuchenden africanischen Konzilien handelt es sich durchweg um »katholische«, nachdem Akten und Beschlüsse der donatistischen nicht erhalten sind. Die Protokolle der sog. »Konferenz von Karthago« mit ihren drei Sessionen vom 1.-8. Juni 411[4] können für uns außer acht bleiben. Bei dieser Konferenz handelt es sich hinsichtlich ihrer Verfahrensweise[5] eher um einen »nachklassischen Zivilprozess«.[6] Ein Blick in den Index der Edition von S. *Lancel*[7] zeigt, daß dort weder die Begriffe *canon* und *regula* noch die typisch africanische Synodalterminologie verzeichnet werden, die nun zu erheben ist.

1. ZUR KARTHAGISCHEN SYNODE »SUB GRATO« (CA.345/348)

Die geschichtliche Einordnung[8] dieses Konzils ergibt sich aus dem Eröffnungsvotum von Bischof Gratus (s.u.). Vorausgegangen war der Versuch von Kaiser Konstans, durch die beiden Gesandten Paulus und Macarius und Inaussichtstellung materieller Zuweisungen die Donatisten zu gewinnen. Dies war gescheitert und in offenen Aufruhr ausgeartet. Daraufhin hatte Konstans die Zwangsunion mit Gratus angeordnet, und diese war unter Konfiszierung donatistischer Kirchen und Güter gewaltsam durchgesetzt worden. Gratus blickt in seinem Eröffnungsvotum auf diese Situation zurück, die er als Werk Gottes preist und zu deren kirchlicher Absicherung in Treue zur kaiserlichen Anordnung[9] die Entscheidungen der Synode dienen sollen.

Gegen die Donatisten gerichtet sind allerdings nur die ersten beiden Beschlüsse, die jede Wiedertaufe verbieten und sich mit einer Bestimmung wahren Martyriums gegen die Verehrung von sich selbst den Tod Gebenden wenden. Die restlichen 12 Bestimmungen sind ohne direkten Bezug zum Donatismus und betreffen vor allem Fragen der *disciplina* des Klerus.

Die Überlieferung[10] hat von dieser Synode – mit Ausnahme der Subskriptionsliste – das Konzilsprotokoll bewahrt. Dieses bildet – in seiner Gesamtheit durchnumeriert – dann auch die *Publikationsform* der »Canones« dieser Synode in der »*Collectio Hispana*«.

4　Gesta Conlationis Carthaginiensis a.411, ed.S.Lancel (CChr.SL 149a), Turnholt 1974; ders., Actes de la Conférence de Carthage en 411, SC 194. 195. 224. 373, Paris 1972-1991. Zu dieser Konferenz vgl.: a.a.O., SC 194, 9-289.

5　Vgl.: S.Lancel, a.a.O., SC 194, 53-91.

6　Vgl. A.Steinwenter, Eine kirchliche Quelle.

7　Vgl. ders., a.a.O., SC 373, 1570ff.

8　Vgl hierzu insbesondere: Grasmück, Coercitio 112-131; s.a. Schindler, TRE 1, 658,20ff.

9　Die Synodalen sollen durch ihre Beschlüsse zeigen, daß Karthago nicht die Kraft dieses Gesetzes schwächt: *quod nec Carthago uigorem legis infringat* (ConcAfr 3,21).

10　Sie stammt aus der Collectio Hispana (ConcAfr 2); Text: ConcAfr 3-10. Zur Hispana vgl. oben: Kap. XVI 6.

Auf Datierung, Teilnehmerliste und das Eröffnungsvotum von Gratus[11] folgen 13 verschiedene Sachentscheidungen[12], die alle gleichermaßen strukturiert sind:

1. Antragsformulierung als Problemdarstellung mit evtl. Lösungsvorschlag durch einen Bischof, eingeleitet mit der Formel: »*N.N. (z.B. Gratus) episcopus dixit: ...« (relatio)*.

2. Einwände oder Ergänzungen durch Gratus in den Fällen, in denen er nicht selbst die *relatio* geboten hatte *(sententia)*.

3. Zustimmung oder Beschluß aller durch die Formel: »*uniuersi dixerunt: ...« (acclamatio)*.

Hinzu tritt ein *Abschlußvotum* von Gratus über die Durchsetzung der Beschlüsse durch Androhung von Exkommunikation bzw. Absetzung.[13] Schließlich die Aufforderung zur *Unterschrift* und deren Vollzug.

Es handelt sich also bei der Überlieferung der *Canones* der africanischen Synode *sub Grato* um die Publikationsform der Beschlüsse als Verhandlungsresultat mit dem unbearbeiteten Verhandlungsprotokoll. Nachdem uns diese Publikationsform im folgenden öfter begegnen wird, soll sie kurz als *Protokollstil* bezeichnet werden. Die Einteilung und Numerierung des Protokolltextes in 14 Nummern und die Hinzufügung einer den Inhalt zusammenfassenden oder das behandelte Thema angebenden Überschrift dient dem praktischen Gebrauch und stellt einen ersten Schritt kanonistischer Bearbeitung und Überlieferung des Textes dar. Besonders auffällig ist die Durchnumerierung des gesamten Protokolltextes, wenn das Abschlußvotum von Gratus über die Durchsetzung der Beschlüsse sowie die Aufforderung zur Unterschrift als Nr.14 bezeichnet werden, obwohl eigentlich kein Sachbeschluß vorliegt.

Es läßt sich freilich nicht feststellen, wann die in der Hispana enthaltenen *Tituli* entstanden sind. Es ist aber keineswegs ausgemacht, daß sie erst in der spanischen Überlieferung dem Protokoll zugewachsen sind und nicht bereits früherer Zeit entstammen. Dem Stil nach sind die meisten in der Hispana enthaltenen Tituli jedenfalls die Entscheidung *zusammenfassende Abbreviaturen*, eingeleitet durch *Ut*. Einige wenige[14] weisen – eingeleitet mit der Präposition *De* – allein auf das behandelte Thema hin. Diese beiden unterschiedlichen Arten der Titulatur (Inhaltsangabe bzw. Themenangabe) wird man im Blick behalten müssen.

---

[11] ConcAfr 3,1-22.

[12] ConcAfr 3,24-9,211.

[13] ConcAfr 9,214-10,225.

[14] Vgl. can.2.11.

Es ist nun einer der dem Protokoll später zugewachsenen Tituli – der zu Nr.14 –, der die Beschlüsse 1-13 als *canones* bezeichnet[15]. Im »can.14« selbst wie im gesamten eigentlichen Protokolltext der Synode kommt der Begriff *canon* demgegenüber nicht vor. Man wird die Diktion dieser Überschrift schon deshalb einer späteren Zeit zurechnen müssen.

Die Synode hat in ihrer Beschlußfassung meist identische Entscheidungen vorangegangener africanischer Provinzsynoden bestätigt[16]. An diesen Stellen begegnen uns nun die Bezeichnungen für africanische Synodalbeschlüsse, die uns bereits bekannt sind.[17] So werden sie *placita* genannt[18], wie denn die Beschlußfassung mit dem üblichen *placet* oder *placeat* erfolgt.[19] Neben *sententia*[20] ist *statuere*[21] die Bezeichnung für die Tätigkeit der Synodalen.

Neu ist allein die Verwendung des Begriffes *titulus*[22]. In diesem Begriff scheint mir ein Hinweis auf eine frühe Praxis bei der zu dieser Zeit anscheinend üblichen Publikationsform im Protokollstil enthalten zu sein. Diese Methode scheint in jener Einteilung der Protokolle in Sacheinheiten mit durchlaufender Zählung und Überschriften bestanden zu haben, um sie so in der kirchlichen Praxis verwendbar zu machen. Der in den Quellen des römischen Rechts übliche Begriff *titulus* bezeichnet dort nämlich u.a. auch als pars pro toto den in einem Schriftstück überschriebenen Abschnitt selbst.[23] Seine kirchliche Adaption wird nachvollziehbar, wenn es sich bei den von den Synodalen erwähnten *tituli* um die mit Überschriften versehenen Sachabschnitte der Protokolle älterer africanischer Provinzsynoden handelt. Man wird freilich kaum mit der verbalen Integrität der jeweiligen Titulierungen in der handschriftlichen Überlieferung rechnen können, so daß ein Rückschluß von der oben erwähnten Titulatur der Hispana zu Beschluß Nr.14 auf den Wortlaut der Überschrift dieses *titulus* gleich nach 345/8 unzulässig wäre.

Zur weiteren Begriffsverwendung ist folgendes festzustellen: Gebote Gottes sind *praecepta*[24], die Anordnungen der Apostel *statuta*[25]. Hier kommt freilich

---

[15] ConcAfr 9,212f.: *Ut laici contemptores canonum excommunicentur, clerici honore priuentur.*

[16] Vgl.: ConcAfr 3,15ff.; 5,58f.75; 9,200f.

[17] S.o.: Kap. XVI 4.

[18] ConcAfr 4,26; 10,227.

[19] ConcAfr 4,55; 5,71; 5,83.

[20] ConcAfr 6,94f.; 7,140.

[21] ConcAfr 3,22; 5,59; 6,98.103f.; 7,139 u.ö.

[22] ConcAfr 3,18.24f.; 4,41; 9,216.

[23] Vgl. Heumann-Seckel, Handlexikon s.v. 586f.: »Überschrift eines Schriftwerkes oder eines Abschnittes in demselben (insbs. auch im *Edictum perpetuum* des Prätors), dessen Inhalt bezeichnend, sowie der überschriebene Abschnitt selbst.«

[24] ConcAfr 3,18ff.

[25] Als *statutum* wird 2 Tim 2,4 zitiert: 6,114.

auch die Bezeichnung *lex* zur Verwendung.[26] Wie der Begriff *canon* nicht auftaucht, so werden die *placita* der Synode auch nicht *regulae* genannt. Einmal nur verwendet Gratus den Begriff im Sinne der normativen Darlegung der kirchlichen *disciplina*.[27]

2. ZUR KARTHAGISCHEN SYNODE DES JAHRES 390 (»SUB GENETLIO«)

Auch die nächste africanische Synode, von der uns Akten erhalten sind, ist allein in der Collectio Hispana überliefert.[28] Wiederum handelt es sich um ein *Synodalprotokoll* mit der bekannten Struktur:

> Einsetzend mit Datierung und Benennung der Teilnehmer sowie der eröffnenden *relatio* mit Bekenntnis zur Trinität[29] folgen sodann 11 *Sachentscheidungen* im Protokollstil *(relatio-sentenz-acclamatio)*; am Ende das Abschlußvotum des Vorsitzenden und der Beschluß, alle Entscheidungen zu halten mit Androhung von Exkommunikation bzw. Absetzung; endlich die Aufforderung zur Subskription und deren Vollzug (Subskriptionsliste fehlt).[30]

Das gesamte Protokoll ist ebenfalls in Sacheinheiten gegliedert und durchnumeriert sowie mit den Inhalt zusammenfassenden *Tituli* im *Ut-Stil* versehen. Als Folge davon wird die Eröffnungsrelatio von Genetlius zum trinitarischen Bekenntnis zur Nr.1 und sein Abschlußvotum mit Aufforderung zur Unterschrift zur Nr.13. Über Alter und Herkunft der in der Hispana enthaltenen Tituli läßt sich keine Aussage machen.

Im gesamten Text kommt der Begriff *canon* nicht vor. Die übliche Zustimmungsformel ist wiederum *placet* (passim). Die Beschlüsse dieser und früherer Synoden heißen *statuta*[31]. Für die Tätigkeit der Synodalen wird benutzt: *decernere*[32]. Gottes Gebot ist die *lex sancta* oder *lex diuina*.[33]

---

[26] ConcAfr 4,42; 5,74.86f.94; 10,222.

[27] Gott habe in dieser Zeit zugelassen, *ut liceat religiosis mentibus insinuare ecclesiasticam disciplinam, ut auditores percipientes regulam rectam et Deo placeant* (4,38f.). So bei seiner *relatio* zum zweiten antidonatistischen Beschluß.

[28] ConcAfr 11; Text: 12-19; zur Überlieferung und zeitlichen Einordnung: XIXf. u. Ch.Munier, IIe concile de Carthage.

[29] ConcAfr 12,1-5.6-24.

[30] ConcAfr 18,182-191.192-197.

[31] ConcAfr 13,44f.47; 17,144.152; 18,184.

[32] ConcAfr 19,194.

[33] So weist Genetlius in seiner *sentenz* zum Beschluß, daß kein Bischof die Grenzen

Der Begriff *regula* wird ebenfalls nicht für eigene Entscheidungen der Synode gebraucht, sondern für die apostolische Weisung. Denn die Zulassung von Personen mit übel beleumundeter Lebensführung als Ankläger gegen Presbyter und Bischöfe wird mit der Begründung abgelehnt, daß dies *contra apostolicam regulam* sei.[34] Gemeint sein wird hier wohl 1 Tim 5,19. Somit ist die apostolische Weisung die Norm und Richtschnur *(regula)*, deren Befolgung das Konzil durch seinen Beschluß durchsetzen will.

3. ZU DEN SYNODEN VON HIPPO (8.10.393) UND KARTHAGO (13.8.397 UND 28.8.397) UND DEM BREVIARIUM HIPPONENSE

Das Konzil von Hippo vom Jahre 393 ist das erste in der langen Reihe jener unter *Aurelius* abgehaltenen Reformkonzilien. Seine Akten sind freilich nur sehr fragmentarisch erhalten. Es sind nicht mehr als 5 erstmals von *Munier* edierte[35] Beschlüsse und zwei weitere, die auf der karthagischen Synode von 525 (s.u.) zitiert werden.[36] Diese Fragmente bieten das übliche Bild des synodalen Verhandlungsprotokolls. Dabei sind die von *Munier* aus dem Cod. Vercellensis 165 fol. 199 (s.IX) edierten Beschlüsse als Nr.1-4 durchnumeriert und bilden wohl den Anfang der Sachbeschlüsse im Protokoll. Datierung, Teilnehmerliste und Eröffnungsrelatio fehlen. Der Text enthält keine Tituli. Hinzu tritt ein nicht numeriertes Exzerpt aus einem späteren Beschluß. Die im Protokoll der Synode von 525 zitierten ungekürzten Protokollabschnitte, deren Abbreviatur in den can. A,D,E des *Breviarium Hipponense* (s.u.) vorliegt[37], sind sogar weder unterteilt noch numeriert oder mit Tituli versehen. Sie sind dort also aus dem unbearbeiteten Originalprotokoll zitiert worden, das auch den 4 (5) erstgenannten Entscheidungen zugrundeliegt.

Im Text werden die Beschlüsse weder *regulae* noch *canones* genannt. Allerdings taucht im letzten der 4 (5) von *Munier* neu edierten Beschlüsse der Begriff *scripturae canonicae* auf, zu dem das Brev.Hipp.Nr.36 zu vergleichen ist (s.u.).[38]

Der Begriff *regula* begegnet zweimal im Text.

---

seiner Diözese überschreiten dürfe, darauf hin, daß dies auch die *lex sancta* verbiete. Die Synodalen nehmen dies auf mit der Wendung, dies sei verboten *secundum diuinae legis auctoritatem*: ConcAfr 17,159.162. Gemeint sein wird das in solchen Zusammenhängen oft zitierte Wort Spr 22,28; Dt 19,14.

[34] ConcAfr 15,82.

[35] Ch.Munier, Cinq canons.

[36] ConcAfr 20f.269f.

[37] Vgl. ConcAfr 32.269 Anm.1.

[38] ConcAfr 21,45; 43.

Im Beschluß Nr.1 über die elterlichen Pflichten von Bischöfen und Klerikern wird formuliert: *ut semper filii sint in potestate parentum adque
disciplinae regulam ab ipsis uel maxime episcopis seu clericis redigantur.*[39]

Im Beschlußantrag, auch in der Mauretania Sitifensis das Institut eines
primae sedis episcopus einzurichten, wird gesagt: Wenn dann von Karthago
etwas nach der Provinz Mauretania mitgeteilt werde *causa regulae et
disciplinae,* sei zuerst der Primas zu unterrichten, der es weitergebe.[40]

Der Begriff *regula* taucht also beidemal zusammen mit *disciplina* auf, der
elterlichen und der kirchlichen; gemeint wird wohl die verbindliche Unterweisung und Lehre sein.

Von den Beschlüssen der Synode von Hippo fertigten nun vier Jahre später
die Bischöfe der Byzacene auf der karthagischen Synode vom 13.8.397 eine
zusammenfassende Kurzform an, das sog. *Breviarium Hipponense*[41], das der
Synode vom 28.8.397 in Karthago zur Bestätigung vorgelegt wurde und in
deren Akten überliefert ist.[42] Das ebenfalls dort enthaltene Schreiben der
Bischöfe Aurelius und Mizonius an die Bischöfe von Numidien und Maure-
tanien über das Brev.Hipp. benutzt nur die Begriffe *statuta* und *decreta*[43], und
auch im gesamten Text des Brev.Hipp. selbst werden dessen Beschlüsse nur
statuta und *placita* genannt.[44] Der Kanon-Begriff taucht allein für den unter
Nr.36 beschlossenen und aufgelisteten Schriftkanon auf.[45] In der Tat ist es
dieser Beschluß[46], der zu den richtungsweisenden Entscheidungen im Westen
für einen gesamtkirchlichen Kanon des Alten und Neuen Testamentes gehört.[47]

Nun hat das *Brev.Hipp.* die *placita* des Protokolls der Synode von Hippo
durch Bearbeitung vom Protokollstil in Beschlußform gebracht, weitgehend
im *Ut-Stil.* Diese Abbreviatur besteht im Prinzip darin, die *relatio* und even-

---

[39] ConcAfr 20,5f.

[40] ConcAfr 269,586; vgl. Brev.Hipp., can. D.

[41] Der Begriff *Breviarium* ist authentisch, vgl.: ConcAfr 183,44ff. (im weiteren: Brev.
      Hipp.)

[42] ConcAfr 30-46. Die Überlieferung des Brev.Hipp. in verschiedenen Kanones-
      sammlungen – meist unvollständig und die ursprüngliche Reihenfolge aufhebend –
      dokumentiert die Tabelle, a.a.O., XXIIIf. Zum Brev.Hipp. vgl.: a.a.O., XXIf.; Cross,
      History and Fiction 229-233; Gaudemet, Sources 80f.

[43] ConcAfr 28,7; 29,15.17.

[44] ConcAfr 33-46; 33,9; 43,210; 45,249; 33,8; 47.

[45] *scipturae canonicae*: ConcAfr 43,194.196; für den Kanon selbst: *isto canone*: 43,205.

[46] Zu seiner Fassung in der Collectio Hispana (dort can.47) vgl.: ConcAfr 340; auf der
      karthagischen Synode vom 25.5.419 wurde er unter die *Canones in causa Apiarii* (s.u.)
      aufgenommen mit differierender Zählung in der handschriftlichen Tradition, vgl.
      ConcAfr 108 (can.24); 125f. (can.29); 141f. (can.24 = Dionysius ex.).

[47] Vgl. z.B.: K.H.Ohlig, AL 1, 714f.

tuelle *sententiae* des Protokolls wegzulassen und die *placuit*-Formulierung des Beschlußtextes zu einem präzisen Aussagesatz zu formulieren. Verdeutlicht möge dies werden an der Bestimmung Brev.Hipp.Nr.13:

> *Ut episcopi uel clerici filios suos a sua potestate per emancipationem exire non sinant, nisi de moribus eorum et de aetate fuerint securi, ut possint ad eos iam propria pertinere peccata.*[48]

Der ursprüngliche Protokolltext im erhaltenen Beschluß Nr.1 von Hippo 393 hat demgegenüber fast die fünffache Länge.[49] In einigen Fällen ist in der Abbreviatur des Brev.Hipp. die Placuit-Formel des Protokolls noch stehengeblieben.[50]

Interessant ist, daß die späteren kanonistischen Sammlungen, in denen das Brev.Hipp. überliefert ist, auch noch die in Beschlußform gebrachten Entscheidungen von Hippo mit *Tituli* versehen haben. Den Grund hierfür wird man in der Ausführlichkeit der Epitomierung der einzelnen Beschlüsse im Brev.Hipp. erblicken müssen, die für die kanonistische Praxis anscheinend eine nochmalige Abbreviatur des Inhalts erforderlich erscheinen ließ. Dabei ist auch hier deutlich zwischen *zwei Tituli-Typen* zu unterscheiden. Zum einen sind es solche, die das im *statutum* behandelte Thema benennen, ohne die Sachentscheidung wiederzugeben, eingeleitet durch *De*. Für die o.g. Bestimmung lautet der Titel dann:

> *De filiis episcoporum uel clericorum.*[51]

Was hier materialiter bestimmt wird, geht aus diesem Überschriftstypus also nicht hervor. Davon zu unterscheiden sind *Tituli*, die eine Kurzfassung der im *statutum* behandelten Sachentscheidung bieten, eingeleitet durch *Ut*, *Quod* oder als Bedingungsfolgesatz formuliert mit *Si*. Dann lautet der Titulus für dieselbe Bestimmung z.B.:

> *Ut episcopi et clerici non eiciant filios suos.*[52]
>
> Oder noch ausführlicher: *Ut clerici filios suos a sua potestate exire non sinant, nisi aetate et moribus comprobatis.*[53]

---

48 ConcAfr 37,92ff.

49 Vgl.: ConcAfr 20,1-15; ich spare mir hier die Dokumentation des Textes.

50 Vgl. z.B. Nr.10a: *Hoc etiam placuit ut ...* (ConcAfr36,78); Nr.37: *Placuit etiam ut...* (43,209); daneben findet sich aber auch der Bedingungsfolgesatz: *Si...*; Nr.7;8a.

51 So im dortigen can.7 des Brev.Hipp. in der Collectio Corbeiensis (s.VI-VII, vgl. ConcAfr XIII (»C«); 51), die durchgängig diesen Stil benutzt.

52 So in der Collectio Quesnelliana, dort can.13 (vgl. ConcAfr 51f.).

53 So in der Hispana can.14 (ConcAfr 332,105f.)

Wir haben also in diesen Tituli des zweiten Typs *(Ut-Stil)* gewissermaßen die *Epitomierung der Epitomierung* vorliegen, insofern ja die Beschlußwiedergabe im Brev.Hipp. bereits die Zusammenfassung des Protokolls bietet und dieses auf den Beschluß reduziert.

Dem Phänomen des Brev.Hipp. und seiner Überlieferung ist also zu entnehmen, daß die Abbreviatur von im Protokollstil festgehaltenen Synodalbeschlüssen und ihre Umformung in den Beschlußstil ab 397 ein in Africa offiziell praktiziertes Verfahren darstellt. Dieses bediente sich in diesem Fall meist einer Formulierung, die der Placuit-Formel entnommen ist *(Ut-Stil)*. Daneben finden sich auch Formulierungen als Bedingungsfolgesatz *(Si-Stil)*. Diese Methode der Abbreviatur zeigt Verwandtschaft mit jenen aus der kanonistischen Überlieferung bekannten Tituli des zweiten Typs, die den durchnumerierten und nach Sacheinheiten eingeteilten Protokollen africanischer Synoden als ganzes vorangestellt oder mit denen die einzelnen Abschnitte überschrieben wurden. Die Abbreviatur des Synodalprotokolls, schon in ältester Zeit bei der Titulatur der Protokollabschnitte ein geübter Brauch, ist also ein Erfordernis der praktischen Anwendung der *placita* und trägt bei zunehmender Fülle der anzuwendenden Beschlüsse die Tendenz zu weiterer Abbreviatur in sich.

Schließlich ist dem Brev.Hipp. zu entnehmen, daß die Abbreviatur in diesem Fall nicht in die Originalakten eingefügt wurde, sondern als eigenständige Zusammenfassung *(Breviarium)* neben diesen existierte. Die reiche Überlieferung des Breviarium Hipponense gegenüber der erstmaligen Edition im Jahre 1968 von 5 Beschlüssen aus dem Protokoll von 393 bestätigt dies.

4. ZUR KARTHAGISCHEN SYNODE VOM 1. MAI 418

Die eben zum Breviarium Hipponense angestellten Beobachtungen lassen sich sogleich bestätigen anhand der Überlieferung der 9 antipelagianischen Bestimmungen der Synode von 418[54].

Für deren authentische Gestalt stehen die beiden Hauptüberlieferungen der Collectio Quesnelliana und der gallischen Tradition sowie die in den *Excerpta ex Registro Carthaginensis ecclesiae* zur Verfügung[55]. In der gesamten handschriftlichen Tradition nun sind diese Beschlüsse nur in der Abbreviatur der Beschlußform (Placuit-Stil) erhalten, versehen mit einer

---

[54]   Zur Synode vgl.: ConcAfr XXXIff. (Lit.); O.Wermelinger, Rom und Pelagius 165-196; Maier Nr.99.

[55]   ConcAfr 69-77.220-224. In den »Excerpta« sind es die Nr.108-116. Zu den Excerpta s.u. 6.

Datierung und einer allgemeinen Erwähnung der Teilnehmer, während das eigentliche Synodalprotokoll fehlt. Die weite Verbreitung der antipelagianischen Beschlüsse ist also in der Abbreviatur ohne eigentliches Synodalprotokoll erfolgt.

Man wird diese Abbreviatur nun nicht damit erklären können, daß die 9 Bestimmungen wohl gesondert von den anderen *placita* der Synode[56] als eigenständiges Dossier zur propagandistischen Darstellung der africanischen Position verbreitet worden waren.[57] Denn auch die restlichen *placita* der Synode sind im selben Beschlußstil gehalten. Es läßt sich also eine *durchgängige Abbreviatur* des Protokolls dieser Synode im *Beschlußstil* feststellen. Es liegt somit dieselbe Publikationsform vor, wie sie uns in Gestalt des Brev. Hipp. für die Beschlüsse von Hippo bezeugt ist. In dieser Gestalt sind die *placita* anscheinend ursprünglich nicht nochmals mit epitomierenden Tituli versehen worden. Ihr trotz Abbreviatur weiterhin beträchtlicher Umfang hat aber dann anscheinend in der Überlieferung der *Excerpta ex Registro Carthaginensis ecclesiae* auch zu ihrer Titulatur geführt.[58]

Der Text selbst enthält keinerlei Selbstbezeichnung der Beschlüsse. Auch in den und für die zentrale Fragen der Lehre betreffenden 9 antipelagianischen Entscheidungen kommt der Begriff *canon* nicht vor. Bemerkenswert ist aber die Verwendung des Terminus *regula fidei*.

In der Bestimmung, daß auch Neugeborene zur Vergebung der Sünden getauft werden (can.2), wird die Anathematisierung jeder Infragestellung der Notwendigkeit der Kindertaufe mit dem Zitat von Röm 5,12 begründet.[59] Der Verweis auf die apostolische Lehre von der Ursünde Adams wird zum entscheidenden Argument der Ablehnung der pelagianischen Position. Ausgedrückt wird dies mit der Qualifizierung von Röm 5,12 als *regula fidei*.[60]

Dieser Sprachgebrauch zeigt, daß der Begriff *regula fidei* auch am Anfang des 5.Jahrhunderts nicht einfach mit »Symbolum« identifiziert werden darf.

---

[56] Die nicht den Pelagianismus betreffenden Bestimmungen dieser Synode finden sich in den »Excerpta ex Registro Carthaginensis ecclesiae« (s.u.) Nr.117-127, ConcAfr 224-228.

[57] Vgl. dazu: Wermelinger, Rom und Pelagius 166f.

[58] Vgl. dort die Nr.108-116 und die Tituli der Handschriften, ConcAfr 235-247.

[59] Es handelt sich um das berühmte »*in quo omnes peccauerunt*«. Zu dieser Bestimmung im einzelnen vgl.: Wermelinger, a.a.O., 170-176.

[60] *Propter hanc enim regulam fidei etiam paruuli qui nihil peccatorum in seipsis adhuc committere potuerunt ideo in remissionem peccatorum ueraciter baptizantur:* ConcAfr 70,24; 75,17f.

Vielmehr wird gegenüber der Infragestellung der kirchlichen Taufpraxis und ihrer theologischen Begründung unter Verweis auf die beanspruchte apostolische Überlieferung eine Grundlehre christlichen Glaubens formuliert und ihre normative Bedeutung mitsamt der darauf beruhenden Praxis durch den Begriff *regula fidei* zum Ausdruck gebracht. Die Formulierung richtet sich gegen das Bekenntnis des Caelestius, der seine Position, wonach die Kindertaufe allein wegen des Eintritts in das Reich Gottes notwendig sei, ebenfalls mit der Regula-Terminologie als normative kirchliche Lehre bezeichnet hatte *(regula universalis Ecclesiae)*.[61]

5. ZUR KARTHAGISCHEN SYNODE VOM 25.-30. MAI 419 (»CAUSA APIARII«)

a) Der Kanon-Begriff in der Auseinandersetzung um die »causa Apiarii«

Auf dieser Synode kam es bekanntlich wegen des Falles des amtsenthobenen africanischen Presbyters *Apiarius von Sicca* und dessen *Appellation nach Rom* zur synodalen Verhandlung der römischen Appellationsansprüche, die bereits seit dem Vorjahr durch drei römische Legaten unter der Leitung von Faustinus von Potenza in Karthago geltend gemacht wurden. Dabei ging es um die Gültigkeit der serdizensischen Appellationsbeschlüsse in Africa, die von römischer Seite als nizänische Entscheidungen präsentiert wurden, als solche aber in Karthago unbekannt waren. Dies führte zur Beschaffung von Abschriften der nizänischen Beschlüsse bei Kyrill von Alexandrien und Attikos von Konstantinopel, nach deren Eintreffen die römischen Ansprüche in der den Fall abschließenden Synode von 424/5 endgültig zurückgewiesen wurden.[62] Wegen der grundlegenden Bedeutung der Angelegenheit hatte Aurelius für 419 ein africanisches Generalkonzil mit 242 Teilnehmern[63] einberufen.

Die den gesamten Fall betreffende Aktensammlung wird von *Munier* »Codex Apiarii causae« genannt.[64] Gleich zu Beginn der Sitzung vom 25.5.419 taucht hier nun erstmals in africanischen Synodalakten der Begriff *canon* auf.

Nach dem Protokoll wollte Aurelius nach der Eröffnung der Synode mit der Verlesung der in Nizäa *a patribus constituta* beginnen, wie sie in

---

[61] Vgl.: Wermelinger, a.a.O., 172f.

[62] Zu dem oft geschilderten Fall vgl. z.B.: Marschall, Karthago und Rom 166-197; ConcAfr XXXIV (Lit.).

[63] Vgl.: Turner, EOMIA I,2, 585-90.

[64] ConcAfr 89-172; zum Codex: 79-88; vgl. auch: Turner, EOMIA I,2, 562-624; dazu: Cross, History and Fiction 240ff; Gaudemet, Sources 81f.

Karthago vorlagen. Als der Notarius Danihel allerdings mit der Verlesung
»*Nicaeni concilii fidei professio uel statuta*«[65] beginnen wollte, wurde er von
dem römischen Legaten Faustinus vorerst daran gehindert, indem dieser
durchsetzte, daß als erstes seine ihm von Papst Zosimus mitgegebenen
Instruktionen *(commonitorium)* mit Bevollmächtigung, Auftrag und Wortlaut der als nizänisch bezeichneten »*Canones*« verlesen wurden. Es handelt
sich dabei um die serdizensischen can.7 und 17 (lat). = V und XIV (gr.).[66]

Im Votum von Faustinus und im Commonitorium von Zosimus taucht
nun erstmals in africanischen Synodalakten der *lateinische* Begriff *canon* auf.
So will Faustinus zuerst das Commonitorium verlesen, um klarzustellen,

*hoc est de canonibus ut conseruentur et constitutio eorum et consuetudo: quia
in aliqua ordine et canone tenentur, aliqua consuetudine firmata sunt.*[67]

Wir haben hier also gleich eine zweifache Verwendung des Begriffes *canon*
vorliegen, zum einen als Terminus technicus für die *Beschlüsse von Nizäa*, zum
anderen als *Normbegriff*, mit dem die allgemeine Verbindlichkeit der infragestehenden Beschlüsse bezeichnet wird. Im »Commonitorium« von Zosimus
ist dann deren Wortlaut als *uerba canonum* eingefügt.[68]
Es fällt nun auf, daß in der sich daran anschließenden Diskussion allein der
Römer hinsichtlich der nizänischen Bestimmungen stets von *canones* redet[69],
während die Africaner auch für die nizänischen Beschlüsse diesen Begriff nicht
verwenden.[70] So bezeichnet auch die gesamte handschriftliche Tradition die
sodann verlesenen nizänischen Kanones als *Statuta Niceni concilii*[71]. Diese sog.
Versio Caeciliani soll mit den anderen ältesten lateinischen Übersetzungen der
nizänischen Kanones im nächsten Abschnitt näher in den Blick genommen
werden.
Die Konzilsakten von 419 dokumentieren sodann die sog. *Canones in causa
Apiarii*.[72] Es handelt sich dabei um eine für die spezifischen Absichten dieser
Synode ad hoc gefertigte Zusammenstellung älterer africanischer *statuta*[73], die

---

65   ConcAfr 89,20f.;90,26f.
66   = Turner: can. IIIb) + XI. Vgl.: Turner, EOMIA I,2, 571ff.+ 460; 578+480; 496ff.+522ff.
67   ConcAfr 90,32ff.
68   ConcAfr 90,54.
69   *dubios esse canones*; *integros canones*: 92,97.99; vgl. 93,148. Genauso aber auch *capitula*:
       92,96;93,154.
70   Vielmehr: *quod ... constitutum est*; *statuta*: 91,75;93,140.158;94,161.
71   Munier verweist auf 6 Überlieferungsstränge, vgl. ConcAfr 95ff.; Turner EOMIA I,2,
       583f.; 112.
72   Hierzu vgl. Cross, History and fiction 234ff.; ConcAfr 98f.; Munier bietet des Text in
       3 Überlieferungen, vgl.: ConcAfr 101-115.116-131.132-148.
73   Zur Herkunft der einzelnen Bestimmungen vgl. die Tabelle: ConcAfr 100.

die africanische Position der jurisdiktionellen Unabhängigkeit gegenüber Rom kirchenrechtlich belegen sollten. Auf der Sitzung am 25.5.419 werden diese nun von verschiedenen Bischöfen gleichsam rezitativ vor den römischen Legaten verlesen. In der späteren Überlieferung dieser *Kompilation* – insbesondere seit Dionysius exiguus sie Anfang des 6. Jahrhunderts in seinen »Codex canonum« aufnahm, und vollends als er in seiner zweiten Ausgabe desselben[74] noch einfach weiter numerierend die »Excerpta ex Registro Carthaginensis ecclesiae« (s.u.) anschloß und die Fiktion eines einheitlichen Ganzen (»Concilium apud Carthaginem Africae«) entstand – ging das Wissen um den kompilatorischen Charakter der »Canones in causa Apiarii« offensichtlich verloren. Bezeugt wird dies durch die in allen Überlieferungen anzutreffende, aber stets uneinheitliche Durchnumerierung dieser Zusammenstellung. Besonders auffällig ist dies hinsichtlich der dortigen Nr.1, bei der es sich um nichts weiter als das Einleitungsvotum von Aurelius vom 25.5.419 für den folgenden Vortrag der Kompilation handelt, in dem er betont, daß die eben verlesenen *exemplaria statutorum* von Nizäa in Africa unverändert bewahrt würden.[75] Im gesamten Text dieser Kompilation werden die zusammengestellten *statuta* nirgends als *canones* bezeichnet.

Geht man der Frage nach, in welcher Gestalt diese *statuta* im Verhältnis zur Publikationsform ihrer Herkunftssynode[76] zu Protokoll genommen wurden, so ergibt sich, daß sie manchmal auszugsweise aus dem Protokoll der entsprechenden Synode verlesen wurden[77], teilweise aber auch vollständig mit allen im Protokoll enthaltenen *sententiae*.[78] Auffällig ist, daß meist auch die Akklamationen mitzitiert werden. Sofern es sich um einen Protokollauszug handelt, kann man nicht von einer Abbreviatur in dem seit dem Brev.Hipp. festzustellenden Sinn sprechen, nachdem im Auszug keine Verdichtung des Beschlusses etwa zur Placuit-Form oder im Ut-Stil erfolgt. Dies betrifft vor allem die Synoden »sub Grato« von 345 (Nr.4.5) und »sub Genetlio« von 390 (Nr.2-3.6-12). Das Brev.Hipp. wird in den Nr.13-29 in seiner Originalform zitiert. Die Nr.30-34 von der karthagischen Synode vom 13.9.401 sind sonst allein aus den »Excerpta ex Registro Carthaginensis ecclesiae«[79] bekannt. Die dortige Nr.70 stellt die Beschlußform der Bestimmung dar, die hier als Nr.30 im Protokollstil zitiert wird. Die weiteren Bestimmungen werden in Abbreviatur verlesen, und die neuen Beschlüsse der Synode vom 25.5.419 (Nr.35-40) werden gleich im Placuit-Stil protokolliert.

---

[74] Zur Dionysiana secunda vgl.: Gaudemet, Sources 134-137.

[75] ConcAfr 101,1ff.

[76] Vgl. dazu die Tabelle: ConcAfr 100.

[77] Dies ist der Fall bei den Nummern (ich gebe die Numerierung nach Muniers »Collectio Italiae« (a.a.O., 100): 2-6.9.11.12.

[78] So bei Nr.7.8.10.

[79] Vgl. Nr.66-85. ConcAfr198-205.

Die Protokollierung erfolgt also nach der Publikationsform der Original-
protokolle der Herkunftssynoden. Dies wird einerseits aus dem Zweck der
Kompilation verständlich, der ja ursprünglich nicht in der praktisch-kano-
nistischen Handhabung bestand, sondern in einer möglichst präzisen Beweisführung der africanischen Rechtslage gegenüber den römischen Ansprüchen.
Als besonders wichtig scheint man hier die Demonstration der Einmütigkeit
des africanischen Episkopates empfunden zu haben, die durch die wiederholte
Protokollnotiz: »*Ab uniuersis episcopis dictum est ... placet*« dokumentiert wurde. Es ist aber deutlich, daß der ausführliche Protokollstil nur im Zitat der
älteren Synoden »sub Grato« und »sub Genetlio« vorliegt.

Nehmen wir nun auch noch die letzten Aktenstücke des »Codex Apiarii
causae« in den Blick. Das Schlußvotum von Aurelius zu allen am 25.5. vorgetragenen Bestimmungen redet von *statuta* und *tituli*.[80] In ihrem in scharfem
Ton gehaltenen *Synodalschreiben* an Papst Bonifatius noch vor Eintreffen der
in Alexandrien und Konstantinopel bestellten Abschriften benutzen die Synodalen nun auch selbst den Begriff *canon* in Bezug auf die *nizänischen Bestimmungen*.[81] In dem Brief *Optaremus* der karthagischen Synode von 424/5 schließlich, auf der der Fall des Apiarius wegen der mittlerweile vorliegenden
Abschriften aus dem Osten nun endgültig zuungunsten der römischen Ansprüche beendet wird und sich die Africaner jede weitere Einmischung verbit-
ten, wird allerdings auch von den nizänischen Kanones nicht mehr als *canon*
gesprochen. Sie heißen vielmehr: *definitio patrum, decreta Nicaena, constitutum*.[82]

Man hat den Eindruck, daß die Canon-Terminologie den römischen Legaten geläufiger war als den africanischen Bischöfen. In zweifacher Bedeutung
gehörte der Begriff anscheinend zu ihrem festen Wortschatz. Nachdem man
sich der anmaßenden Vertretung römischer Ansprüche entledigt hatte, hat
man auf africanischer Seite anscheinend auch schnell wieder die damit einher-
gehende Diktion abgelegt. Nirgendwo spielt aber auch hier der Begriff *regula*
eine Rolle.

b) »Canon« in den ältesten lateinischen Übersetzungen der nizänischen Kanones

In der verlesenen lateinischen Übersetzung der Kanones von 325 begegnet
nun freilich wie im griechischen Originaltext[83] der Kanon-Begriff ausgespro-

---

[80] ConcAfr 149,2.4.
[81] ConcAfr 156-161. 160.100.111. Zum Brief überhaupt vgl.: Marschall, Kathago und Rom
      180ff.
[82] ConcAfr 171,55.56.73.
[83] Dazu s.o. Kap. XVIII 2.

464 XXI. »Canon« und »regula« in den Beschlüssen africanischer Synoden

chen häufig. Es handelt sich dabei um die sog. *Versio Caeciliani*[84] *(Caec.)*, benannt nach dem karthagischen Bischof Cäcilian, der zu den Teilnehmern des Nicaenums gehörte und ein Exemplar der Akten sicher mit nach Hause genommen hatte.

> *E.Schwartz* hat nachdrücklich darauf hingewiesen, daß damit nicht gegeben war, »daß gleichzeitig eine lateinische Übersetzung angefertigt und diese allein maßgebend wurde. In Africa schwand die Kenntnis des Griechischen nicht so rasch wie in Rom«. Die Berufung der africanischen Synode von 419 wegen der »causa Apiarii« auf die von Cäcilian mitgebrachten »*exemplaria fidei et statuta Nicaeni synodi*« bedeute nur, »daß der auf der Synode verlesene Text des Symbols und der Kanones dem Bestand nach sich mit dem von Cäcilian nach Karthago mitgebrachten und in Abschriften vervielfältigten Exemplar deckte, keineswegs, daß die vorgelegte Übersetzung unter Cäcilian angefertigt oder gar aus Nicaea von ihm mitgebracht war.« »Denn es läßt sich nachweisen, daß die 419 ... verlesene Übersetzung nicht im 4., sondern erst im angehenden 5. Jahrhundert angefertigt ist.«[85] Der Wortlaut des Symbols und die berühmte Glosse zum can.6, in der dem römischen Bischof nur die Oberhoheit über die Italia suburbicaria zugesprochen wird, sind nämlich mit der von Rufin in seiner Kirchengeschichte (X 6) einverleibten sog. *Abbreviatio Rufini* identisch, so daß hier eine Abhängigkeit vorauszusetzen ist.

Diese Übersetzung ist demnach erst zwischen 403 und 419 hergestellt worden.[86] Zusammen mit ihr werden wir auch gleich die sog. *Versio Attici*[87] *(Att.)* in den Blick nehmen, die Attikos von Konstantinopel auf Anforderung der Synode geschickt hatte und die eine in Konstantinopel »ad hoc gefertigte Übersetzung« darstellt.[88] Beide Fassungen sind nur in den Akten der Synode von 419 überliefert, dürften also nicht gesondert benutzt worden sein und kommen in den alten lateinischen Kanonessammlungen ansonsten nicht vor.[89] Schließlich nehme ich noch die *Versio* aus dem Codex des Bischofs von Teate *Ingilram* (s.IX) hinzu[90] *(Ing.)*, in der uns wahrscheinlich die älteste römische Übersetzung der nizänischen Kanones überliefert ist.[91] *Schwartz* hält die Leistung des Übersetzers insgesamt für mäßig und billigt ihm nur »geringe

---

[84] Turner, EOMIA I 104-142; vgl.: Hefele- Leclercq I,2, 1143ff.
[85] Alle Zitate: Schwartz, Kanonessammlungen 203f.
[86] A.a.O., 206.
[87] Turner, a.a.O., Spalte II. Vgl.: Hefele-Leclercq I,2, 1145f.
[88] Schwartz, Kanonessammlungen 204.
[89] A.a.O., 207f.
[90] Turner, a.a.O., Spalte IV.
[91] Vgl.: Schwartz, Kanonessammlungen 211-215; Hefele-Leclercq I,2, 1157.

Kenntnis des Griechischen« zu.[92] Die Übersetzung sei aber wohl noch unter Papst Julius (337-352) erfolgt, um »die originallateinischen Kanones von Serdika« damit zu einem Ganzen zu vereinigen.[93]

> Diese *Datierung* beruht also zum einen auf der Tatsache, daß in Rom die nizänischen Kanones stets mit den serdizensischen zusammen überliefert wurden, ein Faktum, das von *E.Schwartz* ausschließlich unter dem Gesichtspunkt der »Erweiterung der päpstlichen Macht« interpretiert wird.[94] Zum anderen auf der These, daß die Bestimmungen von Serdika ursprünglich nur lateinisch vorlagen und erst nach 360 ins Griechische übersetzt wurden.[95] Nimmt man nun aber eine zweisprachige Redaktion der serdizensischen Bestimmungen im Original an, wäre die Verbindung der nizänischen Kanones mit diesen in Rom auch in der griechischen Fassung vorstellbar, und für die Frage der Datierung der ältesten römischen lateinischen Übersetzung der nizänischen Bestimmungen nicht viel gewonnen.

Wir befinden uns hier also hinsichtlich der *Datierung* auf unsicherem Boden, und so setzt auch *Gaudemet*[96] die älteste römische lateinische Sammlung der Kanones von Nizäa und Serdika zwischen Julius (337-352) und Innozenz I. (401-417) an, ohne den Zeitrahmen weiter einzugrenzen. Jedenfalls liegen uns hier die drei ältesten lateinischen Übersetzungen der Kanones von Nizäa vor, eine africanische aus den Jahren 403-419 (Caec.), eine in Konstantinopel nach 419 gefertigte (Att.) und eine römische (Ing.), die wahrscheinlich älter als die africanische ist. Sie sollen im folgenden hinsichtlich ihrer Übersetzung des Kanon-Begriffes untersucht werden.[97]

Ich setze hier zuerst die Übersetzungen zum *absoluten Sprachgebrauch* von ὁ κανών her:

> can.1[98] (τοὺς τοιούτους εἰς κλῆρον προσίεται ὁ κανών) läßt Caec. den Kanon-Begriff weg. Att.: *tales ad clerum adplicat canon.* Ing.: *prouata uita eorum suscipiendos esse in clerum censemus.*

> can.9[99] wird die Wendung τούτους ὁ κανών οὐ προσίεται so übersetzt: Caec.: *huiusmodi canon respuit nec admittit;* Att.: *tales canon nun suscipit sed abicit;* Ing.: *hos canon et ecclesiastica disciplina non suscipit.* Das dortige

---

[92] A.a.O., 213 Anm.2.

[93] A.a.O., 211.

[94] Ebd.

[95] Vgl. o. Kap. XX 3.

[96] ders., Sources 76.

[97] Ansonsten vgl.: H.Mordek, Der römische Primat.

[98] Turner, EOMIA I 112f.;113,13f. Zum Inhalt vgl. o.: Kap. XVIII 2 b).

[99] Turner, EOMIA I 126,6f.;127,6f. Zum Inhalt: a.a.O.

παρὰ κανόνα fehlt bei Caec.; Att.: *contra canonem moti homines;* Ing.: *citra ordine et disciplina moti homines.*

can.15[100] (τὴν συνήθειαν τὴν παρὰ τὸν κανόνα): Caec.: *consuetudo quae est extra canonem;* Att.: *consuetudo quae est contra canonem;* Ing.: *hanc consuetudinem quae extra disciplinam et canonem fit.*

can.5[101] (κατὰ τὸν κανόνα τὸν διαγορεύοντα): Caec.: *sententia synodalis obtineat;* Att.: *obtineat sententia iuxta canonem;* Ing.: *teneat sententia.*

Als nächstes die Übersetzungen der Wendung κανὼν ἐκκλησιαστικός[102]:

can.2[103] (παρὰ τὸν κανόνα τὸν ἐκκλησιαστικόν): Caec.: *facta sunt extra ecclesiasticum canonem;* Att.: *facta sunt contra canonem aecclesiasticum;* Ing.: *sunt contra disciplinam et regulam ecclesiasticam.*

can.6[104] (κατὰ κανόνα ἐκκλησιαστικόν): Caec.: *secundum ecclesiasticum canonem;* Att.: *secundum canonem aecclesiasticum;* Ing.: *secundum regulam ecclesiasticam.*

can.16[105] (μήτε τὸν ἐκκλησιαστικὸν κανόνα εἰδότες): Caec./Att.: *neque ecclesiasticum canonem scientes;* Ing.: *nec disciplinam aut regulam ecclesiasticam tenentes.*

can.10[106] (τοῦτο οὐ προκρίνει τῷ κανόνι τῷ ἐκκλησιαστικῷ): Caec.: *nullum ecclesiastico canoni preiudicium faciunt;* Att.: *hoc non praeiudicat canoni aecclesiastico;* Ing.: *hoc non praeiudicat regulae ecclesiasticae.*

Die Wendung ὁ παλαιὸς καὶ κανονικὸς νόμος (can.13[107]) übersetzt Caec.: *lex synodalis et antiqua.* Dagegen Att./Ing.: *uetus et canonica lex.*

can.18[108] (ὅπερ οὔτε ὁ κανὼν οὔτε ἡ συνήθεια παρέδωκε): Caec.: *quod neque canon tradidit neque consuetudo;* Att.: *quod neque canon neque consuetudo tradidit;* Ing.: *quod neque canones neque ecclesiastica regula tradidit.* Ebenfalls in can.18 (παρὰ κανόνα γὰρ καὶ παρὰ τάξιν): Caec.: *extra ordinem canonemque;* Att.: *praeter canonem enim et praeter ordinem est;* Ing.: *extra canone est enim et extra ordine quod fit.*

---

[100] Turner, EOMIA I 134,4;135,4f. Zum Inhalt: a.a.O.
[101] Turner, EOMIA I 118,3;119,4. Zum Inhalt: a.a.O.
[102] Zum Inhalt vgl. o.: Kap.: XVIII 2 c).
[103] Turner, EOMIA I 114,3ff;115,3f. Zum Inhalt: a.a.O.
[104] Turner, EOMIA I 120,17;121,8. Zum Inhalt: a.a.O.
[105] Turner, EOMIA I 134,3; 135,4f. Zum Inhalt: a.a.O.
[106] Turner, EOMIA I 126,4f.;127,4. Zum Inhalt: a.a.O.
[107] Turner, EOMIA I 130,2;131,2. Zum Inhalt: a.a.O.
[108] Turner, EOMIA I 138,4.20;139,5.21f Zum Inhalt: a.a.O.

Auffällig ist, daß *Caec.* die Verwendung des Kanon-Begriffes für das *Kleriker-verzeichnis*[109] nicht mehr versteht[110], während Att. hier wörtlich korrekt ist und auch Ing. sachlich zutreffend übersetzt.

> So in can.16[111] (οἱ ἐν τῷ κανόνι ἐξεταζόμενοι): Caec.: *uel de quibus canon statuit; secundum canones;* Att.: *aut quicumque sunt in canone constituti; clericus qui in canone continentur;* Ing.: *in canone constituti; in ordinem aecclesiasticum constituti.*
> Ebenso in can.17[112] (καὶ ἀλλότριος τοῦ κανόνος ἔσται): Caec.: *canonum statuta contemnens;* Att.: *et alienus a canone sit;* Ing.: *alienum erit a canone ecclesiastico.*

Zu diesem Befund ist zuerst einmal festzustellen, daß von allen drei Über-setzungen die in Konstantinopel gefertigte die präziseste ist, während Caec. in den zuletzt genannten Fällen direkt falsch übersetzt. Sodann fällt auf, daß *Caec. und Att.* im Gegensatz zu *Ing.* nicht ein einziges mal κανών mit *regula* übersetzen, sondern stets und ausschließlich das lateinische Lehnwort *canon* benutzen. Die Präzision an dieser Stelle wird also mit einer einfachen Methode erzielt, während eigentlich nur Ing. hier den Versuch einer echten Übersetzung vornimmt. Aber anscheinend hat man sowohl in Konstantinopel wie in Africa die mit dem griechischen Kanon-Begriff in kirchlicher Verwendung ausge-drückte Normativität des Bezeichneten nicht in gleicher Weise im lateinischen Begriff *regula* aufgehoben gefunden. Überall da, wo es um den absoluten Kanon-Begriff geht oder die entsprechende Wendung κανὼν ἐκκλησιαστικός, wird deshalb von Caec./Att. mit *canon* bzw. *canon ecclesiasticus* übersetzt.

Bezeichnend sind nun zwei Fälle, in denen *Caec.* die griechische Begriffs-verwendung nicht versteht und κανών als Bezeichnung für einen Synodal-beschluß interpretiert. So in can.5 mit der Übersetzung *sententia synodalis* für κατὰ τὸν κανόνα und in can.13 mit *lex synodalis et antiqua* für ὁ παλαιὸς καὶ κανονικὸς νόμος. Man wird daraus nicht den Schluß ziehen dürfen, daß dies die genuine Interpretation der nizänischen Formulierung darstellt und unsere Interpretation beider Kanones[113] wegen dieser lateinischen Übersetzung vom Anfang des 5. Jahrhunderts deshalb hinfällig wäre. Dagegen spricht schon, daß Att. und Ing. an dieser Stelle besser übersetzen. Vielmehr ist daraus zu schlie-ßen, daß Caec. zu einer Zeit erfolgte, in der man unter κανόνες bereits die in Geltung stehenden Synodalbeschlüsse disziplinärer Natur verstand, und dem africanischen Übersetzer dieser Sprachgebrauch bekannt war, den er auch

---

[109] Dazu vgl. oben Kap. XVIII 2 e).
[110] Dies beobachtete bereits E.Schwartz, Kanonessammlungen 206 Anm.1 (207).
[111] Turner, EOMIA I 134,5;136,14.16;135,6f.
[112] Turner, EOMIA I 136,2.15;137,7f.14f.
[113] Vgl. o. Kap. XVIII 2 c).

lateinisch formulierte in seinen Fehlübersetzungen von can.16.17. Die Verwendung des Kanon-Begriffes in der lateinischen Übersetzung von Caec. bestätigt also zusätzlich deren späte zeitliche Ansetzung. Die Übersetzung von can.5 und 13 aber macht deutlich, daß auch durch diesen Übersetzer der griechische Sprachgebrauch nicht einfach für das lateinische Africa übernommen wurde, wenn er in seiner Interpretation von κανών als Synodalbeschluß eben nicht einfach *canon* schreibt, sondern *sententia synodalis* und *lex synodalis*. Der griechische Kanon-Begriff als lateinisches Lehnwort *canon* bleibt hier gewissermaßen noch reserviert als theologischer Normbegriff für das Gesamt des in der Kirche Normativen.

Als *Fazit* könnte man formulieren, daß die *Versio Caeciliani* – auch wenn eine breite africanische kirchliche Rezeption nicht bekannt ist – bezeugt, daß die ältere griechische Kanon-Terminologie – abgesehen vom Terminus technicus für das Klerikerverzeichnis – in Africa durchaus bekannt ist und entsprechend für die Übersetzung benutzt wird. Der ebenfalls bekannten Applikation des Begriffes auf Synodalbeschlüsse scheint man aber ablehnend gegenüberzustehen.

Zu *Ing.* war oben schon festzustellen, daß diese angebliche römische Übersetzung gegenüber Caec. noch die Bedeutung von κανών als Klerikerverzeichnis versteht und dort den Kanon-Begriff stehenläßt (can.16). Dabei übersetzt Ing. in diesem Sinne sogar einmal den Kanon-Begriff mit *clerus* (can.1). Insgesamt ist die Tendenz deutlich, das griechische κανών möglichst in lateinische Äquivalente aufzulösen, wozu extensiv der Begriff *regula* herangezogen wird. Am einfachsten scheint dies bei der Wendung κανών ἐκκλησιαστικός möglich zu sein, die einfach mit *regula ecclesiastica* übersetzt wird (can.6.10.18) und evtl. noch durch den Zweitbegriff *disciplina* ergänzt wird (can.2.16). Steht der Kanon-Begriff im Griechischen allerdings allein, wird die Übersetzung stets zur Interpretation, die Rückschlüsse auf das Verständnis von *canon* zuläßt. Sachgemäß ist hier can.9: παρὰ κανόνα = *citra ordine et disciplina*. Wenn aber hierzu das lateinische Lehnwort *canon* benutzt wird, scheint dieses nicht als ausreichend empfunden zu werden; es wird durch einen Zweitbegriff ergänzt: *extra disciplinam et canonem* (can.15), *canon et ecclesiastica disciplina* (can.9), *extra canone ... et extra ordine* (can.18). Es hat den Anschein, als ob hier *canon* als Lehnwort primär als Synodalentscheid verstanden wird. Besonders auffällig ist dies in can.18, wo ὁ κανών mit *canones* im Plural übersetzt wird und, um der Aussage des griechischen Textes gerecht zu werden, noch *ecclesiastica regula* als Zweitbegriff hinzugefügt wird. So wird auch in can.1 der absolute Sprachgebrauch des Griechischen in lateinische Synodalterminologie umgesetzt: *censemus*. Aus der Norm der Tradition wird so der Beschluß einer Synode. Can.5 schließlich interpretiert gleich κανών im Sinne von *sententia*.

Die römische Übersetzung aus dem Codex von Teate *(Ing.)* macht also deutlich, daß in diesem Kontext anscheinend das lateinische Lehnwort *canon* nicht mehr ohne weiteres im absoluten Sinne des griechischen »ὁ κανών« angewendet werden kann. Κανών ist nicht einfach gleich *canon*! Wenn die

Aussage des griechischen Textes unter Benutzung des lateinischen Lehnwortes erzielt werden soll, müssen deshalb jeweils andere lateinische Begriffe *(disciplina, ordo)* hinzutreten. Die dem entsprechende Wendung κανὼν ἐκκλησιαστικός wird durchweg latinisiert. Die vorrangige Bedeutung von *canon* scheint hier der in Geltung stehende Synodalbeschluß zu sein. Vergleicht man damit den Sprachgebrauch von Papst Julius I., wie er oben herausgearbeitet wurde[114], so muß die zeitliche Ansetzung dieser Übersetzung unter Julius als unwahrscheinlich beurteilt werden. Sie wird einer späteren Zeit angehören.

6. ZU DEN EXCERPTA EX REGISTRO CARTHAGINENSIS ECCLESIAE

Die wichtigste Quelle für diese Kompilation[115] älterer africanischer Synodalplacita ist die Dionysiana secunda[116], in der sie von Dionysius exiguus bald nach 500 irrtümlich mit den »Canones Apiarii causae« zu einer Einheit verbunden wurde, indem er die »Excerpta« diesen nachstellte und beides durchnumerierte.[117] Die »Excerpta« sind wahrscheinlich die Privatarbeit eines africanischen Klerikers am Ende des 5. Jahrhunderts[118], der aus den Archiven der Kirche von Karthago Auszüge aus den Synodalprotokollen von 397-418 anfertigte. Die Bedeutung der »Excerpta« besteht vor allem darin, daß sie für viele Synoden die einzige oder wichtigste Quelle darstellen.[119]

Auch über die von uns bereits behandelten Synoden hinaus bieten die den »Excerpta« zu entnehmenden Protokollauszüge keine andere Diktion. Nirgends werden die *statuta, constituta* oder *decreta*[120] der africanischen Synoden auch hier *regulae* oder *canones* genannt.

---

[114] Vgl.: Kap. XX 4 be).

[115] ConcAfr 182-247. Zu den »Excerpta«: a.a.O., 173-181; Cross, History and fiction 233-239; Gaudemet, Sources 82ff.

[116] Vgl. hierzu: Gaudemet, Sources 134-137.135.

[117] Nr.1-33 = Canones Apiarii causae; 34-133 = »Excerpta«.

[118] So Munier, a.a.O., VII.173, mit E.Schwartz, Kanonessammlungen 232.

[119] Die Zusammenbindung der Canones in causa Apiarii und der »Excerpta« bei Dionysius hatte in der älteren Literatur zur der Annahme der Zusammengehörigkeit beider Sammlungen und ihrer Zugehörigkeit zur Synode vom 25.5.419 geführt. Man sah darin eine Gesamtredaktion africanischen Kirchenrechtes und redete von einem »Codex canonum ecclesiae Africanae«. Vgl. z.B. Hefele II 125-133; Lauchert, Kanones XXVII; G.Bardy, Afrique; so noch bei: Marschall, Karthago und Rom 177. Die Zugehörigkeit der »Excerpta« zur Synode von 419 ist aufzugeben, sie geht allein auf Dionysius zurück. Auch von einer Gesamtredaktion kann keine Rede sein. Vgl.: Cross, History and fiction 235; ConcAfr 173.

[120] Vgl. insbesondere ConcAfr 205,785-206,812.

Fragt man nun auch danach, in welchem *Stil* der Kompilator die jeweiligen Beschlüsse *exzerpiert* hat, so ergibt sich folgendes Bild.

> Die von ihm gebotenen Protokollauszüge der Synode v. 28.8.397, zu denen auch das Brev.Hipp. gehört, das *Munier* gesondert ediert hat, bieten weitere *placita*. Diese sind alle im Beschlußstil (Ut-Stil) gehalten ohne eigentliche Protokollelemente (Nr.35-46)[121]. Sie bieten also denselben Stil wie das Brev.Hipp.. Der sich anschließende Beschluß v. 13.8.397 (Nr.47) wird ebenfalls im Beschlußstil (Placuit ut) gebracht. Darauf folgen wieder Exzerpte aus dem Protokoll der Synode v. 28.8.397 (Nr.48-56). Die Nr. 57-65 (Karthago 16.6.401) bieten ebenfalls das reine Protokoll ohne eigentlichen Beschlußstil. Die Beschlüsse Nr. 66-85 (Karthago 13.9.401) werden wiederum im Beschlußstil (Placuit ut) ohne Protokollelemente (außer Datierung und Teilnehmern) geboten. Nr. 86-90 (Mileve 27.8.402) bieten eine Mischform aus Protokoll und Beschlußstil. Nr.90-92.93.95-106 (Karthago 25.8.403; 16.6.404; 13.6.407) bieten das reine Protokoll; Nr.109-116 (117-127) (1.5.418) die Beschlußform (Placuit).

Interessant ist Nr.94 (Karthago 23.8.405), wo der Kompilator nicht das Protokoll exzerpiert, sondern absichtlich nur die Epitomierungen bietet, und dies *begründet*:

> *Huius concilii gesta ideo ex integro non descripsi, quoniam magis ea quae in tempore necessaria fuerunt quam aliqua generalia constituta sunt; sed ad instructionem studiosorum eiusdem concilii breuem digessi.*[122]

Der Kompilator, der auch seinerseits nicht von *canones* redet, beschreibt seine Tätigkeit also als Kopieren des Protokolls. Von dieser Synode nun bietet er bei den exzerpierten Beschlüssen nicht den Wortlaut des Protokolls *ex integro*, sondern nur in der *Kurzform (breuem)*. Man wird nicht annehmen dürfen, daß diese von ihm ad hoc erstellt wurde, denn seine eben zitierte Erklärung steht nach der dem Protokoll entnommenen Datierung der Synode, der wiederum folgende auch zur Vorlage gehörende Notiz vorausgeht:

> *In hac synodo quae statuta sunt, breuis declarat annexus*[123].

Eben diesen *annexus*, versehen mit der Überschrift *Breuis*[124] *causarum*, kopiert der Kompilator. Es handelt sich um eine knappe Epitomierung im *Ut*-

---

[121] Zählung mit Dionysius exiguus.

[122] ConcAfr 214,1093ff.

[123] ConcAfr 214,1090.

[124] Der substantivische Gebrauch von *brevis* als literarische Gattung mit zusammenfassendem Charakter ist seit Augustin bezeugt. Vgl. Blaise, Dictionnaire s.v. S.119.

Stil.[125] Daraus ist nur der Schluß zu ziehen, daß dem Protokoll der Synode vom 23.8.405 im Registrum der Kirche von Karthago bereits die epitomierte Fassung als *annexus* beigefügt war. Nachdem der Kopist hier extra erklärt, nicht *ex integro* abzuschreiben, wird er dies wohl vorher gemacht haben. Dies aber bedeutet, daß die ihm vorliegenden *gesta* hinsichtlich der Publikationsform der *placita* unterschiedlich verfuhren, und bestätigt unsere bisherigen Beobachtungen. Dann haben also einige Synoden nicht alle ihrer Entscheidungen (Nr.48-56) in Beschlußform gebracht, andere überhaupt nur Verlaufsprotokolle (Nr.57-65) hinterlassen; wieder andere haben ihre Beschlüsse selbst in den Placuit-Stil gebracht. Es scheint aber bei den Originalprotokollen der meisten Synoden unabhängig von der Publikationsform ihrer Beschlüsse sich auch noch eine Epitomierung befunden zu haben. Der Kompilator hat sich dann in der Regel an die im Beschlußstil oder nur intituliert vorliegenden Protokolle gehalten und sich einmal mit der epitomierten Fassung der Beschlüsse begnügt. Alle drei Publikationsformen fand er also bereits vor.

7. ZUR KARTHAGISCHEN SYNODE VOM 5./6. FEBRUAR 525

Ein Blick auf diese späte Synode[126] soll das bislang gewonnene Bild nun noch abrunden. Das Konzil gehört an das Ende der Vandalenherrschaft, die unter Hilderich (523-530) Erleichterung und Kultfreiheit für die katholische africanische Kirche brachte. Der Zweck der Synode unter dem eben gewählten Primas Bonifatius war es, die Ordnung der sich neu konstituierenden Catholica wiederherzustellen und die Autorität des Bischofs von Karthago zu erneuern. Dazu wurden die hierfür nötigen Synodalbestimmungen früherer Synoden verlesen und von den Synodalen durch Unterschrift bestätigt.

Das Protokoll macht deutlich, daß nunmehr auch der Begriff *canon* für die *placita* africanischer Synoden benutzt wird.

> So fordern z.B. die Bischöfe Bonifatius nach seinem Eröffnungsvotum auf, die »heiligen canones« wieder voll in Kraft zu setzen: *imple, quaesumus ... ut ecclesiae Africanae generalis utilitas sanctorumque canonum uigor iterum reflorescat...*[127].

Und als erstes wird die von manchen Bischöfen in Frage gestellte Rangfolge der africanischen Kirchenprovinzen bestätigt, indem sie *ex*

---

[125] ConcAfr 1098-1112.
[126] ConcAfr 255-282. Zur Synode vgl.: a.a.O., XXXVI.254; Hefele-Leclercq II 1069-1974; Marschall, Karthago und Rom 206-209.
[127] ConcAfr 255,36ff. Vgl. weiterhin: 258,129; 261,276.

canonibus recitetur, d.h. es wird ein Prokollauszug der Synode vom 1.5.418 verlesen, der diese dokumentiert.[128]

Der weitere Vortrag »aus den canones« macht deutlich, daß es sich um Sammlungen handelt, die mittlerweile vorhanden waren und aus denen vorgetragen wird. Als erstes wird nun die *uera et catholica fides*, nämlich das Nicaenum *ex codice canonum* verlesen.[129] Die Synodalen bitten daraufhin Bonifatius dringend, er möge auch die von ihm in der gegenwärtigen Situation für besonders wichtig gehaltenen *ecclesiasticas definitiones* zu allgemeiner Kenntnis bringen. Denn es sei nur konsequent, nach der Annahme der rechten Glaubensnorm *(regula credulitatis)* auch die *instituta* der kirchlichen *disciplina* anzuerkennen.[130] Es ist deutlich – das sei hier nur zwischendrin angemerkt –, daß der Regula-Begriff an dieser Stelle ganz auf die *fides* bezogen ist. Bonifatius bestimmt darauf, daß die *antiquorum patrum uenerabilia constituta* aus dem *scrinium* »dieser Kirche«[131] vorgelegt wurden, und der Diaconus Agileius begann mit der Verlesung *ex libro canonum.*[132]

Hinsichtlich der vorgetragenen Beschlüsse läßt sich folgendes sagen (in der Reihenfolge der Verlesung):

Der als erstes vorgetragene can.15 von Nizäa wird in stark epitomierter Gestalt verlesen.[133]

Der sodann verlesene Beschluß Nr.11 der Synode »sub Grato« (348) ist nicht epitomiert, sondern bietet das Protokoll mit einer Überschrift versehen: *Contra superbos et contumaces.*[134]

Die Auswahl[135] von Bestimmungen aus dem Brev.Hipp. (»Concilio tertio«) bietet durchweg eine nochmalige Epitomierung der im Brev.Hipp. bereits in Abbreviatur vorliegenden Beschlüsse, allesamt im knappen Ut-Stil.[136]

---

[128] ConcAfr 261,281.

[129] In der lateinischen sog. Fassung des Atticus: ConcAfr 262,318.312.322ff. S. dazu o.: 5 b).

[130] ConcAfr 263,356ff.: *Satis enim consequens est ut, qui rectae credulitatis regulam sumpsimus, disciplinae quoque ecclesiasticae instituta noscamus.*

[131] Die Synode tagte im *secretarium* der Kirche des Hl.Agileius. Zu den *secretaria* als Tagungsorten vgl. S.Lancel, SC 194,52f.

[132] ConcAfr 263,364.370; 264,388; *ex uolumine canonum:* 267,493.

[133] ConcAfr 263,372: *Ut clerici de ciuitate ad ciuitatem non transeant.* Es handelt sich dabei nicht um die sog. »Abbreviatio Rufini«, sondern um eine eigenständige Epitomierung. Vgl.: Rufin, H.e. X 6 (ed.Mommsen, 968 Nr.16).

[134] ConcAfr 264,373ff.

[135] Vgl. die Synopse: ConcAfr XXIII.

[136] Vgl. ConcAfr 264,391-265,438.

Ebenso sind die ansonsten allein aus den *Excerpta ex Registro Cartha-ginensis ecclesiae* bekannten[137] Beschlüsse der karthagischen Synode vom 13.9.401 (»Concilio sexto«) durchweg epitomiert, die meisten davon im Ut-Stil; eine Bestimmung (»G«) als Bedingungsfolgesatz.[138] Das gleiche gilt für die weiteren *placita* des VII., X., XI., XVI. und XX. Konzils von Karthago.[139]

Die abschließende Zusammenstellung von Synodalbestimmungen schließlich dient dem Zweck, die Vorrangstellung von Karthago in der africanischen Kirche zu belegen. Die dazu aufgeführten Kanones von Nizäa[140] und den karthagischen Synoden VI, XI u. XVIII sind allesamt epitomiert.[141] Hinzu treten allerdings ungekürzte Protokollauszüge der Syn-oden von Karthago (28.8.397) und Hippo 393. Für die Synode von Hippo handelt es sich dabei um die einzigen Belege für die Protokollgrundlage der epitomierten Nr.1 und 4 des Brev.Hipp.[142]

Bei ihrer Subskription reden die beiden Erstunterzeichner wiederum von den o.g. Beschlüssen als *placita*.[143]

Erst auf der Synode von 525 also läßt sich in Africa ein Sprachgebrauch belegen, der die africanischen Synodalbeschlüsse insgesamt als *canones* bezeich-net. Daneben sind alle bislang begegneten Bezeichnungen weiter in Geltung. Der Begriff *regula* wird in diesem Zusammenhang auch hier nicht gebraucht. Bemerkenswert ist, daß die *placita* in einem *codex, liber* oder *volumen* gesam-melt sind. Der Begriff *canon* taucht im Zusammenhang mit dem *Titel* dieser Sammlung auf.

Bei der Verlesung der *placita* aus diesem *Liber canonum* fällt nun m.E. auf, daß der größte Teil von ihnen in *stark epitomierter Form* vorgetragen wird. Dies betrifft Nizäa, das Brev.Hipp. und alle Synoden aus der Zeit von Aurelius bis zum Jahre 442 (=XX.). Besonders ins Auge springt dieser Sachverhalt beim sog. Brev.Hipp., das ja selbst bereits die Abbreviatur des Protokolls von Hippo darstellt. Und hier kommt nun hinzu, daß von derselben Synode von Hippo 393 auch ungekürzte Protokollauszüge vorgetragen werden, die uns neben den von *Munier* neu edierten 4 (5) Beschlüssen (s.o.) allein von hier bekannt sind. Die *placita* der Synode von Hippo lagen demnach im *Liber canonum* als Protokolle, als Brev.Hipp. integriert in das Protokoll der Synode vom 28.8.397 und als Epitomierung des Brev.Hipp. vor. Von der zuletzt genannten Synode wurde nun aber auch wieder aus dem ungekürzten Protokoll vorgetragen, wie auch der von der Synode sub Grato verlesene Protokollabschnitt allein

---

[137] Vgl. die Synopse: ConcAfr XXV.

[138] ConcAfr 265,440-458.

[139] ConcAfr 266,460-476.

[140] Can.6 in der Versio Attici, vgl. Turner, EOMIA I 120.

[141] Vgl.: ConcAfr 267,495-517.

[142] ConcAfr 268,498-632.

[143] ConcAfr 271.

intituliert war. Bedenkt man weiterhin, daß uns manche der epitomiert vorgetragenen Beschlüsse aurelianischer Synoden in der Protokollform aus den *Excerpta ex Registro Carthaginensis ecclesiae* bekannt sind, so ergibt sich daraus, daß die africanischen Synodalbeschlüsse aus der Epoche des Aurelius sowohl in ihrer Protokollgestalt, in der sie in der Regel bereits in Beschlußform *(Placuit-Stil)* gebracht waren, vorlagen als auch in epitomierter Form. Beide Publikationsformen waren offiziell zitierbar. Beim Brev.Hipp. ergibt sich wegen seiner besonderen Geschichte gewissermaßen eine dreifache Publikationsform, die in die Zeit vor Aurelius und zu den Synoden sub Grato und sub Genetlio weist. Denn es muß auffallen, daß diese Synoden nie epitomiert zitiert werden, sondern stets nur im Protokollstil mit Überschrift versehen. So scheint die von diesen Synoden nicht selbst vorgenommene Umformung ihrer Beschlüsse in den Placuit-Stil auch nicht nachträglich nachgeholt worden zu sein und auch keine Epitomierung erfolgt zu sein. Vielmehr scheint eine Abfassung der Synodalplacita in Beschlußform und deren Epitomierung erst unter Aurelius mit der karthagischen Synode von 397 begonnen zu haben.

Der *Liber canonum* im Jahre 525 hat also das nizänische *Bekenntnis* (N) enthalten *und* die *Kanones* von Nizäa in epitomierter lateinischer Form. Weitere orientalische Synoden werden nicht genannt.[144] Weiterhin waren die Protokolle der in Geltung stehenden africanischen Synoden enthalten. Für die voraurelianischen Synoden sub Grato und sub Genetlio gilt dies ausschließlich. Für die aurelianischen Synoden war neben den Protokollen im Beschlußstil eine epitomierte Fassung wahrscheinlich im *annexus* vorhanden. Das Konzil von Hippo bildet den Übergang und wird deshalb dreifach dokumentiert. Die africanischen Synoden waren durchnumeriert (I-XX). Die Verwendung des Begriffes *canon* für africanische Synodalplacita geht demnach *einher* mit der festzustellenden *dreifachen* offiziellen Publikationsform im Protokollstil, im Beschlußstil des Protokolls und in der Epitomierung, wobei die letzte die bevorzugte Zitierweise darstellt.

---

[144] Dies fällt auf, weil die im selben Zeitraum entstandene »Breuiatio canonum« des Fulgentius Ferrandus († 546/7) die Synoden von Ankyra, Neocaesarea, Gangra, Antiochien und Laodicea sowie Konstantinopel 381 berücksichtigt. Vgl.: ConcAfr 284ff. Text: a.a.O., 287-306. Zu Ferrandus vgl: Gaudemet, Sources 137ff.; H.Mordek, LMA 4, 385.

8. DER ERTRAG UND SEINE VERIFIZIERUNG AM SPRACHGEBRAUCH AUGUSTINS

a) Zusammenfassung

Zusammenfassend läßt sich sagen, daß die Verwendung des Begriffes *canon* für die Beschlüsse africanischer Synoden sich in den ab 345/8 erhaltenen africanischen Synodalprotokollen erstmals bei der Synode vom 5./6. Februar 525 nachweisen läßt. Im Zusammenhang der Synode vom 25.5.419 wegen der Appellation des Apiarius nach Rom wird der Begriff durch den römischen Legaten und das päpstliche Commonitorium für die nizänischen Bestimmungen in die Debatte eingeführt und auch von africanischer Seite im Synodalbrief (»Optaremus«) an Bonifatius von Rom so verwendet. In der in Karthago vorliegenden lateinischen Übersetzung der nizänischen Kanones ist der Kanon-Begriff als lateinisches Lehnwort massiv präsent und wird – in der korrekten Übersetzung – fast ausschließlich als theologischer Normbegriff verwendet. Während der Begriff 419 zum festen Wortschatz der römischen theologischen Begrifflichkeit auch für Synodalkanones gehörte, wird er von africanischer Seite anscheinend jedoch nicht für die africanischen Synodalentscheidungen adaptiert. Diese heißen vorerst weiterhin *statuta, placita, decreta, sententiae* und *tituli.*

Es fällt auf, daß der Begriff 525 bei gleichzeitiger Weiterverwendung der anderen Termini als Titel (*Liber canonum*) einer Sammlung auftaucht, aus der Beschlüsse älterer Synoden bei dieser Gelegenheit überwiegend in stark epitomierter Form verlesen werden. Eine Analyse der Publikationsform der africanischen Synodalplacita, in der sie 525 aus dem *Liber canonum* verlesen wurden, am Ende des 5. Jahrhunderts aus den »Excerpta ex Registro Carthaginensis ecclesiae« exzerpiert, in den »Canones in Apiarii causa« 419 zusammengestellt und im Breviarium Hipponense 397 abbreviiert wurden, macht wahrscheinlich, daß dort *drei Publikationsformen* zu unterscheiden sind. In dreifacher Gestalt wurden die Beschlüsse nebeneinander in den *registra* und *scrinia* der Kirchen aufbewahrt und gingen so auch in die Sammlungen der »*Libri canonum*« ein. Mit der wachsenden Fülle zu dokumentierender Synodalbeschlüsse scheint sich eine Tendenz zu fortschreitender Abbreviatur durchgesetzt zu haben.

Während man sich in älterer Zeit bei den Synoden sub Grato (345/8) und sub Genetlio (390) darauf beschränkte, die Verlaufsprotokolle als Dokumentation des Verhandlungsresultates in Sinnabschnitte einzuteilen, durchzunumerieren und diese Abschnitte mit Überschriften zu versehen (*Protokollstil*), wodurch die Bezeichnung der Beschlüsse mit dem römischer Rechtspraxis entstammenden Begriff *titulus* als pars pro toto verständlich wird, setzt mit dem Episkopat des Aurelius eine Veränderung dieser Publikationsform ein. Diese manifestiert sich in der Abbreviatur der Beschlüsse der Synode von Hippo von 393 im sog. Breviarium Hipponense und scheint als *Beschlußstil/*

Placuit-Stil (*Placuit ut...*) dann die Normalform gewesen zu sein, in der die Synoden der aurelianischen Epoche ihre *placita* formulierten. Die Abbreviatur bestand im Prinzip darin, die *relatio* und eventuelle *sententiae* des Protokolls wegzulassen und die Placuit-Formulierung zu einem präzisen Aussagesatz umzuformen. Diese Praxis scheint aber nicht konsequent für alles Beschlossene durchgeführt worden zu sein, wie die häufigen Exzerpte im Protokollstil in den »Excerpta ex Registro Carthaginensis ecclesiae« belegen.

Nachdem die Beschlüsse auch im Placuit-Stil teilweise noch einen beträchtlichen Umfang hatten, wurde den Protokollen im Beschlußstil, angefangen mit der Synode vom 28.8.397, wohl bald als *annexus* eine epitomierte Fassung der *placita*, beginnend mit *ut* oder *quod*, oder als Bedingungsfolgesatz (*si*) beigefügt, wie der Schreibernotiz zu Nr. 94 der »Excerpta ex Registro Carthaginensis ecclesiae« zu entnehmen ist. In dieser Epitomierungspraxis fand stilistisch die Titulierung der Protokollabschnitte im älteren Protokollstil ihre Fortsetzung, sofern es sich dort um den Inhalt angebende Tituli handelte. Dennoch werden die Beschlüsse der voraurelianischen Synoden nie epitomiert, sondern stets im Protokollstil zitiert. Die *placita* der Synode von Hippo aus der »Übergangszeit« lagen somit in dreifacher Publikationsform vor, als weitgehend unbearbeitetes Protokoll, in der Beschlußform des Brev.Hipp. und schließlich als dessen Epitomierung.

Bemerkenswert ist, daß in den »Excerpta ex Registro Carthaginensis ecclesiae« und auch im »Liber canonum« von 525 alle drei Publikationsformen nebeneinander stehen und in gleicher Weise offiziell zitierbar waren. Es leuchtet ein, daß bei zunehmender Fülle des Materials die epitomierten Formen der Beschlüsse zu den in der Praxis am häufigsten benutzten wurden, wie die Synode von 525 belegt. So hat es den Anschein – und dies sei als *Hypothese* geäußert –, daß es die seit alters in der africanischen Kirche schon bei der Titulierung der Protokollabschnitte geübte Praxis der Epitomierung ist, mit der sich schließlich in Africa der Begriff *canon* auch für Synodalbeschlüsse verband und dann für alle Publikationsformen zur Anwendung kam. Der Begriff ist also nicht eigentlich im Sinne des absolut Normativ-Maßgeblichen auf die *placita* appliziert worden, sondern erst relativ spät im 5. Jahrhundert in Parallele zur weltlichen Rechtspraxis und zu deren Rechtsregeln im Sinne generalisierender und zusammenfassender Grundsätze als Bezeichnung für kirchliche Synodalentscheidungen rechtlicher Natur übernommen worden. Eine Benutzung des an sich naheliegenden Begriffes *regula* kam trotz seiner mannigfaltigen Verwendung in der zeitgenössischen africanischen Theologie (s.u.) dafür anscheinend nicht in Frage. Er wird jedenfalls in den africanischen Synodalakten kein einziges Mal für Synodalplacita angewandt. Man wird dies als Indiz für die genannte Prägung des Kanon-Begriffes im griechischen Osten nehmen dürfen.

Die umfängliche Benutzung des *Regula-Begriffes* in der africanischen theologischen Tradition mit ihren Spitzenbegriffen *regula fidei*, *regula veritatis* und *regula disciplinae*, die sich im traditionellen Sinne mit Variationen auch in den

Synodalprotokollen finden, geht somit im 4. Jahrhundert nicht nahtlos in die theologische Terminologie für kirchliche Synodalbeschlüsse über. Dasselbe läßt sich auch für den Canon-Begriff hinsichtlich seiner Anwendung für Synodalbeschlüsse ab dem 5./6. Jahrhundert sagen, der ebenfalls nicht an die Rede vom κανών τῆς ἀληθείας und κανών ἐκκλησιαστικός anschließt, sondern dessen spätes Aufkommen eine andere Erklärung nahelegt.

In der theologischen Sprache Africas scheint das griechische Lehnwort *canon* noch im 4. Jahrhundert primär als zentraler kirchlicher Normbegriff in den nizänischen Beschlüssen und für den Kanon der Schriften des Alten und Neuen Testamentes fest und eindeutig verankert gewesen zu sein. Das letzte belegt das Brev.Hipp. (Nr.36) mit der Festlegung von *scripturae canonicae* und dem *canon*.

b) »Canon« und »regula« bei Augustin

Dieses Ergebnis ist einigermaßen überraschend. Obwohl schon angesichts der Fülle des überlieferten africanischen Aktenmaterials ein Zufall eher ausgeschlossen scheint, könnte die Beschränkung auf Konzilsakten doch ein selektives Ergebnis zur Folge haben. Der Befund soll deshalb noch auf eine breitere Grundlage gestellt werden. Dazu bietet es sich vor allem[145] an, als Gegenprobe einen Blick auf den *Sprachgebrauch Augustins* (354-430) zu werfen, dessen Schrifttum und kirchliche Wirksamkeit in dieselbe Blütezeit africanischer Synodaltätigkeit gehören. Um den Rahmen dieser Untersuchung nicht zu sprengen, kann dies freilich nicht im Stil von Einzelanalysen erfolgen. Es sind aber definitive Aussagen möglich dank der EDV-Wortformenkonkordanz zum Gesamtwerk Augustins, die bei der Redaktion des Augustinus-Lexikons abrufbar ist.[146]

Danach läßt sich sagen, daß die Begriffe *canon* und *canonicus* in allen Flexionsformen insgesamt 269 mal belegt[147] sind. Eine Überprüfung der Belege ergibt, daß Augustin *canon* und *canonicus* im *umgangssprachlichen* Sinne kennt und – wenn auch selten – verwendet.[148] Hierzu gehört auch ein

---

[145] Schon ein Blick in den Index des von C.Ziwsa edierten Werkes des Optatus von Mileve gegen den Donatistenbischof Parmenianus von ca. 365 zeigt, daß der Begriff *canon* dort nicht aufgenommen wurde. Die übliche Synodalterminologie *(decretum; placere-placitum)* ist dagegen belegt. Vgl.: S.Optati Milevitani Libri VII (CSEL 26), Wien 1893, 267.303.

[146] Vgl. hierzu: C.P.Mayer, Herkunft 127f. Ich bedanke mich an dieser Stelle für die dortige Hilfsbereitschaft.

[147] Es versteht sich, daß diese Belege aus Platzgründen hier nicht vollständig hingesetzt werden können.

[148] So im Sinne von »Maß«; »nach dem Maß unserer Kräfte« = *quasi canonem passionum inferimus:* Psal. 61,4; im Sinne von »regelmäßig«: *canonicae defectiones solis:* De civ.Dei 3,15.

zweifacher Beleg der Pluralform *canones* im Sinne der Tabellen der Astrologie.[149]

Fest verankert ist der Begriff mit seinen Derivaten im theologischen Sprachgebrauch *allein* für den *Kanon der Hl.Schrift* und wird von den 269 Belegen 247 mal so verwendet. Die Schrift ist *canon* und *canon scripturarum*[150], ihre Bücher sind *scripturae canonicae, litterae canonicae* oder *libri canonici*[151] und haben *canonica auctoritas*[152]. Besonders auffällig ist dabei, daß auch die Wortverbindung *canon ecclesiasticus* von Augustin ausschließlich für den kirchlichen Schriftkanon verwendet wird.[153]

Das *Adjektiv canonicus* wird auch über den Bezug auf Bücher der Hl.Schrift hinaus im Sinne des Normativen und absolut Bindenden benutzt.[154] Bemerkenswert ist hier, daß die Säuglingstaufe als eine *consuetudo canonica* bezeichnet wird.[155] Besonders auffällig ist die einmal belegte Wendung *canonica regula*. Damit bezeichnet Augustin die normative Lehre des Christusbekenntnisses, daß der Sohn dem Vater gleich ist, zugleich aber in seiner Knechtsgestalt dem Vater untergeordnet ist.[156]

Dagegen kommt die Begrifflichkeit für kirchliche *Konzilsbeschlüsse* – mit einer einzigen, gleich zu besprechenden Ausnahme – *nicht* zur Anwendung. Typisch für den augustinischen Sprachgebrauch ist es, wenn er sich etwa in ep.64,3 gegen gottesdienstliche Lesungen aus Schriften, »*quas canon ecclesiasticus non recepit*«, wendet und dazu auf die *statuta* der Konzilien hinsichtlich der *scripturae canonicae* verweist.[157] So heißen auch für ihn die Konzilsbeschlüsse *placita, decreta* oder *statuta* u.a.m.[158]

---

[149] De civ.Dei 21,8 (CChr.SL 48,771,45.48).

[150] Vgl. z.B. ep.93,36 (CSEL 34/2,481,2); De civ.Dei 15,23; 18,38 (a.a.O., 491,112;633,12; 634,30); De bapt.2,3,4 (CSEL 51,178,11-26).

[151] Vgl. z.B. ep.28,2 (CSEL 34,1,105,13); De civ.Dei 15,23;18,36.38 (a.a.O., 490,53; 632,15; 634,35); Cat.8,12,3 (CChr.SL 46,133,18); vgl. auch den Index zu CSEL 53, 322 s.v.

[152] De civ.Dei 15,23 (CChr.SL 48,491,109).

[153] Vgl. z.B. ep.64,3 (CSEL 34/2, 231,2); C.Cresc. II 39 (CSEL 52,398,29ff.); C.Faust. 11,8;22,79 (CSEL 25,328,23;681,28); De civ.Dei 18,38 (CChr.SL 47,37,4).

[154] Im Gegensatz zu der nicht bindenden persönlichen Meinung: De pecc.3,14 (CSEL 60,141,2); für die Autorität Cyprians: Serm.249,19 (PL 38,1347,41).

[155] Serm.294,14 (PL 38,1343,47).

[156] De Trin.2,2 (CChr.SL 50,81,13).

[157] Ep.64,3 (CSEL 34/2, 231,2.7-21); *statuta*: Z.7.11.15; gemeint sein wird: Brev.Hipp.36 (ConcAfr 43).

[158] Vgl. z.B. De bapt.2,2,2 (CSEL 51,174,23ff.); ep.65,2: *statutum* (CSEL 34/2, 234,5.15); ep.78,4: *constitutum* (CSEL 34,337,6-8); De bapt. 1,18,28; 2,2,2; 2,8,13: *sententia* (CSEL 51, 171,1;174,24;188,23ff.); s.a. den Index in CSEL 53, 414 s.v. *placita*; 433 s.v. *statuta conciliorum*.

An einer *einzigen Stelle* der 269 Belege liegt ein Bezug auf Synodalbeschlüsse vor. Es handelt sich um die der insgesamt nur dreimal belegten[159] Pluralform *canones*, die in *ep.20*,8,1* der 1981 von *J.Divjak* erstmals edierten, neuentdeckten Briefe vorkommt.[160]

Das an eine gewisse Fabiola gerichtete und in das Jahr 422 zu datierende[161] Schreiben behandelt die für Augustin so unerquickliche »causa Antonini«.[162] Es geht dabei bekanntlich um jenen von ihm selbst eingesetzten Bischof von Fussala, dessen Jurisdiktion wegen Amtsmißbrauchs beschnitten worden war, worauf dieser nach Rom appellierte und von Papst Bonifatius recht bekam. Augustin hatte sich daraufhin in ep.209 an des Bonifatius' Nachfolger Caelestinus gewandt, ihm die Akten des Verfahrens gesandt, falsche Informationen korrigiert und mit seinem Rücktritt gedroht.

Diesen Fall beschreibt er nun und teilt dabei mit, daß eine Versetzung des Antoninus nicht in Frage kam, damit es nicht heiße, er sei *contra canones* auf eine andere Kathedra gesetzt worden.[163] Nachdem Augustin sonst die Kanones von Arles nicht kennt (s.u.), wird hier kein Bezug auf deren can.2 und 21 vorliegen, sondern auf die can.15.16 von Nizäa abgehoben sein.[164] Wir hätten dann an der einzigen Stelle im Oeuvre des Bischofs von Hippo, an der er den Begriff *canones* auf Synodalbeschlüsse anwendet, eine Bezugnahme auf die Bestimmungen von Nizäa vorliegen. Dies paßt zu der oben angestellten Beobachtung zur africanischen Synode vom 25.5.419, wo ebenfalls allein im Zusammenhang der nizänischen Bestimmungen der Kanon-Begriff auftauchte.

Ein Fragezeichen taucht freilich am Horizont auf, wenn man Augustins ep.209, die eigentlich einschlägige zur *causa Antonini*, danebenlegt. Dort wird nämlich dasselbe Argument wie im Brief an Fabiola formuliert, allerdings nun in traditioneller africanischer Terminologie ohne Kanon-Begriff![165] Ob hieraus Konsequenzen für die Authentizität von ep.20* (Divjak) zu ziehen sind, mögen andere entscheiden. Grundsätzlich aber ist nach alledem zu sagen, daß Augustins Sprachgebrauch ganz konform mit dem aus den Synodalakten seiner Zeit erhobenen geht.

---

[159] Zu den beiden anderen Belegen s.o.

[160] CSEL 88, 98,29 ed. J.Divjak, 1981.

[161] Vgl.: a.a.O., LXVIIf.

[162] Vgl. dazu: Marschall, Karthago und Rom 197-207; Chadwick, JThS 34, 440-445; Opelt, Epistula 20*.

[163] ...*hactenus uindicantes ut sederet quidem episcopus in aliqua cathedrarum suarum, ne in alienam contra canones diceretur esse translatus...*: CSEL 88,98,29.

[164] Zu diesen s.o. Kap.: XVIII 1.

[165] *ne in alienam cathedram contra statuta patrum translatus inlicite diceretur*: ep.209,7 (CSEL 57,350,30f.).

Dies ist einerseits nicht sonderlich überraschend, ist doch die intensivste Epoche africanischer Konzilstätigkeit unter Aurelius gerade auch durch die Teilnahme Augustins an vielen Synoden geprägt und von dem wohl dahinterstehenden Reformwillen der beiden Freunde bestimmt.[166] Andererseits ist es m.E. der Deutung bedürftig, daß auch er die im Zusammenhang der *causa Apiarii* von römischer Seite eingebrachte Rede von nizänischen *canones* außer für die nizänischen Bestimmungen nicht übernimmt. Denn gerade bei jener Synode von 25.5.419 ist seine Teilnahme belegt. Sogar der Vermittlungsvorschlag, sich bis zur Klärung der Echtheitsfrage der vom Papst beanspruchten *statuta* an diese zu halten, stammt von ihm.[167]

Was Augustins *Kenntnis älterer Synoden* anlangt, so ist festzustellen[168], daß ihm die frühen africanischen Konzilien über die Briefe Cyprians und die Sententiae LXXXVII episcoporum bekannt waren. Außerafricanische Konzilien lernte er über Rufins Kirchengeschichte ab ca. 421 kennen. Von den publizistischen Sammlungen zum arianischen Streit kennt er wohl Hilarius' De synodis, aber anscheinend nicht vollständig, denn Serdika erwähnt er allein als »arianische« Synode[169]. Das bedeutet, daß ihm auch die Bestimmungen des westlichen Serdicense nicht vertraut waren. Von Konstantinopel 381 wußte er nichts, und merkwürdigerweise zitiert er auch nie, obwohl er sich auf die Synode von Arles 314 beruft, deren can.8 gegen die Wiedertaufe, der ihm doch ein bedeutsames Argument gewesen wäre. Daraus ist aber nur zu folgern, daß auch Arles nicht in den africanischen Kanonessammlungen zu dieser Zeit enthalten war. Das Nicaenum (N) ist ihm bekannt[170], allerdings sind ihm die nizänischen Bestimmungen am Anfang seines Episkopates nicht vertraut.

Denn Augustin ist bekanntlich im Jahre 395/6 im Widerspruch zu deren can.8[171] noch zu Lebzeiten des Bischofs Valerius von Hippo zum Mitbischof und damit zweiten Bischof in einer Stadt ordiniert worden. Sein Biograph Possidius berichtet[172], daß dies in Unkenntnis aller Beteiligten und auch des Bischofs von Karthago, der unter den Konsekratoren war, erfolgt sei. So habe sich Augustin erst dagegen gewehrt mit dem Argument, daß es *contra morem Ecclesiae* sei. Dagegen brachten die anderen aber vor, daß es so allgemein gehandhabt werde *(ab omnibus suaderetur)*. Nachmals habe Augustin dann ausgesprochen, daß die Ordination bei Lebzeiten des

---

[166] Vgl. hierzu: H.J.Sieben, Konzilsidee 68-102 (»Konzilien in Leben und Lehre des Augustinus von Hippo, † 430«); hier: 68-77.

[167] Vgl.: ConcAfr 93,134.

[168] Vgl. hierzu im einzelnen: Sieben, Konzilsidee 78-83.

[169] Vgl.: C.Cresc. III 34,38 (CSEL 52,445,3-12); vgl. IV 44,52.

[170] Vgl. o.: 5 a).

[171] Vgl.: Joannou, CCO 31, 16f.

[172] Vita Augustini 8,2ff. (PL 32,40).

Bischofs unstatthaft gewesen wäre *propter concilii universalis vetitum* (5.). Daher habe er auch Bestimmungen getroffen, daß auf Bischofssynoden zu verordnen sei *(constitueretur)*, es solle von den Ordinatoren den Ordinanden und Ordinierten alle *statuta* zur Kenntnis gebracht werden. Damit ist anscheinend Brev.Hipp.2 gemeint.[173]

Auch der von Possidius angesprochene spätere Bericht Augustins (ep.213,4) über jene Ereignisse bei der Designierung seines eigenen Nachfolgers läßt jede Rede von nizänischen *canones* vermissen, obwohl ihm die Beschlüsse nun mittlerweile bekannt waren und ja auch auf der Synode vom 25.5.419 in seiner Anwesenheit verlesen worden waren (s.o.). Nun hat *H.J.Sieben* zu recht darauf hingewiesen[174], daß Augustins *Konzils-lehre* wohl nur richtig zu verstehen ist, wenn man sich klar macht, daß sich ein Großteil seiner einschlägigen Äußerungen in antidonatistischen Schriften findet und als Gegenposition formuliert wird. Die Donatisten aber hatten sich gegen die augustinische Argumentation mit Schriftbeweis und Vernunftgründen auf die *decreta patrum* berufen.[175] Zu verstehen sind darunter vor allem die Sententiae LXXXVII episcoporum und die Autorität Cyprians. Mit diesen als »kanonisch« beanspruchten Autoritäten muß sich Augustin auseinandersetzen.[176] Indem er also seine Konzilslehre »in Opposition gegen den donatistischen Konzilsbegriff (unumstößliche, absolute und somit schriftanaloge Geltung lang zurückliegender ... Konzilien ...)«[177] formuliert und dabei vor allem anderen[178] immer wieder auf die Unterscheidung der Normativität und absoluten Verbindlichkeit der Schrift gegenüber älteren kirchlichen Entscheidungen abhebt, verweigert er den von den Donatisten beanspruchten Autoritäten eben jene »Kanonizität«, die er der Schrift allein zubilligt. Dies wird besonders in der Auseinandersetzung vom Jahre 405/6 mit dem donatistischen Grammatiker Cresconius deutlich, gegenüber dem er betont, daß die Briefe des Apostels Paulus »*in auctoritate canonica uigent*«, aber eben die Cyprians nicht »kanonisch« seien. Man täte deshalb Cyprian auch kein Unrecht an, wenn man seine Briefe von der »kanonischen Autorität« der Hl. Schriften unterscheide.[179]

---

[173] ConcAfr 33: *Ut ordinatis episcopis uel clericis prius placita concilii conculcentur ab ordinatoribus eorum, ne se aliquid aduersus statuta concilii fecisse adserant.*

[174] Sieben, Konzilsidee 89-97.

[175] Vgl. z.B. auf der Konferenz von 411, III 258 (CChr.SL 149A 249,198f.).

[176] Vgl. z.B. C.Cresc. II 32,40 (CSEL 52,400,11-16): *uos autem, qui scripta Cypriani nobis tamquam firmamenta canonicae auctoritatis opponitis.* Genauso: ep.93,36; De bapt. 1,18,28; 2,2,2;3,4 u.ö.

[177] Sieben, a.a.O., 96f.

[178] Zu den anderen Elementen vgl. a.a.O., 92-97.

[179] C.Cresc. II 31,39 (CSEL 52,398,27ff.): *Nos enim nullam Cypriano facimus iniuriam, cum eius quaslibet litteras a canonica diuinarum scripturarum auctoritate distinguimus. neque*

So ist für Augustin mit der Verwendung des Kanon-Begriffes vorrangig die Frage der letzten Autorität und Norm hinsichtlich der christlichen Offenbarungwahrheit verbunden, und in diesem Sinne wendet er ihn auf die Hl. Schrift an. Während zu Zeiten Cyprians bei der Frage der Ketzertaufe der Streit noch um das rechte Verständnis der apostolischen Überlieferung ging und gerade die rigorosen Befürworter der Ketzertaufe den κανών τῆς ἀληθείας für sich in Anspruch nahmen (s.o.), führte 150 Jahre später die Argumentation der Donatisten mit der Autorität der Väter und der Synoden dazu, daß sich für Augustin der kirchliche Kanon-Begriff anscheinend ganz mit der Normativität der Schrift[180] verband, und dies in einer Weise, daß der Begriff deshalb für eine Applizierung auf gegenwärtige kirchliche Synodalentscheidungen anscheinend nicht in Frage kam. Der typisch abendländisch-lateinische Sprachgebrauch vom »Kanon der Hl.Schrift« geht also hauptsächlich[181] auf Augustin zurück und ist dort ganz im normativen Sinne gemeint.

Schließlich findet auch das Fehlen des Terminus *regula* für Synodalbeschlüsse beim Bischof von Hippo seine Bestätigung. Der Begriff gehört mit 522 Belegen zu den ausgesprochen häufig verwendeten und ist durchgängig von seinen Früh- bis zu den Spätschriften in einer Fülle von sprachlichen Wendungen, Genitivverbindungen und sachlichen Zusammenhängen vorhanden, die die Verwendung in der älteren lateinischen Literatur, insbesondere bei Tertullian, bei weitem übersteigt. Dennoch benutzt Augustin den Terminus nie für kirchliche Synodalentscheidungen. *C.P.Mayer* hat seine *Herkunft* und Normativität, seine Bedeutung für Glaubensbegründung und -vermittlung sowie für das sittliche Handeln des Christen umfassend untersucht, worauf hier nur hinzuweisen ist.[182]

Bemerkenswert scheint mir allerdings zu sein, daß nach *Mayer* die *Herkunft* der augustinischen Regula-Terminologie in ihrer Verwendung in den Disziplinen der Grammatik, Zahlenwissenschaft, Dialektik und Astronomie zu suchen ist, die dem Lehrer der Grammatik und Rhetorik geläufig waren, und nicht primär im kirchlichen Sprachgebrauch.[183] Grundlegend scheint sich für Augu-

---

enim sine causa tam salubri uigilantia canon est ecclesiasticus constitutus, ad quem certi prophetarum et apostolorum libri pertineant, quos omnino iudicare non audeamus, et secundum quos de ceteris litteris uel fidelium uel infidelium libere judicemus; II 32,40 (399,16ff.): *Ego huius epistolae auctoritate non teneor, quia litteras Cypriani non ut canonicas habeo, sed eas ex canonicis considero.* Vgl. auch ep.93,10,35.

[180] Zu seinem Schriftverständnis im weiteren vgl. z.B.: K.-H.Ohlig, AL 1, 713-724 (Lit.).

[181] Etwa zeitgleich findet er sich freilich auch in den Priscillian zugeschriebenen Traktaten und bei Rufin. Zu Priscillian vgl.: ed. G.Schepss: 46,1; 48,7; 50,2.11; 52,14-17; 53,5; 55,19; 56,20 = *in canone*; 50,18 = *in libris canonis*; 55,13 = *in libris canonicis*; 44,11 = *extra canonem*; 51,23 = *extra canonicorum librorum numerum.* Zu Rufin: Expositio symb. 35.36, ed.Simonetti (CChr.SL 20) 171.16.2.

[182] Vgl.: C.P.Mayer, Herkunft; ders., Glaubensbegründung; ders., Handeln.

[183] Mayer, Herkunft 131-154.

stin mit dem Begriff *regula* eine gewisse *Theoriefähigkeit* zu verbinden. So
stehen die *regulae* der Disziplinen für ihn »im Dienst der platonischen Auf-
stiegslehre von dem temporalia zu den aeterna und prägen das theologische
Denken Augustins und seine Handhabung der Regeln der Hermeneutik und
der Glaubens- und Sittenlehre«.[184] Eine bemerkenswerte Prägung seiner
Begriffsverwendung wird darin deutlich, daß es nun »wegen des stets mit-
postulierten rationalen Anspruchs« so ist, daß »die als regulae formulierten
theologischen Anschauungen, Weisungen und Lehren wie jene aus den Disziplinen ... Zuverlässigkeit, Stetigkeit, Gewißheit und Infallibilität« er-
heischen.[185] Diese »Theoriefähigkeit« des Begriffes, die an die oben festgestellte
Tendenz der Regula-Terminologie Tertullians ins »Lehrhafte« erinnert, sowie
der damit verbundene »rationale Anspruch« markieren einen Aspekt, der sich
von der griechischen kirchlichen Benutzung des Kanon-Begriffes deutlich
unterscheidet.

Dieser rationale Anspruch ist in gleicher Weise in Augustins Regula-Begriff
impliziert, wo er – in etwa einem Viertel der Stellen – auf Probleme der *Ethik*
bezogen wird. So steht etwa hinter der Wendung *regula disciplinae* die Aussage,
daß »die Disziplin ... nicht auf Willkür (beruht), sondern auf einer Theorie,
wofür der Terminus regula einsteht.«[186] »Einige Termini wie regula iustitiae,
regula ueritatis und regula pietatis bewahren ihre normative Bedeutung, die
ihnen ... für die Glaubensbegründung und Glaubensvermittlung zukommt,
auch auf dem Felde der Ethik.«[187] Der augustinische Sprachgebrauch von
regula veritatis bestätigt damit unsere bei Tertullian angestellten Beobachtungen.

Entsprechend wird nun auch die »Verbindlichkeit von Sittenregeln« nicht
allein aus der »biblisch-kirchlichen Verkündigung« begründet, sondern gleichzeitig aus der platonischen Ontologie.[188] Dies betrifft »die ›regulae‹ der Christus-
nachfolge«[189], mit denen weniger einzelne Gebote des Evangeliums oder
Weisungen der Apostel gemeint sind, sondern der gesamte Weg christlicher
Lebensführung als *regula perfectionis*. Konkret inhaltlich wird der Begriff dabei
allein auf die Goldene Regel (Mt 7,12; Luk 6,31) als *regula dilectionis* und
genauso auf das Doppelgebot der Liebe (Mt 22,37ff.) angewendet, wie schließlich auch auf das Vaterunser als *regula orandi*.

Ähnlich ist der juristisch gebildete ehemalige Rhetor bei seinem Nachden-
ken über *regulae iuris* »bestrebt, die Geltung des Rechts analog zur Geltung der

---

[184] A.a.O., 154.
[185] Ebd.
[186] Mayer, Handeln 346 Anm.6 (ebd. die Belege). In diesem Sinne redet er auch von
regula dilectionis, regula praeceptorum (!) u.a.m., vgl. a.a.O., 346.
[187] Ebd.
[188] Vgl.: Mayer, Handeln 347ff.
[189] A.a.O., 349-353.

sittlichen Vorschriften transzendental philosophisch zu begründen.«[190] Für seine bischöfliche Rechtsprechung und Ausübung der kirchlichen Bußpraxis spricht er von den Maßgaben der *regula ecclesiastica* und dem als *regula* bezeichneten Gewohnheitsrecht. Es handelt sich hier um den parallelen Sprachgebrauch für den griechischen κανών ἐκκλησιαστικός. Auffällig ist freilich, daß es dafür nur jeweils einen Beleg gibt.[191]

Während also bei einer vereinzelt noch dem älteren – insbesondere griechischen – kirchlichen Sprachgebrauch von κανών ἐκκλησιαστικός und ὁ κανών entsprechenden Diktion doch eine direkte Rückführung des einzelnen »Kanons« auf die Gebote des Evangeliums oder die Weisungen der Apostel zurücktritt[192], ist mit dem Begriff *regula* nun eine bestimmte Ontologie verbunden, »derzufolge der Absolutheitsanspruch der regulae, sei es die der Disziplinen, sei es die des Glaubens, sei es die der Sittlichkeit, in einer der menschlichen Willkür prinzipiell sich entziehenden Transzendenz gründet.« »Die *regulae* der Sittlichkeit werden weder erfunden noch auch entdeckt. Sie werden allenfalls in Erinnerung gerufen.«[193] Und ich füge hinzu: Sie werden auch nicht synodal beschlossen, weswegen der Begriff ganz konsequent für Augustin und sein theologisches Denken nicht auf Synodalplacita angewendet wird. Daß dies in der lateinischen römischen Tradition genauso wie mit dem Begriff *canon* dennoch erfolgte, ist also in beiden Fällen nicht aus dem älteren kirchlichen Sprachgebrauch zu erklären, sondern muß auf die Adaption juristischer Begrifflichkeit auf kirchliche Rechtsentscheidungen synodaler Herkunft zurückgeführt werden, die im Osten ihren Anfang nahm. Dies werden die nächsten drei Kapitel deutlich machen.

---

[190] A.a.O., 354.

[191] Vgl.: Mayer, Handeln 354f.: S.164,11; ep.83,4.

[192] Vgl. dazu etwa den Sprachgebrauch Basilius d. Gr. (s.u.).

[193] Mayer, Handeln 356.

XXII. »KANON« IN DEN »KANONES DER APOSTEL« UND IN DEN KIRCHENORDNUNGEN

1. EIGENART UND CHARAKTER DER »KANONES DER APOSTEL«

Die »Kanones der Apostel«[1] sind bekanntlich eine Sammlung von 85 Kanones, die als Kap.47 von Buch VIII der Apostolischen Konstitutionen (Const.) deren Abschluß bilden. Ein kurzer Epilog (VIII 48) bezeichnet sie in direkter Rede der Apostel als deren Anordnungen für die Bischöfe.[2] Damit erhalten die Const. als Ganzes den Anschein eines Konzilsdokumentes mit »kanonischen« Beschlüssen vom Apostelkonzil in Jerusalem (VI 14,1). Eine historische Würdigung der »Kanones der Apostel« kann daher nur im Kontext der Const. erfolgen.

Der weitgehende Konsens in der Beurteilung dieser Schrift, der sich in der neueren Forschung herausgebildet hat und ältere Kontroversen[3] seit der Publikation im 16. Jahrhundert überholt hat, basiert im wesentlichen auf den Forschungsergebnissen von *J.S.v.Drey*[4], *F.X.Funk*[5], *E.Schwartz*[6] und *C.H.Turner*[7]. *M.Metzger*[8] hat 1985-87 eine neue Edition der von *F.X.Funk*[9] an die Seite gestellt und dabei den Forschungsstand im wesentlichen bestätigt.

Danach handelt es sich bei den Const. um eine *pseudepigraphische Kompilation*, die sich in folgenden Elementen manifestiert: 1. Sammlung der 3

---

[1] Vgl. z.B.: G.Bardy, Canons apostoliques; H.Leclercq, Canons Apostoliques; M.Metzger, Konstitutionen; F.N.Nau, Canons des apôtres; Steimer, Vertex traditionis 87-94. Editionen: Joannou, CSP 1-53; F.X.Funk, Didascalia et Constitutiones I 564-592; M.Metzger, Les Constitutions Apostoliques III (SC 336), Paris 1987, 275-309.

[2] VIII 48,1 (SC 336,308); vgl. dazu u. 3.

[3] Hierzu vgl.: Steimer, Vertex traditionis 114-134; Funk, Konstitutionen 1-27; J.W. Bickell, Geschichte 78ff.

[4] J.S. v. Drey, Constitutionen 203-419.

[5] Funk, Konstitutionen; ders., Didascalia et Constitutiones.

[6] Schwartz, Kirchenordnungen.

[7] C.H.Turner, Notes; ders., A primitive edition.

[8] M.Metzger, Les Constitutions apostoliques I-III (=SC 320. 329. 336), Paris 1985-87.

[9] F.X.Funk, Didascalia et Constitutiones.

älteren Kirchenordnungen Didache, Didaskalia, Traditio Apostolica (=Const. VII, I-VI, VIII); 2. Einfügung von liturgischen Gebetsformularen und konziliaren Traditionen; 3. Einfügung von Extrakten und Zitaten insbesondere aus der Hl.Schrift und der Ps.Clementinischen Literatur; 4. Direkte Interpolationen durch den Kompilator selbst. Dabei ist die Einheitlichkeit der gesamten Const. einschließlich der »Kanones der Apostel« wohl nicht mehr in Zweifel zu ziehen.[10] Sie sind möglicherweise nicht das Werk eines einzelnen Redaktors oder Kompilators, sondern eher das Gemeinschaftsprodukt eines »Ateliers«.[11] D.Hagedorn hat die These vertreten, daß hinter dem von ihm edierten Hiobkommentar, den Ps.Ignatianen und den Const. die Person des Anhomöers Julian als Verfasser steht.[12] Das Ursprungsland ist Syrien, näherhin wohl Antiochien im Zeitraum um das Jahr 380[13] oder bereits zwischen 350 und 360.[14]

Die Einheitlichkeit der gesamten Const. findet ihre Bestätigung in der Tatsache, daß sich bei näherem Zusehen auch die »Kanones der Apostel« als Kompilation älteren Materials erweisen, nämlich der Synoden von Antiochien (ca.330), Laodicea und eventuell Nizäa (325), von denen wenigstens 28 Bestimmungen aufgenommen werden[15], möglicherweise auch der Synoden von Ankyra und Neocaesarea. Vor allem hinsichtlich der *antiochenischen Kanones* ist die Abhängigkeit nicht mehr zu bezweifeln, weil es sich bei den entsprechenden Kanones um Auszüge aus antiochenischen handelt und jene auch in der Anordnung mit entsprechenden Lücken diesen folgen.

> Hierbei geht es um folgende Kanones: can.9-12(8-11) über die Kommunionspflicht des Klerus, Anwesenheit der Gläubigen bei der Anaphora und das Verbot gemeinsamen Gebetes mit Exkommunizierten und Abgesetzten (=can.Antioch.2), can.13(12) über das Verbot der Aufnahme von Exkommunizierten in anderen Gemeinden (=can.Antioch.6), can.14 über das Verbot für Bischöfe, die Diözese zu wechseln (=can.Antioch.18.21), can.15.16 über die Rechte von Klerikern, die ihre Gemeinden verlassen (can.Antioch.3), can.29(28) über abgesetzte Kleriker (=can.Antioch.4), can.32(31) über sich absondernde Presbyter und Diakone (=can.Antioch.5), can.33(32) über die Wiederaufnahme exkommunizierter Presbyter und Dia-

---

[10] Metzger I 31f.; Funk, Konstitutionen, 180-206; dagegen: Schwartz, Kirchenordnungen 19.

[11] So: Metzger I 54.

[12] D.Hagedorn, Hiobkommentar XXXVII-LVIII.

[13] So: Metzger I 55ff.; Funk, Konstitutionen, 356-370.

[14] So: Turner, Notes I-III.

[15] Detaillierte Darstellung der Abhängigkeiten: Drey, Neue Untersuchungen 403-414; Bickell, Geschichte 230-238; Hefele I 796ff.; Funk, Konstitutionen 183-190.

kone (=can.Antioch.6), can.34(33) über die Aufnahme fremder Kleriker
(=can.Antioch.7.8), can.35(34) über die Rechte des Metropoliten (=can.
Antioch.9), can.36(36) über das Verbot, außerhalb der eigenen Diözese
Weihen zu spenden (=can.Antioch.13.22), can. 37(36) über die Verweige-
rung des Dienstantritts durch Kleriker und die Ablehnung des Bischofs
durch die Gemeinde (=can.Antioch. 17.18), can.38(37) über zwei jährliche
Eparchialsynoden (=can.Antioch.20), can.39-41 über Kirchenvermögen und
Privatvermögen des Bischofs (=can.Antioch.24.25) und can.76 über das
Verbot, Nachfolger zu bestellen (=can.Antioch. 23).

Hinsichtlich der Synode von *Laodicea* lassen sich folgende Abhängigkeiten feststellen: Das Verbot von can.45, mit Häretikern zu beten oder
ihnen Klerikerfunktionen zuzugestehen, hat eine Parallele in deren can.
9.33.34. Can.70.71 verbieten, mit Juden zu fasten, Feste zu feiern oder
Geschenke von ihnen anzunehmen sowie Öl in ihre Heiligtümer zu tragen
und Lampen anzuzünden (=can.Laod.37-39).

Schließlich liegen eventuell auch einzelne Kanones von *Nizäa* (325) den
»Kanones der Apostel« zugrunde: can.21-24 zur Frage von Eunuchen im
Klerus und der Selbstverstümmelung (=can.Nic.1); can.80 zur Abwehr von
Neophyten im Bischofsamt (can.Nic.2) und can.44 über das Verbot der
Zinsnahme durch Kleriker (=can.Nic.17).

Es scheinen also die in Antiochien zum Zeitpunkt der Abfassung der Const.
in Geltung stehenden Synodalkanones zu sein, die den »Kanones der Apostel«
zugrundeliegen. Daß hierzu bei einem homöischen Hintergrund des Konstitutors[16] auch die Kanones von Nizäa gehören, ist allerdings eher unwahrscheinlich. Die in den Listen Const. VII 46 und VIII 10,7 vorgenommene
Anordnung Antiochiens vor Alexandrien steht jedenfalls gegen can.6 von
Nizäa.[17] Hinzu kommen ca. 20 weitere Kanones, die – auch das spricht für
eine direkte Zusammengehörigkeit mit den Const. – den Const. selbst entnommen sind, wobei die zugrundeliegenden Stellen fast alle Interpolationen
des Kompilators sind.[18] Die can.42.43 über bischöfliches Privatvermögen sowie
Spiel- und Trunksucht bei Klerikern gehen auf die Didaskalie zurück.

Interpolationen in den Const. stehen hinter folgenden Kanones: can.1.2
über die Anzahl der Weihespender (=III 20), can.6 über die Notwendigkeit
für Kleriker, von weltlichen Sorgen frei zu sein (=II 6), can.7 zur Trennung
von Ostern und Passafest (=V 17), can.17 über die 2.Ehe nach der Taufe als
Weihehindernis (=II 2; VI 17); can.18/19 über bestimmte Ehen als Weihehindernis (=VI 17); can.20, daß Kleriker keine Bürgschaften übernehmen

---

[16] Vgl. o. Anm.12. Zurückhaltender: Metzger II 10ff.
[17] So auch: Metzger I 56. Vgl.: Metzger III 108.168.
[18] Vgl.: Funk, Konstitutionen 188ff.

sollen (=II 6); can.26 über das Verbot der Eheschließung nach den höheren Weihen (=VI 17); can.33 über den Modus der Aufnahme fremder Kleriker (=II 58; VII 28); can.46 gegen die Häretikertaufe (=V 15); can.47 über die Wiedertaufe (=VI 15); can.49 über die Taufformel (=VI 10. 11.26); can.51 über das Verbot der Askese von Klerikern aus Abscheu (=VI 8.10.11.26); can.52 über die Aufnahme reuiger Sünder (=II 10-20); can.53 über die Absetzung von Klerikern, die an Festtagen Askese treiben (=V 20); can.60 über das Verbot pseudepigraphischer Literatur im Gottesdienst (=VI 16); can.65 über das Verbot, in der Synagoge der Juden und Häretiker zu beten (=II 61); can.64 über das Fastenverbot am Samstag und Sonntag (=V 20); can.79, daß ein Besessener nicht Kleriker werden dürfe vor seiner Heilung (=VIII 32), u.a.m.

Die *übrigen Kanones* treffen Bestimmungen zu folgenden Themen: Verbotene Opfer (can.3-4); Verbot der Scheidung für Kleriker unter dem Vorwand der Frömmigkeit (can.5); verbotene Verwandtschaftsgrade bei der Ehe von Klerikern (can.19); Absetzung von Klerikern führt nicht automatisch zur Exkommunikation (can.25); Gewalt von Klerikern gegen Sünder führt zur Absetzung (can.27); Simonie (can.29.30); Spiel und Trunksucht von Klerikern (can.42.43); Scheidungsverbot für Laien beim Vorsatz erneuter Verehelichung (can.48); Notwendigkeit des dreimaligen Untertauchens bei der Taufe (can.50); Kneipenbesuch von Klerikern (can.54); Beleidigung durch Kleriker (can.55.56), von Behinderten (can.57); Vernachlässigung der Amtspflichten und der Fürsorge (can.58.59); Moralische Hindernisse für den Eintritt in den Klerikerstand (can.61); Apostasie von Klerikern (can.62); Verbot von ungeschächtetem Fleisch (can.63); Kleriker als Totschläger (can.66); Entführung zum Zweck der Heirat (can.67); Verbot der zweiten Weihe (can.68); Nichteinhalten der Fastenzeiten durch Kleriker (can.69); Entwendung und Zweckentfremdung gottesdienstlicher Gegenstände (can. 72.73); Anklageverfahren gegen Bischöfe (can.74); Anforderungen an dabei erforderliche Zeugen (can.75); körperliche Hindernisse für die Bischofsweihe (can.77.78); Verbot der politischen Betätigung für Bischöfe (can.81); Sklaven im Bischofsamt (can.82); Verbot des Kriegsdienstes für Kleriker (can.83); Majestätsbeleidigung (can.84); Kanonverzeichnis der Hl.Schrift inklusive Const. (can.85)[19]

Der Inhalt der Kanones ist wenig einheitlich und läßt kaum eine innere Ordnung erkennen. Es fällt aber auf, daß von 85 Kanones sich 76 auf den Klerus beziehen und Laien fast gar nicht berücksichtigt werden. Man kann bei den »Kanones der Apostel« deshalb von einer Auswahl und Zusammenstellung der kirchlichen *Disziplin für den Klerus* sprechen.

---

[19]   Vgl.: Zahn, Geschichte 184-193.

Die Zählung der Kanones in den Handschriften ist völlig disparat.[20] Nachdem im »Fragmentum Veronense« als ältestem Textzeugen jede Numerierung fehlt, wird man dies auch für das griechische Original anzunehmen haben.[21] Nicht definitiv beantwortbar ist die Frage, ob der Kompilator bereits eine Sammlung älteren konziliaren Materials vorliegen hatte oder ob ihm diese Bestimmungen nur isoliert bekannt waren. Nachdem aber mit der ältesten Kanones-Sammlung im griechischen Osten für den Zeitraum vor und um das Constantinopolitanum I zu rechnen ist[22] und der Bestand der von den »Kanones der Apostel« verarbeiteten Synodalkanones – allerdings unter Einschluß der nizänischen – damit weitgehend identisch ist, liegt es wohl nahe, von einer bestehenden Sammlung auszugehen.[23]

Somit gehören die »Kanones der Apostel« zur altkirchlichen literarischen Gattung der (ps.apostolischen) *Kirchenordnungen*[24], zusammen mit den Const. können sie sogar als deren Höhepunkt bezeichnet werden. Ihr Spezifikum scheint darin zu liegen, daß hier nun auch Bestimmungen kirchlicher Synoden durch literarische Fiktion mit dem Anspruch direkter apostolischer Herkunft bekleidet werden. Es ist dieses Interesse, das dazu führt, »que le compilateur y transcrit la matière de conciles ou de collections canoniques de son temps«.[25]

2. ZUR KIRCHLICHEN WIRKUNGSGESCHICHTE DER KIRCHENORDNUNGEN

Obwohl die Literatur der Kirchenordnungen mit den Const. ihren Höhepunkt und mit dem »Testamentum Domini«[26] im 5. Jahrhundert dann ihren Abschluß erreicht, hat ihre kirchliche Wirkungsgeschichte weiterhin angedauert und reicht in den Kirchen des Ostens bis in die Gegenwart hinein. Sie vollzog sich primär nicht in der Überlieferung einzelner Kirchenordnungen, sondern in Gestalt von weiteren größeren Sammlungen, die neben die Const. traten und in denen ebenso das Material einzelner Kirchenordnungen umgearbeitet und an die jeweils veränderten Bedingungen angepaßt wurde. Zu

---

[20] Vgl. die Konkordanz bei Joannou, CSP 5-7, die aber nicht vollständig ist. In manchen Handschriften ist das gesamte Material auf 76 oder sogar 54 Kanones aufgeteilt. Hier die Zählung nach Joannou und Metzger.

[21] Vgl. Metzger I 72f.; III 12. Zum Text vgl. Metzger I 63-74.74; Funk, Didascalia et Constitutiones XLIX-LII.

[22] Vgl. o.: Einleitung; unten: Kap.: XXIII.

[23] Genauso: Schwartz, Kanonessammlungen 199 Anm.200.

[24] Vgl. dazu z.B.: Bradshaw, TRE 18, 662-670 (Lit.).

[25] Metzger III 9f.

[26] Vgl.: Bradshaw, TRE 18, 669f.; Steimer, Vertex traditionis 95-105.

nennen[27] sind hier der sog. *Sinodos von Alexandrien* oder *Klementinischer Heptateuch* und der *Klementinische Oktateuch*, deren sahidische, bohairische, arabische und äthiopische Überlieferung im ersten Fall und die syrische im zweiten ihre reiche Wirkungsgeschichte im Bereich der sich trennenden Kirchen des ägyptischen und syrischen Raumes verdeutlichen. In beide Sammlungen gehen schließlich auch die 85 »Kanones der Apostel« – nun getrennt von den Const. – ein. Im Klementinischen Oktateuch bilden sie das Buch VIII, die arabische Fassung des alexandrinischen Sinodos fügt sie in 56 Abschnitte eingeteilt am Schluß an.[28] Insgesamt gehört zu dieser überlieferungsgeschichtlichen Entwicklung der einzelnen Kirchenordnungen auch die Tendenz, daß sie »in die Form einer Reihe einzelner Kanones gebracht wurden«.[29] Verdeutlichen läßt sich dies am *alexandrinischen Sinodos*, der bisweilen selbst unter den Bezeichnung »Kanones der Apostel« tradiert wurde[30] und in seiner arabischen Fassung schließlich in 127 »Kanones« eingeteilt wurde.

> Dabei bildet die »Apostolische Kirchenordnung« (s.u.) die can.1-20, die »Traditio Apostolica« die can.21-47, Buch VIII der Const. in Auszügen die can.48-71 und die »Kanones der Apostel« die can.72-127.[31] Die Herausgeber dieser Version haben ihr deshalb den Titel »Die 127 Kanones der Apostel« gegeben.[32] *J.M.Hanssens* hat dagegen protestiert[33] mit dem richtigen Hinweis, daß es sich eigentlich um Einteilungen in Kapitel oder Artikel handele, und daß man nach heutigen Sprachgebrauch schlecht von »Kanones« reden könne. Zudem sei die Einteilung in den verschiedenen Versionen unterschiedlich.[34] Sieht man einmal von der Möglichkeit unterschiedlicher Einteilung ab, wird man gegen *Hanssens* doch darauf hinweisen müssen, daß es nicht angemessen ist, von einem heute üblichen Kanon-Begriff ausgehend die Anwendung des Begriffes überhaupt auf die Materie einer Kirchenordnung infragezustellen. An den »Canones Hippolyti« und »Ca-

---

[27]   Vgl. hierzu: A.Faivre, Documentation; s.a.: Bradshaw, TRE 18, 664f.; Steimer, Vertex traditionis 134-148.

[28]   Vgl.: Faivre, Documentation 208-211.

[29]   Bradshaw, TRE 18, 663.

[30]   Vgl.: Faivre, Documentation 209.

[31]   Vgl.: Schwartz, Kirchenordnungen 1-11.6ff.

[32]   J.u.A.Périer, Les 127 canons des apôtres (PO 8,4), Paris 1912.

[33]   Ders., Liturgie 4ff.37f.

[34]   »Malgré le titre que porte le document dans sa recension sahidique et dans sa recension arabe, ses sections ne sont pas des canons au sens ou l'on entend généralement ce mot aujourd'hui, mais plutôt les chapitres ou articles d'une ample instruction«. »De plus, le nombre de 127 sections se trouve exclusivement dans la recension arabe; dans la recension sahidique, il est 149, dans la recension éthiopienne, de 127, 128, 129 ou 135, selons les manuscrits.« (Hanssens, a.a.O., 5).

nones Athanasii« wird uns deutlich werden, daß anscheinend gerade in der
ägyptischen Kirche dieser Sprachgebrauch schon Anfang des 4. Jahrhunderts belegbar ist.

Der kirchlichen Bedeutung und Rezeption des Klementinischen Heptateuch und Oktateuch in den altorientalischen Kirchen entspricht die Wirkungsgeschichte der 85 »Kanones der Apostel« und der Const. in der griechischen Reichskirche. Die häufig anzutreffende Aussage, daß bald nach den Const. Kanonessammlungen als Sammlungen von Synodalbeschlüssen »an die Stelle« der Literatur der Kirchenordnungen getreten seien[35], ist nur hinsichtlich der Fortführung der Kirchenordnungen als literarische Gattung zutreffend, keineswegs betrifft sie aber deren *kirchliche Rezeption* und Weiterleben im christlichen Osten.

Der älteste Beleg für die Anwendung der »Kanones der Apostel« scheint sich im Auszug aus den Akten der Konstantinopeler Synode vom 29.9.394 zu finden, auf der sich Nektarios von Konstantinopel zur Frage der Verurteilung eines Bischofs unter Berufung auf die »apostolischen Kanones« äußerte.[36] Wie die »apostolischen Kanones« entschieden hätten, solle ein Bischof nicht von zwei oder drei anderen Bischöfen abgesetzt werden, sondern durch das Votum einer größeren Synode der entsprechenden Eparchie. Hier legt sich die Kenntnis von can.Apost.74 nahe, der das Verfahren der Absetzung eines Bischofs nach dreimaliger Vorladung durch eine Synode detailliert regelt und auf den Konzilen den 5. Jahrhunderts zu den meistzitierten Kanones gehörte.[37]

Johannes Scholastikos nahm im 6. Jahrhundert in Konstantinopel alle 85 Kanones in seine *Synogoge* auf, ohne Zweifel an ihrer Autorität zu formulieren. Er deutet an, daß die Kanones bereits in älteren Sammlungen enthalten waren.[38] In *Justinians Nov.6 und 137* rangieren die »Kanones der Apostel« dann unter den Kanones der Kirche und werden im weltlichen Recht bestätigt. So findet ihr Text sich nun auch in manchen Ausgaben des *Corpus iuris civilis*. Das *Concilium Quinisextum (692)* bringt diese Wertschätzung des Ostens in seinem can.2 schließlich dadurch zum Ausdruck, daß es die »παραδοθέντας ἡμῖν ὀνόματι τῶν ἁγίων καὶ ἐνδόξων ἀποστόλων ὀγδοήκοντα πέντε κανόνας«[39] in der Rangfolge an die erste Stelle vor die Bestimmungen von Nizäa stellt, die apostolische Herkunft sozusagen »kanonisiert« und deren Bestimmungen, die von den Vätern übernommen und vollzogen seien, für von nun an βεβαίους und ἀσφαλεῖς

---

[35] Vgl. z.B.: Bradshaw, TRE 18, 663,9f.
[36] Joannou, CSP 443, 19f.
[37] Vgl.: Schwartz, Kirchenordnungen 12.
[38] Vgl.: Beneševič, Synagoge Tit.I.
[39] Joannou, CCO 121, 4-7.

erklärt. Selbst für die Const. wird wegen ihrer Erwähnung in can.85 der apostolische Ursprung erklärt; sie seien lediglich von »Heterodoxen« verfälscht worden. Diese Stellung wird den »Kanones der Apostel« bis heute im kanonischen Recht der orthodoxen Kirchen zugewiesen.[40]

In der *lateinischen Kirche* lief die Entwicklung bekanntlich anders. Schon als *Dionysius exiguus* um das Jahr 500 für Bischof Stephanus von Salona eine Sammlung von Kanones vom Griechischen ins Lateinische übersetzte, stellte er die ersten 50 »Kanones der Apostel« an die Spitze.[41] In seiner Praefatio hierzu vermerkt er, daß die apostolische Herkunft der Kanones bereits zu seiner Zeit von vielen in Frage gestellt wurde.[42] Dies scheint für den griechischen und lateinischen Sprachbereich denkbar zu sein, weil bereits vor der Übersetzung des Dionysius anscheinend eine lateinische Übersetzung der Const. einschließlich der »Kanones der Apostel« existierte.[43]

Nicht eindeutig beantwortbar ist bis heute die Frage, warum Dionysius nur die ersten 50 Kanones übersetzte. Ein Abbruch der Übersetzung, weil in den folgenden Kanones Regelungen verordnet werden, die der römischen Praxis widersprachen (z.B. can.64), ist unwahrscheinlich, weil sich dasselbe auch von Kanones im ersten Teil sagen ließe (z.B. can.46.47). Daß ihm nur 50 Kanones vorgelegen hätten[44], scheint ebenfalls nicht zwingend, weil die ältere lateinische Übersetzung alle 85 Kanones bringt. E.Schwartz[45] hat die Glosse zu can.50[46] als Ursache erklärt, vor der Dionysius seine Übersetzung abgebrochen habe, weil sie ihm wegen ihrer arianisierenden Theologie häretisch erschienen sei, was wohl am wahrscheinlichsten ist.

Im Jahre 496 erließ Papst Gelasius sein Decret *De libris non recipiendis*, in das wohl erst unter Papst Hormisdas (514-523) die Formel eingefügt wurde: *Liber qui appellatur Canones apostolorum, apocryphus*. Die unter demselben Papst von Dionysius erstellte zweite Kanonessammlung ließ die 85 Kanones nunmehr unberücksichtigt. In seiner Praefatio an Hormisdas erklärt Dionysius, daß er in den Band Kanones aufgenommen habe, die

---

[40] Vgl. z.B.: Rhalles-Potles II 1-112; Pedalion 1-117. Die Anordnung bei den Kanones der Lokalsynoden durch Joannou (CSP 1-53) entspricht nicht der orthodoxen kanonistischen Tradition.

[41] Vgl. A.Strewe, Canonessammlung.

[42] *Incipiunt regule ecclesiastice sanctorum apostolorum, prolate per Clementem, Ecclesie romane pontificem, quae ex grecis exemplaribus in ordine primo ponuntur, quibus quamplurimi quidem consensum non prebuere facile et tamen postea quaedam constituta pontificum ex ipsis canonibus adsumpta esse videntur:* Turner, EOMIA I,8.

[43] Vgl.: A.Spagnolo u. C.H.Turner, Latin version.

[44] So: Turner, JThS 16, 537, der zwei Rezensionen der »Kanones der Apostel« durch denselben Verfasser annimmt, wobei die ältere nur bis can.50 reiche und später durch can.51-85 ergänzt worden sei.

[45] Ders., Kirchenordnungen 15.

[46] Vgl.: Metzger III 292ff.

von der gesamten Kirche rezipiert seien.[47] Weil die erste Sammlung in der
Folgezeit im Abendland größeres Gewicht erhielt, gelangten die ersten 50
»Kanones der Apostel« schließlich jedoch in die ps.isidorischen Dekretalen
und als Exzerpte schließlich auch in Gratians »Dekret«.[48]

Die dargestellte Entwicklung macht deutlich, wie die in den Const. anzutreffende Konkretisierung der älteren uns schon häufig begegneten[49] kirchlichen Rede von »Kanones der Apostel« in Gestalt einer eigenständigen literarischen Größe in der griechischen Reichskirche in die Sammlungen des
byzantinischen Kirchenrechts eingeht und in den altorientalischen Kirchen
sich sogar mit der gesamten Literatur der Kirchenordnungen in ihrer kirchlich
rezipierten Gestalt von Sammlungen verbindet. Wir werden von daher nun zu
fragen haben, in welcher Bedeutung der kirchliche Kanon-Begriff in den
Const. überhaupt zur Anwendung kommt und wie sich dieser Kanon-Begriff
zu einer eventuellen Verwendung in älteren Kirchenordnungen verhält.

3. »KANON« IN DEN »APOSTOLISCHEN KONSTITUTIONEN«

Obwohl sich der Text der 85 »Kanones der Apostel« nahtlos an Const.
VIII 46 anschließt und die in den Handschriften überlieferten[50] Überschriften durchweg sekundär sind, scheint auf den ersten Blick die Selbstbezeichnung
der 85 Bestimmungen als *Kanones* durch den mit VIII 48,1 beginnenden
kurzen *Epilog* gesichert zu sein. Mit einem Rückblick auf die 85 Kanones leiten
die Apostel dort ihre abschließenden Ermahnungen ein: »Ταῦτα καὶ περὶ
κανόνων ὑμῖν διατετάχθω παρ' ἡμῶν, ὦ ἐπίσκοποι«.
An dieser Formulierung fällt aber auf, daß nicht eigentlich gesagt wird, daß
die Apostel *Kanones* beschließen, sondern daß sie hinsichtlich und bezüglich
von *Kanones* Anordnungen treffen. Es heißt nicht: »Dies sind die Kanones, die
von uns für euch Bischöfe angeordnet wurden«, sondern: »Dies wurde von uns
für euch Bischöfe περὶ κανόνων angeordnet«. Für die Tätigkeit der Apostel
wird weiterhin nicht das uns als Synodalterminologie geläufige ὁρίζειν benutzt noch auch von κανονίζειν geredet, sondern wie durchgängig in den
Const. als deren Lieblingsbegriff (s.u.) das Verb διατάσσειν benutzt. Die

---

[47] Vgl. Maassen, Geschichte der Quellen 964.
[48] Weitere Testimonia bei: Funk, Didascalia et Constitutiones II 40-50.
[49] Vgl. z.B.: Kap. XX 4 be); XIX 4 e).
[50] »κανόνες (+ ἐκκλησιαστικοὶ a, + οἱ λεγόμενοι ν) τῶν (+ αὐτῶν a) ἁγίων
ἀποστόλων (+ διὰ Κλήμεντος πε ν) a et codd K plurimi«: So der App. bei ed.Funk
(1905), 564 z.St.; Metzger III 274, bringt diese Überschriften auch nicht im App.

Formulierung dieses resümierenden Satzes in *Const. VIII 48,1* legt also die Vermutung nahe, als ob *Kanones* für den Verfasser eine feststehende, bekannte und umschreibbare Größe seien, hinsichtlich der die Apostel hier nun Anordnungen treffen und deren Inhalte damit als apostolisch verankert ausgewiesen werden sollen.

Daß diese Interpretation nicht an den Haaren herbeigezogen ist, zeigt sich daran, daß die auffällige Formulierung von VIII 48,1 nicht singulär ist, sondern vom Konstitutor in *VIII 28,1 und 32,1* genauso benutzt wird.

> So werden die in VIII 28 in *merkspruchartiger* Weise und formelhafter Kürze zusammengefaßten Verordnungen über die geistlichen Vollmachten und Befugnisse von Bischof, Presbyter, Diakon, Diakonisse und Subdiakon als Bestimmungen des Simon Kanaanäus angeführt mit der Wendung: »ὁ αὐτὸς περὶ κανόνων«.
>
> Sodann werden die detaillierten Darlegungen der Zulassungsbedingungen von Taufbewerbern zur Taufe in VIII 32, die durchweg im Stil von *Bedingungsfolgesätzen* gehalten sind, als Anordnungen des Apostels Paulus eingeleitet mit der Formulierung: »κἀγὼ Παῦλος ... τάδε διατάσσομαι ὑμῖν τοῖς ἐπισκόποις καὶ πρεσβυτέροις περὶ κανόνων«.

Man hat in der ungewöhnlichen und durchgängigen Formulierung »περὶ κανόνων« m.E. ein weiteres Indiz für die Zusammengehörigkeit von Const. und »Kanones der Apostel« zu erblicken.

> Dies ist gegen *E. Schwartz* festzustellen, der seine These von der sekundären Verbindung von Const. und »Kanones der Apostel« auch mit einer angeblichen unterschiedlichen Bedeutung des Kanon-Begriffes in beiden untermauern wollte: »Was sich der Verfasser der AK (sc. Const.) unter Kanones dachte, zeigt die Überschrift zu 8,28... Hier werden nicht einzelne Bestimmungen lose aneinander gereiht, sondern zusammenhängend wird die Ordnung der verschiedenen Grade des Klerus auseinander gesetzt«. Sodann deutet *Schwartz* den Begriff an dieser Stelle als Synonym für κλῆρος.[51]
>
> Dagegen ist zu sagen, daß die thematische Einheitlichkeit der Anordnungen in VIII 28 gegenüber der thematischen Vielfalt in VIII 47 keine Grundlage für einen unterschiedlichen Kanon-Begriff darstellen kann. Wichtigstes Argument gegen eine Identifizierung von κανών und κλῆρος in den Const. ist aber VIII 32 – *Schwartz* übergeht diese Stelle! –, wo unter dem Kanon-Begriff die Aufnahmebedingungen zur Taufe verhandelt werden und vom Klerus keine Rede ist. Die von *Schwartz* für seine Identifizierung herangezogenen Belege waren schon oben[52] als unsachgemäße

---

[51]   Schwartz, Kirchenordnungen 19; 19 Anm.1
[52]   Vgl.: Kap. XVIII 2e).

Interpretationen zurückgewiesen worden. Hinzu kommt schließlich, daß Const. und »Kanones der Apostel« heute allgemein als zusammengehörig betrachtet werden und ein divergierender Kanon-Begriff in beiden von vornherein unwahrscheinlich ist.

Aus diesen drei Stellen, die die einzigen Belege für eine Verwendung des Kanon-Begriffes in den Const. darstellen, ist nun zu schließen, daß die In-Beziehung-Setzung apostolischer Anordnungen zu *Kanones* – so muß man die Formulierung περὶ κανόνων wohl umschreiben – nicht auf die 85 Kanones beschränkt ist, sondern daß dazu genauso und darüberhinaus die Ausführungen von *VIII 28.32* gehören. An anderen Stellen aber hat der Kanon-Begriff weder in den 85 Kanones noch in den restlichen Const. Platz. Nun liegt es natürlich auf der Hand, daß die literarische Fiktion der Apostolizität im historischen Sinne es von vornherein unmöglich macht, daß etwa auf ältere *Kanones* verwiesen werden könnte. Es fällt aber auf, daß gerade in den »Kanones der Apostel« auch jeder Bezug auf den κανὼν ἐκκλησιαστικός und jede weitere Verwendung des Kanon-Begriffes, wie sie in den vom Konstitutor benutzten Synodalhoroi vorliegt, *getilgt* und konsequent vermieden wird. Darüber hinaus wird auch die gesamte gängige rechtliche Synodalterminologie nicht benutzt.

Ein Vergleich der vom Konstitutor herangezogenen Kanones von Antiochien (ca.330) und Nizäa (325)[53] mit den entsprechenden »Kanones der Apostel« ergibt folgendes: can.Antioch.2: τὸν κανόνα τῆς ἐκκλησίας und κανών für das Klerikerverzeichnis fehlen in can.Apost.8-11; can.Antioch.6: ὅρος als Selbstbezeichnung und κανών für das Klerikerverzeichnis fehlen in can.Apost.12; für die Klerikerliste wird durchgängig ὁ ἱερατικὸς κατάλογος u.ä. benutzt, vgl.: can.9.15.17.18.51. Can.Antioch.3: τοὺς θεσμοὺς τοὺς ἐκκλησιαστικούς fehlt in can.Apost.15/6; can.Antioch.7.8: κανονικὰς ἐπιστολάς wird in can.Apost.33 ersetzt durch ἄνευ συστατικῶν γραμμάτων; can.Antioch.9: κατὰ τὸν ἀρχαῖον κρατήσαντα τῶν πατέρων ἡμῶν κανόνα fehlt in can.Apost.34.
Aus den nizänischen Kanones 1.2.17 fehlen in den can.Apost.21-24.80.44 die Begriffe ὁ κανών; παρὰ τὸν κανόνα τὸν ἐκκλησιαστικόν und ὅρος.

Man wird sich fragen müssen, ob dieses Abblenden der traditionellen kirchlichen Kanon-Terminologie allein als eine logische Konsequenz der literarischen Fiktion zu bewerten ist, oder ob dies nicht auch zugunsten eines schwergewichtig anderen Kanon-Begriffes erfolgt.

---

[53] Zu beiden s.o. Kap. XVIII. XIX 2.

Zuvor soll aber noch ein Blick auf die Terminologie geworfen werden, die der Konstitutor faktisch für die anordnende Tätigkeit der Apostel, ihre Weisungen usw. verwendet.[54]

'Ορίζειν wird allein für das Handeln Gottes verwendet: σάββατον ὥρισας (VII 36,1); ebenso ὅρος im Sinne von »Bestimmung«: VII 34,8; VIII 12,20; VIII 5,3. 46,1; im Sinne von (Diözesan-)Grenze: can.Apost.35. 'Εντολή heißen die Gebote des AT, Christi und des Evangeliums.[55] Mit νόμος wird stets das alttestamentliche Gesetz angesprochen, besonders häufig in den Büchern I-VI.[56] Νομοθέτης ist Moses[57], genauso wird aber auch Christus angesprochen.[58]

Besonders beliebt scheint beim Konstitutor der Terminus διάταξις zu sein. Διατάσσειν war uns bei 2 der 3 Belege für den Kanon-Begriff als Tätigkeitsbeschreibung für die apostolischen Anordnungen begegnet, mit dem Derivat διαταγή ist die gesamte Schrift überschrieben.[59] Anordnungen Christi, auf die sich die Const. berufen, heißen διάταξις[60], aber auch die Anordnungen Gottes, die Christus erfüllt.[61]

Auffällig ist schließlich, daß συνήθεια und ἔθος durchgängig im negativen Sinn verwendet werden für zu überwindende Praktiken.[62]

Aus all dem ergibt sich, daß der Konstitutor die traditionelle kirchliche Rede von Kanones Christi, des Evangeliums und der Apostel und in diesem Sinne von κανὼν ἐκκλησιαστικός und ὁ κανών im absoluten Sinne nicht anwendet, sondern hier neben anderen Begriffen seinen Lieblingsbegriff διάταξις und dessen Derivate einsetzt. Auch die sog. »Kanones der Apostel« werden in den Const. als διατάξεις περὶ κανόνων bezeichnet und sind – wie gesagt – so auch nicht die einzigen »Anordnungen bezüglich Kanones«, die in den Const. enthalten sind, sondern müssen zusammen mit VIII 28 und 32

---

[54] Der ff. Überblick bezieht sich auf den Sprachgebrauch der gesamten Const., damit aber zwangsläufig auch auf den der zugrundeliegenden Kirchenordnungen Didache, Didaskalia und Traditio Apostolica. Zur syrischen Didaskalia lassen sich über die hier zu Buch I-VI mitgeteilten Belege keine weiteren für uns relevanten Beobachtungen anstellen. In allen drei Kirchenordnungen ist von κανών keine Rede. Wo es sich um Belege handelt, die zu Umarbeitungen oder Ergänzungen des Konstitutors gehören, mache ich dies durch das Kürzel »(K.)« deutlich.

[55] Vgl. Funk, Didascalia, Index z.St.

[56] A.a.O., 680.

[57] Const. VI 19,4; VII 1,1.

[58] Const. III 9,4; V 20,12; VI 25,2 (K.); VII 36,6; VIII 12,30.

[59] Αἱ διαταγαὶ τῶν ἁγίων ἀποστόλων διὰ τοῦ Κλήμεντος.

[60] Const. III 9,3 (K.); VI 25,2 (K.); VIII 3,2 (K.); 4,1 (K.); 22,4 (K.); can.2; can.49 (K.).

[61] Const. V 20,2 (K.).

[62] Const. II 50,1; V 12,6.16,6; VI 19,1; IV 11,6; V 14,7; VI 12,2. 28,1; VIII 32,14.

gesehen werden. Dann aber scheint mir der Schluß nahezuliegen, daß für den Konstitutor und sein kirchliches Umfeld sich der Kanon-Begriff in Richtung der dort in Geltung stehenden Synodalhoroi verschoben hat. Wie es denn die Intention des Werkes insgesamt ist, das kirchliche Leben hinsichtlich der persönlichen Lebensführung, der liturgischen Praxis, der Kirchenzucht und der kirchlichen Verfassung historisierend apostolisch zu verankern und zu normieren, so sollen anscheinend auch die in Geltung stehenden Synodalhoroi, die inzwischen im kirchlichen Umfeld des Konstitutors allgemein als *Kanones* bezeichnet wurden, »apostolisch« begründet werden. Deshalb treffen m.E. hier die Apostel Anordnungen »bezüglich« Kanones.

Damit aber erfährt der traditionelle kirchliche Kanon-Begriff eine beträchtliche *Bedeutungsverschiebung* und -einengung. Während die als *Kanones* im Bereich der antiochenischen Kirche anerkannten *Synodalhoroi* sich selbst als Bestätigung und Bekräftigung des κανὼν ἐκκλησιαστικός verstanden, werden sie nunmehr materialiter aus apostolischen διατάξεις direkt abgeleitet und erhalten dadurch als mit apostolischer Weisung direkt identisch einen neuen Stellenwert. In diesem Sinne werden sie selbst zu *Kanones*. Die traditionelle terminologische Differenz von apostolischen und evangelischen Normen und von kirchlichen Entscheidungen in Fragen ihrer Bewahrung und Durchsetzung ist damit an dieser Stelle aufgehoben. Daß dies ausgerechnet in einem Milieu erfolgt, für das die Wahrung der Tradition zum Zentrum theologischer Arbeit geworden ist, verdient wohl besondere Beachtung.

Schließlich scheint sich nun auch ein bestimmtes *formales Verständnis* mit dem Kanon-Begriff zu verbinden. Denn es fällt auf, daß die apostolischen »Anordnungen bezüglich Kanones« vorrangig (VIII 47) oder durchgängig (VIII 32) als knapp gehaltene Bedingungsfolgesätze formuliert sind oder (VIII 28) in merkspruchartiger Konzentration abgefaßt sind. Dies aber sind Kennzeichen, die den *regulae* der römischen Jurisprudenz als »Spruchregeln« der *veteres* und als kasuistische Regeln der *libri regularum* eigen sind.[63] Zu erinnern ist an die weite Verbreitung der *libri regularum* seit spätklassischer Zeit und ihre Verwendung im Lehrunterricht der Rechtsschule wie in der Verwaltungspraxis der staatlichen Beamten in den Provinzen des Reiches, die den Begriff *regula* seit dieser Zeit zu einem technischen Begriff der Rechtspflege werden ließ und mit einem allgemeinen Bedürfnis nach *regulae*, Zusammenfassungen und Epitomierungen einherging.

Es scheint von daher im Milieu der Const. zu einer *Beeinflussung* des kirchlichen Kanon-Begriffes durch diese technische Verwendung des Regula-Begriffes in der *römischen Jurisprudenz* der spät- und nachklassischen Zeit gekommen zu sein. Daß sich eine solche Beeinflussung erstmals bei den Const. und im Bereich der antiochenischen Kirche nahelegt, wird plausibel, wenn

---

[63] Vgl. o. Kap. IV 4.

man bedenkt, daß Antiochien unter Konstantius II. (337-361) kaiserliche Residenz war, vor allem aber, daß die Rechtsschule von Berytos im Gebiet dieser Kirche[64] eine umfangreiche Wirkungsgeschichte zeitigte. Nach dem Untergang der klassischen römischen Rechtswissenschaft in der Mitte des 3. Jahrhunderts und der Verlagerung des kulturellen und wirtschaftlichen Schwergewichts in die östliche Reichshälfte im 4. Jahrhundert gewann die seit Anfang des 3. Jahrhunderts bestehende Rechtsschule von Berytos zentrale Bedeutung für die Pflege der Rechtswissenschaft auf der Grundlage der klassischen Literatur. Den Ruhm der Schule preist schon Gregor Thaumaturgos in seiner Dankrede an Origenes[65], und es ist bereits das 4. Jahrhundert, für das ein Fülle von Zeugnissen über die Bedeutung dieser in jener Zeit wichtigsten Rechtsschule vorliegen.[66] Hinzu kommt weiter, daß für die Entstehungszeit der Const. mit dem Wechsel der Unterrichtssprache in Berytos vom Lateinischen zum Griechischen zu rechnen ist[67], was eine Beeinflussung des mittlerweile auf Synodalhoroi angewendeten kirchlichen Kanon-Begriffes durch die *regula*, nunmehr κανών, der römischen Jurisprudenz noch leichter verständlich werden läßt.

4. »KANON« IN ÄLTEREN KIRCHENORDNUNGEN

Von diesem zu den Const. erhobenen Befund her soll nun auch noch ein Blick auf einige diesen zeitlich vorausliegende Kirchenordnungen geworfen werden, in denen der Kanon-Begriff eine Rolle spielt, um von hier eventuell zu vergleichenden Aussagen zu gelangen. Es handelt sich dabei um die »Canones Hippolyti«, die »Canones Athanasii« und die »Apostolische Kirchenordnung«.[68]

a) Zu den »Canones Hippolyti«

Die »Canones Hippolyti« gehören zu den verschiedenen Übertragungen und Überarbeitungen, die die »Traditio Apostolica« in späterer Zeit erfahren hat.[69] Sie sind allein in einer arabischen Übersetzung erhalten, deren älteste

---

[64] Der erste uns bekannte Bischof von Berytos ist der berühmte Euseb, ab ca.318 dann
       Bischof von Nikomedien; vgl: R.Devreesse, Le Patriarcat d'Antioche 197.
[65] V 59-62 (ed. Crouzel, SC 148, 118,50ff.). Vgl.: J.Modrzejewski, Grégoire le Thau-
       maturge; Wenger, Quellen 619-632; P.Collinet, Histoire de l'école.
[66] Vgl.: Collinet, a.a.O., 30ff. u. passim.
[67] Vgl.: Collinet, a.a.O., 211ff.; er nennt den Zeitraum 381/2-410/20.
[68] Vgl. auch Anm.54.
[69] Zu beiden vgl. z.B. Bradshaw, TRE 18, 667ff.; Steimer, Vertex traditionis 72-79.

Handschriften aus dem 13./14. Jahrhundert stammen.[70] Die arabische Fassung
stellt eine Übersetzung der – nicht erhaltenen – koptischen Version[71] dar, der
ein ebenfalls nicht erhaltenes griechisches Original[72] zugrundeliegt. Während
man früher die Entstehung der »Canones Hippolyti« ins 5./6. Jahrhundert
legte, nachdem gegen *H.Achelis*[73] die Ursprünglichkeit der »Traditio Apostolica« gegenüber den »Canones Hippolyti« nachgewiesen war, hat *R.-G.
Coquin* zuletzt das Entstehungsdatum der Schrift auf die Jahre 336-340 einzugrenzen versucht.[74] Herkunftsgebiet ist die ägyptische Kirche.[75]

In ihrer *arabischen Fassung* ist die Schrift in 38 *Kanones* eingeteilt, die jeweils
mit einer Überschrift versehen sind. Über die Herkunft dieser Einteilung in
Kanones mit ihren teilweise ungeschickten Abgrenzungen des Textes gehen die
Meinungen auseinander.

> *Riedel* und *Achelis* buchten sie zu Lasten des arabischen Übersetzers oder
> der arabischen Überlieferung: »Am liebsten hätte ich die Einteilung in 38
> Canones und die arabischen Überschriften in die Anmerkungen verwiesen.
> Denn sie sind natürlich ebenso sekundär, wie die der Canones des
> Athanasius. Schließlich habe ich sie jedoch stehen lassen, weil diese Form
> die einzige ist, in welcher die Schrift auf uns kam, und weil sie u.U. lehren
> kann, wie der arabische Einteiler seinen Text verstand.«[76]
> Genauso sei auch die Nachschrift zum Text zu bewerten, bei der es sich
> um eine Bemerkung »eines späteren Schreibers oder Übersetzers« handelt.[77]
> Diese lautet: »Zu Ende sind die Canones des heiligen Patriarchen Hippolyt,
> des ersten Patriarchen der großen Stadt Rom, welche er verfaßte, an Zahl
> 38 Canones«.[78]
> *Coquin* meinte, Einteilung und Formulierung der »Titel« schon für das
> griechische Original nachweisen zu können.[79]

Aber ganz gleich, ob die in der Überschrift der »Canones Hippolyti« bereits
enthaltene Zahl 38 dort später ergänzt wurde oder ursprünglich ist, wird man

---

[70] Vgl.: R.-G.Coquin, Les Canons d'Hippolyte (PO 31,2), Paris 1966, 284-295. Nach
Coquin (303) ist der arabische Text eine sklavisch genaue Übersetzung des koptischen.
Zur deutschen Übersetzung vgl.: W.Riedel, Kirchenrechtsquellen 193-230.

[71] Vgl. Coquin, a.a.O., 297-301.

[72] Vgl. a.a.O., 301ff.

[73] H.Achelis, Die Canones Hippolyti.

[74] Coquin, a.a.O., 318-331.

[75] Vgl. dazu: H.Brakmann, Kanones des Hippolyt.

[76] Riedel, Kirchenrechtsquellen 200; genauso: Achelis, Die Canones Hippolyti 138. Zu
den »Canones Athanasii« vgl. den nächsten Abschnitt.

[77] Achelis, a.a.O., 213.

[78] Vgl.: Riedel, Kirchenrechtsquellen 229f.

[79] Coquin, a.a.O., 302f.

den dort auftauchenden Kanon-Begriff doch für genuin halten müssen, denn dieser ist im Text der Schrift selbst bezeugt.

> Die *Überschrift* lautet[80]: »Dies sind die Canones der Kirche und die Gebote *(canones ecclesiae et praecepta)*, welche Hippolyt, der oberste der Bischöfe von Rom, gemäß den Befehlen der Apostel *(secundum mandata apostolorum)* durch den Heiligen Geist, der in ihm sprach, geschrieben hat, an Zahl 38 Canones. Mit Frieden im Herrn. Amen.«
>
> Das *Schlußwort* des Verfassers formuliert: »Wer nun diese Canones beobachtet, mit dem ist der Friede des Herrn... *(Quicunque hos canones custodierint...)*«.[81]
>
> Und in *can.5* wird über die Ordination von Diakonen gesagt: »Wenn ein Diakon ordiniert wird, so geschehe (dies) nach denselben Canones, und man soll nachstehendes Gebet für ihn sprechen... *(si ordinatur diaconus, observentur canones singulares, et dicatur haec oratio super eum...)*«.[82]

Schon *Achelis* wollte in der Formulierung von can.5 eine »Bezugnahme auf 1 Tim 3,8-11« erblicken und verwies dazu auf eine umfangreiche Heranziehung der Pastoralbriefe durch die »Canones Hippolyti«.[83] Dies wird durch die präzisere Übersetzung von *Riedel* und *Coquin*[84] bestätigt, allerdings so, daß die Formulierung wohl zuerst auf den dortigen can.2 bezogen werden muß, der die grundlegenden Bestimmungen für Wahl und Weihe des Bischofs benennt. Auch can.4 über die Presbyterordination beginnt nämlich: »Wenn ein Presbyter ordiniert wird, so geschehe bei ihm ganz, wie beim Bischof geschehen ist.« Und entsprechend setzt dann eben auch can.5 zur Diakonenweihe ein (s.o.). Interessant ist nun aber, daß *can.2* folgendermaßen lautet:

> »Der Bischof wird aus der ganzen Gemeinde gewählt. Er sei ohne Leidenschaft, wie über ihn im Apostel geschrieben steht. In der Woche, in welcher er ordiniert wird, spreche der Klerus und die Gemeinde: ›Wir erwählen ihn‹, und in der ganzen Herde herrsche nach der ἐξομολόγησις Schweigen, und alle sollen für ihn beten und sagen: ›O Gott, dieser ist es, den du uns bereitet hast.‹ Einer von den Bischöfen und Presbytern soll erwählt werden, ihm die Hand aufs Haupt legen und beten, indem er spricht...«.[85]

---

[80] Coquin, a.a.O., 341.347; ich zitiere nach Riedel, Kirchenrechtsquellen 200, und Achelis, Die Canones Hippolyti 212. Achelis (213) hielt davon die Wendung *canones ecclesiae et praecepta* für ursprünglich.

[81] Riedel, a.a.O., 229; Achelis, a.a.O., 137; vgl.: Coquin, a.a.O., 427.

[82] Riedel, a.a.O., 203; Achelis, a.a.O., 64; vgl.: Coquin, a.a.O., 355.

[83] Achelis, a.a.O., 253ff.

[84] Vgl. insbesondere Coquin, a.a.O., 355 Anm.1.

[85] Riedel, Kirchenrechtsquellen 201.

Es wird also bei diesen *Kanones*, von denen can.5 spricht, als grundlegend
auf »den Apostel« verwiesen und damit auf *1 Tim 3,2 und Tit 1,6f.*[86] Zu diesen
apostolischen Normen treten weitere Bestimmungen zur Ordinationspraxis
hinzu. Damit wird m.E. deutlich, daß der Kanon-Begriff an dieser Stelle auf
die apostolische Anordnung in den Pastoralbriefen bezogen ist und auf deren
praktische Anwendung und Durchführung im Leben der Kirche, wie sie sich
in der Kirchenordnung niederschlägt. In diesem Sinne ist die Selbstbezeichnung der Schrift als »Kanones« m.E. für authentisch zu halten.

Daraus ergibt sich nun die Frage, wie dieser Kanon-Begriff sich dann zu
dem der Const. verhält. Formal besteht hier von vornherein keine Parallelität.
Denn während die »Anordnungen bezüglich Kanones« in den Const. formal
bestimmbar als Bedingungsfolgesätze oder merkspruchartig formuliert sind
und den synodalen Beschlußstil imitieren, handelt es sich hier nach Form und
Inhalt um eine umgearbeitete Fassung der »Traditio Apostolica«, die nirgends
in jenen Stil gebracht ist und dennoch im Gegensatz zur »Traditio Apostolica«
für ihre Bestimmungen den Kanon-Begriff benutzt. Zu den »Kanones« im
Sinne dieser Schrift gehören nun auch die entsprechenden Ordinationsgebete
und überhaupt Gebete und liturgische Ordnungen.[87] Bemerkenswert ist
schließlich, daß die »Canones Hippolyti« eröffnet werden mit einem ausführlichen Bekenntnis zum dreieinigen Gott.[88] Der Kanon-Begriff der »Canones
Hippolyti«, der sich auf das Gesamte des in dieser Kirchenordnung Enthaltenen bezieht und in der apostolischen Weisung und Überlieferung, wie sie in
der Hl.Schrift enthalten sind, seinen Ausgangspunkt nimmt, umfaßt demnach
das Bekenntnis, die liturgische Ordnung und Bestimmungen der Kirchenordnung im engeren Sinne. Damit entspricht er aber den oben in den Haupt-
teilen I und II herausgearbeiteten Inhalten des κανὼν ἐκκλησιαστικός. Wir
hätten in den »Canones Hippolyti« demnach eine dem traditionellen kirchlichen Kanon-Begriff entsprechende Konkretion dafür vorliegen, was »κανὼν
ἐκκλησιαστικός« am Anfang des 4. Jahrhunderts in der ägyptischen Kirche
bedeutet.

Bezeichnend ist, daß dabei auch jede direkte historisierende Herleitung der
Apostolizität fehlt, wie dies ja auch in der »Traditio Apostolica« selbst nicht
der Fall ist. Wird doch dort wie in der von Irenäus und Tertullian her
bekannten[89] Weise die Apostolizität als »apostolische Überlieferung« im Sinne
kirchlich geordneter und personal verantworteter Weitergabe der apostoli-

---

[86] So auch Riedel und Coquin z.St.
[87] Vgl. auch die Taufordnung in can.19.
[88] Die Frage der Theologie dieses Bekenntnisses kann für uns beiseite bleiben, vgl. aber
      Coquin, a.a.O., 318ff.; Achelis, a.a.O., 215.
[89] Vgl. z.B.: G.G.Blum, TRE 3, 449-453.

schen Paratheke verstanden.[90] Die beanspruchte Überlieferung der »Canones Hippolyti« durch Hippolyt macht vielmehr deutlich, daß für die apostolische Herleitung die kirchliche Überlieferung angegeben wird. Auch hier bewegt die Schrift sich also ganz in den herkömmlichen Bahnen des kirchlichen Traditionsbegriffes. Der Kanon-Begriff der »Canones Hippolyti« bestätigt demnach m.E. die frühe Ansetzung der Schrift durch *Coquin*. Eine späte Datierung nach den Const. wird durch den Vergleich mit deren ganz von den Synodalhoroi her bestimmten Kanon-Begriff unwahrscheinlich. Der für die »Canones Hippolyti« herausgearbeitete Kanon-Begriff findet überdies seine Bestätigung in den etwa zeitgleichen, ebenfalls aus der ägyptischen Kirche stammenden »Canones Athanasii«.

b) Zu den »Canones Athanasii«

Die von *W.Riedel* und *W.E.Crum* edierten sog. »Canones Athanasii«[91] stellen eine »umfangreiche Kirchenordnung ... für den höheren und niederen Klerus« dar. Sie sind im 4. Jahrhundert in der ägyptischen Kirche entstanden[92] und gegenüber anderen Kirchenordnungen selbständig. *Riedel* hielt selbst eine Verfasserschaft des Athanasius für denkbar.[93] Die Schrift ist in *107 Kanones* aufgeteilt überliefert. Nachdem in diesem Fall quellenmäßig genau belegbar ist, wie es zu dieser Aufteilung in *Kanones* kam, ist dies hier zu dokumentieren.

> *Abû 'l-Barakât* macht nämlich in seiner theologischen Enzyklopädie (Kap.5) die Anmerkung, daß in der Handschrift, die ihm vorlag, der Kopist oder Übersetzer Bischof Michael von Tinnîs (Mitte 11. Jh.) den Text ohne Unterteilung vorfand und bemerkte: »this holy canon of Saint Athanasius ... was one canon. But I ... held it right, when copying ... it, to examine it and divide it into 107 sections, so that each section should clearly show its contents and that all who seek (therein) anything should easily and conveniently find it.«[94]

Über die späte Aufteilung des Textes hinaus ist bemerkenswert, daß der Kopist den gesamten Text noch im Singular als »heiligen Kanon« anspricht. Die heutige Überschrift des arabischen Textes, die von »Kanones« des

---

[90] Vgl. etwa den Verweis auf die verpflichtende Überlieferung der »Presbyter« für das mitternächtliche Gebet in Trad.apost.41 (ed.Botte 94,12ff.): *Hac igitur hora necessarium est orare. Nam et hi qui tradiderunt nobis seniores ita nos docuerunt...*

[91] CPG 2302; W.Riedel/ W.E.Crum, The Canons of Athanasius.

[92] Vgl.: G.Graf, Literatur I 605.

[93] Riedel/Crum, The Canons of Athanasius XIIIff., XXVf.

[94] Riedel/Crum, The Canons of Athanasius IX; vgl. auch 69.

Athanasius redet und auch die Zahl 107 nennt, ist also hinsichtlich dieser Details sekundär.[95] Festzuhalten ist weiterhin, daß keine Bestimmung des Textes hinsichtlich ihrer Form mit einem Synodalhoros des 4. Jahrhunderts vergleichbar ist, von denen auch kein einziger zitiert wird.

> »They consist ... of brief, juridically conceived paragraphs, but for the most part of lengthy disquisitions on the importance on sanctity of the priestly office, frequently interspersed with dogmatical or exegetical comments ...«.[96]

Dennoch redet der Text von »Kanones der Apostel« und »Kanones der Kirche«:

> In Paragraph 5 wird nämlich gesagt, daß der Diener am Altar in den *Kanones der Apostel* wandeln muß, und in Paragraph 9, daß es nicht dem *Kanon der Kirche* entspricht, falsche Gewichte und Maße zu benutzen: »Thou hast the power to walk in the canons of the Apostels and thou mayest attain with them unto honour.« »If there be found two measures or two balances, this is not the canon af the church« (Es folgen Ermahnungen zur Gerechtigkeit im Hause Gottes).[97]
> *Riedel* bemerkt richtig zu Paragraph 5: »This refers not to the so-called ›Apostolic canons‹, but to the injunctions of St.Paul in the Pastoral Epistels and of 1 Pet. V,1.5, as the subsequent developement (6.) shows. Or the reference might be, still more generally, to the apostolic tradition.«[98]

Damit aber bestätigt dieser Befund unser Ergebnis zum Kanon-Begriff der »Canones Hippolyti«. Auch für die »Canones Athanasii« schlägt der »Kanon der Kirche« sich nicht primär in Synodalhoroi nieder, sondern in den apostolischen »Kanones«, die auf die Bestimmungen der Pastoralbriefe zurückgehen und sich in der lebendigen Überlieferung der Kirche manifestieren.

---

[95] »The Canons of the holy, excellent Athanasius, the apostolic Patriarch of Alexandria. May his blessing be with us. Amen. And their number is 107 canons. In the peace of the Lord. Amen«: Riedel/Crum, The Canons of Athanasius 3. Der koptische Text des Anfangs fehlt leider.

[96] Riedel/Crum, The Canons of Athanasius XI.

[97] A.a.O., II.17.

[98] A.a.O., 17 Anm.55. Vgl. auch XXII: »Yet neither of these ordinances is supported by quotations from the so called Canons of the Apostles or from those of a synod, but rather by biblical texts – the second by 1Pet.V,2, the first by a reference to the Pastoral Epistels.«

c) Zur »Apostolischen Kirchenordnung«

Bei der von ihrem Erstherausgeber *J.W.Bickell* [99] so bezeichneten Schrift handelte es sich um das älteste, noch vor die Const. gehörende Zeugnis für die pseudepigraphische Ableitung direkter Apostolizität einer Kirchenordnung mit der literarischen Fiktion eines Apostelkonzils. Jede ihrer Anordnungen wird in direkter Rede als Bestimmung eines der Apostel eingeführt. Die Schrift wird am Ende des 3. oder Anfang des 4. Jahrhunderts in Ägypten oder Syrien lokalisiert.[100] Ihre Paragraphen 4-14, die große Ähnlichkeit mit Didache 1-4 aufweisen, sind zusammen mit der sog. »Epitome der apostolischen Kirchenordnung«[101] »mit ziemlicher Sicherheit nicht von der Did. abhängig.« »Vielmehr gehen beide Schriften auf eine bestimmte Rezension des Wege-Traktates zurück, der (in einer anderen Rezension) auch dem Verf. der Did. vorlag.«[102] Den restlichen Paragraphen 15-30 der kurzen Schrift liegen zwei anonyme Abhandlungen über die Wahl von Bischöfen, Presbytern, Diakonen und Witwen und über die Pflichten der Laien zugrunde.[103]

Unser Interesse muß diese Schrift deshalb beanspruchen, weil ihr Letztherausgeber *Th.Schermann* sie unter dem Titel »Κανόνες τῶν ἁγίων ἀποστόλων« ediert hat.[104] Sie wird freilich auch »Kirchliche Konstitution der Apostel« o.ä. genannt.[105] *Schermanns* Titel beruht auf der Überschrift des Cod. Vindobonensis hist.gr.7, f.4ᵛ (s.XII), der als einzige Handschrift die griechische Originalfassung der Schrift überliefert. Hinzu tritt die koptische Überlieferung im Cod.Brit.Mus.or.1320 (a.1005/6), der die Überschrift bietet: »These are the canons of our holy fathers, the apostels of our Lord Jesus the Christ, which they appointed for the churches«.[106] Die syrische Fassung[107], die nur die Paragraphen 3-14 (=Did.1-4) enthält, hat den Titel: »Doctrina apostolorum qua verba illa continentur quae singuli apostoli locuti sunt«.[108]

Bei der koptischen Überschrift wird man nach den zu den »Canones Hippolyti« und »Canones Athanasii« angestellten Beobachtungen vermuten dürfen, daß sie späterer Zeit entstammt, wie denn auch die gängigen Einteilungen der Schrift in 30 Paragraphen oder »Kanones« allein auf die koptische

---

[99] J.W.Bickell, Geschichte 87-97.107-132.
[100] Vgl.: Bradshaw, TRE 18, 666f.; Faivre, Documentation 277ff.; Steimer, Vertex traditionis 60-71.
[101] Th.Schermann, Elfapostelmoral.
[102] K.Niederwimmer, Didache 27.
[103] Vgl.: A.Harnack, Apostolische Kirchenordnung.
[104] Th.Schermann, Kirchenordnung 12.
[105] Vgl.: Faivre, Documentation 277.
[106] Schermann, Kirchenordnung 12 z.St.
[107] Vgl.: P.A. de Lagarde, Reliquiae 19-23.
[108] Schermann, a.a.O.

Überlieferung und deren erstmalige Edition durch *Lagarde* zurückgeht.[109]
Schon *Harnack* hielt diese Einteilung nicht für zweckmäßig und ursprünglich:

> »Ich habe sie (sc. die Aufteilung in »30 Canones«) beibehalten, obgleich sie
> nicht zweckmäßig und die Einteilung in 20 Canones die ältere ist.«[110]

Der Erstherausgeber *Bickell* teilte den griechischen Text übrigens über-
haupt nicht ein und verwendet nur in seiner deutschen Übersetzung ein
Einteilungssystem von 35 (!) Abschnitten, um den Text zitierfähig zu machen.
So weist wohl auch der Vindob.hist.gr.7 kein Einteilungssystem auf.

Der griechische Titel in der Wiener Handschrift lautet nun vollständig: Αἱ
διαταγαὶ αἱ διὰ Κλήμεντος καὶ κανόνες ἐκκλησιαστικοὶ τῶν ἁγίων
ἀποστόλων. Es handelt sich dabei um die Überschrift, wie sie auch für die
Const. gängig ist, und man fragt sich natürlich, was der erste Teil dieses Titels
wohl bedeuten soll, ist doch in der »Apostolischen Kirchenordnung« von
Klemens nirgends die Rede. *Schermanns* Deutung[111] dieser Überschrift ist
unbefriedigend, viel wahrscheinlicher scheint mir die schon von *Bickell* geäußerte Vermutung zu sein, die ihn veranlaßte, den Titel zu ändern:

> Nach ihm beruht der Titel »vielleicht auf einem Versehen des Abschreibers,
> und gehört wohl eigentlich zu den (in der Handschrift ebenfalls auszugs-
> weise aufgenommenen) apostolischen Constitutionen ..., indem von Cle-
> mens in unserem Stück keine Rede ist.«

Dann aber wäre die Einteilung der Schrift in Sinnabschnitte und ihre
Bezeichnung als *Kanones* einer späteren Zeit zuzurechnen, und aus kano-
nistischem Interesse auf dem Hintergrund eines entsprechenden kanonistischen
Kanon-Begriffes erfolgt.[112] Diese Annahme wird nachdrücklich dadurch unterstützt, daß im Text selbst von *Kanones* nirgends die Rede ist.

Auf dem Hintergrund der literarischen Parallelität der Schrift mit den
Const. und der beiden gemeinsamen historischen Fiktion direkter apostolischer Anordnung ist es dann auch stimmig, daß diese wiederum anscheinend
gekoppelt ist mit einer Vermeidung des Kanon-Begriffes für die eigenen
Bestimmungen. Nachdem in den ersten drei Jahrhunderten eine Anwendung
des Kanon-Begriffes auf die apostolischen Weisungen aber durchaus üblich ist,

---

[109] Lagarde, a.a.O., 74-79. Vgl.: Schermann, Kirchenordnung 7.
[110] A.Harnack, Die Lehre der 12 Apostel 199 Anm.19.
[111] Ders., Kirchenordnung 12 Anm.1: »der erste ... Teil zeigt an, daß Bestimmungen des
Klemens ursprünglich vorausgingen, in V (sc. Cod.Vindob.) wegblieben.«
[112] Das Vorgehen Harnacks (A.Harnack, Die Lehre der zwölf Apostel 222), ausgerechnet
von der koptischen Überlieferung auf die »wahre Aufschrift: κανόνες ... ἀποστόλων«
zu schließen, ist abzulehnen.

wäre dessen Fehlen hier wiederum am einfachsten wie bei den Const. aus einer Identifizierung mit den kirchlichen Synodalhoroi zu erklären. Dies aber würde gegen eine zeitliche Ansetzung der Schrift noch im 3. Jahrhundert sprechen und m.E. eine Abfassung im zweiten Drittel des 4. Jahrhunderts eher wahrscheinlich machen.

5. ZUSAMMENFASSUNG

Bei unserer Frage nach der Verwendung des Kanon-Begriffes in der Literatur der Kirchenordnungen, die ihren Ausgang bei den sog. »Kanones der Apostel« nahm, hat sich herausgestellt, daß in den verschiedenen Jahrhunderten der Entstehung von »Kirchenordnungen«, ihrer vielfältigen Überlieferungsgeschichte und kirchlichen Rezeption eine unterschiedliche Anwendung und Applizierung des Kanon-Begriffes festzustellen ist.

Zum einen ist mit der kirchlichen kanonistischen Rezeption von Teilen einzelner Kirchenordnungen (»Kanones der Apostel«) in der griechischen Reichskirche oder von größeren Sammlungen in den altorientalischen Kirchen (Klementinischer Heptateuch und Oktateuch) ab dem 5./6. Jahrhundert besonders in den letzteren eine allgemeine Anwendung des Kanon-Begriffes auf die jeweils ad hoc in Sinnabschnitte unterteilte Materie der Kirchenordnung festzustellen. Damit wird ein *später kanonistischer Kanon-Begriff* im Sinne der einzelnen Bestimmung des in Geltung stehenden Kirchenrechts auf die Materie der Kirchenordnung nachträglich angewendet, um ihre Einzelbestimmungen als Bestandteil des Kirchenrechts auszuweisen und zum Zweck ihrer Durchführbarkeit *zitierbar* zu machen.

Das Gegenbild dazu wird bestimmt durch die ältesten Kirchenordnungen Didache, Didaskalia und Traditio Apostolica, in denen der Kanon-Begriff gar keine Rolle spielt. Besondere Beachtung verdienen deshalb jene Kirchenordnungen des 4. Jahrhunderts, in denen der Begriff genuiner Bestandteil ihres Textes und Selbstverständnisses ist. Dabei ließ sich eine unterschiedliche Verwendung feststellen, mit der eine markante Bedeutungsverschiebung einhergeht.

Hier sind es zuerst die der ägyptischen Kirche angehörenden »Canones Hippolyti« und »Canones Athanasii«, in denen sich die traditionelle Begriffsverwendung findet, wie sie uns aus der kirchlichen Literatur des 2. und 3. Jahrhunderts geläufig ist. Das »Kanonische« und entsprechend die Anwendung des Begriffes κανών nimmt ihren Ausgangspunkt bei der apostolischen Weisung, wie sie in der Hl.Schrift – häufig in den Pastoralbriefen – enthalten und hinsichtlich ihrer praktischen Durchführung und Anwendung in der Überlieferung der Kirche lebendig ist. Dieser Kanon-Begriff umfaßt das Gesamte des in den Kirchenordnung Enthaltenen und bezieht sich so auch auf das Bekenntnis, die liturgische Ordnung, Fragen der Lebensführung und die

Kirchenordnung im engeren Sinne. Eine direkte historisierende Herleitung der beanspruchten Apostolizität hat hier keinen Platz, vielmehr ist die kirchliche Überlieferung das ausgewiesene Medium ihrer Bewahrung.[113]

Dieser traditionellen Verwendung des Kanon-Begriffes in den genannten Kirchenordnungen stehen jene *pseudepigraphischen* Schriften dieser literarischen Gattung gegenüber, denen die historisierende Fiktion direkter apostolischer Anordnung gemeinsam ist (Apostolische Kirchenordnung; Const.). In ihnen wird nicht nur eine Anwendung des Kanon-Begriffes auf die eigenen Anordnungen, sondern auch jede weitere Benutzung der Kanon-Terminologie konsequent vermieden (Const.). Daß sich dies nicht allein aus den »inneren Zwängen« der historischen Fiktion als Notwendigkeit ergibt, wird durch die Const. klar. Denn die in diesen enthaltenen (VIII 28.32.47-48,1) fiktiven »Anordnungen bezüglich Kanones« (περὶ κανόνων) machen durch diese Formulierung und die inhaltliche Abhängigkeit von älteren Synodalhoroi deutlich, daß hier der *Kanon-Begriff* sich als *Terminus technicus* auf jene *Synodalhoroi* konzentriert, die im kirchlichen Milieu ihrer Herkunftskirche als Normen des Kirchenrechtes in Geltung stehen. Nachdem diese Begriffsanwendung sich in den Horoi der antiochenischen Synode von ca.330 erstmals anmeldet[114] und auch die Const. hier geographisch anzusiedeln sind, weiterhin die dem traditionellen Kanon-Begriff verpflichteten Kirchenordnungen der ägyptischen Kirche zugehören, wird man sich fragen müssen, ob dies nicht auch für eine Herkunft der »Apostolischen Kirchenordnung« eher aus der syrischen als der ägyptischen Kirche spricht.[115]

Mit dieser Einengung des Kanon-Begriffes geht nun aber auch eine *Bedeutungsverschiebung* einher. Während die als *Kanones* im Bereich der antiochenischen Kirche anerkannten Synodalhoroi sich selbst als Bestätigung und Bekräftigung des κανὼν ἐκκλησιαστικός verstanden, werden sie nunmehr materialiter aus apostolischen διατάξεις direkt abgeleitet und erhalten dadurch als mit apostolischen Weisungen direkt identisch einen neuen Stellenwert. In diesem Sinne werden sie selbst zu *Kanones*. Die traditionelle terminologische Differenz von apostolischen und evangelischen Normen und von kirchlichen Entscheidungen in Fragen ihrer Bewahrung und Durchsetzung ist damit an dieser Stelle aufgehoben.

An den in den Const. enthaltenen apostolischen »Anordnungen περὶ κανόνων« läßt sich überdies ein bestimmtes *formales* Verständnis des Kanon-Begriffes feststellen. Denn es fällt auf, daß diese Anordnungen vorrangig (VIII

---

[113] Dies entspricht ganz dem Traditions-Begriff der »Traditio Apostolica«. Vgl.: W. Geerlings, Fontes Christiani 1, 158.213 Anm.3. Zu dem in der Kirchenordnung nicht selbst enthaltenen Titel, a.a.O., 146ff.

[114] S.o.: Kap. XIX 2 c).

[115] Die den Paragraphen 16-20 zugrundeliegenden Quellen lassen auf ein judenchristliches Milieu syrischer Provenienz schließen. Vgl. A.Faivre, Constitution ecclésiastique.

47) oder durchgängig (VIII 32) als knapp gehaltene Bedingungsfolgesätze
formuliert sind, oder (VIII 28) in merkspruchartiger Konzentration abgefaßt
sind. Dies läßt auf eine *Einflußnahme* des in der *römischen Jurisprudenz* lebendigen »Regula-Begriffes« auf das kirchliche Verständnis von κανών schließen.
Daß diese Entwicklung in der zweiten Hälfte des 4. Jahrhunderts im griechischen Osten in der Kirche Antiochiens und damit im Umfeld der Rechtsschule
von Berytos erfolgte, ist eigentlich nicht überraschend.

Schließlich steht nun noch die Frage im Raum, wieso in den ältesten
Kirchenordnungen *Didache, Didaskalia und Traditio Apostolica* bis zum Beginn des 3. Jahrhunderts der Kanon-Begriff nicht auftaucht. Ein kurzer Blick
auf die Didache als »Archetyp« späterer Kirchenordnungen und für den Verfasser der Didaskalia möglicherweise sogar die Schrift, aus der er »Idee und
Anregung zu seiner eigenen ›Kirchenordnung‹ gewonnen hat«[116], soll hier
weiterhelfen. Obwohl in dieser Schrift vom Anfang des 2. Jahrhunderts der
Kanon-Begriff völlig fehlt, hat *K.Niederwimmer* in jüngster Zeit deren Charakter geradezu auffällig mit dem Begriff *regula* auf den Nenner zu bringen
versucht und sie als »Regelbuch« oder »Regelschrift« bezeichnet.[117]

> »Der Kompilator ... hat in diesem Buch für seinen Einflußbereich eine
> Instruktion, ein Reglement, eine Art regula vitae christianae zusammenge-
> stellt«.[118]

Diese Charakterisierung der ältesten Kirchenordnung – bei den späteren
im Prinzip genauso möglich – mit dem Regel-Begriff im heutigen umgangssprachlichen Sinne ist sicher insofern zutreffend, als in der Didache eben
diverse Fragen bezüglich »Lebensführung, Gottesdienst und Kirchenordnung«[119] »geregelt« werden und dazu »Regeln« aufgestellt werden. Diese Verwendung des Begriffes *regula* macht indes auch deutlich, daß »Regel« im
heutigen Sinn – auch nicht in latinisierter Sprachform – nicht einfach dek-
kungsgleich mit dem altkirchlichen Kanon-Begriff ist. Denn der κανών
ἐκκλησιαστικός dieser kirchengeschichtlichen Epoche will ja nicht eigentlich
die *regula vitae christianae* im Detail entfalten, sondern das kirchliche Leben
in all seinen Dimensionen gegenüber der Herausforderung der Verfälschung
und des Mißbrauchs aus jeweils gegebenem Anlaß bewahren. Das normative
Anliegen dieses kirchlichen Kanon-Begriffes wird analog in den älteren Kirchenordnungen deutlich, wenn man sich klar macht, daß die Didache etwa als
Normbegriff und Selbstbezeichnung den Begriff ἐντολή benutzt.[120] Die ver-

---

[116] Niederwimmer, Didache 272.31.
[117] A.a.O., 14.66 u. passim.
[118] A.a.O., 13.
[119] A.a.O., 271.
[120] Did.1,2; 2,1: πρώτη und δευτέρα ἐντολή τῆς διδαχῆς; vgl. dazu: Niederwimmer,
Didache 68. Ansonsten: Did.1,5; 4,13; 8,2; 13,5.7.

bindlichen Normen für die Didache sind die Worte des Herrn. So gewinnt »der didachische Begriff ›Evangelium‹ den Charakter des neuen, nämlich eschatologischen Gebotes, fast möchte man sagen: er wird zur nova lex Christi«.[121] Und das »Evangelium ist für den Didachisten die entscheidende Norm, die Regel, die Richtschnur des Verhaltens, die Summe der Weisungen, welche die Kirche von ihrem Kyrios selbst erhalten hat.«[122] Dies steht keineswegs im Gegensatz zum Kanon-Begriff späterer Zeit, sondern liegt seiner Verwendung gewissermaßen zugrunde. Es macht deutlich, daß zum einen für die frühen Kirchenordnungen bei der Darlegung eines »Reglements« hinsichtlich Lebensführung, Gottesdienst und Kirchenordnung der Gedanke der Abgrenzung gegenüber Mißbrauch und Verfälschung der *regula vitae christianae* nicht im Vordergrund steht[123] und für eine Verwendung des Kanon-Begriffs deshalb auch kein Erfordernis bestand. Wo dies aber wie bei der Didache dennoch der Fall gewesen sein mag und diese deshalb vorrangig an der »Klärung strittiger Einzelfragen« interessiert ist und eine »selektive Kirchenordnung« darstellt[124], ist mit der Inanspruchnahme des Gebotes des Evangeliums der entscheidende Normbegriff gegeben.

---

[121] Niederwimmer, Didache 75.
[122] A.a.O., 272; vgl. bes. 75ff.
[123] So ist etwa die »Traditio Apostolica« »einer der ersten Versuche der Regelung des Gemeindelebens, der über die Abstellung einzelner Mißstände hinausgeht«. So: Geerlings, a.a.O., 143.
[124] G.Schöllgen, Didache 6.

XXIII. »KANON« AUF DER SYNODE VON KONSTANTINOPEL (381)

1. DIE KANONES DER SYNODE ALS QUELLEN IHRER GESCHICHTE

Die griechischen Kanonessammlungen ordnen in der Regel der Konstantinopeler Synode vom Jahre 381 sieben Kanones zu.[1] Von diesen sind nach weitgehendem Konsens[2] allein die ersten vier authentisch.

> Denn zum einen kennen die alten lateinischen Übersetzungen in der Prisca, bei Dionysius exiguus und Ps.Isidor nur diese ersten vier Kanones[3], die sie zudem voneinander unabhängig bezeugen, weil sie den Text unterschiedlich einteilen. Weiterhin reden aber auch die alten Historiker[4] in ihren Berichten über das Konzil inhaltlich nur von jenen ersten vier Kanones. So gehören die Kanones 5 und 6[5] wahrscheinlich zur Konstantinopeler Synode des Jahres 382; can.7, der selbst noch bei Johannes Scholastikos fehlt und ein Referat über die konstantinopolitanische Praxis der Wiederaufnahme von Häretikern darstellt, scheint ein Exzerpt aus dem Brief des Patriarchen Gennadios I. von Konstantinopel (458-71) an Martyrios von Antiochien zu sein. Alle 3 Kanones sind dem Konzil von 381 erst später zugewachsen.[6]

Inhaltlich nehmen die vier Kanones folgende Bestimmungen vor:

---

[1] Vgl. z.B.: Beneševič, Syntagma 96-101; Rhalles-Potles II 165-191; Pedalion 155-165; Joannou, CCO 45-54.

[2] Vgl.:Hefele II 12-33.12f.; Hefele-Leclercq II 1,1-48. 18f.; Bardy, Constantinople; Ortiz de Urbina 233; Joannou, CCO 43f.; Ritter, Konzil 123 Anm.1.

[3] Vgl.: Turner, EOMIA II 404-421.

[4] Sokrates, H.e. V 8; Sozomenos, H.e. VII 9; Theodoret, H.e. V 8; dazu im einzelnen unten: 3 a).

[5] Vgl. z.B.: Joannou, Ostkirche 279ff.

[6] In der orthodoxen Theologie ist dieser historische Befund bislang nicht rezipiert worden. Vgl.: Karmiris, Mnemeia I 132f.; Panteleimon Rodopoulos, Primacy of honor 378. V. Pheidas, Les critères canoniques 386ff., weiß zwar um das historische Problem, behandelt can.5-7 sodann aber weiterhin als Kanones von 381. S.a.: Menebisoglu 192f.

Can.1 legt fest, daß »der Glaube der 318 Väter, die in Nizäa in Bithynien versammelt waren, nicht abgeschafft werden soll, sondern in Geltung bleiben soll. Und es wird jede Häresie verdammt, insonderheit die der Eunomianer oder Anhomöer, die der Arianer oder Eudoxianer, die der Semiarianer oder Pneumatomachen, die der Sabellianer, Markellianer, Photinianer und Apollinaristen.«[7]

Damit wurde der jahrzehntelange, Kirche und Reich erschütternde sog. »arianische Streit« um die Geltung des nizänischen Bekenntnisses und seines Homousios für beendet erklärt. War in der staatlichen Religionspolitik hinsichtlich der homöischen Reichskirche[8] durch die Erhebung des entschiedenen Nizäners *Theodosius I.* (379-395) zum Kaiser des Ostreiches politisch schon seit 379 ein Umschwung erfolgt, so wurde auf der von ihm für den Mai 381 nach Konstantinopel einberufenen[9] Reichssynode nun auch synodal der nizänische Glaube zur alleinigen Grundlage der Reichskirche. Die Synode nimmt an dieser Stelle keine Ergänzung oder Aktualisierung des nizänischen Bekenntnisses hinsichtlich inzwischen aufgebrochener Lehrfragen vor, sondern beschränkt sich auf dessen Bestätigung und In-Geltung-Setzung sowie auf die Abgrenzung gegenüber den es bekämpfenden theologischen Richtungen, indem diese zur Häresie erklärt und anathematisiert werden. Das Anathema trifft die neuarianischen Anhänger des Bischofs Eunomios von Kyzikos, die bislang herrschenden Homöer, hier Arianer und nach ihrem »Hofbischof« Eudoxios genannt, genauso aber auf der anderen Seite die des Sabellianismus verdächtigten und bereits verurteilten Anhänger Markells von Ankyra und seines Schülers Photinus von Sirmium. Schließlich werden auch die Gegner in der Schlußphase des Streites, die als Semiarianer bezeichneten Pneumatomachen und die Apollinaristen verdammt.[10]

Can.2 verbietet den Bischöfen einer Reichsdiözese, sich in die Angelegenheiten der Bischöfe einer anderen Reichsdiözese einzumischen, deren Grenzen ohne Einladung zu überschreiten oder dort Ordinationen vorzunehmen. Genannt werden die 5 Diözesen der östlichen Reichshälfte: Aegyptus, Oriens, Asia, Pontus, Thracia. Unberührt davon sollen die in Nizäa gere-

---

7 Joannou, CCO 45f.: Μὴ ἀθετεῖσθαι τὴν πίστιν τῶν ἁγίων πατέρων τῶν ἐν Νικαίᾳ τῆς Βιθυνίας συνελθόντων, ἀλλὰ μένειν ἐκείνην κυρίαν, καὶ ἀναθεματισθῆναι πᾶσαν αἵρεσιν, καὶ ἰδικῶς....

8 Zu deren Geschichte vgl.: Brennecke, Homöer.

9 Zur Vorgeschichte und Einberufung der Synode vgl.: Ritter, Konzil 21-41.

10 Zu den verschiedenen Häresien vgl. den Überblick bei: Ortiz de Urbina 234-239. Im einzelnen: Ritter, TRE 10, 525-528; Jugie, DThC 5, 1484-88; Brennecke, Homöer 56-56.204ff.; Hauschild, TRE 10, 547-50; H.de Riedmatten, DHGE 15, 144f.; Seibt, TRE 22, 83-89; Mühlenberg, TRE 3, 362-71.

gelten Kompetenzen der Provinzsynoden bleiben sowie die Zuständigkeiten für die außerhalb der Reichsgrenzen liegenden Missionskirchen.

Can.3 bestimmt, daß der Bischof von Konstantinopel »(gleich) nach
dem Bischof von Rom« einen »Ehrenvorrang« (πρεσβεῖα τῆς τιμῆς) haben
solle, »weil diese Stadt das neue Rom ist«.

Damit wurde die Neuordnung der *Kirchenstruktur* auf der Grundlage der
Verfassung des römischen Reiches weitergeführt. Während in Nizäa[11] über den
Bischofssprengeln der mit den zivilen Provinzen kongruente kirchliche
Provinzialverband mit seinen Metropolitansprengeln geschaffen wurde, wurde
nun darüberhinaus ein »politisch-geographisches Ordnungssystem«[12] installiert, indem man den mit den Reichsdiözesen deckungsgleichen kirchlichen
Obermetropolitanverband als in sich weitgehend autonome Einheit schuf. Damit
war der entscheidende Schritt zu der späteren justinianeischen Patriarchal-
verfassung getan. Anlaß für diese Neuordnung war wohl die Erfahrung, daß
in den kirchenpolitischen Wirren seit Nizäa weder die Kaiser noch die verschiedenen Kirchenparteien die Rechte und Zuständigkeiten der dort instal-
lierten Provinzialsynoden und Metropoliten respektiert hatten. Insbesondere
aber dürfte can.2 – noch mehr aber can.3 – gegen die Stellung des alexandrinischen Stuhls gerichtet gewesen sein, dem der Tradition nach der zweite Platz
nach Rom und damit der Vorrang im Osten zukam. Jetzt aber war nicht nur
der wichtigste Verbündete der römischen Kirche im Osten durch das kirchlich
eher traditionslose Konstantinopel zurückgestuft worden, sondern implizit
ausgesagt, daß auch der Vorrang Alt-Roms nur ein »Ehrenvorrang« sei, der
allein politisch begründet wurde analog dem Neu-Roms als Kaiserstadt und
Zentrum des Imperium Romanum. Die beiden Kanones sind so ein folgen-
schwerer Schritt in eine immer tiefere Eingliederung der Reichskirche in die
Organisation und Verwaltung des Imperiums.

Can.4 erklärte die Wahl des aus Alexandrien stammenden »Kynikers«
Maximos zum Bischof von Konstantinopel für ungültig, ebenso alle von
Maximos vorgenommenen Weihen und Handlungen.

Dieser war 380 im Auftrag des alexandrinischen Bischofs Petros in Konstantinopel in einer Nacht- und Nebelaktion zum hauptstädtischen Bischof geweiht worden.[13] Diesen alexandrinischen Eingriff in die Angelegenheiten der
Kirche von Konstantinopel muß man sich zum Verständnis der Kanones 2 und
3 vor Augen halten, denen unter den Kanones des Konzils die größte ge-

---

[11]   Vgl. o. Kap. XVIII 1.
[12]   Ritter, Stand der Forschung 47.
[13]   Vgl. dazu: Ritter, Konzil 49-52.

schichtliche Bedeutung beizumessen ist.[14] Can.4 macht aber auch deutlich, daß die Kanones eine bedeutende Quelle für die Geschichte der Synode selbst darstellen. In ihrer Reihenfolge schlägt sich allerdings nicht auch der Ablauf der Synode nieder. Denn es ist unumstritten, daß die Regelung der Konstantinopeler Bischofsfrage mit der Bestätigung Gregors von Nazianz und die Beendigung der Affäre um Maximos gleich nach der Eröffnung der Synode erfolgten.

Im *Konzilsablauf* und unter den dort verhandelten Sachfragen sind die vier Kanones nach *A.M.Ritter* [15] folgendermaßen vorzustellen:

Nach der Regelung der Konstantinopeler Bischofsfrage (1) mußte durch den plötzlichen Tod des Konzilspräsidenten und Anführers der östlichen Nizäner, Meletios von Antiochien[16], auch für ihn eine Nachfolgelösung gefunden werden (2).[17] Sodann sei es zu Unionsverhandlungen mit den homöusianischen Pneumatomachen (Makedonianern) gekommen, für die das sog. Nicaenoconstantinopolitanum als Verhandlungsgrundlage diente (3).[18] Danach hätten can.2 und 3 auf der Tagesordnung gestanden (4). Der Rücktritt Gregors von Nazianz machte die Bestimmung eines Nachfolgers auf dem hauptstädtischen Thronos und im Konzilspräsidium erforderlich (5).[19] Den Abschluß der Synode bildete die Aufstellung des Lehrtomos, der Kanones sowie des Logos Prosphonetikos an den Kaiser.[20] Diesem wurden die Kanones zur Bestätigung vorgelegt. Er entsprach dieser Bitte mit seinem Edikt vom 30.7.381 (Cod.Theod. 16, 1,3).

Bei dieser Nachzeichnung des Konzilsablaufes handelt es sich um eine historische *Rekonstruktion*, wie sie das Fehlen von Verlaufsprotokollen erforderlich macht. Obwohl diese Rekonstruktion große Wahrscheinlichkeit in Anspruch nehmen kann, ist sie in wesentlichen Teilen nicht unumstritten.[21] In der Tat stehen als *Primärquellen* allein folgende drei Dokumente zur Verfügung: 1. die vier Kanones; 2. die mit diesen überlieferte Subskriptions-

---

[14] Vgl.: Ritter, Konzil 85-96; ders., Stand der Forschung 47f.

[15] Vgl.: Ritter, Konzil 41-132; ders., TRE 19, 519.

[16] Vgl.: J. Liébaert, Cath. 8, 116-22; Brennecke, Homöer 66-77.173-178.232ff.

[17] Vgl.: Ritter, Konzil 53-68.

[18] Vgl.: a.a.O., 68-85.132-209.

[19] Vgl.: a.a.O., 97-111.

[20] Vgl.: a.a.O., 111-132.

[21] Vgl.: Hauschild, Das trinitarische Dogma 14 u.ö., setzt die Verhandlungen mit den Pneumatomachen im Anschluß an Sokrates und Sozomenos an den Anfang des Konzils. Zur neuerdings wieder umstrittenen Rolle des Nicaenoconstantinopolitanums auf der Synode vgl. zuletzt: Abramowski, Nicaeno-Constantinopolitanum; dazu: Ritter, Noch einmal. Vgl. auch: Hauschild, TRE 24, 444-456.

liste der Teilnehmer[22], aus der deutlich wird, daß die Parteigänger des Meletios aus der unmittelbaren antiochenischen Einflußsphäre besonders stark vertreten waren, und Delegationen aus dem Okzident, Ägypten und der Asia eigentlich nicht anwesend waren;[23] 3. der Logos Prosphonetikos an den Kaiser.[24] Damit aber sind nach den Forschungen zur Frage von Konzilsakten und Konzilsprotokollen von *E. Chrysos*[25] alle Bestandteile von *Konzilsakten als Beschlußprotokolle* nichtgerichtlicher Synoden erhalten.

> Denn »die Protokollierung der Verhandlungen einer Synode hängt nicht von der Bedeutung der behandelten Themen oder der Zahl und der Rangstellung der Teilnehmer ab, sondern von der Form des synodalen Verfahrens.« »Eigentliche Verhandlungsprotokolle sind nur bei Synoden ... zu erwarten, die kirchengerichtliche Streitsachen zu behandeln haben«. »Bei allen anderen Synoden ... war die offizielle Protokollierung der Verhandlungen durchaus entbehrlich«.[26]
>
> »Synoden, die Beschlüsse dogmatischen oder kirchenrechtlichen Inhalts annahmen..., konnten ohne Verhandlungsprotokolle auskommen. Was sie sicher brauchten, war ein συνοδικὸν γράμμα, das die Beschlüsse enthielt. Dieses Beschluß- ›Protokoll‹ konnte entweder den klaren Beschlußtext enthalten, oder als eine Art ›Verhandlungsprotokoll in Abbreviatur‹ ... konzipiert werden... Zu einem solchen Beschlußprotokoll gehören: eingangs das Datum und, als notwendiger Anhang, die Teilnehmerliste.«[27]

Dies konvergiert durchaus mit den Ergebnissen *Ritters*[28], insofern er im *Nicaenoconstantinopolitanum* keinen Beschluß der Synode im eigentlichen Sinne erblickt, sondern eine »Verhandlungsgrundlage« für die Gespräche mit den Makedonianern.[29] Dasselbe trifft auch für die *Rittersche* Einordnung des nicht erhaltenen *Lehrtomos* der Synode zu, von dessen Existenz wir durch das Synodalschreiben der Konstantinopeler Synode von 382 unterrichtet sind, wie

---

[22] Turner, EOMIA II,3, 433-463; Schulthess, Die syrischen Kanones 113ff.; dazu: Schwartz, Bischofslisten.

[23] Abgesehen von dem nachträglichen »Auftauchen« von Timotheos von Alexandrien und Ancholios von Thessalonike nach den Verhandlungen von can.2 und 3. Vgl.: Ritter, Konzil 38ff.97-103.

[24] Beneševič, Syntagma 94f.

[25] E.Chrysos, Konstantinopel; ders., Konzilsprotokolle.

[26] Chrysos, Konzilsprotokolle 31.

[27] Chrysos, Konstantinopel 430f.

[28] Obwohl er noch mit der Möglichkeit des Verlustes von Sitzungsprotokollen rechnete, vgl.: Ritter, Konzil 20.

[29] A.a.O., 84.190f.208. Die Frage der Herkunft dieses Bekenntnisses bleibt davon unberührt, vgl. dazu: Abramowski, Nicaeno-Constantinopolitanum Anm.21.

es bei Theodoret überliefert ist.[30] Die dortigen theologischen Ausführungen[31] verstehen sich als Abriß des ausführlicheren Tomos von 381. Danach war dieser »trinitätstheologisch-christologischen Inhalts ... und (bestand) aus einem ausführlichen dogmatischen Manifest mit beigefügten Anathematismen gegen die nachnikäischen Häresien«.[32]

Daß das Konzil nun »nach und neben seinem Tomos noch Kanon I aufstellte« und als Folge davon die Synode Theodosius nur die Kanones zur Bestätigung vorlegte, wird für *Ritter* »notwendig oder zumindest wahrscheinlich ... auf Grund folgender Erwägung.«

> »Sollte der Grund der gewesen sein, daß der Tomos ... nicht zur Veröffentlichung bestimmt war, sondern nur gleichsam zum ›internen Gebrauch‹ des Konzils ... dienen sollte und man stattdessen in Gestalt von Kanon I einen Auszug aus ihm machte, der zusammen mit den übrigen Kanones durch den Kaiser publiziert werden sollte? Dann erklärt sich am ehesten, warum der Konstantinopler Tomos offenbar schon sehr bald verlorenging.«[33]

Diese Verhältnisbestimmung von Tomos und can.1 ist nun allerdings nicht unumstritten und hat auch für *Ritter* anscheinend selbst eher den Charakter einer Hypothese. Sie beruht nämlich letztlich auf einer bestimmten Deutung von Kanon- und Horos-Begriff in der dritten Primärquelle der Synode, dem Logos Prosphonetikos.[34] Dieser *Logos Prosphonetikos,* Tätigkeitsbericht und Synodalschreiben an den Kaiser, ist insgesamt sehr knapp gehalten und berichtet Theodosius, daß man als erstes die Eintracht untereinander erneuert habe.

> »Dann aber haben wir auch *kurze Bestimmungen* (συντόμους ὅρους) erlassen, insofern wir den Glauben der nizänischen Väter in Kraft setzten und über die dagegen aufgetretenen Häresien das Anathema verhängten. Darüber hinaus haben wir auch für die dauerhafte Ordnung der Kirchen *bestimmte Kanones* (ῥητοὺς κανόνας) beschlossen. All das haben wir unserem Schreiben beigefügt.«[35]

---

[30] Theodoret, H.e. V 9, 11-13.
[31] Vgl dazu: Abramowski, a.a.O., 481-484.
[32] Ritter, Konzil 245f.
[33] A.a.O., 126 Anm.1 (127).
[34] Vgl. dazu a.a.O.,121-127.
[35] Beneševič, Syntagma 95, 1-10: πρῶτον μὲν ἀνανεωσάμεθα τὴν πρὸς ἀλλήλους ὁμόνοιαν, ἔπειτα δὲ καὶ συντόμους ὅρους ἐξεφωνήσαμεν, τήν τε τῶν πατέρων πίστιν τῶν ἐν Νικαίᾳ κυρώσαντες καὶ τὰς κατ' αὐτῆς ἐπιφανείσας αἱρέσεις ἀναθεματίσαντες. πρὸς δὲ τούτοις καὶ ὑπὲρ τῆς εὐταξίας τῶν ἐκκλησιῶν ῥητοὺς κανόνας ὡρίσαμεν. ἅπερ ἅπαντα τῷδε ἡμῶν τῷ γράμματι ὑπετάξαμεν.

Die Frage ist nun, worauf sich die Wendung »συντόμους ὅρους ἐξεφωνήσαμεν« bezieht.

Besonders *W. Riedel* war der Meinung, daß »von diesen ὅροι die Canones scharf unterschieden« werden im Sinne von *Glaubensdekret und Disziplinardekret.* »Schon wegen des Plurals ist es unmöglich, den ersten Canon darunter zu verstehen, obwohl derselbe inhaltlich passen würde. Vielmehr wird der erste Canon den Inhalt der ὅροι wiedergeben.«[36] Diese Unterscheidung bildete eine wichtige argumentative Grundlage für die Hypothese *Riedels,* daß die im Nomokanon Michaels von Damiette (12.Jh.) enthaltenen und dort dem Constantinopolitanum I zugewiesenen 23 arabischen »Kanones« den Tomos von 381 darstellen.[37]

Schon zuvor hatte *Hefele*[38] mit ähnlicher Begründung die These vertreten, daß can.1 »ursprünglich wohl zu dem τόμος der Synode gehört« und eigentlich keinen selbständigen Beschluß darstelle, »zumal in alter Zeit unter dem Ausdruck Canones Disziplinarvorschriften, nicht aber Anathematismen verstanden wurden«. *Ritter* hatte dagegen schon zu Recht auf can.7 von Ephesus 431, can.1 des Quinisextums und can.1 von Nizäa II verwiesen.[39] Man könnte darüberhinaus auch auf die Anathematismen von Gangra und die von Konstantinopel 553 hinweisen, die in der Überlieferung bald als Kanones bezeichnet wurden.

Genauso hat *J. Karmiris*[40] unter Verweis auf die terminologische Differenz im Logos Prosphonetikos nicht nur can.1 zum Bestandteil des Tomos erklärt, sondern auch noch das Nicaenoconstantinopolitanum dazugerechnet.

Ritter hat in seiner Auseinandersetzung mit diesen Positionen gemeint, daß man »in alter Zeit beide Begriffe promiscue ... gebraucht zu haben (scheint), und dabei trotz der beigebrachten Belege das *Forschungsdesiderat* aufgestellt: »Freilich bedürfte diese Frage einer neuen Prüfung, da in der wertvollen Untersuchung von *H. Oppel* ... der kirchliche Sprachgebrauch ganz übergangen ist.«[41] Die Begründung für seine Deutung der »Horoi« des

---

[36]   Riedel, Kirchenrechtsquellen 182.303.

[37]   Vgl.: a.a.O., 94-97.181ff.303-310. Zu diesem Problem, das sich im Kern wegen der weitgehenden Identität der arabischen »Kanones« mit den 24 Anathematismen des »Tomus Damasi« auf die Frage nach dessen Rolle auf der Konstantinopeler Synode reduziert, vgl. Ritter, Konzil 239-253 (Exkurs II). Wenn die Anwendung des Kanon-Begriffes hier überhaupt der Wortwahl Michaels von Damiette entspricht (vgl.: Riedel, a.a.O., 94), kann es sich nur um einen späten abgeschliffenen, kanonistischen Einteilungsbegriff handeln. Im Tomus Damasi spielt der Kanon-Begriff jedenfalls keine Rolle, vgl.: Turner, EOMIA I,2, 284-294.

[38]   Hefele II 9.14; Hefele-Leclercq II,1, 21.

[39]   Ritter, Konzil 121 Anm.1.

[40]   Ders., Mnemeia I 127.

[41]   Ritter, a.a.O.

Logos Prosphonetikos auf can.1 bleibt deshalb auch hinsichtlich der
Begrifflichkeit noch vage: »Aber selbst wenn die Konstantinopler Synodalen bewußt zwischen ὅροι und κανόνες unterschieden hätten, so wäre
damit die Deutung der σύντομοι ὅροι auf Kanon I durchaus nicht ausgeschlossen, da es sich bei diesem Kanon ja um ein Glaubensdekret handelt.«[42]

Wir werden deshalb auf dem Hintergrund der bislang herausgearbeiteten
kirchlichen Verwendung des Kanon-Begriffes nun auch die für den Kanon-
Begriff der Synode von 381 und ihrer Teilnehmer signifikanten Quellen hinsichtlich der Verwendung dieses Begriffes näher in den Blick nehmen. Es
empfiehlt sich hier, mit den Kanones selbst zu beginnen und auch das Synodalschreiben von 382 dazuzunehmen. Weiterhin sind die Berichte der alten Historiker über die Synode zu überprüfen und auch die älteste Überlieferungsgeschichte der Kanones zu befragen. Auch der »Fall« Gregors von Nazianz ist
im Hinblick auf unsere Fragestellung zu würdigen.

2. »KANON« IN DEN KANONES DER SYNODE UND IM SYNODAL-
SCHREIBEN DER KONSTANTINOPELER SYNODE VON 382

a) »Kanon« in den Kanones der Synode

In den vier authentischen Kanones der Synode begegnet uns der Kanon-
Begriff an drei Stellen, die alle zum Wortlaut des sog. *can.2* gehören.

Bei der Festlegung, daß Bischöfe, die sich außerhalb ihrer Reichsdiözesen
aufhalten, sich in die dortigen kirchlichen Belange nicht einzumischen haben,
werden die 5 Diözesen der östlichen Reichshälfte der Reihe nach aufgezählt
(s.o). Bei den ersten beiden und ihren Kirchen, der alexandrinischen und
antiochenischen, wird nun auf »die Kanones«, namentlich die nizänischen,
Bezug genommen.

> So heißt es, daß der Bischof von Alexandrien »κατὰ τοὺς κανόνας« nur die
> Angelegenheiten in der Diözese Aegyptus verwalten soll und die Bischöfe
> der Diözese Oriens allein diese verwalten sollen unter Wahrung der Vor-
> rechte der Kirche von Antiochien, wie sie in den Kanones von Nizäa
> festgelegt sind (φυλαττομένων τῶν ἐν τοῖς κανόσι τοῖς κατὰ Νίκαιαν
> πρεσβείων τῇ ᾿Αντιοχέων ἐκκλησίᾳ).[43]

---

[42] A.a.O.
[43] Joannou, CCO 46f.

In den sich anschließenden analogen Bestimmungen für die Reichsdiözesen Asia, Pontus und Thracia fehlt ein Verweis auf Kanones. Es ist offensichtlich, daß die Beanspruchung der *Kanones von Nizäa* auf den dortigen *can.6*[44] abhebt und sich auch die Wendung »κατὰ τοὺς κανόνας« hierauf bezieht. Denn can.6 von Nizäa erwähnt – von der Nennung der römischen Kirche einmal abgesehen – für die Wahrung des alten Brauches provinzübergreifender Jurisdiktionen allein die Bischöfe von Alexandrien und Antiochien. Was in Nizäa unter dem Blickwinkel der Wahrung alter Vorrechte formuliert worden war, wird hier nun zur Beschränkung auf fest umrissene Einflußzonen, und dies erfolgt in Anknüpfung an die nizänischen Bestimmungen. Nachdem dort von den Vorrechten asianischer, pontischer und thrakischer Bischöfe keine Rede ist, kann nun hier auch keine Anknüpfung in der Formulierung erfolgen. Wir haben also zuerst den anscheinend inzwischen selbstverständlich gewordenen Sprachgebrauch von »den Kanones von Nizäa« zu konstatieren; hinzu tritt die Rede von »den Kanones«. Es ist dieselbe Verwendung des Kanon-Begriffes im Sinne von Synodalkanones, wie sie uns schon in den Apostolischen Konstitutionen begegnete[45] und bis heute üblich ist.

Dieser Sprachgebrauch ist mittlerweile so fest verankert, daß er auch für die eigenen Bestimmungen der Synode sogleich angewendet wird. Can.2 macht dies deutlich, indem er fortfährt, die durch die neuen Diözesanstrukturen gegebenen Konsequenzen für die Bischofsweihe zu formulieren.

> Danach sollen die Bischöfe ungerufen ihre Reichsdiözese auch nicht zu Bischofsweihen und anderen kirchlichen Angelegenheiten verlassen. »Wenn nämlich *der vorherige Kanon* über die Diözesen gewahrt werde«, sei auch klar, daß es die Eparchialsynode ist, die für jede Eparchie die Zuständigkeit besitzt entsprechend dem in Nizäa Beschlossenen.[46]

Bezugs- und Anknüpfungspunkt ist auch hier wieder die Synode von Nizäa, diesmal deren can.4, der die Bischofswahl und -weihe durch die Provinzialsynode festlegt.[47] Bemerkenswert ist, daß »(προ)γεγραμμένος κανών« natürlich nicht can.1 meint, sondern den Anfang desselben can.2. Die Anwendung des Kanon-Begriffes auf die eigenen Beschlüsse geht also nicht mit der jetzt geläufigen Einteilung in can.1-4 parallel, denn *can.2* besteht demnach aus mehreren »Kanones«. Von hierher stellt sich die Frage nach der

---

[44] Vgl.: Joannou, CCO 28f.
[45] Vgl. oben Kap. XXII 3.
[46] Joannou, CCO, 47,10-15: φυλαττομένου δὲ τοῦ γεγραμμένου (Beneševič, Syntagma 97,1f.: προγεγραμμένου. Die Variante fehlt bei Joannou) περὶ τῶν διοικήσεων κανόνος εὔδηλον, ὡς τὰ καθ᾽ ἑκάστην ἐπαρχίαν ἡ τῆς ἐπαρχίας σύνοδος διοικήσει κατὰ τὰ ἐν Νικαίᾳ ὡρισμένα.
[47] Vgl.: Joannou, CCO 26.

Einteilung der Konstantinopeler Beschlüsse, der weiter unten nachzugehen sein wird. Festzuhalten aber ist zuerst einmal, daß die Synode auch im Text der Kanones selbst ihre eigenen Bestimmungen als »Kanones« bezeichnet, wie es durch den Logos Prosphonetikos schon belegt ist.

Wie verhält es sich nun aber mit einer eventuellen »strikten Trennung« von Horos und Kanon im Sinne von dogmatischer und disziplinärer Bestimmung? Nach dem Befund unserer bisherigen Untersuchungen muß dies von vornherein als unwahrscheinlich gelten. Bei der mittlerweile erfolgten Entwicklung des Kanon-Begriffes zum Terminus technicus für Synodalhoroi ist eine solche Differenzierung aber auch nicht einfach unüberprüft auszuschließen.

b) »Kanon« im Synodalschreiben der Konstantinopeler Synode von 382

Zur Klärung nehme ich deshalb den Synodalbrief der Konstantinopeler Synode von 382 hinzu.[48] Dies ist insofern legitim, als es weitgehend dieselben Synodalen waren, die von Theodosius im Sommer 382 – wiederum unter Ausschluß der Diözese Aegyptus und des Westens – in die Hauptstadt geladen worden waren.[49] Der Synodalbrief stellt die Reaktion auf den durch *Ambrosius* von Mailand im Namen des Damasus von Rom bei Theodosius angemeldeten Protest gegen die Personalentscheidungen von 381 dar, der mit der Forderung nach einer in Rom durchzuführenden Synode verbunden war. Hinzu kam noch der Vorwurf des Apollinarismus.[50]

Im Zusammenhang der Verteidigung der Rechtmäßigkeit der Wahl des *Nektarios* auf den Konstantinopeler Thronos und *Flavians* für Antiochien und der Bekanntgabe, daß *Kyrill* wieder zum Bischof von Jerusalem eingesetzt sei, ist nun auch von *Horos und Kanon* die Rede.[51]

> Die Orientalen setzen mit dem Hinweis ein, daß für die Leitung der Kirchen, »wie ihr wißt«, eine alte Ordnung (παλαιὸς θεσμός) eingehalten werde und eine Bestimmung (ὅρος) der heiligen Väter von Nizäa, wonach in jeder Eparchie die zur Eparchie Gehörenden, und, wenn diese es wollen, auch der Nützlichkeit halber die Angrenzenden mit ihnen die Ordinatio-

---

[48] Der Brief findet sich bei Theodoret, H.e. V 9, 1-18; zur Synode vgl.: E.Schwartz, GS IV 103-107; Joannou, Ostkirch 272-278; Wojtowytsch, Papsttum und Konzile 167ff.

[49] Vgl.: Theodoret, H.e. V 8,10. Entsprechend reden die Absender des Briefes auch davon, daß »wir« Nektarios im Vorjahr zum Bischof geweiht haben; a.a.O., 9,15.

[50] Ambrosius, ep.13 (Sanctum) und ep.14 (Fidei); vgl.: Joannou, Ostkirche Nr.84.85; Wojtowytsch, Papsttum und Konzile 164-167.

[51] Theodoret, H.e. V 9,14-17.

nen vornehmen. Ganz dementsprechend würden im Osten die Kirchen verwaltet und seien auch die neuen Bischöfe eingesetzt worden.[52]

Die Orientalen berufen sich hier ohne Zweifel auf *can.4 von Nizäa*, den sie paraphrasieren und als normative Rechtsgrundlage der genannten Bischofseinsetzungen heranziehen. Für unsere Fragestellung ist festzuhalten, daß dieser Kanon der alten Synodalterminologie entsprechend als *Horos* bezeichnet wird. Weiterhin wird zwischen dem ὅρος der Synode und dem παλαιὸς θεσμός unterschieden, der der Synodalentscheidung vorausliegt und in dieser bestätigt wird. Von den Bischofseinsetzungen insgesamt wird sodann gesagt, daß sie somit »κανονικῶς« und »ἐνθέσμως« erfolgt seien[53], der Westen möge das bitte zur Kenntnis nehmen.

Wir haben an dieser Stelle m.E. eine bemerkenswerte Kontinuität und eine Veränderung in der kirchlichen Rede von Horos und Kanon festzustellen. Die Kontinuität besteht darin, daß dem bisherigen Sprachgebrauch entsprechend Synodalbeschlüsse im allgemeinen als *Horoi* bezeichnet werden. Von einer bewußten Unterscheidung zwischen *Horos* und *Kanon* in dem Sinn, daß der Horos-Begriff für Synodalentscheidungen dogmatischer Natur reserviert wäre, kann also keine Rede sein. So sind die nizänischen Kanones eben *Horoi*, als welche sie sich ja auch selbst bezeichnen, und sie werden – auch hierin ihrem Selbstverständnis entprechend – als synodale Bestätigungen einer in der Praxis der Kirche ihnen vorausliegenden Norm und Ordnung verstanden. An dieser Stelle tritt nun aber anscheinend eine begriffliche Verschiebung ein. Denn während Nizäa von der den Horoi vorausliegenden Ordnung als ὁ κανών oder κανὼν ἐκκλησιαστικός sprach[54], wird diese hier mit dem Begriff θεσμός bezeichnet und der Kanon-Begriff nun dem Synodalbeschluß zugewiesen. Entsprechend sei die östliche Praxis eben »ἐνθέσμως« und »κανονικῶς«.

Die Anwendung des Kanon-Begriffes auf die Synodalhoroi war uns bei der antiochenischen Synode von ca.330 erstmals begegnet[55]. Die dortige Rede von ὡρισμένοι oder ὁρισθέντες κανόνες machte freilich noch das Bemühen deutlich, diese Redeweise neben der älteren vom κανὼν ἐκκλησιαστικός oder κανὼν τῆς ἐκκλησίας begrifflich eigens auszuweisen. Diese Differenzierung scheint nunmehr – 50 Jahre später – nicht mehr praktiziert zu werden und der Kanon-Begriff zusätzlich auch auf die Synodalhoroi angewendet zu werden. Daß der Logos Prosphonetikos von 381 bei seiner Erwähnung der Be-

---

[52] A.a.O., 9,14.: Περὶ δὲ τῶν οἰκονομιῶν τῶν κατὰ μέρος ἐν ταῖς ἐκκλησίαις παλαιός τε, ὡς ἴστε, θεσμὸς κεκράτηκε καὶ τῶν ἐν Νικαίᾳ ἁγίων πατέρων ὅρος...

[53] A.a.O., 9,16f. (ed. Parmentier-Scheidweiler 294,1.2.8).

[54] Vgl. oben Kap. XVIII 2 c) d).

[55] Vgl. oben Kap. XIX 2 c).

schlüsse zur Pistis von Nizäa und den Anathematismen nun von Horoi redet und nur von den weiteren Beschlüssen als Kanones (s.o.), bedeutet dann weiterhin, daß der so angewendete Kanon-Begriff jetzt anscheinend tendenziell eher auf Synodalhoroi disziplinärer Natur appliziert wird. Während also von einer *strikten* Trennung von Horos und Kanon im Sinne von Dogma und Disciplina keine Rede sein kann und somit die σύντομοι ὅροι des Logos Prosphonetikos auch nicht zwingend auf den Tomos von 381 zu beziehen sind, ist doch eine tendenzielle Verengung des älteren Kanon-Begriffes zum Terminus technicus für Synodalhoroi festzustellen.

Es ist nun die fehlende Kongruenz der Einteilung der Konstantinopeler Beschlüsse in vier »Kanones« mit der Selbstbezeichnung als Kanones zu verfolgen. Dazu empfiehlt es sich, nach der ältesten Überlieferungsgeschichte der vier Beschlüsse und nach Berichten und Zeugnissen über das Konzil zu fragen.

3. »KANON« IN BERICHTEN UND ZEUGNISSEN ÜBER DAS KONZIL

a) Zu den Berichten bei Sokrates, Sozomenos und Theodoret

Befragen wir nun zuerst die alten Historiker über ihr Bild von den vier »Kanones« der Synode, das sie uns in ihren Kirchengeschichten bieten. *Sokrates* (†nach 439) berichtet über die Synode in H.e. V 8[56]:

Deren Zweck bestand nach ihm primär in der Bestätigung der Pistis von Nizäa und der Konstantinopeler Bischofswahl (8,1). Relativ breiten Raum nimmt sodann der kaiserliche Wunsch einer Einigung mit den Makedonianern und die Verhandlungen mit ihnen ein (8,2-10). Danach berichtet er von der Konstantinopeler Bischofswahl (8,11f.) und kommt direkt nach der Wahl und Weihe des Nektarios inhaltlich unter wörtlicher Zitierung auf can.3 zu sprechen (8,13). Er leitet seine Ausführungen dabei mit der Wendung ein: »τότε δὴ καὶ ὅρον ἐκφέρουσιν« und zitiert diesen Horos weder als »Kanon« noch als »can.3«. Weiter erklärt er lapidar: »᾿Εβεβαίωσάν τε αὖθις τὴν ἐν Νικαίᾳ πίστιν« (8,14), ohne auch hier von »can.1« zu reden. Schließlich (8,14-19) fährt er fort: »καὶ πατριάρχας κατέστησαν...« und führt inhaltliche Details von can.2 aus, ohne von einem »Kanon« zu reden oder dessen Zählung zu benutzen.

Wir haben also festzustellen, daß im ältesten Bericht eines Historikers über die Beschlüsse der Konstantinopeler Synode von 381 weder von *Kanones* noch

---

[56] Ed. Hansen 279-281.

von einer bestimmten Anzahl derselben die Rede ist. Materialiter erwähnt Sokrates zuerst can.3, dann can.1 und schließlich can.2; can.4 fehlt. Daraus ergibt sich mit einiger Wahrscheinlichkeit, daß die Horoi von 381 zur Zeit des Sokrates einen einheitlichen, noch nicht eingeteilten und durchnummerierten Beschlußtext darstellten, aus dem er für seine Darstellung schöpft. In diesem einheitlichen Beschlußtext sind die Horoi zur Pistis und zur kirchlichen Ordnung vereint. Diese *Hypothese* ist nun weiter zu überprüfen.

Sozomenos bietet seine Ausführungen zum Constantinopolitanum I in H.e. VII 7-9[57] (geschrieben zwischen 439/450).

> Über den Zweck der Synode (7,1), die Verhandlungen mit den Makedonianern (7,2-5) und die Konstantinopeler Bischofsfrage (7,6-8,8) berichtet er parallel mit Sokrates. »Danach« aber fährt er fort: »Μετὰ δὲ ταῦτα συνελθόντες αὐτός τε Νεκτάριος καὶ οἱ ἄλλοι ἱερεῖς ἐψηφίσαντο...«(9,1), und es folgt eine teilweise zitierende oder zusammenfassende Wiedergabe der can.1.2.3 und 4 (9,1-4)[58].

Während Sozomenos also die Bestimmungen des Beschlußtextes von 381 vollständig und in der Reihenfolge ihrer Niederschrift bezeugt, redet auch er nicht von »Kanones« und benutzt auch keine Zählung.

Theodoret berichtet in H.e. V 7,2-8,9[59] (geschrieben ca. 449/50) über das Konzil.

> Seine Darstellung ist stark personenbezogen auf den »heiligen Meletios« (7,3) und den »heiligen Gregorios« (8,1-7) und andere »weise« namhafte Teilnehmer (8,4-6). Nach seiner Erwähnung der Wahl des Nektarios (8,8) schließt er seine Darstellung mit der Bemerkung ab, daß die Synodalen vor ihrer Abreise auch noch »*Kanones*« über die kirchliche Ordnung festgelegt hätten und bestimmt hätten, daß die in Nizäa dargelegte Pistis in Geltung bleiben solle (καὶ κανόνες δὲ περὶ τῆς ἐκκλησιαστικῆς γράψαντες εὐκοσμίας καὶ τὴν ἐκτεθεῖσαν ἐν Νικαίᾳ πίστιν βεβαίαν μένειν διαγορεύσαντες...).

Theodoret benutzt also den Kanon-Begriff und wendet ihn auf jene Bestimmungen der Synode an, die der kirchlichen εὐκοσμία dienen; er unterscheidet davon die Bestimmungen zur Pistis von Nizäa. Aber auch bei ihm findet sich keine Rede von einer bestimmten Anzahl von Kanones. Die obige Hypothese findet also auch bei Theodoret noch Bestätigung, indem seine

---

[57] Ed. Bidez-Hansen (GCS 50) 308ff.

[58] A.a.O., 311f.

[59] Ed. Parmentier-Scheidweiler (GCS 44) 286,15-288,23.

Wortwahl ganz der Diktion des Logos Prosphonetikos entspricht und eine
»kanonistische« Einteilung des Konstantinopeler Beschlußtextes in 4 »Kanones« anscheinend noch nicht erfolgt ist.

b) Die »Kanones« von 381 auf der Synode von Chalcedon (451)

Verifizieren läßt sich die unter a) entwickelte Hypothese schließlich in den
Akten des *Chalcedonense*. Auf dessen als *actio XVII* in die griechischen Akten
eingegangenen[60] Verhandlungen über den sog. »can.28« kommt es nämlich
auch zur Verlesung der Beschlüsse von 381.

> Nach dem Protest der päpstlichen Legaten gegen den Beschluß vom Vor-
> tage mit der östlichen Berufung auf »den Kanon« der 150 Väter[61], also auf
> can.3 von Konstantinopel, fordern die kaiserlichen Kommissare beide Sei-
> ten auf, ihre »Kanones« zu verlesen.[62] Nachdem beide Seiten ihre Lesart
> von can.6 von Nizäa vorgetragen haben, kommt es zur Verlesung der
> Beschlüsse von 381 durch den Sekretär Konstantinos.[63] Dazu ist folgendes
> festzustellen:

Konstantinos trägt aus derselben βίβλος vor, aus der er bereits auch can.6
von Nizäa vorgelesen hatte.[64] Dieser war dort überschrieben gewesen: »Τῶν
ΤΙΗ ἁγίων πατέρων κανὼν ϛ«.[65] Die Bestimmungen von 381 stehen demgegenüber nun unter folgender Überschrift: »Συνοδικὸν τῆς β' συνόδου«[66]
und werden dort eingeleitet mit dem Satz:

> Τάδε ὥρισαν οἱ ἐν Κωνσταντινουπόλει χάριτι θεοῦ συνελθόντες ρν
> ἐπίσκοποι ἐκ διαφόρων ἐπαρχιῶν κατὰ κλῆσιν τοῦ θεοφιλεστάτου
> βασιλέως Θεοδοσίου ἐπὶ Νεκταρίου ἐπισκόπου Κωνσταντινου-
> πόλεως.[67]

Sodann bietet das Protokoll den nicht weiter unterteilten Wortlaut der can.
1-3.[68]

---

[60] Zum ursprünglichen Ablauf vgl.: E.Chrysos, διάταξις.
[61] ACO II 1,3 p. 88,28f. (= »can.28«).
[62] A.a.O., 95,14: Ἑκάτερον μέρος τοὺς κανόνας προβαλλέτω.
[63] A.a.O., 96,1-22.
[64] A.a.O., 96,1: ἀπὸ τοῦ αὐτοῦ βιβλίου.
[65] A.a.O., 95,30.
[66] A.a.O., 96,2.
[67] A.a.O., 96,2-4.
[68] A.a.O., 5-22.

Während also die nizänischen Kanones in der auf actio XVII zur Verlesung benützten Biblos durchgezählt und als Kanones bezeichnet enthalten sind, sind die Beschlüsse von 381 noch ein einheitlicher Text, der solange zitiert werden muß, bis der entscheidende »can.3« erreicht ist. Denn das Interesse der Orientalen in Chalcedon gilt ja allein »can.3«, der »can.28« rechtfertigen soll. Jener macht nur einen Satz aus. Aber der gesamte vorstehende Text mit seinem umfänglichen »can.2« wird dennoch zuvor verlesen, was nur so zu erklären ist, daß man die Bestimmung zur Rangerhöhung Konstantinopels noch nicht als »can.3« einfach herausgreifen konnte. Weiterlesen aber mußte man auch nicht, denn mit der Verlesung von »can.3« war das Ziel des Vortrages erreicht. Deshalb fehlt »can.4«.

Es spricht also alles dafür, daß auch noch im Jahre 451 der Beschlußtext von 381 ein *einheitliches Ganzes* bildete und nicht in »Kanones« eingeteilt war. Die *Einteilung* des Horos – wie man wohl sagen sollte – von 381 in vier – dann »Kanones« genannte – Abschnitte, wobei der sog. »can.2« nach dem eigenen Wortlaut mehrere Kanones umfaßt (s.o.), ist eine spätere kanonistische Maßnahme, um den Text zitierfähig zu machen, und erst nach dem Chalcedonense erfolgt. Sie ist zuerst nachweisbar um das Jahr 500 im Cod.Brit.Libr.Add. 14,528[69] und hat sich dann durchgesetzt in der *Synagoge L titulorum* und im *Syntagma XIV titulorum* im 6. Jahrhundert.[70]

Weiterhin fällt nun im *Wortlaut* des in Chalcedon verlesenen Beschluß-textes von 381 eine Veränderung gegenüber seiner in die späteren Kanones-sammlungen eingegangenen Textgestalt auf.

Während diese durchweg[71] den Anfang des später sog. »can.1« wiedergeben: »Μὴ ἀθετεῖσθαι τὴν πίστιν τῶν ἁγίων πατέρων τῶν ἐν Νικαίᾳ τῆς Βιθυνίας συνελθόντων...«, heißt es hier: »Μὴ ἀθετεῖσθαι τὴν πίστιν μηδὲ τοὺς κανόνας τῶν πατέρων...«.[72]

Die griechische handschriftliche Überlieferung ist hier ohne Varianten. Die *lateinische Überlieferung* der Akten von 451 übersetzt bemerkenswerterweise nach der sog. »Interpretatio antiqua«: *Non recusetis fidem neque regulam ...* (ähnlich im Cod.Paris.3858C). Die sog. »Recensio a Rustico diacono« im Cod.Veron. LVIII (56) bietet freilich *regulas*, eine Lesart, die *Turner* in den Apparat verbannte.[73] Während die »Interpretatio antiqua« also bereits der

[69] Vgl. Schwartz, Kanonessammlungen 163.
[70] Vgl.: Beneševič, Sinagoga 224 (Tit.I.); ders., Syntagma 96-101.
[71] Vgl. z.B.: Joannou, CCO 45 (ohne Varianten!); Beneševič, Syntagma 96; Rhalles-Potles II 165.
[72] ACO II 1,3 p.96,5f.
[73] Vgl.: Turner, EOMIA II 448.

späteren kanonistischen Einteilung des Beschlußtextes von 381 Rechnung trägt und den Wortlaut von »can.1« ganz auf die *fides* hin interpretiert, indem sie den Begriff *regula* singularisch im Sinne von *doctrina* benutzt, hat sich bei Rusticus der ursprüngliche Wortlaut des Eröffnungssatzes des ungegliederten, *fides* und *disciplina* vereinenden Beschlußtextes erhalten. Insgesamt bestätigt die lateinische Überlieferung also die 451 verlesene griechische Textgestalt der Konstantinopeler »Kanones«.

Danach haben die 150 Väter von Konstantinopel als Eröffnung ihres *Horos* formuliert, daß die *Pistis und* die *Kanones* von Nizäa nicht abgeschafft werden, um sich sodann in den folgenden Anathematismen zur Pistis zu äußern und im weiteren zu einzelnen Kanones. Wir haben hier m.E. den *ursprünglichen Wortlaut* des Beschlusses von 381 vorliegen. Denn die zur Erneuerung und Inkraftsetzung der Synode von Nizäa in Konstantinopel Versammelten bringen eben nicht nur die Pistis der 318 Väter wieder zur Geltung, indem sie dabei auch die inzwischen aufgetretenen Häresien anathematisieren, sondern auch die Kanones von 325, an die sie – wie dargelegt – ausdrücklich anknüpfen, die sie hinsichtlich der inzwischen aufgetretenen Mißbräuche ebenfalls fortschreiben und unter die sie sich im Fall des Gregor von Nazianz beugen (s.u.). Das aber legt den Schluß nahe, daß von der Außerkraftsetzung der nizänischen Synode in der homöischen Reichskirche auch deren Kanones betroffen waren. Der Beschlußtext in seiner ursprünglichen, »vorkanonistischen« Fassung macht schließlich auch deutlich, wie von den Synodalen 381 Pistis und Kanones von Nizäa als zusammengehöriges Ganzes betrachtet wurden.

Der Horos von 381 steht in den Akten des Chalcedonense schließlich unter der Überschrift: »Συνοδικὸν τῆς β συνόδου«. Er wird eingeleitet mit der Formulierung: »Τάδε ὥρισαν...« (s.o.), die mit der Nennung von Kaiser und hauptstädtischem Bischof die Datierung der Synode enthält. Nach der These von *Chrysos* (s.o.) hätten wir damit zusammen mit der Subskriptionsliste und dem Logos Prosphonetikos alle nötigen Bestandteile des συνοδικὸν γράμμα als »Beschlußprotokoll« vorliegen, die hier nun als »Synodikon«[74] in eine Sammlung von Synodalbeschlüssen eingegangen sind, in der die Kanones von Nizäa durchnummeriert enthalten waren.

Wir werden nun noch fragen müssen, ob sich dieses Ergebnis auch mit unserer Kenntnis der ältesten handschriftlichen Überlieferung der Konstantinopeler »Kanones« deckt.

---

[74] Darunter ist »ein Synodalakt ... oder eine Sammlung von solchen« zu verstehen. Vgl.: Joannou, LThK² 9, 1239.

c) Zur handschriftlichen Überlieferung der Konstantinopeler Kanones

Nach den Forschungen von *E.Schwartz*»ist das griechische Corpus canonum in Antiochien unter dem Homöer Euzoius (361-376) entstanden, dann unter Meletius und Flavian in nicänisch-orthodoxem Sinne umgebildet und um die Kanones des Konstantinopeler Konzils von 381 bereichert (worden); in dieser Form lag es als allgemein anerkanntes kirchliches Rechtsbuch der chalke-donischen Synode vor.«[75]

Die Rekonstruktion dieser *»Collection d'Antioche«*[76] ist nach *Schwartz* allein anhand der ältesten erhaltenen syrischen Überlieferung von Jahre 500/1 aus Hierapolis im Cod.Brit.Libr.Add.14,528 und der lateinischen Überlieferung in der sog »Freising-Würzburger Version« möglich.[77] Danach hat das anti-ochenische Corpus die Kanones in durchgezählter Form enthalten, wie sie auf dem Chalcedonense zitiert wurden.[78] Ursprünglich bestand es allein aus den Kanones der Synoden von Ankyra, Neocaesarea, Antiochien, Gangra und Laodicea; entsprechend beendet die Freisinger Handschrift die Durchzählung der Kanones noch mit den Bestimmungen von Laodicea.[79] Weder das nizänische Bekenntnis noch die nizänischen Kanones seien in dieser Samm-lung anfänglich enthalten gewesen.[80] Wenn die syrische und lateinische Über-lieferung demgegenüber am Anfang »das nicaenische Symbol in großer Auf-machung, mit umständlicher Datierung und allen Unterschriften versehen« überliefern, »so hat das seinen besonderen Zweck: das Corpus canonum soll, sei es als ein Werk, sei es als ein Werkzeug der nicaenischen Orthodoxie erscheinen.«[81] Diese Hinzufügung sei nach 379 unter Meletius erfolgt, der »veranlaßte, daß das Palladium der Orthodoxie, das Konzil von Nicaea, an den Anfang gestellt wurde, nicht nur die Kanones, sondern auch das Symbol.«[82] Schließlich wurden die vier »Kanones« der Synode von 381 hinzugefügt. Die älteste handschriftliche Überlieferung bezeugt, daß diese »als einheitliche Masse hinzu(getreten sind)«.[83] Denn gegenüber der heute gebräuchlichen Zählung finden sich dort noch ganz uneinheitliche Unterteilungen.[84] Zu dieser Über-lieferung gehören die Subskriptionsliste und der Logos Prosphonetikos hin-

---

[75] Schwartz, Cod.Veronensis LX 13f. Zu Euzoius vgl.: M.Spanneut, DHGE 16, 98-101.
[76] So: Gaudemet, Sources 75f.
[77] Schwartz, Kanonessammlungen 161-168.169-176.
[78] A.a.O., 159.
[79] A.a.O., 171.
[80] A.a.O., 194.
[81] A.a.O., 193.
[82] A.a.O., 200.
[83] A.a.O., 171.
[84] Vgl.: a.a.O., 163.171. u. o.: 1.

zu[85], während das Nicaenoconstantinopolitanum erst nach dem Chalcedonense hinter dem nizänischen Bekenntnis eingeschoben wurde.

Damit bestätigt also auch die älteste handschriftliche Überlieferung die Einheitlichkeit des Beschlußtextes von 381, wie sie sich aus den Berichten der alten Historiker und der Verlesung auf dem Chalcedonense ergab. Eine weitergehende Frage stellt sich freilich nach diesem Sachverhalt. Denn das Fehlen des Nicaenoconstantinopolitanums und auch des Tomos von 381 in der ältesten handschriftlichen Überlieferung ist eigentlich nicht weiter überraschend, wenn man sich klar macht, daß beide nicht im strengen Sinn zu den Beschlüssen der Synode gehören. Würden sie dies tun, müßten sie nach der Angabe des Logos Prosphonetikos, daß alle Beschlüsse der Synode dem Logos Prosphonetikos beigefügt waren[86] mit diesem auch in die handschriftliche Überlieferung der Synode eingegangen sein.

E.Schwartz hatte nun allerdings demgegenüber in dem Fehlen von Bekenntnis und Lehrtomos in der Überlieferung einen Beweis für seine Hypothese von der Wesensverschiedenheit und prinzipiellen Trennung von »Glaubensdefinitionen« und »Regeln über Disziplin und hierarchische Ordnung« erblickt[87], die angesichts der Tatsache des nizänischen Symbols am Anfang der antiochenischen Kanonessammlung in der ältesten handschriftlichen Tradition allein mit kirchenpolitischen Erwägungen zu retten war:

> »Daß das Credo oder gar der ganze τόμος nicht hinzugefügt wurde, verstand sich von selbst; ... Beide Arten von ὅροι gehören nun einmal, wie schon oben gesagt wurde und immer wiederholt werden muß, nicht zusammen; daß das Nicaenum 379 an die Spitze eines umgearbeiteten Corpus canonum gestellt wurde, hatte besondere, durch die Zeitumstände gegebene Gründe.«[88]

Die Einheitlichkeit des Horos von 381, der in der ursprünglichen Textgestalt seiner später »can.1« genannten Bestimmung und insgesamt gerade Bekenntnis und Kanones von Nizäa zusammenbindet und als solcher in das sog. »Corpus canonum« aufgenommen wurde, das uns bei den ältesten handschriftlichen Zeugen mit dem nizänischen Bekenntnis am Anfang begegnet, weiterhin seine Bezeichnung als »Synodikon« in Chalcedon, läßt m.E. die Frage berechtigt erscheinen, ob die *Schwartzsche* Hypothese einer Hinzufügung von Kanones und Symbol von Nizäa zu einer per se bekenntnislosen Sammlung, die ja als Hypothese allein auf seiner prinzipiell in Frage zu stellenden Sicht des Verhältnisses von Bekenntnis und Kanon beruht, nicht

---

[85] A.a.O., 164.
[86] S.o.: Anm. 35.
[87] A.a.O., 193; vgl. auch oben die Einleitung.
[88] A.a.O., 203.

einer *Modifizierung* in folgendem Sinne bedarf. Wäre es nicht angemessener anzunehmen, daß die im homöischen Kontext entstandene Sammlung von Synodalhoroi ebenfalls von einer Bekenntnisformel eröffnet wurde? Man hätte dabei dann wohl an das Bekenntnis der Konstantinopeler Synode von 360 zu denken.[89] Nach dem Umschwung von 379 wären dann nicht Pistis und Horoi von Nizäa einer bekenntnislosen Sammlung an den Anfang gestellt worden, sondern gegen das homöische Bekenntnis ausgetauscht worden. Die uns gleich begegnende Zurückhaltung in nizänischen Kreisen gegenüber dieser antiochenischen Sammlung, gegen deren Einzelbestimmungen ja an sich nichts einzuwenden war, wäre m.E. wesentlich plausibler, wenn diese mit dem homöischen Bekenntnis eröffnet worden wäre. Man wird auf diese Hypothese abschließend nochmals einzugehen haben.

4. »KANON« AUF DER KONSTANTINOPELER SYNODE VOM JAHRE 360

Über das Fehlen der Pistis von Nizäa in der ältesten handschriftlichen Überlieferung der ersten griechischen Kanonessammlung hinaus belegen die Handschriften also auch das dortige Fehlen der nizänischen Kanones, wie es sich auch vom ursprünglichen Wortlaut des »can.1« von 381 her nahelegt. Dies macht zum einen deutlich, wie die Beschlüsse der faktisch außer Kraft gesetzten Synode von Nizäa als Einheit betrachtet wurden, zum anderen, daß der Beschlußtext von 381 mit seiner Restitution des nizänischen Konzils tatsächlich die Synode als ganze mit all ihren Bestimmungen – Pistis und Kanones – im Blick hat. Eine explizite Außerkraftsetzung der nizänischen Kanones ist uns nicht überliefert und wird es auch nicht gegeben haben, die Faktizität ihrer Nichtanwendung bzw. Nichterwähnung müßte sich allerdings bereits am Grunddatum der homöischen Reichskirche, der Konstantinopeler Synode von 360 verifizieren lassen, nachdem diese die Absetzung aller Führer der Homöusianer mit Verstößen aus dem Bereich der kirchlichen Disziplin begründet. Diese Synode soll deshalb hier noch hinzugenommen werden. An der Haltung Basilius d.Gr. (s.u.) werden die Ergebnisse dann zu überpüfen sein.

Die Synode wurde von Akakios im Januar 360 einberufen und bestand aus wohl 72 hauptsächlich bithynischen Bischöfen.[90] Sie bestätigte die Verurteilung des Aetios[91] und das Bekenntnis von Nike und erklärte alle früheren

---

[89]   Vgl. dazu: Kelly, Glaubensbekenntnisse 290ff.; Brennecke, Homöer 54f.

[90]   Zur Synode i.e. vgl.: Brennecke, Homöer 54ff.

[91]   Zu Aetios vgl.: Ritter, TRE 3, 711ff.

Bekenntnisse für ungültig. Die darüber berichtenden alten Historiker[92] äußern sich an dieser Stelle nicht dazu, ob das Bekenntnis von Nizäa oder sogar die Synode als ganze abgeschafft war. Mit einer expliziten Außerkraftsetzung der Synode ist wegen ihrer Verbindung mit der sakrosankten Person Kaiser Konstantins aber auch nicht zu rechnen. Wie aber mit den Beschlüssen von 360 auch die Pistis von 325 nicht explizit, sondern faktisch abgeschafft war, so schlägt sich die faktische Ignorierung des Concilium Nicaenum auch in der Nichtanwendung der nizänischen Kanones nieder.

Die Beschlüsse vom Januar 360 wurden allen Kirchen mitgeteilt. Erhalten ist uns nur der *Synodalbrief an Georgios von Alexandrien.*[93]

> Dieser behandelt allein die Absetzung und Exkommunikation des *Aetios*, der Diakon des Georgios war. Die Synode formuliert, daß die Verurteilung *»in Befolgung der kirchlichen Kanones«* erfolgt sei (ἀκόλουθον τοῖς ἐκκλησιαστικοῖς κανόσιν)[94]. Aetios sei abgesetzt vom Diakonat und exkommuniziert worden wegen seiner frevelhaften Schriften. Für den Fall des Beharrens in seiner gotteslästerlichen Lehre wird die Anathematisierung angedroht.[95] Weiter berichten die Synodalen, daß man einige bischöfliche Anhänger von Aetios auf der Synode nicht für die Unterschrift unter das Urteil habe gewinnen können. Als diese sich nicht bewegen ließen, habe man aber *»den Kanon der Kirche«* für höher erachtet als deren Freundschaft (τὸν κανόνα τῆς ἐκκλησίας τιμιώτερον ἡγούμενοι)[96] und sie ebenfalls exkommuniziert mit einer befristeten Möglichkeit der Umkehr. Wenn jene aber in ihrem Irrtum verharrten und ihrerseits menschliche Freundschaft *»den Kanones der Kirche«* vorzögen (καὶ φιλίαν ἀνθρώπων τῶν κανόνων τῆς ἐκκλησίας ... προτιμήσαντες)[97], dann würden sie ebenfalls abgesetzt und andere an ihre Stelle gesetzt.

Die epistula synodica von 360 an Georgios demonstriert schön, wie die Berufung auf »den Kanon der Kirche« als Begründung für Absetzung und Exkommunikation des Aetios mit der Berufung auf »die kirchlichen Kanones« synonym gebraucht wird. Der alte absolute Sprachgebrauch vom »Kanon der Kirche« als dem normativ Bindenden und Grundlegenden hinsichtlich christlichem Glauben und Leben ist also weiter in Gebrauch. Es ist von daher m.E. nicht zwingend, bei der Rede von »den Kanones der Kirche« an bestimmte Synodalkanones zu denken. Vielmehr ist damit folgendes benannt: zum einen

---

[92] Sokr., H.e. II 41,6f.; Soz., H.e. IV 24,1.

[93] CPG 8592: Theodoret, H.e. II 28 (ed. Parmentier-Scheidweiler 163ff.)

[94] A.a.O., 163,7.

[95] A.a.O., 163,11f.

[96] A.a.O., 164,11f.

[97] A.a.O., 164,20f.

die grundlegende Norm, daß ein überführter öffentlicher Leugner des Glaubens der Kirche an die Gottheit Christi nicht weiter ein kirchliches Amt ausüben und in der Gemeinschaft des Leibes Christ bleiben kann; zum anderen die davon ausgehende maßgebliche kirchliche Praxis, daß ein solcher amtsenthoben und exkommuniziert wird, ihm aber auch die Möglichkeit der Umkehr bleibt. Ein Verharren in der Verleugnung des Sohnes Gottes kann freilich dann nur noch das Anathema nach sich ziehen. Wir haben hier denselben Sprachgebrauch vorliegen, wie er uns z.B. ca. 100 Jahre vorher bereits in der Verurteilung der Apostasie Pauls von Samosata begegnete.[98] Die hier angesprochenen normativen – kanonischen – Grundlagen sind in der apostolischen Weisung zu suchen.[99]

Die Synode hat nun auch alle führenden Bischöfe der Homöusianer[100] abgesetzt und verbannt. »Da sie ausnahmslos am 31.12. (sc.359) die Formel von Nike/Rimini unterzeichnet hatten, geht man nun nicht aus dogmatischen, sondern ausschließlich aus disziplinarischen Gründen gegen sie vor.«[101] Die *Absetzungsbeschlüsse* werden von den alten Historikern am ausführlichsten bei *Sozomenos* überliefert[102], der hier anscheinend den Synodalbeschluß im Wortlaut vorliegen hatte. Überprüft man die Überlieferung im Detail, so ergibt sich, daß alle vorgebrachten Vorwürfe, die hier nicht im einzelnen vorgeführt werden sollen[103], sich auf den Bereich persönlicher Lebensführung und der bischöflichen Amtsführung beziehen. Es wird dafür aber an keiner einzigen Stelle auf irgendwelche Synodalkanones als Begründung verwiesen. Allein an drei Stellen könnte man – obwohl nicht erwähnt – an hinter den Anklagen stehende Synodalkanones denken.

> So sei Heortasios ohne Zustimmung der lydischen Bischöfe Bischof von Sardes geworden.[104] Man könnte hier an die entsprechenden Bestimmungen von can.19.23 von Antiochien denken. Can.23 verweist allerdings selbst

---

[98] Vgl. o. Kap. XVI 5.

[99] Vgl. z.B.: Gal 1,8f.; 1 Kor 16,22; 1 Tim 1,20; 3,10; 5,19ff.; Tit 3,10; 2 Joh 10f.; Hebr 6,4ff.; 10,26ff.

[100] Dies waren: Makedonios von Konstantinopel, Basilius von Ankyra, Eustathios von Sebaste, Eleusios von Kyzikos, Heortasios von Sardes, Drakontios von Pergamon, Silvanos von Tarsos, Sophronios von Pompeiupolis, Neonas von Seleukia/Isaurien, Elpidios von Satala und Kyrill von Jerusalem.

[101] Brennecke, Homöer 54. Dieses Urteil geht auf Sozomenos zurück (H.e. IV 24,4 ed. Bidez-Hansen 179,5), der hier von ἐκκλησιαστικοὶ νόμοι spricht.

[102] Soz., H.e. IV 24f.; vgl. auch: Sokr., H.e. II 42f.; Theod., H.e. II 27-29.

[103] Vgl. dazu am ausführlichsten: J.Gummerus, Die homöusianische Partei 152-158. Weiterhin auch: H.M.Gwatkin, Studies of Arianism 185f.

[104] Soz., H.e. IV 24,11.

auf den »ἐκκλησιαστικὸς θεσμός« als ungeschriebene Grundlage dieses
Synodalhoros.[105]

Bei Drakontios von Pergamon wird es »ὡς παράνομον« beurteilt, daß
er von seiner Kathedra in Galatien nach Pergamon gewechselt sei.[106] Hierzu
wird in der Literatur zwar gerne auf can.15 von Nizäa mit seinem Verbot
der Metathesis verwiesen[107], der antiochenische can.21 bestimmt allerdings
dasselbe, so daß eine Anwendung der nizänischen Bestimmungen sich
nicht zwingend ergibt.

Der Vorwurf gegen Sophronios von Pompeiupolis, er habe sich nicht
zur Verantwortung der gegen ihn erhobenen Anklagen gestellt[108] könnte
auf can.14.15 von Antiochien weisen.

Bemerkenswert ist m.E. vor allem, daß an keiner Stelle solche Bestimmungen als explizite Begründung aufgeführt werden. Vielmehr läßt sich die Fülle
der Vorwürfe – von denen die drei erwähnten nur einen Bruchteil bilden –
als Verstöße gegen die 10 Gebote, die Gebote Jesu, sowie gegen die apostolische Weisung identifizieren. Die Wahrheit dieser Vorwürfe ist natürlich nicht
mehr überprüfbar. Rache, Unwahrhaftigkeit oder Unaufrichtigkeit sind nicht
auszuschließen und haben wohl eine Rolle gespielt.[109]

Für die Frage nach der Anwendung bestimmter Synodalkanones geben die
Berichte über die Konstantinopeler Synode von 360 also dies her, daß man für
die umfangreichen disziplinarischen Maßnahmen gegen die Häupter der
Homöusianer bei Berufung auf den Kanon der Kirche und die kirchlichen
Kanones anscheinend doch nicht auf bestimmte Synodalkanones explizit zu
rekurrieren brauchte. Allenfalls ist eine Bezugnahme auf die antiochenischen
Kanones von ca.330 denkbar, und es fällt auf, daß die Kanones von Nizäa
ebensowenig angewendet werden wie die Pistis von 325 außer Kraft gesetzt ist.
Die älteste griechische Kanonessammlung aus homöischem Kontext hat dann
die Kanones von Nizäa gar nicht erst aufgenommen (s.o.). Ein solches Übergehen der nizänischen Bestimmungen war natürlich dadurch leicht möglich,
daß diese insbesondere hinsichtlich der entscheidenden und unumstrittenen
kirchlichen Verfassungsfragen in den Kanones von Antiochien nochmals wiederholt und weitergeführt worden waren.[110] So ist es auch nicht verwunderlich,
daß es diese Kanones von Antiochien sind, die uns hier als möglicher Hintergrund begegnen. Hierzu gehört auch, daß die antiochenischen Kanones in

---

[105] Joannou, CSP 122,19.
[106] Soz., H.e. IV 24,11; Sokr., H.e. II 42,5.
[107] Vgl. z.B.: Brennecke, Homöer 59.
[108] Soz., H.e. IV 24,14.
[109] Vgl.: Gummerus, a.a.O., 153; Gwatkin, a.a.O., 185; Loofs, Eustathius 88-97.90;
Brennecke, Homöer 58f.
[110] Vgl. o. Kap. XIX 2.

dieser Zeit der Enkainiensynode von 341 zuwuchsen, die bekanntlich den wichtigsten synodalen Bezugspunkt für die hömöische Reichskirche bildete. Wir befinden uns aber im Jahre 360 offensichtlich noch vor der Zusammenstellung und kanonistischen Benutzung der »Collection d'Antioche«, die ihren eigentlichen kirchenrechtlichen Siegeszug wohl erst nach ihrer Rezeption durch die Nizäner nach 381 erlebte. Dies wird der folgende Abschnitt und das Kapitel über Basilius d. Gr. verdeutlichen.

5. »KANON« UND DER FALL GREGORS VON NAZIANZ

Gegen Ende des Konstantinopeler Konzils von 381 kam es zu einer tiefen *Krise* in den Verhandlungen, die mit dem *Rücktritt Gregors von Nazianz*[111] vom Amt des Synodalpräsidenten und Bischofs von Konstantinopel endete. Obwohl dieser gerade erst bei Konzilsbeginn als Bischof der Hauptstadt bestätigt worden war und die Affäre um den Kyniker Maximos damit beendet werden konnte[112], hatte er sich als Konzilspräsident während der Kontroversen um die Meletiosnachfolge und die damit verbundene Frage nach einer Lösung des antiochenischen Schismas[113] und wohl auch während der Verhandlungen mit den Makedonianern mit der Konzilsmehrheit zerstritten.[114] Als nunmehr die Rechtmäßigkeit seiner Wahl zum Konstantinopeler Bischof angezweifelt wurde, bot er seinen Rücktritt an, der zu seiner eigenen Überraschung, Enttäuschung und Verärgerung vom Konzil ohne weiteres angenommen wurde. Gregor reiste sofort ab, ohne auch nur das Ende der Synode abzuwarten.[115]

Zu dieser Entwicklung war es gekommen, als nach der Verhandlung von can.2 und 3 nachträglich auch Timotheos von Alexandrien, Dorotheos von Oxyrhynchos und Ancholios von Thessalonike auftauchten, um an der Synode teilzunehmen. Damit war nun auch die ägyptische Kirche vertreten, und durch Ancholios als päpstlichem Vikar im Illyricum wurden die Interessen Roms zumindest laut. Jetzt änderte sich das Klima der Synode beträchtlich, das bislang vom grundsätzlichen Einvernehmen der Meletianer geprägt war. Die nachträgliche Einladung der drei Genannten ist nach *Ritter* von langer Hand vom Kaiser so geplant gewesen. Denn man habe erst can.2 und 3 ungestört erledigen wollen, »bevor die Vertreter der Gegenpartei in Konstan-

---

[111] Zu Leben und Werk vgl.: J.Mossay, TRE 14, 164-173; J.Rousse, DSp 6, 932-971; B.Wyß, RAC 12, 793-863.

[112] Vgl.: oben 1.; bes.: Ritter, Konzil 44-53.

[113] Zum Schisma vgl.: B.Drewery, TRE 3, 109ff.

[114] Vgl.: Ritter, Konzil 53-68.68-85.

[115] Zu seinem Rücktritt und zum folgenden vgl.: Ritter, Konzil 97-111.

tinopel eintrafen, mit deren erbitterter Opposition ... sicher zu rechnen war.«[116]
Während die Neuankömmlinge sich mit dem fait accompli gewiß nicht abfan-
den und wohl alle getroffenen Entscheidungen erneut zur Debatte stellen
wollten, konnten sie in der Frage von can.2 und 3 anscheinend nichts erreichen, und die Auseinandersetzung konzentrierte sich auf die Rechtmäßigkeit
der Ordination Gregors. In diesem Streit haben bekanntlich die »Kanones«
eine entscheidende Rolle gespielt. Deshalb legte sich nahe, bei der Frage nach
dem Kanon-Begriff der Synode auch dieser Kontroverse nachzugehen.

Die wichtigste Quelle, die uns dafür zur Verfügung steht und auf der auch
die vorstehende Situationsschilderung beruht, ist das große Gedicht Gregors
über sein Leben *De vita sua*[117], das wohl gleich 382 nach seiner Rückkehr nach
Nazianz entstanden ist.[118] Für das Verständnis der Ausführungen Gregors muß
man freilich beachten, daß es sich dabei um eine an seine ehemalige Gemeinde
in Konstantinopel gerichtete *Selbstdarstellung* handelt. Denn gleich nach seiner
Demission hatte man ihm aus Konzilskreisen schadenfroh vorgeworfen, er
»habe es mit seinem Rücktrittsangebot gar nicht ernst gemeint, sondern es
habe sich um einen mißglückten Erpressungsversuch gehandelt.« Mit dieser
»politische(n) Verteidigungsschrift in Briefform« sollen nun »die gegen ihn
erhobenen Vorwürfe ... durch den Nachweis entkräftet werden, daß er sich
immer nur mit größtem Widerstreben zur Übernahme eines kirchlichen Amtes
habe bewegen lassen.«[119]

Die uns interessierenden *Verse 1798-1817* leiten den Bericht von Gregors
Abdankung ein, der das Ende des Gedichtes bildet. Ich setze die Übersetzung
von *Jungck* her und füge die für uns wichtigsten griechischen Begriffe ein:

(1798) »Es kamen nämlich, es kamen urplötzlich gerufen, ... die (1800)
Ägypter und Makedonen als Werkleute von Gottes Gesetzen und Geheim-
nissen (ἐργάται τῶν τοῦ θεοῦ νόμων τε καὶ μυστηρίων). Einen neuen
Wind, abendlich und rauh, brachten sie herein. Ihnen traten aber alle
entgegen, die östlich gesinnt waren. ›Und gleich wie Eber wetzend wilden
Kiefer‹ (1805) ..., mit schrägem Blick aus brennenden Augen, so stießen sie
zusammen. In dem vielfachen Hin und Her, in dem die Erregung mehr als
die Vernunft regierte, unterzogen sie auch etwas, das mich betraf, einer
schärferen Prüfung. (1810) Mit *Gesetzen hantierten sie, die schon lange tot
waren und die mich offensichtlich gar nicht betrafen* (νόμους στρέφοντες
τοὺς πάλαι τεθνηκότας, ὧν πλεῖστον ἦμεν καὶ σαφῶς ἐλεύθεροι).
Nicht mir zu Leide, auch nicht, weil sie den Thron einem anderen hätten

[116] Ritter, Konzil 101.
[117] Gregor von Nazianz: De vita sua, hrsg., eingeleitet u. erklärt von Chr. Jungck, Heidelberg 1974.
[118] Jungck, a.a.O., 13.
[119] Jungck, a.a.O., 13.14.

zuhalten wollen, keineswegs, sondern nur um jene zu treffen, die mich
eingesetzt hatten; (1815) das gaben sie mir jedenfalls durch heimliche Mitteilung ganz deutlich zu verstehen. Denn jener Leute Überheblichkeit
hätten sie als ganz unerträglich kennen gelernt, sowohl in früherer Zeit als
auch bei den jüngsten Ereignissen.«

Gregor stellt die ganze Angelegenheit also so dar, daß es dabei im Kern gar
nicht um ihn gegangen sei, wie denn Timotheos und Ancholios ihm heimlich
zu verstehen gegeben hätten, daß sie nur das Ziel verfolgten, der Konzilsmehrheit und ihrem Hochmut eine Quittung zu verpassen (1812ff.). So wahr
dies hinsichtlich der Person des Nazianzeners sein mag, wird man doch seine
Bewertung der Argumentation der »Ägypter und Makedonen« kritisch würdigen müssen. Denn diese ist von Ironie und einer merkwürdigen Distanz
gekennzeichnet. So werden die seine Weihe in Frage Stellenden als »Schild-
wächter der göttlichen Gesetze und Mysterien«[120] ironisiert und die dabei
herangezogenen »Gesetze« als nicht mehr in Geltung stehend, und falls sie
gälten, als ihn nicht betreffend dargestellt.

Schon immer[121] hat man gesehen, daß es hier um can.15 von Nizäa geht, der
sich in der Tat rigoros gegen jede Translation von Bischöfen, Presbytern und
Diakonen wendet, wie sie sich als συνήθεια παρὰ τὸν κανόνα[122] mancherorts
finde, und der die Zuwiderhandlung ab sofort mit Absetzung bedroht.[123] Es
muß auffallen, daß Gregor diesen Horos von Nizäa als *nomos* bezeichnet und
damit einen Begriff einführt, der uns bislang für Synodalkanones noch nicht
begegnet war. Die Synodalhoroi, für die sich 381 allgemein die Bezeichnung
»Kanones« durchgesetzt hatte, werden also nunmehr auch als *nomoi* bezeichnet. Die Frage ist, ob es sich dabei allein um eine rhetorische Wortwahl des
Meisters[124] der griechischen christlichen Rhetorik handelt, oder ob sich auch
ein analoges Verständnis damit andeutet. Das letztere scheint sich durch die
gleich zu würdigende Bewertung dieser »Gesetze« nahezulegen.

Zunächst ist aber festzuhalten, daß Gregor jede nähere Bezeichnung zur
Identifizierung der genannten »Gesetze« vermeidet, obwohl eine Bezeichnung
als »can.15 von Nizäa« ja durchaus möglich gewesen wäre. Es liegt auf der
Hand, daß der Verfasser seine Adressaten im Unklaren darüber lassen will, daß
es ausgerechnet ein Kanon der »Synode der 318 heiligen Väter von Nizäa« war,
deren Anhänger er doch allen Widrigkeiten zum Trotz in der Hauptstadt

---

[120]   So die schöne Übersetzung von Ritter, Konzil 105.
[121]   So bereits: C.Ullmann, Gregorius von Nazianz, der Theologe, Darmstadt 1825, 250;
        vgl.: Jungck, a.a.O., 226.
[122]   Vgl. dazu oben Kap. XVIII d).
[123]   Joannou, CCO 36f.
[124]   Vgl. bes.: B.Wyß, RAC 12, 798-806.

gesammelt hatte und deretwegen nun 150 Bischöfe dort zusammengetreten waren, der gegen ihn in Anschlag gebracht wurde und den er sich nicht scheut, als »schon lange tot« zu beurteilen. Wäre er hier präziser geworden, hätte das die Selbstdarstellung bei seinen »Nizänern« in der Hauptstadt wohl nicht gerade gefördert.

Es ist in der Tat befremdlich, daß ausgerechnet ein »Jungnizäner« vom Schlage Gregors sich zu einer derartigen Bewertung eines nizänischen Horos versteht, als dieser gegen ihn selbst gewendet wird. Man wird hieraus nicht auf eine allgemeine Sicht der nizänischen Kanones bei den Nizänern im Osten schließen dürfen, wie sich denn die Synode dem Pochen auf can.15 letztlich gebeugt hat. Vielmehr wird man mit *Jungck* eher auf Charakter und Ausbildung des Nazianzeners verweisen müssen: »Man kann Gregor den Vorwurf nicht ersparen, zuweilen aus dem grundsätzlichen Gefühl heraus, daß er recht habe, die Dinge so zu drehen, wie sie ihm passen..... Er ist eben Redner und hier erst noch Anwalt in eigener Sache.«[125] Dazu paßt, daß Gregor bereits vor seiner Wahl zum Konstantinopeler Bischof (nach dem 24.11.380)[126] sich wohl im Klaren darüber war, daß ihm von can.15 von Nizäa her Gefahr drohte, worauf *Ritter* hingewiesen hat: »Denn nach der Ende November oder Anfang Dezember 380 gehaltenen or.36...[(127)] hat er sich gegen das Drängen seiner Anhänger, die ihn unverzüglich als Bischof der Hauptstadt installiert sehen wollten, mit dem Hinweis gewehrt, er sei bereits zum Bischof von Sasima geweiht.«[128]

Weiterhin redet Gregor im *Plural* von *Gesetzen*, die man gegen ihn ins Feld geführt habe. Es wird sich auch hierbei nicht nur um eine rhetorische Wendung handeln. Denn jener nizänische Horos zur Metathesis war ausdrücklich auch auf der *antiochenischen Synode* von ca.330 erneuert worden *(can.21)*, wobei man sogar alle denkbaren Argumente, das Verbot von Nizäa zu umgehen, benannt hatte. Weder die Eigeninitiative des Bischofs, noch der Wunsch oder das Drängen der den Bischof ersehnenden Gemeinde, oder auch Drängen und Zureden von Kollegen sind danach mögliche Ausnahmen.[129] Aber auch im Westen war der nizänische Horos durch die Synode von *Serdika (can.1)* nachdrücklich und als Verbot jeder Translation bestätigt worden.[130]

Obwohl hinter allen drei Bestimmungen als Motiv die Verhinderung der aus Eigeninteresse oder kirchenpolitischem Kalkül betriebenen Translation gestanden haben wird, macht die Formulierung der Bestimmungen dies nicht

---

[125] Jungck, a.a.O., 226.
[126] Vgl.: Mossay, TRE 14, 166f.
[127] PG 36, bes.272D-273B.
[128] Ritter, Konzil 49 Anm.2.
[129] Vgl.: Joannou, CSP, 121.
[130] Vgl.: Joannou, CSP, 159f.; Turner, EOMIA I,2, 452f., s.a. oben Kap. XX 2.

deutlich, sondern ist in ihrer Aussage absolut.[131] Vor 313 hat in dieser Frage
wohl weitgehende Freizügigkeit geherrscht.[132] Dies schließt jedoch eine absolute Deutung der drei Kanones nicht aus, denn gegen diese Sitte wendet sich
Nizäa ja gerade. Daß ein absolutes Verbot jeder Metathesis letzlich nicht im
kirchlichen Interesse ist, wenn denn private Vorteilnahme und machtpoliti-
sches Kalkül ausgeschlossen werden können, und sich die Bestimmungen
deshalb auch letztlich nicht durchsetzen ließen, steht auf einem anderen Blatt.
Zu diesem Ergebnis kommen bereits auch die Verfasser der »*Kanones der
Apostel*«. Deren can.14 nimmt nämlich die erforderliche Korrektur von der
kirchlichen Praxis her vor, indem er bei Beibehaltung des grundsätzlichen
Verbotes nun eben als Ausnahme die »εὔλογος αἰτία« angibt, daß Trans-
lationen möglich seien, wenn es der Kirche größeren Nutzen an Frömmigkeit
bringe und nach dem Urteil vieler Bischöfe und deren dringlichem Zureden
erfolge.[133] Dies wäre natürlich genau die Regelung, die im Fall Gregors das
Ruder zu seinen Gunsten hätte herumwerfen können. Daß dieser Kanon
weder von ihm noch gar von den vorrangig anwesenden Antiochenern ins
Spiel gebracht wurde, macht deutlich, daß die »Kanones der Apostel« zu
diesem Zeitpunkt noch nicht einmal in Antiochien kirchlich rezipiert waren.

Man wird also in der Debatte nicht nur auf can.15 von Nizäa verwiesen
haben, sondern die Antiochener werden wohl auch can.21 von Antiochien ins
Spiel gebracht habe. Daß die antiochenischen Kanones damals schon der
Kirchweihsynode von 341 zugewiesen wurden, wird die Diskussion erschwert
haben. Daß Ancholios von den Kanones von Serdika etwas wußte, ist wahrscheinlich.[134] Für das Verständnis der Haltung von Damasus von Rom (s.u.)
sind sie grundlegend.

Bemerkenswert ist, daß es hier Ancholios als päpstlicher Vikar und der
Ägypter waren, die – wenn auch aus anderen Gründen zusätzlich motiviert –
gegen die Freiheit der Meletianer dem nizänischen Kanon gegenüber eine
κατ' ἀκρίβειαν-Anwendung von can.15 durchzusetzen vermochten. Die
meletianischen Bischöfe waren dagegen ursprünglich bereit, um der Sache des

---

[131]   Man wird dies gegen E.Heckrodt (Die Kanones von Sardika, 24ff.) sagen müssen, die
        den ursprünglichen Sinn dieser Bestimmungen allein als Verbot der eigenmächtigen
        Versetzung interpretiert, während die generelle Deutung erst in den Parteikämpfen
        der 2. Hälfte des 4. Jh.s erfolgt sei. »Μεθίστασθαι« sei in den Kanones stets medial im
        Sinne der selbst betriebenen Versetzung zu interpretieren. Can.21 von Antiochien
        schließt dagegen aber gerade auch die anderen denkbaren Translationsmotive aus;
        can.1 von Serdika ist in der lateinischen Form kaum so zu verstehen, und can.15 von
        Nizäa redet aktivisch von μὴ μεταβαίνειν !

[132]   Vgl.: Heckrodt, Die Kanones von Sardika 7-10.

[133]   Metzger III 278, 44-49.

[134]   Wegen der die Kirche von Thessalonike betreffenden can.20. XVIII, XIX (vgl. o.: Kap.
        XX 2.). Schwartz (Serdika 18ff.31) hat deren griechische Übersetzung sogar nach 360
        oder später in Thessalonike lokalisieren wollen.

nizänischen Glaubens willen von dieser Bestimmung abzusehen, zumal sich wahrscheinlich keine namhafte Besetzung des Konstantinopeler Stuhles ohne Metathesis durchführen ließ. Ancholios und Timotheos haben wohl auf den sakrosankten Charakter aller nizänischen Kanones gepocht und sich damit durchgesetzt.

Dazu hatte Ancholios von *Damasus* schon im Sommer 380 im Hinblick auf das kommende Konzil eindeutige Anweisungen dahingehend erhalten, daß er nicht zulassen möge, »daß irgendeiner entgegen den *statuta* der Vorfahren von einer Stadt in die andere überführt werde, das ihm anvertraute Haus verlasse und aus Ehrgeiz zu einem anderen übergehe.«[135] Bemerkenswert ist, daß Damasus hier von der nizänischen und der serdizensischen Bestimmung ohne jede nähere Kennzeichnung als den *statuta maiorum nostrorum* redet.

Kommen wir nun auf die Argumentation Gregors zurück, so tritt schließlich noch die These hinzu, daß jene »überholten Gesetze« ihn auch eigentlich gar nicht beträfen. Denn trotz der als Kern seines Unglücks von ihm empfundenen[136] Weihe zum *Bischof von Sasima*, zu der Basilius ihn 372 gedrängt hatte[137], habe er doch nie sein Amt in der von ihm verachteten Dorfgemeinde angetreten und das Bistum seines Vaters habe er auch nur vertretungsweise verwaltet.[138] Es ist beachtlich, wie ungeschützt Gregor darauf setzt, daß er seinen bischöflichen Dienst in der ihm mit seiner Weihe zugewiesenen Gemeinde nie angetreten habe, denn genau gegen diese Praxis wendet sich der *antiochenische can.17*.

> Dieser bestimmt, daß ein geweihter Bischof, dem eine Kirche zugewiesen wurde, wenn er den Dienst nicht aufnimmt und sich auch nicht zur Abreise überreden läßt, exkommuniziert werden soll, bis er es sich anders überlegt hat oder die Eparchialsynode über ihn bestimmt.[139]

Nach diesem antiochenischen Kanon von ca.330 wäre Gregor also bereits vor seiner Tätigkeit in Konstantinopel zu exkommunizieren gewesen und seine

---

[135] Ep.5 (PL 13, 368A-369A): *Illud praeterea commoneo dilectionem vestram, ne patiamini aliquem contra statuta maiorum nostrorum de civitate alia ad aliam transduci et deserere plebem sibi commissam et ad alium populum per ambitionem transire.* Eine Adaption von can.15 von Nizäa und can.1 von Serdika findet sich (als Nr.9) auch unter den 24 Anathematismen des Tomus Damasi, der wahrscheinlich auf 378 anzusetzen ist. Die Auslassung ist dort wohl auf Meletios gemünzt. Vgl.: Turner, EOMIA I,2, 287, 65-74. Caspar I 230f.; Ritter, Konzil 251 Anm.4.

[136] De vita sua 386-485.

[137] Zu den kirchenpolitischen Hintergründen der Neugründung dieser Kathedra vgl.: F.Hild-M.Restle, Kappadokien 272f.; St.Giet, Sasimes; W.-D.Hauschild, Briefe I 26f.

[138] De vita sua 528-543.

[139] Joannou, CSP 117f.

Wahl zum dortigen Bischof damit völlig hinfällig gewesen. Daß Basilius als kappadozischer Metropolit seinem besten Freund dies kaum angetan hätte, würde man verstehen. Es fällt aber auf, daß Basilius nie auf die antiochenischen Kanones von 330 Bezug nimmt.[140] Die ungeschützte Argumentation Gregors erlaubt dann m.E. ebenfalls nur den Schluß, daß auch Gregor diese Bestimmung unbekannt war.[141] Man wird auch in Konstantinopel nicht can.17 von Antiochien gegen ihn ins Spiel gebracht haben, weil er sonst wohl kaum sagen könnte, daß die »Gesetze« ihn auch gar nicht beträfen.

Dies aber bedeutet, daß die antiochenischen Kanones von ca.330, die ja den mehrheitlich anwesenden Antiochenern bekannt gewesen sein werden, im Jahre 381 weder allgemein kirchlich rezipiert waren – Ancholios, Damasus und Timotheos hätten sich das Argument von can.17 wohl kaum entgehen lassen – noch auch im Osten allgemein in Geltung standen. Das letztere gilt sogar für die der Diözese Oriens und damit dem antiochenischen Einflußbereich unmittelbar benachbarte kappadozische Kirche. Die Zuordnung dieser Kanones zur Kirchweihsynode von 341 wird dabei vielleicht eine Rolle gespielt haben. Die alte antiochenische Kanonessammlung war demnach wohl bis nach 381 von eher regionaler Bedeutung, und auch dies wohl nur bei hömöisch Gesinnten. Dies konvergiert damit, daß auch für Basilius die Kenntnis einer Kanonessammlung unwahrscheinlich ist.[142] Bemerkenswert ist schließlich, daß can.17 von Antiochien durch can.36 der Apostel wiederholt wird.[143] Wie can.14 (s.o.) so kennt Gregor auch diesen nicht, was unser Urteil über die kirchliche Rezeption der »Kanones der Apostel« im Jahre 381 bestätigt.

Theodoret, der den Fall Gregors schon als Heiligenvita des »θειότατος Γρηγόριος« darstellt[144] und dabei deutlich von Gregors Selbstdarstellung abhängt[145] schließt sich auch dessen Bewertung an, daß can.15 von Nizäa ihn gar nicht betreffe. Denn der »göttliche Meletios« habe bei seiner Bestätigung des Gregorios als Bischof von Konstantinopel gewußt, daß der Zweck, den die Verfasser »des Kanons« verfolgten, darin bestand, durch das Verbot der Metathesis jede Gelegenheit zur Herrschsucht zu beschneiden.[146]

Es ist auffällig, daß die mittlerweile erfolgte Verehrung Gregors Theodoret davon abhält, in der Benennung des nizänischen Kanons präziser zu werden,

---

[140] Vgl. u. Kap. XIV 2 c).

[141] In seinen einschlägigen Antwortbriefen an Basilius (ep.48.49), der ihn drängte, sein Amt in Sasima nun auch anzutreten, spielen Kanones keine Rolle. In den – verlorenen – Briefen des Basilius an Gregor in dieser Sache wird Basilius deshalb auch nicht mit can.17 von Antiochien argumentiert haben.

[142] Vgl. u. Kap. XXIV.

[143] Vgl.: ed.Metzger, SC 336, 284f.

[144] H.e. V 8,1-7.2 (ed.Parmentier-Scheidweiler 287,11).

[145] Vgl. H.e. V 8,7 mit De vita sua 1829-1855.

[146] H.e. V 8,2 (287,8-11).

und ihn nebulös von »dem Kanon« reden läßt. Überdies hat sich hier nun auch die kirchliche Deutung der nizänischen Bestimmung durchgesetzt, wie sie sich in can.14 der Apostel schon niederschlägt, dessen Kenntnis man bei Theodoret dann wohl vermuten darf.

6. ZUSAMMENFASSUNG

Unsere Untersuchung der Verwendung des Kanon-Begriffes der Konstantinopeler Synode von 381 hat die These *A.M.Ritters* bestätigt, daß die authentischen vier sog. »Kanones« der Synode, die zusammen mit deren Subskriptionsliste und dem Logos Prosphonetikos die allein erhaltenen Primärquellen des Konzils darstellen und mit *E.Chrysos* als die vollständigen Bestandteile des Beschlußprotokolls zu qualifizieren sind, den alleinigen Beschlußtext der Synode bilden. Sowohl das Nicaenoconstantinopolitanum als auch der sog. Lehrtomos der Synode gehören nicht zu deren Beschlüssen im engeren Sinn. Weiterhin ist mit *Ritter* die Unterscheidung des Logos Prosphonetikos von σύντομοι ὅροι und ῥητοὶ κανόνες, die beschlossen worden seien, nicht auf das Nicaenoconstantinopolitanum oder den Tomos auf der einen und die vier Kanones auf der anderen Seite, sondern allein auf die letzteren zu beziehen.

Dies ist zum einen deshalb so, weil von einer strikten Trennung von *Horoi* und *Kanones* im Sinne von dogmatischen und disziplinären Bestimmungen zur Zeit des Constantinoplitanums I keine Rede sein kann, zum anderen, weil der Beschlußtext von 381 ein einheitliches Ganzes bildet, in dem Bestimmungen zur Pistis und zur kirchlichen Ordnung verbunden sind und der erst nach 451 in »Kanones« eingeteilt wurde.

Bei der Untersuchung des Wortlautes dieses Beschlußtextes ist eine mittlerweile selbstverständliche Rede von »den Kanones von Nizäa« zu konstatieren, auf die sich auch die Rede von »den Kanones« bezieht. Es ist dieselbe Verwendung des Kanon-Begriffes im Sinne von Synodalkanones, wie sie uns schon in den Apostolischen Konstitutionen begegnete und bis heute üblich ist. Dieser Sprachgebrauch ist inzwischen so fest verankert, daß er auch für die eigenen Bestimmungen der Synode sogleich angewendet wird.

In dem von denselben Synodalen verfaßten Synodalschreiben der Konstantinopeler Synode von 382 läßt sich eine bemerkenswerte Kontinuität und eine Veränderung in der kirchlichen Rede von Horos und Kanon feststellen. Die Kontinuität besteht darin, daß dem bisherigen Sprachgebrauch entsprechend Synodalbeschlüsse im allgemeinen als Horoi bezeichnet werden. Von einer bewußten Unterscheidung zwischen Horos und Kanon in dem Sinn, daß der Horos-Begriff für Synodalentscheidungen dogmatischer Natur reserviert wäre, kann keine Rede sein. Die nizänischen Kanones sind Horoi, als welche sie sich ja auch selbst bezeichnen, und sie werden – auch hierin ihrem Selbst-

verständnis entsprechend – als synodale Bestätigungen einer in der Praxis der
Kirche ihnen vorausliegenden Norm und Ordnung verstanden. An dieser
Stelle tritt nun aber anscheinend eine begriffliche Verschiebung ein. Denn
während Nizäa von der den Horoi vorausliegenden Ordnung als ὁ κανών
oder κανὼν ἐκκλησιαστικός sprach, wird diese hier mit dem Begriff θεσμός
bezeichnet und der Kanon-Begriff nun dem Synodalbeschluß zugewiesen.
Entsprechend werden die in Konstantinopel 381 durchgeführten Personalentscheidungen für die hauptstädtische und die antiochenische Kathedra nun
als »ἐνθέσμως« und »κανονικῶς« erfolgt bezeichnet.

Die Anwendung des Kanon-Begriffes auf die Synodalhoroi war uns bei der
antiochenischen Synode von ca.330 erstmals begegnet. Die dortige Rede von
ὡρισμένοι oder ὁρισθέντες κανόνες machte freilich noch das Bemühen deutlich, diese Redeweise neben der älteren vom κανὼν ἐκκλησιαστικός oder
κανὼν τῆς ἐκκλησίας begrifflich eigens auszuweisen. Diese Differenzierung
scheint nunmehr – 50 Jahre später – nicht mehr praktiziert zu werden und
der Kanon-Begriff zusätzlich auch auf die Synodalhoroi angewendet zu werden. Daß der Logos Prosphonetikos von 381 bei seiner Erwähnung der Beschlüsse zur Pistis von Nizäa und den Anathematismen nun von Horoi redet
und nur von den weiteren Beschlüssen als Kanones, bedeutet dann weiterhin,
daß der so angewendete Kanon-Begriff hier anscheinend tendenziell eher auf
Synodalhoroi disziplinärer Natur appliziert wird. Während also von einer
strikten Trennung von Horos und Kanon im Sinne von Dogma und Disciplina
keine Rede sein kann und somit die σύντομοι ὅροι des Logos Prosphonetikos
auch nicht zwingend auf den Tomos von 381 zu beziehen sind, ist doch eine
tendenzielle Verengung des älteren Kanon-Begriffes nun auch zum Terminus
technicus für Synodalhoroi festzustellen. Daß dabei der ältere Sprachgebrauch
von den »Kanones der Kirche«, ohne damit Synodalhoroi zu meinen, in den
Jahrzehnten der Homöerherrschaft weiter in Gebrauch blieb, zeigte unser
Blick auf die Konstantinopeler Synode von 360 und wird sich auch als Sprachgebrauch Basilius' d. Gr. erweisen.

Die Berichte der älteren Historiker und die Akten des Chalcedonense, auf
dem es zur Verlesung der »Kanones« von 381 kommt, bestätigen, daß auch
noch im Jahre 451 der Beschlußtext von 381 ein einheitliches Ganzes bildete
und nicht in »Kanones« eingeteilt war. Die Einteilung des *Horos* – wie man
wohl sagen sollte – von 381 in vier, dann »Kanones« genannte Abschnitte,
wobei der sog. »can.2« nach dem eigenen Wortlaut mehrere Kanones umfaßt,
ist eine spätere kanonistische Maßnahme, um den Text zitierfähig zu machen,
und erst nach dem Chalcedonense erfolgt. Dies wird von der handschriftlichen
ältesten Überlieferung der Konstantinopeler Beschlüsse bestätigt.

Weiterhin fällt nun im Wortlaut des in Chalcedon verlesenen Beschlußtextes von 381 eine Veränderung gegenüber seiner in die späteren Kanonessammlungen eingegangenen Textgestalt auf. Hier heißt es nämlich: »Μὴ
ἀθετεῖσθαι τὴν πίστιν μηδὲ τοὺς κανόνας τῶν πατέρων...«. Die lateinische Überlieferung bestätigt diese Textgestalt. Danach haben die 150 Väter von

Konstantinopel als Eröffnung ihres Horos formuliert, daß die Pistis und die Kanones von Nizäa nicht abgeschafft werden, um sich sodann in den folgenden Anathematismen zur Pistis zu äußern und im weiteren zu einzelnen Kanones. Mir scheint, daß wir hier den ursprünglichen Wortlaut des Beschlusses von 381 vorliegen haben. Denn die 381 zur Erneuerung und Inkraftsetzung der Synode von Nizäa in Konstantinopel Versammelten bringen eben nicht nur die Pistis der 318 Väter wieder zur Geltung, indem sie dabei auch die inzwischen aufgetretenen Häresien anathematisieren, sondern auch die Kanones von 325, an die sie ausdrücklich anknüpfen und die sie hinsichtlich der inzwischen aufgetretenen Mißbräuche ebenfalls fortschreiben und unter die sie sich im Fall des Gregor von Nazianz beugen. Daraus ergibt sich, daß von der Außerkraftsetzung der nizänischen Synode in der homöischen Reichskirche wohl auch deren Kanones betroffen waren. Auf der homöischen Synode von 360 spielen sie jedenfalls bei der Absetzung der Häupter der Homöusianer keine Rolle und sind dann auch nicht in die älteste griechische Kanonessammlung aus homöischem Umfeld eingegangen.

Der Beschlußtext von 381 in seiner ursprünglichen, »vorkanonistischen« Fassung macht schließlich auch deutlich, wie von den Synodalen Pistis und Kanones von Nizäa als zusammengehöriges Ganzes betrachtet wurden. Diese Einheitlichkeit des Horos von 381, der in seiner später »can.1« genannten Bestimmung und insgesamt Bekenntnis und Kanones von Nizäa zusammenbindet und als solcher in das sog. »Corpus canonum« aufgenommen wurde, das uns in der ältesten handschriftlichen Überlieferung mit dem nizänischen Bekenntnis am Anfang begegnet, weiterhin seine Bezeichnung als »Synodikon« in Chalcedon, läßt m.E. die Frage berechtigt erscheinen, ob die *Schwartzsche Hypothese* einer nachträglichen Hinzufügung von Kanones und Symbol von Nizäa zu einer per se bekenntnislosen ältesten Kanonessammlung antiochenischer Provenienz, die ja als Hypothese allein auf der prinzipiell in Frage zu stellenden *Schwartzschen* Sicht des Verhältnisses von Bekenntnis und Kanon beruht, nicht einer Modifizierung in folgendem Sinne bedarf. Wäre es nicht angemessener anzunehmen, daß die im homöischen Kontext entstandene Sammlung von Synodalhoroi ebenfalls von einer Bekenntnisformel eröffnet wurde? Man hätte dabei dann wohl an das Bekenntnis der Konstantinopeler Synode von 360 zu denken. Nach dem Umschwung von 379 wären dann nicht Pistis und Horoi von Nizäa in einer bekenntnislosen Sammlung an den Anfang gestellt worden, sondern gegen das hömöische Bekenntnis ausgetauscht worden. Die feststellbare Zurückhaltung gegenüber dieser antiochenischen Sammlung in nizänischen Kreisen wäre m.E. wesentlich plausibler, wenn sie mit dem homöischen Bekenntnis eröffnet worden wäre.

Bei der Überprüfung des Falles *Gregors von Nazianz* ergab sich schließlich, daß Gregor can.15 von Nizäa als »nomos« bezeichnet und damit einen Begriff einführt, der uns bislang für Synodalkanones noch nicht begegnet war. Die Synodalhoroi, für die sich 381 allgemein die Bezeichnung »Kanones« durchgesetzt hatte, werden nunmehr auch als »nomoi« bezeichnet. Damit verbindet sich für Gregor die Vorstellung, daß solche »nomoi« nun auch »überholt« sein können.

Weiterhin wurde deutlich, daß die *Kanones der Apostel* 381 noch nicht kirchlich rezipiert waren. Schließlich sind auch die *antiochenischen Kanones von ca.330*, die ja den mehrheitlich anwesenden Antiochenern bekannt gewesen sein werden, im Jahre 381 weder allgemein kirchlich rezipiert noch standen sie auch im Osten zu diesem Zeitpunkt allgemein in Geltung. Das letztere gilt sogar für die der Diözese Oriens und damit dem antiochenischen Einflußbereich unmittelbar benachbarte kappadozische Kirche. Die Zuordnung dieser Kanones zur Kirchweihsynode von 341 wird dabei eine Rolle gespielt haben. Die alte antiochenische Kanonessammlung war demnach wohl bis nach 381 von eher regionaler Bedeutung, und auch dies wohl nur bei hömöisch Gesinnten. Ihren eigentlichen kirchenrechtlichen Siegeszug, der zu einer Dominanz der sprachlichen Identifizierung von den »Kanones der Kirche« mit Synodalhoroi führte, erlebte sie offensichtlich erst mit ihrer Rezeption durch die »nizänische« Reichskirche nach 381.

XXIV. ZUR VERWENDUNG DES KANON-BEGRIFFES BEI BASILIUS D. GR.

An dieser Stelle sollen unsere Beobachtungen zur Entwicklung des Kanon-Begriffes im griechischen Osten, die sich bei der Untersuchung der »Kanones der Apostel« und Kirchenordnungen sowie der Konstantinopeler Synode von 381 ergaben, auf eine breitere Grundlage gestellt werden, indem wir sie nun auch am Sprachgebrauch Basilius d. Gr. (330-379) überprüfen. Obwohl dieser die Synode von 381 nicht mehr erlebte, macht ihn sein theologisches Werk und seine kirchliche Wirksamkeit als Metropolit von Caesarea/Kappadozien bekanntlich[1] zu einem der entscheidenen Wegbereiter der Restitution der Synode von Nizäa. Als für die Überlieferung älterer Bußkanones wichtiger Zeuge ist er uns bereits begegnet.[2] Darüber hinaus ist aber sein eigenes Werk bald nach seinem Ableben in vielerlei Hinsicht als für die Kirche maßgeblich betrachtet worden und in bestimmter Auswahl in die griechischen Kanonessammlungen eingegangen. Zudem gehört er mit seinen Lebensdaten und vor allem den Jahren seiner bischöflichen Wirksamkeit (370-379) in die Epoche der homöischen Reichskirche und ist so in jenen Jahrzehnten der Zeuge für die Verwendung des Kanon-Begriffes im Osten, von dem uns die umfangreichsten literarischen Quellen überliefert sind.

Nun ist es freilich nicht möglich, hier das gesamte literarische Werk des Kappadoziers hinsichtlich seiner Verwendung des Kanon-Begriffes in umfassenden Textanalysen vorzuführen, wie dies bei den großen Theologen des 2. und 3. Jahrhunderts in Hauptteil A erfolgte. Der Rahmen dieser Untersuchung würde ansonsten wohl völlig gesprengt werden. Basilius einfach zu übergehen, ist freilich ebenfalls unmöglich. So bleibt nur, sich bei dem zu untersuchenden Material zu beschränken und Begriffsverwendungen quellenmäßig nur *exemplarisch* zu analysieren und zu dokumentieren. In dieser Beschränkung ist auch der Grund zu erblicken, wieso dieses Kapitel gegenüber eine streng chronologischen Anordnung erst nach den Kapiteln über die »Kanones der Apostel« und die Synode von 381 zu stehen kommt.

---

[1] Zu beidem verweise ich hier nur auf: W.-D. Hauschild, TRE 5, 301-313 (Lit.); P.J. Fedwick, Symposion (Lit.); ders., Leadership (Lit.); B. Gain, Cappadoce; K. Koschorke, Spuren.

[2] Vgl. oben: XIX 1 b).

Was das herangezogene Material betrifft, so habe ich mich auf die Untersuchung der später als »kanonisch« betrachteten Texte konzentriert, wo es nötig erschien, aber auch andere Texte berücksichtigt. In einem ersten Schritt soll die Bedeutung jener ins spätere kanonische Recht des Ostens eingegangenen Schriften des Basilius verdeutlicht werden, bevor im einzelnen seine Verwendung des Kanon-Begriffes überprüft wird. Hinsichtlich der Synodalkanones ist dabei nicht nur zu fragen, welche Basilius kennt und anwendet, sondern darüber hinaus auch, wie er deren Verbindlichkeit und Grenzen betrachtet.

1. DIE BEDEUTUNG BASILIUS' D. GR. IN DER ENTWICKLUNG DES KANONISCHEN RECHTES

Die hervorragende Bedeutung, die dem Metropoliten von Caesarea in Kappadozien als Vater der Kirche und Lehrer in Fragen des Dogmas wie des geistlichen Lebens und seiner Ordnung schon früh beigemessen wurde, kommt auch in der Tatsache zum Ausdruck, daß im griechischen Osten von keinem anderen Kirchenvater literarisches Material in so umfangreicher Weise mit dem Rang kanonischer Dignität ausgestattet wurde. Die »Kanones des Basilius« nehmen deshalb den größten Platz unter den *Kanones der Väter* in den griechischen Kanonessammlungen[3] ein, und dies bereits seit frühester Zeit.[4] In der Mehrzahl handelt es sich dabei um Briefe – oder Auszüge daraus – an verschiedene Adressaten. Hinzu kommen zwei Abschnitte aus *De Spiritu sancto*. Teile seines aszetischen Schrifttums oder der Homilien sind demgegenüber nicht in die kanonische Literatur aufgenommen worden.

Alle »kanonischen« Briefe des großen Kappadoziers gehören unter den von den Maurinern gesammelten 365 Briefen[5] zur Gruppe der während seines Episkopats (370-379) verfaßten Schreiben. Mit einer Ausnahme dürfen alle als authentisch betrachtet werden[6]; die meisten lassen sich relativ sicher in die

---

3   Vgl. z.B.: Joannou, CPG 85-199; Rhalles-Potles IV 88-386; Pedalion 586-651.

4   Ältester Zeuge ist der Cod.Paris.syr.62 (s.IX), dem eine Sammlung zugrundeliegt, die wohl noch vor 451 datiert (vgl.o. Kap.: XIX 1 b)). Der Bestand ist aber insgesamt fließend und uneinheitlich. Die Synagoge des Johannes Scholastikos aus der Mitte des 6. Jh.s bietet an »Väterkanones« allein Kanones von Basilius, allerdings nur 68 (vgl. Beneševič, Sinagoga 219.249). Die ältesten Kanonessammlungen haben noch keine »Väterkanones« enthalten (vgl.: Schwartz, Bußstufen 322).

5   PG 32, 219-1110 = ed.Deferrari; maßgeblich ist: ed.Courtonne. Dt. Übersetzung: Hauschild, Briefe I-III.

6   J.Schäfer, Beziehungen 5f., hielt ep.55 aus stilistischen Gründen für unecht. Koschorke, Spuren 123.150 Anm.72, ist derselben Meinung wegen einer dort möglich erscheinenden unfreiwilligen »Einweisung« ins Kloster.

allerdings insgesamt nicht mit letzter Sicherheit festzusetzende Chronologie der Vita und der Werke des Basilius einordnen.[7] Acht Briefe sowie die Abschnitte aus De Spir.s. gehören – in 92 Kanones aufgeteilt – zum späteren Normalbestand der griechischen Kanonessammlungen. Hinzu kommen drei weitere Briefe bzw. Extrakte daraus (= can.93-95), die nicht in allen Sammlungen enthalten sind. Zu ihnen gehört auch der nicht authentische can. 93. Im einzelnen stellt sich dieser Bestand folgendermaßen dar:

can.1 – 16 = ep.188 Amphilochio de canonibus I, a.374/5[8]
can.17 – 50 = ep.199 Amphilochio de canonibus II, a.375/6[9]
can.51 – 85 = ep.217 Amphilochio de canonibus III, a.376/7[10]
can.86 = ep.236 Amphilochio Iconii episcopo, a.376[11]
can.87 = ep.160 Diodoro, a.375/6[12]
can.88 = ep.55 Gregorio presbytero, a.370-378[13]
can.89 = ep.54 Chorepiscopis, a.370-378[14]
can.90 = ep.53 Chorepiscopis, a.370-378[15]
can.91 – 92 = De Spiritu Sancto 27, 66-67; 29, 71, a.375[16]
can.93 = Sermo ob sacerdotum instructionem (CPG 2933,1-2)[17]
can.94 = ep.93 Ad Caesariam patriciam, de communione a.372[18]
can.95 = ep.240 Nicopolitanis presbyteris, a.376[19]

---

[7] Vgl.: Fedwick, Chronology, in: ders., Symposion 3-19; Diese Chronologie liegt der nachfolgenden zeitlichen Einordnung der kanonischen Briefe zugrunde.

[8] Joannou, CPG 92-116; Rhalles-Potles IV 88-137; PG 32, 663-683; Courtonne II 120-131.

[9] Joannou, CPG 116-139; Rhalles-Potles IV 138-205; PG 32, 715-732; Courtonne II 154-164.

[10] Joannou, CPG 140-159; Rhalles-Potles IV 206-256; PG 32, 793-809; Courtonne II 208-217.

[11] Joannou, CPG 159f.; Rhalles-Potles IV 257f.; PG 32, 875-885; Courtonne III 47-55.

[12] Joannou, CPG 160-169; Rhalles-Potles IV 259-268; PG 32, 621-628; Courtonne II 88-92.

[13] Joannou, CPG 169-172; Rhalles-Potles IV 269-274; PG 32, 401-404; Courtonne I 141f.

[14] Joannou, CPG 172-175; Rhalles-Potles IV 275-277; PG 32, 400f.; Courtonne I 139f.

[15] Joannou, CPG 175-178; Rhalles-Potles IV 278-282; PG 32, 396-399; Courtonne I 137-139.

[16] Joannou, CPG 179-187; Rhalles-Potles IV 283-291; PG 32, 188-193. 200f; B.Pruche, Basile de Césarée, Traité du S. Esprit (SC 17) Paris ²1968, 478,15-482,34. 484,53-488,19. 500,1-502,23.

[17] Joannou, CPG 187-190; Rhalles-Potles IV 391f.; PG 31, 1685-88.

[18] Joannou, CPG 191-193; Rhalles-Potles IV 389; PG 32, 483-485; Courtonne I 203f.

[19] Joannou, CPG 193-198; Rhalles-Potles IV 386; PG 32, 893-897; Courtonne III 61-64.

Die am Anfang der Sammlungen stehenden, umfangreichsten drei sog. *kanonischen Briefe (ep.188.199.217)* sind an *Amphilochios von Ikonion*[20] gerichtet. Dieser hatte sich gleich zu Beginn seines Episkopates als Metropolit der Provinz Lykaonia mit einem konkreten und präzisen Fragenkatalog an Basilius gewandt. Bedenkt man, daß Lykaonia in der benachbarten Reichsdiözese Asia lag, während Kappadokia zur Diözese Pontos gehörte, so scheinen die Anfragen des Amphilochios nicht nur ein Indiz für die Unerfahrenheit des jungen Metropoliten in Fragen der kirchlichen Ordnung zu sein, sondern auch deutlich zu machen, daß Amphilochios für die behandelten Themen in seinem Metropolitansprengel nicht die kanonischen Vorgaben bekannt waren oder vorlagen, die Basilius zur Verfügung standen, obwohl es um so zentrale Themen wie die Modalitäten für die Wiederaufnahme von Häretikern und die Behandlung schwerer Sünden in der Kirche geht. Eine Erklärung hierfür ist wohl darin suchen, daß die Provinz Lykaonia eben erst neu geschaffen worden war. Die damit auch neu entstandene kirchliche Metropolis Ikonion konnte somit wohl nicht auf ein entsprechendes kirchliches Archiv zurückgreifen.[21]

Basilius sagt im Prooemium von ep.188, daß er durch diese Anfragen genötigt sei auf Probleme einzugehen, die er noch nie ausdrücklich bedacht habe. Hierfür wolle er sich daran erinnern, was er von der älteren Generation dazu »gehört« habe und daraus die entsprechenden Schlußfolgerungen ziehen.[22] Daß es sich bei diesen Eingangsbemerkungen nicht nur um Floskeln des rhetorisch gebildeten Briefschreibers handelt, wird dadurch deutlich, daß es in der Tat die Sammlung und Mitteilung von kirchlichen Regelungen, die ihm aus älterer Zeit bereits vorlagen, und persönliche Ergänzungen und Anwendungen auf die vorgelegten Spezialfälle sind, die den Charakter der drei kanonischen Hauptbriefe des Basilius ausmachen.

Aus dem Prooemium von ep.199 ergibt sich sodann, daß Amphilochios seinem ersten Schreiben ein zweites hinterhergeschickt hatte, ohne von Basilius Antwort erhalten zu haben. Die fertige erste Antwort hatte längere Zeit in Caesarea gelegen, bevor Basilius nun ep.188 und ep.199 mit demselben Kurier zusammen abschickte. So kommt es, daß manche Antworten des Basilius ein weiteres Eingehen auf eine wiederholt gestellte Frage sind. Eine innere Ordnung der Materie fehlt in beiden Briefen völlig. Basilius handelt komplizierte und schwierige ethische Anfragen ab und folgt dabei einfach deren Reihenfolge. Oft ist deutlich, daß dahinter konkrete Einzelfälle stehen (z.B. can.2,3,8,10).

---

[20] Vgl.: H.Gstrein, Amphilochius; K.Holl, Amphilochius; F.Loofs, RE 1, 464.

[21] Vgl. Bas., ep.138, u. K.Belke, Galatien und Lykaonien 54f.

[22] Ἀμέλει καὶ νῦν, οὐδέποτε λαβόντες ἐν φροντίδι τὰ ἐπερωτήματά σου, ἠναγκάσθημεν καὶ ἐπισκέψασθαι ἀκριβῶς καὶ εἴ τέ τι ἠκούσαμεν παρὰ τῶν πρεσβυτέρων ἀναμνησθῆναι καὶ τὰ συγγενῆ ὧν ἐδιδάχθημεν παρ' ἑαυτῶν ἐπιλογίσασθαι. »Ἀκούω« bedeutet hier nicht nur das akustische Hören, sondern auch das Unterrichtetwerden aus älteren Quellen; vgl. Lampe, Lexicon, s.v. 64.

Daß es sich um tatsächliche Briefe handelt, veranschaulicht schön auch der Schluß von ep.188, in dem zwei exegetische Auskünfte erteilt werden (zu Gen 1,26.28; 2 Kö 5,1), die kurioserweise später ebenfalls als »Kanones« eingeteilt und gewertet wurden (can.15.16).

Der in der Überlieferung auf die drei kanonischen Hauptbriefe zum Zweck ihrer Einteilung angewendete Kanon-Begriff ist also zunächst einmal ein kanonistischer Einteilungsbegriff späterer Zeit, der die Fülle des von Basilius verhandelten und überlieferten Materials zur kirchlichen Bußpraxis zitierfähig machen soll.

Im einzelnen werden folgende Themen behandelt (can.1-16): Modalitäten für die Wiederaufnahme von Novatianern (Katharer), Montanisten (Pepuzener) und Enkratiten (can.1); Abtreibung ist als Mord zu behandeln (can.2); Absetzung eines Diakons wegen Unzucht (can.3); Bußfristen für Polygamie (can.4); Aufnahme von reuigen Häretikern *in articulo mortis* (can.5); Geschlechtsverkehr zwischen Mönchen und Nonnen ist keine Ehe (can.6); Homosexualität, Sodomie, Mord, Giftmischerei, Ehebruch und Apostasie verdienen dieselbe Strafe (can.7); Erwägungen über vorsätzlichen und nicht-vorsätzlichen Totschlag (can.8.11); Ungleichbehandlung von Frauen und Männern in der Scheidungspraxis des Gewohnheitsrechtes (can.9); Wieweit steht der Eid eines Klerikers, einen Ort nicht zu verlassen, seiner Versetzung im Wege? (can.10); Keine zweite Eheschließung für Kleriker (can.12); Totschlag im Krieg (can.13); Priesteramt und Zinsnahme schließen sich aus (can.14).

Auch im zweiten Brief (can.17-50) laufen die Themen bunt durcheinander. Er beginnt mit der Antwort auf die Spezialfrage des Presbyters Bianor, ob ihn ein in Antiochien gegebener Eid an der Ausübung seines Amtes hindert (can.17); im weiteren sind Regelungen zu erlaubten und verbotenen Ehen sowie Fragen der Unzucht vorherrschend. So geht es um den Bruch des Keuschheitsgelübdes von Jungfrauen, Witwen und Männern (can.18.19); Straffreiheit für den Bruch von Gelübden, die in häretischen Gemeinschaften gegeben wurden (can.20); unzüchtige Ehemänner, die dem Gewohnheitsrecht entsprechend nicht wegen Ehebruch bestraft werden können (can.21); durch Entführung und Schändung erzwungene Ehen (can.22.25.30); Ehen zwischen zwei Brüdern und Schwestern (can.23); die Wiederverheiratung von Witwen und Witwern (can.24). Fragen von Ehe und Unzucht behandeln sodann die can.26.31.34-42.46.48-50, Verfehlungen von Presbytern und Diakonissen in dieser Hinsicht can.27.32.44; ansonsten: gegen das Gelübde, kein Schweinefleisch zu essen (can.28); ein Schwur, Schlechtes zu tun, bindet nicht (can.29); Aussetzung eines Säuglings ist gleich Mord (can.33); Wiederaufnahme von rigorosen Enkratiten (Sakkophoren und Apotaktiten) durch Wiedertaufe (can.47).

Der dritte Brief (can.51-85) beginnt nun ganz ähnlich. Kanon 51 behandelt nochmals die Art der Bestrafung für Kleriker (vgl. can.3.32), can.52 geht erneut auf die Aussetzung von Säuglingen ein (vgl. can.33). Amphilochios hatte hier wohl zurückgefragt. Dasselbe scheint auch bei can.53 (vgl. can.30) und can.54

(vgl. can.8) der Fall zu sein. Kanon 55 regelt den Spezialfall von Selbstjustiz gegenüber Räubern. Mit dem can.56 tritt nun aber eine deutliche Veränderung im Stil des Schreibens ein und es werden jene Bußbestimmungen zu den großen Kapitalvergehen wiedergegeben, die uns bereits im Zusammenhang der antiochenischen Synode von 324/5 beschäftigt haben.

Ep.236 an Amphilochios behandelt in 7 Abschnitten Themen unterschiedlichster Natur. Der 4. Teil des Briefes nimmt Stellung zur Frage der Enkratiten und dem Thema erlaubter und verbotener Nahrung und bildet den Text von **can.86. Can.87** enthält unter Auslassung des Proömiums die Teile 2-5 der ep.160 an Diodor von Tarsos. Basilius wendet sich dort nachdrücklich gegen die Möglichkeit der Heirat des Witwers mit der Schwägerin.

Ep.55 an den siebzigjährigen Presbyter Gregorios oder Paregorios[23] **(can.88)** verbietet diesem unter Berufung auf can.3 von Nizäa und Androhung des Anathema, weiterhin mit seiner nicht verwandten Haushälterin zusammenzuleben. In ep.54 **(can.89)** wendet sich Basilius an die Chorbischöfe seines Metropolitansprengels, klagt unwürdige Zustände bei der Berufung des niederen Klerus an und setzt sein Mitspracherecht durch. Adressaten der ep.53 **(can.90)** sind ebenfalls Chorbischöfe.[24] Jede simonistische Ordinationspraxis wird hier mit Absetzung bedroht. Die **can.91.92** sind 3 Abschnitte aus De Spiritu Sancto.

> In ihnen geht es um die Bedeutung von Dogma und Kerygma[25] der Kirche und die darin enthaltene ungeschriebene Überlieferung, die von gleicher Verbindlichkeit sei wie die schriftliche Lehre. Basilius nennt konkret: Bekreuzigung, Gebet nach Osten, den Wortlaut der »Epiklese«, Segnung des Taufwassers und des Chrismas, das Chrisma selbst, das dreifache Untertauchen des Täuflings, Abrenuntiation, Gebet in aufrechter Haltung, die Einbeziehung des Hl.Geistes in die Doxologie mit der Formulierung: σὺν τῷ Πνεύματι und die »meisten« Mysterien.

Das Pedalion schließt die Kanones des Basilius mit den drei Abschnitten aus De Spir.S. ab. Theodoros Balsamon und Matthaios Blastares zählen als 85 Kanones des Basilius nur jene in den drei ersten Briefen an Amphilochios enthaltenen, während sie die übrigen kanonischen Anordnungen der Briefe nicht »Kanones« nennen. Joannes Zonaras nennt in seiner Auslegung von can.54 des Quinisextum ep.160 an Diodor = can.86, der heute allgemein als can.87 geführt wird. Auch der Rhalles-Potles zugrundeliegende Codex von

---

[23]   E.Schwartz vertrat unter Berufung auf den Paris.syr.62 diese Namensform. Vgl.: Bußstufen 323.

[24]   Nach den Lemmata der Kanones-Handschriften ist der Brief an Suffragane gerichtet. Vgl. Joannou, CPG 175.

[25]   Vgl. hierzu H.Dörries, De Spiritu Sancto 73ff., 121-128.

Trapezunt zählt nur jene 85 Kanones[26]. Einige Handschriften bringen nun über diese 92 Kanones hinaus noch 1-3 weitere Bestimmungen. In dem Codex von Trapezunt z.B. werden diese gesondert unter der Überschrift »Διάφορα« zusammen mit weiteren Ergänzungen geführt.[27] Can.93 trägt dort die Überschrift: »Παράγγελμα πρὸς τὸν ἱερέα περὶ τῆς θείας χάριτος«. Es handelt sich dabei um den pseudepigraphischen »Sermo ob sacerdotum instructionem«[28] – wohl alexandrinischer Provenienz –, den *Joannou* in der längeren Variante[29] in seine Sammlung aufgenommen hat.

Can.94 ist ein Auszug aus ep.93 an die Patrizierin Kaisaria über die Häufigkeit des Kommunionempfanges.[30]

Ein Auszug aus ep.240 an die Einwohner[31] von Nikopolis bildet schließlich den can.95. Er ermahnt die dortige nizänische Gemeinde zum Ausharren in der Benachteiligung durch die staatlich protegierte Irrlehre und zum Ungehorsam gegen deren Bischöfe.

Die Auswahl weiterer Schreiben (ep.53-55) aus dem Briefcorpus des Kappadoziers über die drei Antwortbriefe an Amphilochios hinaus und namentlich bestimmter Passagen aus Briefen (ep.86.87.93.240) wie auch aus De Spir.s. und deren Bezeichnung als »Kanones« machen deutlich, wie bald im griechischen Osten einzelnen Entscheidungen des großen Basilius in Fragen des Glaubens und Lebens der Kirche allgemeine Verbindlichkeit zugemessen wurde. Die Uneinheitlichkeit der Überlieferung läßt aber auch die Frage nach dem Grad der Verbindlichkeit solcher späteren Bewertungen aufkommen. Hier ist nun aber nach dem Kanon-Begriff des Basilius selbst zu fragen.

2. ZUM KANON-BEGRIFF BASILIUS' D. GR.

a) »Kanon« als Bußfrist

Im Zusammenhang unserer Untersuchung der antiochenischen Synode von 324/5[32] hatten wir die dieser möglicherweise zugehörenden und von Basilius ebenfalls überlieferten (can.56-85) Bußbestimmungen bereits untersucht und festgestellt, daß der Kanon-Begriff dort ausschließlich im Sinne der zeitlich

---

[26] Vgl. Rhalles-Potles IV 255 Anm.1.

[27] Rhalles-Potles IV 386-392.

[28] CPG 2933.1-2.

[29] Die kürzere = PG 31, 1685-1688.

[30] Zu ep.93 vgl.: Gain, Cappadoce 207-213.

[31] Nicht: »An die Presbyter...«, wie die Mauriner-Ausgabe formuliert.

[32] Vgl. o.: Kap. XIX 1).

begrenzten und nach Maßgabe des Vergehens genau bestimmten *Bußfristen* Verwendung fand, sachlich identisch mit dem Begriff ἐπιτιμία. In dieser Bedeutung benutzt Basilius den Begriff auch selbst:

> So führt er in *can.4* aus, daß »man« hinsichtlich der dreimal und öfter Verheirateten »*denselben Kanon* analog dem für die zweimal Verheirateten festgesetzt habe«.[33] Dies bedeute: ein Jahr Buße für die zweimal Verheirateten – nach anderen auch zwei Jahre; drei oder manchmal auch vier Jahre für die dreimal Verheirateten. Er selbst habe aber als συνήθεια für die dreimal Verheirateten eine fünfjährige Exkommunikation übernommen, freilich *nicht aus den Kanones* (οὐκ ἀπὸ κανόνων), sondern durch die Weiterführung der vorherigen Praxis.[34]

In der Tat ist uns kein Synodalkanon überliefert, der Bußfristen für diese Fälle festlegen würde. Schon can.3 von Neocaesarea sagt, daß die Bußstufen für die mehrfach Verheirateten »klar« seien[35], und can.19 von Ankyra setzt einen »τῶν διγάμων ὅρος« ohne näherer Zeitangaben voraus.[36] Auch can.1 von Laodicea wird hier nicht präziser.[37] Die Bußbestimmungen für *mehrfach Verheiratete* sind also, wie bereits festzustellen war, in der Bußpraxis der Ortskirchen verankert (συνήθεια), ohne in ihren zeitlichen Festlegungen anscheinend unbedingt synodal fixiert worden zu sein. Entsprechend variieren sie und sind in Caesarea/Kapp. besonders streng. Basilius bezeichnet die Bußfristen als »Kanones«, nennt aber auch Synodalhoroi so (οὐκ ἀπὸ κανόνων), die er hier von der συνήθεια unterscheidet. Seine Angaben entsprechen den Bestimmungen der Synoden von Neocaesarea und Ankyra, deren Kenntnis von hierher als möglich erscheint.

Im Sinne von Bußfrist wird der Begriff *Kanon* auch in *can.1* benutzt, wenn Basilius den Unterschied von Häresie, Schisma und »Parasynagoge« deutlich macht.

> Als »Parasynagogen« bezeichnet er dabei Versammlungen aufsässiger Presbyter und Bischöfe mit deren Anhang. Sie treten auf, wenn ein bei einem Fehltritt Ertappter und Abgesetzter sich nicht *den Kanones unterwirft* (καὶ μὴ ὑπέκυψε τοῖς κανόσιν), sondern sein Amt weiter ausübt und andere mitzieht.[38]

---

[33] Courtonne II 125,22f.; Joannou, CPG 101,20ff.: τὸν αὐτὸν ὥρισαν κανόνα ὃν καὶ ἐπὶ τῶν διγάμων ἀναλόγως.
[34] Courtonne II 125,10ff; Joannou, CPG 102,12ff.: οὐκ ἀπὸ κανόνος.
[35] Joannou, CSP 76,15f.: ὁ μὲν χρόνος σαφὴς ὁ ὡρισμένος.
[36] Vgl. o.: Kap. XVI 7 b).
[37] Vgl. o.: Kap. XIX 4.
[38] Courtonne II 121,13-20; Joannou, CPG 94,20.

»Sich den Kanones unterwerfen« meint also bußfertig sich der öffentlichen Buße unterwerfen, ohne daß die Bußdauer damit synodal festgelegt sein müßte.

Im monastischen Bereich scheinen die Bußstrafen allein ἐπιτίμια genannt worden zu sein, wenn man den »᾿Επιτίμια« und »᾿Επιτίμια εἰς τὰς κανονικάς« hier folgt, die allerdings u.U. zu den Spuria gehören.[39] Uns begegnet hier auch die Bezeichnung »κανονική« für eine dem Gebot der Enthaltsamkeit verpflichtete Jungfrau oder Witwe. Der gesamte Mönchsstand wird in can.6 οἱ κανονικοί genannt.[40]

Häufig spricht Basilius nun davon, daß es für bestimmte Fälle keinen *älteren Kanon* gebe, ohne daß dabei immer eindeutig klar wäre, ob er nun die Vorgabe einer Epitimie durch die Bußpraxis oder einen bestimmten Synodalbeschluß meint.

> Zu nennen ist da besonders seine Klage, daß es für einen die eigene Ehe brechenden unzüchtigen Mann, den Basilius »ziemlich lange« ἐν τοῖς ἐπιτιμίοις hält, *keinen Kanon* gebe (οὐ μέντοι ἔχομεν κανόνα)[41].
> Im Fall von Entführern von Frauen zur Heirat, einer in Kappadozien verbreiteten Sitte[42], kann sich seine Klage: »κανόνα μὲν παλαιὸν οὐκ ἔχομεν«[43] aber wohl nur auf das Fehlen feststehender Bußfristen beziehen, denn can.11 von Ankyra, den er wohl kennt (s.u.), äußert sich zu diesem Problem, ohne freilich »Kanones« zu benennen.

Deutlich ist jedenfalls, daß Basilius in solchen Fällen, in denen es um die Durchführung der kirchlichen Bußpraxis[44] geht, in bischöflicher Vollmacht für die Kirche von Caesarea und Kappadozien die *Kanones (Epitimien)* selbst festsetzt; im zuletzt genannten Fall genauso[45] wie auch im Fall des eine unerlaubte Ehe eingehenden Presbyters.[46] Es sind auch diese selbst festgesetzten *Kanones*, die Basilius seinem Freund als Musterentscheidungen[47] nach

---

[39] Vgl.: CPG 2897.

[40] Courtonne II 126,1. Die byzantinischen Kanonisten wollten dahinter allerdings Kleriker im Sinne von »οἱ ἐν τῷ κανόνι ἐξεταζόμενοι« erblicken, vgl.: Rhalles-Potles IV 108. S.a.: H.Leclercq, DACL III/1 (1911) 250; Gain, Cappadoce 119.243.

[41] can.21: Courtonne II 157,4; Joannou, CPG 123,14f.

[42] Vgl.: ep.270; Koschorke, Spuren 173f.

[43] can.30: Courtonne II 160,1; Joannou, CPG 130,12f.; vgl. auch can.22.

[44] Vgl. dazu: Koschorke, Spuren 156-208; F. van de Paverd, Disciplinarian Procedures 298-313.

[45] can.30: Courtonne II 160,2; Joannou, CPG 130,13f.: ἰδίαν δὲ γνώμην ἐποιησάμεθα.

[46] can.27: Courtonne II 159,2; Joannou, CPG 127,16: ὥρισα ἃ ἐχρῆν. Ὁρίζειν und ὅρος sind hier die einschlägigen Termini für die bischöfliche Anordnung. Vgl. weiterhin: can.17 (Courtonne II 155,3); can.88 (Courtonne I 141,18f.).

[47] Die Bußfristen stellen in jedem Fall nur Anhaltspunkte dar, die vom Seelsorger ganz dem individuellen Fall entsprechend anzuwenden sind. Vgl.: Koschorke, Spuren 194.

Ikonion mitteilt. Die Frage aber, in welcher Bedeutung Basilius ansonsten von »alten Kanones« redet, worauf sich diese Diktion bezieht und als Folge davon: welche Synodalkanones ihm überhaupt bekannt waren, bedarf nun einer näheren Prüfung.

b) Der ἀρχαῖος κανών als Norm der kirchlichen συνήθεια

In *can.3* äußert sich Basilius zur Behandlung eines nach seiner Weihe unzüchtigen Diakons.

> Dieser solle abgesetzt werden, als Laie dann aber nicht exkommuniziert werden, »weil es ein *alter Kanon* ist, die rangmäßig Zurückgestuften nur auf diese Weise zu bestrafen, wobei man m.E. jenem *Gesetz der Alten* folgte, das lautet: ›Du sollst nicht zweimal dasselbe bestrafen‹«. Außerdem wäre es ungerecht, ihn auch zu exkommunizieren, denn ein exkommunizierter Laie würde ja nach vollzogener Buße wieder restituiert werden, während dem abgesetzten Kleriker die Möglichkeit der Wiedereinsetzung ins Amt verwehrt sei.[48]

Basilius bezeichnet hier als »ἀρχαῖος κανών« die in der kirchlichen Bußpraxis übliche Verfahrensweise, Kleriker, die eine »Todsünde« begehen, abzusetzen, nicht aber zu exkommunizieren.[49] Tatsächlich ist diese Praxis in älteren Synodalkanones[50] und auch in den Basilius etwa zeitgleichen »Kanones der Apostel«[51] reichlich als gängiges Verfahren belegt. Gleichzeitig ist aber kein einziger Synodalkanon überliefert, der diese Praxis etwa als »Kanon« synodal anordnen würde. Vielmehr gibt es Synodalhoroi, die gerade im Gegensatz zu diesem von Basilius erwähnten »Kanon« eine strengere Bestrafung vorsehen und zusätzlich zur Absetzung oder auch vor ihr die Exkommunikation anordnen.

---

[48] can.3: Courtonne II 124,3-11; Joannou, CPG 100,15f.: διότι ἀρχαῖός ἐστι κανών...

[49] So nochmals in can.32: Courtonne II 161; Joannou, CPG 131,13f.

[50] Vgl. z.B.: Ankyra can.1.2.10.14; Neocaesarea can.10; Nizäa can.17.18; Antiochien can.3.5.13. In diesem Sinn wird man auch die basilianische Rede von »den Kanones« verstehen können, wenn er in can.51 zum selben Thema feststellt, daß »die Kanones« für Kleriker ohne weitere Unterscheidung ein und dieselbe Strafe der Absetzung vorgesehen hätten (vgl.: Courtonne II 209f.; Joannou, CPG 142,9f.). Daraus ist freilich nicht auf die Kenntnis aller o.g. Synodalkanones zu schließen. Dazu i.e. unten: c).

[51] Vgl. z.B. can.2.6.7.12.15.25 u.ö.

So bestimmt can.1 von Neocaesarea für einen nach der Ordination heiratenden Presbyter die Absetzung; treibt er aber Unzucht und Ehebruch, sei er völlig zu exkommunizieren und der Buße zu unterwerfen.[52]

Can.1 von Antiochien bestimmt für Laien und Kleriker, die im Gegensatz zum Beschluß von Nizäa die quartodezimanische Osterpraxis weiterführen, die Exkommunikation.[53]

Can.5 und 9 der Apostel sind hier ebenfalls zu nennen. Can.5 exkommuniziert Kleriker, die ihre Ehefrauen unter dem Vorwand der Frömmigkeit verstoßen, und verordnet die Absetzung erst für den Fall, daß sie darin beharren. Can.9 exkommuniziert Kleriker, die der Eucharistie beiwohnen, aber ohne vernünftigen Grund nicht kommunizieren.[54]

Im Fall von can.1 von Neocaesarea als einem Synodalbeschluß seiner Heimatkirche[55] wird man annehmen müssen, daß dieser Basilius bekannt gewesen ist. So spricht alles dagegen, in jenem von Basilius genannten ἀρχαῖος κανών einen älteren Synodalbeschluß zu erblicken. Vielmehr handelt es sich um die übliche Verfahrensweise in der kirchlichen Bußpraxis für Kleriker, eine ungeschriebene Norm der kirchlichen συνήθεια. Die von Basilius dafür als Begründung angeführte[56] Schriftstelle *Nahum 1,9 LXX* wird dabei nicht eigentlich als κανών bezeichnet, sondern als diesem zugrundeliegender *Nomos*. Schon deshalb geht es nicht an, den ἀρχαῖος κανών auf can.25 der Apostel zu beziehen[57], nur weil dort die gleiche Stelle Nahum 1,9 zitiert wird[58], und so eine Kenntnis der »Kanones der Apostel« bei Basilius zu postulieren. Vielmehr handelt es sich bei der LXX-Version von Nahum 1,9 um einen auch zur römischen Rechtsregel verdichteten *Rechtsgrundsatz* des antiken Rechtsbewußtseins (»*Ne bis in idem [crimen judicetur]*«)[59], der hier aber bezeichnenderweise nicht als Kanon, sondern wohl wegen seiner alttestamentlichen Ableitung als Nomos bezeichnet wird.

Diese Interpretation findet ihre Bestätigung in den abschließenden Ausführungen des Basilius zum selben Fall. Eine wirkliche Heilung könne nämlich nur erfolgen, wenn jener Diakon zu einer Abtötung der Sarx kommt, sich also über seine Absetzung hinaus auch wahrer Buße unterziehe.

---

[52] Joannou, CSP 75.
[53] Joannou, CSP 104f.
[54] Metzger III,, 276.
[55] Vgl.: Hauschild, TRE 5, 302.
[56] Genauso in can.32 (s.o.).
[57] Dies tut: P. L'Huillier, Sources 214.
[58] Vgl.: Metzger III 280.
[59] Vgl.: D.Liebs, Lateinische Rechtsregeln 125 Nr.6. Dazu: P.Landau, Ursprung und Entwicklung.

So müsse man beides kennen, sowohl τὰ τῆς ἀκριβείας als auch τὰ τῆς συνηθείας, freilich in den Fällen, wo die rigorosere Lösung nicht akzeptiert werde, dem überlieferten »Typos« folgen.[60]

Es handelt sich hier um ein berühmtes Dictum des Kappadoziers, mit dem etwa die Synodalen des Concilium Quinisextum im Jahre 692 ihren letzten can.102 zitierend abschließen.[61] Häufig hat man die Stelle so interpretiert[62], als ob sich die ἀκρίβεια im Sinne der späteren kanonistischen Unterscheidung von ἀκρίβεια und οἰκονομία[63] auf die genaue Einhaltung der Synodal-kanones beziehe gegenüber einer der συνήθεια zugehörenden Dispensierung. K.Koschorke hat völlig richtig gesehen, daß hier eine Fehlinterpretation vor-liegt.[64] Denn die ἀκρίβεια bezieht sich an dieser Stelle nicht auf die unein-geschränkte Einhaltung von Synodalkanones, sondern auf eine wirklich Buße und Heilung der Sünden, die die in der Bußpraxis angewendeten ungeschrie-benen Richtlinien der kirchlichen συνήθεια transzendiert.[65] Die Normen kirchlicher Buße als ἀρχαῖοι κανόνες sind also der kirchlichen συνήθεια zugeordnet und werden wohl auch deshalb von Basilius hier und auch sonst häufig als überlieferte kirchliche Handlungsmuster (τύποι) bezeichnet.[66] Die als geistlicher Vorgang in der Kirche vollzogene Buße und die dabei zur Anwendung kommenden Bußfristen (Kanones) sind in ihrer Mehrzahl offen-sichtlich ursprünglich nicht schriftlich fixiert worden. Es ist deshalb unsach-gemäß, bei solchen »alten Kanones« nach Synodalbeschlüssen zu fragen, und wenn man keine findet, die »Kanones der Apostel« ins Spiel zu bringen. Genauso unzutreffend ist es aber auch, die sog. »Kanones der Väter«, zu deren Kernbestand dann die »Kanones des Basilius« im byzantinischen kanonischen Recht gehören, in diesem späteren Sinn über der basilianischen Rede von – synodal nicht identifizierbaren – »alten Kanones« schon weit vor Basilius verankern zu wollen. Dies tut K.Bonis[67], indem er z.B. die Ausführungen Basilius' in can.10 in diesem Sinne interpretiert:

---

[60] can.3: Courtonne II 125,13-21; Joannou, CPG 101,4-17.

[61] Joannou, CCO 241,12ff.

[62] Vgl. die deutsche Übersetzung bei: Hauschild II 103; s.a.: Paverd, Quellen 58.

[63] Zur Fülle der Literatur zu diesem Thema vgl.: Y.Congar, L'Économie 179 Anm.2; M.-M. Garijo-Guembe, Bibliographia.

[64] Koschorke, Spuren 195f.

[65] Wo diese nur bestimmte Sünden verurteilt, andere aber duldet, wird sie für Basilius zur »κακίστη συνήθεια«; Reg.moral. 1,32 (PG 31,669AB).

[66] Courtonne II 125,13: τὰ ἐκ τῶν τύπων; 125,20: τῷ παραδοθέντι τύπῳ. Τύπος und τυπώνειν sind für Basilius häufige Synonyme für κανών. Vgl. z.B.: can.1 (Courtonne II 123,8of.); can.7 (a.a.O., 126,3); can.76.78 (vgl.o. Kap. XIX 1 c); ep.99,4 (Courtonne I 218,14f.).

[67] In seinem mehrfach unverändert abgedruckten Aufsatz: K.Bonis, κανονικαὶ Ἐπι-στολαί (Ich zitiere nach ByZ). Bonis will dort anhand ep.188.199.217 den Beweis antreten, daß Basilius diese »a priori« mit dem Vorsatz verfaßt habe, ihnen katholische

Basilius äußert sich dort zum Problem der Berücksichtigung problematischer Eide und führt aus, daß es für solche, die schwören, sich nicht ordinieren zu lassen, einen Kanon »zu geben scheine«, der ihnen dies vergebe.[68]

Ein Synodalbeschluß dazu ist uns nicht überliefert. Es wird sich dabei um eine Norm der Bußpraxis handeln, die auch Basilius nur vage bekannt ist. Auch aus der bei Basilius häufigen Rede[69] von den Entscheidungen der »Alten« und »Väter« ist kein Argument für eine älteste Verankerung von »Väterkanones« im kanonistischen Sinne zu gewinnen[70], ebenso kein Indiz für die Kenntnis der »Kanones der Apostel«.[71] Vielmehr handelt es sich auch hier in der Regel um die gerade in jener Epoche aufkommende allgemeine Berufung auf »Väter« als Garanten der Überlieferung des wahren christlichen Glaubens.[72]

So ist selbst die explizite Berufung auf »Kanones der Väter« eher als Synonym für eine in Anspruch genommene normative Vergangenheit[73] zu betrachten, deren Wurzeln bei näherem Zusehen freilich in der apostolischen Weisung liegen. Dies verdeutlicht *can.89*.

Es handelt sich dabei um ein Schreiben des Basilius an seine *Chorbischöfe* (ep.54), das seine Bestrebungen um eine Reform des Klerus beleuchtet.[74]

---

kanonische Geltung (κῦρος) zu verschaffen (62f.). Weiterhin seien »kanonische Briefe« im heutigen Sinn seit dem 4. Jahrhundert gang und gäbe. Bonis läßt freilich trotz seiner ausführlichen Detailuntersuchungen mehr Fragen entstehen, als daß er die gestellten beantwortet. Für eine detaillierte Widerlegung ist hier kein Raum. Bezeichnend ist, daß nur ein Teil der von Bonis als Überlieferungsträger der drei Briefe aufgeführten (62f.) 44 Handschriften in den Lemmata überhaupt von »kanonischen Briefen« redet ('Ἐπιστολαὶ κανονικαί). Eine nicht geringe Anzahl der ältesten Handschriften redet einfach nur von ›Briefen über Kanones‹ (περὶ κανόνων), womit wohl die in ihnen überlieferten alten Bußfristen gemeint sind.

[68] can.10: Courtonne II 129,2f.; Joannou, CPG 110,5ff.: εἰ γὰρ καὶ δοκεῖ τις εἶναι κανὼν ὁ συγχωρῶν τοῖς τοιούτοις...

[69] Vgl. z.B. die Berufung auf die πρεσβύτεροι (s.o. Anm. 22); auf οἱ πάλαιοι, οἱ ἐξ ἀρχῆς, οἱ ἀρχαίοι und οἱ πατέρες in can.1 (Courtonne II 121,7; 122,25.47; 123, 74). Zur Rede von »unseren Vätern« vgl.: can.13 (Courtonne II 130); can.18 (a.a.O., 155,4); can.34 (a.a.O.,161); can.77 (a.a.O., 214,3); can.80 (ebd.); can.81 (a.a.O., 215,5) u.ö. Grundsätzlich davon zu unterscheiden ist natürlich die Rede von alten und väterlichen Sitten als Terminus technicus für die noch in den Gemeinden wirksamen heidnischen Gebräuche. Vgl. dazu: U.W.Knorr, Basilius der Große 24-38.

[70] Gegen Bonis, a.a.O., 67.

[71] Gegen L'Huillier, Sources 214.

[72] Vgl.: Brox, Väter.

[73] Zu Basilius' Sicht dieser normativen Vergangenheit, von der in der Gegenwart nur noch Spuren zu sehen seien, vgl.: Koschorke, Spuren 16-38.

[74] Dazu: Koschorke, Spuren 219ff.

Anlaß ist die Klage, daß »*die Kanones der Väter*« *außer Geltung* geraten seien (ἐπιλελοίπασι ... οἱ τῶν πατέρων κανόνες) und jede Akribeia in den Kirchen verschwunden sei.[75] Konkret damit gemeint ist folgendes: »Die der Kirche Dienenden nahm der alte in den Kirchen Gottes eingebürgerte Brauch (συνήθεια) nur nach ganz akribischer Prüfung auf.« Dies bedeutete eine Prüfung des Lebenswandels und der Praxis Pietatis durch die Gemeindepresbyter und Diakone der Kandidaten, die den Chorbischöfen darüber Bericht erstatteten, die wiederum den Bischof davon in Kenntnis setzten.[76] »Nun aber« hätten die Chorbischöfe Basilius ausgeschlossen, wollten nicht berichten und hätten die Autorität (αὐθεντία) sich selbst übertragen.[77] Überdies hätten die Chorbischöfe die Auswahl der Kandidaten den Presbytern und Diakonen überlassen, die wiederum Unwürdige aufgenommen hätten, so daß jetzt keine geeigneten Kandidaten für den Altardienst zur Verfügung stünden: So »ging ich notgedrungen daran, die *Kanones der Väter zu erneuern*«.[78] Basilius fordert nun die Einhaltung des Instanzenweges ein und will Listen haben aller in jedem Dorf Eingetragenen mit Angaben über den Lebenswandel.

Bei den »Kanones der Väter«, um die es Basilius hier geht, handelt es sich offensichtlich um die kirchliche Praxis der Prüfung geeigneter Kandidaten für die kirchlichen Ämter. Diese Praxis sei bislang συνήθεια gewesen; die *Kanones der Väter* sind also mit der älteren kirchlichen συνήθεια identisch. Die Akribeia des älteren kirchlichen Brauches der Kandidatenprüfung manifestierte sich nach Basilius auch in einer peinlichen Einhaltung des Instanzenweges. Die Prüfung durch die Amtsträger der Gemeinde der Kandidaten war begleitet von der Einbeziehung von Chorbischof und Metropolit in das Verfahren. Die Beschränkung des Verfahrens auf die »Basis« durch die Chorbischöfe hat nun zu Vetternwirtschaft und Rücksicht auf örtliche Freundschaften geführt.

Auch wenn man hier ein nachhaltiges Interesse des kappadozischen Metropoliten an der Durchsetzung seiner Metropolitangewalt festzustellen hat, wäre doch eine eventuelle Beschränkung der Befugnisse der Chorbischöfe keine ausreichende Erklärung für das rigorose Vorgehen des Basilius in dieser Sache. Denn bei den »Kanones der Väter« handelt es sich eben nicht etwa um die Durchsetzung der Metropolitanverfassung unter Berufung auf can.4.5 von Nizäa, die ja konkret Bischofswahl und -weihe im Blick haben und nicht die Prüfung von Kandidaten für das Gemeindeamt. Vielmehr geht es Basilius um

---

[75] Courtonne I 139,1f.; Joannou, CPG 172,16f.

[76] A.a.O., 139,5-15.; Joannou, CPG 173,3-21.

[77] A.a.O., 140,16ff.; Joannou, CPG 173,22ff.

[78] A.a.O., 140,28f.; Joannou, CPG 174, 15f.: ἀναγκαίως ἦλθον εἰς τὸ ἀνανεώσασθαι τοὺς τῶν πατέρων κανόνας.

dasselbe Anliegen, das can.9 von Nizäa für die Auswahl von Presbytern thematisiert: die echte Prüfung von Kandidaten für das geistliche Amt.[79] Nizäa hatte für die Notwendigkeit solcher Prüfung auf »den Kanon« im absoluten Sinn verwiesen und damit die in der kirchlichen Praxis lebendige apostolische Weisung hinsichtlich Notwendigkeit der Prüfung überhaupt, der Angabe von Richtlinien und der Zurückweisung ungeeigneter Bewerber im Blick gehabt (1 Tim 3,1-13; 5,22; Tit 1,5ff.).[80] Mit derselben Bedeutung spricht Basilius hier von den »Kanones der Väter« und meint damit weder »Väterkanones« im späteren Sinn noch Synodalbeschlüsse, sondern die in der älteren kirchlichen Praxis (συνήθεια) lebendige apostolische Norm.[81]

Die einzige Stelle, an der sich m.E. eine Rede von *Väterkanones* im späteren Sinne andeutet, findet sich in *can.81*, wo Basilius für Vergehen beim Einfall von Barbaren auf die »Kanones« verweist, die »von unseren Vätern« aufgestellt worden seien.[82] Sachlich ist bei den weiteren Ausführungen eine weitgehende Deckungsgleichheit mit den Bußbestimmungen des von Basilius verehrten *Gregor Thaumaturgos* gegeben.[83] Auch hier meint der Kanon-Begriff dann aber die von Gregor festgelegten Bußfristen.

Als nächstes ist nun der Frage nachzugehen, welche Synodalkanones Basilius überhaupt bekannt waren.

c) »Kanon« als Synodalbeschluß

Ohne Zweifel ist für Basilius die Bezeichnung von *Synodalhoroi* als »Kanones« schon fest eingebürgert, wie sich bereits aus der Analyse von can.4 eingangs ergab. Dies läßt sich weiter demonstrieren, wenn wir nun der Frage nachgehen, welche Synodalkanones Basilius überhaupt bekannt waren.[84]

Für die Bestimmungen von *Nizäa* ergibt sich dies nicht weiter überraschend aus folgenden Beobachtungen:

---

[79] Dieses Anliegen ist im Kontext der Krise des kirchlichen Amtes im 4. Jh. und der basilianischen Anstrengungen zu seiner Erneuerung zu sehen; vgl.: Koschorke, Spuren 208-229.

[80] Vgl.: oben Kap.: XVIII 2 b).

[81] Es ist bezeichnend, daß die byzantinische Kanonistik des 12. Jahrhunderts der basilianischen Verwendung des Kanon-Begriffs hier eher verständnislos begegnete. So fällt Zonaras nur die Feststellung ein, daß in älteren Synoden sich ein entsprechender Kanon nicht finde; vgl. Rhalles-Potles IV 276. Auch Bonis (a.a.O., 67 Anm.1) kann bei seiner Suche nach Väterkanones mit dieser Stelle nichts anfangen.

[82] Courtonne II 215; Joannou, CPG 155,5f.

[83] Vgl. o. Kap. XV 2.

[84] Vgl. hierzu auch: L'Huillier, Sources.

In *can.47* zur Frage der Wiedertaufe von Enkratiten erwähnt er, daß diese
meist analog zu den Novatianern behandelt werden, »περὶ μὲν ἐκείνων
κανὼν ἐξεφωνήθη«, während über die anderen (Schismatiker) nichts gesagt sei. Es handelt sich hier offensichtlich um *can.8 von Nizäa*.[85] Eine
Stelle in can.1, wo Basilius über die Aufnahme von – anscheinend – zwei
Novatianern im Bischofsrang berichtet[86], legt ebenfalls die Praxis nach
can.8 von Nizäa nahe.

Bei seinem Bemühen in *can.10*, die Metathesis des Presbyters Kyriakos
rückgängig zu machen, will er nicht den Anschein erwecken, etwas »παρὰ
κανόνας ποιεῖν«.[87] Bezugspunkt wird hier *can.15 von Nizäa* sein.

In *can.88* (ep.55) an den Presbyter Paregorios mit dem Verbot, weiter
mit der nicht verwandten Haushälterin zusammenzuleben, beruft Basilius
sich explizit auf *can.3 von Nizäa*.[88]

Nizäa ist freilich die einzige Synode, von der uns überliefert ist, daß Basilius
ihre Horoi als Kanones bezeichnet. Andere Synodalhoroi zur Bußpraxis, deren
Kenntnis sich bei ihm inhaltlich erschließen läßt, spricht er nicht explizit als
»Kanones« an. Und auch dies läßt sich allein für die Synoden von *Ankyra und
Neocaesarea* wahrscheinlich machen.

Can.83 zur Wahrsagerei zitiert wörtlich can.24 von Ankyra[89], obwohl der
»Kanon« von 5 auf 6 Jahre durch Basilius erhöht wurde.

Can.2 gibt für Abtreibung dasselbe Strafmaß von 10 Jahren an wie
can.21 von Ankyra.[90]

---

[85] Courtonne II 163,2f.; Joannou, CPG 137,16f. Koschorke, Spuren 150 Anm.72, will die
Wendung auf »andere Kanones« beziehen. Welche sollen das sein? Es geht um
Synodalkanones; ἐκφωνεῖν meint hier m.E. einen Synodalbeschluß (vgl. Liddell-
Scott, Lexicon 526 s.v.2.: »publish, promulgate«. Lampe, Lexicon, ist für ἐκφωνεῖν
ohne Beleg, obwohl das Chalcedonense seine 27 Kanones überschreibt: »ὅροι
ἐκκλησιαστικοὶ ἐκφωνηθέντες παρὰ τῆς ἁγίας καὶ οἰκουμενικῆς συνόδου...«
(ACO II, I,2, p. 354); vgl. ebenso den Logos Prosphonetikos von 381 (Beneševič,
Syntagma 95,1ff.; s.o. Kap. XXIII 1.). Und es geht um einen einzigen Kanon, der über
die Novatianer »publiziert« wurde. Dies ist can.8 von Nizäa.
[86] Courtonne II 124,83ff.; Joannou, CPG 99,3ff.
[87] Courtonne II 129,16f.; Joannou, CPG 111,7.
[88] Courtonne I 141,6-9; Joannou, CPG 170,6ff.: ἀνάγνωθι τὸν κανόνα τὸν ἐξενεχθέντα
παρὰ τῶν ἁγίων πατέρων ἡμῶν ἐν τῇ συνόδῳ Νικαίας. Obwohl Koschorke
ep.55 aus anderen, m.E. überbewerteten Gründen nicht für authentisch hält (s.o.Anm.6)
und andere direkte Beweise für die Kenntnis der nizänischen Kanones nicht existieren,
nimmt auch er eine Kenntnis derselben an (a.a.O., 150).
[89] Vgl.: Courtonne II 216,1-4 mit Joannou, CSP 72.
[90] Vgl.: Courtonne II 124,9f; Joannou, CPG 100,7 mit Joannou, CSP 71,9.

Can.18 benennt als nach Basilius zu milde Strafe für »gefallene Jungfrauen« eine einjährige Buße, die »von den Vätern« festgelegt worden sei.[91]
Dies wird sich auf can.19 von Ankyra beziehen, der eben dies bestimmt.[92]

Für die Synode von *Neocaesarea* gibt es kein Zeugnis direkter Bezugnahme,
allein die o.g. Anspielung in can.4 könnte man hier anführen.

Auch wenn Basilius die Horoi von Ankyra und Neocaesarea gekannt haben
wird, zitiert er sie doch nicht explizit als Synodalkanones lokalisierbarer Synoden, sondern beruft sich allein auf die dort fixierten Bußfristen für seine
eigene Bußpraxis. Er zitiert auch nicht die Bestimmungen der Synode von
Gangra[93]. Die Kenntnis der Kanones der Synoden von *Laodicea* und vor allem
auch *Antiochien* lassen sich – soweit ich sehe – bei ihm nicht nachweisen,
jedenfalls erwähnt er sie nicht. Allein die Bestimmungen von Nizäa zitiert er
als »Kanones«. Daraus ist mit *P.L'Huillier*[94] nur zu folgern, daß es äußerst
unwahrscheinlich ist, daß Basilius in den kirchlichen Archiven von Caesarea
auf eine systematische Sammlung von Synodalkanones zurückgreifen konnte.
Ich füge hinzu: dies bedeutet m.E. auch, daß ihm die älteste griechische
Kanonessammlung antiochenischer Provenienz wahrscheinlich unbekannt war.
Mindestens aber hat er sie nicht benutzt. Das Ergebnis konvergiert also mit
unseren Beobachtungen im Umfeld der Konstantinopeler Synode von 381.

d) Das Evangelium und die apostolische Weisung als »Kanon«

Bei unserer Analyse von ep.54 an die Chorbischöfe *(can.89)* ergab sich, daß
für Basilius hinter der Wendung »Kanones der Väter« eine in der älteren
kirchlichen Praxis verankerte Handlungsweise stand, deren Normativität in
der apostolischen Weisung begründet war. Ähnlich steht auch seine explizite
Berufung auf can.3 von Nizäa gegenüber Paregorios neben seinem Verweis auf
die Mahnung von Röm 14,13, dem Bruder keinen Anstoß zum Ärgernis zu
bereiten.[95] Diese Spur ist nun weiter zu verfolgen.

Dazu ist zuerst auf den auch bei Basilius nachweisbaren Sprachgebrauch
von »ὁ κανών« im absoluten Sinne zu verweisen.

---

[91] Courtonne II 155,4ff.; Joannou, CPG 119,4.
[92] Im Zusammenhang solcher Synodalkanones kann Basilius nun auch von der »Gesetz-
    gebung« der Väter reden; vgl. can.18.88 (Courtonne II 155,6; I 141,6).
[93] Vgl.: Koschorke, Spuren 63. Dies ist auch nicht überraschend, wenn J.Gribomont
    (Monachisme enthousiaste 129-136 »Gangres et Basile«) zu dem Ergebnis kommt:
    »Basile s'avère ... plus proche des ascètes condamnés que des Pères du Concile.«
[94] Ders., Sources 216.
[95] Can. 88: Courtonne I 141,19f.; Joannou, CPG 171,5f.

So formuliert Basilius in *can.12* knapp, daß *der Kanon* zweimal Verheiratete völlig vom Dienst ausgeschlossen habe.[96]

Inhaltlich identisch, aber detaillierter ausformuliert, enthält auch *can.17 der Apostel* diese Bestimmung.[97] Schon den orthodoxen Kanonisten des 12. Jahrhunderts fiel nichts anderes ein, als zur Erklärung der basilianischen Formulierung auf den »Kanon der Apostel« zu verweisen.[98] Auch *P.L'Huillier* sieht hier »certainement« eine Abhängigkeit.[99] Davon kann aber m.E. keine Rede sein, nachdem uns der absolute Gebrauch von »ὁ κανών« im Sinne des κανὼν ἐκκλησιαστικός als alte kirchliche Sprachregelung für die in der Kirche gültige Glaubens- und Lebensordnung vertraut ist. In diesem Sinne hat sich auch die Synode von Laodicea in can.1 zur kirchlichen Behandlung der Digami nach dem κανὼν ἐκκλησιαστικός geäußert, ohne damit doch ältere Synodalhoroi zu meinen.[100] Auch Basilius ist dieser Sprachgebrauch noch vertraut, ohne daß damit ein Synodalhoros oder ein »Kanon der Apostel« gemeint wären, die ihm ansonsten auch unbekannt sind. Die kirchliche normative Praxis, die absolut ist und keine Ausnahme erlaubt (παντελῶς), Digami nicht zum kirchlichen Amt zuzulassen, beruht vielmehr in ihrer Normativität auf der apostolischen Weisung von *1 Tim 3,2.12; Tit 1,6*, wonach Bischof, Presbyter und Diakon nur *eines* Weibes Mann sein sollen. In der frühen kirchlichen Rezeption dieser Anordnung ist damit jede zweite Ehe eines kirchlichen Amtsträgers ausgeschlossen.[101]

Im selben Sinn redet Basilius nun auch direkt vom »κανὼν ἀποστολικός«, ohne daß damit an irgendeinen der »Kanones der Apostel« zu denken wäre.

> In Reg.fus.14 verhandelt er das Thema des Umgangs mit ehemaligen Brüdern, die das Kloster trotz Gelübde verlassen haben. Ein solcher sei ein ἱερόσυλος und verdiene das Anathema. Deshalb soll solchen auch die Tür der Brüder nicht mehr geöffnet werden. Denn der *apostolische Kanon* befehle klar: »ὁ γὰρ ἀποστολικὸς κανὼν φανερὸς κελεύων ἡμᾶς στέλλεσθαι ἀπὸ παντὸς ἀτάκτου καὶ μὴ συναναμίγνυσθαι αὐτῷ ἵνα ἐντραπῇ«.[102]

---

[96] Can.12: Courtonne II 130; Joannou, CPG 113: Τοὺς διγάμους παντελῶς ὁ κανὼν τῆς ὑπηρεσίας ἀπέκλεισε.

[97] Vgl.: Metzger III 278.

[98] Rhalles-Potles IV 131.

[99] Ders., Sources 214.

[100] Vgl. o. Kap. XIX 4.

[101] Vgl.: Roloff, Timotheus 155f., und den Protest Hippolyts gegen entsprechende Ausnahmeregelungen Kallists (s.o. Kap. VIII 3.). Noch Papst Leo I. (440-461) verweist auf diese Schriftstellen als »*ecclesiastici canones*« (ep.5,3; 6,3; PL 54, 615CD; 618B). Zur 2. Ehe überhaupt als Gegenstand der öffentlichen Buße s.o. Kap. XIX 4.

[102] Reg.fus.14: PG 31, 952A; vgl. auch Reg.fus.25,1 (984D).

Es ist offensichtlich, daß mit dem »apostolischen Kanon« die Weisung von *2 Thess. 3,14* gemeint ist, die wörtlich zitiert wird. So bezeichnet er auch die paulinische Weisung *1 Kor 10,23* (Alles ist mir erlaubt, aber es dient nicht alles zum Guten) als einen »Kanon« für ein Verhalten in den Fällen, wo die Schrift keine ethische Handlungsanweisungen gibt.[103]

In gleicher Weise wird der Kanon-Begriff nun auch auf das *Evangelium* als Gebot Christi angewendet.

> *Ep.288* verhandelt die Frage, wie mit notorischen Sündern umzugehen sei[104], bei denen die »üblichen Bußstrafen« (κοινὰ ἐπιτίμια) zu keiner Besserung führen. Diese müßten *»den vom Herrn gegebenen Kanones«* unterworfen werden.[105] Als solche werden sogleich die einzelnen Anweisungen der »Gemeinderegel« von *Mt 18,15ff.* wörtlich zitiert. Die Ausführungen werden abgeschlossen mit der Mahnung, daß wenn alles nichts nütze, jede gesellschaftliche Gemeinschaft mit solchen aufzuheben sei. Dahinter steht wiederum *2 Thess 3,14 und 1 Kor 5, 9ff.*
>
> In *can.10* wirft Basilius dem Bischof Severos von Mistheia vor, der seinen Presbyter Kyriakos erst einen Eid hatte schwören lassen, seine Gemeinde nicht zu verlassen, ihn dann aber versetzt hatte, daß er damit »ἐξ ἀρχῆς ἀκανονίστως« gehandelt habe, weil er jemanden entgegen dem Evangelium – gemeint ist *Mt 5,34* – mit einem Eid gebunden habe.[106]
>
> Schließlich beruft sich Basilius auch in De Spir.s. bei seinen Ausführungen über die Berechtigung beider Präpositionen »in« und »mit« in der trinitarischen Doxologie auf die »Lehre des Herrn« als »Kanon«: »Das sagen wir aber nicht als unsere Meinung, sondern wir übertragen die Silbe als einen *Kanon aus der Lehre des Herrn* auf das, was eng untereinander verbunden ist (ὥσπερ ἀπὸ κανόνος τῆς τοῦ Κυρίου διδασκαλίας).[107]

Es lohnt sich, in diesem Zusammenhang auch einen Blick auf die sog. *Ascetica*[108] des Kappadoziers zu werfen. Bei den »Regulae morales« oder *Moralia* ('Ηθικά)[109] handelt es sich bekanntlich um eine Sammlung von Bibelzitaten, die in 80 Abschnitte eingeteilt jeweils mit zusammenfassenden Inhaltsangaben nach dem Muster: »ὅτι δεῖ ...« überschrieben sind und so die Grundlage für

---

[103] Reg.brev.1 (PG 31, 1081 BC).

[104] Vgl. i.e.: Paverd, Disciplinarian Procedures 308-312.

[105] Ep.288 (Courtonne III 158, 1ff.): Οὓς τὰ κοινὰ ἐπιτίμια οὐ σωφρονίζει οὔτε τὸ εἰρχθῆναι τῶν εὐχῶν ἄγει εἰς μετάνοιαν ἀνάγκη τοῖς παρὰ τοῦ Κυρίου δοθεῖσι κανόσιν ὑποβάλλειν. Γέγραπται γάρ....

[106] Courtonne II 130,26f.; Joannou, CPG III,23f.

[107] De Spir.s.27,68, ed. Pruche 488,11f.

[108] CPG 2875-77.

[109] CPG 2877; PG 31, 691-869.

eine allen Christen aufgetragene Lebensführung angeben wollen und den Kern des Reformprogramms von Basilius bilden.[110] Die zusammenfassenden Überschriften heißen dabei Horoi (ὅρος Α' -Π'). Basilius redet von ὅροι κεφαλαιώδεις[111], also von »summarischen Bestimmungen«. Die Vorformen und ersten Entwürfe der Moralia sind wohl bereits in der Zeit seines Lebens als Einsiedler in Annesoi zusammen mit Gregor von Nazianz entstanden.[112] In ep.6,4 berichtet Gregor, beide hätten bei seinem Aufenthalt im Pontos den Eifer um ihre Tugend durch schriftliche *Horoi* und *Kanones* abgesichert. W.-D.*Hauschild* ist zuzustimmen[113], daß sich diese Wendung auf die Moralia und nicht auf die monastischen »Regeln« bezieht. Denn zu den »Horoi« der Moralia gehören eben materialiter die evangelischen Weisungen als »Kanones« im eigentlichen Sinne. Demgegenüber bietet das lange vor dem Episkopat entstandene kleine Asketikon[114] »keine ›Regeln‹ im basilianischen Verständnis (da derartiges – wie in den ›Moralia‹ präsentiert – nur die göttlichen Worte des Evangeliums sein können), sondern 203 Antworten auf praktische und grundsätzliche Fragen, die sich den Asketen .... gestellt hatten.«[115] So hat Basilius anscheinend auch für seine beiden späteren monastischen »Regeln«[116] – formal in der Langform als 55, in der Kurzform als 313 Erotapokriseis gestaltet[117] – nach *J.Gribomont* ursprünglich nicht den Kanon-Begriff benutzt.[118] Entsprechend heißen sie in der griechischen Überlieferung auch ὅροι κατὰ πλάτος und ὅροι κατ' ἐπιτομήν.

Zutreffend ist deshalb auch die Anmerkung von *A.M.Ritter* mit Berufung auf *E.Amand*,

> daß Basilius »in den ᾿Ηθικά der Kirche seiner Zeit ein ›speculum reformationis‹ vorhält in Form einer ›Summe‹ des geoffenbarten Gotteswillens, eines ›Systems‹, das auf der Bibel als ›Regel‹ basiert.« »Die unübersehbare Eigenart des basilianischen ›Regelbuches‹ im Vergleich etwa zu den Einzellogien der Wüstenväter, resultiert ... weniger etwa aus systematischen Am-

---

[110] Zu den »Moralia« unter diesem Aspekt vgl.: Koschorke, Spuren 39-49.

[111] PG 31,692A.

[112] Vgl.: Hauschild, Briefe I 9f.

[113] Anders M.Wittig in Übersetzung und Kommentar des Briefes, vgl.: ders., Gregor von Nazianz, Briefe. (BGrL 13), Stuttgart 1981, Anm.28, S.237.

[114] CPG 2876.

[115] Hauschild, Briefe I 10.

[116] CPG 2875.

[117] Vgl. dazu: H.Dörries, Symeon von Mesopotamien 451-465.

[118] J.Gribomont, Histoire du texte 4: »A la pièce principale de la collection, on donne aujourd'hui le nom de Règles. Ce titre ne semble pas primitif, et nous dirions plutôt, habituellement, l'Ascéticon ou les Questions.« Vgl. auch: G.Veloso, Monastic Legislations.

bitionen ... als aus dem basilianischen Grundverständnis des Christlichen
als totalem Gehorsam.«[119]

Es empfiehlt sich hier nochmals auf die Relation ἀκρίβεια-συνήθεια zu-
rückzukommen, die uns bei der Analyse von can.3 bereits begegnet war.[120]
Dort war mit συνήθεια die Einhaltung der kirchlichen Bußkanones bezeichnet worden, und τὰ τῆς ἀκριβείας bezog sich auf eine wirkliche Heilung
durch tatsächliche Umkehr und Buße. Ganz in diesem Sinne redet Basilius
von der ἀκρίβεια κανόνων. Dazu hat *K.Koschorke* richtig festgestellt: »Die
κανόνων ἀκρίβεια ist eines der charakteristischen Schlagworte des Reformprogramms des Basilius; damit ist aber nicht nur die genaue Beachtung des
geltenden kirchlichen Rechtes gemeint[(121)], sondern mehr noch bzw. in erster
Linie die ἀκριβῆς τήρησις jener κανόνες, die in der Schrift zu finden sind.«[122]

Dazu ist auf die Klage des Basilius in *can.9.21* über die kirchliche συνήθεια
hinzuweisen[123], die entgegen der ἀπόφασις des Herrn über die Ehescheidung (Mt 5,32;19,9), die doch Männern und Frauen in gleicher Weise gelte,
zwar dem Mann erlaube, sich von seiner ehebrecherischen Frau zu trennen,
im entgegengesetzten Fall aber der Frau diese Möglichkeit nicht einräu-
me.[124] Die kirchliche συνήθεια habe auch für den hurenden Ehemann
keine Bußkanones vorgesehen, die das als Ehebruch bestraften. Die geltende
Bußpraxis behandle aber die Frau im entsprechenden Fall als Ehebreche-
rin.[125] So sei schließlich auch »von unseren Vätern« für Männer, die ihre
Ehefrau verlassen, nur eine siebenjährige Bußfrist vorgesehen worden, »κατὰ
τὴν τοῦ Κυρίου ἀπόφασιν« unterliegen sie aber eigentlich dem Urteil des
Ehebruchs.[126] Nach can.58 würde dies eine Bußstrafe von 15 Jahren bedeuten.[127]
      Ähnlich kritisiert Basilius auch in der Frage der Ketzertaufe die »Oiko-
nomia« einer möglichen Anerkennung der Taufe von Schismatikern, die
von den Vätern eingeführt worden sei *(can.1)*.[128] Diese gängige Praxis sei
zwar prinzipiell möglich[129], müsse aber doch ständig darauf befragt wer-

---

[119] A.M.Ritter, Theologie des Basileios, in: Fedwick, Symposon 411-436.425; E.Amand
      de Mendieta, Le systèm cénobitique 35f.
[120] Vgl. o. b).
[121] Koschorke, Spuren 195 Anm.74, verweist hier zu recht auf ep.92,2; 127 und 54.
[122] Koschorke, Spuren 195.
[123] Genauso: Koschorke, Spuren 197.
[124] can.9: Courtonne II 128f.; Joannou, CPG 108f.
[125] can.21: Courtonne II 157,4f.; Joannou, CPG 123f.
[126] can.77: Courtonne II 214,3; Joannou, CPG 153,10f.
[127] Vgl. dazu auch: Paverd, Quellen 13; Gain, Cappadoce 249 Anm.96.
[128] can.1: Courtonne II 122,25ff.
[129] A.a.O., 123, 63ff.

den, ob nicht die ἀκρίβεια κανόνων, also die Wiedertaufe vorzuziehen sei,
die er gegenüber den Enkratiten praktiziere.[130]

Die ἀκρίβεια κανόνων meint also auch hier nicht eine genaue Einhaltung
von Synodalkanones, sondern birgt geradezu gegenüber solchen wie etwa can.8
von Nizäa, der ja für die Novatianer keine Wiedertaufe vorsieht, eine kritische
Überprüfung am Gebot des Herrn, wie es sich für Basilius darstellt.

Koschorkes Annahme[131] freilich, daß Basilius sich für eine Wiedertaufe aller
Schismatiker einschließlich der Novatianer ausgesprochen habe und sich so
explizit gegen can.8 von Nizäa gestellt habe, läßt sich m.E. nicht halten. In
can.1 und besonders can.47 geht es ihm von seiner tatsächlichen Tendenz zur
Wiedertaufe her vielmehr darum, gegen eine analoge Anwendung von can.8
von Nizäa auf andere Schismatiker vorzugehen, wie sie in der kirchlichen
Oikonomia wohl praktiziert wurde. Dies bedeutet nicht, daß er sich »in
Gegensatz« zu can.8 von Nizäa setzt.[132] Sein Bekenntnis zur eigenen Praxis der
Wiedertaufe in can.47[133] bezieht sich nicht auf die Novatianer, sondern auf die
dort eigentlich verhandelten anderen Schismatiker (Enkratiten, Sakkophoren
und Apotaktiten). Die von ihm in can.47 ins Auge gefaßte Synode soll weiterhin nicht die Aufnahme der Novatianer durch Wiedertaufe gegen Nizäa
regeln[134] – was eine Vorstellung für den »Nizäner« Basilius! –, sondern jene
Bischöfe, die sich gegen eine analoge Anwendung von can.8 auf andere
Schismatiker wenden und die Wiedertaufe praktizieren, sollten nach seinem
Rat ihre Praxis besser synodal absichern. Damit ist keine Außerkraftsetzung
des nizänischen Beschlusses gemeint!

> Auch bei »gefallenen Jungfrauen« *(can.18)* sei die »Gesetzgebung der Väter«,
> wenn sich die kirchliche Situation verändert, zu überprüfen und »genau zu
> beachten« (προσέχειν ἀκριβῶς), wie die Sache sich jetzt darstelle und wie
> die Schrift dazu steht, was dann durch Analogieschluß herauszufinden
> sei.[135] Konkret bedeutet dies die dann ausführliche Ableitung schärferer
> Bußstrafen aus *1 Tim 5,11f.*

Man kann hier mit *Koschorke* von einer *»doppelte(n) Linie«* sprechen,

> »die des als ungenügend kritisierten kirchlichen Brauchs und die der evan-
> gelischen ἀκρίβεια, die nach Möglichkeit zu verwirklichen ist«. Dabei

---

[130] can.1: Courtonne II 123, 63-80; Joannou, CPG 98,19; can.47: Courtonne II 163.
[131] Ders., Spuren 147-155.
[132] So: Koschorke, Spuren 149.
[133] Courtonne II 163,4f.
[134] So: Koschorke, Spuren 151.153.
[135] can.18: Courtonne II 155,9ff.; Joannou, CPG 119,9-13.

»kommt der kirchliche Brauch und die gegebene kirchliche Rechtsordnung im Spannungsfeld des Prinzips der ἀκρίβεια und des Grundsatzes der οἰκονομία zu stehen, und es ist eine Frage der Einschätzung der realen Durchsetzungsmöglichkeiten, wo der συνήθεια das Feld überlassen oder dem Standpunkt der ἀκρίβεια κανόνων zur kirchenrechtlichen Geltung verholfen wird«.[136]

Die ἀκρίβεια κανόνων meint also für Basilius nicht zuerst die genaue Einhaltung von Synodalkanones oder kirchlichen Bußkanones, sondern die genaue Befolgung der im Evangelium enthaltenen Kanones, an denen jene Maß und Richtschnur finden. Von dieser kritischen Haltung gegenüber kirchlicher συνήθεια und οἰκονομία her ist nun nochmals nach der Verbindlichkeit zu fragen, die Basilius den Synodalkanones, und namentlich den nizänischen beimißt.

3. ZUR FRAGE DER VERBINDLICHKEIT VON SYNODALKANONES UND IHREN GRENZEN

Trotz der eben geschilderten kritischen Haltung gegenüber der kirchlichen συνήθεια in der Ketzertauffrage hat Basilius doch die Novatianerregelung des can.8 von Nizäa nicht außer Kraft gesetzt.[137] Indem er sich allein dem kirchlichen Brauch nicht anschließt, analog zum nizänischen Kanon auch die anderen Schismatiker zu behandeln (can.47), ist damit die geltende Novatianerregelung doch nicht in Frage gestellt (s.o.). Ebenso machen seine Ratschläge an Amphilochios in Sachen der Metathesis des Presbyters Kyriakos von Mindana (can.10) deutlich, daß er sehr darauf bedacht ist, nicht den Eindruck zu erwecken, etwas »gegen die Kanones« zu tun (μὴ παρὰ κανόνας ποιεῖν τι)[138], womit konkret nur can.15 von Nizäa mit seinem Verbot jeder Metathesis gemeint sein kann.

Die Grenzen der Verbindlichkeit auch nizänischer Bestimmungen sind für Basilius da erreicht, wo die Voraussetzungen kirchlicher Einheit[139] in der Glaubensfrage nicht mehr gegeben sind. Dies betrifft sein kirchenpolitisches Handeln nachweislich auch gegenüber den sog. *Pneumatomachen* um Eustathius von Sebaste.[140] Nach dem endgültigen Bruch[141] mit seinem Lehrer

---

[136] Koschorke, Spuren 197.

[137] Vgl. can.1: Courtonne II 124,13ff; can.47.

[138] can.10: Courtonne II 129,16f.; Joannou, CPG iii,7f.

[139] Vgl. dazu: Koschorke, Spuren 249-261.

[140] Vgl.: Hauschild, TRE 10, 547-550. Zu seinem Verhalten gegenüber der homöischen Reichskirche vgl.: Brennecke, Homöer 226-232.

[141] Basilius berichtet davon in ep.99.244.263; zur Datierung vgl.: Hauschild, Briefe I 12f.

Eustathius im Jahre 373 wegen der Frage der Gottheit und Homotimie des Hl.Geistes und einer entsprechenden Erweiterung des Nicaenums (ep.125) hat Basilius nicht gezögert, im Metropolitansprengel des kleinarmenischen Metropoliten von Sebaste, zu dem die Suffragane Nikopolis, Koloneia und Satala gehörten[142], als eigentlich nicht zuständiger benachbarter Metropolit Bischofseinsetzungen vorzunehmen, und damit eindeutig *gegen can.4 von Nizäa* verstoßen. Dabei hat er dieses Verhalten gegenüber den irritierten betroffenen Gemeinden nachdrücklich theologisch gerechtfertigt.

> So hat er auf die Bitte antipneumatomachisch Gleichgesinnter hin, sie doch kirchlich zu versorgen (ep.138,2) und ihnen einen Bischof zu geben (ep.99,4), tatsächlich in *Satala* einen Bischof eingesetzt (ep.102.103), wahrscheinlich einen Presbyter aus Caesarea, der mit Poimenios von Satala zu identifizieren ist (ep.122).[143]
>
> Weiterhin hat er nach dem Tod von Theodotos von Nikopolis (375), der zusammen mit dem nach Armenien exilierten Meletios von Antiochien den Kern der jungnizänischen Bewegung im Raum Pontos/Armenien bildete, die Maßnahme eben dieses Poimenios von Satala mitgetragen und gerechtfertigt, der den Nizäner Euphronios von Koloneia auch zum Bischof von Nikopolis einsetzte und damit die Installierung eines gewissen Phronton durch den eigentlich zuständigen Metropoliten Eustathius konterkarierte.[144] Basilius hat diese Maßnahme in vielen Briefen verteidigt (ep.227.228. 229.230.237.238.240), obwohl er sich darüber im klaren war, daß sie allein unter rechtlichen Gesichtspunkten betrachtet »ἀτάκτως« und »παρὰ τὸν ἐκκλησιαστικὸν θεσμόν« durchgeführt worden waren.[145]

Es habe sich bei dieser Maßnahme um eine »οἰκονομία καλή« gehandelt, die aus dem Zwang der Situation momentan notwendig geworden sei, schreibt er an den Klerus von Koloneia.[146] Man dürfe sie nicht als das Ergebnis eines Kalküls irdisch gesinnter Menschen betrachten, sondern als das unter der »Mitwirkung des Hl. Geistes« von den »Erwählten Gottes« für die Kirchen Verordnete (τὰ διατυπούμενα) und somit als Anordnung Gottes (διαταγή τοῦ θεοῦ).[147] Der Bruch des nizänischen Kanons und des κανὼν ἐκκλησιαστικός wird damit als Anordnung Gottes und Werk des Hl.Geistes gerechtfertigt.

---

[142] Vgl.: Loofs, Eustathius 14; W.M.Ramsay, Historical Geography 325.313.

[143] Vgl.: Hauschild, Briefe II Anm.31 (S.157f.).

[144] Vgl.: Loofs, Eustathius 13f.; Hauschild, Briefe II 16f.

[145] Ep.126 (Courtonne II 35,3f.). Dies sind sie auch unabhängig von can.4 von Nizäa. Vgl. den entsprechenden Protest der vier Bischöfe gegen das Vorgehen des Melitios in Ägypten: s.o. Kap. XV 3 b).

[146] Ep.227: Courtonne III 30,12ff.31,52ff; vgl. auch ep.228: Courtonne III 33,10f.

[147] A.a.O., 30,17f.22; 32,60f.

Die Sorge der Kleriker von Koloneia, daß es sich um eine Metathesis ihres Bischofs nach Nikopolis handele, womit ja auch noch *can.15 von Nizäa* betroffen wäre, kann Basilius parieren, indem er klarstellt, daß Euphronios nicht transferiert worden sei, sondern Nikopolis sozusagen seiner Jurisdiktion unterstellt wurde.[148] Auch gegenüber dem Klerus von Nikopolis wird das Handeln des Poimenios als geisterfüllte Durchführung des Willens Gottes gerechtfertigt.[149]

Der staatliche Vikar der Diözese Pontos, Demosthenes, hatte darauf nach Beratung mit Eustathius Phronton als legalen Bischof von Nikopolis mit staatlichem Druck durchgesetzt[150]. Als die antipneumatomachischen Nizäner dadurch in Nikopolis aus den Kirchen vertrieben wurden, wandte sich Basilius 376 an die Presbyter von Nikopolis mit der Warnung, in keinem Fall Gemeinschaft mit Phronton zu halten (ep.240). Dessen Anhänger seien Lügner, Handlanger des Teufels, Christusverkäufer, keine Christen, den Feinden Christi verbunden und Heuchler der Rechtgläubigkeit.[151] Und dann fallen die Sätze: »Ich erkenne den nicht als Bischof an und werde ihn nicht unter die Priester Christi zählen, der durch profane Hände zur Auflösung des Glaubens zur Vorsteherschaft eingesetzt wurde.«[152]

Man kann noch darüber streiten, ob mit den »profanen Händen« die des Demosthenes oder sogar die von Eustathius gemeint sein könnten. Jedenfalls ist es bemerkenswert, daß dieser Satz aus ep.240 als can.95 des Basilius ins orthodoxe Kirchenrecht Eingang fand und somit eine bis heute die Orthodoxie belastende Tendenz zum Schisma wegen ins Grundsätzliche gezogener Glaubensfragen kanonisch verankert wurde.

Die Geltung selbst der Synodalhoroi von Nizäa findet jedenfalls für Basilius da ihr Grenze, wo in seiner Sicht die Voraussetzungen kirchlicher Gemeinschaft nicht mehr gegeben sind. Die »οἰκονομία καλή«, als die Basilius sein gesamtes Verhalten im Fall Nikopolis bezeichnet, ist demnach nicht als »Figur der oikonomia« für die Anwendung kirchlicher Kanones zu interpretieren[153]. Der Begriff meint vielmehr einfach das bischöfliche Handeln[154] des kappadozischen Metropoliten in diesem Fall, auf keinen Synodalbeschluß und den

---

[148] A.a.O., 31,39ff.
[149] Ep.229: Courtonne III 33,1; 34,7-10. Gegen Koschorke, Spuren 225, Anm.26, u. 322, der eine Translation behauptet.
[150] Vgl. die Maßnahmen bei Loofs, Eustathius 8-11; ep.237,2: Courtonne III 56f.
[151] ep.240: Courtonne III 63,4.28.29.30; 64,2.4.
[152] A.a.O., 64,7ff.
[153] Gegen: Koschorke, Spuren 225 Anm.26, der den Fall Nikopolis ansonsten nicht weiter interpretiert.
[154] Zu den verschiedenen Bedeutungen von »Oikonomia« bei Basilius, vgl.: Dörries, De Spiritu sancto 126.

κανὼν ἐκκλησιαστικός nicht mehr Rücksicht nehmen zu wollen, weil es sich
bei der anderen Seite seines Erachtens eben nicht mehr um »Kirche« handelt.

4. ZUSAMMENFASSUNG

Unsere Untersuchungen zum Sprachgebrauch Basilius d.Gr., die das in
Kap. XXII und XXIII gewonnene Bild auf eine breitere Grundlage stellen
sollten, haben die dortigen Beobachtungen bestätigt[155] und ergänzt.

Hier ist darüber hinaus zuerst festzuhalten, daß trotz der seit der antiochenischen Synode von ca.330 feststellbaren Tendenz, die dann 381 im Osten
allgemein rezipiert ist, auch Synodalhoroi als »Kanones« zu bezeichnen, der
ältere kirchliche Sprachgebrauch bei Basilius der eigentlich dominante ist. So
sind für ihn die »Kanones« zum einen die zeitlich begrenzten und nach
Maßgabe des Vergehens genau bestimmten *Bußfristen*, sachlich identisch mit
dem Begriff ἐπιτιμία. Zum anderen ist die bei Basilius häufige Berufung auf
den »ἀρχαῖος κανών« und die *Kanones der Väter*, deren inhaltliche Bestimmungen bei ihm sich anhand keines der uns bekannten Synodalkanones
verifizieren lassen, ein Synonym für die in Anspruch genommene normative
kirchliche Praxis der Vergangenheit (συνήθεια). Hinter dieser Diktion steht
weder eine Berufung auf die »Kanones der Apostel« der Apostolischen Konstitutionen, die Basilius offensichtlich unbekannt waren, noch auch ein frühes
Aufkommen von »Kanones der Väter« im späteren, auf Teile des basilianischen
Schrifttums selbst angewandten Sinn. Vielmehr läßt sich nachweisen, daß die
Normativität der von Basilius beanspruchten Synetheia in der ihr zugrundeliegenden jeweiligen apostolischen Weisung, wie sie im Neuen Testament
enthalten ist, begründet ist. Sein Pochen auf die »ἀκρίβεια κανόνων« meint
geradezu die stete Neubegründung und Überprüfung der kirchlichen Synetheia
durch die apostolische Weisung. In dieser Bedeutung redet er auch im absoluten Sinn von »ὁ κανών« und dann häufig von den Geboten des Evangeliums
und der apostolischen Weisung direkt als κανών und κανόνες ἀποστολικοί.

Obwohl Basilius auch Synodalhoroi »Kanones« nennt, ist *Nizäa* doch die
einzige Synode, für die sich dieser Sprachgebrauch bei ihm explizit nachweisen
läßt. Gekannt haben wird er die Beschlüsse von Ankyra und Neocaesarea. Die
Kenntnis und vor allem die Benutzung der Bestimmungen der Synoden von
Antiochien und Laodicea läßt sich nicht nachweisen. So spricht alles dagegen,
daß Basilius bereits über eine systematische Kanonessammlung von Synodalhoroi verfügte. Die antiochenische Kanonessammlung hat er nicht benutzt,
vielleicht sogar nicht gekannt. Auf die Einhaltung der nizänischen Kanones ist

---

[155] Diese sind hier nicht nochmals i.e. zu wiederholen. Vgl. dazu die dortigen Zusammenfassungen.

er bedacht, die Grenzen ihrer Verbindlichkeit sind freilich für ihn gegeben, wo die Voraussetzungen kirchlicher Einheit seines Erachtens nicht mehr bestehen.

So begegnen wir bei Basilius insgesamt einem Verständnis von Kanon und kirchlichen Kanones, für das die Anwendung des Begriffes auf Synodalbeschlüsse noch keine hervorgehobene Rolle spielt. Er ist vielmehr noch ganz vom älteren Sprachgebrauch bestimmt, wie er sich auch bei der Konstantinopeler Synode von 360 zeigte. Mit der Synode von 381, der Selbstbezeichnung ihrer Beschlüsse als »Kanones« und der »neunizänischen« Rezeption der im homöischen Kontext entstandenen antiochenischen Kanonessammlung scheint dann freilich eine »Tendenzwende« in der kirchlichen Verwendung des Kanon-Begriffes im griechischen Osten markiert zu sein.

RESÜMEE [1]

Wir haben bei unserem Vorhaben, den altkirchlichen Kanon-Begriff zu verstehen, zuerst nach der Verwendung des Begriffes in zentralen theologischen Entwürfen des 2. und 3. Jahrhunderts gefragt und dazu das Werk von Irenäus, Tertullian, Klemens von Alexandrien, Hippolyt, Origenes und Novatian untersucht. Dabei haben die bereits in der älteren Symbolforschung wie in den neueren Untersuchungen zur Entstehung der Glaubensbekenntnisse zentral diskutierten Begriffsverbindungen κανὼν τῆς ἀληθείας/ *regula veritatis* und κανὼν τῆς πίστεως/ *regula fidei* zuerst unser Interesse auf sich gezogen.

Schon aus der Analyse der einschlägigen Belege bei *Irenäus von Lyon* (V.) ergab sich, daß eine exklusive Bestimmung des κανὼν τῆς ἀληθείας als dogmatische Norm unter Ausklammerung der christlichen Lebensführung und kirchlichen Ordnung für ihn nicht haltbar ist. Eine solche exklusiv dogmatische Deutung der »Richtschnur der Wahrheit« ist letztlich noch dem Blickwinkel und der Fragestellung der älteren Symbolforschung verhaftet und von einer fragwürdigen methodischen Vorentscheidung bestimmt, indem zur inhaltlichen Bestimmungen »der« *regula veritatis* die im Werk Irenäus', Tertullians u.a. enthaltenen bekenntnishaften Formulierungen exklusiv herangezogen werden. Dies wird jedoch nicht dem Umstand gerecht, daß diese Einzelformulierungen nicht nur in lehrmäßiger Hinsicht situativ bestimmte Konkretionen der »Richtschnur der Wahrheit« sind und bereits hier jeweils nur Teile des christlichen Bekenntnisses wiedergeben, sondern daß die Größe κανὼν τῆς ἀληθείας bei Irenäus insgesamt ihre inhaltliche Konkretion bei der Auseinandersetzung mit der pseudonymen Gnosis allein hinsichtlich der Fragen der Gotteslehre, Christologie und Soteriologie erfährt. Andere, durch den κανὼν τῆς ἀληθείας normierte Bereiche, die bei ihm durchaus an einigen Stellen aufleuchten, stehen allein nicht im Vordergrund seiner Reflexionen in Adv. Haereses. Wie der Kanon-Begriff seit seinem ersten Auftauchen in der

---

[1] Nachdem die Kapitel der drei Hauptteile fast durchgängig mit Zusammenfassungen schließen, ist die Fülle der dort zum jeweiligen Thema festgehaltenen Einzelergebnisse hier nicht nochmals zu wiederholen. An dieser Stelle kann es nur darum gehen, die zentralen Ergebnisse nochmals zu formulieren und in Beziehung zur Ausgangsfragestellung zu setzen.

christlichen Literatur im Neuen Testament (III.) in den innerchristlichen apologetisch-polemischen Kontext gehört, sind aus der in der jeweiligen Auseinandersetzung situativ bestimmten Konkretion der Norm der Wahrheit keine allgemeinen Schlußfolgerungen über den Inhalt »des« κανὼν τῆς ἀληθείας zu ziehen. Schließlich macht schon die erstmalige Thematisierung der Frage nach der Wahrheit des Evangeliums und eines dafür zu formulierenden Kanons beim Apostel Paulus (III. 1.) deutlich, wie diese sich an einer rituell-liturgischen Frage entzündet und schon hier nicht auf den »dogmatischen« Bereich einzugrenzen ist.

Bei der Analyse des Sprachgebrauchs *Tertullians* (VI.) ergab sich weiterhin, daß die gängige Identifizierung der Begriffsverbindungen *regula veritatis* und *regula fidei* problematisch ist. Denn für den gesamten Tertullian war festzustellen, daß dieser die *regula fidei* auf die objektiven Glaubensinhalte des 1. und 2. Artikels beschränkt. Spricht er dagegen von der *regula veritatis*, so bezieht sich diese Formulierung auf eine wahrheitswidrige Lehre und Praxis und scheint das Gesamt des Normativen für Glaube und Leben der Christen und die Ordnung der Kirche zu umfassen. In diesem Sinne kann er auch im absoluten Sinn von »der *regula*« sprechen und hat dabei anscheinend seinen Sprachgebrauch an Gal 6,16 gebildet.

Der Schlüssel für die Differenzierung Tertullians liegt in seinem Wahrheits-Begriff und der Beschränkung der *fides* im genannten Sinne. Denn die christliche Wahrheit umfaßt für Tertullian *fides* und *disciplina*, so daß die *disciplina* bei ihm besonders in den Blick genommen werden muß, wenn die Wendung *regula veritatis* verstanden werden soll. So wird auch nachvollziehbar, wieso diese Wendung gegenüber Irenäus so in den Hintergrund tritt, geht doch — besonders während der montanistischen Zeit — Tertullians Interesse dahin, *fides* und *disciplina* stark gegeneinander abzugrenzen, um die erstrebten Modifizierungen der *disciplina* argumentativ offensiv vertreten zu können. Weiterhin läßt sich bei ihm eine Erweiterung des Bedeutungsspektrums von *regula* im Sinne des Lehrhaften feststellen. Als Folge von beidem ist eine starke Eigengewichtigkeit der Disciplina-Thematik festzustellen. Zusammen mit der *fides* ist die *disciplina* für Tertullian aber durchgängig auf die *veritas christiana* ausgerichtet. Während die *disciplina* auch hinsichtlich ihres Lehraspektes bei der Ekklesiologie und der Sakramentenlehre stets handlungsorientiert ist, umfaßt sie als »Zucht« die Gebote Gottes, die Anordnungen Christi und Weisungen der Apostel zur christlichen Lebensführung und kirchlichen Ordnung, aber auch die verschiedenen Bräuche einer der Tradition entstammenden *consuetudo*, die in Korrelation zur Wahrheit steht. Auch als Montanist lehnt Tertullian die kirchliche *consuetudo* nicht grundsätzlich ab, sondern fordert allein die Korrektur solcher *observationes*, die s.E. durch die Weisung des Parakleten eine eindeutige Bestimmung erfahren haben. Für alle Bereiche der *disciplina* dient der Begriff *regula* als Bezeichnung ihrer Vorschriften.

Man muß angesichts dieses Befundes m.E. jeder Vorstellung einer symbolähnlichen Größe für die Wendungen *regula veritatis/regula fidei* endgültig den

Abschied geben, was auch eine exklusive inhaltliche Bestimmung durch Bekenntnisaussagen mit einschließt. »Die« *regula veritatis,* »der« κανὼν τῆς ἀληθείας und »die« Richtschnur sind kein Symbol, aber auch keine frei formulierte und in der Form noch fließende Vorform des Bekenntnisses. Es handelt sich dabei m.E. weder um eine literarische noch vorliterarische Größe, sondern um zentrale kirchliche Normbegriffe jener Zeit, unter denen in der innerchristlichen Auseinandersetzung um die Wahrheit des Evangeliums in Fragen von konstitutiver Bedeutung für die Einheit der Kirche Aussagen zum christlichen Bekenntnis, zur christlichen Lebensführung und zur kirchlichen Ordnung formuliert werden.

Insofern verändert sich dann auch das Bild bei *Klemens von Alexandrien* (VII.) nicht grundlegend, obwohl dieser nirgends unter der Bezeichnung κανὼν τῆς ἀληθείας/κανὼν τῆς πίστεως eine jener von Irenäus und Tertullian her vertrauten bekenntnisartigen Formulierungen bietet, vielmehr an der einzigen Stelle, wo er vom κανὼν τῆς πίστεως redet, eine Norm für die christliche Lebensführung meint, und damit dem neutestamentlichen Verständnis von *Pistis* Rechnung trägt. Vielmehr bezieht sich bei ihm – ebenso in anti-häretischem Kontext und mit jeweils konkreter Stoßrichtung – die Wendung κανὼν τῆς ἀληθείας, zu der nun in betonter kirchlicher Ausrichtung die For-mulierungen κανὼν ἐκκλησιαστικός und κανὼν τῆς ἐκκλησίας hinzutreten, – neben den grundlegenden Inhalten der Homologia – auf die kirchlichen Prinzipien der Gotteserkenntnis, der biblischen Hermeneutik und der theologi-schen Didaktik, sowie auf die christliche Lebensführung und die kirchliche Ordnung. Der κανὼν τῆς ἀληθείας als Prinzip christlicher Wahrheitser-kenntnis umfaßt so grundlegend auch die persönliche Glaubensbeziehung zu Christus dem Kyrios. Er bestimmt für die Frage von Glauben und Erkennen die Christuserkenntnis als Norm der Gotteserkenntnis und bildet als christo-zentrische Hermeneutik den Schlüssel zum Verständnis der Schrift.

Das Gesetz und die Propheten, das Evangelium, die Lehre des Herrn und der Apostel haben wie für Irenäus und Tertullian, so auch für Klemens ohne Zweifel grundlegende Bedeutung für Glauben und Erkennen, christliches Leben und kirchliche Ordnung. Und doch macht der Streit um das rechte Verständnis der Schrift, als der die Auseinandersetzung um wahre »Gnosis« durchweg geführt wird, deutlich, daß der »kirchliche Kanon« das authentische Verständnis der Schrift mit einschließt, ohne das sie nur irregeleitet gedeutet und zur Rechtfertigung falscher Lehren und Praktiken mißbraucht wird. Solche maßgebliche und authentische Hermeneutik als kirchlich allgemein verbindliche Norm (κανὼν τῆς ἐκκλησίας) ist im Kern ein christozentrisches Auslegungsprinzip, das von der grundlegenden Einheit von Alten und Neuem Testament ausgeht. Auch als »Geheimtradition« oder »gnostische Tradition« will sie nicht andere oder spekulative Inhalte zum Schriftinhalt hinzufügen, sondern in Zuordnung und Nachordnung zur Lehre Christi das Geheimnis der Offenbarung Gottes allein verstehen lehren. So bringt schließlich der Kanon-Begriff in allen seinen Anwendungsfeldern bei Klemens nicht das

Normativ-Grundlegende für Glauben und Leben der Kirche zum Ausdruck, sondern das Normativ-Unterscheidende und Abgrenzende gegenüber Irrlehre, Irrglaube, falscher Auslegung der Schrift und falscher Praxis.

Auch bei *Origenes* (IX.)[2] fanden die bis dahin gewonnenen Einsichten Bestätigung. Obwohl die Kanon-Terminologie bei ihm erstaunlich selten vorkommt, ist die Frage nach dem Kanonischen dennoch für ihn nicht von marginaler Bedeutung. Im Vordergrund seiner Verwendung des Kanon-Begriffes stehen die Termini κανὼν τῆς ἐκκλησίας und κανὼν ἐκκλησιαστικός, abgekürzt bezeichnet als »der Kanon«; eine gelegentliche Rede vom »Kanon der Wahrheit« tritt hinzu. Die Wendung *regula fidei* kommt nicht vor, und der Terminus *regula pietatis* ist allein Rufin zu verdanken. Auch bei Origenes gehören diese Begriffe in die Auseinandersetzung mit der Häresie und bilden antihäretische Normbegriffe. Inhaltlich enthält der »kirchliche Kanon« auch hier keinerlei Bestimmung, die über das apostolische und kirchliche Kerygma hinausgehen würde. Auch »der Vollkommene« läßt das Kerygma der Kirche nicht hinter sich, wie gegenüber der verbreiteten Fehlinterpretation einer Schlüsselstelle der Origenes-Interpretation festzustellen war. Der »kirchliche Kanon« bildet Richtschnur und Fundament für das weitere theologische »Forschen«, ist jedoch nicht auf die lehrhaften Dimensionen des Kerygmas beschränkt, sondern umfaßt in Abgrenzung gegenüber Mißbrauch und Verirrung genauso Fragen der kirchlichen Ordnung und der persönlichen Lebensführung der Christen.

Wie auch für Origenes die Schrift Basis alles Kanonischen ist, kann sie doch nicht einfach mit dem »Kanon der Kirche« identifiziert werden. Vielmehr umfaßt dieser genauso wie bei Klemens die in der antihäretischen Polemik formulierte, kirchlich maßgebliche Auslegung der Schrift. Obwohl für Origenes bei dieser Auslegung typologische und allegorische »Regeln« von grundlegender Bedeutung waren, ist das geistliche Verstehen der Schrift doch an die »Richtschnur der Wahrheit« gebunden und läßt sich von ihr leiten. Der »kirchliche Kanon« formuliert schließlich auch das apostolische Kerygma hinsichtlich seiner das kirchliche Leben ordnenden und normierenden Seite gegenüber der Verirrung. Die einzelnen Bestimmungen als Handlungsnormen und Maßgaben kirchlicher Ordnung heißen κανόνες ἐκκλησιαστικοί.

An *Novatians De Trinitate* (X.) ließ sich studieren, wie selbst bei einer ausgesprochenermaßen »dogmatischen« und bekenntnisspezifischen Konkretion der *regula veritatis* jede Vorstellung einer »Lehrsumme« oder »Zusammenfassung« von Bekenntnisaussagen nicht den Punkt trifft. Denn in Novatians antihäretischer Lehrschrift begegnet die *regula veritatis* nicht als »Summe«, sondern als axiomatischer, richtungsweisender und maßgebender Ausgangspunkt für Gotteslehre und Christologie in zwei undiskutierbaren Grundaussagen des christlichen Bekenntnisses. Die eine besteht darin, daß Gott der

---

[2] Für eine bessere Strukturierung der Ergebnisse weiche ich hier und im folgenden gelegentlich von der Reihenfolge der Kapitel ab.

Allmächtige auch der Schöpfer ist, die andere, daß Christus wahrer Gott und
wahrer Mensch ist. Beidemal formuliert die *regula veritatis* nicht eine »Lehre«
im Sinn von Gotteslehre oder Christologie, sondern den grundlegenden und
kirchlich verbindlichen Ausgangspunkt für deren Darstellung.

Nachdem Novatian allein für diese beiden grundlegenden Bereiche des
christlichen Bekenntnisses den unaufgebbaren Maßstab der Wahrheit des
Evangeliums gegenüber der Verfälschung festhalten und verteidigen will, ist
ein exklusiver Rückschluß aus den in *De Trinitate* verhandelten theologischen
Sachverhalten auf den »Inhalt« *der regula veritatis* nicht sachgemäß. Weil die
regula veritatis circa Spiritum Sanctum für ihn gar nicht zur Debatte steht und
so auch nicht formuliert wird, ist auch jede Annahme einer »binitarischen
Struktur« der *regula veritatis* bei ihm unzulässig und die Vorstellung aufzugeben, in *De Trinitate* liege ein fortlaufender Kommentar zur »Richtschnur« in
dem Sinne vor, daß sich aus dem »Kommentar« Entscheidungen über den
Inhalt der *regula veritatis* in ausschließlichem Sinne gewinnen ließen.

Gegen diese Erkenntnis spricht schließlich auch nicht *Hippolyts* Beschränkung auf Gottesbekenntnis und Logostheologie in seinem »Wahrheitserweis«
in Refut. X 32.33 (VIII.). Denn diese »Apodeixis« und dieser »Horos der
Wahrheit« ist nicht einfach mit dem Begriff κανὼν τῆς ἀληθείας zu identifizieren, wird sie doch von Hippolyt selbst auch nicht so genannt. Während
es per definitionem zur kirchlichen Kanon-Terminologie gehört, daß sie in
antihäretischem – und so binnenchristlichem – Kontext zur Sprache kommt,
geht es für Hippolyt in jenem »Horos der Wahrheit« um eine Einführung in
den christlichen Glauben für heidnische Adressaten.

Hauptteil B unserer Untersuchung fragte nach der Verwendung der Begriffe κανών und *regula* in kirchlichen Konflikten und Entscheidungen der ersten
drei Jahrhunderte. Dabei konnte das in Hauptteil A gewonnene Bild bestätigt
und präzisiert werden.

Schon das erste Auftauchen des Kanon-Begriffes außerhalb des Neuen
Testamentes im *1.Klemensbrief*(XI.) in den Wendungen κανὼν τῆς λειτουργίας, κανὼν τῆς ὑποταγῆς und κανὼν τῆς παραδόσεως erfolgt im
Zusammenhang eines kirchlichen Konfliktes, bei dem es nach dem Verständnis der zurechtweisenden Gemeinde um die Einhaltung der geoffenbarten und
überlieferten kirchlichen Ordnung geht. Die ältesten Belege für die »Glaubensregel« und die »Richtschnur der Wahrheit« im *Osterfeststreit* und bei *Dionysios
von Korinth* (XII.) beziehen sich auf Normierungen einer evangeliumsgemäßen
Gestalt kirchlicher Praxis in Fragen der liturgischen Ordnung, des Fastens, der
typologischen Hermeneutik, der christlichen Lebensführung und der Bußordnung.

Bei unserer Frage nach den einschlägigen Begriffsverwendungen im *Streit
um die Buße* und im *Ketzertaufstreit* (XIII.XIV.) stellte sich auch das Problem
einer plausiblen Erklärung für das Fehlen der Wendungen *regula veritatis/
regula fidei* im Werk Cyprians. Schon im Streit um die Buße wurde deutlich,
daß Cyprians Bereitschaft, bei grundlegender Wahrung der Bußforderung des

Evangeliums im africanischen Episkopat eine gewisse Unterschiedlichkeit kirchlichen Handelns zu dulden, einen Rekurs auf die Größe *regula veritatis* unmöglich machte, nachdem diese stets jede Pluralität ausschließt. In der Polemik gegen den Schismatiker Novatian erübrigte sich eine Bestimmung der *regula veritatis* gewissermaßen und wurde von der Feststellung überholt, daß der Weg ins Schisma die Trennung von der *origo veritatis* mit allen Konsequenzen zur Folge hat.

Im Ketzertaufstreit ist es die anabaptistische Interpretation von Mt 10,8 und 28,19, die Cyprian zwar als eigentlich gesamtkirchlich verpflichtende Lehr- und Handlungsnorm *(catholica regula)* betrachtet, die er aber im Gegensatz zu den Rigoristen im africanischen Episkopat und auch zu Firmilian von Caesarea trotz der Bestätigung seiner Position durch drei africanische Synoden nicht zur *regula veritatis* in diesem Konflikt erklärt. Denn die Implikationen einer solchen Entscheidung standen im Gegensatz zu seiner Überzeugung von der inneren Verschränkung von Wahrheit und Einheit der Kirche. Diese hielt ihn davon ab, durch eine Konsequenz, die nur logischen Maßstäben gerecht geworden wäre, mit der Einheit auch die Wahrheit der Kirche zu zerreißen.

Ein Blick auf die ältesten, als »kanonische Briefe« überlieferten verbindlichen *Weisungen von Ortsbischöfen* (XV.) und eine Überprüfung aller Zeugnisse *vorkonstantinischer Synoden* (XVI.) machte deutlich, daß weder die einen noch die anderen für ihre Entscheidungen den Kanon- oder Regula-Begriff verwenden. Sowohl Bischöfe als auch Synoden reden im griechischen Osten von ihren Entscheidungen als *Horos* und benutzen damit einen Begriff als Terminus technicus, wie er uns im noch griechischsprachigen Rom bereits bei Hippolyt begegnet war (VIII.). Im lateinischen Sprachraum ist es eine der römischen Rechtssprache entstammende spezifische Synodalterminologie, die sich erheben läßt (XVI. 4. u. 6.). Der Kanon-Begriff begegnete uns in diesen Kapiteln neben den bereits erwähnten Bedeutungsfeldern als Bezeichnung einer für einen kirchlichen Horos maßgeblich zugrundegelegten Weisung Jesu, der Apostel oder der Hl.Schrift.

Schließlich ließ sich hier eine Benutzung des Begriffes als Terminus technicus feststellen für die zeitlich festgelegte und gleichbleibende Bußfrist der öffentlichen Buße, eine Verwendung, die auch im 4. Jahrhundert bis auf Basilius d. Gr. und weiterhin gängig ist (XIX. 1.; XXIV.). Diese Bußfrist (κανών) wird vom Bischof oder von einer Synode als *Horos* festgelegt, womit nicht automatisch gegeben ist, daß Synodalbeschlüsse als solche nun bereits »Kanones« genannt werden.

Hauptteil C war einer Überprüfung der Verwendung des kirchlichen Kanon-Begriffes nach der »Konstantinischen Wende« vorbehalten. Eingangs ließ sich dabei beobachten, daß auch in den *Anfängen des Donatistenstreites* bis zur Synode von Arles (314) die Termini *regula* und κανών für die dortigen Synodalentscheidungen keine Rolle spielen (XVII.).

Die *Synode von Nizäa (325)* mußte unser besonderes Interesse finden (XVIII.), weil ihren Beschlüssen allgemein der Charakter einer epochalen

Wende im Verständnis des kirchlich Kanonischen zugemessen wird. Unsere Analysen ergaben allerdings, daß auch sie von ihren eigenen Bestimmungen stets als *Horoi* redet und den Kanon-Begriff dafür nicht verwendet. Die nizänische Kanon-Terminologie bezieht sich auch nicht auf »Kanones« älterer Synoden, da diese ebenfalls *Horoi* genannt werden, und schon gar nicht auf die sog. »Canones Apostolorum«. Man wird also nicht sagen können – auch nicht unter Berufung auf Sokrates (H.e. I 13,11) –, daß man ab Nizäa die Synodalbestimmungen Kanones nannte. Vielmehr wird der im absoluten Sinne gebrauchte Begriff ὁ κανών, der mit ὁ κανὼν ἐκκλησιαστικός identisch ist, als Inbegriff des in der Kirche Maßgeblichen und Normativen benutzt. Er ist die Richtschnur, die das Evangelium als Lebensordnung der Kirche, die Gebote Gottes und die Weisungen der Apostel in der lebendigen Überlieferung der Kirche ausmacht. Diese Richtschnur normiert und prägt das kirchliche Leben und liegt den synodalen Entscheidungen voraus. Sie ist die vorgeordnete Instanz, auf die sich die Synode beruft, und deren Geltung sie verteidigt, bekräftigt und bestätigt.

So war vor allem gegen *A.v.Harnacks* Deutung festzustellen, daß es eine unzutreffende Prämisse ist, die nur zu Fehlurteilen führen kann, wenn man annimmt, daß diese zentrale Größe »κανὼν ἐκκλησιαστικός« ihrer Substanz nach eine Produkt von Synodalbeschlüssen ist. Der κανὼν ἐκκλησιαστικός ist keine Summe von zitierbaren, formulierten, positiven Bestimmungen im Sinne kirchlicher Beschlüsse, als solche sind allein die kirchlichen Horoi anzusprechen. Die Synoden formulieren aber nicht durch ihre *Horoi* den κανὼν ἐκκλησιαστικός, sondern berufen sich auf ihn, um die kirchliche Praxis im Konfliktfall zu normieren. So muß man geradezu sagen, daß die Synodalbeschlüsse und bischöflichen Festsetzungen zur Buße erst zum kirchlichen Kanon hinzutreten. Damit aber wird eine Ableitung des »Ius ecclesiasticum«, verstanden eben als κανὼν ἐκκλησιαστικός, aus der Bußpraxis der *paenitentia secunda* mit dem Entstehungsdatum des Jahres 251 obsolet und erweist sich als historische Konstruktion.

Auch für die Synoden von *Gangra und Laodicea* im Osten (XIX. 3.4.), so wie im Westen für die Synode von *Serdika* (XX.) und alle *africanischen Synoden* bis ins 6. Jahrhundert (XXI.) ließ sich feststellen, daß als Bezeichnung für ihre Beschlüsse die Termini κανών und *regula* keine Rolle spielen. Dies mußte insbesondere für das *Serdicense* zu weitergehenden Analysen führen, nachdem bekanntlich gerade dort die Auseinandersetzung um das Kanonische ganz im Vordergrund der Kontroverse stand. So hat sich die östliche Teilsynode von Serdika nachdrücklich für ihre Position auf den κανὼν ἐκκλησιαστικός berufen und darin eingeschlossen die Verfahrensfragen der Ein- und Absetzung von Bischöfen, die Maßgaben für die bischöfliche Lebens- und Amtsführung, die Verweigerung kirchlicher Gemeinschaft mit Exkommunizierten und die verbindliche gegenseitige Rezeption synodaler Gerichtsurteile in der gesamten Kirche.

Unsere Überprüfung dieser Kontroverse hinsichtlich des im Kanon-Begriff sich manifestierenden Rechtsbewußtseins beider Seiten bestätigte, daß an keinem der entscheidenden Kontroverspunkte eine Berufung auf einen als »Kanon« bezeichneten Synodalbeschluß erfolgt. Der einzige, der sich auf einen eindeutig identifizierbaren Synodalbeschluß bezieht, ist Papst Julius mit seiner Berufung auf can.5 von Nizäa. Er macht dabei deutlich, woraus sich die Autorität dieses Synodalbeschlusses primär speist. Er ist ἔθος παλαιόν, und die Synode »ruft in Erinnerung«, was bereits als ἔθος παλαιόν in der Kirche Praxis war, aber aus gegebenem Anlaß wieder in Erinnerung gerufen werden muß, und hält es deshalb »schriftlich fest«. Das Kanonisch-Maßgebliche konstituiert sich demnach nicht im Synodalbeschluß als solchem, sondern insofern darin das ἔθος παλαιόν bestätigt wird. Dieses ist aber keine freischwebende συνήθεια, sondern die in den »κανόνες ἀποστολικοί« gegründete Lebensordnung der Kirche. Es ist diese Rückbindung an die apostolische Norm als für die Kirche maßgebliche Grundlage ihres Glaubens und Lebens, in der der Kanon-Begriff – dann auch im Plural als die »Kanones der Apostel« – das Gesamte der in der Kirche verbindlichen Ordnung (κανὼν ἐκκλησιαστικός) bestimmt. Der Begriff κανὼν ἐκκλησιαστικός bezieht sich also nie *direkt* auf einen Synodalbeschluß.

Auch für die Orientalen ist die Berufung auf »die Kanones«, auf den κανὼν ἐκκλησιαστικός und den κανὼν τῆς ἐκκλησίας nicht einfach mit der Zitation von Synodalbeschlüssen in eins zu setzen. Denn die in den einzelnen Ortskirchen bereits in Geltung stehenden »Synodalkanones« bilden noch kein allgemein anerkanntes Rechtscorpus, das man in einem legalistischen Sinn als die in der Kirche gültigen Gesetzestexte nebeneinanderlegen könnte und bloß zu zitieren bräuchte. All diese Beschlüsse sind vielmehr als situativ bestimmte, auf konkrete Herausforderungen antwortende synodale Fixierungen des in der Kirche gültigen »Kanons« zu verstehen. Nur insofern sind sie »Kanones«, als sie die Fixierung und Bestätigung des »Kanons der Kirche« aus gegebenem Anlaß darstellen. Denn das Rechtsbewußtsein der Kirche speist sich ja nicht etwa aus den in den Synodalkanones vorliegenden Bestimmungen, sondern findet dort nur gegenüber der konkreten Herausforderung, auf die sie antworten, seinen Niederschlag. Speisen tut es sich aus den Geboten Gottes, den »Kanones« des Evangeliums und der Apostel.

Eine Bezeichnung von *Synodalhoroi* als *Kanones* in diesem abgeleiteten Sinne begegnet uns erstmals im griechischen Osten und dort auf der *antiochenischen Synode von ca.330* (XIX. 2.). Während auch hier Synodalbeschlüsse grundsätzlich weiterhin als *Horoi* bezeichnet werden, und auch der mit dem κανὼν ἐκκλησιαστικός identische absolute Sprachgebrauch von »ὁ κανών« in Gebrauch ist, werden nun erstmals auch die Synodalbeschlüsse von Nizäa und die eigenen *Horoi* als *Kanones* bezeichnet. Terminologisch wird diese Applizierung des kirchlichen Normbegriffs auf Synodalhoroi freilich noch deutlich gemacht, indem von ὡρισμένοι oder ὁρισθέντες κανόνες gesprochen wird. Ähnlich hatten die kaiserlichen Briefe an Euseb von Caesarea und die Synode zur Wahl des antiochenischen Bischofs eine terminologische Differenzierung von κανὼν τῆς ἐκκλησίας und κανὼν τῆς ἐκκλησιαστικῆς

ἐπιστήμης erkennen lassen, wobei der letztere sich wiederum auf einen
nizänischen Horos bezog. Es ist auffällig, daß diese terminologische Ausweitung in der Anwendung des Kanon-Begriffes im Kontext einer Synode
festzustellen ist, deren Interesse ganz der detaillierten Durchformung und
Durchsetzung der Metropolitanordnung sowie einer dementsprechenden konsequenten hierarchischen Konstruktion gilt.

Solche sprachliche Differenzierung ließ sich aber offensichtlich nicht durchhalten, denn bereits wenige Jahrzehnte später hat sich die Anwendung des
Kanon-Begriffes als solcher auch auf Synodalhoroi im Osten durchgesetzt, wie
der Sprachgebrauch bei Basilius d. Gr. (XXIV.), in den Apostolischen Konstitutionen (XXII.) und auf der Konstantinopeler Synode von 381 (XXIII.) belegt.

Freilich ist gerade bei *Basilius* deutlich (XXIV.), wie der ältere Sprachgebrauch bei ihm der eigentlich dominante ist. So ist seine häufige Berufung auf
den ἀρχαῖος κανών und die »Kanones der Väter«, deren inhaltliche Bestimmungen bei ihm sich anhand keines der uns bekannten Synodalkanones
verifizieren lassen, ein Synonym für die in Anspruch genommene normative
kirchliche Praxis der Vergangenheit (συνήθεια). Hinter dieser Diktion steht
weder eine Berufung auf die »Kanones der Apostel« der Apostolischen Konstitutionen, die Basilius unbekannt waren, noch auch ein frühes Aufkommen
von »Kanones der Väter« im späteren kanonistischen Sinne. Vielmehr läßt sich
nachweisen, daß die Normativität der von Basilius beanspruchten Synetheia in
der ihr zugrundeliegenden jeweiligen apostolischen Weisung, wie sie im Neu-
en Testament enthalten ist, begründet ist. Sein Pochen auf die ἀκρίβεια
κανόνων meint geradezu die stete Neubegründung und Überprüfung der
kirchlichen Synetheia durch die apostolische Weisung. In dieser Bedeutung
redet er auch im absoluten Sinn von »ὁ κανών« und dann häufig von den
Geboten des Evangeliums und der apostolischen Weisung direkt als κανών
und κανόνες ἀποστολικοί.

Während die *Konstantinopeler Synode von 381* (XXIII.) nun mit einer gewissen Selbstverständlichkeit von den »Kanones von Nizäa« redet, kann doch von
einer strikten Trennung von *Horoi* und *Kanones* im Sinne von dogmatischen
und disziplinären Bestimmungen zur Zeit des Constantinopolitanum I keine
Rede sein. Allerdings bedeutet die Tatsache, daß der Logos Prosphonetikos
von 381 bei seiner Erwähnung der Beschlüsse zur *Pistis* von Nizäa und den
Anathematismen nun von *Horoi* redet und nur von den weiteren Beschlüssen
als *Kanones* dann weiterhin, daß der so angewendete Kanon-Begriff hier anscheinend tendenziell eher auf Synodalhoroi disziplinärer Natur appliziert
wird. Gleichzeitig aber ist zu beachten, daß der Beschlußtext von 381, der erst
nach 451 in »Kanones« eingeteilt wurde, ein einheitliches Ganzes bildet, in
dem Bestimmungen zur Pistis und zur kirchlichen Ordnung verbunden sind.
Die Einteilung des *Horos* – wie man wohl sagen sollte – von 381 in vier –
dann »Kanones« genannte – Abschnitte, wobei der sog. »can.2« nach dem
eigenen Wortlaut mehrere Kanones umfaßt, ist nichts weiter als eine spätere
»kanonistische« Maßnahme, um den Text zitierfähig zu machen.

Weiterhin bezeugt der in Chalcedon verlesene Beschlußtext von 381 den gegenüber seiner in die späteren Kanonessammlungen eingegangenen Textgestalt ursprünglichen Anfang von »can.1« als: »Μὴ ἀθετεῖσθαι τὴν πίστιν μηδὲ τοὺς κανόνας τῶν πατέρων...«. Danach haben die 150 Väter von Konstantinopel als Eröffnung ihres Horos formuliert, daß die Pistis *und* die Kanones von Nizäa nicht abgeschafft werden, um sich sodann in den folgenden Anathematismen zur Pistis zu äußern und im weiteren zu einzelnen Kanones. Die 381 zur Erneuerung und Inkraftsetzung der Synode von Nizäa in Konstantinopel Versammelten bringen so nicht nur die Pistis der 318 Väter wieder zur Geltung, indem sie dabei auch die inzwischen aufgetretenen Häresien anathematisieren, sondern auch die »Kanones« von 325, an die sie ausdrücklich anknüpfen und die sie hinsichtlich der inzwischen aufgetretenen Mißbräuche ebenfalls fortschreiben. Der Beschlußtext von 381 in seiner ursprünglichen, »vorkanonistischen« Fassung macht so deutlich, wie von den Synodalen Pistis und Kanones von Nizäa als zusammengehöriges Ganzes betrachtet wurden.

So legt sich gegenüber der *Schwartz'schen Hypothese* einer nachträglichen *Hinzufügung* von *Kanones* und *Symbol* von Nizäa – bei letzterem aus rein kirchenpolitischen Gründen – zu einer per se ursprünglich bekenntnislosen Kanonessammlung, als welche die von ihm herausgearbeitete älteste griechische Kanonessammlung von Antiochien von ihm definiert wurde, die *Gegenhypothese* nahe, daß diese im homöischen Kontext entstandene Sammlung von Synodalhoroi ebenfalls von einer Bekenntnisformel eröffnet wurde. Man hätte dabei wohl an das Bekenntnis der Konstantinopeler Synode von 360 zu denken. Nach dem Umschwung von 379 wären dann nicht Pistis und Horoi von Nizäa in einer bekenntnislosen Sammlung an den Anfang gestellt worden, sondern gegen das homöische Bekenntnis *ausgetauscht* worden. Die antiochenischen Kanones konnte man beibehalten. Die feststellbare Zurückhaltung gegenüber dieser antiochenischen Sammlung in nizänischen Kreisen, wie sie bei Basilius und anderen festzustellen war, wäre m.E. wesentlich plausibler, wenn sie mit dem homöischen Bekenntnis eröffnet worden wäre, nachdem gegen die Horoi als solche wenig einzuwenden war und diese dann schließlich auch rezipiert wurden.

Freilich standen die antiochenischen Kanones von ca.330 noch im Jahre 381 im Osten nicht allgemein in Geltung. Die Zuordnung dieser Kanones zur Kirchweihsynode von 341 wird dabei eine Rolle gespielt haben. Die alte antiochenische Kanonessammlung war demnach wohl bis nach 381 von eher regionaler Bedeutung, und auch dies wohl nur bei homöisch Gesinnten. Ihren eigentlichen kirchenrechtlichen Siegeszug, der zu einer Dominanz der sprachlichen Identifizierung von den »Kanones der Kirche« mit Synodalhoroi führte, erlebte sie offensichtlich erst mit ihrer Rezeption durch die »nizänische« Reichskirche nach 381.

Unsere Untersuchung der *Apostolischen Konstitutionen* (XXII.) machte schließlich deutlich, daß für diese pseudepigraphische Schrift mit ihrer historisierenden Fiktion direkter apostolischer Anordnung durch die auffällige

Formulierung von in ihr enthaltenen »Anordnungen bezüglich Kanones« (διατάξεις περὶ κανόνων) (VIII 28.32.47-48,1) und die inhaltliche Abhängigkeit von älteren Synodalhoroi sich der Kanon-Begriff als Terminus technicus auf jene Synodalhoroi konzentriert, die im kirchlichen Milieu ihrer Herkunftskirche als Normen des Kirchenrechtes in Geltung standen. Nachdem diese Begriffsanwendung sich in den Horoi der antiochenischen Synode von ca.330 erstmals anmeldet und auch die Konstitutionen hier geographisch anzusiedeln sind, ist das Ursprungsmilieu dieser Begriffsverwendung wohl in der antiochenischen Kirche zu lokalisieren.

Mit dieser Einengung des Kanon-Begriffes geht nun aber auch eine Bedeutungsverschiebung einher. Während die als »Kanones« anerkannten Synodalhoroi sich selbst ursprünglich als Bestätigung und Bekräftigung des κανὼν ἐκκλησιαστικός verstanden, werden sie nunmehr materialiter aus apostolischen διατάξεις direkt abgeleitet und erhalten dadurch als mit apostolischen Weisungen direkt identisch einen neuen Stellenwert. In diesem Sinne werden sie nun selbst zu »Kanones«. Die traditionelle terminologische Differenz von apostolischen und evangelischen Normen und von kirchlichen Entscheidungen in Fragen ihrer Bewahrung und Durchsetzung ist damit an dieser Stelle aufgehoben.

An den in den Konstitutionen enthaltenen apostolischen »Anordnungen περὶ κανόνων« läßt sich nun überdies ein bestimmtes *formales Verständnis des Kanon-Begriffes* feststellen. Denn es fällt auf, daß diese Anordnungen vorrangig (VIII 47) oder durchgängig (VIII 32) als knapp gehaltene Bedingungsfolgesätze formuliert sind oder (VIII 28) in merkspruchartiger Konzentration abgefaßt sind. Dies läßt auf eine Einflußnahme des in der römischen Jurisprudenz lebendigen »Regula-Begriffes« auf das kirchliche Verständnis von κανὼν schließen. Daß diese Entwicklung in der zweiten Hälfte des 4. Jahrhunderts im griechischen Osten in der Kirche Antiochiens und damit im Umfeld der Rechtsschule von Berytos erfolgte, paßt ins Bild.

Sie konvergiert freilich mit einer Tendenz zur *epitomierenden Überlieferung* von Synodalbeschlüssen, wie sie sich im Osten bei der Synode von Laodicea festmachen läßt und im Westen für das der Synode von Elvira (XVI.6.) zugeschriebene Corpus typisch ist und in der Überlieferung der africanischen Synodalplacita im Detail in ihren verschiedenen Entwicklungsstufen studiert werden kann (XXI.). So setzt sich in Africa der Kanon-Begriff für Synodalplacita erst Anfang des 6. Jahrhundert endgültig durch, und es fällt auf, daß er dort als Titel (»*Liber canonum*«) einer Sammlung auftaucht, aus der Beschlüsse älterer Synoden überwiegend in stark epitomierter Form verlesen werden. Eine Analyse der africanischen Synodalplacita macht deutlich, daß dort drei verschiedene Publikationsformen zu unterscheiden sind: der »Protokollstil«, der »Beschlußstil«/»Placuit-Stil«, sowie eine den Protokollen seit 397 als *annexus* beigefügte epitomierte Fassung der *placita*, beginnend mit »*ut*« oder »*quod*« oder als Bedingungsfolgesatz (»*si*«). Alle drei Publikationsformen stehen nebeneinander und waren in gleicher Weise offiziell zitierbar. Es leuchtet ein, daß bei zunehmender Fülle des Materials die epitomierten Formen der Beschlüsse zu den in der Praxis am häufigsten benutzten wurden. So hat es den Anschein – und dies sei als *Hypothese* geäußert –, daß es die seit altersher in der africanischen Kirche schon bei der Titulierung der Protokollabschnitte geübte Praxis der Epitomierung ist, mit der sich schließlich in Africa der Begriff *canon* auch für Synodalbeschlüsse verband und dann für alle Publiskationsformen zur Anwendung kam. Der Begriff ist also nicht eigentlich im Sinne des absolut Normativ-Maßgeblichen auf die *placita* appliziert worden, sondern erst relativ spät im 5.Jahrhundert von der weltlichen Rechtspraxis und deren Rechtsregeln her im Sinne generalisierender und zusammenfassender Grundsätze als Bezeichnung für kirchliche Synodalentscheidungen rechtlicher Natur übernommen worden. Eine Benutzung des an sich naheliegenden Begriffes *regula* kam trotz seiner mannigfaltigen Verwendung in der zeitgenössischen africanischen Theologie dafür nicht in Frage. Er wird jedenfalls in den africanischen Synodalakten *kein einziges Mal* für Synodalplacita angewandt. Man wird dies als Indiz für die genannte Prägung des Kanon-Begriffes im griechischen Osten nehmen dürfen.

Schließlich schleift sich der Begriff in der kanonistischen Sammlung, Bearbeitung und Bezeichnung des kirchenrechtlichen Materials zu einem Einteilungsbegriff ab im Sinne der einzelnen Bestimmung des in Geltung stehenden Kirchenrechts. Er wird so auf die jeweils ad hoc in Sinnabschnitte unterteilte Materie nachträglich angewandt, um ihre Einzelbestimmungen als Bestandteil des Kirchenrechts auszuweisen und zum Zweck ihrer Durchführbarkeit zitierbar zu machen (XXII.).

Man wird also abschließend sagen können, daß der in vorkonstantinischer Zeit durch die Fachsprache des römischen Rechtes nicht eigentlich in Anspruch genommene Terminus κανών ausgehend von seiner Benutzung durch den Apostel Paulus in der Sprache der Kirche zu einer bedeutenden theologischen Anwendung gelangte. Er bildet in der Alten Kirche in den komplementär zueinander stehenden Wendungen κανών τῆς ἀληθείας/*regula veritatis*, κανών τῆς πίστεως/*regula fidei*, κανών ἐκκλησιαστικός und κανών τῆς ἐκκλησίας, die alle zusammengefaßt werden können im absoluten Sprachgebrauch von »ὁ κανών«, den zentralen kirchlichen Normbegriff, unter dem in innerchristlichen Kontroversen um die evangelische Wahrheit in Fragen von grundsätzlicher Bedeutung für die Einheit der Kirche gegenüber Irrlehre, Irrglaube, falscher Hermeneutik und falscher Praxis das normativ Unterscheidende hinsichtlich Bekenntnis, Lebensführung und kirchlicher Ordnung auf den Begriff gebracht wird. Insofern sind gerade in der Frage nach dem »Kanonischen« christlicher Glaube und christliche Praxis, Lehre und Leben, »Dogma« und »Disziplin« untrennbar vereint, wie es der Wahrheit des Evangeliums entspricht.

So hat der kirchliche Kanon-Begriff als zentraler kirchlicher Normbegriff seine Quelle und seinen Ursprung in den »Kanones« des Evangeliums und der Apostel, wie sie in lebendiger Überlieferung in der Kirche gegenwärtig sind, und man muß hier ansetzen, wenn man die Entstehung und Entwicklung »der Kanones« der Alten Kirche verstehen und nachzeichnen will. Eine Herleitung aus den »Bußkanones« des 3. Jahrhunderts kann da nur auf Nebenwege und letztlich Abwege führen. Denn die alte kirchliche Bezeichnung der feststehenden Bußfrist als »Kanon« im Sinne eines Terminus technicus der öffentlichen Bußpraxis bietet ebensowenig einen entscheidenden Ansatzpunkt für das Verständnis des kirchlichen Kanon-Begriffes, wie es seine Verwendung als Terminus technicus für das kirchliche Klerikerverzeichnis oder die Tabellen der Berechnung des Ostertermins darstellen kann.

Von grundlegender Bedeutung ist, daß kirchliche Entscheidungsinstanzen, Bischöfe und Synoden, in Ost und West bis ins 4. Jahrhundert hinein – in der africanischen Kirche bis weit ins 5. Jahrhundert – für ihre eigenen Entscheidungen zu Fragen des Bekenntnisses, der Lebensführung und der kirchlichen Ordnung die Begriffe κανών und *regula* nicht verwenden und damit eine deutliche terminologische Unterscheidung zwischen der Bezeichnung evangelischer und apostolischer Normen und kirchlicher Entscheidungen zu deren Bewahrung oder Durchsetzung praktizieren. Eine entscheidende Veränderung dieser altkirchlichen Tradition erfolgt nicht schon an dem Punkt, wo man im griechischen Osten im Laufe des 4. Jahrhunderts – zuerst im Milieu der antiochenischen Kirche – nun auch Synodalhoroi in abgeleitetem Sinne als *Kanones* bezeichnet und die dort nun ebenfalls *Kanones* genannten *regulae* der römischen Jurisprudenz hinsichtlich formaler Vorstellungen für die epitomierende Überlieferung kirchlicher Synodalbeschlüsse zum Vorbild werden. Eine substantielle theologische Verschiebung ist vielmehr erst da festzustellen, wo kirchliche Synodalhoroi zur vermeintlichen Stärkung ihrer Autorität materialiter als direkt aus apostolischen Anordnungen entsprungen präsentiert werden und so *diese* Unterscheidung von *Horos* und *Kanon*, die die eigentliche altkirchliche Unterscheidung dieser Begriffe darstellt, aufgehoben wird.

Literatur- und Abkürzungsverzeichnis

Abkürzungen nach *S.Schwertner, Internationales Abkürzungsverzeichnis für Theologie und Grenzgebiete, Berlin/New York ² 1994.* Ergänzend dazu: *EEC = Encyclopedia of the Early Church, hrg. v. A. Di Berardino, Cambridge 1992.*
Die Abkürzungen der *Quellentitel* sind jeweils bei den Titeln in Klammern vermerkt. Darüber hinaus vgl. für die patristische Literatur: Lampe, Lexicon IX-XLIII; zu *Philo*: ThWNT, Abkürzungsverzeichnis S.16*f. Die Abkürzungen von *Editionen* und *Sekundärliteratur* werden durch Kursivdruck bzw. Hinzufügung der Kürzel in Klammern kenntlich gemacht.

1. QUELLEN UND ÜBERSETZUNGEN

Apocrypha:
Klostermann, E., *Apocrypha II* (Kl.Texte 8)³, Berlin 1929
Kautzsch E., (Hg.), Die *Apokryphen* und Pseudepigraphen des Alten Testamentes, (1900=1921), = Darmstadt 1962

Athanasius:
Opitz, H.-G., Athanasius Werke, Bd.II,1 (Die Apologien), Berlin 1935.1941 (*Opitz II*)
Opitz, H.-G., Athanasius Werke, Bd. III (Urkunden zur Geschichte des arianischen Streites 318-328), Berlin/Leipzig 1934.1935 (*Opitz III*)

Augustinus:
Dombart, B., Kalb, A., De civitate Dei (CChr.SL 47.48), Turnholt 1955 (*De civ.Dei*)
Goldbacher, A., Epistulae (CSEL 34), Wien 1895/98 (*Ep.*)
Petschenig, M., De Baptismo (CSEL 51), Wien 1908, 143-375 (*De bapt.*)
Bauer, I.B., De Catechizandis rudibus (CChr.SL 46), Turnholt 1969, 115-178 (*Cat.*)
Petschenig, M., Contra Cresconium (CSEL 52), Wien 1909, 323-582 (*C.Cresc.*)
Zycha, J., Contra Faustum (CSEL 25/1), Wien 1891, 249-797 (*C.Faust.*)
Urba, C.F., Zycha, J., De peccatorum meritis (CSEL 60), Wien 1908, 1-151 (*De pecc.*)

Migne, J.P., Sermones (PL 38) (*Serm.*)

Mountain, W.J., Glorie, Fr., De Trinitate (CChr.SL 50.50A), Turnholt 1968 (*De Trin.*)

Divjak, J., Epistolae ex duobus codicibus (CSEL 88), Wien 1981

Basilius von Caesarea:

Migne, J.P., Patrologia cursus completus. Series Graeca Bd. 29-31, Paris 1857/88/85

Courtonne, Y., Saint Basile, Lettres I-III (»Les belles lettres«), Paris 1957-1966 (*Courtonne*)

Deferrari, R.J., St. Basil. The Letters, with an english translation I-IV, London 1926-1934

Hauschild, W.-D., Basilius von Caesarea, Briefe I.Teil, II.Teil, III.Teil (BGrL 32.3.37), Stuttgart 1990.1973.1993

Pruche, B., Basile de Césarée, Traité du S. Esprit (SC 17), Paris ²1968

Sieben, H.J., Basilius von Cäsarea. De Spiritu Sancto. Über den Hl.Geist (FC 12), Freiburg u.a. 1993

Canones:

Aristenos, A., Kommentar zur Synopsis canonum, in: Rhalles-Potles II-IV

Alivisatos, H., Οἱ ἱεροὶ κανόνες καὶ οἱ ἐκκλησιαστικοὶ νόμοι, Athen ²1949

Balsamon, Th., Kommentar zum Nomokanon und der Collectio canonum, in: Rhalles-Potles I-IV

Beneševič, V.N., Ioannis Scholastici Synagoge L Titulorum ceteraque eiusdem opera iuridica, ABAW N.F.14, Bd.I, 1937 (*Synagoge*)

- Kanoničeskij Sbornik XIV. Titulov So Vtoroj Četverti VII. Veka Do 883 G. (Die kanonische Sammlung der XIV Titel vom zweiten Viertel des VII. Jh.s bis zum Jahr 883), St. Petersburg 1905 (*Sbornik*)

- Sinagogá v 50 Titulov i drugie iuridičeskie Sborniki Joanna Scholastika (Die Synagoge in 50 Titeln und andere juristische Sammelwerke des Joannes Scholastikos), St. Petersburg 1914 (Subsidia Byzantina I, Leipzig 1972) (*Sinagoga*)

- Syntagma XIV titulorum sine scholiis secundum versionem paleo-slovenicam adjecto textu graeco e vetutissimis codicibus manuscriptis exarato (russ.), St.Petersburg 1906 (ND Leipzig 1974). (*Syntagma*)

Bruns, H.Th., Canones Apostolorum et conciliorum veterum selecti, 2 Bde., Berlin 1839 (*Bruns*)

Gonzales, F.A., Collectio canonum Ecclesiae Hispanae, Madrid 1808 (*Gonzales*)

Joannou, P.-P. , Discipline Generale Antique (IIe-IXe s.), t. I-III, Grottaferrata (Roma) 1962 ff.

   t. I,1 Les canons des Conciles Œcuméniques (*CCO*)
   t. I,2 Les canons des Synodes Particuliers (*CSP*)
   t. II Les canons des Pères Grecs (*CPG*)
   t. III Index analytique

Lagarde, P.A. de, *Reliquiae* iuris ecclesiastici antiquissimae, Leipzig 1856

Lauchert, F., Die Kanones der altkirchlichen Konzilien (SKDQ 12), (1896) ND Frankfurt/M. 1961 (*Lauchert*)

Πηδάλιον τῆς νοητῆς νηὸς τῆς μίας ἁγίας καὶ ἀποστολικῆς τῶν Ὀρθοδόξων Ἐκκλησίας, (Zakynthos/Zante ³1864) Athen 1982 (*Pedalion*)

Pitra, J.B., Juris ecclesiastici Graecorum historia et *monumenta*, 2 Bde., Rom 1864-1868

– *Spicilegium Solesmense*, 4 Bde., Paris 1852-58 (ND Graz 1963)

Rhalles, K.-Potles, M., Σύνταγμα τῶν θείων καὶ ἱερῶν κανόνων, Bd.I-VI, Athen 1852-1859 (*Rhalles-Potles*)

Routh, M., Reliquiae sacrae II, Oxford ²1846

Schulthess, F., *Die syrischen Kanones* der Synoden von Nicaea bis Chalcedon nebst einigen zugehörigen Dokumenten, in: AGWG.PH 10,2, Berlin 1908

Turner, C.H., Ecclesiae Occidentalis Monumenta Iuris Antiquissima, 2 Bde., Oxford 1899ff. (*EOMIA*)

Zonaras, J., Kommentar zum kanonischen Recht, in: Rhalles Potles II-IV

Codex Theodosianus:

Krüger, P., Mommsen, Th., Theodosiani libri XVI cum constitutionibus Sirmondianis, I,1.2,II, Berlin ²1954 (ND Hildesheim 1990)

Codex Iustinianus:

Mommsen, Th., Krüger, P., Schöll, R., Kroll. W., Corpus iuris civilis, 3 Bde. 1872-1895

Concilia:

Gaudemet, J., Conciles Gaulois du IVᵉ siècle (SC 241), 1977

Lancel, S., Gesta Conlationis Carthaginiensis a.411(CChr.SL 149a), Turnholt 1974

Lancel, S., Actes de la Conference de Carthage en 411, (SC 194. 195. 224. 373), Paris 1972-1991

Mansi, J.D., Sacrorum conciliorum nova et amplissima collectio, Florenz 1759ff. (*Mansi*)

Martínez Díez, G., Rodriguez, F. (Hgg.), La colección canónica hispana (=Monumenta Hispaniae sacra. Series canonica), Madrid (Instituto Enrique Flórez): I. 1966; II. Coleccións derivadas, 1976; III. Concilios griegos y africanos, 1982; IV. Concilios galos e hispanos, 1984

Munier, Ch. (Hrg.) Concilia Africae A.345 – A.525 (CChr.SL 149), Turnhout 1974 (*ConcAfr*)

Munier, Ch. (Hrg.), Concilia Galliae A.314 – A.506 (CChr.SL 148), Turnhout 1963

Schwartz, E., Straub,J., Acta conciliorum oecumenicorum, Straßburg-Berlin 1914-1984 (*ACO*)

Chronicon paschale:
Dindorf, L., Chronicon Paschale, 2 Bde.(CSHB), Bonn 1832

Clemens von Alexandrien:
Protrepticus und Paedagogus
   Stählin, O., Clemens Alexandrinus erster Band (GCS 12), Leipzig 1905,
   Berlin ³1972 (U.Treu)
Paedagogus
   I , ed. H.-I.Marrou/ M.Harl = SC 70, Paris 1960
   II , ed. C.Mondésert/ H.-I.Marrou = SC 108, Paris 1965
   III, ed. C.Mondésert/ Ch. Metray/ H.-I.Marrou, = SC 158, Paris 1970
Stromata I-VI
   Stählin, O., Clemens Alexandrinus zweiter Band (GCS 15), Leipzig 1906,
   Berlin ⁴1985 (U.Treu)
Stromata VII und VIII
   Stählin, O., Clemens Alexandrinus dritter Band (GCS 17), Leipzig 1909,
   Berlin ²1970, (L.Früchtel u. U.Treu)
   Stählin, O., Clemens Alexandrinus vierter Band: Register (GCS 39), Leipzig
   1936, Berlin ²1980 (U.Treu)
Stählin, O., Clemens von Alexandreia. Ausgewählte Schriften (BKV² II.,
   Bd.7,8,17-20), München 1934-1938

Clemens von Rom:
Fischer, J.A., Die Apostolischen Väter I, Darmstadt ⁹1986, 1-107.
Schneider, G., Clemens von Rom. Epistola ad Corinthios. Brief an die Korin-
   ther (FC 15), Freiburg u.a. 1994

Cyprian:
Hartel, G., Epistulae (CSEL III,2), Wien 1871
Bévenot, M., De lapsis/De ecclesiae catholicae unitate, (CChr.SL III), Turnholt
   1972
Soden, H.v., Sententiae LXXXVII episcoporum. Das Protokoll der Synode von
   Karthago am 1.9.256, in: NGWG.PH, Berlin 1909, 247-307 *(Sent.)*

Dionysius von Alexandrien:
Feltoe, Ch.L., ΔΙΝΥΣΙΟΥ ΛΕΙΨΑΝΑ. The Letters and other Remains of
   Dionysius of Alexandria, Cambridge 1904 *(Feltoe)*
Bienert, W.A., Dionysius von Alexandrien, Das erhaltene Werk (BGrL 2),
   Stuttgart 1972

Dionysius exiguus:
Strewe, A., Die Canonessammlung des Dionysius exiguus in der ersten Redaktion (AKG 16), Berlin 1931
Migne, J.P., Codex canonum ecclesiasticorum. Collectio Decretorum Pontificum Romanorum (PL 67), 1865, 135-316

Epiphanius von Salamis:
Holl, K., Epiphanius. Ancoratus und Panarion, Bd.I-III (GCS 25. 31. 37), Leipzig 1915.1922.1933

Euseb von Caesarea:
Schwartz, E., Euseb. Die Kirchengeschichte (GCS 9,1+2), Leipzig 1903. 1908
Schwartz, E., Kirchengeschichte. Kleine Ausgabe, Berlin ⁵1955
Winkelmann, F., Über das Leben des Kaisers Konstantin, (GCS Euseb I,1), Berlin ²1989
Karst, J., Die Chronik (GCS 20, Euseb V), Leipzig 1911
Haeuser, Ph./ Gärtner, H.A., Eusebius von Caesarea. Kirchengeschichte (²BKV), 1932
Kraft, H., Eusebius von Caesarea. Kirchengeschichte, München ³1989

Gelasius von Cyzicus:
Loeschcke, G., Heinemann, M., Gelasius. Kirchengeschichte (GCS 28), Leipzig 1918

Gennadius von Marseille:
Richardson, E.C., De viris inlustribus (TU 14,1), Berlin u.a. 1896
Bernoulli, C.A., De viris inlustribus (SKDQ 11), Freiburg u. Leipzig 1895

Gregor von Nazianz:
Jungck, Chr., De vita sua, hrsg., eingeleitet u. erklärt, Heidelberg 1974
Gallay, P., Gregor von Nazianz. Briefe (GCS 53), Berlin 1963
Wittig, M., Gregor von Nazianz, Briefe. (BGrL 13), Stuttgart 1981

Gregorius Thaumaturgus:
Crouzel, H., In Origenem oratio panegyrica. Grégoire le Thaumaturge, Remerciement à Origène (SC 148), Paris 1969

Hieronymus:
Helm, R., Die Chronik des Hieronymus. Hieronymi Chronicon (GCS Euseb VII/1.2.), 1913.1926;²1956
Hilberg, I., S.Eusebii Hieronymi Epistulae, Pars I, (CSEL 54), Wien/Leipzig 1910

Bernoulli, C.A., De viris inlustribus (SKDQ 11), Freiburg u. Leipzig 1895
Richardson, E.C., De viris inlustribus (TU 14,1), Berlin u.a. 1896

Hilarius von Poitiers:
Feder, A., Collectanea Antiariana Parisina (CSEL 65), Wien 1916, 41-187

Hippolyt von Rom:
Commentarii in Danielem (*Com. in Dan.*)
    Bonwetsch, N., Hippolytus Werke I,1 (GCS 1) Leipzig 1897
Refutatio omnium haeresium (*Refut.*)
    Wendland, P., Hippolytus Werke, Bd.3 (GCS 26) Leipzig 1916
    Marcovich, M., Refutatio omnium haeresium (PTS 25), Berlin/New York
    1986
[Contra Noetum] (*C.Noet.*)
    Nautin, P., Hippolyte. Contre les hérésies. Fragment, Paris 1949
    Butterworth, R., Hippolytus of Rome, Conta Noetum (Heythrop Mono-
    graphs 2), London 1977

Irenaeus von Lyon:
Rousseau A., Doutreleau, L., Adversus haereses, (SC 263/4, 293/4, 210/1, 100,
    152/3), Paris 1965-82
Froideveaux, L.M., Démonstration de la Prédication Apostolique (SC 62),
    Paris 1959
Brox, N., Irenäus von Lyon. Epideixis. Adversus Haereses (FC 8/1.2) Freiburg
    u.a. 1993

Kirchenordnungen:
Achelis, H., Die ältesten Quellen des orientalischen Kirchenrechts I. Die
    Canones Hippolyti (TU 6,4), Leipzig 1891 (*Die Canones Hippolyti*)
Achelis, H./Flemming, J., Die ältesten Quellen des orientalischen Kirchen-
    rechts II. *Die syrische Didaskalia* (TU 25,2), Leipzig 1904
Botte, B., La Tradition apostolique de Saint Hippolyte. Essai de reconstitution
    (LQF 39), Münster ⁵1989
Coquin, R.-G., Les Canons d'Hippolyte (PO 31,2), Paris 1966
Funk, F.X., Didascalia et Constitutiones Apostolorum, Bd. I/II, Paderborn
    1905=1979
Geerlings, W., Traditio Apostolica. Apostolische Überlieferung, übers. u. ein-
    geleitet v. W.G. (FC 1), Freiburg u.a. 1991, 141-313
Harnack, A., Die Lehre des 12 Apostel (TU 2,1), Berlin u.a. 1884
Metzger, M., Les Constitutions apostoliques I-III (SC 320. 329. 336), Paris 1985-
    87 (*Metzger I-III*)
Périer, J.u.A., Les 127 canons des apôtres (PO 8,4), Paris 1912
Riedel, W., Die *Kirchenrechtsquellen* des Patriarchates Alexandrien, Leipzig 1900
    (ND Aalen 1968)

Riedel, W./ Crum, W.E., *The Canons of Athanasius* of Alexandria. The Arabic
  and Coptic Versions, edited and translated, London 1904
Schermann, Th., Die allgemeine *Kirchenordnung*, frühchristliche Liturgien
  und kirchliche Überlieferung I, (Paderborn 1914), ND New York 1968
  (SGKA,E3)
Schermann,Th., Eine *Elfapostelmoral* oder die X-Rezension der »beiden Wege«,
  München 1903
Schöllgen, G., Didache. Zwölf-Apostellehre, übers. u. eingel. v. (FC 1), Frei-
  burg 1990

Leo I:
Leonis Papae I epistularum collectiones, ed. E.Schwartz, ACO II 4, Berlin
  u.Leipzig 1932

Liber Pontificalis:
Duchesne, L., Liber Pontificalis, 3 Bde., Paris (1886) 1955-1957

Novatian:
Diercks, G.F., Novatiani opera (CChL.SL IV) , Turnholt 1972
Weyer, H., Novatianus, De Trinitate. Über den Dreifaltigen Gott. Text u.
  Übersetzung mit Einleitung u. Kommentar (Testimonia 2), Düsseldorf
  1962.

Optatus:
Ziwsa, C., S.Optati Milevitani Libri VII (CSEL 26), Wien 1893

Origenes:
Homiliae in Genesim:
  Baehrens, W.A., = GCS 29 (Origenes 6), Leipzig 1920, 1-144
  Doutreleau, L., = SC 7bis, Paris 1976
Homiliae in Exodum:
  Baehrens, W.A., = GCS 29 (Origenes 6), Leipzig 1920, 145-279
  Borret, M., = SC 321, Paris, 1985
Homiliae in Leviticum:
  Baehrens, W.A., = GCS 29 (Origenes 6), Leipzig 1920, 280-507
  Borret, M., =SC 286.287, Paris 1981
Homiliae in Numeros:
  Baehrens, W.A., = GCS 30 (Origenes 7), Leipzig 1921, 4-285
  Méhat, A., = SC 29, Paris 1951
Homiliae in Iesu Nave:
  Baehrens, W.A., = GCS 30 (Origenes 7), Leipzig 1921, 286-463
  Jaubert, A., = SC 71, Paris 1960
Homiliae in Iudices:
  Baehrens, W.A., = GCS 30 (Origenes 7), Leipzig 1921, 464-522

Homiliae in Psalmum XXXVI:
  PG 12, 1319-1410
Commentarius in Canticum Canticorum:
  Baehrens, W.A., = GCS 33 (Origenes 8), Leipzig 1925, 62-241
  Brésard,L., Crouzel, H., Borret, M., = SC 375.376
Homiliae in Ieremiam:
  Klostermann, E., = GCS 6 (Origenes 3), Leipzig 1901, 1-194
  Nautin, P., /Husson, P., = SC 232.238, Paris 1976. 1977
  Schadel, E., Die griechisch erhaltenen Jeremiahomilien, übers. = BGrL 10,
  Stuttgart 1980
Commentariorum series in Matthaeum:
  Klostermann, E., = GCS 38 (Origenes 11), Leipzig 1933
Homiliae in Lucam:
  Rauer, M., = GCS 49 (Origenes 9), Berlin ²1959
  Crouzel, H., Fournier, F., Perichon, P., = SC 87, Paris 1962
  Origenes. Homilien zum Lukasevangelium, übersetzt v. H.-J.Sieben = FC
  4/1. 4/2, Freiburg i.Br. 1991.1992
Commentarii in Ioannem:
  Preuschen, E., = GCS 10 (Origenes 4), Leipzig 1903
  Blanc, C., = SC 120.157.222.290.385, Paris 1966ff.
  Gögler, R., Origenes. Das Evangelium nach Johannes, übers., Einsiedeln/
  Zürich/ Köln 1959
Commentarii in epistulam ad Romanos:
  PG 14, 831-1294
  Hammond-Bammel, C.P., Der Römerbriefkommentar des Origenes. Kriti-
  sche Ausgabe der Übersetzung Rufins, Buch 1-3 (AGLB 16), Freiburg i.Br.
  1990
  Heither, T., Römerbriefkommentar. Erstes u. zweites Buch, übers., (FC 2/
  1. 2/2), Freiburg i.Br. 1990.1992
Fragmenta ex homiliis in I. epistulam ad Corinthios:
  Jenkins, C., JThS 9 (1908) 231-247.353-372.500-514; 10 (1909) 29-51
Fragmenta in epistulam ad Eph.:
  Greggs, J.A.F., JThS 3 (1902) 233-244.398-420.554-576
Fragmenta in epistulam ad Titum:
  PG 14, 1303-1306
Dialogus cum Heraclide:
  Scherer, J., = SC 67, Paris 1960
  Früchtel, E., Das Gespräch mit Heraklides und dessen Bischofskollegen
  über den Vater, den Sohn und die Seele. Die Aufforderung zum Martyrium,
  übers. (BGrL 5), Stuttgart 1974
De principiis:
  Koetschau, P., (GCS 22), Leipzig 1913
  Görgemanns, H., Karpp, H., Vier Bücher von den Prinzipien, hrsg. u.
  übers. (TzF 24), Darmstadt 1976. ²1985.

Exhortatio ad martyrium:
Koetschau, P., = GCS Origenes 1, 3-47, Leipzig 1899

Palladius:
Coleman-Norton, P.R., Dialogus de vita Iohannis Chrysostomi, Cambridge ²1958
Malingrey, A.M./Leclercq, P., Dialogue sur la vie de Jean Chrysostome, (SC 341.342), Paris 1988

Paul von Samosata:
Riedmatten, H. de, Les Actes du Procès de Paul de Samosate, Fribourg 1952

Philo Alexandrinus:
Cohn, L., Wendland, P., Philonis Alexandrini opera quae supersunt, 6 Bde., Berlin 1896-1915
Leisegang, J., *Indices* ad Philonis Alexandrini opera (ed. Cohn-Wendland, Bd.7), Berlin 1926-1930
Cohn, L., Heinemann, I., Adler, I., Theiler, W., Philo von Alexandrien. Die Werke in deutscher Übersetzung, 7 Bde., Breslau/Berlin 1909-1964
Mayer, G., *Index* Philoneus, Berlin 1974

Photius:
Henry, R., Photius. Bibliothèque, Bd.1-3, Paris 1959-1962

Possidius:
Migne, J.P., Possidius. Vita Augustini (PL 32), Paris 1877, 33-65

Priscillian:
Schepss, G., Priscilliani quae supersunt, (CSEL 18), Wien 1899

Rufinus:
Mommsen, Th., Rufinus. Historia ecclesiastica (GCS 9,1.2), Leipzig 1903.1908
Simonetti, M., Tyrannii Rufini opera (CChr.SL 20), Turnholt 1961

Socrates Scholasticus:
Hansen, G.C., Sokrates Kirchengeschichte (GCS NF.1), Berlin 1995

Sozomenus:
Bidez, J./Hansen, G.C., Sozomenus. Kirchengeschichte (GCS NF.4), Berlin ²1995

Tertullian: *CChr.SL 1 u. 2, Turnhout 1954*
Adversus Hermogenem (*Adv.Herm.*)
  Kroymann, A., CChr.SL 1 395ff. = CSEL 47 (1906)
Adversus Marcionem (*Adv.Marc.*)
  Kroymann, A., CChr.SL 1, 437ff. = CSEL 47 (1906)
Adversus Praxean (*Adv.Prax.*)
  Kroymann, A., CChr.SL 2, 1157ff. = CSEL 47 (1906)
Adversus Valentinianos (*Adv.Val.*)
  Kroymann, A., CChr.SL 2, 751ff. = CSEL 47 (1906)
Apologeticum (*Apol.*)
  Dekkers, E., CChr.SL 1, 77ff.
De Anima (*De an.*)
  Waszink, J.H., CChr.SL 2, 779ff.
De Carne Christi (*De carn.*)
  Kroymann, A., CChr.SL 2, 871ff. = CSEL 70 (1942)
De Corona Militis (*De cor.*)
  Kroymann, A., CChr.SL 2, 1037 = CSEL 70 (1942)
De Fuga in Persecutione (*De fug.*)
  Thierry, J.J., CChr.SL 2, 1133
De Idololatria (*De idol.*)
  Reifferscheid, A., – Wissowa, G., CChr.SL 2, 1099ff. = CSEL 20 (1890)
De Ieiunio (*De ieiun.*)
  Reifferscheid, A., – Wissowa, G., CChr.SL 2, 1255ff. = CSEL 20 (1890)
De Monogamia (*De mon.*)
  Dekkers, E., CChr.SL 2, 1227ff
De Oratione (*De orat.*)
  Diercks, G.F., CChr.SL 1, 255ff.
De Paenitentia (*De paen.*)
  Borleffs, J.W.P., CChr.SL 1, 319ff. = CSEL 76 (1957)
De Patientia (*De pat.*)
  Borleffs, J.W.P., CChr.SL 1, 297ff.
De Praescriptione Haereticorum (*De praescr.*)
  Refoulé, F.R., CChr.SL 1, 185ff.
De Pudicitia (*De pud.*)
  Dekkers, E., CChr.SL 2, 1279ff.
De Resurrectione Mortuorum (*De resurr.*)
  Borleffs, J.W.P., CChr.SL 2, 919ff.
De Virginibus Velandis (*De virg.vel.*)
  Dekkers, E., CChr.SL 2, 1207ff.
Kellner, H., Tertullians sämtliche Schriften aus dem Lateinischen übersetzt, Köln 1882
Kellner, H., u. Esser, G., Tertullians private und katechetische Schriften. Tertullians apologetische, dogmatische und montanistische Schriften (2 Bde.), (BKV²), 1912.1916

Theodoret:
Parmentier, L., Scheidweiler, F., Theodoret. Kirchengeschichte (GCS 44), Berlin ²1954
Migne, J.P., Theodoretus. Haereticarum fabularum compendium (PG 83, 335-556)
Migne, J.P., Theodoretus. Interpretatio epistolae ad Colossenes (PG 82, 592-628)

Theodorus Lector:
Hansen, G.C., Theodoros Anagnostes. Kirchengeschichte (GCS), Berlin 1971

Quellensammlungen:

Keil, V., (Hrg.), Quellensammlung zur Religionspolitik Konstantin des Großen (TzF 54), Darmstadt 1989 (*Keil*)
Maier, J.L., Le Dossier du Donatisme I/II (TU 134.135), Berlin 1987.1989 (*Maier*)
Pitra, J.-B., *Spicilegium Solesmense*, 4 Bde., Paris 1852-58 (ND Graz 1963)
Soden, H.v., Urkunden zur Entstehungsgeschichte des Donatismus, KlT 122² (bearb. v.H.v.Campenhausen), 1950 (*v.Soden*)

2. LITERATUR

Abramowski, L., Die *Synode von Antiochien* 324/5 und ihr Symbol, in: ZKG 86 (1975) 356-366
– *Dionys* von Rom (†268) und Dionys von Alexandrien (†264/5) in den arianischen Streitigkeiten des 4. Jahrhunderts, in: ZKG 93 (1982) 240-272
– Drei christologische *Untersuchungen* (BZNW 45), Berlin 1981
– Was hat das *Nicaeno-Constantinopolitanum* (C) mit dem Konzil von Konstantinopel 381 zu tun?, in: ThPh 67 (1992) 481-513
Adam, K., Das sog. *Bußedikt* des Papstes Kallistus, München 1917
– Der *Kirchenbegriff* Tertullians (=FChLDG VI,4), Paderborn 1907
Adolph, A., Die Theologie der *Einheit* der Kirche bei Cyprian (EHS.T 460), Frankfurt/Berlin 1993
Afanasiev, N., *Presbytides* or Female presidents, in: Th. Hopko (Hrg.), Women and the Priesthood, New York 1983, 61-74
Aland, B., Art. Marcion/Marcioniten, in: TRE 22 (1992) 89-101
Alexander, J.S., Art. Novatian, in: TRE 24 (1994) 678-682
Alivisatos, H.S., Die kirchliche *Gesetzgebung* des Kaisers Justinian I., Berlin 1913 (ND Aalen 1973)
Altaner, B., Stuiber, A., Patrologie, Freiburg ⁸1978 (*Altaner-Stuiber*)
Altendorf, E., *Einheit und Heiligkeit* der Kirche (AKG 20), Berlin und Leipzig 1932

Amand de Mendieta, E., *Le système cénobitique* basilien comparé au système cénobitique pachômien, in: Revue d'histoire des Religions 152 (1957) 31-80

Amann, E., Art. *Laodicée* (concile de), in: DThC 8 (1925) 2611-2615

– Art. Novatien et Novatianisme, in: DThC 11 (1931) 816-849

Amidon, Ph.R., The *procedure* of St. Cyprian's synods, in: Vig. Chr. 37 (1983) 238-339

Amir, Y., Die *Zehn Gebote* des Philon von Alexandrien, in: ders., Die hellenistische Gestalt des Judentums bei Philon von Alexandrien, Neukirchen-Vluyn 1983

Ammundsen, V., The *Rule of Truth* in Irenaeus, in: JTS 13 (1912) 574-580

Andresen, C., Die biblische Theologie des Irenäus von Lyon, in: HDThG I, Göttingen 1982, 79-98

– Zum *Formular* frühchristlicher Gemeindebriefe, in: ZNW 56 (1965) 233-259

Arnold, D.W.-H., The early episcopal *career* of Athanasius of Alexandria (Christianity and Judaism in Antiquity 6), Notre Dame/ London 1991

Bakhuizen van den Brink, J.N., *Tradition* im theologischen Sinne, in: Vig. Chr. 13 (1959) 65-85.72-75

Ballerini, P.u.J., *De Antiquis Collectionibus* et Collectoribus Canonum. In: S.Leonis Magni Opera Omnia, Vol. III = PL 56

Bardenhewer, O., Geschichte der altkirchlichen Literatur I-III, Freiburg 1902-1912

Bardy, G., Art. *Afrique*, in: DDC 1 (1924-35), 288-307

– Art. *Antioche* (Concile et Canons d'), DDC 1 (1924/35) 589-598

– Art. *Canons apostoliques*, DDC 2 (1937) 1288-1295

– Art. *Constantinople*, concile de (381), DDC 4 (1949) 424-428

– Art. *Cyprien* de Carthage, in: DHGE 13 (1956) 1149-1160

– Art. *Épitres* canoniques des Pères, in: DDC 5 (1953) 380-384

– Art. *Gangres*, in: DDC 5 (1953) 935-938

– Art. *Laodicée* (Concile et Canons de), DDC 6 (1957), 338-343

– Art. *Néocésarée*, in: DDC 6 (1957) 995-997

– Art. *Photin* de Sirmium, in: DThC 12 (1935), 1532-36

– Art. *Sardique* (concile de), in: DThC 14 (1939) 1109-1114

– *La Règle* de Foi d'Origène, in: RSR 9 (1919) 162-196

– *Paul de Samosate*, Louvain 1929

Barnard, L.W., Studies in Athanasius' *Apologia secunda* (EHS.T 467), Bern, Frankfurt/M. u.a. 1992

– The *Council* of Serdica 343 A.D., Sofia 1983

– The council of *Serdica: some problems* re-assessed, in: AHC 12 (1980) 1-25

– *Pope Julius*, Marcellus of Ancyra and the Council of Sardica. A Reconsideration, in: RThAM 78 (1971) 69-79

Barnes, T.D., *Constantine* and Eusebius, Cambridge Mass. 1981

– The *New Empire* of Diocletian and Constantine, Cambridge/Mass. 1982

– *Tertullian*. A historical and literary study, Oxford 1971

– The date of the Council of *Gangra*, in: JTS 40 (1989) 121-124

Barrett, C.K., A Commentary on the second epistle to the *Corinthians*, London 1973

Bartsch, H.-W., Die Anfänge der urchristlichen Rechtsbildung (ThF 34), Hamburg 1965

Batiffol, P., *Études* de liturgie et d'archéologie chrétienne, Paris 1919

– *La Paix Constantinienne* et le Catholicisme, Paris 1914

– *Le règlement* des premiers conciles africaines, in: BALAC 3 (1913) 3-19

Baud, R.- C., *Les ›Règles‹* de la Théologie d'Origène, in: RSR 55 (1967) 161-208

Bauer, W., *Matth.19,12* und die alten Christen, in: Ntl. Studien G.Heinrici dargebracht, Leipzig 1914, 235-244

– *Rechtgläubigkeit* und Ketzerei im ältesten Christentum (1934), Leipzig ²1964 hrsg. v. G.Strecker (BhTh 10)

– *Wörterbuch* zu den Schriften des Neuen Testaments, Berlin ⁵1963; ⁶1988 hrg.v. K.u.B.Aland

Baur, F.Chr., *Bemerkungen* über die Bedeutung des Wortes κανών, in: ZWTh 1 (1858) 141ff.

Beck, A., *Römisches Recht* bei Tertullian und Cyprian (SKG.G 7,2), Halle 1930

Becker, C., Tertullians *Apologeticum*, München 1954

Becker, J., Der *Galaterbrief* (NTD 8), Göttingen 1976

Becker, S.A., ʻΟ κανὼν τῆς ἀληθείας. Regula veritatis eller Sandhedens Regel, Kopenhagen 1910

Behrends, O., *Die causae coniectio* der Zwölftafeln und die Tatbestandsdisposition der Gerichtsrhetorik, in: ZSRG.R 92 (1975) 162-185

Belke, K., *Galatien und Lykaonien* (Tabula Imperii Byzantini 4), Wien 1984

Belke, K., Mersich, N., *Phrygien und Pisidien* (Tabula Imperii Byzantini 7), Wien 1990

Beneševič, V.N., Kanoničeskij *Sbornik* XIV. Titulov So Vtoroj Četverti VII. Veka Do 883 G. (Die kanonische Sammlung der XIV Titel vom zweiten Viertel des VII.Jh.s bis zum Jahr 883), St.Petersburg 1905

– *Sinagogá* v 50 Titulov i drugie iuridičeskie Sborniki Joanna Scholastika (Die Synagoge in 50 Titeln und andere juristische Sammelwerke des Joannes Scholastikos), St. Petersburg 1914 (Subsidia Byzantina I, Leipzig 1972)

– *Syntagma* XIV titulorum sine scholiis secundum versionem paleo-slovenicam adjecto textu graeco e vetutissimis codicibus manuscriptis exarato (russ.), St.Petersburg 1906 (ND Leipzig 1974)

Benoît, A., Écriture et *Tradition* chez saint Irénée, in: RHPR 40 (1960) 32-43

– *Saint Irénée.* Introduction à l'Étude de sa théologie, Paris 1960

Berner, U., *Origenes* (EdF 147), Darmstadt 1981

Bertram, G., Art. Septuaginta-Frömmigkeit, in: RGG³ 5 (1961) 1707-1709

Betz, H.D., *Der Apostel Paulus* und die sokratische Tradition. Eine exegetische Untersuchung zu seiner »Apologie« II Kor 10-13 (BHTh 45), Tübingen 1972

– Der *Galaterbrief* (Hermeneia), München 1988

Bévenot, M., Art. Cyprian von Karthago, in: TRE 8 (1981) 246-254

– Cyprian and his *Recognition of Cornelius*, in: JThS 28 (1977) 346-359
– Cyprian's *platform* in the rebaptism controversy, in: HeyJ 19 (1978) 123-142
Beyer, H.W., Art. κανών, in: ThWNT 3 (1938) 600-606
Beyschlag, K., Grundriß der *Dogmengeschichte* I.II,1, Darmstadt 1987.1991
– I Clem 40-44 und das Kirchenrecht, in: Reformation und Confessio, FS
  W.Maurer zum 65.Geb., hrsg. v. W.Kantzenbach u. G.Müller, Berlin/Ham-
  burg 1965, 9-22
– *Kallist und Hippolyt*, in: ThZ 20 (1964) 103-124
Bickell, J.W., *Geschichte* des Kirchenrechts, Bd.1, Gießen 1843
Bienert, W.A., Art. Dionysius von Alexandrien, in: TRE 8 (1981) 767-771
– *Das vornizänische* ὁμοούσιος als Ausdruck der Rechtgläubigkeit, in: ZKG
  90 (1979) 151-179
– Der *Streit um Origenes*. Zur Frage nach den Hintergründen seiner Vertrei-
  bung aus Alexandria und den Folgen für die Einheit der Kirche, in: Einheit
  der Kirche in vorkonstantinischer Zeit (Oikonomia 25), Erlangen 1989, 93-
  106
– *Dionysius* von Alexandrien. Zur Frage des Origenismus im dritten Jahrhun-
  dert (PTS 21), Berlin/New York 1978
– Dionysius von Alexandrien. Das erhaltene Werk (BGrL 2), Stuttgart 1972
  (BGrL)
Blaise, A., Chirat,H., *Dictionnaire* Latin-Français des Auteurs chrétiens,
  Strasbourg 1954
Blum, G.G., Apostolische Tradition und Sukzession bei *Hippolyt*, in: ZNW 55
  (1964) 95-110
– Art. Apostel/ Apostolat/ Apostolizität III, in: TRE 3 (1978) 445-466
– Der *Begriff des Apostolischen* im theologischen Denken Tertullians, in: KuD
  9 (1963) 102-121
– *Tradition und Sukzession*. Studien zum Normbegriff des Apostolischen von
  Paulus bis Irenäus, Berlin-Hamburg 1963
Bonis, K., Αἱ τρεῖς κανονικαὶ Ἐπιστολαὶ τοῦ Μεγάλου Βασιλείου πρὸς
  τὸν Ἀμφιλόχιον, ByZ 44 (1951) 62-78 (=Βιβλιοθήκη Ἑλλήνων Πατέρων
  καὶ Ἐκκλησιαστικῶν Συγγραφέων 51, Athen 1975, 121-144 = Theologia
  60 [Athen 1989] 201-220)
Borgen, P., *Philo* of Alexandria. A critical and synthetical Survey of research
  since World War II, in: ANRW II 21.1, Berlin/New York, 1984, 98-154
Bouet, P. u.a. (Hrg.), Cyprien. Traités. *Concordance* I+II, Hildesheim u.a., 1986
Bradley, D.J.M., The transformation of *Stoic ethics* in Clement of Alexandria,
  in: Aug. 14 (1974) 41-66
Bradshaw, P.F., Art. *Kirchenordnungen*, I. Altkirchliche, in: TRE 18 (1989) 662-
  670
Brakmann, H., Alexandreia und die *Kanones des Hippolyt*, in: JAC 22 (1979)
  139-149
Brandt, Th., *Tertullians Ethik*, Gütersloh 1929
Braun, R., *Deus Christianorum*. Recherches sur le vocabulaire doctrinal de

Tertullien, Paris (1960) ²1977

Brennecke, H.Chr., *Hilarius* von Poitiers und die Bischofsopposition gegen Konstantius II. (PTS 26), Berlin 1984

– Rom und der dritte Kanon von *Serdika* (342), in: ZSRG.K 100 (1983) 15-45

– Studien zur Geschichte der *Homöer* (BHTh 73), Tübingen 1988

– *Zum Prozeß* gegen Paul von Samosata: Die Frage nach der Verurteilung des »Homousios«, in: ZNW 75 (1984) 270-290

Brock, S.P., Art. *Bibelübersetzungen* I, in: TRE 6 (1980) 160-216

Browe, P., Zur Geschichte der *Entmannung* (BSHT N.F.1), Breslau 1936

Brox, N., Art. Häresie, in: RAC 13 (1986) 248-297

– *Offenbarung,* Gnosis und gnostischer Mythos bei Irenäus von Lyon, Salzburg und München 1966

– *Spiritualität* und Orthodoxie. Zum Konflikt des Origenes mit der Geschichte des Dogmas, in: Pietas. FS B.Kötting (JbAC Erg.Bd.8) Münster 1980, 140-154

– *Tendenzen* und Parteilichkeiten im Osterfeststreit des zweiten Jahrhunderts, in: ZKG 83 (1972) 291-324

– Zur Berufung auf »*Väter*« des Glaubens, in: Heuresis. FS A.Rohracher, hg.v. Th.Michels, Salzburg 1969, 42-67

Bultmann, R., Der zweite Brief an die *Korinther,* hrg. v. E.Dinkler (KEK), Göttingen 1976

Burgmann, L., Λέξεις ῥωμαικαί. *Lateinische Wörter* in byzantinischen juristischen Texten, in: Lexicographica Byzantina (Byzantina Vindobonensia 20), hrg. v. W.Hörandner u. E.Trapp, Wien 1991, 61-80

Butterworth, R., Hippolytus of Rome, Contra Noetum (Heythrop Monographs 2), London 1977

Campenhausen H.v., Das *Bekenntnis* im Urchristentum, in: [ZNW 63 (1972) 210-253] Urchristliches und Altkirchliches, Tübingen 1979, 217-272

– Das *Bekenntnis Eusebs* von Caesarea (Nicaea 325), in: [ZNW 67 (1976) 123-139] Urchristliches und Altkirchliches, Tübingen 1979, 278-299

– Die Entstehung der christlichen *Bibel* (BHTh 39), Tübingen 1968

– Kirchliches *Amt* und geistliche Vollmacht in den ersten drei Jahrhunderten (BHTh 14), Tübingen (1953) ²1963

– Urchristentum und Tradition bei *Tertullian,* in: ThBl 8 (1929) 193-200

– *Ostertermin* oder Osterfasten? Zum Verständnis des Irenäusbriefes an Victor, in: VigChr 28 (1974) 114-138 (=Urchristliches und Altkirchliches, Tübingen 1979, 300-330)

– *Taufen auf den Namen Jesu?*, in: VigChr 25 (1971) 1-16

Cantalamessa, R., *Ostern* in der Alten Kirche (Traditio Christiana IV), Bern-Frankfurt/M.-Las Vegas 1981

Capelle, B., L'entretien d'Origène avec *Heraclide*, in: JEH 2 (1951) 143-157

– Origène et *l'oblation* à faire au Père par le Fils, d'après le Papyrus de Toura, in: RHE 47 (1952) 163-171

Caspar, E., Die älteste römische *Bischofsliste*, Berlin 1926
- *Geschichte* des Papsttums, Bd.1, Tübingen 1930
- *Kleine Beiträge* zur älteren Papstgeschichte: IV. Zur Interpretation der Kanones III-V von Sardica, in: ZKG 47 (1928) 162-177
Caspari, C.P., Alte und neue *Quellen* zur Geschichte des Taufsymbols und der Glaubensregel, Christiania 1879 (ND Brüssel 1964)
- Hat die alexandrinische Kirche zur Zeit des *Clemens* ein Taufbekenntnis besessen, oder nicht?, in: ZKWL 7 (1886) 352-375
- *Ungedruckte* ... Quellen zur Geschichte des Taufsymbols und der Glaubensregel, Christiania 1875 (ND Brüssel 1964)
Cazeaux, J., *Philon* d'Alexandrie, exégète, in: ANRW II 21.1 (1984) 156-226
Chadwick, H., Art. Polykrates von Ephesus, in: RGG³ 5 (1961) 449.
- *Faith and Order* at the Council of Nicaea, in: HThR 53 (1960) 171-195
- *New Letters* of St.Augustine, in: JThS 34 (1983) 425-452
Christ, W.v., Schmid, W., Stählin, O., Geschichte der griechischen *Literatur II*, (⁶1920. ⁶1924) =München 1959
Chrysos, E., Die Akten des Konzils von *Konstantinopel*, in: Romanitas-Christianitas, FS J.Straub, hrg.v. G.Wirth u.a., Berlin/New York 1982, 426-435
- Konzilsakten und *Konzilsprotokolle* vom 4.-7. Jahrhundert, in: AHC 15 (1983) 30-40
- *Konzilsakten*, in: F.Winkelmann u. W.Brandes, Quellen zur Geschichte des frühen Byzanz (4.-9. Jahrhundert) (BBA 55), Berlin 1990, 149-155
- Ἡ διάταξις τῶν συνεδριῶν τῆς ἐν Χαλκηδόνι οἰκουμενικῆς συνόδου, in: Kleronomia 3 (1971) 259-284
Claesson, G., *Index Tertullianeus*, 3 Bde., Paris 1974-75
Classen, C.J., Der platonisch-stoische Kanon der *Kardinaltugenden* bei Philo, Clemens Alexandrinus und Origenes, in: Kerygma und Logos (FS C.Andresen), 1979, 68-88
Clercq, V.C.de, *Ossius* of Cordova, Washington 1954
Collinet, P., *Histoire de l'école* de droit de Beyrouth, Paris 1925
Colpe, C., Art.: *Philo*, in: RGG³ 5 (1961) 341-346
CPG: siehe Geerard, M.
CPL: siehe Dekkers, E.
Credner, K.A., *Zur Geschichte* des Kanons, Halle 1847
Cross, F.L., *History and Fiction* in the African Canons, in: JTS 12 (1961) 227-247
Crouzel, H., Art. Ehe, Eherecht, Ehescheidung V. Alte Kirche, in: TRE 9 (1982) 325-330
- Ἐκκλησιαστικός et *ecclesiasticus* dans l'oeuvre d'Origène, in: Memoriam sanctorum venerantes. Miscellanea in onore di Mons. V. Saxer, Vatikan 1992, 147-162
- Art. Gregor der Wundertäter, in: RAC 12 (1983) 779-793
- Art. Origène, in: DSp 11 (1982) 983-961
- *Bibliographie* critique d'Origène (Instrumenta Patristica VIII + VIIIa

[Supplément I]), Den Haag/Steenbrugge 1971.1982
- Grégoire le Thaumaturge. *Remerciement* a Origène (SC 148), Paris 1969, 14-34 (Introduction)
- Origène devant l'*Incarnation* et devant l'histoire, in: BLE 61 (1960) 81-110
- Origène et la *Connaissance* mystique (Museum Lessianum section théologique 56), Paris 1961
- *Origène*, Paris 1985 (engl. Fassung: San Francisco 1989)

Daly, C.B., *Novatian* and Tertullian, in: The Irish Theological Quaterly 19 (1952) 33-43
- The »*Edict of Callistus*« in: StPatr 3 (TU 78), Berlin 1961, 176-182
Daniélou, J., La *tradition* selon Clément d'Alexandrie, in: Aug 12 (1972) 5-18
- Rez.v. Hanson, Origen's Doctrine, in: RSR 43 (1955) 583-586
- Théologie de *Judéo-Christianisme*, Paris 1958
Dauvillier, J., *Histoire* de droit et des institutions de l'Église en Occident, Paris 1959
Dekkers, E., Clavis Patrum Latinorum (Sacris erudiri 3), Steenbrugge ²1961 (*CPL*)
Demandt, A., Die *Spätantike* (HAW III,6), München 1989
Denis, A.M., *Concordance* greque des Pseudépigraphes d'Ancien Testament, Louvain 1987
DeSimone, R.J., Art. Novatien, in: DSp 11 (1982) 480-483
- The *Treatise* of Novatian the Roman Presbyter on the Trinity (Studia Ephem. Augustinianum 4), Rom 1970
Devreesse, R., *Le Patriarcat* d'Antioche, Paris 1945
Dibelius, M., An die *Philipper* (HNT 11), Tübingen ²1923
Dieckmann, H., *Lehrentscheidungen* römischer Bischöfe nach Hippolyt, in: ZkTh 48 (1924) 314-322
Dinkler, E., Zum Problem der *Ethik bei Paulus*. Rechtsnahme und Rechtsverzicht (1 Kor 6, 1-11), in: ZThK 49 (1951) 167-200
Dölger, F.J., Die *Taufe des Novatian*. Die Beurteilung der klinischen Taufe im Fieber nach Kirchenrecht und Pastoral des christlichen Altertums, in: AuC 2 (1930) 258-267
Dörries, H., Das *Selbstzeugnis* Kaiser Konstantins (AAWG.PH 3.Folge Nr.34), Göttingen 1954
- *De Spiritu Sancto*. Der Beitrag des Basilius zum Abschluß des trinitarischen Dogmas (AAWG.PH 39), Göttingen 1956
- *Symeon von Mesopotamien* (TU 55,1), 1941
Dräseke, J., *Der kanonische Brief* des Gregorios von Neocäsarea, in: JPTh 7 (1881) 724-756
Drewery, B., Art. Antiochien II, in: TRE 3 (1978) 103-113
Drey, J.S.v., Neue Untersuchungen über die *Konstitutionen* und Canones der Apostel, (1832) ND Aalen 1970
Dulckeit, G., Schwarz, F., Waldstein, W., *Römische Rechtsgeschichte*, München ⁸1989

Duquenne, L., *Chronologie* des lettres de S.Cyprien (Subsidia hagiographica 54), Brüssel 1972

Ebeling, G., Die *Wahrheit* des Evangeliums, Tübingen 1981

Ehrhardt, A., Politische *Metaphysik* von Solon bis Augustin Bd. 2, Tübingen 1959

Etcheverría, R.T., *Orígenes y la »regula fidei«*, in: Origeniana. Premier Colloque intern. des Études origéniennes, hrg. v. H.Crouzel, G.Lomiento, J.Rius-Camps (Quaderni die ›Vetera Christianorum« 12), Bari 1975, 327-338

Eynde, D. van den, *Les normes* de l'enseignement chrétien dans la littérature patristique des trois premiers siècles, Gembloux-Paris 1933

Fahey, M.A., *Cyprian and the Bible* (BGBH 9), Tübingen 1971

Faivre, A., *La Documentation* canonico-liturgique de l'Église ancienne, in: RSR 54 (1980) 204-219.273-297

– Le texte grec de la *Constitution ecclésiastique* des Apôtres 16-20 et ses sources, in: RSR 55 (1981) 31-42

Feder, A.L., *Studien* zu Hilarius von Poitiers I., SAWW 162,4, Wien 1910

Fedwick, P.J., (Hg.), Basil of Caesarea: Christian, humanist, ascetic. A sixteenhundredth anniversary *symposion*, Part I+II, Toronto 1981

– A *Chronology* of the Life and Works of Basil of Caesarea, in: Fedwick, Symposion, 3-19

– The Church and the charisma of *Leadership* in Basil of Caesarea, Toronto 1979

Feige, G., Die *Lehre Markells* von Ankyra in der Darstellung seiner Gegner (EThSt 58), Leipzig 1991

Feine, H.E., Kirchliche *Rechtsgeschichte*. Die Katholische Kirche, Köln/Graz ⁴1964

Fenger, A.-L., Zur Beurteilung der *Ketzertaufe* durch Cyprian von Karthago und Ambrosius von Mailand, in: Pietas. FS B.Kötting, a.a.O., 179-197

Finkenzeller, J., Art. Ketzertaufe, in: LThK² 6 (1961) 131ff.

Fischer, J.A., Art. Dionysios von Korinth, in: LThK² 3 (1959) 404

– Das Konzil zu *Karthago im Mai 252*, in: AHC 13 (1981) 1-11

– Das Konzil zu *Karthago im Jahre 253*, in: AHC 13 (1981) 12-26

– Das Konzil zu *Karthago im Herbst 254*, in: ZKG 93 (1982) 223-239

– Das Konzil zu *Karthago im Jahr 255*, in: AHC 14 (1982) 227-240

– Das Konzil zu *Karthago im Frühjahr 256*, in: AHC 15 (1983) 1-14

– Das Konzil zu *Karthago im Spätsommer 256*, in: AHC 16 (1984) 1-39

– Die alexandrinischen *Synoden gegen Origenes*, in: OstkSt 28 (1979) 3-16

– Die *antimontanistischen Synoden* des 2./3. Jahrhunderts, in: AHC 6 (1974) 267-273

– Die antiochenischen Synoden gegen *Paul von Samosata*, in: AHC 18 (1986) 9-30

- Die ersten Konzilien im römischen *Nordwest-Afrika*, in: Pietas. FS B.Kötting, hg. v. E.Dassmann u.K.S.Frank (JBAC Erg.Bd.8), Münster 1980, 217-227
- Die Konzilien zu *Karthago und Rom* im Jahre 251, in: AHC 11 (1979) 263-279
- Die Synoden im *Osterfeststreit* des 2. Jahrhunderts, in: AHC 8 (1976) 15-39
- Die vermutlichen Synoden gegen *Noët* von Smyrna, in: MThZ 28 (1977) 55-63
- Synoden mit *Origenes*, in: OstkSt 29 (1980) 97-117

Flesseman-van Leer, E., *Tradition* and Scripture in the Early Church, Assen 1954

Fortin, E.L., Clement of Alexandria and the *Esoteric Tradition*, in: Stud. Patr. 9 (TU 94) 1966, 41-56

Fournier, P., Le Bras, G., *Histoire* des collections canoniques en Occident depuis les fausses décrétales jusqu'au décret de Gratien, 2 Bde., Paris 1931.1932 (ND Aalen 1972)

Frank, K.S., Zur altkirchlichen *Kanongeschichte*, in: W.Pannenberg/Th. Schneider (Hg.), Verbindliches Zeugnis I. Kanon-Schrift-Tradition (DiKi 7), Freiburg/Göttingen 1992, 156-168

Frend, W.H.C., Art. Donatismus, in: RAC 4 (1959) 128-147
- Art. Montanismus, in: TRE 22 (1992) 271-279

Frickel, J., Das *Dunkel* um Hippolyt von Rom (GrazerTheol. Studien 13), Graz 1988
- Hippolyts Schrift *Contra Noetum*: ein Pseudo-Hippolyt, in: Logos. FS L.Abramowski (BZNW 67), hrg.v. H.Chr. Brennecke u.a., Berlin/New York 1993, 87-123

Fritz, G., Art. Pierre d'Alexandrie, in: DThC 12 (1935) 1802ff.

Früchtel, E., Origenes. Das *Gespräch* mit Herakleides und dessen Bischofskollegen über Vater, Sohn und Seele. Die Aufforderung zum Martyrium. Eingel., übers., u. m. Anm. versehen (BGL 5), Stuttgart 1974

Früchtel, L., Art. *Clemens* Alexandrinus, in: RAC 3 (1957) 182-188

Funk, F.X., Die Apostolischen *Konstitutionen*, Rottenburg 1891 (ND Frankfurt/M. 1970)

Gaertner, H./Wirsching, J., Art. *Kanon*, in: Kl.Pauly 3 (1969) 108-110

Gain, B., L'église de *Cappadoce* au IVᵉ siècle d'après la correspondance de Basile de Césarée (=OCA 225), Rom 1985

Galtier, P., L'Église et la *remission des péchés* aux premiers siècles, Paris 1932

García y García, A., Art. Hispana, Collectio, in: LMA 5 (1991) 38

Garijo-Guembe, M.-M., *Bibliographia* fundamental sobre el tema de la »Economia«, in: Diálogo Ecuménico 10 (1975) 639-644

Gaudemet, J., Art. Elvire, Le concile d'Elvire, in: DHGE 5 (1963) 317-348
- *L'Église dans l'Empire romain* (IV.-V.siècles) (=Histoire du droit et des institutions de l'Église en Occident, T.3), Paris (1958) ²1989
- *La décision de Calliste* en matière de mariage, in: Studi in onore di U.E.Paoli, Firenze 1955, 333-344

– *La formation* du droit séculier et du droit de l'Église aux IVe et Ve siècles, Paris ²1979
– *Les sources* du droit de l'Église en occident du IIe au VIIe siècle, Paris 1985
– Note sur la transmission des canons 12 et 13 du *Concile de Laodicée* relatifs à la désignation des évêques, in: Liber amicorum Monseigneur Onclin, Gembloux 1976, 87-98
Geerard, M., Clavis Patrum Graecorum I-V, Turnholt 1974-1987 (*CPG*)
Geerlings, W., Traditio Apostolica (Apostolische Überlieferung), übers. u. eingeleitet v. W. Geerlings (*Fontes Christiani 1*), Freiburg u.a. 1991
Gelzer, H., Die Konzilien als *Reichsparlamente*, Ausgew. Kl. Schriften, Leipzig 1907, 142-155
Gelzer, I., Das Rundschreiben der Synode von *Serdika*, in: ZNW 40 (1941) 1-24
Gerke, F., Die *Stellung* des 1.Clemensbriefes innerhalb der Entwicklung der altchristlichen Gemeindeverfassung und des Kirchenrechts (TU 47,1), Leipzig 1931
Giet, St., *Sasimes*, une méprise de S.Basile, Paris 1941
Gillmann, F., Das Institut der *Chorbischöfe* im Orient, München 1903
Girardet, K.M., *Appellatio*. Ein Kapitel kirchlicher Rechtsgeschichte in den Kanones des 4. Jahrhunderts, in: Hist 23 (1974) 98-127
– *Kaisergericht* und Bischofsgericht (Antiquitas I,21), Bonn 1975
– Konstantin d. Gr. und das *Reichskonzil von Arles* (314), in: Oecumenica et Patristica. FS W. Schneemelcher, Genf 1988, 151-174
– Die *Petition* der Donatisten an Kaiser Konstantin (Frühjahr 313) – historische Voraussetzungen und Folgen, in: Chiron 19 (1989) 185-206
Goldhahn-Müller, I., Die *Grenze* der Gemeinde, Göttingen 1989
Goodspeed, E.J., *Index* apologeticus sive clavis Justini Martyris operum aliorumque apologetarum pristinorum, Leipzig 1912
Goppelt, L., Art. τύπος, in: ThWNT 8, 246-260
– Tradition nach Paulus, in: KuD 4 (1958) 213-233
Görgemanns, H.-Karpp, H., Origenes. Vier Bücher von den *Prinzipien*, Darmstadt 1976
Graf, G., Geschichte der christlichen arabischen *Literatur I* (StT 118), Rom 1944
Grasmück, E.L., *Coercitio*. Staat und Kirche im Donatistenstreit (BHF 22), Bonn 1964
Gribomont, J., Art. Eustathe de Sébaste, in: DSp 4,2 (1961) 1708-1712
– *Histoire du texte* des ascétiques de S.Basile, Louvain 1953
– *Le monachisme* au IVe siècle en Asie Mineure: de Gangres au messalianisme, in: StPatr 2 (TU 64), Berlin 1957, 400-415
– Saint Basile et le *Monachisme enthousiaste*, in: Irénikon 53 (1980) 123-144
Gross, H., (E. Liesering), Art. Decius, in: RAC 3 (1957) 611-629
Grotz, J., Die Entwicklung des *Bußstufenwesens* in der vornicänischen Kirche, Freiburg 1955
Gruber, J., Art. Baetica, in: LMA 1 (1980) 1344

Grumel, V., Laurent, V., Les *regestes* des Actes du Patriarcat de Constantinople...,
Kadiköy, Istanbul, u.a. 1932ff.

Gstrein, H., *Amphilochius* von Ikonium, der vierte »Große Kappadokier«, in:
JÖBG 15 (1966) 133-145

Guarducci, M., *Epigrafia greca IV*. Epigrafia sacre pagane e cristiane, Roma 1978

Gülzow, H., *Cyprian* und Novatian (BhTh 48), Tübingen 1975

– *Kallist* von Rom, in: ZNW 58 (1967) 102-121

Gummerus, J., *Die homöusianische Partei* bis zum Tode des Konstantius, Helsingfors 1900

Gundel, H.G., u. Medicus, D., Art. Mucius 7., in: Kl.Pauly 3, 1442f.1445

Gwatkin, H.M., *Studies of Arianism*, Cambridge ²1900

Haenchen, E., Die *Apostelgeschichte* (KEK), Göttingen 1961

Heather, P., Matthews, J., *The Goths* in the Fourth Century (Translated Texts
for Historians 11), Liverpool 1991

Hagedorn, D., Der *Hiobkommentar* des Arianers Julian (PTS 14), Berlin 1973

Hägglund, B., Die Bedeutung der »*regula fidei*« als Grundlage theologischer
Aussagen, in: StTh 12 (1958) 1-44

Hahn, A., Hahn, G.L., *Bibliothek* der Symbole und Glaubensregeln der Alten
Kirche, Breslau ³1897 (ND Hildesheim 1962)

Hall, St.G., Art. Calixtus I., in: TRE 7 (1981) 559-563

Hamel, A., *Kirche* bei Hippolyt von Rom (BFChrTh 49), Gütersloh 1951

Hammond-Bammel, C.P., Der *Römerbrieftext* des Rufin und seine Origenes-
Übersetzung (AGLB 10), Freiburg i.Br. 1985

Hankiewicz, G.R.v., Die Kanones von *Sardika*. Ihre Echtheit und ursprüngliche Gestalt, in: ZSRG.K 2 (1912) 44-99

Hanson, R.P.C., *Allegory and Event*. A Study of the Sources and Significance
of Origen's Interpretation of Scripture, London 1959

– *Origen's Doctrine* of Tradition, London 1954

– *Tradition* in the Early Church, London 1962

Hanssens, J.M., La *Liturgie* d'Hippolyte I. (OrChrA 155), Rom ²1965

Harnack, A. v., Die *Mission* und Ausbreitung des Christentums, Leipzig ⁴1924

– *Die Lehre der zwölf Apostel* nebst Untersuchungen zur ältesten Geschichte
der Kirchenverfassung und des Kirchenrechts (TU 2,1), Leipzig 1884

– Die Quellen der sog. *Apostolischen Kirchenordnung* (TU 2,5), Leipzig 1886

– *Einführung* in die alte Kirchengeschichte. Das Schreiben der römischen
Kirche an die korinthische aus der Zeit Domitians (1. Clemensbrief),
Leipzig 1929

– ›*Ius ecclesiasticum*‹. Eine Untersuchung über den Ursprung des Begriffes
(Exkurs IV), in: Die Mission und Ausbreitung des Christentums, Leipzig
⁴1924, 489-500

– Art. Novatian, in: RE 14 (1904) 223-242

– *Brod und Wasser* (TU 7,2), Leipzig 1891, S.115-144

– Die älteste uns im Wortlaut erhaltene bekannte *dogmatische Erklärung* eines römischen Bischofs, SPAW.PH 1923, 51-57

– Die angebliche *Synode von Antiochien* im Jahre 324/5, SPAW.PH 1908, 477-491

– Die *Briefsammlung* des Apostels Paulus und die anderen vorkonstantinischen christlichen Briefsammlungen, Leipzig 1926

– Geschichte der altchristlichen *Literatur* I.II., Leipzig 1893/96

– Lehrbuch der *Dogmengeschichte* I, Tübingen ⁴1909

– *Militia Christi.* Die christliche Religion und der Soldatenstand in den ersten drei Jahrhunderten, Tübingen 1905

– *Tertullians Bibliothek* christlicher Schriften, SPAW.PH 1914, 303-334 (Bibliothek)

Hatch, E.,-Redpath, H.A., A *Concordance* to the Septuagint, Oxford 1897ff.

Hauschild, W.-D., Art. Basilius von Caesarea, in: TRE 5 (1980) 301-313

– Basilius von Caesarea, *Briefe I.II.III.*Teil (BGrL 32.3.37), Stuttgart 1990.1973. 1993

– *Das trinitarische Dogma* von 381 als Ergebnis verbindlicher Konsensusbildung, in: Glaubensbekenntnis und Kirchengemeinschaft. Das Modell des Konzils von Konstantinopel (381), hg.v. K.Lehmann/ W.Pannenberg, Freiburg i.Br./Göttingen 1982, 13-48

– Art. Eustathius von Sebaste, in: TRE 10 (1982) 547-550

– Art. Nicäno-Konstantinopolitanisches Glaubensbekenntnis, in: TRE 24 (1994) 444-456

Heckrodt, E., *Die Kanones von Sardika* aus der Kirchengeschichte erläutert (Jenaer Histor. Arbeiten 8), Bonn 1917

Hefele, C.J., Leclercq, H., Histoire des conciles d'après les documents originaux, I-XI, Paris 1907-1952 (*Hefele-Leclercq I, II...*)

Hefele, C.J.v., Conciliengeschichte I-III, Freiburg i.Br. ²1873-1877 (*Hefele I, II...*)

Heine, R.E., *The Montanist Oracles* and Testimonia, (Patristic Monograph Series 14), Macon 1989

Heinisch, P., Der *Einfluß* Philos auf die älteste christliche Exegese (Alttest. Abh.1/2), Münster 1908

Heinrici, C.F.G., Der zweite Brief *an die Korinther* (KEK), Göttingen ⁷1890

Hengel, M., Schwemer, A.M. (Hgg.), Die *Septuaginta* zwischen Judentum und Christentum (WUNT 72), Tübingen 1994

Herzog, R. (Hg.), Restauration und Erneuerung. Die lateinische Literatur von 284-374 n.Chr. (HAW) München 1989

Hess, H., The Canons of the Council of *Sardica*, Oxford 1958

Heumann, H., u. Seckel, E., *Handlexikon* zu den Quellen des römischen Rechts, Graz ¹⁰1958

Heussi, C., Die *Stromateis* des Clemens Alexandrinus und ihr Verhältnis zum Protreptikos und Pädadogos, in: ZWTh 45 (1902) 465-512

Hild, F., Restle, M., *Kappadokien* (Tabula Imperii Byzantini, Bd.2), Wien 1981

Hoek, A.van den, *Clement* of Alexandria and his use of Philo in the Stromateis

(Suppl. Vig. Chr. 3), Leiden 1988

Holl, K., *Amphilochius* von Ikonium in seinem Verhältnis zu den großen Kappadokiern, Tübingen 1904

Holland, D.L., Die *Synode von Antiochien* (324/5) und ihre Bedeutung für Eusebius von Caesarea und das Konzil von Nizäa, in: ZKG 81 (1970) 163-181

Honigmann, E., *Two Alleged »Bishops* of Great Armenia« as members of the Synods of Ankyra (314 A.D.) and Caesarea in Cappadocia, in: Patristic Studies (StT 173), Roma 1953

Honsell, H., Mayer-Maly, Th., Selb, W., *Römisches Recht*, Berlin/Heidelberg/New York u.a. 1987

Horn, St.O., *Petrou Kathedra*. Der Bischof von Rom und die Synoden von Ephesus (449) und Chalcedon, Paderborn 1982

Hornschuh, M., Das *Leben des Origenes* und die Entstehung der alexandrinischen Schule, in: ZKG 71 (1960) 1-25.193-214

Huber, W., Passa und *Ostern* (Beih.ZNW 35), Berlin 1969

Hübner, H., Art. *Galaterbrief*, in: TRE 12 (1984) 5-14

Hübner, R.M., Melito von Sardes und *Noet von Smyrna*, in: Oecumenica und Patristica. FS W.Schneemelcher, Chambésy – Genf 1989, 219-240

– Die antignostische Glaubensregel des Noet von Smyrna, in: MThZ 40 (1989) 279-311

Hunger, H., Die hochsprachliche profane *Literatur* der Byzantiner, I.II, München 1978

Jaffé, Ph., Regesta pontificum Romanorum ad a.p.Ch.MCXCVIII, Leipzig ²1881-88 (ND Graz 1956), (*Jaffé*).

Janssen, H., *Kultur und Sprache*. Zur Geschichte der alten Kirche im Spiegel der Sprachentwicklung von Tertullian bis Cyprian, Nijmegen 1938

Jaschke, H.-J., Art. *Irenäus von Lyon*, in: TRE 16 (1987) 258-268

– *Der Heilige Geist* im Bekenntnis der Kirche (MBT 40), Münster 1976

Joannou, P.-P., Discipline Générale Antique (IIᵉ-IXᵉ s.), t. I-III, Grottaferrata (Roma) 1962 ff.

t. I,1 Les Canons des conciles Œcuméniques (*CCO*)

t. I,2 Les Canons des Synodes Particuliers (*CSP*)

t. II Les Canons des Pères Grecs (*CPG*)

t. III Index analytique

– Die *Ostkirche* und die Cathedra Petri (PuP 3), Stuttgart 1972

– Art. Synodikon, in: LThK² 9, 1239

Jordan, H., Die Theologie der neuentdeckten *Predigten Novatians*, Leipzig 1902

Jörs, P., Art. Aelius Nr.88 (Aelius Marcianus), in: PRE I,1, 523ff

– *Römische Rechtswissenschaft* zur Zeit der Republik, I.Teil, Berlin 1888

Judge, E.A., *The regional kanon* for requisitioned transport, in: G.H.R.Horsley, New Documents illustrating early Christianity I, North Ryde/ Australia, 1981

Jugie, M., Art. Eudoxe, in: DThC 5 (1913) 1484-88
Jungmann, J.A., Art.Diakon II. Der Diakon in der Geschichte, in: LThK² 2 (1959) 319ff.
Junod, E., Naissance de la *pratique synodale* et unité de l'Église au IIᵉ siècle, in: Einheit der Kirche in vorkonstantinischer Zeit (Oikonomia 25), Erlangen 1989, 19-34

Kannengiesser, Ch., *Politique et Théologie* chez Athanase d'Alexandrie. Actes du Colloque de Chantilly 23.-25.9.1973, (Théologie Historique 27), Paris 1974
Karmiris, J., The *Distinction* between the Horoi and the Canons of the Early Synods and their Significance for the Acceptance of the Council of Chalcedon by the Non-Chalcedonian Churches, in: GOT 16 (1971) 79-107
– Τὰ Δογματικὰ καὶ Συμβολικὰ Μνημεῖα τῆς Ὀρθοδόξου Καθολικῆς Ἐκκλησίας Bd.I, Athen ²1960 (*Mnemeia*)
Karpp, H., Art. Ketzertaufstreit, in: RGG³ 3 (1959) 1256f.
– *Schrift und Geist* bei Tertullian, Gütersloh 1955
– Die *Buße*. Quellen zur Entstehung des altkirchlichen Bußwesens (Traditio Christiana 1), Zürich 1969
Kaser, M., Das römische Privatrecht II: Die nachklassischen Entwicklungen, München ²1971
Kattenbusch, F., Das Apostolische *Symbol* I.II, (Leipzig 1894.1900) ND Hildesheim 1962
Katz, P., Art. Septuagintaforschung, in: RGG³ 5 (1961) 1704-1707.1704
Katz, P., *Philo's Bible*, Cambridge 1950
Kaufhold, H., *Griechisch-syrische Väterlisten* der frühen griechischen Synoden, in: OC 77 (1993) 1-96
Kelly, J.N.D., Altchristliche *Glaubensbekenntnisse*, Göttingen (1972=) ²1993
Kettler, F.H., Art. Melitius, in: RGG³ 4 (1960) 845f.
– Art. Origenes, in: RGG³ 4 (1960) 1692-1701
– Art. Petros von Alexandrien, in: PRE 19,2 (1938) 1281-88
– *Der melitianische Streit* in Ägypten, in: ZNW 35 (1936) 155-193
– *Der ursprüngliche Sinn* der Dogmatik des Origenes (BZNW 31), Berlin 1966
Kirchner, H., Der *Ketzertaufstreit* zwischen Karthago und Rom und seine Konsequenzen für die Frage nach den Grenzen der Kirche, in: ZKG 81 (1970) 290-307
Klauser, Th., Art. Diakon, in: RAC 3 (1957) 888-909
Knoch, O.B., Im Namen des Petrus und Paulus. Der Brief des Clemens Romanus und die *Eigenart* des römischen Christentums, in: ANRW II 27.1, Berlin 1993, 3-54
Knopf, R., *Die Apostolischen Väter* (HNT Erg.bd), Tübingen 1920
Knorr, U.W., *Basilius der Große*. Sein Beitrag zur christlichen Durchdringung Kleinasiens (Diss.theol.), Tübingen 1968
Koch, H., Art. Novatianus, in: PRE 17 (1936) 1138-1156
– Cyprian und der römische *Primat* (TU 35), Leipzig 1910

– *Cyprianische Untersuchungen* (AKG 4), Bonn 1926
– *Die Stellung der Ep.69* im Ketzertaufstreit, in: IKZ 13 (1923) 97-104
– *Kallist* und Tertullian, Heidelberg 1920
Koch, Hal, *Pronoia und Paideusis.* Studien über Origenes und sein Verhältnis
  zum Platonismus (AKG 22), Berlin/Leipzig 1932
Koschorke, K., Die *Polemik* der Gnostiker gegen das kirchliche Christentum
  (NHS 12), Leiden 1978
– Hippolyts *Ketzerbekämpfung* und Polemik gegen die Gnostiker (Göttinger
  Orientforschungen VI.Reihe Hellenistica, Bd.4), Wiesbaden 1975
– *Kanonbildung* und kirchliche Autorität, in: G.Rau, H.-R.Reuter, K.Schlaich,
  Das Recht der Kirche. II. Zur Geschichte des Kirchenrechts (FBES 50),
  Gütersloh 1995, 17-35
– *Spuren* der alten Liebe. Studien zum Kirchenbegriff des Basilius von Caesarea
  (Paradosis 32), Freiburg/Schweiz 1991
Kotter, B., Art. Photeinos, in: LThK² 8 (1963) 483.
Kötting, B., Art. Digamus, in: RAC (1957) 1016-1024
Kraft, H., (Hrg.), *Konstantin der Große* (WdF 131), Darmstadt 1974
– *Clavis* Patrum apostolorum, Darmstadt 1963
– Kaiser Konstantins *religiöse Entwicklung* (BhTh 20), Tübingen 1955
Kretschmar, G., Auf dem Weg zur *Reichskirche*, in: VF 13 (1968) 3-44
– Die Geschichte des *Taufgottesdienstes* in der alten Kirche, in: Leiturgia V,
  Kassel 1970, 1-348
Kriegbaum, B., *Kirche der Traditoren* oder Kirche der Märtyrer. Die Vorge-
  schichte des Donatismus (Innsbrucker theol. Studien 16) Innsbruck/Wien
  1986
Krüger, P., *Geschichte* der Quellen und Literatur des römischen Rechts, Leipzig,
  ²1912
Kübel, P., *Schuld und Schicksal* bei Origenes, Gnostikern und Platonikern
  (CThM, Reihe B, Bd.1), Stuttgart 1973
Kunkel, W., Consilium, Consistorium, in: JAC 11/12 (1968/9), 230-248
Kunze, J., *Glaubensregel*, Heilige Schrift und Taufbekenntnis, Leipzig 1899
Kurz, D., Das *Ideal* der Exaktheit bei den Griechen bis Aristoteles, Göppingen
  1970

Lakner, F., Art. Aquarier, in: LThK³ 1 (1993) 896
Lalmant, M., Art. *Canon* in: DDC 2 (1937) 1283-1288
Lampe, G.W.H., A Patristic Greek *Lexicon*, Oxford ⁹1989
Landau, P., *Ursprung und Entwicklung* des Verbotes doppelter Strafverfolgung
  wegen desselben Verbrechens in der Geschichte des kanonischen Rechts, in:
  ZSRG.K 87 (1970) 124-156
Lang, F., Die Briefe an die *Korinther* (NTD 7), Göttingen 1986
Lanne, E., *La Règle* de la vérité. Aux sources d'une expression de Saint Irenée,
  in: Studia Anselmiana 79 (1980) 57-70
Larentzakis, G., Das *Osterfestdatum* nach dem I. ökumenischen Konzil von

Nikaia (325), in: ZKTh 101 (1979) 67-78

Le Bachelet, X., Art. Ancyre (Concile d'), in: DThC 1 (1923) 1173-1177

Le Boulluec, A., La notion d'*hérésie* dans la littérature grecque: IIe-IIIe siècles, Paris 1985

Lebon, J., Sur un *concile* de Césarée, in: Le Muséon 51 (1938) 89-132

Leclercq, H., Art. *Canons Apostoliques*, in: DACL 2 (1925) 1910-1950

– Art. *Castration*, in: DACL 2, 2369-72

L'Huillier, P., Les *Sources* canoniques de Saint Basile, in: MEPR 44 (1963) 210-217

Liddel, H.G., Scott, R., A Greek – English *Lexicon*, Oxford ⁹1966

Liébaert, J., Mélèce (Saint), in: Cath. 8 (1980) 116-22

Liebs, D., Art. Iulius B14, in: Kl.Pauly 2, 1550f.

– Lateinische *Rechtsregeln* und Rechtssprichwörter, München ⁵1991

Lietzmann, H., An die *Galater* (HNT 10), (1910) ⁴1971

– Art. *Kirchenrechtliche Sammlungen*, in: PRE 11 (1921) 488-501 = Kl.Schriften I, hg.v.K.Aland, Berlin 1958, 348-364

– *Geschichte* der Alten Kirche I-IV, Berlin ²1953

Lilla, S.R.C., *Clement* of Alexandria. A Study in Christian Platonism and Gnosticism, Oxford 1971

Lindemann, A., Die *Clemensbriefe* (HNT 17), Tübingen 1992

Loeschcke, G., Das Syntagma des *Gelasius* Cyzicenus, in: RMP 60 (1905) 594-613 u. 61 (1906) 34-77

Lohmeyer, E., Die Briefe an die *Philipper*, an die Kolosser und an Philemon (KEK), Göttingen ⁹1953

Lohse, B., Das *Passafest* der Quartodecimaner (BFChrTh 54), Gütersloh 1953

Loofs, F., *Paulus von Samosata* (TU 44,5), Leipzig 1924

– Art. Amphilochius von Ikonium, in: RE I, 464

– *Eustathius* von Sebaste und die Chronologie der Basilius-Briefe, Halle 1898

– *Theophilus von Antiochien* adversus Marcionem und die anderen theologischen Quellen bei Irenäus (TU 46/2), Leipzig 1930

Lorenz, R., Das Problem der *Nachsynode* von Nicäa (327), in: ZKG 90 (1979) 22-40

Lubac, H. de, *Geist* aus der Geschichte. Das Schriftverständnis des Origenes, übertr. u. eingeleitet v. H.U.v.Balthasar, Einsiedeln 1968 (= Histoire et Esprit. L'intelligence de l'Écriture d'après Origène, Paris 1950)

Lübeck, K., *Reichseinteilung* und kirchliche Hierarchie des Orients bis zum Ausgange des vierten Jahrhunderts, Münster 1901

Luck, U., Art. *Makkabäerbücher*, in: RGG³ 4 (1960) 620-623

Maassen, F., *Geschichte der Quellen* und der Literatur des Canonischen Rechtes im Abendland Bd.I, (Graz 1870) ND Graz 1956

Maestre, A.P., »*Traditio*«. Aspects théologiques d'un terme de droit chez Tertullien, in: RSPhTh 51 (1967) 617-643

Maier, J., *Zwischen den Testamenten*. Geschichte und Religion in der Zeit des zweiten Tempels, Köln 1990

Maier, J.L., Le Dossier du Donatisme I/II (TU 134.135), Berlin 1987.1989 (*Maier*)

Maloney, V., The teaching of the fathers on *usury*, in: VC 27 (1973) 241-265

Marcovich, M., Art. Hippolyt, in: TRE 15 (1986) 381-387

Marin, M., *Gerusalemme* e la casa deserta (Mt 23,37-39; Lc 13,34-35) nell' esegesi origeniana, in: Origeniana secunda. Hg. v. H.Crouzel u. A. Quacquarelli (Quaderni di Vetera christianorum 15), Roma 1980, 215-227

Marschall, W., *Karthago und Rom* (PuP 1), Stuttgart 1971

Martin, A., Athanase et les *Mélitiens* (325-335), in: Ch.Kannengiesser, Politique et Théologie 31-62

Martin, R.P., *2 Corinthians* (Word Biblical Comm.40), Waco 1986

May, G., Art. *Kirchenrechtsquellen* I, in: TRE 19 (1990) 1-44.3-7

Mayer, C.P., Die Bedeutung des Terminus Regula für die *Glaubensbegründung* und die Glaubensvermittlung bei Augustin, in: Revista Agustiniana 33 (1992) 639-675

– Die Bedeutung des Terminus ›regula‹ für das sittliche *Handeln* des Christen bei Augustin, in: Charisteria Augustiniana. FS I.Oroz Reta = Augustinus 39 (1994) 345-356

– *Herkunft* und Normativität des Terminus Regula bei Augustin, in: AugL 40 (1990) 127-154

Mayer-Maly, Th., Art. *Digesta*, in: Kl.Pauly 2, 16-19

Mazzini, I., *Lettera* del Concilio di Arles (314) a papa Silvestro tradita dal Codex parisinus latinus 1711, in: VC 27 (1973) 283-300

Medicus, D., Art. Sabinus 5., in: Kl.Pauly 4, 1485

Méhat, A., Art. *Clemens* Alexandrinus, in: TRE 8 (1981) 101-113

– *Étude* sur les »Stromates« de Clément d'Alexandrie, Paris 1966

– Rez. von: S.Lilla, Clement..., in: RHR 183 (1973) 70-76

Meigne, M., *Concile ou Collection* d'Elvire, in: RHE 70 (1975) 361-387

Menebisoglu, P., Ἱστορικὴ εἰσαγωγὴ εἰς τοὺς κανόνας τῆς Ὀρθοδόξου Ἐκκλησίας, Stockholm 1990 (*Menebisoglu*)

Metzger, B.M., The *Canon* of the New Testament, Oxford 1987, Appendix I: History of the word κανών, 289-293.

Metzger, M., Art. *Konstitutionen* (Pseudo-Apostolische), in: TRE 19 (1990) 540-544

Millar, F., *Paul of Samosata*, Zenobia and Aurelian, in: JRS 61 (1971) 1-17

Misonne, D., Art. Syneisakten 2., in: LThK² 9 (1964) 1230f.

Modrzejewski, J., *Grégoire le Thaumaturge* et le droit romain, in: RHDF 49 (1971) 312-324

Mohrmann, Chr., Art. Latein, in: LThK² 6 (1961) 808ff.

– *Observations* sur la langue et le style de Tertullien (=Nuovo Didaskaleion IV, 1950, 41-54), in: Études sur le Latin des chrétiens II, Rom 1961, 235-246

– *Études* sur le Latin des chrétiens I-IV, Rom 1958-1977

– *Latin vulgaire*, latin des Chrétiens, latin médiéval, [=Revue des Études Latines 29, 1952], Paris 1955

Moingt, J., *Le vocabulaire* doctrinal de Tertullien, in: RSR 52 (1964) 248-260

Molland, E., The *Conception* of the Gospel in the Alexandrian Theology, Oslo 1938

Mommsen, Th., Römisches *Staatsrecht*, 3 Bde., (³1887) =Tübingen ⁴1952/3
 – Römisches Strafrecht, (1899) = Darmstadt 1955

Monceaux, P., *Histoire littéraire* de l'Afrique chrétienne depuis les origines jusqu'à l'invasion arabe, IV, Paris 1912

Mondésert, C., *Clément* d'Alexandrie. Introduction à l'étude de sa pensée religieuse à partir de l'Écriture, Paris 1944

Mordek, H., Art. Ferrandus, in: LMA 4 (1989) 385
 – Art. *Kanonessammlungen*, in: LMA 5 (1991) 900-903.
 – *Karthago oder Rom?* Zu den Anfängen kirchlicher Rechtsquellen im Abendland, in: R.I.Castillo Lara (Hg.), Studia in honorem em. Card. A.M.Stickler (Studia et textus Historiae Iuris Canonici 7), Roma 1992, 359-374
 – *Der römische Primat* in den Kirchenrechtssammlungen des Westens vom IV bis VIII. Jahrhundert, in: Il primato del vescovo di Roma nel primo millenio, Vatikan 1991, 523-566

Morel, V., Art. Disciplina, in: RAC 3 (1957) 1213-1229.
 – *Disciplina.* Le mot et l'idée représentée par lui dans les oeuvres de Tertullien, in: RHE 40 (1945/5) 5-46
 – Le *développement* de la ›disciplina‹ sous l'action du Saint Esprit chez Tertullien, in: RHE 35 (1939) 243-265

Mossay, J., Art. Gregor von Nazianz, in: TRE 14 (1985) 164-173

Mosshammer, A.A., The » *Chronicle*« of Eusebius and the Greek Chronographic Tradition, London 1979

Mühlenberg, E., Art. Apollinaris von Laodicea, in: TRE 3 (1978) 362-71

Müller, K., *Beiträge* zur Geschichte der Verfassung der alten Kirche, APAW.PH 1922 Nr.3

Munier, C., Cincq canons inédits du concile d'Hippone du 8 octobre 393, in: RDC 18 (1968) 16-29
 – La *Tradition apostolique* chez Tertullien, in: L'Année canonique 23 (1979) 175-192.
 – La tradition du *IIᵉ concile de Carthage*, in: RevSR 46 (1972) 193-214
 – La *Tradition littéraire* des canons africains (345-525), in: RechAug 10 (1975) 3-22

Nardi, C., Art. *Laodicea*, Council of, in: EEC 472f.

Nau, F.N., Art. *Canons des apôtres*, in: DThC 2 (1923) 1605-1626

Nautin, P., Art. Denys de Corinthe, in: DHGE 14 (1960) 261f.
 – Art. Hippolytus, in: EEC 383-385
 – *Lettres et écrivains* chrétiens des IIᵉ et IIIᵉ siècles, Paris 1961
 – *Origène.* Sa vie et son oeuvre (Christianisme antique 1), Paris 1977

Neuenzeit, P., Art. *Kanon*, in: H.Fries (Hg.), Handbuch theologischer Grundbegriffe 1, 777-790 (1962) = 2, 418-432 (München ²1974)

Niederwimmer, K., Die *Didache* (KAV 1), Göttingen 1989

Nikiprowetzky, V./ Solignac, A., Art. *Philon* d'Alexandrie/ Philon chez les Pères, in: DSp 12 (1984) 1352-1374

Norden, E., Die antike *Kunstprosa*, Leipzig ²1918 = ⁵1958

Nordenfalk, C., Die spätantiken *Kanontafeln*. Kunstgeschichtliche Studien zur Eusebianischen Evangelienkonkordanz in den ersten 4 Jahrhunderten ihrer Geschichte, 2 Bde., Göteborg 1938

Nordenfalk, C., The Eusebian *Canon-Tables*: Some textual problems, in: JThS 35 (1984) 96-104

Nörr, D., *Spruchregel* und Generalisierung, in: ZSRG.R 89 (1972) 18-93

O'Donnell, J.M., The Canons of the First Council of *Arles* 314 AD, Washington 1961

Ohlig, K.H., Art. Canon scripturarum, in: AL 1, 713-724

Ohme, H., Das Concilium *Quinisextum* und seine Bischofsliste (AKG 56), Berlin/New York 1990

– Zur *Diskussion* um das kanonische Recht in der neueren orthodoxen Theologie, in: KuD 37 (1991) 227-256

Oliver, H.H., The Epistle of Eusebius to *Carpianus*, in: NovTest 3 (1959) 138-145

Opelt, I., Augustinus *Epistula 20* *(Divjak). Ein Zeugnis für lebendiges Punisch im 5. Jahrhundert n. Chr., in: Aug 25 (1985) 121-132

Oppel, H., Κανών. Zur Bedeutungsgeschichte des Wortes und seiner lateinischen Entsprechungen (Regula-Norma), in: Philologus, Suppl. XXX/4, Leipzig 1937

Orlandis, J., Ramos-Lissón, D., Die *Synoden* auf der Iberischen Halbinsel bis zum Einbruch des Islam (711), Paderborn 1981

Ortiz de Urbina, I., Nizäa und Konstantinopel, Mainz 1964 (=Nicée et Constantinople, Paris 1963) (*Ortiz de Urbina*)

Oulton, J.E.L., u. Chadwick, H., *Alexandrian Christianity*, London 1954

Pace, N., *Ricerche* sulla traduzione di Rufino del »De principiis« di Origene, Florenz 1990

Panteleimon (Rodopoulos), *Primacy of honor* and jurisdiction (Canons two and three of the second ecumenical Synod), in: Le IIᵉ Concile Oecuménique, Chambésy 1982 (Études Théologiques 2), 377-384

Pape, W., Griechisch-Deutsches *Handwörterbuch*, Braunschweig ³1880

Patriarcat oecuménique, *Le IIᵉ Concile* oecuménique (Études Théologiques 2), Chambésy 1982

Pauw, F. de, *La justification* des traditions non écrites chez Tertullien, in: EThL 19 (1942) 5-46

Paverd, F. van de, Die *Quellen* der kanonischen Briefe Basileios des Grossen, in: OCP 38 (1972) 5-63

– *Disciplinarian Procedures* in the Early Church, in: Aug. 21 (1981) 291-316

Pesch, R., Die *Apostelgeschichte* (EKK V,1), Zürich/Neukirchen 1986

Pfannmüller, G., Die kirchliche *Gesetzgebung* Justinians hauptsächlich auf Grund der Novellen, Berlin 1902

Pheidas, V., *Les critères canoniques* des décisions administratives du IIe Concile oecuménique, in: Le IIe Concile Oecuménique, Chambésy 1982 (Études Theólogiques 2), 385-398

Philippi, P., Art. Diakonie I. Geschichte der Diakonie, in: TRE 8 (1981) 621-644

Phouskas, K., Γρηγορίου θαυματουργοῦ ἡ κανονικὴ ἐπιστολή. Εἰσαγωγὴ – κριτικὴ ἔκδοσις κειμένου – μετάφρασις – σχόλια, Athen 1978 (='Εκκλησιαστικὸς φάρος 60 [1978] 736-809)

Pieler, P.E., Byzantinische *Rechtsliteratur*, in: H.Hunger, Die hochsprachliche profane Literatur der Byzantiner II, München 1978, 341-480

Piétri, Ch., *La question d'Athanase* vue du Rome (338-360), in: Ch.Kannengiesser (Hg.), Politique et Théologie, 93-126

Pitra, J.-B., *Spicilegium Solesmense*, 4 Bde., Paris 1852-58 (ND Graz 1963)

Plöchl, W.M., *Geschichte* des Kirchenrechts I, Wien 1960

Pohlenz, M., *Die Stoa*. Geschichte eine geistigen Bewegung, Bd.I, Göttingen ^{6}1984

– *Klemens* von Alexandreia und sein hellenisches Christentum, in: NAWG, phil.-hist.Kl., 1943

Poschmann, B., Die *Sichtbarkeit* der Kirche nach der Lehre des heiligen Cyprian, Paderborn 1908

– *Paenitentia secunda*. Die kirchliche Buße im ältesten Christentum bis Cyprian und Origenes (=Theophaneia 1) Bonn 1940

Powell, D., Art. Clemens von Rom, in: TRE 8 (1981) 113- 120

– The *Schism* of Hippolyt, in: StPatr 12,1 (=TU 115), 1975, 449-456

Preysing, K., Der *Leserkreis* der Philosophumena Hippolyts, in: ZkTh 38 (1914) 421-445

– *Echtheit* und Bedeutung der dogmatischen Erklärung Zephyrins, in: ZkTh 52 (1928) 225-230

– *Existenz* und Inhalt des Bußedikts Kallists, in: ZkTh 43 (1919) 358-362

– *Römischer Ursprung* des »Edictum peremtorium«?, in: ZkTh 50 (1926) 143-150

– *Zwei offizielle Entscheidungen* des römischen Stuhles um die Wende des zweiten Jahrhunderts, in: ZkTh 41 (1917) 595-597

Pringsheim, F., *Beryt und Bologna*, (FS O.Lenel, 1921, 244ff.), = Ges. Abhandlungen I, Heidelberg 1961

Quasten, J., Art. Osterfeststreit, in: LThK^2 7 (1962) 1273-75

– Art. Polykrates von Ephesus, in: LThK^2 8 (1963) 598

Quatember, F., Die christliche *Lebenshaltung* des Klemens von Alexandrien nach seinem Pädagogus, Wien 1946

Rackham, R.B., The Text of the *canons of Ancyra*, in: Studia biblica et ecclesiastica III, Oxford 1891, 139-216

Radermacher, L., Art. κανών, in: PRE 10 (1919) 1873-1878

Radice, R., u. Runia, D.T., Philo of Alexandria. An Annotated *Bibliography* 1937-1980 (Suppl. Vig. Chr. 8), Leiden 1988

Ramos-Lissón, s. Orlandis, J.

Ramsay, W.M., The *Historical Geography* of Asia Minor, London 1890

Ranft, J., Art. *consuetudo*, in: RAC 3 (1957) 379-390

Reichert, E., Die Canones der Synode von *Elvira*. Einleitung und Kommentar, Diss.theol. Hamburg 1990

Reicke, B., Art. Ehe/Eherecht/Ehescheidung IV., in: TRE 9 (1982) 318-325

Rentsch, Th., Art. *Kanonik*, in: HWP 4 (1976) 692

Restrepo-Jaramillo, J.M., *Tertulliano* y la doble formula en el simbolo apostolico, in: Gregorianum 15 (1934) 3-58

Reynders, B., *Lexique comparé* du texte grec et des versions latine, arménienne et syriaque de l'Adversus Haereses de Saint Irénée (CSCO Subs.V+VI), Louvain 1954

Rhalles, G.- Potles, M., Σύνταγμα τῶν θείων καὶ ἱερῶν κανόνων, Bd. I-VI, Athen 1852-1859 (*Rhalles-Potles*)

Richard, M., Art. Hippolyte de Rome, in: DSp 7 (1968) 531-571

– Le *comput Pascal* par octaétéris, in: Le Muséon 87 (1974) 307-339

– *Malchion* et Paul de Samosate, le témoignage d'Eusèbe de Césarée, in: EThL 35 (1959) 325-338 (=Opera minora II, Nr.25)

– *Note* sur le comput de cent-douze ans, in: REB 24 (1966) 257-266

Richardson, W., The basis of ethics: *Chrysippus and Clement* of Alexandria, in Studia Patristica 9 (TU 94), 1966

– The Philonic *Patriarchs* as Νόμος ἔμψυχος, in: Studia Patr. I (TU 63) 1957, 512-525

Riedel, W., Die *Kirchenrechtsquellen* des Patriarchates Alexandrien, Leipzig 1900 (ND Aalen 1968)

Riedmatten, H. de, *Les Actes* du Procès de Paul de Samosate (Paradosis 6), Fribourg 1952

– Art. Eleusius de Cyzique, in: DHGE 15 (1963) 144f.

Ring, Th.G., *Auctoritas* bei Tertullian, Cyprian und Ambrosius, Würzburg 1975

Ritter, A.M., Art. *Konstantinopel*, Ökumenische Synoden. I. Ökumenische Synode von 381, in: TRE 19, 518-524

– *Alte Kirche*. Kirchen- u. Theologiegeschichte in Quellen I, Neukirchen ⁴1987

– Art. *Arianismus*, in: TRE 3 (1978) 692-719

– Art. *Eunomius*, in: TRE 10 (1982) 525-528

– Art. *Glaubensbekenntnis* V., in: TRE 13 (1984) 399-412

– Christentum und Wissenschaft bei Origenes, in: HDThG I 116-136

– *Clement* of Alexandria and the Problem of christian norms, in: Studia Patristica 18 (1989) 421-439

– Das II. ökumenische Konzil und seine Rezeption: *Stand der Forschung*, in: Le IIᵉ Concile Oecuménique, Chambésy 1982 (Études Theólogiques 2), 43-62

– Das *Konzil* von Konstantinopel und sein Symbol (FKDG 15), Göttingen 1965
– Das Konzil von Nizäa und sein Dogma, in: HDThG I 163-170
– *Noch einmal*: »Was hat das Nicaeno-Constantinopolitanum (C) mit dem Konzil von Konstantinopel 381 zu tun?«, in: ThPh 68 (1993) 553-560
– Noch einmal: »Was hat das Nicaeno-Constantinopolitanum (C) mit dem Konzil von Konstantinopel 381 zu tun?«, in: M.Pacurariu u. I.I.Ica (Hgg.), Persoana si communiune (FS D.Staniloae), Sibiu 1993, 508-520
– *Recht* und Einheit der Kirche in den ersten Jahrhunderten, in: ZevKR 36 (1991) 1-17
– Statt einer Zusammenfassung: *Die Theologie des Basileios* im Kontext der Reichskirche am Beispiel seines Charismaverständnisses, in: Fedwick, Symposion 411-436

Rodewyk, A., Art. Exorzismus, in: LThK² 3 (1959) 1314f.
Roloff, J., Art. Amt/Ämter/Amtsverständnis IV. Neues Testament, in: TRE 2 (1978) 509-533
– Art. Apostel / Apostolat / Apostolizität, I. Im NT, in: TRE 3 (1978) 430-445.
– Der erste Brief des *Timotheus* (EKK XV), 1988
Rordorf, W., Schneider, A., Die Entwicklung des *Traditionsbegriffs* in der Alten Kirche (Traditio christiana V), Bern u. Frankfurt/M. 1983
Rousse, J., Art.Grégoire de Nazianze, in: DSp 6 (1967) 932-971
Ruhbach, G., (Hrg.), Die Kirche angesichts der konstantinischen *Wende* (WdF 306), Damstadt 1976

Sample, R.L. The *Christology* of the Council of Antioch (268 C.E.) Reconsidered, in: ChH 48 (1979) 18-26
– *The Messiah as Prophet*. The Christology of Paul of Samosata. North West University, Ph.D. 1977
Sand, A., *Kanon*, in: HDG I, 3a (1), 1974, 8-12
Saumagne, C., *Persécution* de Dèce à Carthage d'après la correspondance de Saint Cyprien, in: Byzantion 32 (1962) 1-29
Schäfer, J., Basilius des Grossen *Beziehungen* zum Abendlande, Münster 1909
Schäferdiek, K., Rez. von H.Hess, The Canons of the Council of Sardica, in: ZKG 70 (1959) 152-155
Schaller, B., Art. *Philon* 10., in: Kl.Pauly 4,772-776
Schenk, W., Art. *Korintherbriefe*, in: TRE 19 (1990) 620-640
Scherer, J., *Entretien* d'Origène avec Héraclide (SCh 67), Paris 1960, Introduction
Schiller, A.A., KANΩN and KANΩNIZE in the coptic Texts, in: Coptic Studies in Honor of W.E.Crum, Boston/Mass. 1950
Schindler, A., Art. Afrika I, in: TRE 1 (1977) 640-700
Schmid, J., Die *Osterfestfrage* auf dem ersten Allgemeinen Konzil von Nicäa, Wien 1905
Schmidlin, B., Die römischen *Rechtsregeln*, Köln/Wien 1970

– Horoi, pithana und regulae – Zum Einfluß der *Rhetorik* und Dialektik auf die juristische Regelbildung, in: ANRW II 15, 101-130

Schneemelcher, W., Art. *Bibel* III.Die Entstehung des Kanons des Neuen Testaments und der christlichen Bibel, in: TRE 6 (1980) 22-48

Schneider, J., Art. εὐνοῦχος, in: ThWNT 2 (1935) 763-767

Schöllgen, G., Die *Didache* als Kirchenordnung. Zur Frage des Abfassungszwecks und seinen Konsequenzen für die Interpretation, in: JAC 29 (1986) 5-26

Schöllgen, G., Geerlings, W., Didache. Zwölf-Apostellehre/Traditio Apostolica. Apostolische Überlieferung, übers. u. eingel. v. (Fontes Christiani 1), Freiburg 1990

Scholten, C., Art. Hippolytos II (von Rom), in: RAC 15 (1991) 492-551

Schott, E., Art. *Kanon*, in: RGG³ 3 (1959) 1116-1118

Schulz, F., *Geschichte* der römischen Rechtswissenschaft, Weimar 1961

Schulz-Flügel, E., Quinti Septimi Florentis Tertulliani *De virginibus velandis*, (Diss.) Göttingen 1977

Schunk, K.-D., Art. *Makkabäer/* Makkabäerbücher, in: TRE 21 (1991) 736-745

Schwaiger, G., Art. Viktor I., in: LThK² 10 (1965) 768f

Schwartz, E., *Bußstufen* und Katechumenatsklassen, (Schriften der gelehrten Gesellschaft zu Straßburg Heft 7, 1911) = Gesammelte Schriften V, Berlin 1963, 274-362

– Christliche und jüdische *Ostertafeln* (AGWG.PH, N.F. VIII,6) Berlin 1905

– Der griechische Text der Kanones von *Serdika*, in: ZNW 30 (1931) 1-35

– *Der sechste* nicaenische Kanon auf der Synode von Chalkedon, in: SPAW.PH 27, 1930, 611-640

– Die *Kanonessammlungen* der alten Reichskirche, in: ZSRG K. 1936, 1-114 =GS IV, Berlin 1960, 159-275

– Die Quellen über den melitianischen *Streit*, in: NGWG.PH 1905, 164-187 = GS III, Berlin 1959, 87-116

– Eine fingierte *Korrespondenz* mit Paulus dem Samosatener, SBAW.PPH 1927,3

– Über die *Bischofslisten* der Synoden von Chalcedon, Nicaea und Konstantinopel, ABAW.PH 13, 1937

– Über die pseudoapostolischen *Kirchenordnungen* (Schriften der Straßburger wiss. Ges. 6), Straßburg 1910

– Über die Sammlung des *Cod. Veronensis LX*, in: ZNW 35 (1936) 1-23

– Zur Geschichte des *Athanasius VI*, in: NGWG.PH 1905, 257-299 = GS III, Berlin 1959, 117-168

– Zur Geschichte des *Athanasius VII*, in: NGWG.PH 1908, 305-374

– Zur Geschichte des *Athanasius VIII*, in: NGWG.PH 1911, 367-426 = GS III, Berlin 1959, 188-264

– Zur Geschichte des *Athanasius IX*, in: NGWG. PH 1911, 469-522 = GS III, Berlin 1959, 265-334

Seeberg, E., Die *Synode* von Antiochien im Jahre 324-325, Berlin 1913

Seeberg, R., Lehrbuch der *Dogmengeschichte* I, Leipzig/Erlangen ³1922

Seeck, O., Quellen und Urkunden über die Anfänge des Donatismus, in: ZKG 10 (1889) 505-568

Seibt, K., Art. Marcell von Ankyra, in: TRE 22 (1992) 83-89
- Die Theologie des *Markell von Ankyra* (AKG 59), Berlin/New York 1994

Sieben, H.J., Die *Konzilsidee* in der alten Kirche, Paderborn 1979
- Origenes. In Lucam Homiliae. *Homilien* zum Lukasevangelium (FC 4/1), Freiburg/Basel/Wien u.a. 1991
- *Voces*. Eine Bibliographie zu Wörtern und Begriffen aus der Patristik (1918-1978) (BPatr Suppl. I), Berlin 1980

Simon, D., Aus dem *Kodexunterricht* des Thalelaios, in: ZSRG.R 86 (1969) 334-383

Slusser, M., Art. Gregor der Wundertäter, in: TRE 14 (1985) 188-191.

Soden, H.v., Der *Streit* zwischen Rom und Karthago über die Ketzertaufe, in: QFIAB 12 (1909) 1-42
- Die *Prosopographie* des afrikanischen Episkopates zur Zeit Cyprians, in: QFIAB 12 (1909) 247-270
- *Sententiae* LXXXVII episcoporum. Das Protokoll der Synode von Karthago am 1.9.256, in: NGWG.PH, Berlin 1909, 247-307

Sohm, R., Das altkatholische Kirchenrecht und das *Dekret Gratians*, (München u. Leipzig 1918) ND Darmstadt 1967
- *Kirchenrecht* Bd.1, Berlin ²1923

Spagnolo, A., u. Turner, C.H., A fragment of an unknown *latin version* of the apostolic constitutions, in: JThS 13 (1912) 49ff.

Spanneut, M., Art. Eudoxe, in: DHGE 15 (1963) 1337-1340
- Art. Euzoius, in: DHGE 16 (1967) 98-101
- Le *stoicisme* des Pères de l'Église de Clément á Rome à Clément d'Alexandrie (PatSor 1), Paris 1957

Speigl, J., *Herkommen* und Fortschritt im Christentum nach Tertullian, in: Pietas. FS B.Kötting (JAC Erg.Band 8) Münster 1980, 165-178

Stählin, O., Clemens von Alexandreia (BKV² II, Bd.7), München 1934, 6-69 (*Einleitung*)

Stead, Chr., Art. *Homousios*, in: RAC 16 (1992), 363-433
- *Marcel Richard* on Malchion and Paul of Samosata, in: Logos. FS L.Abramowski (BZNW 67), hrg. v. H.Chr. Brennecke u.a., Berlin/New York 1993, 140-150

Steimer, B., *Vertex traditionis*. Die Gattung der altchristlichen Kirchenordnungen (BZNW 63), Berlin/New York 1992

Stein, E., Bespr. v. E.Caspar, Geschichte des Papsttums I, in: ByZ 32 (1932) 120
- Geschichte des spätrömischen Reiches, Wien 1928
- Histoire du Bas-Empire, Paris/Brüssel/Amsterdam 1949

Stein, P., *Regulae iuris*. From Juristic rules to legal maxims, Edinburgh 1966

Steinwenter, A., Der antike kirchliche *Rechtsgang* und seine Quellen, in: ZSRG.K 54 (1934) 1-116

- *Eine kirchliche Quelle* des nachklassischen Zivilprozesses, in: Acta Congressus Iuridici Internationalis, Rom 1935, II 125-144
- Rez.v.: A.Beck, Römisches Recht bei Tertullian und Cyprian, 1930, in: ZSRG.R 52 (1932) 412-416

Stenzel, A., Cyprian und die »*Taufe im Namen Jesu*«, in: Schol 30 (1955) 372-387

Strewe, A., Die *Canonessammlung* des Dionysius exiguus in der ersten Redaktion (AKG 16), Berlin 1931

Striker, G., Κριτήριον τῆς ἀληθείας, in: NAWG.PH 2 (1974) 51-110

Stritzky, M.B. v., Der Begriff der *Eusebeia* und seine Voraussetzungen in der Interpretation des Origenes, in: Pietas. FS B.Kötting (JAC Erg.Bd.8), Münster 1980, 155-164

Strobel, A., *Ursprung* und Geschichte des frühchristlichen Osterkalenders, Berlin 1977

Stücklin, Chr., Tertullian. *De virginibus* velandis, Bern/ Frankfurt./M. 1974

Stuhlmacher, P., *Das paulinische Evangelium* I (FRLANT 95), Göttingen 1968
- *Erwägungen* zum ontologischen Charakter der καινὴ κτίσις bei Paulus, in: EvTh 27 (1967) 1-35

Szabó, A./ Redaktion, Art. *Kanon*, in: HWP 4 (1976) 688-692

Tetz, M., *Ante omnia* de sancta fide et de integritate veritatis. Glaubensfragen auf der Synode von Serdika (342), in: ZNW 76 (1985) 243-269
- Art. Athanasius von Alexandrien, in: TRE 4 (1979) 333-349

Thyen, H., Die Probleme der neueren *Philo-Forschung*, in: ThR 23 (1955) 230-246

Trisoglio, F., *Filone* Alessandrino e l'esegesi cristiana, in: ANRW II 21.1 (1984), 588-730

Troianos, Sp.N., Θεσπίζομεν τοίνυν, τάξιν νόμων ἐπέχειν τοὺς ἁγίους ἐκκλησιαστικοὺς κανόνας, in: Byzantina 13 (1985) 1191-1200
- *Der Apostolische Stuhl* im früh- und mittelbyzantinischen kanonischen Recht, in: Il primato del vescovo di Roma nel primo millennio, Vatikan 1991, 245-259.

Turner, C.H., *A primitive edition* of the apostolic constitutions and canons, in: JThS 15 (1914) 53-65
- *Chapters* in the History of Latin MSS of Canons, in: JThS 31 (1930) 9-20
- The *Genuineness* of the Sardican Canons, in: JTS 3 (1902) 370-397
- Notes on the Apostolic Constitutions I-III, in: JThS 16 (1914/15) 54-61.523-538, 31 (1930) 128-141 (*Notes I-III*)

Turner, H.E.W., The *Pattern* of Christian Truth. London 1954 (ND New York 1978)

Ulrich, J., Die Anfänge der abendländischen *Rezeption* des Nizänums (PTS 39), Berlin 1994

Unnik, W.C. van, *De la règle* μήτε προσθεῖναι μήτε ἀφελεῖν dans l'histoire du canon, in: Vig. Chr. 3 (1949) 1-36

– *Opmerkingen* over het karakter van het verloren werk van Clemens Alexandrinus »Canon Ecclesiasticus«, in: Nederlands Archief voor Kerkgeschiedenis 33 (1942) 49-61

Veloso, G., Some *Monastic Legislations* of St.Basil: A Textual Study of the Small Asceticon, the Big Asceticon and the Three Canonical Letters, in: Philippiniana sacra 7 (1972) 244-269

Vogt, H.J., Art. *Novatian*, in: EEC 603f.

– *Coetus sanctorum.* Der Kirchenbegriff des Novatian und die Geschichte seiner Sonderkirche (Theophaneia 20), Diss. Theol. Bonn 1966

– Das *Kirchenverständnis* des Origenes (BoBKG 4), Köln 1974

Völker, W., Der wahre *Gnostiker* nach Clemens Alexandrinus (TU 57), Berlin 1952

Wagner, M.M., *Rufinus as Translator.* A Study in his Theory and his Practice as illustrated in his version of the Apologetica of St. Gregory Nazianzen, Washington 1945

Wal, N. van der, Die *Schreibweise* der dem Lateinischen entlehnten Fachworte in der frühbyzantinischen Juristensprache, in: Scriptorium 37 (1983) 29-53.

Waldram, J.P.C., Funktion und Verwendung der *Glaubensregel* in der Taufvorbereitung nach Origenes (StPatr 18,3), Kalamazoo/Leuven 1989, 463-472

Waszink, J.H., Rez.v. R.Braun, Deus Christianorum, in: Mnemosyne 18 (1965) 101-105.

Wenger, L., Art. Appellation, in: RAC 1 (1950) 564-71

– *Canon* in den römischen Rechtsquellen und in den Papyri, (SAWW.PH 220/2), Wien u. Leipzig 1942

– *Über canon* und regula in den römischen Rechtsquellen, in: ZSRG.K 63 (1943) 495-506

– Die *Quellen* des römischen Rechts, Wien 1953 (Quellen)

Wermelinger, O., *Rom und Pelagius* (PuP 7), Stuttgart 1975

Wessel, K., Art. *Kanontafeln,* in: RBK 3, 927-968

Westcott, B.F., A General *Survey* of the History of the Canon of the New Testament, Cambridge [6]1889

Weyer, H., Novatianus, *De Trinitate.* Über den Dreifaltigen Gott. Text u. Übersetzung mit Einleitung u. Kommentar, (Testimonia 2), Düsseldorf 1962

Wickert, U., *Sacramentum unitatis.* Ein Beitrag zum Verständnis der Kirche bei Cyprian (BZNW 41), Berlin 1971

Wickham, L.R., Art. *Chalkedon,* in: TRE 7 (1981) 668-675

Widmann, M., *Irenäus* und seine theologischen Väter, in: ZThK 54 (1957) 156-173

Wieacker, F., Römische *Rechtsgeschichte* I, München 1988

Wikenhauser, A., Zur Frage nach der *Existenz* von nizänischen Synodalprotokollen, in: F.Dölger, Constantin der Große und seine Zeit, RQ.S 19, 1913, 122-142

Windisch, H., Kommentar zum *2. Korintherbrief* (KEK), Göttingen ⁹1924

Winkelmann, Fr., Einige Bemerkungen zu den Aussagen des Rufinus von Aquileia und des Hieronymus über ihre *Übersetzungstheorie* und -methode, in: Kyriakon. FS J.Quasten 2., Münster 1970, 532-547

Wojtowytsch, M., *Papsttum und Konzile* von den Anfängen bis zu Leo I. (440-461) (PuP 17), Stuttgart 1981

Wolfram, H., *Geschichte der Gothen*: Von den Anfängen bis zur Mitte des 6. Jahrhunderts. Entwurf einer historischen Ethnographie, München 1979

Wolfson, H.A., *Philo* - Foundations of Religious Philosophy in Judaism, Christianity and Islam, 2 Bde., Cambridge/Ma. (1947) ⁴1968

– The *Philosophy* of the Church Fathers I., Cambridge/Ma. (1956) ³1970

Wyrwa, D., Die christliche *Platonaneignung* in den Stromateis des Clemens von Alexandrien (AKG 53), Berlin 1983 (Wyrwa)

Wyß, B., Art. Gregor II (Gregor von Nazianz), in: RAC 12 (1983) 793-863

Zahn, Th., Art. *Glaubensregel*, in: RE 6 (1899) 682-688

– *Brot und Wein* im Abendmahl der alten Kirche, Erlangen und Leipzig 1892

– *Geschichte* des neutestamentlichen Kanons I.II, (1888/9.1890/2), ND Hildesheim 1975

– *Glaubensbekenntnis* und Taufbekenntnis in der alten Kirche, in: ZKWL 1881, 302-324 (=Skizzen aus dem Leben der alten Kirche, Erlangen u. Leipzig ³1908)

– *Grundriß* der Geschichte des neutestamentlichen Kanons, Leipzig ²1904

Ziegler, A.W., Brunner, G., Die Frage nach einer politischen *Absicht* des Ersten Klemensbriefes, in: ANRW II 27,1, Berlin 1993, 55-76

Ziegler, J., Art. Bibelübersetzungen I.Griechische, in: LThK² 2 (1958) 375-380

Zilliacus, H., Zum Kampf der *Weltsprachen* im oströmischen Reich (Helsingfors 1935), ND Amsterdam 1965

1. Stellen

D. Synoden / Kanones / Kirchenordnungen / Nomoi

2. Griechische Wörter

3. Lateinische Wörter

4. Sachen/Begriffe/Namen

5. Moderne Autoren (in Auswahl)